प्राचीन भारत

[लगभग 600 ई. तक]

अ अक्षर
प्रतियोगी पुस्तकें

प्राचीन भारत

[लगभग 600 ई. तक]

प्रशान्त गौरव
एम.ए., पीएच.डी.
प्राध्यापक, इतिहास विभाग
गवर्नमेंट कॉलेज,
पंजाब विश्वविद्यालय
चंडीगढ़

राजकमल प्रकाशन

ISBN : 978-81-267-1743-9

मूल्य : ₹1395

पहला संस्करण : 2009
चौथा संस्करण : 2025

प्रकाशक : राजकमल प्रकाशन प्रा.लि.
1-बी, नेताजी सुभाष मार्ग, दरियागंज
नई दिल्ली-110 002
शाखाएँ : अशोक राजपथ, साइंस कॉलेज के सामने, पटना-800 006
पहली मंजिल, दरबारी बिल्डिंग, महात्मा गांधी मार्ग, प्रयागराज-211 001
1, अनमोल सोराबजी सन्तुक लेन, धोबी तलाव, मरीन लाइंस, मुम्बई-400 002
वेबसाइट : www.rajkamalprakashan.com
ई-मेल : info@rajkamalprakashan.com

मुद्रक : विकास कंप्यूटर एंड प्रिंटर्स
ट्रॉनिका सिटी-201 102

PRACHEEN BHARAT
by Prashant Gaurav

ममतामयी माँ सोनामती देवी
(मृत्यु : 15 नवम्बर, 2006)
के चरणकमलों में सादर समर्पित

दो शब्द

विश्व में विकास की जितनी सीढ़ियाँ अभी तक हम पार कर चुके हैं, उसका सही माप प्राचीनकाल में झाँके बगैर सम्भव नहीं। जितने प्रकार के भोज्य पदार्थ का सेवन आज किया जाता है उनमें से अधिकांश की जानकारी हमें प्राचीनकाल से मिली। सामाजिक बनावट हो या आर्थिक विषमता, राजनीति हो या धर्म एवं संस्कृति—सबकी बुनियाद प्राचीनकाल में पड़ी। इन सबसे भारत का इतिहास अछूता नहीं है। भारतीय इतिहास का सर्वाधिक महत्त्वपूर्ण काल प्राचीनकाल है। राजनीति, अर्थव्यवस्था, कला, संस्कृति एवं विज्ञान के क्षेत्र में इस काल का योगदान अमूल्य है। प्राचीन इतिहास के अध्ययन का मिजाज बदला है। संस्कृति और सभ्यता को विकसित करने में राजा-रानी, सामन्त-मन्त्री, सेना आदि से ज्यादा महत्त्वपूर्ण अब विज्ञान और प्रौद्योगिकी को स्वीकारा जाने लगा है। परम्परा को जीवित रखने अथवा उसमें अदलाव-बदलाव लाने में गरीबों, शिल्पकारों, मजदूरों और स्त्रियों की भूमिका के वैज्ञानिक महत्त्व को समझने-जानने को आवश्यक माना जाने लगा है। फलस्वरूप प्राचीन इतिहास का परम्परावादी रूप राष्ट्रीय-अन्तर्राष्ट्रीय स्तर पर बदला है। प्रस्तुत पुस्तक इन सभी नवीन तत्त्वों को ध्यान में रखकर तैयार की गई है। इसमें नकारात्मक पहलुओं पर कम ध्यान देते हुए सकारात्मक और मुख्यधारा से जुड़े तथ्यों तथा नवीन शोध परिणामों को प्रस्तुत करने का ज्यादा प्रयास किया गया है। प्राचीनकाल के किन-किन विशेषताओं का अस्तित्व आधुनिककाल में महत्त्वपूर्ण रूप में बना हुआ है; क्या है योगदान प्राचीनकाल का—इन पर बेहतर और नवीन प्रकाश डालने का प्रयास इस पुस्तक में किया गया है।

'भारतीय परिधान की प्राचीनता और विकास के चरण', 'प्राचीन और आधुनिककाल के बीच निरन्तरता', 'कला के विकास में विज्ञान की भूमिका', 'नगरीकरण का प्रथम एवं द्वितीय चरण', 'प्राचीन शृंगार की उपस्थिति आधुनिककाल में' जैसे चन्द महत्त्वपूर्ण अध्यायों को पुस्तक में प्रस्तुत किया गया है। प्राचीन भारत का इतिहास लेखन में सम्भवतः यह पहला प्रयास है।

—डॉ. प्रशान्त गौरव

1009 B, सेक्टर 41-B
चंडीगढ़
22 नवम्बर, 2006

अनुक्रम

1

भूगोल

1.1 इतिहास और इतिहासकार

इतिहास जिन दो नेत्रों से क्षण-क्षण में घट रही घटनाओं पर हजारों साल से जो पैनी दृष्टि डाले हुए है वे–तिथि तथा भौगोलिक क्रियाएँ हैं। इतिहासकारों द्वारा प्रस्तुत विचारों को जानने एवं समझने के लिए इतिहास की विस्तृत जानकारी आवश्यक है। इतिहास को बताने से ज्यादा महत्त्व उसे समझने और उस पर स्वयं विचार करने का है।

इतिहास का महत्त्व इससे स्पष्ट है कि विश्व में जो भी विकास-कार्य हो रहे हैं या जिसे हम उन्नति या प्रगति कहते हैं, उसका आधार इतिहास है। हड़प्पाकाल में कुम्हार ने जब चाक का व्यापक प्रयोग किया तभी बैलगाड़ी का चक्का बनना सम्भव हुआ। मोटरगाड़ी के चक्का का आविष्कार बैलगाड़ी के चक्का की तकनीक समझे बगैर सम्भव नहीं था। ओखल में मूसल से कूटकर धान से चावल निकालने और मसाला पीसने के लिए सिलवट-लोढ़ा का प्रयोग हमने इतिहास के माध्यम से ही अपने पूर्वजों से सीखा। जिन्हें आज हम आयुर्वेदिक औषधियाँ कहते हैं, उसकी प्रारम्भिक जानकारी उन आदिवासियों से हुई, जिनकी चर्चा विशद् रूप से *अथर्ववेद* में है। खानों से लोहा निकालने की जानकारी, उसकी प्रक्रिया, उसे गलाकर अनेक प्रकार के उपकरणों को बनाने का प्रारम्भिक तकनीक जाने बगैर विकसित तकनीक का जानना सम्भव नहीं था। प्रयोगशाला में जिस विकर का प्रयोग आज किया जाता है, उसे सबसे पहले नालन्दा में नागार्जुन ने आविष्कृत किया था। ताँबा और टीन को मिलाकर काँसा एवं ताँबा और जस्ता मिलाकर पीतल बनाने की तकनीक हमने सिन्धुकालीन धातुकारों से सीखी।

कृषि से सम्बद्ध अधिकांश उपकरणों की जानकारी हमें पूर्वजों से मिली। नक्षत्रों की जानकारी अर्थात् मौसम के सम्बन्ध में हमारा ज्ञान बहुत पुराना है। वस्त्र बनाने की तकनीक, सिक्का ढालने की विधि, चमड़े की वस्तुएँ तैयार करना और बाढ़ तथा सूखा से मुकाबला करने का तरीका पूर्वजों से हमने जाना। नीतिशास्त्र, राज्यव्यवस्था, राजतन्त्र और प्रजातन्त्र की जानकारी वैदिककाल से ही होने लगती है। प्रशासनिक गतिविधियों की विस्तृत जानकारी के लिए कौटिल्य का *अर्थशास्त्र* विश्वप्रसिद्ध है। प्रसिद्ध शल्य चिकित्सक गणिका पुत्र जीवक, राजनर्तकी अम्बपाली, जैन धर्म के प्रवर्तक महावीर जैन, बौद्ध धर्म के प्रवर्तक गौतम बुद्ध, प्रथम साम्राज्य निर्माता चन्द्रगुप्त मौर्य, बौद्ध धर्म को विश्वधर्म बनानेवाला और कला में नवीन प्रयोगकर्ता अशोक, वैशाली का गणतन्त्र, पाटलिपुत्र की गौरवशाली गाथा, सरस्वती और गंगा नदियों की पवित्रता,

कोढ़ की दवा की खोज करनेवाली असुरमयी नामक शूद्रा, भारतीय कला को शिखर पर पहुँचानेवाले तथा विश्वप्रसिद्ध कालिदास को संरक्षण प्रदान करनेवाले गुप्तशासक, गान्धार, नालन्दा, पाटलिपुत्र, विक्रमशिला जैसे शिक्षण केन्द्र आदि तथ्यों की जानकारी इतिहास देता है।

मनुष्यों के प्राचीन कार्यों एवं उपलब्धियों की जानकारी इतिहास से मिलती है। इतिहास के अध्ययन से पता चलता है कि जिन-जिन क्षेत्रों में हमारे पूर्वजों ने उन्नतशील माहौल बनाया, उन क्षेत्रों में अब क्या करने से और अधिक उन्नति हो सकती है। समय के अनुसार व्यक्ति का बौद्धिक ज्ञान, कुशलता, भावना, शरीर तथा उसका सामाजिक वातावरण बदलता रहता है; इन परिवर्तनों के बाद भी उसके जीवन में एक निरन्तरता बनी रहती है, और यही निरन्तरता इतिहास की आत्मा होती है। मानव-जीवन की निरन्तरता में इतिहासकारों की भूमिका महत्त्वपूर्ण रही है। जिसे सत्य जानने में ज्यादा रुचि होगी, उसे ही इतिहास के अध्ययन में ज्यादा रुचि होगी। वर्तमान को ठीक से समझने के लिए अतीत की जानकारी आवश्यक है। इतिहास व्यक्ति को संकीर्णता से ऊपर उठाता है।[1]

समस्त व्यापारिक लेन-देन का गहरा सम्बन्ध इतिहास से होता है। उनकी समस्त गतिविधियाँ इतिहास पर आधारित होती हैं। सभी वैज्ञानिक परिणाम इतिहास पर आधारित होते हैं। राजनीति एवं राज्य के कार्यों का सुचारु रूप से कार्यान्वयन हेतु इतिहास का ज्ञान अत्यावश्यक होता है। इतिहास की व्याख्या के सम्बन्ध में लोगों के विचार भिन्न-भिन्न हो सकते हैं। फलतः कार्यशैली में भिन्नता स्वाभाविक है। इससे इतिहास का महत्त्व और बढ़ जाता है। अतीत के आधार पर इतिहास भविष्य में घटनेवाली घटनाओं के सम्बन्ध में भविष्यवाणी भी करता है।

इतिहासकारों के दृष्टिकोण एवं निष्कर्ष को कभी-कभी शक्तिशालियों द्वारा दुराग्रह एवं पूर्वाग्रह से प्रभावित होकर दुरुपयोग का साधन बना दिया जाता है। आत्म-प्रवंचना करनेवालों, सफेद झूठ बोलनेवालों, मिथ्या प्रचार करनेवालों, अन्धभक्तों आदि द्वारा समाज में हीन भावनाओं को प्रोत्साहित करते हुए घृणा, हिंसा और दुख फैलाया जा सकता है। इससे समाज का, राज्य का और राष्ट्र का भारी अहित होता है।

तर्क का प्रयोग किए बिना इतिहास पर विश्वास नहीं करना चाहिए। इतिहासकार को विशेष पर पूर्ण आस्था नहीं रखनी चाहिए। प्रायः सभी इतिहासकार अपने बचपन, पारिवारिक परिवेश, महल्ला, समाज-परिवार की आर्थिक दशा और शिक्षा, धर्म, राजनीति, मित्रों तथा वयस्कों के विचार से प्रभावित होते हैं। फलतः इतिहास में उनका लेखन किसी-न-किसी स्तर पर अव्यावहारिक एवं पक्षपातपूर्ण हो सकता है। इससे इतिहास का महत्त्व कम नहीं होता है। इतिहास ही वह दर्पण है जिसमें झाँककर हम हजारों वर्षों की समस्याओं, घटनाओं तथा उनके अन्त की कहानी को देख पाते हैं।

1.2 भारतीय इतिहास का अध्ययन

हमारा देश भारतवर्ष[2] मानव-सभ्यता के जन्म-स्थलों में से एक है। यहाँ की संस्कृति अनेक मानव-समूह की संस्कृति से गहरे रूप में जुड़ी रही है। अपनी समृद्ध संस्कृति की मौलिकता और अद्‌भुत विशिष्टता को बनाए रखने में यहाँ के वासी कामयाब रहे हैं। हजारों वर्षों के दौरान यहाँ के साहित्य, कला और विज्ञान के क्षेत्र में हुई उपलब्धियों ने दूर-दूर के देशों के

सृजनात्मक चिन्तन को प्रेरित किया। वैदिक, बौद्ध और हिन्दू धर्मों ने संसार के अन्य भागों में विकसित सामाजिक चिन्तन को प्रभावित किया।

भारत का इतिहास तब आरम्भ होता है, जब मानव ने यह सोचना आरम्भ किया कि 'समय' केवल प्राकृतिक प्रक्रिया नहीं अर्थात् केवल ऋतुओं का आगमन और मानव का जीवनचक्र इसमें सम्मिलित नहीं, बल्कि यह विशिष्ट घटनाओं का एक क्रम है, जिसमें जागरूक रूप से मनुष्य सक्रिय रहा और जिसे उसने जागरूक रूप से प्रभावित किया।

सर्वोदयी नेता विनोबा भावे ने बताया कि इतिहास के अनुभवों से हम सबक नहीं लेते, इसी से इतिहास की पुनरावृत्ति होती है। अकबर कहा करता था, "जब मैंने इतिहास का अध्ययन किया, तो मुझे इस बात का पूरा विश्वास हो गया कि जिस व्यक्ति को मरना (मृत्यु) नहीं आया, उसे जीना भी नहीं आया।"

भारत का इतिहास एक ऐसा दर्पण है, जिसमें झाँककर हम हजारों वर्षों की समस्याओं और घटनाओं तथा उनके अन्त को देख पाते हैं। निर्धन, अशिक्षित और जंगलों में रहकर शिकारी-जीवन बितानेवालों ने किस प्रकार औषधियुक्त पौधों और जड़ी-बूटियों की खोज की, लोहा बनाना सीखा तथा कृषि करना और स्थायी रूप से बसने का अनुकूल माहौल बनाया—इसकी जानकारी इतिहास के अध्ययन से मिलती है। किसी देश की मानसिकता बदल देने में इतिहास की बेजोड़ भूमिका होती है। यहाँ के लोगों द्वारा किए गए प्राचीन प्रयासों से परिचित होने के बाद ही हम वर्तमान प्रयासों में सफल हो सकते हैं। महावीर जैन और गौतम बुद्ध के उपदेश इसके उदाहरण हैं। वे सारी मानवजाति को एकसूत्र में पिरोने का संकल्प लेकर चले। बौद्ध धर्म ने वर्ण-व्यवस्था को सारहीन घोषित किया। इस तरह भारत का इतिहास शिक्षा का भावी आधार है तथा यह जाति और धर्म से ऊपर है।

भारत ही एक ऐसा देश है, जिसके मौलिक मानदंड, विश्व की विभिन्न जातियों तथा राष्ट्रों के सांस्कृतिक[3] उत्कर्ष के सहायक एवं प्रेरणास्रोत बने। भारत के मौलिक मानदंड थे—(1) पारिवारिक तथा सामाजिक उत्तरदायित्व के प्रति निष्ठा, (2) जीवन की क्षणभंगुरता के प्रति विश्वारा, (3) कर्म तथा पुनर्जन्म की अनिवार्यता, (4) मानवमात्र के प्रति बन्धुत्व, (5) प्राणिमात्र के प्रति दया एवं करुणा का भाव, (6) व्यापक सत्ता के प्रति विश्वास और (7) वह सत्ता आनन्द और अमरत्व आदि से विभूषित। भारतीय इतिहास के इन सांस्कृतिक मानदंडों ने अतीत के अनेक उत्थान-पतन के समय, समाज को सांत्वना दी और साथ ही मनुष्य को जीवित रहने की प्रेरणा प्रदान की।

सिन्धुकाल से ही धर्मप्रधान और अध्यात्म-विश्वासी भारत ने आत्मनिष्ठा और परमात्म-विश्वास के कारण असमानताओं एवं विभिन्नताओं के बीच एकता, समानता तथा समन्वय का समाधान स्वयं ही खोज निकाला। भारतीय संस्कृति को व्यापक धार्मिक उदारता ने सहिष्णुता की नीति अपनाकर विदेशी जातियों को अपने स्नेहांचल में समेटा।

1.3 विकास की प्रक्रिया

इसी सांस्कृतिक परिवेश में हमारे पूर्वजों ने शिकारी-जीवन से क्रमशः पशुपालन, कृषि और फिर यान्त्रिक जीवन में प्रवेश किया। फिर समाज में सद्भाव की प्रवृत्ति के कारण आग, पानी

और भूमि की उपयोगिता के बारे में जाना। इन प्रयासों के फलस्वरूप उन्होंने अपना आर्थिक विकास किया। उन्होंने उपकरणों में सुधार किया और बेहतर निर्माण का अनुकूल माहौल बनाया। उन्होंने सुखकर कला-कौशल का आदान-प्रदान किया। इसके दर्शन सिन्धु नगरों में किया जा सकता है।

वैदिककाल से ही विचारकों और चिन्तकों के योगदान से भारतीय इतिहास प्रभावित होने लगा। कर्म, उपासना और ज्ञान आदि मूल विचारों का विकास क्रमशः ब्राह्मण ग्रन्थों, आरण्यकों और उपनिषदों में हुआ। आस्तिक और नास्तिक विचारधाराओं में जीवन एवं जगत का परमलक्ष्य मुक्ति, मोक्ष और निर्माण बताया गया।

ई.पू. छठी शताब्दी से जैन एवं बौद्ध दर्शन के अलावा नगरों का उदय, आर्थिक उन्नति, विज्ञान एवं भारतीय इतिहास के अध्ययन करने के नवीन स्रोतों (सिक्का, पालि एवं प्राकृत साहित्य) की संख्या बढ़ी। गंगा का तटवर्ती मैदान और मगध का इलाका भारतीय इतिहास का प्रधान केन्द्र बन गया। मौर्यकाल में सम्पूर्ण भारत और अफगानिस्तान आदि के इलाकों का प्रथम राजनीतिक नक्शा तैयार हुआ। मौर्यों की राजधानी पाटलिपुत्र को विदेशी यात्री मेगस्थनीज ने विश्वप्रसिद्ध नगर बताया। इस राजवंश का प्रसिद्ध शासक अशोक हुआ, जिसने बौद्ध धर्म को विश्वधर्म बनाया। उसके अभिलेख उसकी महानता के प्रमाण हैं। महाशिलालेख 7 में लिखा है—"प्रियदर्शी चाहते हैं कि सब जगह सब सम्प्रदाय के मनुष्य एक साथ निवास करें, क्योंकि हर एक सम्प्रदाय के मनुष्य संयम और चित्त की शुद्धि चाहते हैं।"[4]

अशोक ने कला[5] को नया रूप प्रदान किया। अशोक की कला पश्चिमी कला से प्रभावित रही। कुषाणों के काल में स्वर्ण-सिक्कों का प्रचलन प्रारम्भ हुआ। बुद्ध की आदमकद प्रतिमा गान्धार शैली में बनी। भारत-रोम व्यापार के दौरान भारत की पहचान सोने की चिड़िया के रूप में हुई। शुंगकालीन भरहुत कला भारतीय संस्कृति का असरदार मापदंड है। मथुरा शैली में देवताओं की मूर्तियाँ और मन्दिरें गुप्तकाल में बनीं। बिम्बिसारकालीन जीवक, मौर्यकालीन कौटिल्य, शुंगकालीन पतंजलि, कुषाणकालीन अश्वघोष और गुप्तकालीन कालिदास और गणितज्ञ आर्यभट्ट, हर्षवर्द्धनकालीन बाणभट्ट, पालकालीन दीपंकर आदि भारतीय इतिहास के महापुरुष थे। चीनी यात्री फाहियान का आगमन गुप्तकाल में और ह्वेनसांग का आगमन हर्ष के काल में हुआ। इन यात्रियों के कारण भारत और चीन के बीच मधुर सम्बन्ध स्थापित हुए। इत्सिंग ने चीन से प्रथम बार भारत में चाय लाया। मौर्य, कुषाण और हर्षवर्द्धन के काल में बौद्ध धर्म विकसित हुआ। शुंग, गुप्त और पाल के काल में ब्राह्मण धर्म, विशेषकर वैष्णव, शैव और शाक्त धर्म का विकास हुआ। पालि, प्राकृत और संस्कृत में सैकड़ों ग्रन्थ रचे गए। इस तरह प्राचीन भारतीय इतिहास हमें अपने पूर्वजों की गौरवशाली भूमिका से परिचित कराता है।

भारत में 5 हजार वर्ष से भी अधिक समय से जौ और गेहूँ, दाल और धान की खेती हो रही है। ताड़वृक्ष यहाँ प्राचीनकाल से उगाए जाते हैं। धान, मीठा नींबू, आम और ईख भारत की देन है। भारत को चीन से बाजरा, कूट्टू, सोया एवं मूली की जानकारी मिली और यहाँ भी उगाई जाने लगी। जौ की जन्मभूमि इथियोपिया है। दक्षिण-पूर्वी एशिया से खीरा का पौधा भारत पहुँचा। मक्का, राजमा, कद्दू, मिर्च, शकरकन्द, टमाटर और आलू अमेरिका से भारत पहुँचा। समय-समय पर इनमें गुणात्मक बदलाव होते रहे।

कालसी के 15 वें महाशिलालेख में देवताओं के प्रिय प्रियदर्शी राजा कहते हैं—लोग विपत्ति काल में, पुत्र के विवाह में, कन्या के विवाह में, सन्तान की उत्पत्ति में, परदेश जाने के समय और इसी तरह के दूसरे अवसरों पर अनेक प्रकार के बहुत से मंगलाचार करते हैं। ऐसे अवसरों पर स्त्रियाँ अनेक प्रकार के क्षुद्र और निरर्थक मंगलाचार करती हैं। मंगलाचार अवश्य करना चाहिए, किन्तु इस प्रकार के मंगलाचार प्रायः अल्पफल देनेवाले होते हैं। धर्म का जो मंगलाचार है, वह महाफल देनेवाला है। इसमें (धर्म के मंगलाचार में) दास और सेवकों के प्रति उचित व्यवहार, गुरुओं का आदर, प्राणियों की अहिंसा और श्रमण तथा ब्राह्मणों को दान—यह सब करना पड़ता है। यह सब कार्य तथा इस प्रकार के अन्य कार्य धर्म के मंगलाचार कहलाते हैं। इसलिए पिता, पुत्र, भाई, स्वामी, मित्र, साथी और कहाँ तक कहें पड़ोसी को भी यह कहना चाहिए कि "यह मंगलाचार अच्छा है। इसे तब तक करना चाहिए जब तक अभीष्ट कार्य की सिद्धि न हो।" अन्य मंगलाचार हैं, वे सन्दिग्ध हैं अर्थात् उनसे अभीष्ट कार्य सिद्ध भी हो सकता है और नहीं भी सिद्ध हो सकता है। सम्भव है उनसे केवल ऐहिक फल मिले। किन्तु धर्म के मंगलाचार काल से अलग नहीं हैं अर्थात् सब काल में उनसे फल मिलता है। यदि इस लोक में उनसे अभीष्ट सिद्धि न हो, तो परलोक में अनन्त पुण्य होता है। यदि इस लोक में अभीष्ट कार्य सिद्ध हो गया, तो दोनों लाभ हुए अर्थात् यहाँ भी कार्य सिद्ध हुआ और परलोक में भी अनन्त पुण्य प्राप्त हुआ।

1.4 भौगोलिक पृष्ठभूमि

भारत में भूगोल के प्रति मनुष्य की चेतना सामाजिक संस्कृति एवं सभ्यता के उदय के साथ ही जागृत हो गई थी।

भारत के प्राचीन ग्रन्थों यथा वेद, ब्राह्मण, उपनिषद्, पुराण, *रामायण*, *महाभारत*, *मनुस्मृति*, बौद्ध एवं जैन धर्मग्रन्थों, मेगस्थनीज, फाहियान, ह्वेनसांग आदि बाहरी यात्रियों के विवरणों तथा कौटिल्य के *अर्थशास्त्र* एवं कामांदकीय नीतिशास्त्र में भौगोलिक सूचनाएँ पर्याप्त मात्रा में मिलती हैं।

भारत में स्थित प्रादेशिक तत्त्वों यथा नदियों एवं पर्वतों का प्रत्यक्ष ज्ञान वैदिक-पौराणिक काल में ही प्राप्त हो गया था। *रामायण*, *महाभारत* तथा बौद्ध एवं जैन धर्मग्रन्थों के माध्यम से इस प्रकार के ज्ञान का आभास मिलता है। निश्चय ही ईसा से कई शताब्दी पूर्व इतने विशाल भू-भाग में कई विशाल सुव्यवस्थित साम्राज्य स्थापित हो गए थे। इनमें परस्पर युद्ध अथवा व्यापार द्वारा सम्पर्क हुआ करते थे एवं इन साम्राज्यों का संकुचन-प्रसार हुआ करता था। इस प्रकार सम्पूर्ण भारतीय उपमहाद्वीप के भौगोलिक स्वरूप का प्रत्यक्ष ज्ञान, ईसापूर्व चौथी शताब्दी तक प्राप्त हो चुका था।

जैसा कि कनिंघम (*Ancient Geog. of India*-p.6) ने बताया है, पौराणिक काल में भारत को एक विषम चतुर्भुज के आकारयुक्त क्षेत्र माना जाता था, जिसके पश्चिम में सिन्धु नदी, उत्तर में पहाड़ तथा दक्षिण एवं पूर्व में समुद्र थे। *महाभारत* में भारतवर्ष का आकार चार छोटे समबाहु त्रिभुजों में विभाजित एक समबाहु त्रिभुज के रूप में वर्णित है। कनिंघम के अनुसार, यदि भारत की उत्तरी-पश्चिमी सीमा को गजनी तक बढ़ा दिया जाए और असम में

सदिया तथा दक्षिण में कन्याकुमारी के बिन्दुओं को मिला दिया जाए, तो यह रूप भारत की आकृति के अनुरूप हो जाता है। पुराणों के अनुसार, भारतवर्ष का धरातल लेटे हुए कछुए की पीठ जैसा उत्तल है। पुराणों में भारतवर्ष को पाँच प्रमुख खंडों में विभक्त किया गया है। 1. मध्यदेश, 2. उदीच्य, 3. प्राच्यदेश, 4. दक्षिणापथ और 5. अपरान्त। इसमें सर्वाधिक महत्त्वपूर्ण मध्यदेश या आर्यावर्त का वर्णन सभी ब्राह्मण ग्रन्थों में मिलता है। मनु ने मध्यदेश को हिमालय से विन्ध्य तक और पूर्व में प्रयाग तक विस्तृत माना है, जबकि वेद सूत्रों का आर्यावर्त वाराणसी तक फैला था। प्राच्यदेश मध्यदेश के पूर्व में स्थित था, पर जैसे-जैसे मध्यदेश का विस्तार होता गया, प्राच्यदेश की पश्चिमी सीमा सिकुड़ती गई। अन्य खंडों की वास्तविक सीमाओं के विषय में पर्याप्त मतभेद मिलते हैं। दृष्टव्य प्राकृतिक तत्त्वों, विशेषतया पर्वतों एवं नदियों का अपेक्षाकृत अधिक पुष्ट एवं विशद विवरण वेद-पुराण से लेकर अन्य सभी प्राचीन ग्रन्थों में उपलब्ध होता है। पुराणों में कई पर्वतों का उल्लेख है—महेन्द्रगिरि (पूर्वीघाट), मलय (पश्चिमीघाट का दक्षिणी छोर), सहयाद्रि (पश्चिमीघाट के नीलगिरि से उत्तर का भाग), कक्ष (विन्ध्य का एक अंश), सूक्तिमत (छोटानागपुर की पर्वत श्रेणियाँ), विन्ध्य तथा पारिपात्र (अरावली)। प्रायः सभी प्रमुख नदियों का उत्तरोत्तर विस्तृत एवं सही वर्णन मिलता है। वैदिक युग से ही आर्यक्षेत्र को सप्तसैन्धव की संज्ञा से अभिहित करने की परम्परा चली आ रही है। पहले इसे पंजाब की सात नदियों से जोड़ा जाता था, परन्तु कालान्तर में यह गंगा, यमुना, गोदावरी, नर्मदा, सिन्ध और कावेरी तथा सरस्वती का बोधक हो गया (गंगा च यमुना चैव गोदावरी सरस्वती नर्मदा-सिन्धु कावेरी जले तस्मिन् सन्निचिम कुल)।

भौतिक विशेषताएँ

1.5 हिमालय पर्वत

भारत और तिब्बत के बीच की पर्वत-शृंखलाओं का नाम है हिमालय पर्वत। इसके पश्चिमी बाजू पर सिन्धु नदी और पूर्वी बाजू पर ब्रह्मपुत्र नदी है। इन पर्वत-शृंखलाओं की लम्बाई 1500 मील और चौड़ाई 100 से 150 मील है। इसका सबसे ऊँचा शिखर एवरेस्ट (या सागरमाथा) है। इसका कुछ भाग वर्ष के बारहों महीने हिमाच्छादित रहता है। हिमालय कई नदियों का उद्‌गम-स्थल है, जिनमें सिन्धु, सतलज, गंगा, यमुना, ब्रह्मपुत्र, कोसी, गंडक तथा सुवर्णश्री मुख्य हैं। हिमालय प्रदेश में अत्यधिक गर्म जलवायु से लेकर अत्यधिक ठंडी जलवायु मिलती है। यहाँ पर अनेक प्रकार के पशु और अनेक प्रकार की वनस्पतियाँ मिलती हैं। हिमालय ने भारतीय राजनीति, भारतीय दर्शन तथा भारतीय धर्म को सर्वाधिक प्रभावित किया है। उत्तर में इसने एक प्रकार से भारत की दुर्लभ्य रक्षापंक्ति का निर्माण कर दिया है। इसकी धूसरता, गरिमा तथा विशालता के कारण हिन्दू लोग इसको देवताओं का वासस्थान मानने लगे और इसने हिन्दू दर्शन और धर्म को विशिष्ट दिशा प्रदान की। हिमालय की पूर्वी शाखाओं में पटोई, नागा और लुशाई अधिक प्रसिद्ध हैं। हिमालय के उत्तरी तथा पूर्वी प्रदेशों में कश्मीर, लद्दाख, कांगड़ा, टेहरी, कुमायूँ, नेपाल, सिक्किम, भूटान तथा असम शामिल हैं। उत्तर तथा उत्तर-पूर्व में तंग दर्रे हैं, जो बर्फ से ढके रहते हैं।

इस महान पर्वतमाला की पश्चिमी शाखाएँ 1947 ई. के बाद पाकिस्तान की अंग बन गई। इन शाखाओं में हिन्दुकुश, सफेद कोह, सुलेमान कोह इत्यादि पहाड़ियाँ शामिल हैं।

1947 ई. से पहले यह पर्वत भारत को अफगानिस्तान से पृथक् करता था। हिमालय के उत्तर और पूर्वी कोने में दर्रे बहुत ऊँचे हैं और बर्फ से ढके रहते हैं; जबकि पश्चिमी पर्वतमाला के दर्रे कम ऊँचे तथा शुष्क हैं।

प्रभाव

(i) सुरक्षा प्रदान करना–हिमालय पर्वतमाला ने भारत के इतिहास पर गहरा प्रभाव डाला है। हिमालय की दुर्भेद्य तथा हिमाच्छादित चोटियों ने एक जागरूक प्रहरी का काम किया है और इस ओर से देश को चिरकाल तक सुरक्षित रखा है। हिमालय पर्वत में स्थित दर्रे तंग हैं और इन दर्रों से होकर चीन और तिब्बत से कुछ आना-जाना बना रहा है, पर इस मार्ग से कोई आक्रमण नहीं हो सका। लेकिन आधुनिक वैज्ञानिक युग में स्थिति बदल गई है। 1962 ई. में चीन का आक्रमण इसी ओर से हुआ था।

(ii) देश में समृद्धि–भारत की प्रसिद्ध नदियों–गंगा, यमुना तथा उनकी कई सहायक नदियों के स्रोत हिमालय में हैं और इनके मैदानों की वर्षा, उपज और समृद्धि हिमालय पर ही आधारित रही है। हिमालय पर्वतमाला नहीं होती तो यह प्रदेश बंजर होते।

(iii) पृथक् सभ्यता का निर्माण–हिमालय पर्वतमाला ने भारत की सभ्यता को एशिया के उत्तरी तथा पूर्वीय भागों से पृथक् रखकर इसे विशेषता प्रदान की। इसी कारण इसका विकास अलग ढंग से हुआ और भारतीय सभ्यता बहुत-सी बातों में अन्य एशियाई सभ्यताओं से भिन्न रही तथा अन्य एशियाई देशों से हमारा सम्बन्ध सीमित रहा।

(iv) पश्चिमी पर्वतों के दर्रों के मार्ग से आक्रमण–पश्चिमी पर्वतमाला में खैबर, गोमल, बोलन और टोची के प्रसिद्ध दर्रे हैं। प्राचीनकाल से आर्य जातियाँ इन्हीं दर्रों से होकर भारत आईं। इसलिए इसे भारत का प्रवेश द्वार कहा जाता रहा। जब भी भारत ने इनकी सुरक्षा में ढील दी, तभी आक्रमणकारियों ने सारे उत्तरी भारत को रौंद डाला।

(v) दर्रों द्वारा पश्चिमी देशों से सम्पर्क–इन दर्रों ने जहाँ आक्रमणकारियों को प्रोत्साहन दिया, वहीं भारतीय सभ्यता की सेवा भी की। इन्हीं के द्वारा हमारा सम्पर्क पश्चिमी एशिया तथा अन्य देशों से बना रहा और सांस्कृतिक तथा व्यापारिक आदान-प्रदान भी हुआ। इन्हीं दर्रों द्वारा भारतीय संस्कृति एवं बौद्ध धर्म का प्रचार मध्य एशिया तथा पश्चिमी एशिया में हुआ।

भारत की इस प्राकृतिक सीमा ने हमें सुरक्षा तो प्रदान की, परन्तु आक्रमणों से छुटकारा नहीं दिलाया और एक ओर जहाँ इसने भारतीयों को शेष संसार से अपनी अलग सांस्कृतिक एकता बनाए रखने में सहायता दी, वहाँ दूसरी ओर इसने भारत को विश्व से बिल्कुल अलग-थलग भी नहीं रखा।

1.6 सिन्धु-गंगा का उत्तरी मैदान

भारत का यह उत्तरी मैदान भारत-महाद्वीप का हृदय है और गंगा, यमुना, सिन्धु तथा उनकी सहायक नदियाँ इसे सींचती हैं। यदि राजस्थान के मरुस्थल को छोड़ दें, तो इस विशाल मैदान

में नदियों का जाल-सा बिछा पड़ा है। सतलज और यमुना के बीच का स्थल ऊँचा है तथा इस मैदान का विभाजक है। इसमें राजस्थान की मरुस्थल और अरावली का पर्वतमाला है। इस प्रदेश के उत्तर में कुरुक्षेत्र का सँकरा मार्ग है। यह मार्ग सिन्धु और गंगा के मैदानों को जोड़ता है। इस प्रदेश ने भारत के इतिहास को मुख्य रूप से प्रभावित किया है।

प्रभाव

(i) भारतीय संस्कृति तथा सभ्यता का केन्द्र–यह मैदान संसार के कुछ अतिप्रसिद्ध और उपजाऊ मैदानों में गिना जाता है। उपजाऊ होने के कारण यह सदा कला और साहित्य का केन्द्र बना रहा है। यहाँ से सभ्यता अन्य केन्द्रों में फैली है। भारत के सर्व-प्रसिद्ध नगर दिल्ली, आगरा, प्रयाग, बनारस और हमारे प्रसिद्ध विश्वविद्यालय तक्षशिला, विक्रमशिला, नालन्दा और सारनाथ इसी प्रदेश में स्थापित हुए। कला और साहित्य के क्षेत्र में यहाँ के लोगों ने काफी उन्नति की। प्रायः संस्कृति का विकास यहीं से हुआ। यहाँ भारतीयों को बौद्धिक विकास का पूरा अवसर मिला।

(ii) राजनीतिक महत्त्व–भारत का इतिहास, एक बड़ी सीमा तक उत्तरी भारत की उथल-पुथल का इतिहास है। भौगोलिक स्थिति के कारण ही मौर्य, गुप्त, वर्द्धन, खिलजी और मुगल इत्यादि वंशों की राजधानियाँ उत्तरी भारत में थीं। उत्तरी भारत में स्थापित राजवंशों ने ही दक्षिण-विजय का प्रयास कर इसे अपने अधीन करने का प्रयास किया। इस विशाल मैदान में स्थापित राजवंश सदा महत्त्वाकांक्षी बने रहे।

(iii) विदेशी आक्रमण–इन प्रदेशों की उर्वरता और समृद्धि विदेशी आक्रमणकारियों के लिए सदा आकर्षक बनी रही तथा ये प्रदेश सदा विदेशी आक्रमण का निशाना बने रहे। आर्य, यूनानी, कुषाण, तुर्क और मुगल भी सब इसी मैदान पर अधिकार करने की इच्छा से भारत में आए।

(iv) पानीपत-कुरुक्षेत्र मैदान का युद्धस्थल बनना–भौगोलिक परिस्थितियों के कारण ही कुरुक्षेत्र का मैदान भारत का प्रवेश द्वार बना रहा है। पानीपत में दक्षिण के राजपूताना का मरुस्थल और उत्तर में हिमालय पर्वत की ऊँची पहाड़ियाँ हैं। आक्रमणकारियों को दिल्ली पहुँचने के लिए इसी मैदान से गुजरना पड़ता था। महाभारत के युद्ध से लेकर पानीपत के तीसरे युद्ध तक पानीपत-कुरुक्षेत्र मैदान सदा युद्ध का क्षेत्र बना रहा। देश के निर्णायक युद्ध कुरुक्षेत्र में अथवा उसके निकटवर्ती क्षेत्र में ही हुए।

(v) राजस्थान मरुस्थल का अपनी स्वतन्त्रता बनाए रखने के लिए निरन्तर संघर्ष–राजस्थान की ऊसर भूमि आक्रमणकारियों के लिए कोई आकर्षण नहीं रखती थी। मुस्लिम काल में पराजित तथा स्वतन्त्रता-प्रिय जातियों ने भागकर यहाँ अपने राज्य स्थापित किए। उत्तरी भारत के सम्राटों के लिए इसे जीत पाना कठिन था। मुस्लिम काल में मुस्लिम आक्रमणकारियों के विरुद्ध संघर्ष का नेतृत्व राजस्थान की स्वतन्त्रता-प्रिय जातियों के ही हाथ में रहा।

(vi) विभिन्न प्रदेशों के जीवन में विभिन्नता–भौगोलिक परिस्थितियों के कारण ही पंजाब, उत्तर प्रदेश, बिहार और बंगाल के रहन-सहन में इतना बड़ा अन्तर रहा है। पंजाब को पंचनद देश भी कहा गया। पंजाब का अर्थ 5 आब अर्थात् 5 जल अथवा 5 नदियाँ होता है। ये पाँच नदियाँ सतलज (शतद्रु), व्यास (विपासा), रावी (परूष्णी), चिनाव (असिक्नी) और

झेलम (वितस्ता) हैं। पंजाबी वीर, योद्धा तथा परिश्रमी की पहचान बने तो उत्तर प्रदेश और बंगाल सभ्यता और संस्कृति के केन्द्र बने। पंजाब को सदा आक्रमणकारियों का मुकाबला करना पड़ा। इसलिए उनका जीवन अधिक क्रियाशील रहा। उत्तर प्रदेश भौगोलिक कारण से ही भारत का हृदय बना रहा और यहाँ संस्कृति काफी फूली-फली।

1.7 दक्षिणी पठार

दक्षिणी पठार विन्ध्याचल पर्वत से लेकर कुमारी अन्तरीप तक फैला हुआ है। विन्ध्याचल पर्वत तथा सतपुड़ा पर्वत इसे उत्तरी मैदान से पृथक् करते हैं। नर्मदा, ताप्ती, गोदावरी, कृष्णा, कावेरी इस भाग की मुख्य नदियाँ हैं।

प्रभाव

(i) उत्तरी भारत से पृथक्कता–विन्ध्याचल घने जंगलों से घिरा हुआ है और आरम्भ से ही इसे पार करना सरल नहीं रहा। इसी के कारण उत्तरी और दक्षिणी भारत के बीच कभी भी आदान-प्रदान इतना खुलकर न हो सका; अतः दोनों की संस्कृति, भाषा और जातियाँ अक्षुण्ण बनी रहीं। प्राकृतिक बाधाओं के कारण आर्य सभ्यता कई शताब्दियों तक दक्षिण में न फैल सकी। कई शताब्दी तक दक्षिण इस्लामी प्रभाव से भी बचा रहा और अपने पूर्ण विकसित रूप में दिखाई देता रहा। दक्षिण की भाषाएँ उत्तर भारत की भाषाओं से भिन्न रूप में विकसित हुई और यहाँ की भाषा, कला और साहित्य में एक अपनी निराली छाप रही।

(ii) विजित जातियों के लिए सुरक्षित स्थान–प्राचीन समय से ही उत्तर भारत के आक्रमणकारियों से बचने के लिए विभिन्न जातियाँ विन्ध्याचल के जंगलों में शरण लेती थीं। धीरे-धीरे इन जातियों का सभ्यता से सम्पर्क छूट गया और यह अपने आदिमरूप में ही रह गई। इस प्रकार भारत में मानवजाति के विकास का अध्ययन करने के लिए इस प्रदेश से पर्याप्त सामग्री इकट्ठी हुई। आज भी ये आदिवासी जातियाँ अपनी विशेष सभ्यता को अपनाए रही हैं। हमारे संविधान में भी इन आदिवासी जातियों के लिए विशेष अधिकारों और सुविधाओं की व्यवस्था सुनिश्चित की गई है। परिणामतः, विकसित भारत में इन जातियों में भी काफी सुधार हो रहा है। फिर भी इन आदिवासी जातियों में से कई को तो अब भी पत्थरयुग का ही कहा जा सकता है।

(iii) छापामार युद्ध-प्रणाली–दक्षिण की पहाड़ियों, पथरीली भूमि, टेढ़े-मेढ़े मार्ग और खड्डे आक्रमणकारियों के मार्ग में बाधक बने रहे। यहाँ दुर्ग बनाना बड़ा सुगम था। यहाँ के लोग भी अपनी भौगोलिक कठिनाइयों के कारण अधिक परिश्रमी और सफल योद्धा बने। यह प्रदेश छापामार युद्ध के लिए विशेष रूप से प्रसिद्ध रहा। अपने दुश्मनों को नाकों चने चबवाने में सफल हुए। मराठों की सफलता का प्रमुख कारण छापामार युद्ध ही था।

(iv) सामुद्रिक व्यापार को प्रोत्साहन–पूर्व और पश्चिम की ओर से समुद्र से घिरे होने के कारण दक्षिण के शासक सामुद्रिक व्यापार को बढ़ावा देते रहे। भारत ने बर्मा, सुमात्रा, जावा, मलाया, मिस्र, अरब तथा भूमध्य सागर के साथ व्यापारिक तथा सांस्कृतिक सम्बन्ध स्थापित किया। भारत ने समुद्रीशक्ति की ओर विशेष ध्यान नहीं दिया। इसी कारण दक्षिण और बाद

में सारा भारत अंग्रेजों के अधिकार में आ गया। अंग्रेजों की सफलता का एक बड़ा कारण उनकी सामुद्रिक शक्ति थी।

(v) एकता का प्रभाव–भारत का दक्षिण क्षेत्र अपनी भौगोलिक स्थिति के कारण उत्तर भारत से अलग रहा। प्राचीनकाल में सारे देश में एक सभ्यता और एक देश की भावना कभी सुदृढ़ नहीं हो सकी। कुछ ही शक्तिशाली सम्राट सारे देश को एक झंडे तले रखने में समर्थ हो सके। अशोक, समुद्रगुप्त, अलाउद्दीन, मुहम्मद तुगलक, अकबर जैसे महान सम्राटों की संख्या बहुत कम है। दक्षिण भारत पर इन सम्राटों का यह अधिकार भी अस्थायी ही रहा। उत्तर और दक्षिण का राज्य कभी भी चिरकाल तक एक शासक के शासन में नहीं रहा।

(vi) दक्षिण में शक्तिशाली और समृद्ध साम्राज्यों का विकास–दक्षिणी पठार के पूर्वी किनारे पर नदियों के बंगाल की खाड़ी में गिरने के कारण दक्षिणी पठार के पूर्वी इलाके अच्छे उर्वर मैदान बन गए। इन्हीं मैदानों में कलिंग, आन्ध्र और चोल जैसे शक्तिशाली साम्राज्यों की स्थापना हुई।

1.8 जलवायु

पश्चिमी तट की पट्टी, पश्चिमी-घाट, मुम्बई का दक्षिणी भाग, मेघालय, पश्चिमी नागालैंड और त्रिपुरा का क्षेत्र **उष्णकटिबंधीय वर्षावाला प्रदेश** है। इन क्षेत्रों में सितम्बर में करीब 18°C तापमान रहता है। अधिकतम तापमान अप्रैल और मई में 27°C रहता है। इन क्षेत्रों में औसत वृष्टिमान 250 से.मी. से ज्यादा रहता है। उत्तर-पूर्वी गुजरात, दक्षिण बिहार, मध्य प्रदेश का अधिकांश भाग, उड़ीसा, पूर्वी महाराष्ट्र, पूर्वी तमिलनाडु तट और उत्तरी आन्ध्र प्रदेश **उष्णकटिबंधीय सवाना प्रदेश** कहे जाते हैं। यहाँ का तापमान 18°C से 46°C के बीच रहता है। औसतन वर्षा 100 से.मी. होती है।

उष्णकटिबंधीग स्टेप घासवाले प्रदेश गें उत्तरी गुजरात, पशिचमी राजस्थान, **सौराष्ट्र** और पंजाब से कच्छ तक के प्रदेश आते हैं। इन क्षेत्रों का औसतन तापमान 27°C और 48°C के बीच रहता है। यहाँ औसतन वर्षा 50 से 70 से.मी. होती है। पश्चिमी राजस्थान और कच्छ के क्षेत्र उष्णकटिबंधीय मरुस्थल प्रदेश हैं। यहाँ औसतन वर्षा 12.5 से.मी. होती है और 1°C से 48°C के बीच तापमान रहता है। हिमालय की तराईवाले क्षेत्र, पूर्वी राजस्थान, उत्तर प्रदेश का मैदान, बिहार, अरुणाचल प्रदेश, असम और उत्तरी बंगाल का इलाका **आर्द्र उप-उष्णकटिबंधीय प्रदेश** है। यहाँ औसतन वर्षा 62.5 से.मी. होती है। गर्मी में यहाँ का तापमान 46°C से 48°C के बीच रहता है।

सम्पूर्ण हिमालय प्रदेश का इलाका **पर्वतीय प्रदेश** कहलाता है, जहाँ औसतन तापमान 15°C से 17°C के बीच रहता है। जाड़ा में 8°C तापमान नीचे आ जाता है।

जलवायु के अनुसार भारतीय फसलों को 2 भागों में बाँटा जाता है : (1) रबी और (2) खरीफ।

रबी–ठंडे मौसम की फसल को रबी कहते हैं। ऐसी फसलों के अंकुरण तथा उसके बाद कुछ समय तक शुष्क मौसम की आवश्यकता होती है। इन फसलों की वृद्धि के लिए

अपेक्षाकृत ठंडे मौसम की जरूरत होती है। ऐसी फसलों को नवम्बर में बोया जाता है और अप्रैल-मई में काटा जाता है। गेहूँ, चना, तिलहन आदि प्रमुख रबी फसलें हैं।

खरीफ–गर्मी एवं बरसात के मौसम में होनेवाली फसलों को खरीफ कहते हैं। ज्वार, धान, मकई, कपास, मूँगफली, जूट, तम्बाकू, बाजरा, गन्ना, मिर्च, भिंडी, गाँजा आदि खरीफ फसलें हैं। इन फसलों के लिए अधिक जल और लम्बे गर्म मौसम की आवश्यकता होती है। खरीफ फसलों की बोआई जून या प्रारम्भिक जुलाई और कटाई सितम्बर-अक्टूबर में होती है।

1.9 साहित्य में वर्णित भारत का भूगोल

अथर्ववेद के कतिपय सन्दर्भों से तत्कालीन भारत के भौगोलिक परिवेश का कुछ अनुमान लगाया जा सकता है। *अथर्ववेद* (5.2.2) में गान्धार, मूजवत्, महावृष, बह्लीक, मगध तथा अंगदेश का उल्लेख हुआ है। एक मन्त्र (10.2.31) में अष्टचक्र (या अष्टापद) आकारयुक्त अयोध्या का और एक अन्य मन्त्र (4.7.1) में वरुणावती का उल्लेख हुआ है। वरुणावती को विद्वानों ने वाराणसी का समीकरण किया है। अन्य दो मन्त्रों (18.27.3-4) में दक्षिण-पश्चिम समुद्र की ओर संकेत किया गया है।

अथर्ववेद के उल्लेखों से स्पष्ट होता है कि अथर्ववैदिक आर्यों ने दक्षिण, पश्चिम और पूर्व की ओर अपनी सीमाओं का विस्तार कर लिया था। वहाँ उन्होंने अपने प्रभुत्व तथा अपने देवताओं की स्थापना की और अपनी संस्कृति का विकास किया। उक्त उल्लेखों के आधार पर ज्ञात होता है कि पश्चिम के बल्ख (बह्लीक) से लेकर पूर्व में बिहार तक अथर्ववैदिक आर्यों का अस्तित्व व्याप्त हो चुका था।

ब्रह्मावर्त : मनु ने ब्रह्मावर्त की सीमाओं को निर्धारित करते हुए अपनी रचना *मनुस्मृति* (2.17) में लिखा है कि 'सरस्वती और दृषद्वती, इन दो देवनदियों के मध्य में अवस्थित देवनिर्मित देश 'ब्रह्मावर्त' देश कहा जाता है।' मनु ने इस देश को ब्राह्मणों तथा अम्बष्ठ, रथकार आदि वर्णसंकर जातियों के कुल-परम्परागत आचार को 'सदाचार' की संज्ञा से सम्मानित किया है। कतिपय आधुनिक विद्वानों ने प्राचीन ब्रह्मावर्त को पंजाब का वर्तमान हिसार जिला बताया है, जो कि उचित नहीं है।

सप्तसिन्धु में अपना अस्तित्व जमा लेने के उपरान्त आर्यों ने भारत के विभिन्न अंचलों में अपना विकास-विस्तार किया। उनके विस्तार की इस स्थिति को ही 'ब्रह्मावर्त' के नाम से सम्बोधित किया गया है।

ब्रह्मर्षिदेश : मनु ने ब्रह्मर्षिदेश की सीमाओं का उल्लेख करते हुए *मनुस्मृति* (2.19) में लिखा है कि 'कुरुक्षेत्र, मत्स्य, पांचाल और सूरसेन जनपदों से युक्त भूखंड 'ब्रह्मर्षिदेश' के नाम से कहा जाता है, जो कि आर्यावर्त के अन्तर्गत हैं।' मनु ने इस ब्रह्मर्षि-देशवासी ब्राह्मणों के चरित्र को सर्वोच्च स्थान दिया है और उनसे पृथ्वी के समस्त मानवों को शिक्षा ग्रहण करने का निर्देश किया है।

मध्यदेश : मध्यदेश की चतुर्दिक् सीमाओं का उल्लेख करते हुए मनु ने *मनुस्मृति* (2.21) में लिखा है कि 'उत्तर में हिमालय और दक्षिण में विन्ध्याचल; पश्चिम में बीकानेर (विनशन) और पूर्व में प्रयाग; इन सीमाओं से परिवेष्टित भू-भाग 'मध्यदेश' के नाम से कहा जाता है।'

इस भौगोलिक वृत्त के अनुसार, मरुभूमि में सरस्वती के विलीन हो जाने के स्थान से लेकर गंगा-यमुना के संगम के बीच के भू-भाग में मध्यदेश स्थित था। *ऐतरेय ब्राह्मण* (8.14.3) में कुरुओं, पांचालों, वृषों और उशीनरों को इस क्षेत्र का मूल निवासी बताया गया है।

आर्यावर्त : मनु के अतिरिक्त अन्य अनेक ग्रन्थकारों ने आर्यावर्त की सीमाओं के सम्बन्ध में उल्लेख किया है। इन ग्रन्थकारों में बड़ा मतभेद देखने को मिलता है। यास्क ने *निरुक्त* (2.2) में लिखा है कि कम्बोज देश आर्यों की सीमा से बाहर है, यद्यपि वहाँ भी आर्यभाषा ही बोली जाती है। पतंजलि के *महाभाष्य* में सुराष्ट्र को आर्यदेश के अन्तर्गत नहीं माना गया है। *विशिष्ठ धर्मसूत्र* (118-9, 12-13) और *बौधायन धर्मसूत्र* (1.2.9) में आर्यावर्त की सीमाएँ मरु-मिलन के पहले सरस्वती से पूर्व, कालकवन (सम्भवतः हरिद्वार) के पश्चिम पारियात्र (विन्ध्य का पश्चिमी भाग, जिसमें चम्बल, बेतवा तथा क्षिप्रा आदि नदियाँ निकलती हैं) एवं विन्ध्य पर्वत के उत्तर और हिमालय के दक्षिण तक विस्तृत हैं। इसी धर्मसूत्र (1.1.28) में एक अन्य स्थान पर गंगा और यमुना के मध्य में अवस्थित देश को आर्यावर्त नाम कहा गया है। *शंख धर्मसूत्र* में लिखा गया है कि सिन्धु, सौवीर से पूर्व, काम्पिल्य नगर से पश्चिम, हिमालय के दक्षिण और पारियात्र पर्वत के उत्तर आर्यावर्त में पुनीत आध्यात्मिक महिमा (अनवद्य ब्रह्मवर्चस्) विराजमान है।

पुराणों में भारतवर्ष की सीमाओं का स्पष्ट उल्लेख मिलता है। *मार्कण्डेय पुराण* (57.59) और *विष्णु पुराण* (2.3.1) के अनुसार, पूर्व, पश्चिम और दक्षिण—इन तीनों दिशाओं में समुद्र और उत्तर में हिमालय से आवृत्त भू-भाग ही भारतवर्ष है। अन्य पुराणों में यह सीमा गंगा (भागीरथी—उत्तरी हिमालय) से कुमारी अन्तरीप तक कही गई है। *विष्णु पुराण* (2.127.129) में भारतवर्ष के सात मुख्य पर्वतों का उल्लेख किया गया है, जिनके नाम थे महेन्द्र, मलय, सह्य, सुक्तिमत, ऋक्ष, विन्ध्य और पारियात्र। उसके पूर्व में किरात, पश्चिम में यवन और मध्य में आर्य निवास करते थे। जैमिनि के *मीमांसासूत्र* (10.1.35.42) के भाष्य में शबरस्वामी ने इस भू-भाग के अन्तर्गत बसनेवाले वृहद् समाज में भाषा तथा संस्कृति की एकता बताई।

भारत के आध्यात्मिक और भौतिक जीवन के निर्माण में समुद्र का अपरिहार्य योगदान रहा है, जैसा कि आधुनिक भूगोलवेत्ता विद्वानों का अभिमत है। *ऐतरेय ब्राह्मण* (8.20) में भी पृथ्वी के चारों ओर समुद्र का व्याप्त होना बताया गया है। ऋग्वैदिक ऋषियों ने समुद्र की महिमा और उसमें निहित निधियों का बढ़-चढ़कर वर्णन किया है।

ऋग्वेद के अनेक सन्दर्भों में ऋग्वैदिक भारत के चार समुद्रों का उल्लेख हुआ मिलता है। *ऋग्वेद* के एक मन्त्र (10.47.2) में कहा गया है कि 'हे इन्द्र, तुम्हें इस शोभन अस्त्र और शोभन रक्षणवाले, सुन्दर नेत्रोंवाले, चारों समुद्रों को जल से परिपूर्ण करनेवाले, घनपति बार-बार स्तुत्य और दुखों के निवारक मानते हैं।'

इन चारों समुद्रों की भौगोलिक स्थितियों के सम्बन्ध में *ऋग्वेद* (3.33.2-3; 101.36.5), *अथर्ववेद* (11.5.6) और *शतपथ ब्राह्मण* (1.6.3.12) में जो चर्चाएँ हुई हैं, उनका अनुशीलन कर आधुनिक विद्वानों का कहना है कि एक समुद्र दक्षिण भारत में था, जो कि राजस्थान तक फैला हुआ था और जिसमें पंजाब की *शुतुद्री* (सतलज) और विपाशा (व्यास) दोनों नदियाँ गिरती थीं। इसके अतिरिक्त वैदिक भारत के पूर्व और पश्चिम में भी दो समुद्र थे। चौथा समुद्र 'उत्तर सागर' था, जो कि हरिद्वार से लेकर मानसरोवर तक फैला हुआ था। जल-प्लावन के

समय वैवस्वत मनु की नौका जिस समुद्र से होकर हिमालय पर जा लगी थी, वह वही उत्तर सागर था, जिसे कुछ विद्वानों ने आर्कटिक महासागर से जोड़ने का विफल प्रयास किया है।

वैदिक भारत के ये समुद्र वस्तुतः भूकम्पों, अतिवृष्टियों तथा बाढ़ों के कारण बार-बार बदलते रहे और इसीलिए उनकी भौगोलिक स्थितियों में परिवर्तन होता गया। इसी कारण शेष तीन समुद्र तो अस्तित्वहीन हो गए, केवल दक्षिण का समुद्र ही सम्प्रति विद्यमान रह सका है। उसकी भी भौगोलिक स्थिति ठीक वैसी नहीं है, जैसा कि प्राचीन ग्रन्थों में उसका वर्णन है।

नदियाँ इस राष्ट्र की प्राणदायिनी शक्तियाँ रही हैं। आर्यों ने इस देश को अपने स्थायी निवास के लिए सम्भवतः इस कारण पसन्द किया कि यहाँ समुद्रों, नदी-नादों और विशाल झीलों की अधिकता थी। आर्य ऋषियों ने अपने आश्रम प्रायः इन्हीं नदी-तटों या नदी-संगमों पर बनाए थे, जिससे कि आध्यात्मिक तथा भौतिक द्विविध कामनाओं की पूर्ति की जा सके। *ऋग्वेद* के ऋषियों ने इन दिव्य नदियों की महिमा का उद्गायन करने के लिए 'नदी सूक्त' (10.75) के नाम से एक स्वतन्त्र सूक्त की रचना की। *ऋग्वेद* के अनेक स्थलों पर उनकी संख्या 90 या 99 बताई गई है। समस्त भारतीय साहित्य में इन नदियों को दैविक तथा भौतिक शक्तियों का स्रोत बताकर उनकी श्रद्धा और पवित्रता का विस्तार से वर्णन किया गया है। **सायण** ने उन्हें 'मातृरूपा' (*ऋग्वेद भाष्य* 8.85.1) कहा है। ये नदियाँ वस्तुतः इस देश की प्राणदायिनी शक्तियाँ रही हैं और इनके कारण ही यह भारत-भूमि सतत सस्यश्यामला और उर्वर बनी रही।

ये नदियाँ भारत की भौगोलिक तथा ऐतिहासिक स्थितियों की सूचक तथा धार्मिक और सामाजिक जीवन की प्रेरणास्रोत रही हैं। ये अतीत के समान आज भी मनुष्य की आध्यात्मिक तृप्ति का साधन और कृषि तथा व्यापार की दृष्टि से भौतिक उन्नति की सहायिका बनी हुई है।

आर्यों के रहनेवाले स्थान को आमतौर पर 'आर्यावर्त' कहते हैं। *ऋग्वेद* में नदी सूक्त के अन्तर्गत सात प्रमुख नदियों का उल्लेख आता है, जो कि क्रमशः 'कुभा' (काबुल नदी), 'क्रुमु' (कुर्रस), 'गोमती' (गोमल), 'परूष्णी' (रावी), 'शुतुद्री' (सतलज), 'वितस्ता' (झेलम), 'सिन्धु' थी। साथ ही 'सरस्वती', 'यमुना' तथा 'गंगा' का भी उल्लेख है। *ऋग्वेद* में इन नदियों के नामों के उल्लेख से यह प्रतीत होता है कि वैदिककाल के प्रारम्भ में आर्यों का निवास स्थान वर्तमान अफगानिस्तान से लेकर पंजाब और यमुना तथा गंगा के तट तक फैला हुआ था, लेकिन आर्यावर्त नाम स्मृति-काल से प्रचलित हुआ जान पड़ता है। जबकि पूर्व-उत्तरी भारत पूर्वी समुद्र से लेकर पश्चिमी समुद्र तक और हिमालय से लेकर पश्चिमी समुद्र तक आर्यावर्त के नाम से जाना जाता है।

जम्बुद्वीप : पुराणों में लिखा है कि पृथ्वी 7 द्वीपों—जम्बू, शाक, कुश, शाल्मल, क्रौंच, गोमेद और पुष्कर में विभक्त हैं। जम्बुद्वीप में 9 वर्ष हैं, जिनमें एक भारतवर्ष है। भारतवर्ष में 9 द्वीप हैं—इन्द्रद्वीप, कशेरुमान, ताम्रपर्ण, गभस्तिमान, नागद्वीप, सौम्य, गन्धर्व, वरुण और कुमारी द्वीप। कुमारी द्वीप ही वास्तविक भारत देश है और शेष 8 भाग बृहत्तर भारत के हैं।

जम्बुद्वीप का चीनी रूपान्तर चम्पू है। कुषाणकाल में हमारा देश चीन में भिन्-तु अर्थात् हिन्दू या शिन्तु अर्थात् सिन्धु नाम से जाना जाता था। भारतवर्ष को चीनी लोग इन्दु-देश कहते थे। इसका कारण ह्वेनसांग बताता है कि बुद्धरूपी सूर्य के अस्त हो जाने के बाद इस

देश के महात्मा ही सारे देशों के लिए इन्दु (चन्द्रमा) का काम करते हैं। कभी-कभी चीनी लोग सम्पूर्ण भारतवर्ष के लिए मगध नाम का भी प्रयोग करते थे, क्योंकि मगधदेश बौद्धों का पवित्रतम स्थान था। भारतीय समाज में ब्राह्मणों की प्रमुखता होने के कारण चीनी लोग ब्राह्मणदेश के नाम से भी भारतवर्ष को जानते थे।

भारतवर्ष : पुराणों में जिस धर्म, शासन, न्याय और आचार आदि का वर्णन हुआ है आर्यावर्त या भारतवर्ष के निवासियों के लिए है। पौराणिक दृष्टि से भारतवर्ष वही है, जहाँ वैदिक धर्म और संस्कृति का प्रचार-प्रसार है। आर्यावर्त का भारतवर्ष नामकरण कब और कैसे हुआ, इस सम्बन्ध में पुराण-कारों में मतान्तर देखने को मिलते हैं। *मार्कण्डेय पुराण* (53.41) और *वायु पुराण* (1.33.52) आदि में कहा गया है कि मनु के परवर्ती वंशज ऋषभ के पुत्र भरत के नाम पर इस देश का भारतवर्ष नामकरण हुआ। किन्तु *वायु पुराण* (2.37.1.30) के एक अन्य सन्दर्भ में कहा गया है कि दुष्यन्त-शकुन्तला के पुत्र भरत के नाम पर भारतवर्ष नामकरण हुआ। भरतों की प्रजा की निवास-भूमि होने के कारण भी इसको भारतवर्ष कहा गया (*विष्णु पुराण*, 2.127.129)।

1.10 इतिहास पर भूगोल का प्रभाव

भिन्न-भिन्न क्षेत्र और भिन्न-भिन्न काल में जैसी भौगोलिक दशा रही, इतिहास भी वैसा ही रहा। मनुष्य का गोरा या काला होना, लम्बा, सामान्य या नाटा होना, कमजोर या स्वस्थ रहना, स्थलमार्गों की लम्बी या छोटी जिन्दगी, मन्दिरों एवं भवनों की विशालता या संकीर्णता, स्थापत्यकला-शैली में विभिन्नता, उपजाऊ या बंजर भूमि का पाया जाना, बंगाल में दुर्गादेवी, असम में काली देवी, महाराष्ट्र में गणेश और चेन्नई में कार्तिक देवता का पाया जाना, गोरे रंग की देवी-देवता और काले रंग की देवी-देवता, उत्तर-पश्चिम से विदेशियों का भारत में प्रवेश, मगध साम्राज्य का बलशाली होना, लिच्छवी गणतन्त्र, झारखंड में खनिज पदार्थों का भंडार, कर्नाटक की राजधानी बंगलौर की वातानुकूल नगर के रूप में पहचान, पंजाब की स्त्रियों के बीच सलवार-सूट की लोकप्रियता और बंगाल में साड़ी का प्रचलन, पंजाब में रोटी-मक्खन-प्याज और बंगाल में माछ-भात आदि भारतीय ऐतिहासिक विशेषताओं का सम्बन्ध भौगोलिक परिवेश से है। भौगोलिक भूमिका के फलस्वरूप ही मुजफ्फरपुर की लीची, हाजीपुर का केला, बंगाल का नारियल, नागपुर का सन्तरा और कश्मीर का सेब आज भी क्षेत्रीय अर्थव्यवस्था में अपना एक प्रमुख स्थान रखता है। इस तरह इतिहास के निर्माण में भूगोल की भूमिका सदैव महत्त्वपूर्ण रही है। गर्म प्रदेश में चाँद और ठंड प्रदेश में अग्नि या सूर्य का धार्मिक महत्त्व भी भौगोलिक परिस्थितियों के कारण ही है।

भौगोलिक कारणवश उत्तर-भारत में सबसे प्रसिद्ध नदी उत्तर-वैदिककाल में गंगा हो गई, क्योंकि यही एक ऐसी नदी है, जो कभी सूखती नहीं है और अन्य नदियों की तुलना में इसमें सबसे कम बाढ़ आती है। यही कारण है कि उत्तर प्रदेश और बिहार के क्षेत्र में बहनेवाली इस नदी के तट पर काफी समतल भूभाग पाए गए और नगरीकरण के द्वितीय चरण का प्रारम्भ यहीं से हुआ। इसे हम भूगोल का ही प्रभाव कहेंगे कि असम और बंगाल में पुरुषों की तुलना में स्त्रियाँ ज्यादा स्वस्थ रहती हैं।

भौगोलिक कारणवश ऐतिहासिक गतिविधियों का इलाका सिन्धुकाल में आधुनिक उत्तर-पश्चिम भारत और पाकिस्तान रहा, किन्तु वैदिककाल में यह उत्तर-पश्चिम से आधुनिक उत्तर प्रदेश और बिहार की भूमि की ओर हो गया। मौर्यकाल में पाटलिपुत्र राजधानी रही, तो हर्षवर्द्धन के काल में कन्नौज। मुगलों के काल में आगरा और फिर शाहजहाँबाद (दिल्ली) का महत्त्व बढ़ गया।

भौगोलिक परिस्थितियों ने प्रादेशिक, राजनीतिक दृष्टिकोण को सहायता दी है और इस प्रकार इसने राजनीतिक आपत्तियों के बीच की अलगाव की नीति को प्रोत्साहन दिया। भारत एक विशाल उप-महाद्वीप के समान है। यहाँ के महत्त्वाकांक्षी राजाओं को अपने देश में ही अपनी विजय-पताका फैलाने का इतना अवसर मिलता था कि उन्होंने बाह्य-विजय की ओर ध्यान ही नहीं दिया। इस कारण भी हम विदेशों की युद्ध-प्रणाली से अनभिज्ञ रहे और आक्रमणकारियों का मुकाबला न कर सके। भारतीय उपनिवेशवाद सांस्कृतिक विजय तक ही सीमित रहा, राजनीतिक साम्राज्यवाद न बन सका।

भौगोलिक विषमताओं के कारण भारत में संस्कृति के विकास का एक क्रमिक इतिहास मिल जाता है। यहाँ के वनों में कोल, भील, संथाल जैसी आदिमजातियाँ पाई जाती हैं। दक्षिणी भारत में द्रविड़ सभ्यता जो आर्य सभ्यता से पूर्व की है, अपने पूर्ण विकसित रूप में दिखाई देती है और उत्तरी भारत के मैदानों में आर्य सभ्यता का क्रमिक-विकास पंजाब से लेकर मगध तक दिखाई देता है।

हिमालय और विशाल समुद्रों ने भारत को शेष संसार से ऐसा अलग किया कि भारतीय इनके परे होनेवाले परिवर्तनों को कभी भी न जान पाए। भारतीयों को सिकन्दर के आक्रमण का उस समय पता चला, जब वह भारत में आ पहुँचा। इस्लामी देशों में घुड़सवार युद्ध-प्रणाली प्रचलित और विकसित हुई, पर भारत में हाथी सेना का एक महत्त्वपूर्ण अंग बने रहे।

भारतीय भौगोलिक परिस्थितियों ने भारत में कभी भी राष्ट्रीय-एकता को दृढ़ नहीं होने दिया। पर इसके होते हुए भी भारत में एक विशेषता रही है—विविधता में एकता। यह भारतीय भूगोल का ही महत्त्व है कि बाहर से आनेवाली जातियाँ भी विदेशों से अपना सम्पर्क खो बैठीं और इस विशाल एकता के भीतर समा गईं।

भारत के भिन्न-भिन्न प्रान्तों और उसके निवासियों में इतनी असमानताएँ हैं कि आश्चर्य होता है। यहाँ जलवायु तथा वर्षा, भूमि की उर्वरता, भाषा, धर्म, जाति तथा सामाजिक और आर्थिक क्षेत्र में बड़ी विभिन्नता पाई जाती है। इसलिए कई लेखक तो भारत को 'अनेक जातियों का संग्रहालय' और 'संसार का संक्षिप्त रूप' कहते हैं। प्रसिद्ध विद्वान राधाकुमुद मुकर्जी के अनुसार, 'भारत धर्म और रीति-रिवाजों का, विचारों और संस्कृतियों का, भाषा और विचारों का, सामाजिक और जातीय विभिन्नताओं का एक अजायबघर मात्र है।' यहाँ राजनीतिक एकता का भी सदा अभाव रहा है, फिर भी इन सभी विभिन्नताओं के होते हुए भी हिमालय से कुमारी अन्तरीप तक जन-जीवन की एकता फैली हुई है।

धार्मिक रूप से प्राचीनकाल से ही भारत एकसूत्र में बँधा हुआ है। देशभर में कई समान देवताओं—राम, कृष्ण, शिव, महेश आदि की पूजा होती है। जाति प्रथा के भेदभाव सारे देश में पाए जाते हैं। सभी हिन्दू वेद, उपनिषद्, गीता, रामायण और पुराण को पवित्र मानते हैं।

कर्म, एकेश्वरवाद, अवतारवाद, आत्मा की अमरता, मोक्ष की प्राप्ति और भक्तिवाद में सभी हिन्दू विश्वास रखते हैं। हिन्दू धर्म की आधारभूत बातें सभी हिन्दू सम्प्रदायों में भी पाई जाती हैं।

सांस्कृतिक एकता के दर्शन हमारे विचार, दर्शन, साहित्य तथा कला में होते हैं। हमारे सामाजिक तथा सांस्कृतिक जीवन का आधार एक ही है। नामकरण संस्कार, प्रातः स्नान, शव को जलाने की प्रथा, दशहरा, दिवाली आदि त्योहार सभी हिन्दुओं के लिए हैं। भाषा की एकता भी एक प्रकार से बनी रही है। संस्कृत भाषा सदा देश की पवित्र भाषा रही है।

सन्दर्भ

1. इतिहास मानवजाति की अपनी जीतों और हारों की, सफलताओं और गलतियों की स्मृति है। लोग इसीलिए अतीत पर नजर डालने, उसे समझने का प्रयत्न करने लगे, क्योंकि वे बर्तमान और भविष्य के बारे में सोचने लगे थे।
2. भारतवर्ष में भरत के वंशज रहते हैं। यह उत्तर में हिमालय से लेकर दक्षिण में हिन्द महासागर तक विस्तृत है। *विष्णु पुराण*
3. लोगों की जीवन-सक्रियता की स्वयं उनके हाथों और उनकी बुद्धि से निर्मित परिस्थितियाँ और साधन ही संस्कृति है।
4. माता और पिता की सेवा करनी चाहिए, जीव हिंसा नहीं करनी चाहिए और सत्य बोलना चाहिए—लघुशिलालेख 2।
5. श्रम ने कला को जन्म दिया और कला ने श्रम को अलंकृत किया।

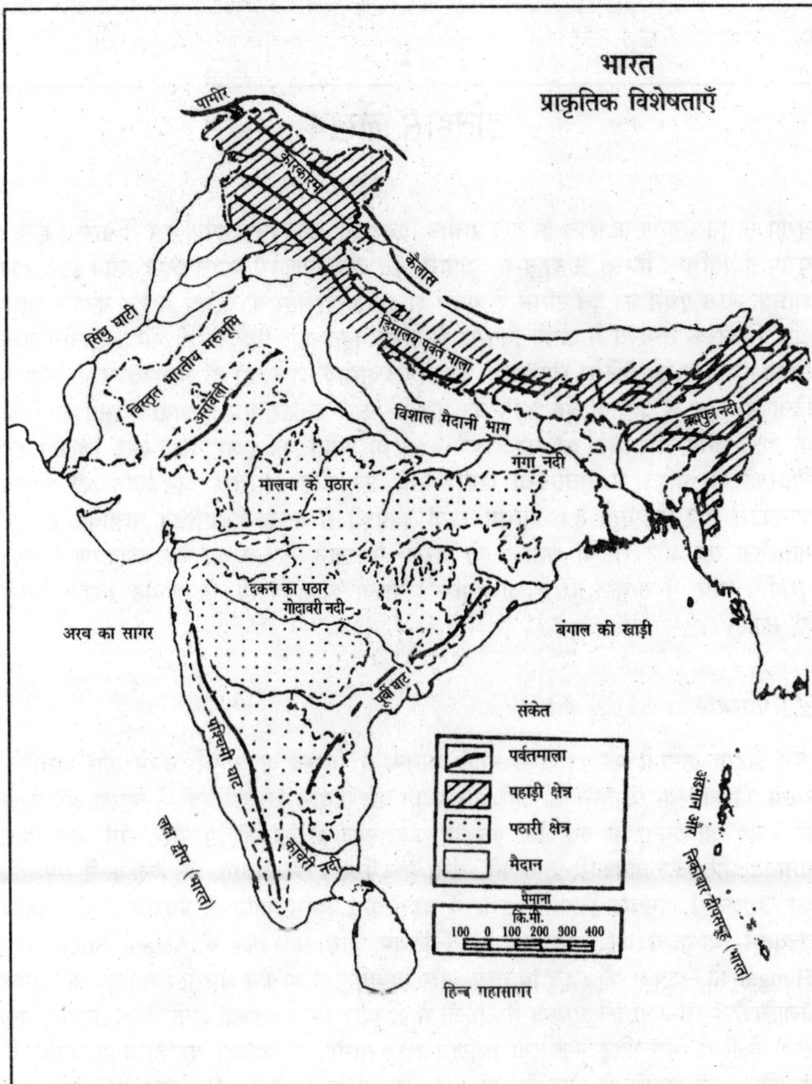
भारत
प्राकृतिक विशेषताएँ
पामीर
कराकोरम
कैलाश
सिंधु घाटी
विस्तृत भारतीय मरुभूमि
अरावली
हिमालय पर्वत माला
विशाल मैदानी भाग
ब्रह्मपुत्र नदी
गंगा नदी
मालवा के पठार
दकन का पठार
गोदावरी नदी
अरब का सागर
बंगाल की खाड़ी
पूर्वी घाट
पश्चिमी घाट
कावेरी नदी
लक्ष द्वीप (भारत)
अंडमान और निकोबार द्वीपसमूह (भारत)
संकेत
पर्वतमाला
पहाड़ी क्षेत्र
पठारी क्षेत्र
मैदान
पैमाना
कि.मी.
100 0 100 200 300 400
हिन्द महासागर

2

इतिहास लेखन

यूरोप में पुनर्जागरण के काल के बाद प्राचीन विश्व का अध्ययन व्यापक रूप में प्रारम्भ हुआ। यूरोप के विभिन्न हिस्सों से बहुत से व्यापारी, दूत और मिशनरी भारत आने लगे। इंग्लैंड का शासक जेम्स प्रथम का दूत टॉमस रो मुगल शाहंशाह जहाँगीर के दरबार में दूत बनकर आया और भारत के सम्बन्ध में अपने विवरण में उसने बहुत कुछ विश्वसनीय/अविश्वसनीय तथ्य लिखा। बर्नियर जो पेशे से चिकित्सक था, मुगल शासक शाहजहाँ के शासनकाल के अन्तिम दिनों में फ्रांस के शासक लुई XIV का एलची (दूत) बनकर भारत आया। उसने शाहजहाँ के हटने और औरंगजेब को गद्दी पर बैठने के समय का दृश्य देखा और लिखा। इन विवरणों से भारत में सती-प्रथा जैसी बातों को छोड़ भारतीय जनजीवन की विशेष जानकारी नहीं हो पाती है। अन्तिम 17वीं शताब्दी में फादर हैंक्सलेडेन मालावार क्षेत्र में गतिशील रहा और 18 वीं शताब्दी के प्रारम्भ में उसने संस्कृत का एक व्याकरण लिखा। यूरोपीय भाषा में संस्कृत पर लिखा गया यह पहला व्याकरण था, किन्तु यह प्रकाशित नहीं हो सका।

2.1 मनुस्मृति

ईस्ट इंडिया कम्पनी को 1765 में मुगल शासक ने राजस्व की वसूली करने और असैनिक न्याय की व्यवस्था सँभालने का अधिकार प्रदान कर दिया। ऐसे दायित्वों के कारण अंग्रेजों के लिए यह आवश्यक हो गया कि भारतीय जनसमाज के कानूनों, परम्परा, धर्म, सामाजिक बनावट आदि की जानकारी प्राप्त करें। इसी सन्दर्भ में 1776 में एन. वी. हेलहेक ने *मनुस्मृति* का अंग्रेजी में अनुवाद किया। 1778 में यह रचना जर्मन भाषा में प्रकाशित हुई। बंगाल उच्चतम न्यायालय का न्यायाधीश सर विलियम जोंस ने 1784 में Asiatic Society of Bengal की स्थापना की। इस विचारक और भाषाविद् ने प्राचीन भारतीय साहित्य की अनेक क्लासिकीय रचनाओं का संस्कृत से अंग्रेजी में अनुवाद किया। 19वीं शताब्दी के उत्तरार्द्ध तक सभी देशों के भारतविद् मुख्यतया लिखित स्रोत-सामग्री के आधार पर ही काम करते रहे, क्योंकि अन्य सामग्रियाँ उपलब्ध नहीं थीं। भारतविद् (Indologist) शब्द का प्रयोग उन विद्वानों के लिए होने लगा, जिनकी भारत में अभिरुचि शुद्ध रूप में अकादमिक थी और जो बौद्धिक स्तर पर भारत के अतीत का ज्ञान प्राप्त करने को उत्सुक थे।

भगवद्गीता : 1785 में चार्ल्स विल्किंस ने *भगवद्गीता* का अंग्रेजी अनुवाद किया। 1804 में Bombay Asiatic Society और 1823 में Asiatic Society of Great Britain की स्थापना की गई। 1817 में जेम्स मिल द्वारा 3 जिल्दों में लिखित *History of British India* (London 1918) नामक पुस्तक प्रकाशित हुई और 1858 तक इसके 5 संस्करण प्रकाशित हो गए। इस पुस्तक के सम्बन्ध में Oxford में संस्कृत के प्रथम प्रोफेसर H.H. Wilson ने लिखा, "इस पुस्तक का रुझान दुष्टतापूर्ण है।" जेम्स मिल ने भारतीय इतिहास को 3 कालों—हिन्दूकाल, मुस्लिमकाल और ब्रिटिश या आधुनिककाल में विभाजित किया। भारत के सम्बन्ध में खतरनाक साम्प्रदायिक इतिहास लेखन का बीज बोने में जेम्स मिल अग्रणी रहा। प्राचीनकाल को उसने बर्बर और बुद्धि-विरोधी बताया। जेम्स मिल ने भारतीय इतिहास का मूल्यांकन इस दृष्टि से किया था ताकि प्रमाणित हो जाए कि अंग्रेजों की भारत-विजय न्यायोचित है। 1869 में भारतीय सिविल सेवा के सदस्य के रूप में विंसेंट ए. स्मिथ भारत आया और 1900 तक यहाँ रहा। उसके द्वारा लिखित *Early History of India* उपलब्ध प्राथमिक स्रोतों के गहन अध्ययन के आधार पर लिखी गई थी। उसने भारत में औपनिवेशिक शासन को उचित ठहराया। वह भारत की राष्ट्रीय भावना को भली-भाँति समझता था। इसीलिए उसने पूर्व ब्रिटिशकाल के मूल्य-निर्धारण में स्पष्टतः नकारात्मकता का चित्रण नहीं किया। यह पुस्तक आज भी प्रयोग में लाई जाती है। स्मिथ ने इस पुस्तक में शासकों की जीवनी और उनके कठोर कार्यों को मुख्य रूप से प्रस्तुत किया है।

अंग्रेजों के प्रयास से भारत में इस प्रकार इतिहास के अध्ययन का विकास हुआ। संस्कृत भाषा और साहित्य के अध्ययन से तुलनात्मक भाषाविज्ञान का विकास हुआ, जो प्राचीन भारतीय समाज के पुनर्निर्माण की आधार-सामग्री भी बना। अब संस्कृत के विद्वानों के लिए उस इतिहास की बड़े पैमाने पर व्याख्या करना सम्भव हुआ, जिसे भारतीय इतिहास का आरम्भ कहते हैं। सर विलियम जोंस और मैक्समूलर के प्रयास से भारतीय मूलदेश और विरासत की मान्यता का जन्म हुआ। भारत के आर्यों को यूरोपियनों का बन्धु माना जाने लगा। केशवचन्द्र सेन जैसे कुछ उच्चवर्गीय भारतीय इस बात को अक्षरशः स्वीकार करते हुए अपने को ब्रिटिश जनमानस का ही अंग मानने लगे। आर्यों तथा गैरआर्यों के बीच भेद किया जाने लगा और आर्यों-द्रविड़ विवाद का जन्म हुआ, जबकि भारत का कभी दर्शन नहीं करने के बावजूद मैक्समूलर ने भारत के ग्रामसमाज का सर्वांगीण और गुणग्राही वर्णन किया। जो भी विद्वान भारत की संस्कृति के प्रति सहानुभूतिशील थे, उन लोगों ने भारत का बड़ा ही रोमांटिक चित्रण किया। इन विद्वानों ने प्रमाणों पर विशेष ध्यान नहीं दिया और इतिहास लेखन में कल्पना को विशेष स्थान दिया। ऐसे ही विचारों को पढ़ने के बाद हेगेल ने भारतीय सभ्यता को अतिमन्द रफ्तारवाला और असंगत बताते हुए विश्व-इतिहास की परिधि से बाहर कर दिया।

अर्थशास्त्र—19वीं शताब्दी में हुए सुधार आन्दोलन के फलस्वरूप भारतीय सुधारवादी नेताओं तथा राष्ट्रवादी और राजनीतिक जागृति से प्रभावित भारतीय विद्वानों ने प्राचीन भारत के इतिहास के सम्बन्ध में अंग्रेजों के दृष्टिकोण को असरदार चुनौती दी। 1871 में अंग्रेज विद्वान अलेक्जेंडर कनिंघम के निदेशन में **उत्तर भारत पुरातत्त्व सेवा** की स्थापना हुई और भारत में पुरातात्त्विक खोजों की वार्षिक रिपोर्टों का प्रकाशन आरम्भ हुआ। 1923-24 में

हड़प्पा सभ्यता की खोज से काल्पनिक और मनगढ़न्त इतिहास का खोखलापन सामने आ गया। रामकृष्ण गोपाल भंडारकर (1837-1925) और विश्वनाथ काशीनाथ राजवड़े (1869-1926) जैसे विद्वानों के तर्कपूर्ण और बुद्धिसंगत इतिहास-विचार को राष्ट्रीय इतिहास लेखन की दृष्टि से महत्त्वपूर्ण स्थान मिला। 1909 में कौटिल्य के *अर्थशास्त्र* का प्रथम प्रकाशन हुआ। इससे प्राचीनकाल की विकसित प्रशासनिक एवं आर्थिक दशा से राष्ट्रीय इतिहासकार प्रभावित हुए। प्रारम्भिक चरण में राष्ट्रीय इतिहासकारों ने प्राचीनकाल की उपलब्धियों को हिन्दुत्व और हिन्दूराष्ट्र की अवधारणाओं से जोड़ना प्रारम्भ किया, फलतः नवीन त्रुटियाँ जन्म लेने लगीं। के.पी. जायसवाल ने अंग्रेज विद्वानों के साम्राज्यवादी लेखन के खिलाफ अपना मन्तव्य देते हुए बताया कि विश्व में सबसे पहले गणतन्त्रात्मक सरकार की स्थापना भारत में हुई। नीलकंठ शास्त्री, आर.सी. मजुमदार, ए. कृष्णस्वामी आयंगर, एच.सी. राय चौधरी, सी.वी. वैद्य, डी.आर. भंडारकर, डी.सी. सरकार, गौरीशंकर चटर्जी आदि राष्ट्रीय इतिहासकारों ने भारतीय परिवेश में भारतीय इतिहास पर कई पुस्तकें लिखी, किन्तु भारतीय इतिहास के वैज्ञानिक काल-विभाजन का विकास करने का गम्भीर प्रयास न करके केवल जेम्स मिल की काल-विभाजन की योजना का ही ये अनुसरण करते रहे। इतना ही नहीं, इन विद्वानों ने *महाभारत* और *रामायण* का काल (काल्पनिक) भी निर्धारित कर दिया और बौद्धभारत, महाकाव्ययुग, संगमकाल जैसे विभाजन को विशेष स्थान दिया।

2.2 भारतीय इतिहासकार

1957 में दामोदर धर्मानन्द कोसाम्बी की पुस्तक *An Introduction to the Study of Indian History* और 1965 में *Culture and Civilization of Ancient India in Historical Outline* छपी। प्राचीन भारत पर आधुनिक इतिहास लेखन के क्षेत्र में इन दोनों पुस्तकों का प्रकाशन एक नवीन मोड़ था। वी.ए. स्मिथ की गुप्तकालीन स्वर्णयुग पर यह गहरी चोट थी। कोसाम्बी ने लिखा, "यदि इतिहास का अर्थ केवल प्रमुख महत्त्वाकांक्षी लोगों के नामों और बड़ी-बड़ी लड़ाइयों की सूची है, तो भारतीय इतिहास लिखना कठिन होगा। किन्तु यदि किसी जनसमुदाय के राजा का नाम जानने के बजाय यह जानना अधिक महत्त्वपूर्ण समझा जाए कि उसके पास हल था या नहीं, तो वह भारत का इतिहास है। अतः उत्पादन के साधनों और सम्बन्धों में क्रमिक परिवर्तनों का कालक्रम से विवरण ही इतिहास है।" [14वीं शताब्दी में जिया बरनी ने इतिहास के सम्बन्ध में लिखा, "इतिहास लिखने की एक महत्त्वपूर्ण शर्त यह है कि इतिहासकार की ईमानदारी उस पर यह दायित्व डालती है कि वह जब राजा या अभिजात्य वर्ग के व्यक्ति की कृपाओं, दानशीलता, न्यायप्रियता और अन्य अच्छे कार्यों के बारे में लिखे, तो उसके कुकृत्यों को भी न छिपाए। केवल इसी तरह के आलोचनात्मक वर्णन से पाठक प्रभुसत्ता के लाभों अथवा खतरों और विश्व के लोगों के अच्छे-बुरे कामों की जानकारी प्राप्त कर सकता है। इतिहास के माध्यम से व्यक्ति अपने कल के अनुभवों का सही-सही मूल्यांकन करके अपने आनेवाले कल के लिए कार्य करने की योजना बनाने की अधिक क्षमता प्राप्त कर लेता है।]

1960 के आसपास के पुरातात्त्विक सामग्रियों, सिक्कों और अभिलेखों के आधार पर प्राचीन भारतीय इतिहास का अध्ययन व्यापक रूप में किया जाने लगा। नवीन शोधकार्यों के

परिणामस्वरूप प्राचीन भारतीय इतिहास के काल का अन्तिम चरण छठी-सातवीं शताब्दी निर्धारित किए गए। 7वीं शताब्दी के बाद और 12वीं शताब्दी के बीच के काल को पूर्वमध्यकाल कहना वैज्ञानिक दृष्टि से उचित माना जाने लगा। इस प्रकार के काल-विभाजन को परिपक्व रूप प्रदान करने में बी.एन.एस. यादव, रामशरण शर्मा, रोमिला थापर, बी.पी. मजुमदार, ललनजी गोपाल, पुष्पा नियोगी, आर.एन. नन्दी, बी.डी. चट्टोपाध्याय आदि विद्वानों की भूमिका महत्त्वपूर्ण रही। इतिहास के विभिन्न पहलुओं पर नवीन इतिहास लेखन के विभिन्न मार्ग विकसित हुए।

इतिहास में समाज के महत्त्व को समझने के लिए विशेषकर इतिहास-निर्माण में निम्न वर्गों की महत्त्वपूर्ण भूमिका को विशेष स्थान देने के उद्देश्य से रामशरण शर्मा ने शूद्रों का इतिहास लिखा। कला पर नीहारंजन राय ने पुस्तक लिखी, जिसके अध्ययन से स्पष्ट होता है कि सामाजिक एवं आर्थिक विकास एवं पतन से कला का गहरा सम्बन्ध रहा है। धर्म के सामाजिक आधार को समझने के लिए आर.एन. नन्दी द्वारा लिखित पुस्तक उपयोगी सिद्ध हुई। भारतीय इतिहास को नगरीकरण एवं नगरों के उत्थान एवं पतन के आधार पर समझने के लिए अमलानन्द घोष, आर. चम्पकलक्ष्मी, आर.एस. शर्मा, ओमप्रकाश प्रसाद आदि द्वारा लिखित पुस्तकें उपयोगी हैं। भारतीय इतिहास में पूर्व-मध्यकाल अर्थात् लगभग 600 से 1200 ई. के बीच के काल का महत्त्व उस समय से काफी बढ़ा, जब रामशरण शर्मा ने इसे सामन्तवादी काल बताया और इस पर एक स्वतन्त्र पुस्तक की रचना की। 600 ई. से 1000 ई. के बीच आर्थिक गिरावट और नगरों की जर्जर दशा तथा 1000 से 1200 ई. के बीच आर्थिक विकास और व्यापारिक नगरों की संख्या में वृद्धि को समझने के लिए अभिलेख कितने उपयोगी स्रोत हैं, इसे स्पष्ट रूप से समझने के लिए ओमप्रकाश प्रसाद द्वारा लिखित *(Decay and Revival of Urban Centers in Medival South India)* नामक पुस्तक, जो ICHR द्वारा दिए गए अनुदान से प्रकाशित हुई, समझने के लिए पर्याप्त है। जे.एन.यू. विश्वविद्यालय में इतिहास विभाग के तत्कालीन चेयरमैन बी.डी. चट्टोपाध्याय की ऑक्सफोर्ड से प्रकाशित पुस्तक भी 600 से 1200 ई. के बीच की ऐतिहासिक विशेषताओं को दर्शाता है। ऐसी पुस्तकों के आधार पर पूर्व-मध्यकाल की अवधारणा विकसित हुई और प्राचीनकाल की अवधि-सीमा 1206 से घटकर लगभग 600 ई. तक हो गई। आगे भी इतिहास लेखन में नवीन कार्य जारी रहे। समाज, अर्थव्यवस्था, नगर, सिक्का, राजनीति, कला आदि की दृष्टि से अनेक स्वतन्त्र पुस्तकें लिखी गईं। इनके अध्ययन से काल-क्रमानुसार इतिहास लेखन में हुए बदलाव को समझने, भारतीय परिवेश में भारतीय इतिहास को जानने, इतिहास में अभिव्यक्ति एवं व्याख्या को परखने की क्षमता एवं क्षेत्र में फैलाव की सम्भावना कैसे बढ़ी है, इसे अच्छी तरह समझा जा सकता है। इसी परिवेश में भौगोलिक भिन्नता को ध्यान में रखते हुए क्षेत्रीय एवं प्रान्तों के इतिहास लिखे जाने लगे। ये सारे तत्त्व इतिहास को राजा-रानी एवं विशिष्ट वर्ग के शिकंजे से बाहर लाने में कामयाब रहे। सभी 18 पुराणों को एक साथ आधार मानकर इतिहास में इनके प्रयोग की शैली में बदलाव हुए। कलियुग पर शोधलेख लिखने के सिलसिले में रामशरण शर्मा ने *विष्णु पुराण* का रचनाकाल चौथी शताब्दी, *कूर्म पुराण* को 700-800 ई., *वायु पुराण* को तीसरी सदी, *पद्म पुराण* की आठवीं सदी से 14वीं शताब्दी के बीच, *ब्रह्मवैवर्त पुराण* को आठवीं से 13वीं शताब्दी के बीच, *मत्स्य पुराण* को 5 वीं शताब्दी, *ब्रह्मांड पुराण* को

तीसरी से 13वीं सदी और *युग पुराण* का काल तीसरी सदी की रचना बताते हुए पुराणों का ऐतिहासिक महत्त्व बढ़ा दिया।

आर. एन. नन्दी ने अपनी पुस्तक *प्राचीन भारत में धर्म के सामाजिक आधार* में तीसरी से पाँचवी सदी के बीच की रचना *विष्णु पुराण, वायु पुराण* और *मत्स्य पुराण* तथा 500 से 900 ई. के बीच की रचना *बामन पुराण, बराह पुराण, कूर्म पुराण, भगवत पुराण* और *वृहन्नारदीय पुराण* में पाए गए सामाजिक, आर्थिक, धार्मिक एवं नगरीय बदलाव को स्पष्ट रूप से प्रस्तुत किया है। इन तथ्यों का तालमेल अभिलेख एवं अन्य साहित्यिक स्रोतों से भी बैठ जाता है। पटना विश्वविद्यालय के इतिहास विभाग में *ब्रह्मवैवर्त पुराण* पर स्वतन्त्र शोधकार्य सम्पन्न हुआ है, जिसमें स्पष्ट किया गया है कि तेरहवीं शताब्दी में वर्णसंकर के कारण सौ से अधिक नवीन जातियाँ बंगाल और मिथिला प्रदेश में पनपीं। समाज में पाई गई गतिविधियों से धर्म प्रभावित रहता है, इस तथ्य को भी इस पुस्तक में स्पष्ट किया गया है। इतिहास लेखन में इसे नवीन पहलू माना जाएगा।

पुराणों, अभिलेखों, सिक्कों एवं अन्य साहित्यिक स्रोतों के आधार पर लगभग 600 से 1000 ई. और 1000 से 1200 ई. के बीच पाए गए धार्मिक, प्रशासनिक, व्यापारिक एवं अन्य प्रकार के नगरों के बीच अन्तर स्थापित करने का सफलतापूर्वक प्रयास बी.डी. चट्टोपाध्याय एवं आर.एन. नन्दी द्वारा किए गए हैं। इतिहास लेखन में इन बदलावों के परिणामस्वरूप जेम्स मिल-कालीन इतिहास की अवधारणा में काफी बदलाव आए हैं। प्राचीन भारतीय विज्ञान एवं तकनीक पर नवीन लेखनकार्य होने लगे हैं। सिन्धु सभ्यता और वैदिककाल पर पुनर्ध्ययन एवं पुनर्लेखन का कार्य जारी है। इतिहास में इन नवीन विश्लेषणों से स्पष्ट होता है कि इतिहास की इकाई राजा और विशिष्ट वर्ग नहीं, बल्कि जनसाधारण होता है। ई.एच. कार ने लिखा है, ''इतिहासकार का कार्य है अतीत से कुशलता प्राप्त करना और पूरी तरह समझना कि वह वर्तमान की कुंजी है। उसे न तो अतीत को प्यार करना चाहिए, न उससे नाता तोड़ लेना चाहिए। महान इतिहास की रचना तभी होती है, जब इतिहासकार की कल्पनाशक्ति वर्तमान काल की समस्याओं की उसकी अन्तर्दृष्टि के प्रकाश से आलोकित होती है।...इतिहास का काम अतीत और वर्तमान दोनों में तालमेल बनाकर इन दोनों को पूरी तरह समझने में सहायता पहुँचाना है।''

इतिहास लेखन के माध्यम से ऐतिहासिक व्याख्याओं और सैद्धान्तिक निर्माण में बड़े-बड़े महल खड़े किए गए। इनमें कुछ अभी वर्तमान हैं और मजबूती के साथ खड़े हैं। अन्य ढह रहे हैं। जो महल खड़े हैं, उनमें अक्सर मरम्मत और नवनिर्माण की जरूरत होती है, कभी-कभी पूरा ढाँचा नए सिरे से बनाना पड़ता है, क्योंकि ज्ञान में क्रमिक वृद्धि होती है और इस कारण नए सिद्धान्त बनते जाते हैं। इस प्रकार सिद्धान्तों और संकल्पनाओं का शोधन इतिहास लेखन का आवश्यक अंग हो जाता है।

2.3 सामाजिक इतिहास लेखन

1794 में आधुनिक भारतीय विद्या (Indology) के जन्मदाता सर विलियम जोंस ने *मनुस्मृति* का अनुवाद किया और उसकी भूमिका में लिखा, ''*मनुस्मृति* की नीति का यदि अनुसरण

किया जाए, तो करोड़ों हिन्दू प्रजा का 'मनु द्वारा सुनिर्देशित श्रम' (वैश्यों का काम कृषि, पशुपालन और ब्राह्मण-क्षत्रिय का खर्च वहन करना तथा शूद्रों का काम केवल सेवा करना), 'ब्रिटेन की श्रीवृद्धि में सहायक होगा'।" (Institutes of Hindu Law, भूमिका, पृ. XIX)। 1818 में अपनी पुस्तक *The History of India (II)* में जेम्स मिल ने जाति-विभाजन और जाति के नाम पर शूद्रों का शोषण भारत के लिए विनाशात्मक बताया। *The History of India* (जिल्द I) में एलफिंस्टन ने 1841 में लिखा–शूद्रों की स्थिति कुछ प्राचीन गणराज्यों के लोकदासों की स्थिति से अच्छी थी। 1818 में राममोहन राय (संपा–J. C. Ghosh *The English work of Rammohan Roy, an Introduction,* पृ. XVIII, ii, पृ. 123-92) ने सती-प्रथा का विरोध किया। ईश्वरचन्द्र विद्यासागर (R.G. Bhandarkar, *Collected Works,* II, p. 498) ने विधवा विवाह का समर्थन किया। स्वामी दयानन्द ने शूद्रों को भी वेदाध्ययन का अधिकारी माना। प्राचीन भारतीय सामाजिक समस्याओं का अध्ययन अधिकतर सुधारवादियों और कट्टरपन्थियों के बीच झगड़े की पृष्ठभूमि में किया गया। यूरोपीय लेखकों का ध्यान मुख्यतः हिन्दू समाज के उच्च वर्गों पर ज्यादा रहा। जे. म्यूर ने अपनी पुस्तक *Original Sanskrit Texts* में ब्राह्मण और क्षत्रियों के बीच हुए संघर्ष के आख्यानों का वर्णन 188 पृष्ठों में किया। 1889 में हापकिंस ने 'प्राचीन भारत में शासक जातियों की स्थिति' का विशद् विवरण प्रस्तुत किया। 1897 में फिक ने ब्राह्मण, क्षत्रिय और गृहपतियों पर अन्य विद्वानों की तुलना में ज्यादा अच्छा वर्णन प्रस्तुत किया। प्रारम्भिक विद्वानों की अवधारणा थी कि भारतीय इतिहास में राजवंशों को छोड़कर अन्य किसी परिवर्तन की बात 19वीं सदी के इतिहासकारों को मान्य न थी। मान्यता थी कि भारतीय समाज अपरिवर्तनशील रहा है। पाश्चात्य विद्वानों की दृष्टि में हिन्दू समाज जातियों में बँटा था, अतः उन्होंने इस प्रथा के उदय के कारणों को तलाशने का प्रयास किया। 1885 में जे. सी. नेसफील्ड (*Brief View of the Caste System of the North-West Provinces and Awadh,* Allahabad, 1885) ने लिखा–जातिप्रथा का मूल कारण किसी खास पेशे में पीढ़ी-दर-पीढ़ी महारथ हासिल करना था, श्रेणियों (Guilds) ने जातियों का सोपानबद्ध रूप ले लिया; और जो पेशा जितना पुरातन और प्राचीन था, उसमें लगे लोगों को उतना ही निम्न स्थान प्राप्त हुआ। 1891 में एच.एच. रिजले (*Tribes and Castes of Bengal–Anthropomitirc Data,* Calcutta, 1891) ने जाति को मुख्यतः नस्ल से सम्बद्ध माना और दावा किया कि जातिगत दर्जे का सीधा सम्बन्ध जाति-विशेष के सदस्यों की नाक की बनावट से था। रिजले का दृष्टिकोण साम्राज्यवादी था और उसका विचार अमेरीका तथा दक्षिण अफ्रीका में प्रचलित नस्लगत पृथक्करण से प्रभावित था। 1911 में केलकर (S.N. Kelkar, *History of the Caste in india,* 2 vols., London 1911) का मानना था कि जातिप्रथा का मूल आधार पवित्रता और अपवित्रता (शौच एवं अशौच) की धारणा थी। जातियों के उदय में डी. इबेट्सन (*Punjab Castes,* Lahore, 1916) ने ब्राह्मणों द्वारा धार्मिक शोषण की भूमिका बताई। समाजशास्त्रियों के ऐसे सामाजिक विश्लेषण को इतिहास के सामाजिक-आर्थिक दृष्टि से ई.एच. कार *(What is History?,* Penguin, 1971, पृ. 132) ने सही नहीं माना।

1922 में वी.एस. शास्त्री ने शूद्र शब्द पर एक लेख लिखा। 1947 में यू.एन. घोषाल ने धर्मसूत्रों में शूद्रों की दशा पर एक लेख लिखा। 1950 में रूसी विद्वान जी.एफ. इलिन ने

धर्मशास्त्रों के आधार पर सिद्ध किया कि शूद्र गुलाम नहीं थे। शूद्रों पर अम्बेडकर द्वारा लिखित पुस्तक 1946 में प्रकाशित हुई। 1967 में अपनी पुस्तक *Culture and Society in India* (London, 1967) में निर्मल कुमार बोस ने जाति को बुनियादी तौर पर स्पर्द्धारहित उत्पादन-पद्धति बताया, जिसे अलग-अलग व्यवसायों पर वंशानुगत अधिकारों को संरक्षण मिलता था। पी.चन्दा (*The Indo-Aryan Races : A study of the Indo-Aryan People and Institutions,* Rajshahi, 1916*),* एन.के.दत्त (*Orgin and Growth of Caste in India, vol. 1,* Calcutta, 1931), डी.एन. मजुमदार (*Races and Cultures of India,* Lucknow, 1944) और जी.एस. घुर्ये (*Caste and Class in India,* Bombay, 1957) आदि विद्वानों ने राष्ट्रीयता और समाज-सुधार की भावनाओं को ध्यान में रखते हुए जाति के उद्‌भव का मूल द्रविड़ों पर आर्यों की तथा प्राग्द्रविड़ों पर द्रविड़ों की विजय में तलाशा। घुर्ये ने आर्यप्रजाति की शुद्धता को कायम रखने के लिए जातिप्रथा का विकास करने में ब्राह्मणों की भूमिका पर जोर दिया। उन्होंने नाक की बनावट के आधार पर ब्राह्मणों की अलग जाति के होने का विचार प्रस्तुत किया। इस विचार के विरुद्ध डी.एन. मजुमदार (*The Eastern Anthropologist, vol. II, No 1,* Lucknow, Sept, 1948) ने संयुक्त प्रान्त की आबादी का विशुद्ध मानव-मितिकीय सर्वेक्षण करके बताया कि नाक की बनावट के आधार पर ब्राह्मणों को अलग श्रेणी में नहीं रखा जा सकता, क्योंकि सभी की नाक लगभग समान होती है और जातिप्रथा की दृष्टि से ब्राह्मण शीर्ष पर आसीन थे।

1964 में ट्राउटमैन ('On the Translation of the Varna' *Journal of the Economic and Social History of the Orient, vol. VIII,* 1964, pp, 196-201) ने उन लोगों की आलोचना की, जिन्होंने भ्रमवश वर्ण को 'जाति' या 'वर्ग' मान लिया। उन्होंने बताया कि वर्ण एक धार्मिक संकल्पना है; वर्ग तो इतना वस्तुपरक, वैज्ञानिक और आधुनिक है कि वह वर्ण की अवधारणा को पर्याप्त रूप से प्रतिबिम्बित कर ही नहीं सकता। वर्ण दैवी सृष्टि और अपरिवर्तनीय है, लेकिन जातियाँ आपस में मिश्रित भी हो सकती हैं और एक जाति टूटकर कई जातियों में बँट भी सकती हैं, इसी तरह नई जातियाँ भी बनाई जा सकती हैं। वर्ण एक धार्मिक व्यवस्था (Order) है; यह दैवी और स्थायी है। जाति दुनियावी और क्षणभंगुर होती है। *Cambridge History of India (Vol. 1)* से लेकर *Comprehensive History of India (Vol. II)* में भारतविदों ने वर्ण और जाति में कोई फर्क नहीं माना; वैसे पाणिनि कृत *अष्टाध्यायी* में 'वर्ण' शब्द का प्रयोग दो बार उन समूहों के लिए किया गया है, जिनका उल्लेख परवर्ती विधिग्रन्थों में जातियों या वर्णसंकरों के रूप में हुआ है और ब्राह्मणों के लिए जाति शब्द का प्रयोग किया गया है। (बी.एस. अग्रवाल, *India as known to Panini,* Lucknow University, 1953, pp. 75, 91)। नरेन्द्र बागले (*Society at the time to the Buddha,* Bombay, 1966, p. 112) ने बताया कि जाति व्यक्ति को जन्म के आधार पर जर्दा देनेवाली संकल्पना थी। जाति शब्द का प्रयोग जनजातीय मूलवाले सुनिर्धारित और दूसरों से अलग दिखनेवाले सामाजिक समूहों, जैसे—चंडाल, वेण, निषाद, पुक्कस, शाक्य, लिच्छवी के लिए किया गया। इसके आधार पर सोचा जा सकता है कि भारतीय आर्यों के सामाजिक संगठन में जब जनजातीय समूहों को खपाया जाने लगा, तो जाति शब्द का प्रयोग लोकप्रिय हुआ। 1958 में रामशरण शर्मा ने शूद्रों की दशा पर एक पुस्तक लिखी, जिसमें करीब 500 ई. तक

शूद्रों की दशा में होनेवाले बदलावों को प्रस्तुत किया गया। बौधायन को आधार बनाकर सुधाकर चट्टोपाध्याय अपनी पुस्तक (*Social life in Ancient India,* Cal. 1965, p. 25) में बताया है कि संकर जातियाँ आर्यावर्त से बाहर अवन्ति, अंग, मगध, सुराष्ट्र, दक्षिणापंथ, सिन्धु तथा सौवीर अर्थात् आर्यावर्त के चारों ओर की 'पट्टीवाले क्षेत्रों में' रहती थीं। सुवीरा जायसवाल अपने शोध-लेख ('प्राचीन भारत के सामाजिक इतिहास के अध्ययन : प्रवृत्तियाँ एवं सम्भावनाएँ' *प्राचीन भारत,* अंक 2, जनवरी-दिसम्बर, 1993, पृ. 9) में बताती हैं कि चूँकि वर्ण-व्यवस्था में कल्पित श्रम-विभाजन में आरम्भ से ही उसके वंशानुगत रूप पर जोर दिया गया, इसलिए वर्ण से जाति का भी बोध हो सकता था और इसी कारण इन दोनों शब्दों का प्रयोग बिना किसी भेदभाव के किया जाता था।

इरावती कर्वे (*Kingship Organisation in India,* London, 1965, p. 7) ने लिखा कि अस्पृश्यता ऊपर से लेकर नीचे तक जाति-संरचना की विशेषता है। इस जाति का मूल हड़प्पा संस्कृति तक जाता है, जिसमें जो जाति खासतौर से अनाज छाँटने-कूटने का काम करती थी, वह समाज से बिल्कुल अलग रहती थी। भारतीय इतिहास कांग्रेस के 1969 के अधिवेशन में प्राचीन भारत विभाग के अध्यक्ष पद से बोलते हुए रोमिला थापर ने बताया कि वर्ण समाज की तत्कालीन वास्तविकता को स्पष्ट करने का एक प्रयत्न था और उसके आवश्यक तत्त्वों के मूल की तलाश हड़प्पा संस्कृति में की जानी चाहिए। वर्ण की अवधारणा में दो तत्त्व थे। एक तत्त्व था—विवाह-सम्बन्धों को अनुशासित करनेवाले वंशानुगत समूहों का अस्तित्व और दूसरा था—सेवा-सम्बन्धों पर आधारित सीढ़ीनुमा श्रम-विभाजन, जो बाद में जजमानी (यज्ञ करानेवाला) प्रथा के रूप में जाना जाने लगा। एक तीसरा सामाजिक समूह की बात सोची जा सकती है, जो आनुष्ठानिक रूप से शौच और अशौच (पवित्र और अपवित्र) पर आधारित था। रोमिला थापर अपनी पुस्तक (*The Past and Prejudice* दिल्ली, 1975, p.29) में लिखती हैं कि मोहनजोदड़ो के विशाल स्नानागार से 'शुद्धि संस्कार' के पालन का संकेत मिलता है, जो आनुष्ठानिक शौच की अवधारणा का सम्भवतः केन्द्रीय तत्त्व था। अपनी पुस्तक *Indian Civilization : The Formative Period* में एस. सी. मलिक ने लिखा, "जाति भारतीय जीवनशैली है, जिसका विकास आर्यों के भारत आगमन के पूर्व हड़प्पा समाज में ही हो चुका था।" आर्यों के आने से भारतीय समाज में सिर्फ संगठनात्मक परिवर्तन हुए; मूल संरचना अर्थात् हड़प्पाकालीन सामाजिक-आर्थिक संस्थाओं के मूलभूत पहलू अक्षुण्ण रहे। ये स्पष्ट दावे हड़प्पा संस्कृति के नगरों की बनावट की शैली के आधार पर किए गए। यह शैली वर्ण-भेद के अस्तित्व का तथा समृद्ध वर्गों, शासकों और कारीगरों-मजदूरों के अलग-अलग हलकों में रहने का संकेत देती हैं।

डी.डी. कोसाम्बी की *Introduction to the Study of Indian History* नामक पुस्तक 1956 में बम्बई से प्रकाशित हुई। इसमें उन्होंने लिखा कि ब्राह्मण जाति की रचना हड़प्पाई तथा आर्य पुरोहितों के मिश्रण से हुई। भारत में जातिप्रथा की शुरुआत कब हुई, इसे दास नाम से जाने जानेवाले लोगों से गुलाम जाति बनने तक की परिस्थितियों में ढूँढ़नी चाहिए। दास सिन्धुघाटी के उन बाशिन्दों की सन्तान थे, जो वहाँ के नगरों को अधिशेष उत्पादन मुहैया करते थे, जिसके लिए उन्हें जोर-जबरदस्ती के बजाय किसी और युक्ति से राजी किया जाता था। सुवीरा जायसवाल ने अपने अध्यक्षीय भाषण (प्राचीन भारतीय विभाग, भारतीय

इतिहास कांग्रेस, भुवनेश्वर 1977) और शोधलेख ('प्राचीन भारत के सामाजिक इतिहास के अध्ययन : प्रवृत्तियाँ और सम्भावनाएँ') में बताया कि दास आर्यों की विजय के बाद गुलामी की अवस्था में पहुँचे, क्योंकि किसी पूर्ववर्ती संस्कृति में उनकी ऐसी स्थिति थी, इसका कोई साक्ष्य उपलब्ध नहीं है। *ऋग्वेद* में कई स्थलों पर उनका वर्णन सम्पन्न लोगों के रूप में हुआ है और कुछ दान-स्तुतियों में कुछ दास सरदारों की इस बात के लिए प्रशंसा की गई है कि उन्होंने ब्राह्मणों को उदारता से दान दिया। 1965 में लंदन से प्रकाशित अपनी दूसरी पुस्तक (*The Culture and Civilization of Ancient India in Historical Outline)* में कोसाम्बी महोदय ने जाति को एक नवीन सामाजिक संगठन बताया, जो गंगा की घाटी में हड़प्पा संस्कृति से सर्वथा 'भिन्न प्रकार की उत्पादन पद्धति' के अधीन विकसित हुई। अपने एक शोधलेख ('On the Origin of The Brahman Gotras', *Journal of Bombay Branch Royal Asiatic Society,* xxvi, 1950, p 50) में उन्होंने समूह के अन्दर विवाह की प्रथा को आर्यों तथा प्राक्-आर्यों के एक ही नागरिक समाज में पच-खप जाने से विकसित बताया। उनके अनुसार, पराजित दास तथा शूद्र जनजातियों से एक गुलाम जाति की रचना होने से आर्य समाज में नए उत्पादन-सम्बन्ध कायम हुए। इसी माहौल में वर्ण ने जन्म लिया। केवल सामन्तवाद के उदय के साथ गतिहीन भारतीय गाँवों में जाति तथा व्यवसाय सम्बन्धी नियमों में कठोरता आई।

1975 में आर.एस. शर्मा ने अपने शोधलेख ('Class formation and its material basis in the upper Gangatic Basin (1000-500 B.C)', *Indian Historical Review,* Vol. ii, No. I, July 1975) में बताया कि उत्तरवैदिक समाज पूरी तरह से वर्ग-समाज नहीं था। 4 वर्णों का उदय उत्तर-वैदिककाल में हो चुका था और प्रथम दो वर्ण (ब्राह्मण एवं क्षत्रिय) किसान समुदाय (वैश्य) तथा गुलाम श्रमिकों (शूद्र) के शोषण पर सुखोपयोग करते थे। इसके बाद भी इस अर्थ में अलग-अलग सामाजिक-आर्थिक वर्गों का जन्म नहीं हुआ था। कुछ लोग तो उत्पादन के साधनों के स्वामी बनें और बाकी उनसे सर्वथा वंचित रहे। उत्तरवैदिक समाज छोटे पैमाने का, अमौद्रिक कृषक समाज था, जिसमें भूमि-उपज का असमान वितरण तो होता था, किन्तु प्रमुख जनजातीय विशेषताएँ अब भी कायम थीं। ई.पू. 500 के आसपास पूर्वी उत्तर प्रदेश तथा बिहार में शिल्पों और खेतीबारी के लिए लोहे के अधिक उपयोग के साथ ही ज्यादा अधिशेष सुलभ होने लगा और इससे वर्ग-समाज तथा उसके उपकरण, अर्थात् राज्य के उदय के लिए भौतिक आधार तैयार हो गया। 1965 में राम शरण शर्मा का *भारतीय सामन्तवाद* प्रकाशित हुआ, जिसमें उन्होंने बताया कि बौद्धकाल से गुप्तकाल तक मध्य भारत की सामाजिक संरचना को, "इस अर्थ में वैश्य-शूद्र आधारित समाज कहा जा सकता है कि वैश्य किसान थे और शूद्र कारीगर, गुलाम तथा मजदूरी पर काम करनेवाले श्रमिक।"

1942-46 में ए.एन. बोस की पुस्तक *Social and Rural Economy of Northen India (c-600 B. C. to 200 A.D.)* प्रकाशित हुई, जिसमें उन्होंने बताया कि ब्राह्मण समाज-दर्शन 'ऊपरी मेलमिलाप' का एक आवरण-भर प्रस्तुत करता था, किन्तु सम्पत्ति के उत्पादन तथा वितरण पर आधारित वर्गहित 'वस्तुतः परस्पर विरोधी' बने रहे। बी.एन. दत्त ने अपनी पुस्तक (*Studies in Indian Social Polity,* Calcutta, 1944) में ऋग्वैदिककाल से लेकर पूर्वमध्यकाल की समाप्ति तक की सामाजिक दशा का विवेचन किया है। प्राचीन

भारत की सामाजिक दशा पर बी.एन. एस. यादव के शोधलेख *(Immobility and Subjection of Indian Peasantry in Early Medieval Complex, Indian Historical Review, Vol. I, No 1, March 1974 : "Problems of the interaction between Socio-economic Classes in the early medieval complex" Indian Historical Review, Vol. III, No. 1, July 1976; "Some Aspects of the changing order in India during the Saka-Kushana Age," ed, G. R. Sharma, Kushan Studies, Allahabad, 1968)* और पुस्तक *(Society and Culture in Northern India in the 12th Century, Allahabad, 1973)* प्राचीन भारतीय समाज के विभिन्न पहलुओं को समझने के लिए अति महत्त्वपूर्ण है।

1969 में डी.सी. सरकार की पुस्तक *(Landlordism and Tenancy in Ancient and Medieval India as rebuild by Epigraphic Records)* छपी, जिसमें उन्होंने कृषि और कृषकों पर प्रकाश डाला। वे रामशरण शर्मा के विचार से कई बिन्दुओं पर सहमत नहीं थे। पी.एल. भार्गव, *India in the Vedic Age* (लखनऊ, 1971), एम.एम. सिंह, *Life in North-eastern India in pre-Mauryan Times* (वाराणसी, 1967), बी.एन. शर्मा *(Social life in Northern India 600-1200 A.D.* दिल्ली, 1966), बी.पी. मजुमदार *(Socio-economic History of Northern India :* 1030-1194 A.D. कलकत्ता, 1960); *The History and Culture of the Indian Peoples, Vol. I-iv* (भारतीय विद्याभवन द्वारा प्रकाशित और आर.सी. मजुमदार द्वारा सम्पादित); *A Comprehensive History of India,* Vol. II ed. A. Nilkanth Shastri, (Calcutta, 1957); *The History of Bengal* Vol. I. ed. R.C. Majumdar (Dhaka, 1943); *The Early History of Deccan ed,* G. Yazdani (oxford University Press, 1969), और *Bihar Through the Ages, ed.* R. R., Diwakar (Patna, 1974) आर.एन. नन्दी के शोधलेख 'Some Social Aspects of the Grhyasutra,' *(Proceedings of Indian History Congsess* और *प्राचीन भारत में धर्म के सामाजिक आधार* (दिल्ली, 1998) तथा 'The Boyas-Transformation of a tribe into caste', *(Proceeding of Indian History Congress, Bhagalpur, 1968).* प्राचीन भारत समाज से सम्बद्ध महत्त्वपूर्ण तथ्य प्रस्तुत करते हैं। बी.पी. मजुमदार ने अपने शोधलेख 'Significance of Collective Land Grants', *(Proceeding of Indian History Congress,* भागलपुर 1968, पृ. 64, 72) में बताया है कि किस प्रकार असम, उड़ीसा और मध्य प्रदेश में पूर्व-मध्यकाल में राजा कभी-कभी विवादग्रस्त तथा ढीली पकड़वाले इलाकों में ब्राह्मणों को बसाकर अपनी सीमाओं को सुरक्षित करने की कोशिश करते थे। इसीलिए ब्राह्मणों को भूमिदान सामूहिक रूप से दिए जाते थे।

बौद्ध साहित्यों के माध्यम से प्राचीन भारतीय समाज के अध्ययन के लिए नरेन्द्र बागले *(Society at the time of the Buddha,* बम्बई, 1966), आर.एन. मेहता *(Pre-Buddhist India,* Bombay, 1939) और टी. डब्ल्यू राइस डेविड्स *(Buddhist India,* London, 1903), आर. फिक *(The Social Organization in North-east India in Buddha's Time* अनु., कलकत्ता, 1920) की पुस्तकें छपीं। दक्षिण भारतीय प्राचीन समाज के अध्ययन के लिए के.ए. नीलकंठ शास्त्री (*दि चोलाज,* मैसूर, 1935), के. कैलाशपति (*तमिल हिरोइक*

प्रोयट्री, लंदन, 1968), एन. सुब्रह्मणियम्, (*संगम पॉलिटी,* मद्रास 1966) और वी. कनकसभाई (*तमिल्स 1800 इयर्स एगो,* पुनर्मुद्रण, मद्रास, 1956) ने पुस्तकें लिखी। देवीप्रसाद चट्टोपाध्याय ने 1997 में *साइंस एंड सोसाइटी इन एंशियंट इंडिया* लिखा, जो कलकत्ता से प्रकाशित हुआ। विज्ञान और प्रौद्योगिकी को प्रोत्साहन प्रदान करनेवालों को ब्राह्मण धर्मशास्त्रकारों ने शूद्रों की कोटि में डाला, क्योंकि अन्धविश्वास को चुनौती देनेवाले इस विषय को आगे बढ़ाने में निम्नवर्ग के लोगों का सहयोग भी काफी रहा था। उत्तर बिहार और बंगाल की सामाजिक दशा जानने और वर्णसंकर को समझने के लिए प्रशान्त गौरव की *ब्रह्मवैवर्त पुराण* पर एक पुस्तक (प्रशान्त गौरव, *ब्रह्मवैवर्त पुराण समाज एवं धर्म,* पटना, 2001) उपयुक्त है। सभी पुराणों एवं अधिकांश ब्राह्मण धर्मग्रन्थों के आधार पर पी.वी. काणे ने प्राचीन समाज का चित्रण अपनी पुस्तक *धर्मशास्त्र का इतिहास,* (6 जिल्दों) के माध्यम से प्रस्तुत किया। ए.एस. अल्तेकर ने प्राचीन स्त्रियों पर और बी.एस. उपाध्याय ने ऋग्वैदिक स्त्रियों पर स्वतन्त्र पुस्तकें लिखी।*

इस तरह विशेषकर 1950-60 के बाद प्राचीन भारतीय समाज के विभिन्न पहलुओं पर स्वतन्त्र पुस्तकें प्रकाशित हुईं। इसके कारण प्राचीन सामाजिक बनावट के कमजोर और हानिकारक पहलुओं को समझा जा सका और नवीन शोध के क्षेत्रों में वृद्धि हुई। पुराणों से सामग्रियाँ इकट्ठा कर विद्वानों ने समाज की जो ठोस तस्वीर प्रस्तुत की, उससे स्पष्ट हुआ कि जिन तथाकथित निम्न कार्यों को निम्नदृष्टि से देखा गया, उन कार्यों के करनेवालों को शूद्र, म्लेच्छ एवं चंडाल बताया गया; जबकि उन सभी तरह के काम ब्राह्मण भी करते थे, किन्तु जाति की अवधारणा इतनी परिपक्व हो गई कि वे ब्राह्मण ही बने रहे। प्राचीन भारतीय समाज पर प्रकाशित नवीन पुस्तकों के कारण मूल-स्रोतों के महत्त्व को इतिहास की दृष्टि से समझने की क्षमता में काफी विकास हुआ। सिन्धुकाल से गुप्त और उसके बाद के काल तक हुए सामाजिक बनावट एवं बदलाव को समझने का ठोस आधार तैयार करने में इन शोधकार्यों और प्रकाशित ग्रन्थों का महत्त्व अतुलनीय रहा। ब्रिटिशकाल में प्राचीन भारतीय समाज के सम्बन्ध में जिन देशी-विदेशी विद्वानों ने अपनी प्रकाशित पुस्तकों के माध्यम से प्रकाश डाला, उनसे प्राचीन भारतीय समाज की अस्पष्ट और त्रुटिपूर्ण तस्वीर ही दिखाई दी, किन्तु 1960 के आसपास से तत्कालीन समाज की स्पष्ट तस्वीर को वैज्ञानिक एवं तार्किक दृष्टिकोण से प्रस्तुत करने का प्रयास किया गया। ब्रिटिशकालीन कई विद्वानों के विचार भी इतने तार्किक और ठोस प्रमाणों पर आधारित रहे कि उनका महत्त्व आज भी बना हुआ है।

---

* 2008 में दिल्ली विश्वविद्यालय हिन्दी कार्यान्वय निदेशालय से रोमिला थापर की *पूर्वमध्यकालीन भारत* नामक पुस्तक प्रकाशित हुई है। इसमें विज्ञान, शूद्र और वैश्य को इतिहास का प्रधान नायक बताया गया है।

3

स्रोत

अध्ययन के दृष्टिकोण से साधारण तौर पर भारत के सम्पूर्ण इतिहास को तीन भागों में बाँटा गया है—प्राचीन, मध्य एवं आधुनिक। प्राचीनकाल का गहरा अध्ययन अगर किया जाए तो इसको भी तीन भागों में बाँटा जा सकता है। प्रथम-इतिहास का वह हिस्सा जिसके सम्बन्ध में लिखित साधन उपलब्ध नहीं हैं, वह **प्रागैतिहासिक काल** कहलाता है। इसमें मानव अपेक्षाकृत कम सभ्य था। द्वितीय—जिस काल में मानव सभ्य बन गया और लिखित साधन उपलब्ध हैं, उसे **ऐतिहासिक काल** कहा जाता है और तृतीय—जब इतिहास में लेखन-कला का प्रमाण मिलता है, किन्तु उन्हें पढ़ना एवं समझना मुश्किल हो, उसे **आद्यइतिहास** कहा जाता है। हड़प्पा संस्कृति को **आद्यइतिहास** कहा जा सकता है। इसके पूर्व (3000 ई. पूर्व से पहले) को प्राक्-इतिहास कहा जाता है। ईसा पूर्व 600 के बाद के काल को इतिहास कहा जाता है; क्योंकि भारत में प्राचीनतम लिखित साम्रगी अशोक के अभिलेख हैं। ये अभिलेख ईसा से तीसरी सदी पूर्व के हैं। अनुमान किया जाता है कि इनकी भाषा के विकास में लगभग तीन सौ वर्ष से कम नहीं लगे होंगे। फिर गौतम बुद्ध एवं महावीर जैन की ऐतिहासिकता में भी तो कोई सन्देह नहीं है।

केवल पुरातात्त्विक साधनों के आधार पर ही प्रागैतिहासिक काल की जानकारी हमें मिलती है। आद्यइतिहास की जानकारी साहित्यिक एवं पुरातात्त्विक दोनों स्रोतों के आधार पर हो सकती है। फिर इतिहास का अध्ययन न केवल साहित्यिक एवं पुरातात्त्विक बल्कि विदेशी स्रोतों के माध्यम से भी किया जा सकता है। इस तरह सम्पूर्ण भारतवर्ष के इतिहास के काल को तीन भागों में—प्राचीन, मध्य एवं आधुनिक; तथा प्राचीनकाल को भी तीन हिस्सों में—प्रागैतिहासिक काल, आद्यइतिहास एवं इतिहास में बाँटा जा सकता है। इतिहास का अध्ययन करने के लिए जो स्रोत हैं, उन्हें भी मुख्य रूप से तीन भागों—पुरातात्त्विक, साहित्यिक एवं विदेशी स्रोतों में बाँटा जा सकता है।

3.1 पुरातात्त्विक स्रोत

पुरातत्त्व विज्ञान का वह शाखा है, जिसके अन्तर्गत पृथ्वी के गर्भ में छिपी हुई सामग्रियों की खुदाई कर प्राचीन लोगों के भौतिक जीवन के बारे में ज्ञान प्राप्त होता है। प्राचीन भारतीय इतिहास का अध्ययन करने के दृष्टिकोण से खुदाई से प्राप्त सामग्री का विशेष महत्त्व है। हम

पाते हैं कि अधिकांश भारतीय धार्मिक एवं पौराणिक ग्रन्थों का रचनाकाल आज भी विवादास्पद है। फलतः, इन ग्रन्थों के आधार पर किसी कालविशेष की आर्थिक एवं सामाजिक स्थितियों का पता लगाना आसान नहीं। बहुधा यह भी देखा जाता है कि अलग-अलग काल में भिन्न-भिन्न राजाओं के संरक्षण में अनेक धार्मिक ग्रन्थों की रचना हुई, जिसके कारण ये ग्रन्थ उस काल का सही चित्र नहीं प्रस्तुत कर पाते हैं, क्योंकि इन ग्रन्थों में मात्र राजा की गद्दी की प्रधानता पर ही विशेष ध्यान दिया गया। अनेक धार्मिक सम्प्रदाय के राजाओं ने भी अपने धर्म की मान्यता के पक्ष में बहुत से धार्मिक ग्रन्थों की रचना करवाई, जो सही सामाजिक स्थिति को नहीं बता पाता। जैसे; बौद्ध ग्रन्थों में जैनों की शिकायत है, तो जैनग्रन्थों में ब्राह्मणों की। चीनी यात्रियों ने भारतीय समाज का वर्णन केवल बौद्ध दृष्टिकोण से ही किया। बहुत से ग्रन्थों की प्रतिलिपि करनेवालों ने अपनी इच्छानुसार अनेक प्रकरणों को हटाकर नए प्रकरण जोड़ दिया, जैसे—वेद, पुराण, महाकाव्य इत्यादि। दूसरी तरफ हम पाते हैं कि पुरातात्त्विक सामग्री में हटाने या जोड़ने की सम्भावना बहुत कम थी।

पुरातात्त्विक स्रोत को मुख्य रूप से पाँच भागों में बाँटा जा सकता है—

1. उत्खनन 2. अभिलेख 3. स्मारक एवं भवन 4. विदेशी लेख एवं 6. मुद्राएँ।

1. उत्खनन—सर जॉन मार्शल के नेतृत्व में 1901 ई. में ही भारत में ऐतिहासिक स्थलों पर खुदाई करके प्राचीन सामग्री प्राप्त की गई, जिसके आधार पर प्राक्-इतिहास (Pre-history) और आद्य-इतिहास (Proto-history) की जानकारी प्राप्त होती है। उपर्युक्त काल से सम्बन्धित स्थल *आदमगढ़, अहाड़, आलमगीरपुर, आमरा, अतरंजीखेड़ा, बागौर, भदाने, ब्रह्मगिरी, चन्दोली, चिरांद, दायमावाद, एरन, हड़प्पा, इमामगाँव, कालीवंगन, खंडीविली, कोलडिहवा, ललितपुर, लेखहिता, महेश्वर, मोहनजोदड़ो, नागरी, आदियल, अहिच्छत्र, अम्बाखेरी, अंजीरा, बहदराबाद, बरगाँव, भीमवेटका, वीरभानपुर, वूर्जहोम, चौतेरा, उवरकोट, ओजनीहदिंग, हल्लुर, हस्तिनापुर, जोरवे, कामथ, किलेगुल मुहम्मद, कोटदिजि, लंघनज, लोथल, मास्की, मुनदीजक, नात्रदा, नाल, नवदातोली, नोह, पैवमपल्ली, पतने, पेद्दम्बती, प्रकाश, रूपरसरायनाहर राय, सुतकागेनदोर, अैक्कलकोट, विसोदी, नासिक, नेवासा, पैठान, पांडुराजार दीवी, पलवीय, पिकलीहल, राणागुंडाय, संगनकल्लु, सिंयहदम्ब, सोनेगाँव, टीनरसपिर, उतनुर, पालवाय आदि हैं।*

इन स्थलों की खुदाई से प्राप्त पत्थर, हड्डी के औजार, मकानों के खंडहर, मिट्टी के बर्तन, आभूषण आदि वस्तुओं के आधार पर प्राचीनकाल के मानव-जीवन एवं उनके रहन-सहन के स्तरों की जानकारी मिलती है। पुरापाषाणयुग के कुछ पत्थर के खुरदरे औजार सोहन नदी (पाकिस्तान) की घाटी में मिले हैं। इसके आधार पर हमें यह जानने में सुविधा होती है कि इस नदी के किनारे मानव 400000 से 200000 वर्ष पूर्व रहता था। उत्खननों के आधार पर ही हमें पता चलता है कि लगभग 2500 ई. पूर्व में ही गंगा की घाटी में भौतिक संस्कृति थी। यहाँ लोग मकानों में रहते, मिट्टी के बर्तनों का इस्तेमाल करते तथा बहुत तरह के अन्नों का उपयोग भी करते थे। मृद्भांडों के आधार पर भारत में संस्कृति के विकासक्रम पर पर्याप्त प्रकाश पड़ता है। गंगा-यमुना दोआब में हुए उत्खनन से, सबसे नीचे की सतह पर गेरुआ रंग के मृद्भांड, उसके ऊपरी सतहों में काले और लाल मृद्भांड और फिर चित्रित भूरे रंग के मृद्भांड मिले हैं।

मोहनजोदड़ो की खुदाई से 500 से अधिक मुहरें मिली हैं, जिससे हमें हड़प्पा संस्कृति के निवासियों की धार्मिक स्थितियों का पता चलता है। प्राचीन वैशाली में स्थित बसाढ़ नामक स्थल से खुदाई में प्राप्त 274 मिट्टी की मुहरों से पता चलता है कि चौथी शताब्दी ईस्वी में यहाँ व्यापारी, साहूकार और माल ढोनेवाले रहते थे। इस तरह उस स्थान के आर्थिक महत्त्व की जानकारी होती हैं।

उत्खनन के आधार पर बहुत से धार्मिक ग्रन्थों का काल-निर्धारण करने में भी सुविधा होती है। डॉ. बी. बी. लाल ने हस्तिनापुर के उत्खनन के आधार पर बताया है कि *महाभारत* में वर्णित कौरव-पांडवों का युद्ध लगभग 900 ई.पू. में हुआ। प्राचीन भारत के जीवन का सही चित्र जानने के लिए केवल साहित्यिक स्रोत उपयोगी नहीं हो सकता; क्योंकि मुख्यतः साहित्यिक ग्रन्थ लेखक की कल्पना पर आधारित रहता है। लेखक सही घटना को नहीं, बल्कि अपने विचारों को प्रकट करता है। फिर अधिकांश ग्रन्थों में देश के उसी क्षेत्र की सामाजिक, धार्मिक, आर्थिक आदि स्थितियों का वर्णन होता है, जहाँ का वह रहनेवाला होता है या रहकर लिखता है।

पुरातात्त्विक साक्ष्यों के आधार पर ही हमें लौहयुग के सम्बन्ध में विशेष जानकारी प्राप्त होती है। बलूचिस्तान, उत्तर-पश्चिमी भारत, गंगा-यमुना दोआब तथा दक्षिणी भारत में मिले लोहे के अवशेष तकनीकी विकास की बात बताते हैं।

2. अभिलेख–अभिलेख अध्ययन को पुरालेखशास्त्र कहा जाता है। मुद्राशास्त्र के समान इसका भी सम्बन्ध बहुत ही गहरे ढंग से पुरातत्त्व से है। मुहरों, प्रस्तर-स्तम्भों, चट्टानों, ताम्रपत्रों, ईंटों, मन्दिरों की भित्तियों पर ये प्राचीन लिपि के रूप में पाए जाते हैं। आज देश के भिन्न-भिन्न संग्रहालयों में अनेक तरह के अभिलेख सुरक्षित हैं। सबसे ज्यादा अभिलेख, जैसा कि प्रोफेसर आर.एस. शर्मा (*प्राचीन भारत,* दिल्ली, 1980, पृ.4) का कहना है, दक्षिण भारत के कर्नाटक में स्थित मैसूर में प्रमुख पुरालेखशास्त्री के कार्यालय में संगृहीत हैं।

सिन्धुघाटी में प्राप्त अभिलेख सबसे पुराने हैं, लेकिन इन्हें अभी तक पढ़ा नहीं जा सका है। मौर्यशासक सम्राट अशोक के अभिलेख ऐतिहासिक काल में सबसे प्राचीन हैं। पत्थरों एवं खम्भों पर खुदे इन अभिलेखों के आधार पर अशोक के द्वारा किए गए कलिंगयुद्ध, धार्मिक अवस्था, प्रशासनिक सुधार आदि की जानकारी होती है। उड़ीसा प्रान्त में स्थिति कलिंग के शासक खारवेल की जानकारी बहुत कुछ हाथीगुम्फा अभिलेख से होती है। कुषाणकालीन अभिलेख काफी संख्या में मिले हैं, जो कुषाण संस्कृति की जानकारी देते हैं।

अभिलेख लिखने का बहुत ही घनिष्ठ सम्बन्ध मुख्य रूप से जमीन दान देने से रहा है। चूँकि, जमीन दान देने की बात वृहत् पैमाने पर गुप्तकाल में मिलती है; अतः अभिलेख लिखने की प्रथा भी बड़े पैमाने पर गुप्तकाल से ही आरम्भ होती है। अभिलेखों में जो कुछ भी लिखा है, उसमें दान का ब्योरा एवं दान से सम्बन्धित दूसरी बातें ज्यादा हैं। फलतः, गुप्तकाल से पहले के अभिलेखों की संख्या गुप्तकाल एवं बाद के कालों (लगभग तेरहवीं सदी तक) की तुलना में बहुत कम रही है।

वास्तविक शासक के अलावा तिथि का जिक्र रहने से अभिलेखों का महत्त्व बढ़ जाता है। बहुत से अभिलेखों पर तिथि अंकित नहीं हैं, फिर भी अक्षरों की बनावट से उनका

काल-निर्धारण हो जाता है। चट्टानों या खम्भों पर खुदे अभिलेखों के आधार पर राज्य की सीमाओं का भी अनुमान लगाया जा सकता है। बहुत से अभिलेख मन्दिर में खुदे हैं, जिनसे मन्दिरों के निर्माण या मूर्ति-प्रतिष्ठापन के काल की जानकारी होती है। भाषाओं के विकास के दृष्टिकोण से भी अभिलेखों का महत्त्व है, जैसे—गुप्तकाल और उसके बाद के अभिलेख संस्कृत भाषा में हैं। इनसे ब्राह्मण धर्म की जानकारी होती है। गुप्तकाल से पूर्व के अभिलेख प्रायः प्राकृत भाषा में लिखे गए हैं, जिनसे बौद्धों एवं जैनों के धार्मिक क्रिया-कलापों की जानकारी होती है। तत्कालीन राजाओं का उल्लेख रहने के कारण, अभिलेखों से उस काल की राजनीतिक स्थिति को हम जान सकते हैं। इतना ही नहीं, शहरों, ग्रामों, नदी, सड़क, उपजाऊ भूमि, बंजर भूमि, फसल, विभिन्न पदाधिकारियों, तत्कालीन करों आदि की चर्चा भी अभिलेखों में रहती है, जो सही इतिहास रचने में हमारी सहायता करती है।

साहित्यिक स्रोतों में पाई गई बहुत-सी बातों का उल्लेख अभिलेखों में पाया जाता है। शुंगराजा धनदेव के अयोध्या अभिलेख और पतंजलि द्वारा रचित महाभाष्य से अश्वमेध यज्ञ का पता चलता है, जो पुष्यमित्र शुंग के द्वारा आयोजित किया गया था। दक्षिण भारत में तो सातवीं सदी के बाद का राजनीतिक, धार्मिक, आर्थिक एवं सामाजिक इतिहास लिखने के लिए अभिलेख ही सबसे महत्त्वपूर्ण स्रोत हैं।

आधुनिककाल में प्राचीन नगरों के ऐतिहासिक अध्ययन का महत्त्व काफी बढ़ गया है। अभिलेखों के आधार पर उत्तर एवं दक्षिण के नगरों का अध्ययन इधर हाल में कई विद्वानों द्वारा किया गया है। मुख्य स्रोत अभिलेख को माध्यम बनाकर हाल ही में कर्नाटक में स्थित पूर्व-मध्यकालीन (600-1200) शहरों का अध्ययन उत्थान, पतन, योजना, प्रशासन आदि दृष्टिकोण से किया गया है, जिससे पता चलता है कि कर्नाटक में 600-1000 ई. तक जो भी शहर पाए गए, वे काफी छोटे-छोटे एवं मुख्य रूप से धार्मिक थे या प्रशासनिक। 1000 ई. के बाद से व्यापारिक शहरों की संख्या बढ़ने लगती है। इस तरह, शहर के दृष्टिकोण से पूर्व-मध्यकालीन भारत में दो तरह की स्थितियाँ देखने को मिलती हैं, जो आधुनिक इतिहास लेखन को एक नया दृष्टिकोण देती हैं और इसके लिए अभिलेख अति महत्त्वपूर्ण सिद्ध होता है।

3. स्मारक एवं भवन—मन्दिर एवं भवनों की शैली एवं बनावट के विकास के दृष्टिकोण से टूटे-फूटे मन्दिरों और भवनों का काफी महत्त्व है। सर्वप्रथम छठी शताब्दी ई. से दक्षिण भारत में मन्दिरों को बनाने की प्रक्रिया आरम्भ हुई। भारतीय मन्दिरों की बनावट के दृष्टिकोण से उत्तर भारत की शैली को **नागर शैली** तथा दक्षिण भारत के मन्दिरों की बनावट की शैली को **द्रविड़ शैली** कहा जाता है। नागर एवं द्रविड़ शैली के पारस्परिक संयोग से एक तीसरी शैली का जन्म होता है, जिसे **बेसर शैली** कहते हैं। इन शैलियों के द्वारा मन्दिरों की बनावट के विकास की जानकारी होती है। भिन्न-भिन्न देवी-देवताओं के मन्दिरों के कारण भारत के भिन्न-भिन्न क्षेत्रों में विभिन्न धार्मिक विश्वासों के बारे में जानकारी होती है। कला एवं स्थापत्य के विभिन्न चरणों की जानकारी के लिए इस स्रोत का महत्त्व बढ़ जाता है।

4. विदेशी लेख—भारतीय इतिहास के निर्माण में कुछ विदेशी लेख भी हमारी मदद करते हैं। इनसे आर्यों के इतिहास पर भी प्रकाश पड़ता है। एशिया माइनर के बोगोजकोई

लेख में वैदिक देवताओं का उल्लेख है। इस लेख से सम्भवतः भारत में प्रवेश करने के पूर्व आर्यों के पर्यटन का पता लग सकता है। ईरान में कुछ ऐसे लेख मिले हैं, जिनसे प्राचीनकाल में ईरान और भारत के पारस्परिक सम्बन्धों पर गहरा प्रकाश पड़ता है। मिस्र में एल-अमरना में कुछ मिट्टी की मुहरें मिली हैं, जिन पर बेबिलोनिया के कुछ शासकों के नाम हैं, जो भारतीय-जैसे लगते हैं। कुछ लेख सुदूरपूर्व में भी मिले हैं। इनसे यह बात पूरी तरह और भली-भाँति प्रमाणित होती है कि प्राचीन भारत का उस तरफ के देशों से भी राजनीतिक और सांस्कृतिक सम्बन्ध थे।

5. मुद्राएँ (Coins)—भारत का प्राचीन इतिहास लिखने में सिक्के, मुद्राएँ तथा मुहरें भी बड़े काम के सिद्ध हुए हैं। मुद्राओं की महत्ता इतनी अधिक स्वीकार की गई है कि आज एक पृथक् मुद्राशास्त्र (numismatics) ही खड़ा हो गया। ए.एल. बॉशम (*अद्‌भुत भारत*, आगरा, 1967, पृ. 8) के अनुसार, भारत के प्राचीनतम नगरों के सर्वप्रथम अवशेष कनिंघम ने पाए, जिन्होंने पंजाब प्रान्त में हड़प्पा के समीप विचित्र एवं अपरिचित मुद्राएँ प्राप्त कीं। ईसा की चौदहवीं सदी के पहले कागज के रुपयों का प्रचलन नहीं रहने के कारण लेन-देन के माध्यम के रूप में सिक्कों का काफी महत्त्व था। ई.पू. आठवीं शताब्दी से भारत में धातु के बने सिक्कों का प्रयोग होने लगा था। अभिलेखों की तरह इनके भी साहित्य से उपलब्ध सामग्री की परिपुष्टि होती है।

हमारे पास भारत के विभिन्न भागों से प्राप्त विविध प्रकार की मुद्राएँ एकत्र हैं, जो भारत के प्राचीन इतिहास को समझने में सहायता देती हैं। ये मुद्राएँ विभिन्न धातुओं की हैं, जैसे—सोना, चाँदी और ताँबा। मुद्राएँ देश के इतिहास के निर्माण में हमारी बड़ी सहायता करती हैं। ये हमें शासक का परिचय दिलाकर यह बतलाती हैं कि उसने कब-कब और भारत के किस-किस भाग पर राज्य किया। इन मुद्राओं से ही कई बार हमें विभिन्न राजाओं के अस्तित्व का पता चला है। इस प्रकार स्पष्ट है कि इन मुद्राओं के अभाव में वे राजा इतिहास में अज्ञात ही रह जाते। मुद्राएँ कालक्रम का निर्णय करने में हमारी सहायता करती हैं। भारत की अत्यन्त प्राचीन पंचमार्क मुद्राओं से तत्कालीन प्रजातान्त्रिक शासन-प्रणाली का परिचय मिलता है। यूनानी राजाओं के शासन का परिचय मुद्राओं द्वारा ही होता है। शक-क्षत्रपों के शासन की जानकारी मुद्राएँ देती हैं। मुद्राओं ने समुद्रगुप्त की सही तिथियाँ जानने में सहायता दी है। गुप्त-सम्राटों की विजय का ज्ञान हमें मुद्राओं से प्राप्त हुआ है। विजेता शत्रु को पराजित कर उसकी मुद्राओं के प्रचलन का निःशेष कर अपनी मुद्राएँ चलाया करते थे। ऐसी स्थिति में, राज्य-विस्तार का अध्ययन केवल मुद्राओं के आधार पर करना उचित नहीं होगा। फिर भी वंशविशेष के शासकों की संख्या का बोध मुद्राओं से हो जाता है। शक-पल्लवकाल में प्रचलित मुद्राओं के अध्ययन से तत्कालीन शासन-पद्धति का ज्ञान हो जाता है। मुद्राओं के अध्ययन से विभिन्न कालों की धार्मिक भावनाओं का भी कुछ-न-कुछ बोध हो जाता है। मुद्राएँ आर्थिक अवस्था पर भी प्रकाश डालती हैं। मुद्राओं की अधिकता से उस काल की व्यापारिक उन्नति का भी बोध हो जाता है। भारत से पर्याप्त मात्रा में प्राप्त होनेवाली रोमन मुद्राओं से पता चलता है कि किसी समय भारत और रोमन साम्राज्य के बीच बड़े पैमाने पर व्यापार होता था। इन मुद्राओं पर राजाओं के चित्र भी अंकित हैं। इसके आधार पर उन राजाओं के सिर की पोशाक के बारे में धारणाएँ बनाई जा सकती हैं। कभी-कभी तो इन

मुद्राओं से राजाओं के मनोरंजन और उनके प्रिय व्यापारों का भी पता चलता है। किसी स्थान की मुद्राओं के अपकर्ष से हमें इस बात का भी संकेत मिलता है कि देश असाधारण स्थिति से गुजर रहा था। भारत पर हूणों के आक्रमण के समय गुप्तवंश की मुद्राएँ उत्कर्ष पर नहीं थीं। गुप्तकालीन मुद्राओं पर अंकित चिह्नों से पता चलता है कि हिन्दू धर्म के प्रति उनका बड़ा ही उत्साह था।

भारत पर यूनान के आक्रमण के पश्चात् मुद्राओं पर राजाओं का नाम अंकित किया जाने लगा। इंडोबैक्ट्रियन राजाओं ने अत्यधिक संख्या में मुद्राएँ बनाईं। पंजाब और उत्तर-पश्चिम सीमान्त की भूमि इन्हीं राजाओं के अधीन थी। इन मुद्राओं पर उत्कृष्ट कला दिखाई गई है और इनका भारतीय मुद्राओं पर अत्यधिक मात्रा में प्रभाव पड़ा है। भारतीयों ने मुद्रा-सम्बन्धित जो वस्तु उधार ली, वह था राजा का चित्र और नाम। यूनान की मुद्राओं से पता चलता है कि यूनान के लगभग तीस राजाओं और रानियों ने भारत में राज्य किया। प्राचीन लेखक इनमें चार या पाँच को ही मान्यता प्रदान करते हैं। यदि ये मुद्राएँ नहीं प्राप्त होतीं, तो इन राजाओं से हम सर्वथा अपरिचित रहते। सिथियनों और पार्थियनों की मुद्राएँ उतनी उच्चकोटि की नहीं हैं; फिर भी उनसे पर्याप्त ऐतिहासिक जानकारी उपलब्ध होती हैं। इन मुद्राओं के आधार पर सम्बन्धित राजाओं के इतिहास की एक हल्की-सी जानकारी प्राप्त की गई हैं। इनके बिना तो इतना भी पता न चलता कि शकयुग में सिथियनों का एक दल गुजरात और काठियावाड़ में आकर बस गया था। इस दल के लोगों ने मुद्राएँ बनाईं। इन मुद्राओं पर राजा और उनके पिता का नाम लिखा मिलता है। इन मुद्राओं के आधार पर पश्चिमी क्षत्रपों के तीन सौ वर्ष के इतिहास की जानकारी की गई हैं। कुषाणों ने भी पर्याप्त मात्रा में मुद्राओं का निर्माण किया था। पांचाल प्रदेश के राजाओं तथा मालवा और यौधेववंशी राजाओं की जानकारी मुद्राओं से ही होती हैं। गुप्त-वंश की मुद्राएँ भी उपयोगी जानकारी प्रदान करती हैं। समुद्रगुप्त की मुद्राओं का इस क्षेत्र में महत्त्वपूर्ण स्थान है। गुप्तोत्तरकाल के इतिहास लेखन में मुद्राओं से हमें विशेष सहायता नहीं मिलती है।

3.2 साहित्यिक स्रोत

प्राचीन भारतीय इतिहास (ई.पू. लगभग 2500-550 ई.) के अध्ययन के लिए साहित्यिक स्रोत का महत्त्व उस समय सर्वाधिक हो जाता है, जब किसी कालविशेष की ऐतिहासिक जानकारी के लिए पुरातात्त्विक सामग्री, अभिलेख, सिक्का, कला एवं स्थापत्य का अभाव रहता है। अतः तत्कालीन समाज एवं संस्कृति की ठोस जानकारी के लिए साहित्यिक स्रोत महत्त्वपूर्ण होते हैं। पुरातत्त्ववेत्ताओं को ऐतिहासिक स्थलों की ओर आकर्षित करने में साहित्य की भूमिका महत्त्वपूर्ण रही है।

सिन्धुघाटी सभ्यता के काल से ही लिखित सामग्रियाँ पाई जाने लगती हैं, किन्तु इन्हें पढ़ने और समझने में विद्वान अभी तक सफल नहीं रहे हैं, अतः साहित्यों का महत्त्व वैदिककाल से बढ़ जाता है। ऋग्वैदिककाल की सामाजिक, आर्थिक, राजनीतिक एवं धार्मिक दशा की जानकारी मुख्य रूप से *ऋग्वेद* से होती है, जिसमें दस मंडल और 10,462 ऋचाएँ हैं। आर्य शिकारी अवस्था को पार कर पशुपालन अवस्था, कृषि अवस्था और ई.पू. लगभग

1000 से व्यापारिक अवस्था में कैसे पहुँचे, इसकी जानकारी के लिए *ऋग्वेद* (ऋचा-संकलन) का प्रथम, तीसरा एवं दसवाँ मंडल तथा *अथर्ववेद* (मन्त्र तथा जादूमन्त्र-संकलन), *सामवेद* (मन्त्र संकलन) एवं *यजुर्वेद* (स्तुति तथा यज्ञविधि संकलन) महत्त्वपूर्ण स्रोत हैं। इन स्रोतों से कर्म के आधार पर सामाजिक वर्गीकरण, लौकिक एवं पारलौकिक शक्तियों की आराधना, युद्ध में सफलता एवं पुत्रप्राप्ति के लिए यज्ञ का आयोजन और इसमें शूद्रों एवं वैश्यों के नहीं चाहने के बावजूद सहयोग, ऋग्वैदिककालीन सभा एवं समिति, पुरोहितों के बीच से ब्राह्मणों का प्रभावशाली ढंग से उभरना, बलि (इच्छानुसार दिया जानेवाला कर), दबावपूर्वक राजा द्वारा प्रजा पर कर का निर्धारण, राजनीतिक व्यवस्था आदि की जानकारी होती है। स्त्रियों पर विवाह के माध्यम से पुरुषों का बढ़ता हुआ नियन्त्रण, धनी एवं निर्धन स्त्रियों की सामाजिक दशा की जानकारी के लिए उत्तरवैदिक साहित्यिक स्रोत उपयोगी हैं।

बौद्धायन गृह्यसूत्र, शतपथ ब्राह्मण, तैत्तिरीय ब्राह्मण, जैमिनीय ब्राह्मण, वृहदारण्यक उपनिषद् (उप + निषद् = समीप बैठना अर्थात् गुरु अपने पैरों के पास बैठे शिष्यों के आगे भाष्य करता था), *छान्दोग्य उपनिषद्, कौषीतकि उपनिषद्* (उपनिषद् की सामान्य स्वीकृत संख्या 108 है) आदि से आर्यों की ऐतिहासिक जानकारी होती है। इनसे प्रथम शताब्दी तक के भारतीय इतिहास की भी जानकारी होती है।

प्राकृत भाषा में लिखित जैन साहित्यों एवं पालि भाषा में लिखित बौद्ध साहित्यों से जैन धर्म एवं बौद्ध धर्म के अलावा ई.पू. छठी शताब्दी और उसके बाद की सामाजिक, आर्थिक, राजनीतिक एवं सांस्कृतिक दशा की जानकारी होती है। *आचारांग, अनुत्तरोपपातिकदशा, अणुयोगदार, उपासगदशा ऋषिभाषित, प्रज्ञापना, रायपसेणइय, महानिसीह, अंगविज्जा, अभिधान राजेन्द्रकोष, त्रिषष्ठिशलाका-पुरुषचरित, विविधतीर्थकल्प* आदि महत्त्वपूर्ण प्राकृत ग्रन्थ हैं। *सुत्तपिटक, विनयपिटक, अभिधम्मपिटक, दीघ-निकाय, महासुदस्सन-सुत्त, जनवसभ सुत्त, महासतिपट्ठान-सुत्त, मज्झिम निकाय, अंगुत्तर-निकाय, खुद्दक निकाय, जातक, सुमंगलविलासिनी, महावंस, दीपवंस* आदि प्रमुख पालि ग्रन्थ हैं। इन ग्रन्थों में ई.पू. छठी-शताब्दी में नगरीकरण के द्वितीय चरण की जानकारी होती है। कुछ जैन एवं बौद्ध ग्रन्थ मौर्य साम्राज्य के लिए उपयोगी स्रोत हैं। ई.पू. चौथी-छठी शताब्दी में वैदिक सामाजिक ढाँचा में हो रहे परिवर्तन को समझने के लिए इन प्राकृत एवं पालि स्रोतों का प्रयोग किया जाता है।

प्राक्-मौर्यकाल में पाणिनि द्वारा रचित ग्रन्थ *अष्टाध्यायी* भी तत्कालीन सामाजिक एवं आर्थिक दशा को समझने के लिए महत्त्वपूर्ण स्रोत है।

मौर्यकाल से विदेशी साहित्यिक स्रोतों का महत्त्व बढ़ जाता है। इस श्रेणी में प्रथम महत्त्व *इंडिका* का है, जिसका लेखक मेगस्थनीज को बताया जाता है। वह सेल्यूकस का राजदूत था, जो ई.पू. 304 से 299 तक मौर्यों की राजधानी विश्वप्रसिद्ध पाटलिपुत्र में ठहरा था। चन्द्रगुप्त मौर्य, पाटलिपुत्र की भव्यता एवं तत्कालीन सामाजिक एवं आर्थिक दशा की जानकारी के लिए *इंडिका* महत्त्वपूर्ण स्रोत है। मौर्य एवं कुषाणकालीन नगरों एवं व्यापारिक गतिविधियों की जानकारी के लिए *टॉलेमी, प्लिनी, स्ट्रैबो, न्यार्कस, उनैसीक्रीट्स* और *अरिस्टोबल्स* के विवरण महत्त्वपूर्ण हैं।

भारतीय साहित्य *अर्थशास्त्र* (कौटिल्य) और *मुद्राराक्षस* (विशाखदत्त) प्रारम्भिक मौर्यकाल पर प्रकाश डालते हैं। *दिव्यावदान, अशोकावदान,* चीनीयात्री ह्वेनसांग का *यात्रा-विवरण*

(सियुकि) एवं तारनाथ की रचना (1608 ई.) मौर्यशासक बिन्दुसार और विशेषरूप में अशोक पर महत्त्वपूर्ण ऐतिहासिक प्रकाश डालते हैं। *दीपवंस* और *महावंस* बौद्ध ग्रन्थों से मौर्यशासकों के सम्बन्ध में गहरी जानकारी मिलती हैं। पाँचवीं शताब्दी का चीनीयात्री फाहियान ने अशोक की चर्चा अपने *यात्रा-विवरण* में की है।

गार्गीसंहिता, युगपुराण, श्रीमद्भगवद्गीता, दिव्यावदान, मिलिन्दप्रश्न, मनुस्मृति, आश्वलायन श्रौतसूत्र, महाभाष्य (पतंजलि) और *बौधायन श्रौतसूत्र* आदि ब्राह्मण एवं बौद्ध ग्रन्थों से शुंगों की उत्पत्ति, कला, पुष्यमित्र के बौद्ध धर्म विरोधी होने, ब्राह्मणप्रधान समाज एवं नगरों की जानकारी होती है तथा सामाजिक, आर्थिक, साम्राज्यविस्तार, धर्म एवं संस्कृति को ध्यान में रखते हुए प्राचीन भारत के बेहतरीन कुषाणकाल की जानकारी के लिए प्रसिद्ध बौद्ध साहित्य *त्रिपिटक* महत्त्वपूर्ण स्रोत है। कनिष्क के काल में आयोजित चौथी बौद्धसंगति के विद्वानों ने *त्रिपिटक* की रचना की थी। कुषाण-काल में *बुद्धचरित, सौन्दरानन्द, सारिपुत्र* और सम्भवतः *वज्रसूची* की रचना की गई, जो कुषाणकालीन इतिहास के अध्ययन के लिए उपयोगी ग्रन्थ हैं। इस समय नागार्जुन ने *मध्यमकारिका* एवं *मुरूल्लेखा* की रचना की। कनिष्क का राजवैद्य चरक ने औषधि पर *चरकसंहिता* की रचना की। इनसे तत्कालीन समाज, महायान बौद्ध धर्म, मूर्त्तिपूजा का प्रारम्भ, अन्तर्देशीय व्यापार, गान्धार एवं मथुरा कला की जानकारी होती है।

विदेशी यात्री प्लिनी का विवरण एवं टॉलेमी का विवरण तथा *पेरिप्लस ऑफ द एरिथ्रियन सी* सातवाहन राजवंश के अध्ययन के लिए उपयोगी है। इस काल की जानकारी सातवाहननरेश हाल द्वारा रचित *गाथासप्तशती, आर्यासप्तशती, अमरूशतक, वृहत्कथा, कथातरंगवनी, नाट्यशास्त्र, कोशल्या हृदय, प्रमाणविघटन* उपयोगी साहित्यिक स्रोत हैं।

तमिल संगमसाहित्य *नटिणै, कुरंदोगै, ऐंगुरूनूरू, पदिट्रपत्तु, पारिपाडल, कलित्तोगै, अहनानुरू* और *पुरनानुरू*, तमिल व्याकरण *तौलकाप्पियम, मणिमेखलै, शिलपद्दीकरम्* आदि से संगमकालीन दक्षिण भारतीय सामाजिक, आर्थिक, राजनीतिक एवं सांस्कृतिक पहलुओं की जानकारी होती है। इन साहित्यों में वर्णित तथ्यों में से अधिकांश पुरातत्त्व की कसौटी पर भी खरे उतरते हैं।

गुप्तकाल में साहित्यिक स्रोतों में वृद्धि हुई। कवि कालिदास (वास्तविक नाम की जानकारी नहीं) ने इस काल में *अभिज्ञानशाकुन्तलम्, रघुवंशम्, कुमारसम्भव, मेघदूत, ऋतुसंहार, मालविकाग्निमित्र* आदि संस्कृत ग्रन्थों की रचना की, जिनसे राजपरिवार और ग्रामीण दशा की जानकारी होती है। महाकाव्य *महाभारत* एवं *रामायण* से भी थोड़ी-बहुत जानकारी मिलती है। चीनीयात्री इत्सिंग, फाहियान एवं ह्वेनसांग ने प्रत्यक्ष-अप्रत्यक्ष रूप से इस काल पर प्रकाश डाला है। आर्यभट्ट इस काल के प्रसिद्ध गणितज्ञ थे। ब्रह्मगुप्त ने *ब्रह्म-सिद्धान्त* की रचना की, जिससे ज्योतिष-विज्ञान पर अध्ययन करने में सुविधा हुई। *रस-चिकित्सा* में सोना, चाँदी, लोहा, ताँबा आदि धातुओं से रोग-निवारक औषधि बनाने का वर्णन है।

प्राचीन विज्ञान एवं तकनीक पर प्रारम्भिक जानकारी वैदिक ग्रन्थों से होती है। वैदिकयुगीन भारतीय लोग सूर्य, चन्द्रमा तथा अन्य ग्रह एवं पूरे तारामंडल के अस्तित्व से परिचित थे। वैदिक ग्रन्थों में वर्णित **शुल्बसूत्र** अथवा **शुल्ब** (रस्सी) के नियम महत्त्वपूर्ण हैं। इन ग्रन्थों में वेदियों को मापने की विधियों, विभिन्न ज्यामितीय आकृतियों की निर्माण-विधियों और परिकलन (गणना करना) की परिष्कृत प्रणालियों को प्रस्तुत किया गया है। बीमारियों और

उनके उपचार (जड़ी-बूटियों, विशेष मलहमों, जलचिकित्सा आदि), पेशेवर चिकित्सक (भिषज) आदि की जानकारी *अथर्ववेद* से होती है। वैज्ञानिक ज्ञान के विकास की जानकारी छह वेदांगों—**शिक्षा** (उच्चारण विज्ञान), **व्याकरण, निरुक्त** (व्युत्पत्तिविज्ञान), **कल्प** (अनुष्ठान), **छन्द** (काव्यशास्त्र) और **ज्योतिष** से होती है। *यजुर्वेद* में अयस्ताप का उल्लेख है, जो लौह खनिज को लकड़ी, कोयला आदि के साथ तपाकर लोहा तैयार करता था। जैन साहित्य *स्थानांगसूत्र, आचारांगसूत्र* एवं *जातक* आदि बौद्ध ग्रन्थों से प्राक्मौर्यकाल के विज्ञान एवं शिल्पकला की जानकारी होती है। सुरा बनाने की कई रासायनिक विधियों पर *अर्थशास्त्र* ने प्रकाश डाला है। इसी ग्रन्थ से मौर्यकालीन युद्ध के औजार के निर्मित करने की अद्भुत जानकारी होती है। अनेक प्रकार की बीमारियों और उनके उपचारों की जानकारी के लिए *अर्थशास्त्र* उपयोगी स्रोत हैं। आर्यभट्ट द्वारा रचित *आर्यभट्टीयम्* और वराहमिहिर द्वारा रचित *वृहत्संहिता* एवं *पंचसिद्धान्तिका* से भूगोल, गणित और ज्योतिष की जानकारी होती है। *चरकसंहिता* में रोगों और उनके उपचारों का वर्णन है। हाथियों की चिकित्सा से सम्बन्धित ग्रन्थ *हस्त्यायुर्वेद* गुप्तकालीन रचना है। कला एवं तकनीक के अध्ययन के लिए *विष्णुधर्मोत्तरम्* उपयोगी स्रोत है।

इन साहित्यिक स्रोतों के आधार पर वैदिककाल से गुप्तकाल तक की सामान्य जानकारी मिलती है। बौद्धकाल से कुषाणकाल तक की जानकारी जिन देशी-विदेशी साहित्यों से होती है, उससे पता चलता है कि 6-7 सौ वर्षों का यह काल सामाजिक-आर्थिक विकास का एक महत्त्वपूर्ण चरण था। यह काल व्यापार-व्यापारी प्रधान रहा। वैदिककालीन ब्राह्मण-व्यवस्था गौण रही। गुप्तकालीन साहित्यों से विज्ञान एवं तकनीक की जानकारी होती है, किन्तु आर्थिक जर्जरता भी देखने को मिलती है। नगरों के पतन की जानकारी गुप्तकालीन साहित्यों से होती है और इस तथ्य को पुरातत्त्व भी प्रमाणित करता है।

भारतीय साहित्यों का कमजोर पक्ष यह रहा है कि इनके लेखकों, रचनाकाल एवं रचना-स्थान में अनिश्चितता की स्थिति रही। फिर भी भारत की भावी धार्मिक प्रक्रिया की पृष्ठभूमि इन साहित्यिक ग्रन्थों ने ही तैयार की।

3.3 आर्थिक इतिहास के स्रोत

लगभग 600 ई.पू. से भारतीय अर्थ-व्यवस्था में महत्त्वपूर्ण बदलाव आए। नगरीकरण का द्वितीय चरण इसी समय से प्रारम्भ हुआ। लोहे का व्यापक प्रयोग बढ़ा और कृषि में अद्वितीय विकास हुआ। देशीय एवं अन्तर्देशीय व्यापार बढ़े। कच्ची वस्तुओं से भिन्न-भिन्न प्रकार के माल तैयार किए जाने लगे। नगरों की संख्या बढ़ने लगी।

ई.पू. 600 से करीब 200 ई. तक के आर्थिक इतिहास को जानने के लिए उत्खनन एक महत्त्वपूर्ण स्रोत है। पाटलिपुत्र, हस्तिनापुर, अंतिरंजीखेड़ा, काशी, अयोध्या, अहिछत्र, मथुरा, चिरांद, चम्पा, वैशाली, राजगृह, चेचर, चन्दनडीह, एरण, साँची, भड़ौंच, तक्षशिला, द्वारिका, श्रावस्ती, तामलूक, लौरियानन्दनगढ़, कौशाम्बी आदि स्थानों की खुदाई की गई और वहाँ से प्राप्त पुरातात्त्विक सामग्रियों के अध्ययन से पता चलता है कि उपर्युक्त स्थानों में से अधिकांश का व्यापारिक महत्त्व था। 200 ई. के आसपास से भारत की आर्थिक स्थिति प्रतिकूल होने

लगी। विदेशों से व्यापारिक सम्बन्ध उत्खनन से प्रमाणित होते हैं। उत्खनन प्रमाणित करते हैं कि सिक्कों का प्रयोग मौर्य एवं कुषाणकाल में वृहद पैमाने पर किया जाता था। पुरातात्त्विक सामग्रियों के अध्ययन से पता चलता है कि मौर्य एवं कुषाणकाल में भारत की आर्थिक स्थिति सर्वाधिक अच्छी थी।

प्राचीन भारतीय अर्थ-व्यवस्था के अध्ययन के लिए अभिलेख को आधार बनाया जा सकता है। आर्थिक विकास के लिए कृषि को राजकीय संरक्षण प्रदान करना आवश्यक था। अन्न-उत्पादन में वृद्धि के लिए सिंचाई की व्यवस्था आवश्यक थी। रुद्रदमन के 150 ई. के शिलालेख से पता चलता है कि सिंचाई के लिए चन्द्रगुप्त मौर्य के समय उसके सौराष्ट्र के **राष्ट्रीय** (गवर्नर) पुष्यगुप्त ने गिरनार में सुदर्शन झील के निर्माण करने का कार्य आरम्भ किया। यह झील अशोक के काल में बनकर तैयार हुआ। रुद्रदमन (150 ई.) तथा बाद में स्कन्दगुप्त (455 ई.) के समय, जब अधिक वर्षा के कारण यह झील नष्ट हो गई, तो इसका पुनः निर्माण कराया गया।

नासिक के दूसरी एवं तीसरी शताब्दी के अभिलेखों से पता चलता है कि श्रेणियाँ बैंकों का काम करती थीं। श्रेणियों के यहाँ जमा धन के ब्याज का धार्मिक उपयोग दाता की इच्छानुसार होता था। 436 ई. के मन्दसौर-अभिलेख से ज्ञात होता है कि रेशम बुननेवालों की श्रेणी के सदस्य लाट प्रदेश से रवाना होकर दशपुर (मन्दसौर) में आकर बसे और अपनी संचित धन-राशि से सूर्य का एक विशाल मन्दिर बनवाया। इस श्रेणी के सदस्य धनुर्विद्या सीखकर योद्धा भी हो गए थे। गुप्तकालीन अभिलेखों में भाग, भोग, कर, हिरण्य, उपरिकर और भूत प्रत्यय जैसे कुछ करों की चर्चा है। कर्षापण, द्रम, दीनार, रूपक और विंशोपक जैसे सिक्कों की चर्चा अभिलेखों में है। तौल एवं माप की जानकारी ताम्रपत्रों से होती है।

सिक्के प्राचीन भारतीय आर्थिक गतिविधियों को जानने के प्रमुख स्रोत रहे हैं। सिक्कों का विनिमय करीब छठी शताब्दी ई.पू. से प्रारम्भ हुआ। दक्षिण बिहार और उत्तर प्रदेश से चाँदी के बने आहत सिक्के काफी मात्रा में पाए गए। ये सिक्के ई.पू. चौथी-पाँचवीं शताब्दी के बताए गए हैं। आहत सिक्कों का सर्वाधिक प्रयोग मौर्यकाल में हुआ। कुषाणों के काल में काफी शुद्धतावाले और वजनदार स्वर्णसिक्कों का प्रयोग व्यापार में होता था। गुप्तकालीन स्वर्णसिक्के प्रचुर मात्रा में पाए गए, किन्तु इनका प्रयोग व्यापार में नहीं के बराबर हुआ। गुप्तकाल के बाद करीब चार सौ वर्षों तक स्वर्णसिक्कों का अभाव रहा। भारतीय सिक्के यूनानी सिक्कों से प्रभावित रहे। सिक्के आर्थिक विकास और पतन की बात बताते हैं। सिक्कों के अध्ययन से पता चलता है कि ई.पू. 600 से 322 ई.पू. तक जिस गति से आर्थिक विकास हुआ, उससे ज्यादा तेज गति से आर्थिक विकास मौर्य एवं कुषाणकाल में हुआ। सिक्कों का व्यापारिक महत्त्व होने के कारण मौर्य एवं कुषाणकाल में व्यापारिक नगरों की संख्या सर्वाधिक रही। गुप्तकाल से सिक्कों का व्यापारिक महत्त्व कई कारणों से घटा और व्यापारिक नगरों का पूर्व गौरव इस समय से समाप्तप्राय होने लगा।

प्राचीन **साहित्य** आर्थिक इतिहास के अध्ययन के प्रमुख स्रोत हैं। पाणिनि के ग्रन्थ से पता चलता है कि बेहतर औजारों का प्रयोग कर किसानों ने उत्पादन में काफी वृद्धि की। पाणिनि के *अष्टाध्यायी* से आठ व्यापारिक नगरों की जानकारी होती है। विकसित यातायात और समुद्र-व्यापार पर इस ग्रन्थ ने काफी प्रकाश डाला है।

जातकों, दीघनिकाय, अंगुत्तर निकाय, महाबग्ग, थेरीगाथा आदि बौद्ध ग्रन्थों में कृषि के हल, अन्य औजार, विज्ञान एवं तकनीक, व्यापार, व्यापारी, व्यापारिक वस्तुएँ, व्यापारिक नगर, व्यापार में सिक्कों का प्रयोग आदि की जानकारी होती है। कुम्हार, बढ़ई, सुनार, लुहार, कसेरा, ठठेरा, तेली, मोची, रंगरेज, मालाकार आदि शिल्पकारों एवं कारीगरों पर इन ग्रन्थों में प्रकाश डाला गया है। इस पर भी प्रकाश डाला गया है कि व्यापारी किस प्रकार एक स्थान से दूसरे स्थान में सार्थवाह के रूप में व्यापार करते थे। श्रेणियों के संगठन एवं उनके कार्यों की जानकारी उपर्युक्त बौद्ध ग्रन्थों से होती है।

आचारांग सूत्र, भगवती सूत्र, वृहत्कल्पभाष्य, आवश्यक चूर्णि, निशीथचूर्णि, उवासगर्दसाओ, नायाधम्मकहा आदि जैनग्रन्थ प्राचीन भारतीय आर्थिक स्थिति को जानने के प्रमुख स्रोत हैं। इनसे नगरों, व्यापार, व्यापारिक मार्ग, व्यापारिक वस्तुओं के निर्माण आदि की जानकारी होती है। ग्रामीण अर्थव्यवस्था का अध्ययन भी इन ग्रन्थों के माध्यम से किया जा सकता है। *महावस्तु* से राजगृह में 36 प्रकार के कारीगरों की जानकारी होती है।

गौतमधर्मसूत्र, आपस्तम्भधर्मसूत्र, बौधायनधर्मसूत्र, वसिष्ठधर्मसूत्र आदि से भिन्न-भिन्न वस्तुओं पर लगाए गए करों की जानकारी होती है। इनमें तौल एवं माप पर भी प्रकाश डाला गया है।

कौटिल्य का *अर्थशास्त्र* हमारे लिए काफी महत्त्वपूर्ण स्रोत है। कृषि एवं सिंचाई को राजकीय संरक्षण प्रदान करने की इसमें चर्चा है। कौटिल्य ने भूमि का वर्गीकरण तथा पैदा होनेवाली वस्तुओं का उल्लेख किया है। उसके अनुसार, व्यवसाय और व्यापार पर राज्य का नियन्त्रण होना चाहिए। राजकीय आय के विभिन्न स्रोतों का *अर्थशास्त्र* में चर्चा है। व्यापारिक वस्तुओं, शिल्पकारों, कारीगरों आदि पर भी इसमें पर्याप्त प्रकाश डाला गया है।

याज्ञवल्क्य, नारद और वृहस्पति ने श्रेणियों के संविधान तथा उनके कार्यों का विवेचन किया है। मनु और याज्ञवल्क्य ने तत्कालीन प्रचलित विभिन्न प्रकार के तौल और माप की सूचना दी है।

मेधातिथि ने *मनुभाष्य* में 17 प्रकार के अन्न-पदार्थ, विभिन्न व्यवसाय और व्यापार तथा उनका श्रेणियों में संगठन आदि का उल्लेख किया है। देवण भट्ट की *स्मृति चन्द्रिका* में श्रेणियों के बारे में जानकारी प्राप्त होती है। हलायुध ने *अभिधानरत्न माला* में भूमि के वर्गीकरण, अनाज, विभिन्न धातुओं एवं रत्नों की प्राप्ति के स्थान तथा रत्न के व्यवसाय पर प्रकाश डाला है।

मिलिन्दपह्नो में एक ऐसे व्यक्ति की चर्चा है, जो भूमि को कृषियोग्य बनाने के लिए जंगल काटता था और इस नाते वह भूमि का स्वामी कहलाता था। यह ग्रन्थ धरती पर अवस्थित सभी नगरों, पत्तनों (बन्दरगाह), खानों आदि पर राजा का स्वामित्व स्पष्ट रूप से स्वीकारता है। यह ग्रन्थ 75 व्यवसाय का नाम गिनाता है, जिनमें करीब साठ का सम्बन्ध विविध शिल्पों से था। इनमें से आठ शिल्पों का सम्बन्ध सोना, चाँदी, सीसा, राँगा, ताँबा, पीतल, लोहा और रत्न से था। इस ग्रन्थ में एक प्रकार की पीतल (आरकूट), जस्ता, अंजन (सुरमा) और संखिया का उल्लेख है। लोहा बनाने की तकनीक में तरक्की हुई और इसकी जानकारी *मिलिन्दपह्नो* से होती है। कपड़ा बनाना, रेशम की बुनाई, युद्ध के औजार तथा विलास-वस्तुओं के निर्माण पर भी इस ग्रन्थ में प्रकाश डाला गया है।

गुप्तकालीन ग्रन्थ *रघुवंश* में खानों पर राजा का अधिकार की चर्चा है, जिसे राजा ने दानस्वरूप ब्राह्मण को सौंप दिया। *रघुवंश* से उसके समय की कमजोर अर्थव्यवस्था की जानकारी होती है। इसमें कालीमिर्च, चन्दन, इलायची आदि व्यापारिक वस्तुओं की चर्चा है। ताम्रलिप्ति बन्दरगाह का भी उल्लेख इसमें है।

हेरोडोटस ने *हिस्टोरिक* में उत्तरापथ की आर्थिक गतिविधियों को बताया है। निआर्कस, ओनो सिक्रिटस, मेगस्थनीज तथा स्ट्रैबो ने भारतीय भूमि की उर्वरता, अनाजों, औषधियों और जड़ी-बूटियों का उल्लेख किया है। प्लिनी और टॉलेमी ने भारत-रोम व्यापार का उल्लेख किया है। फाहियान ने बताया है कि गुप्तकाल में खरीद-बिक्री का माध्यम कौड़ी थी।

4

प्राक्-हड़प्पा संस्कृति

4.1 प्रस्तावना

इतिहास में कोई बात शायद इतनी निश्चित नहीं, जितना कि परिवर्तन का होते रहना है। पशु बदलते हैं। मनुष्य बदलता है। रीति-रिवाज, सम्मतियाँ और विचार बदलते हैं। यहाँ तक कि यह पृथ्वी भी बदलती है।

हजारों वर्ष पहले जो घोड़े होते थे, वे कद में आजकल के छोटे कुत्तों के जैसे होते थे। आज के सपाट त्वचावाले हाथी के प्राचीन पूर्वज महाहस्ती (मैमथ) का शरीर लम्बे और रूखे बालों से भरा होता था। पशुओं में जानलेवा युद्धों का और जलवायु में हुए परिवर्तनों के अनुकूल अपने-आपको न ढाल पाने का परिणाम यह हुआ कि महाहस्ती और अन्य अनेक प्राचीन पशु अब लुप्त हो चुके हैं।

अनेक लोगों का मत है कि इस पृथ्वी को बने लगभग साढ़े 4 अरब वर्ष हो चुके हैं। भूकम्प और ज्वालामुखी पृथ्वी की पपड़ी (ऊपरी सतह) के स्वरूप को बदलते रहते हैं। पृथ्वी के हिलने से कभी पुराने समुद्रों के धरातल ऊपर आकर पहाड़ों के शिखर बन गए। हिमालय पहाड़ इसका उदाहरण है। मूसलाधार वर्षा बहुत समय से धीरे-धीरे पहाड़ियों और पहाड़ों तक को भी घिसती रही हैं। पृथ्वी के धरातल पर जो परिवर्तन होते रहे, उनके परिणामस्वरूप जलवायु में परिवर्तन हुए। जलवायु में परिवर्तन होने से जीवन के विकास और फैलाव गहरे रूप में प्रभावित हुए।

4.2 हिमनद

हिमनद बर्फ का एक बहुत विशाल पुंज होता है, जो बहुत ही धीरे-धीरे गति करता है। हिमनद अपनी प्रचंड शक्ति से घाटियों और झीलों की तलियों को घिसकर खोखला करते हैं और मिट्टी तथा पत्थरों को एक प्रदेश से हटाकर दूसरे प्रदेश गें पहुँचा देते हैं।

लाखों वर्ष पहले बहुत बड़े-बड़े हिमनद ऊपर से घाटियों में सरकते आए और उसने अमेरिका, यूरोप तथा एशिया के उत्तरी प्रदेशों पर बर्फ की मोटी तह बिछा दी। काफी समय बाद उसमें से अधिकांश बर्फ पिघल गई और गर्मी का एक लम्बा, बहुत लम्बा काल आया।

जिस काल में पृथ्वी का बहुत बड़ा भाग हिम से आवृत रहता है, उसे **हिमकाल** (हिमयुग) कहते हैं। इस पृथ्वी पर 3-4 हिमकाल हो चुके हैं और उसके बाद गर्मी। हिमकाल के प्रभाव से पृथ्वी, मनुष्य, पशु, पौधे सभी में परिवर्तन हुए।

4.3 प्रारम्भिक मानव

मानव-सृष्टि के क्रम में प्रथम उत्पन्न मानव **पुरामानव** या **आदिमानव** कहे जाते हैं। ये करीब 40 लाख वर्ष पहले प्रकट हुए थे। इसकी जानकारी खुदाई से प्राप्त हड्डियों की वैज्ञानिक जाँच-विधि से होती है। देखने में ये बड़े बन्दरों जैसे लगते थे। उनका मस्तिष्क बन्दर से बड़ा और आधुनिक मनुष्य से छोटा था। वे आगे की ओर काफी झुककर चलते थे। इनके हाथ घुटनों से नीचे तक लटके रहते थे। इनकी अँगुलियाँ बेडौल थीं। फलतः ये मामूली काम ही कर पाते थे; जैसे—खोदना, पकड़ना या चोट करना। इनके मुँह से कुछ अस्पष्ट आवाजें निकला करती थीं। उन्हीं के जरिए ये अपना क्रोध, भय आदि दिखाते और सहायता के लिए बुलाते थे तथा दूसरों को खतरे की चेतावनी दिया करते थे।

आदिमानव के पास खतरनाक जानवरों जैसे जबर्दस्त पंजे और मजबूत नाखून एवं दाँत नहीं थे। किन्तु प्रागैतिहासिक मानव तेज किनारीवाले पत्थर से चोट करके उससे छोटी-छोटी चिप्पियाँ तोड़ देता था। इस तरह उसने ऐसा औजार भी बना लिया जिससे हड्डी तोड़ी जा सकती थी। वह मूसल एवं जमीन खोदने या कुरेदने के लिए नुकीला डंडा भी तैयार करने की क्षमता रखने लगा था। ऐसा औजार **हस्त-कुठार** या **हथकुल्हाड़ा** कहा जाता था। ये औजार किन्हीं दाँतों और नाखूनों से मजबूत होते थे। भारी मूसल की चोट भालू के पंजे की चोट से भी अधिक असरदार होती थी।

इस तरह पत्थर का हस्त-कुठार, जमीन खोदने-कुरेदने का डंडा और मूसल आदिमानव के प्रारम्भिक औजार थे। उनकी मदद से वे अपना भोजन जुटाया करते थे। आदिमानव और जानवरों में पहला और सबसे महत्त्वपूर्ण भेद यही था कि आदिमानव अपने लिए काम के औजार खुद बना सकता था, किन्तु जानवरों के लिए यह असम्भव था।

लोग भोजन के लिए जंगली बेर, फल, पक्षियों के अंडे आदि चुनते थे। वे खाने योग्य जड़ें और कीड़े-मकोड़ों की झल्लियाँ खोदते थे। खोहों में छिपे छोटे-छोटे जानवरों को पकड़ते थे। उनके इस धन्धे को **खाद्य-संग्रहण** कहा गया। इन सबके अलावा वे झुंड बनाकर और मूसलों, डंडों और कुठारों से लैस होकर जानवरों का शिकार करते थे। वे बकरों, हिरणों, सूअरों आदि का भी शिकार करते थे।

आदिमानव भी जानवरों के समान आग से डरते थे। बिजली गिरने से कभी-कभी जंगल में आग लग जाती थी। इससे डरकर लोग भाग जाते थे। इससे भी डरावनी स्थिति उनकी उस समय हो जाती थी; जब वे ज्वालामुखी के विस्फोट से हुआ बहुत गर्म लावा देखते थे। लेकिन समय बीतने के साथ-साथ उनका अनुभव भी बढ़ता गया और अब लोग समझने लग गए कि डरानेवाली आग विश्वसनीय मित्र भी हो सकती है। जानलेवा जानवरों से रक्षा करने में आग उपयोगी है। आग से ठंड मौसम में शरीर की सुरक्षा की जा सकती है। परिणामतः वे जलते हुए जंगल या ज्वालामुखी से आग लेकर अलाव जलाने लगे। वे दिन-रात इस आग की रखवाली करते थे। वे आग को बुझने नहीं देते थे। यदि उन्हें नई जगह पर जाना होता था, तो जलती हुई टहनी भी साथ ले जाते थे। चूँकि जानवर आग से डरते थे, इसलिए रात्रि में अलाव के चारों ओर बैठे या सोए इन लोगों पर खूँखार जानवर हमला करने की हिम्मत नहीं कर पाते थे। आदमी के हाथ में आग देखकर जानवर पीछे हट जाते थे। दावानल (जंगल में

लगी आग) की चपेट में आ जाने से जानवर उसी में सीझ-पक अथवा भूना जाते थे। सीझे-पके मांस से सोंधी महक आने लगी। सम्भवतः इसी सोंधी महक से आकर्षित होकर आदिमानव ने उसे खाया होगा। खाने में अच्छा स्वाद मिला होगा। फलस्वरूप, वे जान गए कि आग में भूना अथवा पका हुआ मांस कहीं अधिक स्वादिष्ट होता है और तभी से लोग जानवरों को आग में भूनकर खाना शुरू किया। इस तरह आदिमानव आग की उपयोगिता से परिचित हुए।

4.4 मानवयुग

आदिमानव की जिन्दगी में कदम-कदम पर कठिनाइयाँ और खतरे थे। किसी बड़े जानवर से सामना होने पर उनका बच पाना प्रायः असम्भव होता था। इसके अलावा पर्याप्त भोजन जुटा पाने में भी काफी कठिनाइयाँ थीं। अकेला शिकार करने के क्रम में कुछ लोग जंगली जानवरों का खुद शिकार बन जाते थे। अकेला रहकर भोजन जमा करना या आग से सुरक्षित रखना भी लोगों के लिए सम्भव नहीं था। अकेले रहने से वे या तो भूखों मर जाते थे या फिर खतरनाक जानवरों द्वारा मार दिए जाते थे। कभी-कभी मौका पाते ही हिंसक जानवर इनके बच्चों को भी उठा ले जाते थे। अतः वे झुंड बनाकर शिकार करने लगे और वैसे लोग, जो शिकार करने के योग्य नहीं थे, किए गए शिकार और बच्चों की रखवाली करने लगे। इस तरह आदिमानव ने समूह में रहना और काम करना शुरू किया।

एक समूह में कुछ दर्जन ही लोग हुआ करते थे। उससे अधिक के लिए एक ही जगह पर पर्याप्त आहार मिल पाना सम्भव नहीं था। समूह स्थायी नहीं होते थे। आदिमानव एक समूह से दूसरे समूह में आते-जाते रहते थे। आदिमानव के ऐसे समूहों, झुंडों या टोलियों को **मानवयूथ** कहा गया। मानवयूथ केवल गरम इलाकों में ही रह सकते थे, जहाँ वनस्पतियाँ, फल और कन्दमूल पर्याप्त मात्रा में होते थे। गरम इलाकों में वस्त्रों और आवास के बिना भी वे रह लेते थे। आदिमानव के अवशेष अफ्रीका, एशिया और यूरोप में पाए गए हैं। पाए गए अवशेषों में हड्डियाँ, दाँत और काम के औजार मुख्य हैं।

19वीं शताब्दी के अन्त में दक्षिण-पूर्वी एशिया में, जावाद्वीप पर लाखों वर्ष पहले के लोगों की हड्डियों और दाँतों के टुकड़े मिले थे। उनका अध्ययन करके वैज्ञानिकों ने पता लगाया कि वे चल-फिर सकते थे। उन्हें **एपमैन** या **वानर-मानव** या **कपिमानव** (Pithecanthropus) नाम दिया गया। बहुत समय तक माना जाता रहा कि पिथेकेंथ्रोपस ही सबसे प्राचीन मानव था। किन्तु 20वीं सदी के मध्य में पूर्वी अफ्रीका में इससे भी कहीं प्राचीन मनुष्य ही हड्डियाँ और औजार मिले। वैज्ञानिकों ने उसे **उपकरण-निर्माता** मानव (होमो फेबर) नाम दिया। अध्ययन से पता चला कि वह करीब 40 लाख वर्ष से भी पहले रहता था।

4.5 पुरापाषाण काल के प्रारम्भिक औजार

अफ्रीका में खुदाई से जो प्रारम्भिक औजार पाए गए, उन्हे वैज्ञानिकों ने करीब 25-26 लाख वर्ष पुराना बताया। करीब 18 लाख वर्ष का पुराना औजार चीन से और 16 लाख वर्ष पुराना औजार इंडोनेशिया के इलाके से प्राप्त हुआ है। पत्थर के हजारों औजार जहाँ-जहाँ पाए गए,

वहाँ-वहाँ आदिमकालीन मानव रहते थे। इस काल को **पुरापाषाण काल** (Paleolithic Age) कहते हैं। अपने लाखों वर्षों के अस्तित्व के दौरान लोगों ने पत्थरों को पतले, चपटे टुकड़ों में तोड़ना और उनसे भाले की नोकें, चाकू, खुरचनियाँ (Scrappers) और छेदक (Borer) आदि तरह-तरह के औजार बनाना सीख लिया। शिकार से लाए हुए पशु के शरीर से मांस निकालने के लिए हड्डी को औजार के रूप से इस्तेमाल करने लगे। इस काल के उपकरण भारत के जिन प्रमुख स्थानों में मिले हैं, वे तमिलनाडु में अतिरमपक्कम, महाराष्ट्र में बोरी और नेवासा, मध्य प्रदेश में भीमवेतका और हथनौरा, पंजाब में सोहनघाटी तथा उत्तर प्रदेश में बेलनघाटी हैं।

4.6 मध्य-पुरापाषाण संस्कृति

मध्यभारत, राजस्थान, महाराष्ट्र, तमिलनाडु, आन्ध्र प्रदेश, कर्नाटक और उड़ीसा में मध्य-पुरापाषाणकालीन संस्कृति (Middle palaeolithic Culture) के अवशेष मिले हैं। इस संस्कृति का काल ई.पू. डेढ़ लाख वर्ष से लेकर ई.पू. 40 हजार वर्ष बताया जाता है। पत्थर के पपड़ियों (शल्क) से निर्मित औजार-उद्योग इस काल की मुख्य विशेषता थी। इस काल में छोटे और मध्यम आकार के हस्तकुठार (Handaxes), विदारणियाँ (cleavers-भेदक), खुरचनियाँ (Scrappers), छेदक (Borer) और कई प्रकार के चाकू (knifes) आदि पाए गए हैं। इनसे पता चलता है कि पूर्वपाषाण-युग की तुलना में मध्य-पुरापाषाण-युग में उपकरणों की निर्माण-तकनीक में बदलाव आया।

4.7 उत्तर-पुरापाषाणयुगीन संस्कृति

भारत के भिन्न-भिन भागों से जो पुरातात्त्विक सामग्रियाँ ई.पू. 45 हजार और ई.पू. 10 हजार के बीच पाई गई, उनके आधार पर भारत की जो सांस्कृतिक छवि उभरी, इसे उत्तर-पुरापाषाणयुगीन संस्कृति (Upper Palaeolithic Culture) कहते हैं। इस काल के अवशेष राजस्थान, उत्तर प्रदेश, गुजरात, आन्ध्र प्रदेश और कर्नाटक आदि क्षेत्रों में पाए गए हैं। इन स्थानों से अवशेष के रूप में जो औजार मिले हैं, वे पत्थरों के बने हैं।

4.8 मध्य-पुरापाषणयुगीन संस्कृति

करीब 12 हजार ई.पू. से 2 हजार ई.पू. के बीच के काल को मध्य-पुरापाषाण काल (Mesolithic Culture) कहते हैं। इस समय भौगोलिक बदलाव के परिणामस्वरूप पत्थर के छोटे-छोटे औजार बनाए जाने लगे। इनमें प्रमुख थे—उत्कीर्णक (Ingraver), खुरचनी (Scrapper), फलक (Blade), अर्द्धचन्द्राकार (Crescent), त्रिभुजाकार (Triangle) आदि। इन नवीन प्रकार के औजारों का पाया जाना विकास की प्रक्रिया में एक महत्त्वपूर्ण बदलाव था। इससे प्रमाणित होता है कि मनुष्य की आवश्यकताएँ बदल रही थीं।

पूर्व-पुरापाषाणकाल की तुलना में मध्य-पुरापाषाण कालीन उपकरण छोटे, आकर्षक और उनके प्रकार ज्यादा होने लगे। तकनीकी ज्ञान में बढ़ोतरी होने के फलस्वरूप उपकरण-निर्माण

में वृद्धि हुई। अधिक गर्म एवं शुष्क जलवायु ने मनुष्य को बेहतर माहौल प्रदान किया। जितने प्रकार के पत्थरों से पूर्व-पाषाणयुग में उपकरण बनाए जाते थे, उनमें बदलाव हुए। अब चकमक पत्थर (Flint), गोमेद (Agate) आदि का प्रयोग उपकरणों के निर्माण में किया जाने लगा। दाब तकनीक (Pressure Technique) नाली अलंकरण-तकनीक (Fluting Technique) और काष्ठ-तकनीक (Wood Technique) का प्रयोग किया जाने लगा।

पाकिस्तान के जमालगढ़ी, गुजरात के लघननाज, पंजाब के उचाली, राजस्थान के बूढ़ापुष्कर, बागोर और सांझरझील, मध्य प्रदेश के आदमगढ़ और भीमवेतका, तमिलनाडु के तेरीसमूह, कर्नाटक के संगनकल्लु, आन्ध्र प्रदेश के रेणीगुंटा, उड़ीसा के मयूरभंज और सुन्दरगढ़, बंगाल के वीरमानपुर आदि भारतीय स्थलों पर मध्य-पुरापाषाण युग के पुरातात्त्विक अवशेष पाए गए हैं।

मध्य-पुरापाषाणयुग में स्थायी रूप से बसने के तथा पशुपालन और मकान के अनुकूल माहौल के संकेत मिलते हैं। लोग पके हुए भोजन खाने का प्रयास कर रहे थे। अब नवीन उपकरणों के कारण छोटे-छोटे पशु-पक्षी का शिकार असम्भव नहीं रह गया था। मछली का भी शिकार होने लगा था।

4.9 प्रागैतिहासिक शैलकला

शैलकला (Rock Art) को प्रागैतिहासिक (Prehistoric) काल में विशेष महत्त्व की श्रेणी में रखा जाता है।

प्रागैतिहासिककाल की कलाकृतियाँ सिद्ध करती हैं कि 'प्राज्ञ मानव' सूक्ष्मदर्शी था। जानवरों को भली-भाँति जानता था। वह अपने हाथों से पत्थर और हड्डी पर रेखाएँ बड़ी दक्षतापूर्वक खींचा करता था। प्रागैतिहासिक लोग आँधी-तूफानों, बाढ़ों, बीमारियों, आदि के सामने पूर्णतः असहाय थे। वे वर्षा, तूफान, ज्वालामुखी-विस्फोट और अन्य प्राकृतिक परिघटनाएँ क्यों होती हैं, इसका कारण नहीं जानते थे।

'प्राज्ञ मानव' भी प्रकृति से वैसे ही डरता था, जैसे कि उससे कहीं अधिक पहले के लोग। एक पिछड़ी जाति के लोगों ने उनके जीवन के अध्ययन करनेवाले वैज्ञानिक को बताया था : "हम खराब मौसम से डरते हैं, क्योंकि तब हमें अपने लिए खाना जुटाना बहुत मुश्किल हो जाता है। हम ठंडी झोंपड़ियों में भूखों मरने से डरते हैं। हम बीमारियों से डरते हैं। हम मुर्दों से और शिकार में मारे गए जानवरों की आत्माओं से डरते हैं। हम उन सबसे डरते हैं, जिसे हम नहीं जानते।"

आदिमानव के मुकाबले 'प्राज्ञ मानव' यह जानने की कोशिश करता था कि प्रकृति का नियमन कौन-सी शक्तियाँ करती हैं। किन्तु **नैसर्गिक परिघटनाओं** के कारण को नहीं जानने की वजह से लोग उन्हें किन्ही अज्ञात **अलौकिक शक्तियों** का कार्य बताते थे। मनुष्य अलौकिक शक्तियों को अपनी सहायता के लिए बुलाने की कोशिश करता था।

शिकार पर निकलने से पहले लोग जानवर का चित्र बनाकर उसे 'मारते' थे। इससे वे जानवर पर जादू या टोना करके शिकार में सफलता सुनिश्चित करना चाहते थे।

आदि आदमी जब स्वप्न में अपने दूर के या मरे हुए आदमियों को देखता था, तो इसका कारण वह यह बताता था कि उन लोगों की 'आत्मा' उसके शरीर में बस गई है। स्वप्न में

वह मानो शरीर से बाहर आ जाती है, पृथ्वी पर विचरती है और दूसरे लोगों की 'आत्माओं' से मिलती है। मृत्यु मानो इसलिए होती है कि 'आत्मा' शरीर छोड़ देती है।

आदिमानव सोचते थे कि **'आत्मा'** प्राणियों और वनस्पतियों में भी होती है। उसे लगता था कि सारी प्रकृति में अलौकिक शक्तियों और भूत-प्रेतों का वास है। भूत-प्रेत अच्छे और बुरे दोनों प्रकार के होते हैं। वे शिकार में या तो मदद करते हैं या विघ्न डालते हैं। बीमारियाँ भी वे ही पैदा करते हैं। इसलिए बीमारी को 'डराने' और शरीर से भगाने के लिए लोग उसके पास जोर-जोर से चिल्लाते थे, डंडे चलाते थे और धुआँ करते थे।

प्रागैतिहासिक मानव अपने मुर्दों को जानवरों तथा पक्षियों के खाने के लिए फेंक देते थे। आगे चलकर लोग उन्हें दफनाने लगे और कब्रों में भोजन, काम के औजार और आभूषण भी रखने लगे।

पुरातत्त्ववेत्ताओं द्वारा खोजी हुई कब्रें दिखाती हैं कि लोग 'आत्मा' के अस्तित्व में विश्वास करने लग गए थे। लोग सोचते थे कि आत्मा मृत आदमी के शरीर में पुनः लौट आएगी और तब उसे उन चीजों की जरूरत होगी, जिनकी जरूरत उन्हें उनके जीवित काल में होती थी। आज भी बहुत से लोग कब्रों और समाधियों पर भाँति-भाँति के चढ़ावे और खाद्य-पदार्थ चढ़ाते हैं। यह उन्हीं प्राचीन विश्वासों का अवशेष है।

आदिमकालीन लोगों के विश्वासों का पता उनकी कलाकृतियों से भी चलता है; जैसे—भालों से बिंधे हुए भालू की आकृति, बैल का चित्र, जिसका दिल काँटेदार बर्छी से भिदा हुआ था, आदि। जंगली जातियों के जीवन के अध्ययन से भी ऐसे चित्रों के अभिप्राय का पता चलता है। मिसाल के लिए, आस्ट्रेलियाई आदिवासी शिकार पर जाने से पहले कंगारू का चित्र बनाते थे और भालों से उस पर वार करते थे।

भारत के विभिन्न अंचलों से कला के जो अवशेष प्राप्त हुए हैं, उनका परीक्षण करने पर विद्वानों ने उनका समय 3000 ई.पू. से भी पहले का सिद्ध किया है। इस प्रकार की सामग्री विशेषरूप से मध्य प्रदेश तथा उत्तर प्रदेश से उपलब्ध हुई है। 1863 ई. में मद्रास के समीप प्राप्त कलापूर्ण शिलाखंडों को भी प्रागैतिहासिक महत्त्व दिया गया है। इसके अतिरिक्त तमिलनाडु, आन्ध्र प्रदेश, छोटानागपुर, उड़ीसा और नर्मदा उपत्यका के पाषाणचित्रों, मृण्मूर्तियों तथा मृत्तिकापात्रों को भी प्रागैतिहासिक महत्त्व का माना गया है।

प्रागैतिहासिक कला की सजीव परम्परा के आदिम अवशेष विशेषरूप से उत्तर प्रदेश तथा मध्य प्रदेश से उपलब्ध हुए हैं। इन दोनों प्रदेशों के विभिन्न स्थानों से कुछ ऐसी गुफाएँ प्राप्त हुई हैं, जो चित्रांकित हैं, किन्तु उनकी ऐतिहासिकता के प्रति विद्वानों में मतभेद है। इस प्रकार की चित्रांकित गुफाओं के चार प्रमुख केन्द्र हैं—

मध्य प्रदेश में—1. महादेव की पहाड़ियाँ और 2. रायगढ़ की पहाड़ियाँ।

उत्तर प्रदेश में—3. मिरजापुर और 4. बाँदा जिला।

इन गुफाओं को आदिम मानव ने अपने रहने के लिए निर्मित किया था। इनके भीतर खंडित मृण्पात्र, कोयले और शस्त्रास्त्र उपलब्ध हुए हैं। गुफाओं की भित्तियों को चित्रों से सज्जित किया गया है। ये चित्रांकित भित्तियाँ यद्यपि अधिकतर जीर्ण-शीर्ण और उपहत हो चुकी हैं, फिर भी इनमें बचे चित्रों के आधार पर विद्वानों ने मानव-जीवन तथा उसके कल्पना सम्बन्धी अनेक तथ्यों को खोज निकाला है।

1. महादेव की पहाड़ियाँ–ये पहाड़ियाँ मध्य प्रदेश के होशंगाबाद जिले में हैं। उनके निकट आदमगढ़ और पंचमढ़ी की पहाड़ियों में भी चित्र अवस्थित हैं। इस विषय की सर्वाधिक महत्त्वपूर्ण सामग्री पंचमढ़ी से प्राप्त हुई है। यह सामग्री वहाँ के प्रसिद्ध महादेव पर्वत के चारों ओर अवस्थित डोरोकी-दीप, महादेव बाजार, सोनभद्रा, चम्बूदीप, निम्बुभोज, मारोदेव, बनियाबेरी, तामिया और झालाई आदि विभिन्न स्थानों की चित्रित गुफाओं से प्राप्त हुई हैं। इन पर्वत-गुफाओं में पशु-चित्रों की अधिकता है। पशुओं में हाथी, घोड़ा, बैल, कुत्ता, बकरी, सिंह, हरिण, रीछ, तेन्दुआ, चीता और सूअर आदि की छवियाँ विशेषरूप से उल्लेखनीय हैं। कहीं वे अपने स्वामी के घर पर बैठे हुए हैं, तो कहीं शिकारी उनका आखेट कर रहे हैं। शिकारी धनुष-बाण धारण किए हुए हैं। एक दृश्य में कुछ धनुर्धारी तथा अश्वारोही दो दलों में विभक्त होकर पारस्परिक युद्ध करते हुए चित्रित हैं। इस चित्र-सामग्री में एक ऐसा भी दृश्य है, जिसमें पिछले पैरों पर खड़ा होकर एक बन्दर बाँसुरी बजा रहा है और उसके पास ही तालियाँ बजाता हुआ एक व्यक्ति ताल के साथ नाच रहा है। इस दृश्य में जीवन की उल्लासमयता के दर्शन होते हैं। इसी प्रकार, एक अन्य स्थान पर स्वस्तिकाकार रेखांकन किया गया है, जिसके निकट पूजा करते हुए कुछ मनुष्य खड़े हैं। इनके अतिरिक्त वन में पशुओं को चराते हुए चरवाहे, वन में विचरण करते हुए बैल, घोड़े, कुत्ते और बकरी आदि पालतू पशु और छत्ते से मधु निकालते हुए लोग, आदि अनेक दृश्य भित्तियों पर चित्रांकित हैं।

इन चित्रों में विशेषरूप से मनुष्यों और पशुओं के बीच के परम्परागत सम्बन्धों को आकर्षक ढंग से अंकित किया गया है। पूजाभाव से एकत्र मनुष्यों के एक दृश्य से ज्ञात होता है कि धर्म के प्रति मनुष्य की प्रवृत्ति अति पुरातन है। इन चित्रांकनों से तत्कालीन जन-जीवन की मूर्त एवं सजीव संस्कृति के भी दर्शन होते हैं। और इस दृष्टि से उनका विशेष महत्त्व है।

2. रायगढ़ की पहाड़ियाँ–मध्य प्रदेश स्थित रायगढ़ की सिंहनपुर और कबरा पर्वत की गुफाएँ भारतीय चित्रकला की प्राचीनतम उपलब्धियाँ हैं। इन गुफाओं में भी मनुष्यों और पशुओं के चित्रों की अधिकता है। सिंहनपुर के एक चित्र में कुछ मनुष्य किसी विशालकाय पशु को निर्ममता के साथ लाठियों से मार रहे हैं। उसके समीप ही एक अन्य पशु अंकित है। कबरा की गुफाओं में भी इसी प्रकार के आखेट-दृश्य अंकित हैं। किन्तु उनमें कई चित्र क्षत-विक्षत तथा धुँधले पड़ गए हैं।

3. मिरजापुर–भारतीय चित्रकला की प्राचीनतम उपलब्धियों में उत्तर प्रदेश स्थित मिरजापुर की सोनघाटी गुफाओं का नाम विशेषरूप से उल्लेखनीय है। इन गुफाओं में विभिन्न विषयक चित्र प्राप्त हुए हैं। उनमें प्रमुखता आखेट-चित्रों की है। एक चित्र में कुछ धनुर्धारी अश्वारोही एक हाथी को पकड़ते हुए दिखाए गए हैं। एक अन्य दृश्य में आहत शूकर का अत्यन्त सजीव चित्र है। एक चित्र-समूह में सिंह की आकृति अंकित है।

4.10 नवपाषाणकाल : स्थायी जीवन का प्रारम्भ

भारतीय उपमहाद्वीप में नवपाषाणकाल अथवा नवीन प्रस्तरयुग (Neolithic Age) का प्रारम्भ ई.पू. करीब 7000 से माना जाता है। नवपाषाणकाल उस काल को कहते हैं, जब मनुष्य

बेहतर ढंग से निर्मित पत्थर के चमकदार एवं सूक्ष्म उपकरणों का प्रयोग करने लगा। इसीलिए इस काल को नवपाषाण संस्कृति भी कहा गया।

इस काल में उत्तम किस्म की कुल्हाड़ी, पत्थर के बसूले, दोधारवाले आरी, बरछा, चक्की, छेनी, सिललोढ़ा, सुआ आदि पाए गए हैं। भारत में इस काल का प्रथम स्थल लिंगसुबोर है, जिसकी खुदाई 1842 ई. में हुई थी।

भारतीय उपमहाद्वीप में कृषि की शुरुआत हुई। 6 हजार ई.पू. में मेहरगढ़ (बलोचिस्तान क्षेत्र) से गेहूँ और जौ के अवशेष मिले हैं। इलाहाबाद के पास स्थित कोल्डीहवा से चावल का अवशेष मिला है, जिसे विद्वान करीब 5400 ई.पू. का बताते हैं। ब्रह्मगिरि (दक्षिण भारत) से बाजरा (Millet) के अवशेष मिले जिसे ई.पू. 2500 के आसपास का बताया गया है।

भारत में नवपाषाणकाल में सबसे पहले कृषक पाए गए। सिंचाई के लिए वे वर्षा पर निर्भर करते थे। भेड़, बकरी, गाय, बैल, भैंस, सूअर, कुत्ता, गदहा, घोड़ा आदि पशु पालतू बनाए गए। बकरी और भेड़ को प्राचीनतम पालतू पशु बताया जाता है। स्थायी बस्ती के अवशेष भी इसी समय भारत में पाए गए। कृषक समुदाय की पहली बस्ती ई.पू. 8000 के आसपास मेहरगढ़ (बलोचिस्तान) में पाई गई। मिट्टी, घास-लट्ठ और पेड़ की शाखाओं के सहयोग से मकान बनते थे। पौधों के रेशों से वस्त्र निर्मित किए जाते थे। पुरातत्त्ववेत्ताओं का कहना है कि ई.पू. 5000 से मेहरगढ़ में कपास की खेती होती थी।

पेड़-पौधों के रस से रंग तैयार होने लगा। आग में पकाई हुई मिट्टी के रंगीन बर्तन पाए जाने लगे। उत्तर प्रदेश में स्थित मिर्जापुर पहाड़ी, मानिकपुर और मध्य प्रदेश में स्थित होशंगाबाद, पंचमढ़ी, नरसिंहपुर आदि से चित्रकारी के प्रमाण मिलते हैं। शवाधान अर्थात् मृत व्यक्ति को जमीन में गाड़ने, खुले आकाश के नीचे छोड़ देने एवं मृत व्यक्ति की हड्डी को चुनकर और उसे कलश में रखकर धरती के अन्दर गाड़ देने के प्रमाण इस काल में मिलते हैं।

भारत में नवपाषाणकालीन अवशेष निम्नलिखित स्थानों में पाए गए—

कर्नाटक	—	ब्रह्मगिरि, कुप्पगल, संगनकल्लु, मस्की, हेमिगे, टी. नरसीपुर तथा हल्लूर
आन्ध्र प्रदेश	—	नागार्जुनकोंडा, उतनुर
उड़ीसा	—	उचाय
मेघालय	—	देओजली हेडिंग
बिहार	—	चिरान्द एवं वरूडीह
गुजरात	—	जोखा
कश्मीर	—	वुर्जहोम, गुफखरल
मध्य प्रदेश	—	होशंगाबाद, पंचमढ़ी, सिंघनपुर, नरसिंहपुर, एरड़
उत्तर प्रदेश	—	बेलनघाटी, कोल्डीहवा, मिर्जापुर पहाड़ी, चौपाणीमाडो
तमिलनाडु	—	पयमपल्ली

नवपाषाणकाल में धर्म और अध्यात्म का श्रीगणेश हुआ। मरे हुए लोगों के लिए समाधियों का निर्माण करने की प्रथा चल पड़ी। नवीन प्रस्तरयुग की अनेक समाधियाँ दक्षिण भारत के आन्ध्र प्रदेश, तमिलनाडु, कर्नाटक और केरल राज्यों में विशेष रूप से प्रकाश में आई हैं। इन समाधियों के अनेक प्रकार हैं। इस काल के लोग कुछ समाधियों को पहाड़ों के समतल

मैदानों में गुफाओं के रूप में काटते थे। केरल में इस प्रकार की गुफाएँ अधिक हैं। इन्हीं को 'तोलै' कहा जाता है। भूमि के अन्दर पत्थर की तख्तियों से शव-पेटियों का निर्माण करने की पद्धति दूसरी थी। पत्थरों से गोलाकार समाधियों का निर्माण करने की एक और पद्धति भी थी। आन्ध्र प्रदेश में इस प्रकार की समाधियों को 'राक्षस मन्दिर' कहते हैं। मिट्टी से शव-पेटी बनाकर उनको दफनाने की भी एक प्रथा थी। लोग इन समाधियों में खाद्य-सामग्री, उपकरण, बर्तन-भाँडे आदि को भी रखा करते थे। इससे अनुमान लगाया जा सकता है कि नवीन प्रस्तरयुग के लोग मृत्यु के बाद के जीवन में विश्वास करते थे। इस युग के अन्त में भारत के लोग छोटी-छोटी नावों का निर्माण करके अन्य देशों के साथ व्यापार भी करने लग गए थे।

नवीन प्रस्तरयुग की विभिन्न दशाओं से सम्बन्धित उपकरण तथा अन्य खंडहर भारत के सभी प्रान्तों में प्रकाश में आए हैं। यह जानने में आ रहा है कि उस समय के लोग 'आस्ट्रलाइड' जाति के थे। इन्हीं को 'कोलेरियन' भी कहा जाता है। इन्हीं को 'निषाद' नाम देकर आर्य वाङ्मय ने इनका वर्णन किया है। 'मुंडारी' इनकी भाषा थी। भाषाविदों का मत है कि संस्कृत में पाए जानेवाले श्याम, निंब, नारिकेल, कदली, तांबूल आदि कृषि सम्बन्धी नाम और त्रिलिंग, कलिंग, अंग, वंग आदि हमारे देश के प्रान्तों के नाम मुंडारी भाषा के ही तद्भव शब्द हैं। हिन्दू धर्म का आधार पुनर्जन्म में आस्था और यह विश्वास कि विश्व का उद्भव अंड से हुआ है, निषादों से ही प्राप्त हुए हैं, ऐसा विद्वानों का दृढ़ मत है।

4.11 दक्षिण एवं उत्तर-पूर्व भारत

दक्षिण भरत में नवपाषाणकाल (Neolithic Age) के अवशेष कई स्थानों पर मिलते हैं। कर्नाटक में ब्रह्मगिरि की खुदाई 1947 में मॉर्टिमर व्हीलर द्वारा कराई गई, जहाँ से ई.पू. करीब 2500 से लेकर 200 ई. तक की पुरातात्त्विक सामग्रियाँ पाई गईं। यहाँ से स्थायी बस्ती के नवपाषाणकालीन अवशेष मिले हैं। भूरे रंग के मृद्भांडों का उपयोग यहाँ के निवासी करते थे। यहाँ छोटे बच्चे के मृत शरीर को जलाया नहीं जाता था, बल्कि चौड़े मुँहवाले बर्तन में रखकर घर के निकट दफनाया जाता था। घर के आँगन से एवं कमरे के अन्दर से भी बच्चे के ऐसे शव के प्रमाण मिलते हैं।

कुप्पगल (कर्नाटक) में विशाल राख का टीला मिलता है। यह नवपाषाणकाल का है। कुछ राख के टीले बस्ती के पास और कुछ बस्ती से दूर मिले हैं।

आन्ध्र प्रदेश के उतनुर और पयमपल्ली में नवपाषाणकालीन वस्त्र-निर्माण के अवशेष मिले हैं। इसी प्रान्त में स्थित नागार्जुनकोंडा से इसी काल का मिट्टी से निर्मित मकान का अवशेष मिला है। यहाँ के लोग गेहूँ, कुरूथी और मूँग की खेती करते थे तथा भेड़-बकरी और मवेशी पालते थे।

ताम्रपाषाणकालीन सांस्कृतिक अवशेष पूणे, जोरवे, नासिक, अमरावती आदि स्थलों से मिले हैं। यहाँ से ऐसे मृद्भांड मिले हैं जिन पर ऊपर से लाल रंग का लेप चढ़ाया हुआ है। इन बर्तनों पर टेढ़ी-मेढ़ी रेखाएँ एवं त्रिभुज के चित्र बने हुए हैं। बर्तन घिसकर चमकाए जाते थे। मिट्टी के इन बर्तनों पर पशुओं के चित्र भी बने हुए हैं। मकान नींव पर बनाए जाते थे। जोरवे संस्कृति से सम्बद्ध कई स्थलों पर 2-2 सौ घरोंवाली बस्तियों के अवशेष मिले हैं।

जीविका के साधन कृषि एवं पशुपालन थे। जौ, गेहूँ, मटर, मसूर, उरद, जामुन आदि पौधों एवं वृक्षों के अवशेष मिले हैं। नेवासा से कपास के अवशेष मिले हैं।

दक्षिण भारत में मृत व्यक्ति के शव को दफनाकर उसके ऊपर विशाल शिलाखंड से स्मारक बना देने की प्रथा थी। इसका उद्देश्य मृत व्यक्ति की स्मृति को स्थायी रूप प्रदान करना था। इसे **महापाषाणिक संस्कृति** (Megalithic Culture) कहा जाता है। दक्षिण भारत मे इसे **शिला-स्मारक** कहते हैं। ऐसे स्मारक दक्षिण भारत में ई.पू. 1000 से 200 ई. पू. के बीच निर्मित हुए। कुछ शिला-स्मारक प्रथम शताब्दी ई. के भी मिले हैं। ऐसे अवशेष ब्रह्मगिरि, मस्की, संगनकल्लु, आदिकचनलुर, पयमपल्ली, पेरंबदुर, नागार्जुनकोंडा, खैरवारा आदि से मिले हैं। इस काल के करीब 30 प्रकार के लौह उपकरण दक्षिण भारत से मिले हैं। कृषि एवं पशुपालन पर तत्कालीन अर्थव्यवस्था आधारित थी। स्थायी बस्तियों के अवशेष भी मिले हैं। मेघालय में डेओजली हेडिंग नामक स्थान की खुदाई से पता चलता है कि नवपाषाणकाल में पहाड़ी ढलान पर मनुष्य स्थायी रूप से बसे हुए थे। यहाँ से झूम कृषि (Temporary Agriculture) की जानकारी मिलती है। जगह बदलकर कृषि करने को झूम कृषि कहते हैं।

4.12 द्रविड़

भू-मध्यसागर की ईजियन (प्रोटो-आस्ट्रेलायड) और पश्चिमी एशिया माइनर की आर्मनाइड जातियों ने परस्पर विलयित होकर द्रविड़ जाति को जन्म दिया। इसी विलयित रूप में वह जाति भारत में प्रविष्ट हुई और 'द्रविड़' नाम से प्रख्यात हुई। भू-मध्यसागर की प्रोटो-आस्ट्रेलायड तथा द्रविड़, दोनों आदिमजातियाँ भारत में लम्बे समय तक एक साथ रहीं। प्रोटो-आस्ट्रेलायड जाति की ग्रामप्रधान संस्कृति को द्रविड़ों ने नागरिक संस्कृति में परिवर्तित कर अपना सांस्कृतिक विकास किया।

भारत में इधर-उधर भटकते हुए धीरे-धीरे द्रविड़ ने पंजाब से असम तक और बाद में समस्त उत्तर भारत में फैलकर वहाँ की विभिन्न मूल जातियों में विलयित हो गए। जब वे भारत में आए, तो आर्यों ने उन्हें निषाद नाम से अभिहित किया। बलोचिस्तान में ब्राहुई भाषा के रूप में उनका अस्तित्व आज भी वर्तमान है। एक समय द्रविड़ों का प्रभाव पंजाब, सिन्ध, मालवा, महाराष्ट्र और असम तक व्याप्त था। गंगा-यमुना के दोआब तथा बंगाल में भी उनके अस्तित्व की छाप वर्तमान सम्मिश्रित भाषाओं के रूप में वर्तमान हैं। दक्षिण की वर्तमान भाषाओं का उद्‌गम द्रविड़ भाषा से ही हुआ। आज भारत में उनका अस्तित्व आर्यभाषी हिन्दू-मुसलमान, दोनों जातियों के रूप में बना हुआ है।

इस द्रविड़ जाति के लोग अनेक शिल्पों, कलाओं और व्यवसायों में कुशल थे। उन्होंने सिन्धुघाटी में हड़प्पा तथा मोहनजोदड़ो की प्रागैतिहासिक सभ्यता तथा संस्कृति के निर्माण में अपने असाधारण कौशल और बुद्धि-वैभव का परिचय दिया।

द्रविड़ ही भारत में सर्वप्रथम नगरों के निर्माता थे। उन्होंने विशाल एवं भव्य नगरों का निर्माण कराया और सामुद्रिक मार्गों द्वारा भारतीय व्यापार को एशिया के अनेक देशों में फैलाया। विश्व की सुसम्पन्न, उन्नत एवं सुसंस्कृत आदिम जातियों में द्रविड़ ही एकमात्र

ऐसी जाति थी जिसने सर्वप्रथम नदियों पर बाँध बाँधे और पुलों का निर्माण किया। ये कार्य उन्होंने कृषि जीवन की उन्नति के लिए किया। यद्यपि द्रविड़ों के पूर्ववर्ती प्रोटो-आस्ट्रेलायड लोग भी कृषिजीवी थे; किन्तु द्रविड़ों ने ही सर्वप्रथम कृषि के वैज्ञानिक साधनों का आविष्कार किया।

व्यापारिक और कृषि-उन्नति के साथ-साथ द्रविड़ों ने धातुओं के नवीन प्रयोगों द्वारा देश में उद्योग-धन्धों को प्रोत्साहित किया। उत्खननों से प्राप्त विभिन्न धातुओं से निर्मित अनेक प्रकार के आभूषण उनकी कार्यकुशलता के द्योतक हैं। इन आभूषणों के द्वारा उनके परिष्कृत कलानुराग का भी पता चलता है। वे कताई, बुनाई और रँगाई की कलाओं में भी दक्ष थे। पक्की ईंटों तथा पत्थरों द्वारा निर्मित विशाल भवनों के जो अवशेष मिले हैं, उनके द्वारा सहज ही उनकी वास्तुविद्या की निपुणता प्रकट होती है। अनेक प्रकार के मृद्भांडों तथा छोटे-छोटे बर्तनों और खिलौनों में उपलब्ध नमूनों से विदित होता है कि द्रविड़ों के समय मृत्तिका-कला अपनी चरम उन्नति पर थी।

सामाजिक संगठन और प्रशासनिक व्यवस्था की दृष्टि से भी द्रविड़ पर्याप्त रूप से प्रगति पर थे। उनकी शासन-व्यवस्था ग्रामों से आरम्भ होकर नगरों तक व्याप्त थी। उनमें अनेकराट् शासन-प्रणाली प्रचलित थी, जिसके अनुसार, उत्तर और दक्षिण का प्रशासन स्वतन्त्र राजधानियों द्वारा होता था। एक की राजधानी हड़प्पा और दूसरी की मोहनजोदड़ो थी। वे ईंटों तथा पत्थरों से निर्मित सुदृढ़ विशाल दुर्गों में रहते थे। वे युद्धकुशल भी थे और उनके द्वारा निर्मित तथा प्रयुक्त धनुष, बाण, तलवार, भाले, बर्छे, कुल्हाड़ी आदि अनेक प्रकार के हथियार खुदाइयों से प्राप्त हुए हैं।

द्रविड़ों की वंश-परम्परा मातृप्रधान थी, जिस पर वैदिक प्रभाव लक्षित होता है। वैदिक सुरों (आदित्यों) और असुरों (दैत्यों) की वंश-परम्परा मातृप्रधान थी। दिति के नाम से दैत्यों और अदिति के नाम के आदित्यों की वंश-परम्परा प्रवर्तित हुई। द्रविड़ों ने उसी के अनुकरण पर अपनी वंश-शाखा को प्रवर्तित किया। दक्षिण भारत में आज भी इस मातृप्रधान प्रथा के वंशधर विद्यमान हैं। उनकी एकमात्र आराध्य मातृदेवी इसी वंश-परम्परा की प्रतीक हैं। वे पशुपति शिव के भी आराधक थे। द्रविड़ों की इस शक्ति-शिव-पूजा के फलस्वरूप आगे चलकर आर्यों तथा आर्येतरों के सांस्कृतिक समन्वय की स्थायी भूमिका तैयार हुई। द्रविड़ों को लिंग-पूजा की विरासत प्रोटो-आस्ट्रेलायडों से मिली थी। वे पशुपूजक और वृक्षपूजक भी थे। उनके नागपूजक होने के भी अनेक प्रमाण उपलब्ध हुए हैं। द्रविड़ों द्वारा स्थापित पशु-पूजा की परम्परा को आर्यों ने व्यापक रूप से अपनाया। गाय, गणेश, हनुमान, गरुड़ तथा नाग आदि के पूजन की जो परम्परा भारत में आज भी बनी हुई है, उसके मूल प्रवर्तक द्रविड़ ही थे।

4.13 ताम्रपाषाण संस्कृतियाँ

जिस तरह मनुष्य ने पत्थर तथा ताँबे के उपकरणों का साथ-साथ प्रयोग करना प्रारम्भ किया, उसे **ताम्रपाषाण काल** (Chalcolithic Age) कहते हैं। काल्को (Chalco) का अर्थ ताँबा और लिथो (Litho) का अर्थ पाषाण (Stone) होता है।

भारतीय इतिहास में विकास की गति को तेज करने में धातुओं की खोज की भूमिका काफी महत्त्वपूर्ण रही। ताँबा पत्थर से अधिक टिकाऊ था। इसका प्रयोग भिन्न-भिन्न प्रकार के उपकरणों के निर्माण में किया जा सकता था। इस धातु से बने औजारों के आकार-प्रकार में पत्थर की तुलना में ज्यादा आसानी से परिवर्तन किया जा सकता था।

प्रारम्भ में ताँबा खान से नहीं निकाला जाता था, बल्कि नदियों के तटों से जमा किया जाता था। सम्भवतः 5 हजार ई.पू. से मानव नदियों के तट से ताँबा प्राप्त करने लगा था और करीब साढ़े 4 हजार ई.पू. में वह खान से निकाले गए ताँबा का प्रयोग करने लगा था। भारत में भिन्न-भिन्न स्थानों पर ताँबा पाए जाने के फलस्वरूप यहाँ कई संस्कृतियों का उदय एवं विकास हुआ।

क्वेटा (पाकिस्तान) संस्कृति–यहाँ से आग में पकाई मिट्टी के जो बर्तन (मृद्भांड) मिले हैं, उनका रंग गुलाबी और सफेद है। मन्दगति से चले चाक पर निर्मित कुछ बर्तन मिले हैं, वे पीले रंग के हैं। यहाँ ताँबे और पत्थर के उपकरण प्रयोग में लाए जाते थे। यहाँ कुम्हार चाक के साथ-साथ हाथ पर भी बर्तन बनाते थे। वे कृषि और पशुपालन से परिचित थे। मकान बनाने में धूप में सुखाई गई ईंटों और मिट्टी का प्रयोग करते थे।

कुल्ली संस्कृति–कुल्ली, मेंही, मेहरगढ़ और निंदोवारी कुल्ली संस्कृति से प्रभावित थे। इस संस्कृति के बर्तन का रंग पीला और उस पर काले रंग के डिजाइन बने हैं। यहाँ के बर्तनों पर कूबड़ साँढ़ का अंकन है। सौन्दर्य-प्रसाधन की दृष्टि से मेंही में ताँबे का दर्पण मिला है। यहाँ से सिललोढ़ा के अवशेष मिले हैं। शव जलाने तथा बचे राख को कलश में रखकर धरती के अन्दर रख दिया जाता था।

आम्री संस्कृति–सिन्धक्षेत्र में आम्री स्थित था। इस स्थल की खुदाई से आम्री के साथ-साथ हड़प्पा, झूकर और झांगर नामक स्थानों की संस्कृतियों के अवशेष मिले हैं। यहाँ से प्राप्त बर्तनों पर ज्यामितीय अंकन (Geometrical Design) और त्रिभुजनुमा चित्र अंकित हैं।

नाल संस्कृति–आम्री से जो अवशेष मिले हैं, उनमें मृद्भांड भी हैं, जिन पर पहली बार पशु-पक्षी के चित्र अंकित दिखाई पड़ते हैं। भवन-निर्माण में छोटे-छोटे पत्थरों का प्रयोग पहली बार होने लगा था।

कोटदिजी संस्कृति–यह स्थान मोहनजोदड़ो के नजदीक स्थित है। इस स्थल के कई बार उजड़ने और कई बार बसने के प्रमाण मिले हैं। यहाँ किलेबन्दी के प्रमाण मिले हैं। किलेबन्दी की दीवार मिट्टी और कच्ची ईंटों से निर्मित थी। यहाँ की स्त्रियाँ शंख की चूड़ियाँ पहनती थीं। यहाँ से मिट्टी की छोटी-छोटी मूर्तियाँ भी मिली हैं।

सोथी संस्कृति–राजस्थान के गंगानगर जिला में स्थित सोथी नामक स्थान से कालीबंगा सम्बद्ध रहा है। यह संस्कृति हड़प्पा संस्कृति से पुरानी है। सोथी संस्कृति के निवासी कटोरा, मनका, तसला, चूड़ियाँ, थाली, तस्तरी आदि का प्रयोग करते थे। यहाँ खेत की जुताई हल से होती थी। इसके प्रमाण मिलते हैं। सम्भवतः एक साथ कई फसल खेतों में लगाए जाने लगे थे।

राखीगढ़ी संस्कृति–हरियाणा के जिंद जिला में स्थित राखीगढ़ी सिन्धुनगर बनवाली के पास ही स्थित है। बनवाली भी हरियाणा के हिसार जिला में स्थित है। यहाँ हड़प्पा-संस्कृति पूर्व के अवशेष मिले हैं।

अहार संस्कृति—इस संस्कृति का नाम अहार इसलिए पड़ा; क्योंकि इसका प्रथम अवशेष राजस्थान में जिला उदयपुर के अहार नामक स्थान में मिला। इस संस्कृति का विकास बनास नदी के किनारे हुआ। मालवा से राजस्थान, गुजरात होकर बनास नदी बहती है। अहार, गुलुन्द और गणेश्वर बनास संस्कृति से सम्बद्ध स्थल हैं। इस संस्कृति के निवासी कई प्रकार के बर्तनों का प्रयोग करते थे। ये बर्तन चाक पर तैयार किए जाते थे। यहाँ से काले-लाल रंग के बर्तम पर लहरदार शैली में रेखाएँ अंकित हैं। यहाँ के लोग प्रायः मिट्टी, कच्ची मिट्टी और पत्थर से निर्मित भवनों में रहते थे। यहाँ से आग में पकाई ईंटों के अवशेष मिले हैं, जो इतिहास की दृष्टि से काफी महत्त्वपूर्ण हैं। अहार संस्कृति से सम्बद्ध एक मकान में एक ही जगह एक कतार में छह चूल्हे के अवशेष मिले हैं। इससे पता चलता है कि सार्वजनिक पैमाने पर यहाँ भोजन बनता था। यहाँ से कृषि के साक्ष्य भी मिले हैं। धान की खेती होती थी। गाय, बैल, भेड़, बकरी, सूअर, भैंस आदि घरेलू पशु थे। गुलुन्द से काफी मात्रा में ताँबे के उपकरण; जैसे—चाकू, छुरियाँ, कुल्हाड़ी आदि पाए गए हैं। राजस्थान और गुजरात के इलाके अहार संस्कृति से प्रभावित थे।

कायथा संस्कृति—मध्य प्रदेश के दक्षिणी भाग में जहाँ नर्मदा, ताप्ती, माही, चम्बल और बेतवा नदी बहती है, उसी क्षेत्र में कायथा संस्कृति विकसित हुई। इन नदियों के किनारे जो संस्कृति विकसित हुई, उसकी जानकारी चूँकि सबसे पहले कायथा नामक स्थान से मिली, इसीलिए इस संस्कृति का नाम कायथा संस्कृति पड़ा। यहाँ के निवासी रंगीन एवं चित्रित मृद्भांडों का प्रयोग करते थे। ईंट, पत्थर, बाँस, घास-फूस, लकड़ी आदि से बने मकान के अवशेष मिले हैं।

कृषि और पशुपालन अर्थव्यवस्था के आधार थे। जौ और गेहूँ यहाँ की मुख्य फसलें थीं। ताँबा और पत्थर के उपकरणों का प्रयोग यहाँ के निवासी करते थे। खुदाई में यहाँ ताँबे की दो कुल्हाड़ियाँ मिली हैं। इनको देखने से पता चलता है कि इन्हें साँचे में ढालकर बनाया गया था। यहाँ की संस्कृति को देखने से लगता है कि मकान-निर्माण तकनीक यहाँ ज्यादा विकसित हो चुकी थी।

मालवा संस्कृति—मध्य प्रदेश के मालवा क्षेत्र में नवदाटोली, नागदा, माहेश्वर और एरण के पुरातात्त्विक सामग्रियों के आधार पर जिस संस्कृति की जानकारी होती है, उसे मालवा संस्कृति कहते हैं। यहाँ से पत्थर और ताँबा से निर्मित कई उपकरण मिले हैं। यहाँ के बर्तन पर जो चित्र बने हैं, वे बेहतर चित्र-तकनीक को प्रमाणित करते हैं। काले और लाल रंग के चित्रित धूसर भांड मिले हैं। यहाँ के मकानों में पकी ईंटों के साक्ष्य नहीं मिलते हैं। मकान चौकोर आकार के बने हुए हैं। इनका निर्माण कच्ची ईंट, पत्थर और मिट्टी से किया गया है। इस संस्कृति में सफाई की ओर विशेष ध्यान देने का प्रमाण मिलता है, जो काफी महत्त्वपूर्ण पहलू है।

इस संस्कृति में मुख्य फसलों—चना, मटर, जौ, गेहूँ, धान, मूँग और उरद के अवशेष मिले हैं। लोगों का जीवन व्यवस्थित था। पशुपालन भी होते थे। यहाँ मृत बच्चे को दफनाया या जलाया नहीं जाता था, बल्कि उसका शव एक बड़े मुँहवाले घड़े में रखकर जमीन में गाड़ दिया जाता था। बच्चे के शव को इस तरह गाड़ने का प्रमाण इससे पहले ब्रह्मगिरि में मिला है।

जोरवे संस्कृति–जोरवे संस्कृति का प्रसार महाराष्ट्र में अहमदनगर, अमरावती, पूणे, जलगाँव और धूले में था। अहमदनगर में 5 पुरातात्त्विक स्थल हैं–जोरवे, दैमाबाद, नेवासा, नासिक और सोनेगाँव। अमरावती में तुलजापुरगढ़ी नामक पुरातात्त्विक स्थल हैं। पूणे में इनामगाँव और चन्दौली पुरातात्त्विक स्थल हैं। जलगाँव में बहाल और टेकवारा पुरातात्त्विक स्थल हैं।

नेवासा और इनामगाँव पुरापाषाणकालीन हैं। जोरवे में सबसे पहले ताम्रपाषाणकालीन अवशेष मिलने के कारण इस पूरे इलाके को जोरवे संस्कृति के नाम से जाना जाने लगा।

यहाँ के निवासी जिन चित्रित मृद्भांडों का प्रयोग करते थे, वे चाक पर एवं हाथ पर निर्मित किए गए थे। कुछ बर्तनों को घिसकर चमकाया जाता था। कुछ बर्तनों पर लाल रंग का लेप चढ़ा होता था। कुछ बर्तनों पर जानवरों के चित्र बने हैं। यहाँ से टोंटीदार बर्तन पाए गए हैं। इस संस्कृति-स्थल से ताँबा एवं पत्थर से निर्मित कुल्हाड़ी, चाक, सुई आदि मिले हैं।

जोरवे संस्कृति के दौरान दैमाबाद से सर्वाधिक मात्रा में ताम्र-उपकरण प्राप्त हुए हैं। इस कारण दैमाबाद को **ताम्रनिधान** भी कहते हैं। इस संस्कृति से प्रभावित कई स्थलों पर ऐसे मकानों के अवशेष मिले हैं, जिनका निर्माण नींव पर हुआ है। यहाँ चौकोर और गोल मकान होते थे। इनके अन्दर आँगन का प्रमाण मिला है। यहाँ उरद, मसूर, मटर, जौ और गेहूँ की खेती होती थी। यहाँ जामुन और जंगली ताड़ होते थे। नेवासा में कपास की खेती होती थी। भेड़, बकरी, गाय, बैल, भैंस, कुत्ता आदि पशु घरेलू थे। यहाँ यातायात में बैलगाड़ी का प्रयोग किया जाता था, क्योंकि इनामगाँव से प्राप्त एक बर्तन पर बैलगाड़ी के चित्र मिले हैं।

धातुओं की खोज ने धीरे-धीरे पत्थर के बने उपकरणों के प्रचलन को समाप्त कर दिया। मेसोपोटामिया और फारस के अन्तर्गत फर्टाइल क्रिसेंट की कुम्हार श्रेणी के कारीगरों ने नवपाषाणकाल में ही ताँबा निकालने की पद्धति का आविष्कार कर लिया था। खनिज पिघलाकर ताँबा निकालने के लिए साधारणतया 700 से 800 डिग्री तापमान की जरूरत होती थी। खनिज ताँबे को पिघलाना भले ही सहज हो, किन्तु धातु को पिघलाना कठिन था। ताँबे का गलनांक 1085 डिग्री सेंटीग्रेड है। कुम्हार का चूल्हा यह उष्णता उपलब्ध नहीं करा सकता था। इसके लिए विशेष किस्म के चूल्हे का निर्माण आवश्यक था। हमारे पूर्वजों को इसके लिए काफी कठिनाइयों का सामना करना पड़ा होगा। यह विज्ञान में महत्त्वपूर्ण आविष्कार था। ई.पू. 3000 के बाद ही भारत के निर्धन, अशिक्षित, किन्तु अनुभवशक्ति सम्पन्न वैज्ञानिकों ने मेसोपोटामिया और मिस्र से ताँबा पिघलाने की तकनीक सीखी होगी।

5

सिन्धुघाटी की सभ्यता

(लगभग 2500-1750 ई.पू.)

5.1 उद्भव

सिन्धु नदी के किनारे और उसके आसपास जिस सभ्यता का उदय एवं विकास हुआ, उसे **सिन्धुघाटी की सभ्यता**[1] कहते हैं। इसे **कांस्ययुगीन सभ्यता** भी कहते हैं, क्योंकि टीन जो अफगानिस्तान से आता था और ताँबा को, जो खेत्री (राजस्थान) में पाया जाता था, मिलाकर काँसा बनाने की तकनीक इसी काल में विकसित हुई। सिन्धु सभ्यता के काल को **नगरीकरण का प्रथम चरण** कहते हैं, क्योंकि भारत में सबसे पहले हड़प्पा, मोहनजोदड़ो, कालीबंगा आदि नगर इसी समय पाए गए। इसे हड़प्पा संस्कृति भी कहते हैं और वह इसलिए कि 1921 में पाकिस्तान में अवस्थित हड़प्पा नामक स्थल की ही सबसे पहले जानकारी हुई।

सिन्धु क्षेत्र में लगभग 4000 से 3000 ई.पू. के बीच गाँवों का उदय और विकास हो चुका था। 3000 ई.पू. के पश्चात् सिन्धु गाँवों में से कुछ गाँवों में शहरों के लक्षण प्रकट होने लगे थे। इस क्षेत्र में पाए गए पुरातात्त्विक सामग्रियों की रासायनिक विधि से जाँच करने पर पता चलता है कि करीब 2500 से 2000 ई.पू. के बीच सिन्धु-नगरों की दशा सबसे अधिक बेहतर रही। लेकिन, लगभग 2000 से 1750 ई.पू. तक सिन्धु-नगरों की दशा बहुत अच्छी नहीं रही। 1750 ई.पू. के बाद सिन्धु-नगरों का पतन तेज गति से होने लगा।

5.2 पुरातत्त्ववेत्ता

अंग्रेज इंजीनियर अलेक्जेंडर कनिंघम ने 1853 में हड़प्पा की एक मुहर देखी, जिस पर साँढ़ अंकित था। 1921 में दयाराम साहनी ने हड़प्पा की खुदाई शुरू की। इसी समय राखालदास

1 **सभ्यता**–किसी समाज की भौतिक तथा आत्मिक उपलब्धियों का योग सभ्यता के नाम से जाना जाता है। बुद्धि तथा न्याय पर आधारित समाज को सभ्य कहते हैं। सभ्य समाज में आपसी सामंजस्य सुनिश्चित करनेवाले कारकों पर जोर दिया जाता है। प्रत्येक अवधि की पूर्णता एक सभ्यता को दूसरी सभ्यता से पृथक् करनेवाली सीमारेखा निर्धारित करती है।

बनर्जी ने मोहनजोदड़ो की खुदाई की। एस.एस. वत्स ने आठ वर्षों में (1926-1934 तक) हड़प्पा की खुदाई की। जॉन मार्शल ने 1934 से मोहनजोदड़ो की खुदाई प्रारम्भ की। 1946 में मार्टिमर ह्वीलर ने हड़प्पा की खुदाई की। 1947 के बाद गुजरात, हरियाणा और राजस्थान में पाए गए सिन्धु-नगरों में पुरातात्त्विक कार्य करने का श्रेय सूरजभान, एम.के. धावलिकर, जे.पी. जोशी, वी.बी. लाल, एस.आर. राव, बी.के. थापर, आर.एस. बिष्ट आदि को है।

सिन्धु सभ्यता या हड़प्पा संस्कृति का विस्तार पंजाब, सिन्ध, बलोचिस्तान, गुजरात, राजस्थान, हरियाणा और पश्चिमी उत्तर प्रदेश के सीमान्त भाग तक था। इस सभ्यता का क्षेत्रफल करीब 13 लाख किलोमीटर था।

सिन्धु सभ्यता से सम्बद्ध करीब 2800 स्थलों की जानकारी हो चुकी है, किन्तु इनमें से अधिकांश छोटी-छोटी बस्तियाँ हैं। प्रमुख नगरों में पश्चिमी पंजाब (पाकिस्तान) में हड़प्पा, सिन्ध में मोहनजोदड़ो, चन्हूदड़ो (मोहनजोदड़ो से करीब 130 किलोमीटर दक्षिण में स्थित), लोथल (गुजरात), कालीबंगा (उत्तरी राजस्थान), बनावली (हरियाणा), सुत्तकांगेडोर और सुरकोटदा थे। गुजरात में स्थित धौलावीरा, हरियाणा में स्थित राखीगढ़ी एवं रोपड़, गुजरात के काठियावाड़ प्रायद्वीप में स्थित रंगपुर और रोजदी भी प्रमुख सिन्धु-नगरों की श्रेणी में आते हैं।

5.3 मुख्य नगर

मोहनजोदड़ो–मोहनजोदड़ो का खंडहर सिन्धु नदी के दाहिने तट पर स्थित है। यह सिन्ध के लरकाना जिले में है। स्थानीय भाषा में मोहनजोदड़ो का अर्थ 'मुर्दों का ढेर' होता है। इस स्थान के राजमहल क्षेत्र में सर जॉन मार्शल ने कच्ची ईंटों और मिट्टी का बना एक विशाल चबूतरा पाया, जो 20 फीट नीचे था और जिसके ऊपर भवन-निर्माण के छह मुख्य स्तरों का प्रमाण था। इस चबूतरे के नीचे पूर्वी हड़प्पायुग के कुछ खंडहर मालूम पड़े। ऐसा लगता है कि इस चबूतरे को बनाने का मुख्य कारण नगर को बाढ़ से सुरक्षित रखना था।

इस नगर में सबसे आकर्षक स्थान विशाल स्नानघर (हमाम) है। यह बहुत ही अच्छी ईंटों का बना हुआ है और माप में 39 फीट लम्बा, 20 फीट चौड़ा और 8 फीट गहरा है (12 × 7 × 25 मीटर)। यह एक ऐसे हौज का रूप है, जिसकी सतह ईंट की दो सतहों की बनी हुई है और दोनों सतहों के बीच में पानी को रिसने से रोकने के लिए डामर (Bitumen) दिया हुआ है। ईंटें एक-दूसरे से चिरोड़ी (Gypsym) के मसाले से जोड़ी गई है। इस स्नानघर को पानी बगल के कुआँ से मिलता था और एक नाली द्वारा गन्दा पानी पश्चिम की ओर बह जाता था। स्नानघर तक पहुँचने के लिए दोनों ओर सीढ़ियाँ बनी हुई थीं।

इस अजूबे स्नानघर के महत्त्व के सम्बन्ध में हम केवल अन्दाज लगा सकते हैं। आमतौर पर इसे धार्मिक महत्त्व का बताया गया है। इस धार्मिक स्थान के उत्तर और पूरब में कई कमरे बने हुए हैं, जो किसी विशेष अवसर के लिए मालूम पड़ते हैं।

स्नानघर के पश्चिम में ईंट से निर्मित कई चबूतरे पाए गए, जो 5 फीट ऊँचे और संकीर्ण रास्तों से विभाजित लगभग 150 × 75 फीट (50 × 25 मी.) की लम्बाई-चौड़ाई में फैले हुए हैं। मार्टिमर ह्वीलर ने इस स्थान को एक विशाल अनाज-भंडार की नींव बताया है, लगभग उसी प्रकार, जैसा कि हड़प्पा में पाया गया है।

मोहनजोदड़ो नगर के दक्षिण में एक आयताकार सभाभवन पाया गया है, जिसमें चार पंक्तियों में ईंट के बने कई चबूतरे नजर आते हैं। इन चबूतरों पर सम्भवतः लकड़ी के स्तम्भ होंगे। इस भवन के निकट एक कमरे में बैठे हुए पुरुष की पत्थर की मूर्ति मिली है, और करीब में ही पत्थर के बड़े-बड़े चक्र (large Stone Rings) हैं, जिसका महत्त्व ठीक-ठीक मालूम नहीं पड़ता, क्योंकि मोहनजोदड़ो के अन्य भागों से ऐसी मूर्तियाँ उपलब्ध नहीं हुई हैं। इसलिए, इस भाग को मन्दिर या किसी धार्मिक महत्त्व का नहीं बताया जा सकता है।

हड़प्पा–हड़प्पा की अति प्राचीन खंडहर पाकिस्तान (पंजाब) में रावी नदी की बाईं ओर पर स्थित है। इस खंडहर में 19वीं शताब्दी से ही लोग अपनी रुचि दिखाने लगे थे। 1853 एवं 1873 में जनरल कनिंघम भी इसका मूल्यांकन करने आए, लेकिन वे सफल नहीं हो सके, क्योंकि हड़प्पा के खंडहरों की काफी क्षति पहले ही पहुँच चुकी थी। इसकी ईंटों को रेलवे लाइन बिछाने के काम में लाया जा रहा था। इस खंडहर की खुदाई 1920 और 1934 ई. के बीच भारतीय पुरातत्त्व सर्वेक्षण विभाग द्वारा की गई। 1946 ई. में सर मार्टिमर ह्वीलर ने इस कार्य को आगे बढ़ाया।

इस शहर के पश्चिम में स्थित राजमहल लगभग 400 मीटर लम्बा और 200 मीटर चौड़ा है। मोहनजोदड़ो के समान यह नगर 20 फीट ऊँचा एक चबूतरे पर बसा था और इसकी चारों ओर सुरक्षा के लिए एक बड़ी दीवार का भी प्रमाण मिलता है। इस खंडहर की ऊपरी सतह पर एक नए प्रकार के मिट्टी के बर्तन वास्तविक हड़प्पन बर्तनों के साथ मिले-जुले पाए गए हैं। इन बर्तनों को सिमेट्री एच. टाइप (Cemetery H. type) के बर्तनों की संज्ञा दी गई है। 'सिमेट्री एच' एक कब्रिस्तान है, जो इस खंडहर के बहुत निकट पाया गया और वास्तविक हड़प्पायुग के कुछ बाद का नजर आता है। सम्भवतः यह एक आर्य-खंडहर है। हड़प्पा के खंडहर में भी चबूतरे के स्तर से ऊपर भवन निर्मित था। इस नगर की सबसे आकर्षक उपलब्धि राजमहल के उत्तर में है। यहाँ गोलाकार चबूतरों की एक श्रृंखला पाई गई है, जो सम्भवतः अनाज की दौनी के लिए थी। साथ-ही-साथ, ईंट के चबूतरों की कतारें भी पाई गईं। ऐसा लगता है कि यह अनाज भंडारों की दो कतारें थीं। प्रत्येक अनाजघर 50 × 20 फीट का था और इसकी बनावट मोहनजोदड़ो के भंडारों से भिन्न थी। नाशपाती के आकार की कुछ भट्टियाँ भी पाई गई हैं, जिनमें धातुएँ गलाई जाती होंगी। हड़प्पा के खंडहर का एक भाग कुलियों या दासों के रहने के लिए बनाया गया होगा; क्योंकि इसमें एक कमरेवाली बैठका पाई गई है।

हड़प्पा की दो अन्य दिलचस्प उपलब्धियाँ राजमहल भाग के दक्षिण में स्थित हैं। ये हैं–सिमेट्री आर. 37, जो हड़प्पायुग का कब्रिस्तान है और सिमेट्री एच. जैसा कि पहले कहा जा चुका है, उत्तर हड़प्पा काल का कब्रिस्तान है।

कालीबंगा–कालीबंगा उत्तरी राजस्थान में सरस्वती नदी के बाएँ किनारे पर स्थित है। अन्य महत्त्वपूर्ण स्थानों के समान कालीबंगा के मुख्य सतह के नीचे एक पूर्व हड़प्पाकाल की

बस्ती भी दिखाई पड़ती है। मौलिक तौर पर कालीबंगा शहर का नक्शा मोहनजोदड़ो और हड़प्पा से भिन्न नहीं है। नगर के मुख्य निचले भाग में भवन-निर्माण के नौ स्तर पाए गए हैं। इस नगर का राजमहल-क्षेत्र 260 × 30 मीटर है और इसका भी फैलाव उत्तर-दक्षिण है। ईंट-चोरों ने इस ऐतिहासिक स्थान को काफी क्षति पहुँचाई। इस नगर का मध्य भाग आयताकार है और चारों ओर से एक मजबूत दीवार से घिरा हुआ है। इन दीवारों को स्तम्भों द्वारा अतिशक्तिशाली बनाया गया है। नगर में प्रवेश करने का रास्ता दक्षिण से है।

नीचेवाले आम शहर के चारों ओर भी सुरक्षा के लिए एक दीवार खड़ी थी। इस शहर के राजमहल भाग के बीच में ईंट के काफी ऊँचे-ऊँचे चबूतरे पाए गए हैं, जो एक-दूसरे से संकीर्ण रास्तों द्वारा विभाजित हैं। एल्विन के अनुसार, यह किसी भी प्रकार अनाज-भंडार नहीं हो सकता है, यद्यपि इस भवन का उद्देश्य अभी भी एक रहस्य बना हुआ है। शहर के उत्तरी भाग में औसत दर्जे के मकान हैं। निकट में एक कब्रिस्तान भी पाया गया है, जो शहर के पश्चिम की ओर है। अपने क्षेत्रफल और अभिन्यासात्मक संरचना के लिहाज से, जिसमें दुर्ग भी सम्मिलित है, कालीबंगा मोहनजोदड़ो और हड़प्पा से टक्कर लेता प्रतीत होता है।

लोथल–सिन्धुघाटी के महत्त्वपूर्ण स्थानों में लोथल का खंडहर महत्त्वपूर्ण है। यह आधुनिक गुजरात में है। ऐसा ज्ञात होता है कि हड़प्पा-सभ्यता का यह एक बन्दरगाह है। नक्शे के अनुसार, यह 370 मीटर लम्बा और 210 मीटर चौड़ा उत्तर-दक्षिण दिशा में फैला हुआ था। यह एक विशाल दीवार से घिरा हुआ था, जो सम्भवतः नगर को बाहर से सुरिक्षत रखने के लिए बनाई गई थी। शहर का दक्षिण-पूर्वी भाग एक बड़े चबूतरे के समान है, जो चार मीटर ऊँचा है। इस चबूतरे पर छोटे चबूतरों की कई कतारें हैं, जिनके बीच से संकीर्ण रास्ते गुजरते हैं। इन चबूतरों की बनावट को देखकर मोहनजोदड़ो के अनाज-घर का स्मरण होता है। यह चबूतरा 48.5 × 42.5 मीटर का है। नगर के इस भाग के पीछे और भी कई इमारतें हैं, जो एक ही नाली से जुड़े हुए हैं। शहर के अन्य भाग में अनेक घर और दुकानें बसे हुए थे। इनमें से अधिक महत्त्वपूर्ण घर थे--दाने बनानेवालों ठठेरों और सोनारों के उद्योगघर आदि। इस नगर की मुख्य सड़क उत्तर-दक्षिण दिशाओं में थी। लोथल की सबसे आश्चर्यजनक उपलब्धि ईंट से निर्मित एक विशाल हौज है। इसका माप 17 × 27 मीटर है और 4.5 मीटर अपनी सतह से ऊँचा है। यह लोथल बस्ती के पूरब में और अनाज-भंडार से सटा हुआ है। इस हौज के एक किनारे के बाँध के दरवाजे पर पानी के बहाव को नियन्त्रित करने के लिए किसी प्रकार का फाटक रहा होगा। आधुनिक अहमदाबाद से 83 किलोमीटर दक्षिण में स्थित लोथल प्रायः बाढ़ के प्रकोपों का शिकार बनता रहा होगा और वहाँ के निवासियों को बार-बार उसका पुनर्निर्माण करना पड़ा होगा। फलस्वरूप जिन चबूतरों पर इमारतें खड़ी की जाती थीं, उनकी ऊँचाई हर बार बढ़ती गई। लोथल का पतन लगभग 1000 ई.पू. में पूर्णतः हो गया। अन्य स्थानों की तरह इस शहर के निकट भी एक कब्रिस्तान पाया गया है।

चन्हूदड़ो–इस स्थान की खुदाई अभी तक ठीक से नहीं हो पाई है, इसलिए इसमें छिपे बहुत से रहस्यों का उद्घाटन अभी तक नहीं हो पाया है। इस स्थान में बहुत-से सामानों के

निर्माण से सम्बन्धित अवशेष मिले हैं। खुदाई से पता चलता है कि यहाँ मनके (धातुओं के दाने की माला) बनाने का कारखाना भी था।

सुरकोतदा–यहाँ केवल एक ही टीला मिला है। कालीबंगा के समान यह भाग चहारदीवारी से घिरा था। दो अलग-अलग चहारदीवारी है, जो आपस में एक-दूसरे से जुड़ी हुई है। एक भाग में धनी लोग रहते थे तथा दूसरे भाग में धार्मिक अनुष्ठान होते थे। जिस भाग में धार्मिक अनुष्ठान होने का अनुमान किया जाता है, वहाँ का चबूतरा ऊँचा है। इसके पश्चिम भाग में कब्रिस्तान था। कालीबंगा के पश्चिम टीले की योजना की पुनरावृत्ति ही यहाँ दिखाई देती है। इसका कोई पूर्व टीला नहीं मिला है।

बनवाली–सिन्धु क्षेत्र में स्थित इस स्थान की योजना सुरकोतदा तथा कालीबंगा के पश्चिमी टीले से मिलती-जुलती है। यहाँ दो-दो किलेबन्दियाँ थीं, जो आपस में एक-दूसरे से मिली हुई थीं। एक भाग में विशिष्ट वर्ग के लोग रहते थे तथा दूसरी चहारदीवारी में पूजा-पाठ का कार्य सम्पन्न किया जाता था।

धौलावीरा–धौलावीरा एक प्रमुख नगर था। आधुनिक गुजरात के कच्छ जिला के भचाऊ तालुक में यह नगर स्थित था। जे.पी. जोशी के नेतृत्व में भारतीय पुरातत्त्व सर्वेक्षण द्वारा इस नगर की खोज 1967-68 में की गई। 1990-91 में इस नगर की व्यवस्थित खुदाई आर.एस. विष्ट द्वारा प्रारम्भ की गई। पता चला कि सिन्धुघाटी काल का यह दूसरा सर्वाधिक विशाल नगर था। ऐसा प्रतीत होता है कि हड़प्पा-संस्कृति के नगर-नियोजन के मानक तत्त्वों को यहाँ स्थानीय परिवेश में परिवर्तित कर एक नया रूप प्रदान किया गया है। शासकवर्ग, मध्यमवर्ग एवं सर्वहारावर्ग के लिए अलग-अलग क्षेत्रों का विभाजन हुआ और इनकी सुरक्षा का भी इनके सामाजिक स्थिति के अनुरूप ही प्रावधान किया गया। इसलिए यह आश्चर्यजनक प्रतीत नहीं होता है कि इस बस्ती के पतन का प्रभाव सबसे पहले बाहरी बस्ती पर पड़ा और फिर मध्य और राजप्रासाद के क्षेत्रों पर। उत्खनन में यहाँ कई बड़ी-बड़ी प्रतिमाएँ एवं उत्कीर्ण शिलाखंड भी मिले हैं।

इस नगर की किलेबन्दी चारों ओर से थी। शासकवर्ग का क्षेत्र अलग से घेराबन्द था। उजले चमकीले पाषाण खंडों (Polished stone blocks) के जो अवशेष यहाँ से पाए गए हैं, उनसे पता चलता है कि इस नगर के निवासी पत्थर चमकाने की कला से पूर्ण परिचित थे। यहाँ की लिपि के जो अक्षर मिले हैं, उनक आकार 37 से.मी. लम्बा और 27 से.मी. चौड़ा है। जलप्रणाली की अच्छी व्यवस्था यहाँ थी। नगर के बीच विशाल खुले मैदान, घरों में रसोईघर, स्नानागार आदि के अवशेष मिले हैं। मकानों से निकले गन्दे जल को इकट्ठे किए जाने के लिए सड़क के किनारे जमीन के अन्दर निर्मित मटके तथा यहाँ से प्राप्त कब्रों में रखे गए मृद्‌भांड के अन्दर राख एवं कोयला के छोटे-छोटे टुकड़े मिले हैं। कब्र में नरकंकाल के अवशेष भी मिले हैं। इनसे पता चलता है कि मृतक शरीर को गाड़ा एवं जलाया जाता था। प्राचीरयुक्त बस्तियों में प्रवेश करने के द्वार एवं उच्चाधिकारियों के आवास-क्षेत्र से सटे करीब 13 मीटर आयत का एक तालाब मिला है। करीब 3000 ई.पू. से यह नगर हजार वर्ष तक जीवित रहा।

राखीगढ़ी–हरियाणा में अवस्थित राखीगढ़ी सिन्धुकाल का दूसरा विशाल नगर है, जो दो भागों में बँटा था–दुर्ग तथा निचला नगर। इस नगर का उत्खनन 1990 में आरम्भ हुआ,

किन्तु 1992-93 के बाद वित्तीय अभाव में उत्खनन-कार्य ठप पड़ गया। पुनः 1999 में यहाँ खुदाई का कार्य प्रारम्भ हुआ है। खुदाई से यहाँ प्राक्ऐतिहासिक स्थल के कुछ नवीन लक्षण सामने आ रहे हैं, जिनमें एक पहलू तो यह है कि सभी सिन्धुघाटी स्थलों की तुलना में यह दूसरा सर्वाधिक बड़ा स्थल है। इस नगर की एक अत्यधिक महत्त्वपूर्ण विशेषता यह है कि इसमें स्पष्ट तथा फारस की खाड़ीवाले मुद्राओं (विशेषकर बेलनादार मुद्रा) के कुछ अवशेष प्राप्त हुए हैं, किन्तु इन प्राप्त मुद्राचिह्नों पर फारस के खाड़ी क्षेत्र की या सुमेरिया सभ्यता की कोई उत्कीर्ण लिपि का प्रमाण अब तक नहीं मिला है। फिर भी इस स्थल के उत्खननकर्ता को आशा है कि जितनी पुरातात्त्विक सामग्रियाँ यहाँ से मिल रही हैं, वे स्वयं छिपे रहस्यों पर प्रकाश डालेंगी। इस स्थल की खोज सूरजभान ने की है। यहाँ से ताँबे की वस्तुएँ एवं सैन्धवलिपि की मुहरें मिली हैं।

सुक्तागेंडोर–पाकिस्तान में कराँची के पश्चिम में करीब 500 किलोमीटर की दूरी पर स्थिति सुक्तागेंडोर नगर की खोज 1931 में सर ऑरल स्टीन ने किया और इस स्थल पर जॉर्ज एफ. डेल्स द्वारा 1962 में उत्खनन-कार्य किया गया। यह नगर चारों तरफ से दीवारों से घिरा था। इस दुर्ग का प्रवेश-द्वार ढाई मीटर चौड़ा था। यह नगर दो भागों—नगर दुर्ग एवं निचला नगर में विभाजित था। यह नगर एक बन्दरगाह था, जो बाद में अरब सागरीय तट से कट गया था।

बालाकोट–पाकिस्तान में कराँची के दक्षिण-पश्चिमी में स्थित बालाकोट में जॉर्ज एफ. डेल्स ने 1963 से 1976 के बीच उत्खनन-कार्य किया और उन्हें यहाँ से काफी अवशेष प्राप्त हुए। इस बस्ती में हड़प्पा-पूर्व और हड़प्पाकालीन ऐतिहासिक गतिविधियों के प्रमाण मिले हैं। लगभग 3250 ई.पू. का एक विशाल टीला-क्षेत्र मिला है। कच्ची ईंटों से भवन-निर्माण और पकाई ईंटों से कुछ नालियों के निर्माण के अवशेष यहाँ से मिले हैं। स्नानगृह, शौचालय, मिट्टी का टब, जमीन में गड़ा मिट्टी का बड़ा जलपात्र आदि के प्रमाण मिले हैं।

अल्लाहदीनो–यह बस्ती कराँची से करीब 40 किलोमीटर पूर्व में स्थित थी। 1982 में डब्ल्यू. एफ. फेयरसर्विस द्वारा यहाँ उत्खनन-कार्य किया गया और लम्बी दीवारों की नींवें, स्थलमार्ग, पत्थर से नालियों का निर्माण, आयताकार भवनों, सोने-चाँदी के आभूषण, मिट्टी की एक खिलौना-गाड़ी आदि के अवशेष मिले।

कोटदीजी–यह नगर सिन्धु नदी के बाएँ तट पर और मोहनजोदड़ो के पूर्व में स्थित था। पाकिस्तान पुरातत्त्व विभाग के पुरातत्त्वविद् एफ.ए. खान ने 1955 और 1957 में इस नगर की खुदाई कराई, जहाँ से नगर-योजना के विकसित प्रमाण प्राप्त हुए। पत्थर की बुनियाद पर ईंट से बने भवन, सरकंडे की चटाइयों से ढँके छत, ईंट से बने बड़े-बड़े चूल्हे, नक्काशीवाले गोमेद से बने मटरमाला, ताँबे एवं काँसे की चूड़ियाँ, कुल्हाड़ी, छैनी, पक्की मिट्टी के बने साँढ़ तथा मातृदेवी की मूर्तियों आदि के अवशेष मिले हैं। मिट्टी के बर्तन ऐसे मिले हैं मानो ठोस धातु को चमकाकर बनाए गए हैं। इन पर पीपल के पत्तों, मयूर, बारहसिंगे, सूर्य आदि के चित्र अंकित हैं।

देसलपुर–गुजरात में भुज जिले के नखत्राण तालुक में भादर नदी के किनारे देसलपुर अवस्थित है। पी. पी. पंड्या एवं एम. ए. ढाके द्वारा इस स्थान पर खुदाई की गई, जहाँ प्राचीरयुक्त (किलेबन्दी) वाले नगर के अवशेष मिले हैं। 1964 में इस स्थान की खुदाई

के.बी. सौंदरराजन ने कराई। यहाँ से मिट्टी एवं जेप्सर के बटखरे, गाड़ियों के चक्के, ताँबे की मुहर, अँगूठी आदि पाए गए हैं।

रोजदी–गुजरात के राजकोट जिला में भादर नदी के किनारे अवस्थित इस स्थल की खुदाई से हड़प्पाकालीन अवशेष मिले हैं। कच्ची ईंटों के निर्मित चबूतरे, गोमेद पत्थर के बाँट, विल्लौर (काला शृंग) के छेददार मनके, पक्की मिट्टी के मनके, लाल एवं काले मृद्भांड और पत्थर की बनी सुरक्षा-दीवार के अवशेष मिले हैं।

दैमाबाद–दैमाबाद महाराष्ट्र के अहमदनगर जिला में प्रवरा नदी के किनारे अवस्थित है। यहाँ मानव-शवाधान में एक पुरुष का शव पाया गया है, जिसका सिर उत्तर और पैर दक्षिण की ओर है। कब्र पर पत्थर लगाने के प्रमाण मिले हैं। इस स्थल को सिन्धु सभ्यता की दक्षिण-सीमा बताया जाता है। यहाँ प्याले, तश्तरी के अवशेष मिले हैं। सैन्धवलिपि की एक मुहर भी यहाँ से मिली है।

कुन्तासी–गुजरात के राजकोट जिला में अवस्थित इस स्थल को एम.के. धावलिकर, एम.आर. रावत तथा वाई. एम. चौतलवाल ने बन्दरगाह बताया है। इन पुरातत्त्ववेत्ताओं को यहाँ से मिट्टी की सुराही, कटोरे, खिलौनागाड़ी एवं सेलखड़ी के मनके, ताँबे की चूड़ियाँ, अँगूठियाँ आदि वस्तुएँ मिली हैं।

हुलास–यह स्थान उत्तर प्रदेश के सहारनपुर जिला में स्थित है। यहाँ से काँचली मिट्टी की चूड़ियाँ, मनके, खिलौने, गाड़ी आदि मिले हैं।

आलमगीरपुर–यह स्थल उत्तर प्रदेश के मेरठ जिला में स्थित है। यहाँ एक टीला था, जिसकी खुदाई करने पर सिन्धु सभ्यता के उत्तरकालीन अवशेष मिले हैं। इस स्थल से प्रमाणित होता है कि सिन्धु सभ्यता का विस्तार गंगा-यमुना दोआब तक था। यहाँ से रोटी बेलने की चौकी और कटोरे तथा सिन्धु-अक्षर के अवशेष मिले हैं।

भगवानपुरा–सैन्धव-सभ्यता के पतनोन्मुख काल का यह स्थल हरियाणा के कुरुक्षेत्र जिला में सरस्वती नदी के दक्षिणी किनारे पर अवस्थित है। जे.पी. जोशी ने इस स्थान की खुदाई कराई, तो कई रंग की काँच एवं ताँबे की चूड़ियों तथा मिट्टी के चित्रित मनके के अवशेष मिले।

मीत्ताथल–हरियाणा के भिवानी जिले में स्थित मीत्ताथल की खुदाई 1968 में सूरजभान ने कराई। यह स्थल विकसित हड़प्पाकाल का है। यहाँ से दुर्ग के अवशेष के अलावा पान-पात्र, ताँबे की कुल्हाड़ी, शिला-बाट, मिट्टी एवं सीप की चूड़ियाँ आदि मिले हैं।

5.4 नगर योजना

सिन्धु क्षेत्र के निवासी न केवल छोटे-बड़े और कच्चे-पक्के मकानों में रहते थे, बल्कि स्वच्छता एवं सुन्दरता पर भी काफी ध्यान देते थे। मोहनजोदड़ो की प्राचीन संस्कृति का अध्ययन कर रहे पुरातत्त्वविदों ने तो यह देखकर दाँतों तले उँगली दबा ली कि यहाँ के मकानों में ताजा हवा के आने और मकानों को ठंडा रखने की कितनी उत्तम व्यवस्था थी। सम्पन्न लोगों के मकान, जो पकी ईंटों से बनाए जाते थे, वे खुले और आरामदेह होते थे। प्रायः सभी मकानों में शौचालय और स्नानागार होते थे। भवनों में इस या उस युग में

उत्पादक शक्तियों के विकास का स्तर प्रतिबिम्बित होता है। भवन अपने युग के तत्कालीन लोगों के व्यवसायों, आदतों, उनकी आस्थाओं और दृष्टिकोणों की गाथा सुनाते हैं। मकानों के निर्माण में जिन ईंटों का प्रयोग होता था, वे प्रबल, पक्की तथा लाल रंग की होती थीं। ईंटों को लकड़ी जलाकर पकाया जाता था। उत्खनन से प्राप्त ईंटों को नापने से पता चलता है कि छोटी ईंट सवा दस इंच लम्बी तथा पाँच इंच चौड़ी होती थी। एक दूसरे प्रकार की छोटी ईंट मिली है जो पाँच इंच लम्बी और सवा दो इंच चौड़ी है। बड़ी साइज की ईंट भी मिली है, जो सवा बीस इंच लम्बी, सवा दस इंच चौड़ी और साढ़े तीन इंच मोटी है। पुरातात्त्विक अन्वेषण से पता चलता है कि सिन्धुघाटी की इमारतें योजनाबद्ध तरीके से बनाई जाती थीं। नगरों में जो मकानों के अवशेष मिले हैं, उनके अनुसार एक साधारण मकान प्रायः 30 फीट लम्बा और 26-27 फीट चौड़ा होता था। समृद्धशाली लोगों के मकान इससे दुगुने और कहीं-कहीं तिगुने बड़े क्षेत्रफल में बनाए जाते थे। सिन्धु क्षेत्र में ऐसे दो मंजिले और तीन मंजिले मकानों के अवशेष मिले हैं। सुरक्षा के दृष्टिकोण से मकानों की दीवार बहुत मोटी होती थी, कमरों को पाटने में प्रयुक्त होनेवाली लकड़ी की कड़ियों के अवशेष मिले हैं।

सिन्धु क्षेत्र में हमें नालियों की जानकारी होती है। मकान के अन्दर नीचे से ऊपर जाने के लिए लकड़ी या ईंटों की सीढ़ियाँ होती थीं। इन सीढ़ियों की चौड़ाई लगभग सवा फुट होती थी। सिन्ध प्रदेश में बाढ़ का डर हमेशा बने रहने के कारण, वहाँ के मकान प्रायः ऊँचे चबूतरे पर बनाए जाते थे। मकानों में आधुनिककाल जैसा खाना पकाने के लिए मिट्टी तथा ईंटों के चूल्हे होते थे। मकानों में कई कमरे बने रहते थे। इन कमरों में लगभग पौने चार फुट के दरवाजे लगे रहते थे। कुछ बड़े मकानों में लम्बे-चौड़े दरवाजे लगाए जाते थे। एक दरवाजा एक पल्ले का होता था, ताकि आदमी के अलावा घरेलू पशु या गाड़ियाँ आसानी से भीतर घुस सकें।

यहाँ के प्रायः सभी घरों में चौकोर स्नानागार बने होते थे। इसका फर्श चिकना होता था। यह पक्की ईंटों का बना होता था। स्नानागार में नहाने के लिए पानी की व्यवस्था रहती थी। पानी एक बड़े बर्तन में रखा रहता था। स्नानागार के समीप ही शौचालय बना रहता था। स्नानागार से नाली के सहारे पानी शौचालय में जाता था। इसी पानी से शौचालय स्वच्छ रहता था। शौचालय का पानी सड़क की नाली में गिरता था। स्नानागार और शौचालय के बीच एक नाली होती थी। इसी तरह शौचालय से नाली तक के बीच में एक नाली होती थी। नाली से पानी इधर-उधर नहीं निकले, इसके लिए नाली के पास की ईंट को घिसकर इतना चिकना कर दिया जाता था कि उसके जोड़ एक-दूसरे से बिल्कुल सट जाते थे।

5.5 जनसंख्या

एच.टी. लाम्ब्रिक ने यह अनुमान लगाया था कि मोहनजोदड़ो की जनसंख्या लगभग 39,000 रही होगी, परन्तु डब्ल्यू.ए. फेयरसर्विस ने इसे 41,290 के लगभग बताया है और हड़प्पा के विषय में इनका मत है कि यहाँ लगभग 23,500 लोग बसते होंगे।

5.6 जातियाँ

परम्परागत विचार के अनुसार, सिन्धुघाटी सभ्यता में मेडेटरेनियन लोगों की प्रधानता थी। इसके बाद प्रोटो ऑस्ट्रायड मंगोलायड और अल्जिर जातियाँ पाई जाती थीं। हाल में हड़प्पा-सभ्यता से उपलब्ध हड्डियों को अधिक विस्तार से फिर से जाँचा गया है। इस जाँच से यही निष्कर्ष निकलता है कि इस विषय पर हमारा ज्ञान बहुत ही सीमित उदाहरणों पर आधारित था और अब विभिन्न प्रकार की जातियाँ, जैसे—मंगोलायड, ऑस्ट्रायड इत्यादि में हड़प्पा जनसंख्या को बाँटना अर्थहीन नजर आता है। मोहनजोदड़ो और हड़प्पा-सभ्यता के लोग लम्बे कद, लम्बे सर और चौड़ी नाक के होते थे। लोथल के निवासियों की खोपड़ी अन्य स्थानों की अपेक्षा अधिक चौड़ी नजर आती है। अतएव एल्चिन के अनुसार, सिन्धुघाटी की जनसंख्या को भिन्न-भिन्न मानव-जातियों का बताना तर्कसंगत नहीं मालूम पड़ता है।

5.7 कृषि और पशुपालन

यह लगभग निश्चित है कि सिन्धु युग के पहले भारत-पाकिस्तान क्षेत्र में इतनी अधिक जनसंख्या एक क्षेत्र में इकट्ठी नहीं हुई थी। एक विकसित कृषि पर आधारित अर्थव्यवस्था ही इतनी बड़ी जनसंख्या का पोषण कर सकती थी। सिन्धु नदी के समीपवाले समतल इलाकों में खेती की जाती होगी और सम्भवतः हल का भी प्रयोग होता होगा; क्योंकि कृषि के इस मौलिक यन्त्र का प्रभाव हमें कालीबंगा के पूर्व-हड़प्पाकाल में प्राप्त हुआ है। हल के सहारे इस सभ्यता में खेत आबाद करने के प्रमाण का सामान्य अभाव है। आरम्भ में सिन्धुघाटी के बादवाले समतल भू-भाग पर खेती आसानी से कर ली जा रही होगी और इस प्रकार की खेती में न तो खेत को हल द्वारा जोतने की, न खाद देने की और न कोई विशेष सिंचाई की ही आवश्यकता होती होगी। मुख्य अनाजों को बाढ़ का पानी हटने के शीघ्र ही बाद बो दिया जाता होगा। अन्य फसलों को बाढ़ से सुरक्षित खेतों में बोया जाता होगा। बाढ़ आने से पहले फसल बो दी जाती होगी, ताकि बाढ़ के पानी से इसकी सिंचाई हो सके।

खाद्य-पदार्थ–सिन्धु नगरों में दो प्रकार के गेहूँ और कई प्रकार के जौ पाए गए हैं। चावल लोथल में पाया गया है, परन्तु यह पता नहीं कि यह कृषि द्वारा उपलब्ध होता था या जंगली अवस्था में मिलता था। अन्य खाद्य पदार्थों में तरबूज, विभिन्न प्रकार की सेम एवं छीमी आदि होते थे। चान्हुदड़ो से सरसों के दाने प्राप्त हुए हैं। अन्त में कपास का प्रमाण है। इसे उपजाया जाता था और इसके सूत से वस्त्र तैयार होते थे।

अनेक पालतू जानवरों के प्रमाण पाए गए हैं। ऐसा ज्ञात होता है कि मवेशी पुट्ठावाले और बिना पुट्ठावाले पाए जाते थे। भैंस का प्रमाण बहुत कम है और ऐसा लगता है कि इस समय भैंस एक जंगली जानवर थी। अन्य जानवरों में भेड़, बकरी, सूअर, ऊँट और गदहे भी पाए गए हैं। मुर्गा भी पाया गया है। कुत्ते, बिल्ली आदि घरेलू जानवर बन चुके थे। सिन्धुघाटी वाले हाथी से परिचित थे, परन्तु यह इस समय पालतू जानवर था या नहीं, इस विषय पर कुछ नहीं कहा जा सकता। सिन्धुघाटी वाले शायद घोड़ों से परिचित थे, परन्तु इस

सभ्यता में घोड़ा बहुत ही दुर्लभ जानवर रहा होगा और इसका जो कुछ भी प्रमाण मिलता है, वह हड़प्पाकाल के अन्तिम भाग में ही।

5.8 यातायात

सिन्धुघाटी की भौतिक संस्कृति की समरूपता को देखकर यह साफ-साफ प्रकट हो जाता है कि यहाँ के नगरों के बीच काफी घनिष्ठ सम्पर्क रहा होगा। ऐसा सम्पर्क जल एवं स्थल दोनों मार्गों द्वारा रहा होगा। स्थलयात्रा के लिए बैल, ऊँट और गदहे सामान्य प्रयोग में लाए जाते होंगे। समतल भूमि पर यात्रा के लिए बैलगाड़ियों का प्रयोग होता था। ऐसी बैलगाड़ियों के समान मिट्टी के अनेक खिलौने पाए गए हैं। नाव के भी कई प्रमाण मिले हैं। अधिकतर ये बिना पालवाली होती थीं, जो समुद्र की अपेक्षा नदियों के लिए अधिक उपयुक्त थीं। परन्तु लोथल नगर से एक-दूसरे प्रकार की नाव का नमूना मिला है, जिसकी बनावट को देखकर यह कहा जा सकता है कि ये समुद्रयात्रा के लिए उपयुक्त थीं। लोथल के इर्द-गिर्द कुछ छिद्रवाले पत्थर मिले हैं, जो नाव के लंगर के काम आते होंगे। अभी भी पाकिस्तान और ईरान के तटीय क्षेत्रों में ऐसे ही लंगर का प्रयोग होता है।

5.9 भाषा एवं लिपि

हड़प्पालिपि वर्षों के प्रयास के बावजूद अभी तक सन्तोषजनक रूप से पढ़ी नहीं गई और इसलिए इस सभ्यता की भाषा अभी भी अबूझ बनी हुई है। फिर भी विद्वानों द्वारा अनेक विवेचनाओं के बाद अभी इस निष्कर्ष पर पहुँचा गया है कि यह भाषा इंडो-यूरोपियन समूह की नहीं है। सुमेरियन, हुरियन या इलामाइट भाषाओं से भी सम्बन्ध नहीं रखती है। आधुनिक भारत के मुंडाभाषा से भी इसका सम्बन्ध नहीं है। अगर इसका सम्बन्ध किसी आधुनिक भाषा से है तो वह किसी द्रविड़ भाषा से ही ज्ञात पड़ता है। हड़प्पालिपि दाहिने से बाएँ की ओर उर्दू की तरह लिखी जाती थी। इस बात की जानकारी हमें दो हजार अभिलेखों और दो हजार मुहरों के अध्ययन से मिलती है।

इस भाषा के लगभग 700 चिह्न अक्षर थे, लेकिन पता नहीं कि यह भारतीय चिह्न शब्दचिह्न या और किसी प्रकार की लिपि थी। स्केनडिनेविया के कुछ विद्वानों विशेषकर ए. पारपोला ने यह दावा किया है कि उन्होंने प्राचीन तमिल के आधार पर कई अभिलेखों को पढ़ लिया है किन्तु, इनकी इस खोज को अन्य विद्वानों ने स्वीकार नहीं किया है।

5.10 माप-तौल

हड़प्पावासियों ने वजन और माप की एक ही प्रणाली हरेक नगरों और क्षेत्रों के लिए अपनाया था। खंडहरों से प्राप्त कई बाँटों (बटखरे) के परीक्षण से यह पता चलता है कि छोटे अंकों के लिए दो गुणजों का व्यवहार किया जाता था, जैसे—1, 2, 4, 8, 16, 32 आदि और

बड़े अंकों के लिए दशमलव प्रणाली का व्यवहार किया जाता था, जैसे—320, 640, 1600, 3200 आदि। माप के कई स्केल पाए गए हैं, जिनमें से एक भाग या इकाई 1.32 इंच का है। यह माप लगभग समकालीन पश्चिम-एशिया में पाए जानेवाले फुट के बराबर था। एक दूसरा माप पीतल का एक छड़ है, जिसकी इकाई 0.367 इंच की है और जो एक नजर में एक क्यूबिट की इकाई का अर्द्धभाग है। क्यूबिट भी समकालीन पश्चिम-एशिया में सामान्य प्रयोग में थी। यह 20.7 इंच का होता था। पक्के माप के लिए कुछ विशेष यन्त्र भी प्राप्त हुए हैं और सम्भवतः ये यन्त्र भवन-निर्माण के समय काम आते होंगे। तौलने के तराजू भी मिले हैं।

5.11 सामाजिक जीवन

खुदाइयों से प्राप्त मूर्तियों, सोने-चाँदी के आभूषण और हाथीदाँत की बनी विभिन्न शृंगार-सामग्रियों के आधार पर सिन्धु सभ्यता के सामाजिक जीवन के बारे में जानकारी मिलती है। भवन-अवशेष के आधार पर यहाँ के लोगों के सामाजिक संगठन पर ठीक से प्रकाश नहीं डाला जा सकता है। सिन्धुघाटी में पाए गए सभी मकान एकसमान हैं। अतः यहाँ के निवासियों का जीवन-स्तर भी समान ही रहा होगा। जब हम आर्थिक दृष्टिकोण से सिन्धु सभ्यता के लोगों का अध्ययन करते हैं तो यहाँ के निवासियों का जीवन-स्तर एक समान नहीं पाते हैं। यहाँ के लोग सामाजिक दृष्टिकोण से कई भागों में बँटे हुए थे। सुविधापूर्वक अध्ययन के दृष्टिकोण से इन्हें हम मुख्यतः चार भागों में बाँट सकते हैं—प्रथम श्रेणी में व्यापारी, दूसरे में बुद्धिजीवी, तीसरे में श्रमिक और चौथी श्रेणी में सैनिक। सिन्धुकाल के बाद विश्व में एकमात्र देश चीन में हम पाते हैं कि सैनिकों का स्थान समाज में काफी नीचे था; क्योंकि यह देश भी प्राचीनकाल में शान्तिप्रिय था। ऋग्वैदिककाल में तो लड़नेवाला वर्ग भारतवर्ष में द्वितीय श्रेणी में था।

पुजारी, ज्योतिषी तथा वैद्य बुद्धिजीवी वर्ग में आते थे। मेहनत-मजदूरी करनेवाले तथा घरेलू नौकर श्रमिक वर्ग में थे। इसके अलावा श्रमिक वर्ग में चमार, टोकरी बनानेवाले, मछुआरे आदि भी शामिल थे। विभिन्न तरह के उद्योग करनेवाले लोग व्यापारी वर्ग में थे। सिन्धुघाटी के समाज में आर्थिक दृष्टिकोण से धनी, मध्यम एवं गरीब—तीनों वर्ग के लोग थे। यहाँ से दूर-दूर के देशों के साथ व्यापार होता था। अतः समाज में व्यापारियों की काफी प्रतिष्ठा थी।

पारिवारिक जीवन—परम्परागत परिवार समाज की इकाई था। पाए गए अवशेषों के आधार पर परिवारों के रहने की योजना मिलती है। यहाँ का समाज मातृप्रधान था। फलतः सिन्धु क्षेत्र के निवासी मातृदेवी का बड़ा आदर करते थे। यहाँ समाज की स्त्रियों को श्रद्धा की दृष्टि से देखा जाता था। इस काल में पर्दा प्रथा की बात नहीं पाई गई है। स्त्रियों का मुख्य काम शिशुपालन और सूत कातना था। यहाँ खुदाई से कई स्त्रियों की मूर्तियाँ भी मिली हैं। इसमें सबसे ज्यादा आश्चर्य काँसे की बनी हुई नर्तकी की एक मूर्ति देखकर होता है। यह नर्तकी गले में कंठहार पहनी हुई है। यह सारी भुजाओं को ढँके हुए है तथा वलय समूह के अतिरिक्त नग्न है। उसकी वेणी एक सुन्दर केशावरण में सुसम्बद्ध है। इस नर्तकी

की एक भुजा अपने कूल्हे पर है। यह अर्द्धावनत जंघा के साथ उत्तेजनात्मक मुद्रा में खड़ी है। इसे देखने से ऐसा लगता है कि इसमें सजीव धृष्टता का गर्व है। इस तरह की सजीव धृष्टता का गर्व विश्व की दूसरी प्राचीन सभ्यताओं में नहीं मिलता है। सिन्धु क्षेत्र की खुदाई से कुछ प्रभावहीन देवियों की मूर्तियाँ भी मिली हैं। इससे पता चलता है कि सिन्धु समाज में औरतों की दशा बाद के काल अर्थात् ऋग्वैदिककाल से भिन्न थी। विद्वानों का मत है कि इन देवियों की मूर्तियाँ वास्तव में नर्तकी, देवदासी एवं वेश्याओं की प्रतिनिधि थीं। मध्यपूर्व की सभ्यताओं में देवदासी और वेश्याएँ थीं, लेकिन सिन्धु क्षेत्र से प्राप्त मूर्तियों के बारे में निश्चय रूप से बताना कि वे वेश्याओं की प्रतिनिधि थीं, मुश्किल है। फिर भी इतना तो निश्चित है कि सिन्धु समाज में देवी-पूजा काफी प्रचलित थी। खुदाई से बहुत-सी साधारण किस्म की मूर्तियाँ मिली हैं, जो लगभग नग्न थीं। उनके शिरोपरिधान सुन्दर थे।

अतिसुन्दर दिखने के लिए अथवा तन्त्र-मन्त्र एवं जादू-टोना के कुप्रभाव से बचने के लिए हड़प्पावासी अनेक तरह के आभूषणों का प्रयोग करते थे। खुदाई से प्राप्त सामग्री के आधार पर पता चलता है कि यहाँ के लोग गले में हार, सिर पर आभूषण, सिरबन्द, पैर में पायल, हाथ की कलाई में कंगन, पैर के कड़े, कानों में बालियाँ तथा अँगुली में अँगूठी पहनते थे। समाज के गरीब लोग ताँबा, हड्डी एवं मिट्टी के बने आभूषण पहनते थे। अपने-आपको सँवारने के लिए पीतल एवं ताँबे का बना हुआ आईना एवं हाथीदाँत की कंघियों का इस्तेमाल भी किया जाता था। आँखों की सुन्दरता बढ़ाने के लिए सुरमे का प्रयोग लोग करते थे।

रहन-सहन–धनी लोग अपने मकानों को सजाकर रखते थे। मकान के आगे एक बैठका होता था, जिसमें कुर्सी, पलंग और स्टूल रखा जाता था। सोने के लिए लोग चारपाई का इस्तेमाल करते थे। चारपाइयाँ प्रायः लकड़ी की बनती थीं। नरकुल की चटाइयाँ भी बनाई जाती थीं। घर में रोशनी के लिए दीपक जलता था। ये दीपक पत्थर, ताँबे और मिट्टी के बनाए जाते थे। सीप को भी दीपक के रूप में प्रयोग किया जाता था। मोम और रुई की बत्तियाँ घरों में प्रकाश के लिए इस्तेमाल की जाती थीं। सामान ढोने के लिए टोकरियों का प्रयोग किया जाता था। ये टोकरियाँ लड़ी या बेंत की बनी होती थीं।

मनोविनोद के साधन–दिनभर के थके-हारे शहरी व्यक्ति के लिए मानसिक रूप से तरोताजा होने के लिए आधुनिककाल की तरह सिन्धुकाल में भी मनोविनोद का बड़ा महत्त्व था। यहाँ के लोग मुख्यतः नाचने और गाने में बहुत रुचि रखते थे। खुदाई से यहाँ बहुत-सी नाचनेवाली स्त्रियों की मूर्तियाँ मिली हैं, जिनसे पता चलता है कि यहाँ के लोग नृत्य के शौकीन थे। शतरंज एवं जुआ खेलने की प्रथा समाज में थी। सिन्धुनिवासी रथ-दौड़ में भाग लेते थे। चिड़िया उड़ाना मनोरंजन का एक मुख्य साधन था। इसके लिए चिड़ियाँ पाली जाती थीं। गोली खेलना, पासा फेंकना तथा गेंद खेलना लोगों के मनबहलाव के साधन थे। गोली खेलने की प्रथा सिन्धुघाटी के अलावा सुमेर एवं मिस्र में भी थी। पुरातत्त्व से काफी संख्या में पासा मिलने से लगता है कि सिन्धुघाटी के निवासी जुआ खेलने के बहुत शौकीन थे। ऋग्वैदिककाल में भी हम पाते हैं कि पासा खेलना काफी लोकप्रिय था। सिन्धुवासियों को शिकार करने का बहुत शौक था। इसकी जानकारी खुदाई से प्राप्त मुद्राएँ देती हैं। इन

सिक्कों पर बने चित्रों से पता चलता है कि यहाँ के लोगों को धनुष-बाण से बकरियों, हिरणों आदि का शिकार करना प्रिय था। बैलों की कुश्ती कराने की प्रथा प्रचलित थी। बच्चों के मनोरंजन के साधनों के बारे में जानकारी मिलती है। छोटी-छोटी गाड़ियाँ बनाकर सिन्धु समाज के बच्चे खेला करते थे। मनुष्य तथा पशुओं के आकार के खिलौने बनते थे। ये मिट्टी के हुआ करते थे। बच्चों को खेलने के लिए मिट्टी के भेड़ बनाए जाते थे। एक बैल जैसा खिलौना मिला है, जिसका सिर हिलता है। एक हाथी मिला है, जिसका सिर दबाने से शब्द होता है। सिन्धु क्षेत्र में एक ऐसे पशु का अवशेष मिला है, जिसका सर तो भेड़ के समान है, लेकिन शरीर चिड़िया के समान है। कुछ पक्षियों की चर्चा मिलती है, जो बन्द पिंजड़े में दिखाए गए हैं। मिट्टी के झुनझुने बनाए जाते थे। मुँह से बजानेवाली सीटियाँ मिली हैं। बच्चों के लिए मनुष्य-आकृति के मिट्टी के खिलौने मिले हैं। बौनों के रूप में खिलौना बच्चों द्वारा खेला जाता था। मिस्र में भी ऐसे बौने-खिलौने के अवशेष मिले हैं। पहिएवाली गाड़ी का खिलौना के रूप में उपयोग किया जाता था। ताँबे की बनी एक छोटी-सी सुन्दर गाड़ी हड़प्पा की खुदाई से मिली है। उपर्युक्त खिलौनों के आधार पर सिन्धुवासी के जीवन को समझने में हमें सुविधा मिलती है।

मृतक संस्कार–मोहनजोदड़ो से प्राप्त अवशेष के आधार पर पता चलता है कि मृतक-संस्कार के तीन प्रकार थे–(क) शव को मांसभक्षी जानवरों के सामने फेंक दिया जाता था। मांस खाने के बाद जो हड्डियाँ बच जाती थीं, उन्हें दफना दिया जाता था। (ख) शव को उसी रूप में दफना दिया जाता था। (ग) दाह-क्रिया करने के बाद उसके शेष राखों को कलश में भरकर गाड़ दिया जाता था। अस्थियाँ, कोयला तथा भस्म तीनों चीजों से भरे अनेक कलश सिन्धु क्षेत्र में मिले हैं। हड़प्पा से प्राप्त कुछ अवशेषों से पता चलता है कि शव का सिर उत्तर की ओर रहता था। शव को लम्बा रखने की प्रथा थी। शव के साथ जेवरात और शृंगार की चीजें भी गाड़ दी जाती थीं। कुछ ऐसे शव मिले हैं, जिनके दाहिने हाथ की अँगुली में ताँबे की अँगूठी है। शव के पास पायल, हार, आईना आदि मिले हैं। एक स्थान पर खुदाई से एक साथ कई शवों के अवशेष मिले हैं। अनुमान किया जाता है कि किसी युद्ध में मारे गए लोगों को एक साथ ही गाड़ दिया गया था। कहीं-कहीं स्त्री-पुरुष दोनों की लाशें एक साथ मिली हैं। ऐसे अवशेष हड़प्पा से मिले हैं। हड़प्पा के समान ही प्राचीन सुमेर में इसी तरह की प्रथा प्रचलित थी। हड़प्पा से एक ऐसा शव मिला है जिसके बगल में एक बकरी की लाश है। विद्वानों का अनुमान है कि अन्तिम संस्कार के अवसर पर शायद बकरे की बलि चढ़ाई गई होगी।

औषधियों का प्रयोग– मोहनजोदड़ो की खुदाई से शिलाजीत मिला है। यह काले रंग का है, जिसे घोलने के बाद इसका रंग गहरे बादामी रंग का हो जाता है। इसका प्रयोग आज भी कई बीमारियों के लिए किया जाता है। औषधि के रूप में समुद्र के फेन का प्रयोग लोग करते थे। कर्नल स्यूयल के अनुसार, हिरण तथा बाहरसिंगों के सींगों का प्रयोग औषधि बनाने के लिए किया जाता था। नीम की पत्तियों से आज की ही तरह औषधि बनाई जाती थी।

भोजन–खाद्य-सामग्री पैदा करने के लिए लोगों को प्राकृतिक सुविधाओं पर अधिक निर्भर रहना पड़ता था। मोहनजोदड़ो की खुदाई से पता चलता है कि यहाँ के लोग भोजन

में गेहूँ तथा जौ का इस्तेमाल करते थे। यहाँ राई और मटर की पैदावार होती थी। हड़प्पा की खुदाई से कई किस्म की खाद्य-सामग्रियों के बारे में जानकारी होती है। यहाँ के लोग चावल, दाल एवं सब्जी के अतिरिक्त खजूर, तिल, फलियाँ और तरबूज भी खाते थे। पशुओं का दूध पीने से स्वास्थ्य पर अच्छा असर पड़ता है, इसकी जानकारी हड़प्पावासियों को थी। दूध से घी बनाया जाता था। नींबू की जानकारी भी इन्हें थी। भोजन में ये मिठाई और रोटी से परिचित थे। अनाज को कूटा एवं पीसा जाता था। बड़े-बड़े गोदाम रहते थे, जिसमें धनी लोग अपना अनाज रखते थे। गरीब व्यक्ति अपना अनाज साधारण लिपे हुए गड्ढे में रखते थे। यहाँ के लोग मांसाहारी भी थे। पत्थर के औजार मिले हैं, जिनसे जानवर और बड़ी-बड़ी मछलियाँ काटे जाते थे। खाने के बर्तन के रूप में प्याला, चम्मच, तश्तरी, थाली आदि का प्रयोग होता था।

5.12 आर्थिक जीवन

प्राचीनकाल या आधुनिककाल में किसी भी देश की आर्थिक स्थिति का अच्छा या बुरा उत्पादन पर निर्भर करता है। आवश्यकता से जितना अधिक उत्पादन होगा, आर्थिक अवस्था उतनी ही मजबूत होगी।

कृषि–सिन्धु लोगों का मुख्य व्यवसाय कृषि था। कृषि सम्बन्धी बचत के आधार पर यहाँ के लोगों ने एक सुखदायी सभ्यता का निर्माण किया। इस काल का मानव प्रकृति से अधिक निकट का सम्बन्ध रखता था। जो कुछ भी वह पाता, उसमें प्रकृति का बहुत बड़ा हाथ रहता था। कृषि के लिए समतल मैदान एवं सिंचाई के लिए जल की आवश्यकता थी। सिन्धु नदी के समीप बाढ़वाले समतल इलाकों में खेती की जाती थी। इस क्षेत्र में जल पर्याप्त मात्रा में उपलब्ध था। आरम्भ में तो सिन्धुघाटी के बाढ़वाले समतल भू-भाग पर मुलायम मिट्टी रहने के कारण खेती आसानी से कर ली जाती थी, लेकिन मुलायम मिट्टी नहीं रहने पर खेत जोतने में काफी दिक्कतों का सामना सिन्धुवासियों को करना पड़ता होगा। खेत जोतने के लिए जहाँ तक हल का प्रश्न है, कृषि के लिए इस मौलिक यन्त्र का प्रमाण हमें बिल्कुल नहीं मिलता है। फिर भी यह तो मानना ही पड़ेगा कि सिन्धुकाल के पहले आधुनिक भारत-पाकिस्तान के इन क्षेत्रों में इतनी अधिक जनसंख्या एक क्षेत्र में कभी एकत्र नहीं हुई थी। एक विकसित कृषि-व्यवस्था ही इतनी बड़ी आबादी का भरण-पोषण कर सकती थी। इससे अनुमान किया जा सकता है कि सिन्धुवासी खेती में हल का प्रयोग करते होंगे। हल लकड़ी के बनाए जाते होंगे, जो काल के साथ नष्ट हो गए होंगे। इस क्षेत्र की खुदाई से नहर की कोई जानकारी नहीं मिलती है। आधुनिककाल की तरह सिन्धु क्षेत्र की भूमि शुष्क एवं वृष्टिहीन नहीं थी। कुछ नदियों; जैसे–सिन्धु, मिहरान और उनकी सहायक नदियों से सिंचाई का काम हो जाता था। अतः सिंचाई के लिए किसी औजार की आवश्यकता नहीं पड़ती थी और इसीलिए खुदाई से किसी प्रकार के सिंचाई से सम्बन्धित औजार नहीं मिले हैं। विद्वानों का ऐसा भी मत है कि उस काल में यहाँ पर्याप्त वर्षा होने के कारण नहरों के निर्माण की आवश्यकता नहीं पड़ी हो। मुख्य अनाजों को बाढ़ का पानी हटाने के तुरन्त बाद ही बो दिया जाता होगा। जब ये फसलें

बढ़कर पक जाती होंगी, तो काट ली जाती होंगी। फिर अन्य फसलों को बाँध से सुरक्षित खेतों में बोया जाता होगा। ऐसा प्रायः बाढ़ आने के पहले होता होगा, ताकि बाढ़ के पानी से इसकी सिंचाई हो सके।

सिन्धुवासी कई तरह के पशुओं; जैसे—गाय, बैल, भैंस, भेड़, सूअर आदि पालते थे। यहाँ के कई प्राचीन नगरों की खुदाई हुई है और भेड़, सूअर, हाथी, बैल, भैंस, गाय आदि की हड्डियाँ मिली हैं। खुदाई से प्राप्त हड्डियों से पता चलता है कि वे लोग कुत्ता, गधा आदि से परिचित थे। सिन्धुवासी मांसाहारी थे। वे कछुआ, भेड़, बकरी, सूअर, घड़ियाल आदि का मांस खाना अधिक पसन्द करते थे। मांस ये लोग सीधे आग में पकाकर या भूँजकर नहीं खाते थे, बल्कि चकमक पत्थर को गर्म और तेज घिसकर उसकी धार से मांस छोटे-छोटे टुकड़ों में काटकर खाते थे। सिन्धु क्षेत्र में अनेक प्रकार के जंगली पशु भी पाए जाते थे। इन पशुओं में मुख्य थे—रीछ, चीता, गैंडा, बन्दर, दरियाई घोड़ा तथा शेर। इतना ही नहीं, ये सिन्धुवासी छोटे-छोटे जानवरों; जैसे—नेवला, बिल्ली, गिलहरी, मोर, तोता, मुर्गी, खरगोश आदि से परिचित थे। सम्भवतः यहाँ के निवासी घोड़ा से परिचित नहीं थे। भोजन के लिए ये लोग पशुओं का शिकार करते थे। कभी-कभी कृषि की रक्षा के लिए पशुओं को मार दिया जाता था तथा उनकी हड्डियों से कई तरह के सामान बनाए जाते थे।

सिन्धुघाटी के निवासी कृषि, पशुपालन एवं विभिन्न प्रकार के कला-कौशल से परिचित होने के कारण माल-उत्पादन के कार्यों में भी दिलचस्पी लेने लगे थे। व्यापार के क्षेत्र में यह इलाका विश्व के अन्य नगरों की तुलना में काफी उन्नतिशील था। इस तरह की उन्नति के लिए एक ठोस नियम एवं सुरक्षा की आवश्यकता पड़ती है। वस्तुओं के वास्तविक निर्यात के प्रमाण को आसानी से पाना सम्भव नहीं, लेकिन इस क्षेत्र में बड़े पैमाने पर निर्मित अनेक वस्तुओं को देखने से लगता है कि यहाँ आवश्यकता से अधिक सामान बनाए जाते थे, जो निर्यात होते होंगे। यहाँ के नगरों में चौड़ी-चौड़ी सड़कें पाई गई हैं। इनके दोनों ओर छोटी-छोटी दुकानें होती थीं। इससे भी अनुमान लगाया जा सकता है कि व्यापार काफी उन्नत अवस्था में था। सम्भवतः जल एवं थल दोनों मार्गों से व्यापार होते थे। जो कच्चा माल सिन्धु क्षेत्र में नहीं मिलता था, उसे यहाँ के व्यापारी बाहर से मँगाते थे। सोना ये लोग दक्षिण भारत में स्थित आधुनिक कर्नाटक प्रान्त से मँगाते थे। ऐसा अनुमान किया जाता है कि यहाँ के व्यापारी पश्चिम में स्थित फारस एवं अफगानिस्तान से सोना आयात करते थे। चाँदी का आयात ये लोग सम्भवतः ईरान और अफगानिस्तान से करते थे। चाँदी दक्षिण भारत से भी मँगाई जाती होगी। यातायात के साधन एवं खनिज पदार्थों को ध्यान में रखते हुए ऐसा लगता है कि चाँदी का आयात अरब एवं बलूचिस्तान से भी होता था। बड़े-बड़े भवनों के निर्माण में सिन्धु क्षेत्र में लाजवर्त पत्थर का इस्तेमाल पाया गया है। यह पत्थर अफगानिस्तान के पूर्वी-उत्तरी हिस्से में स्थित बदक्शाँ नामक स्थान से आयात किया जाता था।

पश्चिम भारत से गोमेद, मूँगा और लाल मँगाया जाता था। इन पत्थरों का एक दूसरा प्रसिद्ध बाजार सौराष्ट्र में स्थित था। वहाँ से भी मूँगा, लाल और गोमेद खरीदकर मँगाया जाता था। जम्बुमणि नामक पत्थर महाराष्ट्र से आता था। फिरोजा का आयात ईरान से

किया जाता था। मध्य एशिया में हरे रंग का एक बहुमूल्य पत्थर पाया जाता था, जिसे संगयशब कहते हैं। यह पत्थर सिन्धु के व्यापारियों द्वारा मध्य एशिया से आयात किया जाता था। सिन्धु क्षेत्र के पूरब एवं पश्चिम में स्थित कई स्थानों से सेलखड़ी मँगाया जाता था। इस तरह सिन्धु क्षेत्र की औद्योगिक-कला की विभिन्नता और विशेष पदार्थों के प्रयोग होने से ऐसा जान पड़ता कि यहाँ के व्यापारियों ने बाहर के लोगों से व्यापारिक सम्पर्क किया था। ऐसे व्यापार दो प्रकार के रहे होंगे। एक सिन्धुघाटी के आसपास में बसे ग्रामीण समुदायों से और दूसरा जंगली कबीलों से। यह व्यापार विशेषकर कच्चे पदार्थों की प्राप्ति के लिए होता होगा। कच्चे माल के लिए व्यापार का आन्तरिक जाल विस्तृत पैमाने पर बिछा था। यहाँ के लोग अपने लिए कुछ ताँबा राजस्थान में स्थित खत्री नामक स्थान की खानों से अवश्य ही मँगाते थे। टीन का आयात बाहर के देशों से किया जाता था। इन सामानों का आयात जल तथा थल दोनों मार्गों से होता था। सिन्धुकाल की एक मुद्रा पर जहाज बना हुआ है। इससे अनुमान किया जा सकता है कि विदेशों से सामान जहाज पर लादकर जल के मार्ग से यहाँ पहुँचता था। जहाँ से स्थलमार्ग की सुविधा होती थी, वहाँ से माल बैलगाड़ियों पर लादकर मँगाया जाता था। ऐसा लगता है कि मोहनजोदड़ो एक अन्तर्देशीय बन्दरगाह के रूप में अपना स्थान बनाए हुए था। इसका व्यापार उर, किश, मिस्र आदि के साथ चलता था। इस क्षेत्र के व्यापारी बारहसिंगा एवं लकड़ी कश्मीर से मँगाते थे। कच्चे माल एवं विलास की वस्तुओं को बाहर से मँगाने के अलावा, यहाँ के लोग खाने के लिए अरब सागर के तट से मछली भी मँगाते थे। निर्यात के दृष्टिकोण से हम पाते हैं कि यहाँ से सूती कपड़े तथा बर्तन सुमेर, मिस्र और बेबीलोन भेजे जाते थे। यहाँ की निर्मित सामग्री दजला-फरात अर्थात् मेसोपोटामिया के बाजारों में बिकती थी। खरीद-बिक्री में विनिमय का माध्यम क्या था, इसकी जानकारी हमें नहीं है। यहाँ पाए गए अनेक गोदामों से सुसंगठित एवं समृद्धशाली व्यापारियों की जानकारी मिलती है। व्यापारियों की सम्भवतः अपनी मुहर होती थी। हुंडी एवं साख-प्रथा भी व्यापार में प्रचलित थी। निर्यात के दृष्टिकोण से सम्भवतः अकीक के हार के दाने, विशेषकर भारतीय गुर्दे आकार के दाने, सीप आदि मेसोपोटामिया को निर्यात किए जाते थे। जूँ निकालने के लिए हाथीदाँत की कंघी, मोती और कश्मीर से मँगाई गई बहुमूल्य लकड़ियों का भी निर्यात होता था। इन सभी तथ्यों को ध्यान में रखते हुए **सर जॉन मार्शल** का कथन सत्य ही प्रतीत होता है। वे लिखते हैं, "सिन्धुघाटी के साधारण नागरिक भी उस काल में जिस प्रकार की सुख-सुविधा एवं विलास की सामग्रियों का उपभोग करते थे, उनकी तुलना उस काल के सभ्य संसार के किसी भी भाग के निवासियों से नहीं की जा सकती।"

5.13 राजनीतिक जीवन

राजनीतिक संगठन के बारे में सिन्धु क्षेत्र में कोई स्पष्ट प्रमाण नहीं मिले हैं। राजभवन जैसा कोई विशाल भवन अवशेष के रूप में यहाँ नहीं मिला है, जिसके आधार पर राजनीतिक अध्ययन किया जा सके। किसी विशाल मन्दिर और उसके प्रधान देवता की जानकारी नहीं हो पाई है, जिसके आधार पर यह अनुमान किया जाए कि यहाँ का प्रधान शासक कोई

पुरोहित था। अभी तक अवशेष के रूप में, जहाँ विशाल स्नानागार मिला है, उसी के समीप कुछ भवनों के अवशेष भी मिले हैं। इसे कुछ लोग राजभवन की संज्ञा देते हैं, लेकिन यह विचार ठीक नहीं लगता। असल में इन भवनों में एकमात्र एक विशाल कमरे की जानकारी होती है और एक ही विशाल कमरे के आधार पर इसे राजभवन कहना उचित प्रतीत नहीं होता। इसके बावजूद, इतना तो कहा ही जा सकता है कि इतना विशाल क्षेत्र किसी-न-किसी राजनीतिक घेरे के अन्दर निश्चित रहा होगा। इस तर्क के पक्ष में यह प्रमाण दिया जा सकता है कि सारे क्षेत्र में एक ही तरह की माप तथा तौल प्रचलित थी। भवनों का निर्माण भी यहाँ लगभग एक ही प्रकार का होता था। यहाँ पाई गई मूर्तियों में एकरूपता पाई गई है तथा लिपि का प्रचलन एक ही तरह का था। इन तथ्यों के आधार पर ऐसा लगता है कि यहाँ एक व्यवस्थित शासन-संगठन था। इस क्षेत्र में पाए गए नगरों की योजनाओं को देखकर यह कहा जा सकता है कि यहाँ नगरपालिका संगठन था, जो राजनीतिक व्यवस्था का ही एक अंग है। नगरपालिका होने के कारण ही यहाँ गलियों एवं सड़कों की रक्षा तथा नालियों की समुचित व्यवस्था थी। अतएव विद्वानों का मत है कि यहाँ एक विशाल राजनीतिक संगठन था।

ह्वीलर ने उत्खनन के आधार पर यहाँ की शासन-व्यवस्था को मध्यमवर्गीय जनतान्त्रिक शासन कहा है। उसके अनुसार, "चाहे कहीं से भी उपर्युक्त तथ्य ज्ञात हुआ हो; धार्मिक प्रवृत्ति की प्रमुखता तो स्वीकार करनी ही होगी।" सुमेर और अक्कड़ के पुरोहित राजा के समान हड़प्पा के मालिक भी अपने नगरों पर शासन करते थे। मन्दिर के मुख्य देवता के ही हाथ में सुमेर नगर का अनुशासन और धन रहता था। यहाँ के देवता को पुरोहित राजा कहा जाता था। सुमेर की शासन-प्रणाली को इतिहासकार हंटर द्वारा राजतान्त्रिक प्रणाली कहा गया है। सिन्धुघाटी की सभ्यता में जनतान्त्रिक शासन-प्रणाली प्रचलित थी, इसका अनुमान सिन्धु क्षेत्र में पाए गए विशाल स्नानागार में सटे हुए भवनों के आधार पर किया जा सकता है। विद्वानों का कहना है कि यहाँ के नगर के व्यक्ति इस विशाल भवन में अपने प्रतिनिधियों का निर्वाचन करने के लिए एकत्र हुआ करते थे। साथ ही विशेष महत्त्वपूर्ण समस्याओं पर विचार करने के लिए भी वे इस भवन में एकत्रित होते थे। वैसे यह स्पष्ट नहीं हो सका है कि शासन की लगाम एक सांवैधानिक राजा के हाथ में थी या जनता के प्रतिनिधियों के हाथ में। शासन में विकेन्द्रीकरण जैसी व्यवस्था शायद थी।

सिन्धुघाटी के लोग युद्धप्रिय नहीं थे, यह प्रमाण तो उत्खनन से प्राप्त सामग्री के आधार पर ही मिल चुका है। इनकी सभ्यता शान्तिप्रधान थी। खुदाई से प्राप्त अस्त्र-शस्त्र का अध्ययन करने पर पता चलता है कि अस्त्र-शस्त्र ताँबे एवं काँसे के बने रहते थे। ये औजार अधिक तीक्ष्ण नहीं थे। सिन्धुघाटी के निवासी **ऋग्वैदिककाल** के समान तलवार, कवच, शिरस्त्राण आदि का प्रयोग नहीं करते थे। शायद इन सब औजारों से ये अनभिज्ञ थे। यहाँ के निवासियों को शान्तिमय जीवन व्यतीत करने में ज्यादा विश्वास था। फलतः कहा जा सकता है कि सिन्धुकाल में शासन-व्यवस्था अच्छी थी। अशान्ति एवं राजनीतिक अशान्तियों से यह मुक्त था। युद्धप्रिय नहीं रहने के कारण ही अगर बाहर की जातियों ने इन पर आक्रमण करके इन्हें परास्त कर दिया हो, तो कोई आश्चर्य नहीं।

5.14 धार्मिक दशा

खुदाइयों से प्राप्त सामग्री के आधार पर हमें हड़प्पा के लोगों के धर्म की विशेषताओं की जानकारी होती है। इस तरह की विशेषता प्राचीनतम धार्मिक साहित्य में नहीं है। उदाहरणस्वरूप, हड़प्पा काल में देवी की पूजा होती थी। लेकिन इसके पतन के लगभग एक हजार वर्ष के बाद ही देवी की पुनः पूजा करने की बात पाई जाती है। लिखित साहित्य या स्मारक धार्मिक सूचना देने में असमर्थ हैं। इस सम्बन्ध में धातु-पात्रों एवं मुहरों पर अंकित विभिन्न प्रकार के चित्रों का गहरा अध्ययन करके ही कुछ तथ्य निकाला जा सकता है।

मातृदेवी की पूजा–मिस्र, मेसोपोटामिया, क्रीट, साइप्रस, फिलिस्तीन, सीरिया, एशिया माइनर, बाल्कन, एल्म, पश्चिमी एशिया, इजियन सागर आदि के आसपास मिली देवियों की पूजा के समान ही सिन्धु क्षेत्र में भी देवी की पूजा होती थी। मातृपूजा की परम्परा की शुरुआत पृथ्वी की पूजा से हुई। इस पूजा का सम्बन्ध उत्पत्ति के महत्त्व से है। सिन्धु क्षेत्र से एक ऐसी स्त्री का चित्र मिला है जिसके पेट से एक पौधा निकला है। इस चित्र का सम्बन्ध विद्वानों ने पृथ्वी, देवी, पौधे की उत्पत्ति एवं उनके विकास से लगाया है। हड़प्पा से खुदाई में एक और स्त्री का चित्र मिला है। वह पालथी मारकर बैठी है। स्त्री के दोनों ओर पुजारी बैठे हैं। फिर इस स्त्री के सिर के ऊपर पीपल की पत्तियों के चित्र हैं। इस तरह इस काल में शक्ति की पूजा प्रचलित थी। मातृ एवं देवी की उपासना होती थी। सिन्धु सभ्यता में अलग-अलग क्षेत्रों में भिन्न-भिन्न देवियों की पूजा प्रचलित थी। मातृदेवी के कई रूप थे। उनकी उपासना भिन्न-भिन्न रूपों में की जाती थी। मोहनजोदड़ो में खुदाई से एक अलग प्रकार की मातृदेवी की मूर्ति मिली है। इस मूर्ति के सिर के ऊपर एक पक्षी अपना पंख फैलाकर इस तरह बैठा है, जैसे कि वह मातृदेवी की रक्षा कर रहा हो। इस काल में प्रकृति के सहारे ही मनुष्यों का पालन-पोषण होता था। अतः यहाँ के लोगों द्वारा प्रकृति को मातृदेवी मानकर उपासना करना स्वाभाविक था।

पेड़-पौधों की उपासना–सिन्धुकाल से ही वृक्षों की पूजा होती रही है। आज भी उत्तर भारत में पीपल, आँवला आदि के पेड़ों की पूजा होती है। दक्षिण भारत में इमली के पेड़ की पूजा का प्रचलन आज भी है। वृक्षों को देवी-देवताओं का रूप मानकर पूजा होती थी और होती है। इन बातों की पुष्टि सिन्धु क्षेत्र से प्राप्त कुछ मुद्राओं से होती है। इस तरह के अवशेष हड़प्पा और मोहनजोदड़ो में मिले हैं। मोहनजोदड़ो में एक ऐसी मुद्रा मिली है, जिसमें एक पशु के दो सटे हुए सिर हैं। इन दोनों जुड़वाँ सिरों से नौ पीपल की पत्तियाँ निकली हैं। इससे पता चलता है कि कुछ विशेष प्रकार के पशु और पीपल के पेड़ का समाज में धार्मिक महत्त्व था। अधिक दिनों तक जीवित रहने के कारण पीपल के पेड़ का आज भी महत्त्व है। पीपल का पेड़ स्वास्थ्य के दृष्टिकोण से भी काफी महत्त्वपूर्ण है। यह एक ऐसा पेड़ है जो दूसरे भारतीय पेड़ों के समान रात में कार्बन डाइऑक्साइड गैस नहीं छोड़ता, बल्कि ऑक्सीजन छोड़ता है, जिसका स्वास्थ्य के दृष्टिकोण से काफी महत्त्व है। आज भी महिलाएँ शादी होने से पहले पीपल के पेड़ की पूजा करती हैं। इस पूजा का प्रधान उद्देश्य यही होता है कि वर एवं वधू दोनों की उम्र पीपल के पेड़ के समान

काफी लम्बी हो। *ऋग्वेद* में अश्वत्थ वृक्ष की चर्चा है। इस वृक्ष के बारे में कहा गया है कि इस पर जल चढ़ाने से स्वर्ग की प्राप्ति होती है। अश्वत्थ का पेड़ ही बाद में चलकर पीपल का पेड़ कहलाने लगा। पीपल के पेड़ के महत्त्व की चर्चा *गीता* में कृष्ण के द्वारा भी की गई है। पीपल के पेड़ के नीचे ही बौद्ध धर्म के महान प्रवर्तक महात्मा गौतम बुद्ध को ज्ञान की प्राप्ति हुई थी। सिन्धुकाल में नीम और बबूल के पेड़ की भी पूजा होती थी। इस काल में वृक्ष, देवी एवं देवताओं को खुश करने के लिए पशुओं की बलि चढ़ाई जाती थी।

पशु-पूजा–सिन्धु क्षेत्र में बहुत-सी मुद्राएँ पाई गई हैं, जिनके अध्ययन से अनेक पशुओं की आराधना की हमें जानकारी होती है। पशु-पूजा के अध्ययन को अधिक तथ्यपूर्ण बनाने के लिए मार्शल ने इन पशुओं को तीन भागों में बाँटा है और इनकी पूजा करने के भिन्न-भिन्न पहलुओं पर प्रकाश डाला है। सिन्धुकाल के लोगों का पुनर्जन्म में विश्वास था। इन लोगों का कहना था कि मनुष्य के रूप में देवताओं की पूजा बाद में शुरू हुई। चूँकि, पहले देवता पशुओं के रूप में रहते थे, इसलिए मनुष्य के पहले पशुओं के रूप में दो देवताओं की पूजा की प्रथा सिन्धुकाल में प्रचलित थी। कहते हैं कि जब पशु देवता के रूप में मनुष्यों का रूप धारण करने लगे, तो उनके चिह्नरूप में केवल सींग ही रह गए। जानवरों के सींग उस समय बहुत बड़ी शक्ति का प्रतीक माने जाते थे। पशुओं की पूजा के रूप में हाथी, गैंडा, बैल, ऋषभ, भैंस आदि पशुओं का चित्रण मुहरों पर मिला है। यहाँ ध्यान देने की बात है कि मिस्र में भी नन्दी या साँड़ की शक्ति को देखते हुए उसकी पूजा होने लगी थी। सिन्धु क्षेत्र से प्राप्त मुद्राओं के आधार पर पता चलता है कि कूबड़ तथा बिना कूबड़ के बैलों की भी पूजा प्रचलित थी। शिव की सवारी बैल की कल्पना की शुरुआत भी सम्भवतः यहीं से हुई। इस काल में अलग-अलग पशुओं को अलग-अलग देवताओं का दूत माना जाता था। इसलिए हम पाते हैं कि देवताओं के साथ-साथ पशुओं की भी पूजा प्रचलित होने लगी। सिन्धु-समाज में साँपों की पूजा होती थी। सिन्धुघाटी में एक मनुष्य की प्रतिमा मिली है, जिसके दोनों ओर साँप फन फैलाए हुए हैं। बैल की पूजा तो लगभग सभी प्राचीन सभ्य देशों में लोकप्रिय थी। खुदाई से प्राप्त एक तावीज पर लेटे हुए नाग को देखकर **मैके** महोदय का अनुमान सही लगता है कि नाग को पीने के लिए दूध दिया जाता था। (साँप दूध नहीं पीता है।) आज भी नागपंचमी के दिन नागों की पूजा हमारे समाज में प्रचलित है। कुछ ऐसी मुद्राएँ मिली हैं, जिन पर बत्तख का चित्र बना हुआ है। इससे अनुमान किया जा सकता है कि सिन्धु-समाज में बत्तख की पूजा प्रचलित थी। ऐसे भी बत्तख की एक प्रधान विशेषता यह है कि वह पानी में तैरता है और पानी में चल रहे छोटे-मोटे कीड़े-मकोड़ों को मारकर खा जाता है। फलतः पानी काफी स्वच्छ रहता है। पानी का सिन्धुकाल में काफी धार्मिक महत्त्व था।

अन्य धार्मिक विश्वास–सिन्धु प्रदेश के लोग मूर्ति-पूजा में विश्वास करते थे। मन्दिर तो यहाँ मिले नहीं हैं, लेकिन **मार्शल** का कहना है कि लकड़ी के मन्दिर होते थे। यहाँ से प्राप्त कुछ नारी-मूर्तियों के आधार पर कहा जाता है कि ये मूर्तियाँ मन्दिर में उपासना करनेवाली की हैं। कुछ नारी-मूर्तियाँ निर्वस्त्र अवस्था में भी मिली हैं। इस सम्बन्ध में कुछ विद्वानों का कहना है कि ये मूर्तियाँ देवदासियों की हैं। ऐसा भी लगता है कि यहाँ के लोग देवताओं को

मनुष्य के रूप में देखते थे। इसी कारण यहाँ से प्राप्त मुहरों तथा प्रतिमाओं में बहुत-से देवी-देवताओं के चित्र मिले हैं।

तार्किक विचार के अभाव में यह तो मानना ही पड़ेगा कि सिन्धु लोगों के बीच जादू-टोना एवं अन्य दूसरे अन्धविश्वासों का काफी बोलबाला था। खुदाई से प्राप्त बहुत से चकोर तावीज मिले हैं, जिन पर देवी-देवताओं की मूर्तियाँ तथा कुछ मन्त्र अंकित हैं। शायद सिन्धुवासी भूत-प्रेत से अपनी रक्षा करने के लिए ये तावीज धारण करते थे। ये तावीज ताँबे के बने होते थे। कुछ मिट्टी के भी मिले हैं।

सिन्धुघाटी सभ्यता को एक ऐसा मापदंड मानना पड़ेगा, जिसे हम देखकर कह सकते हैं कि वर्तमान काल की सृष्टि भूतकाल में हुई थी और वर्तमान के गर्भ में भविष्य छिपा है। जहाँ भूतकाल का ज्ञान नहीं, वहाँ आधुनिककाल के प्रश्नों को समझना असम्भव नहीं तो कठिन अवश्य है।

5.15 तकनीक तन्त्र एवं धातु-प्रयोग

सिन्धु क्षेत्र में अनेक प्रकार के धातुओं; जैसे—सोना, चाँदी, ताँबा, पीतल आदि के आभूषण एवं दूसरे प्रकार के सामान बनाए जाते थे, लेकिन इस सम्पूर्ण काल में ताँबा और पीतल ही प्रमुख धातु थे। सिन्धुघाटी के निवासी ही सबसे पहले चाँदी का उपयोग करना सीखे। सोने के अभाव में यह अपेक्षाकृत अधिक प्रचलित था। चूँकि, इस सभ्यता को पीतल बनाने का ज्ञान प्राप्त हो चुका था, इसलिए इसे **पीतलयुग** भी कहा जाता है। खंडहरों एवं खुदाई से जो कुछ भी अवशेष मिले हैं, वे हैं—कुल्हाड़ियाँ, छुरियाँ, बर्छे, तीर, आरियाँ एवं उस्तुरे। ये सारे औजार साधारण तौर पर धातु को ढालकर या पीटकर बनाए जा सकते थे। इस काल में पीतल ताँबे की तुलना में बहुत कम पाया गया है। पीतल का ज्ञान कुछ दिनों के बाद ही हुआ था। ताँबे की तुलना में पीतल की जानकारी बाद में होने से पता चलता है कि पीतल बनाने की प्रक्रिया की जानकारी लोगों को बाद में हुई। ताँबे में टीन मिलाकर पीतल बनाने का ज्ञान सिन्धु क्षेत्र में विकास का एक नया चरण था। हड़प्पा से प्राप्त ताँबे और पीतल के बर्तन बहुत ही उच्चकोटि के हैं। बर्तन अधिकतर धातुओं को पीटकर बनाया जाता था। धातुओं की छोटी मूर्तियाँ ढालकर बनाई जाती थीं। ढालने की इस प्रक्रिया को **बन्दढलाई** और **लुप्तमोमप्रक्रिया** कहा जाता है।

सिन्धु-समाज में रंगीन मिट्टी की वस्तुएँ बनाने की कला विकसित थी। ऐसे पदार्थ को **फेयाज** कहा जाता है। फेयाज से अधिकतर हार के दाने, तावीज, मोहरें एवं छोटे बर्तन बनते थे। हार के दाने एवं मोहरें पत्थर की भी बनती थीं। मोहरें अधिकतर वैसे पत्थरों से बनाई जाती थीं, जिन पर ताँबे की छेनी से चिह्न खोदा जाता था। हार के दाने कई पदार्थों से बनाए जाते थे। सीप एवं हाथीदाँत पर काम किए जाते थे। हाथीदाँत एवं सीप से कंघी, ब्रसलेट इत्यादि बनाए जाते थे। ताँबे के अतिरिक्त दूसरा महत्त्वपूर्ण धातु पत्थर ही था। हड़प्पावासियों के लिए ताँबे के बाद पत्थर का ही महत्त्व था। इस आधार पर इस काल को **कैलकोलिथिक युग** कहा जाता है। कैलको का अर्थ है ताँबा और लिथिक का अर्थ पत्थर होता है। पत्थर की सिल्लियाँ अक्कड़ के निकट की पहाड़ियों से काटकर तैयार की जाती थीं। इन्हीं पत्थर

की सिल्लियों से तेज औजार बनाए जाते थे। ऐसे औजार हड़प्पा-सभ्यता के करीब सभी स्थानों से प्राप्त हुए हैं। इन पत्थरों को अलवास्टर के बर्तन बनाने के काम में लाया जाता था। चूने पत्थर का भी प्रयोग होता था। नालियों के ढक्कन तो चूने पत्थर से ही बनाए जाते थे।

सिन्धुघाटी के बर्तनों को देखकर ऐसा लगता है कि इनका उत्पादन बड़े पैमाने पर होता था। इन बर्तनों को चाक के माध्यम से बनाया जाता था। जिस प्रकार के चाक का प्रयोग सिन्धुवाले करते थे, उसे फूटव्हिल कहा जाता है। आज भी ऐसे ही फूटव्हिल का प्रयोग दक्षिण पाकिस्तान के ग्रामीण क्षेत्रों में किया जाता है। सिन्धुघाटी के बर्तन आग में पकाए हुए हैं। इनमें सुन्दरता का अभाव है। हड़प्पा से प्राप्त मिट्टी के बर्तन की एक मुख्य विशेषता यह है कि इनके कनखे लाल रंग के हैं तथा मुख्य भाग काले रंग का। बर्तनों पर रंगीन चित्रकारी में अधिक अन्तर देखने को नहीं मिलता है। बलूचिस्तान की त्रिकोणात्मक चित्रकारी मछली के च्योंटे के समान है। जानवरों, चिड़ियों, मछलियों तथा अन्य आकर्षक चित्र काफी दुर्लभ हैं। विभिन्न प्रकार के बर्तनों में एक का आकार गोल, लम्बा और छिद्रयुक्त है। इस बर्तन की उपयोगिता के बारे में विश्वस्त रूप से कुछ पता नहीं चल सका है।

5.16 मुख्य विशेषताएँ

सिन्धु सभ्यता भारत की प्रथम सभ्यता थी। इसका इतिहास मानव-सभ्यता के विकास, सुव्यवस्था, समृद्धि और उत्कृष्टता के अद्भुत प्रयास की कहानी है। यह एक सुव्यवस्थित नगरीय सभ्यता थी, जो विश्व की समकालीन सभ्यता सुमेर, मिस्र और चीन से अधिक घनी थी। इस काल (2500-1750 ई. पूर्व) में काँसा से बनी अनेक प्रकार की वस्तुएँ काफी मात्रा में पाई गई हैं, इसलिए इसे काँस्य युग भी कहा जाता है। टीन और ताँबा को मिलाकर काँसा बनाया जाता था और आज भी बनाया जाता है। इस सभ्यता का विस्तार पंजाब, सिन्ध, हरियाणा, राजस्थान, गुजरात, बलूचिस्तान और पश्चिमी उत्तर प्रदेश तक था। खुदाई से प्राप्त 28 सौ से अधिक स्थलों में से दो सर्वाधिक महत्त्वपूर्ण हड़प्पा (पंजाब) तथा मोहनजोदड़ो (सिन्ध) नगर हैं, जो इसकी राजधानी तथा केन्द्र रहे होंगे। इसके अलावा चन्हूदड़ो, लोथल, कालीबंगा, बनवाली भी मुख्य नगर थे।

यह सभ्यता **नगरीय प्रधान** थी, जिसमें व्यापार, व्यवसाय, शिल्प तथा औद्योगिक विशिष्टीकरण का वर्चस्व था। इसकी **नगर-योजना** आश्चर्यजनक, सुनिश्चित तथा घनी थी। हड़प्पा तथा मोहनजोदड़ो में अपने दुर्ग थे, जहाँ शायद शासकवर्ग रहा करते थे। निचली सतह पर सामान्य जन का शहर था। छत मिट्टी तथा लकड़ी से पाटे जाते थे। छत पर जाने के लिए सकीर्ण सीढ़ी की व्यवस्था थी। छोटे घर प्रायः दो कमरों के (56 × 30 फीट) होते थे। प्रत्येक घर में आँगन, शौचालय, रसोईघर, स्नानागार, कुएँ, जलनिकास, आलमारी, खूँटी तथा भीतरी खुलती खिड़की की व्यवस्था थी। ये मकान क्रमबद्ध रूप से पंक्तिबद्ध थे। मकान भड़कीले कम और आरामदायक ज्यादा होते थे। मोहनजोदड़ो की मुख्य सड़क नगर के बीच से गुजरती थी, जो 30 मीटर चौड़ी होती थी। छोड़ी सड़कें तथा गलियाँ बड़ी सड़कों

से समकोण पर मिला करती थीं। सड़कें कच्ची हुआ करती थीं तथा थोड़ी-थोड़ी दूर पर कुएँ एवं दीपस्तम्भ की व्यवस्था थी, जो उच्चकोटि की नगर-व्यवस्था को दर्शाती है। जल-निकास की सुन्दर व्यवस्था थी। घर से निकली नालियाँ तथा अन्य छोटी नालियाँ मुख्य नालियों में गिरती थीं। नालियाँ पक्की तथा ढँकी होती थीं। स्वास्थ्य और सफाई पर इतना विशेष ध्यान हम दूसरे प्राचीन नगरों में नहीं पाते हैं। जगह-जगह पर कूड़ादान थे। मोहनजोदड़ो-दुर्ग में विशाल **सार्वजनिक स्नानागार** था, जो 180 फीट लम्बा तथा 108 फीट चौड़ा था। यह पकी ईंटों से बना था। इसके चारों ओर छोटे कमरे तथा तीन तरफ बरामदा और बड़ा कुआँ भी था। पानी निकालने तथा भरने की बड़ी नाली तथा एक स्नानघर था, जिसमें गर्म जल का प्रबन्ध था। यहाँ 230 × 78 फीट का एक सार्वजनिक भवन भी मिला है। खुदरा दुकानें, बाजार तथा गोदाम की भी व्यवस्था थी। नगर चारों तरफ से दीवारों से घिरा हुआ था।

सामाजिक दृष्टि से यहाँ के लोगों का जीवन-स्तर उच्च एवं समृद्ध था। गेहूँ, जौ, मटर, सरसों, तिल आदि बड़े पैमाने पर उत्पादित होते थे। बैल, भैंस, बकरी, कुत्ता, बिल्ली आदि पालतू जानवरों के अलावा गदहा, ऊँट, गैंडा, मुर्गा और हाथी से भी लोग परिचित थे। बाढ़ प्रतिवर्ष भूमि को उर्वरा करती थी। सिंचाई के लिए नहर आदि का प्रबन्ध हमें अन्य सभ्यताओं की तरह यहाँ नहीं मिलती; क्योंकि शायद इसकी आवश्यकता भी ज्यादा नहीं थी। **कपास** सर्वप्रथम यहीं उत्पादित हुआ। उद्योग-धन्धों के रूप में धातु-निर्माण, वस्त्र-निर्माण, आग में पकाई गई मिट्टी के बर्तन, मूर्ति तथा शृंगार-प्रसाधन का भी विकास इस समय हो चुका था। राजस्थान के **खेत्री** नामक स्थान में स्थित खान से ताँबा तथा अफगानिस्तान से टीन प्राप्त किया जाता था। भवन-निर्माण, नौका-निर्माण, आभूषण-निर्माण का कार्य यहाँ मुख्य था।

व्यापार सुमेर, अफगानिस्तान, मिस्र आदि से होता था। इसमें नाव तथा आधुनिक इक्के जैसे बैलगाड़ी का प्रयोग किया जाता था। वस्तु-विनिमय का प्रचलन था। व्यापार की विशालता उस सभ्यता की अमीरी को दर्शाती है। अफगान से स्वर्ण आदि आते थे। इन सारी व्यवस्था को देखकर हमें इसकी संगठित शासन-व्यवस्था के बारे में पता चलता है, लेकिन शासन-प्रणाली के बारे में लिखित सामग्री नहीं पढ़ पाने के कारण बता पाना मुश्किल है। राजप्रासाद आदि के न होने से राजतन्त्र का भी निश्चित प्रमाण नहीं मिलता है। मन्दिर आदि धार्मिक केन्द्र न मिलने के बावजूद एक पुरोहितवर्ग था। स्वास्थ्य- सफाई, नगर-निर्माण तथा प्रशासनिक व्यवस्था को देखते हुए ऐसा लगता है कि नगर का प्रशासन चलानेवाला कोई संगठन अवश्य रहा होगा। सम्भवतः नगर का प्रशासन व्यापारियों के द्वारा संचालित किया जाता होगा।

धार्मिक क्षेत्र में मातृदेवियों की प्रधानता थी। कई मूर्तियाँ स्त्रियों की प्राप्त हुई हैं। एक नारी-मूर्ति के गर्भ से पौधा प्रदर्शित है, जो धरती देवी का प्रतीक है। अन्य देवता में एक **पशुपति शिव** की मूर्ति मिली है, जिसमें चारों तरफ पशु विद्यमान हैं। इसके अलावा लिंगपूजा, नागपूजा प्रचलित थी। इस सभ्यता में वृक्षों तथा पशुओं की पूजा हम विशेष रूप में पाते हैं। ये सारी धार्मिक विशेषताएँ तथा तत्त्व आज भी भारतीय समाज में पाई जाती हैं। लिखने की कला इस समय विकसित हो चुकी थी।

यहाँ की जो मौलिक लिपि है, उसे पढ़ा नहीं जा सका है। माप-तौल के लिए विशिष्ट बटखरों, तराजू तथा मापकों का प्रयोग होता था। ये 16 से गुणज 16, 64, 160, 320, 640 आदि का अनुसरण करते थे, जो आज भी गाँवों में छटाँक, पाव और सेर के रूप में प्रचलित हैं। मिट्टी के बर्तन बनाने के लिए चाक का प्रयोग इसी काल से शुरू हुआ। इस काल के बर्तनों को काले और लाल रंगों से रँगा जाता था।

इस काल के लगभग 2000 मोहरें प्राप्त हुई हैं, जिन पर पशुओं की आकृति तथा लघुलेख उत्कीर्ण हैं। ये मुहरें मिट्टी, ताँबा, काँस्य, स्वर्ण आदि की हैं। इस काल में सूती, ऊनी एवं रेशमी वस्त्र का बड़े पैमाने पर उत्पादन तथा व्यापार होता था। शृंगार-प्रसाधन का सिन्धुकाल में काफी विकास हुआ था। यहाँ उबटन, काजल, कंघी, सुरमा, लिपिस्टिक, बाल सँवारने की अद्‌भुत कला तथा आभूषण के व्यापक प्रयोग पाते हैं। नृत्य, वाद्य, खेल-कूद, शिकार, शतरंज, खिलौने आदि से मनोरंजन होता था।

मृतक-संस्कार में लाश को गाड़ने, जलाने एवं खुले छोड़ने की प्रथा थी। इस काल में पाए गए तावीजों से पता चलता है कि भूत-प्रेत, जादू-टोना में लोगों का विश्वास था। पूर्णरूप से यह एक भारतीय सभ्यता थी। इस धनी सभ्यता का आज हमारे समाज पर व्यापक प्रभाव है।

5.17 सिन्धु सभ्यता का पतन

सिन्धुघाटी सभ्यता के नगरों की खोज और उनके उत्खनन के फलस्वरूप भारत के इतिहास के ई.पू. 3000 के आसपास से प्रारम्भ होने को स्वीकारना अनुचित प्रतीत नहीं होता। सिन्धुनगरों के बिखराव एवं पतन के लक्षण ई.पू. लगभग 2000 से दिखाई देने लगते हैं। इसी समय से वैदिक संस्कृति के लक्षण दिखाई देने लगते हैं। सिन्धुनगर ताम्रकालीन नागरिक सभ्यता के प्रतिनिधि थे। इस काल के नगरों के व्यापारिक सम्बन्ध उत्तर-पश्चिम भारत और विदेशों में पश्चिम एशिया से थे।

ऋग्वेद की संस्कृति यायावर कबीले की संस्कृति थी। ये लोग नगर-जीवन (नगरीय जीवन) से अपरिचित नहीं थे। यह कहना पुरातात्त्विक दृष्टिकोण से सही नहीं जान पड़ता कि प्रारम्भिक आर्यों ने उत्तर-पश्चिम भारत पर आक्रमण करके उसे जीत लिया। एक नगर के एक हिस्से से कुछ सामग्री मिली है, जिसे किसी विजय का परिणाम जाना जा सकता है, किन्तु जी.एफ. डेल्स (*न्यू इंवेस्टिगेशंस एंड मोहनजोदड़ो,* **आर्कलॉजी,** 1965, 18 (2), पृ. 18) इस प्रमाण को सन्देह के घेरे में रखते हैं। आर्य कबीलों के आने से पहले से ही आन्तरिक कारकों के फलस्वरूप सिन्धु नगरों का अपकर्ष शुरू हो गया था। मोहनजोदड़ो और हड़प्पा में 18वीं शताब्दी ई.पू. के अन्त में ही सामान्य नगरीय जीवन-क्रम भंग होने के स्पष्ट लक्षण दिखाई दे जाते हैं। निर्माण अब निर्धारित सीमा से बाहर भी होने लगा था। कुम्हारों के आवे मुख्य सड़कों पर भी प्रकट हो गए और विनिष्ट जल-निकासी नालियों की मरम्मत करनेवाले की अनुपस्थिति पाते हैं। बहुत से विशाल भवन या तो जर्जर हो गए अथवा अन्दर से अनगिनत छोटे-छोटे खंडों में बँट गए। शिल्पोत्पादन बिल्कुल घट गया। फलस्वरूप घरेलू और विदेशी व्यापार में भारी कमी आ गई। जमीन का बंजर (खारी) होना,

बाढ़, राजस्थान मरुस्थान का प्रसार और सिन्धु नदी की धारा का बदलना, इसके सम्भवतः मुख्य कारण थे। ऐसा ही ह्रास सिन्धुघाटी सभ्यता के पास के क्षेत्रों में भी देखने को मिलता है; जैसे—काठियावाड़ के समुद्री तट पर स्थित नगर, जिसकी समृद्धि का आधार विदेशों के साथ व्यापार था और जो केन्द्र पर कम निर्भर थे। काठियावाड़ के समुद्री तट पर स्थित नगरों का अस्तित्व मोहनजोदड़ो के अवसान के कोई हजार वर्ष बाद तक बना रहा।

ई.पू. 19वीं शताब्दी में लोथल का बिखराव प्रारम्भ होने के प्रमाण मिलते हैं और ई.पू. 17वीं शताब्दी आते-आते यह विशाल बन्दरगाह आन्तरिक संकट से बुरी तरह ग्रस्त हो गया तथा सिन्धुघाटी नगरों से इसके सम्बन्ध कमजोर होते-होते अन्त में टूट गए। काठियावाड़ में तथाकथित हड़प्पाकाल के बाद एक नया उत्तर-हड़प्पाकाल आता है, जिसमें स्थानीय संस्कृति कुछ हद तक अपरिवर्तित होती है, फिर भी वह विकास की दशा में अपना अस्तित्व बनाए हुए है। हड़प्पा-संस्कृति का ह्रास किसी भी प्रकार बाहरी आक्रमणकारियों के साथ सम्बद्ध नहीं है। ('आर्य आक्रमण' का सिद्धान्त सर्वप्रथम वी. गॉर्डन चाइल्ड ने प्रतिपादित किया *[न्यू लाइट ऑन दि मोस्ट एंशियेंट ईस्ट,* लंदन, 1934]। आगे चलकर **एम. व्हीलर** ने *[एंशियेंट इंडिया* खंड 3, 1947, पृ. 58-130] इस सिद्धान्त को और प्रभावी बनाने का प्रयास किया।) सम्भव है, सिन्धुघाटी में विकसित नगरों के अस्तित्व के अन्तिम चरण में कबीलों के आक्रमण हुए। बाद में चलकर यहाँ के नगरों की किलेबन्दी की गई। नगरवासियों तथा कबीलों के बीच हुए संघर्ष एवं मानव-अस्थियों के पुरातात्त्विक प्रमाण मिलते हैं। सिन्धुघाटी में प्रवेश करनेवाले कबीलों और ईरान के कबीलों से बहुत मिलते-जुलते कबीले भी थे। कुछ कबायली समूह संजातीय दृष्टि से हड़प्पाई लोगों से भिन्न नहीं थे और वे हड़प्पाई नगरों के एकदम पड़ोस में ही रहते थे। कभी-कभी तो किसी विशेष कबीले का निशान एक हड़प्पाई बस्ती में ही मिल पाते हैं, किन्तु इसी के साथ यह कहना भी उचित प्रतीत होता है कि हड़प्पा-सभ्यता के केन्द्रों के पतन में इन आक्रमणकारियों की भूमिका निश्चय ही काफी असरदार रही। इन आक्रमणकारी कबीलों में से कुछ को भारतीय आर्य-गण भी कहा जा सकता है।

सिन्धुघाटी के नगरों का ह्रास बड़े पैमाने पर भौगोलिक परिवेश में परिवर्तनों के फलस्वरूप हुआ। वनों की कटाई के कारण नदियों की धाराओं और मानसूनों की दिशा बदल गई थीं। प्रायः सूखा पड़ने लगा था और मिट्टी खारी (नमकीन) बनती जा रही थी। अनवरत् बाढ़ों से जूझना आसान नहीं था। सिन्धु नदी अपनी पहले की दिशा छोड़कर बाईं ओर मुड़कर बहने लगी थी। इसका तल अधिक गहरा और गति अति तीव्र को गई थी। अतः यह प्रपात जैसे उछलते-उफनते हुए बहने लगी थी।

अमेरिकी भू-विज्ञानी **आर.एस. राइक्स** ने बताया है कि एक अति भयंकर भूकम्प आया था, जिसका अधिकेन्द्र मोहनजोदड़ो से 140 किलोमीटर दक्षिण में था। इससे मोहनजोदड़ो और उसके निकटवर्ती बस्तियों में पूर्ण विनाश का माहौल बना।

मोहनजोदड़ो 5 बार से ज्यादा बाढ़ की चपेट में आया; फिर भी वह बार-बार पुनर्जीवित हुआ। अवशेष बताते हैं कि नगरवासियों ने बाँध, घेरा आदि बनाकर नगर को बचाए रखने का प्रयत्न किया। मोहनजोदड़ो में 20 मीटर चौड़ा और 10 मीटर से अधिक ऊँचा बाँध पाया गया है। वैज्ञानिकों का मत है कि यह बाढ़ 100 वर्षों से अधिक समय तक जारी

रही। सिन्धुघाटी के दक्षिण भाग में आई प्राकृतिक विपदाओं का यह दीर्घ सिलसिला सम्पूर्ण हड़प्पा-संस्कृति के लिए घातक रहा। जलस्तर बराबर ऊँचा होता गया; खेतों में खारा पानी इकट्ठा होता गया। सरस्वती नदी ने अपना मार्ग बदल दिया। इससे रेगिस्तान का फैलाव बढ़ा। सिन्धु-नगरों के पतन में इन कारणों को **ए.बी.एन. शर्मा** ('Decline of Harappan Cultures : A re-look'. *K.A.N. Shastri felicitation Volume*, Madras, 1971) महत्त्वपूर्ण मानते हैं। पुरावानस्पतिक (ecological) विश्लेषणों से भी जलवायु परिवर्तन यानी आर्द्र से शुष्क जलवायु परिवर्तन की पुष्टि होती है। इन सब कारणवश, केन्द्रीय सत्ता क्षीण होती गई, मार्गों का निर्माण रुक गया, व्यापार-सम्बन्ध टूट गए। एक जमाने से खुशहाल, मगर अब संकटग्रस्त नगरों के निवासी भुखमरी, अकाल और महामारियों के कारण दक्षिण-पूर्व में, काठियावाड़ में जाकर बसने को विवश हो गए। फिर आसपास के आश्रयहीन लोग वहाँ आते गए। पश्चिम भारत और भारतीय गंगा विभाजक (Indo-Gangetic Divide) में हाल में जो पुरातात्त्विक उत्खनन हुए हैं, उनसे उपलब्ध प्रमाण इस बात की ओर इंगित करते हैं कि सिन्धु सभ्यता बाद में चलकर भी किसी-न-किसी रूप में जीवित रही। शृंखला टूटी नहीं। उदाहरणार्थ, पश्चिम भारत में काली और लाल मिट्टीवाली संस्कृति और परवर्ती हड़प्पा-संस्कृति तथा भारतीय-गंगा विभाजक और गंगा-जमुना दोआब में गेरुआ रंग के मिट्टी की बर्तनोंवाली संस्कृति और चित्रित भूरे बर्तनोंवाली संस्कृति साथ-साथ मिलती है।

(प्राचीन विश्व की इस एक सबसे उन्नत सभ्यता पर अन्तिम प्रहार शक्तिशाली खानाबदोश कबीलों की घुसपैठों ने किया। इतनी अनुपम मानव-सभ्यता की जन्मस्थली का अस्तित्व इतिहास के लिए अपार महत्त्व रखनेवाला एक आश्चर्यजनक तथ्य है। किन्तु वे जीवन्त परम्पराएँ और वे सूत्र भी, जो आज के भारत को अतीत से जोड़ते, कोई कम आश्चर्यजनक और इतिहास के लिए कम महत्त्वपूर्ण नहीं हैं।)

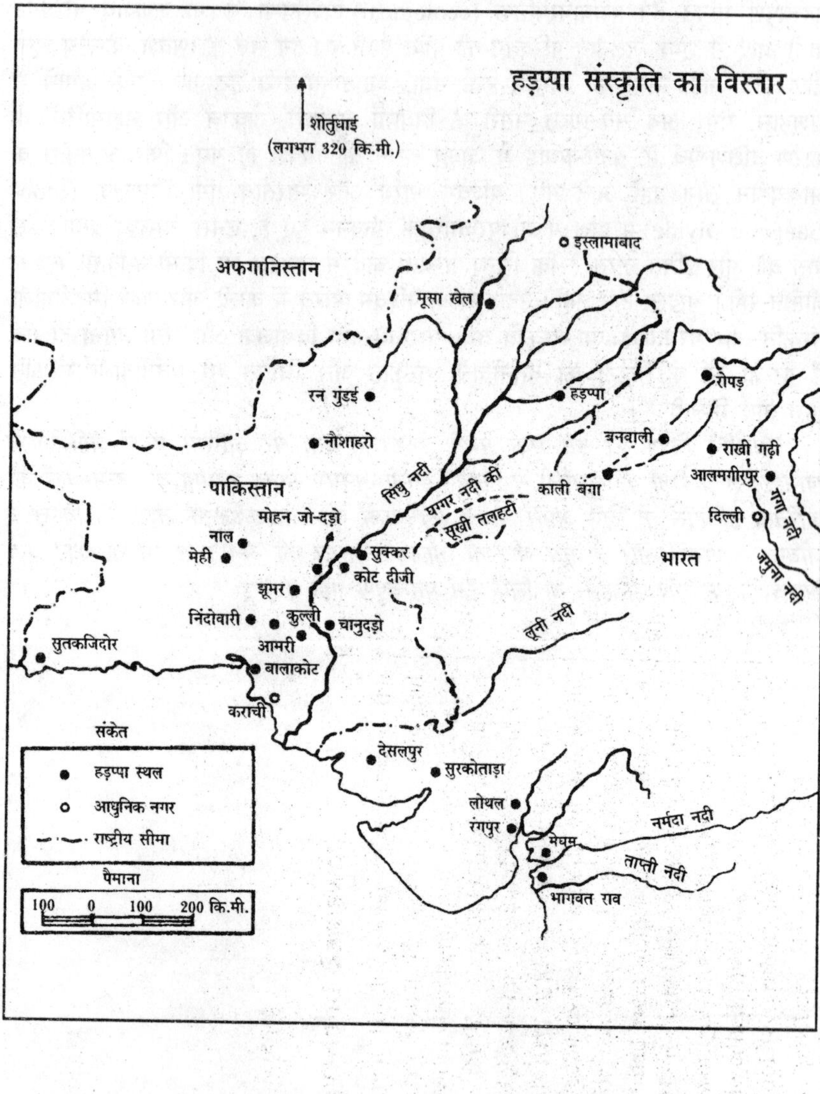

हड़प्पा संस्कृति का विस्तार
शोर्तुघाई
(लगभग 320 कि.मी.)
इस्लामाबाद
अफगानिस्तान
मूसा खेल
रन गुंडई
हड़प्पा
रोपड़
नौशाहरो
बनवाली
राखी गढ़ी
आलमगीरपुर
सिंधु नदी
घग्गर नदी की
सूखी तलहटी
काली बंगा
पाकिस्तान
दिल्ली
गंगा नदी
मोहन जो-दड़ो
नाल
मेही
सुक्कर
भारत
जमुना नदी
कोट दीजी
झूमर
निंदोवारी
कुल्ली
चानुदड़ो
लूनी नदी
सुतकजिदोर
आमरी
बालाकोट
कराची
संकेत
हड़प्पा स्थल
आधुनिक नगर
राष्ट्रीय सीमा
देसलपुर
सुरकोताड़ा
लोथल
रंगपुर
नर्मदा नदी
मेघम
ताप्ती नदी
भागवत राव
पैमाना
100 0 100 200 कि.मी.

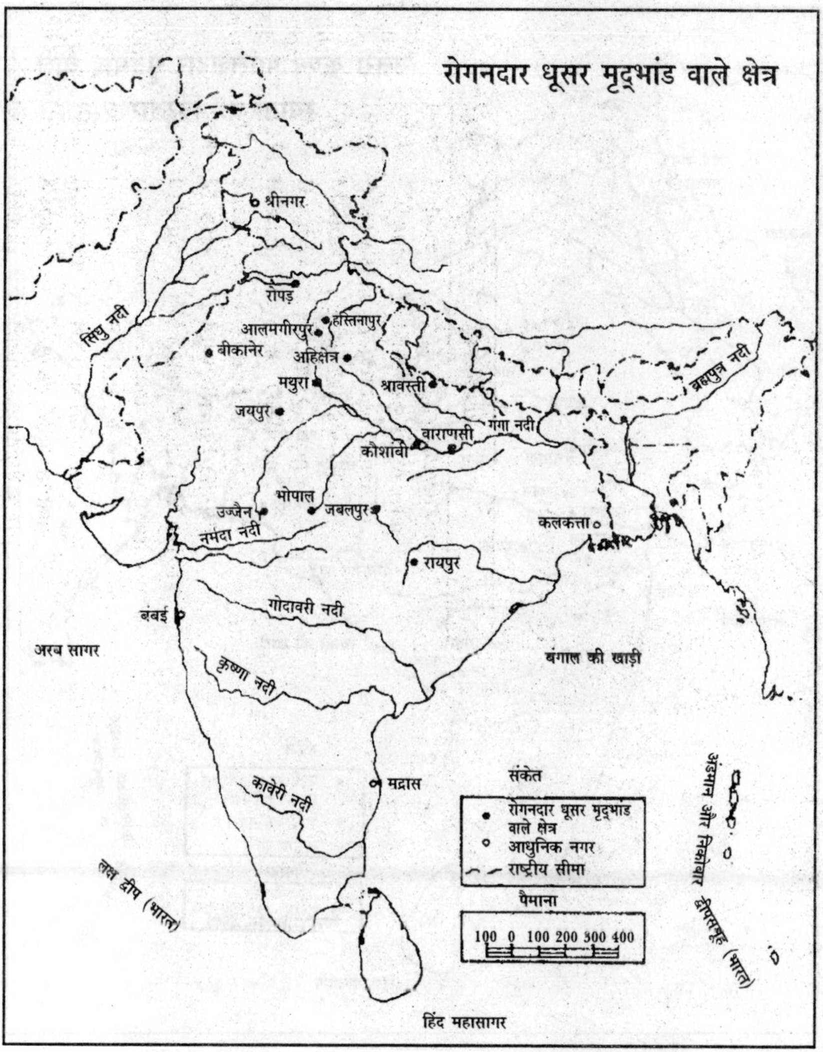
रोगनदार धूसर मृद्भांड वाले क्षेत्र
श्रीनगर
रोपड़
सिंधु नदी
हस्तिनापुर
आलमगीरपुर
बीकानेर
अहिक्षेत्र
मथुरा
श्रावस्ती
ब्रह्मपुत्र नदी
जयपुर
गंगा नदी
वाराणसी
कौशांबी
भोपाल
उज्जैन
जबलपुर
कलकत्ता
नर्मदा नदी
रायपुर
बंबई
गोदावरी नदी
अरब सागर
बंगाल की खाड़ी
कृष्णा नदी
मद्रास
कावेरी नदी
संकेत
रोगनदार धूसर मृद्भांड वाले क्षेत्र
आधुनिक नगर
राष्ट्रीय सीमा
पैमाना
100 0 100 200 300 400
लक्ष द्वीप (भारत)
अंडमान और निकोबार द्वीपसमूह (भारत)
हिंद महासागर

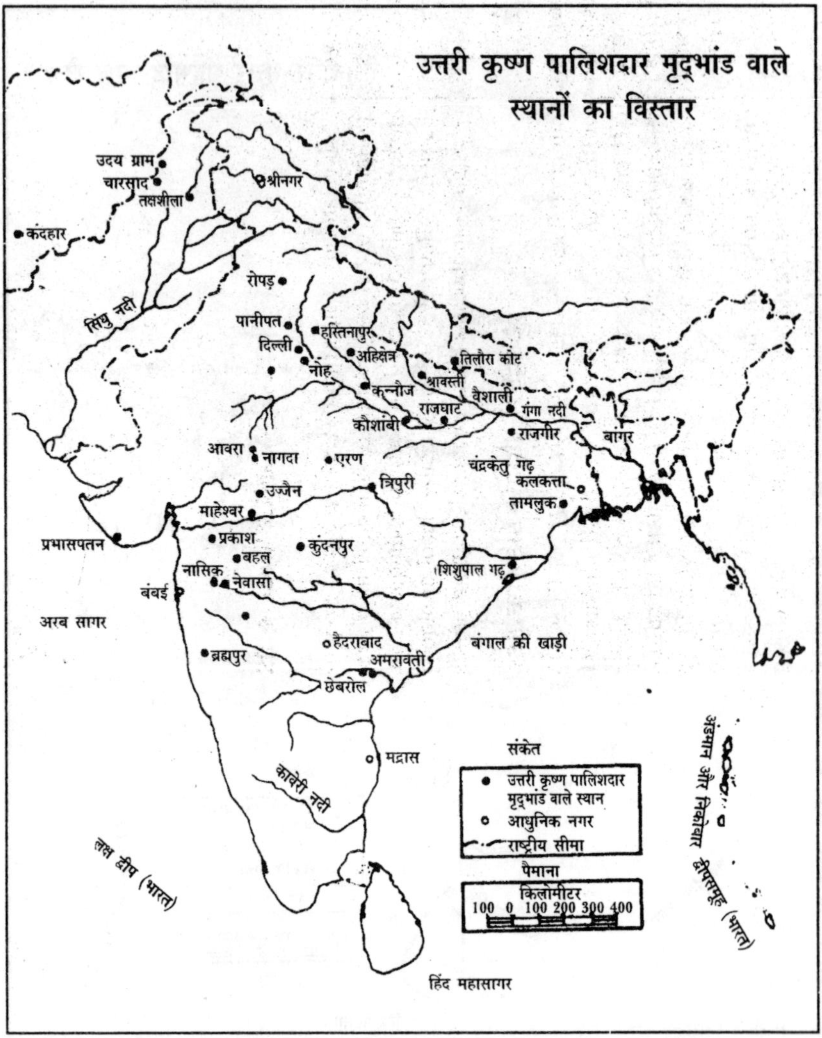

उत्तरी कृष्ण पालिशदार मृद्भांड वाले स्थानों का विस्तार

6

ऋग्वैदिककाल

(लगभग 1500-1000 ई.पू.)

6.1 आर्य कौन

आर्यों के मूल स्थान को लेकर विद्वानों में इतने मत-मतान्तर हैं कि सामान्य निष्कर्ष पर पहुँचना आसान नहीं लगता। आर्य शब्द का अर्थ श्रेष्ठ, धर्मात्मा एवं उत्तम पुरुष होता है। भारत में इन्होंने काले और ठिगने द्रविड़ों की तुलना में अपने आपको श्रेष्ठ समझा। अंग्रेज, जर्मन और फ्रांसीसी, ईरानी और भारतीय भाषाओं में समानता दिखाई देती है। पितृ और मातृ (संस्कृत), पिदर और मादर (फारस), पेटर और माटर (लैटिन), फादर और मदर (अंग्रेजी)—ऐसे शब्दों से पता चलता है कि आर्यों का फैलाव एशिया और योरोप तक था।

आर्यों के मूल निवास पर विद्वानों के बीच एक मत नहीं है। मैक्समूलर ने आर्यों को मध्य एशिया का बताया है। लोकमान्य बाल गंगाधर तिलक ने आर्यों का मूल स्थान उत्तरी ध्रुव प्रदेश माना है। अविनाश चन्द्र ने आर्यों को पंजाब का माना है। स्वामी दयानन्द सरस्वती आर्यों को तिब्बत का बताया है। रामशरण शर्मा ने अपनी पुस्तक *आर्यों की खोज* में उन्हें विदेशी मूल का बताया है। आर.एन. नन्दी आर्यों को एशिया मूल का मानते हैं। उनका निवास स्थान मुख्यतः अफगानिस्तान से लेकर गंगाघाटी तक था। आर्यों की प्रारम्भिक गतिविधियाँ प्रधान रूप में चूँकि *ऋग्वेद* से होती है, अतः इसे ऋग्वैदिककाल या पूर्व-वैदिककाल कहते हैं।

घोड़े और संस्कृत से आर्यों ने भारत को परिचित कराया। ऋग्वैदिककाल के प्रारम्भिक चरण में आर्य घुमन्तू जीवन व्यतीत करते थे किन्तु पशुपालन और कृषि ने उन्हें स्थायी रूप से बसने का अनुकूल माहौल प्रदान किया।

6.2 राजनीतिक जीवन

आर्यलोग जनों में विभक्त थे। इनमें पाँच मुख्य थे—**अनु, द्रुह्य, यदु, पुरु** तथा **तुर्वस**। इन्हें **पञ्चजन** कहा जाता था। राजनीतिक संगठन की सबसे छोटी इकाई **कुल** अथवा परिवार था। इसका स्वामी पिता अथवा बड़ा भाई होता था, जिसे **कुलप** कहा जाता था। कई कुलों को मिलाकर **ग्राम** बनता था, जिसका प्रमुख **ग्रामणी** कहलाता था। वह नागरिक तथा सैनिक दोनों प्रकार के काम किया करता था। ग्राम आत्मनिर्भर होते थे। इनकी सुरक्षा के

लिए ऊँचे टीले पर दुर्ग का निर्माण किया जाता था। कई ग्रामों को मिलाकर **विश** का निर्माण किया जाता था। इसका प्रधान **विश्वपति** कहलाता था। ऐसे कई विश मिलकर एक **जन** का निर्माण करते थे, जिसका प्रधान **जनपति** या **राजा** कहलाता था। देश या राज्य के लिए **राष्ट्र** शब्द का प्रयोग हुआ है, लेकिन यह राज्य प्रभुतासम्पन्न नहीं होता था।

जन परस्पर युद्ध किया करते थे। इन युद्धों में एक का वर्णन *ऋग्वेद* में किया गया है। यह युद्ध दस जनों के एक संघ तथा भरतों के राजा सुदास के बीच हुआ था। इस दस जनों तथा उपरोक्त पाँच जनों के अतिरिक्त **अनिल, पक्थ, भलानस, शिव** और **विषाणिन** जन थे। इनके पुरोहित विश्वामित्र थे, जबकि सुदास के पुरोहित वशिष्ठ थे। इन दोनों के बीच युद्ध पश्चिमोत्तर प्रदेश में बसे हुए पूर्वकालीन जन तथा ब्रह्मावर्त के उत्तरकालीन आर्यों के उत्तराधिकार के प्रश्न पर हुआ था। इस युद्ध में भरतजन के स्वामी सुदास ने रावी नदी के तट पर दस सम्मिलित राजाओं को पराजित कर दिया था। वह सर्वोपरि सम्राट बना तथा उसी भरतजन के नाम पर हमारे देश का नाम भारत रखा गया।

ऋग्वैदिककाल में सामान्यतः राजतन्त्र का प्रचलन था। राजन् शब्द का उल्लेख अनेक स्थानों पर हुआ है। राजा को जन का रक्षक **(गोप्ता जनस्य)** तथा दुर्गों का भेदन करनेवाला **(पुराभेत्ता)** कहा गया है। युद्ध के कारण जाति के नेतृत्व के लिए राजसंस्था का जन्म हुआ। इस समय राज्य बहुत छोटे-छोटे होते थे। एक राज्य में सामान्यतः एक ही जन के लोग रहते थे। राजा स्वयं युद्ध का नेतृत्व करता था। बाद के समय में राजा के लिए **सम्राट** शब्द का प्रयोग किया जाने लगा था। इससे पता चलता है कि राजपद अत्यन्त गौरवशाली एवं प्रतिष्ठित समझा जाता था। राजा एक भव्य एवं विशाल भवन में निवास करता था। प्रारम्भ में राजा की नियुक्ति राज्य की प्रजा उसकी योग्यता के आधार पर करती थी। बाद में चलकर यह आनुवंशिक हो गया। राजा का मुख्य कर्तव्य प्रजा की सेवा तथा रक्षा करना था। इसके बदले प्रजा उसे उपहारादि देती थी। *ऋग्वेद* में वर्णित **बलि** शब्द का प्रयोग भेंट तथा देवता को चढ़ावा के अर्थ में किया गया है। जन लोग राजा को स्वेच्छा से कर प्रदान करते थे, किन्तु विजित लोगों से अनिवार्य रूप से कर लिया जाता था। राजा भूमि का स्वामी नहीं होता था। राजा के वैधानिक तथा न्यायिक कार्यों के विषय में *ऋग्वेद* से कोई सूचना नहीं मिलती है।

राजा पर अंकुश के लिए सभा तथा समिति नामक दो संस्थाएँ होती थीं। सभा कुलीन अथवा बुजुर्गों की संस्था थी। इसके विपरीत समिति सर्वसाधारण की सभा होती थी, जिसमें जनों के सभी व्यक्ति अथवा परिवार के प्रमुख व्यक्ति भाग लेते थे। इन दोनों संस्थाओं का शासन पर महत्त्वपूर्ण प्रभाव होता था। राजा के अभिषेक के लिए भी इसकी सम्मति आवश्यक समझी जाती थी।

ऋग्वेद में पुरोहित, सेनानी तथा ग्रामणी इन तीनों अधिकारियों का उल्लेख मिलता है। युद्ध के समय पुरोहित राजा के साथ जाता था और युद्ध में विजय के लिए देवता से प्रार्थना करता था। शिक्षक, पथ-प्रदर्शक तथा मित्र के रूप में वह राजा का साथी होता था। *ऋग्वेद* में विश्वामित्र तथा वशिष्ठ जैसे पुरोहितों का वर्णन आया है। इनका आम समाज में तथा राजा के सामने बड़ा आदरपूर्ण स्थान था। सेनानी राजा के आदेशानुसार युद्ध करते थे। शान्तिकाल में सम्भवतः उसे नागरिक कार्यों को भी करना पड़ता था। **ग्रामणी** प्रशासनिक तथा सैनिक कार्यों के लिए ग्राम का नेता होता था। वह ग्रामीण लोगों के हितों का प्रतिनिधित्व करता था।

गुप्तचर तथा दूत नामक कर्मचारी का भी उल्लेख मिलता है, जिनका उपयोग राजा किया करता था।

ऋग्वैदिककाल की विधि तथा न्याय व्यवस्था के विषय में कुछ ज्ञात नहीं है। न्याय-कार्य का सम्पादन सम्भवतः पुरोहित की सहायता से राजा स्वयं ही करता होगा। चोरी, बेईमानी, धोखाधड़ी आदि अपराधों के उदाहरण मिलते हैं। मृत्यु-दंड की प्रथा नहीं थी। शारीरिक दंड तथा जुर्माने के उदाहरण मिलते हैं। हत्या करने के अपराध में धनदान द्वारा मुक्त होने की प्रथा थी। एक व्यक्ति को **शतदाय** कहा गया है; क्योंकि उसके जान की कीमत सौ गायें थीं। अपराधी को खूँटे से बाँधे जाने का भी उल्लेख मिलता है।

6.3 सामाजिक जीवन

ऋग्वैदिक समाज का आधार परिवार था। परिवार पितृसत्तात्मक था। परिवार का बड़ा व्यक्ति या पिता स्वामी होता था। इस व्यक्ति को विशेषाधिकार प्राप्त थे। वह परिवार के सदस्यों को कठोर-से-कठोर सजा दे सकता था। इसके कुछ उदाहरण ऋग्वेद में मिलते हैं, किन्तु ये अपवादस्वरूप हैं। पिता परिवार के सभी सदस्यों के सुख-दुख का ख्याल रखता था। राज्य परिवार के जीवन में हस्तक्षेप नहीं करता था। इस समय संयुक्त परिवार की प्रथा प्रचलित थी।

वर्ण-व्यवस्था—ऋग्वैदिक समाज वर्ग-भेद से रहित था। जन के सभी सदस्यों की सामाजिक प्रतिष्ठा समान थी। जन के निर्माण के पूर्व लोगों को **अर्य, कृष्टि** अथवा **चर्षणि** कहा जाता था। जब आर्य संचरणशील थे, तो उन्हें **चर्षणि** तथा जब वे कर्षणशील बने तब उनके लिए **कृष्टि** शब्द का प्रयोग होने लगा। *ऋग्वेद* में वर्ण का अर्थ रंग तथा कहीं-कहीं व्यवसाय के लिए भी प्रयुक्त हुआ है। आर्य लोग गौरवर्ण के थे। प्रारम्भिक दौर में आर्य-समाज तीन वर्णों में विभाजित था—ब्रह्म, क्षत्र तथा विश। जब आर्य भारत आए, तब उन्होंने अनार्यों से रक्षा के लिए अपने उत्साही लोगों का एक अलग दल बनाया, जो **क्षत्र** कहलाए। क्षत्र का अर्थ है हानि से रक्षा करनेवाला। इसी प्रकार यज्ञों को सम्पादित करनेवाले लोगों को **ब्रह्म** कहा जाने लगा। यह विद्वान तथा गुणवान लोगों का वर्ग था। शेष लोगों को **विश** कहा गया। विश शब्द का उल्लेख विविध अर्थों; जैसे—जनजातीय समुदाय, सन्निवेश, मनुष्यों के समूह, सामान्य प्रजा आदि में ही किया गया है। इस समय वर्ण-व्यवस्था में कठोरता नहीं थी। एक ही परिवार के लोग ब्रह्म, क्षत्र तथा विश हो सकते थे।

जब आर्यों ने अनार्यों को पराजित किया, तब उन्हें भी अपने सामाजिक संगठन में स्थान दिया और इससे समाज में नए वर्ण का उदय हुआ। ये **शूद्र** कहलाए। वस्तुतः शूद्र वर्ण में आर्य तथा अनार्य दोनों लोग शामिल थे। सामाजिक तथा आर्थिक विषमताओं के फलस्वरूप दोनों ही वर्णों में श्रमिक वर्ग का उदय हुआ। बाद में सभी श्रमिकों के लिए सामान्य संज्ञा शूद्र हो गई। इस समय की वर्ग-व्यवस्था में जटिलता नहीं आई थी और वर्ण जन्मगत न होकर व्यवसाय पर आधारित था। व्यवसाय आनुवंशिक नहीं थे। वर्ण-व्यवस्था में जो संकीर्णता कालान्तर में देखने को मिलती है, उससे ऋग्वैदिक समाज अछूता था।

विवाह तथा स्त्रियों की दशा—ऋग्वैदिक समाज में विवाह एक पवित्र बन्धन था। *शतपथ ब्राह्मण* में पत्नी को पति की अर्द्धांगिनी कहा गया है। पत्नी को भी यज्ञ में भाग लेने

का अधिकार था। समाज में एकपत्नीत्व का ही प्रचलन था। लेकिन कुलीन वर्ग के लोग एक से अधिक पत्नियाँ भी रखते थे। विवाह के समय कन्या की इच्छा का सम्मान किया जाता था। अन्तर्जातीय विवाह प्रचलित था, लेकिन आर्यवर्ण का दासवर्ण के साथ विवाह निषिद्ध था। विवाहोपरान्त कन्या की विदाई के समय उपहारस्वरूप वस्तुएँ दी जाती थीं। इनके लिए **वहतु** शब्द का प्रयोग किया गया है। विधिवत् सम्पन्न हुए विवाह को पत्नी तथा पति किसी प्रकार से समाप्त नहीं कर सकते थे। पुत्र की प्राप्ति के लिए ईश्वर से प्रार्थना की जाती थी। पुत्रविहीन व्यक्ति को समाज में घृणा से देखा जाता था। पुत्र ही पिता का अंत्येष्टि संस्कार सम्पन्न कर सकता था तथा उसी से वंशपरम्परा चलती थी। सती-प्रथा का प्रचलन नहीं था। नियोग-प्रथा के प्रचलन का संकेत मिलता है। इसके अन्तर्गत पुत्रविहीन स्त्री अपने पति की इच्छा से पुत्रप्राप्ति के निमित्त किसी गैर-पुरुष के साथ शारीरिक सम्बन्ध स्थापित कर सकती थी।

समाज में स्त्रियों की दशा अच्छी थी। पर्दा प्रथा का प्रचलन नहीं था। उनकी शिक्षा-दीक्षा की समुचित व्यवस्था थी। *ऋग्वेद* में **घोषा, लोपा, मुद्रा, विश्ववारा** आदि स्त्रियों के नाम आए हैं, जो पर्याप्त शिक्षिता थीं तथा जिन्होंने कुछ मन्त्रों की रचना भी की थी। स्त्रियों के सामाजिक, आर्थिक अधिकार पुरुषों जैसे ही थे, फिर भी उन्हें निम्न दो अधिकारों से ऋग्वैदिक समाज वंचित रखता था—

(1) वे राजनीति में भाग नहीं ले सकती थीं।

(2) वे सम्पत्ति की स्वामी नहीं बन सकती थीं।

भोजन तथा वस्त्र—आर्य शाकाहारी एवं मांसाहारी दोनों प्रकार के भोजन करते थे। भोजन में दूध, दही, घी आदि का विशेष महत्त्व था। *ऋग्वेद* में अनेक स्थानों पर इन सभी का उल्लेख आया है। जौ के सत्तू को दही में मिलाकर **करंभ** नामक खाद्य-पदार्थ बनाया जाता था। भोजन को मीठा करने के लिए मधु का प्रयोग किया जाता था। मधु देवताओं पर भी चढ़ाया जाता था। *ऋग्वेद* में नमक का प्रयोग नहीं मिलता है।

आर्य भेड़, बकरी आदि पशुओं के मांस खाते थे। गाय के लिए **अघन्या** शब्द का प्रयोग हुआ है। इससे गाय की आर्थिक महत्ता सूचित होती है; क्योंकि गाय ही विनिमय का माध्यम थी। सोम तथा सुरा आर्यों के मुख्य पेय-पदार्थ थे। सोम मजबन्त पर्वत से प्राप्त होता था। एक स्थान पर कण्व ऋषि यह दावा करते हैं कि सोमरस पीने के बाद उन्होंने अमरत्व प्राप्त किया तथा देवताओं को जान लिया। सोम की गणना क्रोध, घूत, अज्ञान आदि अनिष्टकारी वस्तुओं के साथ की गई है। इसे निन्दनीय तथा त्याज्य बताया गया है।

आर्यों के वस्त्र सूत, ऊन तथा मृगचर्म से बनाए जाते थे। प्रायः भेड़ का ऊन ही प्रयुक्त होता था। गान्धार प्रदेश की भेड़ प्रसिद्ध थी। वस्त्र तीन प्रकार के होते थे—

(1) नीवी—जो कमर के नीचे पहना जाता था।

(2) वासस्—जो कमर के ऊपर पहना जाता था।

(3) अधिवासम—ऊपर धारण किया जानेवाला चादर या ओढ़नी किस्म का वस्त्र था।

लोग वस्त्र बुनने तथा सीने की कला से परिचित थे। कभी-कभी वस्त्रों पर सोने के तारों से कढ़ाई के भी उल्लेख मिलते हैं। स्त्री-पुरुष दोनों ही पगड़ी धारण करते थे। आभूषण दोनों ही को प्रिय थे। कानों में कर्णफूल, गले में निष्क (सोने का सिक्का) की

माला, हाथों में कड़े, पैरों में खड्डुए, छाती पर सुनहले पदक तथा गले में हार आदि आभूषण पहने जाते थे।

6.4 आर्थिक जीवन

कृषि एवं पशुपालन–आर्यों की संस्कृति मूलतः ग्रामीण थी। आर्थिक जीवन का मूलाधार कृषि एवं पशुपालन था। कृषियोग्य भूमि को **उर्वरा** अथवा **क्षेत्र** कहा जाता था। *ऋग्वेद* में **फाल** तथा **अर** का उल्लेख आया है। खेत को हल-बैल की सहायता से जुताई कर बीज बोया जाता था। कटाई, बुआई, मड़ाई आदि प्रचलित थे। फसलों को काटने के लिए हँसिया का प्रयोग किया जाता था। खेतों की सिंचाई के मूल साधन नहर, कूप आदि थे। चक्र की सहायता से कूप से पानी निकालकर नालियों के माध्यम से खेतों तक पहुँचाया जाता था। उत्पन्न होनेवाले अन्नों में **यव** तथा **धान्य** का उल्लेख हुआ है। परन्तु इनके अर्थ स्पष्ट नहीं हैं। बाद में इसका अर्थ क्रमशः जौ तथा चावल के लिए लगाया गया, जबकि ऋग्वैदिक आर्य चावल से परिचित नहीं थे।

आर्य लोग खेती के साथ-साथ पशुपालन भी करते थे। मूलतः गाय विनिमय का माध्यम होती थी। गाय को देवता के रूप में कल्पित किया गया है। इसे **अष्टकर्णी** भी कहा गया है। अन्य पशुओं में बैल, घोड़ा, भेड़, बकरी, गधा तथा कुत्ता प्रमुख थे। बैलों की सहायता से खेतों की जुताई की जाती थी। घोड़ा आर्यों का प्रिय पशु था, जिसकी सहायता से इन्होंने युद्धों में विजय प्राप्त की थी। आर.एस. शर्मा का मत है कि ऋग्वैदिक लोग मूलतः पशुपालक थे, क्योंकि *ऋग्वेद* के 10462 मन्त्रों में केवल 24 में ही कृषि का उल्लेख होता है।

व्यवसाय एवं उद्योग-धन्धे–ऋग्वैदिक समाज के व्यवसाय आनुवंशिक नहीं थे। शूद्र वर्ण को छोड़कर तीनों शेष वर्ण कोई भी व्यवसाय अपना सकते थे। ऋग्वैदिक कृष्टि वर्ग में अनेक क्षत्रिय वर्ग के थे। यहाँ तक कि कभी-कभी ब्राह्मण भी धन उधार देने का कार्य करते थे।

इन चार वर्णों के अतिरिक्त **तक्षा** (बढ़ई), **कर्मा** (धातु कर्म करनेवाले), **स्वर्णकार, चर्मकार, वाय** (जुलाहे) आदि के व्यवसाय की भी चर्चा मिलती हैं। बढ़ई सम्भवतः शिल्पियों का मुखिया होता था। यह सभी प्रकार की लकड़ी की वस्तुओं, विशेषकर रथ का निर्माण करता था। इसका सामाजिक जीवन में अधिक महत्त्व था।

कुछ लोग धातु को गलाकर उससे घरेलू आवश्यकता की वस्तुओं का निर्माण करते थे। **अयस** नामक धातु का उल्लेख अनेक स्थानों पर मिलता है। इसका सम्बन्ध कुछ विद्वानों ने ताँबा, काँसा या लोहा से बतलाया है, किन्तु ऋग्वैदिक लोग लोहे से परिचित नहीं थे। कताई-बुनाई का कार्य स्त्री-पुरुष दोनों ही करते थे। सूत, रेशम तथा ऊन से वस्त्र बनाए जाते थे। गान्धार प्रदेश की भेड़ें अपने चिकने ऊन के लिए सर्वत्र विख्यात थीं। बैल आदि पशुओं के चमड़े से कोड़े, लगाम, डोरी, थैले आदि बनाए जाते थे। इनके अतिरिक्त वैद्य, नर्तक-नर्तकी, नाई **(वाप्तृ)** तथा सुरा बेचनेवालों का भी अलग वर्ग था। ऋग्वैदिक समाज में कोई भी व्यवसायी तुच्छ नहीं माना जाता था। सभी की अपनी सामाजिक प्रतिष्ठा थी।

व्यापार एवं वाणिज्य–व्यापार-वाणिज्य प्रधानतः **पणि** वर्ग के लोग करते थे। इसका उल्लेख *ऋग्वेद* के कई स्थानों पर हुआ है। **जिमर** तथा **लुडविग** इस शब्द का अर्थ व्यापारी बतलाते हैं। इनके पास अपनी जान-माल की रक्षा के निमित्त सेना होती थी। पणि वर्ग अपनी कृपणता के लिए प्रसिद्ध थे। वे अधिक ब्याज पर ऋण दिया करते थे। उन्हें **बेकनार** (सूदखोर) कहा गया है। व्यापार विनिमय प्रणाली पर आधारित था। विनिमय के माध्यम के रूप में **निष्क** का उल्लेख आया है। सम्भवतः प्रारम्भ में हीरे जैसा कोई स्वर्णाभूषण या वस्तु बाद में सिक्के के रूप में प्रयोग किया जाने लगा। कपड़ा, चादर तथा चमड़े का व्यापार होता था। व्यापारी मुख्यतया रथों एवं बैलगाड़ियों का प्रयोग व्यापार के लिए करते थे। *ऋग्वेद* में **समुद्र** शब्द आया है। कुछ विद्वानों के मतानुसार, *ऋग्वेद* में समुद्र का प्रयोग निश्चित रूप से सागर के लिए हुआ है। सम्भवतः समुद्र से भी व्यापार होता था।

6.5 ऋग्वैदिककाल की विशेषताएँ

ऋग्वैदिक संस्कृति (1500-1000 ई.पू.) की जानकारी *ऋग्वेद* से होती है। सामाजिक दृष्टि से शुरू के कुछ सौ वर्षों में इस काल के निवासी निश्चित भोजन के अभाव में घुम्मकड़ जीवन व्यतीत करते थे। वर्ग-विभाजन नहीं था। पुरोहित, क्षत्रिय, वैश्य और शूद्र की चर्चा दसवें मंडल के पुरुष सूक्त में है, जिसका अधिकांश भाग उत्तर-वैदिककाल का है। आर्य और अनार्य का सामाजिक विभाजन सम्भवतः था, लेकिन इसकी स्थिति भी प्रथम चरण में परिपक्व नहीं थी। तत्कालीन समाज का मुख्य काम भोजन की तलाश करना था, जिसमें स्थायित्व का अभाव था। बाद के शताब्दियों में अर्थात् लगभग ई.पू. 1300-1200 से वर्ण-अस्तित्व की बात सोची जा सकती है। व्यवसाय की बात भी इसी समय से सोची जा सकती है, जो पैतृक नहीं थे। परिवार की जानकारी मिलती है, जिसमें माता-पिता और पुत्र के अलावा अन्य सदस्य भी होते थे। माता-पिता के साथ पुत्र नहीं भी रहते थे। विवाह प्रथा समाज में विकसित हो चुकी थी। भाई-बहन के बीच शादी की प्रथा की जानकारी मिलती है। शुरू में सामाजिक जागरूकता के अभाव का यह लक्षण है। व्यक्तिविशेष की शादी के लिए कन्या-विशेष की बात नहीं थी। एक परिवार की चर्चा है, जिसमें पिता को वैद्य और माँ को आटा पीसनेवाली बताया गया है।

आर्यों और अनार्यों के बीच रंग के आधार पर सैद्धान्तिक अन्तर बना रहे, इसके लिए वर्ण या रंग पर काफी ध्यान रखा जाता था। वास्तविक स्थिति यह थी कि आर्य अपने साथ स्त्रियों और बच्चों को लेकर प्रायः नहीं आए थे; फिर भी उनकी आबादी बढ़ती रही।

कबीलाई समाज झुंडों में रहता था और भोजन की तलाश स्त्री-पुरुष समान रूप से करते थे। कबीलाई समाज में स्त्रियों की प्रधानता थी; क्योंकि बच्चा माँ को पहचानता था, न कि पिता को। इस स्थिति में स्त्रियों को भी वह आय का हिस्सा देता था। इस काल में आपसी युद्ध का वातावरण सदा बने रहने के कारण पुरुषों की ही प्रधानता थी। लोगों की सामान्य आयु 25 से 40 वर्षों के बीच होती थी। भोजन का अभाव हमेशा बना रहता था और स्त्रियों के बीच पर्दा प्रथा सम्भव नहीं थी। शक्तियों की आराधना में पुरुषों के साथ

स्त्रियाँ भी भाग लेती थीं। **सोमरस** का पान स्त्रियाँ भी करती थीं। ऋग्वैदिककाल के अन्तिम चरण में स्त्रियों का आदर होने लगा था। इसकी तुलना अग्नि और उषा से की गई है। कुछ ऋचा स्त्रियों को आनन्द का केन्द्र बताते हैं। पति की तलाश स्त्रियाँ स्वयं भी कर सकती थीं। विधवा-विवाह प्रथा नहीं थी, पर पुनर्विवाह की प्रथा थी। शिक्षित स्त्रियों की भी चर्चा मिलती है। अनेक कारणों से स्त्रियों पर पुरुषों का नियन्त्रण था।

ऋग्वैदिक आर्य स्थायी जीवन नहीं व्यतीत करते थे। अगर शिकार से काफी दिनों तक भोजन मिलने की सुविधा किसी एक स्थान पर रही, तो कुछ आर्य झोंपड़ीनुमा मकान बना लेते थे, जिसमें पशु, स्त्री, पुरुष और बच्चे एक साथ रहते थे। चारों कोने पर लकड़ी का खम्भा गाड़कर घर बनाया जाता था। विकसित घरों में रोशनी, भोजन बनाने, ठंड से बचने तथा आहुति देने के लिए एक अग्निकुंड बना होता था। मकान की दीवार भूसा, सरकंडा और मिट्टी से बनता था। आज की झोंपड़ी की छत के जैसा ही बाँस के खपचियों से छत बनती थी और दरवाजा एक पल्ले का होता था। अधिकांश आर्य ठंड से बचने के लिए कन्दराओं में रहते थे। परिवार के लिए गृह शब्द का प्रयोग कई बार हुआ है।

आर्थिक अवस्था का मुख्य आधार युद्ध, शिकार और पशुपालन था। व्यवसाय भी विकसित होने लगे थे। एक-एक युद्ध में 10 से 30 कबीले तक भाग लेते थे। आर्यों और अनार्यों (जो आर्य नहीं अर्थात् मूल निवासी) के बीच बराबर लड़ाई का वातावरण बना रहता था। आर्यों के बीच भी आपसी युद्ध होते थे। युद्ध प्रायः पशुओं के लिए होता था। सर्वप्रमुख पशु गाय थी, जिसे विनिमय के माध्यम के रूप में प्रयोग किया जाता था। आहार के रूप में सत्तू और दही के अलावा बकरे, भेड़, घोड़े आदि के मांस खाए जाते थे। मांस को मछली से श्रेष्ठ माना जाता था। पशुओं का बड़े पैमाने पर हरण करनेवाला दल **पणि** कहलाता था, जिसमें आर्य और अनार्य दोनों होते थे। छठा मंडल बताता है कि अनेक देवताओं या शक्तियों का जन्म गायों की कोख से हुआ है। प्रारम्भिक मंडलों में गौ शब्द की चर्चा करीब 190 बार हुई है। धनी व्यक्ति **गोमट** कहलाता था। पुत्री **दुहिता** कहलाती थी। भैंस को आर्यों ने **गोवाला** कहा है।

ऋग्वेद के मात्र 24 अर्थात् लगभग दो प्रतिशत ऋचाओं में **कृषि** शब्द की चर्चा है। सिंचाई की चर्चा उन मंडलों में है, जो उत्तर-वैदिककाल के बताए गए हैं। **यव** का अर्थ कई प्रकार का अनाज था। झूम पद्धति से कृषि का अनुमान किया जा सकता है। ई.पू. लगभग 1200 से पूर्व कृषि-औजार की जानकारी नहीं मिलती। ताँबा एवं काँसे का प्रयोग सिन्धुघाटी काल के पश्चात् ई.पू. 1100 में पुनः शुरू हुआ। लकड़ी के फाल और मिट्टी के बर्तन के अवशेष भी इसी समय से मिलने लगते हैं।

स्थायी जीवन के अभाव में **राजनीतिक संगठन** का विकास प्रारम्भ में नहीं हो पाया था। ऋग्वैदिककाल के अन्तिम चरण में शिकार, पशुपालन एवं नाममात्र की कृषि के सहयोग से स्थायी रूप से बसने का वातावरण कुछ आर्यों के लिए तैयार हुआ। जागरूकता भी आई और सम्पत्ति के प्रति आकर्षण बढ़ा। युद्ध का वातावरण था और कबीलों के नेताओं द्वारा राजनीतिक दाँव-पेंच चलाया जाता था। **नेता, मुखिया** या **राजन्य** को अपनी सुविधा का विशेष ध्यान रहता था। इन्हें कबीलाई लोगों को सुरक्षा देने के एवज में **भेंट** या **बलि** प्राप्त होता था। मुखिया को ठोस लाभ युद्ध की लूट-खसोट से होती थी।

ई.पू. लगभग 1200 से पूर्व **ग्रामसभा, समिति** एवं **विदथ** जैसे राजनीतिक संस्थाओं का विकास सम्भव नहीं लगता।

सर्वाधिक आयुवाला या अद्भुत वीरता प्रदर्शित करनेवाले व्यक्ति को **राजन्य** या **सरदार** बनाया जाता था। सरदार का मुख्य काम गायों की रक्षा करना था और वह **गोप** या **गोपति** भी कहलाता था। अधिकांश लड़ाइयाँ गायों के लिए होती थीं। **सरदार** या **राजन्य** या **गोपति** या **मुखिया** का जीवन-स्तर बिल्कुल साधारण स्तर का होता था। प्रशासनिक कार्यों में सरदार **पुरोहितों** से भी राय लेता था।

कृषियोग्य भूमि इस काल के अन्तिम चरण में उपलब्ध हुई होगी। परिवार अथवा कुल का मुखिया **कुलक,** गोचर भूमि का अधिकारी **व्राजपति** और लड़ाकू लोगों के समूह का नेता **ग्रामणी** कहलाता था। गाँवों का विकास जब स्थायी रूप से होने लगा, तो **ग्रामणी** ही **मुखिया** कहलाने लगा। उसका पद व्राजपति के समान महत्त्वपूर्ण था।

मुखिया के पास स्थायी सेना नहीं होती थी। स्थानीय नौजवान युद्ध के वातावरण में लड़ते और फिर भोजन के साधन प्राप्त करने में जुट जाते थे।

कुल या **गोत्र** से व्यक्ति की पहचान होती थी। कबीला के लिए **जन** शब्द का प्रयोग 275 बार हुआ है। 170 बार **विश** शब्द की चर्चा मिलती है। कबीला को विश कहते हैं। ग्राम नामक छोटी-छोटी इकाइयों में विश बँटा था। एक ग्राम जब दूसरे ग्राम से लड़ता, तो उसे संग्राम कहा जाता था। बाद में संग्राम शब्द युद्ध का पर्यायवाची हो गया।

शक्ति आराधना या देवता का महत्त्व था। आर्यों ने उसे देवता माना, जिससे भौतिक सुख मिलता था। सूर्य का उदय या अस्त, रात्रि में चाँद का दिखाई देना, वर्षा का प्रारम्भ, बादलों की गड़गड़ाहट, नदियों, पर्वतों आदि को देख आर्यों को रहस्यमय शक्ति का आभास होता था। तर्क के अभाव ने रहस्यवादी धर्म को जन्म दिया। इन्द्र को युद्धदेव माना गया। वृत्त पर इन्द्र की जीत का वर्णन है। इस सर्वाधिक शक्तिशाली देवता की स्तुति में 250 सूक्त हैं। **अग्नि** से ठंड और भयंकर पशु भागते थे, रोशनी मिलती तथा भोजन बनाने और जंगल जलाने में सहायता मिलती थी, अतः इसे देवता माना गया। इसकी स्तुति में 200 सूक्त हैं। देवता तक सन्देश पहुँचाने का माध्यम **अग्नि** को माना जाता था। **वरुण** जल का देवता था, जो जलोदर रोग द्वारा पापियों को दंड देता था। वनस्पति का देवता **सोम** और तूफान का देवता **मरुत** था। उषाकाल का प्रतिनिधित्व करनेवाली देवी **उषस्** थी। **अदिति** नामक देवी की भी चर्चा है। युद्ध के वातावरण के कारण पुरुषप्रधान समाज में इन दोनों देवियों का महत्त्व देवताओं के समान नहीं था। अलग-अलग कबीले का अलग-अलग देवता होता था। जादू और तन्त्र-मन्त्र का प्रभाव नहीं था। भोजन, धन, पशु, पुत्र, दीर्घायु और स्वास्थ्य के लिए देवी-देवताओं की आराधना की जाती थी।

इस तरह ई.पू. 1500 में विकसित वैदिक संस्कृति से ई.पू. 7वीं शताब्दी तक का समाज प्रत्यक्ष रूप से और आज का समाज अप्रत्यक्ष रूप से प्रभावित है। ऋग्वैदिककाल की सम्पूर्ण 600 वर्षों की स्थिति एकसमान नहीं रही। अनुमानतः प्रारम्भिक दो-तीन सौ वर्षों में जो बातें पाई गईं, उनमें अन्तिम वर्षों में काफी परिवर्तन हुए। ये ही परिवर्तन उत्तर-वैदिककालीन नवीन सामाजिक परिवर्तन में प्रमुख सहयोगी रहे।

6.6 ऋग्वैदिक राजनीतिक प्रणाली में प्रजातान्त्रिक तत्त्व

ऋग्वैदिककाल (लगभग 1500-1000 ई.पू.) के दौरान विदथ, सभा और समिति में जनतान्त्रिक तत्त्व देखे जा सकते हैं। विदथ में एकत्र लोग गणों में विद्यमान अग्नि की आभा और मारुतों के ओज प्रशस्ति गाते हैं *(ऋग्वेद* 3.24)। गण का स्वरूप जनजातीय था। विदथ के विचार-विमर्श में बड़े-बूढ़ों को महत्त्व दिया जाता था। आदिम सभाओं में ऐसा प्रचलन सामान्य था। विदथ में बुलाए गए लोगों को उस अवसर पर उपस्थित रहने को कहा गया है, जब प्रतिदिन जो कुछ भी उत्पादित किया जाता और उसका वितरण होता था *(ऋग्वेद,* II.1.4)। एक व्यक्ति द्वारा शिकार से पाए गए भोजन में पड़ोसी भी हिस्सा बँटाते थे। इस समय तक राज्यशक्ति की ऐसी स्थापना नहीं हुई थी, जिससे लोग कर के रूप में अपनी उपज का कुछ हिस्सा राज्य को दें।

अग्नि, जिसे अक्सर पुरोहित कहा गया है, विदथ में निर्वाचित होता था। एक अवतरण के अनुसार, यज्ञ करानेवाला पुरोहित यज्ञस्थल पर छोटे-बड़े सभी के द्वारा समान रूप से निर्वाचित होता था *(ऋग्वेद* X.91.8)। एक अन्य अवतरण में कहा गया है कि व्यवस्थापक लोग यज्ञ-सभाओं में अग्नि का वरण (निर्वाचन) पुरोहित के रूप में करते थे *(ऋग्वेद,* X.91.9)। एक दूसरे अवतरण से ध्वनि निकलती है कि लोगों की सहमति से अग्नि पुरोहित चुना जाता था। इसमें यह घोषणा है कि देवों और मनुष्यों ने अग्नि को अपना प्रधान समर्थक बनाया है *(ऋग्वेद,* X.92.2)। अतः अग्नि, जो प्रधान पुरोहित है, विदथ में वरण (निर्वाचित) किया जाता था।

धार्मिक जीवन में भी मिल-जुलकर जनजातीय रूप से काम करने की जानकारी होती है। *ऋग्वेद* के मंडल 2 से मंडल 9 तक में ऐसी अनेक ऋचाएँ हैं, जिनमें उपासक सामूहिक रूप से देवताओं की स्तुति करते हैं। यज्ञ का स्वरूप जनजातीय होता था। एक ऋचा के अनुसार, लोग यज्ञ के सूचक (अग्नि) को प्रदीप्त करते हैं और मानवजाति पवित्र अनुष्ठान में अग्नि को आमन्त्रित करती है। *(ऋग्वेद,* VI.2.3)। एक अन्य ऋचा में वर्णन है कि इन्द्र के प्रियजन उन्हें बलि अर्पित करते हैं और उसके मित्र हैं *(ऋग्वेद,* VII.20.8)। विदथ का प्रचलन तब था, जब आर्य अधिकांशतः पशुपालन, आखेट और युद्ध में पाए गए लूट के माल के द्वारा अपना जीवनयापन करते थे। विदथ-प्रणाली की आधारशिला सहकारिता की भावना थी।

सभा के जनजातीय स्वरूप को सिद्ध करनेवाले अधिक साक्ष्य उपलब्ध नहीं हैं। इसमें उच्च सामाजिक दर्जेवाले लोगों की उपस्थिति का आभास मिलता है। **सभा** का मूल जनजातीय स्वरूप ऋग्वैदिककाल में ही क्षीण पड़ने लगा। जब सामाजिक वर्ग विकसित अवस्था में नहीं थे, अमीर-गरीब का भेदभाव नहीं था और राजपद में स्थायित्व नहीं आया था, तब शायद यह जनजातीय सभा रही होगी। लेकिन ज्यों-ज्यों आर्थिक असमानता बढ़ती गई और सामाजिक वर्ग विकसित होते गए, त्यों त्यों राजा की प्रधानता उभरती गई। **सभा** का उपयोग सामूहिक नृत्य, संगीत आदि क्रीड़ाओं के स्थल के रूप में भी किया जाता था। चरागाहों से सम्बन्धित मामलों पर भी इसमें विचार-विमर्श होता था। सामान्य विचार-विमर्श और निर्णय करने के उद्देश्य से होनेवाली बैठकों की अपेक्षा न्याय करने के लिए **सभा** की बैठकें ज्यादा होती थीं।

समिति ऐसी जनसभा थी, जिसमें जनजाति के लोग जमा होकर अपना कामकाज करते थे। महिलाएँ इसमें विशेष रूप से सम्मिलित होती थीं। समिति द्वारा राजा निर्वाचित और पुनर्निर्वाचित होता था। *ऋग्वेद* (X. 166.4) में संकेत है कि राजपद कोई प्रभावशाली प्रत्याशी समिति के विरोध के बावजूद अपनी इच्छा की पूर्ति की कामना कर रहा है।

('आर्य आक्रमण' का सिद्धान्त सर्वप्रथम वी. गॉर्डन चाइल्ड (*New Light on the most Ancient East,* London, 1934) ने प्रतिपादित किया और आगे चलकर एम. व्हीलर (*Ancient India,* part 3, 1947, PP. 58-130) ने इस सिद्धान्त को और प्रभावी बनाने का प्रयास किया।)

6.7 सभा एवं समिति

सभा के संगठन के विषय में पूर्ण प्रामाणिक सामग्री का अभाव है। *ऋग्वेद* (3.167.1) के अनुसार, सभा का शाब्दिक अर्थ भासित अथवा प्रकाशित होता है। अतः वैदिक सभा का अर्थ तेजस्वी अथवा विशिष्ट पुरुषों की बैठक अथवा उनके एकत्र होने का स्थान है। सभा की सदस्यता की प्राप्ति हेतु कुछ विशिष्ट गुणों एवं योग्यताओं को धारण करना आवश्यक था। इसके लिए **लोकोपकारी कार्य** सम्पन्न कर यश की प्राप्ति कर लेना आवश्यक था। "जो पुरुष श्रद्धा-भक्ति के साथ सोम की उपासना करता है, सोम उस भक्त के लिए दूध देनेवाली गाय, द्रुतगामी अश्व, कर्तव्यपरायण, गृहसत्कार-कार्य में कुशल, पितृभक्त, विदथ की सदस्यता योग्य और सभा का सदस्य बनने योग्य पुत्र प्रदान करता है।" (*ऋग्वेद* 20.91.1)। सभा की सदस्यता की प्राप्ति के लिए दूसरी योग्यता भ्रदभाषी होना था (6.28.6)। भद्रभाषी का तात्पर्य यह था कि जिस पुरुष की वाणी प्राणीमात्र के कल्याण हेतु वचन बोलने में निरन्तर रत रहती थी। सभा की सदस्यता के लिए तीसरी योग्यता **बृहद्वाणी** थी। वृहद्वाणी का तात्पर्य गम्भीर, ओजपूर्ण, स्पष्ट एवं सारयुक्त वचन से था। वाणी के इन गुणों से शून्य होने पर पुरुष सभा का सदस्य बनने के योग्य नहीं रहता था। सभा की सदस्यता प्राप्ति के लिए चौथा गुण **यथार्थवादी** होना निर्धारित था।

ऋग्वेद के अलावा *अथर्ववेद* में सभा के सदस्यों की योग्यताएँ निर्धारित की गई हैं। *अथर्ववेद* (3.13.7) के अनुसार, 'वैदिक' सभा की सदस्यता की प्राप्ति हेतु प्रत्याशी वर्चस्वी तथा ज्ञानवान् और इन्द्र की विभूतियों को धारण करनेवाला होना चाहिए। निर्भीकता, वीरता, पराक्रमशीलता, विद्वता आदि जो गुण इन्द्र में माने गए हैं, वे सभी गुण वैदिक सभा के सदस्यों में होना आवश्यक था। *अथर्ववेद* (56.1.13) में कहा गया है कि सभा के सदस्य को सत्यवादी तथा न्यायपरायण होना चाहिए। इस वेद में सभा के सदस्य को पिता कहा गया है अर्थात् उसमें पिता के गुण हों।

सभा का प्रधान कार्य **धर्म-निर्णय** था। मनुष्य किसी विशेष कार्य अथवा आचरण करने से किस प्रकार तथा कितनी मात्रा में कर्तव्य-भ्रष्ट, धर्मच्युत हुआ है और तदनुसार उसे किस प्रकार और किस मात्रा में दंड मिलना चाहिए, इसका निर्णय करना सभा का प्रधान कार्य था। मनुष्य न्याय पाने के लिए धर्म के संरक्षण में जाता था। सभा में उस व्यक्ति को शरण मिलती थी जिसके जीवन, सम्पत्ति, स्वतन्त्रता, सम्मान तथा प्रतिष्ठा आदि पर आक्रमण होता

था। सभा एक प्रकार का न्यायालय थी। वैदिक आर्यों के दैनिक जीवन में समय-समय पर उपस्थित होनेवाली महत्त्वपूर्ण समस्याओं की गुत्थियों को सुलझाना भी सम्भवतः सभा का कार्य था।

अथर्ववेद (1.13.7) में बताया गया है कि सभा के सदस्यों को पूर्ण ध्यान देकर किसी निर्णय पर पहुँचना चाहिए। किसी एक विषय पर सभा के सदस्यों के विचार भिन्न-भिन्न हो सकते थे। इस स्थिति में प्रयास किया जाता था कि सभी सदस्य एक ही निर्णय पर पहुँचे। अगर ऐसा नहीं हो पाता, तो बहुमत का निर्णय लिया जाता था। सर्वसम्मति के आधार पर दिए गए निर्णय प्रशंसनीय माने जाते थे। जिस समय सभा का कोई सदस्य प्रस्तुत विषय पर सभा में बोलता था, उस अवधि में सभा के दूसरे सदस्यों को बोलने का अधिकार नहीं था। सभा की कार्यवाही सभापति के नियन्त्रण में सम्पन्न होती थी।

सभा के सदस्य **सभासद** कहलाते थे। अतियोग्य सभासद को विशेष कार्य सौंपे जाते थे। सभा की एक उपसमिति होती थी, जिसका कार्य न्याय की स्थापना करना था।

सभा के समान **समिति** वैदिक आर्यों की मुख्य संस्था थी। 'सम्' और 'इति' के मेल से समिति शब्द बना है, जिसका अर्थ एकत्र होता है। समिति एक सार्वजनिक संस्था थी, जिसमें राज्य के लगभग सभी वयस्क निवासी एकत्र होकर सार्वजनिक सम्बन्धी समस्याओं का समाधान मिल-जुलकर कर लेने के अधिकारी थे। सभा की अपेक्षा समिति ज्यादा उदार थी।

समिति का अध्यक्ष **समितिपति** कहा जाता था, जिसकी अध्यक्षता में बैठकें होती थीं। समिति का सदस्य **सामित्य** कहलाता था। वैदिक आर्यों के सार्वजनिक जीवन से सम्बन्धित समस्याएँ उनके द्वारा समाधान हेतु समिति के समक्ष प्रस्तुत की जाती थी। वाद-विवाद होते थे और गहराई से सोचने के बाद ही समिति द्वारा अन्तिम निर्णय दिया जाता था। वाद-विवाद कभी-कभी उग्र रूप धारण कर लेते थे और मन्त्रों का उच्चारण जोर-जोर से होने लगता था। अतः समिति का प्रयास यही रहता था कि निर्णय पर सदस्य एकमत रहें। *ऋग्वेद* और *अथर्ववेद* में समिति से सम्बन्धित इन बातों का वर्णन है। *यजुर्वेद* (58.12) में समिति की अप्रत्यक्ष चर्चा है।

वैदिकयुग में सार्वजनिक समस्याओं के समाधान हेतु समिति के सदस्यों के मन, उनके व्रत और उनके चित्त में एकता तथा समता रहने की आवश्यकता बतलाई गई है। समिति में वैदिक आर्यों की जीवन सम्बन्धी सामूहिक एवं सार्वजनिक समस्याओं पर गम्भीर विचार किया जाता था। समिति द्वारा दिए गए अन्तिम निर्णय को यथासम्भव कार्यान्वित किया जाता था। समिति के सदस्यों में सुमति रहे, इस पर विशेष ध्यान दिया जाता था। इन तथ्यों का समर्थन *यजुर्वेद* के अलावा *अथर्ववेद* ने भी किया है।

वैदिक संहिताओं में इस तथ्य की ओर संकेत किया गया है कि वैदिक आर्य एकत्र होकर अपने राजा का वरण करते थे। *ऋग्वेद* (1.171.10) और *अथर्ववेद* (1.87.6) में कहा गया है—हे भावी राजन! आर्य राजपद पर प्रतिष्ठित हो जा! तू राष्ट्र से भ्रष्ट न हो। आर्य जनता (विशः) राजा का वरण करती है। इस तरह समिति का एक प्रधान कार्य राष्ट्रवासियों के लिए राजा का वरण करना था।

वेदों में कुछ प्रसंग ऐसे भी हैं, जिनमें निष्कासित राजा की पुनःस्थापना हेतु व्यवस्था की गई है। *ऋग्वेद* (5.71.7) के एक मन्त्र में इस ओर स्पष्ट संकेत किया गया है। *अथर्ववेद*

(3, 4, 5.3.3) में कुछ ऐसे मन्त्र हैं, जिनमें राजपद पर निष्कासित राजा की पुनःस्थापना हेतु प्रार्थना की गई है। इन प्रकरणों से यह स्पष्ट हो जाता है कि समिति निष्कासित राजा की पुनःस्थापना करने की अधिकारिणी होती थी। इससे यह भी सिद्ध होता है कि समिति वैदिक आर्यों की प्रभुता-सम्पन्न (Sovereign) संस्था थी।

राज्य की नीति का निर्धारण करना समिति का प्रधान कर्तव्य था। राष्ट्रवासियों के कल्याण हेतु प्रस्तुत की गई योजनाओं पर गम्भीर एवं विवेचनात्मक प्रणाली द्वारा विचार करना और इन्हें स्वीकार अथवा अस्वीकार करना समिति के अधिकार-क्षेत्र की परिधि में था।

सभा और समिति के संगठन एवं कार्यों के उपर्युक्त वर्णन से ऐसा लगता है मानो ऋग्वैदिककाल के प्रारम्भिक चरण में ही समाज स्थायी रूप में जीवन-व्यतीत करते हुए आर्थिक रूप से काफी उन्नतशील हो चुका था। सामाजिक और आर्थिक स्थिति से ऋग्वैदिककाल इतना विकसित हो चुका था कि व्यवस्थित जिन्दगी व्यतीत करने के लिए उसने **सभा** और **समिति** जैसी राजनीतिक संगठनों का निर्माण कर लिया था क्योंकि हम जानते हैं कि ऋग्वैदिककाल के प्रारम्भिक चरण में कृषि के अभाव में स्थायी जीवन-व्यतीत करना और मकानों में रहना सम्भव नहीं था। ज्यादातर लोग स्थायी भोजन के अभाव में घुमन्तू जीवन व्यतीत करते थे। भोजन में सदा अनिश्चितता की स्थिति बनी रहती थी। इस स्थिति में एक स्त्री को पत्नी बनाकर स्थायी रूप से रखना और परिवार को विकसित करना मुश्किल था। अतः इस माहौल में **सभा** और **समिति** जैसी महत्त्वपूर्ण राजनीतिक संगठनों का होना कैसे सम्भव होगा?

निष्कर्षतः हम कह सकते हैं कि ऋग्वैदिककाल के अन्तिम चरण में कुछ लोग पशुपालन द्वारा स्थायी जीवन-व्यतीत करने लगे थे और इन्हीं के प्रयास से **सभा** और **समिति** का विकास हुआ था। इन राजनीतिक संगठनों का महत्त्व उत्तर-वैदिककाल के प्रथमार्द्ध में ही कम होने लगा, क्योंकि कृषि में विकास होने लगा और राजा की शक्ति बढ़ी।

7

उत्तर-वैदिककाल

(लगभग 1000-600 ई.पू.)

7.1 स्रोत

उत्तर-वैदिककाल में आबादी बढ़ने और तकनीकी विकास के कारण आर्यों का विस्तार आधुनिक बिहार के उत्तर हिस्से तक हो चुका था। इस तथ्य की जानकारी *ऋग्वेद* के अलावा *अथर्ववेद, सामवेद* और *यजुर्वेद* से होती है। अथर्ववेद का अर्थ एम. विंटर निट्ज *(प्राचीन भारतीय साहित्य का इतिहास,* दिल्ली, 1975 पृ. 89) ने 'जादू-टोने के मन्त्रों का वेद' बतलाया है। *अथर्ववेद* के लिए प्राचीनतम शब्द है अथर्वागेरसः अर्थात् 'अथर्वनजन'। अथर्वन के समान ही ऑगेरस शब्द का अर्थ भी जादू के मन्त्र तथा जादू-टोना हो गया। अथर्वन पवित्र जादू है, जो मंगल और कल्याण देनेवाला है; जबकि ऑगेरस जादू के मन्त्रों में शत्रुओं, प्रतिद्वन्द्वियों तथा हानिकारक जादू करनेवालों के विरुद्ध अभिशाप इत्यादि है। इस प्रकार, इस प्राचीन नाम अथर्वागेरसः का अर्थ हुआ कि इन दोनों प्रकारों के जादू मन्त्र। ये ही *अथर्ववेद* के मुख्य विषय-वस्तु हैं। इन तथ्यों को **ब्लूमफील्ड, जे.बी. ग्रोहमैन, मैकडॉनल** और **कीथ** आदि विद्वानों ने भी स्वीकारा है। इस संहिता में 20 अध्याय 731 सूक्तों में बँटे हैं, जिसमें 6 हजार मन्त्र हैं। इस संहिता का सप्तम अंश *ऋग्वेद* से लिया गया है।

सामवेद-संहिता के सम्बन्ध में **एम. विंटर निट्ज** *(वही,* पृ. 121) का मत है कि इसकी अनेक संहिताएँ थीं, जिनमें से आज भी 3 संहिताएँ उपलब्ध हैं। सबसे अधिक प्रचलित कौथुल-सम्प्रदाय की *सामवेद संहिता* है, जिनमें ये मन्त्र प्रायः *ऋग्वेद* से लिए गए हैं। सम्भवतः 1549 मन्त्रों में से 75 मन्त्रों को छोड़कर शेष सभी *ऋग्वेद* के आठवें और नवें मंडल से लिए गए हैं। अधिकांश मन्त्र दो छन्दों—गायत्री तथा प्रगाथ (गायत्री और जगती का सम्मिश्रण) में है। गायन के दृष्टिकोण से ही ये लिखे गए हैं। इस संहिता को दो भागों—पूर्वार्धिक और उत्तरार्धिक में बाँटा गया है। पूर्वार्धिक में 185 ऋचाएँ हैं। उत्तरार्धिक में 4 सौ स्तोत्र हैं, जिनमें से 287 गीत 3-3 मन्त्रों के हैं, 66 दो के, 13 एक के, 10 छह के, 9 चार के, 1 पाँच के, 2 सात के, 2 बारह के तथा 1 आठ का है। सामन शब्द का प्रयोग उस पाठ्य के लिए किया जाता है, जो गाने के लिए तैयार किया गया है। वैदिक धर्मशास्त्रियों के अनुसार, राग और ऋचा का पारम्परिक सम्बन्ध यह है कि राग मन्त्र से निकला है और ऋचा योनि (गर्भ) से, जिससे कि राग का जन्म हुआ है। ऐसा अनुमान किया जा सकता है कि *सामवेद* के मन्त्रों

को रागों में उत्सवों के अवसरों पर गाया जाता था। भारतीय यज्ञ तथा जादू-टोने की चर्चा इसमें नहीं के बराबर है।

यजुर्वेद : अब तक *यजुर्वेद* की 5 संहिताएँ तथा सम्प्रदाय ज्ञात हैं--1. काठक संहिता (कंठ सम्प्रदाय से सम्बद्ध), 2. कपिष्ठल-कंठ संहिता (इसकी पांडुलिपि के कुछ ही पन्ने उपलब्ध हैं), 3. मैत्रायणी संहिता (मैत्रायणी शाखा से सम्बद्ध), 4. तैत्तिरीय संहिता (इसे आपस्तम्ब संहिता भी कहते हैं) और 5. वाजसनेयि संहिता अथवा शुक्ल यजुर्वेद। याज्ञवल्क्य वाजसनेय को इस संहिता का मुख्य अध्यापक माना गया है। इस संहिता की दो शाखाएँ हैं--काण्व और माध्यन्तिन। इन दोनों में नाममात्र ही अन्तर है।

कई शताब्दियों के बाद विकसित तन्त्र-साहित्य में रहस्यमय अक्षरों या शब्दों का प्रयोग बहुत प्रचलित हो गया। यहाँ तक कि कई स्थानों पर कई-कई पृष्ठ ऐसी निरर्थक ध्वनियों से भरे पड़े हैं--'उम्', 'आम', 'रीम्', 'अम्', 'एम्', 'क्रोम', 'फट', 'अन' इत्यादि। प्राचीनकाल में मन्त्र शब्द का मूल अर्थ था--वैदिक संहिताओं के छन्दस या प्रार्थनाएँ (ऋक तथा यजु)। परवर्ती काल में मन्त्र का अर्थ सिर्फ जादू-टोना का मन्त्र रह गया। *यजुर्वेद* में ही हम स्पष्ट रूप से यह देख सकते हैं कि 'प्रार्थना' का अर्थ बदलकर जादू-टोना का 'मन्त्र' हो गया है। वस्तुतः, *यजुर्वेद* में ये दो अर्थ कहीं भी अलग-अलग प्रतीत नहीं होते।

साहित्यिक दृष्टि से *यजुर्वेद संहिता* का अध्ययन कितना ही उबा देनेवाला क्यों न हो, परन्तु भारतीय धर्म का वस्तुतः सामान्य रूप से धर्म विज्ञान के अध्ययन की दृष्टि से इसका महत्त्व काफी है। धर्म के इतिहास में 'प्रार्थना' के उद्भव, विकास और महत्त्व की खोज के लिए *यजुर्वेद* का अध्ययन अनिवार्य है। *यजुर्वेद* के बिना हम ब्राह्मण-साहित्य और ब्राह्मण-साहित्य के बिना उपनिषदों को नहीं समझ सकते।

ऐतरेय ब्राह्मण, कौषीतकि, तैत्तिरीय ब्राह्मण, शतपथ-ब्राह्मण आदि से भी इस काल की जानकारी होती है।

खुदाई से प्राप्त लगभग 500 बस्तियों के अवशेष इस काल के मिले हैं। इन बस्तियों से बड़े पैमाने पर चित्रित एवं भूरे रंग के मिट्टी के बर्तन मिले हैं और इसलिए इन्हें चित्रित धूसर भांडवाले स्थल कहते हैं। पुरातात्त्विक सामग्रियों के अध्ययन से पता चलता है कि लोहे का प्रयोग इस काल में होने लगा था। हस्तिनापुर में 10वीं सदी से छठी सदी ई.पू. के स्तरों के बीच जो खुदाई हुई है, उससे गाँव का अस्तित्व और नगरीय जीवन के प्रारम्भिक विकास की जानकारी होती है।

ऋग्वैदिककाल के समान उत्तर-वैदिककाल के सम्पूर्ण काल के मानव का जीवन-स्तर एक जैसा हम नहीं पाते हैं। उत्तर-वैदिककाल के प्रथम 2-3 सौ वर्षों के काल का मुख्य केन्द्र आधुनिक दिल्ली और उत्तर प्रदेश का पश्चिमी भाग ही रहा, क्योंकि खुदाई से अधिकांश जानकारी इसी क्षेत्र में मिली है। उत्तर-वैदिककाल का दूसरा चरण, जिसकी शुरुआत हम सम्भवतः ई.पू. 8वीं सदी से कर सकते हैं, में पाते हैं कि आर्यों का विस्तार सम्पूर्ण उत्तर प्रदेश और उत्तरी बिहार तक हो चुका था। इसी प्रकार उत्तर-वैदिककाल-विभाजन के आधार पर सम्भवतः यह मानकर चलना पड़ेगा कि प्रथम चरण (लगभग 1000-800 ई.पू. तक) की तुलना में विकास की प्रक्रिया दूसरे चरण (लगभग 800-600 ई.पू. तक) में काफी तेज हो गई। इस दूसरे चरण में बड़े पैमाने पर आर्थिक एवं राजनीतिक गतिविधियाँ दिखाई पड़ती हैं। दूसरे

शब्दों में, हम कह सकते हैं कि ऋग्वैदिककाल के पश्चात् 500 वर्षों के इतिहास की जानकारी जिन स्रोतों के आधार पर होती है, उससे पता चलता है कि उत्तर-वैदिककाल एक ऐसा चरण था जिसमें आर्थिक, राजनीतिक, सामाजिक आदि दृष्टिकोण से काफी तेज गति से परिवर्तन हो रहा था। इस काल में छोटे-छोटे राज्यों को मिलाकर बड़े राज्यों की स्थापना का भी वातावरण तैयार हो गया था।

7.2 आर्थिक स्थिति

आर्थिक दृष्टिकोण से ऋग्वैदिककाल का घुमन्तू-जीवन स्थायी व्यवस्था की ओर अग्रसर हो रहा था।

तकनीकी विकास को आधार मानकर पाते हैं कि लौह-युग का आरम्भ इसी समय हुआ। इससे पूर्व ताँबा और टीन को मिलाकर काँसा बनाया जाता था। इस काल में लोहा के लिए स्याम्अयस् या कृष्णअयस् शब्द मिलता है। 9वीं सदी ई.पू. में उत्तर प्रदेश के कुछ भागों में लोहे के फलक मिले हैं, जिनका प्रयोग सम्भवतः तीर और भाला के रूप में दुश्मनों के विरुद्ध होता था। उत्तरी गंगाघाटी के आसपास स्थित जंगलों को लोहे की कुल्हाड़ी और आग से साफ किया गया था। मकान बनाने के लिए लकड़ी का इस काल में काफी महत्त्व था। उत्तर प्रदेश के पश्चिमी भागों में ई.पू. 7वीं सदी में अनेक प्रकार के लोहे के औजार मिले। इससे तकनीकी विकास की जानकारी होती है। आरम्भिक चरण में लोहे का प्रयोग लड़ाई के लिए और बाद में कृषि एवं अन्य उत्पादन-कार्यों में होने लगा।

लोहे के औजार का प्रयोग कृषि में बड़े पैमाने पर होने का प्रमाण नहीं मिल पाया है, लेकिन इतना निश्चित है कि इस काल में जीविका का मुख्य साधन कृषि हो गया था। इस काल के लोग 4 प्रकार के बर्तनों—काले, लाल, काले और लाल तथा चित्रित धूसर भांडों का प्रयोग करते थे। कुछ वैदिक ग्रन्थों में 6, 8, 12 और यहाँ तक कि 24 बैलों द्वारा खेत जोते जानेवाले हलों के उल्लेख मिलते हैं। इस पर कुछ विद्वानों ने शंका व्यक्त की है। हलों के फाल लकड़ी के होते थे, जिनसे उत्तरी गंगा की नरम मिट्टी में काम चल जाता था। खाद के प्रयोग की चर्चा है। सिंचाई का प्रबन्ध था और साल में 3 फसलें होती थीं। पशुओं को एक दरवाजावाले झोंपड़ी में रखा जाता था। स्रोतों से चावल, दलहन, गेहूँ, तिल आदि की पैदावार की जानकारी होती है। जहरीले कीटाणु, चूहे, टिड्डी आदि से फसल को नुकसान होने का डर किसानों को बराबर रहता था। सूखा एवं बाढ़ से बचने के लिए पूजा-पाठ और जादू-टोना के अलावा इनके पास अन्य रास्ता भी था।

नालियों के द्वारा पानी खेतों तक पहुँचाया जाता था। नालियों में पानी नदियों से लाया जाता था। कृषिकार्य के लिए भैंसा पालतू पशु था। ज्यों-ज्यों कृषि उत्पादन में वृद्धि होती गई, पशुपालन कम होता गया। आर्थिक दृष्टि से समाज गोपति से भूपति की ओर बढ़ा। बढ़ती हुई आबादी का मात्र पशुपालन पर निर्भर रहना वैसे भी अब सम्भव नहीं रह गया था। भोजन की आवश्यकता ने कृषि-व्यवस्था को विकसित किया; फिर भी पशुपालन का धन्धा बड़े पैमाने पर चलता रहा। बकरी, भेड़, बैल, गाय आदि पालतू पशु थे, क्योंकि ये हिंसक नहीं थे और इनका प्रयोग कई रूपों में किया जाता था। गाय दान में भी दी जाती थी। गाय की उपयोगिता

यज्ञ, कृषि, गोबर, दूध, घी, मक्खन आदि के दृष्टिकोण में काफी बढ़ गई और आर्थिक दृष्टिकोण से गाय का महत्त्व बढ़ना स्वाभाविक था; क्योंकि उत्पादन से इसका प्रत्यक्ष सम्बन्ध काफी गहरा हो गया था। दूसरे शब्दों में हम कह सकते हैं कि पूर्व और तत्कालीन समाज उस वस्तु को उतने बड़े पैमाने पर आर्थिक महत्त्व देता था, जितने बड़े पैमाने पर उसकी आर्थिक उपयोगिता होती थी। पशुओं को चरने के लिए गाँव से सटे एक सार्वजनिक मैदान की व्यवस्था थी।

सोना काफी प्रमुख धातु हो गया। इसकी चर्चा इस काल के स्रोतों में है। सोने की पवित्रता और आभूषण पर स्रोतों में प्रकाश डाला गया है। चाँदी का प्रयोग आभूषण में किया जाता था। ताँबा के औजार लोहे की तुलना में ज्यादा प्रचलित थे। टीन और सीसे की वस्तुएँ बनाई जाती थी।

कुम्हार, रंगसाज, जौहरी, चर्मकार, बुनकर, बढ़ई आदि कर्मकारों एवं शिल्पकारों का धन्धा विकसित था। मछली मारने का पेशा मछुआ करता था। रथों को चलाने के लिए सारथी बहाल किए जाते थे। भेड़ चराकर गड़ेरिया अपना जीवन चलाता था। व्याधा द्वारा जंगलों से पशु-पक्षी फँसाकर बेचा जाता था। नाई, धनुष बनानेवाले, जुलाहा तथा चटाई और रस्सी बनानेवाले का स्वतन्त्र पेशा हो गया था। उत्तर-वैदिककाल के अन्तिम चरण में वस्त्र-उद्योग विकसित हुआ। ऊनी वस्त्र बनाए जाने लगे। सन से बोरा और चटाइयाँ बनती थीं। श्रौ नामक वस्त्र धनीवर्ग के लोगों द्वारा पहना जाता था। ब्रह्मचारी और तपस्वी जानवरों की खाल से शरीर ढँकते थे। बुनाई का काम प्रायः स्त्रियाँ करती थीं। चाक का विकास जहाँ हुआ, वहाँ पहले से कुम्हार पाए गए। मिट्‌टी का बना घड़ा, प्याला, कटोरा, तश्तरी मिली है। तन्त्र-मन्त्र से बीमारी का इलाज किया जाता था।

कृषि ने उत्तरवैदिक समाज को स्थायी जीवन दिया। स्थायी जीवन ने अतिरेक में वृद्धि की और अतिरेक ने व्यापार को जन्म दिया। व्यापार के ही कारण नगरों का विकास हुआ और इसी के साथ विकसित हुआ एक योजनाबद्ध प्रशासनिक संगठन। बढ़ते हुए व्यापार ने सुरक्षा एवं सुविधा की आवश्यकता महसूस की। व्यापारी वर्ग संगठित हुआ, जिन्हें **श्रेष्ठी** कहा गया। श्रेष्ठी शब्द श्रेष्ठ, प्रधान या मुख्य शब्द से बना है। इसकी चर्चा *ऐतरेय ब्राह्मण* में है। अन्य ग्रन्थों में गण एवं गणपति शब्द मिले हैं, जो सम्भवतः व्यापारिक संगठन के लिए प्रयोग किए जाते थे, लेकिन इनकी चर्चा विस्तृत रूप से नहीं पाई जाती। व्यापार के सिलसिले में व्यापारी एक स्थान से दूसरे स्थान जाया करते थे। सूद पर रुपया देने अर्थात् **महाजनी प्रथा** की चर्चा *शतपथ-ब्राह्मण* में है। सूदखोर को कुसुदिन कहा जाता था। लेन-देन का काम सम्भवतः मुद्रा के द्वारा नहीं बल्कि अदला-बदली के माध्यम से होता था। निष्क (स्वर्ण-सिक्का) शब्द की चर्चा इस काल के स्रोतों में है। गाय की खरीद-बिक्री के रूप में इसका इस्तेमाल किया जाता था।

चौथा वर्ग शूद्र इस सामाजिक व्यवस्था में सबसे ज्यादा पीड़ित था। तीनों ऊँचे वर्णों की सेवा करना उसका मुख्य काम बताया गया है। राजा अपने स्वार्थ के लिए उसे जान से भी मार सकता था। शूद्रों की श्रेणी में मूल कबीले के वैसे लोग थे, जिन्हें आर्यों ने युद्ध में हरा दिया था। आर्यों और अनार्यों के सम्बन्ध से उत्पन्न बच्चा शूद्र कहलाया। वैसे आर्य भी शूद्र की श्रेणी में लाकर बैठा दिए गए, जो शक्तिशाली आर्यों के द्वारा उपजाऊ भूमि पर अधिकार करने के सिलसिले में हरा दिए गए थे।

उपर्युक्त सामाजिक विभाजन के आधार पर होनेवाले लाभों को ब्राह्मणों ने काफी ढंग से समझा और इसे स्थायी बनाने के लिए धर्म का सहारा लिया।

विवाह के नियम निश्चित किए गए। व्यवसाय वंशानुगत होते गए। पुरोहितों में से कुछ तो पूजा-पाठ का काम करने लगे, कुछ अध्ययन-अध्यापन का कार्य और कुछ ब्राह्मण अपने मवेशियों के साथ बहुत छोटे-छोटे समूहों में पूर्व के घने जंगलों में चले गए। वे लोग बिना अस्त्र-शस्त्र के जंगल चले जाते थे और जंगली जातियों से मैत्री कर लेते थे। दरिद्रता एवं अहानिकर स्वभाव के कारण ब्राह्मण निषादों या आदिवासियों के साथ रहने लगे। कुछ क्षत्रिय तो राजा बन गए और कुछ क्षत्रिय उनके दरबार में सैनिकों का काम करने लगे। कुछ वैसे क्षत्रिय भी थे, जिनको व्यापारी अपनी सुरक्षा के लिए साथ लेकर जंगलों से होकर एक जगह से दूसरी जगह जाया करते थे। बदले में व्यापारी उन्हें एक निश्चित रकम देते थे। वे क्षत्रिय धीरे-धीरे भृत्तिभोगी समूह बन गए और भाड़ा मिलने पर किसी के लिए भी लड़ने को तैयार रहते थे। ब्राह्मणों, क्षत्रियों या वैश्यों का अलग-अलग पेशा भी वंशानुगत होता गया। इस तरह पेशा एवं जाति में घनिष्ठ सम्बन्ध होता गया। परिणामस्वरूप, एक वर्ग से निकलकर दूसरे वर्ग में जाने पर स्वतः रोक लग गई। ब्राह्मण, क्षत्रिय और वैश्य पुरुषों का विवाह शूद्र कन्या से हो सकता था। लेकिन शूद्र पुरुष ऊँचे वर्ण की कन्या से शादी नहीं कर सकता था; क्योंकि इस काल में वर्णभेद-नीति मजबूत होती जा रही थी। नए-नए पेशे में लगे व्यक्ति समय बीतने के साथ शादी-ब्याह अपने ही पेशेवालों के बीच करने लगे। जाति शब्द जन्म से बना है और एक जाति अब अपने को दूसरी जाति से भिन्न समझने लगी।

7.3 आश्रम-व्यवस्था

उत्तर-वैदिककाल में आश्रम-व्यवस्था विकसित हो गई थी। **ब्रह्मचर्य** की अवधि में व्यक्ति के जीवन का प्रथम 25 वर्ष गुरु के कठोर अनुशासन में बीतता था। दूसरी अवस्था **गृहस्थ** की थी। इस अवधि में धन कमाकर व्यक्ति सामाजिक एवं धार्मिक कर्तव्यों को पूरा करता था। 50 वर्ष की अवस्था में व्यक्ति सांसारिक जीवन को त्याग कर गाँव या नगर के बाहर रहता था, जिसे **वानप्रस्थ** आश्रम कहा जाता था। चौथा चरण **संन्यासी** का था। इस अवस्था में व्यक्ति सभी बन्धनों से मुक्त होकर दूर-दूर के क्षेत्रों में भ्रमण करता था। इस अवस्था की स्पष्ट चर्चा उत्तरवैदिक ग्रन्थों में नहीं है। आश्रम-व्यवस्था एक सैद्धान्तिक मान्यता थी। वास्तव में ब्राह्मणवर्ग भी इसका पूर्णतः पालन नहीं करता था।

परिवार पितृसत्तात्मक हो चुका था; क्योंकि कृषि में विकास के कारण व्यक्ति अतिरेक पैदा करने लगा। कई परिवारों के मिलने से **घराना** या **ग्राम** बनता था। शुरू में बस्तियों में एक साथ रहनेवाले सभी परिवार एक-दूसरे के सम्बन्धी होते थे। एक परिवार में तीन पीढ़ी तक के लोग रहते थे। भूमि या पशु के लिए मारपीट की चर्चा स्रोतों में है। एक पुरुष कई पत्नियाँ रखते थे, जिनके बीच बराबर तनाव बना रहता था। पति पर प्रथम पत्नी का अधिकार होता था। पुत्र सुख का और पुत्री दुख का कारण मानी जाती थी। धनी परिवार की स्त्रियों की तुलना में गरीब स्त्रियाँ ज्यादा स्वतन्त्र थीं।

कृषि एवं व्यापार के आधार पर विकसित स्थायी जीवन ने स्त्रियों पर ज्यादा प्रतिबन्ध लगाया। स्त्रियों को पतिभक्त और आज्ञाकारिणी तथा पतिव्रता होना स्रोतों में आवश्यक

बताया गया है। पति के मरने पर पत्नी को भी उसी के साथ प्रतीकात्मक आत्म-बलिदान करना पड़ता था। सती-प्रथा की शुरुआत यहीं से शुरू हुई। वैदिक ग्रन्थ में कन्याओं को बेचना अच्छा नहीं मानने की बात यह प्रमाणित करता है कि कन्याएँ बिकती थीं। स्त्रियों की तुलना शराब एवं जुआ से करना उनकी स्थिति में गिरावट का प्रतीक है। *वृहदारण्यकोपनिषद्* (1116) स्त्रियों को अधिक बोलने पर रोक लगाने की चर्चा करता है। नियोग की प्रथा प्रचलित थी। विधवा अपने देवर (पति का छोटा भाई) से **शादी** कर सकती थी। पिता की 7वीं पीढ़ी तथा माता की 5वीं पीढ़ी तक के बीच विवाह की मनाही थी। इसे **सपिंड** कहा गया है। एक ही कोख से उत्पन्न भाई-बहन के बीच विवाह नहीं होता था।

7.4 राजनीतिक स्थिति

इस काल की राजनीतिक अवस्था पूर्व-वैदिककाल की तुलना में अधिक विकसित हो चुकी थी। अतिरेक में वृद्धि होने के साथ-साथ प्रशासनिक संगठन में अनेक प्रकार के तत्त्व सम्मिलित होने लगे। जन-परिषदों का महत्त्व घटा और राजकीय प्रभुत्व बढ़ा। ऋग्वैदिककालीन सभा-समितियों का रूप इस काल में बदल गया। सामान्यजन के बदले इन पर राजाओं, पुरोहितों और धनी लोगों का अधिकार स्थापित हो गया। विदथ पूर्णतः समाप्त हो गया था। स्त्रियों को सभाओं में अब स्थान नहीं मिलता था। राजा के अधिकार में काफी वृद्धि हुई। पहले जहाँ वह एक कबीला का सरदार होता था, वहाँ अब वह कई कबीलों पर शासन करने लगा। इनके मुख्य कबीलों ने उन प्रदेशों पर भी अधिकार जमा लिया, जहाँ दूसरे कबीले बसे हुए थे। शुरू में कबीले के नाम पर प्रदेशों का नाम रखा जाता था, लेकिन इस काल के अन्तिम चरण में जनपद नाम प्रदेश नाम के रूप में स्थापित हो गया। उदाहरण के लिए पंचाल तक कबीले का नाम था। लेकिन, बाद में यह नाम एक प्रदेश का हो गया। सर्वप्रथम इसी समय स्रोतों में हमें राष्ट्र अर्थात् प्रदेश शब्द मिलता है।

राजाओं को शक्तिशाली बनाने में अनुष्ठानों का बहुत बड़ा हाथ रहा। अनुष्ठानों में सबसे प्रमुख यज्ञ था। अनेक राजाओं ने राजसूय यज्ञ किया। इस यज्ञ के बारे में यह मान्यता थी कि इससे राजाओं को दिव्यशक्ति प्राप्त होती है। अश्वमेध यज्ञ में राजा का घोड़ा स्वतन्त्र रूप से जितने क्षेत्रों में विचरण करता था, उतने पर राजा अपना अधिकार मानता था। बाजपेय यज्ञ करते समय सगोत्रीय बन्धुओं के साथ रथों की दौड़ होती थी। ऐसे यज्ञों की तैयारी बड़े पैमाने पर की जाती थी, जिसमें लगभग सभी लोग किसी-न-किसी रूप से हिस्सा लेते थे। इन विशाल आयोजनों और अनुष्ठानों से लोगों का प्रभावित होना स्वाभाविक था। इन धार्मिक क्रिया-कलापों से राजा की शक्ति और प्रभाव में वृद्धि हुई।

राजा द्वारा करों की वसूली और ब्राह्मणों द्वारा दक्षिणा प्राप्त करना काफी प्रचलित था। दक्षिणा के रूप में राजा भी धन वसूलता था। करों एवं दक्षिणा से प्राप्त धन **संगृहिती** नामक अधिकारी के पास जमा किया जाता था। यज्ञ के अवसर पर राजा बड़े पैमाने पर खाने-पीने की व्यवस्था करता था। प्रशासनिक कार्यों में राजा की मदद पुरोहित, सेनापति, राजमहिषी तथा कुछ अन्य अधिकारी करते थे। ग्राम-पंचायत सबसे छोटी प्रशासनिक इकाई थी। ग्राम-पंचायत का मुखिया या प्रधान प्रायः कबीले का सरदार होता था। स्थानीय झगड़ों को

ग्राम-पंचायतें सुलझाती थीं। इस काल में राजा के पास स्थायी सेना नहीं थी। आवश्यकता पड़ने पर राजा के लिए कबीलाई टुकड़ियाँ इकट्ठा हो जाती थीं। युद्ध में सफलता प्राप्त करने के लिए एक धार्मिक विधि यह थी कि राजा को विशि (प्रजा) के साथ एक पात्र में भोजन करना पड़ता था।

राजा सबसे बड़ा न्यायकर्ता होता था, परन्तु न्याय के अधिकारों को वह अध्यक्षों को दे दिया करता था। बहुत से मामले न्याय के लिए पूरी जाति के समक्ष उपस्थित किए जाते थे। गाँवों में साधारण अपराधों का निर्णय ग्राम्यवाहिन अपनी सभा में करता था। वह गाँव का न्यायाधीश होता था। फौजदारी मामले में प्रतिहिंसा की प्रथा प्रचलित थी। जल तथा अग्नि में प्रवेश कर अपने को निर्दोष सिद्ध करने की प्रथा थी। ब्राह्मण की हत्या बहुत बड़ा अपराध समझा जाता था। राजद्रोह के लिए प्राणदंड दिया जाता था। दीवानी मुकदमे प्रायः पंच द्वारा निर्णित किए जाते थे, परन्तु विशिष्ट मुकदमों का निर्णय राजा 'सभा' की सहायता से करता था। न्याय के सम्बन्ध में ब्राह्मणों को विशेषाधिकार प्राप्त थे। उत्तराधिकार के सम्बन्ध में यह कहा जा सकता है कि पिता की सम्पत्ति पर पुत्र का अधिकार होता था। स्त्रियों का सम्पत्ति पर कोई हक नहीं होता था।

7.5 धर्म

इस काल में आर्यों का धार्मिक जीवन ऋग्वैदिककाल की तुलना में काफी बदल गया। वरुण, इन्द्र आदि की प्रधानता जाती रही तथा रुद्र, विष्णु और प्रजापति का महत्त्व बढ़ गया। रुद्र अब कल्याणकारी शिव बन गए और उनके लिए **महादेव** संज्ञा हो चला। *ऋग्वेद* में इस देवता का उतना महत्त्व नहीं था, किन्तु इस काल में वह यज्ञों का स्वामी हो गया। विष्णु को *ऋग्वेद* में सूर्य का ही रूप माना गया था। अब उनकी उपासना सर्वत्र होने लगी। समाज चार वर्गों—ब्राह्मण, राजन्य, वैश्य और शूद्र में विभाजित हो गया, तो इनमें से कुछ वर्गों के अपने पृथक् देवता भी अस्तित्व में आ गए। पूजन जिसे गौरक्षक समझा जाता था, बाद में शूद्रों का देवता बन गया।

यज्ञ तथा बलि का महत्त्व बढ़ने के साथ-साथ ब्राह्मणों का महत्त्व बढ़ा। यज्ञों के लिए भिन्न-भिन्न प्रकार के पुरोहितों की आवश्यकता पड़ने लगी। अनेक महीनों और वर्षों तक चलनेवाले खर्चीले यज्ञों का प्रचार बढ़ा। कई यज्ञों में 16-17 पुरोहितों की आवश्यकता पड़ती थी। यज्ञ की विधियाँ काफी जटिल हो गईं। सभी प्रकार की मनोकामनाओं की पूर्ति का सर्वोच्च स्रोत यज्ञ को माना गया। साधारण जनता भूत-प्रेत, जादू-टोना और सम्मोहन-वशीकरण आदि में विश्वास करने लगी। अन्धविश्वास फैलने लगा। ऋग्वैदिककाल के अन्तिम चरण और उत्तर-वैदिककाल के प्रारम्भिक चरण में, जहाँ परिवार का मुखिया यज्ञ करा लेता था, वहाँ अब बिना पुरोहित या ब्राह्मणों के यज्ञ कराना सम्भव नहीं रहा। धार्मिक जीवन की कुंजी पुरोहितों ने पा ली। बलि का प्रचार बढ़ा। *शतपथ ब्राह्मण* के अनुसार, "यदि पुरोहित बलि नहीं देंगे तो सूर्योदय नहीं होगा। परिणामस्वरूप यज्ञों में फल, दूध, घी आदि के साथ पशुओं की बलि महीनों और वर्षों तक होती रहती थी। अश्वमेध यज्ञ में 600 पशुओं का बलिदान किया जाता था। अग्नि को व्यक्तिगत रूप से आहूति दी जाती थी।" ब्राह्मण उन 16 प्रकार के पुरोहितों

में से एक था, जो यज्ञों का नियोजन करते थे। उन्हें ब्रह्म अर्थात् मानव-निर्माण करने की शक्ति को प्राप्त करनेवाला बताया गया है, जो ऐतिहासिक दृष्टिकोण से गलत है।

यज्ञों के अवसर पर शब्दों का शुद्ध-शुद्ध उच्चारण करना आवश्यक था, जिसके कारण सभी पुरोहित यज्ञ नहीं करा सकते थे और यहीं से शुरू होता है पुरोहितों के बीच आपसी तनाव; क्योंकि वैसे ही पुरोहित ब्राह्मण के रूप में काफी धनी हो सके, जिन्हें मन्त्रों का उच्चारण शुद्ध-शुद्ध करना आता था। यज्ञ करानेवाला **यजमान** कहलाता था। यजमान की सफलता यज्ञ के अवसर पर बोले गए जादुई शक्तिवाले शब्दों पर निर्भर करती थी।

ब्राह्मणों तथा पुरोहितों ने यज्ञ को विकसित किया। इनके द्वारा विकसित किए गए इन अनुष्ठानों का प्रधान उद्देश्य धन प्राप्त करना था। राजसूय यज्ञ करानेवाला प्रधान पुरोहित 2 लाख 40 हजार गायें बतौर दक्षिणा प्राप्त करता था। इसके अलावा सोना, कपड़ा, लोहा और बाद में चलकर भूमि भी प्राप्त करने लगा। *शतपथ-ब्राह्मण* के अनुसार, अश्वमेध यज्ञ में पुरोहित को पूर्व, पश्चिम, उत्तर और दक्षिण—इन सभी को दान कर देना चाहिए। इस स्थिति में राजा भूमिहीन हो जाता था, जो सच नहीं लगता है। अतः हम कह सकते हैं कि यह कथन पुरोहितों की भूमि हथियाने की लालच का सूचक है। इस काल के अन्तिम चरण में पंचाल और विदेह में पुरोहितों के अनुष्ठानों के विरुद्ध आन्दोलन की बात हमें स्रोतों में उस समय मिलती हैं, जब उपनिषदों की रचना (ई.पू. 600) की जा रही थी। इस काल के आन्दोलनकारियों ने अनुष्ठानों की आलोचना कर विश्वासों और ज्ञान पर बल दिया। उन्होंने आत्मा और ब्रह्म के सम्बन्ध को ढंग से समझने की सलाह दी। ब्राह्मणों का कहना था कि मात्र यज्ञ के माध्यम से ही उठता हुआ धुआँ राजा की सफलता का सन्देश आकाश में देवताओं तक पहुँचा सकता था, जिसे दार्शनिक ग्रन्थों में आधारहीन बताया गया है। इस आन्दोलन में पंचाल और विदेह के कुछ क्षत्रिय राजाओं ने भी भाग लिया और पुरोहितों के धार्मिक एकाधिकार में सुधार के लिए वातावरण तैयार किया। इस वातावरण ने जनता का समर्थन प्राप्त किया। ब्राह्मण धर्म विरोधी दार्शनिकों ने आत्मा की अमरता पर बल दिया, जिसके कारण स्थायित्व की कल्पना को बल मिला। राजा भी इस बल की आवश्यकता अपनी सर्वोच्चता के लिए महसूस कर रहा था। आत्मा और ब्रह्म के सम्बन्धों पर बल दिए जाने से राजा एवं उच्च अधिकारियों के प्रति स्वामीभक्ति की विचारधारा शक्तिशाली हुई।

जनपद राज्यों का आरम्भ हुआ। पशु के अलावा भूमि के लिए भी युद्ध होने लगे। कौरवों और पांडवों के बीच सरदारों की शक्ति में वृद्धि हुई और पुरोहितों को काफी दान मिला।

सांख्य, योग, न्याय, वैशेषिक, मीमांसा तथा वेदान्त का विकास हुआ। ये दर्शन आस्तिक और वेद सम्मत माने जाते हैं। इन दर्शनशास्त्रों द्वारा प्राचीन आर्यों ने सृष्टि के मूल तत्त्वों के परिज्ञान को प्राप्त करने का प्रयास किया। इस युग में ऐसे अनेक राजा भी हुए, जो इसी प्रकार के विचारों से प्रेरित थे। विदेह राजा 'जनक', कैकेयी के 'अश्वपति' (*कौषितकी उपनिषद्*, 1.1), पंचाल के प्रवहण जाबाली और काशी नरेश अजातशत्रु आदि के नाम आध्यात्मिक चिन्तकों में विशेष रूप से उल्लेखनीय हैं। ये नृपति स्वतः तत्त्व-चिन्तक होने के साथ-साथ ब्रह्मर्षि, मुनियों और दार्शनिकों के आश्रयदाता भी थे। इन राजाओं की राजसभा में भारत के विभिन्न क्षेत्रों में एकत्र हुए मनु लोग आध्यात्मिक विषयक आदि प्रश्नों पर विचार करते थे।

अनेकानेक विद्वान शास्त्रार्थ करते और राजा लोग भी उनमें भाग लेते थे। विभिन्न विचारकों में जिसका पक्ष प्रबल होता, उसकी धन आदि से पूजा की जाती थी।

7.6 सिन्ध-वैदिक में निरन्तरता एवं पुरातत्त्व

काठियावाड़ के उत्तर-पूर्व में लगभग 1800 ई.पू. की (बनास नदी के नाम पर) बनास संस्कृति की बस्तियाँ मिली हैं। यहाँ से पाई गई ताँबे की काफी चीजें बस्ती को उस काल की अन्य बस्तियों से अलग करती है। यहाँ के लोग पुराने ढंग के पत्थरों और मिट्टी के बने मकानों में रहते थे। पकाई गई मिट्टी के जो बर्तन यहाँ से मिले हैं, वे काठियावाड़-संस्कृति के मृद्‌भांडों से भिन्न हैं। इस संस्कृति की एक बस्ती में वैसे ही चबूतरे के टुकड़े मिले, जैसे हड़प्पाई बस्तियों के लिए भी लाक्षणिक थे।

पुरातात्त्विक सामग्रियों के अध्ययन से पता चलता है कि नदवाटोली, निवासा, नासिक तथा जोर्वे के निवासी ताम्रपाषाण काल में गेहूँ, धान और कुछ अन्य किस्मों की फलियाँ उगाते और भेड़-बकरियाँ भी पालते थे। ई.पू. 13वीं शताब्दी के पुरातात्त्विक स्तर में एक धागे का टुकड़ा मिला है, जो कच्चे रेशम और कपास का मिश्रण था। इससे पता चलता है कि वे लोग कपड़ा बुनने की कला सीख चुके थे। हड़प्पाई बस्तियों के सामने यहाँ भी बड़ी संख्या में प्रस्तर-फलकों का उपयोग किया जाता था और यहाँ ताँबे के उपकरण कम थे। यहाँ भी वैसे ही चाक के बने काले और लाल मृद्‌भांड मिले हैं, जो इस क्षेत्र की सभी ताम्रपाषाण संस्कृतियों के लिए लाक्षणिक हैं। कार्बन-14 विश्लेषण ने प्रकट किया है कि इस क्षेत्र में ताम्रपाषाणकाल का समय 17-16 वीं शताब्दी ई.पू. के आसपास का हैं।

रंगपुर से अहार, नदवाटोली और प्रकाश तक चमकीले लाल मृद्‌भांडों का विस्तार इसका संकेत है कि इन समुद्रतटीय प्रदेशों का देश के भीतरी भागों से घनिष्ठ सम्बन्ध रहा होगा, जहाँ इमारती लकड़ी और मणियाँ प्रचुर मात्रा में उपलब्ध थीं और पश्चिमी एशिया में इन दोनों की बड़ी माँग थी। **बावेरू-जातक** से अनुमान होता है कि बावेरू बैबिलोन से सम्बद्ध थे। बैबिलोन एक महत्त्वपूर्ण व्यापारिक केन्द्र था। कुछ हड़प्पा प्रभाव और भी दक्षिणी प्रदेशों—नासिक और जोर्वे में देखा जा सकता है। यहाँ इसी प्रकार के मृद्‌भांड और धातु उपकरण मिले हैं, लेकिन आमतौर पर दक्षिणी प्रदेशों में हड़प्पा प्रभाव कहीं अधिक कमजोर हैं। पूर्वी भारत की ताम्रपाषाण संस्कृति से कुछ सम्बन्ध भी लक्षित होते हैं। जोर्वे में ताम्रपाषाण-स्तर 14वीं से 11वीं शती ई.पू. के हैं।

पुरातत्त्वविदों ने पूर्वी भारत में एक विशिष्ट ताम्रपाषाण संस्कृति (तथाकथित ताम्र-संचय तथा गेरुआ वर्तन संस्कृति) का पता लगाया है, जिसके संस्थापक कृषिजीवी थे, किन्तु शिकार एवं मछली पकड़ने का अब भी उनके जीवन में महत्त्वपूर्ण स्थान था। फरसा, छेनी, बसूला और मत्स-भाले आदि कई प्रकार के ताम्र-उपकरण वे लोग बनाते थे। कुछ विद्वान मध्यभारत के कबीलाई समाज को इस संस्कृति का संस्थापक मानते हैं। अन्य विद्वानों का मानना है कि इस संस्कृति का मूल हड़प्पाई था। पुरातत्त्ववेत्ता आर. हाइने गेल्दनर की मान्यता थी कि इस ताम्र-संचय संस्कृति के संस्थापक आर्यगण थे। कुछ भारतीय विद्वान ताम्र-संचय संस्कृति को मुंडा कबीलों के पूर्वजों के साथ सम्बद्ध करते हैं।

गंगा-जमुना द्रोणी की ताम्र-संचय संस्कृति का स्थान बहुत-सी बस्तियों में 12-11 वीं सदी ई.पू. में चित्रित धूसर मृद्भांड संस्कृति ने ले लिया। कई अन्य प्रदेशों में ताम्र-संचय संस्कृति कहीं अधिक समय तक बनी रही और काफी बाद में चलकर ही अधिक उन्नत संस्कृतियों के सम्पर्क में आईं।

पूर्वी भारत में ऐसे नई ताम्रपाषाणयुगीन खोजें की गई हैं, जिनकी ताम्रसंचय संस्कृति सीधे स्थानीय नवपाषाण संस्कृति से विकसित है। चिराँद के काले और लाल मृद्भांड पश्चिमी तथा मध्यभारत के ताम्रपाषाणयुगीन मृद्भांडों के समान हैं। कार्बन-14 विश्लेषण से चिराँद के उत्तरताम्रपाषाण-स्तर 8वीं शताब्दी ई.पू. के सिद्ध होते हैं। इसके शीघ्र बाद यहाँ लोहा और काले रंग के मृद्भांड प्रकट होते हैं।

7.7 वैदिककाल में पुरातात्त्विक प्रमाण

बी.बी. लाल, बी.के. थापर, आर.एस. गौड़ तथा जी.पी. जोशी आदि पुराविदों ने चित्रित धूसर मृद्भांड-संस्कृति का पता लगाया है, जिसका प्रसार आधुनिक इलाहाबाद से राजस्थान के इलाकों तक था। अतिरंजीखेड़ा में की गई पुरातात्त्विक खोजों से अनुमान लगाया जाता है कि चित्रित धूसर मृद्भांड-संस्कृति 12-11वीं शती ई.पू. से अधिक पहले की नहीं है। इसके आधार पर विद्वानों का मानना है कि *ऋग्वेद* के रचनाकाल के आर्यगण चित्रित धूसर मृद्भांड-संस्कृति से सम्बद्ध थे। हस्तिनापुर और नूह से प्राप्त अवशेषों का अध्ययन कार्बन-14 विधि से करने पर पता चला कि चित्रित धूसर भांड-संस्कृति इन क्षेत्रों में 9-8 वीं शती ई.पू. की है। अमलानन्द घोष एवं रामशरण शर्मा ने चित्रित-धूसर मृद्भांडकाल की भौतिक संस्कृति से सम्बद्ध सामग्रियों और उत्तरवैदिक ग्रन्थों में उपलब्ध प्रमाणों में समानता दिखाते हुआ बताया है कि चित्रित धूसर मृद्भांड ई.पू. 1000 के आसपास के हैं।

चित्रित धूसर मृद्भांड-संस्कृति के अनेक चरण उन वैदिक लोगों से सम्बद्ध थे, जो आरम्भ में पूर्वी पंजाब और यमुना तथा गंगा के ऊपरी इलाके में बसे थे और फिर दक्षिण की तरफ बढ़े थे।

इटली और पाकिस्तान के पुरातत्त्ववेत्ताओं द्वारा स्वात में 9-8वीं शती ई.पू. के समाधिस्थल खोजे गए हैं। वहाँ धूसर तथा लाल दोनों तरह के मृद्भांड मिले हैं। लोहे की बनी एक-दो चीजें भी मिली हैं। इन समाधि एवं वस्तुओं का सम्बन्ध उन आर्यगणों से किया गया है, जो ई.पू. 2000 के आसपास से झुंड-के-झुंड भारत की ओर चले।

पंजाब और हरियाणा में ऐसी बस्तियाँ खोजी गई हैं, जिनमें चित्रित धूसर मृद्भांड उत्तर-हड़प्पा संस्कृति के स्तरों से पाए गए हैं। इस तथ्यों के आधार पर अनुमान किया जा सकता है कि इन क्षेत्रों में हड़प्पा संस्कृति आर्यों के आगमन तक कायम थी।

नवीन उत्खननों से स्पष्ट होता है कि पंजाब और हरियाणा के उत्तर में आर्य ताम्र-उपकरणों का प्रयोग करते थे और लोहे का प्रयोग उन्होंने ई.पू. 9-8 वीं शताब्दी से प्रारम्भ किया।

भाषाई और पुरातात्त्विक प्रमाणों से स्पष्ट होता है कि पंजाब में आर्यों का मुख्यतः द्रविड़ गणों से ही साबका पड़ा। चूँकि इस प्रदेश के कुछ लोगों में पुरानी उन्नत संस्कृति की परम्परा विद्यमान रही थी, इसलिए आर्यों और स्थानीय आबादी में घनिष्ठ सम्पर्क होना सम्भव था।

पूर्वी पंजाब के कुछ भागों में आर्यों को स्थानीय गणों के गम्भीर प्रतिरोध का सामना नहीं करना पड़ा था और वे काफी तेजी से आगे बढ़कर नए इलाके में जा बसे। वेदों के भाषा-वैज्ञानिक विश्लेषण से प्रकट होता है कि द्रविड़ भाषाओं ने भारतीय-आर्य भाषा पर अल्पकाल के लिए, किन्तु स्पष्ट प्रभाव डाला।

पुरातत्त्वविदों ने कई ऐसी बस्तियाँ खोजी हैं, जिनमें चित्रित धूसर मृद्‌भांड-संस्कृति और पूर्वी संस्कृति के बीच कोई सम्बन्ध नहीं पाया जाता है। पुरातात्त्विक प्रमाण स्पष्टतः दिखलाता है कि ई.पू. 1000 के बाद धूसर मृद्‌भांड-संस्कृति का स्थान उत्तरी कृष्णमृद्‌भांडों ने ले लिया। 500 से 100 ई.पू. के बीच इसके प्रमाण भी मिलते हैं।

पुरातात्त्विक प्रभावों से पता चलता है कि लोहा उत्तर-वैदिककाल में पाया गया, किन्तु 600 ई.पू. के आसपास से इस धातु का व्यापक प्रयोग गंगाघाटी में होने लगा। 11-9 वीं सदी ई.पू. के बीच धूसर मृद्‌भांड संस्कृति की बस्तियों में उत्खनन के दौरान चावल और गेहूँ के दाने मिले हैं। हस्तिनापुर में चित्रित धूसर मृद्‌भांड स्तर के उत्खनन से साँड़, बकरे, भेड़, सूअर और घोड़े की हड्डियाँ मिली हैं।

आर्य छोटी-छोटी परकोटेदार बस्तियों में रहा करते थे, जिनकी—जैसा कि गंगाघाटी में पुरातात्त्विक उत्खननों से पता चलता है—हड़प्पा-सभ्यता के बड़े-बड़े नगरों से कोई भी समानता नहीं थी। कौशाम्बी से प्राप्त पुरातात्त्विक सामग्रियों के आधार पर कुछ पुरातत्त्ववेत्ताओं का मानना है की हड़प्पाई नगरों की कुछ निर्माण-प्रविधियाँ और परम्पराएँ पूर्वी भारत के वैदिक आर्यों को भी ज्ञात थे, किन्तु आर्यों के निर्माण-कौशल पर इससे कुछ विशेष जानकारी नहीं होती है। कौशाम्बी से प्राप्त पुरातात्त्विक सामग्रियों के आधार पर पुरातत्त्ववेत्ता अमलानन्द घोष नहीं मानते कि हड़प्पाई निर्माण-प्रविधियों से आर्य परिचित थे, क्योंकि कौशाम्बी की किलेबन्दी का काल बहुत बाद का है।

पुरातात्त्विक खोजों ने यह भी दिखलाया है कि सिन्धु सभ्यता के समान उत्तर-वैदिककाल में लोहारों, कुम्हारों, आदि शिल्पकारों की कद्र सबसे ज्यादा की जाती थी; वे लोग ही कृषि-उपकरण एवं हथियार बनाते और मकानों का निर्माण करते थे।

खुदाई से चित्रित धूसर मृद्‌भांड तथा लोहा के अवशेष मिले हैं। जिनकी तिथियों की जाँच कार्बन-14 विधि से करने पर पता चलता है कि ये वस्तुएँ अतरंजीखेड़ा से 940 ई.पू., राजस्थान में जोधपुर से 800 ई.पू., नोह से 825 ई.पू. और जोधुपर से ही 720 ई.पू. की हैं।

7.8 वैदिक देवमंडल

देव उसे कहा गया, जो मनुष्य को देता है, विश्व को देता है। सूर्य, आकाश, अग्नि आदि देव माने गए, क्योंकि वे प्रकाश आदि प्रदान करते हैं। ऋषि, माता-पिता और अतिथि भी देव थे, क्योंकि वे भी विद्या, जीवन और अभ्युदय प्रदान करते हैं। दीपन और द्योतन से सम्बद्ध मानने पर देव प्रकाशयुक्त माने जाते थे। देव आकाश-स्थित थे।

देवमंडल में 3 प्रकार के देवता थे—(i) पृथ्वी—स्थानीय देवों में अग्नि और सोम थे। (2) अन्तरिक्ष— स्थानीय देवों में इन्द्र और मारुत (वर्षा एवं वायु) थे तथा (3) द्यु—स्थानीय देवों में द्यौस्—पिता, वरुण एवं मित्र इत्यादि के नाम उल्लेखनीय हैं। द्यौस् को आकाश का देवता और

वरुण को रात्रिकालीन सूर्य के रूप में माना गया। सूर्य भास्करमंडल और मित्र प्रकाशमई मित्रशक्ति था। 'सवितृ' जीवन और क्रिया की प्रसाविता या जनक था। पूषण पशुओं का रक्षक और पालक था। विष्णु आकाश में त्रिपदक्रम अर्थात् प्रातः में पूर्व क्षितिज, मध्याह्न में मध्याकाश तथा सायंकाल में पश्चिम क्षितिज पर पहुँचकर अर्थात् तीन डग में भुवन नाप लेनेवाला उरुगाय देव था।

इन्द्र वर्षा से पीड़ित गायों की मुक्ति के लिए संघर्षकर्ता देव था। त्रित आप्य मेघ में स्थित अग्नि था। जल में स्थित अग्नि को अपाम् नपात् कहते थे। मातरिश्वन् मेघ में जन्मा और मेघ से पृथ्वी पर अग्नि लानेवाला देव था। अन्तरिक्ष में सर्प जैसा गानेवाला देव अहिर्बुधन्य कहा जाता था। मेघरूप-पर्वत से नीचे छलाँग लगानेवाला देवता अजएकपाद कहलाता था। मरुत् झंझावत और वर्षा के साथ बिजली की कौंध था। रुद्र पृथ्वी पर टूट पड़नेवाला, तरु को चीर देनेवाला और मनुष्यों का विनाशक वज्र था।

देवमंडल में द्यौस् को भारत-योरोपीय युग का देव माना गया है। वह आकाश का देव था, किन्तु इस देवता के लिए *ऋग्वेद* में एक भी स्वतन्त्र सूक्त नहीं है। वह या तो उषस्, आश्विन, अग्नि, पर्जन्य, सूर्य, आदित्य, मरुत् और अंगिरस का जनक और पृथ्वी का पति है अथवा उसका उल्लेख उन देवताओं के साथ हुआ है, जिनमें पृथ्वी एक है।

वरुण देवमंडल में स्वीकृत किया गया है। उसे विश्व का निरीक्षण करनेवाले देव के रूप में वर्णित किया गया है। उसका नेत्र था सूर्य, श्वास था वायु और आकाश उसका वस्त्र था। उसी देव की आज्ञा से सूर्य चमकता था, नक्षत्र और चन्द्र परिधि में रहते थे और उसी के नियम से द्युलोक और पृथ्वीलोक अलग-अलग विद्यमान हैं। इस वरुणदेव को ऋतुओं (शरद्, मास, दिन और रात्रि) को नियमन करनेवाला बताया गया है। भौतिक और नैतिक व्यवस्था रखने के कारण उसे धृतव्रत कहा गया। पक्षियों का आकाशमार्ग और नौकाओं का समुद्रमार्ग वह जानता था। उसे ऋतु के नियामक होने के कारण ऋतस्यगोपा, ऋतायु और ऋतजात कहा गया।

देवमंडल के सदस्य आश्विन को युगल (जोड़ा) रूप मानते हुए, उसकी तुलना नेत्रों, हाथों और युग्म में रहनेवाले पशुओं से की गई है। वह द्युतिमान, वाजी (घोड़ा), शक्तिमान, पुराणयुवा, प्रज्ञा और ओजस से युक्त था। उसके पथ को अरुण या स्वर्णिम कहा गया। उसका सम्बन्ध मधु से था। वह सर्वत्र जाता और उसका विशेष सम्बन्ध प्रकाश से था। उसे संकट में सहायक बताया गया है। *शतपथ ब्राह्मण* (10.115.16) में उसे आकाश तथा पृथ्वी माना गया।

विष्णु औरस देव था। उसे अरुगाय अर्थात् गतिशील कहा गया। उसके द्वारा भरे गए 3 डग में से दो देखना सम्भव था, किन्तु तीसरा पक्षियों की दृष्टि से भी परे था। उसका सर्वोच्च पद स्वर्ग था, जहाँ देव और पितृ निवास करते थे। इन्द्र के साथ उसका गहरा सम्बन्ध है। उसे पृथ्वी पर निवास करनेवाला बताया गया है। वह गर्भरक्षक माना जाता था।

आदित्य देवों की संख्या 6 थी—मित्र, आर्यमन्, भग, वरुण, दक्ष और अंश। सूर्य को सातवाँ और मार्तंड को 8वाँ आदित्यदेव कहा गया है। उन्हें असत्य से घृणा करनेवाला, पापी को दंड देनेवाला, शत्रुओं को पाश में बाँधने और भक्तों की रक्षा करनेवाला माना जाता था।

देवी उषस् को देवमंडल में ही रखा गया है। उसे अपनी माता द्वारा सजाई गई हस्रा के रूप में वर्णित किया गया है। वह झिलमिलाते वस्त्रों से उषस् पथ को प्रकाशित करती, अन्धकार दूर करती और प्राणियों में क्रियाशीलता का संचार करती थी। सूर्य प्रेमी की तरह उषस् का अनुगमन करता था। वह सूर्य की पत्नी, भग की बहन, वरुण की सम्बन्धिनी और रात्रि की भगिनी थी। अग्नि के साथ उषस् का सम्बन्ध था।

इन्द्र सर्वमहान देव था। उसके अतिविशाल शरीर, सिर, भुजाएँ, हाथ और उदर का वर्णन है। वह सोमपान का शौकीन था। उसके अस्त्र वज्र में हजार नोंक थे। वे अश्वों द्वारा खींचे जानेवाले रथ पर चलता था। इन्द्र की माँ का नाम गृष्टि, निभृष्टि या शबसी और पिता त्वष्टा या द्यौस थे। इन्द्र की पत्नी इन्द्राणी थी। पर्वतों पर निवास करनेवाले और अपने शरीर से जलमार्ग को अवरुद्ध करनेवाले अहिवृत्र को इन्द्र ने मारुत और विष्णु की सहायता से खंड-खंड कर दिया। वह वृत्र का हनन कई बार करता है और रंभाती गायों के समान जलधाराएँ वृत्र-वध के बाद समुद्र की ओर दौड़ पड़ीं। इन्द्र के साथ त्रिशीर्षा विश्वरूप, शंबर-वध तथा सरभा-पणि आदि के आख्यान जुड़े हैं। उसे कुपित पर्वतों को स्थिर करनेवाला भी कहा गया है। दशराज्ञ युद्ध में वसिष्ठ द्वारा प्रेरित होकर उसने राजा सुदास की सहायता की। इन्द्र के स्वरूप की तुलना वरुण के समरूप से की गई है। वरुण के नैतिक स्वरूप की तुलना में इन्द्र के युद्धदेव के रूप में उदय को वैदिक देवशास्त्र के इतिहास में अत्यन्त क्रान्तिकारी घटना कहा गया है।

स्थानीय देवों में अग्नि का स्थान अग्रगण्य है। वह मानव और देव के बीच का घटक है। वन उनका आहार था। उसे सिर और पादरहित कहा गया है, किन्तु जिह्वाएँ सात हैं। अग्नि की कल्पना द्युलोक, अन्तरिक्ष और पृथ्वी—तीनों स्थानों में की गई है। वह दानवों का नाशकर्ता, मनुष्यों का मित्र, रक्षक और नेता है। उसे माता-पिता, माता और पुत्र तक कहा गया है। उसे मेधा, वाक्, भोजन, सम्पत्ति और लम्बी आयु प्रदान करनेवाला कहा गया है।

सोम कर्मकांड से सम्बद्ध है। सोम लता है। उसका रंग लोहित, भूरा या पीत कहा गया है। सोमलता को पत्थर से वेदी पर बिछे चर्म पर पीसा जाता था। उलूखल में मूसल से कूटने की क्रिया ज्ञात थी। पीसने-कूटने के बाद छाना जाता और तब सोम 'पवमान' की संज्ञा प्राप्त करता था। सोम का मानवीय रूप नहीं, बल्कि उसका सम्बन्ध औषधियों से था, फलतः उसे औषधियों का राजा कहा गया है। सोम के चन्द्र बन जाने की धारणा का विकास हुआ।

वैदिक देवमंडल अत्यन्त विशाल था। इसमें पृथ्वी, अन्तरिक्ष, द्युस्थानीय देवों के अतिरिक्त गन्धर्व, अप्सरा, वन, वृक्ष, औषधि, गृहदेव, दिव्य उपकरण, पशु, भावात्मक देवों आदि की स्तुति की गई है। धर्म के इस पक्ष के विकास के साथ दर्शन का विकास भी गहराई से जुड़ा हुआ है।

7.9 नैतिक धारणा

ऋत्—वैदिक धर्म के अन्तर्गत ऋत् की अवधारणा का विकास हुआ। वरुण को ऋत् के गोप्ता के रूप में देखा गया। वरुण का नैतिक व्यवस्था के नियामक का स्वरूप अत्यन्त प्रभावशाली

है। यह विश्व-व्यवस्था के भौतिक पक्ष का नियन्त्रण करता है। वरुण को जिस ऋत् का अभिरक्षक बताया गया है, उसका तात्पर्य धर्म एवं सब प्रकार के नियमों से है। ऋत् का अर्थ 'विश्व की व्यवस्था' भी था। विश्व में व्यवस्था, उषस् का आगमन, सूर्य का चमकना–ये सभी ऋत् के कारण थे। देवों को ऋत् से उत्पन्न ऋतुजात कहा गया है। ऋत् को सबका जनक कहा गया। ऋत् का मार्ग ही सदाचार का मार्ग समझा गया। उत्तरवर्ती दार्शनिक चिन्तन के कर्म-सिद्धान्त का आधार ऋत् की अवधारणा में विद्यमान है।

अदिति–अदिति शब्द का प्रयोग बन्धनरहित स्वतन्त्रता एवं मुक्ति के रूप में हुआ है। उसे आदित्यों (देवमंडलों) की माता कहा गया है। अदिति को सांसारिक क्लेश और नैतिक अपराध से छुटकारा दिलानेवाला कहा गया है। *ऋग्वेद* (1.89.10) के अनुसार, जो कुछ उत्पन्न हो चुका है वह अदिति है, जो उत्पन्न होगा वह अदिति है। विश्व-व्यवस्था के लिए अदिति और ऋत् की अवधारणा ऋग्वैदिककाल में नैतिक चिन्तन को प्रकट करती है।

7.10 एकेश्वरवाद

ऋग्वेद में एक देवता को दूसरे देवता से मिला देने अथवा उनका वर्गीकरण करने की प्रवृत्ति आ गई। देवताओं की संख्या कभी 33 और कभी 333 (*ऋग्वेद* 3.9.9 एवं *शतपथ* 10.121) कही गई। ईश्वर की एकात्मक धारणा में पहुँचने का उपाय देवताओं को समष्टि रूप में देखना भी था। फलतः विश्वदेवाः (सभी देवता) की कल्पना की गई। वैदिक ऋषियों ने विश्व के स्वयंभू अविनाशी आदि कारण को खोजना चाहा और एकेश्वरवाद की स्थापना की विधि यही थी कि सभी देवों को एक सर्वोच्च सत्ता के अधीन कर दिया जाए, जो सबका नियन्त्रण कर सके।

वैदिक देवमंडल में वरुण का उदय एकेश्वरवाद के अत्यन्त निकट पहुँचा देता है। वरुण सर्वोच्च नैतिक देव था। वह मानव और प्रकृति, इहलोक और परलोक सभी का स्वामी है। वह बाह्य आचरण ही नहीं, जीवन की आन्तरिक पवित्रता पर भी ध्यान रखता है। इससे आध्यात्मिक एकेश्वरवाद का मार्ग प्रशस्त हुआ। देवताओं में एक सर्वोच्च देवता ढूँढ़ने के स्थान पर उनके पीछे काम करनेवाली एक सामान्य शक्ति को ढूँढ़ने का प्रयत्न किया गया और हिरण्यगर्भ-प्रजापति-सूक्त (*ऋग्वेद,* 1.164.46; *अथर्ववेद* 3.55) को प्रस्तुत किया गया। सवितृ को विश्व का प्रजापति और दिवोधर्ता कहा गया है। सोम के लिए भी यह प्रयुक्त हुआ है। ब्राह्मणकालीन सृष्टि सम्बन्धी सभी आख्यानों का नायक प्रजापति है। सूत्रों में प्रजापति को ब्रह्मा का तादात्म्य बताया गया है। प्रजापति को हिरण्यगर्भ (स्वर्णिम बीज) कहा गया है, जो सर्वमहान देव हैं। उन्होंने पृथ्वी और द्युलोक धारण किया। वे प्राण और बल प्रदान करते हैं; सभी उनके अनुशासन में रहते हैं और देवता भी उनके शासन को स्वीकार करते हैं। मृत्यु और अमरता उनकी छाया है। वे देवताओं के ऊपर सर्वस्त्रष्टा हैं। *ऋग्वेद* के दो सूक्तों (10.8.1 तथा 10.17.1704) में विश्वकर्मन् की स्तुति आई है। उन्हें धाता, विधाता और परमहंसक कहा गया है। विश्वकर्मन् शब्द का प्रयोग पहले भी विशेषण की तरह इन्द्र और सूर्य के लिए किया गया है, किन्तु बाद में वह सब भुवनों के रचनेवाले, ऋषि, होता और पिता के रूप में वर्णित है। विश्वकर्मा ने अपनी इच्छा से पृथ्वी की सृष्टि की और आकाश को तान दिया।

ब्राह्मणग्रन्थों में (*शतपथ* 8.2.1.0 *ऐतरेय,* 4.22) में विश्वकर्मा प्रजापति के तद्रुप हो गए। *अथर्ववेद* (19.53.54) में काल को एक विश्वव्यापी सत्ता माना गया है। प्राण तथा रोहित का देवीकरण और प्रजापति के साथ तद्रूप्य किया गया है।

7.11 यज्ञ की अवधारणा

उत्तर-वैदिककाल में यज्ञ के विस्तार के कारण देवमंडलों का महत्त्व घटा। यज्ञ की जटिलता के बावजूद बहुदेववादी यज्ञ की प्रतिष्ठा नहीं हुई। यज्ञ का स्वरूप बहुत कुछ यान्त्रिक हो गया। यज्ञ के सम्पादन में मामूली से मामूली त्रुटि अनिष्ट का कारण बन सकती थी। मन्त्र और कर्मकांड की इस बलवती शक्ति में विश्वास को पाश्चात्य विद्वानों ने यज्ञ की यान्त्रिकता के रूप में देखा। यज्ञ में प्रजापति सर्वश्रेष्ठा हैं। देव उसके श्वास लेने और छोड़ने से उत्पन्न हुए। यज्ञ से मनुष्य, पशु, पक्षी, वृक्ष, खनिज, पर्वत, पृथ्वी और स्वर्ग उत्पन्न हैं। सृष्टि यज्ञ से ही उत्पन्न हुई।

7.12 अद्वैत (Monism)

अद्वैत शब्द का अर्थ है—दूसरे का न होना। इस मतवाद में ब्रह्म अर्थात् शुद्ध चैतन्य अर्थात् आत्मा को छोड़कर किसी दूसरे तत्त्व को वास्तविक नहीं माना गया है। अद्वैतवाद में एकेश्वरवाद की कल्पना हुई, किन्तु यह भी प्रश्नों का पूर्ण समाधान न कर सका। एक सर्वोच्च देव के नीचे यदि सभी देवताओं को मान लें, तो भी प्रश्न उठा कि प्रथम उत्पन्न देव को किसने देखा? इसे कौन जानता है? कौन बताएगा? कहाँ से वह पैदा हुआ? कहाँ से आया? स्वयं देवता भी इसके बन जाने के बाद आए और फिर कौन जानता है कि कहाँ से आया?

दर्शनशास्त्र की मूलभूत समस्या यह है कि जीवन क्या है? सर्वोच्च देववाद अथवा एकेश्वरवाद इन प्रश्नों का उत्तर देने में असमर्थ रहा। एकेश्वरवाद की एकता से भी ऊँची धारणा अद्वैतवाद या एकवाद में प्राप्त होती है।

7.13 वैदिक धर्म और कर्मकांड (Religious Rites)

वैदिक धर्म (Vedic Religion)—वैदिक धर्म (लगभग 1500-600 ई.पू.) को कुछ शर्तों के साथ एक सुनिर्धारित व्यवस्था, अनुरूप संस्कारों और अनुष्ठानों से युक्त धार्मिक विश्वासों की सम्पूर्ण प्रणाली माना जा सकता है। वैदिक धर्म दार्शनिक विचारों और धार्मिक क्रियाओं का मिश्रण भी था। इस धर्म में पृथक्-पृथक् विशिष्ट विश्वासों की उपस्थिति भी पाते हैं। इनमें कुछ विश्वास आदिम सामाजिक सम्बन्धों को प्रतिबिम्बित करनेवाले तत्त्वों पर आधारित थे। कुछ विश्वासों का मूल प्राचीन भारत-योरोपीय अथवा भारतीय-ईरानी संस्कृति में था। मानवरूपवाली भावना से आभूषित बहुत-से देवी-देवताओं की उपासना वैदिक धर्म का एक अनिवार्य तत्त्व था। भारत में धार्मिक प्रवृत्तियाँ और दार्शनिक शिक्षा वैदिक धर्म से सर्वाधिक असरदार ढंग से प्रभावित हैं। वैदिक धर्म का अनिवार्य तत्त्व बहुत से देवी-देवताओं की उपासना है।

मानवरूपवाली भावनाओं से विभूषित देवताओं को पाते हैं। कुछ देवता मानवरूप में हैं, किन्तु पशुरूप में भी प्रकट होते हैं और प्रकृति में घटनेवाली घटनाओं के साथ मौलिक सम्बन्ध बनाए हुए हैं। इन्द्र को साँड़ के रूप में और अग्नि को घोड़े के रूप में प्रकट होने की बात पाते हैं। *ऋग्वेद* में देवताओं का वर्गीकरण 3 समूहों में किया जा सकता है—(i) स्वर्ग के देवताओं में सूर्य, उषस् (उषा) तथा वरुण थे। (ii) पार्थिव देवताओं में सबसे पूजनीय अग्नि तथा सोम थे। (iii) अन्तरिक्ष के देवताओं में रुद्र, वायु तथा परम शक्तिशाली इन्द्र थे। यह विभाजन विश्व के स्वर्ग, पृथ्वी तथा अन्तरिक्ष की धारणा के अनुरूप था। *ऋग्वेद* के 250 ऋचाओं (कुल ऋचाओं की लगभग चौथाई) में इन्द्र की चर्चा है, जो सर्वाधिक लोकप्रिय अतिशक्तिसम्पन्न और असाधारण देवता माना गया है। वह वज्रपात करके हजारों शत्रुओं को अनायास ही मार डालता है। सारे जल को लील जानेवाला वृत्रासुर को उसने (इन्द्र) संहार किया।

समस्त नभोमंडल का शासनकर्ता वरुण रथ पर सवार होकर घूमता है। वह पृथ्वी पर ऋतु-व्यवस्था का रक्षक है और इसीलिए आकाशीय पिंडों की गतियों और मनुष्य के कार्यों को वही नियमित करता है। धरती, आकाश तथा वायुमंडल का धारक और ऋतुवृत्ति का नियन्ता वही है। पापियों के प्रति कठोर है, किन्तु निर्दोषों और पश्चात्तापियों पर दया करता है। वह देवताओं तक के लिए नैतिक मानक निर्धारित करता है।

विशेष रोचक और असाधारण रुद्र अन्य देवताओं के विपरीत नकारात्मक गुणों से विभूषित है। *ऋग्वेद* में उसका स्थान अतिसाधारण है। रुद्र यज्ञाहुति में केवल वही भाग पाने का अधिकारी है, जिसे अन्य देवता ग्रहण नहीं करते। कुछ विद्वानों का मानना है कि आर्यों ने रुद्र को स्थानीय गणों से लिया है और वैदिक देवकुल में उसकी विलक्षण स्थिति का यही कारण है। बाद में चलकर रुद्र सबसे लोकप्रिय देवताओं में से एक शिव में परिणत हो गया।

विष्णु की चर्चा *ऋग्वेद* के 6 ऋचाओं में है, जिसमें बताया गया है कि उसने 3 डगों में सारे विश्व को कैसे पार किया। हिन्दू धर्म में इस कथा को विशेष स्थान मिला।

अग्नि का धार्मिक संस्कारों में आधारभूत महत्त्व था; क्योंकि देवताओं को अपनी आहुतियाँ अग्नि की सहायता से ही भेजी जा सकती थी। यज्ञ में अग्नि को देवताओं के अमरत्व का स्रोत माना जाता था। वैदिक ऋचाओं में जोर देकर कहा गया है कि देवता अग्नि के ही कारण अमरत्व प्राप्त करते हैं। अग्नि देवताओं और मनुष्यों के बीच एक सूत्र था। यजमान का सन्देश देवताओं तक पहुँचनेवाला वह दूत था। अग्निपूजा का मूल, आग को परिवार के कल्याण का स्रोत मानने की धारणा आज भी प्रचलित है। *ऋग्वेद* में अग्नि को गृहस्थी का रक्षक माना गया है। सोम की चर्चा *ऋग्वेद* की 120 ऋचाओं में है। सोम देवताओं के अमरत्व का साधन माना जाता था। इसे पान करने के लिए लोग सदा आकांक्षी रहते थे। ऐसा विश्वास था कि सोम उन्हें देवताओं से एकाकार कर देता है।

लोगों का राक्षसों एवं असुरों जैसी तथाकथित दुष्टात्माओं में भी विश्वास था। दुष्टात्मा देवताओं के शत्रु माने जाते थे।

उत्तर-वैदिककाल में बाच तथा श्रद्धा जैसे कुछ 'अमूर्त' देवी-देवता दिखाई देने लगते हैं। इन देवी-देवताओं के कार्य स्पष्ट नहीं थे। वैदिक विश्वासों में एक चारित्रिक लक्षण यह देखते हैं कि देवताओं में किसी भी प्रकार के सुस्पष्ट विशिष्टीकरण अथवा उनके कार्यों का सुस्पष्ट

विभाजन नहीं हो पाया था। प्राकृतिक शक्तियों का रूप देवी-देवता मानव के समान समझे जाने लगे। फलतः देवताओं के वर्णन में समानता दिखाई देने लगी। प्रकृति की अलग-अलग घटनाओं का सम्बन्ध अलग-अलग देवताओं से हो गया। अधिकांश देवताओं को सर्वव्यापी लक्षणोंवाला समझा जाता था। किसी समय कोई देवता किसी अन्य देवता के रूप में परिणत हो सकता था और उसे नवीन कार्यों एवं शक्तियों से सम्बद्ध कर दिया जाता था। एक सर्वोपरि ईश्वर के स्थान पर किसी एक समय एक देवता की उपासना इष्टदेववाद (Genotheism) के रूप में जाना गया। इस शब्द का पहले-पहल प्रयोग मैक्समूलर ने किया। इष्टदेववाद एक अतिविशिष्ट प्रकार के एकेश्वरवाद की धार्मिक प्रवृत्ति को प्रतिबिम्बित करती थी और इसकी विस्तृत अभिव्यक्ति उपनिषदों में देखने को मिलती है।

प्रजापति को उत्तर-वैदिककाल ने प्रमुख स्थान प्रदान किया, किन्तु एक सर्वोच्च ईश्वर का नहीं। बाद में सामान्य सर्वव्यापी लक्षणों का पाया जाना इस तथ्य को सम्भवतः प्रमाणित करता है कि वैदिक गणों की जो अलग-अलग धार्मिक धारणाएँ थीं, उनका आपस में सम्मिलन होने लगा और सभी देवी-देवताओं में व्यापक रूप में समान विशेषताएँ पाई जाने लगीं।

वैदिक समाज और अर्थव्यवस्था तथा राजनीतिक ढाँचे में हो रहे बदलाव से तत्कालीन धर्म का प्रभावित होना स्वाभाविक था। उत्तर-वैदिककाल में वरुण जैसे कुछ महत्त्वपूर्ण देवता की प्रमुखता घटने लगी और विष्णु जैसे नए देवता, जिनका ऋग्वैदिककाल में कोई विशेष भूमिका नहीं थीं, दिखाई देने लगे।

भारतीय आर्य जैसे-जैसे पूरब में मिथिला की ओर बढ़ते गए, वैसे-वैसे वैदिक धर्म में स्थानीय अनार्य गणों की कुछ धार्मिक धारणाओं का समावेश होने लगा। वैदिक धर्म के अन्तिम चरण में जादू-टोना और नए मन्त्रों की *अथर्ववेद* में चर्चा से भी यह तथ्य स्पष्ट हो जाता है। उत्तर-वैदिककाल में त्रिदेव—ब्रह्मा, विष्णु और महेश की सुस्पष्ट प्रवृत्ति दिखाई देती है।

उत्तर-वैदिककाल में ऋग्वैदिककाल के पेड़-पौधों, पर्वतों, नदियों आदि की उपासना के साथ-साथ प्रेतात्माओं की उपासना भी होने लगी।

देवोपासना का एक अनिवार्य अंग यज्ञबलि अनुष्ठान था। इष्टलोक में साक्षात् ऐश्वर्य-रूप तथा परलोक में स्वर्गसाधन यज्ञ को माना गया। वेदी में प्रज्वलित अग्नि में विभिन्न देवों के निर्मित्त हविष्य अथवा सोमरस की आहुति को **यज्ञ** कहते थे। देवताओं को सम्बोधित स्तुतियाँ धार्मिक विधान का एक आवश्यक अंग थीं। अग्नि तथा सोम की पूजा में कर्मकांड का विशेष महत्त्व था। अग्निपूजा मूल रूप से व्यक्तिगत था, जिसमें 4 पुरोहितों की आवश्यकता पड़ती थी। अग्निहोत्र यज्ञ करानेवाले अग्निहोत्री ब्राह्मणों की संख्या कम थी। अग्निहोत्र यज्ञ के लिए सैकड़ों कंडों (गाय के गोबर से बने उपलों) एवं समिधाओं के अतिरिक्त कम-से-कम दो गायों की परम आवश्यकता होती थी। अग्निहोत्र की व्यवस्था के लिए यजमान का धनवान होना आवश्यक था, क्योंकि यह काफी खर्चीला होता था। सोमयज्ञ तो केवल राजाओं, धनाढ्यों एवं अधिक धन एकत्र कर सकनेवालों के लिए ही सम्भव था। अयोध्या के सुगाभिलेख में सेनापति पुष्यमित्र शुंग द्वारा कृति अश्वमेध (या राजसूय) यज्ञ, हाथीगुम्फा अभिलेख में राजा खारवेल द्वारा किए गए राजसूय यज्ञ और कुमारगुप्त के बिलसद अभिलेख में समुद्रगुप्त द्वारा आयोजित अश्वमेध यज्ञ की जानकारी होती है। पर्दी दानपत्र में त्रैकूटक राजा हदसेन को अश्वमेध यज्ञ करनेवाला कहा गया है। पीकिर एवं एक अन्य दानपत्र में पल्लव राजा को

अश्वमेध, अग्निष्टोम एवं वाजपेय यज्ञ करानेवाला कहा गया है। वाकाटक राजा प्रवरसेन द्वितीय के छम्मक दानपत्र में प्रवरसेन प्रथम को कई यज्ञों को करानेवाला कहा गया है।

धीरे-धीरे यज्ञ अनुष्ठान अधिकाधिक जटिल होते गए। फलतः पुरोहितों के कई वर्ग पैदा हो गए, जो विभिन्न प्रकार की धार्मिक तथा आनुष्ठानिक क्रियाओं का संचालन करते थे। अश्वमेध यज्ञ में एक घोड़ा, 6 बैल और 11 बाँझ गायों की बलि दी जाती थी। यज्ञ करानेवाले ब्राह्मणों को लाखों गाय दक्षिणास्वरूप दिए जाते थे। कुछ विद्वानों का यह मत अनुचित प्रतीत नहीं होता कि यज्ञों को जटिल एवं भव्य बनाकर ऊपरी वर्ण के लोग आमलोगों पर अपना प्रभाव जमाना चाहते थे और धर्म को उनकी समझ से बाहर निकालकर अपना एकाधिकार स्थापित करना चाहते थे, ताकि कोई भी धार्मिक कार्य उनकी मध्यस्थता के बगैर निष्पादित न हो सके। यज्ञ के माध्यम से कुछ ब्राह्मण पृथ्वी पर देवता के समान हो गए।

विभिन्न अवसरों पर विधिवत् अनुष्ठानों के अलावा वैदिकयुगीन लोगों को प्रतिदिन कई संस्कार करने होते थे। बच्चों के जन्म, विवाह और स्वजनों की मृत्यु के अवसरों पर विशेष संस्कार होते थे। पितरों की पूजा का महत्त्वपूर्ण स्थान था। ब्राह्मणग्रन्थों में यज्ञ-संस्कारों को विशेष महत्त्व दिया गया। वैदिक देवता प्रजापति बाद में चलकर यज्ञदेव बन जाता है। मनुष्य द्वारा यज्ञ का किया जाना, उसकी अच्छाई का मापदंड बन गया। इसे जीवन का आधार माना जाने लगा, जो देवताओं और मनुष्य दोनों के लिए अस्तित्व का कारण था। यज्ञ तथा मन्त्रोच्चार से केवल देवता ही नहीं, मनुष्य भी अमरत्व प्राप्त कर सकते थे। वेदी में स्थापित अग्नि ही प्रजापति था। प्रजापति का स्वरूप संवत्सर था और संवत्सर ही मृत्यु था, अतः यज्ञ द्वारा यजमान मृत्युरूप होकर मृत्यु से ऊपर उठ जाता था। ब्राह्मण पुरोहित ऐसे विश्वासों की जड़ें जमाने की कोशिश करते थे। यह माना जाता था कि अनुष्ठान के दौरान उनका देवताओं के साथ क्षणभर को पूर्ण तादात्म्य स्थापित हो जाता है और केवल वे ही यज्ञाहुति का देवताओं में ठीक प्रकार से वितरण कर सकते हैं।

ऋग्वेद से अनुमान लगाया जा सकता है कि यज्ञबलि का अनुष्ठान किस प्रकार होता था। विशेष वेदी पर यज्ञभूषण (कुश) बिछाकर मानो देवताओं के लिए स्थान बना दिया जाता था। इसके बाद हवनकुंड में अग्नि प्रज्वलित कर दी जाती थी और तदन्तर उसमें सोमरस अथवा दूध की आहुति दी जाती थी या अनाज के दाने छिड़के जाते थे अथवा पशुओं का बलिदान किया जाता था।

आरम्भ में वैदिक गणों का कोई मन्दिर नहीं था, किन्तु कालान्तर में सम्भवतः स्थानीय धार्मिक प्रयासों के प्रभावस्वरूप उपासना के लिए विशेष भवनें बनाई जाने लगीं।

विद्वानों में इस सम्बन्ध में सहमति नहीं है कि वैदिककाल में देवताओं की चित्राभिव्यक्ति करने की प्रथा थी या नहीं। वैदिकग्रन्थों के कुछ अंशों से यह अनुमान किया जा सकता है कि इस समय तक देवताओं के मानवरूप का चित्रण हो चुका था।

7.14 आदर्शमूलक एवं मनोवैज्ञानिक आधारों पर आश्रम-व्यवस्था

आपस्तम्बसूत्र (29.21.1) के अनुसार, आश्रम एक ऐसा जीवनस्तर था, जिसमें व्यक्ति अधिक-से-अधिक श्रम करता था। इसके 4 चरण थे—गार्हस्थ्य, गुरुगेह (आचार्यकुल) में रहना,

मुनि के रूप में रहना तथा वानप्रस्थ (वन में रहना)। *गौतमधर्म सूत्र* (3.2) में 4 आश्रम—ब्रह्मचारी, गृहस्थ, भिक्षु और वैखानस; *वसिष्ठ धर्मसूत्र* (7.1.2) में 4 आश्रम—ब्रह्मचारी, गृहस्थ, वानप्रस्थ एवं संन्यास।

मानव-जीवन को सामान्यतः 100 वर्ष का मानकर इसे चार भागों में बाँटा गया। ब्रह्मचर्य जीवन में व्यक्ति गुरुगृह में रहकर विद्याध्ययन करता था; दूसरे भाग में विवाह करके गृहस्थ हो जाता था और सन्तानोत्पत्ति द्वारा पूर्वजों के ऋण से मुक्ति पाता था। जब व्यक्ति सिर के ऊपर उजले बाल तथा शरीर पर झुर्रियाँ देखता था। तब वानप्रस्थ हो जाता था और शेष भाग को संन्यासी के रूप में व्यतीत करता था।

मानव-जीवन के अस्तित्व के चार लक्ष्य माने गए हैं—धर्म, अर्थ, काम एवं मोक्ष। ब्रह्मचर्य में व्यक्ति को अनुशासन एवं संकल्प के अनुसार रहना पड़ता था। साहित्य-भंडार का ज्ञान प्राप्त करने के साथ, उसे आदर, सादे जीवन एवं उच्च विचार के सद्गुण सीखने पड़ते थे। दूसरे चरण में व्यक्ति विवाह करके गृहस्थ होता, संसार के आनन्द का स्वाद लेता, जीवन का उपभोग करता, सन्तानोत्पत्ति करता, अपनी सन्तानों, मित्रों, सम्बन्धियों, पड़ोसियों के प्रति अपने कर्तव्यों का पालन करता, उपयोगी, परिश्रमी एवं योग्य नागरिक होता तथा एक कुल का संस्थापक होता था। ऐसा कहा गया कि 50 वर्ष की अवस्था में वह संसार के सुख एवं वासनाओं की भूख से ऊब उठता था तथा वन की राह लेता, जहाँ वह आत्म-निग्रही, तपस्वी एवं निरपराध का जीवन बिताता था। इसके बाद संन्यास-जीवन में अन्तिम लक्ष्य (मोक्ष) प्राप्त कर सकता था।

वर्ण का सिद्धान्त समाज के लिए था, किन्तु आश्रम का सिद्धान्त व्यक्ति के लिए था। आर्यसमाज के सदस्य के रूप में व्यक्ति के अधिकारों, कार्य-कलापों, स्वत्वों, उत्तरदायित्वों एवं कर्तव्यों की ओर संकेत करना वर्ण-सिद्धान्त का कार्य था। किन्तु आश्रम-सिद्धान्त यह बताता था कि व्यक्ति का आध्यात्मिक लक्ष्य क्या है, उसे क्या-क्या तैयारियाँ करनी है। निःसन्देह, आश्रम-सिद्धान्त एक उत्कृष्ट धारणा थी। भले ही यह ठीक से कार्यान्वित न की जा सकी, किन्तु इसके उद्देश्य बड़े ही महान एवं विशिष्ट थे।

7.15 आर्यों का पश्चिम से सम्बन्ध

वैदिककाल से भारतवर्ष का पश्चिम के अनार्य राज्यों के साथ सम्पर्क के छोटे-छोटे प्रमाण मिलते हैं। दजला-फरात की घाटी में सागौन लकड़ी के सिन्धु-अवशेष मिले हैं, जिन्हें दक्षिण-भारत का बताया जाता है। इसकी चर्चा बिसेंट स्मिथ ने *कॉमर्स एंड नेविगेशन ऑफ दि एंशियेंट्स* नामक पुस्तक और आर. के. मुखर्जी ने *इंडियन शिपिंग* में की है। दक्षिण-भारत में तथा दजला-फरात की घाटी से शवों को दफनाने के जो प्राचीन मटके पाए गए हैं, वे एक-से हैं। काबुल में मलमल को सिन्धु कहते थे। इससे पता चलता है कि यह सिन्धु नदी के तट से समुद्र के रास्ते आता था, क्योंकि स्थलमार्ग से आता, तो ईरानी लोग उसे हृदू बना देते। *ऋग्वेद* का **मना** शब्द काबुली है। वैदिक आर्यों के जादू-टोने, मन्त्र-तन्त्र, ज्योतिष, कालगणना और सृष्टि-प्रलय-विषयक विचार पर काबुली प्रभाव है। *अथर्ववेद* के जादूमन्त्रों में कई शब्द काबुली हैं। वैदिक शब्द असुर को मूलतः असिरियन लोगों का शब्द बताया जाता है। असुर

शब्द का अर्थ अश्शुर (Assyrian) नगरी का देवता बताया जाता है। *ऋग्वेद* (8.24.36) में लिखा गया है—रसा के पार रहनेवाले असुर लोग इन्द्र की गौयें लेकर भाग गए और उसे अपने किले में छिपा दिया। उनका किला सौ योजन दूर था। "रसा सीर दरिया का खास नाम था। पारसियों की अवेस्ता में इसके लिए **रहा** शब्द का प्रयोग किया गया है। असिरिया या अश्शुर-साम्राज्य की स्थापना ऋग्वैदिककाल में हुई थी। वहाँ के निवासी काबुली और खल्दी-अश्शुर या असुर कहलाते थे। अश्शुर देवता के नाम पर असिरिया नगर का नाम पड़ा और इस देवता के उपासकों को वैदिक आर्य असुर कहते थे। वैदिक आर्य समुद्र में जहाज चलाना जानते थे। 3 दिन और 3 रात लगातार नाव चलाने की चर्चा *ऋग्वेद* (1.116) में है। सम्भवतः फारस की खाड़ी में किनारे से आर्यों के जहाज जाते थे।"

पश्चिम एशिया के बोगजकोई नामक स्थान में मित्तानी जाति के राजाओं और हत्ती या खत्ती राजाओं का एक सन्धिपत्र मिला है, जिस पर वैदिक देवताओं—इन्द्र, वरुण, नासत्य आदि देवताओं के नाम अंकित हैं। इन्हें सन्धि में साक्षी बनाया गया है। मिस्र के फराओं की चिट्ठी-पत्री में दशरत्थ नाम मिले हैं। यह चिट्ठी ऋग्वैदिककाल की है।

यूनान में बसनेवाले प्रतिभाशाली आर्य अपने देश को हेलास तथा अपने को हेलेन कहते थे। हेलास का ही एक पूर्वी प्रदेश इंडोनिया था और उसी के नाम से पारसी योन और हमारे योन, यवन तथा यूनान शब्द निकले हैं।

ईरान का मूल रूप ऐर्यान है, जिसका अर्थ ऐर्यों अर्थात् आर्यों की भूमि है। प्रारम्भ में ऐर्यान भारतवर्ष के पश्चिम हिन्दूकुश के ठीक साथ लगते प्रदेश का नाम था, किन्तु बाद में ऐर्यान की जातियाँ दजला-फरात राज्यों की सीमा तक और आधुनिक कास्पियन सागर तक फैल गई और समूचा देश ऐर्यान हो गया।

रामशरण शर्मा *(हिन्दुस्तान,* पटना, 29 अप्रैल, 2004) का मानना है कि डी.एन.ए. की जाँच की विधि से अब व्यक्ति के मूल का पता लगाया जा सकता है। लोगों के शरीर में एक विशेष प्रकार का डेटा और मार्कर पाया जाता है। ब्लडसेल के आधार पर इसका नाम मार्कर 70 रखा गया है। इस जाँच-विधि से पता चलता है कि मध्य एशिया के लोगों में 40 प्रतिशत डेट्स पाया गया। भारत में हिन्दी बोलनेवाले लोगों के शरीर की जाँच की गई, तो पता चला कि उनमें 35 प्रतिशत डेट्स हैं, जबकि द्रविड़ भाषा बोलनेवालों के शरीर में 10 प्रतिशत पाया जाता है। इससे यह निष्कर्ष निकाला जा सकता है कि आर्य पश्चिम एशिया से आए।

7.16 वैदिककालीन समाज एवं अर्थव्यवस्था

वैदिककालीन (ई.पू. 1500-600 ई.पू.) समाज एवं अर्थव्यवस्था की जानकारी चारों वेदों, ब्राह्मण ग्रन्थों एवं 2 हजार से अधिक स्थलों की खुदाई से प्राप्त पुरातात्त्विक सामग्रियों से होती है। लगभग 1500 ई.पू. का पश्चिम एशिया से प्राप्त अभिलेखीय प्रमाण ऋग्वेद की तिथि निर्धारित करने का प्रमुख साक्ष्य है। **आर्य** इंडो-यूरोपियनों के वंशज थे। कुछ समय तक बैक्ट्रिया में और उत्तरी ईरानी पठार पर रहे, परन्तु 1500 ई.पू. के आसपास तक वे हिन्दूकुश के दर्रों से होकर उत्तरी भारत में प्रविष्ट हुए।

वैदिककालीन समाज में चार चरण पाते हैं। प्रथम चरण अर्थात् प्रारम्भिक दो-तीन सौ वर्षों में समाज में कोई वर्ग-विभाजन नहीं था। समाज कबीलों में बँटा था और सबों का लक्ष्य भोजन-प्राप्ति था। स्थायी भोजन के अभाव में ये घुमन्तू जीवन बिताते थे। विवाह प्रथा विकसित नहीं थी। आर्यों एवं अनार्यों के बीच रक्त सम्बन्ध थे। लोग झुंडों में रहते थे। सामान्य आयु 25-40 वर्षों की थी। स्त्रियों को भी पुरुषों के समान भोजन की तलाश शिकार के माध्यम से करनी पड़ती थी। पर्दा प्रथा का प्रश्न नहीं था। वे सोमरस का पान करती थीं। धार्मिक कार्यों में स्त्रियाँ भाग लेती थीं।

दूसरे चरण अर्थात् ई.पू. तेरहवीं शताब्दी के बाद सम्भवतः आर्यों में परिवार जैसा वातावरण बनने लगा, जिसमें स्त्री, पुरुष एवं बच्चों के अलावा पशु भी रहते थे। विवाह प्रथा का विकास होने लगा। स्त्रियों की तुलना अग्नि एवं उषा से की गई है। उन्हें विवाह करने की स्वतन्त्रता थी। कुछ ऐसी स्त्रियाँ थीं, जो वैदिक ऋचाओं को कंठस्थ कर ऋषिपद पा चुकी थीं। पति के मरने के बाद वे दूसरा विवाह कर सकती थीं।

सैकड़ों वर्षों के अनुभव के आधार पर आर्य गाय, मछली आदि सीधे-साधे जीवों को पहचान चुके थे और उनका पालन करने लगे थे। बछड़े द्वारा गाय का दूध पीते देख मानव-बच्चा भी गाय का दूध पीने लगा और दूध का प्रयोग आर्यों द्वारा होने लगा। इससे पशुओं का महत्त्व बढ़ा और पशु-हत्या में कमी आई। *ऋग्वेद* में करीब 24 बार जौ की चर्चा है, जिससे झूम-पद्धतिवाली कृषि की आशा की जा सकती है। भूमि और खेत (क्षेत्र) के लिए युद्ध की बात स्वीकारी जाती है। कृषि और पशुपालन ने कुछ आर्यों को स्थायी जीवन बिताने का अनुकूल वातावरण प्रदान किया और झोंपड़ीनुमा मकान का प्रयोग किया जाने लगा। छोटे स्तर पर सामाजिक व्यवस्था का मूल आधार परिवार हो गया। आर्यों और अनार्यों का भेद महसूस किया जाने लगा। शिकारी जीवन बितानेवाले आर्यों की संख्या ज्यादा थी। समाज में राजनीतिक जागरूकता आने लगी थी। पितृतन्त्रात्मक समाज में व्यक्ति की पहचान कुल या गोत्र से होती थी। परिवार तो नहीं, किन्तु **गृह** शब्द की चर्चा *ऋग्वेद* में है। **कुटुम्ब** एक बड़ी सम्मिलित इकाई थी।

लगभग 1000 से 800 ई.पू. अर्थात् उत्तर-वैदिककाल का प्रथम चरण अर्थात् वैदिककाल के तीसरे चरण में आर्यों का विस्तार आबादी बढ़ने के साथ-साथ आधुनिक उत्तर प्रदेश के पश्चिमी भाग तक हो गया। विकास की गति कुछ तेज हो गई। अधिकांश आर्य स्थायी जीवन व्यतीत करने लगे और समाज व्यवस्थित हुआ। कार्यों में विभाजन होने लगा और वर्ण-व्यवस्था का विकसित रूप दिखाई देने लगा। चूल्हों का प्रयोग होने लगा। *ऋग्वेद* के दसवें मंडल में पुरुषसूक्त में पुरोहित, क्षत्रिय, वैश्य और शूद्र (इन शब्दों का मूल संस्कृत नहीं है।) की जो चर्चा है, जिनका अस्तित्व इसी तीसरे चरण में उभरा।

पुरोहित वर्ण लगभग सोलह उपवर्णों में विभाजित था, जिनमें से एक **ब्राह्मण** था। ब्रह्म अर्थात् मानव-निर्माण की शक्ति प्राप्त करनेवाला (?) ब्राह्मण कहलाया। **यज्ञ** प्रचलित हो गए और आकाश तथा पृथ्वी के बीच सम्बन्ध स्थापित करने का माध्यम यज्ञ से निकलनेवाले धुआँ के सहारे ब्राह्मण बना। युद्ध में विजय और पुत्र प्राप्ति के लिए प्रायः यज्ञ किए जाते थे। सम्पूर्ण पुरोहितवर्ग को क्षत्रिय, वैश्यों एवं शूद्रों से दान-दक्षिणा मिल जाता था। **क्षत्रियों** का काम युद्ध करना था। उत्पादन पर पूर्ण नियन्त्रण क्षत्रियों का था। क्षत्रिय राजा सभी सामाजिक वर्गों को आतंकित करता था। **वैश्य** कृषि, पशुपालन, शिकार एवं व्यापार करते। शिल्पकारों

का वर्ग अस्तित्व में आया। बड़े-बड़े भूमिपतियों ने व्यापारी का पेशा अपना लिया। तीनों वर्गों की सेवा करना **शूद्रों** का काम था।

चौथे और अन्तिम चरण अर्थात् लगभग 800 ई.पू. से विकास की प्रक्रिया तेज हो गई। आर्यों का विस्तार उत्तर प्रदेश और उत्तरी बिहार के मिथिला प्रदेश तक हो गया। समाज के धनी वर्गों ने राजनीतिक संगठन की आवश्यकता महसूस की। लोहे का प्रयोग होने लगा। समाज चार प्रकार के बर्तनों—लाल, काले, काले-लाल और चित्रित धूसर भांडों का प्रयोग करने लगा। विवाह निश्चित नियम के अनुसार होने लगे। व्यवसाय वंशानुगत हो गए। गरीबी और अमीरी का भेदभाव बढ़ा। धनी ब्राह्मणों, क्षत्रियों एवं वैश्यों की अलग श्रेणियाँ अप्रत्यक्ष रूप से तैयार हुईं। यज्ञविरोधी वातावरण बना। **सती-प्रथा** की प्रतीकात्मक शुरुआत हुई। **नियोग प्रथा** प्रचलित थी। पिता की सातवीं पीढ़ी तथा माता की पाँचवीं पीढ़ी तक के बीच विवाह की मनाही थी। इस समय गरीब महिलाएँ अधिक स्वतन्त्र थीं।

आर्थिक दृष्टिकोण से वैदिककाल में चार चरण पाते हैं। प्रथम चरण में समाज घुमन्तू था। भोजन प्राप्त करना आसान नहीं था। ऐसी स्थिति सैकड़ों वर्ष तक बनी रही। इस स्थिति में आर्थिक अवस्था कोई ठोस रूप नहीं बना सकी। आर्यों को नवीन फलमूल, जल एवं पशु-पक्षियों की जानकारी हुई। बकरी, भेड़, गाय, भैंस आदि सीधे-सादे पशुओं को **दूसरे चरण** में आर्यों ने पहचान लिया और पशुपालन किया जाने लगा। गाय, भैंस और बकरी के दूध एवं इनके बच्चों के कारण इनकी हत्या अधिकांश आर्यों द्वारा नहीं की जाती थी। क्योंकि ये सभी आर्थिक स्रोत थे। पशुपालन ने स्थायी जीवन के लिए अनुकूल वातावरण बनाया। ऋग्वैदिककाल के अन्तिम चरण में कुछ आर्य स्थायी जीवन बिताने लगे। पशुपालन-अवस्था में तत्कालीन समाज को पहुँचाने में मूल निवासियों (अनार्यों) की भूमिका महत्त्वपूर्ण रही। आर्थिक रूप में घी, दही, दूध, घास, मछली आदि का महत्त्व बढ़ा। **जौ** एवं साठी के **चावल** की जानकारी ऋग्वेद एवं तत्कालीन पुरातात्त्विक सामग्रियों से होती है। आर्थिक सुरक्षा के लिए **सभा** और **समिति** जैसी राजनीतिक संगठनों की आवश्यकता महसूस की गई। **तीसरे चरण** अर्थात् उत्तर-वैदिककाल के प्रथम चरण में शिकारी-जीवन व्यतीत करनेवालों की संख्या घटी। पशुपालन ज्यादा लोकप्रिय हुआ। नदियों के अनुकूल वातावरण में कृषि का विकास हुआ। कृषि से प्राप्त स्थायी भोजन ने अधिकांश आर्यों को स्थायी जीवन प्रदान किया। कृषि आर्यों का मुख्य पेशा हो गया। कर्म के आधार पर नवीन उपवर्गों का उदय हुआ। मिट्टी के बने कई प्रकार के बर्तन बनाए जाने लगे। स्वर्णकार, तमेरा, कांस्यकार, बढ़ई, घर बनानेवाले कारीगर आदि के नवीन वर्ग दिखाई देने लगे। जिन वैश्यों के पास ज्यादा भूमि थी, वह **वणिक** बन गया। ज्यादातर वैश्य कृषक एवं पशुपालक बने रहे। प्रशासन, राजा एवं तत्कालीन धार्मिक अनुष्ठानों पर होनेवाले खर्च का भार वैश्यों एवं शूद्रों को ढोना पड़ा।

अन्तिम चरण (800-600 ई.पू.) की शुरुआत लोहे से हुई। ई.पू. 800 के आसपास लोग लोहा से परिचित हुए। लौह-औजारों का प्रयोग होने से उत्पादन में काफी वृद्धि हुई। अतिरेक के कारण छोटे-बड़े व्यापारियों की संख्या बढ़ी। समाज व्यापक रूप में **गोपति** से **भूपति** बना। सोने, चाँदी, ताम्बे, लोहे, टीन, सीसा आदि का प्रयोग काफी बढ़ गया। कुम्हार, रंगसाज, बुनकर, बढ़ई, स्वर्णकार, कांस्यकार आदि का धन्धा विकसित हुआ। रथों को चलाने के लिए **सारथी** बहाल किए जाने लगे। आर्यों का विस्तार मिथिला (बिहार) तक हो गया। वस्त्र-उद्योग

विकसित हुआ। नगर-राज्य या जनपद बनाए जाने लगे। नाई, धनुष बनानेवालों, जुलाहा तथा चटाई एवं रस्सी बनानेवालों का पेशा स्वतन्त्र हो गया। चोरी काफी होने लगी। **मुद्रा** का प्रयोग खरीद-बिक्री में होने लगा। इससे पूर्व खरीद-बिक्री में **गाय** का प्रयोग किया जाता था। सूद पर रुपया देने की चर्चा *शतपथ ब्राह्मण* में है। व्यापारी वर्ग के संगठन को **श्रेणी** कहा जाता था। धान की खेती होती थी। सिंचाई का प्रबन्ध था। सूखा एवं बाढ़ से बचने के लिए धार्मिक अनुष्ठान किए जाते थे। 24 बैलों से खेत जोतने की चर्चा मिलती है। कृषिकार्य क्षत्रिय भी करते थे। इस तरह समाज एवं अर्थ-व्यवस्था के क्षेत्र में वैदिककाल से नहीं रुकनेवाली एक प्रक्रिया की शुरुआत हुई और इसमें सभी तत्कालीन तत्त्वों का सहयोग प्राप्त हुआ।

7.17 ऋग्वैदिककाल एवं उत्तर-वैदिककाल में अन्तर

वैदिककाल के पहलेवाले हिस्से (1500 ई.पू.-1000 ई.पू.) को ऋग्वैदिककाल और बाद के काल (1000 ई.पू.-600 ई.पू.) को उत्तर-वैदिककाल कहा जाता है।

ऋग्वैदिककाल में आर्यों के क्रिया-कलापों का केन्द्र आधुनिक पंजाब, राजस्थान, अफगानिस्तान और दिल्ली के आसपास का क्षेत्र था। उत्तर-वैदिककाल में आर्यों का विस्तार आधुनिक बिहार तक हो गया।

ऋग्वैदिककालीन लोग कबीलाई और अस्थायी जीवन प्रधान रूप में बिताते थे। उत्तर-वैदिककाल में हमें स्थायी जीवन की जानकारी होती है। ऋग्वैदिककाल में वर्ग-विभाजन आर्यों और अनार्यों के बीच रंग के आधार पर था। उत्तर-वैदिककाल में कर्म के आधार पर वर्ग-विभाजन (ब्राह्मण, क्षत्रिय, वैश्य और शूद्र) की जानकारी होती है।

ऋग्वैदिककाल में स्त्रियों की स्वतन्त्रता और उत्तर-वैदिककाल में स्त्रियों के अधिकारों एवं स्वतन्त्रता पर अंकुश लगाने की बात पाते हैं।

ऋग्वैदिककाल के प्रथम चरण में विवाह प्रथा विकसित नहीं थी। इस काल के अन्तिम चरण में विवाह प्रथा विकसित हो गई। उत्तर-वैदिककाल में विवाह से सम्बन्धित अनेक प्रकार के नियमों की चर्चा स्रोतों से मिलती है। इस काल में पिता की सातवीं पीढ़ी तथा माता की पाँचवीं पीढ़ी तक के बीच विवाह करने पर रोक लगा दी गई।

ऋग्वैदिककाल में एक स्त्री द्वारा कई पुरुषों से विवाह या शारीरिक सम्बन्ध स्थापित करने की प्रथा का प्रचलन था; जबकि उत्तर-वैदिककाल में एक स्त्री को स्थायी रूप से एक ही पुरुष के साथ विवाह करना आवश्यक था। ऋग्वैदिककाल में पतिव्रता का महत्त्व नहीं था, जबकि उत्तर-वैदिककाल में अच्छी पत्नी वही कहलाती, जो पतिव्रता होती थी।

भोजन के दृष्टिकोण से ऋग्वैदिककाल में कबीलीई समाज का मुख्य आहार पशु, मछली और फल था। उत्तर-वैदिककाल में कृषि का विकास होने से अनाज का प्रयोग बढ़ा। ऋग्वैदिककाल में मिट्टी के बर्तन के प्रमाण नहीं मिलते हैं। उत्तर-वैदिककाल में चार प्रकार के बर्तन (लाल, काला, लाल और काला तथा चित्रित धूसर) की जानकारी होती है। व्यापार की चर्चा हमें *ऋग्वेद* में नहीं, लेकिन उत्तरवैदिक समाज में मिलने लगती है।

ऋग्वैदिक समाज लोहे से परिचित नहीं था, जबकि उत्तर-वैदिककालीन समाज लोहे से कई प्रकार के औजार बनाते थे।

ऋग्वैदिक समाज में पशु ही धन था और भूमि का महत्त्व कृषि के अभाव में नहीं था। उत्तर-वैदिककाल में पशु के साथ-साथ भूमि-धन का महत्त्व भी बढ़ा।

उत्तर-वैदिककाल में **अतिरेक** ने व्यापार को विकसित किया। ऋग्वैदिककाल में अतिरेक एक अपवाद था।

उत्तर-वैदिककाल में हम कार्य में निश्चितता पाते हैं, जिसका ऋग्वैदिककाल में अभाव था।

उत्तर-वैदिककाल में आवश्यकता से अधिक उत्पादन (अतिरेक) ने विदेह, कोसल, कैकय, पांचाल आदि को विकसित किया, लेकिन ऋग्वैदिककाल में नगरीय विकास के लिए अनुकूल वातावरण का पूर्ण अभाव पाते हैं। बढ़ई, बुनकर, चर्मकार, रंगसाज, कुम्हार, स्वर्णकार, कांस्यकार, मछुआरा, जुलाहा, नाई आदि पेशेवर उत्तर-वैदिककाल में पाए जाने लगे। ऋग्वैदिककाल में इतने प्रकार के शिल्पकारों एवं कर्मकारों की जानकारी नहीं होती है। ऋग्वैदिकयुग का धर्म सरल तथा आडम्बरहीन था, किन्तु उत्तर-वैदिककालीन धार्मिक प्रक्रियाएँ जटिल हो गईं।

7.18 चतुराश्रमों की विशेषताएँ

ब्रह्मचर्याश्रम—इस आश्रम में ब्रह्मचारी को नैतिकता, स्वच्छता तथा सदाचरण की शिक्षा सबसे पहले गुरु से प्राप्त होती थी। यहाँ वह समूह में सम-भाव से जीवनयापन के लिए प्रशिक्षित होता था। माता-पिता, देवता और राजा के प्रति श्रद्धा का भाव जाग्रत किया जाता था। यहाँ वह विषयों से दूर रहता था। इसके लिए उसे प्रत्येक क्षण कार्यरत रखा जाता था। इससे उसका चेतन अवयव नियन्त्रित रहता था, जो कौटिल्य के अनुसार शिक्षा का प्रमुख उद्देश्य था। अतः उसकी बाह्य क्रियाओं और आन्तरिक भावनाओं में पूर्ण समता रहती थी। वह सदा अध्यापक पर ही आश्रित रहता था और उसी के आश्रम में उसी के साथ रहता था। उसकी गौओं का पोषण करता था। भिक्षाटन करता था। गुरु-सेवा से जो समय बच जाता था, उसमें अध्ययन करता था। उसके लिए उपानह (जूता-चप्पल) तथा सवारी का विवर्जन था। दिन में सोना, सुगन्धित वस्तुओं का प्रयोग, अंजन लगाना तथा तैलमर्दन आदि उसके लिए विहित नहीं था। गर्म जल से स्नान, स्त्रियों को घूरना, उन्हें स्पर्श करना, धूर्त, निम्नवर्ग की सेवा आदि से उसे विरक्त रहने का विधान था। अध्यापक को छोड़ किसी का भी उच्छिष्ट अन्न उसे ग्रहण करने की छूट नहीं थी। *विष्णु धर्मसूत्र* के अनुसार, ब्रह्मचारी या तो अपने सभी केश कटवा दे या उसको चटाई की तरह बढ़कर उलझ जाने दे, जटा बन जाने दे। उसे अपने गुरु, उसकी पत्नी, पुत्रों तथा समान शिक्षित का नाम नहीं लेना चाहिए। यदि आवश्यकता पड़े तो समानार्थी नामों का प्रयोग करना चाहिए। प्रातः उठने पर वेदाध्ययन प्रारम्भ करते समय तथा समाप्त करते समय नित्य गुरु का उपसंग्रहण (हाथों से पैर पकड़कर सिर झुकाना) करना चाहिए। अन्य समय में गुरु के मिलने पर उनका अभिवादन (अपना नाम बताकर यह कहना कि मैं आपको अभिवादन करता हूँ) करना चाहिए। वह उपाध्याय के लिए पुत्रवत् होता था। उसी के समान उसे अपने उपाध्याय की शुश्रूषा करनी चाहिए। जातकों से ज्ञात होता है कि ब्रह्मचारी उनके लिए दातौन, पानी, आसन आदि लाता था तथा आवश्यकता पड़ने पर उनका बर्तन साफ करता था और कपड़ों को धोता था। मठ के सभी कार्य भी वह करता था।

ब्रह्मचारी दो प्रकार के होते थे—नैष्ठिक और उपकुर्वाण। नैष्ठिक आजन्म ब्रह्मचारी होता था, पर उपकुर्वाण विद्या समाप्त कर गुरु को दक्षिणा देकर वापस लौट आता था।

गृहस्थाश्रम—ब्रह्मचारी एकाकी होता था। वह अकेले बहुत दिनों तक नहीं रह सकता। अतएव एक संगिनी चुनता, जिसके साथ उसका आजीवन सान्निध्य बना रहे। यही विवाह-संस्कार है। यहीं ब्रह्मचर्य समाप्त कर व्यक्ति गृहस्थाश्रम में प्रवेश करता है। यह आवश्यकता न केवल भौतिक जगत की है, बल्कि आध्यात्मिक जगत में भी इसे अनुभूत की गई। पहले पृथ्वी और स्वर्ग साथ-साथ थे। पीछे विलग हुए, पर यह अवस्था बहुत दिनों तक चल नहीं सकी। अतएव दोनों ने विवाह का निश्चय किया, जिससे परस्पर सहयोग बना रह सके। इसमें एकाकी जीवन को उचित नहीं माना गया है। इसलिए मनु के अनुसार, यदि गृहस्थाश्रम में रहते हुए एक पत्नी मर जाए तो दूसरा विवाह शीघ्र कर लेना चाहिए, क्योंकि *महाभारत* में इसकी बड़ी महत्ता बताई गई है।

गृह्यसूत्रों के अनुसार, विवाह के पश्चात् उसे घर बनाना आवश्यक बताया गया है। इसकी आवश्यकता केवल इसीलिए नहीं है कि उसके कुटुम्बी उसमें रहें, बल्कि जीवित अथवा मृतक माता-पिता तथा सन्तानादि के लिए भी इसे आवश्यक माना गया है। पुनः उसे गृह-अग्नि प्रज्वलित करनी पड़ती थी, जिसमें वह नित्य होम करता था। यह उसकी अलिप्तता अथवा त्याग का द्योतक कहा जा सकता है। वह घर बनाकर धर्म, अर्थ और काम की साधना करता था। इस प्रकार तीनों पुरुषार्थों की साधना इस आश्रम में की जाती थी, जिनके द्वारा तीनों ऋण से उऋण होने का प्रयास चलता रहता था। इस प्रकार घर अग्नि देव का प्रतीक होता है।

वह अहिंसा, सत्य, दया आदि का जीवन व्यतीत करता है। मधु और मांस का भोजन नहीं करता, अप्रदत्त का ग्रहण नहीं करता, परस्त्री से सम्बन्ध नहीं रखता, अपनी स्त्री का संरक्षण करता हुआ जीवन व्यतीत करता था।

मनु के अनुसार, उसे प्रातःकाल उठकर नित्य-क्रिया से निवृत्त होकर देवताओं को पूजन करना होता था। सूर्योदय के पहले ही उसे उठना पड़ता था। ऐसा न करने से वह दंड का भागी होता था। यहीं उसे पाँच महायज्ञ करने पड़ते थे। ये पाँच यज्ञ हैं—ऋषियज्ञ, पितृयज्ञ, देवयज्ञ, अतिथियज्ञ तथा भूतयज्ञ। इन प्रत्येक का मनुष्य किसी-न-किसी प्रकार ऋणी रहता है। इससे वह उनके ऋणों से उऋण होता चलता था। इनके द्वारा वह जहाँ शुद्ध होता था, वहीं विभिन्न उपकारों से मुक्त भी होता था।

उसको यहाँ अनेक संस्कार भी करने पड़ते थे। गर्भाधान से लेकर अन्त्येष्टि तक के संस्कार अपने पूर्वजों, कुटुम्बियों और पुत्र-पौत्रों के सम्बन्ध में करता था। इनमें से कुछ संस्कार तो उसके व्यक्तिगत जीवन से सम्बद्ध होते थे; जैसे—गर्भाधान, पुंसवन, जातकर्म आदि। ये सभी वह अपने पुत्र, पौत्रों के लिए करता था। यहाँ पत्नी से उसका सम्बन्ध विशेष होता था। वह पति के लिए दासी, सखी, भार्या, बहन और माता की भाँति समय-समय पर उसके समक्ष आती थी। दान देना भी गृहस्थ का एक आवश्यक कार्य था। विभिन्न प्रकार के दानों की चर्चा मनु ने की है। इसका कारण यह बताया है कि सत्कारसहित दान लेने और देनेवाले स्वर्ग को प्राप्त करते हैं। अपने भोजन करने से पहले उसे अतिथि, अबोध बालक, बीमार, प्रसूता, संरक्षिता और वृद्ध को खिलाना होता था। यति के अनुसार, अतिथि का

स्वागत करना उसका धर्म था। सामाजिक जीवन में अलग-अलग व्यक्तियों के साथ अलग-अलग अभिवादन की विधि ज्ञात होती है। यहाँ पुरुष और स्त्री दोनों को देवताओं, पितरों और ऋषियों को तर्पण देना पड़ता था। दोनों सन्ध्याओं को सन्ध्या की जाती थी। इसका कारण यह बताया गया है कि इससे बुद्धि, यश, आयु और शक्ति बढ़ती है। प्रत्येक गृहस्थ को जीवन के सम्बन्ध में निर्धारित निषेधों का पालन करना पड़ता था। उसे दिन में केवल दो बार भोजन तथा एकादशी एवं पूर्णिमा का व्रत करना पड़ता था। पर व्रत के दिन भी प्रातःकाल कुछ खा सकता था।

गृहस्थ को अपने गुरु के पास प्रायः जाना पड़ता था। उसे उपयुक्त वस्तुएँ सामर्थ्यानुसार देनी पड़ती थी। यदि कुछ भी न हो, तो दातौन ही लेकर जाता था। उसके घर भी अध्यापक आता था। उस समय वह अपने द्वारा विविधत ज्ञान की सूचना अध्यापक को देता था।

उसे सच्चरित्र रहने के साथ नित्य स्नान करना होता था। सुगन्धित वस्तुओं का अनुलेपन करना पड़ता था, दूसरे के प्रति दयालु, धैर्यवान् होना पड़ता था तथा किसी को भी घायल नहीं करना पड़ता था। वह सदा प्रिय सत्य बोलता था, कभी भी अप्रिय सत्य नहीं बोलता था। वह उतना ही धन एकत्रित करता था जितना न्यायप्रिय रीति से प्राप्त कर सकता था। उसे साधारण परिस्थिति में किसी से भी माँगना नहीं पड़ता था। यदि वह विशेष-से-विशेष विपत्ति में पड़ता था तो राजा से माँग सकता था। वह भी उसी राजा से, जो क्षत्रिय होता था तथा शास्त्रों के अनुरूप आचरण करता था। उसको शूद्र के राज्य में तथा पापियों के साथ रहने की भी मनाही थी। उसे अपने कुटुम्बियों के साथ कभी भी झगड़ा नहीं करना चाहिए। दूसरे की सामग्रियों का प्रयोग उसे कभी भी नहीं करना होता था। पैसा रहते मैला वस्त्र, पुराने गहनों का भी प्रयोग विवर्जित था। उसे दाढ़ी, बाल तथा नाखून बढ़ाना मना था। उसे अपनी पत्नी के साथ न भोजन करना होता था और न उसको भोजन करते समय देखना उचित माना जाता था।

इस आश्रम में गृहस्थ समाज की विविध समस्याओं के प्रति मैत्री तथा प्रेमभाव रखता है। यह इसकी बड़ी भारी विशेषता है कि जहाँ अन्य आश्रम एकाकी सम्बन्ध के हैं, वहीं यह अन्य आश्रमों तथा पूरे समाज और जीवित तथा मृतक सभी सम्बन्धियों से सम्बन्धित है। यहीं वह अतिथियों का स्वागत, ब्रह्मचारियों का पोषण, वानप्रस्थियों की व्यवस्था, भूतयज्ञ तथा जीवधारियों के प्रति श्रद्धा रखता था।

उपर्युक्त विवरणों से स्पष्ट है कि गृहस्थाश्रम को एक ऐसा स्थल माना जाता था, जहाँ व्यक्ति सामाजिक जीवन का अध्ययन करता था, पुरुषार्थों की पूर्ति करता हुआ वह मोक्ष की प्राप्ति करता था। यहीं वह पुत्र, पत्नी, परिवार, मृतक तथा समाज के प्रति अपने कर्तव्यों को पूर्ण करता था।

वानप्रस्थाश्रम–धर्मसूत्रों, धर्मशास्त्रों तथा महाकाव्यों में इसका बड़ा ही व्यापक विवरण मिलता है। वृद्धावस्था प्राप्त होने पर दशरथ ने राज्य त्याग कर विश्राम करने का विचार किया। यह स्पष्ट करता है कि गृहस्थाश्रम के लिए निर्धारित कार्यों की समाप्ति पर व्यक्ति वानप्रस्थाश्रम में प्रवेश करता था। इसी को वैखानस मार्ग भी कहा गया है। इस समय वह गृहत्यागी होता था और जितेन्द्रिय होकर रहता था। **वह गृहस्थ का अन्न नहीं ग्रहण करता था।** वह फल तथा शाक-सब्जियों पर ही जीवनयापन करता था। वह बाहर तथा भीतर से पवित्र

होता था *(रामायण* 02.109.26)। वह सम्पत्ति नहीं रखता था। मिष्टान्न, मांस, गाँव में उगे हुए फल तथा मूल का किसी भी परिस्थिति में, चाहे वह भूख से व्याकूल हो, उसे नहीं खाना चाहिए। वह अग्नि में पकाकर अथवा स्वयं पके हुए पदार्थों का भोजन करता था। उसमें भी अधिकांश उसे उपवास में ही अपना समय व्यतीत करना होता था। वह तृण की शैय्या पर शयन करता था। सायंकाल वह कुछ भी भोजन नहीं करता था। प्रातः तपस्वी एक रात्रि ही एक आश्रम में रुकता था। वह त्यक्त भोगी होता है। भूमि पर शयन करना तथा वृक्ष के नीचे रहना उसका सामान्य जीवन था। किसी के द्वारा किए गए भले या बुरे पर विचार नहीं करता था। वह तपस्या, इन्द्रियनिग्रह, संयम तथा मनोनिग्रह से सम्पन्न होता था, वह वृक्ष की छाल तथा चर्म धारण करता था। मांस भक्षण के लिए इन्हें छूट थी। यहाँ रहकर वह पाँच महायज्ञों को करता था। उसके यहाँ जो भी अतिथि पहुँच जाता था उसे अपने लिए एकत्रित भोजन में से देता था। **इसके अतिरिक्त वेद और उपनिषदों का अध्ययन करता हुआ अपना ज्ञान विवर्धन करता था।** यदि वह अस्वस्थ हो जाता तो बिना औषधि का प्रयोग किए वायु और जल पर रहने लगता था। इस प्रकार शोक और भय से रहित जीवन व्यतीत करता हुआ मोक्ष की प्राप्ति करता था।

संन्यास आश्रम–वानप्रस्थ संन्यास की तैयारी है। इसे पूर्ण कर लेने पर वह चौथे आश्रम में सभी विषयों का त्याग कर प्रवेश करता था। इसमें त्याग की सीमा इतनी होती थी कि वह अपने लिए कुछ भी संचित नहीं करता था। वह दूसरों के सहयोग को भी त्याग देता था। उसको किसी के सहयोग की आवश्यकता की अनुभूति ही नहीं होती थी। वह पूर्ण एकाकी विचरण करता था। वह उतने ही परिणाम में भिक्षा माँगता था, जितने से उसका जीवनयापन हो जाए। किन्तु न मिलने पर दुखी और मिलने पर प्रसन्न उसे नहीं होना चाहिए। उसे अपनी सामग्रियों के प्रति भी आसक्ति नहीं होती थी। वह केवल दिनभर में एक बार भिक्षा-ग्रहण करता था और वह भी अत्यन्त सीमित मात्रा में। वह भिक्षा माँगने अत्यन्त विलम्ब से तब जाता था, जब लोगों का भोजन समाप्त हो चुकता था तथा आग बुझी रहती थी। वह बिना आश्रय के रहता था। वह दूसरों के द्वारा फेंके गए वस्त्र को पहनता था। वह किसी भी प्रकार के प्रतिबन्ध से ऊपर रहता था। उसके लिए न कुछ त्याज्य था और न ग्राह्य। वह किसी भी सीमा के बाहर रहता था। वह वाणी, दृष्टि और क्रिया में बहुत ही संयत रहता था। वह एक रात से अधिक किसी गाँव में नहीं रहता था। उसका सिर मुड़ा होता था। वह अपने को जीवनमुक्त मानता था। इसी से उसे जीवन तथा मृत्यु में कोई भी आसक्ति नहीं होती थी। इन्द्रियनिग्रह, प्रेम, घृणा का त्याग तथा जीवधारियों के प्रति अहिंसा की वृत्ति के कारण संन्यासी अमरता प्राप्त दरने के योग्य बन जाता था। संन्यासी को सामाजिक दृष्टि से मृतक मान लिया जाता था। वह अपना नाम परिवर्तित कर लेता था और उसके सम्बन्धी उराका पुतला जला देते थे और उसका प्रेतकर्म कर देते थे।

8

जैन धर्म एवं बौद्ध धर्म

8.1 धर्मसुधार आन्दोलन

ई.पू. छठी शताब्दी एक ऐसा महत्त्वपूर्ण चरण है, जहाँ से ऐतिहासिक तथ्यों को समझने के लिए पुरातात्त्विक एवं लिखित सामग्रियाँ एक साथ मिलने लगती हैं। नगर-राज्यों का विकास, लोहे का प्रयोग, अहिंसा, भीख माँगनेवाले, होटल, शाकाहारी भोजन, वैश्यों की मजबूत आर्थिक स्थिति और वैदिक व्यवस्था पर चोट का प्रथम चरण यही शताब्दी रही है।

धर्मसुधार आन्दोलन की पृष्ठभूमि में कई तत्त्व थे, लेकिन सबसे प्रमुख आधार थी प्रतिष्ठा। सामाजिक प्रतिष्ठा की आवश्यकता सर्वप्रथम वैश्यों द्वारा और राजनीतिक प्रतिष्ठा क्षत्रियों द्वारा विशाल रूप में महसूस की गई। वैदिक धर्म-व्यवस्था अब सामाजिक विकास में बाधा के रूप में दिखाई देने लगी, क्योंकि समाज की आर्थिक स्थिति ठीक होती जा रही थी। वैदिक धर्म-बन्धन से मुक्ति पाने के लिए इस समय 62 धार्मिक सम्प्रदायों[1] के नेताओं (*दीघनिकाय* के 'बहृमजालसुत्' के अनुसार) ने आवाज उठाई। इनमें जैन धर्म और बौद्ध धर्म सर्वाधिक प्रसिद्ध थे। ज्ञानी एवं त्यागी ब्राह्मणों से मदद प्राप्त कर महावीर जैन एवं गौतम बुद्ध के नेतृत्व में वैदिक धर्म के अनेक दोषों का पर्दाफाश किया गया। इसी कारण इसे **धर्मसुधार आन्दोलन** भी कहते हैं।

आबादी बढ़ने से आर्यों का विस्तार आधुनिक बिहार प्रान्त के मिथिला क्षेत्र तक हो गया था। लौह-औजारों का प्रयोग बढ़ने से कृषि-पैदावार में वृद्धि हुई और वैश्यों का दो वर्ग हुआ। एक बड़ा वर्ग कृषि एवं शिकार से जुड़ा रहा तथा दूसरा छोटा वर्ग व्यापारियों का हो गया। कृषि-योग्य भूमि का विस्तार होता रहा। कृषि में पशुओं की आवश्यकता थी। अतः अधिक-से-अधिक पशुओं की सुरक्षा की आवश्यकता महसूस की जाने लगी, लेकिन वैदिक यज्ञों के कारण पशुवध जारी रहा। इससे वैश्यों को सर्वाधिक आर्थिक कष्ट था। बौद्ध धर्म ने पशुबलि का जोरदार शब्दों में विरोध किया।

पशुधारी व्यवस्था टूटने लगी। व्यापार से जुड़ा वैश्य (व्यापारी वर्ग) दिन-पर-दिन धनाढ्य होने लगा। समाज में उसकी आर्थिक शक्ति से किसी वर्ग की तुलना नहीं की जा सकती थी।

---

1. जैन साहित्य के अनुसार, इस समय 363 सम्प्रदायों का उदय हुआ। विस्तृत जानकारी के लिए देखें, बी.एन. लूनिया, *प्राचीन भारतीय संस्कृति,* आगरा, 1986, पृ. 320

तत्कालीन समाज में इनकी प्रतिष्ठा बढ़ी। बौद्ध धर्म ने बताया कि धन नहीं कमाने से गरीबी बढ़ती है। गरीबी सारे दुखों का कारण है। गरीबी के कारण ही झूठ, घृणा, हिंसा आदि का जन्म होता है। बौद्ध धर्म ने किसानों को कृषि के औजार, लोहा एवं व्यापारियों को धन और मजदूरों को उचित पारिश्रमिक देने पर बल दिया। स्त्रियों को सुविधा देने पर भी बुद्ध ने जोर दिया।

नवीन सामाजिक एवं आर्थिक ढाँचे में वैदिक नियम बाधा डाल रहे थे। जैन एवं बौद्ध धर्मों ने प्रायः वैसी ही बातों को अपने यहाँ स्थान दिया, जिनके द्वारा क्षत्रियों को ब्राह्मणों से ऊँचा स्थान मिल सके। वैदिक मन्त्रों को **देववाक्य** कहा जाता था। इसमें बदलाव असम्भव माना जाता था। राजसूय तथा अश्वमेध यज्ञों पर से लोगों का विश्वास हटने लगा, क्योंकि इसमें पशु, अनाज एवं धन भस्म कर दिए जाते थे और जो बच जाता, उन पर ब्राह्मणों का अधिकार हो जाता था। वैदिक मन्त्रों का शुद्ध-शुद्ध उच्चारण करनेवाले ब्राह्मणों का एक छोटा वर्ग ही काफी धनी हो सका। जिन शेष ब्राह्मणों की आर्थिक दशा खराब रही, उनकी अप्रत्यक्ष सहानुभूति जैनों एवं बौद्धों के साथ हो गई।

नवीन उत्पादन-प्रणाली के कारण धनाढ्य व्यापारियों की संख्या बढ़ी और उनका प्रभाव भी समाज पर बढ़ा। शिकार से जीवन चलानेवाले लोगों की संख्या में कमी और पशुपालन तथा कृषिजीवन व्यतीत करनेवालों की संख्या में वृद्धि हुई। उनका जीवन-स्तर भी बेहतर हुआ। स्त्रियों के बीच नवीन जागरूकता लाने में बौद्ध धर्म की भूमिका महत्त्वपूर्ण रही। अतिधनाढ्य ब्राह्मणों के कारण गरीब ब्राह्मणों ने धर्मसुधार को आवश्यक समझा। असन्तुष्ट ब्राह्मणों के सहयोग के बिना जैन और बौद्ध धर्मों का विकास सम्भव नहीं हो पाता। क्षत्रियवर्ग ने, जिस पर राज्य की नींव टिकी हुई थी, अपने को ब्राह्मण से ज्यादा ऊँचा समझने का अनुकूल वातावरण पाया। इसी परिवेश में छठी शताब्दी ई.पू. में धर्मसुधार आन्दोलन हुए।

8.2 महावीर स्वामी और जैन धर्म

कोई समय था, जब जैन धर्म को बौद्ध धर्म की एक शाखा मात्र माना जाता था, किन्तु बाद में विद्वानों ने इस बात का पता लगाया कि जैनमत बुद्धमत की शाखा न होकर अपने-आप में एक अलग धर्म है। जैन धर्म को संगठित रूप देने का श्रेय महावीर को है, किन्तु **जैन-साहित्य** और परम्परा के अनुसार, जैन धर्म बहुत ही प्राचीन है। जैन परम्पराओं के अनुसार, महावीर से पहले इस धर्म के तेईस गुरु (ऋषभ, अजितनाथ, सम्भवनाथ, अभिनन्दननाथ, सुमितनाथ, सुपद्यनाथ, सुपार्श्वनाथ, चन्द्रप्रभु, पुष्पधर, शीतलनाथ, श्रेयांसनाथ, बसुपूज्य, विमलनाथ, अनन्तनाथ, धर्मनाथ, तंडी, कूंड्, अवनाथ, मल्लीनाथ, मुनि सुव्रतनाथ, निमिनाथ, नेमिनाथ और पार्श्वनाथ) हो चुके थे, जो तीर्थंकर कहलाते थे। महावीर (Great Soul) अन्तिम और चौबीसवें तीर्थंकर (ford-maker, i.e. he was a bridge to enlightment) थे। प्रारम्भिक तीर्थंकरों के विषयों में हमारी जानकारी बहुत ही कम है। जैन-साहित्य में उनके सम्बन्ध में जो तथ्य मिलते हैं वे ऐतिहासिक और विश्वसनीय नहीं हैं। तेईसवें तीर्थंकर पार्श्वनाथ लगभग आठवीं शताब्दी ईसा पूर्व में हुए और वे ऐतिहासिक पुरुष जान पड़ते हैं। *कल्पसूत्र* के अनुसार, वे इक्ष्वाकुवंशीय क्षत्रिय राजा अश्वसेन के पुत्र थे, जो बनारस के राजा

थे। तीस वर्ष की आयु में उन्होंने गृहस्थ जीवन छोड़ दिया और कई महीनों के चिन्तन के उपरान्त उन्हें ज्ञान प्राप्त हुआ। **अहिंसा, सत्य, अस्तेय** तथा **सम्पत्ति** नहीं रखना उनके चार मुख्य उपदेश थे।

8.3 महावीर की जीवनी

तत्त्वार्थधियमसूत्र, नन्दीसूत्र, आचारांगसूत्र, भगवतीसूत्र आदि जैन-साहित्य के अनुसार, जैनियों के सबसे अन्तिम और चौबीसवें तीर्थंकर महावीर स्वामी थे। उनका जन्म लगभग 540 ई.पू. में वैशाली के पास कुंडग्राम में हुआ था, जो आधुनिक बिहार राज्य के वैशाली जिला में स्थित है। उनके बचपन का नाम वर्द्धमान था। कुंडग्राम में जान्त्रिक नामक क्षत्रियों का गणराज्य था। महावीर के पिता सिद्धार्थ उसी के गणमुख्य थे। उनकी माता त्रिशला देवी वैशाली गणराज्य के अधीन छोटे-से राज्य लिच्छवी के अधिपति राजा चेतक की बहन थीं। बड़ा होने पर यशोदा नामक एक युवती से महावीर का विवाह कर दिया गया। उनसे उनको एक ही पुत्री हुई थी। अपने माता-पिता की मृत्यु के पश्चात् तीस वर्ष की आयु में महावीर अपने बड़े भाई की आज्ञा प्राप्त करके गृहत्याग कर संन्यासी बन गए। (*पउमचरिय* तथा *आवश्यकनिर्युक्ति* नामक जैनग्रन्थों का हवाला देते हुए दिगम्बर जैनियों ने महावीर से सम्बन्धित उपर्युक्त बातों को नहीं स्वीकारा है।) उन्होंने वन में जाकर ज्ञान-प्राप्ति के लिए बारह वर्ष तक कठोर तपस्या की। लोगों ने उन्हें लाठियों से मारा, उन पर ईंट, पत्थर तथा गन्दी वस्तुएँ फेंकी, उनकी खिल्ली उड़ाई गई और अन्य तरीकों से उनकी तपस्या को भंग करने का यत्न किया गया। लेकिन वे अपने मार्ग से विचलित नहीं हुए। इस कठोर तपस्या के प्रभाव से उन्हें ज्ञान की प्राप्ति हुई और उनका हृदय ज्ञान-लोक से जगमगा उठा। अब उन्होंने सांसारिक बन्धनों को तोड़कर माया-मोह से छुटकारा पा लिया। अतः वे **निर्ग्रन्थ** कहलाएँ, जिसका अर्थ होता है—बन्धनहीन। उन्होंने अपनी इन्द्रियों पर विजय प्राप्त कर ली थी और वे **जिन** कहलाए। उन्हें बारह वर्ष तक तपस्या के पश्चात् जूम्भिक ग्राम के बाहर ऋजुपालिका नदी के तट पर कैवल्य ज्ञान की प्राप्ति हुई थी। तभी से वे **अर्हत्** (पूजनीय) कहलाने लगे। वे महीनों बिना नहाए-धोए और बिना खाए-पीए तपस्या में लीन रहे। न उन्होंने कभी अपने घावों को भरने का यत्न किया और न दवा प्राप्त करने की कोशिश की। अपार धीरज के साथ उन्होंने सभी मुसीबतों का सामना किया। अतएव घे **महावीर** कहलाए। पार्श्वनाथ के अनुयायी उन्हें चौबीसवाँ तीर्थंकर मानने लगे। पार्श्वनाथ के अनुयायी निर्ग्रन्थ कहलाते थे, परन्तु महावीर के जिन (Conqueror) अथवा जितेन्द्रिय बन जाने से वे जैन कहलाने लगे।

ज्ञान प्राप्त करने के उपरान्त महावीर ने एकान्त में बैठकर अपना जीवन नहीं बिताया, बल्कि तीस वर्षों तक उन्होंने घूम-घूमकर मगध, कोसल, अंग, मिथिला, काशी आदि प्रदेशों में अपनी शिक्षा का प्रचार किया। प्रारम्भ में तो वे अकेला ही घूमा करते थे, पर कुछ काल पश्चात् उन्हें घोषाल नामक एक सहयोगी भी मिल गया। महावीर तथा घोषाल की पहली भेंट नालन्दा में हुई थी। कोल्लाग नामक स्थान पर ये दोनों लगभग छह वर्षों तक साथ रहे। इन दोनों उपदेशकों में कुछ मतान्तर हो गया और वे पृथक् हो गए। घोषाल महावीर की

तथा महावीर घोषाल की आलोचना करते थे। घोषाल को ही **आजीवक** सम्प्रदाय का निर्माता कहते हैं।

महावीर को धर्म-प्रचार करने में सिर्फ साधारण कठिनाइयों का ही सामना नहीं करना पड़ा। उस समय भारत में प्राचीन वैदिक-धर्म के अनेक सम्प्रदाय तथा कुछ नवीन धार्मिक दल विद्यमान थे। इनमें बुद्ध, बार्हस्पत्य, नास्तिक या चार्वाक, वेदान्तीय सांख्य, अपृष्ठानादीय, आजीविक, त्रैराशिक तथा शैव्य मत प्रधान थे। महावीर के समय में अनेक धर्म-प्रचारक और उनके मत प्रचलित थे। क्रियावाद, अक्रियावाद, अज्ञानवाद आदि अनेक वादों का प्रचलन काफी जोर पर था। इन समस्त वादों की प्रतिस्पर्द्धा में महावीर को अपना मत स्थापित करना था।

महावीर ने बड़ी लगन के साथ अपना धर्म-अभियान जारी रखा। धीरे-धीरे अनेकानेक राजे-महाराजे, धनी-व्यापारी, वैश्य, जनसाधारण आदि उनमें श्रद्धा व्यक्त करके उनके अनुयायी बन गए। महावीर को अपने समकालीन कई राज्यों का सहयोग प्राप्त हुआ। कुछ गणराज्यों ने भी महावीर तथा उनके धर्म के प्रति काफी सहानुभूति दिखलाई। उनके अनुयायियों में प्रसिद्ध व्यक्ति महाराज बिम्बिसार, अजातशत्रु और आजीवक सम्प्रदाय के संस्थापक घोषाल थे। महावीर ने पार्श्वनाथ द्वारा स्थापित चार मुख्य सिद्धान्तों अर्थात् अहिंसा, सत्य, अस्तेय एवं अपरिग्रह का प्रतिपादन किया। पाँचवाँ सिद्धान्त अपनी ओर से जोड़ दिया, जिसको ब्रह्मचर्य कहते हैं। ये पाँचों नियम मिलकर 'पंचयम' कहलाते हैं। महावीर अहिंसा, अपरिग्रह और ब्रह्मचर्य पर विशेष बल देते थे और कहते थे कि केवल वही व्यक्ति कैवल्य प्राप्त कर सकता है, जो इन तीनों व्रतों का पालन भली-भाँति करेगा। तीस वर्षों अर्थात् 42 से 72 वर्ष की आयु तक महावीर जैन ने मगध, कोसल, अंग, मिथिला, काशी आदि प्रदेशों में शिक्षा का प्रचार किया। ईसा से 526 वर्ष पूर्व 72 वर्ष की अवस्था में आधुनिक नालन्दा जिला के पावापुरी नामक स्थान पर अन्न-जल का त्याग कर देने से उन्हें निर्वाण (Freedom) प्राप्त हुआ।

8.4 जैन धर्म के सिद्धान्त

ईश्वर-सम्बन्धी विचार–जैनियों का ईश्वर के अस्तित्व में विश्वास था या नहीं, इस विषय में विद्वानों में भारी मतभेद था, लेकिन अब यह निश्चित हो चुका है कि जैन धर्मावलम्बी ईश्वर के अस्तित्व में विश्वास नहीं करते। महावीर स्वयं ईश्वर को सृष्टि का कर्ता-धर्ता नहीं मानते थे। उनका विचार था कि "मनुष्य की आत्मा में जो कुछ महान है और जो शक्ति तथा नैतिकता है, वही भगवान् है।" जैनियों का कहना है कि सृष्टि अथवा विश्व का संचालन करने के लिए ईश्वर जैसी किसी अलौकिक सत्ता की आवश्यकता नहीं है। इस धर्म में तीर्थंकरों को ही ईश्वर माना गया है तथा मन्दिरों में देवी-देवताओं के बजाय तीर्थंकरों की ही पूजा की जाती है। जैन धर्म में ईश्वर को निराकार माना गया है। उनका कहना है कि निर्माणकर्ता के हाथ-पैर होते हैं और वह अपने हाथों से काम करके किसी वस्तु का निर्माण करता है। ईश्वर को सभी व्यक्ति निराकार नहीं मानते हैं। अतः ईश्वर जिसका कोई रूप नहीं है, वह विश्वकर्ता कदापि नहीं हो सकता। उनके विचार में यह संसार शाश्वत् अनन्त, अनादि और स्वाधारित है। वे ईश्वर को सर्वज्ञ और वीतराग मानते हैं।

आत्मवाद–अनीश्वरवादी होते हुए भी महावीर अनात्मवादी नहीं थे। उनका कहना था कि विश्व में दो बुनियादी पदार्थ हैं–जीव और अजीव। दोनों ही अनादि हैं। उन्हें किसी ने रचा नहीं और दोनों ही स्वतन्त्र हैं। जीव का अर्थ आत्मा ही है। महावीर का विश्वास था कि जीव केवल मनुष्य, पशु और वनस्पति में ही नहीं है, बल्कि प्राकृतिक वस्तुओं में भी जीव है। संसार में अगणित जीव हैं और सब समान हैं।

अजीव का अर्थ केवल पदार्थ (मैटर) नहीं है। जीव को निकालकर जो कुछ विश्व में शेष रह जाता है वह सब **अजीव** है। अजीव के अन्तर्गत पाँच चीजें सम्मिलित हैं–पुद्गल (पदार्थ, मैटर), धर्म, अधर्म, आकाश तथा काल (समय)। स्पर्श, रस, गन्ध एवं वर्णयुक्त द्रव्य **पुद्गल** कहलाता है। मोटे तौर पर पुद्गल के दो प्रकार हैं–अणु, जो अविभाज्य हैं तथा स्कन्ध, जो अणुओं का समूह हैं। दूसरा द्रव्य धर्म है। धर्म का अर्थ है गति की अवस्था और अधर्म का अर्थ है स्थिरता की अवस्था। आकाश, जो चौथा द्रव्य है, वह सब पदार्थों को अवकाश देता है। आकाश के दो भेद लोकाकाश तथा अलोकाकाश हैं। पाँचवाँ द्रव्य काल समस्त द्रव्यों के परिवर्तन में योग देता है। जीव और अजीव के घात-प्रतिघात से विश्व चलता और कार्य करता है।

कर्म की प्रधानता–जैन लोग कर्म की प्रधानता को मानते हैं। इन लोगों का विश्वास है कि हमारे पूर्वजन्म के कर्मों से ही इस बात का निर्णय होता है कि किस वंश में हमारा जन्म होगा और कैसा हमारा शरीर होगा। फल के प्रभाव से ही वह राजा अथवा भंगी के घर जन्म लेता है। इस जन्म में अच्छे कर्म करके मनुष्य अपना भविष्य अच्छा बना लेता है। उसे अपने कर्मों के लिए फल अवश्य भोगना पड़ता है। क्रोध, माया, लोभ आदि के कारण ही आत्मा बन्धन में पड़ती है। जैन धर्म में पुनर्जन्म के सिद्धान्त पर विश्वास किया जाता है। उसके अनुसार, मानव बार-बार जन्म लेता है। वे विश्वास करते हैं कि आत्मा बहुत-से बन्धनों में बँधी हुई है। अनेक बार जन्म लेने पर और उन बन्धनों का अन्त करके ही मानव मुक्ति प्राप्त करता है। जैन मतावलम्बी आत्मा के अस्तित्व तथा उसके अमरत्व पर विश्वास करते हैं। ये लोग आत्मा को सर्वद्रष्टा समझते हैं। परन्तु इनकी यह धारणा है कि कर्म के बन्धनों के कारण उनकी शक्ति क्षीण हो जाती है। जैनियों का विश्वास है कि आत्मा शरीर से अलग है और यद्यपि इसकी कोई मूर्ति नहीं होती, परन्तु प्रकाश की भाँति यह अपना अस्तित्व रखती है। जैनियों के विचारानुसार, आत्मा स्वभाव से ही पूर्ण तथा निर्विकार है, परन्तु कर्मों के कारण यह बन्धन में पड़ जाती है।

आत्मा की मुक्ति–आत्मा को कर्म-बन्धन से मुक्त करने के लिए जैन धर्म सम्यक् दर्शन, सम्यक् ज्ञान और सम्यक् कर्म रूपी **त्रिरत्न** को पर्याप्त समझता है। महावीर का कहना था कि मनुष्य के शरीर की तरह आत्मा सभी जीवधारियों के शरीर में निवास करती है। इसलिए वे संसार के सभी जीवधारियों को समान समझें। यही उनका **सम्यक् दर्शन** था। सम्यक् दर्शन से ही सम्यक् ज्ञान की प्राप्ति होती है और मनुष्य को अज्ञानता, क्रोध, लोभ, मोह आदि से छुटकारा हो जाता है। इन दोनों की प्राप्ति के प्रयत्न के साथ-साथ मनुष्य को सम्यक् कर्म अथवा उत्तम चरित्र की प्राप्ति के लिए भी यत्न करना चाहिए। इसकी प्राप्ति इन्द्रियों, विचारों और भाषणों पर नियन्त्रण रखने से होती है। इस त्रिरत्न की प्राप्ति हो जाने पर मनुष्य और उसकी आत्मा दोनों को कर्म के बन्धन से मुक्ति मिल जाती है।

8.5 अठारह पाप

जैन धर्म के अनुसार अठारह पाप हैं। **आवश्यक सूत्र** के अनुसार वे इस प्रकार हैं– (1) हिंसा, (2) झूठ, (3) चोरी, (4) मैथुन, (5) परिग्रह, (6) क्रोध, (7) मान, (8) माया, (9) लोभ, (10) राग, (11) द्वेष, (12) कलह, (13) दोषारोपण, (14) चुगली, (15) असंयम में रति और संयम में अरति, (16) निन्दा, (17) छल-कपट और (18) मिथ्या-दर्शन।

8.6 पाँच महाव्रत

महावीर स्वामी ने स्वयं देखा था कि ब्राह्मण-दर्शन के सिद्धान्त साधारण जनता के लिए ग्राह्य नहीं थे। वे सभी तप नहीं कर सकते और न सभी यज्ञ कर सकते थे। अतः इन्होंने दो प्रकार के धर्म का उपदेश देना आवश्यक समझा–(1) संन्यासियों के लिए तथा (2) गृहस्थ या श्रावकों के लिए। महावीर ने सर्वसाधारण के लिए पाँच नियम बनाए, जिसको **पाँच महाव्रत** कहते हैं और जैन धर्म में इनके पालन पर बहुत अधिक जोर दिया गया है। इसको पाँच **महाशील** भी कहा जाता है। इसकी महत्ता इसी बात से प्रकट होती है कि इसका उल्लेख उपनिषदों में भी किया गया है। ये पाँच व्रत अहिंसा, सत्य, अस्तेय, अपरिग्रह और ब्रह्मचर्य हैं। इन्हीं पाँच महाव्रतों में आगे चलकर रात्रि का भोजन न करना भी सम्मिलित कर दिया गया।

जैन धर्म में अहिंसा के पालन पर बड़ा बल दिया जाता है। अहिंसा का केवल यही तात्पर्य नहीं है कि किसी की हत्या नहीं की जाए; वरन अहिंसा का वास्तविक तात्पर्य यह है कि न हिंसा की कल्पना करनी चाहिए और न उसके सम्बन्ध में कहना चाहिए; न दूसरों को हिंसा करने की आज्ञा देनी चाहिए और न उन्हें इसके लिए प्रोत्साहित करना चाहिए। इसी तरह, सत्य पर भी जैन धर्म में बहुत अधिक जोर दिया जाता है। वे केवल सत्य बोलने का ही उपदेश नहीं देते, बल्कि कहते हैं कि सत्य को सुन्दर तथा मधुर होना चाहिए। इस व्रत को पूरा करने के लिए क्रोध, भय तथा लोभ पर विजय प्राप्त करना आवश्यक है।

जैनी लोग अस्तेय, जिसका अर्थ है चोरी न करना, को भी अपना एक महाव्रत मानते हैं। वे दूसरे का धन नहीं लेने का उपदेश देते हैं। अस्तेय और अहिंसा में वे बड़ा घनिष्ठ सम्बन्ध बतलाते हैं। जैनियों का चौथा महाव्रत ब्रह्मचर्य है। सभी प्रकार के काम अर्थात् विषय-वासनाओं को त्याग देना ही ब्रह्मचर्य का अर्थ है। जैनियों का पाँचवाँ और अन्तिम महाव्रत अपरिग्रह है, जिसका अर्थ होता है किसी वस्तु में आसक्ति नहीं रखना। इन्द्रियाँ जिन वस्तुओं की ओर आकृष्ट होती हैं, उनको त्याग देना ही अपरिग्रह है।

8.7 तपस्या

महावीर ने कठिन तपस्या पर जोर दिया। उन्हें स्वयं कठिन तप के बाद ही ज्ञान प्राप्त हुआ था। भिक्षुओं के लिए व्रत, शरीर को कष्ट देना तथा गम्भीर ध्यान और मनन आवश्यक था। जैन साधु तपस्या को इन्द्रियों को वश में करने का अपूर्व साधन मानते थे। मुख्य रूप से तपस्या दो प्रकार की होती है। एक है ब्रह्मतपस्या, जिसमें अनशन, काया को कष्ट देना तथा

रसों का परित्याग सम्मिलित है। दूसरी प्रकार की तपस्या में पाप का प्रायश्चित्त करना, विनय, सेवा, ध्यान और स्वाध्याय सम्मिलित हैं। केशलुंचन तथा अनशन या व्रत धारण करके प्राण त्यागना जैन धर्म की उत्तम तपस्या के सूचक हैं। प्राचीनकाल में ऐसे जैन धर्मावलम्बियों का उल्लेख आता है, जो चट्टानों पर बैठे हुए मृत्यु की प्रतीक्षा में असीम वेदना सहते और अन्त में इसी प्रकार प्राणत्याग करते थे।

8.8 वस्त्रत्याग

महावीर के अनुसार, पूर्ण निर्वाण गृहस्थों को नहीं प्राप्त हो सकता है। उसके लिए सारे सांसारिक बन्धनों का, यहाँ तक कि वस्त्रों का भी परित्याग अत्यावश्यक है। यद्यपि श्वेताम्बर सम्प्रदाय के भिक्षु वस्त्रधारण करते हैं तथा दिगम्बर सम्प्रदाय के भिक्षु वस्त्रधारण नहीं करते, फिर भी इस बात को दोनों ही सम्प्रदायवाले स्वीकार करते हैं कि पूर्ण निर्वाण के लिए वस्त्र का परित्याग अत्यन्त आवश्यक है।

8.9 श्वेताम्बर और दिगम्बर सम्प्रदाय

महावीर की मृत्यु के उपरान्त लगभग दो शताब्दियों तक उनके अनुयायी, भिक्षु तथा उपासक छोटे-से सम्प्रदाय के रूप में संगठित बने रहे। महावीर के प्रमुख ग्यारह शिष्यों में दस की मृत्यु महावीर से पहले ही हो चुकी थी। महावीर की मृत्यु के बाद **सुधर्मन** जैनियों का प्रधान बना। ऐसा प्रतीत होता है कि अजातशत्रु के बाद मगध की गद्दी पर बैठनेवाले उदयन राजा ने भी जैनमत का पक्ष लिया। कलिंग का राजा खारवेल के हाथीगुम्फा शिलालेखों से पता चलता है कि राजा नन्द की प्रवृत्ति भी जैन धर्म की ओर थी।

मौर्यकाल में जैन धर्म दो शाखाओं से विभक्त हो गया। एक दिगम्बर सम्प्रदाय और दूसरा श्वेताम्बर सम्प्रदाय कहलाया। जैन साहित्यों के अनुसार चन्द्रगुप्त मौर्य के काल में मगध में भयंकर अकाल पड़ा। कई वर्षों तक पानी नहीं पड़ा था। अतः आधे से अधिक जैनी लोग भाग खड़े हुए और दक्षिण भारत में जा बसे। बारह वर्ष के बाद जब अकाल समाप्त हुआ, तब वे पुनः वापस आए। इन लोगों ने उन भिक्षुओं की निन्दा की, जिन्होंने उनका साथ नहीं दिया था। उन्हें पथभ्रष्ट कहा गया। इस प्रकार जैन धर्म में दो शाखाएँ फूट पड़ीं। दोनों दलों में कई अन्य बातों को लेकर मत-मतान्तर हुआ। भद्रबाहु नेपाल की ओर चला गया और 'चौदह पूर्वी' में से केवल 'दस पूर्वी' पढ़ाने की अनुमति स्थूलभद्र को दे गया। इन दो दलों के मतभेदों को दूर करने के लिए पाटलिपुत्र में जैनसभा बुलाई गई, किन्तु जो भिक्षु दक्षिण से लौटे थे उन्होंने सभा में भाग लेने से इनकार कर दिया। पाटलिपुत्र की जैनसभा ने जैन-सिद्धान्तों के एक भाग को स्वीकार कर लिया। इस भाग से ही श्वेताम्बरों के सिद्धान्त की उत्पत्ति हुई।

8.10 श्वेताम्बर और दिगम्बर मतों में भेद

श्वेताम्बर और दिगम्बर सम्प्रदाय के सिद्धान्तों में कोई मौलिक अन्तर नहीं है, क्योंकि दोनों ही जैनमत के सिद्धान्त में विश्वास करते हैं। इन दोनों का मौलिक सिद्धान्त प्रायः एक-सा है।

अन्तर केवल इतना ही है कि दिगम्बर सम्प्रदाय कट्टरपंथी जैनियों का सम्प्रदाय है। ये लोग जैन धर्म के नियमों का पालन बड़ी कठोरता से करते हैं। इनका दृढ़ और निश्चय विचार है कि जैन साधुओं को सब कुछ त्याग देना चाहिए। इसलिए दिगम्बर मुनि वस्त्रधारण नहीं करते और नग्न रहते हैं। इनके मन्दिरों में भी नग्न मूर्तियों की ही पूजा की जाती है। दिगम्बर सम्प्रदाय का विश्वास है कि जो संन्यासी और साधु सम्यक् ज्ञान प्राप्त कर लेता है, उसे भोजन की भी आवश्यकता नहीं रह जाती। उसकी भूख-प्यास आदि सभी आवश्यकताओं की पूर्ति स्वयं हो जाती है। इनके मत में स्त्रियों को कर्म-बन्धन से मुक्ति उस समय तक नहीं मिल सकती, जब तक कि वे पुरुष-योनि में जन्म न ले लें। इसके विपरीत श्वेताम्बर सम्प्रदाय का इन विचारों से मेल नहीं खाता। इस सम्प्रदाय में नियमों की कठोरता कम कर दी गई है और मानवीय दुर्बलता को पूर्णतः ध्यान से ओझल नहीं किया गया है। ये सफेद वस्त्र धारण करते हैं।

दूसरी जैनसभा गुजरात के बल्लभी नामक स्थान पर देवऋद्धिगणी की अध्यक्षता में हुई थी। इस सभा का उद्देश्य था पवित्र-मूलपाठों को एकत्र करके उन्हें पुस्तकों का रूप देना। परिणामस्वरूप ऐसा ही हुआ। सभी मूलपाठों को पुस्तकों का रूप दे दिया गया और वे पुस्तकें आज भी देखने को मिलती हैं।

8.11 जैन धर्म का प्रचार

महावीर द्वारा प्रतिपादित जैन धर्म का प्रचार भारत में तीव्रता से हुआ। यद्यपि यह बौद्ध धर्म की तरह भारत से बाहर विदेशों में नहीं फैला, लेकिन भारत के अन्दर चारों ओर इसका व्यापक प्रचार हुआ। आरम्भ में इस धर्म का प्रचार बिहार और अवध के प्रान्तों तक ही सीमित था। मगध में जो भीषण अकाल बारह वर्ष की लम्बी अवधि तक रहा इससे उत्पीड़ित सहस्रों जैनी सपरिवार प्रसिद्ध जैनसाधु भद्रबाहु के साथ मगध से दक्षिण भारत की ओर चल दिए। इन्होंने कर्नाटक में स्थित श्रवणबेलगोला नामक स्थान को अपना निवास-स्थान बनाया। प्रसिद्ध राजा चन्द्रगुप्त मौर्य ने भी जैनमत अंगीकार करके उसी स्थान पर निराहार व्रत करके मोक्ष प्राप्त किया था। यहीं से जैन धर्म का प्रसार दक्षिण भारत में हुआ और यहीं से यह मत धीरे-धीरे गुजरात, काठियावाड़ आदि जगहों में प्रसारित हुआ। उड़ीसा का राजा खारवेल जैन धर्म का अनुयायी था। उसने जैन धर्म की उन्नति के लिए भरसक प्रयत्न किया और जैन धर्म का अद्भुत उत्थान हुआ।

महावीर ने ज्ञान-प्राप्ति के तुरन्त बाद अपने धर्म का प्रचार करना शुरू किया। वे वर्ष में आठ महीना घूम-घूमकर अपने मत का प्रचार करते थे और वर्षाऋतु किसी बड़े नगर में व्यतीत करते थे। ज्यों-ज्यों महावीर की ख्याति बढ़ती गई, त्यों-त्यों जनता द्वारा उनका स्वागत भी बढ़ता गया और बड़े-बड़े सम्राट उनके उपदेश को सुनने के लिए आने लगे। उनके जीवनकाल में ही जैन धर्म कोसल, विदेह, मगध तथा अंग राज्यों में फैल गया। कुछ जैनसाधु पश्चिम की ओर बढ़े और मथुरा को उन्होंने अपना प्रचार-केन्द्र बनाया। इस क्षेत्र में भी जैन धर्म की अच्छी उन्नति हुई। पहली और दूसरी शताब्दी ई.पू. में मालवा और उज्जयिनी जैन मतावलम्बियों के मुख्य केन्द्र हो गए। दक्षिण भारत में दिगम्बर सम्प्रदाय के जैनियों ने जैन धर्म का प्रचार किया। जैन धर्म के इस तीव्र प्रचार के प्रमुख कारण निम्नलिखित थे—

राजकीय संरक्षण–जैन धर्म के उत्थान के मूल में एक महत्त्वपूर्ण बात यह थी कि इस धर्म को तत्कालीन राजाओं का समर्थन और संरक्षण मिला। अनेक राजा, महाराजा, सामन्त, उच्च राजकीय पदाधिकारी तथा प्रभावशाली व्यक्तियों ने महावीर के उपदेशों से प्रभावित होकर उनके धर्म को स्वीकार किया और जैन मतावलम्बी हो गए। राजकीय संरक्षण के मिल जाने से जैन धर्म का प्रचार तेजी से हुआ। जिन राजाओं ने इस धर्म को स्वीकार किया उनकी प्रजा भी इस धर्म की अनुयायी हो गई। फलतः जैन धर्म का काफी प्रचार हुआ।

बोलचाल की भाषा का प्रयोग–वैदिक धर्म की सभी पुस्तकें संस्कृत भाषा में रची गई थीं। केवल ब्राह्मण वर्ग के लोग ही इसका अध्ययन कर सकते थे। ये ग्रन्थ साधारण जनता की पहुँच के परे थे। अतः वैदिक धर्म के प्रति लोगों की रुचि घटती गई। लेकिन जैन धर्म के सिद्धान्त जन-साधारण की बोलचाल की भाषा में लिखे गए थे और महावीर तथा उनके शिष्य जनता की भाषा में ही उन्हें उपदेश देते तथा धर्मप्रचार का कार्य करते थे। अतः सामान्य जनता के लिए इस धर्म के सिद्धान्त को समझना आसान था। इस कारण जैन धर्म में उनकी रुचि बढ़ी और वे इस नवीन धर्म की ओर आकर्षित होने लगे।

समानता का सिद्धान्त–जैन धर्म मुख्यतः समानता के सिद्धान्त पर आधारित था। महावीर ने जाति-प्रथा का विरोध किया और अपने धर्म का द्वार सभी जातियों के लिए खोल दिया था। उनका कहना था कि संसार के सभी जीवों की आत्मा एक-सी है। मोक्ष-प्राप्ति के लिए किसी प्रकार का भेदभाव नहीं किया जा सकता है। उस समय समाज की निम्न श्रेणियों के लिए धर्म के सारे दरवाजे बन्द थे और वे मोक्ष नहीं प्राप्त कर सकते थे। जब जैन धर्म ने सभी तरह के नियन्त्रणों से समाज को मुक्त करने का निश्चय बतलाया, तो पद-दलित मानवता स्वाभाविक रूप से इसकी ओर आकृष्ट हुई। जन-साधारण ने इस नवीन धर्म को अपना समर्थन दिया।

जैन धर्म का व्यावहारिक होना–जैन धर्म आडम्बरों से रहित एक साधारण धर्म था तथा इसके सिद्धान्त सरल, सुबोध, व्यवहार में आने योग्य और सबकी पहुँच के भीतर थे। गृहस्थी के पालन के लिए महावीर ने अत्यन्त सरल धार्मिक नियम बनाए, ताकि किसी विशेष कठिनाई का सामना उन्हें नहीं करना पड़े। कोई भी व्यक्ति बिना किसी कठिनाई के इन नियमों का पालन कर सकता था। इसमें हिन्दू धर्म जैसे कर्मकांड की क्लिष्ट विधियाँ न थीं। अहिंसा के पालन, सत्य बोलना, चोरी न करना, सबके साथ प्रेमपूर्ण व्यवहार रखना आदि कुछ ऐसे नियम थे जो सभी के लिए प्रिय हो सकते थे और जिनका पालन करने में कोई विशेष कठिनाई भी नहीं हो सकती थी। हिंसा और बलिदान का धर्म में कोई स्थान नहीं था। जैन साधुओं के लिए तो नियम अवश्य कड़े थे, पर साधारण जनता के लिए जैन धर्म के नियम बड़े सरल थे। अतः जैन धर्म अपने सरल और उदार व्यवहार में आने योग्य नियमों के कारण काफी उन्नति करने लगा और इसे पर्याप्त सफलता भी मिली।

संघ की स्थापना–जैन धर्म अपने उद्भव के साथ ही एक संगठित आन्दोलन के रूप में प्रकट हुआ। महावीर ने अपने अनुयायियों को संघ में संगठित किया। संघ के सदस्यों को संयमपूर्ण तथा सरल जीवन व्यतीत करना पड़ता था। उन्हें अध्ययन और गोष्ठी में अपना समय बिताना पड़ता और सारा जीवन धर्म के प्रचार में लगाना पड़ता था। महावीर की मृत्यु के बाद भी जैनियों की गतिविधियाँ ज्यों-की-त्यों बनी रहीं। जैनसंघ के अध्यक्ष सुधर्मन ने

बाईस वर्षों तक लगातार जैन धर्म की सेवा की। उनके बाद प्रसिद्ध जैनमुनि **जम्बुक** संघ का प्रधान हुआ। इसके समय में भी जैन धर्म का पर्याप्त प्रचार-प्रसार हुआ।

8.12 जैन धर्म का पतन

यद्यपि जैन धर्म का प्रचार बड़े उत्साह से किया गया था, परन्तु कालान्तर में इसकी प्रगति में अवरोध उत्पन्न हो गए। बाद में इस धर्म की लोकप्रियता घटने लगी और यह पतनोन्मुख हो चला। इसके पतन के कुछ प्रमुख कारण निम्नलिखित थे–

राज-धर्म के रूप में प्रतिष्ठित न होना–यद्यपि महावीर के समय में कुछ राजघरानों ने जैन धर्म को स्वीकार किया था, परन्तु कभी भी इस धर्म को राज-धर्म के पद पर प्रतिष्ठित होने का गौरव न प्राप्त हो सका। बहुसंख्यक भारतीय नरेश इस धर्म के प्रति उदार तो अवश्य रहे, परन्तु यह उदारता धर्म की देश-व्यापकता और अन्तर्देशीयता के लिए पर्याप्त न थी। इस देश में यदि कोई जैन अशोक, समुद्रगुप्त अथवा हर्ष जैसा उत्पन्न हुआ होता, तो जैन धर्म का प्रचार भी सीमित न रहा होता। मजबूत केन्द्र का अभाव और सामन्तवादी वातावरण में जैन धर्म की अहिंसा का कोई महत्त्व नहीं रहा। तलवार के बल पर साधारण आदमी भी राजा बन बैठता और सामाजिक तथा राजनीतिक मान-प्रतिष्ठा पाने के लिए झूठी राजवंशावलियाँ नवीन राजाओं द्वारा तैयार कराई जाने लगीं। इसके लिए उपयुक्त थे ब्राह्मण। अतः विलासी जीवन और युद्ध के सामन्ती वातावरण में जैन धर्म का टिकना मुश्किल था।

जाति-प्रथा का पुनरागमन–प्रारम्भ में जैनियों ने जाति-प्रथा का विरोध किया था, लेकिन बाद में धर्म-व्यवस्था के अन्तर्गत भी जाति-प्रथा का प्रवेश हो गया। इस कारण इसकी नवीनता जाती रही और लोगों में विशेषकर निम्न जातियों में, यह अलोकप्रिय हो गया।

प्रचारकों का अभाव–कालान्तर में जैन धर्म-प्रचारकों का पूरा अभाव हो गया। ऐसे धर्म-प्रचारक बहुत ही कम रह गए, जो संलग्नता और पूरे उत्साह के साथ इस धर्म का प्रचार करते। उनकी संख्या में भी बहुत कमी हो गई। वे आत्मसंयमी नहीं रहे। उनका झुकाव सांसारिक सुख-भोग की ओर हो गया। फलतः जैन धर्म का पतन आरम्भ हुआ।

अन्य धर्मों की प्रतिद्वन्द्विता–जिन दिनों भारत में जैन धर्म का प्रचार हो रहा था, उन्हीं दिनों बौद्ध धर्म का भी देश में प्रचार हो रहा था। इस प्रकार बौद्ध धर्म एक तरह से जैन धर्म का प्रतिद्वन्द्वी बन गया। बौद्ध धर्म अपेक्षाकृत अधिक लोकप्रिय हो गया। बौद्ध धर्म के उपरान्त भी ब्राह्मण धर्म में अनेक सम्प्रदायों का विकास हुआ, जिनको राजाओं का समर्थन मिला। मदुरै के जैन-मन्दिरों को चोल राजाओं ने शिव मन्दिरों में बदल डाला। कुछ चालुक्य शासकों ने जैन-मन्दिरों से जैन प्रतिमाओं को हटवाकर हिन्दू देवी-देवताओं की मूर्तियों को प्रतिष्ठित कराया। उड़ीसा में शैवमत का प्रचार हुआ। राजपूतकाल में अहिंसा धर्म का महत्त्व घट जाने से जैन धर्म का पतनोन्मुख हो जाना अवश्यम्भावी हो गया।

आन्तरिक मतभेद–शुरू में जैन धर्म एक सशक्त आन्दोलन था, परन्तु कालान्तर में इसमें आन्तरिक मतभेद शुरू हो गए और जैन धर्म स्पष्टतः दो सम्प्रदायों–श्वेताम्बर और दिगम्बर में विभाजित हो गया। यह मतभेद तथा विभाजन जैन धर्म के लिए बड़ा ही घातक साबित हुआ। मतभेद की हालत में सहयोग के साथ कोई कार्य करना असम्भव हो जाता है और यही जैन धर्म के साथ भी हुआ।

जनसम्पर्क में कमी–शुरू-शुरू में जैन धर्म के प्रचारक धर्म-प्रचार में भारी उत्साह के साथ लगे रहते थे, लेकिन बाद में धर्म-प्रचार से हटकर वे कठोर व्रतधारण करके, इच्छाओं का दमन करके, शरीर को तपस्या द्वारा शुद्ध करके, जितेन्द्रिय बनने के प्रयत्न करते रहते थे। उनकी आत्मशुद्धि के प्रयास जनता पर गहरा प्रभाव डालते थे। संघ जनता के साथ सम्पर्क बढ़ाने के महत्त्वपूर्ण साधन थे। अब प्रचारकों में उत्साह का स्रोत बहना बन्द हो गया था। संघों की सदस्यता में कमी आने लगी थी, साथ ही, धर्म-प्रचारकों का साधारण जनता के साथ घनिष्ठ सम्बन्ध न रहा और जनता में जैन धर्म के प्रति कोई आकर्षण अथवा रुचि न रही।

तपस्या की कठोरता–जैन धर्म तपस्या पर अत्यधिक बल देता था। इस धर्म में नग्न रहता, आमरण अनशन करना, केशलुंचन आदि शारीरिक कष्ट वांछनीय बताए गए थे। जन-साधारण के लिए ये सारे कार्य दुष्कर थे और इस प्रकार के धर्म का लोकप्रिय बनना असम्भव था। शुरू में तो जोश में बहुतों ने तपस्याव्रत को ग्रहण किया, लेकिन बाद में यह उत्साह मन्द पड़ गया।

भाषा की दुर्बोधता–शुरू में जैन धर्म का प्रचार साधारण बोलचाल की भाषा में हुआ था लेकिन बाद में जैन-साहित्य का सृजन संस्कृत भाषा में होने लगा। फलतः जनता से इस धर्म का प्रत्यक्ष सम्बन्ध नहीं रहा। साधारण जनता जैन-साहित्य से अपरिचित रहने लगी।

ब्राह्मण धर्म से सांलग्न–शुरू में जैन धर्म ब्राह्मण धर्म के विरुद्ध एक क्रान्ति के रूप में प्रकट हुआ था, परन्तु बाद में वह अपने को उससे अलग नहीं कर सका। कालान्तर में वह उसके निकट आता गया और ब्राह्मण धर्म के अनेक दोष इसमें घुस गए। ब्राह्मण धर्म की तरह इसमें भी भक्तिवाद और देवी-देवताओं की बहुलता होने लगी। फलतः जैन धर्म की नवीनता समाप्त हो गई। इस कारण भी इस धर्म का पतन हुआ।

जैन धर्म भारत के सभी भागों में फैला, किन्तु समय के साथ-साथ इसकी अवनति होनी आरम्भ हो गई। जैनियों के अनुसार, इनके मन्दिर की तबाही पहली बार ब्राह्मणों के कारण और विशेषकर 774-78 ईस्वी पश्चात् अजयपाल के काल में हुई थी, किन्तु मुसलमानों ने जितनी हानि इस धर्म को पहुँचाई, उतनी हानि अजयपाल से नहीं पहुँची। अलाउद्दीन खिलजी, जिसने गुजरात पर 1297-98 में विजय की थी, उसे जैनियों द्वारा 'खूनी' कहा गया। उसने जैनियों के अनेक मन्दिरों को बुरी तरह गिराया था। इसका प्रधान कारण यह था कि अधिकांश जैनियों ने अर्थलाभ एवं विलासी जीवन के जाल में फँसकर राजनीति में रुचि लेने लगे, और मुस्लिम शासकों के विरुद्ध चाल चलने लगे थे। इस स्थिति में मुस्लिम विरोध का सामना करना स्वाभाविक था। राजनीति में जब ये अलग हटे, तो शायद किसी मुस्लिम शासक ने इनके विरुद्ध कोई कदम नहीं उठाया।

8.13 जैन धर्म और वैदिक धर्म में तुलना

जैन धर्म वास्तव में कोई नया धर्म नहीं था। इसे हम धर्म की एक शाखा ही मान सकते हैं, क्योंकि यह सभी दृष्टियों से प्राचीन वैदिक धर्म से मिलता-जुलता है। जैन तीर्थंकरों ने धर्म के रूप में किसी नवीन धर्म की स्थापना न करके प्राचीन वैदिक धर्म को ही सुधारने का प्रयत्न

किया था। उस समय वैदिक धर्म में तरह-तरह की बुराइयाँ घुस गई थीं। वह आडम्बर और हिंसा से पूर्ण अनेक प्रकार के जटिल कर्मकांडों से युक्त हो उठा था। वैदिक धर्म में बलि पर विशेष जोर दिया जाने लगा था। अतएव अनेक लोग इसके विरोधी बन गए। महावीर के पहले जैन धर्म 'निर्ग्रन्थमत' कहलाता था, जो वैदिक धर्म का विरोधी नहीं था, इस कारण जैन धर्म को ब्राह्मण धर्म का विरोधी नहीं माना जाना चाहिए। वैदिक धर्म की तरह ही जैन धर्म में आत्मा की सर्वव्यापकता, पुनर्जन्म तथा अच्छे-बुरे कर्मों के फलों को भोगना स्वीकार किया गया है। वैदिक धर्म के नियम और प्रमुख सिद्धान्त जैन धर्म से मिलते हैं। जैन धर्म में चार्वाकों की वेद विरुद्धता और नास्तिकता के सिद्धान्तों को भी स्थान दिया गया है। जैन धर्म वर्ण-व्यवस्था का विरोधी नहीं है। अन्तर केवल इतना ही है कि जैनी कर्म को ही जाति-व्यवस्था का आधार मानता है। ब्राह्मण धर्म के गृहसंस्कार जैनियों में उसी प्रकार मनाए जाते हैं, जिस प्रकार हिन्दू घरों में। वे राम और कृष्ण को हिन्दुओं की भाँति ही पूजनीय मानते हैं। वर्तमान काल में तो जैनी हिन्दू जाति के वैश्यों के साथ विवाह आदि भी करने लगे हैं। अपने *अर्थशास्त्र* में संन्यासियों के कर्तव्यों की विवेचना करते हुए चाणक्य ने लिखा है कि संन्यासियों का प्रमुख कर्तव्य अपनी इन्द्रियों को वश में रखना, सांसारिक पदार्थों का त्याग करना, भिक्षा माँगकर उदरपूर्ति करना, ग्रामों तथा नगरों से दूर वनों में निवास करना, अपने निवास-स्थान को बदलते रहना, जीवों पर दया दिखलाना, हिंसावृत्ति से दूर रहना, ईर्ष्या-द्वेष आदि का त्याग करके दया, क्षमा और सन्तोष आदि का पालन करना तथा बाह्य एवं आन्तरिक स्वच्छता रखते हुए शुद्ध, पवित्र और सात्विक जीवन व्यतीत करना है। ये सब नियम प्रायः सभी जैनग्रन्थों में लिखे हुए हैं। कई इतिहासकारों ने इसीलिए अपना मत प्रकट करते हुए व्यक्त किया है कि जैन साधुओं और ब्राह्मण संन्यासियों की जीवनचर्या प्रायः बहुत-कुछ एक-दूसरे से मिलती-जुलती हैं। अन्तर केवल इतना ही है कि जैन धर्म नास्तिक है और हिन्दू धर्म आस्तिक धर्म है। हिन्दू धर्म ईश्वर की सर्वव्यापकता में आस्था रखते हुए उसे विश्व का रचयिता, पालक और संहारकर्ता मानता है तथा वेदों को प्रमाण मानते हुए यज्ञ और बलिदानों में आस्था रखता है। इसके विपरीत जैन धर्म ईश्वर को संसार का कर्ता, भर्ता और हर्ता नहीं मानता। जैन धर्म के अनुसार, सम्पूर्ण जगत अनादि और अनन्त है। जैनी वेदों को प्रमाण नहीं मानते और न यज्ञ तथा बलिदानों में ही आस्था रखते हैं।

8.14 भारतीय संस्कृति को जैन धर्म की देन

साहित्यिक–जैन विद्वानों ने विभिन्न कालों में लोकभाषाओं में ग्रन्थों की रचना करके उन भाषाओं के परिवर्द्धन तथा परिमार्जन में बड़ा योग दिया। अधिकांश जैन-साहित्य प्राकृत भाषा में लिखे हुए हैं, जिससे प्राकृतिक भाषा के विकास में बड़ा योग मिला। राजपूतकाल में अनेक जैन आचार्यों ने प्राकृतिक तथा अपभ्रंश भाषाओं में कई ग्रन्थ लिखे। जैन धर्म का सबसे प्रसिद्ध साहित्य *श्रुतंग* मगधी भाषा में लिखा हुआ है। इसमें बारह अंगों का संकलन किया गया, जो जैन धर्म के आधार हैं।

प्राचीन जैन धर्म-ग्रन्थों और जैन कविता पर जैनियों द्वारा लिखित भाष्य जैन-महाराष्ट्री में मिलती है। ईस्वी सन् के पश्चात् संस्कृत भाषा धीरे-धीरे उत्तर भारत में फैलने लगी। इस

भाषा को पहले बौद्धों ने और फिर जैन लेखकों ने अपना लिया। जैन-साहित्य का आधे-से-अधिक साहित्य मध्यकालीन दार्शनिक विचारों से भरा हुआ है। इसके रचयिताओं ने इन ग्रन्थों को लिखते समय नैतिक कथाओं के वर्णन, व्याकरण और कोश-रचना में अपने-आपको सिद्धहस्त और महान सिद्ध करने की चेष्टा की है। *पंचतंत्र* पर लिखे दो आलोचना-ग्रन्थ जैनियों के प्रभाव के द्योतक हैं।

तमिल-साहित्य में जैनियों का शताब्दियों तक महत्त्वपूर्ण स्थान रहा है। तमिल-साहित्य की महत्त्वपूर्ण कविता *जीवक-चिन्तामणि* जैनियों की ही देन है। तिरूवल्लूवर का *कुंडल* तमिल-साहित्य की उत्तम कृति मानी गई है। इसका रचयिता एक जैनी था। प्राचीन तमिल व्याकरण और प्राचीन तमिल-कोश दोनों ही जैन लेखकों की कृतियाँ मानी जाती हैं। तेलगू साहित्य की नींव भी जैन लेखकों और विद्वानों से ही आरम्भ होती है।

कलात्मक–ग्यारहवीं तथा बारहवीं शताब्दियों में जैन-कला का बड़ा विकास हुआ। जैनियों के भव्य मन्दिर आज भी देश के विभिन्न भागों में पाए जाते हैं। बौद्धों की तरह जैनियों ने भिक्षुगृहों का निर्माण किया, जिनमें भिखु रहा करते थे। उनके इन निवास-स्थानों का पता आज भी उदयगिरि में सिंहगुफा, ऐलोरा में इन्द्रसभा, लक्कुंडी, पुलितान, आबू पर्वत, गिरनार, पार्श्वनाथ की पहाड़ी के भग्नावशेष, जोधपुर में रणपुर, बुन्देलखंड में खजाहारी, घंटाई और आदिनाथ मन्दिर तथा चितौड़ आदि से मिलता है। दक्षिण भारत में जैनियों के सुन्दर मन्दिर श्रवणबेलगोला, मुद्राबिद्री तथा गुरुवायंकेरी में आज भी विद्यमान हैं। जैनियों के अनेक मन्दिरों के चिह्न आज भी मिलते हैं, जिनके ध्वंसावशेषों पर मन्दिरें खड़ी की जा चुकी हैं।

हाथ से लिखे गए जैनग्रन्थों पर सुन्दर चित्र मिलते हैं। वे जैन चित्रकारी के नमूने हैं। यद्यपि जैन चित्रकला बहुत महत्त्वपूर्ण नहीं हैं तथा वह सादगी सम्पन्न है, किन्तु इस काल के चित्रों से भारतीय संस्कृति के विकास में सहयोग मिला है। जैनियों ने मूर्तिकला का पर्याप्त विकास किया था।

दार्शनिक–जैनियों की दार्शनिक देन कई दृष्टियों से महत्त्वपूर्ण हैं। सत्य की खोज के लिए जैनियों ने जिस **स्याद्वाद** का प्रतिपादन किया है, वह उनकी एक अमूल्य देन है। स्याद्वाद का अर्थ होता है 'सम्भवतः' ऐसा है, क्योंकि हम सत्य के केवल एक स्वरूप को देखकर ही सम्पूर्ण सत्य की धारणा बना लेते हैं, जबकि सत्य के अनेक स्वरूप होते हैं। जैनियों ने इस रहस्य का उद्‌घाटन करके भारत को एक महान सांस्कृतिक देन से सम्पन्न किया है।

यद्यपि जैन धर्म को भारत का एक मुख्य धर्म नहीं माना जाता है, पर यह धर्म सदा पल्लवित रहा। "जैन धर्म एक धर्म न होकर नैतिक जीवन व्यतीत करने का संग्रह है। यह किसी ईश्वर को नहीं मानता बल्कि उन महापुरुषों को मानता है जिन्होंने आध्यात्मिक श्रेष्ठता प्राप्त की। हर व्यक्ति उतना ही श्रेष्ठ हो सकता है जितना वे थे और यदि आवश्यकता पड़े ही तो जैन धर्म हिन्दू धर्म के किसी सर्वप्रिय देवता को भी अपने में सम्मिलित करने को तत्पर था।" जाति के सिद्धान्त के विरुद्ध भी यह धर्म नहीं था। दूसरे धर्मों को अपने में मिलाने के लिए सदा तत्पर रहता था। इसके मौलिक तत्त्व के अनुसार, यह किसी भी ऐसे सिद्धान्त को स्वीकार या अस्वीकार नहीं करता था जिनसे लौटना सम्भव न हो। इसके विचारानुसार, जब सारा ही ज्ञान सम्भव है तो तुम्हारे विरोधी का विचार भी उतना ही ठीक है जितना कि

तुम्हारा। यही एक मुख्य कारण था कि जैन धर्म आज भी यहाँ पर जीवित है, जबकि बौद्ध धर्म अपनी जन्मभूमि में समाप्त हो गया है।

8.15 महात्मा बुद्ध और बौद्ध धर्म

महात्मा बुद्ध की जीवनी–गौतम बुद्ध के देहावसान के कई सौ वर्ष पश्चात् कुषाणनरेश कनिष्क के काल में उदित बौद्ध धर्म के महायान शाखा द्वारा लिखित बौद्ध साहित्य से गौतम बुद्ध और उनके उपदेशों की जानकारी होती है। धर्म के क्षेत्र में ईस्वी पूर्व छठी शताब्दी में बौद्ध धर्म का अभ्युदय एक क्रान्ति था। यह वैदिक कर्मकांड के विरुद्ध प्रतिक्रिया तथा उपनिषदों द्वारा प्रारम्भ किए गए आन्दोलन का तार्किक प्रतिफल था। बौद्ध धर्म के प्रवर्तक गौतम बुद्ध थे, जो महावीर के समकालीन थे। वे जाति के क्षत्रिय थे। उनका प्रारम्भिक नाम गौतम या सिद्धार्थ था। शाक्यवंशीय क्षत्रियों का एक अतिप्रसिद्ध गणराज्य हिमालय की तराई में नेपाल राज्य की सीमा पर स्थित थी। छठी शताब्दी ईसा पूर्व में इस जनपद के शासक महाराज शुद्धोधन थे जिनकी राजधानी कपिलवस्तु में स्थित था। बुद्ध का जन्म 566 ई.पू. के लगभग कपिलवस्तु के निकट लुम्बिनी नामक एक स्थान में हुआ था। उनके जन्म के कुछ ही दिनों के बाद उनकी माता महामाया का देहान्त हो गया, इसलिए उनका पालन-पोषण उनकी मौसी प्रजापति गौतमी ने किया। गौतम उनके गोत्र का नाम था और जब उनको बोध हुआ, तब से वे बुद्ध कहलाए।

सिद्धार्थ बचपन से ही चिन्तन-मग्न, शान्त और गम्भीर रहते और राजपाट, धन-दौलत तथा स्त्री, पुत्र या परिवार में कोई रुचि नहीं रखते थे। प्रायः वे जीवन की गूढ़ समस्याओं पर विचार किया करते थे। उनके पिता ने उनके एकान्त-प्रेम और चिन्तनशील प्रवृत्ति को देखकर उन्हें शीघ्र ही गार्हस्थ्य जीवन में फँसा देना चाहा, जिससे संसार में उनका मन रम जाए। जन्म के समय ज्योतिषियों ने यह भविष्यवाणी की थी कि यह बालक या तो चक्रवर्ती सम्राट बनेगा या गृहत्याग कर संन्यासी बनेगा। इस कारण उनके पिता और भी चिन्तित थे। उन्होंने शीघ्र ही सिद्धार्थ का विवाह कोलिय राजकुमारी यशोधरा से कर दिया और भोग-विलास की सारी वस्तुएँ उनके लिए जुटा दीं। कुछ समय पश्चात् एक पुत्र भी हुआ।

विलासपूर्ण वैवाहिक जीवन से गौतम के जीवन में कोई परिवर्तन नहीं आया। उन्होंने चार दृश्यों को देखा, जिनका प्रभाव उनके जीवन पर पड़े बिना नहीं रह सका। प्रातःकाल के समय भ्रमण के लिए निकले हुए राजकुमार सिद्धार्थ को क्रमशः वृद्ध, रोगी, एक मरा हुआ आदमी और एक शान्ति-स्वरूप साधु पुरुष के दर्शन हुए। इन चारों दृश्यों ने उनके जीवन में एक महान उथल-पुथल पैदा कर दी। उन्हें मनुष्य की इन अवस्थाओं का जरा भी ज्ञान न था। उनके सारथी छन्दक ने उन्हें बतलाया कि संसार के सभी मनुष्यों को एक-न-एक दिन रोगों का शिकार बनकर दारुण दुख सहन करने पड़ते हैं। बुढ़ापे में भीषण यातनाएँ भोगनी पड़ती हैं और अन्त में मृत्यु अवश्यम्भावी है। सिद्धार्थ इन बातों पर जितना ही अधिक विचार करते, उन्हें उतनी ही अधिक व्याकुलता होती थी। लेकिन उस साधु पुरुष का ध्यान आते ही उनके दग्धहृदय को कुछ शान्ति मिलती थी। अन्त में उन्होंने राजसी सुखों का त्याग कर संसार के कष्टों को दूर करने के उपाय ढूँढ़ने का दृढ़ निश्चय किया। उनतीस वर्ष की आयु

में राजकुमार सिद्धार्थ रात्रि के समय अपने नवजात शिशु राहुल और पत्नी यशोधरा को सोते छोड़ यौवन, स्वास्थ्य और शरीर को अस्थायी तथा संसार को अनित्य और दुखमय जान समस्त सुख और वैभव का त्याग करके महल से बाहर निकल पड़े। इसे गौतम का **महाभिनिष्क्रमण** कहते हैं।

इस अवस्था में उनकी मुलाकात कई महात्माओं और साधुओं से हुई तथा उनसे उनका सत्संग हुआ। वैशाली के पड़ोस में आलार कालाम तथा राजगृह के पड़ोस में रामपुत्र रुद्रक नामक दार्शनिकों के साथ इनकी बातें हुईं, जहाँ उन्होंने अपनी ज्ञान-पिपासा को शान्त करने का यत्न किया, किन्तु उनकी आत्मा को सन्तोष नहीं हुआ। अन्त में वे राजगृह से गया पहुँचे और उरुवेला नामक स्थान पर जंगल में अपने पाँच ब्राह्मण साथियों सहित कठोर तपस्या करने बैठे। छह वर्ष तक यह क्रम जारी रहा। इस बीच उनका शरीर जर्जर हो गया, किन्तु आत्मा पहले की भाँति ही अतृप्त रही। एक दिन उनकी तपोभूमि के निकट के ग्राम की कुछ स्त्रियाँ गीत गा रही थीं, जिनकी आवाज गौतम के कानों में पड़ी। इस गीत का सार यह था कि "वीणा के तार को इतना न कसो जिससे तार टूट जाए और न वीणा के तार को इतना ढीला रखो कि उनसे कोई आवाज ही न निकल सके।" गौतम पर इस गीत का बड़ा गहरा प्रभाव पड़ा। इस गीत से गौतम ने मध्यममार्ग या मध्यम प्रतिपदा का पाठ सीखा। वे घोर तपस्या द्वारा अपनी जीवन-वीणा के तारों को बुरी तरह कस रहे थे। अतएव उन्होंने अब मध्यममार्ग अपनाने का निश्चय किया और तपस्या को त्याग दिया। सुजाता नामक एक स्त्री पुत्रप्राप्ति की आशा में वृक्ष-पूजा के हेतु खीर लेकर आई थी। गौतम ने उससे खीर लेकर खा ली। इस पर उनके अन्य साथियों ने उन्हें पथभ्रष्ट मानकर उनका साथ छोड़ दिया।

अब सिद्धार्थ अकेले मनन करने लगे। एक पीपल के वृक्ष के नीचे बैठकर वे घोर चिन्तन में लीन हो गए। वहीं एक दिन उन्हें ज्ञान का प्रकाश मिला। वह बुद्धत्व की प्राप्ति थी। उस समय से सिद्धार्थ बुद्ध कहलाने लगे। जिस पीपल के पेड़ के नीचे उन्हें बोध हुआ था, वह बोधिवृक्ष कहलाया।

8.16 प्रचार कार्य

ज्ञानप्राप्ति के बाद बुद्ध अपने ज्ञान का प्रचार करके अपने नए आदर्श को संसार में फैलाना चाहते थे। सबसे पहले वे अपने उन पाँच पुराने ब्राह्मण साथियों से मिलना चाहते थे, जो उन्हें पथभ्रष्ट समझकर छोड़कर चले गए थे। उनसे मिलने वे सारनाथ पहुँचे और उन्होंने अपना पहला उपदेश उन्हीं साथियों को दिया। उनका प्रथम उपदेश **धर्मचक्रप्रवर्तन** के नाम से विख्यात है। इसके पश्चात् अपने साथियों के साथ बुद्ध वाराणसी गए और वहाँ उन्होंने एक धनी सेठ के पुत्र को तथा अनेक अन्य लोगों को अपना शिष्य बनाया। वाराणसी से बुद्ध राजगृह पहुँचे। उस समय मगध में अनेक आचार्य तथा धर्म-प्रचारक घूम-घूमकर जनता में अपने सिद्धान्तों का प्रचार किया करते थे। उनके सिद्धान्तों का खंडन करने तथा अपने विचारों की श्रेष्ठता स्थापित करने में बुद्ध को बहुत समय लगा; किन्तु अन्त में उन्हें सफलता मिली और अनेक व्यक्ति उनके शिष्य बन गए। राजगृह में ही मगधनरेश बिम्बिसार ने बुद्ध का उपदेश सुनकर बौद्ध धर्म को स्वीकार किया। अब उन्होंने चारों ओर घूम-घूमकर राजा से

लेकर रंक तक सभी प्रकार के व्यक्तियों को अपना अनुयायी बनाना शुरू किया। इन व्यक्तियों में सारीपुत्र तथा मौदगल्यायन, उपाली, सेठ अनाथपिंडक तथा अजातशत्रु अधिक प्रसिद्ध थे। राजगृह के अतिरिक्त बुद्ध ने गया, नालन्दा, पाटलिपुत्र आदि स्थानों का भी भ्रमण किया। कोसल में अनाथपिंडक के सहयोग से उन्हें वहाँ अपना पैर जमाने का अच्छा मौका मिल गया। उसने अपार धन खर्च करके बुद्ध के लिए श्रावस्ती में जेतवन नामक एक विहार बनवा दिया। राजा प्रसेनजित ने उनके उपदेशों को ध्यान से सुना।

एक बार बुद्ध कपिलवस्तु भी गए और अपने परिवार के अनेक सदस्यों को, जिनमें उनका पुत्र राहुल तथा मौसी प्रजापति गौतमी सम्मिलित थी, अपना अनुयायी बनाया। वैशाली में भी बुद्ध ने कुछ समय बिताया। वहीं पर उन्होंने गौतमी के अनुरोध पर भिक्षुणियों का एक संघ बनाने की आज्ञा दे दी। मल्ल लोगों ने बुद्ध के उपदेशों का स्वागत नहीं किया, फिर भी कुछ मल्ल उनके शिष्य हो गए। कौशाम्बी के राजा उदयन ने प्रारम्भ में बुद्ध की शिक्षाओं के प्रति रुचि नहीं दिखलाई। उसकी एक रानी अवश्य उनकी शिष्या हो गई। पश्चिम में बुद्ध मथुरा तक गए। अवन्ति के राजा प्रद्योत ने भी एक बार उन्हें आमन्त्रित किया, किन्तु वहाँ वे न जा सके। अपने एक शिष्य को उन्होंने भेजा, जिसने अवन्ति में कुछ लोगों को बौद्ध धर्म की दीक्षा दी।

इस प्रकार चवालीस वर्ष तक अपने धर्म का प्रचार करके तथा अजातशत्रु, उदयन, प्रसेनजित आदि अनेक राजाओं, राजकुमारों, सेठ-साहूकारों तथा साधारण वर्ग के व्यक्तियों को बौद्ध मतावलम्बी बनाकर हिरण्यवती नदी के तट पर कुशीनगर के समीप सुकर खाने तथा पेट खराब होने से अस्सी वर्ष की आयु में 486 ईस्वी पूर्व में उन्होंने 'महापरिनिर्वाण' (मृत्यु) प्राप्त किया। उनके शरीर की भस्म को आठ जातियों ने आपस में बाँटकर उन पर अलग-अलग स्तूप बनवाए। कुशीनगर में जिस स्थान पर महात्मा बुद्ध को महापरिनिर्वाण प्राप्त हुआ था, वहाँ उनकी एक विशाल मूर्ति की स्थापना की गई। यह मूर्ति आज भी वहाँ विद्यमान है। कुशीनगर बौद्धों का एक अति पवित्र तीर्थ-स्थान है। वहाँ जाकर बौद्धयात्री महात्मा बुद्ध की विशाल मूर्ति तथा महापरिनिर्वाण-स्थल के दर्शन करते हैं। कपिलवस्तु के समीप ही साल वृक्षों के वन में लुम्बिनी वन नामक स्थान भी, जहाँ महात्मा बुद्ध ने जन्म लिया था, बौद्धों के लिए अति पवित्र-स्थल बना हुआ है।

8.17 बुद्ध की शिक्षाएँ और उपदेश

गौतम बुद्ध के सिद्धान्तों को समझने के पूर्व यह जान लेना आवश्यक है कि वे ईश्वर में विश्वास नहीं रखते थे, आत्मा को नित्य नहीं मानते थे, किसी ग्रन्थ को स्वतः प्रमाण नहीं मानते थे तथा जीवन-प्रवाह को इसी शरीर तक परिमित नहीं मानते थे। महात्मा बुद्ध ने सामाजिक ऊँच नीच के प्रतिबन्धों का कट्टरतापूर्वक खंडन किया। उन्होंने छुआछूत की भावना को अत्याचारपूर्ण बतलाया। उन्होंने ब्राह्मण, क्षत्रिय, वैश्य तथा शूद्र लोगों और उनसे भी निकृष्ट जातियों, यहाँ तक कि वेश्याओं को भी अपना शिष्य बनाया। उनका कथन था कि किसी विशेष माता के गर्भ से उत्पन्न होने के कारण मैं उसे ब्राह्मण नहीं कहूँगा। इस सम्बन्ध में बुद्ध से भेंट करने के लिए आए हुए दो ब्राह्मणों को महात्मा बुद्ध ने किसी व्यक्ति

को जन्म से अथवा कर्म से ब्राह्मण होने के सम्बन्ध में, जो उपदेश दिया, उसका सारांश हम निम्नांकित शब्दों में प्रस्तुत करते हैं। यह कथा हमें बौद्ध-साहित्य में विस्तार से मिलती है, "वह व्यक्ति जिसका किसी वस्तु पर लोभ नहीं है, जिसके पास कुछ नहीं है, मैं तो उसी को ब्राह्मण कहूँगा। जो भी व्यक्ति क्रोधरहित, सत्याभिलाषी, सत्कर्म करनेवाला और इन्द्रियों का पूर्ण निग्रह करने में समर्थ है, मैं तो उसी को ब्राह्मण कहूँगा।" उनके कथन का अभिप्राय यही है कि ब्राह्मण के घर में जन्म लेने से न तो कोई ब्राह्मण हो सकता है और न ही ब्राह्मण के कुल में उत्पन्न न होने के कारण कोई अब्राह्मण हो सकता है। उनका ब्राह्मण होने का कारण एकमात्र कर्म ही है।

महात्मा बुद्ध के उपदेशों का मूल-मन्त्र अहिंसा था। वह केवल यज्ञानुष्ठानों में पशुबलि का ही कठोर विरोध न करते थे, वरन् जीवों को किसी रूप में प्रतिपादित करके उन्हें हानि पहुँचाने को भी हिंसा समझते थे और इसका प्रबल विरोध करने के लिए ही उन्होंने अपने आष्टांगिक मार्ग का दिग्दर्शन कराया था। इस सम्बन्ध में उन्होंने 'सासत्य' नामक ब्राह्मण को उपदेश देते हुए यह स्पष्ट किया था कि यदि एक त्रयी-विद्या का पूर्ण-निष्णात ब्राह्मण उस विद्या के गुणों को सदाचार में सन्निविष्ट नहीं करता है, अब्राह्मणों का कार्य करता है, परन्तु मुख से यह प्रार्थना करता है—मैं ब्रह्मा प्रजापति का आह्वान करता हूँ, मैं इन्द्र का आह्वान करता हूँ, मैं महेश और यम को बुलाता हूँ, तो क्या वे उसके पास सजीव मूर्तिमान होकर चले आएँगे? वस्तुतः ऐसी प्रार्थना में न कोई लाभ और न कोई कर्तव्य-पालन ही है।

बुद्ध विचार-स्वातन्त्र्य के प्रबल समर्थक थे। उन्होंने लोगों को अन्धानुकरण के स्थान पर स्वयं उचित-अनुचित पर विचार करने की अनुमति दी। उनका कहना था कि कोई भी व्यक्ति उनके धर्म का अन्धानुसरण नहीं करे, वरन् तर्क की कसौटी पर यदि बौद्ध धर्म खरा उतरे, तभी उसका अनुयायी बने। महात्मा बुद्ध बुद्धिवादी थे तथा अन्धविश्वास का उनके धर्म में कोई स्थान नहीं था।

चत्वारि आर्य-सत्यानि—गौतम बुद्ध ने चार आर्य सत्यों का निरूपण इस प्रकार किया—(1) दुख, (2) दुख समुदय, (3) दुख का निरोध और (4) दुख निरोधगामी आष्टांगिक मार्ग।

दुख—बुद्ध का कहना था कि यह संसार दुखों का आगार है। संसार में दुख-ही-दुख है—'सर्वे दुखं दु-खम्'। संसार में आकर प्रत्येक व्यक्ति को दुख भोगना पड़ता है। बुद्ध ने कहा, "जन्म भी दुख है, बुढ़ापा भी दुख है, मरण, शोक-रुदन, मन की खिन्नता, हैरानी दुख है। अप्रिय से संयोग, प्रिय से वियोग भी दुख है। इच्छा करके नहीं पाना—यह भी दुख है।" इस नश्वर संसार में जिसका जन्म होता है, उसकी मृत्यु भी निश्चित है। अतः इस संसार में आकर दुखों से निवृत्ति नहीं हो सकती। एक-न-एक दुख मनुष्य को भोगना ही पड़ता है।

दुख समुदय—बुद्ध ने संसार के लोगों को केवल दुख का ही बोध नहीं कराया, बल्कि उसका समुदयक (कारण) भी बतलाया। संसार में जिन दुखों का मनुष्य अनुभव करता है, उनका कोई-न-कोई कारण अवश्य होता है—इस प्रकार मृत्यु का कारण जन्म है। यदि आत्मा को नया शरीर धारण करने से मुक्ति मिल जाए तो उसे मृत्यु का दुख न भोगना पड़े। जिस प्रकार अनुभवी वैद्य रोग के पहले कारण ढूँढ़ निकालता है, वैसे ही संसार-व्यापी दुख का कारण भी बुद्ध ने खोज निकाला। उनके अनुसार, सांसारिक दुखों का कारण तृष्णा है। इसी तृष्णा से अहंकार, ममता, राग, द्वेष, कलह आदि दुख उत्पन्न होते हैं। मनुष्य अनेक इच्छाएँ करता

है, जिनमें से कुछ इच्छाएँ अपूर्ण रह जाती हैं। इसके कारण उसको दुख होता है। यदि इच्छाओं का दमन कर दिया जाए तो दुख से छुटकारा मिल सकता है।

दुख का निरोध–जो दुख मनुष्य प्राप्त करता है, उसका निरोध अथवा निवारण भी किया जा सकता है। यदि दुख का कारण ही न रहे, तो दुख अपने-आप ही दूर हो जाएगा। अविद्या के नाश से ज्ञान प्राप्त होता है और उसी ज्ञान को **निर्वाण** कहते हैं। इस प्रकार मनुष्य को जीवन में ही निर्वाण की प्राप्ति हो सकती है, किन्तु निर्वाण का अर्थ अकर्मण्य होना नहीं है। राग, द्वेष तथा मोह से रहित होकर ज्ञानवान् व्यक्ति यदि कर्म करता है, तो भी वह बन्धनों में नहीं फँस सकता तथा अन्त में उसे मोक्ष प्राप्त हो जाता है और आवागमन के चक्कर से मुक्ति मिल जाती है। सम्पूर्ण तृष्णा, क्षय और दुखरहित अवस्था का नाम ही निर्वाण है।

दुख निरोधगामी आष्टांगिक मार्ग–दुख-निरोध के आष्टांगिक मार्ग का प्रथम उपदेश गौतम बुद्ध ने अपने पाँच साथियों को दिया था, जो **धर्मचक्रप्रवर्तन** के नाम से विख्यात है। बुद्ध ने यह मत प्रतिपादित किया कि तृष्णा, वासना या इच्छा ही दुख का मूल कारण है और इससे छुटकारा पाने के लिए इन्हें दबाना परम आवश्यक है। मृत्यु भी दुख के बन्धन को नहीं काट पाती है, क्योंकि वासना-कर्म के कारण मानव-जीव को आवागमन के चक्कर में सदा पड़ा रहना पड़ता है। अतएव तृष्णा के दमन के हेतु बुद्ध ने आठ मार्गों का प्रतिपादन किया। इसे आष्टांगिक मार्ग कहते हैं। इस मार्ग में निम्न आठ बातें आती हैं–सम्यक् दृष्टि, सम्यक् संकल्प, सम्यक् वाक्, सम्यक् कर्म, सम्यक् अजीव, सम्यक् व्यायाम, सम्यक् स्मृति तथा सम्यक् समाधि। इनमें प्रथम दो ज्ञान, अन्य तीन शील तथा अन्तिम तीन समाधि के अन्तर्गत आते हैं।

(1) **सम्यक् दृष्टि**–बुद्ध ने चार आर्य-सत्यों की घोषणा की थी अर्थात् दुख, दुख का कारण, दुख का निरोध तथा दुख के दमन के उपाय–इन चार आर्य-सत्यों का ज्ञान प्राप्त करना सम्यक् दृष्टि कहलाती है।

(2) **सम्यक् संकल्प**–सभी प्रकार के भोग-विलास और सांसारिक सुखों की कामनाओं का त्याग करना तथा अपने-आपको सुधारने का संकल्प करना सम्यक् संकल्प कहलाता है। इसके लिए सांसारिक वस्तुओं, सगे-सम्बन्धियों और मित्रों आदि का मोह त्यागना तथा दूसरों को हानि पहुँचाने से बचने के लिए हमेशा प्रयत्नशील रहना चाहिए।

(3) **सम्यक् वाक्**–सदैव सत्य बोलना और सम्पूर्ण शक्ति लगाकर झूठ बोलने से बचना ही सम्यक् वाक् अथवा सम्यक् वचन कहलाता है। किसी की निन्दा न करने, कठोर वचनों का प्रयोग न करने और अपशब्दों को मुख से न निकालने से सम्यक् वाक् के पालन में बड़ी सहायता मिलती है।

(4) **सम्यक् कर्म**–इसका तात्पर्य शुभकर्म करना है। मनुष्यों को अच्छे-अच्छे काम करने चाहिए और बुरे तथा निन्दनीय कर्मों; जैसे–चोरी, जुआ खेलना आदि का त्याग कर देना चाहिए। इस प्रकार का प्रयत्न करते करते मनुष्य सदाचारी बन जाता है और अहिंसाप्रिय तथा जितेन्द्रिस्य कहलाने लगता है।

(5) **सम्यक् अजीव**–मनुष्य को अपनी जीविका कमाने में पूर्णरूप से ईमानदारी का व्यवहार करना चाहिए। जीविका कमाते समय ऐसे कर्मों से बचना चाहिए, जिनसे दूसरों को हानि पहुँचने की सम्भावना हो और जिसमें हिंसा का भी मिश्रण हो।

(6) **सम्यक् व्यायाम**–सम्यक् व्यायाम का तात्पर्य सम्यक् उद्योग से है। मनुष्य को कुविचारों और दुष्ट प्रवृत्तियों के दमन, सद्विचारों को पुष्पित तथा पल्लवित करने के लिए सदा सदुपयोग करते रहना चाहिए।

(7) **सम्यक् स्मृति**–इसका तात्पर्य उन सभी अच्छी-अच्छी बातों को याद रखना है, जिन्हें कोई महात्मा बुद्ध के उपदेशों द्वारा ग्रहण कर चुका है। उसे सदा अपने मन, वचन, कर्म और कार्यों पर सतर्क दृष्टि रखनी चाहिए, जिससे वह पथभ्रष्ट न हो सके।

(8) **सम्यक् समाधि**–इसका तात्पर्य मन को एकाग्र कर ब्रह्म में लीन होना और परमानन्द की प्राप्ति है। इसकी चार अवस्थाएँ हैं। इन चार अवस्थाओं को पार करके ही मनुष्य निर्वाण अथवा मोक्ष प्राप्त कर सकता है। प्रथम अवस्था में मनुष्य अपने मन को शुद्ध करने के लिए शुद्ध एवं पवित्र विचारों में लीन होने के निमित्त प्रयत्नशील रहता है। द्वितीय अवस्था उस समय आती है, जब मनुष्य का हृदय शुद्ध होकर महात्मा बुद्ध के बतलाए चार आर्य-सत्यों में पूर्णरूप से आस्था रखने लगता है।

अनीश्वरवाद–बुद्ध मूलतः अनीश्वरवादी थे। ईश्वर के अस्तित्व और उसकी सत्ता में उनका विश्वास नहीं था। अपने उपदेशों में प्रायः वे कहा करते थे कि इस सृष्टि की रचना ईश्वर जैसी किसी शक्ति द्वारा नहीं की गई है और न ईश्वर नाम की कोई वस्तु इस दुनिया में है। संसार की उत्पत्ति 'प्रतीत्य समुत्पाद' के नियम के अनुसार हुई है। इस नियम का आधार कोई कार्य तथा कारण की शृंखला मात्र है अर्थात् दूसरे कार्य की उत्पत्ति का कारण बन जाता है। इसी प्रकार एक कार्य से दूसरा, दूसरे से तीसरा और तीसरे से चौथा कार्य उत्पन्न होता है और कार्य तथा शृंखला में ही सम्पूर्ण सृष्टि के कार्य चलते रहते हैं।

अनात्मवाद–आत्मवाद उपनिषदों के चिन्तन का मुख्य आधार था और बुद्ध के समय में भी इस सिद्धान्त का व्यापक प्रचार था। आत्मवादियों का विश्वास था कि हर प्राणी में आत्मा नाम का एक अजर-अमर तत्त्व है, जो शरीर के नाश होने पर भी नष्ट नहीं होता। बुद्ध ने इस सिद्धान्त को स्वीकार नहीं किया। उनका कहना था कि विश्व आत्मा से शून्य है। मनुष्य में कोई ऐसा तत्त्व नहीं है, जो अविनाशी हो। जिन वस्तुओं के योग से मनुष्य बनता है, वे सब नाशवान् हैं। वे कहा करते थे कि जिस प्रकार पहिया, धुरी आदि विभिन्न पुर्जों को जोड़कर कारीगर गाड़ी बनाता है, उसी प्रकार मनुष्य की बोलचाल, कार्य और विचार भी संस्कार, संज्ञा, स्वरूप, संवेदना और विज्ञानरूपी पाँच तत्त्वों द्वारा सम्पन्न होते हैं। जिस प्रकार गाड़ी के पुर्जों को अलग-अलग कर देने पर उन पुर्जों के अतिरिक्त अन्य कोई वस्तु शेष नहीं रह जाती, उसी प्रकार शरीर में उन तत्त्वों के अतिरिक्त आत्मा नाम का कोई अलग तत्त्व नहीं है।

कर्मवाद तथा पुनर्जन्मवाद–बुद्ध अनात्मवादी होते हुए भी कर्म और पुनर्जन्म सिद्धान्तों को मानते थे। उनका कहना था कि पुनर्जन्म तो होता है, परन्तु आत्मा का नहीं वरन् मनुष्य के अहंकार का होता है। यह बारम्बार जन्म लेने की क्रिया कर्मवाद और प्रतीत्य समुत्पाद के नियमों के अधीन होती है। तृष्णा के तृप्त होने पर भी अतृप्तता का अनुभव करने से ही अहंकार उत्पन्न होता है और इस अहंकार के कारण ही पुनर्जन्म का चक्र चलता रहता है। अतएव, निर्वाण के लिए तृष्णा का परित्याग करना परम आवश्यक है।

निर्वाण–बुद्ध सम्पूर्ण विश्व को क्षणिक मानते थे। उनका कहना था कि सभी चीजें परिवर्तनशील हैं, जो निरन्तर बदलती रहती हैं। केवल प्रवाह के रूप में वे स्थायी दिखाई

पड़ती हैं। अब प्रश्न यह है कि क्या विश्व में कुछ स्थायी भी है? बुद्ध ने बतलाया कि निर्वाण की स्थिति स्थायी और दुख से रहित है, किन्तु बुद्ध ने निर्वाण का अर्थ स्पष्ट नहीं किया। इसीलिए, अनेक आधुनिक विद्वानों के अनुसार, निर्वाण वह अवस्था है जिसमें सबकुछ नष्ट हो जाता है। केवल भौतिक शरीर ही समाप्त नहीं हो जाता, बल्कि चेतना और विचारत्व भी लुप्त हो जाते हैं। निर्वाण का कोई विशेष स्थान नहीं है। वह कहीं और किसी भी समय प्राप्त किया जा सकता है। इस जीवन में भी मनुष्य का निर्वाण मिल सकता है, जिसे साधारण निर्वाण कहा जा सकता है। मृत्यु के बाद जो निर्वाण मिलता है, उसे परिनिर्वाण कहेंगे।

मध्यम मार्ग–बुद्ध का धर्म मध्यम मार्ग पर आधारित है। उन्होंने बतलाया कि दो अन्तों से बचकर रहना चाहिए–कठोर तप तथा अत्यधिक भोग-विलास। इन दोनों के बीच की स्थिति (मध्यम प्रतिपदा) ही श्रेयष्कर है। इस मार्ग का प्रतिपादन उन्होंने इस प्रकार किया–"भिक्षुओं, संन्यासियों को दो अन्तों का सेवन नहीं करना चाहिए। वे दोनों अन्त कौन-से हैं? एक, काम और विषय-सुख में फँसना, जो अत्यन्त हीन, ग्राम्य (गँवारू), अनार्य और अनर्थकर है, और दूसरा, शरीर को व्यर्थ में अति कष्ट देना, जो अनार्य और अनर्थकर है। इन दोनों अन्तों को त्यागकर तथागत (बुद्ध) ने मध्यम प्रतिपदा (मध्यम मार्ग) को ग्रहण किया है, जो आँखें खोलनेवाली और ज्ञान को देनेवाली हैं।" बुद्ध ने वीणा का उदाहरण देकर अपने इस मार्ग का और भी स्पष्ट शब्दों में प्रतिपादन किया। जैसे वीणा के तारों को यदि बहुत ढीला कर दिया जाए तो वह बजेगी नहीं और यदि उसे अधिक कस दिया जाए तो तार के टूटने का डर है। इसी प्रकार न तो भोग-विलास का ही जीवन सुखकर है और न ही कठिन तपस्या का। सम-जीवन ही अच्छा है।

दस शील–बुद्ध के नैतिक उपदेशों में शील पर बहुत जोर दिया गया है। नैतिक आचरण के लिए दस शीलों का पालन करना आवश्यक बतलाया गया है–(1) दूसरों की सम्पत्ति की चाह न करना, (2) हिंसा न करना, (3) झूठ न बोलना, (4) मादक द्रव्यों का सेवन न करना, (5) व्यभिचार न करना, (6) गाने-बजाने में भाग न लेना, (7) सुगन्धित पदार्थों, फूलों आदि का प्रयोग न करना, (8) कुसमय भोजन न करना, (9) आराम देनेवाली चारपाई पर न सोना और (10) रुपया-पैसा न ग्रहण करना और न रखना।

इन नैतिक शिक्षाओं के अतिरिक्त बुद्ध ने सभी व्यक्तियों को माता-पिता की आज्ञा का पालन करने, गुरुजनों के प्रति श्रद्धा रखने, आदर और मान प्रकट करने, सत्पात्रों को दान देने, प्रेम और उदारतापूर्ण व्यवहार करने और प्राणिमात्र के साथ सद्व्यवहार करने का भी उपदेश दिया।

8.18 बुद्ध के बाद बौद्ध धर्म

बौद्ध धर्म के पनपने का काफी अवसर था क्योंकि हिन्दुओं के लिए बौद्ध सिद्धान्तों में से अनेक ग्राह्य थे। बौद्ध धर्म के सीधे-सीधे सरल सिद्धान्तों को जनता आसानी से समझ सकती थी और इसका अनुसरण भी कर सकती थी। बुद्ध ने जनसाधारण की भाषा में अपने धर्म का प्रचार किया, जिससे बहुत शीघ्र ही यह धर्म सम्पूर्ण भारत में प्रसारित हो गया।

प्रथम बौद्ध सभा–महात्मा बुद्ध की मृत्यु के पश्चात् बौद्ध धर्म के ग्रन्थों का संकलन करने अथवा संघ की व्यवस्था करने के लिए समय-समय पर बौद्ध-सभाओं के अधिवेशन होते रहे। अपने मृत्यु-शय्या पर लेटे अपने प्रिय शिष्य आनन्द को बुलाकर महात्मा बुद्ध ने आदेश दिया था कि "मेरे मरने के पश्चात् जो सिद्धान्त मैंने इस जीवन में प्रतिपादित किया है वे ही तुम्हारा पथ प्रदर्शन करेंगे।" बौद्ध धर्म वैदिक धर्म की बुराइयों के प्रति एक प्रतिक्रिया थी, लेकिन समय के साथ-साथ इसमें कई तरह के परिवर्तन आने लगे। इन समस्याओं पर विचार करने के लिए बुद्ध की मृत्यु के कुछ ही वर्षों बाद राजगृह के निकट सतपन्नी में बौद्ध मतावलम्बियों की प्रथम बौद्धसभा हुई, जिसमें पाँच सौ प्रमुख भिक्षुओं ने भाग लिया। यहाँ बुद्ध के भाषणों, वार्तालापों और प्रवचनों को संकलित किया गया।

द्वितीय सभा–बुद्ध की मृत्यु के एक सौ वर्ष पश्चात् 387 ई.पू. में बौद्धों की दूसरी सभा हुई। वैशाली के बौद्ध भिक्षुओं ने कुछ ऐसी प्रथाओं को मान लिया था जो विनयपिटक से विपरीत थीं। फलतः बौद्ध मठों में एक भारी विवाद उठ खड़ा हुआ और बौद्ध भिक्षु स्थविर तथा महासंघिक दो भागों में विभक्त हो गया। इनमें से स्थविर परिवर्तन-विरोधी और महासंघिक परिवर्तन-पक्षीय हो गए।

तृतीय सभा–बौद्धों की तीसरी सभा अशोक के राजत्व-काल में पाटलिपुत्र में हुई थी। इस सभा द्वारा प्रामाणिक बौद्ध ग्रन्थों को फिर से विभाजित कर एक नए ग्रन्थ की वृद्धि की गई। बुद्ध के प्रामाणिक ग्रन्थों को इस दृढ़ता से निश्चित किया गया कि इन्हें पुनः भंग करने का अवसर न मिले और संघ में फूट डालनेवालों को दंड मिल सके। इन नियमों के द्वारा एक बार पुनः बौद्ध भिक्षुकगण धर्म-प्रचार में उत्साह लेने लगे। इस सभा का दूसरा प्रमुख कार्य था एक नवीन पिटक-अभिधम्मपिटक का निर्माण। इस पिटक में प्रथम दो पिटकों की दार्शनिक व्याख्या की गई है।

चतुर्थ सभा–बौद्ध धर्म को संगठित रखने के लिए बौद्धों की चौथी सभा कनिष्क के शासन-काल में हुई थी, लेकिन इन सभाओं के बावजूद कालान्तर में बौद्ध धर्म स्पष्टतः दो सम्प्रदायों में विभक्त हो गया। एक था महायान और दूसरा हीनयान सम्प्रदाय। ऐसा प्रतीत होता है कि चतुर्थ सभा में बौद्ध सम्प्रदायों में काफी वाद-विवाद हुआ। इस सभा में तीनों पिटकों के तीन महाभाष्य की रचना हुई तथा महायान धर्म की प्रधानता घोषित की गई। अश्वघोष द्वारा *बुद्धचरित* की रचना की गई, जो संस्कृत भाषा में प्रथम ग्रन्थ है। इसी समय से उत्तरी भारत में महायान धर्म का प्रचार हुआ। महायान सम्प्रदाय ने मूर्ति-पूजा को बौद्ध धर्म में प्रचलित किया, किन्तु हीनयान सम्प्रदाय बुद्ध के मार्गों पर चलता रहा। धीरे-धीरे उत्तरी भारत से हीनयान सम्प्रदाय का बिल्कुल लोप हो गया था। भारत के दक्षिणी भागों तथा विदेशों में हीनयान सम्प्रदाय का प्रचार होता रहा।

बौद्धसंघ–बौद्ध धर्म के प्रचार के लिए महात्मा बुद्ध ने सुसंगठित संघ का निर्माण किया था जहाँ पर गृहत्याग करके व्यक्ति भिक्षुओं का जीवन व्यतीत करते तथा जीवन भर बौद्ध धर्म के सिद्धान्तों का प्रचार करते थे। बुद्ध के दो तरह के अनुयायी थे–उपासक और भिक्षु। बुद्ध ने यह स्पष्ट कर दिया था कि भिक्षु बने बिना निर्वाण की प्राप्ति नहीं हो सकती है। जब तक व्यक्ति सांसारिक वस्तुओं का त्याग नहीं करता, तब तक निर्वाण-प्राप्ति असम्भव है। संघ के भिक्षु बड़े ही त्यागी और संयमी होते थे। वे भिक्षाटन द्वारा अपना पेट भरते थे और

बहुत ही कम वस्त्र धारण करते थे। प्रारम्भ में वे लोग गुफाओं या जंगलों में निवास करते थे, पर बाद में कुछ अनुयायियों ने उनके लिए विहारों का निर्माण करा दिया, जो भिक्षुओं का निवास-स्थान होता था।

संघ में प्रवेश करने के लिए निश्चित व्यवस्था थी। पन्द्रह वर्ष की आयु से अधिक के व्यक्ति को माता-पिता की आज्ञा प्राप्त करके संघ में प्रविष्ट होने की अनुमति मिल जाती थी। तत्पश्चात्, उसे अपने बाल तथा मूँछ मुँड़वानी पड़ती थी तथा गेरुआ वस्त्र धारण करना पड़ता था और बौद्ध धर्म एवं संघ के प्रति निम्नलिखित शपथ लेनी पड़ती थी—"बुद्धं शरणं गच्छामि।" तत्पश्चात् भिक्षु के लिए लिखे गए दस आदेशों को दुहराना पड़ता था तथा वह एक भिक्षु का शिष्य बन जाता था जो उसको बौद्ध धर्मग्रन्थों तथा सिद्धान्तों के विषय में समझाता था। जब वह सम्पूर्ण सिद्धान्तों से परिचित हो जाता, तब उसे एक परिषद् के सम्मुख उपस्थित किया जाता था, जिसमें कम-से-कम दस भिक्षु होते थे। जब वे लोग सर्वसम्मति से स्वीकृति दे देते थे, तभी वह भिक्षु बनता था और उसको संघ का अनुशासन मानना पड़ता था। अनुशासन भंग करने पर भिक्षुक को दंड देने का अधिकार भी संघ के सदस्यों को ही था। संघ की सभा में दस भिक्षुओं का होना अनिवार्य होता था। स्त्री भिक्षुणियाँ और नवीन भिक्षु को इस संस्था में सम्मिलित नहीं किया जाता था। इस प्रकार संघ में संघ का सभापति हर पन्द्रहवें दिन महात्मा बुद्ध का आदेश पढ़कर सुनाता था, भिक्षुओं को निजी सम्पत्ति रखने का अधिकार प्राप्त नहीं था।

संघ में भिक्षु एवं भिक्षुणियों के लिए कठोर नियम थे तथा उन सभी नियमों का उन्हें पालन करना पड़ता था। मादक द्रव, सम्पत्ति, सुवासित वस्तुएँ आदि इनके लिए वर्जित थीं। वर्ष में आठ महीने भिक्षु संघ के बाहर रहते तथा घूम-घूम कर बौद्ध धर्म के सिद्धान्तों का प्रचार करते थे और वर्षा ऋतु में चार माह संघों में निवास करते थे। इस समय बौद्ध धर्मग्रन्थों का अध्ययन किया जाता था, भिक्षुओं द्वारा की गई निःस्वार्थ सेवा, त्याग तथा धर्म-प्रचार के कारण ही बौद्ध धर्म का विकास इतना शीघ्र हो सका।

बौद्ध संघों ने भारतीय संस्कृति को अत्यधिक प्रभावित किया। संघ धर्म-प्रचार के ही नहीं, वरन् शिक्षा-प्रचार के भी केन्द्र थे। दूर-दूर से आनेवाले जिज्ञासुओं की ज्ञान-पिपासा को शान्त करने का यहाँ प्रयास किया जाता था। इस संघ ने अनेक विद्वानों को जन्म दिया, जिनके द्वारा साहित्य के भंडार में वृद्धि हुई।

लेकिन, संघ-प्रथा में कतिपय दोष भी थे। इसका सबसे बड़ा दोष एक केन्द्रीय सत्ता का अभाव था। भारत में हजारों की संख्या में संघ थे, किन्तु उनके ऊपर कोई एक ऐसी सत्ता नहीं थी, जो उन सबका संचालन कर सके एवं संगठित रख सके। सारे संघ स्वतन्त्र थे। इसी का परिणाम हुआ कि किसी संघ में यदि कुछ परिवर्तन भी हो जाए, तो अन्य संघों को इसका समाचार नहीं मिल पाता था और यह भी सम्भव था कि अन्य संघ उस परिवर्तन को स्वीकार न करें।

8.19 महायान एवं हीनयान सम्प्रदाय

जैसे-जैसे समय बीतता गया, वैसे-वैसे बौद्ध धर्म में कई परिवर्तन दृष्टिगोचार होने लगे और सिद्धान्तों में भिन्नता आने लगी। इस कारण कालान्तर में बौद्ध धर्म स्पष्टतया दो सम्प्रदायों में विभक्त हो गया। एक था महायान और दूसरा हीनयान।

महायान सम्प्रदाय का अभ्युदय कनिष्क के शासन-काल में ही हुआ। बौद्ध धर्म की यह शाखा हीनयान शाखा से भिन्न थी। बात ऐसी हुई कि बौद्ध सुधारकों ने अपने धार्मिक नियमों और सिद्धान्तों की कठोरता को कम करने का प्रयास किया, ताकि जनसाधारण सरलतापूर्वक बौद्ध धर्म को स्वीकार कर सके। लेकिन जो लोग कट्टर बौद्ध थे, वे किसी भी तरह के परिवर्तन के विरोधी थे। अतः मतभेद की खाई चौड़ी होने पर कट्टर अपरिवर्तनशील बौद्धों का, परिवर्तन चाहनेवाले नरम प्रकृति के बौद्ध मत-प्रचारकों से पृथक्करण हो गया। फलतः बौद्ध धर्म प्राचीन कठोर मार्ग का अनुसरण करनेवाले कट्टर अपरिवर्तनशील बौद्धों के हीनयान तथा परिवर्तन के इच्छुक बौद्धों के महायान नामक दो प्रमुख सम्प्रदायों में विभक्त हो गया। इस प्रकार महायान सम्प्रदाय मूलतः बौद्ध धर्म में संशोधनवाद का रूप था।

हीनयान और महायान में अन्तर–बौद्ध धर्म के इन दोनों सम्प्रदायों में गहरा मतभेद हैं। हीनयान सम्प्रदाय में बौद्ध धर्म के संस्थापक महात्मा को मानव मानकर धर्म के शुद्ध एवं प्रारम्भिक रूप को स्वीकार किया गया था। अतएव, इसमें मूर्ति-पूजा, बुद्ध की प्रार्थना, कर्म-कांड और अवतारवाद के लिए कोई स्थान नहीं था। इसमें भावनाओं को मान्यता नहीं दी गई थी। फलतः यह सम्प्रदाय अधिक अनुदार, कठोर, संकुचित दृष्टिकोण का तथा अनात्मवादी था। इस सम्प्रदाय में इच्छाओं के दमन को ही मोक्ष-प्राप्ति का सहज मार्ग माना गया था। इसके धर्मग्रन्थ पाली में लिखे गए थे। स्याम, लंका, वर्मा देशों में इसी मत का प्रचार हुआ।

इसके विपरीत महायान सम्प्रदाय में महात्मा बुद्ध को दिव्य आत्मा, ईश्वर, ईश्वर का अवतार तथा भगवान मानकर उनके प्रति भक्ति प्रदर्शित की जाती और उनकी पूजा की जाती थी। बुद्ध और बोधिसत्वों की मूर्तियाँ बनाकर उनकी प्राण-प्रतिष्ठा की जाती थी। इस सम्प्रदाय ने मन्दिर बनाकर उसमें बुद्ध की मूर्तियाँ स्थापित की और उनके सम्मुख भेंट, उपहार आदि के रूप में मूल्यवान् पदार्थ चढ़ाने की प्रथा प्रचलित होने लगी। इस सम्प्रदाय में मूर्ति-पूजा, कर्मकांड, देवमंडल को महत्त्व प्रदान किया जाने लगा, जिससे यह सम्प्रदाय भावना-प्रधान, आत्मवादी और उदार दृष्टिकोण से युक्त हो गया तथा ब्राह्मण धर्म के निकट सम्पर्क में आने लगा। इस सम्प्रदाय के ग्रन्थ संस्कृत भाषा में लिखे जाने लगे। पार्श्व, अश्वघोष, नागार्जुन, वसुमित्र आदि उच्च कोटि के विद्वान तथा कनिष्क जैसे महाप्रतापी एवं शक्तिशाली सम्राट इस सम्प्रदाय का पोषण और समर्थन करने लगे। चतुर्थ बौद्ध धर्म की संगति में भी इसी मत को मान्यता प्रदान की गई थी। इस मत का प्रचार तिब्बत, चीन, जापान और मध्य एशिया में अधिक हुआ। इस सम्प्रदाय के अनुयायियों की संख्या करोड़ तक जा पहुँची और इसकी गणना संसार के प्रमुख धर्मों में की जाने लगी। महायान के धर्म-प्रचारक धर्मभिक्षु और भिक्षुणियाँ जनता को समझाया करते थे कि बुद्ध ने केवल स्वयं ही मोक्ष प्राप्त नहीं किया, वरन् उन्होंने संसार के सभी प्राणियों को निर्वाण प्राप्ति का सरल मार्ग बताया है। उन्होंने संसार के दुखों और आवागमन के फेर में पड़े हुए व्यक्तियों के दुख दूर करके, उन्हें सुखी और मोक्ष प्राप्ति का अधिकारी बनाना ही अपने जीवन का परम लक्ष्य बनाया।

उपर्युक्त विवरण के आधार पर कहा जा सकता है कि हीनयान सम्प्रदाय केवल अपनी उन्नति और उद्धार पर बल देता है, जबकि महायान अपने उद्धार के साथ-साथ दूसरों के

उद्धार के लिए भी प्रयत्नशील था। हीनयान प्राचीन नियमों को ज्यों-का-त्यों मानता है, जबकि महायान उनमें संशोधन करके, उन्हें सरल बनाकर साधारण व्यक्तियों के पालन करने योग्य बनाता है।

8.20 बौद्ध धर्म का प्रचार और उसकी सफलता

गौतम बुद्ध को अपने जीवनकाल में ही अपने सिद्धान्तों को फैलाने में अपूर्व सफलता मिली। बाद में भी इस धर्म का खूब प्रचार-प्रसार हुआ और यह शीघ्र ही न केवल भारत का, वरन् एशिया के अधिकांश पूर्वी एवं उत्तर-दक्षिणी क्षेत्र का भी एक अत्यन्त लोकप्रिय धर्म हो गया। इस समय भी देश-विदेश में इस धर्म के अनुयायी बहुत बड़ी संख्या में विद्यमान हैं। बौद्ध धर्म की सफलता और लोकप्रियता के प्रमुख कारण निम्नलिखित हैं–

धार्मिक सरलता–यह कहना अनुचित नहीं है कि भारत में बौद्ध धर्म का उदय एक धार्मिक क्रान्ति के फलस्वरूप हुआ था। यह धार्मिक क्रान्ति वैदिक धर्म के कर्मकांडों और पुरोहितों के प्रभाव के विरुद्ध हुई थी। जिस समय बौद्ध धर्म का अभ्युदय हुआ था, उस समय की सामाजिक तथा धार्मिक स्थितियाँ उसके अनुकूल थी। वैदिक धर्म काफी पुराना हो चुका था, तथा उसमें पहले जैसी सरलता, स्वाभाविकता और पवित्रता नहीं रह गई थी। प्रारम्भ में यज्ञादि अनुष्ठानों में इतना आडम्बर नहीं था, लेकिन बाद में धार्मिक कर्मकांड को ही साध्य समझा जाने लगा। लोग सदाचार को भूलकर कर्मकांड में दिमाग खपाने लगे। यज्ञों तथा बलिदानों में ऐसी जटिलता आ गई थी और उन पर इतना अधिक धन व्यय करना पड़ता था कि ये साधारण व्यक्ति की पहुँच के बाहर की चीज हो गई थी। अतएव, जब बुद्ध ने वैदिक कर्मकांड का विरोध करते हुए ब्राह्मणों की श्रेष्ठता को चुनौती देना शुरू किया, तो अनेक लोग उनके उपदेशों से प्रभावित हो गए और उन्होंने उनका शिष्य बनना स्वीकार किया। बुद्ध के उपदेश सरल तथा सादा थे। उनका आधार सदाचार था, न कि पूजा-पाठ। ऐसी दशा में जनता का बौद्ध धर्म की ओर आकृष्ट होना स्वाभाविक था। इस बात में कोई सन्देह नहीं कि महात्मा बुद्ध ने जीवन की जो व्यवस्था की, उसमें किसी प्रकार की दार्शनिक जटिलता अथवा दुर्बोधता का स्थान नहीं था। बुद्ध ने सरल और स्पष्ट शब्दों में समझाया कि मानव-जीवन दुखमय है। बार-बार जन्मग्रहण करना दुख का कारण है। मनुष्य अन्तर्निहित वासनाओं का समूलोन्मूलन करे। इस कार्य के लिए उसे मध्यमपथ का सेवन करना चाहिए। कर्मवाद के सिद्धान्त का बुद्ध ने प्रतिपादन किया और बड़े सरल शब्दों में समझाया। उन्होंने मनुष्य को स्वावलम्बी बनने का उपदेश दिया। बुद्ध स्वयं ही बड़े ही सूक्ष्म विचारक थे और उन्होंने अपने सिद्धान्तों को जिस रूप में जनता के सम्मुख रखा, उससे उनकी प्रतिभा की मौलिकता का परिचय प्राप्त होता है। उन्होंने अपने सिद्धान्तों में आचार और कर्म को अधिक महत्त्व दिया। दार्शनिक सिद्धान्तों की सूक्ष्मता और पेचीदगी में वे तनिक भी नहीं पड़े। बुद्ध ने आचारवादिता पर इतना अधिक बल प्रदान किया कि कुछ लोगों की सम्मति में, बौद्ध धर्म एक धर्म न होकर, आचार के कतिपय नियमों का समूह है। वस्तुतः वैदिक धर्म में विकृति तथा विकार उत्पन्न हो जाने के कारण ही बौद्ध धर्म का अभ्युदय हुआ था और वैदिक धर्म के दोषों के कारण ही बौद्ध धर्म की उन्नति अत्यन्त तेज गति से हुई।

बुद्ध का व्यक्तित्व–बौद्ध धर्म के उत्थान में महात्मा बुद्ध के चुम्बकीय व्यक्तित्व का बहुत बड़ा योगदान था। उनका व्यक्तित्व प्रभावपूर्ण, तेजस्वी और महान था। उनका चरित्र इतना सरल और पवित्र था कि जो भी उनके सम्पर्क में आया, उनसे प्रभावित हुए बिना नहीं रहा। वास्तव में उन्होंने अपने सिद्धान्तों को अपने जीवन में पूर्णरूपेण चरितार्थ करके ही दूसरों पर अपने विचारों की श्रेष्ठता की धाक जमाई। मनुष्य को चाहिए कि वह क्रोध पर प्रेम से, बुराई पर भलाई से, लोभ पर उदारता से और झूठ पर सच्चाई से विजय प्राप्त करे। अपने इस उपदेश को बुद्ध ने स्वयं अपने जीवन में पूर्णरूपेण ढाला। तात्पर्य यह कि बुद्ध के धर्म की लोकप्रियता के चाहे और कुछ भी कारण रहे हों, किन्तु उनके चरित्र ने अपने-आप जनता का दिल जीत लिया। बुद्ध के अद्भुत, अलौकिक और महान व्यक्तित्व ने बौद्ध धर्म की उन्नति में महत्त्वपूर्ण योगदान दिया, जिससे उसका उत्थान अतिशीघ्र हुआ।

साधारण बोलचाल की भाषा का प्रयोग–बुद्ध ने अपने उपदेश साधारण जनता की बोलचाल की भाषा में दिया। उस समय के सभी धार्मिक ग्रन्थ संस्कृत भाषा में थे। धार्मिक वाद-विवाद और व्याख्यान आदि सभी संस्कृत भाषा में होते थे। साधारण जनता इस भाषा के प्रति उदासीन हो गई थी। बुद्ध ने अपने धर्म का प्रचार साधारण बोलचाल की भाषा में शुरू किया। इससे उन्हें धर्म-प्रचार के कार्य में काफी सहूलियत हुई। बुद्ध का अभिप्राय अपनी विद्वता दिखाना नहीं था, बल्कि सरल-से-सरल भाषा में अपने विचारों को रखना था, जिससे प्रत्येक व्यक्ति बिना किसी विशेष कठिनाई के उसे ग्रहण कर सके। किसी बौद्ध ग्रन्थ में इस बात का उल्लेख मिलता है कि एक बार बुद्ध से किसी ब्राह्मण शिष्य ने प्रश्न किया कि आप संस्कृत में अपने उपदेश क्यों नहीं देते? इस पर बुद्ध ने उत्तर दिया, "मैं गरीबों की भाषा द्वारा गरीबों तक पहुँचना चाहता हूँ।" बुद्ध भली-भाँति जानते थे कि संस्कृत का प्रयोग केवल सुशिक्षितों में ही प्रचलित है। अतएव, संस्कृत में उपदेश देने से उनकी शिक्षाओं का प्रचार केवल थोड़े-से पढ़े-लिखे व्यक्तियों के बीच ही हो सकेगा। यही कारण है कि उनके विचार बड़े लोकप्रिय सिद्ध हुए। अशिक्षित स्त्री-पुरुष को उन्हें समझाने में कोई कठिनाई नहीं हुई।

तर्कसम्मत धर्म–बौद्ध धर्म के उत्थान का एक प्रमुख कारण उसका तर्क-सम्मत होना था। बुद्ध ने अन्धविश्वास का परित्याग करके तर्क को अपनाया। उनकी तर्कपूर्ण धार्मिक विवेचना हिन्दू धर्म के बड़े-बड़े दिग्गज महारथियों तक को परास्त कर निरुत्तर कर दिया करती थी। बड़े-बड़े प्रसिद्ध विद्वान और महाकश्यप सारिपुत्र जैसे महान आचार्य तक पराजित होकर उनके शिष्य बन गए थे।

सहिष्णुता की भावना–बौद्ध धर्म के सिद्धान्तों में सहिष्णुता की भावना बहुत अधिक थी, जिसने लोगों को काफी प्रभावित किया। बुद्ध मतवादी नहीं थे। उनके विचारों में किसी प्रकार की कट्टरता अथवा असहिष्णुता नहीं थी। यही कारण था कि राजा, महाराजा, सेठ, साहूकार, क्षत्रिय सभी ने उनके उपदेशों को ग्रहण किया। उनके समकालीन कट्टर ब्राह्मणों ने भी संगठित रूप से उनका विरोध नहीं किया। इससे सिद्ध होता है कि बुद्ध ने ऐसा प्रचार नहीं किया, जो किसी अन्य धर्मानुयायियों को बुरा लगता।

जाति-पाँति से परे धर्म–महात्मा बुद्ध ने जाति-पाँति को अपने धर्म में कोई स्थान नहीं दिया। बौद्ध धर्म का द्वार सम्पूर्ण मानवता के लिए खुला रहा। बुद्ध के अनुसार, समस्त वर्णों

के व्यक्ति निर्वाण-पद प्राप्त करने के अधिकारी थे। इससे उनकी ओर केवल वे लोग स्वतः आकृष्ट हुए जिनके लिए ब्राह्मण धर्म के द्वार बन्द थे। जो जनता ब्राह्मणों के ऊँच-नीच के व्यवहार से तंग आ गई थी, उसको बौद्ध धर्म में सामाजिक मुक्ति का द्वार दिखाई पड़ा। महात्मा बुद्ध ने आचार और विचार की पवित्रता पर विशेष बल दिया था, जो पददलित लोगों को आकृष्ट करने के लिए पर्याप्त था। समाज के दलितवर्ग ने उनके उपदेशों को उत्साह के साथ ग्रहण किया। उस समय हिन्दूसमाज में अस्पृश्यता की घृणित प्रथा जड़ जमाए हुए थी। उससे ऊबकर हजारों की संख्या में अस्पृश्य कहे जानेवाले व्यक्तियों ने बौद्ध धर्म को अंगीकार किया।

धर्म-प्रचारकों का उत्साह–बौद्ध धर्म के उत्थान में इस धर्म के प्रचारकों का अपरिमित उत्साह भी एक प्रमुख कारण था। चूँकि बौद्ध धर्म एक सुधार-आन्दोलन के रूप में अपने प्रचारकों की प्रेरणा का स्वयं साधन था। अतः इस धर्म के प्रचारकों ने अपनी जान हथेली पर रखकर दूरस्थ स्थानों की दुर्गम्य मार्गों से यात्रा की तथा बौद्ध धर्म के प्रचार में इन्होंने अपना सर्वस्व अर्पण कर दिया। इन निःस्वार्थ-सेवी मनीषियों, विद्वानों, आचार्यों और भिक्षुओं ने महासागर की उत्ताल तरंगों से उद्वेलित लंका, जावा, सुमात्रा और चीन आदि देशों की केवल अहिंसात्मक बौद्ध-सिद्धान्तों के पवित्र सन्देश देने के लिए ही लम्बी-लम्बी यात्राएँ की।

प्रचार शैली की रोचकता–बुद्ध ने जिस प्रचार शैली को अपनाया था, वह नितान्त सरल, सुबोध और लोकरुचि के अनुकूल थी। उन्होंने लोककथाओं, लोकोक्तियों और मुहावरों का अपने विचारों की अभिव्यक्ति एवं सिद्धान्तों के प्रतिपादन में प्रचुरता से प्रयोग किया। अपने सिद्धान्तों को समझाने के लिए वे जिन उदाहरणों और उपमाओं का प्रयोग करते थे, उनका सीधा सम्बन्ध मनुष्य के दैनिक जीवन से होता था। वे अपने उपदेशों में हास्य और व्यंग्य का भी उचित मात्रा में पुट दिया करते थे, जिससे उनमें रोचकता आ जाती थी। वे गूढ़ तत्त्वज्ञानी होते हुए भी व्यावहारिक निपुणता का परिचय देते थे। बुद्ध ने अपने शिष्यों को भी इसी नीति का अनुसरण करने की शिक्षा दी, जिससे बौद्ध धर्म का प्रचार-कार्य और अधिक सरल हो गया।

संघ का संगठन–बुद्ध केवल एक महान दार्शनिक और धर्मप्रवर्तक ही नहीं थे, वरन् उनमें संगठन की अपूर्व क्षमता भी थी। उन्होंने यह भली-भाँति समझ लिया था कि सुव्यवस्थित संगठन के अभाव में कोई धर्म अधिक दिनों तक नहीं टिक सकता। अतएव, उन्होंने अपने अनुयायियों को एक सुदृढ़ संगठन में बँध जाने की सलाह दी। बुद्ध का जन्म एक संघराज्य में हुआ था। इसलिए वे संघ की महत्ता से भली-भाँति अवगत थे। यही वजह थी जो भिक्षुओं को संगठित करते समय उनका भी उन्होंने एक संघ बनाया। बौद्धसंघ का संगठन शुद्ध जनतांत्रिक ढंग पर था। इस स्वरूप ने संघ को लोकप्रिय बनाया। बौद्धसंघ साधारण जनता को आकर्षित करने में अधिक सफल हुए।

राजा-महाराजाओं का संरक्षण–बड़े-बड़े राजा, महाराजा और प्रभावशाली व्यक्ति भी इस धर्म के अनुयायी बनकर इसके प्रचार में भरपूर सहयोग दे रहे थे। गौतम बुद्ध स्वयं एक राज्य के उत्तराधिकारी होते हुए भी सभी प्रकार के ऐश्वर्यों का त्याग करके जगत के कल्याण का मार्ग प्रशस्त कर रहे थे। उनके इस त्याग का राजा से रंक तक सभी लोगों पर अत्यधिक प्रभाव पड़ा था। महाराजा बिम्बिसार, कोसलनरेश प्रसेनजित, अवन्ति के चंड प्रद्योग, कौशाम्बी के

महाराजा उदयन और फिर बाद में सम्राट अशोक, कनिष्क, हर्षवर्द्धन आदि ने बौद्ध धर्म स्वीकार करके इस धर्म को राजकीय धर्म का उच्च आसन प्रदान किया। सम्राट अशोक, जो बौद्ध धर्म के इतिहास में द्वितीय बुद्ध के नाम से स्मरण किया जाता है, बौद्ध धर्म का प्रबल पोषक था। कलिंग-विजय के उपरान्त उसने बौद्ध धर्म को अपना राज्यधर्म घोषित कर दिया तथा बौद्ध धर्म के प्रचार के लिए जीवनपर्यन्त उद्यम करता रहा। उसने बौद्ध धर्म को एक साधारण स्थानीय धर्म से विश्व-धर्म के रूप में परिणत कर दिया तथा बौद्ध धर्म का प्रचार करने के लिए भारत के बाहर उसने भिक्षुओं को भेजा। अपने पुत्र महेन्द्र तथा पुत्री संघमित्रा तक को उसने लंका में धर्म-प्रचारार्थ भेजा। अशोक ने राजकोष के द्वारा संघ की सहायता करके धर्म का प्रचार किया तथा सम्पूर्ण भारतवर्ष में शिलाओं एवं स्तम्भों पर अनेक लेख लिखवाया, जिससे उसकी प्रजा बौद्ध धर्म का अनुसरण करने लगी। भारत में अन्य किसी भी धर्म को अशोक के समान श्रद्धालु धर्म-प्रचारक ने राज्याश्रय नहीं दिया। अशोक के पश्चात् कनिष्क ने बौद्ध धर्म का प्रचार चीन तक किया। हर्ष भी बौद्ध धर्म का प्रबल पोषक था। इन सम्राटों के सत्प्रयत्नों के कारण बौद्ध धर्म का अत्यधिक प्रचार-प्रसार हुआ।

8.21 बौद्ध धर्म का पतन

बौद्ध धर्म का उत्थान जितनी शीघ्रता से हुआ था, उतनी ही शीघ्रता से उसका पतन भी हो गया। इस धर्म का इतना अधिक पतन हुआ कि शीघ्र ही यह भारत से लोप हो गया। ग्यारहवीं शताब्दी के उपरान्त बौद्ध धर्म का नाम भारत के इतिहास में उपलब्ध ही नहीं होता है। इसके पतन के निम्नांकित प्रमुख कारण थे–

राजकीय संरक्षण का अन्त–बौद्ध धर्म की उन्नति और तेज गति से प्रचार में भारतीय राजाओं से बड़ी सहायता मिली थी। लेकिन यह स्थिति हमेशा के लिए कायम नहीं रही। आगे चलकर बौद्ध धर्म राज्याश्रय से वंचित हो गया और राजकीय आश्रय ब्राह्मण धर्म को प्राप्त होने लगा। अतएव ब्राह्मण धर्म बढ़ने लगा और बौद्ध धर्म का पतन प्रारम्भ हुआ। कुषाणों के उपरान्त हर्ष और पाल शासकों के अतिरिक्त शेष सभी राजाओं ने हिन्दू धर्म को ही प्रोत्साहित किया।

हिन्दू धर्म का उत्थान–हिन्दू धर्म में जो शिथिलता उत्पन्न हो गई थी, वह उत्साही प्रचारकों की लगन से जाती रही। शंकराचार्य, कुमारिल भट्ट, रामानन्द और प्रभाकर आदि उच्चकोटि के धुरन्धर विद्वानों ने सम्पूर्ण भारत का भ्रमण करके बौद्ध धर्माचार्यों, विद्वान भिक्षुओं आदि से शास्त्रार्थ द्वारा स्थान-स्थान पर उन्हें पराजित कर जनसाधारण को अपनी ओर आकर्षित करना आरम्भ कर दिया। बड़े-बड़े सम्राट और धनी-मानी व्यक्ति हिन्दू धर्म का काफी आदर-मान और हर प्रकार के प्रोत्साहन प्रदान करने लगे। फलतः हिन्दू-धर्म के पुनरुत्थान ने बौद्ध धर्म को पतनोन्मुख करके उसे निस्तेज बना दिया।

आन्तरिक मतभेद–बौद्ध धर्म के पतन का सबसे बड़ा कारण उसमें आन्तरिक मतभेद था। महात्मा बुद्ध की मृत्यु के बाद बौद्ध धर्म की एकता समाप्त हो गई और वह कई शाखाओं में विभक्त हो गया, जिनमें पर्याप्त सैद्धान्तिक मतभेद थे। इन मतभेदों के कारण पारस्परिक ईर्ष्या बढ़ने लगी और लोगों का विश्वास बौद्ध धर्म से उठने लगा।

चिन्तकों तथा दार्शनिकों का अभाव–बुद्ध की मृत्यु के उपरान्त बौद्ध धर्म में कोई बड़ा चिन्तक तथा सुधारक नहीं उत्पन्न हुआ। इसके परिणामस्वरूप बौद्ध धर्म में धीरे-धीरे जो दोष आने लगे थे, वे और तेजी से बढ़ते चले गए तथा उनके सुधार का कोई प्रयत्न नहीं किया गया। फलतः, बौद्ध धर्म निरन्तर पतनोन्मुख होता गया।

बौद्धसंघ में भ्रष्टाचार–समय के साथ-साथ बौद्ध-मठ चरित्रहीनता के अड्डे बन गए थे। भिक्षु और भिक्षुणियों ने सुख और वैभव का जीवन बिताना आरम्भ कर दिया। इस चरित्रहीनता की अवस्था में वे ब्राह्मणों के सामने उपयोगी बनकर नहीं रह सकते थे। परिणाम यह हुआ कि लोगों का इन पर से विश्वास उठने लगा। अतः लोगों में वे घृणा की दृष्टि से देखे गए। हीनयान और महायान शाखाओं के भिक्षु परस्पर खुलेआम लड़ने लगे। इस आन्तरिक मतभेद ने बौद्ध धर्म को भारी हानि पहुँचाई। यह सत्य है कि समय-समय पर बौद्ध परिषदों ने इस पारस्परिक फूट को समाप्त करने का यत्न किया, किन्तु इस यत्न का परिणाम कुछ भी नहीं निकला।

संघ में स्त्रियों का प्रवेश–आरम्भ में बुद्ध ने स्त्रियों के संघ-प्रवेश को स्वीकार नहीं किया था। वे इसे उचित नहीं मानते थे, परन्तु परिस्थितियों से विवश होकर उन्हें स्त्रियों को संघ में प्रविष्ट करने की अनुमति देनी पड़ी। फिर भी, उन्होंने स्त्रियों के संघ-प्रवेश के साथ अनेक आचरण-सम्बन्धी कठोर नियमों को सम्बद्ध कर दिया था, जिसके कारण भिक्षु और भिक्षुणियों को अलग-अलग रहना पड़ता था और उनका नैतिक पतन एक तरह से असम्भव था। परन्तु बुद्ध की मृत्यु के पश्चात् स्त्रियों का संघ-प्रवेश सरल हो गया। फलतः आचरण-सम्बन्धी कठोरता जाती रही। यह भिक्षुओं के आचरण तथा संयम के लिए बड़ा घातक सिद्ध हुआ। विहारों का शुद्ध तथा सात्विक जीवन समाप्त हो गया। उनमें विलासिता और व्यभिचार का प्रवेश होने लगा।

अन्य धर्मों के साथ प्रतिद्वन्द्विता–जैन, शैव, वैष्णव आदि प्रतिस्पर्द्धी धार्मिक सम्प्रदायों से शास्त्रीय संघर्ष में बौद्ध धर्म सफल नहीं हुआ। जैन धर्म तथा बौद्ध धर्म आपस में बहुत मिलते-जुलते थे। कुछ अंशों में जैन धर्म के आदर्श बौद्ध धर्म के आदर्शों से अधिक उच्च थे। अतएव बहुत से लोगों को जैन धर्म ने भी अपनी ओर आकृष्ट किया। इस प्रकार जैन, शैव तथा वैष्णव धर्मों का बौद्ध धर्म पर घातक प्रभाव पड़ा।

मिथ्याडम्बरों का प्रवेश–बौद्ध धर्म की सफलता का कारण महात्मा बुद्ध के बोधगम्य एवं सरल उपदेश थे। लेकिन बाद में लोग बुद्ध के उपदेशों को भूल गए। धर्म की पुरानी सरलता खत्म हो गई और उसमें ढकोसला तथा मिथ्याचार का समावेश हो गया। बुद्ध ने धार्मिक जीवन के इन्हीं दोषों का विरोध किया था, परन्तु कालान्तर में उन्हीं के धर्म में इन दोषों का समावेश होने लगा जिसके परिणामस्वरूप बौद्ध धर्म कुछ वर्षों में शिथिल तथा जर्जर हो गया।

राजपूतों का उत्कर्ष–आठवीं शती से बारहवीं शती तक उत्तरी भारत का बहुत-कुछ भाग राजपूत राजाओं के अधिकार में आ चुका था, जिन्हें युद्ध और रक्तपात में आनन्द मिलता था। बुद्ध का अहिंसा मार्ग उनके लिए उपयोगी नहीं था। अतएव, उन्होंने 'राजा के लिए युद्ध अनिवार्य' इसकी पुष्टि करनेवाले हिन्दू धर्म को ही प्रोत्साहित किया। परिणामस्वरूप उत्तरी भारत में बौद्ध धर्म सर्वदा के लिए लुप्त हो गया। इधर दक्षिण भारत ने भी ब्राह्मण धर्म को ही अपनाया। अतः बौद्ध धर्म के पैर वहाँ से भी उखड़ गए।

मुसलमानों का प्रहार–बौद्धमठ धन तथा स्वर्ण से परिपूर्ण थे। इस धन के आकर्षण ने मुसलमान आक्रमणकारियों को इनकी ओर खींचा। इसी धन के लालच में मुसलमानों ने बौद्धमठों को निशाना बनाया तथा विशाल धनराशि को लूटकर ले गए। बौद्धों के पास कोई सैनिक शक्ति नहीं थी। अतः मुस्लिम आक्रमणकारियों के सम्मुख वे टिक नहीं सके। इस प्रकार के झगड़ों में बहुत-से बौद्ध मौत के घाट उतार दिए गए। इनमें से कुछ बौद्ध तो मुसलमान बन गए और कुछ उत्तर के पहाड़ों की ओर भाग गए।

देवत्व की स्थापना–हिन्दू धर्म से प्रभावित हो जाने के कारण बौद्ध धर्म में भी देवत्व की स्थापना हो गई और देवताओं की पूजा होने लगी। बाद में बौद्धों ने स्वयं बुद्ध को अवतार और ईश्वर का रूप मानना आरम्भ कर दिया। बुद्ध की मूर्ति बनने लगी तथा उनकी पूजा होने लगी। बौद्ध धर्म पर इसका प्रभाव यह पड़ा कि साधारण जनता इसे भी हिन्दू धर्म का अंग समझने लगी और उसका इसके प्रति कोई आकर्षण नहीं रहा।

यद्यपि बौद्ध धर्म के पतन के अनेक कारण उपलब्ध होते हैं, किन्तु वास्तविक कारण संघ की शिथिलता, अव्यवस्था तथा बौद्धभिक्षुओं का पतित चरित्र ही माना जा सकता है, जिससे धर्म-प्रचार के कार्य में विघ्न उत्पन्न हुए तथा जनसाधारण की इस धर्म की ओर से अरुचि होने लगी। भारत से इस धर्म का सर्वथा लोप हो गया, यद्यपि जिन देशों में इसका प्रचार हुआ था, वहाँ आज भी इसके अवशेष प्राप्त होते हैं तथा विश्व के अनेक भागों में बौद्ध धर्म अभी भी जीवित है।

कुछ समय पूर्व ही भारत में बौद्ध धर्म को पुनः जीवित करने का प्रयास किया गया है तथा इसके लिए भारत ने एक महाबोधि संस्था का निर्माण भी किया है, जिसके द्वारा बौद्ध धर्म का जीर्णोद्धार करने का प्रयत्न किया जा रहा है। प्राचीन बौद्ध तीर्थ-स्थानों में धर्मशाला, विहार, औषधालय तथा पुस्तक-भवन निर्मित किए गए हैं तथा सारनाथ में विशेषरूप से इस धर्म के प्रसार का कार्य प्रारम्भ किया गया है। इसके अतिरिक्त श्रावस्ती, कुशीनगर तथा बोधगया में नव-निर्माण करके इस धर्म के पुनरुद्धार के लिए अथक प्रयास किया जा रहा है।

8.22 बौद्ध और जैन धर्मों का तुलनात्मक अध्ययन

समानताएँ–बौद्ध धर्म और जैन धर्म दोनों ही उस सामान्य धार्मिक तथा आध्यात्मिक चेतना के प्रतिफल थे, जिनका उद्भव भारत में सातवीं-छठी शताब्दी ईस्वी पूर्व के लगभग हुआ था। अतएव, उनमें कुछ पारस्परिक समानताओं का होना स्वाभाविक है। दोनों ही धर्मों के प्रवर्तक ब्राह्मण न होकर राजवंशीय क्षत्रिय थे। दोनों ही ने प्राचीन वैदिक विधि-विधानों और यज्ञों का विरोध किया। दोनों ने अपने सिद्धान्तों का प्रचार संस्कृत भाषा में न करके, स्थानीय बोलचाल की भाषा में किया। दोनों ने ही अपने-अपने मतों के लिए जाति और लिंग के बन्धन को तोड़ दिया। बलि-प्रथा का विरोध दोनों ने ही किया। दोनों ने ही अपने उपदेश में कर्म के सिद्धान्त को स्वीकार किया। दोनों ने ही इस बात पर बल दिया कि प्राणी को अपने कर्मों के कारण ही बार-बार जन्म लेना पड़ता है। दोनों धर्मों ने वेदों को ईश्वरीय वाक्य स्वीकार नहीं किया। वे इनको अपने धर्मों का आधार नहीं मानते थे, यद्यपि वैदिक साहित्य का उन दोनों पर प्रभाव था। दोनों ने ब्राह्मणवाद के विरुद्ध आन्दोलन किया और जाति-प्रथा तथा अन्य प्रकार के

विभेदों को निर्मूल करने का अथक प्रयत्न किया। जीवन की पवित्रता में दोनों को अटूट विश्वास था। दोनों की मान्यता थी कि उच्च और नैतिक आचरण तथा विचारों के द्वारा ही प्राणी निर्वाण को पा सकता है, किन्तु जब तक मन, वचन और कर्म की पवित्रता नहीं आएगी, तब तक निर्वाण प्राप्त नहीं किया जा सकता है। दोनों ने ही इन्द्रिय-इच्छाओं के दमन पर बल दिया।

निर्माण-प्राप्ति के लिए कठिन जीवनयापन करने की शिक्षा दोनों ने दी है। यह दूसरी बात है कि अपने लक्ष्य की प्राप्ति के लिए एक ने इस कठोर जीवनयापन पर कुछ कम जोर दिया है। बौद्धमत और जैनमत दोनों ने ही निर्वाण की प्राप्ति के लिए सत्यचरित्र और सत्यज्ञान पर बल दिया है। इस सम्बन्ध में दोनों ही वैदिक विधि-विधानों के विरुद्ध रहे हैं। निर्वाण-प्राप्ति को दोनों ने जीवन का लक्ष्य बताया। दोनों धर्म के अनुयायी दो भागों में विभक्त थे—एक उपासक तथा दूसरे साध्वी। दोनों ने संघ-व्यवस्था की स्थापना कर अपने धर्म का प्रचार किया। दोनों में ही संघ के नियम अत्यन्त कठोर रखे गए थे। संघ के प्रत्येक सदस्य को उन नियमों का पालन अनिवार्य रूप से करना पड़ता था। ऐसा नहीं करनेवालों के विरुद्ध अनुशासन भंग करने की कार्रवाई की जाती थी। दोनों धर्मों का उदय भारत के एक ही प्रान्त में हुआ और पर्याप्त समय तक दोनों धर्मों का कार्यक्षेत्र भी उसी प्रान्त की सीमाओं तक सीमित रहा।

दोनों धर्मों में अन्तर—जीवन की पवित्रता की ओर दोनों ने ध्यान दिया था, किन्तु इस दृष्टि से जैन धर्म बौद्ध धर्म की अपेक्षा बहुत आगे था। जैन मतावलम्बी जीव-रक्षा में बहुत आगे थे। वे नहीं चाहते थे कि साधारण-से-साधारण जीव भी उनके कारण मारा जाए। अतः सूर्यास्त के बाद भोजन नहीं करना तथा मुख के आगे हर समय कपड़े का एक टुकड़ा धारण किए रहना इसी धारणा के परिणाम थे। निर्वाण-प्राप्ति के लिए जैन मतावलम्बी बौद्धों से अधिक कठोर जीवन बिताते थे। बुद्ध ने अत्यधिक शरीर-यातना को वर्जित ठहराया था, किन्तु महावीर के अनुयायी इस दृष्टि से बहुत आगे बढ़ गए थे। महावीर ने भी अपने शरीर को यातनाएँ दी थीं। जब कोई नया व्यक्ति जैनमत में प्रविष्ट होने के लिए जैनमन्दिर में जाता, तो उसे अपने सिर के एक-एक बाल को अपनी सहनशीलता प्रकट करने के लिए हाथों से नोंचना पड़ता था। इस प्रकार शरीर को यातना देने में जैन धर्म बौद्ध धर्म से बहुत आगे था।

जहाँ बौद्ध धर्म ने अपने-आपको हिन्दू धर्म से पूरी तरह अलग कर लिया था, वहीं जैन मतावलम्बियों ने हिन्दू धर्म से पूर्णतया नाता नहीं तोड़ा था। जैन धर्म को माननेवाले ब्राह्मणों से सम्पर्क बनाए रखे।

जैन लोग गृहस्थ को महत्त्व देते थे, परन्तु बौद्ध लोग संघ को अधिक महत्त्व देते थे। बौद्ध लोग अहिंसा, सत्य, अस्तेय, अपरिग्रह, ब्रह्मचर्य आदि पर बल देते थे, जिन्हें वे **अष्टांगिक मार्ग** कहते थे, परन्तु जैन लोग केवल सम्यक् दर्शन, सम्यक् ज्ञान और सम्यक् चरित्र पर ही बल देते थे, जिन्हें वे **त्रिरत्न** कहते थे। बौद्धमत के अनुयायी राजाओं और सम्राटों ने पूर्ण उत्साह और शक्ति से अन्य धर्मावलम्बियों को अपने धर्म में लाने की कोशिश की, जबकि इस दिशा में जैन धर्म को भारत के किसी महान सम्राटों का संरक्षण प्राप्त नहीं हो सका।

बौद्ध धर्म में भिक्षुओं को जितना अधिक महत्त्वपूर्ण स्थान प्राप्त था, उतना उपासकों (गृहस्थों) को नहीं। किन्तु इसके विपरीत जैन धर्म में संन्यासियों की अपेक्षा गृहस्थों को ही

अधिक महत्त्व दिया गया था। जैन धर्म ने हिन्दू धर्म से कभी भी पृथक्ता का सम्बन्ध नहीं स्थापित किया, जबकि बौद्ध धर्म ने पृथक्ता की नीति का ही अवलम्बन किया। बात यह थी कि बौद्धों का दृष्टिकोण आरम्भ से ही क्रान्तिकारी था, जिससे वे प्रचलित धार्मिक विश्वासों के साथ सामंजस्य स्थापित नहीं कर सके, परन्तु जैन धर्म का दृष्टिकोण सहिष्णुतापूर्ण था, यद्यपि जैनमत की शिक्षाओं में भी जाति-भेद का विरोध किया गया। यह विरोध बौद्ध धर्म के विरोध की तुलना में कहीं अधिक नरम और हल्का था। स्वयं बुद्ध ने कई स्थानों पर जाति-भेद की तीव्र शब्दों में निन्दा की और यज्ञादि का खंडन भी किया, परन्तु जैनियों ने तत्कालीन जीवन की प्रचलित व्यवस्थाओं पर कोई कुठाराघात नहीं किया। कालान्तर में जैनियों और वैष्णवों में आचरण की इतनी अधिक समानता हो गई कि उनमें भेद करना कठिन हो गया।

8.23 ब्राह्मण धर्म और बौद्ध धर्म

ब्राह्मण धर्म शुरू से ही एक विशाल धर्म रहा है। इसमें अन्य धर्मों को अपने में समन्वित कर लेने की क्षमता रही है। इसी कारण कालान्तर में बौद्ध धर्म को भी अपनी शाखामात्र बताने में हिन्दू धर्म सफल हो गया। बुद्ध ने जिन सिद्धान्तों का प्रतिपादन किया, उनमें अधिकांश वेदों और उपनिषदों में प्राप्त हो जाते हैं। बुद्ध ने हिन्दू धर्म के उन्मूलन के उद्देश्य से अपने धर्म को नहीं चलाया था, बल्कि वे ब्राह्मण धर्म में उत्पन्न हुए आडम्बरों का अन्त करना चाहते थे, फिर भी हिन्दू धर्म और बौद्ध धर्म में कई समानताएँ और विषमताएँ परिलक्षित होती थीं। यदि दोनों धर्मों का तुलनात्मक अध्ययन किया जाए, तो इनमें निम्नलिखित समानताएँ और विषमताएँ दृष्टिगोचर होंगी—

दोनों धर्मों का अन्तिम लक्ष्य समान था, अर्थात् संसार के बन्धनों से मुक्ति तथा आवागमन के चक्कर से निवृत्ति। कर्मबोध, पुनर्जन्म तथा मोक्ष आदि सिद्धान्तों पर दोनों ही धर्म विश्वास करते थे। बलपूर्वक धर्म-प्रचार के दोनों ही विरोधी थे। दोनों धर्मों में सत्कर्म पर विशेष महत्त्व दिया जाता था। क्रियात्मक जीवन में महात्मा बुद्ध ने अधिकतर ब्राह्मण धर्म के आदर्शों को शामिल किया। इतनी समानताओं के होते हुए भी बौद्ध धर्म उस समय के हिन्दू धर्म से अत्यन्त भिन्न था। ब्राह्मण धर्म में वेद प्रामाणिक ग्रन्थ है तथा उनके अतिरिक्त ज्ञान कहीं उपलब्ध नहीं हो सकता, किन्तु बौद्ध धर्म में ज्ञान तर्क पर आश्रित है और उसने वेदों की प्रामाणिकता का विरोध किया। हिन्दू धर्म में ब्राह्मणों का समाज में विशिष्ट स्थान प्राप्त था तथा कोई भी धार्मिक कृत्य उनके बिना पूर्ण नहीं हो सकता था, किन्तु बौद्ध धर्म में इस प्रकार कोई उच्च वर्ग नहीं था तथा सत्कर्मों द्वारा ही प्रत्येक व्यक्ति निर्वाण का अधिकारी माना गया था। हिन्दू-समाज की वर्ण-व्यवस्था में बौद्ध धर्म का बिल्कुल ही विश्वास नहीं था। बौद्ध धर्म ने समानता के आधार पर समाज का निर्माण किया, जहाँ ब्राह्मण और शूद्र में कोई भेद-भाव नहीं था। बौद्ध धर्म में हिन्दुओं के यज्ञ, बलि-प्रथा तथा रीति-रिवाजों का कोई भी स्थान नहीं है। मन्त्रों-तन्त्रों में महात्मा बुद्ध का बिल्कुल ही विश्वास नहीं था। हिन्दू धर्म के अन्धविश्वासों, रूढ़ियों तथा जटिलताओं का बौद्ध धर्म ने घोर विरोध किया। महात्मा बुद्ध ने धर्म-प्रचार के लिए संघों का निर्माण किया तथा भिक्षुओं को महत्त्व दिया, किन्तु बौद्ध धर्म नास्तिक धर्म था। हिन्दू धर्म के अनुसार, मोक्षप्राप्ति के लिए ज्ञान आवश्यक है, किन्तु बौद्ध

धर्म के अनुसार, सत्कर्मों के द्वारा निर्वाण प्राप्त हो सकता है। हिन्दू धर्म के अनुसार, शूद्रों एवं स्त्रियों को मोक्ष-प्राप्ति का अधिकार नहीं है, किन्तु बौद्ध धर्म में प्रत्येक व्यक्ति निर्वाण-प्राप्ति कर सकता है, यदि वह सत्कर्म करे। हिन्दू धर्म कर्मकांड, विस्तृत समारोह, दैनिक प्रार्थनाओं तथा स्तुति में विश्वास करता था, किन्तु बौद्ध धर्म का इनमें कतई विश्वास नहीं था। हिन्दू धर्म में अनुकूलीकरण की क्षमता नहीं थी, किन्तु बौद्ध धर्म में परिस्थितियों के अनुकूल स्वयं को परिवर्तित कर सकने की क्षमता थी।

8.24 भारतीय संस्कृति को बौद्ध धर्म की देन

बौद्ध धर्म अपने में एक महान क्रान्ति था, इसलिए इसने भारतीयों के सांस्कृतिक, सामाजिक, धार्मिक तथा राजनीतिक जीवन पर व्यापक प्रभाव डाला। भारतीय संस्कृति की सम्पन्नता में इस धर्म के कारण काफी अभिवृद्धि हुई और इस देश के लोगों को जीवन के प्रति एक विशिष्ट दृष्टिकोण का विकास करने में काफी सहायता प्राप्त हुई।

भारतीय राजनीतिक इतिहास पर प्रभाव–बौद्ध धर्म ने अहिंसा पर सर्वाधिक जोर दिया और 'अहिंसा परमो धर्मः' का नारा बुलन्द किया। भारत की राजनीति पर इस उपदेश का गहरा प्रभाव पड़ा। इसके फलस्वरूप भारत के राजाओं-नरेशों के दिल में हिंसा तथा रक्तपात के खिलाफ एक प्रतिक्रिया हुई। बौद्ध धर्म से प्रभावित होकर अशोक ने युद्ध को तिलांजलि दे दी और धर्म-प्रचार को राज्य का लक्ष्य निर्धारित किया। अशोक की इस नीति के कारण भारत में सैनिक दुर्बलता आई और मौर्य साम्राज्य का पतन हुआ। बाद के इन राजाओं की नीति बौद्ध धर्म के इस सिद्धान्त से प्रभावित नहीं रही। भारतीय इतिहास के लिए इसका प्रभाव अच्छा नहीं हुआ, लेकिन उसने भारतीय राजाओं में लोकसेवा की भावना जागृत करके राजाओं को सार्वजनिक कार्य की ओर उन्मुख किया।

हिन्दू धर्म पर प्रभाव–बौद्ध धर्म ने हमें एक सर्वप्रिय धर्म प्रदान किया, जिसे निरर्थक नियमों, विधि-विधानों तथा पुरोहितों की आवश्यकता नहीं थी। इस दृष्टि से हिन्दू धर्म पर इसका विशेष प्रभाव पड़ा। बौद्ध धर्म से पहले हिन्दू धर्म में कर्मकांड, यज्ञाडम्बर आदि की विशेष प्रधानता थी। यह धर्म साधारण जनता की कल्पना के परे हो गया था। शूद्रों के साथ घोर अन्याय किया जाता था। महात्मा बुद्ध ने सरल भाषा का प्रयोग कर हिन्दू धर्म के माननेवालों को अपनी ओर आकर्षित किया।

मूर्तिपूजा का प्रभाव–बहुत सम्भव है कि मूर्तिपूजा को बौद्ध धर्म ने ही आरम्भ किया हो। यह ठीक है कि आरम्भ में बुद्ध के कुछ चिह्नों को लेकर सन्तोष कर लिया गया था, किन्तु तत्पश्चात् बुद्ध और बोधिसत्वों की मूर्तियों की एक बाढ़ सी आ गई। गान्धार देश तो इन मूर्तियों से भरा पड़ा था और अब चारों ओर उनकी मूर्तियाँ पाई जाती हैं। इन मूर्तियों के लिए बहुत से भवनों का निर्माण हुआ और परिणामस्वरूप एक महती संख्या में विहार अस्तित्व में आए। इस प्रकार मूर्तिपूजा की यह पद्धति बौद्धों के द्वारा ही हिन्दुओं को प्राप्त हुई। पुरानी आर्यपूजा-पद्धति का स्थान बौद्धों की मूर्तिपूजा ने ले लिया।

मठ-प्रणाली का प्रारम्भ–मठ-प्रणाली के जन्मदाता बौद्ध थे। बौद्ध से पूर्व अनेक हिन्दू वनों को जाया करते थे, किन्तु यह मठ-प्रणाली उस समय न थी। बुद्ध ने एक तटस्थ भ्रातृधर्म

को जन्म दिया अर्थात् सभी भिक्षु परस्पर बन्धुओं की तरह रहते थे और एक ही साथ सर्वप्रिय गुरु के नीचे रहकर अनुशासन का जीवन व्यतीत करते थे। बौद्ध-प्रचारकों को किसी प्रकार का कोई वेतन नहीं दिया जाता था। बहुमत के प्रचार में धन का व्यय अधिक नहीं होता था।

संघ-व्यवस्था–भिक्षुसंघों की स्थापना की परम्परा बौद्धकाल से शुरू हुई। संघ द्वारा धर्म का प्रचार बौद्धों ने किया। हिन्दू धर्म में पहले इस प्रकार की कोई व्यवस्था नहीं थी। इस तरह धर्म के प्रचार के कार्य में एक नए तरीके का सूत्रपात हुआ। बौद्ध लोग विहार में रहते थे तथा एक निश्चित अनुशासन का पालन करते थे। ये बौद्ध-विहार शिक्षा-प्राप्ति के प्रधान केन्द्र बन गए।

राजनीतिक और सामाजिक एकता–बौद्ध धर्म के द्वारा ही भारत में कुछ अंश तक जात-पाँत का बन्धन टूटा और पृथकता की भावना पर आघात हुआ। इस कारण सामाजिक और राजनीतिक दृष्टिकोण से भारत के जातीय बन्धनों को छिन्न-भिन्न करके और अन्धविश्वासों को दूर करके इसने आर्यों के समस्त राजनीतिक संगठन को एकसूत्र में बाँधने के एक आन्दोलन का सूत्रपात किया।

वैदेशिक सम्बन्ध–भारत का अन्य देशों के साथ गहरा सम्बन्ध स्थापित कराने में बौद्ध धर्म ने एक मजबूत कड़ी का काम किया। बौद्ध धर्म भारत की ओर से विदेशों के लिए एक अमूल्य भेंट था। यह एक ऐसा धर्म था, जिसको अनेक देशों ने जाति-पाँति के बन्धनों को त्यागकर स्वीकार किया। इस धर्म को विश्वव्यापी आन्दोलन कहा जा सकता है। भारत के भिक्षुओं और विद्वानों ने ईसापूर्व तीसरी शताब्दी से विदेशों में बौद्ध धर्म का प्रचार करना शुरू किया। फलतः बौद्ध धर्म में दीक्षित विदेशी लोग भारत को एक तीर्थस्थान मानने लगे। इस प्रकार सांस्कृतिक स्तर पर विदेशों के साथ भारत का सम्बन्ध स्थापित हुआ।

आर्थिक परिणाम–बौद्ध धर्म के प्रचार के लिए बौद्ध भिक्षुओं ने भारत के कोने-कोने का भ्रमण किया तथा यातायात के साधनों को सुलभ किया, जिसमें एक स्थान के निवासी सुगमतापूर्वक दूसरे स्थान तक जा सके। इसके अतिरिक्त भारत की सीमाओं के बाहर जाकर इन भिक्षुओं ने भारत की पृथकृता को भंग कर दिया तथा विश्व के अनेक भागों से भारत का धार्मिक सम्बन्ध कायम हुआ। इन्हीं धार्मिक सम्बन्धों के पश्चात् भारत के आर्थिक सम्बन्ध भी अन्य देशों में स्थापित हुए तथा भारत का व्यापार अन्य देशों के साथ होने लगा।

नैतिक और बौद्धिक आदर्श–महात्मा बुद्ध ने आचरण की पवित्रता पर बड़ा बल दिया था। दया, त्याग, सत्य, अहिंसा आदि पर उन्होंने बड़ा जोर दिया था। साथ ही नैतिक उत्थान के लिए उन्होंने कई सिद्धान्त प्रतिपादित किया था। इसका प्रभाव भारतीय समाज पर पड़ा था। हिन्दू धर्म के लोग वेदों को प्रमाण के रूप में स्वीकार करते थे, लेकिन गौतम बुद्ध ने इसका विरोध किया और लोगों को स्वतन्त्र चिन्तन का उपदेश दिया। उनका कहना था कि कसौटी पर कसकर ही किसी सिद्धान्त को अपनाना चाहिए। हिन्दू-समाज पर इसका भी प्रभाव पड़ा।

दर्शन की उन्नति–बौद्ध धर्म के उदय के फलस्वरूप भारत में एक नवीन दार्शनिक साहित्य का सृजन हुआ। शून्यवाद तथा माध्यमिक दर्शन के प्रतिपादक नागार्जुन को भारत के ही नहीं, अखिल विश्व के दार्शनिकों में गौरवपूर्ण स्थान प्राप्त है। बौद्धों का दार्शनिक साहित्य केवल प्रचुर और समृद्ध ही नहीं था, अपितु विचारोत्तेजक भी था। स्वयं बौद्ध धर्म के अन्तर्गत

ही अनेक दार्शनिक सम्प्रदाय उत्पन्न हो गए। **प्रतीत्य-समुत्पाद, शून्यवाद, योगाचार, सर्वास्तिवाद, सोत्रान्तिक, विज्ञानवाद** और **अनित्यवाद** आदि कितनी ही दार्शनिक विचारधाराओं का प्रादुर्भाव हो गया।

भारतीय कला पर प्रभाव–कला के क्षेत्र में बौद्ध धर्म की देन अभूतपूर्व है। कला के सभी क्षेत्र; जैसे–भवन निर्माण-कला, शिल्प-कला, चित्रकला बौद्ध धर्म के ऋणी हैं। सर्वप्रथम पाषाण के उपयोग में बौद्ध धर्म का ही हाथ था। अशोक ने चौरासी हजार स्तूपों का निर्माण कराया था, जिनमें से साँची का स्तूप आज भी कला के दृष्टिकोण से उच्च कोटि का माना जाता है। इसके अतिरिक्त अनेक स्तम्भों को उसने बौद्ध तीर्थस्थानों में बनवाया था तथा भिक्षुओं के निवास के लिए सुन्दर पॉलिश की हुई गुफाओं का निर्माण भी उसके काल में हुआ। इन निर्मित वस्तुओं में उच्च कोटि की कला झलकती है, जो बौद्ध धर्म की ही देन मानी जा सकती है। अशोक के पश्चात् अन्य सम्राटों तथा धनिकों ने भी अनेक स्तूपों तथा विहारों का निर्माण कराकर भवन-निर्माण कला को जीवित बनाए रखा। बौद्ध स्थापत्य-कला की कुछ कृतियाँ तो विश्व में कला के सर्वोत्कृष्ट उदाहरण प्रस्तुत करती हैं। साँची, भरहुत और अमरावती में बौद्ध धर्म की उच्च कोटि की कला-कृतियों का निर्माण हुआ। अशोक द्वारा निर्मित साँची के स्तूप का प्रवेश-द्वार तथा उसकी रेलिंग कला की अमूल्य कृतियाँ हैं।

महायान शाखा के अभ्युदय के पश्चात् महात्मा बुद्ध की प्रतिमाओं का निर्माण किया जाने लगा तथा उन मूर्तियों की स्थापना गाँव-गाँव में की गई। महात्मा बुद्ध की इतनी मूर्तियाँ बनी कि आज हजारों वर्षों के उपरान्त भी उनमें से अनेक मूर्तियाँ प्राप्त होती हैं और विश्व का कोई भी अजायबघर ऐसा नहीं है जहाँ बुद्ध की प्रतिमा न मिलती हो। इन मूर्तियों ने शिल्प-कला को जन्म दिया। कनिष्क के काल में गान्धार कला के जन्म का श्रेय बौद्ध धर्म को ही है। गुप्तकाल में भी शिल्पकला के सर्वोत्कृष्ट उदाहरण महात्मा बुद्ध की तीन मूर्तियों से प्राप्त होते हैं। पाषाण प्रतिमाओं के अतिरिक्त धातु की प्रतिमाएँ भी बनीं, जिनमें सुल्तानगंज की ताम्रमूर्ति अत्यन्त महत्त्वपूर्ण है। नालन्दा में बुद्ध की सत्तर फीट ऊँची मूर्ति प्राप्त हुई है।

चित्रकला के क्षेत्र में भी बौद्ध धर्म की महत्त्वपूर्ण देन है। गुफाओं और मन्दिर की दीवारों पर सुन्दर चित्रकला के नमूने प्राप्त होते हैं तथा अजन्ता एवं ऐलोरा की विश्व-प्रसिद्ध गुफाओं में चित्रकला का मुख्य विषय महात्मा बुद्ध के जीवन के विभिन्न दृश्य अथवा बोधिसत्वों का चित्रण ही है। इसके अतिरिक्त बादामी, बाघ, सित्तन, बासल तथा बराबर की गुफाओं में बौद्ध चित्रकारी के सुन्दर उदाहरण आज भी उपलब्ध होते हैं।

8.25 वैदिक एवं बौद्ध धर्म से जैन धर्ग भिन्न

वैदिक धर्म की तुलना में जैन धर्ग बाद का धर्म है, लेकिन जैन धर्म बौद्ध धर्म की तुलना में प्राचीन है। ऋग्वैदिक आर्य प्रकृति-उपासक एवं बहुदेववादी थे। वे प्रकृति की उन विभिन्न शक्तियों की उपासना करते थे, जिनसे वे प्रभावित होते थे। *ऋग्वेद* में 33 देवताओं का उल्लेख है। वे सभी देवता प्रकृति के विभिन्न तत्त्वों के प्रतीक थे, जैसे–पृथ्वी, अग्नि, सोम, वृहस्पति, इन्द्र, वायु, मरुत, पर्जन्य, रुद्र, सूर्य, विष्णु, अश्विन आदि। इन देवताओं में इन्द्र

सबसे प्रमुख था। वह युद्ध, वर्षा, प्रकाश एवं न्याय का देवता था। उसकी तुलना ईरानी देवता अहुरमज़्दा से की जा सकती है। देवताओं के अतिरिक्त *ऋग्वेद* में देवियों का भी उल्लेख मिलता है। आर्यों ने अरुणोदय के पूर्व की रमणीय बेला को उषा देवी के रूप में सम्मानित किया।

दूसरी तरफ जैन धर्म आत्मा के अस्तित्व पर बल देता है। यह वनस्पति, पत्थर, वायु और जल में आत्मा या जीव का निवास ढूँढ़ता है। इसके विपरीत बौद्ध धर्म आत्मा या जीव के झमेले में नहीं पड़ता। इस विषय में वह मौन है।

वैदिक धर्म में देवताओं को प्रसन्न करने के लिए स्तुतिपाठ और यज्ञाहुति की जाती थी। इन पाठों का ऋग्वैदिककाल में काफी महत्त्व था। पाठ अकेले और सामूहिक दोनों ही रूपों में किए जाते थे। इन प्रार्थनाओं गें आर्य मोक्ष की कामना नहीं करता, बल्कि वह "शतवर्षीय आयु, पुत्र, धन-धान्य और विजय की कामना करता था। मन्दिरों अथवा मूर्तिपूजा का प्रचलन नहीं था। स्तुति और भक्ति द्वारा ही देवताओं को प्रसन्न रखने की कोशिश की जाती थी। यज्ञों की प्रथा प्रचलित थी। प्रारम्भिक अवस्था में बाह्य विधानों की अपेक्षा मन्त्रों की सहायता से ही यज्ञ करना अच्छा समझा जाता था। कालान्तर में हवनों की सहायता से यज्ञ करने की प्रथा चलने लगी। यज्ञों में घी, दूध, धान्य, मांस आदि की आहुति दी जाने लगी। सामान्यतया यज्ञ को प्रत्येक मनुष्य व्यक्तिगत तौर पर स्वयं करता था, किन्तु सामूहिक पैमाने पर भी यज्ञ होते थे, जिनमें पुरोहितों की सहायता ली जाती थी। पुरोहितों को दान-दक्षिणा के रूप में स्वर्ण, गाय आदि दी जाती थी। विभिन्न देवताओं की पूजा करने के बावजूद आर्य एकेश्वरवाद की तरफ झुके हुए थे। समस्त देवताओं के ऊपर एक परम तत्त्व की प्रतिष्ठा आरोपित की गई थी, जिसे हिरण्यगर्भ, प्रजापति और विश्वकर्मा नाम से पुकारा गया। वे देव-पूजा के साथ ही पितरों की भी पूजा करते थे। *ऋग्वेद* में पाप-पुण्य तथा स्वर्ग-नरक की भी कल्पना देखने को मिलती है। आर्य लोग जीवन के अमरत्व में विश्वास करते थे, परन्तु उनके द्वारा मोक्ष प्राप्त करने का कोई प्रयास नहीं किया गया। आत्मा और पुनर्जन्म के सिद्धान्त में भी उनका विश्वास था। दूसरी तरफ यद्यपि जैन एवं बौद्ध दोनों धर्मों में अहिंसा पर बल दिया गया था, परन्तु जैनियों की अहिंसा की धारणा बौद्धों से कहीं अधिक उत्तम कोटि की थी। जैन छोटे-छोटे जीव-जन्तुओं की भी हत्या करना पाप समझते थे। इनके विचार में दूसरों को हानि पहुँचाने का विचार करना भी पाप था। इनके अनुसार, कृषि-कर्म भी पाप था, क्योंकि इससे कीड़े-मकोड़ों की हत्या होती थी। बौद्ध अहिंसा पर इतना अधिक बल नहीं देता है। विशेष परिस्थितियों में, खासकर विदेशों में बौद्ध मांस खाते थे। ऐसा कहा जाता है कि स्वयं बुद्ध को सूअर का मांस खाने से अतिसार की बीमारी हुई थी और उनकी मृत्यु हुई। इस प्रकार अहिंसा के प्रश्न पर बौद्ध अधिक व्यावहारिक थे।

ऋग्वेद के दसवें मंडल में वर्णित 'पुरुष सूक्त' में चार वर्णों की उत्पत्ति की व्याख्या की गई है। इसके अनुसार, आदिपुरुष (ब्रह्मा) के मुख से ब्राह्मण, भुजाओं से क्षत्रिय (राजन्य), जाँघों से वैश्य (विश) और पैरों से शूद्र का जन्म हुआ। परन्तु दसवाँ मंडल बाद में जोड़ा गया। चौथे वर्ण का अभ्युदय उत्तर-वैदिककाल में हुआ। इस तरह ऋग्वैदिककाल में सामाजिक वर्गीकरण की बात पाई जाती है। इस वर्गीकरण का प्रभाव उस काल के धर्म पर था। जैन धर्म जातिभेद में बिल्कुल विश्वास नहीं करता था। जातिभेद का विरोध जैन धर्म की तुलना

में बौद्ध धर्म ने अधिक किया। वस्तुतः बौद्ध धर्म की तरह जैन धर्म ने वर्ण-व्यवस्था की निन्दा नहीं की। महावीर जैन के मतानुसार, पूर्वजन्म में अर्जित पाप अथवा सद्गुणों के कारण ही किसी व्यक्ति का जन्म उच्च या निम्न वर्ण में होता है। वैदिक धर्म में कठोर तप एवं त्याग पर अधिक बल नहीं दिया गया, लेकिन जैन धर्म में कठोर तप एवं त्याग पर अधिक बल दिया गया। यहाँ तक कि महावीर जैन ने वस्त्र त्यागने को भी कहा। बौद्ध धर्म किसी भी तरह के अति के खिलाफ था। निर्वाण की प्राप्ति के लिए इस धर्म ने मध्यममार्ग अपनाने का समर्थन किया।

वैदिक धर्म में निर्वाण की चर्चा नहीं है। इसमें आयु, पुत्र, धन-धान्य और विजय की कामना की जाती थी। जैन धर्म में गृहस्थों (स्त्री एवं पुरुष) को निर्वाण-प्राप्ति के योग्य नहीं समझा गया। बिना तपस्वी का जीवन बिताए या संघ में प्रविष्ट हुए उन्हें निर्वाण की प्राप्ति नहीं हो सकती थी। बौद्ध धर्म में हम ऐसा नहीं पाते हैं। बौद्ध धर्म के अनुसार, धर्म का पालन करते हुए गृहस्थ भी निर्वाण या मोक्ष प्राप्त कर सकते थे। वैदिक धर्म मोक्ष को स्थान नहीं देता है। जैनियों के विचार में मोक्ष आत्मा की वह दशा है, जब दुखों से मुक्ति प्राप्त हो जाती है। बौद्ध धर्म के अनुसार, मोक्ष का तात्पर्य अपने व्यक्तित्व को पूर्णरूप से समाप्त कर देना है। जैन धर्म के विचार में मोक्ष की प्राप्ति इस जीवन के समाप्त हो जाने पर होती है, परन्तु बौद्धों के विचार में मोक्ष की प्राप्ति इस जीवन में ही हो सकती है।

वैदिक धर्म में संघ का महत्त्व था ही नहीं। धार्मिक अनुष्ठान के लिए एक जगह बहुत लोग बैठकर स्तुतिपाठ एवं यज्ञाहुति करते थे। बौद्ध धर्म में संघ पर अधिक बल दिया गया। यह तीन रत्नों में से एक प्रमुख रत्न माना जाता है। परन्तु जैन-संघ का न तो उतना अधिक महत्त्व ही था और बौद्ध संघ जैसा न तो उतना संगठित ही था।

8.26 जैनकला

जैनकला ने बौद्धकला की अपेक्षा सीमित क्षेत्र में रहने के बावजूद, तत्कालीन सांस्कृतिक क्षेत्र में काफी लोकप्रियता प्राप्त की। जैनों ने देश के विभिन्न अंचलों में मूर्तियाँ अंकित की और मन्दिरों का निर्माण कर उनमें भव्य एवं कलात्मक मूर्तियों की स्थापना की। अभय और वरद की मुद्रा में जैन प्रतिमाएँ अनुपम हैं। प्रस्तर एवं धातु से निर्मित कुषाण एवं गुप्तकालीन जिन-मूर्तियाँ न केवल भक्तिभावना, बल्कि मूर्तिकारों की गम्भीर कला साधना को भी प्रमाणित करती हैं। उत्तर भारत में हर्षवर्द्धन के काल में और दक्षिण भारत में पल्लव, चोल एवं चालुक्य शासकों के काल में अर्थात् करीब 1200 ई. तक जिन-मूर्तियों का निर्माण होता रहा। पल्लव नरेश महेन्द्रवर्मन के समय निर्मित सितनवासल गुफा की 5 जिन-मूर्तियाँ तत्कालीन कला की महत्त्वपूर्ण देन हैं।

जैन चित्रकला अपनी समृद्धि एवं प्राचीनता के लिए प्रसिद्ध है। भारतीय चित्रकला की समस्त शैलियों में 15 वीं शताब्दी से पूर्व के जितने भी चित्र प्राप्त हैं, उनमें ज्यादा संख्या जैनचित्रों की हैं। अधिकतर चित्र दिगम्बर जैनियों से सम्बद्ध हैं। दिगम्बर जैनियों ने अपने सम्प्रदाय सम्बन्धी ग्रन्थों को चित्रित करवाने में काफी रुचि ली। प्रारम्भिक जैनचित्रों को पश्चिमी शैली, गुजरातशैली तथा अपभ्रंशशैली के नाम से जानते हैं।

10 वीं और 15 वीं शताब्दियों के बीच चित्रकला-परम्परा को जीवित बनाए रखने में जैन कलाकारों का अद्वितीय योगदान रहा। जैन-चित्रकला के मुख्यतः 3 माध्यम रहे—ताड़पत्र, कपड़ा तथा कागज। ताड़पत्र पर निर्मित चित्रों में **कल्पसूत्र, कालकाचार्यकथा** और **सिद्धहेम व्याकरण** की सचित्र प्रतियों के नाम उल्लेखनीय हैं। इन ताड़पत्रीय ग्रन्थों में पार्श्वनाथ, नेमिनाथ, ऋषभनाथ और अन्य तीर्थंकरों के चित्र बने हैं, जिनकी सूक्ष्म रेखाएँ देखते ही बनती हैं। *मार्कण्डेयपुराण* तथा *दुर्गासप्तशती* आदि कागज की पोथियों के चित्रण में जैन कलाकारों का योगदान रहा। *रतिरहस्य* और *कामसूत्र* आदि ग्रन्थों के आधार पर कागज के फुटकर चित्र निर्मित किए गए हैं। कागज की पोथियों पर मूल्यवान स्वर्ण तथा रजतरंगों का प्रयोग किया गया है।

ताड़पत्रों पर जो चित्र बनाए गए, स्थानाभाव के कारण उनमें रेखाओं की बारीकी और कलाकार का हस्त-कौशल देखने को मिलता है, किन्तु कागज पर बने चित्रों में, पर्याप्त स्थान होने के कारण, सूक्ष्मता एवं प्रतिभा का अभाव है। अधिक चित्र कागज पर ही पाए गए हैं। बौद्धकला से प्रेरणा प्राप्त कर वस्त्र तथा पटों पर जैनचित्र बनाए जाने लगे। *वसन्तविलास* (मुगलकालीन) नामक ग्रन्थ पर आधारित वस्त्रचित्र दुर्लभ कलाकृतियों की श्रेणी में है। कागज के अभाव में हम्जनामा के कपड़े पर चित्र बनाए गए। 14 वीं सदी से कागज के कारण वस्त्रचित्रों का प्रचलन कम हो गया। वृहद् जैनचित्रों के लिए वस्त्रों का प्रयोग 18 वीं सदी तक होता रहा।

चक्षुचित्रण इस कला की विशिष्टता का द्योतक है। इसे जैन-प्रतिमाओं में देखा जा सकता है। राजपूत तथा मुगल शैलियाँ इससे प्रभावित हैं। ताड़चित्रों पर ज्यादातर पीले रंग का प्रयोग और कहीं-कहीं स्वर्णरंग को भी संयोजित किया गया है। कागजचित्रों की पृष्ठभूमि पीले तथा लाल रंग की है। धोतियों की सज्जा अत्यन्त आकर्षक है। आरम्भिक चित्रों में जैनसाधुओं के वस्त्रों को मोती जैसे श्वेत या स्वर्णिम रंग में दिखलाया गया है। पुरुषचित्रों में धोती, दुपट्टा और कटिपट प्रमुख हैं। स्त्रियों के चित्रों में चोली, चुन्न, दुपट्टा और कटिपट प्रमुख हैं। आभूषणों में मालाओं तथा मुकुटों की प्रधानता है। स्त्रियाँ माथे पर टिकुली, कानों में कुंडल और बाजुओं में बाजूबन्द पहनी हैं। जैनचित्र लम्बी रत्नमालाओं से अलंकृत हैं।

जैनचित्रों की आकृति एक आँख, डेढ़ आँख या दो आँखोंवाली हैं। एक या डेढ़ आँखवाले चित्रों में ठोढ़ी सेव की तरह बाहर की ओर उभरी हुई है और उसके नीचे की रेखा में गौरव, गर्व तथा स्वाभिमान को प्रकट करने के उद्देश्य से झोल दे दिया गया है। दो आँखों के आकार में खड़े हुए जैनमुनियों की ठोढ़ी पर त्रिशूल की भाँति तीन रेखाएँ अंकित हैं। भवों तथा नयनों का फैलाव समान है। एक तथा डेढ़ आँखवाले चेहरों में नासिका शुक-चंचु की भाँति नुकीली है और अनुपात से अधिक लम्बी है। नेत्र उठे तथा बाहर की ओर उभरे हुए हैं। उनकी लम्बाई कर्ण प्रदेश को स्पर्श करती है। नेत्रों तथा नासिका के अंकन में जैन चित्रकारों की विशेष कुशलता देखने को मिलती है।

गुजरात की श्वेताम्बर कलम से जैन-चित्रकला की उत्पत्ति हुई थी, जो राजपूताना और मध्यभारत में सर्वांगीण विकास प्राप्त करने के पश्चात् कालान्तर में राजपूतकला में समा गई। जैन कलाकार 15वीं शताब्दी से राजपूतकला से आकर्षित होने लगे और बाद में मुगल चित्रकला में ईरानी शिल्प के बढ़ते प्रभाव से वे अछूते न रह सके। फलतः राजपूत-चित्रकला

की बढ़ती समृद्धि में जैनचित्रकला मिल गई, किन्तु कुछ बातों में भिन्नता बनी रही। राजपूतकला जब स्थूल मांसलता की ओर अग्रसर हुई, तब भी जैन-चित्रकला अपनी परम्परागत धार्मिकता में अडिग रही। अन्त में अपना उत्तराधिकारी राजपूत कलम को बनाकर जैनचित्रकला ने अपनी गौरवशाली परम्परा को सुरक्षित कर दिया। जैनकला में लोककला के तत्त्व निहित हैं। वह राज्याश्रयों के विलासमय वातावरण से अछूती रहीं।

8.27 आरम्भिक जैन धर्म का सार

महावीर की शिक्षा के सार और उनके निकटतम अनुयायियों द्वारा उसके निरूपण का प्रारम्भिक जैनग्रन्थों (पूर्व ग्रन्थों) में विशद्‌करण किया गया है, जिनकी संख्या 14 है। मनुष्य द्वारा विश्व के अवबोध का आधार इन्द्रियों द्वारा प्राप्त प्रत्यक्ष ज्ञान को बताया जाता है। यह विशिष्ट यथार्थवाद प्राचीन विश्व में विकसित होनेवाली अधिकांश शिक्षाओं का एक अन्तर्विहित तत्त्व है। जैनशिक्षा में भौतिक तथा आध्यात्मिक तत्त्व विरोधी नहीं हैं। मनुष्य की अनुभव करने और सोचने की क्षमता जीवन की उतनी ही स्वाभाविक अभिव्यक्ति है, जितनी कि मनुष्य के आसपास के प्राकृतिक जगत में क्रियाशील प्रक्रियाएँ हैं। पहली दृष्टि में यह सिद्धान्त अंशतः भौतिकवादी दिशा में कदम प्रतीत हो सकता है, किन्तु केवल अंशतः ही, क्योंकि जैन धर्म उसमें सन्निहित तार्किक निर्वचन की दोनों ही सम्भावनाओं को बराबर विकसित करता है। वह केवल आध्यात्मिक का 'भौतिकीकरण' ही नहीं करता है, वरन् भौतिक का 'आध्यात्मिककरण' भी करता है। आत्मा की पुरातन अवधारणा को उसकी चरम निष्पत्ति पर ले जाया जाता है। आत्मा सभी चीजों में विद्यमान है। पेड़-पौधों और पत्थरों तक को आत्मा से युक्त माना जाता है। आत्मा नित्य है, देवताओं द्वारा सृजित नहीं।

प्रत्यक्ष अनुभव से प्राप्त ज्ञान के अलावा जैन वेदों तथा उपनिषदों में प्रतिपादित अवधारणाओं से उद्‌भूत विभिन्न बोधों को भी समान रूप से स्वीकार्य मानते थे। उदाहरण के लिए, वे पुनर्जन्म तथा कर्म के सिद्धान्त को स्वीकार करते थे। उनका मानना था कि मनुष्य पत्थर में परिणत हो सकता है और पाषाण मानव-योनि ग्रहण कर सकता है। आत्मा मनुष्य, पशु, देवता या दानव—कहाँ स्थित होगी, यह कर्मफल पर निर्भर करता है।

जैन धर्म अपना मूलभूत लक्ष्य स्वयं ज्ञान की प्राप्ति को नहीं, बल्कि ऐसे आदेशों तथा मानकों के निरूपण को मानता था, जो मनुष्य के अपने धार्मिक आदर्श को व्यावहारिक सिद्ध करने में सहायता कर सकते थे। उपनिषदों की भाँति जैन सिद्धान्त में भी जन्मान्तरचक्र से अन्तिम मुक्ति अथवा मोक्ष या निर्वाण की कल्पना की गई है, जिसमें प्राणी सभी भाव-राग को वशीभूत कर लेता है और समस्त सांसारिक बन्धनों-सम्बन्धों से मुक्त होकर ऐसी अवस्था में पहुँच जाता है, जिसमें आत्मा अपने वैयक्तिक स्वरूप से निकलकर शुद्ध होकर परमात्मा में विलीन हो जाता है। इस अवस्था को प्राप्त कर लेने के बाद मनुष्य अस्तित्व के सभी भौतिक नियमों से मुक्त हो जाता है और फिर कभी जन्म नहीं लेता। यह परमात्मा संसार में सभी से श्रेष्ठ है। यह देवताओं से भी ऊपर हो जाता है, क्योंकि देवता भी कर्म के विधान के अधीन ही होते हैं। मनुष्य और विशेषकर अर्हन्त अथवा अर्हत (जो जिन की अवस्था में पहुँच गए हैं) देवताओं से भी श्रेष्ठ होते हैं, क्योंकि देवता तो कभी अर्हत्व प्राप्त नहीं कर सकते। मोक्ष

प्राप्त करने के लिए देवता को भी मनुष्य का, मनुष्य के जगत में, जन्म लेना होता है। मोक्ष की प्राप्ति कठोर रत्नत्रय मार्ग—सम्यक् दर्शन (सच्चा विश्वास), सम्यक् ज्ञान (सच्चा ज्ञान) तथा सम्यक् चरित्र (सच्चा आचरण) पर चलकर ही सम्भव है, जिसके लिए अहिंसा, सत्य, अस्तेय, अपरिग्रह तथा ब्रह्मचर्य आवश्यक है।

जैन धर्म के अनुगामी दो मतों में विभाजित हैं—श्वेताम्बर तथा दिगम्बर। परिग्रह-त्याग दिगम्बरों को वस्त्रों तक का त्याग कर देने की सीमा तक ले जाता है, जबकि श्वेताम्बर साधु श्वेत वस्त्र धारण कर सकते हैं। मोक्ष की प्राप्ति गृहस्थों यानी सामान्य लोगों को नहीं, तपस्वियों के लिए ही सम्भव है। इसलिए यह कोई सांयोगिक नहीं कि प्राचीन भारत के किसी भी अन्य धर्म की अपेक्षा जैन धर्म में तपस्या को कहीं अधिक महत्त्व दिया जाता था और उसका कहीं व्यापक प्रचलन था। स्वयं वर्धमान की उपाधियाँ—महावीर, जिन, निर्ग्रन्थ, केवली आदि भी अवतारों की एक पूरी शृंखला और सांसारिक भाव-राग पर विजय से सम्बद्ध है और तापसिक अर्थों से युक्त हैं।

जैन-आचार का तात्त्विक लक्षण और मुख्य सिद्धान्त अहिंसा है। जैन मतावलम्बी और विशेषकर साधु पशुवध से ही विरत नहीं होते, बल्कि छोटे-से-छोटे कीड़े तक को किसी तरह कुचलने से भी बचने का यत्न करते हैं। जैनसाधुओं को 28 नियमों का पालन करना होता था, जिनमें सत्य, संयम, अपरिग्रह, अहिंसा आदि के साथ-साथ चोरी का निषेध भी सम्मिलित है। गृहस्थों के आचरण के नियम इतने कठोर नहीं हैं और संख्या में भी कम हैं।

प्राचीनकालीन तथा मध्ययुगीन भारतीय संस्कृति जैन धर्म से प्रभावित है। इस धर्म की प्रेरणा से साहित्य की व्यापक रचना हुई और उसके दर्शन में अन्तर्निहित यथार्थवाद के कारण जैनों ने विज्ञान के विभिन्न क्षेत्रों में भी दिलचस्पी ली। वैज्ञानिक उपलब्धियों के क्षेत्र में जैनों का योगदान महत्त्वपूर्ण है।

8.28 प्रारम्भिक बौद्ध धर्म और उसके मूलभूत सिद्धान्त

बौद्ध धर्म विशेषकर मगध में प्रचारित हुआ। मगध अवैदिक मतों का केन्द्र एवं ब्राह्मण धर्म को स्वीकारने का सबसे अनिच्छुक राज्य था। आरम्भ में बौद्ध धर्म का कोई विशेष प्रभाव नहीं था। जाति के बन्धनों को अस्वीकार करनेवाला और अपने जन्म के लिहाज के बिना सभी मनुष्यों की समानता का समर्थन करनेवाला यह नया मत समाज के उन व्यापारी संस्तरों के लिए, सम्पन्न वैश्यों के लिए विशेषरूप से आकर्षक था, जिन्हें ब्राह्मण धर्म सामाजिक सोपानिकी में साधारण स्थान ही प्रदान करता था। बौद्ध धर्म क्षत्रियों में भी बहुत लोकप्रिय सिद्ध हुआ। क्षत्रिय अधिकाधिक शक्ति अपने हाथों में संकेन्द्रित करते जा रहे थे, लेकिन साथ ही उन्हें ब्राह्मणों द्वारा अपने पर डाले जानेवाले प्रबल दबावों का भी अहसास था।

बौद्ध धर्म तत्त्वतः एक मौलिक मत था। उसकी अन्य भारतीय सिद्धान्तों से इतनी अधिक भिन्नता थी कि कई बार उसे भारत के सीमान्तों के बाहरवाले अन्य धर्मों के समान बनाने के भी प्रयास किए गए। विद्वानों का बौद्ध धर्म तथा उपनिषदों में पारस्परिक सम्बन्ध बताना निराधार नहीं है। लेकिन इसका यह आशय नहीं कि बुद्ध उपनिषदों की शिक्षा में अन्तर्निहित सिद्धान्तों को स्वीकार करते थे। यह कहना ज्यादा सही होगा कि स्वयं उपनिषद

ही प्राचीन भारतीय समाज और उसके विभिन्न प्रदेशों की संस्कृति के विकसित होने के साथ-साथ उदित होनेवाली कुछ नई धारणाओं को प्रतिबिम्बित करते थे।

बौद्ध धर्म तथा ब्राह्मण धर्म में समानताएँ विभिन्न कारकों से हो सकती हैं, किन्तु यह बात महत्त्वपूर्ण है कि बौद्ध धर्म तथा अन्य सुधारोन्मुखी मतों के उदय के बाद भारतीयों के सदियों से चले आनेवाले पारम्परिक धर्म में कोई तात्त्विक परिवर्तन नहीं आया। जैन धर्म की ही भाँति बौद्ध धर्म ने भी ब्राह्मण धर्म द्वारा प्रतिष्ठापित पारम्परिक भारतीय कर्मकांड को अपना लिया। यही कारण है कि वैदिक तथा ब्राह्मण देवताओं को बहिष्करणीय नहीं घोषित किया गया।

बौद्ध धर्म ने पारम्परिक भारतीय देवी-देवताओं को नकारा नहीं, किन्तु उसने उन्हें अपनी व्यवस्था के भीतर ऐसा महत्त्वहीन स्थान प्रदान किया कि बौद्ध धर्म को आत्मसात् कर लिए जाने के बाद अन्ततः मानो विलुप्त ही हो गए। बौद्ध धर्म में ब्राह्मण देवी-देवताओं के इस समावेशन ने उसे निस्सन्देह देश के विभिन्न भागों में कहीं अधिक लोकप्रिय बना दिया, किन्तु इस आत्मसरण से बौद्ध धर्म ने पुरानी परम्पराओं द्वारा स्वयं अपने लिए खतरा भी मोल ले लिया। बौद्धमत के प्रारम्भिक विकास के अध्ययन से यह स्पष्ट हो जाता है कि उस समय वैदिक देवताओं की उपासना नए धर्म के ढाँचे के भीतर उसके विशिष्ट सारतत्त्व अथवा स्वतन्त्रता के लिए हानिकारक नहीं था। बौद्ध धर्म का और वस्तुतः उपनिषदों की विचारधारा का भी तात्त्विक लक्षण उपासना के ठोस रूपों के प्रति उदासीनता था।

उपनिषदों की ही भाँति बौद्ध धर्म भी पुनर्जन्म और कर्म के सिद्धान्त को स्वीकार करता है। आत्मा की अविनाश्यता के विचार को नकारते हुए भी बौद्ध धर्म निरपेक्षतः घोषित करता है कि आत्मिक ऊर्जा अविनाश्य है। इस ऊर्जा की किसी भी अभिव्यक्ति को शून्य में परिणत नहीं किया जा सकता। यह रूपान्तरण की उस निरन्तर प्रक्रिया का पृथक् रूप में लिया गया एक क्षण मात्र है। आत्मा की अनश्वरता का यह विचार कर्म के सिद्धान्त को जन्म देता है। कार्य अथवा कर्म का विलोप नहीं होता, इसलिए देर-सबेर यह अपने को अनिवार्य परिणामों के रूप में अभिव्यक्त करता है। और चूँकि कर्म प्रकृति से ही आत्मिक है, इसलिए उस पर देह के जीवन का बन्धन भी नहीं है। इस प्रकार नया जन्म पूर्व कर्मों से निर्धारित होता है या कम-से-कम उनके व्यापक प्रभाव के अधीन होता है।

बुद्ध संसार में हर चीज को सतत परिवर्तन की अवस्था में मानते थे। धर्म विभिन्न संयोगों के परिणामस्वरूप भौतिक अथवा आध्यात्मिक तत्त्वों का निर्माण करता है, इसलिए यह निरन्तर गतिमान हैं, संयोगों का अन्तहीन सातत्य है।

बौद्ध धर्म की आधारशिला निस्सन्देह चार आर्यसत्यों की शिक्षा है, जिन्हें परम्परा के अनुसार बुद्ध ने अपने पहले प्रवचन में प्रतिपादित किया था। बौद्धमत के अनुसार, निर्वाण की अवस्था में निरन्तर परिवर्तनशील धर्म गति करना बन्द कर देते हैं और इसलिए नए संयोगों के प्रवाह की गति भी मन्द हो जाती है, जिससे संसार से, अर्थात् आवागमन तथा लौकिक प्रपंच के चक्र से, पूर्ण वियोजन हो जाता है। निर्वाण को चरम लक्ष्य बताया गया है, जिसकी प्राप्ति के साथ ही पुनर्जन्म की शृंखला विलुप्त हो जाती है। इसका आदर्श अर्हत था, जो अपने कार्यों तथा आत्मिक परिपूर्णता की साधना से निर्वाण की अवस्था को प्राप्त कर लेता है। मनुष्य के आचरण के नैतिक पक्ष को विशेष महत्त्व देते हुए बुद्ध ने लोगों से

अष्टांग मार्ग का अनुगमन करने के लिए कहा। धम्मपद में कहा गया है कि मनुष्य स्वयं ही अधर्म का कर्ता है, स्वयं ही अपने पतन का कारण है। अधर्म का न करना भी और अपनी शुद्धि करना भी स्वयं मनुष्य पर निर्भर करता है। एक आदमी दूसरे की शुद्धि नहीं कर सकता।

बौद्ध सृष्टिकर्ता ईश्वर के अस्तित्व को, जो मनुष्य सहित संसार में हर चीज को जन्म देता है, जिस पर मनुष्य की नियति निर्भर करती है, आवश्यक नहीं मानते थे। बौद्ध धर्म द्वारा जन्मानुसार सभी मनुष्यों की सार्विक समानता के बारे में विचारों के प्रस्तुत किए जाने और संघ के विशिष्ट स्वरूप के बावजूद वह किसी भी प्रकार कोई आमूल परिवर्तनवादी सामाजिक आन्दोलन नहीं था। बौद्ध प्रवचनों में सभी सांसारिक दुखों, क्लेशों तथा सामाजिक अन्यायों का कारण स्वयं मनुष्य के 'अन्धेपन' को और सांसारिक तृष्णाओं को तज पाने की उसकी असमर्थता को ही बताया जाता था। बौद्ध शिक्षा के अनुसार, सांसारिक दुखभोग को संघर्ष के जरिए नहीं, बल्कि इसके विपरीत संसार के प्रति सभी संवेदनाओं के निर्वापण द्वारा, मनुष्य के अपने अहम् की चेतना के विनाश द्वारा वशीभूत करना होता है।

8.29 बौद्ध साहित्य

त्रिपिटक–तीन बौद्ध ग्रन्थों–*सुत्तपिटक, अभिधम्मपिटक* और *विनयपिटक*। *त्रिपिटक* के स्वरूप का क्रमशः निर्माण उन तीन बौद्ध संगीतियों के परिणामस्वरूप हुआ, जो 5वीं शताब्दी ई.पू. से तीसरी शताब्दी ई.पू. के बीच सम्पन्न हुई। पहली संगीति राजगृह के सप्तपर्णी नामक गुफा में, दूसरी वैशाली में और अशोक के समय पाटलिपुत्र में सम्पन्न हुई। बुद्ध के समकालीन श्रमणों, ब्राह्मणों एवं परिव्राजकों के जीवन और सिद्धान्तों के विवरण, गौतम बुद्ध के विषय में उनके मत और दोनों के पारस्परिक सम्बन्ध, साधारण जनता में प्रचलित उद्योग और व्यवसाय, मनोरंजन के साधन, कला और विज्ञान, तत्कालीन राजनीतिक परिस्थिति और शासक, ब्राह्मणों के धार्मिक सिद्धान्त, जातिवाद, वर्णवाद, यज्ञवाद, ग्राम, नगर, जनपद आदि के विवरण और उनके निवासियों के जीवन की अवस्था, कृषि और वाणिज्य, सामाजिक रीतियाँ, जीवन का नैतिक स्तर, स्त्रियाँ, दास-दासियों और कर्मकारों की अवस्था आदि की जानकारी के लिए *त्रिपिटक* उपयोगी है।

निकाय–सुत्र-पिटक 5 भागों में विभक्त–दीघनिकाय, मज्झिम निकाय, संयुक्त निकाय, अंगुत्तर निकाय और खुददक निकाय।

दीघनिकाय–3 भागों में विभक्त–सीलक्खंघ, महाग्ग और पाथेयवग्ग (पाथिकवग्ग)। सीलक्खंघ से धार्मिक चिकित्सा, मनोरंजन के विभिन्न साधन, रहन-सहन, उद्योग, शिल्प एवं व्यवसाय, ग्राम, निगम, नगर, जनपद, वास्तुविद्या, फलित ज्योतिष आदि तत्कालीन पहलुओं पर जानकारी मिलती है। गौतम बुद्ध द्वारा अजातशत्रु को उपदेश देने की चर्चा है।

दीघनिकाय के अम्बट्ठ-सुत्त में कृष्ण को एक प्राचीन ऋषि बताया गया है।

दीघनिकाय के सोणदंड-सुत्त में अंग की राजधानी चम्पा का उल्लेख है।

दीघनिकाय के तेविज्ज-सुत्त में वामक, वामदेव, विश्वामित्र, यमदग्नि, अंगिरा, भारद्वाज, वशिष्ठ, काश्यप और भृगु ऋषियों को वेदों का रचयिता बताया गया है।

महावग्ग के महापरिनिब्बाण-सुत्त में वज्जियों के विरुद्ध अजातशत्रु के अभियान का इरादा, जीवक बुद्ध की अन्तिम यात्रा, अम्बपाली गणिका के यहाँ भोजन, बुद्ध का बीमार पड़ना, चुंद द्वारा बुद्ध को दिया गया अन्तिम भोजन, स्त्रियों के प्रति भिक्षुओं के कर्तव्य, बुद्ध का परिनिर्वाण और स्तूपनिर्माण की चर्चा, राजगृह, नालन्दा, पाटलिग्राम, कोटिग्राम, वैशाली, पावा आदि की चर्चा।

महावग्ग के जनवसभ-सुत्त में बिम्बिसार की मृत्यु और काशी, कोसल, वज्जि, मल, कुरु, पंचाल और शूरसेन जनपदों का उल्लेख।

महावग्ग के महागोविन्द सुत्त के अनुसार, राजा रेणु के ब्राह्मणमन्त्री महागोविन्द ने सम्पूर्ण जम्बुद्वीप (भारत) को सात भागों में--कलिंग, अस्सक (अश्मक), अवन्ती, सोवीर (सौवीर), विदेह, अंग और काशी में बाँटा, जिनकी राजधानियाँ थीं—दन्तपुर, पोतन, माहिष्मती (माहिस्सति), रोरूक, मिथिला, चम्पा और वाराणसी।

पाथिक सुत्त के अग्गञ्ञ सुत्त में वर्णव्यवस्था का खंडन और जन्म की अपेक्षा कर्म को ही प्रधान माना जाना।

मज्झिम निकाय से 6-5वीं ई.पू. में भारतीय समाज की जानकारी होती है। इससे अंग, मगध, विदेह, सूनापरान्त, योन-कम्बोज, काशी, कुरु, कोसल जैसे प्रदेश, वैशाली, चम्पा, पाटलिपुत्र, कपिलवस्तु, राजगृह, नालन्दा, श्रावस्ती, कौशाम्बी, वाराणसी जैसे नगर, शाक्यों के मेदलुम्प, कोलियों के हलिद्दबसन, कुरुओं के धुल्लकोट्ठित आदि कस्बे तथा दंडकारण्य और कालिंगारण्य जैसे वन प्रदेश की जानकारी होती है। कोसल-प्रदेश के दो मुख्य नगरों श्रावस्ती और साकेत के बीच डाक (रथ-विनीत) का सम्बन्ध था। ब्राह्मणों के जीवन, कर्मकांड और सिद्धान्त की इसमें चर्चा है। महीन वस्त्र बनाने और रँगने की तकनीक का वर्णन है।

संयुक्त निकाय–इसमें 7762 सुत्त हैं। इसमें बुद्धकालीन ग्रामीण जीवन की जानकारी होती है। कोसलनरेश प्रसेनजित और मगधराज अजातशत्रु के बीच काशी प्रदेश में होनेवाले युद्ध की चर्चा, जिसमें अजातशत्रु प्रारम्भ में विजयी रहा, किन्तु बाद में वह प्रसेनजीत से हारा। प्रसेनजीत उसे बन्दी बनाकर कोसल लाया और अपनी पुत्री वज्रा (वजिरा) से उसका विवाह करके काशी- प्रदेश उसे भेंट-स्वरूप प्रदान किया। इसमें चक्षु-विज्ञान, स्रोत विज्ञान, मनोविज्ञान जैसे 18 विज्ञानों का वर्णन है। लिच्छवि गणतन्त्र पर अजातशत्रु के आक्रमण की चर्चा है।

महावग्ग में राजगृह के प्रसिद्ध वैद्य कौमारभृत्य जीवक की जीवनी एवं कार्यों का वर्णन है। नगरीकरण के द्वितीय चरण के अध्ययन के लिए यह ग्रन्थ अति उपयोगी है।

ललितविस्तर में बुद्ध के जन्म लेने और बड़ा होने का विस्तृत वर्णन है।

संस्कृत में लिखित बौद्ध ग्रन्थ *बुद्धचरित* में भी बुद्ध की जीवनी एवं कुषाणकालीन समाज, व्यापार, कर्मकार, शिल्पकार, विज्ञान एवं प्रौद्योगिकी का वर्णन है।

सुत्त-पिटक का चौथा भाग *अंगतुर-निकाय* है, जिससे बौद्ध धर्म एवं दर्शन की विशद् जानकारी मिलती है। 16 महाजनपदों का इस निकाय में प्रथम बार कई जगह उल्लेख है।

जातक–इसमें बुद्ध के पूर्वजन्म की कथाएँ हैं। प्रारम्भ में इसमें 5 सौ कहानियों का संग्रह था, जिसका समर्थन बौद्ध ग्रन्थ *चुल्ल-निद्देस* और फाहियान के *यात्रा-विवरण* से होता है। बाद में जातक-कहानियों की संख्या बढ़कर 547 हो गई। इसके अध्ययन से ई.पू. 5वीं शताब्दी

से लेकर तीसरी-चौथी शताब्दी तक के भारतीय समाज, अर्थव्यवस्था, शिक्षा, विज्ञान एवं प्रौद्योगिकी, नगर, ग्राम, कृषि, व्यापार, शिल्पकार, कर्मकार आदि की जानकारी होती है। प्राचीन बिहार की ऐतिहासिक छवि को जानने का यह महत्त्वपूर्ण स्रोत है।

उदान–बुद्ध द्वारा समय-समय पर कही गई बातों का संग्रह है। इसमें 8 वर्ग हैं। प्रत्येक वर्ग में 10 सुत्त हैं। इनमें बुद्ध द्वारा दिए गए उपदेशों का संकलन है। अधिक सन्तान का होना दुख का प्रधान कारण बताया गया है।

सुत्त-निपात–महत्त्वपूर्ण बौद्ध ग्रन्थ। अशोक ने भाब्रू-शिलालेख में जिन 7 बुद्धोपदेशों के नाम दिए, उनमें से 3 अकेले सुत्त-निपात में हैं। इसमें सर्प-विष की औषध की चर्चा है। इस ग्रन्थ में 6-5वीं शताब्दी ई.पू. के मगध-कोसल के किसान के सुखी जीवन की आकर्षक चर्चा है। कृषि तकनीक की जानकारी होती है।

बौद्ध नैतिकवाद ने कैसे पौराणिक परिधान ग्रहण कर लिया, इसकी जानकारी के लिए *विमानवत्थु* और *पेतवत्थु* महत्त्वपूर्ण साहित्य हैं। अंग-मगध और सिन्धु-सौवीर के बीच व्यापारिक सम्बन्ध की इसमें चर्चा है। बौद्ध भिक्षु और भिक्षुणियों के सम्बन्ध में विस्तृत जानकारी के लिए *थेरगाथा* और *थेरीगाथा* उपयोगी हैं। चंडाल एवं निम्न जातियों के लोगों द्वारा बौद्ध धर्म ग्रहण करने की भी चर्चा है।

महानिद्देस सुत्त-निपात से उन देशों और बन्दरगाहों की सूची मिलती है, जिनके साथ भारत के व्यापार होते थे। समुद्र, नदी एवं स्थल मार्गों के माध्यम से तक्षशिला, लंका, ताम्रपर्णि, सुप्पारक, भरूकच्छ, सौराष्ट्र, रोम, प्रतिष्ठान, महिष्मती, उज्जयनी, विदिशा, कौशाम्बी, साकेत, श्रावस्ती, कपिलवस्तु, कुसिनारा, ओगनगर, वैशाली आदि नगरों के बीच स्थापित व्यापारिक सम्बन्ध की चर्चा होती है।

ई.पू. तीसरी शताब्दी की रचना *बुद्धवंस* से भारत-चीन रेशम-व्यापार की जानकारी होती है। वाराणसी में धर्मचक्र-परिवर्तन के बाद गौतम बुद्ध ने जिन 5 भिक्षुओं को अपना शिष्य बनाया। उनके नाम थे–कौंडिन्य, भद्दिय, बप्प, अस्सजि और महानाम। इसकी जानकारी *विनयपिटक* से होती है। बुद्ध के 4 आर्यसत्यों (दुख, दुख समुदाय, दुख निरोध और दुख निरोधगामी मार्ग) की जानकारी *दीघनिकाय* से होती है।

ई.पू. प्रथम शताब्दी की रचना *मिलिन्दप्रश्न* से ग्रीक (यवन) शासक मेनांडर (जिसका भारतीय नाम मिलिन्द था) द्वारा ई.पू. दूसरी शताब्दी में उत्तर-पश्चिम भारत पर शासन करने की जानकारी होती है। इस शासक की राजधानी सागल (वर्तमान स्यालकोट) थी। इस शासक के सिक्के 22 स्थानों से मिले हैं, जिन पर धर्मचक्र का निशान बना है, जो इसके बौद्धधर्मावलम्बी होने को प्रमाणित करता है। विज्ञान, प्रौद्योगिकी, व्यापार, नगर, पशु, पक्षी तथा समाज के अध्ययन के लिए यह ग्रन्थ उपयोगी है।

दीपवंस–पालि वंश-साहित्य की पहली रचना। यह लंका-द्वीप का इतिहास है। परम्परा से प्राप्त घटनाओं का यह संकलन है। इसके अध्ययन से ई.पू. चौथी शताब्दी से लेकर ई.पू. तीसरी शताब्दी तक के इतिहास की जानकारी होती है। अशोक के प्रयास और बौद्ध धर्म के माध्यम से भारत का लंका से सम्बन्ध का इसमें वर्णन है। अशोक के कारण ही बौद्ध धर्म सर्वप्रथम लंका में प्रवेश किया। बोधिवृक्ष की शाखा महेन्द्र और संघमित्रा अपने साथ ले गए, जो लंका के अनुराधपुर में लगाई गई और **महाविहार** नामक विहार की स्थापना की गई।

महावंस—लंका का सुव्यवस्थित इतिहास-ग्रन्थ। इसका आधार दीपवंस है, अतः दोनों में लगभग समान बातों की चर्चा है। इन दोनों वंसों में अतिरंजनात्मक एवं अलौकिक वर्णनों का भी बहुतायत है। इनमें ऐतिहासिक दृष्टि से नन्दशासक, बिम्बिसार, अजातशत्रु, चन्द्रगुप्त मौर्य, चाणक्य और अशोक का वर्णन दीपवंस में कालक्रमानुसार है। इस ग्रन्थ से पता चलता है कि गौतम बुद्ध आयु में बिम्बिसार से 5 वर्ष बड़े थे। **महावंस** में उपालि (बौद्ध) से लेकर महेन्द्र तक के समय का वर्णन व्यवस्थित ढंग से किया गया है। दोनों वंसों में पाटलिपुत्र, वाराणसी, अंग, मगध, चम्पा, मल्ल, इन्द्रप्रस्थ, भरूकच्छ, सुप्पारक, तक्षशिला, सागल (स्यालकोट), अवन्ति, मद्र, प्रयाग आदि का वर्णन है।

अशोक के अभिलेखों, 3-2 री. शताब्दी ई.पू. के साँची एवं भरहुत के अभिलेखों, सारनाथ के कनिष्ककालीन अभिलेखों, भौंगन (वर्मा का एक गाँव) के 2 स्वर्णपत्र-लेख, मब्जा (वर्मा में स्थित स्थान) का 5-6 ठी सदी का स्वर्णपात्र-लेख, पगान (वर्मा) का अभिलेख, सुखोदयपुर (थाईलैंड) के अंकित पालि-अभिलेख तथा रामाण्य देश (वर्मा) के कल्याणी अभिलेख बौद्ध धर्म के अध्ययन के लिए महत्त्वपूर्ण स्रोत हैं।

9

नगरीकरण

9.1 परिभाषा

भारतीय परिप्रेक्ष्य में भौगोलिक दृष्टि या आबादी को आधार मानकर प्राचीन नगर की निश्चित परिभाषा देना सम्भव नहीं, किन्तु नगरों से सम्बन्धित कुछ विशेषताओं को ध्यान में रखें तो कहा जा सकता है कि नगर एक ऐसा विशाल जनसमूहवाला क्षेत्र है जिसकी जीविका का प्रधान साधन उद्योग एवं व्यापार होता है। नगर व्यावसायिक उत्पादनों के विनिमय द्वारा ग्राम से कच्ची वस्तुएँ एवं खाद्यान्न प्राप्त करता था। प्राचीनकाल में इन नगरों के प्रमुख तत्त्व थे—पक्की सड़क, पक्के मकान, व्यापारी, शिल्पकार, धातुकार, कर्मकार, प्रशासक, सैनिक, दुकानें, मुहल्ला, नालियाँ, जल एवं यातायात के साधन आदि। लिखित सामग्रियों की उपस्थिति भी एक तत्त्व माना जा सकता है। उपर्युक्त तत्त्वों में कमी या अधिकता नगरों की प्रमुखता एवं प्रकारों पर निर्भर करती है।

राजधानी, नगर, पुर, नगरी, खेट, खर्वट, कुंजक एवं पट्टम की चर्चा *मानसार* नामक ग्रन्थ में की गई है। *दिव्यावदान* नामक बौद्ध ग्रन्थ में नगर, निगम, खर्वट एवं राजधानी नामक 4 प्रकार के नगरों की चर्चा है। *अंगविजय* नामक ग्रन्थ के अनुसार नगरों के 5 प्रकार—निगम, जनप्य, पट्टण, निवेश और खंडवार थे। *अमरकोष* में नगरों के लिए पुर, पुरी, नगरी, पट्टण, पुटभेदन, स्थानीय और निगम शब्दों का प्रयोग किया गया है। दक्षिण भारतीय साहित्यों में नगरों के उपर्युक्त नामों के अलावा स्कन्धावार, विजयस्कन्धावार, महापट्टण, महापट्टणम्, महानगर आदि शब्द मिलते हैं, जिससे भिन्न-भिन्न प्रकार के नगरों के अस्तित्व की जानकारी होती है।

9.2 प्रथम चरण

नगर वैज्ञानिक एवं प्राविधिक उपलब्धियों की अभिव्यक्ति है। वह सभ्यता का केन्द्र होता है। मनुष्यों द्वारा किए गए विकास-कार्यों को व्यवस्थित ढंग से प्रस्तुत करने का सबसे ऊँचा मंच नगर ही होता है। भारत में सबसे पहले शहरों के अवशेष एवं लिखित सामग्रियाँ सिन्धुकाल में पाए जाने से इस काल को नगरीकरण का प्रथम चरण कहते हैं।

हड़प्पा-संस्कृति सिन्धु सभ्यता के नाम से जानी जाती है क्योंकि उसके अवशेष सबसे पहले सिन्धु की सहायक नदी रावी के बाएँ तट पर स्थित हड़प्पा में ही पाए गए थे। इस संस्कृति के लोग उर्वरता पंथ (मातृपूजा तथा लिंग उपासना) में विश्वास करते थे। यह एक मौलिक संस्कृति थी, जिसके जनक स्थानीय लोग (द्रविड़) थे।

ई.पू. चौथी सहस्राब्दी के प्रारम्भिक चरण में आम्री, घुंडई, कोटदीजी आदि ग्राम-बस्तियों के अवशेष मिले हैं, जो सिन्धु एवं गंगा के उपजाऊ मैदान में स्थित थे। हड़प्पा नगर-संस्कृति के ये अवशेष प्रारम्भिक चरण माने जाते हैं। इन बस्तियों ने किसी एकीभूत प्रशासन-प्रणाली का अंग न होकर, अपने-अपने स्वतन्त्र अस्तित्व को बनाए रखा। इनका घनिष्ठ सम्पर्क हड़प्पा नगरों के साथ रहा।

विशाल पत्थरों से निर्मित तथा दुर्गभित्तियों से घिरी आम्री की बस्ती (डाडू जिला, पाकिस्तान) करीब 8 हजार वर्गमीटर के क्षेत्र में फैली थी। इस बस्ती का निर्माण योजनाबद्ध ढंग से नहीं हुआ था। अधिकांश इमारतें दोमंजिला, कच्ची ईंटों तथा पत्थरों से निर्मित थीं, जिनमें छोटे-छोटे कमरे (2.5 × 1.5) थे। इस बस्ती में सिंचाई की नहरें, बाँधों, सीढ़ीनुमा खेतों और कब्रगाहों के अवशेष मिले हैं।

कोटदीजी (पाकिस्तान में खैरापुर के निकट) से ई.पू. 2800-2600 की शहरी आवासीय इमारतों के अवशेष मिले हैं। यह सम्भवतः हड़प्पाई नगर का आदिरूप था। जम्मू-कश्मीर प्रदेश में अखनूर के निकट चिनाब के तट पर मांडा नामक स्थल से हड़प्पाई बस्ती के अवशेष मिले हैं।

1930 के दशक में हड़प्पा-संस्कृति का काल-विस्तार लगभग 3250-2750 ई.पू. माना जाता था, किन्तु अब यह ई.पू. 2300-1750 ई.पू. का माना जाता है। हड़प्पाई बस्तियाँ एक ही समय पैदा और विलुप्त हुई होंगी।

मोहनजोदड़ो का उत्कर्षकाल ई.पू. लगभग 2200 और 1700 के बीच माना गया है। मोहनजोदड़ो और हड़प्पा के मुख्य केन्द्रों के पतन के बावजूद काठियावाड़ प्रायद्वीप पर हड़प्पाई बस्तियाँ ई.पू. 10वीं शताब्दी तक 16 सौ किलोमीटर लम्बे और उत्तर से दक्षिण तक 11 सौ किलोमीटर चौड़े भू-भाग में फैली थी। सिन्धु सभ्यता का क्षेत्रफल प्राचीन मिस्र का दोगुना और सुमेर का चार गुना था।

अरब सागर के किनारे-किनारे हड़प्पाई बस्तियों की एक लम्बी श्रृंखला मिलती है। सबसे पश्चिमवर्ती बस्ती सुतकगंदोर था, जो एक बन्दरगाह था और कराँची से 5 किलोमीटर पश्चिम में स्थित है। पूर्व में हड़प्पाई बस्तियों के अवशेष पश्चिमी उत्तर प्रदेश में आलमगीर (मेरठ जिला) तक फैले थे। इन बस्तियों की संख्या 200 से भी अधिक हैं, जिनमें से करीब 50 बस्तियाँ शहरी ढंग की हैं।

लोथल सर्वाधिक महत्त्वपूर्ण बन्दरगाह-नगर था। यह आधुनिक अहमदाबाद से 83 किलोमीटर दक्षिण में स्थित है। हस्त-उद्योग और व्यापार का भी यह प्रसिद्ध केन्द्र था। प्राचीन विश्व के सबसे बड़े नौकाघाट लोथल में 215 मीटर लम्बी एवं 37 मीटर चौड़ी जहाजों एवं नावों को ठहरने तथा पोत-निर्माण गोदी और नौकाओं के आने-जाने योग्य नालियाँ एवं जलद्वार पाए गए हैं। इससे वहाँ के निर्माताओं के उच्चस्तरीय इंजीनियरी-ज्ञान एवं कौशल की जानकारी होती है। लोथल में अल्पमूल्य रत्नों के मनकों और कंठहारों का उत्पादन सुविकसित

था। लोथल प्रायः बाढ़ के प्रकोपों का शिकार बनता था और उसके निवासियों को 4 बार उसका पुनर्निर्माण करना पड़ा, जिसके फलस्वरूप जिन चबूतरों पर इमारतें खड़ी की जाती थीं, उनकी ऊँचाई हर बार बढ़ती गई। उसके अन्तिम निवासी देशान्तरण करके काठियावाड़ के भीतरी भागों और गंगाघाटी की ओर चले गए।

सिन्ध से सौराष्ट्र के व्यापार-मार्ग पर रंगपुर एक प्रमुख नगर था, जिसका बलूचिस्तान की वास्तियों के साथ बड़े पैमाने पर व्यापारिक सम्बन्ध था। बहरीन की एक मुद्रा लोथल में मिली है। पुरातत्त्ववेत्ताओं ने उत्तरी राजस्थान की घग्घर और चौटांग नदियों की, जो आज मात्र सूखे नाले रह गए हैं और जिनके किनारे बहुसंख्य प्राचीन बस्तियों के अवशेष मिले हैं, उसे पौराणिक सरस्वती और दृषद्वती बताया है। घग्घर के तट पर स्थित कालीवंगन नगर मोहनजोदड़ो और हड़प्पा के समान प्रसिद्ध था।

9.3 वास्तियों का रूप और नगर

हड़प्पाई वास्तियों को 5 वर्गों में बाँटा जा सकता है—(1) राजधानी, जिसमें दुर्ग होता था। यह हस्तशिल्पों तथा घरेलू एवं विदेश-व्यापार का केन्द्र होता था। (2) बन्दरगाह, जो दुर्गयुक्त और शिल्प तथा व्यापार का केन्द्र होता था। (3) बिना दुर्गवाली नगर-वास्तियाँ, (4) प्राची-युक्त सीमान्त चौकियाँ और (5) ग्राम।

मोहनजोदड़ो और हड़प्पा नदी-तटों पर स्थित होने के कारण समुद्री व्यापार के विकास और उनकी शक्ति एवं समृद्धि की वृद्धि में सहायक थे। यहाँ स्थानीय एवं विदेशी व्यापारियों का ताँता लगा रहता था। धातु की वस्तुओं, मिट्टी के बर्तनों, सूती कपड़ों आदि के उत्पादन के ये प्रभुख केन्द्र थे। उपलब्ध संकेतों से पता चलता है कि दोनों नगर स्थायी तौर पर अथवा बारी-बारी से देश के प्रशासनिक केन्द्र की भूमिका अदा करते थे। देश की दोनों राजधानियों पर शत्रु द्वारा आसानी से आक्रमण नहीं किया जा सकता था। इन दोनों राजधानियों के माध्यम से गाँवों से खाद्य-पदार्थों को लेकर अन्य नगरों तक पहुँचाना आसान था। सिन्धु की बाढ़ों से तटवर्ती नगरों का जीवन प्रायः अस्त-व्यस्त हो जाता था। सम्भवतः इसी कारण दो राजधानियाँ बनाने की आवश्यकता पड़ी। हड़प्पा और मोहनजोदड़ो एक-दूसरे से 600 वर्ग किलोमीटर के फासले पर स्थित थे और आपस में सड़कें तथा जलमार्ग से जुड़े थे। इनके इर्द-गिर्द फैले विशाल दीर्घवृत्ताकार क्षेत्र पर सतत निगरानी रखी जाती थी।

हड़प्पा के आसपास 14 कस्बानुमा बस्तियाँ थीं और मोहनजोदड़ो 17 उपनगरों से घिरा था। हड़प्पा के कस्बों एवं नगरों का निर्माण विभिन्न कालों में हुआ, इसके बावजूद सभी मकान लगभग एक जैसे थे। सभी की लिपि, दशमलव, माप-पद्धति, तौल-पद्धति, मिट्टी के बर्तन, ईंटें तथा अन्य हस्तशिल्प एक ही आकार-प्रकार के पाए गए हैं। पुराने स्थान पर नगर का पुनर्निर्माण किए जाने पर भी यह संरचना अपरिवर्तित रही। उदाहरण के लिए, मोहनजोदड़ो में सदियों के दौरान हुए निक्षेपण में एक-दूसरे के नीचे दबे हुए एक जैसे 9 नगर पाए गए हैं, जिनकी भौतिक संस्कृति में 7 सौ वर्षों की अवधि में भी कोई उल्लेखनीय परिवर्तन नहीं आए। ऐसा ही हड़प्पा के एक्र-दूसरे के नीचे दबे 6 संस्तरों और लोथल के 4 संस्तरों में भी देखा जाता है। इन नगरों के पूरे अस्तित्वकाल में ताम्र और कांस्य का प्रयोग होता रहा। यहाँ लोहा नहीं

पाया गया। पीढ़ी-दर-पीढ़ी नागरिकों की जीवन-पद्धति भी वैसी-की-वैसी बनी रही। शताब्दियों तक हड़प्पाई लोगों पर परम्परा का बोझ लदा रहा।

9.4 विदेशों से सम्बन्ध

सुमेर, मिस्र, क्रीट और हड़प्पा की प्राचीन शक्तिशाली सभ्यताओं के हजारों वर्ष लम्बे अस्तित्वकाल में उनके बीच व्यापारिक और सांस्कृतिक सम्पर्क बार-बार स्थापित और भंग होते रहे।

हड़प्पा नगरों का विदेशों के साथ व्यापार—समुद्री तथा स्थल मार्ग—दोनों तरह से था। खुदाई से पता चलता है कि दक्षिण तुर्कमानिया की बस्तियों के साथ हड़प्पाई नगरों के व्यापारिक सम्बन्ध थे। मेसोपोटामिया से भारतीय मुद्राएँ, मनके, शंख आदि मिले हैं। मेसोपोटामिया जैसी मुद्राएँ सिन्धु-नगरों से मिली हैं। सिन्धुघाटी तथा सुमेर के बीच व्यापारिक सम्बन्ध थे। बहरीन के माध्यम से समुद्री मार्ग द्वारा सुमेर के साथ सिन्धु नगरों के व्यापारिक सम्बन्ध थे, क्योंकि बहरीन में हड़प्पाई चीजों से मिलती-जुलती वस्तुएँ मिली हैं। लोथल (सौराष्ट्र) में खुदाई से एक बड़े जहाजघाट गोदियों और पत्थर के लंगरों का पाया गया है। मोहनजोदड़ो और हड़प्पा में मिली कुछ मुद्राओं तथा मृण्मूर्तियों पर जहाज का एक मृत्तिका प्रतिरूप मिला है, जिस पर एक छेद है, प्रत्यक्षतः मस्तूल घुसाने के लिए था।

लोथल से प्राप्त एक मुद्रा का आकार-प्रकार बहरीन तथा मेसोपोटामियाई नगरों से प्राप्त अन्य गोल मुद्राओं से मिलता-जुलता है। अक्काडी स्रोतों में व्यापारियों द्वारा समुद्र पार दिलमुन (सम्भवतः बहरीन), मगन (सम्भवतः बलूचिस्तान) तथा मेलूहा (मोहनजोदड़ो) देशों की यात्राओं के प्रमाण मिलते हैं।

हड़प्पावासियों को प्रगति के प्रति झुकाव कम था। तत्कालीन अन्य देशों में भी सामाजिक और आर्थिक प्रक्रियाओं की गति धीमी रही थी। हड़प्पाई समाज के विकास में मुख्य बाधा सम्भवतः उसके अपरिवर्तित उत्पादन सम्बन्ध थे। हड़प्पा-संस्कृति के प्रसार वृहद् क्षेत्र में सिंचाई-प्रणालियों के अवशेष नहीं मिले हैं, क्योंकि उस काल की सिन्धु-जलवायु आज की अपेक्षा अधिक नम थी और फसल उगाने के लिए वर्षा और जलाशयों तथा कुओं का पानी पर्याप्त होता था। जलाशय और कुएँ किसानों द्वारा निजी तौर पर अथवा सारे ग्राम समुदाय द्वारा सामूहिक रूप से बनाए जाते थे। हड़प्पा में सिंचाई-प्रणालियों के निर्माण में राज्य की भूमिका नगण्य थी। निरंकुश शासन-प्रणाली का अभाव था।

किसी बस्ती का नगर वह विशेष रूप है, जिसमें उत्पादन-प्रक्रियाएँ सर्वाधिक कारगर ढंग से साकार बनती हैं और लोग एक-दूसरे के प्रगाढ़तम सम्पर्क में आते हैं। नगर की आवश्यकता उत्पादन-सम्बन्धों के विकास में एक निश्चित स्तर तक पहुँचने पर ही पैदा होती है।

9.5 नगरीय गतिविधियाँ

हड़प्पाई समाज में व्यापारी और शिल्पी तबके के लोगों का विशिष्ट स्थान था। बड़े नगरों का अस्तित्व इसकी पुष्टि करता है। नगरीकरण का उच्च स्तर तभी पाया जा सकता है, जबकि

शिल्प और व्यापार सुविकसित हों। दूसरी ओर, शिल्प और व्यापार के विकास के लिए उपज देनेवाली उन्नत कारगर कृषि का होना जरूरी है, जो शिल्पोत्पादन एवं विनिमय के लिए पर्याप्त कच्चा माल तथा अनाज दे सके।

हड़प्पा के दुर्ग में विशाल अन्न भंडार और अनाज की सफाई, कुटाई, पिसाई आदि के चबूतरे पाए गए हैं। सम्भवतः हड़प्पाई समाज में श्रम का सामाजिक संगठन प्रचलित था और इसकी बदौलत राज्य के पास अन्न के प्रचुर भंडार थे। गेहूँ, जौ, धान और चने की खेती की जाती थी। मोहनजोदड़ो में एक घर के अहाते में रोटी पकाने के लिए तन्दूर भी पाया गया है।

कताई और बुनाई के धन्धे विकसित थे। खुदाई में हड़प्पा की मुहर लगे सूती कपड़े के अवशेष मिले हैं। मृद्भांड-शिल्प अतिविकसित था। खंडहरों से प्राप्त सोने, चाँदी, मणियों तथा फायंस के आभूषणों, ताँबे के बर्तनों और काँसे के उपकरणों तथा हथियारों से पता चलता है कि सिन्धु सभ्यता के लोग धातुओं की गलाई तथा ढलाई के हुनर से भलीभाँति परिचित थे। आभूषण-निर्माण में वे अत्यन्त निपुण थे। ताँबा एवं काँसा की तत्कालीन अर्थव्यवस्था में विशेष भूमिका थी। बाट और तराजू तत्कालीन व्यापारिक गतिविधियों के बृहद् पैमाने का प्रमाण प्रस्तुत करते हैं। स्वर्ण एवं कीमती पत्थर दक्षिण भारत से आयात होते थे। माल-विनिमय के लिए जल तथा स्थल मार्गों द्वारा आवश्यक सम्पर्क स्थापित किए जाते थे। पहिएदार परिवहन-साधन (बैलगाड़ी) संचार-प्रणाली के विकास में महत्त्वपूर्ण भूमिका निभाते थे। पहिएदार परिवहन का विश्व में सबसे प्राचीन प्रमाण सिन्धु नगरों में मिलता है। पहिए के आविष्कार ने यातायात के विकास और फलस्वरूप मानवजाति की प्रगति में अद्वितीय भूमिका अदा की। पहिए का आविष्कार हड़प्पा के प्राचीन निवासियों ने किया। हड़प्पा-संस्कृति की स्थलियों से पत्थर अथवा मिट्टी की लेखयुक्त हजार से अधिक मोहरें पाई गई हैं, जिन पर तरह-तरह के कोई 4 सौ ध्वन्यात्मक और चित्रलिप्यात्मक चिह्न बने हुए हैं। ऐसे चिह्न मृद्भांडों और ताम्रफलकों पर भी मिले हैं। प्रायः मोहरों पर पशुओं, पक्षियों, मछलियों, मनुष्यों आदि के अत्यन्त निपुणतापूर्ण निर्मित अद्भुत चित्र भी पाए गए हैं। भारत में इसी समय से व्यापारिक वस्तुओं पर शिल्पियों तथा व्यापारियों की मोहरें लगाने की प्रथा शुरू हुई थीं।

पुरातत्त्वविदों ने सिन्धुघाटी और दक्षिण तुर्कमानिस्तान की वास्तियों के बीच सम्पर्क के प्रमाण पाए हैं। बलूचिस्तान, अफगानिस्तान और मेसोपोटामिया से धातुएँ आयात की जाती थीं। हड़प्पाई नगर सुमेर को वस्त्र निर्यात करते थे। बहरीन इनके बीच पुनर्नियात केन्द्र का काम करता था। इन सबका प्रमाण उपरोक्त देशों के विभिन्न भागों में प्राप्त हड़प्पाई वस्तुओं से मिलता है। हड़प्पाई व्यापारियों की सागर पार यात्राओं की चर्चा अक्काडी अभिलेख भी करते हैं। मोहरों पर अंकित मस्तूलदार पोतों के चित्र बताते हैं कि जहाजरानी अतिविकसित थी। हड़प्पाई लोगों द्वारा निर्मित पोत भारत के आधुनिक पोतों से किसी भी प्रकार छोटे न थे। पोतनिर्माण और समुद्रगमन अत्यधिक विकसित होने की पुष्टि लोथल में हुई असामान्य खोजों से भी होती है। यहाँ प्राचीन विश्व के सबसे बड़े पोतनिर्माण उद्योग की विद्यमानता के भौतिक प्रमाण पाए गए हैं, जैसे—आयताकार (218 × 37) पोतनिर्माण गोदी, नौकाघाट, पत्थर के लंगर इत्यादि। पोतों की आकृति का अनुमान यहाँ से प्राप्त एक पक्वमृत्तिका खिलौना

नौका से लगाया जा सकता है, जिसमें मस्तूल के लिए छेद भी बना हुआ है। निर्माण-उद्योग प्राविधिक (Technology) दृष्टि से काफी उन्नत था। सिन्धु नगरों में ईंटों और म्यूनिसिपल मलजलवाह प्रणाली के लिए पकी मिट्टी की बनी पाइपों तथा खपुओं का बड़े पैमाने पर उत्पादन किया जाता था। ईंटें बनाने के लिए चिकनी मिट्टी और काष्ठ ईंधन की कमी नहीं थी। हड़प्पा क्षेत्र पर फैले घने वन आज लुप्त हो गए हैं।

पकी ईंटों से रिहायशी मकान, सार्वजनिक इमारतें, कुएँ, तालाब और नगरदुर्ग के परकोटे और घरों तथा चौकों के फर्श बनाए जाते थे। नगरदुर्ग के बाहर कच्चे घर भी होते थे। ईंटें और मृद्भांड पकाने के भट्टे नगर के बाहर होते थे। नगर के भीतर उन्हें बनाना सम्भवतः धुएँ तथा कालिख के कारण अस्वास्थ्यकर और आग लगने की सम्भावनाओं के कारण खतरनाक माना जाता था। लकड़ी के शहतीर छत में प्रयोग किए जाते थे। पत्थर का प्रयोग अतिविरल था। वह केवल दुर्गभित्तियों में प्रयोग होता था और वह भी अधिकांशतः अनतराशे खंडों के रूप में ही।

पूर्वनिर्मित परियोजनाओं के आधार पर नगर-निर्माण किसी केन्द्रीकृत शक्तिशाली राज्य में ही सम्भव है और हड़प्पा इसी प्रकार का राज्य था। सभी हड़प्पाई नगरों का सुनियोजित अभिन्यास स्वयं ही एक महत्त्वपूर्ण तथ्य है। सिन्धु नगरों को किसी निश्चित योजना के अनुसार बसाए जाने का निश्चित प्रमाण नहीं मिल पाया है, किन्तु हड़प्पा की नगर-सभ्यता के उच्चतर स्तर को देखते हुए हम कह सकते हैं कि नगरों का योजनाबद्ध ढंग से निर्माण करने का विचार हड़प्पाइयों को सुमेरवासियों के समान ही ज्ञात था। "नगर योजना की प्रणाली मनुष्य, प्रकृति और समाज के परस्पर सम्बन्धों के नियमन की एक महत्त्वपूर्ण कड़ी का काम करती है।" बस्तियों की बनावट समकोणिक और ग्रिडनुमा होती थी। विश्व नगर निर्माण कला में दो मुख्य देशिक संकल्पनाएँ ज्ञात हैं, जिनमें से एक वृत्ताकार योजना पर आधारित है और दूसरी आयताकार योजना पर। हड़प्पा की बस्तियाँ आयताकार हैं। प्राचीन विश्व की आदिकालीन बस्तियों में वृत्ताकार योजना पाते हैं।

ज्यों-ज्यों नगर बनता और बसता जाता है, उसकी परिवहन धमनियाँ नगर-मार्गों में परिवर्तित होती जाती हैं। नगर का संचार-तन्त्र उसका आधारभूत ढाँचा होता है। हड़प्पाई बस्तियों में टेढ़ी-मेढ़ी गलियाँ तो थीं, किन्तु मुख्य मार्ग सदा सीधे और समकोण पर मिलते हुए होते थे। छोटी सड़कें और गलियाँ ऐसी बनती कि भूलभूलैया का भ्रम पैदा न हो; विकसित नगरों की यह खास विशेषता होती है। सड़कों के जाल द्वारा न्यूनाधिक समान आकार के अनेक खंडों में विभाजित हड़प्पाई नगरों की बनावट पूरे विश्व में एक अद्वितीय मिसाल है।

9.6 नगरों का जन्म

ग्रामीण बस्तियों के आधार पर नगर प्रकट हुए। बस्तियाँ अधिकांशतः नदियों की घाटियों में होती थीं। नदियाँ सिंचाई का मुख्य स्रोत थीं; वे बस्तियों को आपस में जोड़नेवाले मार्गों का भी काम करती थीं। कृषि-उत्पाद के क्षेत्र और बस्तियों के स्वरूप आपस में घनिष्ठतः सम्बद्ध थे। सिंचाई की कारगरता की दृष्टि से उसकी बराबरी और कोई प्रणाली नहीं कर सकती

थी। सिंचाई-साधनों का विकास होने के साथ-साथ कृषियोग्य भूमि में वृद्धि होती गई। फलतः नदी से दूर नवीन बस्तियों की संख्या में वृद्धि होती गई। सिंचाई, नहरों, बाँधों, तटबन्धों, जलाशयों आदि के नियमित जाल ने गाँवों को कस्बों में बदल दिया। कस्बों में उत्पादन में हुई वृद्धि और माल-विनिमय-विकास के साथ कस्बे नगरों में बदल गए। प्राकृतिक प्रकोपों, शत्रु कबीलों, जंगली जानवरों से सुरक्षा के लिए नगरों को कृत्रिम अवरोध अर्थात् दुर्गप्राचीर से घेर दिए जाते थे। हड़प्पा की चारों तरफ बुनियाद पर 12 मीटर चौड़ी और 10.7 मीटर ऊँची दोहरी दुर्ग-भित्ति मिली है। दुर्ग के भीतर सभी प्रमुख प्रशासनिक तथा आर्थिक इमारतें और सम्भवतः धार्मिक इमारतें भी संकेन्द्रित होती थीं। दुर्ग सामान्यतः नगर में सबसे ऊँचे स्थल पर बनाया जाता था। हड़प्पा में दुर्ग जिस चबूतरे पर स्थित है, वह बाहर से पक्की ईंटों से ढँकी कच्ची ईंटों का बना हुआ है। धरातल से उसकी ऊँचाई 9 से 15 मीटर के बीच है। हड़प्पाई सार्वजनिक स्नानागार दक्षिण भारत के मन्दिरों में विद्यमान स्नानागारों से मिलते-जुलते हैं। मोहनजोदड़ो के दुर्ग में सबसे विशाल भवन (170 × 230 मीटर) और ईंटों के 61 मीटर लम्बे और 46 मीटर चौड़े चबूतरे पर निर्मित अन्नागार भीतर से दीवारों द्वारा 6 × 15 मीटर आकार के अनेक खंडों में विभाजित हैं। इसके समीप ही कई सौ लोगों, सम्भवतः अनाज की सफाई, पिसाई आदि करनेवाले लोगों के रहने के मकान हैं। उष्ण जलवायुवाले हड़प्पाई नगरों में तेज धूप से बचने के लिए सड़कें अधिकांशतः सँकरी बनाई जाती थीं, ताकि समीपवर्ती मकान उन पर हमेशा छाया किए रहें। व्यापारिक नगरों में सड़कों के किनारे-किनारे ग्राहकों तथा व्यापारियों को धूप और वर्षा से बचानेवाले बरामदे होते थे। मुख्य सड़क 7 से 10 मीटर चौड़ी, शेष सड़क 5.5 मीटर, तंग सहायक सड़क 3.6 मीटर से 2.7 मीटर, गली-कूचों की चौड़ाई कम-से-कम 1.2 मीटर और बड़े नगरों में 8 सौ मीटर से भी ज्यादा लम्बी सड़कें होती थीं। चौराहों पर मकानों के कोनों को प्रायः गोल बनाया जाता था, ताकि लदी हुई बैलगाड़ी बेरोकटोक गुजर सकें। वर्षाकाल में सड़कों के कच्ची होने के कारण आवागमन इतना कठिन होता था कि सम्भ्वतः उसे रोक दिया जाता था। । यदि कुछ भागों में सड़कों को पक्का किया भी जाता था, तो इसके लिए ईंटों के टुकड़े और बरतनों के ठीकरे ही इस्तेमाल होते थे।

रिहायशी मकानों का निर्माण कतारों और ब्लॉकों में किया जाता था। आपस में जुड़े हुए मकानों के बीच साझी दीवारें होती थीं। बहुत कम मामलों में मकानों के बीच 30 सेंटीमीटर का अन्तराल भी पाया गया है। ये अन्तराल या तो हवा के संचार में सहायक का काम करते थे या फिर उनका उद्देश्य अग्निकांड की स्थिति में आग का फैलाव रोकना था। हड़प्पाई मकान तिमंजिले और दोमंजिले भी होते थे। पहली मंजिल की ऊँचाई 5.5 से 7 मीटर के बीच होती थी।

समाज सम्भवतः 4 मुख्य समूहों—व्यापारी, शिल्पी, सैनिक और बड़े गृहस्वामी में बँटा था। मेहनतकशों के मकान प्रायः 8 × 9 मीटर आयात के होते थे।

कुएँ बेलनाकार और ईंटों से निर्मित होते थे। बैठने और बर्तन रखने के लिए ईंट के चबूतरे बने होते थे। छतों और ऊपरी मंजिलों से बारिश का पानी पकी मिट्टी के बने परनालों और जोड़दार पाइपों से होकर बहता था, जो बाहरी दीवार से टिके होते थे। पाइपों को जिस ढंग से जोड़ा और लगाया जाता था, उससे वे बाहरी दीवारों की सपाट सतह के लिए एक

तरह की सजावट का काम भी करते थे। इन नालियों में पानी सीढ़ी-सीढ़ी करके गिरता था और हर सीढ़ी एक ऐसे कोण पर बनाई जाती थी कि राह गुजरते लोगों पर बहते पानी के छींटे न पड़ें।

9.7 नगरीकरण का द्वितीय चरण

सिन्धुकाल के बाद नई नगर-सभ्यता की बुनियाद आर्य कबीलों के आगमन, स्थानीय कबीलों के साथ उनके सम्मिश्रण और विभिन्न संस्कृतियों के आपसी मिलन की परिस्थिति में पड़ी। उत्तर-वैदिककाल में वृहद् स्तर पर गंगाघाटी में नए इलाकों को आबाद किया गया, स्थायी जीवन-पद्धति अपनाई गई और कृषि-तकनीकी का विकास हुआ। समाज में गोत्र-कबीलाई में विघटन आया और ग्रामनुमा बस्तियों का नगरीय बस्तियों में संक्रमण होने लगा।

ई.पू. छठी शताब्दी और कुषाणकाल के बीच का काल राज्यों के निर्माण और नगरों की तीव्र सम्वृद्धि का काल था। द्रुत आर्थिक और सांस्कृतिक प्रगति के इस युग में वर्ण-व्यवस्था और ग्राम-समुदाय जैसी सामाजिक संस्थाएँ विकसित हुईं। जैन और बौद्ध धर्म जैसे नवीन धर्म उत्पन्न हुए, जो शहरी तबकों के विश्व-दृष्टिकोण को प्रतिबिम्बित करते थे। विहार अथवा मठ का आविर्भाव हुआ।

आपण (वह स्थान, जहाँ विनिमय होता था) और दुकानों का अस्तित्व नगरों के जन्म का प्रारम्भिक चरण था। कुम्भकारों, कारूकारों और लावणिकों जैसे शिल्पियों के गाँव प्रारम्भ में खास-खास वस्तुओं के छोटे-छोटे बाजार थे; बाद में वहाँ दूसरी वस्तुओं की बिक्री होने लगी और **निगम** ने बड़े बाजार का रूप ले लिया। **बाजार** वह स्थान था, जहाँ गाँववाले अपना सामान लाते थे। व्यापारी भी यहाँ व्यापारिक वस्तुओं की खरीद करने आते थे; विशेषकर उन बाजार-गाँवों में, जहाँ खास-खास शिल्प-वस्तुएँ बनती थीं। गाँव और निगम के बीच घनिष्ठ सम्बन्ध होते थे। हस्तिनापुर, इन्द्रप्रस्थ, अहिच्छत्र, अयोध्या आदि प्रमुख रूप से राजधानियाँ थीं। श्रावस्ती, कौशाम्बी, वैशाली और राजगृह राजधानी होने के साथ-साथ व्यापार के भी केन्द्र थे। इन दोनों प्रकार के नगरों में भिन्नता थी। हस्तिनापुर आदि में बड़े-बड़े महल और बड़ी-बड़ी अट्टालिकाएँ थीं। यहाँ राजनीतिक चहल-पहल रहती थी। बाद में जब राज्य कर भी लेने लगा, तो कराधान और वितरण के भी अभिकरण जुड़ गए। धार्मिक वर्गों के दान का सबसे महत्त्वपूर्ण कार्य भी यहीं से होता था। प्राचीन राजधानियों की खुदाई में महलों के अवशेष नहीं मिले हैं। इसकी एक वजह यह हो सकती है कि वह नृपतन्त्र की ओर संक्रमण का काल था। अभी उसकी जड़ें कमजोर थीं। इसकी दूसरी वजह यह भी हो सकती है कि सपाट खुदाइयाँ नहीं हुई हैं। मौर्यकाल में भी केवल पाटलिपुत्र में ही बड़े भवनों के अवशेष मिले हैं। विदेशी व्यापार से धन की वर्षा हुई, तो उत्तर भारत के नगरों में बड़े-बड़े महल बनने लगे। जो नगर राजधानी के साथ-साथ व्यापार के भी केन्द्र थे, वहाँ महाजन और व्यापारी भी उभरकर सामने आए।

प्रारम्भ में प्राचीरों से घिरी बस्ती को **पुर** कहते थे। राजा और उसके परिवार या गणसंघों में राजकुलों के सदस्यों का **पुर** में निवास होता था। इस पृथकता के बावजूद पुर और जनपद में घनिष्ठ सम्बन्ध था। ब्राह्मणग्रन्थों में नगरों के नाम किसी-न-किसी राजा के नाम पर मिलते

हैं, जबकि बौद्ध ग्रन्थों में ये नाम ऋषियों अथवा पौधों या पशुओं के नाम पर हैं, जैसे—कपिलवस्तु और कोलियनगर, गान्धार, कुरु, कैकेय और कोसल के जनपद उत्तरापथ के जरिए जुड़े हुए थे। व्यापार बढ़ने पर कुछ नगरों का व्यापारिक महत्त्व भी हो गया। कुछ मामलों में वाणिज्य ही प्रधान हो गई, जैसे—गान्धार की राजधानी तक्षशिला का वाणिज्यिक महत्त्व बना रहा क्योंकि पश्चिम एशिया का रास्ता यहीं से जाता था। ई.पू. छठी शताब्दी के बाद अखमनी साम्राज्य तक्षशिला तक फैल गया था। हस्तिनापुर बाद में यमुना की गोद में समा गया। तब यहाँ के निवासी कौशाम्बी चले गए। बौद्धकाल में श्रावस्ती कोसल की राजधानी थी। कोसल से कौशाम्बी के रास्ते में साकेत मुख्य नगर था।

मगध की राजधानी राजगृह में थी। गंगा और पठार के बीच की उपजाऊ भूमि का लाभ मिलने से यह भी व्यापार का मुख्य केन्द्र बन गया था। अंग (भागलपुर) की राजधानी चम्पा गंगा नदी पर एक महत्त्वपूर्ण पत्तन थी। पूरब का व्यापार इसके नियन्त्रण में था। काशी जनपद की राजधानी काशी गोमती और गंगा के संगम से दूर न थी। गंगा-यमुना के संगम के निकट कौशाम्बी से विन्ध्य को पार कर लोग दक्षिण को जाते थे। मौर्यों की राजधानी पाटलिपुत्र गंगा और सोन के संगम पर बसा था।

गणराज्यों की राजधानियाँ जैसे, कलिपवस्तु, कोलियनगर, कुशीनगर और पावा का प्रसिद्ध नगरों के रूप में उल्लेख आया है किन्तु ये महानगर न थे। उत्तरापथ के बड़े भू-भाग पर वैशाली का नियन्त्रण था, किन्तु इसकी गणना महानगरों में कभी नहीं की गई। दो नगरों की राजधानियों को पुराने स्थान से हटाकर व्यापारिक मार्ग पर ले जाया गया। कोसल की राजधानी पहले अयोध्या में थी। वहाँ से श्रावस्ती चली गई। मगध की राजधानी राजगृह से पाटलिपुत्र चली आई।

9.8 मगध

16 महाजनपदों में सर्वशक्तिशाली मगध था। इसके शासकों को यह मालूम था कि राज्यव्यवस्था के लिए करों की नियमित वसूली जरूरी थी, तभी सेना का व्यय वहन किया जा सकता था। स्थायी सेना से पड़ोसी राज्यों को जीतकर अपने राज्य में मिलाया जा सकता था। पूर्वकालीन धावों से ऐसे सैनिक अभियान भिन्न थे। पेशेवर सेना की भर्ती, उनके प्रशिक्षण और हथियारों के निर्माण तथा सुनिश्चित सैन्य प्रशासन करों (taxes) पर निर्भर होती थी। मगध के राजाओं ने इन बातों पर विशेष ध्यान दिया। मगध ने वज्जियों पर आक्रमण में दो प्रकार के यन्त्रों का प्रयोग किया था। एक यन्त्र का नाम था **रथमूसल,** यह एक रथ था, जिसमें आगे छूरे लगे रहते थे। रथ को शत्रुसेना में तेजी से ले जाते थे, जिससे शत्रु सैनिकों के टुकड़े हो जाते थे। दूसरे यन्त्र का नाम था **महाशिलाकंटिक**। यह वृहदाकार गुलेल होती थी, जिससे बड़े-बड़े पत्थर और चट्टानें शत्रु सेना में फेंके जाते थे, ताकि नगर की रक्षक दीवार टूट जाए। शत्रु के किले की बकायदा घेराबन्दी की जाती थी और अभियान दीर्घकाल तक चलते रहते थे।

मगधों को प्रतिलोम जाति का कहा गया है। ये अपने आश्रयदाता की प्रशस्ति लिखते थे। ये युद्धमार्ग से व्यापार करने लगे। इनकी राजधानी प्रारम्भ में गिरिब्रज (पहाड़ी चरागाह)

में थी। बाद में इसके पड़ोस में राजधानी बनी, जिसका नाम राजगृह (राजा का घर) था। वृहद्रथ ने मगध राज्य की स्थापना की थी। मगध इतना शक्तिशाली था कि युधिष्ठिर को राजसूय यज्ञ करने से पहले वृहद्रथ के पुत्र जरासन्ध को पराजित करना आवश्यक हुआ था। जरासन्ध उस समय सबसे शक्तिशाली राजा माना जाता था।

कालान्तर में बिम्बिसार को मागध कहा गया है। इससे मगधों से उसके सम्बन्ध का पता चलता है। उसे **सेनिया श्रेणिक** भी कहा गया है। सम्भवतः वह किसी श्रेणी का मुखिया था। उसने इसे आधार बनाकर अपने राज्य की स्थापना की थी। उसके राज्य में 80 हजार गाँव बताए गए हैं। इनके **ग्रामणी** एक सभा में मिलते थे। मगध की आर्थिक क्षमता का पता *महाभारत* से चलता है, जिसमें मगध को **बहुजनाकीर्ण, पशुमान, नित्य अम्बु (जल) मान** कहा गया है। 'बादल इसे कभी नहीं छोड़ते थे'। यहाँ के निवासी स्वस्थ (निरामय), सुन्दर मकानों वाले और धनवान (आढ्य) थे।

राज्य की स्थापना के लिए मगध आदर्श स्थान था। यहाँ की भूमि उपजाऊ थी और सिंचाई के प्राकृतिक साधन उपलब्ध थे। ढलवाँ भूमि के कारण यहाँ दलदल नहीं बनते थे। सोनघाटी में जल-संग्रह के सारे साधन उपलब्ध थे। गंगा और विन्ध्यपर्वत के विस्तार के बीच की भूमि डूब जाती थी। इसलिए इसमें स्थान-स्थान पर बाँध बनाकर सिंचाई के लिए पानी का जुगाड़ किया जाता था, अतः यहाँ धान (सामान्य चावल को **ब्रीहि** और महीन किस्म के चावल को **शालि** कहते थे, शालि की 4 किस्में—रक्तशालि, महाशालि, कमलाशालि और गंधशालि थी। पाणिनि (111.3.48) में मोटा चावल के लिए **निवार** शब्द का प्रयोग किया गया है) की सामान्य फसल के साथ-साथ सूखे मौसम में भी धान की खेती हो सकती थी। राजमहल पहाड़ियों के वनों में इमारती लकड़ी प्रचुर मात्रा में और हाथी भी बड़ी संख्या में उपलब्ध थे। इसके दक्षिणी भाग में लोहे की खानें थीं। गंगा के दक्षिण से जानेवाला मार्ग मगध होकर अंग को या उत्तर में वैशाली को जाता था। इससे प्रेरणा लेकर मगध ने अंग और वैशाली को जीतकर आत्मसात् कर लिया। उत्तर से आनेवाला मार्ग गया के किनारे मगध की सीमा पर समाप्त हो जाता था। बृज्जिसंघ और मगध में शत्रुता का होना स्वाभाविक ही था। उत्तरापथ पर नियन्त्रण बृज्जिसंघ का था और दक्षिणीमार्ग पर मगध का नियन्त्रण था। ये दोनों गंगा के दोनों किनारों पर आमने-सामने खड़े थे। वैशाली पर विजय प्राप्त कर मगध ने दोनों मार्गों के बहुत बड़े भागों पर नियन्त्रण कर लिया।

मगध को राजनीतिक स्थिरता प्रदान करने का प्रयत्न बिम्बिसार के पुत्र अजातशत्रु ने किया। पश्चिम में उसका संघर्ष कोसल से हुआ, जो उसका प्रमुख प्रतिद्वन्द्वी था। इस संघर्ष का अन्त दोनों राज्यों के बीच विवाह-सम्बन्ध से हुआ। अजातशत्रु ने अपने मामा कोसलनरेश प्रसेनजीत की कन्या से विवाह किया था। अन्त में कोसल का मगध में विलय हो गया। बज्जियों से अजातशत्रु का संघर्ष 16 वर्षों तक चला, किन्तु उसे सफलता नहीं मिली। अन्त में उसने अपने मन्त्री वस्सकार (वर्षा करानेवाला) को बज्जियों में फूट डालने के लिए भेजा। इसमें मन्त्री सफल हुआ। संघ में फूट पड़ गई और बज्जिसंघ का मगध में विलय हो गया। उत्तरापथ मगध के हाथों में आ गया और गणतन्त्र-प्रणाली मध्यगंगा घाटी से धीरे-धीरे समाप्त हो गई। एक शक्तिशाली राजा के रूप में अजातशत्रु ने राज्यप्रणाली की अध्यक्षता की। मगध अगली दो शताब्दियों तक राजनीतिक शक्ति और उसके विस्तार का केन्द्र बना रहा।

मगध पहला बड़ा दास प्रथात्मक राज्य था, जिसने हड़प्पाई केन्द्रों के पतन के बाद, बाह्य विश्व के साथ भारत का सम्पर्क पुनः स्थापित किया। चौथी शती ई.पू. में उसने उत्तर-पश्चिम भारत में घुस आई सिकन्दर की सेनाओं को पराजित किया। ईरान और अफगानिस्तान में जिन मार्गों से होते हुए यूनानी सेनाएँ गुजरी थीं, उन मार्गों से भारत के माल भूमध्यसागरीय बन्दरगाहों तक पहुँचने लगे और इस तरह भारतीय विदेश-व्यापार और नगरों के विकास के लिए नई सम्भावनाओं के द्वार खुले। मगध के शासकों ने इससे अपने राज्यकोष की वृद्धि और अपने प्रभुत्व के सुदृढ़ीकरण के लिए भी भरपूर लाभ उठाया। चौथी शताब्दी ई.पू. में मगध शक्तिशाली मौर्य साम्राज्य का अभेद्य नाभिक बना। तीसरी शती ई.पू. में अशोक के शासनकाल में मगध अपने चरमोत्कर्ष पर था और लगभग सारा उपमहाद्वीप उसके अधिकार में आ गया था। राजतन्त्रीय शक्ति का और अधिक सुदृढ़ीकरण हुआ। राजा राज्य का मूलाधार माना जाने लगा। अशोक के अभिलेख स्पष्ट करते हैं कि राजा राज्यतन्त्र का प्रधान था और विधायी शक्तियाँ रखता था। मगध के विकास पर इसका अनुकूल असर पड़ना स्वाभाविक था। मगध की राजधानी पाटलिपुत्र विश्वप्रसिद्ध राजधानी थी। अशोककालीन कला न केवल तत्कालीन मगध की शोभा रही, बल्कि आज भी शान से जीवित है। अशोक के काल में दक्षिण-पूर्व एशिया में भारत का जो शान्तिपूर्ण आर्थिक और सांस्कृतिक विस्तार आरम्भ हुआ, वह आगामी शतियों में भी जारी रहा।

ई.पू. छठी शताब्दी के दौरान उत्तर भारत के नगरों में सर्वप्रमुख पाटलिपुत्र, काशी, कौशाम्बी, चम्पा, राजगृह और साकेत थे। सिन्ध के मुहाने में स्थित बरबरीकुम (जो कहा जाता है कि सिकन्दर द्वारा स्थापित बन्दरगाह की जगह पर बसा हुआ था), नर्मदा के मुहाने पर स्थित भृगुकच्छ (यूनानी-बोरीगाजा, आधुनिक भड़ौच), मुहिरियत्तनम (यूनानी-मुजिरीस), कल्याणी (कोंकण) और शुर्पारक अति सक्रिय थे। पूर्व में बंगाल की खाड़ी के तट पर ताम्रलिप्ति (कलकत्ता के निकट स्थित आधुनिक तामलुक) नामक बन्दरगाह मौर्य-कुषाणकाल में भारत के सबसे सम्पन्न और जनबहुल क्षेत्र को गंगा नदी के जरिए बंगाल की खाड़ी में प्राकृतिक निकास उपलब्ध कराता था और श्रीलंका, मिस्र और बैंजनटाइन (बैंजनिया) से जोड़ता था। ईस्वी सन् की प्रथम शताब्दी और उसके बाद जब दक्षिण-पूर्व एशिया में भारतीय उपनिवेश बसने शुरू हुए, तो ताम्रलिप्ति का महत्त्व बहुत बढ़ गया।

अधिकांश महत्त्वपूर्ण नगर उत्तरापथ और दक्षिणापथ नामक महामार्गों पर स्थित थे। उत्तरापथ पाटलिपुत्र को तक्षशिला से जोड़ता था, जो प्रमुख व्यापारिक केन्द्र था। इस मार्ग का निर्माण अशोक ने किया था। प्रयाग, कौशाम्बी आदि नगर इसी मार्ग पर स्थित थे। दक्षिणापथ पाटलिपुत्र को गोदावरी के तट पर आन्ध्र राज्य की राजधानी प्रतिष्ठान से जोड़ता था। तीसरा महामार्ग पाटलिपुत्र से भृगुकच्छ और बरकरीकुम के बन्दरगाहों तक जाता था। उज्जयिनी, साँची, भरहुत, उदयगिरि, देवगढ़ आदि नगर इसी मार्ग पर स्थित थे। व्यापारिक उन्नति के फलस्वरूप कार्ले, विदिशा, बाघ और अजन्ता में बड़े-बड़े मठों की स्थापना हुई। दक्षिण का सबसे महत्त्वपूर्ण बन्दरगाह कुदूरा (अरीकामेडू) गोदाबरी के मुहाने पर स्थित था। यह रोमनों द्वारा स्थापित एक व्यापारिक बस्ती थी। दक्षिण का प्रसिद्ध बन्दरगाह कोरकाई था।

लौह और अन्य धात्विक अयस्कों के मामले में मगध विशेष सम्पन्न था और व्यापक मात्रा में उन्हें घरेलू और विदेशी मंडी में बेचता था। ताँबा राजस्थान और दक्षिण में पाया जाता

था। चाँदी और ताँबे के सिक्के छठी-पाँचवीं शती ई.पू. से ही प्रचलन में आ गए थे। कुषाणकाल से सोने के सिक्के भी ढाले जाने लगे। विदेशी बाजारों में भारत की फौलादी तलवारों की बड़ी माँग थी। रोमन नारियाँ भारतीय मलमल के पीछे पागल थीं। इसे 'हवा द्वारा बुना हुआ' कहा जाता था। विदेशी व्यापार के विकास में उपयोगी पोतनिर्माण-उद्योग का संगठन और तकनीक काफी विकसित था। कई-कई सौ यात्रियों को ढोने की क्षमता रखनेवाली नदी और सागर-पोत बनाए जाते थे। तरह-तरह के विलक्षण मालों से लदे पोत भारतीय बन्दरगाहों से दुनिया के कोने-कोने के लिए रवाना होते थे। जातकों में 5 सौ से अधिक यात्रियों और टनों माल ढोनेवाले पोतों की चर्चा है।

प्राचीन भारत में नगर वहीं उदित हुए, जहाँ खनिजों के प्रचुर निक्षेप पाए जाते थे। कृषि उद्योग, कपड़ा उत्पादन, मृद्भांड उत्पादन आदि के लिए प्रसिद्ध प्राचीन बस्तियाँ नगर के निर्माण का आधार बनती थीं। प्रशासनिक और धार्मिक केन्द्र तथा आरक्षित स्थल (दुर्ग आदि), जिनके चारों ओर की आबादी की आवश्यकताओं की पूर्ति करनेवाले शिल्पियों और कारीगरों की बस्तियाँ होती थीं, बड़े नगरों से परिवर्तित हो जाते थे। नगर हमेशा ही अनगिनत ग्रामों से घिरा होता था। महत्त्वपूर्ण व्यापार-मार्गों पर या फिर कच्चे माल के समृद्ध स्रोतों के निकट स्थित नगरों की आयु सर्वाधिक लम्बी होती थी। अन्तर्राष्ट्रीय व्यापार-मार्गों से दूर स्थित नगरों की विकास की गति धीमी थी।

मौर्य-कुषाणकाल में हस्तिनापुर, इन्द्रप्रस्थ, कपिलवस्तु, श्रावस्ती और कुशीनगर जैसी राजधानियों का पतन हो गया। वे नगर तेजी से पनपे, जिनसे होते हुए गंगा से माल ताम्रलिप्ति पहुँचते थे और वहाँ से विदेश निर्यात किए जाते थे। इसी तरह वाराणसी का विकास हुआ, जो प्रसिद्ध व्यापारिक और धार्मिक केन्द्र बन गया।

9.9 सड़कें

चन्द्रगुप्त मौर्य ने एक विशेष संचार विभाग की स्थापना की थी। सड़कों के निर्माण के अलावा इस विभाग का काम यात्रियों तथा व्यापारियों को आवास, परिवहन के साधन आदि उपलब्ध कराना भी था। यूनानी राजदूत मेगस्थनीज दंग रह गया था कि उसे निर्धारित समय पर पाटलिपुत्र पहुँचने में मार्ग में कोई दिक्कत नहीं हुई। मुख्य मार्गों पर धर्मशालाओं, विश्रामगृहों, चिकित्सालयों आदि की व्यवस्था थी। निश्चित अन्तरालों पर मीलों के पत्थर जैसे दूरी बतानेवाले खम्भे लगे हुए थे। अशोक ने मार्गों पर छाया प्रदान करनेवाले बरगद एवं आम के पेड़ लगवाए थे। हर आधा कोस पर कुएँ और विश्रामस्थल बनवाए थे। ई.पू. छठी शताब्दी में निर्मित पाटलिपुत्र से राजगृह जानेवाला मार्ग आज भी एक सबसे सुविधाजनक पैदल मार्ग है।

तीर्थस्थलों की यात्रा भी नगरों तथा व्यापार-वाणिज्य के विकास में सहायक बनी। अयोध्या, उज्जयिनी, मथुरा, वाराणसी, द्वारिका और काँचीपुरम तीर्थस्थल के अलावा व्यापार और शिल्पों के भी महत्त्वपूर्ण केन्द्र थे। मथुरा सूतीवस्त्र उद्योग के लिए प्रसिद्ध था। वाराणसी आरम्भ में मृद्भांड-शिल्प के लिए और कालान्तर में रेशमी वस्त्रों के उत्पादन के लिए विख्यात हुआ। शैव सम्प्रदाय का एक प्रमुख गढ़ उज्जयिनी गंगा उपत्यका को सौराष्ट्र से जोड़नेवाले

मार्ग पर स्थित होने के कारण, परिवहन-व्यापार का महत्त्वपूर्ण केन्द्र बना। ये तीनों नगर छोटे-मोटे राज्यों की राजधानियाँ भी थीं। तीर्थनगरों के मार्ग पर स्थित होने के कारण कान्यकुब्ज (कन्नौज), अहिच्छत्र, अयोध्या, वैशाली, कौशाम्बी और चम्पा गंगा उपत्यका में प्रमुख नगर थे। उत्तर-पश्चिम में शाकल (आधुनिक स्यालकोट), काठियावाड़ में वल्लभी और मध्य भारत में दशपुर प्रमुख नगर थे।

मगध-राजाओं की प्रथम राजधानी गिरिव्रज का उससे संलग्न बस्तियों के सहित व्यास 50 किलोमीटर से कम न था। उसके नगर-प्राचीर में 64 उपद्वार और 32 मुख्य आरक्षित द्वार थे। पाटलिपुत्र और वैशाली जैसे बड़े नगरों की परिधि 18-19 किलोमीटर तक थी। नगर-प्राचीरों के भीतर तक्षशिला और शिशुपालगढ़ जैसे बड़े नगरों का क्षेत्रफल केवल 1 या 1.5 वर्ग किलोमीटर था।

10

ग्राम, जनपद एवं मगध साम्राज्य

10.1 ग्राम

शिकारी और पशुपालन अवस्था के दौर से काफी समय तक गुजरने के बाद समाज ने कृषि-अवस्था में प्रवेश किया। यह एक मन्द प्रक्रिया थी। कृषि-अवस्था में शिकार और पशुपालन से जीविका चलानेवाले उपस्थित रहे। एक स्थान पर स्थायी रूप से बसने के लिए स्थायी भोजन पहला सर्वाधिक आवश्यक तत्त्व होता है और स्थायी भोजन कृषि के बिना सम्भव नहीं। स्थायी रूप से बसने का परिणाम था, गाँवों का उदय एवं विकास। लोहे के बने कृषि-औजारों के प्रयोग ने गाँवों के कृषि-उत्पादन में अपार वृद्धि का अनुकूल माहौल तैयार किया। अतिरेक का माहौल बना और कई गाँवों में से कोई एक गाँव ने, जहाँ आने-जाने में जंगली जानवरों, चोर-डाकू, नदी-नाला आदि का कम-से-कम डर रहता और जल, यातायात आदि की सुविधा ज्यादा रहती, शहर का रूप ले लिया। इस तरह गाँवों द्वारा उत्पन्न किए गए अतिरेक से शहर बनने लगे।

ई.पू. छठी शताब्दी का काल मध्य बिहार के साथ-साथ सम्पूर्ण गंगाघाटी मैदान और आसपास के क्षेत्रों के लिए अति महत्त्वपूर्ण काल रहा। नगरीकरण का द्वितीय चरण, 16 नगरराज्यों में मगध का सबसे शक्तिशाली होना, कृषि लायक भूमि में विस्तार, लौह-औजारों में वृद्धि, वाणिज्य-व्यापार का विकसित अनुकूल माहौल, राजगृह में आयुर्वेद का प्रसिद्ध वैद्य जीवक, वैशाली की नगरवधू, पाटलिपुत्र के निर्माण की पृष्ठभूमि, जैन धर्म, बौद्ध धर्म आदि के कारण आधुनिक उत्तर-दक्षिण बिहार का इलाका आज से करीब तीन हजार वर्ष पहले सम्पूर्ण देश का सर्वाधिक महत्त्वपूर्ण केन्द्र था। कुषाणकाल तक यह गौरवशाली परम्परा उपस्थित रही।

इन सभी गौरवशाली गतिविधियों की बुनियाद कृषि और कृषक-समाज पर टिका था। इनकी दशा जानने और समझने के लिए पालि साहित्य भी उपयोगी हैं। बौद्ध धर्म के पतन के कई कारणों में से एक प्रमुख कारण यह था कि इस धर्म के प्रचारक प्रायः शहरों/नगरों तक ज्यादा गतिशील रहे। एक नगर से दूसरे नगर में पहुँचने के सिलसिले में गौतम बुद्ध ने कुछ गाँवों और वहाँ के खेतों में उगे फसलों को देखा था। अतः बौद्ध साहित्य मुख्य रूप से नगरीय गतिविधियों के अध्ययन के लिए ज्यादा उपयोगी हैं। उदाहरण के लिए *जातक* में करीब 547 बौद्ध कथाओं का वर्णन है, जिनमें से करीब 360 कथाएँ वाराणसी से सम्बद्ध हैं। शेष कथाओं में राजगृह, अंग, वैशाली, मिथिला, कौशाम्बी, श्रावस्ती, कुरुक्षेत्र, कलिंग, तक्षशिला, चम्पा,

कोसल, इन्द्रप्रस्थ, कपिलवस्तु, गया, पावा, गान्धार, मथुरा, ताम्रलिप्ति, भरुकच्छ आदि का वर्णन है। बौद्ध निकायों एवं अवदानों के साथ भी यही बात है।

आधुनिक पटना, गया, नालन्दा और राजगीर तथा इसके आसपास के इलाकों को बुद्धकालीन मध्यविहार-क्षेत्र मानें तो इनमें राजगृह और पाटलिपुत्र ही ज्यादा प्रसिद्ध थे। राजगृह और पाटलिपुत्र का अधिकाधिक महत्त्व प्रशासनिक केन्द्रों के रूप में था। इन दोनों राजधानी-नगरों का अगर आर्थिक महत्त्व था भी तो वह गैर कृषि-उत्पादन से ज्यादा सम्बद्ध था।

मगधराज श्रेणिक बिम्बिसार द्वारा कृषि एवं पशुपालन करनेवालों को बीज एवं अन्य सहायता प्रदान की जाती थी। गाँव के लोगों को जनपद कहने की चर्चा *दीघनिकाय* में मिलती है। राजगीर के क्षेत्र में नगर के सीमावर्ती इलाकों में गाँव स्थित होते थे। गाँव कई मोहल्लों में बँटे होते थे। मगध साम्राज्य में 80 हजार ग्राम थे। बिम्बिसार को 80 हजार ग्रामों का अधिपति या स्वामी बताया गया है। प्रत्येक गाँव का एक प्रधान होता था। सभी 80 हजार ग्राम-प्रधानों को बुद्ध ने लौकिक (व्यावहारिक) बातों का उपदेश दिया था। बुद्ध ने उन्हें 4 आर्यसत्य (दुख, दुख का कारण, दुख का नाश एवं दुख के नाश के उपाय) का उपदेश दिया, जिनका पालन करके उत्कर्ष के तरफ जाया जा सकता था। राजगृह के पास स्थित पिलिंदग्राम में बौद्ध समर्थकों की संख्या अधिक थी। गाँवों में उत्सव भी होते थे, जिसमें बालक सुन्दर-सुन्दर वस्त्रों एवं मालाओं से अलंकृत होकर इधर-उधर खेला करते थे। निर्धन बच्चों के पास अलंकृत होने को कुछ नहीं होता था। ऐसे बच्चों को बौद्ध मतावलम्बियों से मदद मिलती थी।

शासक के प्रयास से गाँव नगर का रूप धारण कर लेते थे। साढ़े 12 सौ भिक्षुओं के साथ बुद्ध राजगृह से पाटलिपुत्र पहुँचे। उनके स्वागत में पाटलिग्राम-वासियों ने एक आवसथागार (अतिथिशाला) का निर्माण किया और बुद्ध को सारे शिष्यों के साथ उसमें ठहराया। यहाँ बुद्ध ने ग्रामवासियों को दुराचार (दुःशील) के 5 दुष्परिणामों से परिचित कराया। उन्होंने शीलवान (सदाचारी) के भी 5 सुपरिणाम बताए। मगध राज्य के सुनीध एवं वस्सकार नामक 2 महामात्य (अधिकारी) वज्जियों से रक्षा हेतु पाटलिग्राम में सुरक्षित नगर बसा रहे थे। पाटलिग्राम में अजातशत्रु और लिच्छवि राजाओं के आदमी समय-समय पर आकर घर के स्वामियों को घर से निकालकर एक मास या आधा मास स्वयं रहते थे। बुद्ध ने इस ग्राम को प्रसिद्ध व्यापारिक केन्द्र की भविष्यवाणी की और इस नगर को 3 नाशकों—अग्नि, जल एवं आन्तरिक कलह से बचने की सलाह दी।

अंगुत्तराप (मुँगेर जिला में गंगानदी के उत्तरवाला भाग) के आसपास कई गाँव स्थित थे, जहाँ नमक, तेल, मधु और अनाज काफी मात्रा में उत्पन्न होते थे। गाँवों के साढ़े 12 सौ ग्वालों ने दूध देनेवाली इतनी ही गौओं के साथ बुद्ध का स्वागत किया था। बौद्ध ग्रन्थों में कई गाँवों को **आपण** कहा गया है जो अंगुत्तराप के आसपास स्थित थे। वैसा छोटा बाजार **आपण** कहलाता, जहाँ साधारण उपयोग की वस्तुएँ व्यापारियों द्वारा विक्रय हेतु रखी जाती थीं। इन गाँवों में महुआ, ईख, जामुन, चोच, केला (मोच), मधु, अंगूर, धान आदि होते थे।

राजगृह में दक्षिणगिरि की तरफ जाते समय बुद्ध ने मगध प्रदेश के देहात के खेतों को मेड़-बँधा, पंक्ति में बँधा तथा चारों तरफ से घिरा हुआ देखा। मगध के इन सुव्यवस्थित खेतों को देख बुद्ध इतने प्रभावित हुए कि इस शैली में चारों तरफ से घिरे चिवर का प्रयोग करने का आदेश आनन्द के माध्यम से अपने शिष्यों को दिया।

राजगृह के आसपास फसलों के पकने के समय मृगों से सदा खतरा बना रहता था। फसलों को मृगों का झुंड नष्ट कर दिया करता था। अतः ग्रामवासी मृगों को मारने के लिए जहाँ-तहाँ गढ़े खोदते, काँटा लगाते, पत्थर-यन्त्रों (गुलेल) को सँवारते, कुटपाश आदि बन्धन फैलाते तथा अन्य उपाय करते थे। ग्रामवासियों द्वारा किए गए इन उपायों के फलस्वरूप बहुत से मृग जंगल की ओर भाग जाते थे। कभी-कभी ग्रामद्वार के पास से अगर मृग भागते हुए दिखाई पड़ते तो ग्रामवासी उन्हें मार डालते थे। धीरे-धीरे गाँवों से भागकर मृग करीब 4 मास तक जंगल में ही रहते थे।

बीज बोने से फसल काटने तक 4 मास लगते थे। सम्पूर्ण मगध के कृषक मृगों द्वारा नष्ट किए गए फसलों के कारण परेशान रहते थे। गन्ध सूँघकर शिकारी जान जाते थे कि मृग किधर से किधर आने-जाने वाले थे। ज्योंही मौका मिलता वे मृग पर बाण से प्रहार कर मृग को गिरा देते और उसे काटकर अग्नि जलाकर बिना लाट के अंगारों पर स्वादिष्ट मांस को पकाकर खाते और शेष मांस को बहँगी पर रख परिवार के लिए ले जाते थे। सुगन्धित चावल के लिए गया-शीर्ष (गया का ब्रह्मयोनि-पहाड़) प्रसिद्ध था। 3 वर्ष पुराने सुगन्धित चावलों से बने भोजन की 5 सौ थालियाँ प्रतिदिन बौद्ध अनुयायियों को देने की चर्चा है।

ग्रामीण समाज केवल कृषकों का प्रतिनिधित्व नहीं करता था। वहाँ कई प्रकार के अन्य पेशा से जीविका चलानेवाले लोग भी रहते थे। नगदी-फसलों की खेती व्यापक रूप में होती थी। कृषकों की आय इतनी होती कि वे अपने मजदूरों को नगद मुद्रा मजदूरी के रूप में देते थे। कृषक मजदूरों की दशा दयनीय थी। फलस्वरूप उनके परिवार में कलह की सम्भावना बनी रहती थी। पाटलिग्राम की तुलना में गया और राजगृह के आसपास स्थित गाँवों में कृषि से ज्यादा फसलें होती थीं। गाँवों में गायों से थोड़ा भी कम महत्त्व बैलों का नहीं था। खेत की जोताई और यातायात के साधन में बैल काफी उपयोगी पशु था। ग्रामीण जीवन साधारण और बौद्ध धर्म से प्रभावित था। लोग प्रायः अपनी आवश्यकताओं की पूर्ति स्थानीय स्तर पर स्वयं कर लेते थे। मृगों को पकड़ने के लिए घोड़ों के बाल के जाल बनाना इसे प्रमाणित करता है कि गाँव में घोड़े भी होते थे तथा जाने-अनजाने में विज्ञान और प्रौद्योगिकी के क्षेत्र में नवीन आविष्कार की प्रक्रिया निर्धन और गँवार द्वारा जारी थी। पाटलिग्राम ज्यों-ज्यों नगर का रूप लेने लगा, त्यों-त्यों गया और राजगृह में गाँवों की संख्या में वृद्धि होती गई; क्योंकि नगरीय माहौल पहले जैसा नहीं रहा और कृषि से आय में निश्चितता की सम्भावना बढ़ती गई। ज्ञान प्राप्त करने के बाद गौतम बुद्ध की धार्मिक गतिविधियों का केन्द्र वाराणसी एवं इसके पड़ोसी क्षेत्र हो गए, फलतः बौद्ध साहित्य भी वाराणसी के आसपास के सामाजिक एवं आर्थिक दशाओं की चर्चा व्यापक रूप में करते हैं।

10.2 जनपद

ई.पू. छठी शताब्दी के दौरान देश में सार्वभौम सत्ता नहीं थी। विकेन्द्रीकरण की प्रवृत्ति का बोलबाला था और देश के विभिन्न भागों में कई छोटे-छोटे राज्य विद्यमान थे। परन्तु धीरे-धीरे साम्राज्यवादी प्रवृत्ति का विकास हो रहा था और शक्तिशाली राज्य निर्बल राज्यों के अस्तित्व को समाप्त कर अपने साम्राज्य-सम्वर्द्धन करने की चेष्टा कर रहे थे। भारत में राजतन्त्रात्मक

और गणतन्त्रात्मक दोनों प्रकार की राज-संस्थाएँ विद्यमान थीं, जिन्हें **जनपद** कहा जाता था। जनपद शब्द का सर्वप्रथम प्रयोग हमें ब्राह्मणग्रन्थों में मिलता है। गौतम बुद्ध के समय तक ये जनपद पूर्ण विकसित हो गए थे। प्रत्येक जनपद अनेक ग्रामों और नगरों से मिलकर बना था, जिसकी अपनी विशिष्ट राजनीतिक व्यवस्था होती थी और उसका अलग शासन होता था। कालान्तर में विकसित जनपद एक राजनीतिक इकाई के रूप में विकसित हो गया था। बौद्ध साहित्यों में ऐसे 16 महाजनपदों का उल्लेख मिलता है, जिनका विवरण इस प्रकार है :

1. अंग : अंग का राज्य मगध राज्य के पूर्व में स्थित था। इसकी राजधानी आधुनिक भागलपुर के समीप चम्पानगरी थी। यह नगरी कला, सभ्यता, संस्कृति तथा व्यापार की केन्द्र थी। इस राज्य ने बड़ी उन्नति की, लेकिन बाद में इसका महत्त्व घटने लगा। इस राज्य का अपने पड़ोसी राज्य मगध से बराबर संघर्ष होता रहता था। अन्त में मगध ने इस राज्य को पराजित करके अपने राज्य में मिला लिया।

2. मगध : यह राज्य वर्तमान बिहार राज्य में पटना और गया जिलों में फैला था। इसकी राजधानी राजगृह थी। यह भी चम्पानगरी की तरह महत्त्वशील थी। उस समय राजगृह अपने वैभव के लिए प्रसिद्ध था। वृहद्रथवंश का राज्य इस समय तक समाप्त हो चुका था, परन्तु इसके बाद मगध पर कई राजवंशों ने शासन किया। प्रारम्भ में मगध का उतना महत्त्व नहीं था, परन्तु बाद में मगध ने पर्याप्त उन्नति की। प्राग्बुद्धकाल में वृहद्रथ और जरासन्ध वहाँ के प्रमुख शासक थे। कहा जाता है कि अंग के शासक ब्रह्मदत्त और अन्य राजाओं ने मगध के राजाओं को परास्त किया था, परन्तु अन्त में मगध की ही जीत हुई।

3. काशी : इसकी राजधानी वाराणसी थी, जो वरुण और असी नदियों के संगम पर बसी हुई थी। जैन तीर्थंकर पार्श्वनाथ के पिता अश्वसेन काशी के राजा थे। ब्रह्मदत्त के शासनकाल में यह काफी फली-फूली। *महावग्ग* में भी काशी का उल्लेख है। वैभव, शिल्प, बुद्धि एवं ज्ञान के लिए यह नगर काफी प्रसिद्ध था। इसका कोसल राज्य से विशेष संघर्ष रहता था। काशी राज्य की शक्ति इस संघर्ष के चलते दिन-प्रतिदिन कम होती चली गई और बाद में इसका पतन हो गया।

4. वज्जि : यह गण 8 राज्यों का एक संघ था, जिसमें लिच्छवि, विदेह और ज्ञात्रिक विशेष महत्त्वपूर्ण थे। ये सभी उत्तर बिहार में थे। बुद्ध के समय तक 'वज्जिसंघ' विद्यमान था। पाणिनि और कौटिल्य ने भी वज्जियों के उल्लेख किए हैं। यहाँ गणतान्त्रिक शासन-पद्धति थी और इस संघ की राजधानी वैशाली थी। वैशाली संस्कृति और सभ्यता की प्रधान केन्द्र थी। वज्जि-शासन में प्रत्येक गाँव के सरदार को राजा कहा जाता था। राज्य के सामूहिक कार्य का विचार एक परिषद् में होता था, जिसके वे सब सदस्य होते थे।

5. कोसल : यह उत्तर प्रदेश के मध्य में उत्तर की ओर स्थित था। इस राज्य की राजधानी श्रावस्ती थी। पहले राजधानी अयोध्या या साकेत थी, लेकिन कालान्तर में जब अयोध्या का महत्त्व घट गया तो ताप्ती नदी के तट पर स्थित श्रावस्ती ही इसकी राजधानी बनी। यहाँ का प्रसिद्ध राजा प्रसेनजित था, जो बुद्ध का अनुयायी था। इस राज्य का संघर्ष काशी राज्य से होता रहता था। बाद में वह स्वयं मगध के प्रभाव-क्षेत्र में आ गया।

6. मल : मल्लों का महान राज्य वाज्जियों के संघ राज्य के उत्तर में स्थित एक पहाड़ी राज्य था। यह एक प्रजातान्त्रिक राज्य था। इसके दो भाग थे, जिनकी राजधानियाँ कुशीनगर और पावापुरी थी। कुशीनगर को गोरखपुर के निकट वर्तमान कसिया के साथ एकात्मय

समझा गया है। बौद्ध धर्म के इतिहास में इन नगरों का बहुत महत्त्व है। मल्ललोग बुद्ध के बहुत बड़े प्रशंसक थे। ये बड़े ही वीर और युद्धप्रिय लोग थे। बुद्ध की मृत्यु के कुछ समय बाद मगध ने इस राज्य को जीतकर अपने साम्राज्य में मिला लिया।

7. चेदि : चेदि जनपद की राजधानी शुक्तिमती थी, जो केन नदी के तट पर स्थित थी। यह स्थान आधुनिक बुन्देलखंड में स्थित है। शिशुनाग के शासनकाल में इस राज्य की बड़ी उन्नति हुई थी। इस वंश की एक शाखा ने कलिंग में प्रवेश किया और वहाँ अपने राज्य की स्थापना की। महाभारत-काल का शिशुपाल यहीं का राजा था।

8. वत्स : यह राज्य आधुनिक प्रयाग के आसपास के प्रदेश पर फैला हुआ था। वत्सराज्य में राजतन्त्रीय प्रणाली थी। इसकी राजधानी कौशाम्बी थी। कौशाम्बी एक समृद्ध नगर था और यहाँ कई लखपति व्यापारी रहते थे। दक्षिण और पश्चिम के प्रदेशों के व्यापार और व्यापारियों के लिए यह एक बहुत बड़ा केन्द्र था। अवन्ति राज्य से इस राज्य का सदैव संघर्ष होता रहता था। छठी शताब्दी ईसवी पूर्व में यहाँ उदयन का राज्य था। वह एक शक्तिशाली और बुद्धप्रिय शासक था। पड़ोसी राज्यों के साथ उसके सम्बन्ध अच्छे नहीं थे।

9. कुरु : कुरुराज्य वर्तमान दिल्ली और मेरठ जिले का समरूपी था। इस समय कुरुराज्य की उतनी महत्ता नहीं जितनी वैदिककाल में थी। इस काल में इसकी राजधानी इन्द्रप्रस्थ का पुराना गौरव समाप्त हो चुका था। महाभारत के भीषण युद्ध के उपरान्त पांडवों के शासनकाल में इन्द्रप्रस्थ को राज्य की राजधानी बनाया गया। महाभारत के पश्चात् ही इस राज्य की शक्ति निर्बल पड़ गई।

10. पंचाल : यह राज्य आधुनिक रुहेलखंड जिले का समरूपी था। महाभारतकालीन पांडवों की पत्नी द्रौपदी यहीं के राजा द्रुपद की पुत्री थी। गंगा नदी इस राज्य के मध्य में प्रवाहित थीं। लेकिन, इस समय कुरुराज्य की भाँति पंचालराज्य भी अपनी पुरानी महत्ता को खो चुका था। इसके मुख्य नगर कम्पिल्ल और कामनी थे। कुछ समय बाद यह राज्य दो भागों में बँट गया, जिससे इसका प्राचीन महत्त्व जाता रहा।

11. मत्स्य : यह यमुना के पश्चिम तथा कुरुराज्य के दक्षिण में स्थित था। इसकी राजधानी विराटनगरी थी। महाभारत काल में इस राज्य में राजतन्त्र था। पांडवों ने अपने वनवास काल का 1 वर्ष अज्ञात रूप में इसी राज्य में बिताया था।

12. शूरसेन : यह राज्य मत्स्य के दक्षिण में था और इसकी राजधानी मथुरा नगरी थी। अपने ज्ञान, बुद्धि और वैभव के कारण यह नगर अत्यन्त प्रसिद्ध था। यहाँ पहले गणतन्त्र था, पर बाद में राजतन्त्र कायम हुआ। *महाभारत* में इस राज्य का उल्लेख आता है।

13. अस्सक : अस्सक का राज्य गोदावरी के तट पर स्थित था और इसकी राजधानी पाटन में थी। इस राज्य के राजा इक्ष्वाकु वंश के थे। इसका अवन्ति के साथ निरन्तर संघर्ष चलता रहता था। धीरे-धीरे यह राज्य अवन्ति के अधीन हो गया।

14. कम्बोज : कम्बोज जनपद में कश्मीर का उत्तरी भाग, गान्धार के उत्तर का प्रदेश, पामीर और बदख्शाँ सम्मिलित थे। इसकी राजधानी राजपुर में थी। इसकी स्थिति के सम्बन्ध में अभी तक इतिहासकारों में मतभेद है।

15. अवन्ति : अवन्ति का राज्य मालवा प्रदेश में स्थित था। इसकी राजधानी उज्जयिनी थी। युद्ध के समय यहाँ प्रद्योत का राज्य था, जो कौशाम्बी के राजा उदयन का समकालीन

था। उसने उदयन पर आक्रमण किया, पर परास्त हो गया और तब अपनी बेटी से उदयन की शादी कर दी। प्रद्योत का मथुरा के राजा शूरसेन से भी वैवाहिक सम्बन्ध था। वह बौद्ध धर्म का अनुयायी था और इसलिए अवन्ति **बौद्ध धर्म** का एक प्रमुख केन्द्र बन गई थी।

16. गान्धार : गान्धार राज्य आधुनिक कश्मीर और तक्षशिला-प्रदेश में स्थित था। इसकी राजधानी तक्षशिला थी। ज्ञान के केन्द्र के रूप में तक्षशिला की उस समय बड़ी प्रसिद्धि थी और दूर-दूर के विद्यार्थी शिक्षा प्राप्त करने के लिए यहाँ पर आते थे। कुरुवंशीय महाराज धृतराष्ट्र की पत्नी तथा दुर्योधन आदि कौरवों की माता गान्धारी यहीं की राजकुमारी थीं।

इस काल में भारत के अन्तर्गत विकेन्द्रीकरण की भावना विशेष रूप से विद्यमान थी। भारत छोटी-छोटी इकाइयों में विभक्त था और वे सभी छोटे-छोटे राज्य आपस में लड़ते-झगड़ते रहते थे और एक-दूसरे को हड़पकर अपना विस्तार करना चाहते थे। लेकिन उनमें से कोई भी इतना शक्तिशाली नहीं था जो समस्त भारत को जीतकर उसको एक राजनीतिक सूत्र में बाँध सके।

ईस्वी पूर्व छठी शताब्दी में इन राज्यों की महत्ता जाती रही और कोसल, मगध, अवन्ति तथा वत्स नामक महाजनपद ही प्रमुख राज्य रह गए थे। इन चारों में भी प्रधानता के लिए परस्पर संघर्षों तथा युद्ध का क्रम ई.पू. चौथी शताब्दी तक चलता रहा और अन्त में मगध का राज्य ही उत्थानपथ का पथिक बनकर एक विशाल साम्राज्य की स्थापना में सफल हुआ।

10.3 गणतन्त्रात्मक राज्य

वैदिककाल में गण कबीले का समानार्थक था। ई.पू. पाँचवीं-चौथी शताब्दी में शस्त्रबल पर जीवित रहनेवाले सैन्यसंघ की चर्चा है। बौद्ध ग्रन्थों के अनुसार, गणतान्त्रिक राज्यों के गणों में 10 लोगों द्वारा लिए गए निर्णय का 20 लोगों द्वारा पुनरीक्षण किया जा सकता था। मेगस्थनीज ने गणों एवं संघों के समूह को स्वतन्त्र अथवा स्वायत्त कहा है। मौर्यकाल में गणराज्यों का सामान्य लक्षण था अविभक्त सत्ता रखनेवाले वंशगत राजा का न होना। राज्य का प्रमुख गण द्वारा निर्वाचित होता था और आवश्यक होने पर उसे हटाया भी जा सकता था।

लिच्छवी गणराज्य में गण के नेता की मृत्यु होने पर नए नेता के निर्वाचन में उम्मीदवार की योग्यता को ध्यान में रखा जाता था। उम्मीदवार अगर विजयी होता तो उसकी नियुक्ति इस आधार पर की जाती थी कि अपने कार्यों का अनुमोदन गण द्वारा नहीं कराने पर गण उसे हटा सकता है। गण के नेता को मुख्यतः कार्यकारी अधिकार प्राप्त होते थे, विधायिका शक्ति सर्वोच्च निकाय-गण अधिकार क्षेत्र में थी। प्रस्तावों के रूप में गण जो भी निर्णय लेता, वह नागरिकों के साथ राजा के लिए भी अनिवार्य था। उल्लंघन करनेवाले को मृत्युदंड तक का प्रावधान था। गण द्वारा नियुक्त अधिकारी उनका प्रतिनिधि होता था।

कुछ गणराज्यों में गण एक प्रकार की जनसभा होती थी, जिसमें पूर्ण अधिकारों का उपयोग करनेवाले सभी अधिकारी भाग ले सकते थे। निर्णय बहुमत से पास करवाया जाता था। ऐसे गणराज्य को **लोकतान्त्रिक** कहते थे। कुछ अन्य गणराज्यों में ग्रामसभा अपना प्रभावी महत्त्व गँवा चुकी थी, फलतः सत्ता क्षत्रियों की अभिजात परिषद् में केन्द्रित हो चुकी थी। ये अभिजात **गणराज्य** कहलाते थे।

गणों तथा संघों में क्षत्रियों द्वारा शेष आबादी से बिलकुल अलग एक प्रभावी ढाँचा का निर्माण किया जाता था। ऐसे अराजतन्त्रीय संघ **क्षत्रियम्** के नाम से जाने जाते थे। अभिजात गणराज्यों में धनाढ्य एवं प्रभावशाली क्षत्रियों को विशेष मजबूत स्थान प्राप्त था और वे **राजा** कहलाते थे। राजा की उपाधि धारण करनेवाले क्षत्रियों की बैठकें संस्थागार नामक विशेष कक्ष में होती थी। अति महत्त्वपूर्ण प्रशासनिक मुद्दों पर इन बैठकों में विचार किए जाते थे। ऐसी बैठकों में ब्राह्मण तक का प्रवेश वर्जित था। क्षत्रियों की सभा और गणसभा के बीच अच्छे-बुरे सम्बन्ध राज्य में सत्ता के स्वरूप पर निर्भर करता था। सेनानायक, न्यायाधीश आदि क्षत्रियों द्वारा ही नियुक्त किए जाते थे।

गणों एवं संघों में क्षत्रियों की स्थिति ब्राह्मणों से भी अधिक श्रेष्ठ थी। राजतन्त्रों में अधिकांश भूसम्पत्तियों पर ब्राह्मणों का स्वामित्व था, किन्तु गणों एवं संघों में क्षत्रिय सबसे प्रभावशाली भूस्वामी थे; अधिकांश राजनीतिक शक्ति उन्हीं के हाथों में थी। गणों एवं संघों में ब्राह्मण अपनी श्रेष्ठता का दावा नहीं कर सकते थे। फलतः वे वैश्यों के विशेषाधिकार-भोगी समूह के निकट पहुँच जाते थे। राजतन्त्रों के समान गणों एवं संघों में भी शूद्र सर्वाधिक उत्पीड़ित वर्ग था।

राजतन्त्र के विपरीत गणों तथा संघों में राजनीतिक मामलों में सभी वर्णों की अधिकांश आबादी की सहभागिता थी और स्थायित्व प्रदान करने की दृष्टि से इस व्यवस्था का यह बड़ा भारी पक्ष था। *अर्थशास्त्र* के अनुसार, इसी व्यवस्था के कारण संघ अपराजेय थे। इन सबके बावजूद गण तथा संघ अन्तर्विरोधों से ग्रस्त थे। क्षत्रियों और सामान्य सदस्यों में टकरावों के उल्लेख *महाभारत* एवं बौद्ध ग्रन्थों में मिलते हैं। गणराज्यों का अस्तित्व गुप्तकाल के बाद शनैः-शनैः समाप्त होने लगा।

छठी शताब्दी ईस्वी पूर्व में कुछ गणतान्त्रिक राज्यों का उल्लेख बौद्ध और जैन-साहित्यों में मिलता है, जो गंगाघाटी में स्थित है। राइस डेविड्स ने अपनी प्रसिद्ध पुस्तक *बुद्धिस्ट इंडिया (Buddhist India)* में निम्नलिखित ग्यारह राज्यों का उल्लेख किया है, जो इस प्रकार है :

1. कपिलवस्तु के शाक्य : गौतम बुद्ध का जन्म इसी कुल में हुआ था। इस कारण बौद्ध ग्रन्थ में इसका विस्तृत वर्णन मिलता है। शाक्य अपने को इक्ष्वाकु वंश का मानते थे और कोसल के लोगों से उसका सम्बन्ध था। उनके राज्य के उत्तर में हिमालय स्थित था। पूर्व में रोहिणी और दक्षिण-पश्चिम में ताप्ती नदी बहती थी। उसकी राजधानी कपिलवस्तु थी। इसके खंडहर नेपाल की तराई में तिलोराकोअ नामक स्थान पर पड़े हुए हैं। शाक्यों का महत्त्व केवल इसलिए अधिक था कि उनके बीच गौतम बुद्ध उत्पन्न हुए थे। राजनीतिक दृष्टि से उनका अधिक प्रभाव नहीं था। छठी शताब्दी ई.पू. के उत्तरार्द्ध में वे कोसल का प्रभुत्व स्वीकार करते थे। आगे चलकर विदर्भ ने उनका नाश कर दिया।

शाक्यों का शासन-प्रबन्ध अत्यन्त सुन्दर था। इनकी मन्त्रणा-सभा काफी विशद् थी। इस सभा द्वारा ही न्याय तथा शान्ति की व्यवस्था की जाती थी। इसका प्रधान राजा कहलाता था। महात्मा बुद्ध के पिता शुद्धोदन भी इसके राजा रह चुके थे। संथागार में 5 सौ सदस्यों की सभा होती थी। किसी विषय पर मतैक्य न होने पर शलाकाओं द्वारा बहुमत लिया जाता था, जो सर्वमान्य था।

शाक्यों में विद्या एवं कला के प्रति विशेष अनुराग था। कपिलवस्तु उस समय शिक्षा एवं संस्कृति का केन्द्र माना जाता था। महात्मा बुद्ध ने यहीं विभिन्न प्रकार की कलाओं का अध्ययन सफलतापूर्वक किया था। शाक्यों को अपनी कला एवं संस्कृति पर गर्व था कि उसे स्थायित्व देने तथा उसमें किसी प्रकार का सम्मिलित न होने देने के अभिप्राय से ही अपने इतर वर्गवाले क्षत्रियों से वैवाहिक सम्बन्ध नहीं करना चाहते थे।

2. अल्लकप के बुली : उनकी भूमि आधुनिक शाहाबाद तथा मुजफ्फरपुर के बीच ही कहीं थी।

3. केसपुत्त के कालाम : गौतम बुद्ध के गुरु आलार कालाम इसी कुल के थे। इनका सम्बन्ध सम्भवतः *शतपथ ब्राह्मण* में वर्णित पंचालकेशियों से हैं।

4. सुसुमारगिरि के भाग : ये *ऐतरेय ब्राह्मण* में प्राचीन वर्ग थे। डॉ. के.पी. जायसवाल के अनुसार, इनकी भूमि में मिर्जापुर तथा उसका समीपवर्ती भू-भाग सम्मिलित था। वत्सों से इनका निकट का सम्बन्ध था।

5. रामग्राम के कोलीय : इनका निवास-स्थान प्रसिद्ध शाक्यों के पूर्व में था। इनका राज्य रोहिणी नदी की दूसरे पार पर स्थित था। नदी के पानी के लिए इनके तथा शाक्यों के बीच झगड़े चला करते थे। वैसे कोलियों का शाक्यों से रक्त सम्बन्ध भी था।

6. मिथिला के विदेह : मिथिला इसकी राजधानी थी। जातक से ज्ञात होता है कि यह बहुत ही प्रसिद्ध व्यापारिक नगर था और दूर-दूर से व्यापारी यहाँ व्यापार करने आते थे।

7. पिप्पलिवन के मोरिय : छठी शताब्दी ईस्वी पूर्व में मोरिय जन का विशेष महत्त्व नहीं था। आगे चलकर इन्होंने भारत की राजनीति में महत्त्वपूर्ण भूमिका का निर्वाह किया। मौर्य साम्राज्य का संस्थापक चन्द्रगुप्त इसी जन का था। मौर्यों की राजधानी पिप्पलिवन थी, जो सम्भवतः कुशीनारा से 50 मील पश्चिम में स्थित थी।

8. पावा के मल्ल : ये वशिष्ठ गोत्र के क्षत्रिय थे। इनकी दो शाखाएँ थीं—पावा के मल्ल तथा कुशीनारा के मल्ल। पावा के मल्ल सम्भवतः आधुनिक पडरौना में बसे थे।

9. कुशीनारा के मल्ल : यह मल्लों की दूसरी शाखा थी। आधुनिक कसिया ही कुशीनारा के नाम से उस समय विख्यात था। बुद्ध का परिनिर्वाण यहीं हुआ था। मल्लों को भी शाक्यों की भाँति शिक्षा एवं कला में विशेष रुचि थी। दर्शन के क्षेत्र में काफी आगे बढ़े हुए थे। इनका एक नगर उरवेलकप्प उस समय दार्शनिक वाद-विवाद के लिए काफी प्रसिद्ध था। बौद्ध धर्म के उत्थान में इनकी प्रमुख भूमिका रही थी।

10. वैशाली के लिच्छवि : लिच्छवि-गणराज्य की राजधानी वैशाली थी। जातक ग्रन्थों और तिब्बती साधनों के अनुसार, यह नगर 3 भागों में विभक्त था। पहला, जिसमें सोने के बुर्जवाले प्रासादों की प्रधानता थी; दूसरा, जिसमें चाँदी के बुर्ज थे और तीसरा, जिसमें ताँबे तथा पीतल के बुर्ज थे। ये विभाग क्रमशः उच्च, मध्य और निम्न श्रेणी के लोगों के थे। *ललितविस्तर* में इसका वर्णन समृद्ध एवं वैभवशाली नगरी के रूप में किया गया है। लिच्छवियों की राजधानी के अतिरिक्त यहाँ वज्जिसंघ की भी राजधानी थीं। कौटिल्य ने लिच्छवि राज्य को **राजशब्दोपयोगी** संघ के नाम से सम्बोधित किया है।

लिच्छवियों का शासन अत्यन्त सुव्यवस्थित था। गणराज्य में 7,707 राजा, अनेक उपराजा, सेनापति तथा भांडागारिक थे। लिच्छवियों में राजा या उपराजा का भेद नहीं था।

प्रत्येक व्यक्ति अपने को राजा मानता था। सभी राजा अपने-अपने क्षेत्र के अधिकारी थे और उनका संगठन लिच्छवि गणराज्य था। **विनिस्वय महामात्र, व्यावहारिक** और **सूत्रधार** (अट्ठकुल के अधिकारी) अपराधियों का निर्णय करते थे और तत्पश्चात् सेनापति के पास अपराधी को दंडार्थ भेज दिया जाता था। वहाँ से अपराधी उपराजा तथा राजा के पास भेजा जाता था। गौतम बुद्ध ने लिच्छवियों की सुन्दर शासन-व्यवस्था की प्रशंसा मुक्तकंठ से की है। लिच्छवियों पर बुद्ध तथा जैन के उपदेशों का भी पर्याप्त प्रभाव पड़ा और अनेक राजकुमारों ने धार्मिक क्षेत्र में प्रशंसनीय कार्य किया।

11. वैशाली के गण : अष्टकुल के अन्तर्गत 8 गण थे, जिनमें विदेह, ज्ञात्रिक, लिच्छवि तथा वज्जि सम्मिलित थे। उग्र, भोग, इक्ष्वाकु तथा मल्ल अन्य 4 गण थे। ज्ञात्रिक काश्यप गोत्र के क्षत्रिय थे। महावीर का जन्म इसी कुल में हुआ था।

10.4 गणराज्यों की शासन-व्यवस्था

गणराज्यों की शासन-व्यवस्था की जानकारी बौद्ध साहित्यों से मिलती है। यद्यपि बौद्ध साहित्य में केवल कपिलवस्तु के शाक्यों और वज्जिसंघ के संविधानों के विषय में ही जानकारी मिलती है, लेकिन इसके आधार पर यह अनुमान लगाया जा सकता है कि अन्य गणराज्यों की शासन-प्रणाली भी लगभग यही रही होगी।

गणराज्यों में एक प्रधान होता था, जो **गणमुख्य** कहलाता था। समसामयिक राजतान्त्रिक राज्यों में सारी शक्ति एक राजा के हाथ में केन्द्रित रहती। गणराज्यों में यह गण लोक या समूह में होता था। गण जनतान्त्रिक राज्य थे। इनमें जनता द्वारा चुने गए प्रतिनिधि शासन करते थे। इन सदस्यों को **राजा** कहा जाता था। वह राजा राज्य का स्वामी नहीं, वरन् सेवक होता था। वह जन के ऊपर स्वेच्छाचारी या निरंकुश होकर शासन नहीं कर सकता था। जन के सभी व्यक्तियों द्वारा सम्मत होकर अपने पद पर अधिष्ठित होने के कारण राजा को **महासम्मत** भी कहा जाता था। वह 'क्षत्रिय' कहलाता था। वह प्रजा का रक्षक था। सदस्यों से बनी हुई संस्था **परिषद्** कहलाती थी। इसके सभा-भवन को **संथागार** कहते थे, जहाँ बैठकर राज्य-सभापति राज्य के राजनीतिक और सामाजिक प्रश्नों पर विचार करते थे। परिषद् के सभापति को राजा कहा जाता था। उसका चुनाव एक निश्चित समय के लिए होता था। गण के दूसरे मुख्य अधिकारी उपराजा, सेनापति और भांडागारिक होते थे। इनके अतिरिक्त शासन-कार्य में परामर्श देने के लिए अष्टकुलक नामक एक अन्य संस्था होती थी। इनके सदस्य गण के प्रमुख 8 कुलों के प्रतिनिधि होते थे। कई गणों को मिलाकर संघ का निर्माण किया जाता था। मल्लों और वज्जियों का एक सामरिक संघ बना था। संघ के सभी घटकों के अधिकार बराबर होते थे।

गणराज्यों का शासन परिषद् के अनुसार गणमुख्य अपने अधीनस्थ अधिकारियों की सहायता से करता था। गणों की सैनिक शक्ति प्रबल होती थी और प्रायः प्रत्येक युवक सैनिक कार्य करना अपना कर्तव्य समझता था। सेना विभाग का सर्वोच्च अधिकारी सेनापति कहलाता था। सेना का अधिकारी अपनी योग्यता एवं विशेष उत्तरदायित्व के कारण शासन पर बहुत प्रभाव रखता था। सैन्य-संचालन के साथ-साथ वह एक मन्त्री का काम भी करता था। ऐसे भी प्रमाण मिले हैं कि सेनापति अभियोगों का निर्णय देता था।

अर्थविभाग का मुख्य अधिकारी **भांडागारिक** होता था। भांडागारिक के पद पर किसी अत्यन्त सम्पन्न व्यक्ति को आसीन किया जाता था। न्यायमन्त्री को **विनिश्चयामात्य** कहा जाता था। अभियोगों का निर्णय करने के साथ-साथ विनिश्चयामात्य राजा को धर्म तथा कानून से सम्बद्ध मामलों पर परामर्श भी दिया करता था। इन पदाधिकारियों के अतिरिक्त हिरण्यक, सारथी और अनेक पदाधिकारियों का उल्लेख तत्कालीन साहित्यों में मिलता है।

गणराज्यों में नगर और ग्रामों के शासन के लिए अलग-अलग प्रबन्ध किए गए थे। नगर-प्रशासन का उत्तरदायित्व नगरपुत्रिक नामक पदाधिकारी के ऊपर था। नगरों की रक्षा का प्रबन्ध करना उसका मुख्य काम होता था।

ग्रामों की शासन-व्यवस्था सुगठित थी। सम्पूर्ण जनपद के शासन की इकाई ग्राम होता था। ग्राम के शासक को **ग्रामभोजक** कहते थे। ग्राम-सम्बन्धी सभी मामलों को सुलझाने का कार्य ग्रामभोजक के ऊपर था। वह ग्राम के अभियोगों का फैसला भी करता था। मद्यपान, जुआ, पशु हिंसा जैसी दूषित प्रवृत्तियों को निषिद्ध करने का अधिकार उसे प्राप्त था। मादक वस्तुओं का क्रय-विक्रय उसकी आज्ञा या अनुमति पर ही सम्भव था, किन्तु इसका अर्थ यह नहीं कि ग्रामभोजक अपने क्षेत्र में स्वेच्छाचारी शासक बन बैठता था। उसके कार्यों के विरुद्ध राजा के पास अपील की जा सकती थी।

गणराज्यों में न्याय-शासन का उत्तम प्रबन्ध किया गया था। यह व्यवस्था समता और स्वतन्त्रता के सिद्धान्त पर अवलम्बित थी। व्यक्तिगत स्वतन्त्रता की रक्षा करना राज्य का कर्तव्य समझा जाता था। कोई एक अधिकारी किसी को दोषी ठहराकर दंड नहीं दे सकता था; जब तक कि सेनापति, उपराजा और राजा सभी एकमत न हों। किसी अधिकारी के द्वारा अभियुक्त छोड़ा जा सकता था। न्याय करने के लिए कई प्रकार के न्यायालय स्थापित थे। एक न्यायालय महामात्यों का था, जिसमें फौजदारी और कभी-कभी दीवानी के अभियोगों का निर्णय होता था। दूसरा न्यायालय व्यावहारिकों का था, जिसमें रुपयों के लेन-देन और दूसरे दीवानी के अभियोगों का निर्णय होता था। तीसरा मुख्य न्यायालय अष्टकुलों का था। क्रमशः नीचे के न्यायालयों के निर्णय के विरोध में ऊपर के न्यायालय में अपील हो सकती थी। न्यायालयों का अपना नियमित कार्यकाल होता था। लिपिक प्रत्येक अभियोग का ब्यौरा और न्यायालय के निर्णय की प्रति सुरक्षित रखते थे।

परिषद् की कार्य-विधि : जिस सदन में परिषद् की बैठकें होती थीं, उसे **संथागार** कहा जाता था। इसकी बैठक निश्चित समय पर होती थी। संथागार का अधिवेशन तभी वैध हो सकता था जब सदस्यों की एक निश्चित संख्या (कोरम) उपस्थित हो। सभा-भवन में सदस्यों को बैठने के लिए आसनी का प्रबन्ध **आसन्न-पन्नापक** नामक एक पदाधिकारी करता था। विचारणीय विषय पर प्रत्येक सदस्यों को बोलने का अधिकार था। कभी-कभी प्रस्ताव-पाठ कई बार होता था। जो सदस्य प्रस्ताव के पक्ष में होते, वे मौन रहते थे और जो विपक्ष में होते, वे बोलते थे। विवादग्रस्त प्रश्नों पर मत-विभाजन होता था। मत-विभाजन भिन्न-भिन्न रंगों की शलाकाओं के द्वारा होता था। एक रंग की शलाका एक प्रकार के मत को सूचित करती थी। शलाका को एकत्र करनेवाला शलाकाग्राहपक कहलाता था। बैठक की पूर्ण कार्यवाही रखी जाती थी और यह कार्य लिपिकों द्वारा होता था। संथागार ही राज्य की सबसे बड़ी संस्था थी। इसी के द्वारा राजा, उपराजा, सेनापति एवं अन्य पदाधिकारियों की नियुक्ति होती थी।

राजनीति का निर्णय यहीं होता था। परिषद् में जो प्रस्ताव उपस्थित किए जाते, वे **प्रतिज्ञा** कहलाते थे। प्रतिज्ञा को नियमानुसार रखने को **स्थापना** और उसमें वाचन को **ज्ञाप्ति** कहा जाता था। प्रतिज्ञा की उच्च स्वर में घोषणा को **अनुश्रावण** कहा जाता था। प्रतिज्ञा का निर्वाचन होता था, जिसे ज्ञाप्ति प्रथम, ज्ञाप्ति द्वितीय, ज्ञाप्ति तृतीय आदि कहते थे। प्रत्येक प्रतिज्ञा पर वाद-विवाद होता था। परिषद् की कार्यवाही के इस अध्ययन से यह स्पष्ट हो जाता है कि यह एक लोकतान्त्रिक व्यवस्था थी। मोरिय, कोलिय आदि छोटे गणतन्त्रों में सम्पूर्ण प्रबन्ध एक केन्द्रीय संथागार के द्वारा ही होता था।

10.5 राजतन्त्रीय राज्य

16 महाजनपदों में वत्स, अवन्ति, मगध और कोसल 4 विशाल राज्यतन्त्रीय राज्य थे। इनकी जानकारी अनेक बौद्ध ग्रन्थों से होती है। इन चारों की शक्ति अपरिमित थी और ये साम्राज्यवाद की बलवती भावना से ओत-प्रोत थे।

वत्स : वत्स राज्य की राजधानी कौशाम्बी थी। इलाहाबाद से करीब 30 मील दक्षिण-पश्चिम यमुना नदी के तट पर कोसम गाँव के पास सम्भवतः कौशाम्बी स्थित था। गौतम बुद्ध के काल में व्यापार में इसने काफी उन्नति कर ली थी। इस देश का राजा उदयन बुद्ध का समकालीन था। उदयन भरतवंश के शतानीक परम्परा का पुत्र था। वह प्रेम का अवतार था। संस्कृत साहित्य और भारतीय अनुश्रुति में इन नृपति की अनेक प्रेम-कथाओं का वर्णन मिलता है। प्रारम्भ में अवन्तिराज प्रद्योत और वत्सराज उदयन में वैमनस्य था। परन्तु प्रद्योत की पुत्री वासवदत्ता का विवाह उदयन से सम्पन्न हो जाने के पश्चात् दोनों के सम्बन्ध मैत्रीपूर्ण हो गए। उदयन के कुशल मन्त्री यौगन्धरावण ने मगध से भी मैत्रीपूर्ण सम्बन्ध बनाने के लिए अपने स्वामी का विवाह मगधराज दर्शक की पुत्री पद्मावती से करा दिया।

अवन्ति और मगध से मैत्रीपूर्ण सम्बन्ध स्थापित करने के पश्चात् उदयन ने काशी के ऊपर आक्रमण करने का निश्चय किया, परन्तु काशी-नरेश ब्रह्मदत्त ने भयभीत होकर उसकी अधीनता स्वीकार कर ली। *प्रियदर्शिका* और *कथासरित्सागर* में उदयन की दिग्विजय का वर्णन है। कहा जाता है कि पूर्व में उसने वंग और कलिंग को और दक्षिण में चोल-राज्य तक के प्रदेश को जीता था। पश्चिम भारत में उसने म्लेच्छों, पुरूष्कों, पारसीकों और हूणों को पराजित किया। उदयन बहुपत्नीक था। वासवदत्ता और पद्मावती के अतिरिक्त उसने अंगनरेश दृढ़वर्मा की पुत्री से भी विवाह किया था। कदाचित् उसकी चौथी पत्नी मागन्दीया थी। इन सभी विवाहों का राजनीतिक महत्त्व था।

उदयन के पश्चात् वत्स का राजा कौन हुआ, इस विषय में निश्चित रूप से कुछ नहीं कहा जा सकता। पुराणों में 'वहीनर' का नाम मिलता है। बौद्ध ग्रन्थों से पता चलता है कि उसके पुत्र का नाम बोधि था। *कथासरित्सागर* और *बृहत्कथामंजरी* के अनुसार, उसका नाम नरवाहनदत्त था। सत्य चाहे जो कुछ भी हो, परन्तु इसमें किंचितमात्र भी सन्देह नहीं कि उदयन के पश्चात् वत्सराज्य की शक्ति बहुत कम हो गई और कालान्तर में वह मगध राज्य का एक अंग बन गया।

अवन्ति : उदयन और बुद्ध के समय अवन्ति का राजा चंडप्रद्योत था, जिसने उदयन को बन्दी बना लिया था। क्रूरकर्मा होने के कारण वह 'चंड' कहलाता था। उसकी सेना बहुत बड़ी

थी, इससे वह 'महासेन' भी कहलाता था। इस प्रकार प्रद्योत का पुरा नाम चंडप्रद्योत महासेन था। उसकी राजधानी उज्जैनी थी। उसकी पुत्री वासवदत्ता वत्स के उदयन से ब्याही गई थी। सम्भवतः उसका किसी प्रकार का वैवाहिक सम्बन्ध मथुरा के शौरसेन राजा 'अवनिपुतो' से भी था। पज्जोत अथवा प्रद्योत अत्यन्त प्रचंड स्वभाव का था। उसकी महत्त्वाकांक्षा प्रबल थी। पुराणों के अनुसार, पड़ोस के सारे राजा उसके करदायी थे। उदयन को बन्दी बनाकर एक बार उसने वत्स पर अधिकार तो कर ही लिया था। उसकी शक्ति इतनी बढ़ी कि उसके आक्रमण के डर से दूरस्थ अज्ञातशत्रु को अपनी राजगृह की प्राचीरें दृढ़ करनी पड़ी थी। फिर भी इस प्रचंड नरेश के उत्तराधिकारी दुर्बल हुए क्योंकि उनके सम्बन्ध में पुराणों में या अन्यत्र कहीं कोई विशिष्ट उल्लेख नहीं मिलता। उसका पुत्र पालक अवश्य अपवाद-सा प्रतीत होता है। उसके द्वारा कौशाम्बी को जीतकर अवन्ति में मिला लेने की घटना *कथासरित्सागर* में वर्णित है। इस पालक को अज्जक अथवा आर्थक नामक गोपाल के पुत्र ने गद्दी से उतार दिया। परन्तु शायद वह स्वयं भी गद्दी पर न बैठ सका। पुराणों में इन दोनों के बीच एक तीसरे राजा विशाखयूप का नाम लिखा मिलता है, जो सम्भवतः गलत है। उसके बाद अवन्ति का उल्लेख है। अवन्तिवर्धन के बाद अवन्ति मगध राज्य का अंग बन गया।

10.6 मगध साम्राज्य

बार्हद्रथवंश : 4 राजतन्त्रों (वत्स, अवन्ति, मगध तथा कोसल) में मगध ही अत्यधिक शक्तिशाली प्रतीत होता है। वैदिककाल में मगध ब्राह्मण-प्रधान आर्यावर्त के एक छोर पर था। इस सीमान्त देश के लड़ाकू और मिले-जुले अनार्य कीकट का उल्लेख वेदों में भी हुआ है। उत्तर भारत के ब्राह्मण इन लोगों पर अपना प्रभुत्व पूरी तरह कभी स्थापित नहीं कर सके। मगध के राजा और प्रजा उत्तर भारत के ब्राह्मणों के सदा विरोधी बने रहे। मगध में महावीर और बुद्ध के आगमन और वहाँ से अपने-अपने धर्म के प्रचार के प्रयास को केवल संयोगवश नहीं कहा जा सकता। पुराण हमें मगध में बहुत-से राज्यों के उत्थान तथा पतन के बारे में बताते हैं। मगध की राजनीतिक सत्ता बार्हद्रथों ने स्थापित की। बार्हद्रथ वंश का संस्थापक वृहद्रथ माना जाता है। वह बड़ा प्रतापी राजा था। वह महाभारतकालीन कृष्ण का घोर शत्रु तथा जरासन्ध का पिता था। जरासन्ध अनेक पौराणिक कथाओं का नायक है। वह भी बड़ा प्रतापी राजा था। उसकी राजधानी गिरिव्रज में थी। महाभारत के अनुसार, जरासन्ध ने भारत के अनेक छोटे-बड़े राजाओं को हराकर एक विशाल साम्राज्य की स्थापना की थी। वह अपने विशाल साम्राज्य को सम्पूर्ण उत्तरी भारत में फैलाना चाहता था। लेकिन श्रीकृष्ण और पांडवों के विरोध के कारण वह इस कार्य में सफल नहीं हो सका और मल्लयुद्ध में भीम द्वारा मारा गया। उसकी मृत्यु के उपरान्त उसका पुत्र मगध की गद्दी पर बैठा। इस वंश का अन्तिम राजा निपुंजय था। उसके मरणोपरान्त उसके वंश का अन्त हो गया। उसके मन्त्री पुलिक ने उसकी हत्या करवाकर अपने पुत्र को मगध के सिंहासन पर बैठा दिया।

हर्यकवंश : पुलिक द्वारा स्थापित किया गया राजवंश मगध में स्थायित्व नहीं प्राप्त कर सका। भट्टीय नामक एक वीर महत्त्वाकांक्षी सामन्त ने पुलिक के पुत्र का वध कराकर अपने पुत्र बिम्बिसार को मगध के सिंहासन पर बैठा दिया। इस समय बिम्बिसार की आयु केवल 15

वर्ष की थी। बिम्बिसार ईसा से लगभग 543 वर्ष पूर्व मगध के सिंहासन पर बैठा था। जिस राजवंश की स्थापना बिम्बिसार ने की उसे हर्यक राजवंश कहते हैं।

बिम्बिसार : वह एक कुशल राजनीतिज्ञ और कूटनीतिज्ञ शासक था। साम्राज्य-विस्तार के युग में अपनी शक्ति को संगठित करना मगध के लिए जरूरी था। यदि मगध निर्बल रहता तो कभी भी अवन्ति और वत्स का शिकार हो जाता। इसीलिए बिम्बिसार ने अपनी शक्ति को सुदृढ़ करने के लिए वैवाहिक सम्बन्धों की नीति अपनाई। **महावग्ग** के अनुसार, बिम्बिसार की 5 सौ पटरानियाँ थीं।

उसने कोसल के राजा महाकोशल की पुत्री कोशलदेवी से विवाह कर लिया। कोशलदेवी प्रसेनजित की बहन थी। इस विवाह में न केवल कोसलराज्य की मित्रता की प्राप्ति हुई, बल्कि मगध को एक लाख की वार्षिक आय का काशी ग्राम भी प्राप्त हुआ। कोसलनरेश ने पुत्री को दहेज में काशी दिया था। उसने वैशाली के लिच्छवी राजा चेटक की पुत्री छलना से विवाह किया और इस प्रकार मशहूर लिच्छवियों की मित्रता प्राप्त की। उसका तीसरा विवाह मद्रदे (मध्य पंजाब) की राजकुमारी खेमा के साथ हुआ। उसकी चौथी पत्नी का नाम वासवी था। उसने अपने पति की जान बचाई थी, जबकि अजातशत्रु ने उसे बन्दीगृह में डाल दिया था। वह अपने पति के लिए प्रतिदिन भोजन लेकर जाती थी। जैन साहित्य से ज्ञात होता है कि बिम्बिसार के कई पुत्र थे; जैसे—कुनीक, अजातशत्रु, हाल, बेहाल, अभ्य तथा मेघकुमार। उसके ये लड़के अपनी राज्य-इच्छा के कारण उसको कष्ट देते रहे।

बिम्बिसार ने अंगराज्य पर आक्रमण किया। उसने राजा ब्रह्मदत्त को मारकर अंग को मगध से मिला लिया। इसके अतिरिक्त, काशी वैवाहिक सम्बन्ध द्वारा प्राप्त हुई। इन दोनों प्रदेशों को प्राप्त करने से मगध की शक्ति-समृद्धि बढ़ गई। **महावग्ग** के कथानुसार, बिम्बिसार की अधीनता में 80,000 ग्राम थे।

कुछ इतिहासकारों के अनुसार, अंग को जीतने का विशेष कारण था। ऐसा विश्वास किया जाता है कि अंग के राजा ने बिम्बिसार के पिता को हराया था और इसने अपने पिता की हार का बदला लेने के लिए ही अंग पर आक्रमण किया था। इसको विजित करने के पश्चात् उसने अपने पुत्र कुनीक को अंग देश की राजधानी चम्पा का गवर्नर बनाकर भेजा।

बिम्बिसार ने दूसरे देशों से भी अच्छे सम्बन्ध बनाए रखे, विशेषकर गान्धार तथा मद्र के शासकों से। गान्धार के शासक ने एक राजदूत उसके दरबार में भेजा था।

बिम्बिसार न केवल एक सुदृढ़ राज्य का निर्माता था, वरन् एक कुशल शासन-संचालक भी था। उसकी सहायता के लिए छोटे-बड़े अनेक पदाधिकारी थे। बिम्बिसार अपने बड़े पुत्र की सहायता से राज्य करता था। उसे हम **उपराजा** कह सकते हैं। **मांडलिक** को प्रायः भूमि मिल जाती थी और ये राजा की आज्ञा से ही शासन चलाते थे। **सेनापति** सेनाओं का संगठन और संचालन करता था। इसलिए यह पद अनुभवी व्यक्ति को ही दिया जाता था। सेनापति के नीचे **सेनानायक** महामात्त नामक पदाधिकारी थे। न्यायाधीश को **व्यावहारिक महामात्त** कहते थे।

गाँव के मुखिया **ग्रामभोजक** गाँव में राज-कर वसूल करने में सहायता देते थे। राज्य की न्याय-व्यवस्था कठोर थी। अंग-भंग करने तथा मृत्युदंड देने का प्रावधान था। गलत सलाह देने पर बड़े-से-बड़े पदाधिकारी को पद से हटा दिया जाता था। राजा की उचित सेवा करने पर उसे पुरस्कार मिलता था।

बौद्ध साहित्य के अनुसार, बिम्बिसार गौतम बुद्ध से दो बार मिला। एक बार गिरिव्रज में तथा दूसरी बार राजगृह में। दूसरी बार गौतम के साथ उसके एक हजार अनुयायी भी थे। बिम्बिसार ने उन सबका सत्कार किया और बौद्ध धर्म का अनुयायी बन गया। इसी साहित्य से ज्ञात होता है कि उसे अपनी पत्नी से ही बौद्ध धर्म की दीक्षा मिली।

बौद्ध-परम्पराओं के अनुसार, बिम्बिसार को उसके पुत्र अजातशत्रु ने मार डाला। अजातशत्रु को इस कार्य के लिए प्रोत्साहित करनेवाला देवदत्त था। एक बार तो अजातशत्रु ने अपने पिता को तलवार से ही मारने का प्रयत्न किया, किन्तु असफल रहा। राजा के मन्त्री ने उस षड्यन्त्र रचनेवालों को मृत्युदंड देने के लिए कहा, पर बिम्बिसार ने उसे क्षमा कर दिया। देवदत्त उसको भड़काता ही रहा और अन्त में अजातशत्रु ने अपने पिता को मार ही डाला। ऐसा विश्वास किया जाता है कि अजातशत्रु ने बुद्ध के सामने अपना पाप स्वीकार किया था कि "मैंने राज्य के लिए अपने पिता की हत्या कर दी।"

जैन-परम्पराएँ अजातशत्रु को अपने पिता का घातक सिद्ध नहीं करतीं। उनके अनुसार, राज्य के लिए अजातशत्रु ने अपने पिता को बन्दीगृह में डाल दिया, जहाँ उसकी रानी वासवी ने उसकी सेवा की। अपने पिता की दशा से अजातशत्रु का दिल पिघल गया और वह अपने पिता के बन्धन को एक लोहे की गदा से तोड़ने के लिए आगे बढ़ा। बिम्बिसार ने समझा कि वह 'मुझे' मारने आ रहा है और वह जहर खाकर मर गया।

अजातशत्रु : अजातशत्रु के बचपन का नाम कुणीक था। वह अपने पिता का वध करके 411 ई.पू. में मगध की गद्दी पर बैठा था। पिता के राज्यकाल में वह अंग का सूबेदार रह चुका था। अतः उसे शासन-कार्य का अच्छा अनुभव था। सिंहासन पर बैठने के पश्चात् उसे अनेक भीषण आपदाओं का सामना करना पड़ा, परन्तु अपनी बुद्धिमानी, अनुभव और भारी सैन्य-बल द्वारा उसने उन सभी कठिनाइयों पर विजय प्राप्त की और मगध साम्राज्य की सीमाओं, गौरव तथा शक्ति में अभूतपूर्व वृद्धि की। फलतः मगध का राज्य उसके प्रयत्नों के द्वारा एक विशाल एवं शक्तिशाली साम्राज्य के रूप में अब स्थित हुआ।

अपने पति महाराजा बिम्बिसार के वियोग में तड़प-तड़प कर कोसलनरेश की भगिनी कोशलदेवी भी शीघ्र ही स्वर्गवासी हो गई। उसकी मृत्यु का प्रमुख कारण अजातशत्रु को मानकर कोसलनरेश प्रसेनजित अजातशत्रु से बुरी तरह रुष्ट हो गया और उसने कोशलदेवी को दहेज में दिए गए एक लाख रुपए के आयवाले काशी राज्य को वापस लेने का निश्चय किया। अजातशत्रु भारी आयवाले काशी राज्य को वापस देने के लिए किसी प्रकार भी तैयार नहीं हुआ। अतः मगध और कोसल में युद्ध आरम्भ हो गया। यह युद्ध लम्बी अवधि तक चलता रहा। दोनों ही पक्षों की समय-समय पर हार-जीत होती रही। अन्त में कोसलनरेश प्रसेनजित को ही सन्धि करनी पड़ी। इस सन्धि के अनुसार, कोसलनरेश को अपनी पुत्री का विवाह अजातशत्रु से करना पड़ा और काशी राज्य पर अजातशत्रु का आधिपत्य कायम रह गया।

अजातशत्रु ने वज्जिसंघ पर आक्रमण किया और उसे नष्ट-भ्रष्ट कर दिया। गणराज्य साम्राज्यवाद के कट्टर शत्रु थे। अतः उन्हें समाप्त किए बिना अजातशत्रु अपनी महत्त्वाकांक्षाएँ पूरी न कर सकता था। युद्ध के कई कारण बतलाए जाते हैं। कहा जाता है कि गंगा के किनारे एक पहाड़ी के चरणों पर रत्नों की एक खान निकल आई थी। उसके सम्बन्ध में यह तय हुआ

कि वहाँ से प्राप्त रत्नों को अजातशत्रु और लिच्छवि आपस में बाँट लेंगे। किन्तु लिच्छवियों ने समझौता भंग कर दिया। जैन साहित्य में युद्ध का कारण यह बताया गया है कि बिम्बिसार के दो पुत्र एक हाथी तथा 18 लड़ी का एक मोती का हार लेकर अपने नाना चेटक की शरण में चले गए। अजातशत्रु ने उन्हें वापस माँगा और असफल होने पर युद्ध की घोषणा कर दी।

लिच्छवि-गण बहुत शक्तिशाली था। वज्जिसंघ में उसका प्रमुख स्थान था। चेटक ने समस्त संघ के साधन को एकत्र किया और अपने पड़ोसी गणराज्यों को भी मिलाकर अजातशत्रु के विरुद्ध एक विशाल मोर्चा खड़ा कर लिया। कहा जाता है कि इस अवसर पर बुद्ध ने लिच्छवियों का नैतिक समर्थन किया और उन्हें उत्साह दिलाया।

अजातशत्रु समझ गया कि लिच्छवियों की आन्तरिक एकता को नष्ट किए बिना उन्हें परास्त करना असम्भव है। इसीलिए उसने भेद-नीति से काम लिया और वस्सकार तथा सुनीध नामक अपने दो मन्त्रियों को शत्रु-पक्ष में फूट का बीज बोने के लिए भेजा। युद्ध चलाने के लिए उसे एक नए आधार का निर्माण करना पड़ा। उसकी राजधानी राजगृह देश के भीतर काफी दूर थी और वहाँ से युद्ध का संचालन करना कठिन था। इसलिए गंगा के किनारे पाटलिपुत्र नामक स्थान पर उसने एक दुर्ग बनवाया। पूरी तैयारियाँ करने के उपरान्त अजातशत्रु ने वैशाली पर आक्रमण कर दिया। उधर लिच्छवियों में फूट पड़ चुकी थी। जैन-ग्रन्थों के अनुसार, युद्ध लगभग 16 वर्षों तक चला। अन्त में अजातशत्रु की विजय हुई। लिच्छवियों का नाश करके अजातशत्रु ने पश्चिम में मल्ल संघों को भी परास्त किया और अपने साम्राज्य की सीमाएँ हिमालय की तलहटी तक पहुँचा दी। जिस समय अजातशत्रु लिच्छवियों के विरुद्ध संघर्ष कर रहा था, उसी समय अवन्ति के राजा चंडप्रद्योत ने मगध पर आक्रमण करने की योजना बनाई। अजातशत्रु घोर संकट में पड़ गया, किन्तु उसने अपनी पश्चिमी सीमाओं की सुरक्षा का भी प्रबन्ध कायम रखा और प्रद्योत उसका कुछ भी न बिगाड़ सका।

अजातशत्रु का धर्म : अजातशत्रु के धर्म के विषय में विद्वानों में पर्याप्त मतभेद है। कुछ विद्वान उसे बौद्ध धर्मानुयायी बतलाते हैं और कुछ उसे जैन धर्मानुयायी। जैन धर्मानुयायी माननेवाले यह तर्क देते हैं कि जैन ग्रन्थों में उसे पितृहन्ता नहीं कहा गया है तथा अजातशत्रु अपनी पत्नी और समर्थकों सहित स्वामी महावीर से मिलने वैशाली गया था। बौद्धधर्मानुयायी बनने का कारण यह बताया जाता है कि उसने महात्मा बुद्ध के अवशेषों को लेकर राजगृह में एक स्तूप तथा प्रथम बौद्धसंगिति के लिए सभा-भवन बनवाया था। ऐसा प्रतीत होता है कि आरम्भ में अजातशत्रु जैन धर्मानुयायी था, परन्तु अपने पिता की मृत्यु के पश्चात् उसने बौद्ध धर्म अपना लिया। बौद्ध ग्रन्थों से स्पष्ट है कि पिता की हत्या के उपरान्त अजातशत्रु को अत्यधिक ग्लानि उत्पन्न हुई और उसने महात्मा बुद्ध से क्षमा माँगी तथा वह बौद्ध धर्म का अनुयायी हो गया। बौद्ध ग्रन्थों के अनुसार, अजातशत्रु की मृत्यु राजसिंहासन पर बैठने के 32 वर्ष पश्चात् 376 ई.पू. में हुई थी।

10.7 कोसल राज्य

गौतम बुद्ध के समय में कोसल राज्य में प्रसेनजित नामक राजा राज्य करता था। बौद्ध साहित्य में इसका नाम प्रसेनदी प्राप्त होता है। इक्ष्वाकु वंश के इस राजा का नाम अग्निदत्त भी प्राप्त

होता है। कोसल और काशी में बहुत समय तक युद्ध हुआ। आरम्भ में काशीनरेश ने कोसल को बहुत अधिक दबाया था, परन्तु कालान्तर में कोसल राज्य ने भी अपनी शक्ति संगठित की और काशी नरेश से बदला लिया। प्रसेनजित के पिता महाकोशल के काल में भी काशी का कुछ भाग कोसल के अधीन था। महाकोशल ने अपनी पुत्री के विवाह के उपलक्ष्य में अपने दामाद बिम्बिसार को काशी का दान दिया था।

प्रसेनजित के काल में कोसल राज्य अत्यधिक साम्राज्यवादी हो गया। कहा जाता है कि उसने मल्लों के गणराज्यों पर अपना अधिकार कर लिया था। बौद्ध साहित्य से यह पता चलता है कि 5 अन्य राज्यों ने भी उसकी अधीनता स्वीकार कर ली थी। प्रसेनजित के समय में ही कोसल को मगध से लोहा लेना पड़ा। बात यह थी कि कोसलनरेश प्रसेनजित की बहन कोशलदेवी का विवाह मगध नरेश बिम्बिसार के साथ हुआ था। कोसलनरेश ने विवाह के उपलक्ष्य में काशी का ग्राम मगध नरेश को दिया था। कुछ समय पश्चात् बिम्बिसार की उसके पुत्र अजातशत्रु ने हत्या कर दी थी और स्वयं राजा बन बैठा। अत्यधिक शोक के कारण कुछ समय बाद कोशलदेवी का भी देहान्त हो गया। अजातशत्रु के इस जघन्य अपराध से क्रोधित होकर कोसलनरेश प्रसेनजित ने काशी पर अपना अधिकार कर लिया। इस बात को लेकर ही कोसल और मगध में संघर्ष हुआ। प्रारम्भ में प्रसेनजित पराजित हुआ, परन्तु अन्त में उसने अजातशत्रु को पराजित करके उसे बन्दी बना लिया। दोनों में सन्धि हुई और प्रसेनजित ने अपनी कन्या वाजिरा का विवाह अजातशत्रु के साथ कर दिया।

प्रसेनजित बहुपत्नीक था। उसने शाक्यों की दासी मल्लिका से विवाह किया था। इस दासी से विरूद्धक नामक एक पुत्र हुआ। बड़ा होने पर विरूद्धक ने 5 सौ मन्त्रियों को प्रलोभन देकर अपनी ओर मिला लिया और प्रसेनजित को हटाकर स्वयं राजा बन बैठा। लाचार होकर प्रसेनजित अपने दामाद अजातशत्रु की शरण के लिए चल पड़ा, परन्तु मार्ग में ही उसकी मृत्यु हो गई। प्रसेनजित की मृत्यु के पश्चात् विरूद्धक ने शाक्यों से बदला लेने का निश्चय किया। इस बदले का कारण यह था कि शाक्यों ने विरूद्धक के पिता प्रसेनजित का विवाह दासकन्या के साथ उसे शाक्य कुमारी कहकर कर दिया था। विरूद्धक ने अत्यन्त छलपूर्वक शाक्यों का विध्वंस किया और उसकी राजधानी कपिलवस्तु को पूर्णतया वीरान कर दिया। इस विजय के कुछ ही दिनों के बाद विरूद्धक का देहान्त हो गया। *रत्नावली* नामक नाटिका से पता चलता है कि वत्स के राजा उदयन ने कोसल राज्य पर आक्रमण करके उसे मार डाला था। सम्भव है कि वह कोसल-राजा विरूद्धक ही रहा हो।

पुराणों में विरूद्धक का नाम क्षुद्रक प्राप्त होता है। उसके बाद सुरथ और सुमित्र नामक निर्बल राजा कोसल के सिंहासन पर आरूढ़ हुए और अन्त में कोसल राज्य मगध की बढ़ती हुई शक्ति में विलीन होकर उसका एक विजित प्रदेश बन गया।

10.8 अजातशत्रु के उत्तराधिकारी

दर्शक : अजातशत्रु के उत्तराधिकारी के सम्बन्ध में साक्ष्यों का मतैक्य नहीं है। पुराणों के अनुसार, अजातशत्रु के बाद उसका पुत्र दर्शक मगध राज्य की गद्दी पर बैठा। इसी आधार पर महाकवि भास ने अपने नाटक *स्वप्न-वासवदत्त* में दर्शक का उल्लेख किया है और बताया

है कि दर्शक की बहन का ब्याह कौशाम्बी के राजा उदयन के साथ हुआ था। लेकिन इसके समर्थन में कोई प्रमाण नहीं मिलता। पुराणों के अनुसार, दर्शक ने 25 वर्षों तक राज्य किया।

उदयभद्र या उदयन : दर्शक को अजातशत्रु का उत्तराधिकारी समझना भूल है; क्योंकि पालि साहित्य में स्पष्ट कहा गया है कि उदयभद्र अजातशत्रु का पुत्र और सम्भवतः उत्तराधिकारी भी था। *कथाकोष* और *परिशिष्टपर्वन* में कहा गया है कि उदय का उदयन अजातशत्रु का पुत्र तथा तात्कालिक उत्तराधिकारी था। *महावंश* के आधार पर अजातशत्रु का उत्तराधिकारी उदयभद्र था, जिसने 16 वर्षों तक राज्य किया। *कथाकोष* में उसे पद्मावती द्वारा उत्पन्न अजातशत्रु का पुत्र बताया गया है। बौद्ध अनुश्रुतियाँ उदयभद्र को भी अजातशत्रु की भाँति पितृहन्ता बताती हैं। किन्तु जिस प्रकार अजातशत्रु के सम्बन्ध में इन दोनों (जैन तथा बौद्ध) ग्रन्थों का मत वैभिन्य है, उसी प्रकार उदयभद्र के सम्बन्ध में भी है। जैन अनुश्रुतियाँ उदयभद्र को पितृहन्ता नहीं स्वीकार करतीं। उनके अनुसार, अपने पिता की मृत्यु पर उदयभद्र शोकातुर होकर मूर्च्छित हो गया था। पिता की मृत्यु के समय वह चम्पा का राज्यपाल था। सम्भवतः पिता की मृत्यु के बाद ही वह चम्पा से पाटलिपुत्र आया।

हेमचन्द्र-कृत *परिशिष्टपर्वन* के अनुसार, उदयन ने गंगा के तट पर एक नई राजधानी की स्थापना की, जो बाद में पाटलिपुत्र के नाम से प्रसिद्ध हुई। *गर्ग संहिता* और *वायु पुराण* में भी कहा गया है कि कुसुमपुर या पाटलिपुत्र का निर्माण उसके राज्य के चौथे वर्ष में हुआ। गंगा और सोन नदियों के संगम पर स्थित इसका व्यापारिक महत्त्व बहुत था।

परिशिष्टपर्वन में कहा गया है कि अवन्ति का राजा उदयन का शत्रु था। अंग और वैशाली के पतन और कोसल की पराजय के पश्चात् अवन्ति ही मगध के प्रतिद्वन्द्वी के रूप में शेष रह गया था और परिणामस्वरूप उनमें प्रतिस्पर्द्धा और शत्रुता होनी स्वाभाविक थी। अजातशत्रु के समय में आरम्भ किया गया यह युद्ध उदयन के समय तक चलता रहा और इसका निर्णय शिशुनाग के समय में हुआ। *आवश्यक सूत्र* के अनुसार, उदयन ने राजधानी के मध्य में एक चैत्यगृह या जैन मन्दिर का निर्माण किया। आठवीं और चौथी तिथि को वह व्रत भी रखता था। एक दिन एक उपदेशक महल में उपदेश देने के लिए गया। उसके साथ एक नया शिष्य भी था, जिसने एक कटार से राजा की हत्या कर दी। कहा जाता है कि षड्यन्त्र की रचना अवन्ति के राजा ने की थी। *आवश्यक सूत्र* में यह भी कहा गया है कि उदयन ने उज्जैन के राजा को कई बार पराजित किया। उदयन के पश्चात् अनुरुद्ध तथा मुंड दो अन्य राजा हुए, किन्तु उनके विषय में हमें अधिक जानकारी नहीं है। तीसरा राजा नागादास्मक हुआ। उसके समय में पारिवारिक कलह, षड्यन्त्र और हत्याएँ होने लगीं। राजवंश दुर्बल और शासन-व्यवस्था ढीली हो गई। प्रजा में भी काफी असन्तोष फैला। अन्त में शिशुनाग ने बिम्बिसार के वंश का नाश करके एक राजवंश की नींव डाली।

10.9 शिशुनागवंश (430-364 ई.पू.)

शिशुनाग एक प्रतापी राजा था। लंका के इतिहास में कहा गया है कि शिशुनाग एक आमात्य था और बनारस के गवर्नर के रूप में काम करता था। लेकिन जनता ने उसे मगध के सिंहासन पर बैठाने में मदद की। वैशाली उसका दूसरा राजनिवास था और अन्त में वैशाली को ही

उसने अपनी राजधानी बनाई। अवन्ति की विजय शिशुनाग के शासनकाल की सबसे महत्त्वपूर्ण घटना है। शिशुनाग का सबसे बड़ा काम यह था कि उसने अवन्ति के प्रद्योतवंश के गौरव को समाप्त कर दिया। अवन्ति पहले से ही एक शक्तिशाली राज्य था। प्रद्योत के उत्तराधिकारियों ने वत्स को भी हड़प लिया था। तब से मगध राज्य और अवन्ति की सीमाएँ मिलने लगी थीं। इससे इन दोनों राज्यों की पारस्परिक प्रतिद्वन्द्विता बढ़ती गई। शिशुनाग ने अवन्ति के राज्य को हड़प लिया और मगध को एक विशाल साम्राज्य के रूप में परिवर्तित कर दिया। कोसल को भी जीतकर शिशुनाग ने अपने राज्य में मिला लिया। इस प्रकार पंजाब को छोड़कर प्रायः सारा उत्तरी भारत उसके आधिपत्य में आ गया।

कालाशोक : पुराणों के अनुसार, शिशुनाग का उत्तराधिकारी काकवर्ण था। लेकिन लंका के इतिहास के अनुसार, शिशुनाग का उत्तराधिकारी कालाशोक था। जीमर, भंडारकर, जैकोबी आदि विद्वानों का विचार है कि काकवर्ण और कालाशोक एक ही व्यक्ति के दो नाम थे। कालाशोक के समय में दूसरी बौद्धसभा का आयोजन वैशाली में किया गया। उसने पाटलिपुत्र को राजधानी बनाया। बाण कवि-कृत *हर्षचरित* में कहा गया है कि काकवर्ण की हत्या कटार से की गई थी। कार्टियस का कथन है कि अग्रेज्य का पिता नाई था, जो रानी का कृपापात्र बन गया। रानी के प्रभाव के कारण उसे राजा के बहुत निकट विश्वस्त स्थान प्राप्त हो गया। उसने धोखे से राजा की हत्या कर दी। राज-परिवार के बच्चों के संरक्षक के रूप में कार्य करने के बहाने उसने सिंहासन पर ही अधिकार कर लिया। उसने राजकुमारी की हत्या कर दी और वर्तमान राजा को जन्म दिया।

सम्भव है कि कालाशोक के उत्तराधिकारी के 10 पुत्र थे, जिन्होंने एक साथ राज्य किया। *महाबोधिवंश* के अनुसार, उनके नाम थे भद्रसेन, कोरंडवर्ण, मगर, सर्वज, जलिक, उभाक, संजय, कोरव्य, नन्दीवर्धन और पंचामम। लेकिन पुराणों में केवल नन्दीवर्धन का नाम ही दिया गया है। पटना से प्राप्त एक मूर्ति पर उसका नाम पढ़ने की चेष्टा की गई है और कलिंग के राजा खारवेल के हाथीगुफा शिलालेख के प्रति भी ऐसी चेष्टा की गई है। लेकिन पुराणों में ऐसा कोई भी प्रमाण नहीं है जिससे यह सिद्ध होता हो कि नन्दीवर्धन का कलिंग से भी कोई सम्बन्ध था। उस लेख में केवल यही कहा गया है कि जब शिशुनाग-वंशी और उनके पूर्वज मगध में राज्य कर रहे थे, तो कलिंग में एक ही समय पर 32 राजाओं ने राज्य किया। यह नन्दीवर्धन का नहीं, बल्कि महापद्मनन्द का काम था कि उसने उन सब पर अपना अधिकार स्थापित किया और सभी क्षत्रियों का अन्त कर दिया। इसलिए हाथीगुफा शिलालेख में उल्लेखित कलिंग के राजा नन्दराज की पहचान को सर्व-विजयी महापद्मनन्द या उसके किसी पुत्र से स्थापित करना होगा।

10.10 नन्दवंश

हर्यकों और शिशुनागों के बाद मगध के आकाश में नन्दों का सूर्य उदिय हुआ। चौथी शताब्दी ईसा पूर्व में नन्दकुल का आरम्भ करनेवाले महापद्मनन्द ने शिशुनागों से मगध की राजधानी छीन ली। पालि-ग्रन्थों में महापद्म का नाम उग्रसेन मिलता है। अपनी अगणित और विकटकर्मा सेना के कारण वह उग्रसेन कहलाता था। महापद्मनन्द बड़ा प्रतापी और शक्तिशाली राजा था।

सारे क्षत्रिय राजाओं को मारकर उनके कोषों की लूट से उसने अपना खजाना भरा था। सम्भवतः इसी कारण उसका नाम महापद्म पड़ा।

महापद्मनन्द का राज्यकाल बड़े महत्त्व का था। मगध साम्राज्य उसकी नवीन विजयों से दूर-दूर के छोरों तक फैल गया। उसने अनेक राज्यों पर विजय प्राप्त की। क्षत्रियों का तो उसने एक प्रकार से संहार ही कर दिया। पुराण उसे परशुराम की भाँति 'सर्वक्षत्रंतक' और 'एकराट्' कहते हैं। उसके एकराट् कहलाने में कुछ विशेष अत्युक्ति नहीं, क्योंकि शिशुनागों के काल में ही मगध ने अपने पड़ोसी राज्यों को अवन्ति-पर्यन्त स्वायत्त कर लिया था। पुराणों के अनुसार, महापद्म द्वारा विजित राज्यों के राजाओं में इक्ष्वाकु, कुरु, पंचाल, काशी, शूरसेन, मिथिला, कलिंग, अश्मक, हैहय आदि थे।

महापद्म के 8 पुत्रों में से एक सिकन्दर का समकालीन था। पुराणों में केवल एक सुकल्प अथवा सुमाल्य (सहल्य) का उल्लेख मिलता है। सिकन्दर के समकालीन नन्द का नाम बौद्ध साहित्य में 'धननन्द' मिलता है; परन्तु ग्रीक लेखकों ने उसे 'अग्रसेन' या 'जैंद्रमथ' लिखा है। कर्टियस का कथन है कि नन्द के पास एक विशाल सेना थी, जिसमें 2 लाख पदाति, 20 हजार घुड़सवार, 2 हजार रथ और 4 हजार गज थे। अग्रसेन (धननन्द) लोभी और अधार्मिक था। उसकी क्रूरता और उसके कुल की नीचता ने उसे लोगों की दृष्टि में गिरा दिया था। उसकी प्रजा उससे पूर्णतया असन्तुष्ट हो उठी। ग्रीक-इतिहासकारों का कथन है कि फगल नामक एक राजा ने सिकन्दर से कहा था कि यदि वह गंगा की तलहटी की ओर बढ़े, तो राजा नन्द को आसानी से हरा देगा; क्योंकि उसके प्रति देश में अश्रद्धा है। परन्तु कई कारणों से सिकन्दर मगध की ओर नहीं बढ़ सका।

नन्दवंश ने भारत पर 413 ई.पू. से 321 ई.पू. तक (लगभग 92 वर्ष) राज्य किया था। नन्दों की धनलोलुपता से जनता एकदम तंग आ गई थी और वह नन्दों से घृणा करने लगी। ऐसी दशा में जब भारत में चन्द्रगुप्त मौर्य के रूप में एक नई शक्ति का उदय हुआ, तो नन्दवंश का पतन सहज हो गया। चाणक्य की सहायता से चन्द्रगुप्त ने नन्दों का विनाश कर मौर्य वंश की स्थापना कर दी।

11

विदेशी आक्रमण

11.1 सिकन्दर

नन्दराजा प्रजापीड़क थे और इसी कारण उनके वंश में राज्यलक्ष्मी अधिक समय तक न टिकने पाई। महापद्मनन्द के बेटों में से सामल्यनन्द या धननन्द मुख्य था। उसने केवल 12 वर्ष राज किया था, जब चन्द्रगुप्त मौर्य ने एक घोर युद्ध के बाद नन्दों से राज्य छीन लिया। नन्दवंश का राज्य इस प्रकार दो पीढ़ी ही चल पाया।

सामल्यनन्द के ही समय में मकदूनिया के राजा सिकन्दर (एलेक्जेंडर) ने भारतवर्ष पर चढ़ाई की। व्यास नदी तक का प्रदेश जीतकर जब वह उस गंगा-काँठे के करीब पहुँचा, जो भारतवर्ष का सबसे मुख्य और उपजाऊ प्रदेश था और जिसके लिए वह देर से ललचा रहा था, तब नन्द की सैनिक शक्ति देख उसकी सेना घबरा उठी और उसे उलटे पाँव लौटना पड़ा।

फारस के सम्राट कुरु के समय से ही आषिया (लघु एशिया) के यूनानी राज्य तो अखामनी साम्राज्य के अधीन थे ही, बाद में दारयवहु के बेटे सम्राट क्षयार्ष ने एक भारी सेना लेकर बोस्फरस खाड़ी के उस पार पश्चिमी हेलस (यूनान) पर चढ़ाई की थी। उसे सफलता नहीं मिली। पश्चिमी हेलस में प्राचीन पंजाब की तरह छोटे-छोटे राष्ट्र थे। 7वीं शताब्दी ई.पू. से वे विशेष उन्नति करने लगे थे। तभी से उनका प्रामाणिक इतिहास मिलता है। वे सभ्य और स्वाधीनता-प्रेमी थे। उन छोटे-छोटे राष्ट्रों में से किन्हीं में सरदारों की सभा का शासन था, और किन्हीं में बिलकुल प्रजातन्त्र था, किन्तु 4 शताब्दी ई.पू. में इन स्वाधीन यवन जातियों की अवनति होने लगी। उनके देश के उत्तर-पूर्वी सीमान्त पर मकदूनिया का पहाड़ी राज्य था। वहाँ के लोग थे तो यूनानियों से मिलते-जुलते, पर उनके मुकाबले में असभ्य थे, और यूनानी उन्हें बर्बर कहते थे। मकदूनिया का राजा उन दिनों फिलिप था। उसने यूनान पर चढ़ाई की। छोटे-छोटे यूनानी राष्ट्र उसका मुकाबला करने को इकट्ठे न हो सके और अपनी स्वाधीनता खो बैठे। फिलिप का बेटा सिकन्दर बड़ा महत्त्वाकांक्षी था। बचपन में ही वह संसार भर को दिग्विजय करने और उसका एकछत्र सम्राट बनने के सपने देखता था। उसके सामने इजियन सागर और नील से लेकर बाख्त्री और हिन्दूकुश तक विस्तृत फारसी साम्राज्य था, जिसमें अनेक सभ्य देश सम्मिलित थे। उसके परे भारतवर्ष की भूमि है, यह भी उसने सुन रखा था। भारतवर्ष का पूरा पता यूनानी लोगों को न था; वे उसे छोटा-सा देश समझते थे। यूनान और मकदूनिया के उत्तर और पश्चिम के देशों से भी वे कुछ परिचित थे, पर उनमें रहनेवाली

जातियाँ ईरान के उत्तर के दाहों की तरह उस समय तक असभ्य और जंगली थीं और उन पर शासन करने का सिकन्दर का कोई प्रलोभन न था। यूनान, फारसी साम्राज्य और भारतवर्ष, यही उस समय के मकदूनी लोगों की दृष्टि में सभ्य जगत थे, और इस जगत का एक सम्राट बनने का संकल्प सिकन्दर ने किया था।

राज्य पाने के बाद सिकन्दर अपने संकल्प को सिद्ध करने चला। मकदूनी सैनिकों की तथा अपने अधीनस्थ यूनान के भाड़े के सिपाहियों की एक बड़ी सेना लेकर उसने फारसी साम्राज्य पर चढ़ाई की। 2 वर्ष (334-332 ई.पू.) के अन्दर मिस्र और पश्चिमी एशिया के प्रदेश सिकन्दर ने छीन लिया और अगले 2 वर्ष में फारसी साम्राज्य के केन्द्र को भी जीत लिया। सम्राट क्षयार्ष का बेटा दूसरा दरयवहु, जो इस समय गद्दी पर था, उत्तर-पूरब तरफ बाख्त्री को भाग निकला। सिकन्दर ने फारस की राजधानी को, जिसे पारसी लोग पार्स और यूनानी लोग पार्सिपोलिस (पार्सों की पूरी) कहते थे, फूँक डाला।

जीते हुए देशों के रास्तों के नाकों पर किले बनाते और छावनियाँ डालते हुए फारसी साम्राज्य को पार कर सिकन्दर अपनी सेना के साथ 330 ई.पू. के अन्त में भारतवर्ष की सीमा पर जरक या शकस्थान में आ पहुँचा। वसन्त ऋतु आते ही अफगानिस्तान के दक्खिनी पहाड़ चढ़कर वह हरउवती (आधुनिक कन्दहार) प्रदेश में आ निकला, जहाँ सिकन्दरिया नाम का किला बनाकर और कुछ फौज छोड़कर अगली सर्दियों में फिर पहाड़ों को पार कर वह काबुल नदी की उत्तरी दून में आ गया। यहाँ आधुनिक चरीकर पर, जो चारों तरफ के रास्तों का नाका है, एक और सिकन्दरिया की स्थापना हुई और थोड़े से साथियों को इस किले में छोड़कर शेष सब मकदूनी सेना पंजशीर नदी की धारा के रास्ते हिन्दूकुश पर बाख्त्री पहुँची। पारसी साम्राज्य की रही-सही शक्ति यहाँ सिकन्दर के मुकाबले से कुचली गई और बाख्त्री के परे सीर नदी तक सुग्ध (आधुनिक बोखारा-समरकन्द) का प्रदेश विजेता के हाथ लगा।

अब इस सेना का प्रवाह फिर भारत की ओर उमड़ चला। सिकन्दर के अपने मकदूनियों के अलावा यूनान, मिस्र, फारस आदि जीते हुए देशों के भाड़े के सिपाही भी इस सेना में सम्मिलित थे। उनमें मध्य एशिया के फुर्तीले शक सवार भी थे, जो घोड़े पर चढ़े-चढ़े बाण चला सकते थे। बाख्त्री के युद्ध में, जो ईरानी सेना सिकन्दर से हारी थी, उनके साथ हिन्दूकुश के उत्तर तरफ के एक छोटे पहाड़ी राज्य का सरदार एक भारतवासी ही था जिसका नाम था शशिगुप्त। हारने के बाद अब शशिगुप्त भी अपनी सेना-सहित सिकन्दर की सेना में जा मिला। पर तक्षशिला के राजकुमार आम्भि ने बिना लड़े ही सिकन्दर की अधीनता स्वीकार कर ली थी। उसके दूत सुग्ध में ही सिकन्दर के पास अधीनता का सन्देश लेकर आया था। स्वावक या काओशाँ जोत से हिन्दूकुश को पार कर सिकन्दर की सेना 327 ई.पू. के वसन्त में फिर भारतवर्ष के दरवाजे पर अपने बनाए किले सिकन्दरिया पर आ पहुँची। यहाँ से उसकी भारत की चढ़ाई शुरू होती थी।

तक्षशिला का सीधा रास्ता काबुल नदी के साथ-साथ जाता था। किन्तु उत्तर के पहाड़ी या कपिश प्रदेश में जो वीर और लड़ाकू जातियाँ रहती थीं, उन्हें दबाए बिना आगे बढ़ जाने का अर्थ होता अपने रास्ते को पीछे से कटवा डालना। इसलिए सिकन्दर ने अपने दो सेनापतियों को तो सीधे रास्ते से आगे भेजा और स्वयं एक बड़ी सेना के साथ उत्तरी पहाड़ी में घुसा।

इन पहाड़ों में अलीशाँग, कुनार, पंजकोरा (गौरी) और स्वात (सुवास्तु) नदियों की दूनों में 6 महीने तक भयंकर लड़ाइयाँ हुईं। इस प्रदेश में जो जातियाँ रहती थीं, उन्हें यूनानियों ने स्पष्ट रूप से भारतीय लिखा है। रहन-सहन, शिक्षा-दीक्षा, सभ्यता और आचार-विचार में वे निश्चय ही आर्यावर्ती थीं। अलीशाँग और कुनार की दूनों में रहनेवाली जातियों का नाम यूनानियों ने अपने उच्चारण के अनुसार अस्पस (Aspasioi) तथा गौरी और सुवास्तु की दूनों में रहनेवाली जातियों का नाम अस्सकेनों (Assakenoi) या अष्टकेन (Astakenoi) लिखा है। शायद वे अश्रवक और आष्टक या अश्रवाटक या ऐसे रहे हों। इन वीर जातियों ने एक-एक चप्पा जमीन छोड़ने से पहले सिकन्दर का मुकाबला किया। गौरी नदी के पश्चिम आधुनिक कोह-ए-मोर के नीचे नुसा नाम की एक बस्ती थी। सिकन्दर ने उन्हें घेरा, पर थोड़े ही मुकाबले के बाद उन्होंने अधीनता का सन्देश भेजा और कहा कि 'हमलोग' भी पुराने यूनानी हैं। वे लोग शायद फारसी साम्राज्य के जमाने में इधर लाकर बसाए गए थे।

गौरी के पूरब 'अस्सकेनो' की राजधानी का नाम यूनानियों ने लिया है मस्सग। मस्सग ने बड़ा सख्त मुकाबला किया। गढ़ के अन्दर वाहीक देश के 7 हजार सधे हुए वेतनभोगी सैनिक भी थे। इन लोगों ने जब देखा कि मस्सग अब अधिक देर तक ठहर नहीं सकता, तब अपने देश को खिसक जाने की सोची। सिकन्दर ने उन्हें गढ़ से निकल आने की इजाजत दे दी, किन्तु इस शर्त पर कि वे उसकी तरफ से लड़ें। किले से निकलकर वे सात मील की दूरी पर डेरा डाले पड़े थे। सिकन्दर को पता लग गया कि उनका इरादा विदेशियों की तरफ से लड़ने का नहीं है, बल्कि देश पहुँचकर उसके विरुद्ध आग सुलगाने का है। रात के समय वे जब सोए पड़े थे, सिकन्दर की सेना ने चारों तरफ से घेरकर हमला कर दिया। वीर सैनिकों ने अपनी स्त्रियों को बीच में रख चक्कर बना लिया और लड़ाई शुरू कर दी। स्त्रियाँ तक भी उस लड़ाई में जी-तोड़कर लड़ीं। जब तक उनमें से एक भी जिन्दा रहा, उन्होंने हथियार नहीं डाला।

मस्सग के पतन के बाद 'अस्सकेनो' के 2 और गढ़ सिकन्दर ने उसी प्रकार लड़ाइयों के बाद लिया। यूनानियों ने उसके नाम बजिर (Bazira) और ओर (Ora) लिखे हैं।

इधर जो सेनापति निचले रास्ते से जाते थे, उन्हें भी पग-पग पर लड़ाइयाँ लड़नी पड़ीं। तक्षशिला का युवराज आम्भि था। इस यूनानी सेनापतियों के साथ पुष्कलावती (पश्चिमी गान्धार) के राजा ने, जिसका नाम शायद हस्ती (Omphis) था, एक महीने तक घोर युद्ध किया। उडेग्राम को लेने के बाद सिकन्दर भी पुष्कलावती आया और उसे जीतने पर उसने वह किला आम्भि के पिछलग्गू संजय को दे दिया।

मस्सग, वीरकोट और उडेग्राम के पतन के बाद अस्सकेनो लोग सिन्धु के किनारे एक दुर्भेद्य पहाड़ी गढ़ में घुसकर अपनी स्वतन्त्रता की रक्षा करते थे। उस गढ़ का नाम यूनानियों ने अओर्ण (Aornos = अवर्ण ?) लिखा है। वह सिन्ध नदी के पश्चिम पीर-सर नामक पहाड़ पर था, जिसका पश्चिमी भाग अब भी ऊण-सर कहलाता है। यह ऊण 'अओर्न' के पुराने नाम का स्पष्ट रूपान्तर है। सिकन्दर पुष्कलावती से सिन्धु नदी के तट पर अम्बुलिम (Embolima) नामक घाट पर, जिसे शायद आधुनिक अम्ब सूचित करता है, पहुँचा; किन्तु सिन्धु नदी पार करने से पहले अवर्ण को लेना आवश्यक था। इसलिए वह सेनापति प्तोलमाय (Ptolemaios) को आगे भेज स्वयं पीछे उसी तरफ बढ़ा। घोर युद्ध के बाद उसने वह पहाड़ी गढ़ भी ले लिया। जीतने के बाद सिकन्दर ने शशिगुप्त को वहाँ का सेनापति बनाया।

सिकन्दर के समय अभिसार के राजा के राज्य में शायद उरशा भी सम्मिलित था। काबुल के उत्तरी पहाड़ों में सिकन्दर की छावनियाँ पड़ जाने के कारण अस्पसो और अस्सकेनो के वे योद्धा; जिन्हें अधीनता पसन्द न थी, अभिसार में आ-आकर इकट्ठे होने लगे।

सिन्धु नदी के इस ओर वितस्ता तक तक्षशिला (पूर्वी गान्धार देश) का राज्य था, जहाँ का राजा सिकन्दर को बहुत पहले से निमन्त्रण दे रहा था। उसकी सहायता से सिकन्दर की सेना ने सिन्धु पार किया और तक्षशिला पहुँचकर अपनी थकान उतारी।

वितस्ता के इस पार केकय देश का जो राजा था, वह कुछ और किस्म का था। सिकन्दर का दूत जब केकय देश के राजा के पास अपने सम्राट की शरण में उपस्थित होने का निमन्त्रण लेकर आया, तब उसने बेरूखी से उत्तर दिया कि वह लड़ाई के मैदान में उनके राजा का स्वागत करेगा। इस वीर राजा का नाम यूनानियों ने पोरस (Porus) लिखा है। इधर अभिसार का राजा भी 'पोरस' के साथ मिलने की तैयारी कर रहा था। सिकन्दर ने देखा, दोनों के मिलने से पहले ही चोट करना ठीक है। इसलिए सख्त गर्मी की परवाह न कर वह आगे बढ़ा। वितस्ता के दोनों तरफ दोनों सेनाएँ आमने-सामने हुईं। पोरस नदी के सभी घाट रोके हुए था। वह यदि वीर था, तो सिकन्दर अपने युग का सबसे चतुर सेनापति था। महीनों तक दोनों सेनाएँ वितस्ता की क्षीण धारा के दोनों ओर पड़ी रही।

सिकन्दर अपनी सेना में हर समय ऐसी चहल-पहल रखता, जिससे शत्रु को पता न चले कि कब वह युद्ध की असली तैयारी करता है। फिर उसने इस प्रकार रसद जुटाना शुरू किया, मानो सर्दियों तक वहीं ठहरना हो। पोरस फिर भी असावधान न था, पर उसकी सावधानी के बावजूद एक रात वर्षा में सिकन्दर अपनी सेना के बड़े अंश को, जो 20 मील ऊपर था, नीचे खिसका ले गया और चोरी-चोरी नदी पार हो गया। जमकर लड़ाई करने में पोरस के हाथियों और धनुर्धरों का मुकाबला सिकन्दर की सेना न कर सकती, पर सिकन्दर के फुर्तीले सवार ही उसकी शक्ति थे। फारस के सम्राट की तरह पोरस भागा नहीं। जब तक उसकी सेना में जरा भी व्यवस्था रही, वह ऊँचे हाथी पर चढ़ा लड़ता रहा। उसके नंगे कन्धे पर शत्रु का एक बर्छा लगा। जब अन्त में उसे पीछे हटना पड़ा, आम्भि ने घोड़ा दौड़ाते हुए उसके हाथी का पीछा किया और उसे सिकन्दर का सन्देश दिया। घायल हाथ से पोरस कृतघ्न देशद्रोही पर बर्छा चलाया, पर आम्भि बच निकला। पोरस को फिर सवारों ने घेर लिया, जिनमें एक उसका मित्र भी था। घायल और थका-मादा जब वह सिकन्दर के सामने लाया गया, तो सिकन्दर ने आगे दौड़कर उसका स्वागत किया और दुभाषिए द्वारा पूछा कि उसके साथ कैसा बर्ताव किया जाए। 'जैसा राजा राजाओं के साथ करते हैं'—पोरस ने गौरव के साथ उत्तर दिया। पोरस के इस वीरतापूर्ण उत्तर को सुनकर सिकन्दर अत्यधिक प्रसन्न हुआ और उसने सम्मान के साथ विजित होता पोरस को वापस कर दिया और उसे अपनी सेना में ऊँचा पद दिया।

सिकन्दर जब इधर युद्ध कर रहा था, तब हरउवती और सुवास्तु में दो बलवे हो चुके थे, जिनमें भारतीय राजा भी सम्मिलित थे। उन्हें दबाने के लिए सिकन्दर को शशिगुप्त के पास सैनिक मदद भेजनी पड़ी।

आगे बढ़ने पर सिकन्दर को ग्लुचुकायन नाम के एक छोटे से संघराज्य से वास्ता पड़ा। उनके 37 नगर जीतकर पोरस के अधीन कर दिया गया। असिकी के उस पार मद्रक देश में पोरस का एक भतीजा छोटा पोरस राज्य करता था। उसने बिना लड़े अधीनता मान ली।

किन्तु इरावती के पूरब वीर और स्वाधीन कठ जाति रहती थी। इन लोगों का संघ-राज्य था और ये सिकन्दर का युद्ध में स्वागत करने की तैयारी कर रहे थे। इनके पड़ोस में विपाशा नदी पर क्षुद्रकों और इरावती की निचली धारा पर मालवों के संघराज्य थे और वे भी इनसे मिलने को सोच रहे थे। इससे पहले कि ये लड़ाकू स्वाधीन जातियाँ आपस में मिल जाएँ, सिकन्दर उन पर टूट पड़ा। कठों ने अपनी राजधानी साउकल के चौगिर्द रथों के तीन चक्कर डालकर शकटव्यूह बना लिया। वे खूब डटकर लड़े। घोर युद्ध के बाद और पीछे से बड़े पोरस की कुमक आने पर ही सिकन्दर उनका नगर छीन सका। एक छोटी-सी जाति विश्व-विजयी सिकन्दर के विशाल दल के सामने आखिर कब तक ठहर सकती? किन्तु कठों के मुकाबले से सिकन्दर ऐसा खीझ उठा कि उसने साउकल नगर को जीतने के बाद उसे मिट्टी में मिला दिया।

कठों के संघ-राज्य का एक विचित्र रिवाज था। उनके देश में प्रत्येक बच्चा संघ का होता था। माता-पिता केवल सन्तान को पालते थे। संघ की ओर से गृहस्थों की सन्तान के निरीक्षक नियत थे और एक महीने की आयु में जिस बच्चे को वे कमजोर और कुरूप पाते, उसे मरवा देते थे। युवक और युवती बड़े होने पर विवाह भी अपनी पसन्द से करते थे। माँ-बाप का उसमें कुछ दखल न होता था। शौभूत नाम का एक और राज्य वाहीकों में था और वहाँ भी ऐसी ही प्रथा थी।

सिकन्दर अब विपाशा के किनारे आ पहुँचा। परले पार ढाबे में एक और जाति का संघ-राज्य था; और इस जाति का स्वाधीनता-प्रेम कठों जैसा ही था, सैनिक शक्ति उनसे कहीं अधिक थी। सिकन्दर यदि उन पर और वाहीकों की अन्य पूरबी जातियों पर भी विजय पा सकता तो आगे उसे मगध-साम्राज्य से वास्ता पड़ता। वह आगे बढ़ना चाहता था, पर उसकी सेना को भारतवर्ष में घुसने के बाद से जो अनुभव हो रहा था, वह कुछ उत्साहजनक न था। सेना की हिम्मत टूट चुकी थी और अब उन्होंने आगे बढ़ने से स्पष्ट इनकार कर दिया था। सिकन्दर ने बड़े-बड़े बढ़ावे दिए, पर वे बहरे कानों पर पड़े। घोर निराशा में वह 3 दिनों तक अपने तम्बू में बन्द रहा। 3 दिन बाद निकलकर देवताओं को बलि चढ़ाई और यात्रा के शकुन देखे। उसकी लाज बचाने के लिए पूरब जाने को शकुन अनुकूल न निकले। कई स्थानों पर अपनी छावनियाँ छोड़कर उलटे पाँव सारी सेना वितस्ता नदी तक वापिस आई। वहाँ भारी तैयारी के बाद जल और स्थलमार्ग से उन्होंने दक्षिण को मुँह फेरा। जिस दिन यात्रा का आरम्भ था, सिकन्दर ने नदी के बीच खड़े हो सुनहले बर्तन से भारतीय नदियों और अन्य देवताओं को अर्घ्य दिया और फिर एक इशारे पर उसकी भारी सेना ने प्रयाण कर दिया।

पहले अर्थात् वितस्ता और असिकनी के संगम की बाएँ तरफ शिवि और अगलस्स जातियों के संघ-राज्य थे। शिवि ने बिना लड़े अधीनता मान ली। अगलस्स वीरता से लड़े। असिकनी की धारा में कुछ और नीचे जाने पर बाईं तरफ मरुभूमि के किनारे इरावती के दोनों तटों पर वीर मालव जाति का गणतन्त्र राज्य था। वे लोग लड़ाई की तैयारी कर रहे थे। उनके पड़ोस में विपाशा के तट पर क्षुद्रकों का गणराज्य था और वे लोग भी मालवों के साथ मिलने को आ रहे थे। एक अनुभवी क्षुद्रक क्षत्रिय को दोनों सेनाओं का मुख्य सेनापति चुना गया था। सिकन्दर की सेना यह जानकर बहुत घबराई कि भारतवर्ष की एक सबसे वीर जाति से अभी उसे मुकाबला करना बाकी है। वह फिर से विद्रोह करना चाहती थी, सिकन्दर ने अपने को मुश्किल से सँभाला।

किन्तु मालवों और क्षुद्रकों की कोई स्थिर सेना नहीं थी। उनके सभी जवानों को इकट्ठा होने से सेना बनती। वे लोग सिकन्दर की तेज चाल का अन्दाजा न कर सके। क्षुद्रक से सेना तो आई ही न थी। मालव लोगों को भी यह ख्याल न था कि बार (कच्छों के बीच की बांगर भूमि बार कहलाती है) की मरुभूमि को सिकन्दर केवल 2 दिनों में पार कर लेगा और उनकी सेना उनके गाँवों और नगरों पर एकाएक टूट पड़ेगी। अनेक मालव कृषक अपने खेतों पर ही मार दिए गए। उन लोगों ने सिकन्दर का सख्त मुकाबला किया। आधुनिक कोट कमालिया के पास कहीं उनका एक नगर था, जहाँ सिकन्दर की छाती में घाव लगा और वह बेहोश होकर गिर पड़ा। उस समय तो वह बच गया, पर आगे चलकर वही घाव उसकी शीघ्र मृत्यु का कारण बना। मकदूनी सेना अब घबरा उठी और नृशंस कामों पर उतारू हो गई। उस नगर में उन्होंने स्त्रियों और बच्चों तक को कत्ल कर डाला।

स्वस्थ होने पर सिकन्दर ने मालव-क्षुद्रक-संघ से समझौता करना उचित समझा। वह उनकी वीरता देख चुका था और वे भी सिकन्दर की असाधारण शक्ति का अनुभव कर चुके थे। मालव-क्षुद्रकों के सौ मुखिया सिकन्दर के पास आए। उसने उनके स्वागत के लिए एक बड़ा भोज किया। संघ के मुखियों के लिए सौ सुनहली कुर्सियाँ रखी गईं, जिनके चारों तरफ जरी के कामदार चित्रित सुनहले परदे लटके थे। भोज में खूब शराब ढली। मालव-क्षुद्रकों ने कहा कि उन्होंने आज तक किसी की अधीनता नहीं मानी थी, पर सिकन्दर एक असाधारण मनुष्य है।

इस वीर जाति से मैत्री स्थापित कर सिकन्दर आगे बढ़ा। दूसरा तथा तीसरा संगम लाँघने तक कोई विशेष घटना नहीं हुई। अन्तिम संगम पर अम्बष्ठ, क्षत्रियों और वसाति के गणराज्य थे और उनके पड़ोस में ही शौद्र लोगों का छोटा-सा राज्य था। इनमें से किसी ने लड़ाई नहीं की। अन्तिम संगम पर एक और सिकन्दरिया बसाकर सिकन्दर का दल आधुनिक सिन्ध प्रान्त की ओर बढ़ा।

उत्तरी सिन्ध में मुचिकर्ण नाम का राष्ट्र था, जिसकी राजधानी शायद प्राचीन रोरुक नगरी (आधुनिक रोरी, या ठीक-ठीक कहें तो उसके 5 मील पूरब की ऊजड़ बस्ती अरोर जो सिन्ध की पुरानी धारा के तट पर थी) थी। वहाँ के लोग भी लड़ाई की तैयारी कर रहे थे, परन्तु सिकन्दर के मुकाबले में वे न ठहर सके। मौचिकर्णिक लोगों में कई विशेषताएँ थीं। वे इकट्ठे बैठकर समूहों में भोजन करते थे। सात्विक भोजन के कारण उनकी आयु प्रायः 130 वर्ष की होती थी। उनके यहाँ दास न रखे जाते थे; धनी-निर्धन का भेद न होता था; सब लोग एक बराबर थे और वे न्यायालयों की शरण बहुत कम लेते थे।

मुचिकर्ण के आगे दो और छोटे राज्यों को दबाने के बाद सिकन्दर को एक छोटे से राष्ट्र का मुकाबला करना पड़ा, जिसका नाम ब्राह्मणक जनपद था। इस छोटे से राज्य की प्रजा ने उसे बड़ा कष्ट दिया। जिन राजाओं ने पहले अधीनता मान ली थी, वे उनकी निन्दा करते और स्वतन्त्र जातियों को भी भड़काते। उत्तरी सिन्ध के राज्यों से उन्होंने बलवा करा दिया, जिसे सिकन्दर ने निर्दयता से कुचल डाला। ब्राह्मण लोगों (अर्थात् ब्राह्मणक जनपद के निवासियों) के अनेक मुखियों की लाशें खुले रास्तों में टाँग दी गईं।

अन्त में सिकन्दर पातन या पातानप्रस्थ नामक स्थान में पहुँचा, जहाँ से सिन्धु नदी दो धाराओं में फूटती थीं। वहाँ एक ही साथ दो वंशागत राजा और एक सभा राज्य करती थी। पातन के लोग अधीनता से बचने के लिए देश छोड़कर भाग गए थे।

पातन की बड़ी किलाबन्दी करने के बाद सिन्ध में कई छावनियाँ छोड़कर सिकन्दर पश्चिम लौटा और मकरान के किनारे-किनारे बढ़ते हुए हिगोल नदी को पार कर भारत की सीमा से निकल गया। सम्पूर्ण फारसी साम्राज्य को जीतने में जहाँ उसे चार वर्ष नहीं लगे थे, वहाँ भारतवर्ष के इस अंचल में साढ़े तीन वर्ष लग गए थे। वह अपने जल सेनापति निर्याक को समुद्र-मार्ग से आने के लिए पीछे छोड़ गया था। समुद्र तब पातानप्रस्थ से बहुत दूर न था। निर्याक अनुकूल हवा की प्रतीक्षा करता, पर पूरब की ओर भागे हुए पातन के लोगों ने उनका टिकना असम्भव कर दिया और उसे मानसून चलने से पहले ही अपना बोरिया-बिस्तर बाँधना पड़ा। मलान अन्तरीप पार कर वह भी भारत की सीमा से निकल गया।

सिकन्दर के मुँह मोड़ते ही वाहीकों में बलवे होने लगे। इधर दो वर्ष बाद घर पहुँचे बिना ही बावेरू में सिकन्दर का देहान्त ई.पू. 323 में हो गया। उसके विशाल साम्राज्य को एक छत्र के अधीन रखनेवाली कोई शक्ति उसके पीछे न थी। साम्राज्य उसके सेनापतियों में बँट गया, जो एक अरसे तक आपस में लड़ते रहे। मकदूनिया में एक वंश स्थापित हो गया; उसके उत्तर थ्रेस में तथा इसके साथ एशिया के अंश में दूसरा तथा एशिया (आधुनिक पश्चिम एशिया) में एक तीसरा राजवंश स्थापित हुआ। उनके अतिरिक्त दो बड़े राज्य उस साम्राज्य के टुकड़ों में स्थापित हुए। एक मिस्र, जहाँ की गद्दी उसी प्रोलमाय नामक सेनापति ने सँभाली जिसे सिकन्दर ने अवर्ण की लड़ाई में आगे भेजा था। प्रोलमाय के वंशज तीन शताब्दी तक बड़ी शान से राज्य करते रहे; दूसरे, बाबुल और सिरिया में, जहाँ का राज्य सेनापति सेल्यूकस (Seleucus) को मिला, जिसने भारत के सीमान्त तक अपना प्रभुत्व स्थापित कर लिया।

11.2 ईरानी आक्रमण

ईरानी आक्रमण के आन्तरिक कारण (भारतीय परिप्रेक्ष्य में) का जहाँ तक प्रश्न है, ई.पू. छठी-पाँचवीं सदी में जब मगध साम्राज्य का विस्तार हो रहा था, उस समय छोटे-छोटे राज्यों का अस्तित्व मगध साम्राज्य में विलीन होता जा रहा था। इस विशाल साम्राज्य का प्रशासनिक केन्द्र आधुनिक बिहार प्रान्त में राजगृह था, जहाँ से भारत के उत्तर-पश्चिम सीमा पर सफलतापूर्वक नियन्त्रण करना मगध साम्राज्य के लिए आसान नहीं था। पश्चिमोत्तर भारत अनेक छोटे-बड़े राज्यों में विभक्त था। इनमें एकता का अभाव और आपसी संघर्ष सामान्य रूप से वर्तमान था। गान्धार, कम्बोज, मद्र आदि कुछ प्रमुख राज्य चाहते तो आपसी तनाव को समाप्त कर प्रशासनिक संगठन को सुदृढ़ कर सकते थे, लेकिन इनमें आपसी प्रतिद्वन्द्विता काफी अधिक थी।

विदेशी शक्तियों में आपसी एकता काफी थी। लम्बी दूरी तय करने के पश्चात् ये लोग भारत पहुँचे थे, अतः ये बहादुरी और जोश से प्रभावित थे। विजय की अभिलाषा भी इनमें थी। जितने क्षेत्रों को पार करके ईरानी भारत पहुँचे थे, वे सभी क्षेत्र आर्थिक दृष्टि से काफी कमजोर थे, अतः भारत के प्रति उनका आकर्षण विशेष रूप से बढ़ गया। अखमनी वंश (Achamanian Dynesty) के काल में ईरान की राजनीतिक अवस्था इतनी अच्छी थी कि भारत की ओर बढ़कर अपने साम्राज्य का विस्तार करना आवश्यक और आसान था।

मोतीचन्द्र ने अपनी पुस्तक (*सार्थवाह,* पटना, 1953, पृ. 46) में अखमनियों का सिन्धु-प्रदेश से स्थलमार्गों के माध्यम से होनेवाले सम्बन्ध का विस्तृत ब्यौरा दिया है, जिससे पता चलता है कि भारत के प्रदेशों में आक्रमण करने के लिए मार्ग का अभाव नहीं था। हिन्दूकुश के दर्रों के द्वारा कोई भी आक्रमणकारी भारत आ सकता था। मोतीचन्द्र ने बताया है कि सिन्ध पर ईरानियों का अधिकार थोड़े काल तक था। जैसा कि हम जानते हैं, सिन्धु के ऊपरी रास्ते में सिकन्दर को अधिक तकलीफ नहीं उठानी पड़ी थी, पर सिन्धु के निचले भाग में उसे ब्राह्मणों का कड़ा विरोध करना पड़ा था। अतः हम कह सकते हैं कि ईरानियों का स्थलमार्ग से सिन्धु तक पहुँचना सम्भव था क्योंकि इस प्रदेश की सीमाएँ विदेशों से सटी हुई थीं।

मगध की राजधानी से चलकर एक प्रधान मार्ग पश्चिम में गान्धार राष्ट्र की राजधानी तक्षशिला तक पहुँचता था। श्रावस्ती से साकेत होते हुए एक मार्ग संकाश्य नगर तक जाता था। यही मार्ग **उत्तरापथ** कहलाता था, जो प्रमुख व्यापारिक मार्ग था। इससे पता चलता है कि तक्षशिला और उसके आसपास का क्षेत्र आर्थिक रूप से काफी महत्त्वपूर्ण था। इस क्षेत्र पर विदेशियों की ललचाई नजरें पड़ना स्वाभाविक था। इन क्षेत्रों में अच्छे नस्ल के घोड़े पाए जाते थे, जिससे यहाँ के कई नगरों की आर्थिक स्थिति अच्छी थी। गान्धार और कम्बोज के क्षेत्र में दूर-दूर के व्यापारी पहुँचते थे। कम्बोज के निवासी जंगली घोड़ों को पकड़ने में निपुण थे। ऊनी दुशालों, कम्बलों एवं अन्य वस्त्रों के लिए गान्धार काफी प्रसिद्ध था। इस नगर के आसपास बड़े पैमाने पर भेड़ों के बाल से ऊन बनाए जाते थे। सुन्दर स्त्रियों के लिए मद्र राष्ट्र का क्षेत्र काफी प्रसिद्ध था और ये स्त्रियाँ भी ईरानियों के आक्रमण का एक प्रमुख कारण रहीं। यहाँ के बाजारों में काशी का वस्त्र भी मिलता था। मद्र की राजधानी सागल थी। सागल एक व्यापारिक नगर था। यहाँ काशी और कोटुम्बर की बनी अनेक प्रकार की वस्तुएँ मिलती थीं।

इन कारणों से प्रभावित होकर सर्वप्रथम ईरान का अखमनी सम्राट ने ई.पू. 550 में मकरान के मार्ग से होते हुए भारत पर आक्रमण किया। सिन्ध के शासकों को वह जीत नहीं सका और सात दोस्तों के साथ किसी तरह जान बचाकर भागा, लेकिन दूसरी बार काबुल-घाटी के रास्ते से आक्रमण करके उसने कई नगरों को बरबाद कर दिया। इस विजय का मुख्य कारण यह था कि पंजाब के पश्चिम-दक्षिण में रहनेवाले शूद्रक लोगों ने साइरस का साथ दिया। साइरस के इस विजय को कुछ विद्वानों ने नहीं स्वीकारा है।

दूसरा आक्रमण ईरानी शासक हेरियस (ई.पू. 522-486) के समय हुआ। तत्कालीन अभिलेख इस शासक द्वारा गान्धार, कम्बोज, पश्चिमी पंजाब और सिन्ध प्रान्त पर अधिकार करने की चर्चा करते हैं। ईरानी साम्राज्य का उपर्युक्त विजयी हिस्सा आर्थिक दृष्टिकोण से सबसे महत्त्वपूर्ण था। हेरोडोटस बताता है कि इस क्षेत्र से केन्द्र को आधुनिक मूल्य के रूप में लगभग 13 हजार पौंड वार्षिक कर प्राप्त होता था।

हेरियस का उत्तराधिकारी क्षयार्ष (ई.पू. 486-456) ने इन विजित क्षेत्रों पर अपना नियन्त्रण रखा। इसकी सेना में भारतीय नौजवान भी भर्ती किए गए थे। ये भारतीय सैनिक प्रायः सूती वस्त्र धारण करते और धनुष-बाण से लड़ते थे। उनके बाणों में लोहे के फलक बने होते थे। ईरानियों के नियन्त्रण से भारत का उत्तर-पश्चिमी क्षेत्र कब मुक्त हुआ, इस पर निश्चय रूप से कुछ कहना स्रोतों के अभाव में मुश्किल है। इतना निश्चित पता चलता है कि

ई.पू. 331 में ईरान पर सिकन्दर ने जब आक्रमण किया तो ईरानी सेना में भारतीय नौजवान भी थे। सिन्ध और पंजाब सिकन्दर के आक्रमण के समय स्वतन्त्र थे।

ईरानी सम्पर्क से साम्राज्य निर्माण की बात भारतीयों के मन में आई। इस आक्रमण ने भारतीय अनेकता और राजनीतिक कमजोरियों को सर्वमान्य बना दिया। नए आक्रमणकारियों का उत्साह भारत पर आक्रमण करने के लिए बढ़ा। बाहरी दुश्मनों को भारत पर आक्रमण के सुरक्षात्मक मार्गों की जानकारी हो गई और सफल आक्रमणकारियों का ताँता लग गया। ईरानी स्वर्ण सिक्का (हारिका) और रजत सिक्का (सिग्लोई या शैकल्स) का प्रयोग भारत में खरीद-बिक्री में होने लगा। ईरानी कर्मचारियों ने भारत के इन प्रदेशों में खरोष्ठी लिपि प्रचलित की। इस लिपि का प्रचलन भारत में चौथी सदी तक होता रहा। इस लिपि का विकास ईरानी लिपि ऐरामेहक से हुई थी।

उत्तर-पश्चिम भारतीय भवन-निर्माण कला ईरानी शैली से प्रभावित हुई। मौर्यकालीन अनेक भवनों का निर्माण ईरानी कारीगर-प्रधानों के निर्देश में हुआ। अशोककालीन स्तम्भों की घंटी-आकृति के फलक, शेर एवं साँड़वाले स्तम्भ शीर्ष का मूल फारसी या ईरानी ही है। अशोक के आदेशों की शैली को विद्वानों ने ईरान की नकल माना है।

काफी संख्या में विदेशों से आए आक्रमणकारियों ने बाद में चलकर भारत को ही अपना स्थायी घर बना लिया और स्थानीय समाज एवं संस्कृति में घुल-मिलकर रहने लगे। ये विदेशी प्रायः उसी समय तक भारत के पक्ष में रहते, जब तक स्थिति शान्त रहती। संकटकाल में विदेशियों का साथ देने लगते। कूटनीति के दृष्टिकोण से ईरानी सेनाओं में भर्ती होनेवाले भारतीय नौजवानों की यह मूर्खता ही कही जाएगी कि उन लोगों ने भारतीयों का साथ न देकर पूर्णरूप से ईरानियों का साथ देते रहे। वैसे अनेक विद्वानों ने इन भारतीय नौजवानों को 'पक्के वसूलवाले' की संज्ञा दी है।

अनेक ईरानी सामन्त मौर्य प्रशासन में कार्यरत रहे। इस समय एक ईरानी सामन्त तुषस्प कठियावाड़ का शासक था। चन्द्रगुप्त मौर्य के द्वारा बाल धोने का फैशन और उत्सव ईरानी राजाओं की नकल थी। मौर्यकाल में मन्त्रिपरिषद् के सभाकक्ष में पवित्र अग्नि का जलना ईरानियों की देन है। विशाल साम्राज्य स्थापित करने की प्रेरणा चन्द्रगुप्त को ईरानियों से ही मिली।

11.3 सिकन्दर के आक्रमण का प्रभाव

सिकन्दर के आक्रमण की तिथि से भारत के तिथिक्रम को सुलझाने में सुविधा हुई एवं भारत प्रत्यक्ष एवं परोक्ष रूप से हूणों के काल तक अवश्य प्रभावित रहा। यूनानी और भारतीय निकट सम्पर्क में आए। सिकन्दर ने 17 दिनों के भीतर सिकन्दरिया नगर बसा दिया, जिसका घेरा करीब 7 मील था। तक्षशिला गाँव से शहर बन गया। सिकन्दर वापसी के कोई 5 वर्ष के भीतर ही पोरस अपने नए प्रान्तीय अधिपतित्व से हटाया गया और ऋग्वैदीय पुरु कबीला अन्तिम रूप में इतिहास से मिट गया। सिकन्दर ने बुकेफाल एवं निकाई नगर की स्थापना की।

चन्द्रगुप्त की साम्राज्यवादी पिपासा सिकन्दर के आक्रमण से प्रभावित थी। मौर्यों द्वारा पश्चिमी पंजाब को परास्त करने के लिए विशेष कठिनाइयों का सामना नहीं करना पड़ा, क्योंकि यहाँ के स्वतन्त्र कबीलों और पेशेवर क्षत्रिय टुकड़ियों को सिकन्दर पहले ही नष्ट कर

चुका था। पंजाब के कबीले का एक तीरंदाज 6 फीट लम्बे बाण से सिकन्दर के कवच को भेदकर एक पसली में ऐसा गहरा घाव किया, जो अतिकष्टदायक और घातक सिद्ध हुआ था। यूनानी सैनिकों ने यहाँ के कबीलों से गायों को छीनकर इनका जीवन कठिन बना दिया था। ई.पू. 305 के आसपास मौर्यों ने थोड़ी और लड़ाई के बाद सेल्यूकस निकेटर से भीतरी अफगान में शेष गान्धार को छीन लिया। सेल्यूकस की पुत्री के साथ चन्द्रगुप्त मौर्य का विवाह हुआ। आरकोसिया के एक अफसर मेगस्थनीज का, सेल्यूकस के राजदूत के रूप में अनेक बार पाटलिपुत्र में चन्द्रगुप्त मौर्य द्वारा स्वागत किया गया। चन्द्रगुप्त के काल में पाटलिपुत्र में आयोजित कई दरबारी उत्सवों पर ईरानी प्रभाव था।

धम्मविजय की अपनी नीति के मुताबिक अशोक ने जिस दुनिया से सम्पर्क बना लेने का दावा किया, वह यूनानी दुनिया ही थी। पाटलिपुत्र में अधिकांश विदेशी यूनानी थे। इनमें सर्वाधिक संख्या व्यापारियों की थी। स्थलमार्ग से पाटलिपुत्र का सम्बन्ध तक्षशिला से गान्धार, पर्सिपोलिस और सूसा होते हुए दजला के तट पर स्थित सिल्यूकिया तक से हो गया। मौर्य प्रान्त की राजधानी पाटलिपुत्र से एक राजमार्ग यूनानी-पूर्व से तक्षशिला को जोड़ने के लिए सीधा जाता था। इसी के साथ फारस की खाड़ी से दजला होकर सिल्यूकिया और तटरेखा का अनुसरण करता हुआ एक समुद्रतटीय मार्ग भी था। इसी से ग्रीक दूतों, व्यापारियों, कलाकारों तथा शिल्पियों समेत विदेशी भारत में इतनी संख्या में यात्रा करते थे। अशोक की मृत्यु के बाद यूनानी सेना ने हिन्दूकुश पर्वत पार किया तथा आधुनिक राजस्थान (माध्यमिक) और साकेत तक घुस गई।

अशोक से पूर्व ही ईरानी रूप और प्रभाव सिन्धुघाटी तक पहुँच गए, क्योंकि इस क्षेत्र पर ईरानियों का कब्जा था। तक्षशिला से भी इसके प्रमाण मिले हैं। फारसी प्रतिमान पर गढ़ी हुई भारतीय आहत रजतमुद्रा भारत में ईरानी मुद्रा का प्रतिनिधित्व करते हैं। मौर्यों का राजमहल और अशोक के स्तम्भ ईरानी कला एवं स्थापत्य से प्रभावित हुए। अशोक के शिलालेखों की शैली ईरानी पूर्ववर्ती डैरियस की ऋणी है।

मांगभद्र नामक शुंग राजा के दरबार में तक्षशिला के यूनानी राजा एंटीएलसिडस का राजदूत हेलियोडोरस आया था। यूनानी वैक्ट्रिया राज्यों द्वारा ज्योतिष तथा औषध के पश्चिमी सिद्धान्त भारत में आने प्रारम्भ हुए तथा संस्कृत नाटक का विकास आंशिक रूप से प्रभावित हुआ। यूनानी राजाओं में से पंजाब के एक राजा का दार्शनिक भिक्षु वागसेन के संरक्षक के रूप में स्मरण किया जाता है। यह शासक मिलिन्द या मिनेंडर था। शक, दहशत, पह्लव, कुषाण और हूण जैसे विदेशियों का भारतीय संस्कृति में घुलमिल जाना, सिकन्दर के आक्रमण से परोक्ष रूप में सम्बद्ध था। दर्रा खैबर का रास्ता कुषाणों के काल में खुला।

जिस दिमित्र के आदेश से उसके सेनापति मिनान्दर ने पुष्यमित्र शुंग को भगाकर पाटलिपुत्र तक विजय प्राप्त की, वह (दिमित्र) सेल्यूकस के नाती का दामाद था (राहुलसा 178)। शासक के रूप में दिमित्र ने भारत के पुराने चौकोर (पंचमाकी) सिक्कों की नकल पर अपना सिक्का चलाया, जिसमें ग्रीकलिपि और भाषा को बिलकुल हटाकर केवल भारतीय ब्राह्मीलिपि और पालि भाषा का प्रयोग किया। यह अकेला ग्रीक राजा था जिसने अपने सिक्के का पूर्णतया भारतीयकरण किया। ग्रीकों का तेज गति से भारतीयकरण हुआ। मिनान्दर ने बौद्ध धर्म को अपनाया।

शकों के समय भारत में सूर्य (मिहिर) की पूजा बढ़ गई। शकों ने भारतीय धर्म और संस्कृति को अपना लिया। सूर्य-मूर्तियों के रूप में उन्होंने भारत में अपना स्थायी चिह्न छोड़ा।

बुद्ध की मूर्ति गान्धारकला से शुरू होती है, जिसका उद्गम ग्रीक और भारतीय कला का सम्मिश्रण है। यद्यपि मथुरा की कला गान्धारकला की नकल नहीं है, तथापि उसकी उन्नति में उस कला का हाथ अवश्य रहा। गुप्तकला कुषाणकला की उत्तराधिकारिणी है। शकों के पुराने देवता सूर्य का भक्त होने से हूण शासक तोरमान ने ग्वालियर में सूर्य मन्दिर बनवाया था।

भारतीय आयुर्वेद में त्रिदोष (वात-कफ-पित्त) का सिद्धान्त यूनान से ई.पू. तीसरी सदी में लिया गया। मानव-शरीर की अस्थियों (हड्डी) से सम्बद्ध चिकित्सा एवं शल्यक्रिया भारतीयों ने ई.पू. दूसरी सदी में यूनानियों से सीखा।

12

मौर्य साम्राज्य

(लगभग 322-180 ई.पू.)

12.1 स्रोत

आर्थिक, राजनीतिक एवं सांस्कृतिक दृष्टि से मौर्यकाल भारतीय इतिहास में एक नवीन पड़ाव है। इस काल के इतिहास को जानने के लिए ठोस एवं प्रामाणिक सामग्रियाँ उपलब्ध हैं। संस्कृत, पालि एवं प्राकृत भाषाओं में लिखे गए ग्रन्थों को देशी साहित्यिक स्रोत की श्रेणी में रख सकते हैं। संस्कृत भाषा में लिखित कौटिल्य के *अर्थशास्त्र* से मौर्यकालीन प्रशासनिक गतिविधियों पर प्रकाश पड़ता है। इस ग्रन्थ में शासकों की नामावली का उल्लेख नहीं है, किन्तु राज्य एवं राजा की उत्पत्ति, राज्य के तत्त्व, राजा की स्थिति, उसके अधिकार एवं कर्तव्य, प्रशासन आदि से सम्बन्धित विषयों पर प्रकाश पड़ता है। *अर्थशास्त्र* मौर्योत्तर काल का ग्रन्थ है, किन्तु इसका प्रयोग मौर्यकालीन इतिहास-स्रोत के रूप में किया जाता है। विशाखदत्त कृत *मुद्राराक्षस* से उन परिस्थितियों एवं घटनाक्रमों की जानकारी मिलती है, जिनके कारण नन्दवंश का पतन एवं चाणक्य के सहयोग से चन्द्रगुप्त मौर्य के उत्थान का मार्ग प्रशस्त हुआ। पुराणों से मौर्यों की जाति एवं उनसे पूर्व का इतिहास जानने में सहायता मिलती है, किन्तु कल्पना एवं अतिशयोक्ति का समावेश होने के कारण पुराणों पर अधिक विश्वास नहीं किया जा सकता। सामदेव कृत *कथासरित्सागर,* क्षेमेन्द्र कृत *वृहत्कथामंजरी* आदि संस्कृत साहित्यों में ज्यादातर अतिशयोक्तिपूर्ण बातें कही गई हैं; फिर भी अन्य साधनों से उपलब्ध मौर्यकालीन घटनाओं की पुष्टि के लिए इन ग्रन्थों की उपयोगिता को नकारा नहीं जा सकता। पाणिनि का *अष्टाध्यायी* तथा सायण का *महाभाष्य* अप्रत्यक्ष रूप से मौर्यकालीन इतिहास की जानकारी देता है।

दीपवंश, महावंश, दिव्यावदान, अशोकावदान, मंजूश्रीमूलकल्प आदि ग्रन्थों में मौर्यों की उत्पत्ति, उनकी वंशावली और अशोककालीन विभिन्न घटनाओं की चर्चा है। जैन ग्रन्थ *परिशिष्टपरिवर्द्धन* में चन्द्रगुप्त मौर्य तथा अन्तिम नन्द शासक के बीच हुए संघर्ष की चर्चा है। दक्षिण भारत में मौर्य साम्राज्य के विस्तार की जानकारी कुछ तमिल साहित्यों से भी होती है।

विदेशी स्रोतों में सर्वाधिक महत्त्वपूर्ण मेगस्थनीज का *यात्रा-विवरण* है। यूनानी शासक सेल्यूकस के राजदूत के रूप में मेगस्थनीज चन्द्रगुप्त मौर्य के दरबार में रहा था तथा तत्कालीन राजनीतिक, सामाजिक, आर्थिक, धार्मिक स्थितियों एवं पाटलिपुत्र नगर का बेहतरीन वर्णन

उसने अपनी पुस्तक *इंडिका* में की है। अपने मूल रूप में *इंडिका* उपलब्ध नहीं, किन्तु उपलब्ध *इंडिका* अतिशयोक्ति से प्रभावित होने के बावजूद उपयोगी है। रोमन यात्रियों जैसे—स्ट्रैबो, डायोडोरस आदि के विवरण अपूर्ण हैं, किन्तु अन्य सामग्रियों से सहयोग लेकर इनके अध्ययन से समकालीन स्थिति की अच्छी जानकारी मिलती है। चीनी यात्री फाहियान और ह्वेनसांग के यात्रा विवरणों का थोड़ा-बहुत प्रयोग मौर्यकाल के लिए किया जा सकता है।

इन साहित्यिक सामग्रियों से प्राप्त जानकारी कभी-कभी भ्रान्तिपूर्ण हो जाती है। ये प्रधान रूप में धार्मिक भावना से प्रेरित हैं। अपवादस्वरूप कौटिल्य का *अर्थशास्त्र* धार्मिक भावना से मुक्त है।

साहित्यिक स्रोतों में वर्णित बातों की प्रामाणिकता के लिए पुरातात्त्विक स्रोतों पर निर्भर होना पड़ता है। अशोक के शासन एवं नीतियों की जानकारी उसके अभिलेखों द्वारा ही होती है। अपने राज्य के विभिन्न भागों पर स्तम्भों, शिलालेखों और गुफाओं का निर्माण उसने करवाया। स्तम्भलेख उसके भीतरी प्रदेश और शिलालेख उसके राज्य-सीमा पर मिलते हैं। इनमें 14 बड़े शिलालेख हैं, जो कालसी, मानसेहरा, शहबाजगढ़ी, गिरनार आदि जगहों पर पाए जाते हैं। 7 स्तूपलेख इलाहाबाद, दिल्ली, तोपरा, मेरठ, लौरियाअरेराज, लौरियानन्दनगढ़ और रामपुरवा में पाए गए हैं। अन्य अभिलेख बराबर की गुफाओं एवं रूम्मनदेई, साँची, सारनाथ, वैशाली आदि में पाए गए हैं। इन सारे अभिलेखों में अशोक की राजाज्ञा, बौद्ध धर्म के प्रति अशोक का झुकाव एवं उसके धम्मनीति की चर्चा पाते हैं।

गोरखपुर जिला के सोहगौरा एवं बोगरा जिले में एक-एक ताम्रलेख मिले हैं, जिनमें अकाल के समय राहतकार्य की चर्चा है। इन ताम्रलेखों को रोमिला थापर ने चन्द्रगुप्त मौर्य के काल का बताया है।

खुदाई से मौर्यकालीन काफी सामग्रियाँ मिली हैं, जिनसे तत्कालीन रहन-सहन, कला-कौशल, स्थापत्य आदि की जानकारी होती है। रजत एवं ताँबे के आहत सिक्के, रजत के शलाके आदि उत्तर-पश्चिमी भारत एवं गंगा घाटी में मिले हैं। भारत में उपलब्ध ये प्राचीनतम सिक्के थे। इन पर पाई गई छाप तत्कालीन सरकारी चिह्न हैं। मठों, स्तूपों एवं विहारों के अवशेष मिले हैं। आधुनिक बिहार राज्य की राजधानी पटना में स्थित कुम्हरार एवं उसके आसपास की खुदाइयों में लकड़ी और पत्थर के बने भवनों के अवशेष मिले हैं। पकी मिट्टी के बर्तन भी मिले हैं।

निष्कर्षतः मौर्यकालीन इतिहास की जानकारी के लिए साहित्यिक एवं पुरातात्त्विक स्रोतों की बहुलता है, किन्तु इनका अध्ययन एकसाथ तुलनात्मक ढंग से करने के बाद ही ठोस निष्कर्ष पर पहुँचा जा सकता है। उदाहरण के लिए, मेगस्थनीज पाटलिपुत्र का वर्णन करते हुए लिखा है कि नगर के चारों ओर लकड़ियों का जंगल था और खुदाई से इस उक्ति की पुष्टि हो गई है। तत्कालीन विभिन्न स्रोतों की रचना के उद्देश्य को ध्यान में रखना आवश्यक हो जाता है। यदि वह किसी विशेष विचारधारा से प्रभावित होकर लिखा गया होगा, तो निश्चय ही उसमें कुछ अतिशयोक्ति होगी, जैसे—बौद्धस्रोत बौद्ध धर्म के प्रति अशोक के झुकाव को दर्शाने के लिए यह सिद्ध करने की चेष्टा करते हैं कि वह पूर्णरूप से संघ के प्रभाव में था। अतः मौर्यकालीन विभिन्न स्रोतों के बीच आपसी तालमेल स्थापित कर, एक-दूसरे से इसकी पुष्टि होने पर तत्कालीन इतिहास की सही जानकारी प्राप्त कर सकते हैं।

वोंगार्द लेवि, बी.बी. गोखले, जे. जॉली, एफ.कर्न., बी.आर. दीक्षितार, नीलकंठ शास्त्री, निहाररंजन राय, रोमिला थापर, राधाकुमुद मुकर्जी, श्री रामगोयल, योगेन्द्र मिश्र, एल.ए. वैडेल, भगवती प्रसाद पांथरी, भंडारकर, ओमप्रकाश प्रसाद आदि विद्वानों द्वारा लिखित पुस्तकों से मौर्यकालीन इतिहास की सन्तोषप्रद जानकारी होती है।

12.2 मेगस्थनीज

चन्द्रगुप्त मौर्यकालीन प्रारम्भिक चरण में सैनिक एवं सामाजिक प्रशासन, समुद्र एवं सिन्धु, गंगा, सोन आदि नदियों के भौगोलिक वर्णन, चन्द्रगुप्त के साम्राज्य का अंग अफगानिस्तान और अफगानिस्तान की काबुल, स्वात, गोमल आदि नदियों का वर्णन, वर्षा, गर्मी तथा जाड़ा और गर्मी में वर्षा होने का वर्णन, चन्द्रगुप्त को दिन-रात राज्य के कार्यों में लगे रहने, एक कमरे में 2 रात से अधिक नहीं सोने, क्योंकि जान का हमेशा भय रहता, भारत के निवासी 7 जातियों में बँटे थे—दार्शनिक, किसान, पशुपालक, शिल्पकार, योद्धा, सभी कार्यों के निरीक्षण करनेवाले निरीक्षक और मन्त्री, पाटलिपुत्र नगर की बनावट का वर्णन, चन्द्रगुप्त मौर्य की सेना की संख्या 4 लाख, लिपिबद्ध नियम नहीं, लोग लिखना नहीं जानते, चावल से शराब बनाने, मृतकों के ऊपर चबूतरा ऊँचा नहीं होता था, दो बैल से एक कन्या की खरीद, झूठी गवाही देने पर कठोर दंड, जो मनुष्य किसी का कोई अंग काट लेता तो उसके भी दंडस्वरूप वही अंग काट लिया जाना, शिल्पकार को हाथ अथवा आँख से विहीन करनेवालों को मृत्युदंड (ऐसा प्रावधान *अर्थशास्त्र* में भी था), राजा के शरीर की रक्षा का भार स्त्रियों पर रहता था। काकेशक के निवासियों द्वारा सबके सामने स्त्रियों के साथ संगम करने और सम्बन्धियों का नर-मांस खाने, टेबुल पर सोना की कटोरी में भात खाने, चींटियों के माध्यम से खान से सोना निकालने, ब्राह्मण सर्वाधिक प्रतिष्ठित, कुश या चर्म के आसन पर सोते, मांस भक्षण नहीं करते, सम्भोगन्मुखता से अपने को वंचित रखते थे, वे शिष्यों को 37 वर्ष की आयु तक ज्ञान देते थे, वे स्त्रियों को ज्ञान नहीं सिखाते थे। बौद्ध भिक्षु अपने असाधारण पवित्रता के कारण देवतातुल्य आदर पाते थे, कुछ दार्शनिक अपने शरीर में छुरा भोंकते अथवा ऊँचे स्थानों से गिरकर प्राण दे देते, डूब मरते, फाँसी लगाते और उत्साहपूर्वक आग में कूदकर प्राणान्त करते थे, भारत की मूल जातियों की संख्या 118, सोना का खान से निकाले जाने, मोती के दाम सोना से तिगुना अधिक, भारत का सबसे बड़ा नगर पाटलिपुत्र के मकान काष्ठनिर्मित, ऊँचे स्थलों पर ईंट और मिट्टी के घर, सभी भारतवासी स्वतन्त्र, कोई दास नहीं, धनाढ्यों द्वारा कई स्त्रियों से विवाह आदि की जानकारी मेगस्थनीज के यात्रा वर्णन से सम्बद्ध ग्रन्थ *इंडिका* से मिलती है।

12.3 अर्थशास्त्र

1905 में मैसूर के प्रसिद्ध विद्वान पंडित शामशास्त्री को *अर्थशास्त्र* की मूल प्रति मिली। इसके अंशों को अनूदित करके उन्होंने शोधलेख के रूप में *इंडियन एंटिक्वैरी* में प्रकाशित कराना प्रारम्भ किया। 1909 में उन्होंने समूचे शोधलेख को पुस्तक के रूप में प्रकाशित किया। प्राचीन

भारत के सामाजिक, आर्थिक, राजनीतिक एवं धार्मिक जीवन की इस ग्रन्थ से मूल्यवान जानकारी प्राप्त होती है।

अर्थशास्त्र में कुल 15 अधिकरण, 150 अध्याय, 180 विषय एवं 6 हजार श्लोक हैं। यह गद्य में हैं, कहीं-कहीं श्लोक में भी हैं। शैली सरल एवं सीधी है, किन्तु वेदान्त या व्याकरण सूत्रों की भाँति संक्षिप्त नहीं है। भाषा पाणिनि के व्याकरण-नियमों के अनुसार है। यद्यपि दो-एक स्थान पर भिन्नता भी है। इस ग्रन्थ में 5 शाखाओं के नाम आते हैं—मानवाः (5 बार), बार्हस्पत्याः (6 बार), औशनसाः (7 बार), पाराशराः (4 बार), आमियाः (1 बार), कौणपदन्त (4 बार), घोकमुख (1 बार), पराशर (2 बार), पिशुन (6 बार), पिशुनपुत्र (1 बार), बाहुदन्तिपुत्र (1 बार), भारद्वाज (7 बार), वातव्याधि (5 बार), विशालाक्ष (6 बार) और कौटिल्य (80 बार)। इस ग्रन्थ में चारों वेद, अथर्ववेद के मन्त्र प्रयोग, छह वेदांगों, इतिहास, पुराण, धर्मशास्त्र एवं अर्थशास्त्र की चर्चा है। सांख्य, योग एवं लोकायत की ओर भी संकेत हैं। मौहूर्तिक, कार्तान्तिक (फलित ज्योतिष जाननेवालों), वृहस्पति ग्रह एवं शुक्र ग्रह की चर्चा है। धातुशास्त्र का नाम भी इसमें आया है। चीन के रेशम एवं नेपाल के कम्बल की चर्चा है। इस ग्रन्थ में वृष्णियों के संघ, कम्बोज एवं सुराष्ट्र के युद्धजीवी एवं कृषि-व्यापार, लिच्छिविक, वृजिक, मल्लक, मद्रक, कुकुर तथा कुरु-पंचाल का वर्णन है। म्लेच्छ जाति का वर्णन है जिसमें सन्तानों की बिक्री हो सकती थी।

कौटिल्य को पुराणों के विषय में जानकारी थी। जड़ी-बूटियों का उसे आश्चर्यजनक ज्ञान था। *अर्थशास्त्र* का एक महत्त्वपूर्ण बात है दुर्ग के बीच देवताओं के मन्दिरों की स्थापना की चर्चा (शिव, वैश्रवण, अश्विनौ एवं लक्ष्मी)। इसमें ब्रह्मा, इन्द्र, यम एवं सेनापति (स्कन्द) को मुख्यद्वार के इष्ट देवताओं में गिना है। पाणिनि (5.3.99) के *महाभाष्य* से पता चलता है कि मौर्यों ने धनलोभ से मूर्तियाँ स्थापित की थीं, जिनमें शिव, स्कन्द एवं विशाख की पूजा हुआ करती थी। कौटिल्य के *अर्थशास्त्र* की दो व्याख्याओं की जानकारी होती है। एक है भट्टस्वामी कृत *प्रतिपदपंचिका* और दूसरी माधवयज्वा की *नभचन्द्रिका*। दोनों अपूर्ण रूप में ही प्राप्त हैं।

भारत के विभिन्न भागों में चाणक्य की बहुत-सी नीतियाँ प्रकाशित हैं, जो *अर्थशास्त्र* के बाद की है। *चाणक्य-राजनीतिक शास्त्र* नामक ग्रन्थ भी कौटिल्य का नहीं है। यह राजा भोज के काल में संगृहीत हुआ था। *वृद्ध-चाणक्य, लघु-चाणक्य* नामक ग्रन्थों का *अर्थशास्त्र* से कोई सम्बन्ध नहीं है।

चाणक्य का मानना था कि विज्ञान मनुष्य को भयमुक्त बनाता है। बुद्धिमान व्यक्ति कार्य की सफलता के लिए नक्षत्र पर अपने भाग्य की परीक्षा नहीं करते। आत्मोन्नति के लिए चाणक्य ने मनुष्य को विज्ञान से सम्पन्न बनने को आवश्यक बताया। तन्त्र-मन्त्र विद्या से सिद्धि प्राप्त करने का इस ग्रन्थ में वर्णन है। युद्धक्षेत्र में शत्रुवध की अद्भुत तार्किक युक्ति पर प्रकाश डाला गया है (उपकरण 117)। लँगड़ा, गूँगा, अपाहिज, अन्धा, बूढ़ा-बूढ़ी, वेश्या, भिखमंगा, ब्राह्मण, नट, रस्सी पर चढ़कर करतब दिखानेवाला, जिस तरह बिना एहसास दिलाए खटमल शरीर से रक्त चूस लेता, उसी आधार पर प्रजा से कर वसूलने का ढंग, प्रजा के सुख में ही राजा का सुख निहित होना, मूर्ख को नरक में जाने से डराकर उससे मनचाहा कार्य कराना, होशियार को स्वर्ग में जाने का लोभ दिखाकर उसका राज्यहित में उपयोग करना,

धोबी, सोनार, बढ़ई, लोहार आदि शिल्पकारों एवं कर्मकारों पर कड़ी निगरानी रखना, ताकि ग्राहकों को ठगाना नहीं पड़े, सही बाट का प्रयोग, प्रजा की पारम्परिक धार्मिक भावना से आर्थिक लाभ उठाने के लिए राजकर्मचारी को पंडित के वेश में धार्मिक भीड़-स्थल पर भेजना आदि महत्त्वपूर्ण विशेषताओं की उपस्थिति *अर्थशास्त्र* में पाते हैं। प्रशासन की ओर से प्रजा को अधिक-से-अधिक सुविधा प्रदान करना, राजकीय आय में वृद्धि, केन्द्रीय प्रशासन में सुदृढ़ता और आय के नवीन स्रोतों में वृद्धि करते रहने का प्रयास *अर्थशास्त्र* का मुख्य सार है। पाटलिपुत्र के सफाई-प्रबन्ध पर यह ग्रन्थ अद्वितीय प्रकाश डालता है। इस राजधानी की देख-रेख के लिए जिस कठोर और व्यवस्थित नियम का पालन किया जाता था, उसका दूसरा नमूना इस शहर में देखने को कभी नहीं मिला। *अर्थशास्त्र* की धारणा भारतीय राज्य के विकास में एक विशाल साम्राज्य के निर्माण से सम्बद्ध नए चरण की परिचायक थी। इस ग्रन्थ में शाही कर्मशालाओं का वर्णन किया गया है, जिनमें धातुओं का संसाधन किया जाता था और जिन पर राज्याधिकारी कठोर नियन्त्रण रखते थे। इस ग्रन्थ से पता चलता है कि उधार, ब्याज तथा सूद और गिरवी की अवधारणाएँ प्रचलन में आ चुकी थीं। ताँबे के बने आहत मुद्रा (ठप्पादार सिक्का) प्रचलित थे। *अर्थशास्त्र* की उपयोगिता आज भी बनी हुई है।

1923 में जर्मन विद्वान जॉली ने पंजाब संस्कृत सीरिज में *अर्थशास्त्र* को तीसरी शताब्दी की रचना बताया। स्टाइन महोदय मेगस्थनीज के *यात्रा-विवरण* और *अर्थशास्त्र* को एक काल का नहीं मानते हैं। अपनी पुस्तक *संस्कृत वाङ्गमय* में विंटरनिट्ज जॉली महोदय के विचार से सहमत हैं। *अर्थशास्त्र* का काल कीथ के अनुसार, 300 ई. से पहले का नहीं हो सकता है। इस तथ्य पर आधारित उनका लेख *सर आशुतोष स्मारक ग्रन्थ* (भाग 1, पटना, 1928, पृ. 8) में प्रकाशित है। चन्द्रगुप्त के आमात्य चाणक्य को वे *अर्थशास्त्र* का लेखक नहीं मानते हैं। कीथ बताते हैं कि मेगस्थनीज ने मौर्यों के नौसेनापति का जो कार्य बताया है तथा *अर्थशास्त्र* (2.28) में नवाध्यक्ष के कार्यों का जो वर्णन है, उनमें समानता का अभाव है। पुनः *अर्थशास्त्र* में चीन, वनायु, सुवर्णभूमि और सुवर्णकुंड का उल्लेख है और इनमें से वनायु सम्भवतः अरब का नाम है। कीथ पुनः बताते हैं कि *अर्थशास्त्र* में कृषि, खनिज, धातुओं के प्रयोग, विज्ञान और तकनीक, स्थापत्य आदि को काफी विकसित रूप में प्रस्तुत किया गया है। सांख्य, योग, लोकायत सम्प्रदाय आदि पृथक्-पृथक् हो चुके थे। तर्कशास्त्र विकसित था। *अर्थशास्त्र* के 'शासनाधिकार' अध्याय (2.10) में व्याकरण की परिभाषाओं का प्रयोग अष्टाध्यायी के ज्ञान को सूचित करता है। अर्थशास्त्र, धर्मशास्त्र वार्ता, दंडनीति आदि का स्वतन्त्र रूप में विकास हो चुका था। फलित ज्योतिष और शुक्र-वृहस्पति ग्रहों का (2.20), पुराणों का (3.7) तथा *महाभारत-रामायण* की कहानी कौटिल्य को मालूम था। *अर्थशास्त्र* में (2.10 आदि से) लेखनकला की परिपक्वता झलकती है। यान्जज्ञसंघे और नवं शरावं—ये दो श्लोक (10.3) प्राचीन श्लोकों के रूप में उद्धृत किए गए हैं, जो भास के नाटकों में भी है, और इस तरह जॉली और कीथ अर्थशास्त्र का काल 300 ई. से पहले का नहीं मानते हैं। याज्ञवल्क्य की तरह *महाभारत* में शान्तिपर्व के राजधर्म को तथा गुप्तयुग की *नारदस्मृति* को भी, जिसमें सिक्के के लिए दीनार शब्द आया है, *अर्थशास्त्र* से कम परिपक्व बताते हैं। कीथ के इस विचार से असहमत होनेवाले विद्वानों का मानना है कि यदि *अर्थशास्त्र* 300 ई. के बाद अर्थात्

गुप्तकाल का ग्रन्थ है, तो इसमें वर्णित तथ्यों का सामंजस्य गुप्तकालीन प्रशासनिक, आर्थिक एवं सामाजिक दशाओं से होनी चाहिए थी, किन्तु ऐसा नहीं पाते हैं। चीनी यात्री फाहियान स्पष्ट बताता है कि गुप्तयुग का दंडविधान अत्यन्त मुलायम था, जबकि *अर्थशास्त्र* में कठोरदंड की व्यवस्था का वर्णन है।

कामसूत्र में वर्णित भौगोलिक निर्देशों की बारीकी से छानबीन कर एच.सी. चकलादार *अर्थशास्त्र* का रचनाकाल 200 ई. के बाद अर्थात् तीसरी शताब्दी बताते हैं। शामशास्त्री इसे *याज्ञवल्क्य स्मृति* से पूर्व की रचना मानते हैं। काशी प्रसाद जायसवाल *(हिन्दू पॉलिटी)* ने *अर्थशास्त्र, मनुस्मृति* और *याज्ञवल्क्य स्मृति* का तुलनात्मक अध्ययन करते हुए बताया है कि *अर्थशास्त्र* में आरम्भिक मौर्ययुग का और याज्ञवल्क्य में सातवाहन युग का सजीव वर्णन है। भंडारकर ने अशोक की अघात-घोषणा (जन्तुवध-निषेध) तथा समाजविषयक घोषणा की तुलना *अर्थशास्त्र* से की है। राजा की आर्थिक कठिनाई के समय जनता के धर्म-विश्वासों से लाभ उठाकर, मन्दिरों से धन बटोरकर तथा धनी लोगों से प्रणय (प्रेम भेंट) लेकर कोषाभिसंग्रहण करने के जो उपाय *अर्थशास्त्र* (5.2) में बताए गए हैं, वे चन्द्रगुप्त और बिन्दुसार के युद्धों के कारण हुई आर्थिक कठिनाई से काफी संगत बैठते हैं। जायसवाल महोदय ने पतंजलि के इस कथन से *अर्थशास्त्र* की तुलना की है कि मौर्यों ने धन पाने के लिए धार्मिक प्रतीक स्थापित किया। उद्दालक जातक में झूठे संन्यासियों के उल्लेख की तुलना अर्थशास्त्र की प्रवृत्तियों पर नियन्त्रण रखने की बात से की जा सकती है।

जर्मन विद्वान हिलब्रांट का मत है कि अर्थशास्त्र की रचना उसी कौटिल्य ने की, जो चन्द्रगुप्त मौर्य का आमात्य था, किन्तु इस ग्रन्थ के कुछ अंश सम्भवतः कौटिल्य सम्प्रदाय (कौटिल्य की शिष्य परम्परा) ने उसका बाद में चलकर कुछ सम्पादन किया हो। याकोबी इस आधार पर *अर्थशास्त्र* को एक ही व्यक्ति की कृति मानते हैं कि सम्पूर्ण ग्रन्थ एक सुगठित योजना और समान विचारधारा तथा एक प्रतिभाशाली मस्तिष्क से प्रभावित है। *दशकुमारचरित* के लेखक दंडी ने *अर्थशास्त्र* के ठीक शब्दों का अनुवाद करते हुए लिखा है कि यह दंडनीति आचार्य विष्णुगुप्त ने मौर्य के लिए 6 हजार श्लोकों में लिखी। इससे पता चलता है कि इस ग्रन्थ की रचना दंडी से पूर्व हो चुकी थी।

इन सभी विचारों और तर्कों को स्वतन्त्र रूप से देखने पर *अर्थशास्त्र* का काल निर्धारण करना मुश्किल है, किन्तु कुछ महत्त्वपूर्ण तथ्यों को अनुकूल दृष्टि से देखने पर और आपस में तुलना करने पर कह सकते हैं कि चूँकि यह संस्कृत भाषा में है, अतः प्रथम शताब्दी ई.पू. और उसके बाद का काल ही निर्धारित करना ठीक होगा; क्योंकि मौर्यकाल में संस्कृत में लिखने का प्रमाण नहीं मिलता है। 150 ई. के रुद्रदामन का गिरनार अभिलेख संस्कृत में लिखित पहला अभिलेख है। किन्तु संस्कृत की मौखिक परम्परा पहले से रही हो, तो आश्चर्य नहीं। पाटलिपुत्र नगर की बनावट, इस नगर की देख-रेख, विदेशियों के रहने का अलग मुहल्ला, सफाई पर विशेष ध्यान, राजमार्गों की बनावट आदि का जिस आकर्षक ढंग से वर्णन है, उसे देखकर स्पष्ट होता है कि वर्तमान *अर्थशास्त्र* का एक बड़ा अंग मौर्यकाल से सम्बन्ध रखता है। रोमन सिक्का दीनारियस के नाम पर कुषाण सिक्का दीनार की जो चर्चा है, उसके आधार पर कह सकते हैं कि कुषाणकालीन तथ्यों का भी इस ग्रन्थ में समावेश है। इसका अधिकांश अंश ई.पू. प्रथम शताब्दी तक प्रचलित गद्यभाषा शैली में लिखा गया है। इसका पद्य भाग बाद

का है। *अर्थशास्त्र* में प्रयोग किए गए भोग, प्रणय, विशिष्ट और परिहार जैसे शब्द प्रथम शताब्दी के दक्षिण एवं पश्चिम भारतीय अभिलेखों में पाए गए हैं। शक और सातवाहनकालीन अभिलेखों में परिहार (अनुदत्त भूमि में करों की माफी) काफी प्रचलित और महत्त्वपूर्ण शब्द है तथा इसकी चर्चा *अर्थशास्त्र* में उसी तरह है। *अर्थशास्त्र* में वर्णित आमात्य नामक अधिकारी की चर्चा शक एवं सातवाहन अभिलेखों में भी हैं। इन तथ्यों के आधार पर विद्वानों का मानना है कि *अर्थशास्त्र* का कुछ अंश प्रथम एवं दूसरी शताब्दी में संकलित किए गए। राजकीय नियन्त्रणों की चर्चा कौटिल्य एवं मेगस्थनीज दोनों ने समान रूप से किया है। सम्पूर्ण ग्रन्थ का लेखक अकेला कौटिल्य नहीं हो सकता। यह ग्रन्थ मुख्य रूप से मौर्य-कुषाण काल का प्रतिनिधित्व करता है। कुछ विद्वान यह भी मानने लगे हैं कि *अर्थशास्त्र* की रचना 3 चरणों में हुई और अन्तिम चरण 11-12वीं शताब्दी है। इन सबके बावजूद इस ग्रन्थ का व्यापक प्रयोग मौर्यकाल के लिए करना अनुचित नहीं होगा।

12.4 चन्द्रगुप्त मौर्य (322-298 ई.पू.)

मौर्य राजवंश का संस्थापक चन्द्रगुप्त मौर्य का सम्बन्ध तुच्छ कुल और सम्भवतः नन्दवंश से था। पुराणों में मौर्यों को शूद्र नहीं माना गया है, अपितु उसे एक नवीन राजवंश ही स्वीकार किया गया है। *विष्णुपुराण* के टीकाकार ने लिखा है कि चन्द्रगुप्त नन्दराज की एक पत्नी 'मूरा' से उत्पन्न हुआ था, अस्तु उसके वंश का नाम 'मौर्य' प्रसिद्ध हुआ। यूनानी वृत्तान्तों का हवाला देते हुए राधाकुमुद मुकर्जी बताते हैं कि एक रूपवान नाई का अवैध प्रणय-सम्बन्ध राजा नन्द की रानी से चलता रहा था और चन्द्रगुप्त मौर्य उसी नाई का जारज पुत्र है।

महावंश के अनुसार, चन्द्रगुप्त मोरियवंश का क्षत्रिय था। *दिव्यावदान* में चन्द्रगुप्त के उत्तराधिकारियों तथा बिन्दुसार और अशोक को भी क्षत्रिय राजकुमार माना गया है। लेकिन *मुद्राराक्षस* ने उसे नीच कुल का बताया है।

बौद्ध-परम्परा के अनुसार, चन्द्रगुप्त का पिता अपनी पत्नी (चन्द्रगुप्त की माँ) को असहाय अवस्था में छोड़कर चल दिया था। उसने एक बालक को जन्म दिया, जिसे एक चरवाहे ने पाला। चरवाहे ने उसे एक शिकारी के हाथ बेच दिया। कहा जाता है कि इस शिकारी के यहाँ रहता हुआ चन्द्रगुप्त गाँव के बच्चों से मिलकर राजसी खेल खेला करता था। चाणक्य उस मार्ग से गुजरा और उसने चन्द्रगुप्त को इस प्रकार की क्रीड़ा करते देखा, तो उसने उसे शिकारी से मोल ले लिया। चाणक्य उसे तक्षशिला ले गया और आवश्यक शिक्षाओं से सम्पन्न कर दिया। चन्द्रगुप्त का यौवनकाल तक्षशिला में ही व्यतीत हुआ।

इस सम्बन्ध में एक और अनुश्रुति है। दुर्दिन में चन्द्रगुप्त ने मगध में तत्कालीन नन्द शासक के यहाँ नौकरी कर ली। सिंहलद्वीप के शासक ने नन्दराजा के दरबार में एक पिंजड़े में मोम का बना हुआ सिंह भेजा और उसे यह सन्देश दिया कि जो व्यक्ति पिंजड़े को बिना खोले हुए ही सिंह से पिंजड़े को खाली कर देगा, वह वस्तुतः अत्यन्त प्रतिभाशाली व्यक्ति होगा। चन्द्रगुप्त ने अपनी युक्ति से काम लिया। उसने एक लौहशलाका को अग्नि में तपाकर मोम के बने हुए उस सिंह से स्पर्श कराया। फलतः मोम का बना सिंह पिघल गया और पिंजड़ा खाली हो गया।

नन्दराजा इस घटना से चन्द्रगुप्त से असन्तुष्ट हो गया। उसने उसे प्राणदंड की घोषणा की। अपनी रक्षा के लिए चन्द्रगुप्त मगध से भाग निकला। उसने नन्दवंश का पूर्ण विनाश करने का दृढ़ संकल्प भी ले लिया। तक्षशिला का सुप्रसिद्ध विष्णुगुप्त चाणक्य किसी धार्मिक अनुष्ठान में नन्दराजा के द्वारा आमन्त्रित किया गया था। वहाँ नन्द ने उसका अपमान 'स्याम ब्राह्मण' कहकर किया। प्रतिक्रिया-स्वरूप चाणक्य ने अपने अपमान का भीषण प्रतिशोध लेने का दृढ़ संकल्प किया। चाणक्य तथा चन्द्रगुप्त ने एकमत होकर नन्दवंश के विरुद्ध भीषण विद्रोहाग्नि भड़काई। यद्यपि नन्दराजा ने इस विद्रोह को बलपूर्वक दमन कर दिया, तथापि वह अपने इन दोनों कट्टर बैरियों को बन्दी बनाने में विफल रहा।

कहते हैं कि जिस समय चन्द्रगुप्त अपनी महत्त्वाकांक्षाओं की पूर्ति के साधनों के अभाव में चिन्तातुर हो विन्ध्याचल की ओर वनस्थली में इधर-उधर भटक रहा था, उसी समय चाणक्य से उसकी भेंट हो गई। चाणक्य को भू-मार्ग से अपार कोष की उपलब्धि हुई थी। उसने उसी कोष से चन्द्रगुप्त के लिए, जिसके गुणों से वह अत्यन्त प्रभावित हो चुका था, डाकुओं और सैनिकों की एक विशाल सेना एकत्र कर दी। उस सेना को लेकर चाणक्य और चन्द्रगुप्त ने मगध पर आक्रमण कर दिया। लेकिन नन्दों की शक्ति के समक्ष वे टिक नहीं सके और उन्हें पराजय का मुख देखना पड़ा। गुप्त वेश में घूमते हुए चन्द्रगुप्त एक दिन किसी घर में टिक गया था। गृहस्वामी एक वृद्धा थी। भोजन करते समय बच्चे ने गरम और भाप से फूली हुई रोटी को बीच से खाना शुरू कर दिया। उसका मुख जल गया। वृद्धा माँ ने उसे बताया, 'तुमने चन्द्रगुप्त जैसी भूल की है। बीच से खाने के बदले तुम्हें किनारे से खाना आरम्भ करना चाहिए था।' चन्द्रगुप्त को अपनी राजनीतिक और नैतिक भूल मालूम हुई। उसने निश्चय किया कि साम्राज्य के बाहर कहीं सैनिक आधार बनाकर वहाँ से साम्राज्य और सीमान्त पर आक्रमण शुरू करना चाहिए। इस विचार से चाणक्य चन्द्रगुप्त को लेकर उत्तरापथ चला गया और दोनों अपने उद्‌देश्य की पूर्ति के लिए तैयारी करने लगे। सिकन्दर के लौट जाने के बाद उत्तरापथ की स्थिति चन्द्रगुप्त के अनुकूल हो गई। यूनानी लेखक इस बात को मानते हैं कि चन्द्रगुप्त ने यूनानियों को भारत से निकालकर उसके बहुत बड़े भाग पर आधिपत्य भी स्थापित किया।

पंजाब पर विजय प्राप्त कर लेने के उपरान्त चन्द्रगुप्त हरिद्वार से इलाहाबाद तक गंगा की सम्पूर्ण उत्तरी और मध्य घाटी पर अपना आधिपत्य कायम करने में सफल रहा। चन्द्रगुप्त की सेना और शक्ति में अपूर्व वृद्धि हुई। उसके पास अब युद्ध के दाँव-पेंचों से परिचित अनुभवी सैनिकों की एक विशाल सेना थी। उसने तथा चाणक्य ने मगध सम्राट को परास्त करने की योजना बनाई। चन्द्रगुप्त ने साम्राज्य की सीमाओं से आक्रमण आरम्भ किया और मार्ग में जो नगर और सैनिक चौकियाँ पड़ीं, उन पर अधिकार करते हुए वह आगे बढ़ा और उसने पाटलिपुत्र को घेर लिया। युद्धक्षेत्र में सम्राट घनानन्द मारा गया। वह निकम्मा था और प्रजा उससे घृणा करती थी। 322 ई.पू. में चन्द्रगुप्त मगध के सिंहासन पर आसीन हुआ।

चन्द्रगुप्त ने जिस परिश्रम से मगध का राज्य प्राप्त किया, उसे स्थायित्व तथा दृढ़ता प्रदान करने के लिए यह आवश्यक था कि वह अपने साम्राज्य की सीमा का विस्तार करे, जिससे विशाल साम्राज्य की स्थापना के पश्चात् सैनिक तथा आर्थिक स्थिति काफी अच्छी हो सके। देश को विदेशियों के हाथों से मुक्त कराने के पश्चात् चन्द्रगुप्त ने भारत के अन्य प्रान्तों

को जीतने का निश्चय किया। यूनानी लेखक जस्टीन तथा प्लूटार्क ने लिखा है कि उसने छह लाख सेना को लेकर समस्त भारत को पदाक्रान्त कर दिया। उसका साम्राज्य दक्षिण में मैसूर तक फैला हुआ था।

सिकन्दर द्वारा जीते गए जिन प्रदेशों पर चन्द्रगुप्त ने अपना प्रभुत्व स्थापित कर लिया था, उन्हें सेल्यूकस पुनः प्राप्त करना चाहता था। आक्रमण के उद्देश्य से सेल्यूकस सिन्ध पहुँचा। चन्द्रगुप्त ने भी देश की पश्चिमोत्तर सीमा की सुरक्षा की पूरी व्यवस्था कर ली थी। निश्चय ही युद्ध की यूनानी प्रणाली विश्व-विख्यात थी और इस प्रणाली से अपरिचित किसी भी शक्ति के लिए यूनानी सेना का दमन करना कठिन था। चन्द्रगुप्त ने यूनानी शिविर में इस प्रणाली की शिक्षा प्राप्त की थी। अतः वह इनकी चालों, नियमों और सिद्धान्तों से पूर्णतया परिचित था। उसकी सेना ने सिन्ध के उस पार ही सेल्यूकस की सेना को रोक दिया था। बाद में दोनों पक्षों के बीच भीषण संग्राम हुआ। इस युद्ध में चन्द्रगुप्त मौर्य ने सेल्यूकस को बुरी तरह पराजित कर दिया। वर्तमान अफगानिस्तान तथा बलूचिस्तान का सम्पूर्ण प्रदेश, जो खैबर दर्रे से हिन्दूकुश पर्वत तक फैला हुआ था, सेल्यूकस ने चन्द्रगुप्त को दे दिया। सेल्यूकस ने अपनी कन्या का विवाह चन्द्रगुप्त से कर दिया। चन्द्रगुप्त ने 5 सौ हाथी उपहार के रूप में सेल्यूकस को भेंट की। दूत विनिमय करने का निश्चय किया गया। एक यूनानी राजदूत पाटलिपुत्र में आया।

चन्द्रगुप्त का साम्राज्य उत्तर में कश्मीर से लेकर दक्षिण में मैसूर तक तथा पूर्व में कामरूप से लेकर पश्चिम में हिरात, काबुल, कन्धार, बलूचिस्तान तक फैला हुआ था। उसके साम्राज्य की सीमाएँ हिन्दूकुश पर्वत के पश्चिम में दूर तक फैली हुई फारस की सीमा को स्पर्श कर रही थीं। इससे पहले भारत में किसी राजा ने इतना बड़ा साम्राज्य कायम नहीं किया था। ईरान से मैसूर तक विस्तृत साम्राज्य को चला पाना एक कुशल सूझ-बूझ वाले सम्राट के लिए ही सम्भव था और चन्द्रगुप्त ने इसे प्रमाणित कर दिया। वह प्रथम सम्राट था जिसने सिकन्दर के क्षत्रपियों को नष्ट कर दिया। सेल्यूकस स्वयं अपने अधिकृत प्रदेश का बड़ा हिस्सा चन्द्रगुप्त को सौंप दिया। कुशलतापूर्वक शासन-पद्धति के लिए वह लौह साँचे में ढली वस्तुओं के समान नियमित ठोस कानून की आवश्यकता महसूस करनेवाला प्रथम सम्राट था। सफल केन्द्रीय प्रशासन के लिए मन्त्रिमंडल, आत्मात्यमंडल, प्रान्तीय शासन, नगरीय एवं ग्रामीण व्यवस्था, व्यापारिक, वैदेशिक एवं कर समितियों, वस्तु निरीक्षक समितियों, सेना एवं पुलिस प्रबन्ध, गुप्तचर विभाग, राजस्व, न्याय एवं दंड-विधान और अनेक लोकहितकारी कार्यों पर उसने ध्यान दिया। पाटलिपुत्र एक प्रसिद्ध नगरी उसी के काल में हुआ, स्त्रियों एवं शूद्रों को ऊँचा स्थान मिला। अनेक नवीन सड़कों का निर्माण किया गया। दक्षिण भारत में राजनीतिक गतिविधियों की शुरुआत इसी सम्राट से हुई। भारत का इतिहास अब जातियों और प्रदेशों का नहीं रहा। जैन धर्म का इतना बड़ा कट्टर समर्थक वह था कि अनेक विद्वानों ने उसे 'चन्द्रगुप्त जैन' कहा।

चन्द्रगुप्त स्वयं एक कुशल शासक था। उसे चाणक्य जैसे राजनीतिज्ञ का सहयोग भी प्राप्त था। इन दोनों ने मिलकर जिस शासन-व्यवस्था की स्थापना की, वह अत्यन्त सुव्यवस्थित एवं उच्चकोटि की थी और जो उसके बाद शताब्दियों तक भारतीय नरेशों और सम्राटों के लिए अनुकरणीय बनी रही।

12.5 प्रशासन

सम्राट सम्पूर्ण शासन का प्रधान होता था। वह प्रधान सेनापति, प्रधान न्यायाधीश और प्रधान दंडाधिकारी होता था। वह प्रधान कर्मचारियों की नियुक्ति करता था। राज्य के आय-व्यय का निरीक्षण वह स्वयं करता था। युद्ध-संचालन तथा न्याय-कार्य उसके प्रधान कार्य थे। वह अपने मन्त्रियों की सलाह मानने के लिए बाध्य था। कौटिल्य ने अपने *अर्थशास्त्र* में लिखा है—'सुकर्म' वह नहीं है, जिससे केवल राजा का मनोरंजन हो, वास्तविक सुकर्म वह है, जिससे प्रजा सुखी तथा प्रसन्न हो। देश की सामाजिक तथा धार्मिक परम्पराओं का उन्हें आदर करना पड़ता था। अतएव मौर्य शासन को हम 'उदार निरंकुश शासन' कह सकते हैं। चाणक्य का विचार था कि राजा को अपने द्वार पर किसी न्यायाकांक्षी प्रजाजन को अधिक समय तक प्रतिक्षा में खड़ा नहीं रहने देना चाहिए। चन्द्रगुप्त चाणक्य के इस विचार का समर्थक था।

सम्राट की सहायता के लिए मन्त्रियों की एक समिति होती थी, जो **मन्त्रिपरिषद्** कहलाती थी। इसमें 12 से लेकर 20 तक अथवा आवश्यकतानुसार कम या अधिक मन्त्री रहते थे। सम्राट अपने इच्छानुसार उन्हें नियुक्त या पृथक् कर सकता था। उन्हें 48 हजार पण वार्षिक वेतन मिलता था। वे आमात्यों की परीक्षा और उनकी नियुक्ति में सम्राट को सलाह दिया करते थे। राजकुमार पर भी उनका नियन्त्रण रहता था। वे साम्राज्य की अत्यन्त गोपनीय बातों की जानकारी रखते थे और उन पर सम्राट को सलाह दिया करते थे। मन्त्रिपरिषद् के प्रमुख मन्त्रियों के अतिरिक्त कुछ और मन्त्री होते थे, जिन्हें 12 सौ पण वार्षिक वेतन दिया जाता था। वह मन्त्रिपरिषद् के सदस्यों के पद से कुछ निम्न कोटि का था। राजदूतों के स्वागत-सत्कार एवं अन्य समारोहों के अवसर पर मन्त्रिपरिषद् के सभी सदस्य उपस्थित रहते थे।

शासन की सुविधा के लिए केन्द्रीय शासन कई भागों में विभक्त था, जिनको **तीर्थ** कहते थे। प्रत्येक विभाग का एक अध्यक्ष होता था, जो **आमात्य** कहलाता था। इन आमात्यों के नीचे कई उपविभागों के अध्यक्ष भी होते थे। वे मजिस्ट्रेटों का काम किया करते थे। इनमें से कुछ हाट का, कुछ नगर का और कुछ सेना का प्रबन्ध किया करते थे। कुछ लोग नदियों का निरीक्षण और कुछ भूमि की माप का कार्य करते थे। उन्हें आखेट का प्रबन्ध करना पड़ता था। वे दंड तथा पुरस्कार दे सकते थे। वे कर वसूलने का कार्य भी करते थे। केन्द्रीय शासन में कुल 18 विभाग थे, जिनमें आमात्य रहते होंगे।

शासन की सुविधा के लिए साम्राज्य को कई प्रान्तों में विभक्त कर दिया गया था। प्रत्येक प्रान्त को कई आहारों तथा विषयों में विभक्त कर दिया गया था। चन्द्रगुप्त के समय में कितने प्रान्त थे, यह निश्चयपूर्वक नहीं कहा जा सकता। सम्भवतः 5-6 मुख्य प्रान्त रहे होंगे। पहला प्रान्त **उत्तरापथ** का था। इसकी राजधानी तक्षशिला थी। दूसरा प्रान्त **अवन्ति** का था। इसकी राजधानी उज्जयिनी थी। तीसरा प्रान्त **कलिंग** का था। इसकी राजधानी तोषली थी। चौथा प्रान्त **प्राच्य** कहलाता था। इसकी राजधानी पाटलिपुत्र था। इन प्रान्तों के अतिरिक्त कुछ ऐसे भी भू-भाग थे, जिन्हें स्थानीय मामलों में पर्याप्त स्वतन्त्रता थी। ऐसे क्षेत्र अपने को मौर्य साम्राज्य के अधीन मानते थे और वार्षिक कर दिया करते थे।

शिल्पकला समिति कलाकारों, मिस्त्रियों और अन्य श्रमिकों का पारिश्रमिक निर्धारित करती थी। औद्योगिक कलाकारों की सुरक्षा का उत्तरदायित्व भी इसी पर था।

विदेशियों के आवागमन, उनके निवास-स्थान, आवश्यकता पड़ने पर औषधि आदि का प्रबन्ध वैदेशिक समिति करती थी। इसी समिति के ऊपर विदेशियों की सुरक्षा का भार था। विदेशियों की मृत्यु के पश्चात् उनकी अन्तिम क्रिया भी यही समिति करती थी।

जनसंख्या समिति जन्म-मरण का लेखा-जोखा रखती थी। इसका काम जन्म-मरण की रजिस्ट्री के आधार पर सरकार को नागरिकों की जन्म-मृत्यु का, चाहे वे उच्च कुल के हों अथवा निम्न कुल के, विवरण रखना पड़ता था। जनगणना की रजिस्ट्री का आर्थिक महत्त्व अधिक रहा होगा।

वाणिज्य-व्यवस्था समिति व्यापारियों का माल उचित समय पर बिकवा देने का प्रबन्ध करती थी। यह समिति जनता के हित के लिए इस बात का ध्यान रखती थी कि व्यापारियों तथा बनियों की गलत तौल या माप से जनता ठगी न जाए। कोई भी व्यक्ति समिति की बिना आज्ञा के एक वस्तु से अधिक का व्यवसाय नहीं कर सकता था।

वस्तु निरीक्षण समिति इस बात की देख-रेख करती थी कि औद्योगिक उत्पादन में किसी प्रकार की मिलावट करके उद्योगपति अनुचित लाभ न उठाएँ। नई वस्तुओं में पुरानी वस्तुएँ किसी प्रकार नहीं मिलाई जा सकती थीं और उक्त समिति इस बात का ध्यान रखती थी कि ये पृथक्-पृथक् बेची जाएँ। नियम भंग करनेवाले व्यवसायियों को जुर्माना देना पड़ता था।

कर समिति बिक्री की वस्तुओं पर कर वसूल करती थी। धर्मस्थलों, बन्दरगाहों, बाजारों तथा सार्वजनिक संस्थाओं की रक्षा करना भी इसी समिति का काम था।

ग्रामपंचायत ग्राम पर शासन करती थी। पंचायत में प्रायः बड़े-बूढ़े और अनुभवी विद्वत जन बैठते थे। पंचायत का सरपंच ही ग्राम का प्रमुख होता था और **ग्रामिक** कहलाता था। उसे ग्रामवासी ही चुनते थे। उसका पद अवैतनिक होता था। प्रत्येक ग्राम में सम्राट का एक अधिकारी मृत्यु-कर तथा लगान आदि वसूल करने के लिए रहता था। कई गोपों के ऊपर एक **स्थानीक** होता था, जिसके नियन्त्रण में एक-चौथाई जिले होते थे।

सम्राट सेना का प्रधान सेनापति होता था। चन्द्रगुप्त ने एक जलसेना का भी संगठन किया था। सम्पूर्ण सेना के प्रबन्ध के लिए 30 सदस्यों की एक समिति होती थी। सेना का प्रबन्ध 6 भागों में विभक्त था और प्रत्येक विभाग का प्रबन्ध 5-5 सदस्यों के हाथ में रहता था। प्रत्येक विभाग का एक अध्यक्ष होता था। पहला विभाग जलसेना का प्रबन्ध करता था। दूसरा विभाग सेना को हर प्रकार की सामग्री तथा रसद भेजने का प्रबन्ध करता था। तीसरा विभाग पैदल सेना, चौथा अश्वारोहियों, पाँचवाँ हाथियों की सेना और छठा स्थल सेना का प्रबन्ध करता था। सेना के साथ एक चिकित्सा विभाग होता था, जो घायल तथा बीमार सैनिकों की चिकित्सा करता था। चन्द्रगुप्त की सेना स्थायी थी और उसे राज्यों की ओर से वेतन तथा अस्त्र-शस्त्र मिलते थे। अस्त्र-शस्त्र बनाने के लिए सरकारी कारखाने थे।

आन्तरिक शासन तथा सुव्यवस्था के लिए पुलिस विभाग की व्यवस्था की गई थी। इसके 2 उप-विभाग थे—पुलिस तथा गुप्तचर विभाग। पुलिस के सिपाहियों को 'रक्षित' कहा जाता था। गुप्तचरों के भी 2 वर्ग थे—एक वर्ग को **संस्थान** और दूसरे को **संचारण** कहते थे। संस्थान वर्ग के गुप्तचर एक स्थान पर रहते थे और संचारण वर्ग के गुप्तचर भ्रमण किया करते थे। स्त्रियाँ भी गुप्तचर का कार्य किया करती थीं। गुप्तचर लोग प्रत्येक स्थान, समय तथा जनता

के विचारों एवं क्रियाकलापों की सूचना सम्राट को दिया करते थे। ये लोग राज्य के बड़े-बड़े कर्मचारियों के कार्य पर भी निगरानी रखते थे।

सम्राट ही साम्राज्य का सर्वोच्च न्यायाधिकारी था। नगरों के न्यायाधीश 'व्यावहारिक महापात्र' कहे जाते थे। न्यायालय दीवानी तथा फौजदारी दो प्रकार के होते थे। छोटी अदालतों के निर्णय से असन्तुष्ट अभियुक्त अपने मामले की अपील ऊँची न्यायालय में कर सकता था। दो जनपदों की मिलने की सीमा पर जनपद सन्धि न्यायालय होता था, जो दोनों जनपदों के मामलों का निर्णय करता था। यही सबसे छोटा न्यायालय होता था। इन न्यायालयों में से प्रत्येक में न्यायाधीश बैठते थे, जिनमें तीन दीवानी तथा तीन फौजदारी के होते थे। छोटे अपराधों के लिए जुर्माना किए जाते थे। बड़े अपराधों के लिए अंग-भंग और मृत्युदंड तक का विधान था। झूठी गवाही देने पर जीभ काट ली जाती थी। शिल्पियों को क्षति पहुँचाने, राज्य-कर न देने तथा सरकारी कर्मचारियों के द्वारा अपराध करने पर मृत्युदंड दिया जाता था। चोरी, व्यभिचार, धोखाधड़ी आदि के लिए जुर्माना देना पड़ता था और मामला गम्भीर होने पर अंग-भंग का दंड दिया जाता था। वैद्यों और हकीमों को इलाज में असावधानी दिखलाने पर जुर्माने का भुगतान करना पड़ता था।

भूमि पर राज्य का स्वामित्व होता था। साधारण उपज का जो छठा भाग राज्य-कर के रूप में वसूल किया जाता था, उसे **भाग** कहते थे। विशेष परिस्थितियों में चौथाई अथवा आठवाँ अंश लिया जाता था। राजस्व-कर वसूल करने के लिए अलग पदाधिकारी होते थे। भूमि तथा सिंचाई का काम इन्हीं अधिकारियों के हाथ में था। नगरों में जन्म-मरण-कर, मकान-कर तथा बिक्री-कर लगाए जाते थे। राज्य की सीमाओं पर व्यापारियों को शुल्क देना पड़ता था। घाटों पर चुंगी वसूल की जाती थी। खानों, नमक, शस्त्र-निर्माण, मादक द्रवों, जुआ, वेश्यावृत्ति आदि पर सरकार का एकाधिकार था और इन साधनों से काफी आमदनी होती थी। शिल्पियों, व्यापारियों तथा अन्य अनेक देशों के लोगों को लाइसेंस लेना पड़ता था और इसके लिए शुल्क देना पड़ता था। जुर्माने, भेंट (नजराने), निःसन्तानों की सम्पत्ति आदि सरकारी आय के अन्य मुख्य साधन थे।

चन्द्रगुप्त ने यातायात की समुचित व्यवस्था की थी। उसने बहुत-सी नई सड़कों का निर्माण और पुरानी सड़कों की मरम्मत करवाई। सड़कों के दोनों ओर वृक्ष लगवाए और कुछ-कुछ दूरी पर कुएँ भी खुदवाए। उसके शासन-काल में व्यापार में काफी वृद्धि हुई। बहुत-सी नहरों की खुदाई हुई। कृषकों को तरह-तरह की सहायता दी जाती थी। सिंचाई के लिए चन्द्रगुप्त ने सौराष्ट्र (काठियावाड़) में **सुदर्शन** नामक एक झील का निर्माण करवाया। उसने अनेक चिकित्सालय खुलवाए और उनमें वैद्य रखे। आकस्मिक संकटों तथा रोग, महामारी, अकाल, अग्नि, बाढ़ आदि से जनता की रक्षा करने के लिए भी सरकार की ओर से प्रबन्ध किया जाता था।

सम्राट का व्यक्तिगत जीवन का अधिकांश समय राजकार्य में व्यतीत होता था। उसने आज्ञा निकाल रखी थी कि 'कोई प्रजा-जन कभी भी फरियाद लेकर मेरे सामने आ सकता है।' सम्राट अपने शत्रुओं से बहुत सावधान रहता था। एक पलंग पर वह कभी दो बार नहीं सोता था। भोजन उसके खाने से पूर्व चखा जाता था, जिससे विष का डर न रहे। गुप्तचरों की एक बड़ी फौज थी, जो सम्राट को हर समय नगर तथा साम्राज्य के समाचारों से अवगत कराती

रहती थी। दासियों का एक बड़ा समूह सदैव सम्राट की सेवा में उपस्थित रहता था। वे ही दासियाँ उसके लिए भोजन बनातीं, उसके शरीर पर मालिश करतीं तथा नृत्य और गायन से सदा उसका मनोरंजन करती थीं। सम्राट केवल त्योहारों अथवा विशेष अवसरों पर ही महल से बाहर निकलता था। जब सम्राट अपना केश धोता, उस समय एक दरबार लगता था तथा मन्त्री, अधिकारी आदि अभिवादन करने आते थे।

चन्द्रगुप्त जैन धर्म में विश्वास रखता था। हेमचन्द्र के अनुसार, वह भिन्न-मतावलम्बी व्यक्तियों का संरक्षक था। उसकी राजसभा में जटिलक मन्त्री था। जटिलक-सम्प्रदाय का उल्लेख बौद्ध ग्रन्थों में मिलता है। याज्ञिक कार्य के लिए वह राजप्रासाद से बाहर निकलता था। धार्मिक सहिष्णुता का वह समर्थक था।

12.6 चन्द्रगुप्त मौर्य की उपलब्धियाँ

चन्द्रगुप्त मौर्य प्रथम भारतीय राजा था जिसने विशाल भारत की सीमाएँ आधुनिक भारत की सीमाओं से बहुत आगे तक किया, जिसकी सीमा ईरान की सीमाओं से मिली हुई थी। वह भारत का प्रथम शासक था जिसने अपनी विजयों द्वारा सिन्धुघाटी तथा पाँच नदियों के देश को गंगा तथा जमुना की पूर्वी घाटियों के साथ मिलाकर एक ऐसे साम्राज्य की स्थापना की जो हेरात से पाटलिपुत्र तक फैला हुआ था। वही पहला भारतीय राजा है जिसने उत्तरी भारत को राजनीतिक रूप से एकबद्धता करने के बाद विन्ध्याचल की सीमा से आगे अपने राज्य का विस्तार किया और इस प्रकार वह उत्तर तथा दक्षिण को एक ही सार्वभौम शासक की छत्रछाया में ले आया। वह पहला भारतीय था जिसे अपने देश पर एक विदेशी आक्रमणकारी को उसके द्वारा किए गए आक्रमण के निराशजनक दुष्परिणामों का सामना करना पड़ा। उस समय देश राष्ट्रीय असंघटन का शिकार था। इसके बावजूद उसने यूनानी शासन से अपने देश को पुनः स्वतन्त्र करने का अभूतपूर्व श्रेय प्राप्त किया। भारत पर सिकन्दर का आक्रमण लगभग ई.पू. 327 में हुआ और 323 ई.पू. तक चन्द्रगुप्त ने देश पर यूनानियों के आधिपत्य का नाम-निशान तक मिटा दिया था। भारत के बहुत ही थोड़े शासकों को यह श्रेय प्राप्त है कि उन्होंने अपने इतने छोटे से शासनकाल में इतनी अधिक सफलताएँ प्राप्त की हो।

मौर्य राजवंश के संस्थापक के रूप में चन्द्रगुप्त ने पहली बार भारत को ऐसा इतिहास प्रदान किया जिसका क्रम कहीं नहीं टूटता। वह ऐसा इतिहास है, जो भारत की अलग-अलग जातियों तथा प्रदेशों का अलग-अलग इतिहास न होकर एक इकाई के रूप में सारे भारत को अपने में समेट लेता है। चन्द्रगुप्त ने जिस साम्राज्यिक इतिहास का निर्माण किया, वह उसके बाद बहुत समय तक कायम नहीं रहा। केन्द्रीय शक्ति को मजबूत बनाते हुए उसने योजनाबद्ध तरीके से प्रशासनिक व्यवस्था की एक ऐसी रूपरेखा तैयार की थी, जो बाद के शासकों के लिए आदर्श बनी रही। प्रशासन को ढंग से चलाने के लिए चन्द्रगुप्त मौर्य ने मन्त्रिमंडल, आमात्यमंडल, प्रान्तीयशासन, नगरीय एवं ग्रामीण प्रशासनिक व्यवस्था, व्यापारिक समिति, वैदेशिक समिति, कर समिति, वस्तु निरीक्षक समिति, सेना एवं पुलिस का प्रबन्ध, गुप्तचर विभाग, राजस्व, न्याय एवं राजस्व, दंड विधान और अनेक प्रकार के लोकहितकारी कार्यों पर ध्यान दिया। वह पहला शासक था जिसने अंगरक्षक के पद पर स्त्रियों को नियुक्त किया।

प्रशासनिक सफलता के मुख्य आधारों को समझने की क्षमता इस शासक को थी और इसीलिए हम पाते हैं कि सभी धर्मों को वह इस तरह समान नजर से देखता था कि ब्राह्मण उसे ब्राह्मण धर्म का, जैन उसे जैन धर्म का और बौद्ध उसे बौद्ध धर्म का समर्थक मानते थे। केन्द्रीय शक्ति मजबूत होने के कारण योजनाबद्ध तरीके से व्यापार का विकास इस काल में हुआ। आर्थिक दृष्टिकोण से बहुत बड़े पैमाने पर पाटलिपुत्र का महत्त्व इसी काल में हुआ। पूरे देश में व्यापार के विकास के कारण यातायात विकसित हुआ और नए-नए नगरों का विकास हुआ। *जैन कल्पसूत्र* की रचना इसी काल में हुई थी।

प्रकृति और सौन्दर्य से चन्द्रगुप्त को बड़ा प्रेम था। वह एक भव्य राजप्रासाद में निवास करता था, जो सुन्दरता तथा रमणीयता में ईरान के सम्राटों के राजप्रासादों से कहीं अधिक सुन्दर था। राजभवन के चारों ओर भव्य उपवन तथा सरोवर बने हुए थे। इन उपवनों में विभिन्न प्रकार के वृक्ष लगे होते थे। राजभवन के आँगन में मयूर विचरते रहते थे। तालाब सुन्दर तथा भिन्न-भिन्न प्रकार की मछलियों से भरे रहते थे। मेगस्थनीज भी उसके राजभवन तथा ठाट-बाट को देखकर स्तम्भित रह गया था। उसके दरबार में सभी प्रकार की ऐश्वर्यपूर्ण वस्तुएँ प्राप्त थीं। सोने-चाँदी के कलश, हीरे-जवाहरातों से जड़ी हुई मेजें, सिंहासन और स्तम्भों को देखकर दर्शकों की आँखें चकाचौंध हो जाती थीं।

12.7 साप्तांग सिद्धान्त

कौटिल्य (6.1) और मनु (8.284-87) दोनों का मत है कि राज्य एक सजीव एकात्मक शासन-संस्था है। यह मनमानी चाल चलनेवाले, अपना भला देखनेवाले विभिन्न तत्त्वों का ढीला-ढाला जोड़ नहीं है। दोनों का मत है कि स्वामी, आमात्य, भू- प्रदेश या जनपद, कर या साधन-सामग्री, दुर्ग, सेना या दंड और मित्र (राजनीतिक मित्रराष्ट्र) राज्य के सात अंग हैं, जिन्हें **सप्त प्रकृतियाँ** कहते हैं। कामन्दक, शुक्र और परवर्ती लेखक साप्तांग परिभाषा को स्वयंसिद्ध मानते हैं। शिलाभिलेख आदि में वर्णित राज्य भी इन सप्त-प्रकृतियों से युक्त पाए जाते हैं।

राज्य के साप्तांग सिद्धान्त पर *अर्थशास्त्र, मनुस्मृति, महाभारत, नवचन्द्रिका, प्रतिपद पंचिका, याज्ञवल्क्य स्मृति, वीरमित्रोदय, मिताक्षरा* आदि ग्रन्थों में प्रकाश डाला गया है। *शुक्रनीति* (1.122-24) के अनुसार, राजा राज्य का मस्तक है, आमात्य आँखें हैं, मित्र कान हैं, कोष मुख हैं, दुर्ग भुजाएँ हैं, सेना मस्तिष्क है और राष्ट्र चरण हैं। गुप्तकालीन *कामंदकसार* का कहना है कि ये सातों मिलकर राज्य और शासन का कल्याण करते हैं और इनमें से एक का भी अभाव या हानि समस्त तन्त्र को नष्ट कर देती है।

राज्य के सात अंगों में स्वामी (राजा) को प्रथम माना गया। स्वामी का अर्थ 'प्रधान' या 'अधिपति' था। कौटिल्य ने राजा पर आनेवाली विपत्तियों पर विचार करते समय वैराज्य (अर्थात् राजारहित राज्य) की कमजोरियों की चर्चा की है। उसके अनुसार, स्वामी को अभिजात, प्रज्ञा, उत्साह तथा व्यक्तिगत गुणों से सम्पन्न होना चाहिए। इन गुणों के कारण सामान्य कुल में जन्मा व्यक्ति भी राजपद ठीक से सँभाल सकता है। स्वामी शब्द राजा के लिए प्रयोग किया गया है।

अर्थशास्त्र के अनुसार, आमात्य एक स्थायी सेवा-संवर्ग (सर्विसकॉडर) के सदस्य होते थे। यह पद मन्त्री से भिन्न था। प्रधान पुरोहित, मन्त्री, समाहर्ता, कोषपाल, दीवानी और फौजदारी मामलों की देख-रेख करनेवाले जिम्मेवार अधिकारी, अन्तःपुर का प्रबन्ध करनेवाले अधिकारी, दूत, विभिन्न विभागों के अधीक्षक आदि उच्च पदाधिकारी आमात्य की श्रेणी में थे। मन्त्रियों से भिन्न आमात्यों की नियुक्ति राज्य की क्षमता पर निर्भर करती थी। आमात्य परिषद् पर विचार करते समय कौटिल्य ने मन्त्रियों और आमात्यों के अन्तर को ध्यान में रखा। आमात्यों को कानूनी विवादों को निपटाने और आरोपों की सुनवाई करने के लिए न्यायाधीशों और दंडाधिकारियों के रूप में नियुक्त किया जाता था। कौटिल्य के इस विचार का **जातक** ने भी समर्थन किया है। कौटिल्य ने आमात्यों को खेती-बाड़ी की निगरानी, दुर्ग-निर्माण की देख-रेख, विपत्तियों के निवारण, अपराधियों को सजा देने और राजकीय बकाए को वसूलने जैसे कार्य सौंपे हैं। इस तरह आमात्य शब्द का प्रयोग शासन चलानेवाले विभिन्न प्रकार के अधिकारियों के लिए किया गया है।

राजधानी में रहते हुए राजा कोष और सेना से सुसज्जित होकर, अपने मन्त्रियों और आमात्यों के साथ मिलकर अपने राज्य के कल्याण का विचार करता था।

जनपद का शाब्दिक अर्थ जनजातीय बस्ती है। भू-भाग में अच्छी जलवायु, पशुओं के लिए चरागाह और कम मेहनत से उपज देनेवाली भूमि होती थी। यहाँ ऐसे परिश्रमी कृषक निवास करते थे, जो कर और दंड का बोझ सह सकें। कौटिल्य का कहना है कि ग्राम में 1 सौ से 5 सौ तक परिवार होते थे और स्थानीय में जो जनपद की सबसे बड़ी इकाई थी, 8 सौ ग्राम होते थे।

चौथा अंग दुर्ग था। दुर्ग से किले का बोध होता है। दुर्गविधान और दुर्गनिवेश भी इसका अर्थ बताया गया है। दुर्गनिवेश में राजधानी की योजना और विन्यास बताया गया है। राजधानी केन्द्रीय स्थान पर बनाई जाती थी।

कोष या खजाना कौटिल्य के ग्रन्थ एवं अन्य स्रोतों में पाँचवें अंग के रूप में आया है। राजा को नेक और वैध उपायों से संचित कोष रखना पड़ता या उसे इन्हीं उपायों से समृद्ध करना पड़ता था। कोष को ऐसा समृद्ध रखना पड़ता था कि अकाल आदि विपत्तियों के समय वह खर्च का भार वहन कर सके। कोष के अभाव में ऐसा कर पाना और उसकी निष्ठा का पात्र बने रहना सम्भव नहीं था। इस तरह समस्त प्रवृत्तियाँ वित्त पर ही आधारित थीं।

दंड का अर्थ मुख्यतः सेना के रूप में सुलभ बल के प्रयोग की शक्ति की चर्चा छठे अंग के रूप में *अर्थशास्त्र* में की गई है। इस अंग में कौटिल्य के अनुसार, पुश्तैनी भाड़े पर रखे गए वन और निगम के सैनिक आते थे, जो पैदल, रथारोही, हाथी-सैनिक और घुड़सवार—चार भागों में विभाजित थे। सेना में हाथी, घोड़ा, रथ, पदाति, नाव, देशी और भाड़े के सैनिक रखने के कारण इसे **अष्टांग बल** भी कहा गया है। वैश्यों और शूद्रों को सेना में भर्ती करने का समर्थन कौटिल्य ने किया है।

सातवाँ अंग मित्र है। मित्र वंशानुगत होना चाहिए ताकि विभेद का संकट खड़ा न हो और अवसर आने पर उससे मदद ली जा सके। यह साप्तांग सिद्धान्त विशुद्ध रूप से ब्राह्मण विचारधारा की उपज है, क्योंकि बौद्ध विचारधारा में साप्तांग-सिद्धान्त का उल्लेख नहीं मिलता।

प्लेटो और अरस्तू से भी बढ़-चढ़कर कौटिल्य ने राज्य की जैसी परिभाषा प्रस्तुत की, उससे ज्यादा तत्कालीन अवस्था में सम्भव नहीं था। राज्य के घटकों पर यूनानी विचारकों ने ज्यादा ध्यान दिया है। उसके दार्शनिक की तुलना स्वामी-योद्धा के दंड तथा कारीगर और कृषक के जनपद से की जा सकती है। गृहपति और नागरिक राज्य के घटक हैं। कीथ के अनुसार, "भारत के पास प्लेटो की *रिपब्लिक* या अरस्तू की पुस्तक *पॉलिटिक्स* से निश्चित ही श्रेष्ठ कौटिल्य का *अर्थशास्त्र* है। आधुनिककाल में राज्य के जो चार घटक—प्रभुसत्ता, सरकार, क्षेत्र और जनसंख्या—माने जाते हैं, वे राज्य के साप्तांग सिद्धान्त के क्रमशः चारों अंगों—स्वामी, आमात्य, दुर्ग और जनपद—के अन्तर्गत आ जाते हैं। इस तरह कौटिल्य का साप्तांग-सिद्धान्त विभिन्न घटकों को प्रभावित करनेवाली विपत्तियों का विवेचन है।" उसके अनुसार, "राजा सभी अंगों में सर्वाधिक महत्त्वपूर्ण है। अगर राजा यथेष्ट गुणों से सम्पन्न है, तो वह अन्य अंगों को भी उन गुणों से सम्पन्न बना सकता है। लेकिन वह वांछित योग्यताओं से रहित हुआ, तो अन्य अंगों से किसी भी अर्थ की सिद्धि नहीं होगी।"

इस तरह प्राचीन भारत में शरीर के रूप में राज्य की परिकल्पना करने का उद्देश्य राजा से सम्बन्धित विभिन्न अंगों के महत्त्व पर जोर देना था। वंशानुगत आमात्यों और दंडनायकों की बढ़ती हुई स्वतन्त्रता के कारण ही अन्य अंगों के महत्त्व पर जोर दिया गया। इसका गहरा सम्बन्ध मौर्योत्तर काल से रहा। राज्य की आधुनिक परिभाषा में भी साप्तांग को स्थान मिला है, लेकिन पूर्णतः और प्रत्यक्ष रूप में नहीं।

12.8 मौर्यस्तम्भों और हखमनी खम्भों में समानता एवं विभिन्नताएँ

तक्षशिला में भीर टीले की खुदाई से हखमनी (अखामन ई.पू. छठी शताब्दी में दक्षिणी ईरान (पारस) के कबीलों में एक का मुखिया था, जिसके कारण उसको जन अखामनी कहा जाने लगा) ईरानी या पर्सिपोली से सिलखेड़ी का एक पट्ट मिला है जिसमें पंखदार हिरण चित्रित हैं। यहाँ से पतले चिपटाए सोने की चार चूड़ियाँ, जिनके सिरे शेर के सिर जैसे हैं, एक कलश के पार्श्वभाग के कुछ टुकड़े मिले हैं, जिन पर परम्परागत पत्तियोंवाली डिजाइन हैं। ऐसे ही डिजाइन अशोक के स्तम्भों के शीर्ष पर दिखाई देते हैं। सारनाथ में प्राप्त पालिशयुक्त बालुकाश्म का सिर, जिस पर जालीदार मुकुट पहनाया गया है और बिना कच्छे के कटिवस्त्र पहनाया गया है, वह हखमनी कला-शैली से प्रभावित है। तत्कालीन राजधानी पर्सिपोलिस में डैरियस द्वारा स्तम्भोंवाले विशाल प्रांगण निर्मित हुआ था। इस स्तम्भ ने अपनी पॉलिश की हुई सतह से एक ऐसे तकनीक को विकसित किया जो हखमनी से मिलती-जुलती है।

अशोक-स्तम्भों के मूल तथा रूप-विधान की प्रेरणा हखमनी स्तम्भ से मिली होगी। ये स्तम्भ न केवल ईरानी तथा भारतीय शिल्पियों के सम्पर्क के परिणाम हैं, बल्कि इसके पीछे साम्राज्यवाद के उपकरण के अंग के रूप में अशोक द्वारा सार्वजनिक सभा के ईरानी प्रांगण की योजना से सम्बद्ध चेतना भी काम कर रही थी। अशोक के शिलालेखों में वर्णित मौर्य साम्राज्य की तसवीर पर ईरानी शासकों की साम्राज्यवादी विचारधारा का काफी प्रभाव था।

अशोक के कुछ अभिलेखों (पाषाण-आदेशपत्र 24, कलिंग आदेशपत्र 1 तथा स्तम्भ आदेशपत्र 7) की राजाज्ञाशैली डैरियस के शिलालेख राजाज्ञाशैली का रूपान्तर है। अशोक के

आदेशपत्र की शुरुआत डैरियस जैसा ही है। धम्म के नियमों का पालन करने के लिए लोगों को प्रोत्साहित करने का अशोक का विशेष तरीका भी ईरानी प्रथा से लिया गया, जिसे डैरियस ने वेहिस्टन तथा नक्श-ए-रूस्तम शिलालेखों में आरम्भ किया था।

मौर्यस्तम्भ सभागार प्रांगण के प्रस्तरस्तम्भ शीर्षरहित पर्सिपोलिस के सभागार के स्तम्भ-शीर्ष से युक्त हैं। ईरानी स्तम्भ या तो घंटाकार नींव पर या सादा आयताकार शिलाखंड पर या सादा गोल साँचों पर टिके हुए हैं, जबकि स्वतन्त्र-मौर्य का कोई आधार ही नहीं है। जिस घंटा आकृति का इस्तेमाल ईरानी स्तम्भों की नींव के लिए किया गया, वह मौर्यस्तम्भों के शीर्ष के रूप में प्रयुक्त है और एक बिलकुल ही भिन्न सौन्दर्य-प्रभाव छोड़ती है। रूप, आकृति तथा दिखावे में मौर्यघंटा ईरानी घंटे से दूर पर है। मौर्यस्तम्भ एकदम सादे और गोलाकार हैं, जबकि ऐसे स्तम्भ को स्वयं ईरानियों ने तिरस्कृत कर दिया था। सम्भवतः मौर्यकालीन प्रस्तर-स्तम्भों का दंड लकड़ी के उन मूल स्तम्भों से लिया गया होगा, जिसे भारतीय साहित्य में स्थूण कहते और ऐसे स्थूण-स्तम्भों पर कबीलाई पशुध्वज के प्राचीन अवशेष मिले हैं। लकड़ी के ऐसे स्तम्भ बौद्धकाल में सार्वजनिक मार्गों पर स्वतन्त्र रूप से खड़े होते हैं। ईरानी दंड पत्थर के अलग-अलग टुकड़ों से बनाए गए हैं, जबकि मौर्यदंड स्थूण की भाँति एक ही पत्थर से बना है। लकड़ी-स्तम्भ को तराशने जैसी विशेषता इसमें दिखाई देती है।

ईरानी शीर्षों पर एक खास शैली में प्राचीन मिस्र-कला-शैली में खजूर के पत्ते का झुरमुट बना होता था, जिससे पीठ-से-पीठ सटाए दो अर्द्धसाँड़ या एकशृंगी या शेर बन जाते थे या उलटा रखा हुआ प्याला बन जाता था और इस सबके ऊपर दोहरी लहरियाँ बनी होती थीं। इसके विपरीत मौर्यकाल में शीर्षों पर एक खास शैली की कमल पंखुड़ियों से बना घंटा भर होता था। मौर्य-स्तम्भों का शीर्षफलक गोल और स्वतन्त्र पशु आकृति भी ईरानी उदाहरणों में बिलकुल ही दिखाई नहीं देती है।

12.9 अशोक

प्रारम्भिक जीवन : अशोक संसार के महान राजाओं में से एक था। उसने जिस साम्राज्य पर शासन किया, उसका दायरा अति विशाल था। साम्राज्य के विस्तार, शासन की व्यवस्था, प्रजावत्सलता, धर्म की संरक्षता तथा हृदय की उदारता आदि के दृष्टिकोण से भारत के इतिहास में वह अद्वितीय माना जाता है। विश्व में विशालता के दृष्टिकोण से अनेक साम्राज्य तथा उसके शासक प्राप्त हो सकते हैं, किन्तु विस्तृत साम्राज्य का सर्वश्रेष्ठ सम्राट होने के साथ-साथ सर्वश्रेष्ठ मानव होना बड़ा कठिन होता है, परन्तु अशोक में यह बात पाई गई और इसी कारण वह भारतीय इतिहास का अद्वितीय व्यक्ति हो जाता है।

अशोककालीन इतिहास पर पुराणों एवं अन्य ग्रन्थों में प्रचुर सामग्रियाँ उपलब्ध हैं, परन्तु स्वयं उसके अभिलेखों से जो ऐतिहासिक तथ्य प्राप्त हैं, वे प्रामाणिकता की दृष्टि से बेजोड़ हैं। बौद्ध-गाथाओं के एकपक्षीय होने के कारण, उन पर पूरा-पूरा विश्वास नहीं किया जा सकता है।

अशोक के पिता बिन्दुसार की कई पत्नियाँ थीं। अशोक की माता के सम्बन्ध में इतिहासकारों में मतभेद है। कुछ विद्वानों का मत है कि अशोक सम्राट बिन्दुसार की एक

यूनानी रानी से उत्पन्न हुआ था। परन्तु इस मत को सिद्ध करने के लिए कोई विश्वसनीय प्रमाण उपलब्ध नहीं हैं। *दिव्यावदान* में उल्लेख आता है कि अशोक की माता का नाम जनपदकल्याणी था। कहीं-कहीं उसका नाम सुभद्रांगी भी आता है। कहते हैं कि वह चम्पा के ब्राह्मण की पुत्री और परम सुन्दरी थी। उसी से अशोक तथा बिगताशोक नामक दो पुत्र पैदा हुए थे। सुसीम अशोक का सौतेला भाई था।

अशोक की शिक्षा-दीक्षा अपने सहोदर भाई तिष्य तथा अन्य सौतेले भाइयों के साथ ही हुई थी। वह पढ़ने-लिखने, हथियार चलाने आदि में अन्य सभी राजकुमारों से अधिक चुस्त, साहसी, चालाक और योग्य था। उसकी प्रतिभा, योग्यता और बुद्धि अपने सभी भाइयों से अधिक बढ़ी-चढ़ी थी। उसका सौतेला बड़ा भाई सुसीम इसीलिए उससे भारी द्वेष रखता था। सम्राट बिन्दुसार ने अशोक को उज्जैन तथा बाद में तक्षशिला का कुमार (राज्यपाल) बनाया। तक्षशिला के विद्रोह को जब अशोक का बड़ा भाई सुसीम न दबा सका, तो बिन्दुसार ने अशोक को तक्षशिला भेजा। अशोक ने इस विद्रोह को शान्त करने में सफलता प्राप्त की।

कहा जाता है कि जब उज्जैनी की सूबेदारी का कार्यभार सँभालने जा रहा था, तभी मार्ग में विदिशा में ठहरा। वहाँ एक व्यापारी की देवी नामक पुत्री पर वह आसक्त हो गया और उसने उससे विवाह कर लिया। इस पत्नी से अशोक को महेन्द्र नामक पुत्र और संघमित्रा नामक एक पुत्री हुई। बौद्ध धर्म के इतिहास में इन दोनों को महत्त्वपूर्ण स्थान प्राप्त है।

साम्राज्य के लिए संघर्ष : बिन्दुसार की मृत्यु के पूर्व ही उसकी बीमारी का समाचार प्राप्त करके अशोक, जो उस समय उज्जैन का प्रतिनिधि-शासक था, पाटलिपुत्र चला आया। अशोक सम्राट बिन्दुसार का द्वितीय पुत्र था। *दिव्यावदान* के अनुसार, अशोक को राजसिंहासन की प्राप्ति के लिए अपने बड़े भाई के साथ घोर संघर्ष करना पड़ा। इस संघर्ष में अन्ततः अशोक विजयी रहा और अपने पिता की मृत्यु के चार वर्ष उपरान्त 269 ई.पू. में वह पाटलिपुत्र के राजसिंहासन पर बैठा। इन चार वर्षों के अन्दर क्या हुआ और कौन यहाँ का सम्राट बना, इसके विषय में कोई निश्चित प्रमाण उपलब्ध नहीं हैं। बौद्ध ग्रन्थों के अनुसार, बौद्ध धर्म में दीक्षित होने से पूर्व अशोक बड़ा निर्दयी था। वह चंडाशोक कहलाता था। अतः अपने सौ भाइयों की हत्या करने में उसे बिलकुल संकोच नहीं हुआ। किन्तु बौद्ध धर्म का अनुयायी बनने पर वह धर्माशोक बन गया तथा उसने अहिंसा की नीति को अपना लिया। बौद्ध ग्रन्थों का यह कथन उपयुक्त प्रतीत नहीं होता। बौद्ध धर्म को महत्त्व प्रदान करने के लिए अशोक के पूर्व चरित्र को कलंकित बनाने का प्रयास किया गया है। उनके विचार में, बौद्ध धर्म के प्रभाव में आकर अशोक के समान पापी व्यक्ति भी धर्मराज बन गया। अशोक के लेखों से पता चलता है कि उसके जीवनकाल में उसके अनेक भाइयों का पोषण राज्य की ओर से होता था। अतः उसने सभी भाइयों की हत्या नहीं की। इसके अतिरिक्त यह भी ध्यान देने योग्य बात है कि जो व्यक्ति युद्धभूमि में घायल एवं मृतक व्यक्तियों को देखकर इतना द्रवित हो उठा कि उसने युद्ध न करने की प्रतिज्ञा कर ली, वह अपने सौ भाइयों की हत्या किस प्रकार कर सका होगा? क्या भाई के रक्त-सम्बन्ध का कोई प्रभाव ही उस पर न पड़ा होगा? तब फिर इन चार वर्षों में क्या हुआ, जो बिन्दुसार की मृत्यु और अशोक के राज्याभिषेक के बीच में आते हैं। कुछ इतिहासकारों का कथन है कि अशोक अपने पिता की मृत्यु के समय

अल्पवयस्क रहा होगा तथा चार वर्षों के बाद पूर्ण वयस्क होने पर उसका राज्याभिषेक हुआ होगा। किन्तु अशोक बिन्दुसार के समय में ही तक्षशिला का विद्रोह दमन करने गया था, अतः वह काफी बड़ा रहा होगा। अपने ज्येष्ठ भाई के कुचलने और विरोधियों को शान्त करने में उसे करीब चार वर्ष लगे होंगे। इसी कारण उसका राज्याभिषेक बिन्दुसार की मृत्यु के चार वर्ष उपरान्त हो सका।

सिंहासन पर बैठने के समय अशोक ने **देवानांप्रिय** तथा **प्रियदर्शी** की उपाधियाँ धारण की।

12.10 साम्राज्य विस्तार

अशोक ने सम्राट बनने के बाद अपने पूर्वजों की भाँति साम्राज्यवादी नीति का अनुसरण किया और कुछ देशों के साथ मैत्रीपूर्ण सम्बन्ध कायम रखने की नीति का भी पालन किया। उसने यवनराज्यों में अपने राजदूत भेजे और उनके राजदूतों का स्वागत किया। उसने यवन पदाधिकारियों को अपने राज्य में नियुक्त किया। लेकिन आन्तरिक दृष्टि में उसकी नीति राज्य-विस्तार की थी। भारत के जो प्रान्त अभी मौर्य साम्राज्य के अधीन नहीं थे, उन पर आक्रमण करने का उसने संकल्प किया। उसने कश्मीर पर आक्रमण किया और उस पर विजय प्राप्त करके उसे अपने साम्राज्य में मिला लिया। कश्मीर के प्राचीन ऐतिहासिक ग्रन्थों (जैसे *राजतरंगिणी)* में अशोक को मौर्यदिश के प्रथम सम्राट के रूप में व्यक्त किया गया है।

अपने शासनकाल के 13वें तथा राज्याभिषेक के नौवें वर्ष में अशोक ने कलिंगराज्य पर आक्रमण कर दिया। कलिंग उस समय एक प्रबल राज्य था और उसके पास एक विशाल सेना थी। नन्दवंश के अन्तिम राजा घनानन्द के शासनकाल में कलिंग मगध साम्राज्य का एक अंग था। नन्दवंश के पतन और मौर्य वंश की स्थापना के संक्रमण-काल से लाभ उठाकर कलिंग ने अपनी स्वतन्त्रता कायम कर ली थी, पर अशोक की नजरों में मगध के लिए अपने पड़ोस में ऐसे शक्तिशाली राज्य का होना असह्य था। अतएव अशोक ने कलिंग की स्वतन्त्रता समाप्त कर देने का निश्चय किया। उसने कलिंग पर आक्रमण करने की योजना बनाई और इसके लिए विशाल सेना का संगठन किया। अशोक के 13वें शिलालेख से हमें ज्ञात होता है कि अशोक ने कलिंग से युद्ध करके उसे अपने साम्राज्य में सम्मिलित कर लिया। इसके लिए बड़ा ही भीषण युद्ध हुआ था। कहा जाता है कि इस युद्ध में ढाई लाख से अधिक व्यक्ति घायल हुए और एक लाख मारे गए। इन हताहतों में सैनिक अफसर, योद्धा और साधारण व्यक्ति सम्मिलित थे। लगभग डेढ़ लाख बन्दी बनाए गए, कई लाख स्त्री और बच्चे अनाथ हो गए। इतने भीषण रक्तपात और निर्मम हत्याकांड के उपरान्त कलिंगराज्य को मगध साम्राज्य का प्रान्त बना लिया गया और एक राजकुमार को वहाँ का राज्यपाल नियुक्त कर दिया गया, जो कलिंग की राजधानी **तोशिल** में रहकर वहाँ के शासन की देखभाल करने लगा।

कलिंग के युद्ध में भीषण नरसंहार हुआ, जिसे देखकर अशोक के हृदय पर गहरा प्रभाव पड़ा। उसके विचार एकदम बदल गए और साम्राज्यवादी नीति को उसने सदा के लिए त्याग दिया। अपने शिलालेख में सम्राट स्वयं लिखता है, "अपने अभिषेक के 8 वर्ष बाद देवानांप्रिय

राजा प्रियदर्शी ने कलिंग देश को विजित किया। वहाँ डेढ़ लाख व्यक्ति बन्दी बनाकर बाहर भेज दिए गए, एक लाख मारे गए और इससे कई गुना नष्ट हो गए।"

स्वयं अशोक ने तो केवल कलिंग जीता था, पर अपने पितामह से उसे एक विस्तृत साम्राज्य मिला था जिसकी उत्तर-पश्चिमी सीमा हिन्दूकुश थी। उसकी छाया में हेरात, कन्धार, काबुल की घाटी और बलूचिस्तान, जिसे चन्द्रगुप्त ने सीरियकनरेश सेल्यूकस से जीता था, अब भी अशोक के शासन में थे। क्रमशः पेशावर और हजारा जिलों में शहबाजगढ़ी और मनसेहरा के शिलालेखों की भौगोलिक स्थिति से यह प्रमाणित हो जाता है। इसकी पुष्टि ह्वेनसांग के लेख से भी हो जाती है। वह लिखता है कि कपिशा (कफसिस्तान) और जलालाबाद में उसने अशोक के बनवाए स्तूप देखे थे। उसी चीनी भिक्षु और *राजतरंगिणी* के अनुसार, कश्मीर भी अशोक के शासन में था, जहाँ उसने श्रीनगर बसाया था। इस उत्तर-पश्चिम के अतिरिक्त उत्तर में उसके साम्राज्य की सीमा हिमालय पर्वत-श्रेणी थी। बौद्ध परम्परा के अनुसार, नेपाल उसके राज्य में था। वहाँ उसने ललितपाटन नामक नगर बसाया और चारुमती के पति और अपने दो दामाद देवपाल क्षत्रिय के साथ वहाँ की यात्रा की। यह उत्तरी सीमा उसके उस भाग के शिलालेख और तराइयों से भी प्रमाणित हो जाती है। देहरादून जिले के काल्सी नामक स्थान पर और तराई स्थित रूम्मिनदेई और निग्लीवा के ग्रामों में उसके लेख मिले हैं।

पूर्व में बंगाल उसके साम्राज्य के अन्तर्गत था। जब महेन्द्र और संघमित्रा लंका को रवाना हुए, तो बंगाल के ताम्रलिप्ति नामक बन्दरगाह तक अशोक उन्हें जहाज पर चढ़ाने आया था। इसके अतिरिक्त चीनी यात्री ने उसके बनाए स्तूप बंगाल में देखे थे। कलिंग को अशोक ने स्वयं जीता था। वहाँ के धौली और जौगड़ के लेख इस पूर्वी सीमा के स्मारक हैं।

पश्चिम में इस साम्राज्य की सीमा पश्चिमी समुद्र थी, जो काठियावाड़ के गिरनार और मुम्बई में थाणे के पास स्थित सोपारा के उसके शिलालेखों से निर्धारित हो जाती है। सौराष्ट्र (काठियावाड़) अशोक के साम्राज्य में था, इसका एक और प्रमाण यह है कि शकराज रुद्रदामा जूनागढ़वाले अपने लेख में कहता है कि चन्द्रगुप्त के प्रान्तीय शासक पुष्यगुप्त वैश्य द्वारा नदियों के प्रवाह को रोककर बनाए गए सुदर्शन नामक झील से अशोक का प्रान्तीय शासक यवन-राज तुषास्प ने खेतों की सिंचाई के लिए नहरें निकालीं।

इस साम्राज्य की दक्षिणी सीमा निजाम-राज्य के मास्की और इरागुड़ी तथा मैसूर राज्य के चीतलदुर्ग तक थी, क्योंकि उन स्थानों में अशोक के लेख पाए गए हैं। इस सीमा के दक्षिण ओर चोलों, पांडवों, सतियपुत्रों और केरलपुत्रों की स्वतन्त्र रियासतें कायम थीं। इन्हीं की भाँति यवन, कम्बोज, गान्धार, राष्ट्रिक पेतेनिक, भोज, नाभक-नाभपन्ती और पुलिन्द आदि जातियाँ स्वतन्त्र थीं और जो अशोक की साम्राज्य-सीमाओं के बाहर रहती थीं।

12.11 अशोक का धम्म

मौर्य साम्राज्य की प्रतिष्ठा बढ़ाने में चन्द्रगुप्त मौर्य के बाद सबसे बड़ा हाथ सम्राट अशोक का रहा है। कलिंग युद्ध से अशोक बौद्ध धर्म के करीब आने में सफल रहा, लेकिन वह पूर्ण बौद्ध नहीं था। तत्कालीन सामाजिक एवं धार्मिक वातावरण से प्रभावित होकर अशोक ने एक नई

विचारधारा की रचना की, जिसे उसने 'धम्म' की संज्ञा दी, जो बौद्ध धर्म से अलग था, लेकिन बौद्ध धर्म की अहिंसा उसमें सम्मिलित थी।

संस्कृत शब्द 'धर्म' का प्राकृत रूप 'धम्म' है। अपने इस धम्म में अशोक ने कुछ वैसे विचारों को रखा जिसका परिचय भारतीय समाज को पहले से था। मानवता की भावना से प्रेरित होकर और प्रशासनिक नीति का एक यन्त्र बनाने के उद्देश्य से अशोक ने धम्म को एक नया रूप प्रदान किया। अशोक का उद्देश्य था कि इस धम्म के माध्यम से लोगों के मानसिक झुकाव या समूह से अच्छा व्यवहार करे और इसके परिणामस्वरूप उसे समाज में न केवल आदर मिले, बल्कि सामाजिक कार्यों में मानवता की भावना भी जागे। अशोक का यह धर्म विद्वानों के अनुसार, व्यक्तिगत विश्वास और सामाजिक वातावरण की देन है। बौद्ध धर्म के नजदीक रहने के बावजूद, अशोक ने अन्य धर्मों के समर्थकों को जानबूझकर कभी नहीं दबाया।

अशोक के इस धम्म का मुख्य आधार यह था कि मौर्य साम्राज्य में कई उपधर्म विकसित होकर आपस में प्रतिद्वन्द्विता की भावना रखते थे, जिसके कारण कई जातियों के बीच झगड़ा होता रहता था और साम्राज्य के विरुद्ध कभी-कभी विद्रोह भी होते रहते थे। इसके अलावा, अनार्य जातियों के आर्यीकरण एवं उनके बीच समानता स्थापित करने की भी समस्या थी। वैश्यवर्ग को आर्थिक शक्ति की तुलना में सामाजिक और राजनीतिक प्रतिष्ठा कम प्राप्त थी, जिसके कारण यह वर्ग भी असन्तुष्ट था।

उपर्युक्त समस्याओं से छुटकारा पाने के लिए अशोक ने यह आवश्यक समझा कि प्रजा के सामने एक ऐसी विचारधारा, सामाजिक दर्शन एवं लक्ष्य रखा जाए, जो सभी धर्मों का सार हो और जिसे मानने के क्रम में लोग अपने आपसी भेदभाव को भूल जाएँ।

अशोक ने धूमधाम से त्योहार मनाने पर रोक लगाई, ताकि समाज में उपद्रव की सम्भावना न रहे और धार्मिक सम्मेलनों में विरोधी दलों के बीच दंगा-फसाद न हो। अहिंसा का पालन न केवल मनुष्य, बल्कि पशुओं के प्रति भी किया जाता था।

धम्म के द्वारा इस बात पर बल दिया गया कि माता-पिता एवं बूढ़े-बुजुर्गों का आदर हो। ब्राह्मणों, सम्बन्धियों, मित्रों और जरूरतमन्दों के प्रति उदारतापूर्वक व्यवहार पर भी बल दिया गया। अशोक ने धम्म को दान, दया, सत्य, आत्मनियन्त्रण के निकट और पाप, क्रोध, ईर्ष्या अभिमान आदि से दूर बताया।

धम्म का प्रचार करने के लिए अशोक ने लोगों के सामने अनेक आकर्षण; जैसे, आकाश रथ, चमकते हुए आग के गोले, हाथी इत्यादि रखे और बताया कि धम्म के पालन करनेवालों को स्वर्ग प्राप्त होंगे। मनोरंजन-यात्रा पर न जाकर अशोक अब धम्म-यात्रा करने लगा था। धम्म के प्रचार के लिए कुछ नए उच्च अधिकारियों की नियुक्ति की गई और उन्हें 'धम्म महामात्र' कहकर पुकारा गया। अपने धम्म-प्रचार के लिए अशोक ने अपने आदेशों को वैसे स्थानों पर लिखवाया, जहाँ लोग इकट्ठे होते थे। धम्म की बातों को बुलन्द आवाज में पढ़वाया भी जाता था।

अशोक ने अपने धम्म-प्रचार के लिए काफी प्रयास किया, लेकिन वह लोकप्रिय नहीं बन सका। धम्म को लागू करने के लिए तलवार का सहारा लेना भी अशोक के लिए ठीक नहीं था क्योंकि इससे जनता के हृदय एवं मन को जीतना सम्भव नहीं था। धम्म का लक्ष्य ही था

सहिष्णुता और नैतिकता उत्पन्न करना और इस स्थिति में शक्ति का प्रयोग उचित नहीं था। सामाजिक तनाव कम करने में भी धम्म सफल नहीं हो सका। इसके लिए प्रजा में स्वयं सूझ-बूझ होनी चाहिए। धम्म द्वारा अशोक प्रजा में एकता लाना चाहता था, बिना इस बात पर विचार किए कि केन्द्रविरोधी शक्तियाँ साम्राज्य की जड़ में सामाजिक एवं आर्थिक स्तर पर फैली हुई थीं, जिन्हें मात्र आदर्श प्रदान कर हटाना सम्भव नहीं था।

अशोक के धम्म के कारण, उसे महान कहना तार्किक लगता है, क्योंकि उसका धम्म सफल नहीं हो सका तो वह जमाने का दोष था। भारत में उस समय पूर्ण सामाजिक समन्वय नहीं हो पाया था और राष्ट्रीयता विकसित नहीं हो पाई थी। हम पहली बार ऐसा पाते हैं कि लगभग सारे उपमहाद्वीप पर एक विशाल साम्राज्य, अनेक जातियों और समस्याओं को अपने कन्धों पर रखकर खड़ा हो गया, जिसे सफलतापूर्वक चलाना आसान नहीं था, फिर भी सफलतापूर्वक चलाने के लिए अशोक ने 'धम्म' को माध्यम बनाया।

12.12 धार्मिक नीति

साम्राज्य की आन्तरिक और बाह्य स्थिति को सुदृढ़ करने की नींव पर अशोक की धार्मिक नीति आधारित थी। तत्कालीन सामाजिक एवं आर्थिक वातावरण में ब्राह्मणों द्वारा संचालित धर्म को राजधर्म बनाना किसी भी अनुभवशील शासक के लिए उचित नहीं था। धार्मिक मतभेद, सामाजिक भिन्नता तथा अन्धविश्वास से यह धर्म मुख्यतः प्रभावित था। जैन धर्म की अहिंसा और कष्टमय जीवन की नीतियों का पालन कृषकों, सभी व्यापारियों, सैनिकों एवं सम्राट के लिए आसान नहीं था। अशोककालीन समाज एवं अर्थव्यवस्था सर्वाधिक ढंग से बौद्ध धर्म के मध्यम मार्ग एवं सामाजिक एकता की नीतियों से प्रभावित थी। चीन, लंका आदि देशों में भारत की प्रतिष्ठा प्रसारित करने में यह धर्म प्रसिद्धि प्राप्त कर चुका था। आधुनिक बिहार, उत्तर प्रदेश तथा आसपास के नगरों में बौद्ध धर्म का प्रभाव सर्वाधिक था। स्त्रियाँ बौद्ध धर्म से प्रभावित थीं।

उपर्युक्त वातावरण में अशोक ने सभी धर्मों के प्रति सहानुभूतिपूर्वक दृष्टि रखते हुए बौद्ध धर्म को राजधर्म के रूप में स्थान प्रदान किया। 16 वर्ष आयु के एक भिक्षु से बौद्ध धर्म की शिक्षा प्राप्त कर अशोक ने इस धर्म के आधार पर आन्तरिक और बाह्य वातावरण में शान्ति एवं एकता का वातावरण बनाने का प्रयास प्रारम्भ किया।

सैकड़ों पशुओं का मांस, जहाँ राजकीय भोजनालय में पहले पकता था, वहाँ अब अशोक स्वयं शाकाहारी हो गया और राजकीय रसोईघर में मांस पकाने पर उसने रोक लगा दी। पशु-पक्षियों के शिकार पर वह अब नहीं जाता। बौद्ध-स्थलों की यात्रा उसने शुरू की। उसके इस कार्य से बौद्ध समर्थकों की संख्या में वृद्धि होने लगी।

धार्मिक कार्यों के लिए दयालु तथा नम्र स्वभाव के अधिकारियों की नियुक्ति की गई। प्रान्तों का दौरा करने के लिए ये अधिकारी प्रत्येक 5 वर्षों पर भेजे जाते थे। राजुक, युक्त जैसे उच्चाधिकारियों की राजधर्म प्रचार-कार्य सौंपे गए। महापात्रों द्वारा धार्मिक कार्य किए जाते थे। इन लोगों ने बिना कारण जेल की सजा तथा मृत्युदंड पर रोक लगाना शुरू कर दिया।

नैतिक जीवन के महत्त्व को धार्मिक दृष्टि से बताया गया। तीसरी बौद्ध संगीति का आयोजन अशोक ने पाटलिपुत्र में किया, ताकि बौद्ध-संघ की आन्तरिक फूट समाप्त हो सके। यह अशोक का ही प्रयास था कि बौद्ध धर्म एशिया की संस्कृति का अभिन्न अंग बन गया।

राजधर्म या बौद्ध धर्म के प्रचार के लिए अनेक उत्सवों एवं सामाजिक समारोहों का आयोजन किया गया। इन अवसरों पर शराब पीना और मांस-भक्षण तथा पशु-युद्ध पर पाबन्दी लगा दी गई। देवताओं को स्वर्गीय विमानों तथा हाथियों पर सवार दिखाया गया। दैवी दृश्य इसलिए दिखाए गए, ताकि ब्राह्मणों में असन्तोष नहीं फैले। धार्मिक संगोष्ठियों से प्रभावित काफी लोगों ने बौद्ध धर्म के प्रति सहानुभूति दिखाई।

धार्मिक नीति को सफल बनाने के लिए अशोक ने राजकोष का बड़े पैमाने पर उपयोग किया। साधु-सन्तों, गरीबों एवं अनाथों को आर्थिक सहायता दी गई। सम्राट, महारानी, राजकुमार, राजकुमारी, रिश्तेदारों और अनेक अधिकारियों ने शारीरिक एवं आर्थिक रूप से इस धर्म को आगे बढ़ाने में सहयोग प्रदान किया। एक नया विभाग—दान विभाग खोला गया और इसके लिए अनेक कर्मचारियों की नियुक्ति की गई। बौद्ध भिक्षुओं को आम का बगीचा, फुलवारी, भवन आदि दान में मिले।

नवीन मठों का निर्माण तथा पुराने मठों की मरम्मत की गई। काफी भिक्षुणियाँ थीं, अतः उनके लिए विशेष व्यवस्था की गई। सरल तथा सर्वमान्य बौद्ध-नियमों को पत्थर-प्लेटों तथा स्तम्भों पर खुदवाया गया, ताकि जनसाधारण उसे पढ़ सकें।

राजधर्म का प्रचार-माध्यम पालि भाषा को बनाया गया। पशु-पक्षियों के इलाज के लिए औषधालय स्थापित किए गए और छाया के लिए पेड़ लगवाए गए।

बौद्ध धर्म के प्रचार के लिए सम्राट और उसके परिवार के अन्य सदस्यों ने लंका, सुमात्रा, चीन, जापान, एशिया माइनर, यूनान तथा मिस्र आदि देशों का दौरा किया। राजकुमार महेन्द्र तथा राजकुमारी संघमित्रा के नेतृत्व में बौद्ध-भिक्षुओं का एक दल सिंहलद्वीप गया। इस दल ने अनेक लोक-कल्याणकारी कार्यों को अंजाम देकर वहाँ की जनता को प्रसन्न कर दिया। इस स्थिति में भारतीय सभ्यता एवं संस्कृति का वहाँ प्रसार होना स्वाभाविक था। श्रीलंका में सिंचाई-प्रणाली तथा पत्थर पर नक्काशी करने का प्रचलन शुरू करने का श्रेय राजकुमार महेन्द्र को ही है।

अशोक की धार्मिक नीति बौद्ध धर्म की नीति थी। सफलतापूर्वक शासन चलाने के लिए ही उसने इस धर्म का समर्थन किया। यह उसका निजी धर्म था, लेकिन इसका यह अर्थ नहीं कि वह अन्य धर्मों का विरोधी था। उसने बलपूर्वक यज्ञों की मनाही की, ताकि जनसाधारण का आर्थिक एवं शारीरिक शोषण नहीं हो सके। ऐसा कहना अनुचित था कि यज्ञ के नाम पर बड़े पैमाने पर होनेवाली पशुबलि पर रोक लगाना ब्राह्मणों के विरुद्ध उठाया गया कदम था। यह भी कहना अनुचित नहीं होगा कि पशुबलि पर रोक लगाने का समर्थन बौद्धों ने किया था और संयोग से अशोक का यह कदम बौद्ध धर्म से मेल खा गया। यदि अशोक ब्राह्मण-विरोधी रहता, तो ब्राह्मणों द्वारा उसके विरुद्ध किए गए छोटे-बड़े विद्रोहों की चर्चा स्रोतों में अवश्य ही पाई जाती। जैनियों के साथ भी हम यही बात पाते हैं।

अशोक की धार्मिक नीति के प्रभाव का जहाँ तक प्रश्न है, साम्राज्य में एकता एवं सुदृढ़ प्रशासन स्थापित करने में वह सफल रहा। उसकी विदेश-नीति भी सफल रही। स्त्रियों, शूद्रों एवं वैश्यों का उसे पूर्ण समर्थन मिला।

अशोक की सफल धार्मिक नीति का ही यह परिणाम था कि विदेशों के साथ स्थापित मधुर सम्बन्धों से बाद के वर्षों में भारत लाभान्वित होता रहा और बौद्ध धर्म की आयु बढ़ गई।

अशोक की धर्म-विजय की नीति और अहिंसा की नीति से उसकी सैनिक-शक्ति में ह्रास हुआ—ऐसा कुछ विद्वानों का मत है। राजकुमारों को जिस अवस्था में सैनिक प्रशिक्षण मिलना चाहिए था, उस अवस्था में वे धार्मिक कार्यों में व्यस्त रहे।

12.13 अशोक के अभिलेख

भारतीय इतिहास में अशोक के अभिलेखों का स्थान असाधारण है। उनसे उसके राजकाल की प्रायः सारी बातों का पता चलता है। अभिलेखों के प्राप्ति-स्थान के आधार पर ही कह सकते हैं कि सुदूर दक्षिण के आधुनिक तमिलनाडु एवं केरल को छोड़कर सम्पूर्ण भारत अशोक के अधीन था। फिर, अशोक बौद्ध मतावलम्बी था। इस मत के समर्थक इन्हीं अभिलेखों का सहारा लेते हैं। इन अभिलेखों में अशोक का हृदय प्रतिबिम्बित होता है। दान, दया, सेवा आदि नैतिक आदर्शों के पोषक के रूप में अशोक हमारे सम्मुख इन्हीं अभिलेखों द्वारा प्रस्तुत किया जाता है। अभिलेखों से महादानी होने का ज्ञापन प्राप्त होता है। शिलालेखों से यह भी जानकारी हो जाती है कि अशोक ने अपने धर्म-प्रचारक कौन-कौन से देश में भेजा और किस-किसके साथ अपने मित्रतापूर्वक सम्बन्ध बनाया। इस शिलालेखों से एक और महत्त्वपूर्ण लाभ यह हुआ है कि इससे अशोक के राज्य-प्रबन्ध, उसके राजस्व के सिद्धान्त, प्रजा के साथ उसके व्यवहार तथा लोकहित कार्यों के बारे में बहुत कुछ ज्ञान प्राप्त हो जाता है। उसने अपने कर्मचारियों को आदेश में अपना व्यवहार व्यक्त किया। अशोक ने कहा, "सब लोग मेरे बच्चे हैं। जिस प्रकार मैं अपने बच्चों की भलाई और प्रसन्नता चाहता हूँ, उसी तरह मैं इस दुनिया में और अगली दुनिया में सभी लोगों की प्रसन्नता और भलाई चाहता हूँ।"

अशोक के बनवाए हुए स्तूप व स्तम्भ इतने कलात्मक हैं कि उन्हें देखकर आज का मानव भी आश्चर्यचकित रह जाता है। साम्राज्य भर में खुद ये लेख इस बात के प्रमाण हैं कि उस समय शिक्षा का प्रसार हुआ था और लोग भी पढ़े-लिखे थे।

अशोक के अभिलेखों को इतिहास में असाधारण स्थान प्राप्त है; केवल इसलिए नहीं कि ये मात्र अभिलेख हैं और अभिलेखों का महत्त्व ऐतिहासिक सामग्री के रूप में अत्यधिक होता है, बल्कि इसलिए भी कि अभिलेख स्वयं में सम्राट के शब्द होते हैं। ये लेख पत्थर के स्तम्भों और पर्वत की शिलाओं पर हिमालय से मैसूर तक और उड़ीसा से काठियावाड़ तक खुदे मिलते हैं। जन-साधारण की भाषा **पालि** में ये लेख सम्राट के उपदेशों को जन-जन में पहुँचाते हैं। अशोक ने इस बात को पूरी तरह समझा कि बीच के भाष्यकार मूल उपदेश को निरर्थक कर देते हैं। इसलिए स्तम्भलेखन के माध्यम से अपने उपदेशों को उसने अपनी प्रजा तक पहुँचाने का प्रयत्न किया।

अशोक के अभिलेखों को तीन श्रेणियों में विभक्त किया जा सकता है : (अ) शिलालेख, (ब) स्तम्भलेख और (स) गुहालेख। इनमें सबसे प्राचीन शिलालेख है। स्तम्भलेख शिलालेखों के बाद में तैयार किए गए थे। ये शिलालेख भारत के लगभग सभी भागों में मिलते हैं। उनसे साम्राज्य-विस्तार, शासन-व्यवस्था तथा धार्मिक सिद्धान्तों के विषय में हमें बहुत कुछ जानकारी

मिलती है। उनकी भाषा उस समय की बोलचाल की प्राकृतिक भाषा है। केवल दो लेख **खरोष्ठी लिपि** में हैं। इन अभिलेखों को आठ भागों में बाँटा गया है :

1. दो लघु शिलालेख : इनको लघु-शिलालेख प्रथम तथा लघु-शिलालेख द्वितीय कहा गया है। सम्भवतः इन दोनों को 250 ई.पू. में खुदवाया गया था। पहले लेख में अशोक के व्यक्तिगत जीवन पर प्रकाश पड़ता है और दूसरे में धर्म का सारांश दिया गया है। लघु-शिलालेख प्रथम मैसूर राज्य में चितलदुर्ग जिला के ब्रह्मगिरि, सिद्धपुर, रामेश्वरम् और जातिंग स्थानों में, बिहार राज्य के शाहाबाद (अब रोहतास) जिले के सहसराम नामक स्थान में, मध्य प्रदेश के वैराट तथा मास्की गवीमठ, पल्कीगुडू येरागुड़ी में पाया गया है। दूसरा लेख सिद्धपुर, ब्रह्मगिरि में पाया गया है। मस्की (रायचूर जिला) के लेख का विशेष महत्त्व है। केवल इसी लेख में अशोक का नाम आता है। अन्य लेखों में केवल देवानांप्रिय, प्रियदर्शी, आदि शब्दों का ही प्रयोग हुआ है।

2. भाब्रू शिलालेख : इस लेख से अशोक के बौद्ध धर्मावलम्बी होने का स्पष्ट प्रमाण मिलता है। इसमें उसने बौद्ध धर्म तथा संघ के प्रति अपनी भक्ति प्रकट की है। इसमें बौद्ध ग्रन्थों के कुछ उद्धरण दिए गए हैं तथा भिक्षुओं एवं उपासकों दोनों से कहा गया है कि वे इनका पाठ तथा मनन करें।

3. चतुर्दश शिलालेख : इन शिलालेखों की संख्या 14 है। इसमें अशोक की नीति तथा शासन-सम्बन्धी सिद्धान्तों की विवेचना है। इसमें तेरहवें शिलालेख को अत्यधिक महत्त्व दिया जाता है, क्योंकि इसमें कलिंगयुद्ध के बाद सम्राट अशोक के हृदय-परिवर्तन का उल्लेख किया गया है। इनकी तिथि 257 ई.पू. तथा 256 ई.पू. है। इनकी प्रतियाँ निम्नलिखित स्थानों में मिली हैं :

शाहबाजगढ़ी (जिला पेशावर, पाकिस्तान में)
मंसेहरा (जिला हजारा, पाकिस्तान में)
जूनागढ़ (जिला गिरनार, सौराष्ट्र में)
सोपारा (जिला थाना, सौराष्ट्र में)
धौली (जिला पूरी, उड़ीसा में)
कालसी (जिला देहरादून मंसूरी के पास, उत्तरांचल में)
जोगदा (जिला गंजाम, आन्ध्र प्रदेश राज्य में)
इरागुडी (जिला हैदराबाद, आन्ध्र प्रदेश राज्य में)

4. कलिंग शिलालेख : इनकी संख्या 2 है। ये उड़ीसा राज्य के पूरी जिले में धौली नामक स्थान पर और आन्ध्र प्रदेश राज्य के जिला गंजाम में जोगदा नामक स्थान पर पाए गए हैं। इनकी निर्माण-तिथि 256 ई.पू. है। इनमें वे नियम तथा सिद्धान्त अंकित किए गए हैं, जिनके आधार पर सम्राट अशोक ने विजय किए हुए कलिंग राज्य तथा साम्राज्य की सीमा से लगे हुए अविजित क्षेत्रों के निवासियों के साथ व्यवहार किए जाने की आज्ञा अपने कर्मचारियों को दी थी।

5. गुफा शिलालेख : गया से लगभग 19 मील दूरी पर बराबर की पहाड़ियों में 4 गुफाएँ आजीवक सम्प्रदाय के भिक्षुओं को समर्पित की गई थी। गुफालेख सम्भवतः 257 और 250 ई.पू. के बीच उत्कीर्ण किए गए होंगे।

6. सप्तस्तम्भ शिलालेख : इन स्तम्भलेखों का निर्माण शायद 242 ई.पू. में हुआ था। ये लेख उत्तर भारत के 6 स्थानों में स्तम्भों पर उत्कीर्ण पाए गए हैं। (1) दिल्ली-टोपरा स्तम्भ काफी प्रसिद्ध है। यह स्तम्भ पहले खिज्राबाद जिले के टोपरा नामक गाँव में स्थित था। यह गाँव दिल्ली से लगभग 12 मील की दूरी पर है। दिल्ली का सुल्तान फिरोज तुगलक ने इसे दिल्ली लाया था। इस स्तम्भ पर सातों लेख खुदे हैं। अन्य स्तम्भों पर केवल छह लेख मिलते हैं। (2) मेरठ-दिल्ली स्तम्भ पहले मेरठ में था। इसको फिरोज तुगलक ही दिल्ली ले गया था। (3) तीसरा इलाहाबाद में है। मूलतः यह कौशाम्बी में था। बाद में सम्राट अकबर इलाहाबाद ले गया था। इस स्तम्भ पर अशोक के दो लघुलेख खुदे हैं जिनमें एक कौशाम्बी लेख और दूसरा रानीलेख कहलाता है। आगे चलकर गुप्तराजा समुद्रगुप्त ने इसी स्तम्भ पर अपना लेख खुदवा दिया है। (4) लौरिया अरेराज स्तम्भ। (5) लौरिय-नन्दनगढ़ स्तम्भ और (6) रामपुरवा स्तम्भ। अन्तिम 3 स्थान बिहार के चम्पारण जिले में हैं।

7. लघु स्तम्भलेख : ये लेख इलाहाबाद, साँची तथा सारनाथ के स्तम्भों पर पाए गए हैं। ये शिलालेख मठ सम्बन्धी फूट से होनेवाली हानि का भी पता देते हैं।

8. तिराई स्तम्भ शिलालेख : ये लेख रूम्मनदेई तथा निग्लीवा में पाए गए हैं। दोनों ही स्थान नेपाल की तराई में स्थित हैं। इसीलिए इन्हें तराई लेख कहा गया है। इन लेखों से प्रामाणिक रूप से पता चलता है कि अशोक ने बुद्ध के जीवन से सम्बन्धित पवित्र स्थानों की यात्रा की थी। इन शिलालेखों से ही पता लगाया जा सकता है कि बुद्ध का जन्म किस स्थान पर हुआ था। ये शिलालेख लगभग 249 ई.पू. में उत्कीर्ण किए गए थे।

अशोक के शिल्प-निर्माण कार्य : कला की दृष्टि से अशोक के शिलाखंड बड़े महत्त्वपूर्ण माने जाते हैं। इन लेखों को अंकित करने के लिए अनेक स्तम्भ, शिलाएँ और गुफाएँ बनाई गईं। शिला, स्तम्भों और गुफाओं के निर्माण से वास्तुकला आदि के विकास को बड़ा प्रोत्साहन मिला। स्तम्भों के आधार में मोरों की तथा शीर्ष पर बैल आदि पशुओं की आकृतियाँ बनाई गईं। इन पशुओं की आकृति में इतनी स्वाभाविकता है कि उनके सच्चे होने का भ्रम होता है। इनकी पॉलिश, सजीवता आदि देखकर कला के पाश्चात्य विशारदों ने इन्हें ईरानी नमूनों से अनुप्रमाणित कहा है। इसके फलस्वरूप मूर्तिकला और चित्रकला की उन्नति को प्रायः एक स्थान से दूसरे स्थान पर ले जाना पड़ता और कभी-कभी पहाड़ियों के ऊपर भी चढ़ाना पड़ता था। इससे सिद्ध होता है उस समय इंजीनियरिंग का अद्भुत विकास हुआ था। स्तम्भों के शीर्ष पर बनी हुई आकृतियाँ वास्तुकला का विस्मयकारी नमूना पेश करती हैं। ये इतने सुन्दर, चिकने और चमकदार हैं कि उनके धातु के बने होने का भ्रम होने लगता है।

12.14 अशोक का शासन-प्रबन्ध

राजत्व सिद्धान्त : अशोक को उत्तराधिकार के रूप में केवल एक विस्तृत साम्राज्य ही नहीं प्राप्त हुआ था, अपितु एक सुव्यवस्थित एवं सुदृढ़ शासन-व्यवस्था भी प्राप्त हुई थी। चन्द्रगुप्त मौर्य ने एक अत्यन्त ही सुसंगठित प्रशासन-व्यवस्था का निर्माण किया था। इसलिए अशोक को उसमें विशेष परिवर्तन करने अथवा कोई नई प्रणाली कायम करने की आवश्यकता नहीं हुई।

कम-से-कम कलिंग-युद्ध तक उसने इस शासन-व्यवस्था की प्रमुख विशेषताओं को कायम रखा। लेकिन कलिंग-युद्ध का अशोक के सिद्धान्तों तथा दृष्टिकोण पर बड़ा व्यापक प्रभाव पड़ा। अशोक के मानसिक और धार्मिक परिवर्तन ने राजनीतिक आदर्श और शासन-प्रबन्ध को भी प्रभावित किया। अशोक ने अपने धार्मिक और नैतिक विश्वास के कारण अपना सारा राजनीतिक और व्यक्तिगत जीवन प्रजा की सेवा में अर्पित कर दिया। उसने राजनीति में नए-नए सिद्धान्तों एवं आदर्शों का समावेश किया। इस हालत में पुरानी शासन-प्रणाली में कुछ महत्त्वपूर्ण परिवर्तन आवश्यक हो गए तथा अशोक को शासन के ढाँचे में कई परिवर्तन करने पड़े। यद्यपि वह ढाँचा पहले जैसा ही रहा, लेकिन उसकी आत्मा बिलकुल बदल गई और उसमें एक नवीन जीवन फूँक दिया गया।

अशोक अपनी प्रजा को सन्तानवत् समझता था। जैसे पिता अपनी सन्तान के मानसिक, आध्यात्मिक तथा भौतिक सुख और उत्थान के लिए प्रयत्नशील रहता है, उसी प्रकार अशोक ने अपने साम्राज्य की सम्पूर्ण शक्ति प्रजा के हित में लगा दी। उसने स्वयं लिखा है, "सब प्रजा-जन गेरे पुत्र के समान हैं। मैं सब लोगों की समृद्धि चाहता हूँ।" वह अन्यत्र कहता है, "जैसे कोई व्यक्ति अपने बच्चे को चतुर धाय के पास सुपुर्द करके निश्चिन्त हो जाता और कहता है कि चतुर धाय मेरे बच्चे को सुखी बनाने के लिए उत्सुक है, उसी प्रकार मैंने सूबेदार नियुक्त किए हैं, जो मेरी जनता के सुख और समृद्धि का प्रयत्न करते हैं।" इस विषय में उसने स्वयं अपने कर्मचारियों के सामने उदाहरण रखा। वंह लिखता है, "हर समय चाहे मैं भोजन कर रहा हूँ, चाहे रनिवास में होऊँ, चाहे निजी कमरे में, चाहे किसी सवारी पर और चाहे उद्यान में, गुप्तचरों को चाहिए कि मुझे मेरी प्रजा के विषय में सूचना दें। मुझे अपने कार्य और परिश्रम से कभी सन्तोष नहीं होता। जनता के सुख के लिए तो मुझे सतत प्रयत्नशील रहना ही है।" इन सिद्धान्तों और आदर्शों को अशोक ने अपनी शासन-व्यवस्था का आधार बनाया और तदनुसार उसमें कुछ परिवर्तन भी किया। सबसे महत्त्वपूर्ण परिवर्तन था—धर्म महामात्रों की नियुक्ति। स्त्रियों के बीच काम करने के लिए स्त्री-अध्यक्षमहामात्र, चरागाहों में बसनेवाली जातियों में काम करने के लिए ब्रजभूमिक और सीमान्त प्रदेशों के लिए अन्तर्महामात्र नियुक्त किए गए। इसके अतिरिक्त राजुक, प्रादेशिक, युक्त आदि पदाधिकारियों को राज्य में दौरा करने का आदेश दिया गया।

प्रतिवेदकों को आज्ञा दी गई कि वे सम्राट को जनता के सुख-दुख की सूचना दे, चाहे सम्राट कहीं भी हो और कुछ भी कर रहा हो। राजुकों को दंड तथा सम्मान देने के विषय में अधिक स्वतन्त्रता दे दी गई, जिससे वे अपने कर्तव्य का अधिक विश्वास और निर्भयता के साथ पालन कर सकें।

सम्राट के राज्याभिषेक के वार्षिकोत्सव पर बन्दियों को रिहा करने की प्रथा जारी की गई। मृत्युदंड पाए गए अपराधियों को दंड मिलने से पहले 3 दिनों का पहले अवकाश दिया जाता था, जिससे वह उपवास, चिन्तन आदि के द्वारा दूसरी जगह की तैयारी कर ले।

सीमान्त की अर्द्ध-सभ्य और लड़ाकू जातियों के प्रति कठोरता की नीति त्याग दी गई और उनके साथ उदारता का बर्ताव किया गया और उनकी आर्थिक तथा नैतिक उन्नति की ओर विशेष ध्यान दिया गया।

अशोक ने अपनी प्रजा की आध्यात्मिक तथा नैतिक उन्नति में ही केवल दिलचस्पी न ली, वरन् उसकी भौतिक उन्नति और सुख के भी अनेक कार्य किए। उसने स्वयं लिखा है कि "मैंने सड़कों पर बरगद तथा आम के वृक्ष लगवाए, हर आधे कोस पर कुएँ खुदवाए और पशुओं तथा मनुष्यों के लिए जलाशय बनवाए।" इसके अतिरिक्त उसने मनुष्यों की चिकित्सा के लिए अस्पताल खुलवाए।

अशोक ने अपनी प्रजा को बहुश्रुत होने की अनुमति दी थी और जैसा कि उसका नियम था, प्रजा को किसी कार्य के लिए प्रेरित करने के पूर्व वह स्वयं उस कार्य को करता था। अतः अशोक स्वयं बहुश्रुत था। विभिन्न राजत्व-सिद्धान्तों का उसे पूर्ण ज्ञान था। राजनीति के आदर्श-सिद्धान्तों का वह पंडित था। उसकी राजनीति में चाणक्य की कूटनीति का समावेश न था और यदि था भी तो अपने धर्म-परिवर्तन के साथ-साथ उसने इसे पूर्णतया भूला दिया था। पवित्रता, आदर्शवादिता, प्रजाप्रियता, नैतिकता तथा मौलिकता इसके राजत्व-सिद्धान्त की प्रमुख विशेषताएँ हैं।

अशोक के तेरहवें शिलालेख के आधार पर कुछ इतिहासकारों ने ऐसा अनुमान लगाया है कि अशोक के अधीन कुछ ऐसे प्रदेश भी थे, जो अप्रत्यक्ष रूप में तो अशोक की अधीनता स्वीकार करते थे, किन्तु इन्हें स्वशासन का अधिकार था, जैसे—यवन, कम्बोज, नाभक, नाभपति, आन्ध्र, भोज तथा पारिद आदि। विद्वानों ने उक्त प्रदेशों में से कुछ की स्थिति का अनुमान इस प्रकार लगाया है—यवन तथा कम्बोज राज्य उत्तरी-पश्चिमी सीमान्त प्रदेश में, भोज पश्चिमी समुद्र तट अथवा बरार में और आन्ध्र कृष्णा तथा गोदावरी नदियों के तटीय प्रदेश थे।

अशोक के साम्राज्य के अन्तर्गत भारत का विशाल खंड था, जिसका शासन करना कोई सरल काम नहीं था। उसने उन समस्त सिद्धान्तों के आधार पर शासन किया, जिसे उसके पिता और पितामह द्वारा स्थापित किया गया था। उसने आवश्यकता तथा अपनी नीति के अनुसार कहीं-कहीं कुछ परिवर्तन अवश्य किया था। अशोक ने अपने पूर्वजों की केन्द्रीय कौंसिल को कायम रखा। इनको **परिषद्** कहते थे। इसका उल्लेख शिलालेख 3 और 6 में हुआ है। यह परिषद् मन्त्रिपरिषद् थी। यह केवल एक परामर्शदातृ संस्था थी और राज्य-संचालन में इसकी राय ली जाती थी।

परिषद् का अशोक के समय में काफी महत्त्व था और छठे शिलालेख में यह लिखा हुआ है कि परिषद् की बैठक तब होनी चाहिए जब राजा दान अथवा घोषणा के सम्बन्ध में कोई मौखिक आज्ञा दे तथा जब महामात्रों पर कोई अत्यन्त आवश्यक कार्यभार सौंपा जाए।

आवश्यक कार्यों का निर्णय परिषद् में ही लिया जाता था। यह देखना परिषद् का काम था कि राजा की प्रत्येक आज्ञा कार्यरूप में परिणत हो। कर्मचारियों के कार्यों पर परिषद् की निगरानी रहती थी। परिषद् कर्मचारियों को आज्ञा भी देती थी। गणना-विभाग के प्रति परिषद् का विशेष दायित्व था। राजा की आज्ञाओं के कार्यरूप में परिणत होने के पूर्व ही परिषद् उनकी जाँच करती थी और आवश्यकता पड़ने पर राजा अपनी उन आज्ञाओं पर पुनर्विचार करता था। आवश्यक कार्यों के बारे में परिषद् महामात्रों को सलाह देती थी। परिषद् के सदस्यों का महामात्रों से मतैक्य होने पर राजा से पूछने की जरूरत नहीं थी, परन्तु मतभेद होने पर राजा का हस्तक्षेप अवश्यम्भावी था।

अशोक के अभिलेखों में राज्यकर्मचारियों के लिए पुरुष, वर्ग, मुख, महामात्र आदि शब्दों का व्यवहार हुआ है। पुरुष उच्चाधिकारी थे। प्रथम, चतुर्थ और सप्तम स्तम्भलेख में **पुरुष** शब्द का उल्लेख मिलता है और यह अनुमान लगाया जाता है कि ये लोग परिषद् के मन्त्री थे। पुरुष राजा के ज्यादा निकट थे, उसकी नीति से परिचित रहते थे और राजुकों को उपदेश या सलाह देते थे। राजुक लाखों प्राणियों पर नियुक्त होते थे। चतुर्थ और सप्तम स्तम्भलेखों में 'पुरुष' की ३ श्रेणियाँ वर्णित हैं—उत्कृष्ट, निकृष्ट और मध्यम। चतुर्थ और सप्तम स्तम्भलेखों में पुरुषों को राजुकों के साथ ही रखा गया है। 'पुरुष' राजा के आदेशानुसार चलते और उसके आदेशों को कार्यरूप में परिणत करते थे। वर्ग शब्द जनसाधारण और कर्मचारी दोनों के लिए प्रयुक्त हुआ है। **मुख** का प्रयोग 'विभागाध्यक्ष' या प्रमुख राज्याधिकारी के अर्थ में हुआ है।

अभिलेखों में ऊँचे कर्मचारियों के लिए महामात्र शब्द का प्रयोग हुआ है। अभिलेखों के अध्ययन से महामात्र की कई श्रेणियाँ मालूम पड़ती हैं। कुछ तो केवल 'महामात्र' कहलाते थे और कुछ के नामों के पहले या पीछे उनके विभाग का सूचक शब्द जोड़ दिया जाता था, जैसे धर्ममहामात्र, स्त्री अध्यक्ष-महामात्र, अन्तर्महामात्र, व्यावहारिक, महामात्रनगरक इत्यादि। कुछ महामात्र मन्त्री होते थे। कुछ महामात्र ऐसे होते थे, जिन्हें आवश्यक कार्य सौंपे जाते थे और परिषद् उन्हें सलाह दिया करती थी।

प्रान्तीय शासन के सम्बन्ध में अशोक ने अपने पूर्वजों की नीति का अनुसरण किया और उसमें उसने किसी प्रकार का परिवर्तन नहीं किया। प्रान्तों में विभिन्न प्रकार के कर्मचारी होते, जिनके अधिकार एक-दूसरे से भिन्न थे। साम्राज्य चार प्रान्तों में विभाजित था और प्रत्येक प्रान्त का शासक राजकुमार होता था। सम्राट की सहायता के लिए एक उपराजा था। इस पद पर उसका भाई रहता था। इसके अतिरिक्त युवराज और आमात्य भी सम्राट को शासन सम्बन्धी कार्यों में सहायता प्रदान करते थे। कुमार और आर्यपुत्रों द्वारा सम्राट को शासन के संचालन में विशेष सहायता प्राप्त होती थी। दूरस्थ प्रदेशों के प्रान्तीय शासक होते थे। इन पदों पर साधारणतया ऐसे व्यक्तियों की नियुक्ति की ज़ाती थी, जो सम्राट के विशेष भक्त होते थे और जिनसे देशद्रोह की उम्मीद भी नहीं की जा सकती थी। अशोक के अभिलेखों में **प्रादेशिक** शब्द का प्रयोग हुआ है। उसका काम कर वसूलना, फौजदारी के मुकदमों को देखना, चोरों का पता लगाना एवं अध्यक्षों तथा उसके आदिवासियों पर नियन्त्रण रखना था।

प्रदेश का सर्वोच्च शासक राजा द्वारा नियुक्त होता था। वह राजा का प्रतिनिधि होता था और राजा की आज्ञा के अनुसार कार्य करता था। सभी क्षेत्रों में राजा और उसके कर्मचारी दौरा करते थे।

न्याय-व्यवस्था : चतुर्थ स्तम्भ-अभिलेख और द्वितीय कलिंग-शिलालेख में अशोक की न्याय-व्यवस्था पर विशेष रूप से प्रकाश डाला गया है। राजा न्याय का स्रोत और सर्वश्रेष्ठ न्यायाधीश था। अशोक के समय न्याय-व्यवस्था के लिए न्यायालयों की स्वाधीनता के महत्त्व को समझा गया था। उसने कार्यपालिका के नियन्त्रण से न्यायाधीश को मुक्त कर दिया था, ताकि राजुक (न्यायाधीश) आश्वस्त और निर्भीक होकर कार्य कर सकें। अशोक कहता है, "उनको अभिहार (उपहार पुरस्कार) या दंड देने का अधिकार है। यह मेरे द्वारा उनके मार्फत

कर दिया गया है, जिससे राजुक आश्वस्त और अमिट कामों में प्रवृत्त हों," जिससे राजुक जनपद के जन को हित और सुख प्रदान करें तथा उस पर अनुग्रह करें। वे प्रजा के सुख और दुख के कारण जानेंगे तथा धर्मयुक्त की सहायता से जनपद के जन को उपदेश देंगे, जिससे वह इहलोक में परलोक को प्राप्त करें। राजुक मेरे आज्ञा पालन के लिए बाध्य हैं। 'पुरुष' भी मेरी आज्ञाओं का पालन करेंगे और ये राजुकों को उपदेश देंगे, जिससे राजुक मुझे प्रसन्न करने में समर्थ हों। "राजुक कई लाख जनों पर नियुक्त हैं।"

अशोक ने फौजदारी कानून की कठोरता को कुछ कम कर दिया। राज्याभिषेक की प्रत्येक वर्षगाँठ पर वह बहुत सारे कैदियों को छोड़ देता था। उसने न्याय की कठोरता में दया का सम्मिश्रण किया, पर दंडविधान को हटाया नहीं। शान्ति और व्यवस्था के लिए वह दंडविधान आवश्यक मानता था।

तत्कालीन भारतीय राजनीतिक सिद्धान्त के अनुसार दो पड़ोसी राज्य बैरी समझे जाते थे और शक्तिशाली राज्य अपने पड़ोसी राज्य को हर प्रकार से शक्तिहीन बनाने का प्रयास किया करता था, किन्तु अशोक ने अपने पड़ोसी जातियों को अभयदान की घोषणा इस प्रकार की, "सीमान्त जातियाँ मुझसे भय न खाएँ, वे मुझ पर विश्वास करें और मुझसे सुख प्राप्त करें। वे कभी दुख न पाएँ, इस बात का सदैव विश्वास रखें कि जहाँ तक क्षमा सम्भव है, राजा उनके साथ करेगा।"

अशोक ने शासन-प्रबन्ध में सबसे बड़ा सुधार यह किया कि उसने सामाजिक जीवन में परिवर्तन लाकर जीवन-स्तर ऊँचा करने का प्रयास किया। इसके लिए उसने कुछ हिंसात्मक समारोहों एवं उत्सवों को बन्द करा दिया। मदिरा, मांस, नृत्य आदि में समय अथवा धन का व्यय होता था, उसे रोकने का भी अशोक ने पूर्ण प्रयास किया। उसके शासन-प्रबन्ध तथा तत्सम्बन्धी सुधारों पर उसकी नैतिकताप्रधान धार्मिकता की पूर्ण छाप थी। जिन नए पदाधिकारियों की नियुक्ति अशोक द्वारा की गई, वे राजनीतिक क्षेत्र में भले ही महत्त्वपूर्ण कार्य न कर सके हों, पर सामाजिक, धार्मिक तथा आर्थिक क्षेत्र में उन्होंने प्रशंसनीय कार्य किया। अब तक के सांस्कृतिक इतिहास में जिन नवीन पृष्ठों को जोड़कर आदर्श भारतीय संस्कृति का उदाहरण अशोक ने प्रस्तुत किया, वह चिरस्मरणीय है।

सम्भवतः वह इतिहास में प्रथम ऐसा शासक था जिसका शासन शक्तिजनित भय के आधार के बदले सदिच्छा, सहनशीलता, सहिष्णुता और सहमति पर आधारित था। कलिंग-युद्ध के उपरान्त अशोक ने अपने शासन को अत्यन्त ऊँचे आदर्शों से असरदार किया। उसने अपना सम्पूर्ण समय प्रजा का पुत्रवत् पालन करने, लोक हितकारी कार्यों को सम्पन्न करने तथा प्रजा की भलाई के लिए कल्याणकारी कार्यों के चिन्तन में व्यतीत करना आरम्भ कर दिया। उसने अपनी प्रजा के नैतिक तथा धार्मिक स्तर ऊँचा उठाने के लिए काफी प्रयत्न किया तथा उसे सदाचारी और धर्मपरायण बनाया। उसने स्थान-स्थान पर बड़ी-बड़ी शिलाओं और स्तम्भों पर उपदेश एवं आदेश खुदवाए। उसने चरित्र एवं आचरण की जाँच करने के लिए निरीक्षक नियुक्त किया। उसने मनुष्यों तथा पशुओं के लिए अधिक संख्या में चिकित्सालय खुलवाया और यात्रियों की सुविधा के लिए सड़कों के किनारे छायादार वृक्ष लगवाया, कुएँ खुदवाया और धर्मशालाएँ तैयार कराईं। उसने अपने शासन को इतना अधिक संगठित और सुव्यवस्थित बना दिया था कि उसके 40 वर्ष के शासनकाल में साम्राज्य भर में कहीं कोई

विद्रोह नहीं हुआ। साम्राज्य में सर्वत्र शान्ति बनी रही। सरकारी कर्मचारी महामात्र तथा राजकीय धर्मोपदेशक जनता को धर्मपरायण, सदाचारी, कर्तव्यशील और गुरुजनों में भक्ति रखनेवाला बनाने का प्रयत्न करते रहते थे। अशोक स्वयं सभी प्रकार के राजसुखों का त्याग करके भिक्षु के जैसा साधारण जीवन व्यतीत करता था। दिन-रात जनता के कल्याण की चिन्ता में लीन रहता था। सम्राट के सार्वजनिक जीवन और वैयक्तिक जीवन के बीच कोई अन्तर न था। उसके दोनों ही प्रकार के जीवन समान रूप से उच्चकोटि के तथा विश्वभर के सम्राट के लिए अनुकरणीय थे। सम्राट अशोक में शासक के जितने गुण विद्यमान थे, उतने गुण किसी भी देश के किसी भी सम्राट में नहीं पाए गए। इसलिए सम्राट अशोक को विश्व का एक महान शासक कहा जाता है।

12.15 इतिहास में स्थान

अशोक भारतीय इतिहास का एक आदर्श एवं महान व्यक्तित्ववाला सम्राट था। विश्व के इतिहास में किसी भी ऐसे सम्राट का उदाहरण नहीं मिलता जिसने अपने आदर्शों का पालन अक्षरशः किया हो। संसार के इतिहास में उसका शासनकाल एक अपूर्व तथा उज्ज्वल अध्याय है। वह संसार का सर्वश्रेष्ठ सम्राट माना जाता है। वह विजेता और शासक के अतिरिक्त शान्ति और धर्म का भी प्रचारक था। राजनीतिक दृष्टि से उसका राज्य अत्यन्त विस्तृत था। शक्ति और बल के बावजूद, उसने स्वेच्छा से शान्ति का मार्ग अपनाया और विजय की लालसा का परित्याग कर दिया। मानव-इतिहास में इस तरह का वह पहला उदाहरण था। उसने भौतिक साम्राज्य को ठुकराकर धार्मिक साम्राज्य स्थापित किया। भूमि-विजय को छोड़कर हृदय-विजय का प्रचार किया। यही कारण है कि उसकी समानता और तुलना में किसी भी सम्राट की गणना नहीं की जा सकती। वस्तुतः वह अद्वितीय सम्राट था और उसका कार्यक्षेत्र काफी व्यापक था। उसके शासनकाल में भारत का सर्वतोमुखी विकास हुआ। उच्च आदर्श, त्यागपूर्ण जीवन, उच्चकोटि के धार्मिक विचार, सुसंगठित शासन-प्रणाली, प्रजा का कल्याण, शान्ति और समृद्धि प्रदान करने की कामना तथा सम्पूर्ण मानव-समाज के हित के साधन की शुभचेष्टा के कारण उसे भारत ही नहीं, वरन् विश्व के प्रसिद्ध सम्राटों, सन्तों, महात्माओं और धर्म-प्रचारकों में सर्वोच्च स्थान प्राप्त करने का अधिकारी बताया गया है।

इन सब बातों को ध्यान में रखते हुए इतिहासकार एच.जी. वेल्स ने अशोक के सम्बन्ध में लिखा है : ''इतिहास के पृष्ठों में सहस्र राजाओं-महाराजाओं के नाम भरे पड़े हैं। उन सब में अशोक का नाम अकेला तारे की भाँति चमकता है। बोल्गा से जापान तक अब भी उसका नाम सम्मानित होता है। चीन, तिब्बत तथा भारत में (यद्यपि अब भारत उसके उपदेश को भूल चुका है) उसकी महानता की परम्पराएँ चली आती हैं। कांस्टेंटाइन तथा शार्लमा के नाम जितने मनुष्यों ने सुने होंगे उससे कहीं अधिक जीवित स्त्री-पुरुष आज अशोक की स्मृति को हृदय में रखते हैं।'' एच.जी. रालिंसन ने लिखा, ''बहुधा अशोक की तुलना मार्क्स, ओरेलियस, सेंट पाल और कांस्टेंटाइन से की जाती है। किन्तु किसी भी ईसाई सम्राट ने ईसा मसीह द्वारा पहाड़ पर दिए गए उपदेश को एक बड़े साम्राज्य का आधार नहीं बनाया और न कभी किसी सम्राट ने अपनी प्रजा के सामने यह घोषणा की, ''सम्राट को कोई मनुष्य हानि ही क्यों न

पहुँचाए, किन्तु उसका मत है कि उसको जहाँ तक हो सके धैर्य के साथ सहन करना चाहिए।" ईसा से ढाई सौ वर्ष पूर्व अशोक ने एक सफल युद्ध की नीति को त्याग दिया। यद्यपि उसके साम्राज्य में उत्तरी-पश्चिमी सीमान्त प्रदेश की अनेक अविजित जातियाँ निवास करती थीं, फिर भी उसने मनुष्यों तथा पशुओं पर होनेवाले अत्याचारों को बन्द किया और समस्त भारतवर्ष में धार्मिक सहिष्णुता स्थापित की। अशोक ने अफलातून (प्लेटो) के उस आदर्श को पूरा कर दिखाया जिसमें शासक दार्शनिक और दार्शनिक शासक होने चाहिए। अशोक में जितने गुण जिस प्रचुर मात्रा में पाए जाते हैं, उतने गुण उतनी मात्रा में किसी अन्य राजा में नहीं पाए जाते। अशोक अपने ढंग का अनोखा और निराला है। वह एक ऐसा युगपुरुष था जिसकी तुलना किसी से नहीं की जा सकती है। एक इतिहासकार के शब्दों में, "अशोक केवल अपने ही युग से नहीं, बल्कि आधुनिक युग से भी, जो उसके आदर्शों की पूर्ति के लिए अभी भी संघर्ष कर रहा है, बहुत आगे था। वास्तव में वह विश्व-शान्ति का सच्चा समर्थक और महान अग्रदूत था।"

12.16 विदेश नीति

39 वर्षों तक भारतीय राजसिंहासन की गरिमा बढ़ानेवाला मौर्यसम्राट अशोक (ई.पू. 271-232 ई.पू.) विदेशों के साथ स्थापित किए जानेवाले सम्बन्धों के महत्त्व को समझता था। दक्षिण और पश्चिम के देशों के साथ उसका सम्बन्ध पहले से था। राजधानी पाटलिपुत्र विश्वप्रसिद्ध नगर था। यहाँ विदेशियों का आना-जाना बराबर लगा रहता था। उनकी देखभाल के लिए विशेष समितियाँ थीं। इस काल में प्रारम्भ हुई विदेश-यात्रा ने अन्तर्देशीय व्यापारिक सम्बन्ध को विकसित किया। कठिन और लम्बी दूरी तय करना व्यापारियों के लिए ही सम्भव था। अशोक ने यूनानी प्रदेशों में एक शिष्टमंडल भेजा और अपनी धम्म-नीति से उन्हें परिचित कराया। भारतीय वस्तुओं एवं विचारों को प्रसारित करने में शिष्टमंडल की भूमिका प्रशंसनीय रही। लंका में भेजा गया शिष्टमंडल काफी सफल रहा। इसका नेतृत्व अशोक का भाई तिस्स ने किया था।

अशोक के समय ईरान से भारत का सम्बन्ध अच्छा रहा। ईरान में प्रचलित रिवाजों एवं संस्कृति का प्रभाव भारत पर पड़ा। ईरान में दोषी को सजा देने के लिए उसका सिर मुँडवा दिया जाता था। बौद्ध ग्रन्थ *महावंस* एवं *अर्थशास्त्र* में इसी प्रकार की सजा की चर्चा है। ईरानी और भारतीय आर्यों के वंशजों ने नए क्षेत्र में बसने के बावजूद प्राचीन रीति-रिवाजों का पालन एक समान किया। हेरियस द्वारा जारी किए गए फरमान के समान अशोक ने भी फरमान जारी किया। ईरान से गहरा सम्बन्ध का परिणाम है—शहबाजगढ़ी और मानसेहरा के अभिलेखों में खरोष्ठी का प्रयोग। अपरान्त क्षेत्र का राज्यपाल तुषास्प था। यूनानी या ईरानी वंश के इस व्यक्ति की नियुक्ति स्वयं अशोक ने की थी। अशोककालीन पाटलिपुत्र के एक पत्थर पर पोर्सिपोलिस राज्य (ईरान) के राज्य-चिह्न के समान ही एक चिह्न था।

इस समय भारत का व्यापारिक सम्बन्ध बेबीलोन से था। बेबीलोन होकर ही यूनानी यात्री समुद्री मार्ग से भारत पहुँचते थे। आधुनिक अफगानिस्तान में सिकन्दर-पूर्व यूनानी बस्तियों के अवशेष मिले हैं अशोककालीन शिलालेखों में योन शब्द है, जो यूनानी बस्तियों

को परिलक्षित करता है। अशोक का सर्वाधिक गहरा सम्बन्ध यूनान के साथ रहा। तक्षशिला का प्रदेश यूनानियों से प्रभावित था। इस क्षेत्र में अशोक ने सड़कें बनवाईं और औषधियोग्य पेड़ लगवाए। भारत की उत्तर-पश्चिम सीमा पर राजनीतिक रुकावट के अभाव में यूनान और उसके आसपास के क्षेत्रों से अच्छा सम्बन्ध स्थापित होना स्वाभाविक था।

कश्मीर के साथ अशोक के अच्छे सम्बन्ध की जानकारी उत्तरकालीन स्रोतों *राजतरंगिणी* से होती है। कश्मीर के दक्षिण-पश्चिम क्षेत्र में स्थित क्षेत्र-खश को अशोक ने अपने अधीन किया। सम्भवतः वह खोतन भी गया, जिसका उदय चीन और भारत के सहयोग से हुआ था।

नेपाल जाकर स्वयं अशोक ने कुछ धार्मिक भवनों का निर्माण करवाया। कलिंग-युद्ध के पश्चात् बंग (आधुनिक बंगाल) से गहरा सम्बन्ध स्थापित करने का पहला कारण था, कलिंग से सावधान रहना और दूसरा था इस क्षेत्र में स्थित प्रसिद्ध बन्दरगाह ताम्रलिप्ति से बड़े पैमाने पर आर्थिक लाभ।

दक्षिण भारत में स्थित गाविमठ, पाल्कीगुंडु, ब्रह्मगिरि, मास्की, येरगुडि, सिद्धपुर और जटिंगरामेश्वर आदि क्षेत्रों से सम्राट ने अच्छा सम्बन्ध स्थापित किया। इससे मौर्य साम्राज्य-विस्तार की जानकारी मिलती है। दक्षिण भारत के भी अनेक लोग शिष्टमंडल में शामिल हो धम्म-प्रचार में गए थे। दक्षिण की शक्तियों एवं क्षेत्रों पर अशोक का प्रभुत्व प्रतीकात्मक था। दक्षिणवालों को अशोक का धम्म विशेष रूप से प्रभावित नहीं कर सका। तमिलनाडु का प्रदेश अशोक के साम्राज्य का अंग नहीं था।

कलिंग-विजय के पश्चात् कोई शक्तिशाली शासक ऐसा नहीं था जिसके विरुद्ध अशोक ने आक्रमण करने की आवश्यकता महसूस की। अतः अशोक ने शस्त्र-विजय की अपेक्षा धम्म-विजय को श्रेयस्कर समझा। भविष्य में विरोधी वातावरण तैयार न हो, इसके लिए ऐसी भावना को फैलाना आवश्यक था, जिससे प्रजा त्यागी और अहिंसक बन सके। जनता की भावनाओं के बीच सन्तुलन बनाए रखने के लिए उसने ब्राह्मण धर्म के हिंसात्मक नीति का समर्थन नहीं किया। वह चाहता तो ब्राह्मणों की हिंसात्मक नीति का कठोरतापूर्वक विरोध कर सकता था। प्रजा एवं पड़ोसी देशों के बीच अहिंसा की भावना फैलाने के लिए उसने बौद्ध धर्म का समर्थन किया। प्रजा के लिए प्रतिपादित नवीन धर्म **धम्म** का उद्देश्य यही था कि उसे किसी धर्म का विरोधी या समर्थक न कहा जाए। देश-विदेश से सहयोग प्राप्त करने की दृष्टि से धम्म एक प्रमुख साधन रहा। इस नवीन धर्म के द्वारा अशोक ने सर्वकल्याण और सहयोग को प्रमुखता दी, लेकिन इसमें मुख्य रूप से उसका स्वार्थ छिपा था। आधुनिक अफगानिस्तान की तरफ से आनेवाली विदेशी शक्तियों से अशोक को हमेशा डर बना रहता था। अतः विदेश-नीति की दृष्टि से उसका सर्वाधिक ध्यान इस बात की ओर रहा कि यूनान, बेबीलोन आदि के साथ मित्रता का सम्बन्ध स्थापित करने में वह सफल हो सके। कलिंग के साथ अशोक की दुश्मनी थी। तमिल क्षेत्र और लंका से मित्रता कर कलिंग कहीं अशोक पर आक्रमण न कर दे, इस दृष्टि से अशोक ने लंका से मित्रता स्थापित कर ली। सुदृढ़ राजनीतिक सम्बन्ध बनाने के लिए ही उसने अनेक शिष्टमंडलों को उत्तर-पश्चिम देशों में भेजा और अनेक कल्याणकारी कार्यों को किया। उसकी विदेश-नीति को एक आदर्श कदम के रूप में स्वीकारनेवाले विद्वानों की संख्या सर्वाधिक है।

12.17 पतन

ई.पू. 322 में चन्द्रगुप्त मौर्य ने भारत में नन्दों को पराजित कर प्रथम साम्राज्य की स्थापना की। अनुभवशील मन्त्री चाणक्य के सहयोग से उसने एक अतिसुदृढ़ प्रशासनिक संगठन का आश्चर्यजनक ऐसा ढाँचा तैयार किया, जिसमें विशेष बदलाव की आवश्यकता बाद के शासकों ने नहीं महसूस की। राजकोष को अति सम्पन्न बनाने के लिए आय के नवीन साधन ढूँढ़ निकाले गए, जिसके लिए बाद के शासकों को पुनः विशेष प्रयास नहीं करना पड़े। राजधानी के अलावा पाटलिपुत्र आर्थिक सम्पन्न और वैभव का नमूना बन गया। चन्द्रगुप्त मौर्य का पुत्र बिन्दुसार के सम्बन्ध में जो भी जानकारी मिलती है, उसके आधार पर इतना ही कहना न्यायिक प्रतीत होता है कि आधुनिक तमिलनाडु और केरल को छोड़, सम्पूर्ण दक्षिण भारत में उसने मौर्य साम्राज्य का विस्तार किया। राजकीय आय में वृद्धि के लिए सम्भवतः विशेष प्रयास करने की आवश्यकता उसे नहीं करनी पड़ी थी। राजनीतिक षड्यन्त्र में सफलता प्राप्त करने के पश्चात् अशोक शासक बना था। बचपन से ही कई प्रकार के संकटों का सामना करते रहने के कारण वह अतिअनुभवशील और होशियार बन चुका था। उसे बौद्धस्रोतों में **सदैव बुद्धिमान साधनों का स्वामी** कहा गया है। बौद्धस्रोतों ने यह भी लिखा है कि वह कुरूप था और उसका पिता बिन्दुसार उससे घृणा करता था। राजपरिवार के अन्य सदस्य एवं सभी सौतेले भाई भी उससे घृणा करते थे। सम्भवतः अशोक के स्वभाव पर इसका मनोवैज्ञानिक असर पड़ा होगा और उसमें कठोरता के भाव विकसित होते गए होंगे। इसका प्रमाण भी मिलता है कि उसने 5 सौ बौद्ध धर्म विरोधी ब्राह्मणों, 5 सौ विरोधी मन्त्रियों और उसकी कुरूपता का मजाक उड़ानेवाली 5 सौ सुन्दरियों की हत्या तो शासक बनते ही करा दी। सम्भव था कि साम्राज्य की आर्थिक दशा खराब होती, तो वह नवीन आर्थिक साधनों की तलाश पहले करता, किन्तु ऐसी बात नहीं पाते हैं। कलिंग-युद्ध के अवसर पर लाखों लोगों की हत्या एवं अकाल मृत्यु, जिसे अपने अभिलेख के माध्यम से अशोक ने स्वयं स्वीकारा है, का मुख्य कारण राजकोष को सुदृढ़ करना ही नहीं बल्कि राजसिंहासन को भी सुरक्षित करना था। अशोक के व्यक्तित्व में इस युद्ध के बाद कठोरता का अभाव और राजनीति से प्रभावित धार्मिक भावना में सुदृढ़ता पाते हैं। इस समय तक अशोक अधेड़ावस्था में पहुँच चुका था। राजसिंहासन की सुरक्षा की चिन्ता समाप्त हो चुकी थीं और लम्बी अवधि तक शासक बने रहने का लक्ष्य इस समय तक मजबूत हो चुका था। नवीन समस्याएँ दिखाई देने के कारण अशोक के व्यक्तित्व में गम्भीरता का समावेश पाते हैं। बाजू की ताकत उम्र बढ़ने के कारण अवश्य कम हुई, किन्तु अधिक चलायमान होने से उसकी सोच-समझ की क्षमता में अपार वृद्धि हुई। उसकी धम्मनीति उसकी मानसिक ताकत की प्रभावशाली प्रमाण थी। अशोक के शासनकाल के उत्तरार्द्ध में 3 प्रमुख तत्त्व दिखाई देते हैं : (1) राजकीय आय में वृद्धि का कोई प्रयास नहीं पाते हैं अर्थात् विरासत में मिले पैतृक धन से साम्राज्य का खर्च चल रहा था, (2) धार्मिक कार्यों पर काफी धन खर्च किया जाने लगा, इतना धन पहले के मौर्य सम्राटों ने खर्च नहीं किया था और (3) पारिवारिक समस्याओं में वृद्धि होने लगी। महारानी तिष्यरक्षिता का षड्यन्त्र और अशोक का अस्वस्थ रहने की चर्चा स्रोतों में दिखाई देती है। मौर्य साम्राज्य का पतन और अशोक की जिम्मेदारी का परीक्षण इसी पृष्ठभूमि में करना उचित प्रतीत होता है।

हरप्रसाद शास्त्री ने 1910 में एक लेख *(Journal of the Asiatic Society of Bengal)* लिखा और बताया कि अशोक की ब्राह्मणविरोधी नीति ही मौर्य साम्राज्य के पतन का सबसे प्रधान कारण था। बौद्ध धर्म के प्रति अशोक की पक्षपातपूर्ण नीति, उसकी अहिंसा-नीति के कारण सैनिक अकर्मण्यता, अशोक के उत्तराधिकारियों द्वारा जैनमत का समर्थन करना, शूद्र अशोक द्वारा पशुबलि पर रोक एवं यज्ञ के समर्थक ब्राह्मणों का नाराज होना, धरती के देवता-ब्राह्मणों को अशोक द्वारा झूठ बताया जाना, धम्म-महामात्रों की नियुक्ति से ब्राह्मणों के अधिकार पर चोट, न्याय-प्रणाली और दंडविधान सम्बन्धी सुविधाओं से ब्राह्मणों को वंचित रखना और इन सभी कारणों से नाराज ब्राह्मण सेनापति पुष्यमित्र शुंग द्वारा मौर्यों को हराकर शक्ति ग्रहण करना मौर्य साम्राज्य के पतन के प्रमुख कारण थे।

1935 में एच.सी. रायचौधरी की पुस्तक *(Political History of Ancient india)* कलकत्ता से प्रकाशित हुई, जिसमें उन्होंने हरप्रसाद शास्त्री के विचारों के प्रति पूर्ण असहमति प्रकट की। पुष्यमित्र शुंग द्वारा अन्तिम मौर्यशासक वृहद्रथ की हत्या को उन्होंने धार्मिक नहीं, बल्कि पूर्णतः राजनीतिक कारण बताया। पशुबलि पर रोक की बात ब्राह्मण साहित्य में ज्यादा की गई है और सिर्फ यज्ञों की महत्ता की व्यर्थता का उल्लेख भी किया गया है। अशोक की माँ ब्राह्मणी (?) थी और अशोक से सम्बद्ध अन्य स्रोत अशोक को शूद्र नहीं बताते। अशोक के ब्रह्मगिरि लघुशिलालेख के तथ्यों का गलत अर्थ लगाया गया कि अशोक ने ब्राह्मणों को झूठा बताया है। धम्म महामात्रों की नियुक्ति ब्राह्मणों के विरोध में अशोक द्वारा नहीं की गई; सामान्यतः सामाजिक कल्याण से वे मतलब रखते थे और उनका कार्यक्षेत्र ब्राह्मणों से कहीं ज्यादा व्यापक था। ब्राह्मणों की दंड सम्बन्धी सुविधाओं को समाप्त करने के लिए अशोक ने कोई प्रयास नहीं किया; बल्कि उसका प्रयास कानून और दंड में एकरूपता लाना था। उसके अभिलेखों में ब्राह्मणों को उचित आदर प्रदान करने का बारम्बार संकेत है। बौद्ध धर्म के प्रचार का प्रयास अन्य धर्मों पर इतना प्रबल व्याघात नहीं था, जिसके कारण मौर्य साम्राज्य दुर्बल हो जाता।

मौर्य साम्राज्य के पतन के कारणों के सम्बन्ध में शास्त्री के तर्कों से पूर्ण असहमत होते हुए रायचौधरी ने पतन के लिए अशोक की अहिंसा-नीति को प्रमुख कारण माना है। उनके अनुसार, अहिंसा की नीति न सिर्फ सैनिक अवनति की कारण बनी, अपितु इसने सम्राट की नियन्त्रण-शक्ति को भी कम किया।

डी.डी. कोसाम्बी के अनुसार, मौर्यकाल के अन्तिम चरण में अर्थव्यवस्था लड़खड़ाने लगी। गणिकाओं और अभिनेता आदि पर अतिरिक्त शुल्क लगाए गए। मिलावट एवं हीन कोटि के आहत सिक्के मिलने लगे। निहाररंजन राय के अनुसार, प्रजा से समर्थन प्राप्त कर पुष्यमित्र की राज्यक्रान्ति मौर्य-अत्याचार के विरुद्ध तथा मौर्यों द्वारा अपनाए गए विदेशी विचारों का विशेषकर विदेशीकला के क्षेत्र में अस्वीकरणीय था।

सैनिक अकर्मण्यता, ब्राह्मण-रोष, सार्वजनिक विद्रोह या आर्थिक दबाव को रोमिला थापर ने मौर्य साम्राज्य के पतन का कारण नहीं माना है। शासन के संगठन और राज्य या राष्ट्र की संकल्पना को पतन का वे मुख्य कारण मानती हैं। *The Mauryas Revisited* नामक लेख में उन्होंने बताया है कि यद्यपि मौर्य-व्यवस्था स्थायी नहीं रही, उसकी कृषि और व्यापार में महत्त्वपूर्ण परिवर्तन हुए, फिर भी ये विकास उतने नहीं थे जिससे एक साम्राज्य कायम रखा जा सकता था। जब इस अतिमौलिक एवं महत्त्वपूर्ण कारण के साथ दूसरे प्रकार के अन्य

कारण मिल गए, तो मौर्य साम्राज्य का पतन हुआ। रोमिला का यह विचार भी तार्किक लगता है कि मौर्यकालीन शासन में नौकरशाह सम्राट के प्रति उत्तरदाई थे, न कि राज्य के प्रति। वे सम्राट के निजी कर्मचारी समझे गए, विशेषरूप से इस कारण कि नौकरशाहों के चुनाव में सम्राट की शक्ति अपार थी। इसका अर्थ था कि सम्राट के बदलने के साथ पदाधिकारियों का परिवर्तन हो सकता था, कम-से-कम उनका, जो वरिष्ठ और उत्तरदायित्वपूर्ण पदों पर आसीन थे। थापर के इस विचार को अगर हम स्वीकारते हैं, तो यह भी ध्यान में रखना होगा कि बिन्दुसार अपने ज्येष्ठ पुत्र और अशोक के सौतेला भाई सुसीम को अपना उत्तराधिकारी बनाना चाहता था, किन्तु अशोक ने अपने सहयोगी मन्त्रियों की सहायता से तलवार के बल पर बीमार बिन्दुसार के सिर से राजमुकुट छीन लिया और 4 वर्ष पश्चात् सुसीम को मारने के बाद ही वह ई.पू. 269 में पूर्ण शासक बना। इस घटना का सम्बन्ध मौर्य साम्राज्य के पतन के बीजारोपण से जोड़ें, तो कहा जा सकता है कि बिन्दुसार और सुसीम के समर्थक पदाधिकारीगण भी महत्त्वपूर्ण पदों से हटाए गए होंगे जिनकी सहानुभूति अशोकविरोधी तत्त्वों के साथ स्वाभाविक रूप से होगी।

पुनः अशोक का पुत्र कुणाल की आँख फोड़वाने में अशोक की रानी तिष्यरक्षिता की भूमिका महत्त्वपूर्ण रही। बौद्धस्रोतों के अनुसार, तिष्यरक्षिता को अशोक ने मृत्युदंड दिया और कुणाल के पुत्र सम्पदीन को अपना उत्तराधिकारी बनाया। तिष्यरक्षिता के समर्थक अधिकारीगण भी निश्चय ही अशोक के प्रशासन में कार्यरत रहे होंगे। इस तरह बिन्दुसार, सुसीम और तिष्यरक्षिता के समर्थक तत्त्वों द्वारा अशोक के जीवनकाल में ही अगर मौर्य साम्राज्य की नींव कमजोर करने का प्रयास किया गया, तो इसे नजरअन्दाज नहीं किया जा सकता। रोमिला ने इन बातों को विशेष महत्त्व नहीं दिया है, किन्तु वास्तविकता यह है कि इसी माहौल में आगे चलकर केन्द्र में निर्बल सम्राट जब शासक बना, तो अशोक के पुराने विरोधियों के सहयोग से स्थानीय शासक सम्राट के प्रति उतनें स्वामीभक्त नहीं रह सके होंगे।

प्रजा का विचार जानने और आवश्यकता पड़ने पर जनमत या बहुमत को अपने पक्ष में करने के लिए पदाधिकारिगों का प्रयोग करने की क्षमता अशोक के बाद के शासकों में नहीं रही। अशोक के अयोग्य उत्तराधिकारी पदाधिकारियों का प्रयोग अत्याचार बढ़ाने के लिए करते थे। तक्षशिला में भड़कनेवाला विद्रोह सबसे प्रचंड विद्रोहों में था, जहाँ स्वयं स्थानीय शासक ही विद्रोहियों का नेतृत्व कर रहे थे।

बिन्दुसार के समान अशोक का पौत्र और उत्तराधिकारी जैन मतावलम्बी था और उसे शक्तिशाली राज्याधिकारियों का समर्थन प्राप्त था। दूसरी तरफ दशरथ ने (अशोक का पुत्र या उत्तराधिकारी) देवानांप्रिय की उपाधि धारण की और आजीविकों को संरक्षण प्रदान किया। अशोक को यह कटु सत्य स्वीकार करना पड़ा था कि उसके आदेश अब बेजान शब्द मात्र बन गए थे और उसे सत्ता से वंचित कर दिया गया, यद्यपि औपचारिक रूप में वह अब भी सम्राट बना रहा। इस तथ्य का सम्बन्ध संगीन राजनीति और पारिवारिक तनाव से जोड़ना अनुचित प्रतीत नहीं होता है। बौद्धमत की विरोधी महारानी तिष्यरक्षिता भी इस षड्यन्त्र में शामिल थी। बुरे मन्तव्य के लिए पदाधिकारी भी शासन का इस्तेमाल करने लगे थे।

चन्द्रगुप्त, बिन्दुसार और अशोक के शासनकाल के प्रथमार्द्ध की अवधि में राजनीतिक और प्रशासनिक संगठन की योजना इस प्रकार की गई थी, जिसमें केन्द्र से कठोर नियन्त्रण

अनिवार्य था और मौर्यशासक इसमें सफल भी रहे, किन्तु अशोक के शासनकाल के अन्तिम दिनों में इसकी अनुपस्थिति के लक्षण प्रकट होने लगे और शीघ्र ही साम्राज्य का विभाजन भी हो गया। पूर्वी राज्य की राजधानी पाटलिपुत्र और पश्चिमी राज्य की राजधानी तक्षशिला में स्थापित हुई। पूर्वी प्रदेश का शासक दशरथ या सम्पदीन और पश्चिमी प्रदेश का शासक कुणाल बना। अशोक की नीति का अनुसरण करना इन दोनों शासकों के लिए सम्भव प्रतीत नहीं होता।

जिस समय विख्यात सेल्यूकसवंशी सम्राट अंतिओकस महान (223-187 ई.पू.) ने पूर्व में अपनी विजय-यात्राओं के बाद हिन्दूकुश पर्वतों को पार किया और मौर्यों के प्रादेशिक राज्यपाल सुभगसेन से काबुलघाटी छीनकर उसके साथ अपने सम्बन्ध को पुनः स्थापित किया, उस समय अंतिओकस को आर्कोसिया पर चढ़ाई करने के लिए भारत से हाथी दिए गए। 206 ई.पू. तक मौर्य शासक इस स्थिति में नहीं रह गए कि अंतिओकस को आर्कोसिया में प्रवेश करने से रोक सकें। युक्रेटिडीज के नेतृत्व में यूनानी पंजाब में बढ़ आए। विख्यात मिनेंडर ने सियालकोट में अपनी राजधानी बनाई, जहाँ से उसने गंगाघाटी में फैजाबाद और पाटलिपुत्र तक हमले किए। इससे प्रमाणित होता है कि अशोक के बाद पंजाब और पश्चिमी भाग को बाहरी आक्रमण से बचाना सम्भव नहीं रह गया था। स्थानीय मौर्य-सेनापतियों में स्वभावतः स्वयं राजा के रूप में प्रतिष्ठित होने का लोभ जागृत हो उठा था।

प्रशासन में बेहतरी के लिए अशोक ने कुछ नए अधिकारियों की नियुक्ति की, किन्तु इसके प्रमाण नहीं मिलते कि चन्द्रगुप्त मौर्यकालीन अधिकारियों या सेनाओं की संख्या में कहीं कोई कमी की गई। बौद्ध धर्म के नाम पर उसने अपार सम्पत्ति खर्च की। प्रतिदिन एक लाख भिक्षुओं को भोजन और अरबों की सम्पत्ति दान देने, स्तूपों के निर्माण एवं बौद्ध सम्मेलनों पर काफी खर्च किए गए। राजकोष पर इसका दबाव पड़ना स्वाभाविक था। इस दबाव को कम करने के लिए राजकीय आयस्रोत में वृद्धि के प्रमाण नहीं मिलते। पूर्वजों की कमाई का उपयोग होते रहे। अशोक के अन्तिम दिनों में उत्तराधिकारी सम्पदीन के आदेश से उसे मिट्टी के पात्र में भोजन दिया जाने लगा था क्योंकि इससे पूर्व सोने, चाँदी, काँसा, पीतल और ताँबे के बने जिन सैकड़ों पात्रों में उसे भोजन दिए जाते थे, उन सभी को वह बौद्धों को दान कर देता था। यह घटना कमजोर आर्थिक दशा की संकेत थी।

मुद्रा का अवमूल्यन *अर्थशास्त्र* में देखने को मिलता है, जिसके अनुसार वित्तीय कठिनाई का सामना करने के लिए निम्न धातुओं को मिश्रित कर 1 रजत सिक्के में 8 रजत सिक्के बनाए गए। वित्तीय कठिनाई का सामना करने के लिए एक बार के बदले बार-बार कर लगाने और पुनः विशेष कर लगाने के प्रावधानों की चर्चा है। राजकीय आय में वृद्धि के लिए साँप, भूत अथवा ऐसी नई उपासना-विधियों को खोज निकालने का प्रयास करने की चर्चा *अर्थशास्त्र* में है। धनी व्यापारियों को ज्यादा मदिरापान कराकर गुप्तचर द्वारा उनके धन लूट लेने की भी चर्चा है। अशोक के समय आर्थिक समस्याओं का सामना करने के लिए विशेष उपाय किए गए, इसकी ठोस जानकारी नहीं मिलती। केन्द्रीय प्रशासन की बेहतर दशा के बावजूद बाढ़, महामारी, सूखा एवं अन्य संकटकाल में कलिंग के इलाके में राजकीय सहायता-कार्य यातायात के मन्द साधनों और लम्बी दूरियों के कारण अत्यन्त कठिन रहा। फलतः अशोक के बाद खारवेल नामक एक बर्बर ने शक्ति और सत्ता प्राप्त करके कलिंग को

दूर तक रौंद डाला और अशोक की विजय को पलट दिया। कलिंग में नवीन स्वतन्त्र शासक का होना स्वाभाविक था।

अशोक के बाद, गंगा नदी के आसपास स्थित मध्यदेश सम्पन्न एवं समृद्ध था, किन्तु खनिज पदार्थ पर राज्य का एकाधिकार धीरे-धीरे खत्म होने लगा। बिहार में ताँबे की खानें जल की सतह तक पहुँचने लगी थीं; पर पानी हटाने के कोई साधन नहीं थे। लोहे की माँग इतनी बढ़ गई थी कि मगध से उसकी पूर्ति कठिन था। दक्षिण भारत में लोहे का नवीन भंडार राजकीय नहीं, बल्कि निजी प्रयास द्वारा विकसित किया जाने लगा था। आन्ध्र और कर्नाटक के जंगलों में ऐसे लौह भंडार इस प्रकार बिखरे पड़े थे कि उन्हें मौर्य नौकरशाही द्वारा अधिकतम क्षेत्र से निकालकर शुद्ध लोहा तैयार करना काफी खर्चीला और कठिन था। मौर्य साम्राज्य की सीमा में स्थित दक्षिणी प्रायद्वीप की मिट्टी ऐसी नहीं थी कि थोड़े प्रयास से उसे मगध की भूमियों की भाँति कृषियोग्य बनाई जा सके, फलतः इस दक्षिणी भाग में स्थानीय राज्यों का विकास स्वाभाविक था। अज्ञात 'अश्वजनों' के मुखियाओं से बढ़कर ब्राह्मणशैली में चातुर्वण्य के राजा हो गए।

12.18 प्रशासन तन्त्र

मौर्य वंश के संस्थापक चन्द्रगुप्त मौर्य से लेकर सम्राट अशोक और उसके बाद के कुछ मौर्यकालीन शासकों के काल में जिस प्रकार की प्रशासनिक बनावट दिखाई देती, भारत में वैसी उपस्थिति पूर्व के कालों में हम नहीं पाते हैं। *अर्थशास्त्र* में केन्द्रीय शासन-व्यवस्था पर अधिक बल दिया गया है, जिसका सर्वोच्च सम्राट होता था। व्यावहारिक रूप में सम्राट सर्वशक्तिमान् निरंकुश और स्वेच्छाचारी था। अशोक के काल में निरंकुश शासक के रूप में शासन करना सम्राट का नैतिक एवं पुनीत कर्तव्य हो गया था। प्रजा को इस समय राजा की सन्तान बताते हुए जनकल्याण पर बल दिया गया है। परम्परागत भारतीय राजनीतिक विचारधारा के अनुसार सामाजिक व्यवस्था को यथावत् रखना सम्राट का प्रमुख कर्तव्य था। *अर्थशास्त्र* के अनुसार कोई भी राजा ब्राह्मणों के सहयोग, परिषदों के उचित परामर्श एवं शासन सम्बन्धी नियमों का प्रतिपादन करके ही सफल हो सका; अर्थात् प्रशासन में मन्त्री पद पर ब्राह्मण की बात हम पाते हैं। सम्राट का यह प्रयास रहता था कि उसकी प्रत्यक्ष पहुँच प्रशासनिक अधिकारियों और प्रजा तक रहे।

प्रशासनिक कार्यों को चलाने के लिए व्यवस्थापिका थी, जिसका स्वरूप मूलतः सामाजिक रीति-रिवाजों के आधार पर होता था। राजा का निर्णय रीति-रिवाजों से ऊपर होता। मन्त्रिपरिषद् के सदस्यों से सम्राट सलाह लेता, लेकिन अन्तिम निर्णय आवश्यकतानुसार वह स्वयं लेता। इस काल में परिषद् का अस्तित्व था, लेकिन आधुनिककाल की तरह राजनीतिक स्वरूप नहीं था। सम्राट अगर बदलता तो मन्त्रिपरिषद् के अधिकारों में परिवर्तन होने की सम्भावना रहती। परिषद् के सदस्यों की नियुक्ति प्रत्यक्ष रूप से चूँकि सम्राट करता, अतः परिषद् पर उसी का नियन्त्रण रहता। ये सदस्य प्रायः मौर्य परिवार या ब्राह्मण वर्ग के होते। आवश्यकतानुसार परिषद् के सदस्यों की संख्या घटाई-बढ़ाई जाती। महामन्त्री और महापरिषद् में अन्तर था। प्रशासनिक दृष्टिकोण से महामन्त्रियों की सभा बड़ी लेकिन मन्त्रिपरिषद् की छोटी होती थी।

प्रशासन में अनेक विभाग होते, जिनका अलग-अलग विशेष पदाधिकारी होता था। उदाहरण के लिए खजाने में धन बढ़ाने का कार्य जो पदाधिकारी विशेष करता उसे 'सन्निदाता' कहते थे। नगद या वस्तु के रूप में राजकीय आय एकत्र करने का अधिकार उसी के हाथ में होता। इस अधिकारी के अधीन कई समाहर्ता होते जो साम्राज्य के विभिन्न भागों से राजस्व वसूलते थे। कर के रूप में हीरे-मोती एवं अन्य बहुमूल्य वस्तुएँ भी वसूली जातीं। भूमि, नगर, व्यापार, खान, जंगल, यातायात, दंड, लाइसेंस आदि स्रोतों से केन्द्र को राजस्व प्राप्त होता जिसका हिसाब-किताब करनेवाला अधिकारी महालेखागार विभाग का नियन्त्रण करता। वह समाहर्ता कहलाता। महालेखागार के इस अधिकारी के अधीन अन्य कर्मचारियों की नियुक्ति होती जो आय-व्यय का लेखा-जोखा करते थे। धाँधली करनेवाले प्रशासनिक कर्मचारी को कठोर सजा दी जाती। राजकीय आर्थिक क्रिया-कलापों के अलावा कृषि से उत्पादित वस्तुओं पर उपज का छठा भाग अर्थशास्त्र के अनुसार कर के रूप वसूला जाता था। कृषकों को पिंड कर देना पड़ता जो गाँव के समूह पर लगाया जाता था। इस कर को बलि या करा कहा गया है। एक यूनानी स्रोत में कर का प्रतिशत उपज का चौपाई भाग बताया गया है।

इस काल में वित्तीय वर्ष आषाढ़ से शुरू होता। आय का एक बहुत बड़ा हिस्सा राजकर्मचारियों के वेतन और जनकल्याण पर खर्च होता। राजकीय भूमि एवं वेश्यावृत्ति से प्रशासन को काफी कर प्राप्त होता। मन्त्री, पुरोहित और सेनापति को 48 हजार पण वेतन दिया जाता था। मुख्य समाहर्ता को 24 हजार, मन्त्रिपरिषद् के सदस्य को 12 हजार और लेखापाल तथा अन्य कर्मचारियों को 5 सौ पण दिया जाता था। विशाल स्थायी सेना, भवनों एवं सड़कों के निर्माण, कुआँ, सिंचाई के लिए बाँध आदि बनवाने में काफी खर्च होता।

साम्राज्य कई प्रान्तों में बँटा था। राजपरिवार का ही सदस्य प्रान्त का पति होता था। सम्राट का पुत्र एवं आवश्यकता पड़ने पर राजपरिवार के रिश्तेदार भी इस पद को सँभालते थे। भारत का उत्तरी भाग एक प्रान्त के अधीन था, जो तक्षशिला कहलाता था। पश्चिम का प्रान्त उज्जैन, पूर्व का वैशाली और दक्षिण का स्वर्णगिरि था।

प्रान्त कई इकाइयों में बँटा था, जिन पर शासन करनेवाला **राज्यपाल** कहलाता था। इसकी नियुक्ति स्थानीय लोगों की राय से की जाती थी, ताकि स्थानीय लोगों की भावना की पुष्टि प्रशासन के पक्ष में रहे। प्रान्तीय प्रशासन में मन्त्रिपरिषद् का प्रभाव केन्द्रीय शासन की अपेक्षा ज्यादा था। पदाधिकारियों की एक श्रेणी में महामात्य थे, जिनके सम्बन्ध में निश्चित रूप से कुछ कहना मुश्किल है।

अशोक ने कलिंग-युद्ध के बाद धम्म महामात्य नामक एक अलग श्रेणी की स्थापना की थी।

गाँव का प्रशासन राजुक नामक पदाधिकारी करता था। वह राजस्व वसूलने और न्याय करने का काम करता था। अशोक के काल में राजुकों के अधिकार में वृद्धि हुई, क्योंकि अशोक ने व्यवहार-समता एवं दंड-समता में एकरूपता लाने का प्रयास किया।

अपराधों की सजा जुर्माने के रूप में दी जाती थी। जुर्माना नहीं देनेवाले को राजकीय भूमि पर कार्य करना पड़ता था। अशोक के काल में भी, आवश्यकता पड़ने पर मृत्युदंड प्रचलित रहा।

सफलतापूर्वक प्रशासनिक कार्य को चलाने के लिए प्रान्त कई जिलों में विभक्त थे। एक जिला में प्रादेशिक, राजुक एवं युक्त नामक पदाधिकारी तथा उनके अधीन अनेक छोटे-छोटे अधिकारी एवं कर्मचारी होते थे। प्रादेशिक नामक पदाधिकारी अपने से नीचेवाले अधिकारियों

एवं कर्मचारियों के कार्यों की देखभाल करता था। राजुक प्रायः न्यायिक कार्य करते थे। अशोक के तृतीय शिलालेख में युक्त नामक पदाधिकारी की चर्चा है, जो हिसाब-किताब की देखभाल करता था।

जिला एवं ग्राम-प्रशासन के बीच एक प्रशासनिक इकाई होती थी, जो 5 या 10 गाँवों को मिलाकर बनाई जाती थी। इस इकाई के दो महत्त्वपूर्ण पदाधिकारी स्थानिक और गोप कहलाते थे। स्थानिक नामक पदाधिकारी कर वसूलता था। गोप गाँव की सीमा-रेखा निर्धारित करके भूमि को पंजीकृत करता और हिसाब-किताब की देखभाल करता था। ये दोनों पदाधिकारी प्रादेशिक के अधीन थे।

युक्त के समान एक सहायक पदाधिकारी कुलीसानी भी था, जिसका कार्य जनसम्पर्क पदाधिकारी के समान था।

गुप्तचर के रूप में बहाल होनेवाला पदाधिकारी प्रतिवेदक कहलाता था। वैसे रोमिला थापर इस पदाधिकारी को सन्देशवाहक मात्र मानती हैं।

इस काल में उन्नतिशील व्यापार ने अनेक नए नगरों को विकसित किया, जिनके प्रशासन के प्रति मौर्य शासक शुरू से ही काफी सतर्क रहे। नगर-प्रशासन के लिए अनेक पदाधिकारियों की श्रेणियाँ गठित की जाती थी। नगर में कानून एवं शान्ति-व्यवस्था स्थापित करनेवाला पदाधिकारी **नागरिक** कहलाता था, जिसकी सहायता के लिए **गोप** एवं **स्थानिक** नामक अधिकारी बहाल किए जाते थे। गोप 10, 20 या 40 घरों का हिसाब रखता था, जबकि स्थानिक एक नगर के सम्बन्ध में पूर्ण विवरण रखते थे तथा नगर में कर वसूलने का कार्य भी करते थे। नगर में होनेवाली किसी महत्त्वपूर्ण घटना की सूचना नागरिक को देना भी इसी का कार्य रहता था। मेगस्थनीज के अनुसार, नगर-शासन के समुचित प्रबन्ध के लिए 6 समितियों का गठन किया जाता था। प्रत्येक समिति में 5 सदस्य थे : (1) उद्योग एवं तकनीकी, (2) विदेशियों से सम्बन्धित, उनका मनोरंजन तथा सुरक्षा एवं निगरानी, (3) जन्म-मृत्यु का पंजीकरण, (4) वाणिज्य और व्यापार में माप-तौल का परीक्षण, (5) जनता के लिए उत्पादित सामग्री-परीक्षण तथा (6) बिक्री होनेवाली वस्तुओं पर 1 से 10 प्रतिशत शुल्क वसूलना।

मेगस्थनीज द्वारा वर्णित समितियों का उल्लेख अन्य तत्कालीन स्रोतों में नहीं मिलता है। नगर-शासन चलाने के लिए *अर्थशास्त्र* में कुछ पदाधिकारियों की चर्चा है। पाटलिपुत्र जैसे विशाल नगर का प्रशासन एक पदाधिकारी की तुलना में एक समिति द्वारा चलाना ज्यादा व्यावहारिक समझा गया होगा।

कृषि-उत्पादन का लेखा-जोखा रखनेवाला पदाधिकारी कोष्ठागाराध्यक्ष कहा जाता था। गोध्यक्ष का कार्य पशुओं की देखभाल करना था। चरागाह पर नियन्त्रण रखनेवाला पदाधिकारी जिलाध्यक्ष कहा जाता। मांस का उपयोग आहार के रूप में किया जाता था और मांस बेचनेवाली दुकानों की जाँच-पड़ताल करनेवाला एक अधीक्षक होता था। लोहाध्यक्ष नामक पदाधिकारी लौह-उद्योग पर नियन्त्रण रखता था। टकसाल का अधीक्षक लवनाध्यक्ष रजत सिक्कों के निर्माण की देखभाल करता था। सिक्कों की शुद्धता की जाँच करनेवाला रूपदशक नामक अधिकारी था। स्वर्णाध्यक्ष नामक पदाधिकारी का सम्बन्ध राज्य में प्रचलित स्वर्णों से था। यह पदाधिकारी स्वर्णकारों पर भी नियन्त्रण रखता था। वाणिज्य और व्यापार से सम्बन्धित मुख्य पदाधिकारी को पण्याध्यक्ष, माप-तौल के अधीक्षक को पोखाध्यक्ष और बुनाई

के अध्यक्ष को सूताध्यक्ष कहा जाता था। नाव एवं जहाजों का एक अध्यक्ष नावाध्यक्ष था, जो जल-यातायात पर नियन्त्रण रखता था और कर वसूलता था। राजकीय मदिरालय एवं मदिरा बनानेवाली दुकानों पर नियन्त्रण करनेवाला पदाधिकारी सूराध्यक्ष कहलाता था।

स्त्री-अध्यक्ष नामक पदाधिकारी का कार्य राजकीय हरम से सम्बन्धित था। कुछ अन्य विद्वानों के अनुसार, मुख्य रूप से गणिकाओं से इसका सम्बन्ध था, जिसे गणिकाध्यक्ष भी कहा गया है। मौर्य-शासकों में स्त्रियों को अंगरक्षिकाओं के रूप में नियुक्त किया गया, जिसकी जानकारी *अर्थशास्त्र* से होती है।

प्रशासन का एक महत्त्वपूर्ण अंग सैनिक विभाग था। मेगस्थनीज के अनुसार, मौर्यकालीन साम्राज्य में जितनी संख्या कृषकों की थी, उससे थोड़ी ही कम सेनाओं की थी। प्लिनी बताता है कि सेना में पैदल सेना की संख्या 6 लाख, 30 हजार घुड़सवार, हाथियों की संख्या 8 हजार और 8 हजार रथ थे, जिसकी देखभाल एक युद्ध-परिषद् द्वारा की जाती थी। इस परिषद् में 30 सदस्य थे। ये लोग 5-5 की संख्या में 6 समितियों—नौसेना, यातायात और आवश्यक युद्ध वस्तु का विभाग, पैदल सेना, अश्वसेना, रथसेना और राजसेना—में बँटे थे। प्रत्येक विभाग का एक अध्यक्ष 5 में से एक व्यक्ति होता था। एक प्रशिक्षित सैनिक का वेतन 5 सौ पण था।

कई प्रकार के कर मुद्रा के स्थान पर अनाज के रूप में दिए जाते थे। चुंगी और यातायात-कर भी राजकीय खजाने के मुख्य स्रोत थे। राजधानी में स्थित श्रेणियों एवं दस्तकारों पर भी कर लगाया जाता था। इस प्रकार यह स्पष्ट है कि मौर्य-सरकार द्वारा काफी मात्रा में कर वसूली की जाती थी। वस्तुतः यह कहना सही होगा कि मौर्य-शासन प्रजा से अधिक-से-अधिक कर वसूलने की चेष्टा करता था।

उपर्युक्त तथ्यों के आधार पर निष्कर्ष के रूप में हम इस तथ्य को स्वीकार कर सकते हैं कि मौर्य साम्राज्य प्रशासनिक दृष्टिकोण से **साम्राज्य** कहलाने की सारी विशेषताएँ रखता था। जिस ढंग से प्रशासनिक सर्वोच्च अधिकारी अर्थात् सम्राट ने केन्द्र से लेकर स्थानीय छोटे-छोटे कर्मचारियों पर नियन्त्रण रखा, यह बाद के शासकों के लिए सैकड़ों वर्षों तक एक आदर्श बना रहा।

12.19 विकेन्द्रीकरण के तत्त्व

मौर्यप्रशासन को चलाने के लिए मन्त्रियों की एक परिषद् होती थी, जिसे सम्पूर्ण प्रशासनिक व्यवस्था और राजा के आदेशों की पूर्ति करवाने का ध्यान रखना होता था। परिषद् की बैठकें राजा की अनुपस्थिति में भी हो सकती थीं। अशोक का आदेश था कि अत्यावश्यक स्थितियों में उसे इस प्रकार की बैठकों की अविलम्ब सूचना दी जानी चाहिए। स्वयं परिषद् के भीतर अक्सरहाँ गरमागरम विवाद छिड़ जाया करता था, जिसके कारण राजा को कभी-कभी हस्तक्षेप भी करना पड़ता था। कभी-कभी राजा और परिषद् में मतभेद भी पैदा हो जाया करते थे। अशोक के राज्यकाल के अन्तिम चरण में इन मतभेदों ने विशेषकर गम्भीर स्वरूप ग्रहण कर लिया और सम्राट का एक विरोधी पक्ष भी हो गया था।

परिषद् ब्राह्मण तथा वर्णों से निर्मित थी, जिसके सदस्य अपने विशेषाधिकारों की रक्षा करने और अपने शासक की निरपेक्ष शक्ति को सीमित करने का पूरा-पूरा प्रयास करते थे। मौर्यशासक परिषद् की उपेक्षा कदाचित ही कर पाते थे।

मौर्यकाल में सभा की सदस्यता संकीर्ण हिस्से तक सीमित थी और राजा की परिषद् अब राजसभा में परिणत हो गई थी। लेकिन फिर भी परिषद् की तुलना में राजसभा अधिक प्रतिनिधिक संस्था थी। उसमें शहरी और ग्रामीण आबादी के कुछ प्रतिनिधि भाग ले सकते थे और उन्हें कई मामलों में राजा को समर्थन देने के लिए राजसभा की तरफ मुँह करना पड़ता था। अशोक राजसभा को स्वयं सम्बोधित करता था।

साम्राज्य प्रान्तों में विभाजित था, जिनमें से 4 को विशेष हैसियत प्राप्त थी– उत्तर-पश्चिम प्रान्त, जिनकी राजधानी तक्षशिला थी; पश्चिमी प्रान्त, जिसकी राजधानी उज्जयिनी थी; पूर्वी प्रान्त (कलिंग) जिसकी राजधानी तोशाली थी और दक्षिणी प्रान्त, जिसकी राजधानी सुवर्णगिरि थी। प्रत्येक प्रान्त पर राजकुमार शासन करते थे। ऐसा इसलिए कि साम्राज्य में राजकुमारों की स्थिति विशेष प्रभावशाली थी और देश के राजनीतिक, आर्थिक तथा सांस्कृतिक जीवन में उनकी भूमिका महत्त्वपूर्ण थी। एक विशेष दक्षिणी प्रान्त के निर्माण का कारण 'दक्षिणी प्रश्न' का महत्त्व हो सकता है, जो राजा बिन्दुसार के समय में भी स्पष्ट होने लग गया था। जहाँ तक्षशिला, उज्जयिनी तथा तोशाली में नियुक्त राजपुत्रों को केवल कुमार की उपाधि ही प्राप्त थी, वहाँ सुवर्णगिरि में शासन करनेवाले को अशोक के राज्यादेशों में आयपुत (आर्यपुत्र) की संज्ञा दी गई है, जो उसकी विशेष, ऊँची स्थिति का द्योतक है। यह माना जा सकता है कि अशोक के राज्यकाल में यहाँ सिंहासन के उत्तराधिकारी का अधिष्ठान था।

मुख्य प्रान्तों को विशेष स्वायत्तता प्राप्त थी। उनके शासक राजकुमार स्थानीय अधिकारियों के कार्यकलाप की जाँच के लिए विशेष निरीक्षक भेजा करते थे, किन्तु कलिंग के शासक को यह अधिकार प्राप्त नहीं था। उसकी निरीक्षण-व्यवस्था स्वयं अशोक करता था और कलिंग के अधिकारियों से प्रत्यक्ष सम्बन्ध रखता था। कलिंग इस तरह केन्द्रीय प्रशासन के प्रत्यक्ष नियन्त्रण में था।

4 मुख्य प्रान्तों के अलावा साम्राज्य जनपदों (प्रान्तों), प्रदेशों तथा आहारों (जिला) में बँटा था। जनपदों का प्रधान राजुक प्रारम्भ में महत्त्वपूर्ण राज्याधिकारी थे, किन्तु कालान्तर में उन्हें जनपदों में विशिष्ट न्यायिक कार्य दे दिए गए और अशोक के राज्यकाल में महामात्र, जो पहले जिलों (आहाले) के प्रभारी होते थे, प्रत्यक्षतः राजुकों के प्रति उत्तरदायी थे।

केन्द्रीयकृत प्रशासनिक व्यवस्था के बावजूद कुछेक गणतन्त्रीय इकाइयों (गणों) को साम्राज्य के भीतर अपनी स्वायत्त-स्थिति को बनाए रहने दिया गया था, विशेषकर उन इलाकों में, जहाँ सख्त नियन्त्रण स्थापित कर पाना सबसे कठिन था।

नगर-प्रशासन में स्वशासन के लक्षण वर्तमान थे। पाटलिपुत्र का प्रशासन चलाने के लिए चन्द्रगुप्त मौर्य के काल में 5-5 व्यक्तियों की 6 छोटी परिषदें थीं। इनकी नियुक्ति केन्द्रीय प्रशासन द्वारा होती थी; फिर भी इन्हें स्वायत्तता प्राप्त थी। कई नगर-परिषदों की अपनी मुहरें और नगरचिह्न थे। नगर-परिषदें शिल्प-श्रेणियों के साथ कारबार करती थीं।

आबादी का प्रत्येक समूह अपने वर्ण के अनुसार नगर के एक विशेष भाग में रहा करता था। यह प्रथा कबायली संगठन की अत्यधिक प्राचीन परम्परा की अवशेष थी। सार्वजनिक भवनों, नगरों की सफाई और रख-रखाव तथा उसके धर्मस्थलों पर नगर-अधिकारियों का नियन्त्रण रहता था।

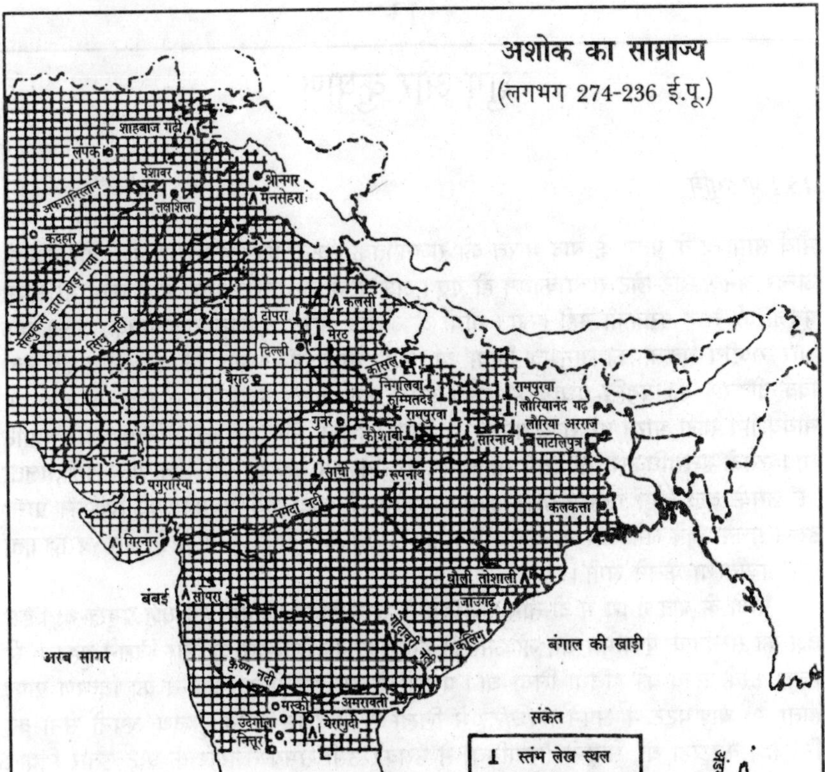
अशोक का साम्राज्य
(लगभग 274-236 ई.पू.)
शाहबाज गढ़ी
पेशावर
श्रीनगर
मनसेहरा
अफगानिस्तान
तक्षशिला
कंदहार
सेल्युकस द्वारा छोड़ा गया
सिंधु नदी
कलसी
टोपरा
मेरठ
दिल्ली
बैराठ
कोसल
निगालिवा
रुम्मितदेई
रामपुरवा
रामपुरवा
लौरियानंद गढ़
लौरिया अरराज
कौशांबी
सारनाथ
पाटलिपुत्र
सांची
रूपनाथ
नर्मदा नदी
कलकत्ता
गिरनार
धौली तोशाली
जाउगढ़
बंबई
सोपरा
बंगाल की खाड़ी
अरब सागर
कृष्णा नदी
कलिंग
मस्की
अमरावती
उदेगोला
येरागुदी
नित्तूर
संकेत
स्तंभ लेख स्थल
शिलालेख स्थल
गौड़ शिलालेख स्थल
आधुनिक नगर
राष्ट्रीय सीमा
मद्रास
कावेरी नदी
चोल
पांड्य
लक्ष द्वीप (भारत)
पैमाना
कि.मी.
100 0 100 200 300 400
ताम्रपर्णी
हिंद महासागर
अंडमान और निकोबार द्वीपसमूह (भारत)

13

शुंग और कुषाण

13.1 पृष्ठभूमि

मौर्य साम्राज्य के पतन के बाद भारत की राजनीतिक एकता छिन्न-भिन्न हो गई और देश के अन्दर अनेक छोटे-छोटे राज्य कायम हो गए। अशोक के उत्तराधिकारियों में से कोई भी अपने पूर्वजों की तरह पराक्रमी नहीं हुआ। मौर्यों के अधीन भारत ने जिस राजनीतिक, सांस्कृतिक और राष्ट्रीय एकता का अनुभव किया था, उसी भारत में अशोक के बाद शीघ्र ही सत्ता विकेन्द्रीकरण की प्रवृत्ति प्रधान हो गई। इसमें कोई सन्देह नहीं कि अशोक के बाद भी मौर्यवंशीय राजा भारत पर राज्य करते रहे, किन्तु अशोक मौर्य वंश का अन्तिम महान सम्राट था। उसके उत्तराधिकारी तो इतने महत्त्वहीन हुए कि हमें यह भी ठीक-ठीक पता नहीं चलता कि उसके बाद कौन सिंहासनारूढ़ हुआ। अशोक के बाद मौर्य साम्राज्य के विभिन्न प्रान्त इससे पृथक होने लगे और केन्द्रीय शक्ति का प्रभाव कम हो जाने से चारों ओर अराजकता एवं अव्यवस्था फैलने लगी।

मौर्यों के बाद मगध में दो-तीन राजवंशों ने राज्य किया, जिनमें शुंग वंश प्रमुख था। इस वंश का संस्थापक पुष्यमित्र था, जो अन्तिम मौर्यराजा का सेनापति था और जिसने बृहद्रथ की हत्या करके राज्य को हथिया लिया था। पुराणों में इस राजनीतिक क्रान्ति का विवरण प्राप्त होता है। बाणभट्ट ने अपने *हर्षचरित* में लिखा है कि जिस समय बृहद्रथ अपनी सेना का निरीक्षण कर रहा था, सेनानी (पुष्यमित्र) ने उसको उसी समय तलवार के घाट उतार दिया।

शुंग वंश के सम्बन्ध में इतिहासकारों में बड़ा मतभेद है। कालिदास ने अपनी कृति *मालविकाग्निमित्र* में शुंगों को कश्यपगोत्र का बैम्बिक ब्राह्मण माना है। तिब्बती इतिहासकार तारनाथ ने शुंगों को स्पष्ट रूप से ब्राह्मण माना है। पाणिनि ने उन्हें भारद्वाजवंशीय ब्राह्मण कहा है। कतिपय विद्वानों का मत है कि शुंग वंश के शासकों का सम्बन्ध ईरान के साथ था क्योंकि उनके नाम में मित्र शब्द लगा रहता था। सम्भवतः यह उनके ईरानी होने का सूचक था। लेकिन केवल नाम के आधार पर ही उन्हें ईरानी या ईरान से सम्बन्धित कहना ठीक प्रतीत नहीं होता। इतिहासकार जायसवाल ने लिखा है कि पुष्यमित्र मौर्यवंशीय राजपुरोहित का पुत्र था। उनका ख्याल है कि जब अशोक बौद्ध धर्मावलम्बी हो गया, तो पुष्यमित्र के पूर्वजों को राजपुरोहित के पद से हटा दिया गया। अतः वे लोग मौर्यसेना में भर्ती हो गए। पुष्यमित्र भी मौर्यसेना में भर्ती होकर तथा आगे चलकर मौर्यों का सेनापति बन गया। ऐसा

प्रतीत होता है कि शुंगवंशीय राजा ब्राह्मण ही थे और पुष्यमित्र के नेतृत्व में ब्राह्मणों ने मौर्यों के खिलाफ क्रान्ति की। क्रान्ति का प्रमुख कारण यही था कि अन्तिम मौर्यवंशी राजा बृहद्रथ के शासनकाल में मौर्य साम्राज्य पूरी तरह छिन्न-भिन्न हो गया था। बौद्ध धर्म के प्रति जनता का आकर्षण कम होता ज़ा रहा था और वे ब्राह्मण धर्म की ओर आकर्षित हो रहे थे। शासन में अव्यवस्था फैल गई थी और सैनिक लोग मौर्यों की अहिंसावादी नीति के कट्टर विरोधी हो गए थे। इस हालत में पुष्यमित्र को मौर्यों के खिलाफ क्रान्ति करने में सफलता मिली।

13.2 पुष्यमित्र का साम्राज्य निर्माण

राजसिंहासन पर बैठते ही पुष्यमित्र ने मौर्यवंशी शासकों का साम्राज्य बनाए रखने की नीति का अनुसरण किया और साम्राज्य की स्थिति सुदृढ़ करने के लिए कठिन प्रयत्न किया। प्राची, कोसल, आकर, वत्स और अवन्ति को, जो अभी भी मगध के अधीन थे, पुष्यमित्र ने पुनः इन्हें संगठित किया और इन प्रान्तों पर अपनी सत्ता का दृढ़ सिक्का जमाने का पूरा प्रयत्न किया। अवन्ति का राज्य मगध से कुछ दूर पड़ता था और मौर्य साम्राज्य के बाद अराजकता की स्थिति उत्पन्न हो जाने से वहाँ शासन-व्यवस्था शिथिल तथा विशृंखलित हो गई थी, जिसके कारण पाटलिपुत्र से अवन्ति पर केन्द्रीय शक्ति का अधिकार पूर्ण रूप से जमाए रखना दुस्साध्य प्रतीत हो रहा था, अतएव पुष्यमित्र ने आकर प्रान्त के मुख्य नगर विदिशा को अपनी दूसरी राजधानी बनाई। विदिशा में उसने अपने पुत्र अग्निमित्र को राज्यप्रतिनिधि के रूप में रखा। अग्निमित्र के अवन्ति प्रान्त पर शासन सुदृढ़ कर लेने के बाद, पुष्यमित्र ने अपना ध्यान साम्राज्य-विस्तार की ओर दिया, परन्तु देश की विकट राजनीतिक अवस्था के कारण वह सुदूर राज्यों को अपने अधिकार में नहीं कर सका। विदर्भ राज्य के साथ उसका संघर्ष हुआ, जिसमें आतंक का सिक्का अच्छी तरह जम गया।

विदर्भ राज्य के साथ संघर्ष : कालिदास के नाटक *मालविकाग्निमित्र* में विदर्भ-राजकुमारी मालविका और अग्निमित्र का प्रेम-प्रदर्शन तथा विदर्भ के साथ युद्ध की घटना का विवरण मिलता है। दक्षिण में विदर्भ (बराडू) राज्य का शासक यज्ञसेन था और कुछ ही समय पूर्व मौर्यशासक बृहद्रथ का वध होने के पश्चात् उसने स्वतन्त्र होने की घोषणा की थी। यज्ञसेन मौर्यशासक का सम्बन्धी था, इस कारण पुष्यमित्र द्वारा की गई सैनिक राज्यक्रान्ति का परिणाम उसको असहनीय प्रतीत हुआ। उसने विदिशा के शुंगशासक अग्निमित्र की अवहेलना करके शत्रुपूर्ण व्यवहार किया। अग्निमित्र ने शुंगसेना का नेतृत्व किया। घटना इस प्रकार थी कि यज्ञसेन का चचेरा भाई माधवसेन अग्निमित्र की कूटनीति द्वारा उसका मित्र तथा सहायक बन गया था। वह गुप्तरूप से अग्निमित्र से भेंट करने जा रहा था कि यज्ञसेन के सीमा-रक्षकों ने उसे बन्दीगृह में डाल दिया। अग्निमित्र के द्वारा उसके छुटकारे की माँग करने पर यज्ञसेन ने भी अपने साले मौर्य सचिव को मुक्त करने का प्रस्ताव भेजा। इस प्रकार युद्ध अनिवार्य हो गया। युद्ध में यज्ञसेन पराजित हुआ तथा माधवसेन को कारावास से छोड़ने के लिए बाध्य होना पड़ा। इसके अतिरिक्त सन्धि के अनुसार, शुंग का आधिपत्य स्वीकार करने के उपरान्त विदर्भ राज्य दोनों चचेरे भाइयों में विभक्त हुआ और वरदा नदी उनके राज्यों के बीच की सीमा निर्धारित हुई। मध्यभारत को अधिकृत करने के पश्चात् पुष्यमित्र ने

शुंग-साम्राज्य का विस्तार करना प्रारम्भ किया तथा स्यालकोट तक के समस्त प्रदेशों ने उसका आधिपत्य स्वीकार कर लिया। इस विशाल साम्राज्य को सुदृढ़ व्यवस्था प्रदान करने के लिए पुष्यमित्र ने अपने आठ पुत्रों में विभाजित कर दिया, जहाँ वे प्रतिनिधि के रूप में शासन करने लगे। पाटलिपुत्र का गौरव पुष्यमित्र के समस्त साम्राज्य पर नियन्त्रण के कारण बना रहा।

यूनानियों का आक्रमण : पुष्यमित्र शुंग के शासनकाल की दूसरी घटना यूनानियों का भारत के उत्तर-पश्चिम में आक्रमण था। दूसरी शताब्दी में बैक्ट्रिया के यूनानी शासकों का भारत के उत्तर-पश्चिम सीमा लगे हुए प्रदेशों पर अधिकार था। मगध में मौर्य साम्राज्य का पतन होने पर यूनानियों ने भारी सेना लेकर भारत पर आक्रमण कर दिया और विजय प्राप्त करते हुए मथुरा तक पहुँच गए। मथुरा पर विजय करने के बाद वे साकेत आए। कुछ इतिहासकारों का कथन है कि वे पाटलिपुत्र के समीप तक आ गए थे। पतंजलि ने अपने *महाभाष्य* में लिखा है कि यवन आक्रमणकारियों ने साकेत और माध्यमिका (चितौड़ के पास) को घेर लिया था। *गार्गीसंहिता* से ज्ञात होता है कि यूनानी पांचाल, मथुरा, साकेत तथा पाटलिपुत्र तक पहुँच गए थे। कालिदास ने भी *मालविकाग्निमित्र* में यवन-आक्रमण का उल्लेख किया है। यूनानियों के आक्रमण बहुत पहले से आरम्भ हो गए थे। सीरिया के शासक एंटियोकस ने काबुल की घाटी पर अपना अधिकार कर लिया था। उसके बाद उसके दामाद बैक्ट्रिया के शासक दिमेत्रियस ने पश्चिमी पंजाब तथा सिन्धु की घाटी में अनेक विजय प्राप्त की। उसके बाद मिनेंडर ने आक्रमण किया। यह कहना कठिन है कि पुष्यमित्र के शासनकाल में किस यवन शासक के आक्रमण हुए थे। कुछ विद्वानों का मत है कि यह यवन आक्रमणकारी दिमेत्रियस ही रहा होगा। पुष्यमित्र ने यवनों का तीव्र प्रतिरोध किया और उनको मध्यदेश से निकालकर सिन्धु के किनारे तक खदेड़ दिया। *मालविकाग्निमित्र* में लिखा है कि पुष्यमित्र की विजयी सेना उसके पौत्र वसुमित्र के नेतृत्व में अश्वमेध के घोड़े के साथ पश्चिमोत्तर भारत में घूम रही थी। यवनों ने सिन्धु तट पर उसे रोक दिया, किन्तु वसुमित्र ने उसको परास्त कर दिया।

अश्वमेध यज्ञ : अयोध्या अभिलेख के प्रमाण के आधार पर पुष्यमित्र को दो बार अश्वमेध यज्ञ करने का श्रेय प्राप्त है। *मालविकाग्निमित्र* में उल्लिखित अश्वमेध उसके राज्य के अन्तिम काल में हुआ, जब सम्पूर्ण भारत में उसकी विजय-दुदुम्भी बज रही थी। *महाभाष्य* से ज्ञात होता है कि कम-से-कम एक यज्ञ में पतंजलि ने ही पुरोहित का काम सँभाला था। इस सम्बन्ध में निश्चित रूप से कहना कठिन है कि यह दोनों अश्वमेध कब-कब सम्पादित हुए, परन्तु यदि दूसरा यज्ञ सम्पन्न हुआ, तो वह उस यज्ञ के पहले तो हुआ ही जिसमें शुंग-नरेश पुष्यमित्र के पौत्र वसुमित्र के सबल कन्धों पर यज्ञ के घोड़े की रक्षा का भार सौंपा गया था। अतः यह कहना असंगत न होगा कि पहला अश्वमेध यज्ञ पुष्यमित्र की सफल 'सैनिक राज्यक्रान्ति' के ठीक बाद और सम्भवतः प्रथम यवन आक्रमण से पाटलिपुत्र की रक्षा के उपरान्त हुआ होगा। इस धार्मिक कृत्य का काफी महत्त्व है। पुष्यमित्र ब्राह्मण-तन्त्र का स्वामी था, जिसका लक्ष्य ब्राह्मण धर्म के रक्षक होने के नाते यज्ञादि को प्रोत्साहन देकर वैदिक धर्म का पुनरुत्थान करना था, जो गुप्त सम्राटों के दीर्घकालीन शासन में चरम सीमा पर पहुँचा। अतः यह निःसन्देह स्वाभाविक था कि पुष्यमित्र अपने राज्याभिषेक और उसके

उपरान्त यवन-आक्रमण से मगध की रक्षा की घटनाओं को अश्वमेध के पुनरुद्धार से विजयोत्सव के रूप में मनाता। ब्राह्मण धर्म ने इस युग में बौद्ध धर्म का स्थान ग्रहण किया।

पुष्यमित्र के साम्राज्य का विस्तार : पुष्यमित्र का साम्राज्य-विस्तार पंजाब में शाकल से लेकर बंगाल और उसके समुद्र तट तक, दक्षिण-पूर्व में नर्मदा तथा आधुनिक बुन्देलखंड तक सुविस्तृत था। पंजाब के कुछ भाग को छोड़कर गंगा की घाटी के प्रायः सभी प्रदेश उसके एकछत्र साम्राज्य के अंग बन चुके थे। पुष्यमित्र ने इस विशाल साम्राज्य को कई भागों में बाँट दिया था। इन प्रान्तों के शासक राजकुमार या राजपरिवार के व्यक्ति हुआ करते थे। पतंजलि के *महाभाष्य* और कालिदास के नाटकों के अनुसार, पुष्यमित्र की शासन-व्यवस्था में एक सभा और एक मन्त्रिपरिषद् होती थी। उसका पुत्र अग्निमित्र वर्तमान ग्वालियर के निकट विदिशा (भेलेसा) में शासन कर रहा था। पौराणिक अनुश्रुति के अनुसार, इस शक्तिशाली सम्राट ने लगभग 36 वर्षों तक पूर्ण सफलता के साथ राज्य किया।

बौद्धों के साथ पुष्यमित्र का सम्बन्ध : बौद्ध ग्रन्थों, विशेषकर *दिव्यावदान* से पता चलता है कि पुष्यमित्र ने बौद्धों के ऊपर भीषण अत्याचार किया, उनके मठों में आग लगवाई और भिक्षुओं का वध करवाया। कहा जाता है कि उसने यह घोषणा कर दी थी कि जो कोई एक बौद्ध भिक्षु का सिर काटकर लाएगा, उसे सौ स्वर्णमुद्रा पुरस्कार के रूप में दिया जाएगा। तिब्बती इतिहासकार तारनाथ ने लिखा है कि पुष्यमित्र ने भारी संख्या में बौद्धों का वध करवाया और उनके मठों को भी नष्ट कराया। इसमें सन्देह नहीं कि पुष्यमित्र कट्टर ब्राह्मण था और वैदिक धर्म को पुनर्जीवित करने के लिए उसने काफी प्रयत्न किया। किन्तु उसने बौद्धों पर अत्याचार किया, इसका कोई विश्वसनीय प्रमाण नहीं मिलता। डॉ. हेमचन्द्र रायचौधरी ने लिखा है कि पुष्यमित्र के शासनकाल में भारत में बौद्धस्तूप तथा अन्य अनेक विहारों का निर्माण हुआ था। अनेक विहारों में भारी संख्या में बौद्ध-भिक्षु निवास करते थे। पुष्यमित्र बौद्धों का पीड़क नहीं था और न उसने बौद्धों पर अत्याचार ही किया। इसके विपरीत वह बौद्धों के प्रति सहिष्णु ही था। कुछ बौद्धों ने शुंग-साम्राज्य के पश्चिम भाग में यवन आक्रमण के समय यवनों को सहायता देने का प्रयास किया था, इसलिए पुष्यमित्र तथा उसके बेटे-पोतों ने बौद्धों के साथ कठोरता का व्यवहार किया था। डॉ. हेवेल का भी यही मत है कि पुष्यमित्र शुंग ने साम्राज्य के पश्चिमी प्रान्त में स्थित उन बौद्ध संघों को नष्ट किया जो धम्मसंघों के बदले उसे राजनीति का अखाड़ा बनाकर उसके विरुद्ध आक्रमणकारियों की सहायता करने लगे थे। उसने बौद्धों का दमन इसलिए नहीं किया कि वे उस धर्म को मानते, जिसे वह नहीं मानता था, बल्कि इसलिए दमन किया था कि वे उसके शत्रुओं की सहायता करते थे।

13.3 पुष्यमित्र का मूल्यांकन

पुष्यमित्र एक शक्तिशाली एवं सुयोग्य शासक था। यद्यपि वह जाति से ब्राह्मण अवश्य था, तथापि उसने देश और काल की माँग के अनुसार क्षत्रिय धर्म को अपना लिया था। अनुमान तो यही किया जाता है कि वह अपने बाल्यकाल से ही सामरिक प्रवृत्ति का व्यक्ति था। अपनी वीरता एवं योग्यता के बल पर उसने मौर्य साम्राज्य की शक्ति अपने हाथों में केन्द्रित कर ली। अपने सैनिकों के समक्ष सम्राट का वध करके तथा मौर्य सचिव को बन्दी बनाकर उसने

सेना में अपनी लोकप्रियता का परिचय ही नहीं दिया, अपितु यवन-आक्रमणों और प्रान्तपतियों की स्वतन्त्रता की गम्भीर स्थिति में एक दुर्बल शासक का अन्त करके उसने देशहित का आदर्श भी सैनिकों के समक्ष प्रस्तुत कर दिखाया। अतः यह स्पष्ट है कि पुष्यमित्र एक कुशल सेनाध्यक्ष और सैनिकों का प्रेम-पात्र तो था ही, साथ-ही-साथ वह एक सफल एवं सुयोग्य संगठनकर्ता भी था। पाटलिपुत्र के राजसिंहासन पर बैठकर वह विलासिता में नहीं खो गया, अपितु उसने मगध साम्राज्य को संगठित करने और स्वतन्त्र प्रान्तपतियों को पुनः अधीनस्थ करने का सफल एवं अथक प्रयास भी किया। उसने साम्राज्य की पश्चिमी सीमा को दृढ़ बना दिया और अपने राज्य का अधिक विस्तार करने की चेष्टा भी की। यवनों के आक्रमण का सफलतापूर्वक सामना करने और उन्हें भारी पराजय देने का श्रेय उसी को प्राप्त है। उसने आजीवन मगध-साम्राज्य को सुरक्षित एवं सुव्यवस्थित रखा और अपनी सैनिक योग्यता का पूरा-पूरा परिचय दिया।

उसने वैदिक परम्परा, धर्म एवं संस्कृति के पुनर्स्थापन का सफल प्रयास किया। उसने अभी तक लुप्तप्राय अश्वमेध यज्ञ की परम्परा को पुनर्जीवित कर दिखाया। उसने ब्राह्मण धर्म को राजधर्म की स्थिति पर पहुँचा दिया और संस्कृत भाषा को गौरवान्वित किया। *महाभाष्य* एवं *मनुस्मृति* के संस्करण की रचना उसी के शासनकाल में हुई। पुष्यमित्र न तो अधिक धर्मसहिष्णु था और न ही अत्यधिक असहिष्णु और न ही बौद्धों के धार्मिक विचारों का कट्टर पोषक था।

13.4 पुष्यमित्र के उत्तराधिकारी

जब 36 वर्ष तक राज्य करने के पश्चात् 149 ई.पू. में पुष्यमित्र का देहावसान हुआ, तब युवराज अग्निमित्र गद्दी पर बैठा। उसके राज्य की मुद्राएँ तथा लेख प्राप्त नहीं हैं। अग्निमित्र के पश्चात् सुज्येष्ठ गद्दी पर बैठा। उसने सात वर्ष तक राज्य किया।

133 ई.पू. में सुज्येष्ठ के पश्चात् सुमित्र गद्दी पर बैठा। जब वह राजकुमार था, तभी पुष्यमित्र द्वारा छोड़े गए अश्वमेध के अश्व की रक्षा करते हुए उसने यूनानियों को जीतने का श्रेय प्राप्त किया था। सम्राट बनने पर सुमित्र ने आमोद-प्रमोद का जीवन अपनाया। परिणामस्वरूप शुंगसाम्राज्य का छिन्न-भिन्न होना प्रारम्भ हो गया। बाण कवि बताता है कि सुमित्र गीत और नृत्य का शौकीन था और मूलदेव द्वारा वह एक संगीत समारोह में बैठा मारा गया था। प्रतीत होता है कि मूलदेव कोसल के स्वाधीन राज्य का संस्थापक था। यह भी हो सकता कि उसी समय पांचाल, कौशाम्बी तथा मथुरा स्वतन्त्र राज्य बने हों। वे राज्य सम्भवतः शुंग वंश के उन भूतपूर्व गवर्नरों, शासकों अथवा वंशजों ने बनाए हों, जिन्होंने केन्द्रीय सत्ता को मानने से इनकार कर दिया था। उन्होंने मुद्राएँ भी प्रचलित कीं। शुंगराज्य केवल मगध तथा मध्य भारत तक सीमित था। सुमित्र ने लगभग 10 वर्ष राज्य किया और उसके राज्य का 183 ई.पू. में अन्त हुआ।

पुराणों में आन्ध्रक, पुलिन्दक तथा घोष को सुमित्र का उत्तराधिकारी माना गया है, किन्तु यह भी कहा गया है कि वे शासक शुंग वंश से सम्बद्ध नहीं थे और उनके नाम गलती से पुराणों में लिख दिए गए। ऐसा माना जाता है कि 123 ई.पू. में आन्ध्रक नहीं, बल्कि वज्रमित्र सुमित्र के पश्चात् गद्दी पर बैठा। वज्रमित्र ने 9 वर्षों तक राज्य किया। उसके पश्चात् 114 ई.पू. में भगवत् गद्दी पर बैठा। उसने 32 वर्षों तक राज्य किया। उसके पश्चात् 82 ई. पू. में देवभूति गद्दी पर बैठा।

बाण बताता है कि एक शुंगराजा सुन्दर स्त्रियों की संगति का बहुत प्रिय था और अपनी एक दासी की पुत्री के हाथों वह मारा गया। दासीपुत्री ने रानी का वेश बनाया था। यह हत्या देवभूति के मन्त्री वासुदेव के इशारे पर हुई। अपने स्वामी को मारकर वासुदेव गद्दी पर बैठा और 73 ई.पू. में उसने कण्ववंश की स्थापना की। इस प्रकार 112 वर्षों तक राज्य करके शुंग वंश के शासन का अन्त हुआ।

13.5 संस्कृति

शुंगकालीन संस्कृति गुप्तकालीन भारतीय संस्कृति की शैशवावस्था थी। पुष्यमित्र और उसके उत्तराधिकारियों ने अशोक के पूर्ववर्ती मगध की परम्परा को बढ़ाया। धर्म-विजय की अभिप्राप्ति का साधन युद्ध से घृणा नहीं, अपितु सैन्य संगठन का निर्माण समझा गया। मध्य प्रदेश में बुद्धिजीवियों की दृष्टि में संन्यास-दृष्टिकोण का आकर्षण नष्ट हो गया। धर्म की शक्ति सुदृढ़ की गई। स्मृति-न्याय की सत्ता को पुनः पूरी तरह से स्थापित किया गया। सामूहिक उत्साह की नई लहर ने बौद्ध धर्म के प्रति संघर्ष के दृष्टिकोण में, एक अधिक समृद्ध तथा पूर्णतर जीवन की खोज में, युद्ध-देवता कार्तिकेय के सम्प्रदाय में, भागवत-सम्प्रदाय के पुनरुत्थान में तथा हिन्दू देवमंडल में वासुदेव कृष्ण की प्रधानता में अभिव्यक्ति प्राप्त की।

ब्राह्मण धर्म की उन्नति हुई, किन्तु इस युग का ब्राह्मण धर्म संकीर्ण नहीं था। दूसरी जातियों के लोग भी इस समाज में बिना रोक-टोक प्रवेश कर सकते थे। बहुत से यूनानी इस काल में ब्राह्मण धर्म में प्रविष्ट हुए। यज्ञ, कर्मकांड आदि पर विशेष जोर दिया जाता था। ईश्वर की भक्ति को महत्त्व दिया जाता था।

साहित्य : संस्कृत भाषा के परिवर्तित स्वरूप को स्थिर करने के लिए गोनार्द (उत्तर प्रदेश में गोंडा) के निवासी पतंजलि ने पाणिनि के *अष्टाध्यायी* (व्याकरण) पर एक वृहत् *महाभाष्य* लिखा। यह *महाभाष्य* इस बात का प्रमाण है कि शुंगकाल में संस्कृत-साहित्य काफी व्यापक और उन्नत था। कुछ विद्वानों के अनुसार, *महाभारत* के शान्तिपर्व और अश्वमेध-पर्व के परिवर्द्धन में इस काल के पंडितों का हाथ था। ब्राह्मण धर्मशास्त्र की सबसे महत्त्वपूर्ण स्मृति *मनुस्मृति* इस काल में लिखी गई। सम्भवतः कालिदास का बचपन भी शुंगों के अन्तिम समय में विदिशा में ही बीता था।

कला की उन्नति : अनेक कलात्मक कृतियाँ मिलती हैं, जिनसे अनेक ऐतिहासिक तथ्यों की जानकारी मिलती है। वास्तुकला की अधिक उन्नति हुई। भरहुत तथा साँची के स्तूपों का विस्तार हुआ। इनमें पत्थरों का प्रयोग किया गया। भरहुत के पाषाण वेष्टनों (रेलिंग) पर अनेक बौद्ध-गाथाएँ अंकित की गईं। स्तम्भों पर जातकों के नाम, चिह्न तथा आकृतियों में महात्मा बुद्ध के जीवन से सम्बन्धित दृश्यों—जन्म, गृह-त्याग, ज्ञान-प्राप्ति, धर्मोपदेश और मृत्यु के चित्र मिलते हैं। स्तम्भों पर कुछ देवी-देवताओं तथा पशुओं के भी चित्र मिलते हैं। हाथ जोड़े खड़ी हुई यक्ष एवं यक्षिणी की मूर्तियाँ उल्लेखनीय हैं। विदिशा के शिल्पियों ने साँची के द्वारों का निर्माण किया। इन द्वारों पर भी सुन्दर चित्र मिलते हैं। भाजा के विहार, बोधगया की वेष्टिनी और बेसनगर में गरुड़ध्वज स्तम्भ इस काल की कला के अच्छे नमूने हैं। उन्होंने बौद्ध-भिक्षुओं को न तो दबाया और न तो अपने साम्राज्य में बौद्ध-कला की उन्नति के लिए

प्रोत्साहन को कम किया। यह भरहुत और साँची के स्तूपों से स्पष्ट है। शुंगशासक भारतीयों के प्रति पूर्णरूप से जागरूक थे; क्योंकि यही भारत की आत्मा थी।

भरहुत : भरहुत का स्तूप शुंगकालीन बौद्ध का सर्वोत्कृष्ट उदाहरण है। यह मध्यभारत के नागोद क्षेत्र में एक साधारण ग्राम है। यह स्थान सतना के निकट उचेरा से छह मील उत्तर-पूर्व की ओर स्थित है और सतना तथा उचेरा स्टेशनों के बीच लंगरगाँव स्टेशन से आसानी से यहाँ जाया जा सकता है। यहाँ पर सन् 1973 में जेलरल कनिंघम को एक बौद्धस्तूप का अवशेष मिला, जो आकार-प्रकार में साँची के वृहत् स्तूपों के सदृश्य ही था। यद्यपि इसका अधिकांश भाग ईंट और पत्थर की खोज में पड़ोस के ग्रामवासियों ने नष्ट कर दिया था, तथापि कनिंघम ने स्तूपों की रेलिंग तथा पूर्वद्वार का पता लगा ही लिया और 1875 ई. में उसे कलकत्ता के भारतीय संग्रहालय में भेज दिया। कुछ सामग्रियाँ, जो भूल-चूक से टीले पर छूट गई थीं, उन्हें सतना रेजीडेंसी गार्डेन में भेज दिया गया, जिसे पुनः 1926 ई. में संग्रहालय के लिए ले लिया गया।

भरहुत-स्तूप का निर्माण किसी एक समय में एक ही आदमी और एक ही कलाकार द्वारा नहीं हुआ था। सम्भवतः शुंगशासन में ही इसका निर्माण किया गया। स्तूप के विभिन्न भागों से यह सिद्ध होता है कि इसका निर्माण विभिन्न श्रेणी के विभिन्न कलाकारों द्वारा अनेक दानियों की सहायता से हुआ था। इसका प्रमाण अनेक प्राप्त उत्कीर्ण लेखों से मिलता है। परिणामस्वरूप इसके बाहरी भाग में कला की दृष्टि से एकरूपता नहीं आ सकी। भरहुत के कलाकारों के प्रति न्याय करने की दृष्टि से भी एकरूपता नहीं आ सकी। भरहुत की कला में वे ही गुण हैं, जो तत्कालीन पाश्चात्य कला में पाए जाते हैं। यह आज भी अग्रिम भाग नियम के अधीन है और प्रकृति के प्रत्यक्ष निरीक्षण की अपेक्षा स्मरण चित्रों पर अधिक निर्भर करता है, यद्यपि कभी-कभी प्राचीन स्तर से आगे बढ़ने के चिह्न मिला करते हैं। कोने के स्तम्भों के कुछ चित्र पीछे के रिक्त भाग से भिन्न प्रतीत होते हैं और उसकी कारीगरी मोटे किस्म की दिखाई देती है। कभी गहराई का ध्यान न रखते तथा शरीरशास्त्र का पूर्णतया ज्ञान न होने के कारण मूर्तियों का शरीर चौरस और विकृत हो गया है, अंग कोण के सदृश हो गया है और भक्त के पग तथा जोड़े हुए हाथ एक ही स्तर पर होने के कारण किनारे पड़ गए हैं, जो कोमल आकार के हैं और रूप-निरूपण की दृष्टि से अधिक कौशलपूर्ण हैं। किन्तु प्रकृति की भाँति शरीर के विभिन्न अंगों को उसकी पृथक्-पृथक् गहराई के अनुसार वर्गीकृत करने की सामर्थ्य नहीं प्राप्त हो सकती है। फिर भी जहाँ तक दृश्यों के चित्रण का सम्बन्ध है, भरहुत के कलाकारों ने कुछ विशेष साधनों का उपयोग किया है।

राष्ट्रीय कला के रूप को स्थापित करने का श्रेय विद्वानों ने शुंगों को दिया है। इस काल की कला पर पश्चिम का प्रभाव नहीं दिखाई देता। यथार्थता को कला में स्थान मिला है। विचारों का वास्तविक आकार कला हो गया। विदिशा के गजदन्तकारों, कलावन्तों ने भरहुत और साँची के स्तूपों की वेदिकाओं और तोरण-द्वारों की विस्मयकारी आकृतियाँ उभारीं। हाथी, मृग, घोड़ा आदि की अतिआकर्षित मूर्तियाँ बनाई गईं। श्रावस्ती, भीटा, बोधगया, पाटलिपुत्र, कौशाम्बी, साँची, भरहुत, सारनाथ आदि शुंगकला के प्रसिद्ध केन्द्र थे। उभरी हुई मूर्तियाँ मथुरा के स्तम्भों में मिली हैं। पक्षी, बलराम की हल-मूसलधारी की मूर्ति और मिट्टी से बनी अनेक नारी-मूर्तियाँ लखनऊ और पटना के संग्रहालयों में आज भी देखी जा सकती हैं। वत्स नामक

एक राजा, जो महावीर और गौतम बुद्ध के काल का था, की मिट्टी की बनी अर्द्ध-मूर्ति इस काल में विकसित कला का ज्वलन्त उदाहरण है। इस काल की कला ने ही कालिदास को जन्म दिया। चित्रों के अध्ययन से प्रेमिका को लेकर प्रेमी द्वारा हाथी पर भागने, बैलगाड़ी पर पिकनिक मनाने आदि के चित्र अद्वितीय हैं। प्रसन्नमुद्रा में मिथुन की आकृतियों से युक्त ठीकरा मिला है। इस तरह मिट्टी के माध्यम से कला का काफी विकास हुआ।

स्तूपों को वेदिकाओं का निर्माण सर्वप्रथम इसी काल में हुआ। इससे पूर्व अशोक मौर्य के काल में स्तूप बने, लेकिन वेदिका नहीं। स्तूपों में बहिरंग, उनकी वेष्टिकाएँ (रेलिंग), तोरणद्वार, हीनयानी बौद्ध लक्षणों से संयुक्त प्रतीक, **उत्खनन** और **चित्रार्ध** बनाए गए, प्रस्तर कला-प्रक्रिया से अलग एक नई दिशा में विशेष प्रगति हुई, मृत्तिका के माध्यम से कलाकारिता में। मृण्मृतियाँ अद्‌भुत क्षमता, सौन्दर्य और नए लक्षणों से युक्त साँचों में ढाली गईं। मौर्यकालीन मिट्टी के ठीकरों (प्लाकों) की रूपकारिता, अशोकीय शिलाकार्य के विपरीत, सर्वथा स्वदेशी है। उसकी रूपसज्जा भरी और उन्नत है। अधिकतर मूर्तियाँ नारी की हैं, जो उसी अवस्था में हैं। ये घाघरा (चुन्नटवाला) पहनी हैं।

भरहुत रेलिंग के स्तम्भ पर बनी एक विशेष प्रकार की नारी मूर्तियाँ वृक्ष की शाखा झुकाए और उनके तनों को शरीर पर लटकाए हुए खड़ी हैं। इसे वृक्षिका, शालभंजिका, यक्षी, यक्षिणी आदि के नाम से पुकारा जाता है। इन यक्षियों का सम्बन्ध प्राचीन भारतीय जनविश्वास में वृक्षों से किया गया है, जो उर्वराशक्ति से सम्पन्न मानी जाती हैं। इनका सफल सपाट निरूपण इन वेदिकाओं पर हुआ है। साँची के तोरणों पर इनका नग्न निरूपण वृक्ष की शाखाओं से प्रायः झुलते हुए किया गया है। इनकी परम्परा वेदिका-स्तम्भों पर मथुरा में कुषाणकाल में उभारी गई, जहाँ ये कामातुर और वासनाजन्य विविध रूपों में नग्न पर अत्यन्त मांसल और सजीव-सी लगती है। बोधगयावाली वेदिका भरहुत से प्रभावित है। साँची की रेलिंग की परम्परा भी यही है, लेकिन उनके अर्द्धचित्रों का आकर्षण इनसे भी तीव्र है। आकृतियों के प्रकार बढ़ गए हैं और व्यक्ति-विन्यास का सामूहिक रूप प्रस्तुत हुआ है।

गुहा-चैत्यों के दृष्टिकोण से शुंगकाल के बने गुहा-चैत्यों की अधिकांश संख्या उदयगिरी और खंडगिरी की पहाड़ियों में स्थित हैं। गुफा के द्वार त्रिशिरा नाग-मूर्तियों से सजे हैं। उड़ीसा के खंडगिरि में स्थित रानीगुफा उसमें अंकित हैं। अनन्तगुफा और गणेशगुफा दोमंजिला है।

शुंगकाल के दो स्तम्भशीर्ष विदिशा के बाहर वेसनगर में बने हैं। इनका शीर्ष तालपत्र का है। यहाँ गरुड़ध्वज स्तम्भ भी है, जो वासुदेव विष्णु की पूजा में प्रतिष्ठित वैष्णवधर्म के प्राचीनतम पुरातात्त्विक प्रमाणों में से है। यद्यपि राजाओं द्वारा पूजा-स्तम्भों शिलाओं पर अभिलेख लिखकर सन्देश देने की प्रथा अशोक के साथ समाप्त हो गई, पर स्तम्भों के निर्माण की परम्परा चलती रही है। अशोक के स्तम्भ की तुलना में शुंगकालीन स्तम्भ नितान्त नगन्य हैं। मौर्यकालीन सौन्दर्य, पॉलिश, परिष्कार, सुरुचि और शालीनता का अभाव है।

इस तरह शुंगों के शासन में कला ने राष्ट्रीय रूप लिया। कुछ चित्रों को छोड़कर इस काल की कला पर पश्चिम का प्रभाव नहीं मिलता है। मौर्यकाल के ईरानी-असुरी प्रभावों को सर्वथा पचाकर शुंग कलाकारों ने देश की कला को एक नई दिशा दी। इस काल में कलाकृतियों की बाढ़-सी आ गई। उत्तर, दक्षिण, पश्चिम और पूर्व में कला के निर्माणकार्य की लहर-पर-लहर उठीं और विलीन हुईं।

कुषाण

13.6 परिचय

ईसा की पहली शताब्दी के उत्तरार्द्ध तथा दूसरी शताब्दी के पूर्वार्द्ध में उत्तर-पश्चिम भारत में कुषाणों ने राज्य किया। शक, पह्लव और यवन जातियों की तरह कुषाण भी एक विदेशी जाति के थे। भारत में आनेवाले विदेशी जातियों में कुषाण लोग सबसे अधिक प्रभावशाली सिद्ध हुए। उन्होंने भारतीय राजनीति और संस्कृति पर अपना गहरा प्रभाव डाला। कुषाणों के मूल और प्राचीन इतिहास का विवरण हमें चीनी ग्रन्थों से प्राप्त होता है। चीनी इतिहासकारों के अनुसार, कुषाण लोग यू-ची जाति की शाखा के थे। यू-ची खानाबदोश थे और आधुनिक चीन के समीप के प्रदेशों में रहते थे। द्वितीय शताब्दी ई.पू. के मध्य से वे एक पड़ोसी बर्बर जाति हूण के साथ संघर्ष में लिप्त हो गए। यू-ची नरेश को हूणों ने परास्त कर दिया और उसकी हत्या भी कर दी। बाध्य होकर यू-ची जाति को अपनी मातृभूमि का परित्याग कर दूसरे प्रदेशों में जाने पर विवश होना पड़ा। जिन लोगों ने पश्चिम की ओर प्रस्थान किया, उनकी संख्या 6 लाख के लगभग थी। घूमते-घूमते ये लोग आधुनिक कुचला प्रदेश में जा पहुँचे और वहाँ के मूल निवासियों को युद्ध में परास्त कर वहीं बस गए। वहाँ से यू-चियों की एक शाखा तिब्बत की सीमा की ओर गई और वहाँ निवास करने लगी। एक शाखा ने सीरदरिया की ओर प्रस्थान किया। इस जाति का शक जाति के लोगों के साथ भीषण संघर्ष हुआ। लेकिन वे पराजित हुए और यू-चियों ने उनके चरागाहों पर अपना अधिकार कायम कर लिया।

लगभग 15-20 वर्षों तक यू-ची अपने प्रदेशों में शान्तिपूर्वक रहे। किन्तु वू-सुन के राजा (जिसे यू-ची ने परास्त करके मार डाला था) के पुत्र ने ह्यग-नू की सहायता प्राप्त कर ली। वह उन्हीं की देखरेख में बड़ा हुआ था। उनकी सहायता से उसने यू-ची को परास्त किया। शकों से प्राप्त की गई भूमि से यू-ची को खदेड़ दिया गया और फिर यू-ची अपनी यात्रा पर आगे निकल पड़े। वे ऑक्सस घाटी में रहने लगे और वहाँ के शान्तिप्रिय निवासियों पर उन्होंने अपना अधिकार जमा लिया। यू-ची का अधिकार ऑक्सस नदी के दक्षिण की ओर बैक्ट्रिया पर भी था। समय के साथ-साथ उनका खानाबदोशी स्वभाव समाप्त हो गया और वे सुव्यवस्थित जीवन व्यतीत करने लगे। इस घटना की तिथि लगभग 10 ई.पू. रही होगी।

यू-ची 5 शाखाओं में विभाजित हो गए। इन्हीं शाखाओं में से एक का नाम कुईशांग अथवा कुषाण था। कालान्तर में कुषाणों के सरदार ने अन्य 4 शाखाओं पर विजय प्राप्त कर ली और अपने राज्य की वृद्धि आरम्भ की। इसी समय से सभी यू-ची कुषाण कहलाने लगे। कनिष्क के पहले उनके दो राजा हुए—कैडफिसीस प्रथम और कैडफिसीस द्वितीय।

13.7 कैडफिसीस प्रथम

कैडफिसीस प्रथम कुजुल कैडफिसीस भी कहलाता है। कुषाणवंश का वह प्रथम शासक था। वह बड़ा ही महत्त्वाकांक्षी और शक्तिशाली राजा था। उसके नेतृत्व में कुषाण जाति के लोगों

में एक दृढ़ राजनीतिक चेतना उत्पन्न हुई। कुजुल ने अपनी जाति को आगे बढ़ाने का निश्चय किया। अपनी शक्ति का संगठन कर लेने के बाद उसने भारत की ओर बढ़ने का निश्चय किया। उसने हिन्दूकुश पार किया और पार्थियन प्रदेशों पर अपना अधिकार जमाया। काबुल की घाटी और अराकोशिया पर कुजुल का अधिकार हो गया। काबुल में जिस यूनानी सत्ता का सिक्का जमा हुआ था, उसे कैडफिसीस ने उखाड़ फेंका। प्राप्त सिक्कों से इस बात पर काफी महत्त्वपूर्ण प्रकाश पड़ता है। कुछ सिक्कों पर कुजुल कैडफिसीस का नाम खरोष्ठी में और कोजालो कडफेस हरमियस के साथ ग्रीक में खुदा मिलता है। बाद के सिक्कों पर यूनानी राजा हरमियस का नाम नहीं मिलता, जिससे स्पष्ट होता है कि कुछ दिनों तक कुजुल ने यह कबूल किया कि उसके सिक्कों पर यूनानी राजा का नाम रहे, परन्तु बाद में जब उसकी शक्ति दृढ़ हो गई, तो उसने केवल अपने नाम से ही सिक्के चलवाए। कुजुल ने यूनानी राजा को अपने सिक्कों पर नाम देने की नीति का अनुसरण राजनीतिक लाभ की दृष्टि से भी किया होगा। इस नीति के द्वारा उसने अपने पड़ोस की यूनानी शक्ति से मैत्री-सम्बन्ध स्थापित रखा, जिससे कि पार्थियन राजाओं की शक्ति के दमन में उसे किसी प्रकार के विरोध का सामना न करना पड़े। कुजुल कैडफिसीस ने पार्थियन पर आक्रमण किया और किपिन (सम्भवतः गान्धार) तथा दक्षिण अफगानिस्तान को जीत लिया। उसने जिस साम्राज्य की स्थापना की, उसका विस्तार 'वक्षु' से लेकर सिन्धु तक था। उसके साम्राज्य में बैक्ट्रिया, सम्पूर्ण अफगानिस्तान, ईरान का पूर्वी छोर तथा भारत ने उत्तरी-पश्चिमी सीमाप्रान्त के परवर्ती प्रदेश सम्मिलित थे।

13.8 कैडफिसीस द्वितीय

कैडफिसीस द्वितीय वीम-कैडफिसीस भी कहलाता है। वह कैडफिसीस प्रथम का पुत्र और अपने पिता की ही भाँति योग्य, महत्त्वाकांक्षी एवं उत्साही था। भारत के आन्तरिक भागों में साम्राज्य-संगठन करने का श्रेय उसी को प्राप्त है। उसने अपने पिता के साम्राज्य-विस्तार की नीति कायम रखी। चीनी लेखकों ने उसे भारत का विजेता लिखा है। यह वक्तव्य स्वीकार नहीं किया जा सकता, फिर भी उसकी विजयों के पक्ष में इसके प्रमाण मिलते हैं। सम्भवतः उसने सारे पंजाब और पश्चिमी संयुक्त प्रान्त के कुछ हिस्से जीत लिए थे। उसके पूर्वी और भारतीय प्रान्तों का शासन उसका प्रतिनिधि राजा करता था। इस कुषाण-वायसराय ने ताँबे के अनेक सिक्के जारी किए, जो बड़ी संख्या में उत्तर-भारत में अकसर मिलते हैं। इन पर किसी राजा का नाम न खुदा होने के कारण, इन सिक्कों को अज्ञातनामा राजा के सिक्के कहते हैं। वीम-कैडफिसीरा के सिक्कों के चक्र से विशिष्ट धार्मिक धटना का पता चलता है कि यद्यपि कुषाण भारत में नवागत थे, परन्तु ब्राह्मण धर्म ने अभी से उन पर अपना प्रभाव डालना आरम्भ कर दिया था। वीम-कैडफिसीस ने भारत का पश्चिमोतार प्रदेश जीता तो सही, परन्तु वह उसके धर्म के प्रभाव से वंचित न रह सका। उसके सिक्कों के अध्ययन से विदित होता है कि उसने ब्राह्मण धर्म स्वीकार कर लिया था। उसके सिक्कों पर 'माहेश्वर' लिखा मिलता है और उन पर एक ओर शिव और नन्दी की आकृति खुदी हुई है, जिससे उसका शैव होना प्रमाणित है।

13.9 कनिष्क

डॉ. फ्लीट के मतानुसार, कनिष्क का शासनकाल कैडफिसीस राजाओं से पहले था और कनिष्क ने विक्रम संवत् का आरम्भ किया था। इतिहासकार कनिंघम तथा डाउसन आदि ने डॉ. फ्लीट के मत का समर्थन किया, परन्तु उक्त मत का खंडन डॉ. टॉमस के अन्वेषणों द्वारा हो जाता है। इसके अतिरिक्त ह्वेनसांग के अनुसार, गान्धार पर कनिष्क का अधिकार था, परन्तु चीनी इतिहासकारों के अनुसार, इस काल में कनिष्क का शासन न होकर यिन-मो-फ का शासन था। डॉ. टॉमस के अन्वेषण द्वारा तक्षशिला चीरस्तूप से जो सिक्के निकाले गए हैं, उनमें कनिष्क के सिक्के कैडफिसीस के सिक्कों से ऊपर मिले हैं। इस प्रकार डॉ. फ्लीट के मत का खंडन हो जाता है।

डॉ. स्मिथ, सर जॉन तथा स्टेल का विचार है कि कनिष्क का शासन 125 ई. से आरम्भ होकर ईसा की दूसरी शताब्दी के उत्तरार्द्ध तक चलता है, परन्तु जूनागढ़ तथा सूर्य विहार के अभिलेखों द्वारा इस मत का खंडन हो जाता है। रुद्रदामन के जूनागढ़ अभिलेख से यह सिद्ध होता है कि इस प्रदेश पर एकमात्र उसी का राज्य था। इस प्रकार एक स्वतन्त्र प्रदेश पर एक ही समय में दो शासकों के नियन्त्रण होने की बात तर्कसंगत प्रतीत नहीं होती।

डॉ. रमेशचन्द्र मजूमदार के कथानुसार, कनिष्क ने 'चदी' संवत् 248 ई. में चलाया था, परन्तु यह मत भी तर्कसंगत प्रतीत नहीं होता है, क्योंकि 150 ई. के लगभग मथुरा पर नागों का अधिकार था। कुषाणवंशीय वासुदेव का शासनकाल जिसने मथुरा पर भी शासन किया था, नागों से एक सौ वर्ष पश्चात् था। इस प्रकार एक स्थान पर दो शासकों का स्वतन्त्र अधिकार होना उक्त मत का खंडन करता है।

प्रो. रैप्सन, टॉमस, फर्गुसन तथा बनर्जी आदि विद्वानों के अनुसार, कनिष्क शक संवत् का प्रवर्तक था, जिसका प्रारम्भ 78 ई. से होता है। चीनी इतिहासकारों के कथनानुसार, स्पष्ट हो जाता है कि 'शक' संवत् का प्रवर्तक कनिष्क ही था। इस प्रकार कनिष्क का शासनकाल ई. 78 तथा 125 ई. के बीच में होना अधिक उचित प्रतीत होता है।

13.10 कनिष्क का राज्य-विस्तार

प्राचीन भारतीय साम्राज्यवादी राजाओं में कनिष्क का एक विशिष्ट स्थान प्राप्त है। उसने भारत के भीतर ही नहीं, वरन् बाहर भी आक्रमण करके अनेक विजय प्राप्त की। उसने उत्तरी सिन्ध और कश्मीर पर विजय प्राप्त की तथा वहाँ कुछ नए-नए नगर बसाए। उसने उत्तर प्रदेश और बिहार पर आधिपत्य जमाया और स्वयं अपनी सेना सहित वह पाटलिपुत्र पहुँचा। यहीं उसे बौद्ध दार्शनिक अश्वघोष से मुलाकात हुई। कनिष्क उसके उपदेशों से इतना प्रभावित हुआ कि वह उसे अपने साथ अपनी राजधानी लेता गया। इस प्रकार लगभग सम्पूर्ण उत्तरी भारत उसके साम्राज्य में सम्मिलित हो गया। उसके साम्राज्य की दक्षिणी सीमा नर्मदा नदी के तट जा लगी थी। उसकी मुद्राओं के मिलने के स्थानों तथा अभिलेखों से प्रतीत होता है कि सिन्ध, पंजाब, कश्मीर, उत्तर प्रदेश और बिहार आदि प्रदेश उसके विशाल साम्राज्य में सम्मिलित थे।

भारत के बाहर भी कनिष्क ने अपने साम्राज्य का विस्तार करने के उद्देश्य से कई सैनिक अभियान किया और विशाल भू-भाग को अपने साम्राजय में मिलाया। चीनी स्रोतों के अनुसार, कुषाण सम्राट (वीम कैडफिसीस द्वितीय अथवा कनिष्क) चीन की राजकुमारी से विवाह करना चाहता था। उसने चीनी सम्राट के पास अपने राजदूत के द्वारा सन्देश भिजवाया। चीन के सम्राट ने उसकी प्रार्थना अस्वीकृत करते हुए राजदूत को वापस लौटा दिया। इस पर कुषाण सम्राट ने चीन पर आक्रमण कर दिया। कुषाण सेनाओं का चीनी सेना के साथ भीषण संग्राम हुआ। चीनी सेनापति ने अपना अपूर्व युद्धकौशल प्रकट करते हुए कुषाण सम्राट को पराजित करके उसे अपमानजनक सन्धि-पत्र पर हस्ताक्षर करने के लिए विवश किया। प्राचीन ग्रन्थों में इस बात का स्पष्ट उल्लेख नहीं मिलता, किन्तु वह कुषाण सम्राट वीम कैडफिसीस द्वितीय कनिष्क ही था। सन्धि के फलस्वरूप कनिष्क ने चीन के सम्राट को वार्षिक कर देना स्वीकार किया। इसके विपरीत कुछ इतिहासकार यह मत व्यक्त करते हैं कि कनिष्क ने चीनी सेनाओं को पराजित करके चीन सम्राट को सन्धि करने के लिए विवश किया और दो चीनी राजकुमारों को अपने दरबार में बन्धक रखा था।

उसके विशाल साम्राज्य में भारत से बाहर के अफगानिस्तान, बलूचिस्तान, गान्धार, बैक्ट्रिया, ताशकन्द, खोतान, हिरात, गजनी और सिस्तान आदि अनेक प्रान्त सम्मिलित थे। इतने विशाल साम्राज्य के केन्द्र में पेशावर उसकी राजधानी थी, जहाँ से वह अपने साम्राज्य के सभी दूरस्थ प्रान्तों पर भली-भाँति नियन्त्रण रख सकता था। पामीर पठार और हिन्दूकुश पर्वत के उस पार तक उसकी साम्राज्य-सीमाओं का विचार करें तो हमें स्वीकार करना पड़ेगा कि वह एक बहुत बड़े भू-भाग का स्वामी था। अपने समय के सबसे अधिक प्रभावशाली शासकों में वह अवश्य रहा होगा।

13.11 कनिष्क का धर्म

चन्द्रगुप्त मौर्य की तरह कनिष्क साम्राज्यवादी था और अशोक तथा हर्ष की तरह धर्म-प्रचारक भी। वह भारतीय इतिहास में विजेता की अपेक्षा, बौद्ध धर्म का अनुयायी होने के कारण ही विशेष प्रसिद्ध है। कनिष्क किस धर्म का माननेवाला था, यह हमें उसकी मुद्राओं से मालूम होता है। उसकी प्रथम कोटि की वे मुद्राएँ है, जिन पर यूनानी देवता सूर्य तथा चन्द्रमा के चित्र मिलते हैं। दूसरी कोटि की वे मुद्राएँ हैं, जिन पर ईरानी देवता अग्नि के चित्र मिलते हैं और उसकी तीसरी कोटि की वे मुद्राएँ हैं, जिन पर गौतम बुद्ध के चित्र मिलते हैं। इस आधार पर कुछ विद्वानों ने यह निष्कर्ष निकाला है कि कनिष्क में उच्चकोटि की धार्मिक सहिष्णुता थी और वह सभी धर्मो को आदर की दृष्टि से देखता था। इसी से अपनी मुद्राओं गें उसने यूनानी, ईरानी तथा भारतीय तीनों धर्म के देवताओं को स्थान देकर उन्हें सम्मानित किया।

प्रारम्भ में कनिष्क चाहे जिस धर्म को मानता रहा हो, परन्तु मगध-विजय के उपरान्त, वह निश्चित रूप से बौद्ध हो गया। बौद्ध अनुश्रुतियों के अनुसार, अशोक की भाँति कनिष्क भी बौद्ध धर्म स्वीकार करने के पूर्व बड़ा ही कठोर तथा निर्दयी था। लेकिन जब उसने बौद्ध धर्म स्वीकार कर लिया तो वह उदार और दयालु बन गया। पर, अशोक और कनिष्क में महान अन्तर था। बौद्ध धर्म मान लेने के बाद अशोक ने युद्ध करना बन्द कर दिया था, परन्तु

कनिष्क बौद्ध धर्म स्वीकार करने के उपरान्त भी युद्ध करता रहा। यद्यपि इन दोनों सम्राटों ने बौद्ध धर्म को आश्रय दिया था, परन्तु अन्य धर्मों के साथ उन्होंने किसी प्रकार का अत्याचार नहीं किया, वरन् उन्हें भी आदर की दृष्टि से देखा और उनकी सहायता की। उसके सिक्कों से उसकी धर्म-सम्बन्धी धारणा का परिचय हमें स्पष्टतया हो जाता है। उसके सिक्कों पर यूनानी, ईरानी और हिन्दू देवताओं के चित्र मिलते हैं। इन देवताओं के नाम इस प्रकार हैं—हेराक्लीज, सेरापिज, सूर्य, चन्द्र, शिव, अग्नि आदि। उसकी राजसभा को जो गुणवान् समलंकृत करते थे, उनमें सभी धर्मों के अनुयायी सम्मिलित थे।

अशोक के मरने के बाद बौद्ध धर्म के विरुद्ध प्रतिक्रिया होने लगी थी और मौर्य साम्राज्य के अवशेष पर ब्राह्मण वंश का उदय होने लगा था। मालूम पड़ता था कि बौद्ध धर्म निर्मूल हो जाएगा, किन्तु कनिष्क के प्रयत्न से उसमें नवजीवन का संचार हो गया। उसने कई विहारों एवं स्तूपों का निर्माण कराया। पुराने मठों की मरम्मत कराई। बौद्ध-संस्थाओं को दान दिया। उसने बौद्ध धर्म के सम्बन्ध में विचार-विमर्श के लिए चौथी संगीति बुलाई।

चतुर्थ बौद्ध संगीति : जो धर्म जितना प्राचीन होता जाता है, उसमें उतने ही इधर-उधर के वांछित एवं अवांछनीय तत्त्व एकत्र होते रहते हैं तथा उसमें अनेक शाखाओं और उपशाखाओं का प्रस्फुटन होने लगता है। कनिष्क के समय तक बौद्ध धर्म प्राचीन हो चुका था। उसमें अनेक शाखाएँ तथा उपशाखाएँ फूट निकली थीं, जिनके कारण बौद्ध धर्म मतभेदों और त्रुटियों का भारी संग्रह बन गया था। इन त्रुटियों को दूर करना, मतभेदों को मिटाना, बौद्ध ग्रन्थों का संशोधन करके उन्हें समयानुकूल बनाना तथा उनकी प्रचलित भाषा, टीका, व्याख्या आदि कराना अत्यन्त आवश्यक एवं अनिवार्य था। इन सारी आवश्यकताओं का अनुभव कर कनिष्क ने कश्मीर के कुंडलवन में बौद्ध संगीति का आयोजन किया। इस संगीति का आयोजन कनिष्क ने अपने गुरु पार्श्व की आज्ञा से किया था। इस सभा में लगभग 5 सौ भिक्षु उपस्थित हुए थे। वसुमित्र तथा अश्वघोष इस सभा के क्रमशः सभापति और उपसभापति नियुक्त हुए थे। इस सभा में बौद्ध धर्म के भिन्न-भिन्न सम्प्रदायों के मतभेदों को दूर किया गया था। इस सभा के विद्वानमंडली ने बौद्ध धर्म के *त्रिपिटक* पर प्रामाणिक भाष्य रचे, जिन्हें कनिष्क ने ताम्रपत्रों पर खुदवाया और पत्थर के सन्दूक में रखकर उस पर स्तूप बनवाया था। इस सभा में बौद्ध धर्म के सूत्रों की त्रुटियों को दूर करने के उपाय सोचे गए थे। इस महासभा में संस्कृत भाषा का प्रयोग किया गया था। इससे यह प्रतीत होता है कि प्राकृत का स्थान अब संस्कृत ले रही थी। यद्यपि इस सभा ने बौद्ध धर्म के पुराने सम्प्रदायों तथा दलों के मतभेदों को दूर कर दिया, परन्तु यह महायान सम्प्रदाय के उत्थान को रोक न सकी।

कनिष्क का शासन प्रबन्ध : कनिष्क ने अपने साम्राज्य को अनेक प्रान्तों में विभक्त कर दिया। उन सभी प्रान्तों के शासन का उत्तरदायित्व क्षत्रपों पर था, जिन्हें कनिष्क ने अपने सरदारों में से नियुक्त किया था। उसके मन्त्रियों में 'माथर' अत्यन्त कुशल राजनीतिज्ञ था जो अपने सचिवालय को कुशलतम अधिकारियों के साथ चलाता था। एगेसिलाउस नामक कुशल यूनानी इंजीनियर निर्माण कार्य के लिए बहाल था। सारनाथ के अभिलेख से ज्ञात होता है कि उसने बनारस में क्षत्रप तथा मथुरा में महाक्षत्रप की नियुक्ति की थी। उसके शासनकाल में मध्य एशिया, चीन और रोमन साम्राज्य के साथ भारतीय व्यापारियों के व्यापारिक सम्बन्ध

काफी बढ़े हुए थे। कनिष्क का राजदूत रोमन सम्राट के दरबार में रहता था। अतः रोम सम्राट के साथ कनिष्क के काफी घनिष्ठ सम्बन्ध थे।

कनिष्क का कला तथा साहित्य प्रेम : कनिष्क को कला और साहित्य से विशेष प्रेम था। पुरुषपुर को उसने अनेक सुन्दर इमारतों से सुशोभित किया। बुद्ध के किसी अस्थि-अवशेष पर उसने एक बुर्ज बनवाया, जो 4 सौ फीट ऊँचा था। उसमें 14 मंजिलें थीं और उस पर लोहे का एक शिखर था। उसके चारों ओर बुद्ध की अनेक मूर्तियाँ बनी हुई थीं। छठी शताब्दी तक यह बुर्ज विद्यमान था और जिन विदेशी पर्यटकों ने उसे देखा, वे आश्चर्यचकित रह गए। 1908 ई. में उस स्थान की खुदाई हुई, जिसमें एक पिटारी मिली, उसमें बुद्ध के अस्थि-अवशेष हैं और उसके किनारों पर बुद्ध तथा बोधिसत्वों के चित्र अंकित हैं। उस पर एक लेख भी उत्कीर्ण है, जिसमें कहा गया है कि बुर्ज का निर्माण अगेसीलॉस नामक एक यूनानी ने किया था।

गान्धार-शैली का विकास कनिष्क के समय में ही हुआ। मथुरा के एक स्थान की खुदाई में कनिष्क की एक मानवाकार मूर्ति मिली है। इस शैली में महात्मा बुद्ध सर्वप्रथम चित्रित किए गए। मुद्राओं पर भी महात्मा बुद्ध का चित्र अंकित किया गया था।

कनिष्क की राजधानी पुरुषपुर (पेशावर) में अनेकानेक दार्शनिक रहते थे। पार्श्व, वसुमित्र और अश्वघोष उसके द्वारा बुलाई गई बौद्ध संगीति के प्रमुख नेता थे। प्रसिद्ध दार्शनिक और महायान का प्रवर्तक नागार्जुन सम्भवतः इसी आकाश का एक नक्षत्र था। भारतीय आयुर्वेद का प्रख्यात वैद्य चरक शायद इसी काल में हुआ था। मातृचेट का नाम भी बौद्ध अनुश्रुतियों में कनिष्क के साथ सम्बद्ध है, परन्तु विद्वानों ने दोनों की समकालीनता में सन्देह किया है।

कनिष्क की मृत्यु : लगभग 23 वर्ष राज्य करने के बाद कनिष्क का निधन हो गया। अनुश्रुति यह है कि उसकी प्रजा, विशेषकर उसके सरदार उसके युद्धों से थक गए थे और एक रात उन्होंने उसकी हत्या कर डाली। कनिष्क का अन्त सम्भवतः (78 + 22 = 100) ईस्वी में हुआ, परन्तु यदि आरावला लेख उसका ही माना जाए, तो (78 + 41 = 119) ईस्वी तक उसे जीवित रहना चाहिए, परन्तु यह मत सही नहीं जान पड़ता।

13.12 कनिष्क का मूल्यांकन

किसी भी भारतीय शासक के साम्राज्य में मध्य एशिया का इतना बड़ा भाग सम्मिलित नहीं था, जितना कि कनिष्क के साम्राज्य में था। वह एकमात्र इंडोएशियाई शासक था, जिसका साम्राज्य-विस्तार पामीर के पार तक था। उसके राज्य में एक भी विद्रोह नहीं हुआ। उसने कला और विद्वता को संरक्षण प्रदान किया तथा अपने दरबार में बहुत से विद्वानों को एकत्र किया। अपने युग की प्रचलित व्यवस्था क्षत्रपों द्वारा शासन-संचालन की नीति का अवलम्बन करके उसने अपनी राजनीतिक दूरदर्शिता का परिचय दिया।

जिस समय बौद्ध धर्म का पतन हो रहा था, उस समय उसने बौद्ध धर्म को स्वीकार कर उसकी अमूल्य सेवा की। उसने बौद्ध धर्म में फैले हुए मतभेदों को दूर कराया, बौद्ध ग्रन्थों का संशोधन और बौद्ध-सिद्धान्तों का प्रतिपादन कराया तथा त्रिपिटक का भाष्य तैयार कराकर

ताम्रपत्रों पर अंकित कराया और उन पर स्तूप बनवाया। उसने बौद्ध धर्म के प्रचार के लिए अपना तन-मन-धन सभी कुछ समर्पित कर दिया। उसकी धर्म-विजयों के कारण ही मध्य एशिया में बौद्ध धर्म व्यापक रूप से जनता द्वारा अपनाया गया और चीन तथा जापान में भी उसका भारी प्रचार हुआ। बौद्ध धर्म के संस्थापक महात्मा बुद्ध और बौद्ध धर्म के महान संरक्षक और प्रचारक सम्राट अशोक के बाद उसके संरक्षक, प्रचारक और उन्नायक के रूप में सम्राट कनिष्क का नाम संसार के इतिहास में प्रसिद्ध है। बौद्ध धर्म के प्रति की गई अमूल्य सेवाओं के कारण ही वह 'द्वितीय अशोक' कहा जाता है। बौद्ध धर्म का महान पुजारी होते हुए भी कनिष्क अन्य धर्मों के प्रति पूरी तरह सहिष्णु था। अतः उसके समय में भारत में सभी धर्मों को स्वच्छन्दतापूर्वक फूलने-फलने का अवसर प्राप्त हुआ। वाणिज्य, व्यापार और व्यवसाय का अभूतपूर्व विकास हुआ। चीन और रोमन के साथ भारत के व्यापारिक सम्बन्ध में भारी वृद्धि हुई।

कनिष्क ने प्राचीन बौद्धविहारों, मठों और स्तूपों का पुनरुद्धार किया तथा उनको फिर से बौद्धभिक्षुओं के निवास-योग्य बनवाया। उसने अनेक नवीन मठों, विहारों और स्तूपों की रचना कराई। उसने महात्मा बुद्ध की अस्थियों पर लकड़ी का 4 सौ फीट ऊँचा एक विशाल स्तूप अपनी राजधानी पुरुषपुर (पेशावर) में तैयार कराया और राजधानी को भव्य इमारतों से अलंकृत कराया। उसने कश्मीर में कनिष्कपुर नामक प्रसिद्ध नगर बसाया तथा तक्षशिला के समीप एक नगर की स्थापना की।

13.13 कुषाण संस्कृति

कुषाण युग में महायान को बौद्ध धर्म का स्वरूप, बुद्ध प्रतिमाओं का निर्माण तथा गान्धार-कला आदि तत्त्वों का उदय हुआ। बुद्ध तथा हिन्दू देवी-देवताओं की मानव आकृतिवाली प्रतिमाओं का निर्माण भी इसी युग में आरम्भ हुआ।

इस युग ने अश्वघोष, नागार्जुन जैसे महान साहित्यिक विभूतियाँ प्रदान कीं। शैवधर्म, कार्तिकेय सम्प्रदाय, महायान बौद्ध, मिहिर तथा वासुदेव-कृष्ण सम्बन्धी सम्प्रदायों का उदय इसी युग में हुआ। ईसाई मत के प्रभाव से बाल कृष्ण की भक्ति में कई पहलू जुड़ गए। 67 ई.पू. से 61 ई.पू. तक मातंग काश्यप ने चीन में बौद्ध धर्म की पताका फहराई।

भारत का विदेशों से गहरा सम्पर्क स्थापित हो गया। कनिष्क के साम्राज्य की सीमाएँ विशाल थीं। हिन्दूकुश पर उसका शासन स्थापित हो जाने पर तथा खोतान व यारकन्द को उसके साम्राज्य में मिल जाने पर गमनागमन तथा यातायात की सुविधाएँ काफी बढ़ गईं।

एक ओर व्यापारियों के सार्थवाह अपना माल बेचने तथा दूसरी ओर धर्मप्रचारक अपने धर्म को फैलाने के लिए विदेश यात्रा करने लगे। इसी समय पूर्वी मध्य एशिया में बौद्ध धर्म के साथ-साथ भारतीय संस्कृति का भी विदेशों में प्रसार होने लगा। पाश्चात्य संसार से व्यापारिक सम्बन्ध पर्याप्त मात्रा में बढ़े। कैडफिसीस द्वितीय के समय में भारत का विदेश-व्यापार चरमोन्नति तक पहुँच गया था। इसी आधार पर रोमन लेखक प्लिनी ने अपने देशवासियों की मूर्खता पर खेद व्यक्त करते हुए कहा कि **"वे भारत की विलास सामग्री पर अपनी स्वर्ण मुद्राएँ दे देते हैं।"** भारत में असंख्य रोमन स्वर्णमुद्राओं की प्राप्ति इस बात का प्रमाण है कि दूसरे

देशों के साथ व्यापारिक सम्बन्ध थे। विदेशों के साथ सम्पर्क-स्थापना से भारत को दोहरा लाभ हुआ। विदेशों में भारतीय संस्कृति का प्रचार तथा व्यापारिक मार्गों से विदेशी धन का भारत में प्रवेश, जिससे प्राप्त आर्थिक समृद्धि तथा सुविधा से भारतीय संस्कृति तथा सभ्यता के उत्थान में पूर्ण प्रोत्साहन प्राप्त हुआ। साहित्य के साथ दर्शन तथा चिकित्सा-शास्त्रों की रचनाएँ हुईं। अश्वघोष, नागार्जुन तथा चरक की रचनाएँ इसका ज्वलन्त प्रमाण हैं।

संस्कृत साहित्य के विकास में इस राजवंश का क्रियात्मक सहयोग था। सम्राट कनिष्क स्वयं विद्वानों का आश्रयदाता था। अन्य कुषाणसम्राट भी साहित्य-प्रेमी थे, यद्यपि कि उनके युग में रचित साहित्य का कोई विश्वसनीय प्रमाण नहीं है। अश्वघोष इस युग की चेतना का अग्रदूत था। अश्वघोष दार्शनिक, नाटककार, लेखक, संगीतज्ञ होने के साथ-ही-साथ महाकवि भी था। उसके द्वारा रचित *बुद्धचरित* संस्कृत साहित्य का उज्ज्वल रत्न है। वह कवि होते हुए भी नैतिकता का महान उपासक था, किन्तु कवि होने के नाते उसने उल्लासपूर्ण शृंगार का वर्णन भी पूर्णरूप में किया है, जो संस्कृत साहित्य की परम्परागत शैली है। सिद्धार्थ को मोहित करने के लिए आनेवाले सुन्दरियों के दल के सौन्दर्य का वर्णन उसने निःसंकोच भाव से किया है। अश्वघोष की दूसरी कृति *सौन्दरानन्द* है, जिसमें बुद्ध को चचेरे भाई द्वारा नन्द को अपने मत में दीक्षित कर लेने की घटना का 18 सर्गों में धार्मिक वर्णन है। *सारितपुत्ता* तो निश्चय ही अश्वघोष की कृति है। कुछ विद्वान *वज्रसूची* को अश्वघोष की रचना मानते हैं, जिसमें लेखक ने ब्राह्मणग्रन्थों के आधार पर बनी जाति-व्यवस्था की निन्दा की है। नागार्जुन इस युग का महान दार्शनिक विद्वान था। उसने दो प्रधान ग्रन्थों, *मध्यमकारिका* तथा *मुरुल्लेखा* की रचना की। उसका जन्म विदर्भ के एक विद्वान ब्राह्मण के घर हुआ था। वह ब्राह्मण-शास्त्रों में तो पारंगत था ही साथ ही उसने महायान धर्म की व्याख्या इतने सुन्दर रूप में की थी कि यह धर्म बुद्धिजीवियों को भी रुचिकर प्रतीत होने लगा। महायान-धर्म पर लेखनी चलाने का सर्वप्रथम गौरव नागार्जुन को ही प्राप्त है। वसुमित्र महान दार्शनिक था। *चरकसंहिता* के रचयिता चरक को तो कनिष्क का राजवैद्य ही बताया जाता है। उसके आयुर्वेदग्रन्थ की शैली अत्यन्त काव्यगत तथा रोचक है। यद्यपि इसमें विज्ञान जैसे शुष्क विषय का वर्णन है, फिर भी यह ग्रन्थ सरस है। इसके सिद्धान्त आज भी मान्य हैं। चरक ने चिकित्सकों के लिए एक उच्च नैतिक मानदंड स्थिर किया। उस पर यूनानी प्रभाव का आरोप लगाना निरर्थक है।

13.14 गान्धार कला

महायान के नए धार्मिक आन्दोलन ने कला में एक नई धारा बहा दी तथा एक नए युग को जन्म दिया। प्राचीन बौद्धकला में बुद्ध की जातक कथाओं का प्रदर्शन होता था, परन्तु स्वयं बुद्ध की प्रतिमा का उसमें अभाव था। बुद्ध की उपस्थिति केवल लक्षणों और संकेतों से ही दर्शाई जाती थी। उष्णीय, चरणांक, बोधिवृक्ष, रिक्तासन, छत्र, कमंडलु, भिक्षापात्र, धर्मचक्र आदि ही बुद्ध के प्रतीक माने जाते थे, परन्तु अब स्वयं बुद्ध की प्रतिमाएँ श्रद्धालुओं की पूजा और तक्षकों के कलात्मक प्रयास की केन्द्र बनीं। चूँकि इनका निर्माण एक विशिष्ट शैली में हुआ और अधिकतर ये गान्धार प्रान्त में, जिसका केन्द्र पेशावर था, मिली हैं, इसलिए ये गान्धारशैली की कहलाती है।

गान्धारकला से अभिप्राय ईसा की प्रथम शताब्दी की उस तक्षणकला से है, जिसके विकास के प्रमुख केन्द्र जलालाबाद, हद्द और बया स्वातघाटी तथा पेशावर जिला थे। इस गान्धारकला को **इंडो-ग्रीक-कला** भी कहा जाता है, क्योंकि इसका विषय भारतीय होते हुए भी इसकी शैली पूर्णतया यूनानी थी। इनकी मूर्तियों के वस्त्र-विन्यास तथा बनावट यूनानी देवता अपोलो से पर्याप्त साम्य रखती है। इसका स्पष्ट प्रमाण यह है कि इन मूर्तियों में गौतम बुद्ध का केशविन्यास दिखाया गया है। यदि इस कला पर यूनानी प्रभाव न होता, तो निश्चय ही बुद्ध को मुंडितकेश में दिखलाया गया होता; क्योंकि उन्होंने संन्यास-ग्रहण करते समय अपने केश मुँडवा दिए थे। इसी प्रकार, बोधिसत्वों की प्रतिमाएँ भी वस्त्राभरणों से अलंकृत, यूनानी राजाओं जैसी लगती हैं। उनकी प्रतिमाओं में वीतरागता जैसी कोई बात दृष्टिगोचर नहीं होती। ऐसा यूनानी प्रभाव के कारण ही है। गौतम को अनेक स्थान पर यूरोपीय वेशभूषा से अलंकृत दिखाया गया है। कुषाणों की मुद्राएँ भारतीय होती हुई भी अधिकांश यूनानी अथवा रोमन शैली की थीं। इन प्रतिमाओं का निर्माण अभयमुद्रा, वरदमुद्रा, धर्मचक्रमुद्रा आदि विभिन्न रूपों में हुआ है। चिरकाल तक पाश्चात्य कला-समीक्षकों की यह धारणा बनी रही कि भारतीय कला का निर्देश गान्धारकला के द्वारा हुआ। पाश्चात्य कलाकार से शिक्षित भारतीय कलाकारों ने उसी समय मथुराशैली में कला के माध्यम से अपनी आध्यात्मिक भावना को अभिव्यक्ति प्रदान की, जबकि गान्धारकला प्रायः सभी स्थानों पर गौतम बुद्ध की प्रतिमाओं को आध्यात्मिक तेजोदीप्त दिखाने की अपेक्षा स्वर्णमुद्राओं में ही अधिक दिखा सकी।

कुषाणयुग में गान्धार के अतिरिक्त और भी कलाकेन्द्र थे, जहाँ पर कला की काफी उन्नति हो रही थी। ये कलाकेन्द्र सारनाथ, अमरावती और मथुरा में थे। इनमें से प्रत्येक की एक अलग शैली थी एक-दूसरे से अप्रभावित। सारनाथ और मथुरा से प्राप्त मूर्तियों की निर्माण-कला में कुछ समानता अवश्य पाई जाती है। अमरावती से प्राप्त पाषाण वेष्टनियों पर उत्कीर्ण चित्रों की अद्वितीय कारीगरी शिल्प का विलक्षण नमूना प्रस्तुत करती है।

13.15 मथुराकला

मथुरा बोधिसत्वों की मूर्तियों के निर्माण का केन्द्र था। मथुरा की कला पर गान्धारकला का प्रभाव एक विवादास्पद विषय है। कुछ यूरोपीय विद्वानों के विचारों से मथुराकला न केवल गान्धारकला से प्रभावित है, अपितु इसकी उत्पत्ति का मूलप्रेरक ही गान्धारकला है, किन्तु रालिंसन इस बात को स्वीकार नहीं करते। उनका कहना है कि ठीक उसी समय देश में विशुद्ध स्वदेशी कला का विकास भरहुत और साँची में हुआ, जो भीटा, मथुरा तथा बेसनगर आदि केन्द्रों में प्रचलित था। पहले हिन्दू देवी-देवताओं तथा बुद्ध प्रतिमाओं के निर्माण का आविष्कार विदेशी प्रभावों के कारण हुआ। किन्तु विद्वानों के मतानुसार बाद में निश्चय ही इसे मथुरा के देशी कलाकारों ने खोजा न कि गान्धार के कलाकारों ने।

डॉ. निहाररंजन रे, मथुरा की प्राचीन मूर्तियों को जो द्वितीय शताब्दी ई.पू. मध्य की है, भरहुत की कला से सम्बद्ध मानते हैं। उनका कहना है कि गान्धारकला की बुद्ध-प्रतिमाएँ अनजान न थीं। कुछ के नमूने तथा अलंकरण शैली में गान्धारशैली की सहायता ली गई

थीं, किन्तु मथुरा की कला में अनुकरण की यह प्रवृत्ति दूसरी शताब्दी ई.पू. से दृष्टिगोचर नहीं होती। इससे स्पष्ट हो जाता है कि वे मथुरा की कला को स्वदेशी मानते हैं, विदेशी नहीं।

डॉ. फोगेल मथुरा की कला में भाव-कल्पना तथा अलंकरण की शैली को पूर्णतया भारतीय मानते हैं, किन्तु साथ ही वे गान्धारशैली का कुछ प्रभाव स्वीकार करते हैं। उनके विचार में, मथुरा की कला में जहाँ एक ओर भरहुत तथा साँचीकला का प्रभाव है, वहीं दूसरी ओर गान्धारकला का भी कुछ प्रभाव है। फोगेल का मत ठीक प्रतीत होता है, क्योंकि मथुराकला की उत्पत्ति तथा विकास स्वदेशी स्रोतों से ही हुआ, जिस पर गान्धारकला का भी कुछ प्रभाव अवश्य पड़ा। मथुरा की सभी कलाकृतियों में सीकर के लाल पत्थर का प्रयोग होने से, वे सरलतापूर्वक पहचानी जा सकती हैं। ईसा सन् की प्रथम शताब्दी तक मथुरा की कला अपने चरमोत्कर्ष पर पहुँच चुकी थी। बाद में यहाँ की बनी मूर्तियाँ मध्य एशिया, तक्षशिला, श्रावस्ती तथा सारनाथ भेजी जाने लगी थी। गान्धार तथा मथुरा की कला में बुद्ध के जीवन की प्रमुख घटनाओं का चित्रण किया गया है। कुषाणकालीन मथुरा की कला बनावट की दृष्टि से भरे शरीर तथा विशालता के लिए प्रसिद्ध है। उनमें मस्तक को भूधर्वयुक्त नहीं दिखाया गया। मथुरा की कला में गान्धारकला की तरह मूँछ नहीं है। बालों तथा मूँछरहित मूर्तियों का निर्माण विशुद्ध रूप में भारतीय है। गान्धार तथा मथुरा की बुद्ध तथा बोधिसत्वों की प्रतिमाएँ एक-दूसरे से पूरी तरह भिन्न हैं। मथुरा की कुषाणकालीन प्रतिमाओं के दाएँ कन्धे पर वस्त्र नहीं होता। दायाँ हाथ प्रायः अभयमुद्रा में दिखाया जाता रहा है। गान्धारकला में बुद्ध को प्रायः पद्मासन में बैठा हुआ दिखाया गया है, जबकि मथुरा की मूर्तियों में प्रायः सिंहासन पाया जाता है। खड़ी मूर्तियाँ के पाँवों के नीचे सिंह की आकृति पाई जाती है। तेजस्विता दोनों कलाओं में प्रचुर मात्रा में पाई जाती हैं। यदि हम दोनों की कलाकृतियों को थोड़ी सूक्ष्मता से देखें, तो यह स्पष्ट हो जाता है कि इन दोनों की उत्पत्ति तथा विकास अलग-अलग तथा स्वतन्त्र रूप से हुआ है। मथुरा की शैली स्वदेशी थी, इसलिए गुप्तयुग में भी इसे ही अपनाया गया तथा इसे विकास की चरमसीमा तक पहुँचा दिया गया।

मथुरा की कला के साथ भरहुत तथा साँची की कला का निकट सम्पर्क है। रालिंसन के मतानुसार, "मथुराकला का उदय ही भरहुत तथा साँची की कला से हुआ, फिर भी मथुरा की कला में अपनी पूर्ववर्तिनी (भरहुत तथा साँची की) कलाओं में प्राप्त सूक्ष्म सांकेतिकता तथा प्रतीकात्मकता का अभाव है।"

भरहुत तथा साँची की कलाकृतियों में वृक्ष-लतादि के मध्य स्थित या खड़ी हुई नारी के उन्नत उरोजों तथा विकसित नितम्बों को देखकर प्राकृतिक उर्वरता की अनुभूति होती है। साथ ही यह भी ज्ञात होता है कि उनके रचयिता कलाकारों का जीवन के प्रति नकारात्मक दृष्टिकोण न था, अपितु प्रकृति तथा मानव के प्रति उनका दृढ़ अनुराग था। इतना होने पर उनमें इन्द्रियासक्ति का आभास मात्र भी नहीं है। उनकी ध्वनिपरक अभिव्यक्ति शारीरिक नहीं, अपितु मानसिक है, जो दर्शकों को इहलौकिक जीवन के चित्रण द्वारा पारलौकिक-आध्यात्मिक आनन्द की अनुभूति कराती है। परन्तु मथुरा की कला इस क्षेत्र में पीछे है। इसमें अन्तः तथा स्वतः प्रेरणा के अभाव के साथ कृत्रिमता की अनुभूति होती है। मथुरा की यक्षिणी प्रतिमाएँ

मानव-इन्द्रियों को अवश्य आन्दोलित करती हैं, पर हृदय पर उनका प्रभाव कम ही होता है। मथुरा की कला में अध्यात्म पक्ष की अपेक्षा इन्द्रियपरायणता तथा कामुकता अधिक है। ऐसा प्रतीत होता है, मानो कलाकृतियों के निर्माताओं का उद्देश्य भी यही था। यदि ये यक्षिणी प्रतिमाएँ प्रथम शती के बाद की मानी जाएँ, तो इन पर गान्धारकला का प्रभाव स्पष्ट प्रतीत होता है, क्योंकि गान्धारकला में मानवाकृति को यथावत् चित्रित करने की परम्परा थी। यदि यह बात न भी मानी जाए, तो भी इतना तो निश्चित है कि इस कला में कुछ दोष थे, जिनका परिमार्जन गुप्तयुग के कलाकारों ने किया।

13.16 व्यापार, वाणिज्य एवं शहरों के विकास में कुषाणों की देन

भारतीय सभ्यता एवं संस्कृति के विकास में कुषाणों का महत्त्वपूर्ण योगदान रहा है। कुषाणवंशी राजाओं ने मौर्य साम्राज्य के पश्चात् राजनीतिक एवं सांस्कृतिक दोनों ही क्षेत्रों में महत्त्वपूर्ण भूमिका निभाई। इनके द्वारा निर्मित साम्राज्य के परिणामस्वरूप विभिन्न क्षेत्रों के लोग एक-दूसरे के सम्पर्क में आए। मध्य एशिया से भारतीयों का सम्बन्ध अब और भी घनिष्ठ हो गया और व्यापार में प्रगति हुई।

वाणिज्य-व्यापार में प्रगति का प्रमुख कारण यह था कि कुषाण साम्राज्य से होकर ही उस समय दो प्रमुख व्यापारिक मार्ग, उत्तरापथ एवं रेशम मार्ग गुजरते थे। गिर्शमान के अनुसार, व्यापार के दृष्टिकोण से कुषाणवंश के प्रतापी राजा कनिष्क ने अपना राज्य पाटलिपुत्र तक फैलाया था। उज्जैन पर उसका अधिकार था। पश्चिम भारत में भरूकच्छ या भड़ौच तक उसने अपने राज्य का विस्तार किया था। उत्तर-पश्चिम में पंजाब और कपिशा उसके अधिकार में थे। हिन्दूकुश के उत्तर में उसका राज्य बहुत दूर तक फैला हुआ था। सारे नगर व्यापार के दृष्टिकोण से काफी प्रसिद्ध थे। तारीम की दून में कुषाणों ने अपना अधिकार जमाया। इसी प्रदेश में वे दोनों मार्ग थे, जो चीन को पश्चिम से जोड़ते थे और जिनसे होकर व्यापारी आया-जाया करते थे। कुषाण-सेना ने पूरब में पामीर के दर्रों पर कब्जा किया और वहाँ भारतीय उपनिवेश बसाया। इस तरह भारत के मालिक की हैसियत से उन्होंने दोनों कौशेयपथों पर कब्जा कर लिया। काशगर से चलनेवाले उत्तरी कौशेयपथों पर कुषाणों ने बहुत से वैसे ही उपनिवेश बसाए, जैसे उन्होंने दक्षिणी रास्ते पर बसाए थे। व्यापार करनेवालों में सभी धर्म के माननेवाले थे, जैसे जर्थुस्त्री, बौद्ध, मनीरबी, ईसाई इत्यादि।

इसी काल में कुषाण और रोमन साम्राज्य का सम्बन्ध काफी दृढ़ हुआ। कुषाणों के अधिकृत राजमार्गों से चलते हुए चीनी बरतन, चीन के बने रेशमी कपड़े, हाथी-दाँत, कीमती रत्न, मसाले तथा सूती कपड़े रोम को जाने लगे और रोमन साम्राज्य का स्वर्ण कुषाण साम्राज्य में आने लगा। कनिष्क के समय भारत के धन का अन्दाजा इसी बात से लगाया जा सकता है कि कनिष्क से अधिक और किसी के सोने के सिक्के आज भी भारत में नहीं मिलते। ये सोने के सिक्के रोमन डिनारीयस के आधार पर बने होते थे और उनका भार 124 ग्रेन था। इस काल में व्यापारिक दृष्टि से कुषाणों ने यूनानी सिक्कों की नकल करना ठीक समझा। कनिष्क के सिक्कों के पृष्ठभाग में ईरानी, यूनानी तथा भारतीय देवी-देवताओं के चित्र मिलते हैं। बाख्त्री यूनानी में उस देवता का नाम मिलता है। भारतीय लिपियों को कोई स्थान नहीं

दिया गया, जिसका कारण यह मालूम पड़ता है कि अन्तर्राष्ट्रीय क्षेत्र में कनिष्क के सिक्के प्रचलित थे। उत्तर-पश्चिम में यूरोप तक उसके सिक्कों का विनिमय अवश्य था। अतः यूनानी लिपि को ही रखना उचित समझा गया। ग्रीक देवी की आकृति के साथ ननैया नाम मिलता है। हुविष्क के सिक्कों के पृष्ठभाग पर कनिष्क के सिक्कों की तरह विभिन्न देवताओं के चित्र मिलते हैं।

ऐसा लगता है कि कनिष्क की शौकीन प्रजा रोमन माला की भी शौकीन थी। बेग्राम में हैके की खुदाई से यह पता लगता है कि रोम से कुछ माल भारत और चीन को जाता था। कुषाण अधिकृत सड़कों से रोम को जानेवाले माल का इतना अधिक दाम होता था कि रोम ने चीन से सीधा सम्बन्ध कायम करने का प्रयत्न किया। कुषाणों का संचालन बहुत तरकीब से होता था। इस समय महापथ पर कुछ हेर-फेर हुए। इतिहास में सबसे पहली बार गंगा से मध्य एशिया तक जाता हुआ यह महापथ एक राजसत्ता के अधीन हो गया। इस महापथ का एक टुकड़ा कुषाणों की नई राजधानी पेशावर से होकर खैबर तक जाता था। तक्षशिला में शिरमुख पर कुषाणों ने एक नई नगरी बसाई। इससे महापथ के रुख में कोई विशेष अन्तर नहीं पड़ा। कपिशा, नगंरहार और बल्ख की स्थिति भी नहीं बदली थी। व्यापारिक दृष्टि से ये स्थान पहले से भी अधिक समृद्ध थे।

पुरातात्त्विक खुदाइयों से पता चलता है कि इस समय अनेक नगरों का विकास हुआ। इस समय के प्रमुख नगरों में तक्षशिला (शिरसुख), पुरुषपुर, पुष्कलावती, इन्द्रप्रस्थ, हस्तिनापुर, मथुरा, श्रावस्ती, कौशाम्बी, वाराणसी, पाटलिपुत्र, वैशाली इत्यादि थे। इन स्थानों की खुदाइयों में कुषाणकालीन पक्की ईंटों के भवनों के अवशेष प्राप्त हुए हैं। ये नगर व्यापार, वाणिज्य एवं कला-कौशल के भी केन्द्र थे। विभिन्न शिल्पों एवं उद्योगों का इस समय काफी विकास हुआ। तक्षशिला एवं कनिष्कपुर जैसे नगरों का निर्माण तो कनिष्क ने स्वयं करवाया था।

13.17 भारतीय जीवन एवं संस्कृति में कुषाणों की देन

ऐसा ज्ञात होता है कि कुषाणों के दो वंश हुए। पहले वंश का संस्थापक कुजुल कैडिफिसीस नामक एक शासक था। उसने लगभग 28 वर्षों तक शासन किया। इस वंश का दूसरा शासक वीम-कैडफिसीस था। उसने सर्वप्रथम कुषाण-सत्ता को सिन्धुघाटी से पूरब की ओर बढ़ाया। सर्वप्रथम स्वर्ण सिक्के प्रचलित करने का श्रेय इसी को दिया जाता है।

कनिष्क इस वंश का सबसे शक्तिशाली और प्रसिद्ध सम्राट था। कुषाण काल के स्वर्ण सिक्के सबसे अधिक सिन्धु नदी के क्षेत्र में पाए जाते हैं। कुषाणों के अन्य अभिलेख और सिक्के मथुरा, श्रावस्ती, कौशाम्बी, वाराणसी, पटना और गया जिले में उपलब्ध हुए हैं। अतः इनसे प्रमाणित हो जाता है कि कुषाण उत्तरी भारत के एक बड़े भाग पर नियन्त्रण स्थापित करने में सफल रहे।

कुषाणों का सबसे महान शासक कनिष्क प्रथम था। वह एक महान विजेता भी था, जिसने अन्य प्रतिद्वन्द्वियों के अतिरिक्त पह्लवों को परास्त किया था। मगध और साकेत के अलावा चीनियों के विरुद्ध अपने दूसरे प्रयत्न में उसने सफलता पाई और उनसे उनके तीन प्रमुख नगरों को छीन लिया। ये नगर कश्मीर के उत्तर में स्थित थे। इन नगरों के नाम थे

काशगर, खोतान और यारकन्द। कनिष्क के साम्राज्य का विस्तार पूरब में बिहार से लेकर पश्चिम में खुरासान तथा उत्तर में खोतान से लेकर दक्षिण में नर्मदा तक था। इसकी दक्षिणी सीमा के नीचे शक और सातवाहन राज्य स्थित थे।

पहली बार भारतीय साम्राज्य भारत की प्राकृतिक पश्चिमी सीमा के बहुत आगे तक विस्तृत हुआ। कुषाण साम्राज्य भौगोलिक स्थिति के कारण ही भारतीय संस्कृति, राजनीति एवं अर्थव्यवस्था पर गहरा प्रभाव छोड़ गया। कुषाण साम्राज्य कुछ इस तरह फैला हुआ था कि एक ओर मध्य एशिया और चीन के सम्पर्क में था, तो दूसरी ओर रोमन साम्राज्य के पूर्वी भाग से। इस समय चीन से लेकर रोमन साम्राज्य तक एक व्यापार-मार्ग जाता था, जिसे रेशममार्ग कहते हैं।

बड़ी पदवी लेने की प्रथा भारत में कुषाणों ने ही चलाई। कुषाण-सम्राट ने देवपुत्र, राजाधिराज, महाराजाधिराज, शहानुशाही जैसी बड़ी-बड़ी उपाधियाँ लीं। ऐसी उपाधियाँ कुषाणों से पूर्व पार्थियन नरेशों ने धारण की थी। कनिष्क ने रोमन सम्राट के समान महाकैजर की भी उपाधि धारण की। विम-कैडफिसीस ने महीश्वर की उपाधि से अपने को अलंकृत किया था। यहाँ पर कुषाण अनेक छोटे-छोटे नरेशों को पराजित कर शासन कर रहे थे। इसलिए इन्हें यह प्रकट करना था कि ये भारतीय शासकों में सर्वश्रेष्ठ हैं। यही कारण है कि इन्होंने बड़ी-बड़ी उपाधियाँ लीं। कुषाणों के पश्चात् ऐसी उपाधियाँ अन्य भारतीय शासकों ने भी धारण की, जो यहाँ के मूल निवासी थे। उदाहरणस्वरूप गुप्तशासकों ने महाराजाधिराज और देवपुत्र की उपाधि ली।

कुषाणों ने भारत को क्षत्रप प्रशासन-प्रणाली से परिचित कराया। इनका साम्राज्य कई क्षत्रपियों में विभाजित था और प्रत्येक क्षत्रपी में एक क्षत्रप या गवर्नर होता था, जो इस समय क्षत्रपी या प्रान्त का मुख्य सैन्य प्रशासक भी होता था। कुषाणों ने एक अन्य नवीन राजनीतिक व्यवहार से परिचित कराया। यह था एक ही समय में दो शासकों का राज्य करना।

यूनानियों और शाक्यों के समान कुषाणों का भारतीयकरण हुआ। धीरे-धीरे इन्होंने अपना पुराना अस्तित्व खो दिया। उनका पूर्णतः भारतीयकरण हो गया और भारतीय समाज एवं संस्कृति में ये घुलमिल गए। इन्हें अधिकारिक रूप से क्षत्रिय मान लिया गया, क्योंकि भारत में ये शासकवर्ग बनकर आए थे, इसलिए इन्हें वर्ण में लिया गया। कई कुषाणों ने वैष्णवधर्म को अपनाया। कनिष्क को वासुदेव भी कहा जाता था। उसने शैव और बौद्ध धर्म को उतना ही प्रोत्साहन दिया। इस काल की शिव और बुद्ध दोनों की मूर्तियाँ मिलती हैं।

विदेशी सम्पर्क से भारतीय धर्मों में परिवर्तन आ गया था। अपनी मौलिक अवस्था में बौद्ध धर्म साधारण और दार्शनिक था। इस कारण यह न तो विदेशी शासकों को सन्तुष्ट कर सकता था और न आम भारतीयों को ही। उन्हें ठोस और सरलता से समझे जानेवाले धर्म की खोज थी। अतः कुषाणकाल में महायान बौद्ध धर्म का विकास हुआ। इस धर्म में गौतम बुद्ध की मूर्तियों की पूजा स्वीकार कर ली गई। बौद्ध धर्म के जिन अनुयायियों ने इस नई विचारधारा को अनुमति नहीं दी, वे हीनयान धर्म के उपासक हुए। कनिष्क ने महायान को पूरा प्रोत्साहन दिया। उसने कश्मीर में एक बड़ी बौद्धसभा आयोजित कर महायान धर्म के विश्वासों को नियमित रूप में ढाला।

कुषाणों ने विशेषकर कनिष्क ने बौद्ध धर्म के विद्वानों को प्रोत्साहन दिया था। फलस्वरूप इस काल में बौद्ध धर्म से सम्बन्धित कई ग्रन्थों की रचना हुई और भारतीय साहित्य और भी धनी बन गया। इन विद्वानों में सर्वप्रसिद्ध अश्वघोष थे, जिन्होंने *बुद्धचरितम्* लिखा। यह ग्रन्थ महात्मा बुद्ध की जीवनी है। अश्वघोष ने *सौन्दर्यनन्द* भी लिखा, जिसे संस्कृत काव्य का एक अच्छा उदाहरण माना जाता है। महायान की प्रगति से और भी कई धार्मिक रचनाएँ हुईं। इस काल की सभी रचनाओं में संस्कृत भाषा का प्रयोग हुआ।

कला और वास्तुकला पर विदेशी शैली का प्रभाव देखा जाता है। कुषाणकाल की गान्धारशैली इस अर्थ में सर्वप्रसिद्ध हैं, क्योंकि इस कला की उत्पत्ति यूनानी और भारतीय परम्पराओं के मिलने से हुई थी। गान्धारशैली की यह विशेषता है कि इसमें महात्मा बुद्ध को दर्शाया गया है। लेकिन उन्हें यूनानी देवता अपोलो (Apollo) के समान दिखाया गया है। अतः गान्धार मूर्तिकला विषयवस्तु में पूर्णतया भारतीय है, किन्तु इसकी शैली या बनाने की विधि यूनानी-रोमन है। इस कला में बुद्ध का वस्त्र यूनानी ढंग का है और इनका केश भी यूनानी तरीके से सँवारा हुआ दिखाया गया है। ऐसी कला कुषाण साम्राज्य में ही विकसित हो सकती थी क्योंकि कुषाणों का सम्पर्क यूनान के साथ उस समय काफी घनिष्ठ था। ऐसा ज्ञात होता है कि गान्धारकला के विकास के लिए यूनानी कलाकार बुलाए गए थे।

कुषाणों द्वारा स्वदेशी मथुरा शैली काफी प्रोत्साहित हुई। मथुरा से कनिष्क की एक मूर्ति प्राप्त हुई है। इसके शीर्ष का भाग टूटा हुआ है। इस मूर्तिकला में विशेष प्रकार के लाल बालू-पत्थर का प्रयोग हुआ है।

कुषाण-वास्तुकला पर चीनी प्रभाव पाया जाता है, क्योंकि इस काल के अधिकतर भवन चीनी पैगोडा के समान दिखते हैं। अगर कुषाण-वास्तुकला पर चीनी प्रभाव देखा जाता है तो इसमें भी कोई आश्चर्य की बात नहीं, क्योंकि कुषाणों का सम्पर्क चीन से भी था।

व्यापार और तकनीक के क्षेत्र में कुषाणों ने भारत को महत्त्वपूर्ण योगदान दिया। इन लोगों ने भारतीयों को एक नवीन प्रकार की अश्वारोही सेना से परिचित कराया, जिसमें रस्से के रकाब का प्रयोग होता था। इससे घुड़सवार की कुशलता में वृद्धि हुई होगी।

कुछ वस्तुएँ जो भारत के उत्तर-पश्चिम में आज भी पहनी जाती है, पहली बार कुषाणों के काल में पाए गए। आज अफगान और पंजाबियों के बीच पगड़ी और शेरवानी पहनने का रिवाज है। यह कुषाणकाल से ही शुरू हुआ। इन मध्य एशियायियों ने टोपी और चमड़े के जूते भी यहाँ लाए। इनके वस्त्रों का अनुमान हम कनिष्क की मथुरा-मूर्ति से कर सकते हैं।

इन विदेशियों के आगमन से मध्य एशिया और भारत में घनिष्ठ सम्बन्ध स्थापित हो गया। फलस्वरूप भारत के लिए मध्य एशियाई स्वर्ण सिक्के रोम व्यापार द्वारा भी यहाँ आए। चीन-रोम व्यापारमार्ग पर कुषाणों ने अपना नियन्त्रण जमा रखा था, जिससे उन्हें काफी आय होती थी। यही कारण है कि इस काल के स्वर्ण सिक्के (दीनार) प्रचुर मात्रा में मिले हैं। 78 ई. में एक नया वर्ष शक संवत् आरम्भ होता है। यह भी कुषाणों का, विशेषकर कनिष्क का, भारतीय संस्कृति में एक और योगदान है।

13.18 कुषाण राजवंश की विशेषताएँ

ई.पू. 176 के आसपास हूणों ने यूचियों को पराजित कर चीन से भगा दिया। एक भाग लघु-यूची तारिम में बस गया। महायूची नामक दूसरा भाग पश्चिम में आगे बढ़कर थक्सर्त (सिरदरिया) पहुँचा। ये लोग वाख्या को विजित कर पशुओं और तम्बुओं के साथ इधर-उधर घूमते रहे। ये 4 कबीलों में बँटे, जिनमें से एक का नाम असि-ई (यूची अर्सी) या तोखारी (थेगरोई) था। यूची अर्सी ने अपना केन्द्रीय स्थान थोगरा को बनाया, जो प्रसिद्ध रेशम मार्ग पर अवस्थित था। कुषाण लोग इसी कबीले के थे। कुछ विद्वान इन्हें लघु-यूची का बताते हैं। कुषाण तोखरी भाषा बोलते थे। यह भाषा हिन्द-पश्चिम-योरोपीय भाषा से प्रभावित थी। प्रथम शताब्दी ई.पू. के अन्त का एक कुषाण राजा हेराउस अपने को कुषाण हेराउस कहता था, जैसा कि उस समय के सिक्कों से प्रकट होता है। तिब्बत की सीमा को पार करते हुए कुषाण भारत पहुँचे और कुषाण साम्राज्य को स्थापित किया।

यूची अर्सी कबीले का सरदार कैडफिसीस का उत्तराधिकारी (पुत्र या भाई) वीम-कैडफिसीस भारत में कुषाण राजवंश का संस्थापक था।

यूची अर्सी कबीले का सरदार कुजुल कैडफिसीस (कैडफिसीस प्रथम) ने सारे कुषाण समुदाय को संगठित कर पश्चिमोत्तर भारत में पहलव आदि विरोधी शक्तियों को कुचलकर कुषाण राजवंश की स्थापना की। 80 वर्ष की आयु में उसकी मृत्यु हुई। वह बौद्ध था। कैडफिसीस प्रथम का उत्तराधिकारी (पुत्र या भाई) वीम-कैडफिसीस (कैडफिसीस द्वितीय) कुषाण राज्य को कपिशा-गान्धार से आगे बढ़ाया। सोने का सिक्का सबसे पहले उसी ने चलाया। उसी के काल में व्यापार में स्वर्ण सिक्कों का प्रचलन भी प्रारम्भ हो गया। यह शैव था, क्योंकि उसके सिक्कों पर **माहेश्वर** लिखा है। स्वर्ण सिक्कों में रोमन सिक्के की तौल (124 ग्रेन) आदि का अनुकरण किया गया है। वीम-कैडफिसीस द्वारा प्रचलित ताम्रसिक्कों के एक ओर लम्बी टोपी और लम्बा लबादा पहने राजा खड़ा है और दूसरी तरफ साँड़ के साथ त्रिशूलधारी शिव की मूर्ति और खरोष्ठी लिपि में **ईश्वरस महीश्वरस विमकडिफस** अंकित है।

वीम-कैडफिसीस का उत्तराधिकारी (पुत्र या भाई) कनिष्क (78-101 ई.) शासक बना। उसने विक्रम संवत् से भिन्न शक-संवत् चलाया। (शकों द्वारा निरन्तर प्रयोग के कारण उसका नाम शक संवत् पड़ा) 81ई. में कनिष्क ने सम्पूर्ण उत्तर भारत में अपना प्रभुत्व स्थापित किया। ख्वारज्म की मरुभूमि कराकुम से कनिष्ककालीन नगर के अवशेष मिले हैं। और इसीलिए वहाँ की संस्कृति को कुषाण संस्कृति कहा गया। इसके सिक्के अयस जिल्दिक और तोप्रक से मिले हैं, जिससे उत्तर-पश्चिम में साम्राज्य-विस्तार की जानकारी होती है। सैकड़ों सिक्के उत्तर प्रदेश में मात्र आजमगढ़ जिले से मिले हैं। उसके लेख पेशावर, रावलपिंडी, बहावलपुर, मथुरा, श्रावस्ती, कौशाम्बी, सारनाथ आदि से मिले हैं। अन्तिम अभिलेख 101ई. का है। कनिष्क का राज्य उजबेकिस्तान और ताजिकिस्तान तक फैला था। उसने चीनी शासक यान च्यांग को हराकर अपने पूर्वजों का देश तारीम-उपत्यका को जीता। रास्ते में उसे हूणों से भी टकराना पड़ा और लौटते समय उसने युद्ध के लाभ के रूप में चीनी राजकुमारों को अपने साथ भारत लाया। उन राजकुमारों ने पूर्वी पंजाब में नासपाती और आड़ू के फसल पहले पहल लगाए।

उन्हें रहने के लिए कनिष्क ने कपिशा में एक नवीन विहार बनवाया, जहाँ अंगूरों की भरमार थी। बौद्धस्रोतों में कनिष्क को **धार्मिक धर्मराज** कहा गया।

गान्धार में स्थित पुरुषपुर (पेशावर) में अपनी राजधानी स्थापित कर कनिष्क ने इस नगर का महत्त्व बढ़ा दिया। गान्धार की राजधानी तक्षशिला की प्रसिद्धि बढ़ी। पाटलिपुत्र का वैभव अब पुरुषपुर को मिला। सिकियांग नदी के पूर्वी सीमा से पार्थियन (ईरानी) सीमा तक का **रेशमपथ** और समरकन्द जैसे व्यापारिक केन्द्र कनिष्क के नियन्त्रण में थे। अपने नाम से तक्षशिला में उसने कनिष्क नगर बसाया, जो आज का सिरसुख है।

कनिष्क ने व्यापार में उन नदियों का भी प्रयोग किया, जिनमें वर्षा के दो-ढाई महीने ही नावें चल सकती थीं। मार्गवती नामक नदी के किनारे स्थित आधुनिक शिंशपा ग्राम (उत्तर प्रदेश के आजमगढ़ जिले के दक्षिण में स्थित शिंशण ग्राम के किनारे मार्गवती नदी, जिसमें मात्र बरसात के दिनों में पानी रहता था) कनिष्क के काल में महत्त्वपूर्ण व्यापारिक केन्द्र का उदाहरण था। कनिष्क के समय तोप्रक नगर का निर्माण योजनाबद्ध ढंग से किया गया, जो करीब हजार गज लम्बा और 6 सौ गज चौड़ा था। तत्कालीन कला का यह प्रसिद्ध केन्द्र था।

यूनानी कला को भारतीय गान्धार शैली में परिणत करने का श्रेय कनिष्क के काल में हुआ। मूर्ति में वस्त्र के चुन्नट और केशविन्यास पर यूनानी प्रभाव है। उत्खनन (रिलीफ) का इसमें भरपूर उपयोग हुआ। तक्षशिला, पाटलिपुत्र तथा दक्षिण भारतीय व्यापारिक नगरों का सम्बन्ध मथुरा से था। बौद्ध सम्प्रदाय सर्वास्तिवाद का मथुरा प्रधान केन्द्र था। कनिष्क इसी मत का अनुयायी था। फलतः मथुरा नगरी वास्तुकला और मूर्तिकला की प्रसिद्ध केन्द्र बन गई।

बुद्धचरितम्, *माध्यमकारिका* और *सौन्दरनन्द* का लेखक तथा वैज्ञानिक दृष्टिवाला कनिष्ककालीन अश्वघोष प्रथम नाटककार था, जिसने परदों और दृश्यों के साथ नए ढंग से अभिनय और रंगमंच का सूत्रपात किया। उसने नाटकों से यूनानी नाटक प्रभावित हुआ। पार्श्व और वसुमित्र प्रसिद्ध आचार्य थे। कश्मीर के कुंडलवन में आयोजित चौथी बौद्ध संगीति (बौद्धों की विशाल सभा) की अध्यक्षता कनिष्क ने आचार्य वासुदेव से कराई। इस बौद्ध संगीति की प्रमुखता पार्श्व और अश्वघोष ने भी की। इस अवसर पर पुरुषपुर एवं तक्षशिला में विहार एवं स्तूप निर्मित कराए गए। सर्वास्तिवाद के अन्तिम रूप मूल सर्वास्तिवाद था, जो मथुरा तथा कश्मीर के क्षेत्रों में ज्यादा प्रबल था, के त्रिपिटक का पाठ-निर्णय और *महाविभाषा* नाम से संक्षिप्त संग्रह कनिष्क के समय हुआ। सर्वास्तिवाद की नींव पर हीनयान और महायान विकसित हुआ। तीन पिटकों के भाष्यों की रचना इसी समय हुई।

भारतीय न्याय, वैशेषिक आदि से कनिष्क के काल में यूनानी विचारक प्रभावित हुए। आचार्य चरक आयुर्वेद का प्रसिद्ध ज्ञाता और *चरक संहिता* का लेखक था। स्तोत्र-साहित्य का प्रवर्तक और शतपंचाशक्ति स्तोत्र का लेखक मातृचेट बौद्ध साहित्यकार था। उसने *अध्यर्शतक* की रचना की। तरुण विद्यार्थियों की बौद्ध के मुख्य सिद्धान्तों की जानकारी के लिए यह ग्रन्थ अति उपयोगी था।

कनिष्क के सिक्कों के अग्रभाग पर लम्बा चोंगा, नुकीली टोपी और घुटनों तक का शकीय जूता पहने और भाला एवं अंकुश लिए उसकी मूर्ति अंकित है, जिस पर राजाओं का राजा शाहानुशाह कनिष्क कुषाण (शालाननों शाओं कनिष्कों कुषाणों) लिखा है। सिक्के के

पृष्ठभाग पर अग्नि, सूर्य आदि का नाम एवं बुद्ध की मूर्ति अंकित है। देवपुत्र महाराजाधिराज, शाहानुशाही, महीश्वर, हमकैजर आदि उपाधियों से शासकों को अलंकृत होने की परम्परा कुषाणों ने शुरू की। इन उपाधियों को विकेन्द्रीयकरण का लक्षण माना गया है। चीन में सम्राट को ईश्वर पुत्रीय अर्थात् देवपुत्र कहा जाता था और इस उपाधि की नकल कुषाणों ने की। कुषाण राजदूत रोम-दरबार में रहता था।

कनिष्क का शक्तिशाली उत्तराधिकारी हुविष्क ने, जो लगभग 106 ई. में शासक बना, अपने नाम से कश्मीर में हुविष्कपुर नगर बनवाया। ईरानी एवं भारतीय देवी-देवताओं से अलंकृत, हुविष्क-कालीन सोना, चाँदी एवं ताँबे के सिक्के मिले हैं। इसके काल में भी विदेशों से व्यापार बढ़े। उसका उत्तराधिकारी वासुदेव (152-176) का नाम शुद्ध भारतीय पाते हैं। क्षत्रप (प्रान्त) प्रशासन प्रणाली का उदय हुआ। कुषाण राज्य कई क्षत्रपों में बँटा था। क्षत्रप का गवर्नर **क्षत्रपी** कहलाता था। इस काल में एक साथ दो शासकों द्वारा शासन करने की प्रथम जानकारी मिलती है। अश्वारोही सेना में रस्से के रकाब का प्रयोग इसी समय से होने के कारण घुड़सवारों की युद्ध कुशलता बढ़ी।

पुष्पपुर शीतकालीन तथा कपिशा (बेग्राम) ग्रीष्मकालीन राजधानी थी। वहाँ हथियार एवं सामान्य वस्तुओं का निर्माण किया जाता था। ग्रामिक के माध्यम से ग्राम प्रशासन-पद्धति कायम रखते हुए ग्रामिक को वेतन के बदले भूमिदान की परम्परा कायम हुई। पैदावार में वृद्धि के लिए पेशावर में राजकीय सिंचाई की व्यवस्था की गई और इसके लिए पहाड़ी तक एकत्र करने एवं कुआँ खोदने के प्रमाण मिलते हैं। जनसाधारण तक शुद्ध जल पहुँचाने के लिए पुरानी नहरों की मरम्मत कराई गई। आधुनिक उदयपुर के अहर नामक गाँव में निर्मित सुन्दर एवं योजनाबद्ध तालाब कुषाणकालीन संस्कृति का प्रशंसनीय प्रमाण है। गान्धारकला की प्रतिध्वनियाँ कृष्ण डेल्टा तक सुनाई पड़ने लगी। अकाल के दिनों में प्रजा की रक्षा के लिए अन्न संग्रह का निर्माण एवं मथुरा में एक पण्यशाला का निर्माण कराया गया, जहाँ भोजन में सत नमक आँवले का रस, सब्जियाँ आदि दी जाती थीं। मृतात्माओं की प्रतिमा रखने के लिए देवकुलों का निर्माण की प्रक्रिया प्रारम्भ हुई। देवी हारिती द्वारा प्रयोग किए गए कुछ आभूषण आज भी प्रचलित हैं।

इस तरह लम्बा एवं चुस्त कोट (शेरवानी), लम्बी पतलून (चुस्त पजामा और शलवार), जूता, चप्पल, पगड़ी, कुरु (आधुनिक नोंकदार टोपी), पंखनुमा शीर्ष से युक्त पगड़ी, ऊँची पीठवाली कुर्सी, लिखने की तख्ती (स्लेट), कुश्ती प्रतियोगिता, बैलों द्वारा खींचे जानेवाले हल, गेहूँ पीसने की हाथचक्की, नाशपाती के आकार का कलश, किनारों पर हत्थों से युक्त सँकरे मुँह का गोल सुरादान आदि कुषाण-सभ्यता की विरासत में मिली। उन्होंने संस्कृत की गद्यशैली, ज्योतिष शिक्षा, सूर्य और बुद्ध की प्रतिमाएँ दी, शक संवत् दिया और राष्ट्रीय परिधान की एक पूर्ववर्ती झलक दी।

13.19 पतन

राज्य का अधिक विस्तार, आर्थिक संकट एवं अयोग्य उत्तराधिकारी राज्य के पतन के कारण बन जाते हैं। तीसरी शताब्दी के उत्तरार्द्ध में बैक्ट्रिया, कपिशा, काबुल और सप्त-सैन्धव के

क्षेत्रों से कुषाणों का निष्कासन, चौथी शताब्दी के प्रारम्भिक चरण में यूची जनसमूह का कई टुकड़ों में विभाजन और मध्यभारत प्रदेशों में नागों की शक्ति में वृद्धि, तीसरी शताब्दी के अन्तिम चरण में ससानियन शासक वहरात द्वितीय द्वारा पश्चिमोत्तर सीमान्त में स्थित छोटे-छोटे कुषाण राज्यों को जीत लेना आदि कुषाणों के पतन के कारण थे। इन क्षेत्रों के कुषाणों ने पेशेवर लड़ाकू बनकर जीविका चलाने लगे। चौथी शताब्दी में पश्चिमोत्तर भारत में खूँखार जनजाति आभीरों का उदय, जिन्होंने सप्तसैन्धव क्षेत्र के उत्तर में कमजोर कुषाणों पर संघातक हमले शुरू (इन आभीरों का प्राचीनतम इतिहास *महाभारत* में वर्णित उन यादवों से सम्बद्ध था, जिन्होंने कृष्ण से सम्बद्ध लोगों का विनाश किया था। बाद में चलकर ये आभीर ही उत्तर की ओर बढ़ते-बढ़ते वर्तमान पंजाब से पूर्वोत्तर दिशा में आभीरयाण के संस्थापक बने, जिसने बाद में अहिरयाण या हरियाणा का रूप धारण कर लिया) किए और शेष कुषाण सत्ता को अस्तित्वहीन कर दिया। गुप्तों के उदय के पूर्व विन्ध्यगिरि की घाटी में भारशिवों का उदय भी कुषाणों के पतन का कारण बना। इससे कुषाणों की आर्थिक व्यवस्था जर्जर हो गई। पश्चिमोत्तर सीमान्त के छिटपुट क्षेत्रों में जमे-जमाए कुषाण जनसमूह पारसी आक्रमणों के लगातार शिकार हुए। विन्ध्यक्षेत्र से लेकर सप्तसैन्धव क्षेत्र तक व्यापार के उन तमाम मुख्य भागों पर कुषाण व्यापारियों और दलालों को जिस समय मारकर लूट लेने का वातावरण बना था, उसी समय कुषाण-क्षेत्र में हूण प्रवेश कर गए और कुषाणों को हिन्दूकुश तक सीमित होना पड़ा। जिन मध्य एशियाई जनजातियों को कुचलकर कुषाणों ने अपना राज्य स्थापित किया था, उनके ही वंशजों ने हूणों से सहयोग प्राप्त कर कुषाणों से प्रतिशोध लेना प्रारम्भ किया। काशी दशाश्वमेध घाट पर जिन 10 अश्वमेधों की चर्चा है, वे सभी भारशिवों द्वारा कुषाणों को पराजित करने के उपलक्ष्य में आयोजित हुए थे। समुद्रगुप्त की प्रयाग प्रशस्ति के अनुसार, इस शासक ने कुषाणों को धूल-धूसरित कर अपना प्रभुत्व स्थापित किया। इस्लाम की बढ़ती शक्ति के क्रम में जब सफावी राजवंश के शासक पर्सिया में आए, तब जाकर गजनी, जाहूरिस्तान, हेरात, बल्ख और अफगानिस्तान के दक्षिण बामियान की घाटी में इस्लाम की सत्ता जमी और बौद्ध धर्म त्यागकर तमाम छिटपुट कुषाणों ने इस्लाम धर्म स्वीकार कर लिया।

हिन्दूकुश के आसपास बौद्ध, प्रकृति उपासक, ब्राह्मणवाद, हिन्द-यवनों के सांस्कृतिक अवशेष, फारस की उन्नतशील संस्कृति और मध्य एशियाई बर्बर जातियों की भगोड़ी संस्कृति एक खिचड़ीनुमा रूप धारण कर चुकी थी, जो कुषाण संस्कृति के लिए घातक साबित हुई। गुप्तकालीन सामन्तवादी व्यवस्था द्वारा केन्द्रीय प्रशासनिक आधार के लिए मजबूत आर्थिक स्थिति के महत्त्व को नहीं समझना स्वाभाविक था। जिस समन्वयादी संस्कृति के तहत सहिष्णुता, बौद्ध धर्म पर आधारित जनहितकारी नीति और मुनाफा पर आधारित व्यापारिक समूह के उदार अर्थनीति कनिष्क ने संचालित की, उसे बाद के कुषाण शासकों ने नहीं समझा। अन्तिम कुषाण शासकों ने ब्राह्मण धर्म को स्वीकारा, किन्तु ब्राह्मणों ने उन्हें म्लेच्छ और गैरभारतीय बताया। बौद्ध धर्म नहीं माननेवाले भारतीयों की सहानुभूति प्राप्त करने में वे असफल रहे। अश्वघोष का अपहरण और वैशाली से बुद्ध के भिक्षापात्र को लूट लेना भी कुषाण-विरोधी मसाला बना।

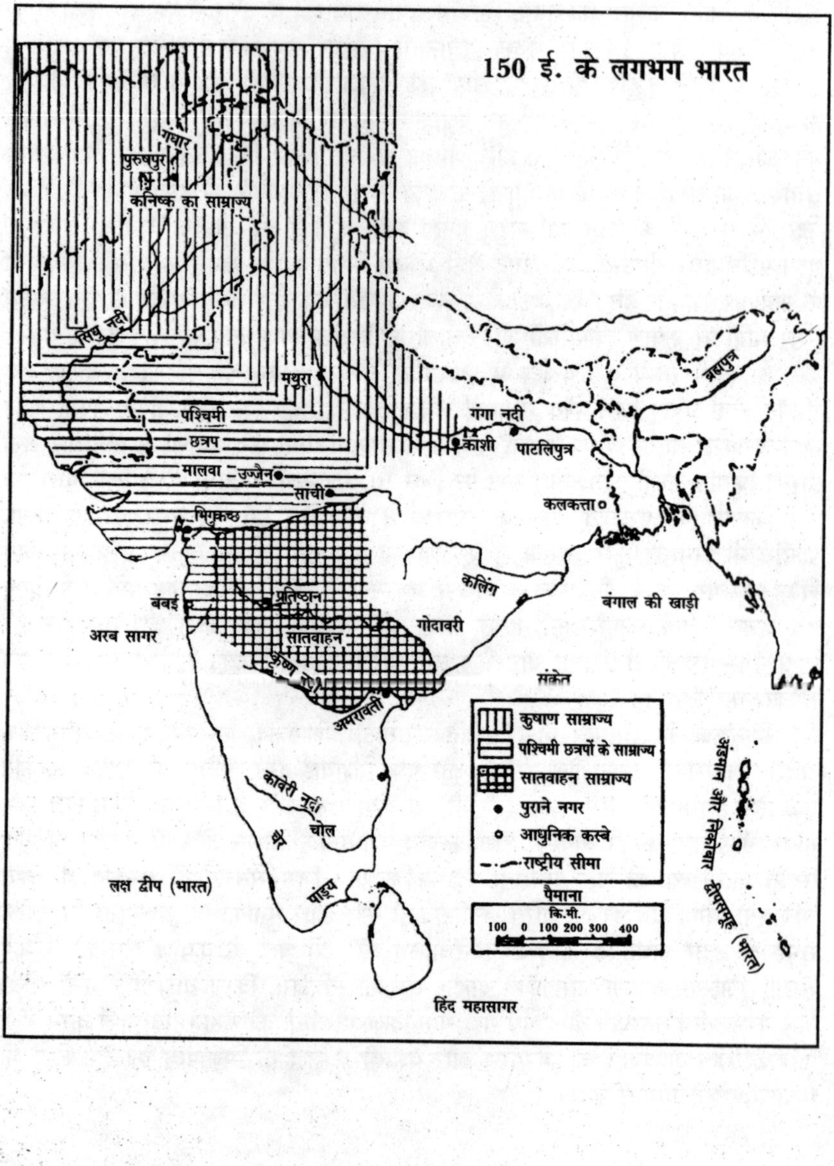
150 ई. के लगभग भारत
गंधार
पुरुषपुर
कनिष्क का साम्राज्य
सिंधु नदी
मथुरा
पश्चिमी
छत्रप
मालवा
उज्जैन
सांची
भिगुकच्छ
गंगा नदी
काशी
पाटलिपुत्र
ब्रह्मपुत्र
कलकत्ता
कलिंग
बंगाल की खाड़ी
बंबई
प्रतिष्ठान
अरब सागर
सातवाहन
गोदावरी
कृष्णा
अमरावती
कावेरी नदी
चोल
चेर
पांड्य
लक्ष द्वीप (भारत)
संकेत
कुषाण साम्राज्य
पश्चिमी छत्रपों के साम्राज्य
सातवाहन साम्राज्य
पुराने नगर
आधुनिक कस्बे
राष्ट्रीय सीमा
पैमाना
कि.मी.
100 0 100 200 300 400
अंडमान और निकोबार द्वीपसमूह (भारत)
हिंद महासागर

14

सातवाहन

14.1 उत्पत्ति

मौर्य के प्रथम साम्राज्य का पतन होने के पश्चात् उत्तर में कुषाण और दक्षिण भारत में सातवाहनों के राज्य स्थापित हुए। सातवाहनकालीन इतिहास की जानकारी साहित्यों, अभिलेखों, सिक्कों एवं पुरातात्त्विक सामग्रियों से होती है। सातवाहनों की चर्चा पुराणों में आन्ध्रभृत्य के नाम से है। गोपालाचारी महोदय ने सातवाहन शब्द का अर्थ **वाहन प्राप्त करनेवाला** बताया है। उनके अनुसार, मौर्यसेना में सातवाहन नामक राजा ने ऊँचा स्थान प्राप्त कर लिया था। कनकसभाई बताती हैं कि सातवाहन का अर्थ है : वह व्यक्ति जिसके पास सैकड़ों हाथी थे। काशीप्रसाद जायसवाल के अनुसार, 'सात' के पुत्र को 'सातवाहन' कहा गया। *कथासरित्सागर* के अनुसार, सात नामक यक्ष पर चढ़नेवाले को **सातवाहन** कहा गया। सातवाहन शब्द की व्याख्या करते हुए जिनप्रभसूरी नामक विद्वान बताते हैं कि यह शब्द 'सनोते' से बना है, जिसका अर्थ दान देना होता है। अतः वाहनों को दान देनेवाला सातवाहन कहलाया। प्रिजुलस्की के अनुसार, 'सातवाहन' का अर्थ 'अश्व का पुत्र' होता है। वे बताते हैं कि अश्वमेध यज्ञ के अवसर पर पटरानी अथवा यज्ञ के अश्व से उत्पन्न पुत्र सातवाहन कहलाए। सातवाहन सूर्य को भी कहते हैं। उसका रथ सात अश्वों से चलता है। ये सात घोड़े सात दिनों के प्रतीक हैं। अतः जोगेलकर ने किसी सूर्यवंशी नरेश का नाम 'सातवाहन' बताया है। इसका कोई प्रमाण नहीं, लेकिन जोगेलकर के विचार को कई विद्वानों ने सच के करीब बताया है।

पुराणों के अनुसार, सातवाहन 'आन्ध्रभृत्य' अर्थात् आन्ध्र के नौकर थे। पुराणों के इस तथ्य को गोपालाचारी और सुकथणकर ने सही माना है। मौर्यों के आधिपत्य में रहने के बावजूद सम्भवतः अपनी स्वतन्त्रता बनाए रखे होंगे। अशोकाभिलेख में आन्ध्रों की चर्चा है। सम्भवतः आन्ध्र-सातवाहन मौर्य साम्राज्य में नौकर रहे होंगे।

प्रिजुलस्की, स्मिथ और रैप्सन ने सातवाहन को एक जाति और इस जाति के राजवंश का नाम सातकर्णी बताया है। जिनप्रभसूरि द्वारा लिखित ग्रन्थ *प्रतिष्ठानपूर्वकल्प* और गुणाढ्यकृत *कथासरित्सागर* में सातवाहनों की उत्पत्ति से सम्बन्धित आधारहीन कहानियों की चर्चा है। अन्त में हम यही कहेंगे कि सातवाहनों का सम्बन्ध सम्भवतः सूर्य से था। वे वैष्णव धर्म के माननेवाले ब्राह्मण थे।

14.2 मूलदेश

नासिक अभिलेख संख्या 3 एवं 4 के आधार पर आर.जी. भंडारकर ने सातवाहनों की राजधानी धन्यकटक बताया है। टॉलेमी ने उसकी राजधानी पिथुंड बताया है। स्मिथ एवं बर्गेश ने पूर्ववर्ती सातवाहनों की राजधानी श्रीकाकुलम बताया है, जिसे हुल्त्स ने नहीं स्वीकारा है। तत्कालीन सिक्कों से एवं अभिलेखों के सहारे स्मिथ बताते हैं कि सातवाहनों का साम्राज्य कृष्णा और गोदावरी नदियों के निम्नभाग से लेकर नासिक (महाराष्ट्र) तक फैला था। बार्नेट ने सातवाहनों का मूल प्रदेश तेलंगाना (आन्ध्र प्रदेश) बताया है। सुकथणकर के अनुसार, सातवाहनों का मूलदेश बेलारी था। सुकथणकर के मत कई विद्वानों ने स्वीकार किया है क्योंकि शुरू में इनका मूलदेश बेलारी था, जहाँ से बाद में चलकर इन्होंने अपनी राजधानी बदल दी। जोगेलकर के अनुसार, सातवाहनों को आन्ध्र इसलिए कहा गया कि पूना जिला में स्थित आन्ध्र नदी की घाटी में ये रहते थे। यहाँ से वे कारला और पेड़सा होते हुए सहयात्री नदी को पार कर पेंकर तथा अपरान्त तक गए। कनेटरी आदि प्रदेशों को उन्होंने जीता और सम्पूर्ण दक्षिणापथ के स्वामी बन गए। जैनग्रन्थ *कालकाचार्य कथानक* और दिनेशचन्द्र सरकार ने सातवाहनों का मूलदेश प्रतिष्ठान माना है।

सातवाहन शासक सिमुक, उसके भाई कृष्ण और रानी नायनिका के अभिलेख नानाघाट के पास मिले हैं। सिमुक, कन्हा, श्रीसातकर्णी तथा कुछ अन्य सातवाहन शासकों की चर्चा अमरावती स्तूपों से प्राप्त अभिलेखों में है। किसी सातकर्णी नरेश की चर्चा खारवेल के हाथीगुम्फा अभिलेख में भी है। इस आधार पर गोपालाचारी ने सातवाहनों का राज्य आन्ध्र प्रदेश बताया हैं।

सातवाहनकालीन अभिलेखों, *गाथासप्तशती* नामक साहित्य, नानाघाट में एक गुहा की दीवार पर उत्कीर्ण सातवाहन नरेशों के नामों का उल्लेख है। प्लिनी, पेरिप्लस और टॉलेमी के अनुसार, सातवाहनों का मूल देश पश्चिमी दकन था। केवल 'आन्ध्र' शब्द के आधार पर उन्हें आन्ध्र प्रदेश का बताना उचित नहीं। नीलकंठ शास्त्री ने सातवाहनों का मूलस्थान प्रतिष्ठान बताया है।

14.3 तिथिक्रम

पुराणों के आधार पर पार्जिटर *(डायनेस्टी ऑफ द कलि एज,* पृ. 37) ने मौर्यों, शुंगों तथा काण्वों के बाद सातवाहनों को बताया है। *मत्स्यपुराण* में सातवाहनों का शासनकाल 460 वर्ष और *वायुपुराण* में 411 वर्ष तथा मोर संस्करण के *वायुपुराण* में 460 वर्ष बताया गया है। अतः पुराणों पर विश्वास करना मुश्किल है। कान्हेरी अभिलेख के अनुसार, पुलुमावि रुद्रदामन का जमाता था। पुलुमावि की तिथि 150 ई. है। नासिक अभिलेख के अनुसार, पुलुमावि के पिता का नाम गौतमीपुत्र था। खारवेल के हाथीगुम्फा अभिलेख के आधार पर रैप्सन महोदय बताते हैं कि सातवाहन राजवंश की नींव ई.पू. 211 में पड़ी। राजगोपालाचारी *(अर्लीहिस्ट्री ऑफ द आन्ध,* पृ. 28-29) ने इस राजवंश का प्रारम्भिक वर्ष ई.पू. 234 बताया है। तत्कालीन सिक्कों के आधार पर भी अनेक विद्वानों ने सातवाहनों का प्रारम्भिक वर्ष बताने का प्रयास किया है। कोंडपुर से प्राप्त एक सिक्के के आधार पर रामराव *(ए न्यूक्वयन्स ऑफ किंग सातवाहन फ्राम*

कोंडपुर, पृ. 23) ने सातवाहन राजवंश के संस्थापक का नाम 'सातवाहन' और उसका वर्ष ई.पू. 235-30 बताया है। लेकिन कोंडपुर से प्राप्त सिक्के को परमेश्वरीलाल गुप्त ने ई.पू. दूसरी शताब्दी से पूर्व का नहीं माना है। सभी सम्बन्धित पुराणों के आधार पर परमेश्वरीलाल ने सातवाहन राजवंश का प्रथम शासक सिमुक को माना है। सिमुक को ही प्रथम शासक बताते हुए वेंकटराव ('प्राक-सातवाहन काल और सातवाहन काल', *दकन का प्राचीन इतिहास*, सं.जी. याजदानी, दिल्ली, 1977, पृ. 80) ने बताया कि वह ई.पू. 271 में शासक होगा।

14.4 संस्थापक

मत्स्यपुराण (227/2), *वायुपुराण* (3 अनुषंगयाद 99/349) और *विष्णुपुराण* के अनुसार, सातवाहनवंश का प्रथम शासक सिमुक था। सिमुक के सम्बन्ध में हमें विशेष जानकारी नहीं हो पाती। सिमुक के बाद उसका भाई कन्ह (कृष्ण) सातवाहन राजवंश का उत्तराधिकारी हुआ। सिमुक का पुत्र सातकर्णि प्रथम अभी बच्चा था और राज्य सँभालने की क्षमता उसमें नहीं थी। इसीलिए सिमुक का भाई कन्ह (कृष्ण) गद्दी पर बैठा। कृष्ण एक कुशल शासक निकला। उसके काल में सातवाहन साम्राज्य का विस्तार नासिक तक हो गया। कृष्ण के राज्य के एक राजपदाधिकारी ने श्रमणों के लिए गुहा बनवाया। राजपदाधिकारी को महामात्र कहते थे, जिसकी सृष्टि सातवाहन नहीं, बल्कि मौर्यों के काल से चले आनेवाले पदाधिकारी थे। नानाघाट की गुफाओं का निर्माण कृष्ण ने कराया। कृष्ण ने अठारह वर्षों तक शासन किया।

इस समय तक सिमुक का पुत्र सातकर्णि प्रथम (ई.पू. 200-190 ई.पू.) भी बड़ा हो चुका था। अभिलेखों में उसे सातकर्णि बताया गया है, जिसने सिरि और सातकर्णि दोनों प्रसिद्ध सातवाहन उपाधियों को धारण किया। उसने दो बार अपनी पत्नी के साथ यज्ञ सम्पन्न किया। उसे धनदस, कामदस, सरदस और पुत्रदस कहा गया। विजयों तथा साम्राज्य-विस्तार के कारण उसे वीरपरक तथा **अप्रतिरथ चक्र** आदि उपाधियों से अलंकृत किया गया। तत्कालीन मुद्राओं के आधार पर विद्वानों ने बताया है कि उसने अपने साम्राज्य की नींव को मजबूत किया।

सातकर्णि प्रथम के पश्चात् सम्भवतः **हकुश्री** सातवाहन नरेश बना। विद्वान राजगोपालचारी हकुश्री को सातवाहन नरेश नहीं मानते क्योंकि अन्य सातवाहन नरेशों की भाँति उसने राजा की उपाधि धारण नहीं की। इसके बाद सातिश्री शासक बना। इस शासक का नाम महाराज्ञी नागनिका के नानाघाट के प्रसिद्ध अभिलेख में सातिश्री नाम उल्लिखित है। इस शासक के सम्बन्ध में कुछ विशेष जानकारी नहीं मिलती। सातिश्री के पश्चात् *मत्स्यपुराण* के अनुसार, **स्कन्द स्तम्भि** सातवाहन राज्य का शासक बना। राजगोपालाचारी के अनुसार, इस नाम का कोई व्यक्ति सातवाहन शासक नहीं बना।

14.5 सातकर्णि द्वितीय (ई.पू. 184-128)

सातकर्णि द्वितीय 184 ई. में शासक बना। गद्दी पर बैठते ही उसने अपना ध्यान राज्य की उत्तरी और पश्चिमी सीमाओं की ओर केन्द्रित किया। कलिंग का शासक खारवेल ने उस समय सातवाहनों की परवाह किए बिना पश्चिम में अपनी सेनाएँ भेज दी। खारवेल का

आक्रमण सातवाहनों पर होता, इससे पूर्व ही ई.पू. 175 में वह यूनानियों के आक्रमणों का मुकाबला करने में फँस गया। यूनानियों और खारवेल से मुक्ति पाकर सातकर्णि द्वितीय ने दिग्विजय प्रारम्भ कर दी। इस अवसर पर उसने अनेक यज्ञ किया। पश्चिमी प्रदेश के अंगियवंश से मैत्री स्थापित कर सातकर्णि द्वितीय ने अपनी स्थिति और मजबूत कर ली। उसकी पत्नी नागनिका अंगियवंश की राजकुमारी थी।

कलिंगशासक खारवेल ई.पू. 169 में मरा। यह घटना सातकर्णि द्वितीय के पक्ष में थी। वह अपनी शक्ति बढ़ाता गया और उसने अवन्ति, कलिंग और पूर्वी मालवा और पश्चिमी मालवा पर अधिकार कर लिया। 56 वर्षों तक शासन करनेवाला शासक सातकर्णि द्वितीय पुष्यमित्र शुंग के ठीक एक वर्ष बाद गद्दी पर बैठा था और उसकी मृत्यु के बाद भी 19 वर्षों तक जीवित रहा। ई.पू. 128 में उसका शासन काल रहा। पुष्यमित्र के मरने के बाद उसकी सेनाओं को हारने के उपलक्ष्य में सातकर्णि द्वितीय ने अश्वमेध यज्ञ किया। उसके काल में पोटीन और ताँबे के सिक्के चलाए गए। रानी नागनिका के नानाघाट के लेख के अनुसार, उसके पति सातकर्णि द्वितीय द्वारा अश्वमेध, राजसूय, आदि यज्ञों का आयोजन किया गया था।

सातकर्णि द्वितीय के शासनकाल ने सातवाहन साम्राज्य को काफी विकसित किया। यह युग विजेताओं का युग था। एक-से-एक शासक अपने विशाल साम्राज्य में शासन कर रहे थे। इस युग में भी सातकर्णि एक महत्त्वपूर्ण शासक बना रहा। खारवेल, डेमेट्रियस, पुष्यमित्र शुंग जैसे महान विजेताओं के युग में सातकर्णि ने एक साम्राज्य-निर्माण का प्रयास किया। अभिलेखों में उसे **वीरशूर, अप्रतिहातचक्र** और **दक्षिणपथपति** कहा गया है। मालवा, दक्षिणापथ और कलिंग पर उसका प्रभुत्व स्थापित हुआ। ई.पू. 128 में सातकर्णि द्वितीय की मृत्यु हो गई।

सातकर्णि द्वितीय की पत्नी नागनिका थी। वह वेदेसिरि और सतिसिरि की माता थी। व्यूहलर और रेप्सन के अनुसार, नागनिका ने अपने पुत्र वेदिसिरी की अल्पवयस्कता की अवधि में अभिभाविका के रूप में शासन किया। लेकिन इस बात का प्रमाण नहीं मिलता है कि नागनिका का कोई पुत्र सातवाहन शासक बना हो।

14.6 अपीलक (ई.पू. 110-89)

वायुपुराण के अनुसार, लम्बोदर का पुत्र अपीलक 12 वर्षों तक शासक बना रहा। मध्य प्रदेश में उसका एक सिक्का मिला है, जिससे पता चलता है कि वह अपने नाम के साथ 'श्री' और 'शिव' शब्दों का प्रयोग करता था। अपीलक के शासनकाल में सातवाहन साम्राज्य मध्य प्रदेश के दक्षिण और बरार तक विस्तृत हो गया था। 12 वर्षों तक शासन करने के पश्चात् ई.पू. 89 में उसकी मृत्यु हो गई। अपीलक के बाद सातवाहन साम्राज्य क्षीण होने लगा।

अपीलक के मरने और पुलुमावि प्रथम के राज्यारोहण (ई.पू. 43) के बीच सातवाहन शासकों की संख्या छह रही, लेकिन इन 45 वर्षों में उनके द्वारा कोई उल्लेखनीय कार्य करने की चर्चा नहीं मिलती। कुंतजल सातकर्णि के शासनकाल तक दकन में उसकी स्थिति कमज़ोर ही रही।

14.7 पुलुमावि प्रथम (ई.पू. 43-19)

ई.पू. 43 में पुलुमावि प्रथम शासक बना। इस शासक की टकराहट मगध के शकों से हुई। शकों के जिन प्रदेशों को पुलुमावि ने जीता था, उसके मरने के पश्चात् शकों ने पुनः अपने प्रदेशों को प्राप्त कर लिया। पुलुमावि के पश्चात् पश्चिमी क्षत्रप नहपान ने तो और आगे बढ़कर सातवाहनों से उत्तरी महाराष्ट्र और अपरान्त भी छीन लिया।

14.8 गौरकृष्ण (ई.पू. 19-16)

सातवाहन-साम्राज्य इस समय तक अपनी बरबादी के कगार पर खड़ा था। गौरकृष्ण एक अलोकप्रिय शासक रहा। पुराणों में उसे रिक्तवर्ण, विकृषण, अरिष्टकर्म आदि हीन उपाधियों से विभूषित किया गया।

14.9 हाल

सातवाहन-साम्राज्य का अपीलक आठवाँ और हाल अठारहवाँ नरेश था। बीच के शासकों के नामों की चर्चा पुराणों में तो है, लेकिन उनके बारे में कोई विशेष जानकारी नहीं मिल पाती। सातवाहननरेश हाल की जानकारी *सप्तशतकमु, लीलावती, अमिधानचिन्तामणि, देशीनाममाला* और *पुराणों* से मिलती है। *अमिधानचिन्तामणि* ने हाल तथा सालाहन को एक ही माना है। *देशीनाममाला* (8/33) में भी हाल तथा सातवाहन को एक ही माना गया है। हेमचन्द्र ने कुन्तल को हाल का पर्याय माना है। *गाथासप्तशती* में सातवाहन नरेश को हाल बताया गया है। हाल को **सात** से मिलाने का प्रयास विद्वानों ने किया है। सातवाहनकालीन प्रसिद्ध साहित्य *गाथाराप्तशती* का लेखक सातवाहन नरेश हाल था। टीकाकारों के अनुसार, इस ग्रन्थ की रचना में अन्य कवियों ने भी सहयोग किया। *लीलावती* के अनुसार, हाल का सेनापति विजयानन्द था। उसने श्रीलंका पर आक्रमण कर विजय प्राप्त की थी। हाल मात्र एक वर्ष तक शासक रहा।

14.10 गौतमीपुत्र श्रीसातकर्णि (62ई.-86ई.)

सातवाहनकाल का प्रसिद्ध नरेश गौतमीपुत्र श्रीसातकर्णि था। शासक बनने के पश्चात् उसने सोलह वर्षों तक आन्तरिक स्थिति सुदृढ़ करने के पश्चात् मामाल-आहार और दक्षिणी महाराष्ट्र पर आक्रमण किया और क्षहरात वंश को उखाड फेंका। उसने उषवदात तथा नहपान को हरा दिया और क्षहरातों के सामन्त तथा अन्य छोटे-छोटे राजाओं को कुचल दिया। *जैन आवश्यकसूत्र* की टीका 'निर्युक्ति' के अनुसार, गौतमीपुत्र श्रीसातकर्णि ने नहपान को पराजित करने के लिए तथा अतुल धन प्राप्त करने के लोभ में राजधानी भृगुकच्छ पर दो वर्षों तक लगातार आक्रमण किया, लेकिन जब सफलता नहीं मिली तो कूटनीति का आश्रय लिया। गौतमीपुत्र ने अपने मन्त्री को भेष बदलकर नहपान के दरबार में भेजा। मन्त्री ने नहपान को सारा खजाना दान

कर पुण्यलाभ का प्रलोभन दिया। गौतमीपुत्र के जाल में वह फँस गया। नहपान कोषहीन हो गया और गौतमीपुत्र के पुनः आक्रमण को नहीं सँभाल सका। गौतमीपुत्र का भृगुकच्छ पर अधिकार हो गया। क्षहरातों को समूल नष्ट करने में सातवाहननरेश सफल रहा। गौतमीपुत्र की यह सफलता अभूतपूर्व थी। शक, यवन तथा पह्लवों को गौतमीपुत्र द्वारा नाश किए जाने की चर्चा नासिक अभिलेख संख्या 2, 4 और 19 में हैं। नासिक, पूना, आकर, अवन्ति, कुकुर, सुरठ, अपरान्त, विन्ध्य, अछवत, परियात्र, सह्यू, कण्हगिरि, मच, सिरिटन, मलय, सेतागिरि, चकोर आदि प्रदेश सातवाहन-साम्राज्य के अंग थे।

नासिक के वाशिष्ठीपुत्र के एक गुहालेख के अनुसार, गौतमीपुत्र श्रीसातकर्णि का साम्राज्य-विस्तार असिक प्रदेश, अश्मक (प्रतिष्ठान के दक्षिण गोदावरी नदी के किनारे का प्रदेश), मूलक, सौराष्ट्र (दक्षिणी काठियावाड़), कुकुर (उत्तरी काठियवाड़ का प्रदेश), अपरान्त (उत्तरी कोंकण), अनूप (नर्मदा नदी का ऊपरी भाग), विदर्भ (आधुनिक बरार का प्रदेश), आकर (पूर्वी मालवा), अवन्ति (मुम्बई के उत्तर-पूर्व में स्थित प्रदेश), विन्ध्य अछवत (विन्ध्य पर्वत का मध्यवर्ती भाग), परियात्र (आधुनिक विन्ध्य का एक भाग), सह्य (पश्चिम घाट का क्षेत्र), कन्हगिरि (कृष्णगिरि), मच, सिरिटना, मलय (दक्षिण का भाग), महेन्द्र (आधुनिक गंजाम जिले में स्थित), सेतगिरि, चकोर (कुर्नूल जिला में स्थित) आदि क्षेत्रों तक था। गुहालेख के इस वर्णन को अगर स्वीकारा जाए, तो पता चलता है कि गौतमीपुत्र का साम्राज्य काफी विशाल था। इस शासक को उपर्युक्त विजय के कारण **सातवाह-कुल यश-प्रतिष्ठापन कर** कहा गया है। आन्ध्र प्रदेश पर गौतमीपुत्र के अधिकार की बात को राजगोपालाचारी महोदय ने नहीं माना है।

गौतमीपुत्र श्रीसातकर्णि उदारवादी विचार का शासक था। उसके काल में बौद्धों को काफी दान मिले थे। पहले के शासकों ने उषवदात को करजक ग्राम दिया था, जिसका गौतमीपुत्र ने नवीनीकरण कर दिया। वलूरक की गुहाओं में रहनेवाले भिक्षुओं ने काफी दान प्राप्त किया। नासिक में किरसों के भिक्षुओं को उसने उदारतापूर्वक दान दिया। गौतमीपुत्र ने ये सारे दान कार्ला के महासंघिकों तथा नासिक के भादायनिकों को ही दिया। सभी वर्ग के भिक्षुओं को उसने दान नहीं दिया। उसके काल में वैदिक धर्म को प्रश्रय मिला। अभिलेखों में उसकी विजयवीरता की तुलना राम, अर्जुन, केशव, भीमसेन, अम्बीरष, राक्षस, चारण, सूर्य, चन्द्र, नवग्रह, नक्षत्रों, वायु, गरुड़, यक्ष आदि से की गई है।

तत्कालीन मुद्रा एवं अभिलेख यह प्रमाणित करते हैं कि गौतमीपुत्र ने शकों और क्षहरातों को पराजित किया। वर्णाश्रम-धर्म को उसने संरक्षण प्रदान किया। करों के भार से प्रजा दबाई नहीं गई। भारत के इने-गिने उच्चकोटि के नरेशों की श्रेणी में गौतमीपुत्र आता है। निरंकुश होने के बावजूद अपनी प्रजा को वह प्यार करता था। वह मातृभक्त था। प्रजा और देश की लोकप्रिय सेवा के कारण उसने विपुल यश अर्जित किया।

14.11 वाशिष्ठिपुत्र पुलुमावि (86ई.-111ई.)

गौतमीपुत्र श्रीसातकर्णि के मरने के पश्चात् उसी वर्ष उसका पुत्र वाशिष्ठीपुत्र पुलुमावि गद्दी पर बैठा। पिता से उसे एक विशाल साम्राज्य प्राप्त हुआ था। वाशिष्ठीपुत्र पुलुमावि के बारे में कम-से-कम आठ अभिलेखों में चर्चा है। इनमें चार नासिक, दो कार्ले, एक-एक अमरावती

और धरणिकोट से मिले हैं। आन्ध्र प्रदेश से काफी सिक्के मिले हैं, जिन्हें विद्वानों ने पुलिमावि के काल का बताया है। उसे उज्जैन के चष्टन का समकालीन बताया गया है। 105 ई. के गौतमी बलश्री के लेख में उसे **दक्षिणपथेश्वर** कहा गया है। पुलुमावि ने स्वयं कोई सफलता प्राप्त नहीं की। उसका साम्राज्य इतना बड़ा था कि उसे सँभालना अति कुशलता का कार्य था। उत्तरी भारत में कुषाणों के आगमन और शक क्षत्रप की आपसी लड़ाई से गौतमीपुत्र श्रीसातकर्णि को साम्राज्य-विस्तार में काफी सुविधा मिली थी, लेकिन अब वैसी बात नहीं थी। 86 ई. तक उत्तर-पश्चिम भारत में कुषाणों की जड़ जम चुकी थी। उनका प्रभुत्व शक-क्षत्रपों पर स्थापित हो गया था। 87 ई. तक कनिष्क का प्रभुत्व सिन्ध- प्रदेश पर हो चुका था। मथुरा के कुषाणों की साम्राज्य-सीमा सातवाहन साम्राज्य की सीमा को स्पर्श करने लगी थी। कनिष्क की इच्छा से चष्टन ने अवन्ति को जीत लिया। पुलुमावि से उसने उज्जैन को छीन लिया। सातवाहन-साम्राज्य का विस्तार मध्यभारत और राजपुताना तक था। पुलुमावि के काल में मध्यभारत और राजपुताना पर आक्रमण होने लगे। अवन्ति और आकर के प्रदेश पुलुमावि के हाथ से निकल गए। गुजरात और सौराष्ट्र में चष्टन सिक्के मिले हैं।

प्राप्त अभिलेखों और सिक्कों से पता चलता है कि पुलुमावि अपने साम्राज्य के पूर्वी इलाके में अधिक रुचि ले रहा था। उत्तर भारत में अपनी प्रमुखता के बारे में वह निराश हो चुका था। उसके अधिकार में कमी की बात झलकती है।

14.12 शिवश्री

114 ई. में शिवश्री और उसका उत्तराधिकारी शिवस्कन्द ने सात-सात वर्षों तक शासन-भार सँभाला। सातवाहन-साम्राज्य की स्थिति खराब होती गई। ये दोनों शासक कमजोर थे और उसका दुश्मन चष्टन शक्तिशाली था। शकों से भी इनकी टकराहट हुई।

14.13 गौतमीपुत्र यज्ञश्री (128-157 ई.)

128 ई. में यज्ञश्री शासक बना। शिवस्वाति वाशिष्ठीपुत्र सातकर्णि को हटाकर उसने गद्दी प्राप्त की। अपनी ओर मिलाने के लिए यज्ञश्री ने अपनी पुत्री का ब्याह वाशिष्ठीपुत्र सातकर्णि से कर दिया। अपनी सीमाओं को सुरक्षित करने का प्रयास यज्ञश्री करने लगा। सातवाहनों की आन्तरिक फूट से वह परिचित था। नासिक प्रदेश में उसने अपनी सैनिक शक्ति मजबूत की। इस क्षेत्र की तरफ से रुद्रदामन के आक्रमण का भय था। उसने रुद्रदामन से मुकाबला करने का भार अपने महासेनापति भवगोप को सौंपा। भवगोप की पत्नी महासेनापतिनी बासु द्वारा भिक्षुओं को एक गुरुवास दान दिया गया। 135 ई. में रुद्रदामन का आक्रमण नासिक पर हुआ और इसमें यज्ञश्री पराजित हुआ। 144 ई. के आसपास आन्ध्रों और कर्दमक राजाओं से युद्ध हुआ, आन्ध्र पराजित हुए। इस पराजय से दुखी होकर यज्ञश्री स्वयं बन्दी होकर रुद्रदामन के समक्ष उपस्थित हुआ। रुद्रदामन ने उसे प्राणदान दे दिया। रुद्रदामन के नेतृत्व में शकों का अधिकार-विस्तार सम्पूर्ण अपरान्त और उत्तर तथा उत्तर-पश्चिमी प्रान्तों तक हो गया। ये प्रान्त पहले सातवाहनों के थे।

यज्ञश्री ने 157 ई. तक शासन किया। इस समय तक सातवाहन-साम्राज्य की स्थिति काफी खराब हो चुकी थी। साम्राज्य केवल पूर्वी दकन तक सीमित रह गया था। यज्ञश्री को **अरक** तथा **महतरक** कहा गया। उसने बौद्ध भिक्षुओं को दान दिया और एक यज्ञ किया।

यज्ञश्री के अभिलेख और सिक्के विस्तृत प्रदेशों में मिले हैं। उसके काल में समुद्री व्यापार काफी विकसित था। मोटुपल्ले इस काल का प्रसिद्ध बन्दरगाह था। वह आन्ध्र सातवाहनों का अन्तिम प्रतापी राजा था।

यज्ञश्री के बाद विजय चन्दश्री और पुलुमावि तृतीय शासक बने। इनका ऐतिहासिक महत्त्व विशेष नहीं था। ये कर भी क्या सकते थे, जहाँ यज्ञश्री जैसा वीर शासक भी कुछ कर पाने में असफल रहा। पुलुमावि तृतीय ने बेल्लारी जिला स्थित सातवाहनिहार प्रदेश को महासेनापति खंडनाथ के अधीन कर दिया। चुटुओं का प्रभाव पश्चिमी और दक्षिणी प्रदेशों पर हो गया। आमीरों के अधीन नासिक क्षेत्र हो गया। पूर्व में इक्ष्वाकु शक्तियों का उदय हो गया। उज्जैनी के शकों का दबाव सातवाहनों पर बराबर पड़ता रहा। वीरता, महत्ता, परस्पर भेद, चारित्रिक पतन और क्षय के चरणों से गुजरते हुए सातवाहन-साम्राज्य का अन्त हो गया। इस तरह सातवाहन-साम्राज्य की आयु साढ़े चार सौ वर्षों की रही। लगभग तीन सौ वर्षों तक इस साम्राज्य के शासकों ने विदेशियों को दक्कन में प्रवेश नहीं करने दिया।

14.14 साहित्य

सातवाहन समाज में प्राकृत भाषा प्रचलित था। इस काल में पैशाची का प्रयोग हुआ। इसे भूत भाषा के नाम से भी जाना जाता है। उत्तर, पश्चिम तथा दक्षिण भारत में पैशाची भाषा का प्रचलन था। इस भाषा का सम्बन्ध संगम-व्याकरण *तोलकाप्पियम्* से भी बताया जाता है।

गाथासप्तशती की रचना इसी काल में हुई। इस ग्रन्थ में सात कहानियों का संकलन है। तत्कालीन ग्रामीण समाज, संस्कृति एवं कृषि की जानकारी के लिए यह साहित्य काफी उपयोगी है। यह एक महत्त्वपूर्ण ग्रन्थ है। *अमरूशतक, आयासप्तशयी* और *सतसंई* नामक ग्रन्थों की रचना *गाथासप्तशती* के आधार पर हुई। हाल नामक दरबारी कवि ने *बृहत्कथा* की रचना पैशाची भाषा में की। इस ग्रन्थ के आधार पर सैकड़ों वर्षों के पश्चात् भी ग्रन्थ लिखे गए।

महाभारत और *रामायण* में वर्णित अनेक पात्रों की चर्चा सातवाहन शासक गौतमीपुत्र सातकर्णि के अभिलेखों में है। *मृच्छकटिकम्* का लेखक शूद्रक को विद्वानों ने इसी काल का बताया है। यह प्रथम नाटक है, जिसमें एक दरिद्र ब्राह्मण एक धनाढ्य स्त्री द्वारा प्यार किया जाता है। पाँच हजार श्लोकवाले *नाट्यशास्त्र* नामक ग्रन्थ की रचना इसी काल में हुई। सामाजिक एकता, समान अधिकार, संगीत, वाद्ययन्त्र, मुद्रा, भाषा आदि महत्त्वपूर्ण पहलुओं की जानकारी के लिए यह ग्रन्थ काफी महत्त्वपूर्ण है। इस काल के प्रसिद्ध विद्वान और बौद्ध धर्म के समर्थ जानकार नागार्जुन इसी काल के थे। *माध्यमिककारिका, युक्तिशाला, शुनयतासप्तति, प्रतीत्यसमुत्पादहृइय, महायनविंशतिक* आदि महत्त्वपूर्ण ग्रन्थों की रचना इन्होंने की। सातवाहनकालीन इन साहित्यों से तत्कालीन इतिहास की जानकारी मिलती है।

14.15 समाज

सातवाहनकालीन समाज में प्रथम श्रेणी ब्राह्मणों की थी। उनका प्रधान कार्य वेदों का अध्ययन करना और यज्ञ कराना था। ये गुरु का पेशा भी करते थे। ब्राह्मणों के बीच कई उपवर्ग थे। राजा श्रोत्रिय ब्राह्मणों का विशेष आदर करता और उनके द्वारा बताए गए कार्यों का निष्ठा के साथ पालन करता था। ब्राह्मणों को राजा एवं प्रजा द्वारा काफी दान मिलता था। ब्राह्मण प्रायः शूद्र से दान नहीं लेते थे। संकटकाल में ब्राह्मण को कृषि एवं व्यापार करने की अनुमति थी। ऐसे तो ब्राह्मणों को व्यापार करने की मनाही थी। सैद्धान्तिक रूप से सभी वर्गों के लोगों के धार्मिक कर्तव्य ब्राह्मण द्वारा निर्धारित किए जाते थे। आत्मरक्षा, स्त्रीरक्षा और कर्तव्यपालन के लिए ब्राह्मण अस्त्र-शस्त्र उठा सकता था। अपने कर्तव्यों का पालन नहीं करनेवाले ब्राह्मण को नरकभोगी बताया गया है। शूद्र या अन्य वर्गों की तुलना में ब्राह्मणों को कम सजा दी जाती थी। श्रोत्रिय ब्राह्मणों को कोई कर नहीं देना पड़ता था। राजा की अनुपस्थिति में ब्राह्मण न्यायाधीश का काम करते थे।

सातवाहन समाज में दूसरा वर्ग क्षत्रियों का था। धार्मिक ग्रन्थों में उनका मुख्य काम वेदाध्ययन, पूजा-पाठ, युद्ध तथा शासन करना और दान देना बताया गया है। युद्धस्थल में मरना इनके लिए प्रशंसनीय बात थी। संकटकाल में ये व्यापार कर सकते थे। इन्हें बाल्यावस्था से ही धनुर्वेद, घुड़सवारी, रथ चलाना, हाथी पर बैठने और युद्ध करने का प्रशिक्षण दिया जाता था। इनके द्वारा धारण किए गए वस्त्र की नकल अन्य वर्ग नहीं कर सकता था। प्रशासन पर इनका प्रभुत्व होता था।

वैश्यों का स्थान उत्तर भारतीय समाज के समान तीसरा था। इन्हें जनेऊ धारण, वेदों का अध्ययन और यज्ञ करने का अधिकार था। इनका मुख्य पेशा पशुपालन और व्यापार था। संकटकाल में ये क्षत्रियों का काम भी कर सकते थे। इनकी आर्थिक स्थिति अच्छी थी। समाज में इनका आदर था।

चौथा वर्ग शूद्रों का था, जो प्रायः ऊपर के वर्गों की सेवा करते थे। संकटकाल में ये अपना पेशा बदल सकते थे। मुख्य रूप से ये ब्राह्मणों की सेवा करते थे, क्षत्रियों एवं वैश्यों की नहीं, लेकिन ब्राह्मणों को यह अधिकार प्राप्त था कि वे शूद्र के धन तथा उनके श्रम का स्वतन्त्रतापूर्वक उपयोग कर सकते थे। कोई भी काम करने के लिए राजा शूद्र को बाध्य कर सकता था। व्यक्तिगत सम्पत्ति रखने का अधिकार उन्हें था। धार्मिक और सामाजिक कार्यों में उनके अधिकार सीमित थे। उन्हें यज्ञ एवं संस्कार करने का अधिकार नहीं, लेकिन श्राद्ध करने का अधिकार था।

सातवाहन समाज में पाँचवाँ वर्ग वैसे लोगों का था, जिनका जन्म प्रतिलोम विवाह के परिणामस्वरूप हुआ था। कुछ धार्मिक प्रक्रियाओं के पश्चात् यह वर्ग चारों वर्णों में किसी प्रकार खप जाता था। यवनों के समान काफी विदेशी भी सातवाहन समाज में घुलमिल गए थे।

प्रायः सैद्धान्तिक तौर पर आश्रम व्यवस्था का अस्तित्व था। उपनयन संस्कार ब्रह्मचर्याश्रम की शुरुआत होती थी। ब्रह्मचारी वेद का अध्ययन करता और भिक्षादान भी। बौद्धिक, नैतिक तथा आध्यात्मिक पाठ पढ़ाए जाते थे। गृहस्थ आश्रमावस्था में पारिवारिक जीवन बिताना, यज्ञ

करना और दान देना आवश्यक बताया गया था। पिता बनने के पश्चात् वृद्धावस्था में वानप्रस्थ और अन्तिम चरण में संन्यास ग्रहण करने की बात सातवाहन समाज में बताई जाती है। अन्य वर्णों की बात कौन करे, ब्राह्मणों के बीच ही आश्रम-व्यवस्था का व्यावहारिक रूप नहीं था।

एक पतिवाली स्त्री का समाज में आदर था। धार्मिक कार्यों का उन्हें अधिकार नहीं था। वे यज्ञ नहीं करा सकती थीं। उपनयन संस्कार उनका नहीं होता था। श्राद्ध के अवसर पर उन्हें दूर रखा जाता था। शूद्रों की श्रेणी में उन्हें रखा जाता था। घर के सारे कामों को वे करतीं। पुरुषों के नियन्त्रण में उन्हें रहना पड़ता था। पति के मरने या काफी वर्षों तक अनुपस्थित रहने पर माँ बनने के लिए पराए पुरुष से शारीरिक सम्बन्ध स्थापित कर सकती थीं। इस काल में कुछ कन्याएँ पतियों का चुनाव स्वयंवर द्वारा करती थीं। कुछ स्त्रियाँ एक से अधिक पुरुषों से विवाह करती थीं। कन्या की शादी में वर को दहेज देने की प्रथा प्रचलित थी। धनी स्त्रियों के बीच पर्दा प्रथा का प्रचलन था।

इस काल में भोज्य पदार्थ के रूप में मदिरा, किशमिश, नींबू, मधु, मेवा, दही, दूध, कपूर, लवण, छाछ आदि प्रचलित थे। अनेक प्रकार के रंगीन वस्त्रों का प्रयोग सभी स्त्रियाँ एवं पुरुष करते थे। धनी लोग रेशमी वस्त्र धारण करते थे। हंसों के छापवाले रेशमी वस्त्र धनी स्त्रियाँ धारण करती थीं। धनी पुरुषों द्वारा सिर पर एक विशेष प्रकार की पगड़ी धारण की जाती थी। राजपुरुष रत्नजड़ित वस्त्र धारण करते थे। साड़ी, कंचुकी, नीवी आदि पोशाकें स्त्रियों के बीच प्रचलित थे। रत्नजड़ित आभूषण अति धनाढ्य स्त्री-पुरुष धारण करते थे। धनी लोगों के बीच स्वर्णाभूषण प्रचलित था। कंघी, सिन्दूर, मेहँदी आदि शृंगार प्रसाधन थे। पुरुषों के बीच दाढ़ी रखने का फैशन था।

14.16 आर्थिक स्थिति

सातवाहनकालीन समाज का एक बड़ा हिस्सा कृषिकार्य से जुड़ा था। खेतों की जुताई हल-बैल से की जाती थी। धनी कृषकों के यहाँ कृषिकार्य मजदूरों द्वारा किया जाता। मजूरी के रूप में उन्हें भोजन मिलता था। कड़ी मिट्टी होने पर दो-तीन बार खेतों की जुताई होती थी। कुछ पकी फसल तोड़ी और कुछ हँसिया से काटी जाती थी। खलिहान में फसल रखी जाती और मढ़ाई होती थी। गन्ना, मिर्च, इलायची, धान, गेहूँ, सरसों, मूँग, तिल, अलसी, कोदो, जौ, मटर आदि पैदा किए जाते थे।

राजा को कृषि से काफी आय होती थी। **रज्जुक** नामक सरकारी अधिकारी भूमि मापने का काम करते थे और तब लगान तय किया जाता था। सिंचाई की व्यवस्था राज्य की तरफ से थी। नहर तैयार करने में राज्य के अलावा जनता का सहयोग भी प्राप्त होता था। वर्षाजल, पोखरा, तालाब, कुआँ, नदी आदि सिंचाई के मुख्य साधन थे।

राजकीय आय का दूसरा प्रमुख स्रोत जंगल था। जंगलों से प्राप्त पशुओं के चमड़े, जड़ी, बूटियाँ, सुगन्धित और कीमती लकड़ियाँ देश और विदेशों में ऊँचे दामों पर बेची जाती थीं। जंगल पर राज्य का अधिकार होता था। इन वस्तुओं के अलावा दालचीनी और बहुमूल्य पत्थर भी जंगलों से प्राप्त होते थे, जिनकी चर्चा पेरिप्लस एवं टॉलेमी ने की है। इन वस्तुओं ने

बाजार को विस्तृत और व्यापार को विकसित किया। कपूर, चन्दन, केसर आदि व्यापारिक वस्तुएँ थीं।

उत्पादन में वृद्धि हुई। उद्योग-धन्धों की संख्या बढ़ी। शिल्पकार एवं कर्मकार जैसे उलाल, नापित, वर्धकी, रजक, स्वर्णकार, लुहार, कांस्यकार, तमेरा आदि की संख्या में कुछ ही वर्षों के भीतर काफी वृद्धि हुई। काँसा, टिन, ताँबा, सोना आदि का प्रयोग बढ़ा। फूलों का सम्बन्ध दक्षिण भारतीय संस्कृति से जुड़ा हुआ था। अतः इनका व्यापार भी बड़े पैमाने पर किया जाता था।

व्यापारिक गतिविधियाँ बढ़ीं। अनेक नवीन शहर बसाए गए। व्यापारिक नगरों की संख्या में वृद्धि हुई। कुछ बन्दरगाहों का अन्तर्राष्ट्रीय महत्त्व हो गया। यहाँ इटली से शराब, अरब से टिन, चाँदी, मूँगा, सीसा, खिलौना आदि आयात होता था। भड़ौच इस काल का प्रसिद्ध बन्दरगाह था। बनवासी, गोवा, हेम्मिगे, करैकडु, ब्रह्मगिरि, मस्की, बड़गाँव, माधोपुर, चन्द्रवल्ली, करके आदि इस काल के प्रसिद्ध नगर थे। ई.पू. दूसरी शताब्दी और उसके बाद यूनानी व्यापारी पश्चिमी घाट पर स्थित बन्दरगाहों से व्यापारिक सम्बन्ध स्थापित किए हुए थे। अरकिमेडू इस काल का प्रसिद्ध नगर था। रोमन बर्तन एवं सिक्के यहाँ खुदाई से मिले हैं।

व्यापारिक यातायात को विकसित करने में वंशधारा, गोदावरी, कृष्णा आदि नदियों ने महत्त्वपूर्ण भूमिका निभाई। प्रतिष्ठान तथा टगर नामक नगर मलमल वस्त्र के लिए प्रसिद्ध थे। बीनूकोडा और नेलौर में रोमन सिक्के मिले हैं। दक्षिण-पूर्वी द्वीपों से सातवाहनकालीन व्यापारिक सम्बन्धों की जानकारी मिलती है। विकसित व्यापार की जानकारी तत्कालीन अभिलेखों, सिक्कों, साहित्यों एवं अन्य पुरातात्त्विक सामग्रियों से होती है। मलय प्रायद्वीप में सातवाहनकालीन जलपोत की जानकारी होती है। सुदूर पूर्व स्याम से सातवाहनों का सम्बन्ध था। इस काल में सुमात्रा, बाली आदि सुदूरपूर्व राज्यों से व्यापारिक सम्बन्ध था।

सोपारा, नासिक, कोल्हापुर, मारवाड़, चीतलदुर्ग, कोरोमंडल तट आदि से प्राप्त पुरातात्त्विक सामग्रियाँ सातवाहनकालीन अति विकसित व्यापार की जानकारी देती है। इस काल में अधिकांश खाद्य-पदार्थ एवं विलासी वस्तुएँ निर्यात की जातीं और बदले में भारत को बड़े पैमाने पर सोना प्राप्त होता था। भारत की आर्थिक स्थिति सुदृढ़ करने में सातवाहनों की भूमिका सर्वाधिक महत्त्वपूर्ण रही।

14.17 सिक्के

सातवाहनों ने अपने वंश की स्थापना के तुरन्त बाद ही सिक्के जारी किए, किन्तु उन्होंने मौर्यकालीन चाँदी की आहत मुद्रा को समाप्त नहीं किया। सातवाहनों ने करीब 110 ई. तक केवल सीसे एवं ताँबे के सिक्के ही जारी किए। प्रथम शताब्दी के अन्त तक चाँदी के आहत सिक्के चलते रहे।

अथिराल (कुडुपह जिला), कोल्पद, सलिहुन्द एवं गुमद (विजयपत्तम), मल्लयपलेग, ओंगोले एवं विनुकोंद (गुंटूर जिला), नघल (कुर्नूल जिला) तथा गर्पर्ति (नालगोंद जिला) से प्रथम एवं द्वितीय शताब्दी के स्वर्ण एवं रजत के बने रोमन सिक्के मिले हैं। ये सारे क्षेत्र सातवाहन शासकों के अधीन थे। रोमन सिक्कों के डिजाइन से सातवाहन सिक्के प्रभावित नहीं रहे।

सातवाहन सिक्के सीसे और ताँबे के ही मिले हैं। इन्होंने स्वर्णमुद्राएँ नहीं बनाईं। मात्र चार सातवाहन शासक—गौतमीपुत्र सातकर्णि, वासिष्ठीपुत्र सातकर्णि, वाशिष्ठीपुत्र पुलुमावि और गौतमीपुत्र यज्ञश्री सातकर्णि द्वारा चाँदी के सिक्के चलाए गए।

सातवाहनकालीन ताँबे के सिक्कों का वजन 110 ग्रेन, 211.8 ग्रेन, 109.3 ग्रेन एवं 65 ग्रेन है। सीसे का बना सिक्का 98.9 ग्रेन, 101 ग्रेन, 218.7 ग्रेन एवं 282 ग्रेन के मिले हैं। पार्टिन (ताँबा एवं टिन का मिश्रण) के बने सिक्कों का वजन 86 ग्रेन एवं 83 ग्रेन है। उत्तरकालीन सातवाहन-नरेशों के चाँदी के बने सिक्के 35.6 ग्रेन एवं 30 ग्रेन के मिले हैं।

14.18 प्रशासन

सातवाहनकाल में प्रशासनिक जिला या तालुक के रूप में सबसे प्रचलित इकाई **आहार** थी। सातवाहनकाल के बाद में इस शब्द का प्रयोग बन्द होने लगा और **विषय** शब्द का प्रयोग इसके लिए किया जाने लगा। पल्लवकाल में आहार के बदले रट्ट या राष्ट्र शब्द का प्रयोग किया जाने लगा।

14.19 सातवाहन कला पर पश्चिमी एशियाई देशों का प्रभाव

लिपिज्ञान के आधार पर ललितकला के प्राचीनतम उदाहरण ई.पू. द्वितीय शताब्दी के बौद्ध पुरावेश हैं, जिनमें निहित कला अत्यन्त विकसित स्तर की है। कोंडाणे एवं बेडसा की गुहाओं के अग्रभागों में मुड़ी हुई दीवारगीरी पर आधारित आगे निकले हुए छज्जों एवं अन्य डिजाइन की जालीदार पर्दोंवाली गहरी खुदी हुई खिड़कियों से युक्त चार मंजिलों के भवन स्थापत्यकला के निरन्तर विकास एवं लम्बी परम्परा को प्रदर्शित करते हैं। कोंडाणे के 'विहार' की चट्टान की छत में खुदे हुए छोटे-छोटे शहतीरों के प्रबन्ध से एक ओर भवन की दृढ़ता को सुरक्षित करने के लिए अभियान्त्रिकी सिद्धान्तों का और दूसरी ओर उचित मापों के शहतीरों के न्यायोचित प्रयोग द्वारा निर्माण से खर्च की मितव्ययता का पता चलता है। सम्पूर्ण दकन में संगतराशी की कला अपनी चरम सीमा पर पहुँची प्रतीत होती है। अमरावती की मूर्तियों द्वारा प्रदर्शित पूर्वी क्षेत्र की मूर्तिकला उतनी ही सुस्पष्ट एवं शोभायुक्त है, जितनी मध्य एवं पश्चिमी क्षेत्रों की। बेडसा की 'चैत्यगुहाओं' में अश्वों पर सवार यक्षों एवं यक्षिणियों का चित्रण, अपनी अवधारणा में इतना निर्भीक तथा अभिव्यक्ति में इतना सजीव है कि ऐसा उदाहरण कम मिलता है। कोंडाणे की 'चैत्यगुहा' में नर्तकों का चित्रण केवल उनकी भंगिमाओं के कारण ही आनन्ददायक नहीं है, बल्कि जीवन के पूर्ण महत्त्व पर आधारित भावना की विपुलता को भी प्रकट करते हैं। इन उदाहरणों के बौद्धिक एवं तकनीकी गुण अत्यन्त विकसित कला का प्रतिनिधित्व करते हैं, जिनसे दीर्घकालीन अभ्यास एवं विचारों की निरन्तर प्रगति का पता चलता है।

अजन्ता की 'चैत्यगुहा' संख्या 10 के चित्र में एक बौद्धकथा है, जिसमें बोधिवृक्ष के नीचे गौतम बुद्ध को ज्ञान प्राप्त हुआ था, वहाँ पर एक राजा की यात्रा को चित्रित किया गया है।

चित्र की बाईं ओर परिवार एवं परिजनों सहित राजा का चित्रण है। दाईं ओर 15 कलाकारों से युक्त गीतज्ञों एवं नर्तकों का दल है। चित्रकार ने मानव-जीवन के सभी पक्षों—धार्मिक एवं लौकिक—को प्रस्तुत करने का प्रयास किया है। रूपचित्रण न केवल आध्यात्मिक भावना को अभिव्यक्त करता है, बल्कि संसार की सुन्दर विशेषताओं के प्रति भी उल्लासमय दृष्टिकोण प्रकट करता है। यह चित्र एक ओर भावना का और दूसरी ओर केवल पूर्वविकसित कला में पाई जानेवाली तकनीकी बारीकियों का सुन्दर संगम प्रस्तुत करता है।

दक्षिण की सातवाहनकालीन इन ललित कलाओं को देखने से ऐसा प्रतीत होता है कि ये पश्चिमी एशियाई देशों की कलाओं से प्रभावित हैं। ई.पू. सातवीं शताब्दी के आसपास शकों (सीथियनों), पह्लव (पार्थियनों) एवं यवनों (ग्रीक) की बड़ी संख्या में प्रवेश दक्षिण के प्रदेशों में हुआ। ये लोग बाद में चलकर सामान्य जनता में मिल गए। दकन में जो महापाषाणीय कब्र मिले हैं, वे शकों के ही हैं, क्योंकि ये कब्र विश्व के उन प्रदेशों की कब्रों के ही समान हैं, जहाँ शक गए थे। ई.पू. छठी शताब्दी के आसपास पह्लवों की बस्तियाँ दकन और उसके उत्तर-पश्चिम प्रदेशों में थीं। सिकन्दर के साथ यूनानियों का आगमन भारत में हुआ और राजनीतिक प्रभुत्व बढ़ाने के उद्‌देश्य से उनका फैलाव दकन प्रदेशों में हुआ। दकन में बौद्ध धर्म से सम्बद्ध कई अवशेष मिले हैं, जिन पर यवनों के नाम हैं।

दकन के कुछ शिला गुहाओं की शैली मिस्र और फारस की शिलाकब्रों के स्थापत्य से प्रभावित प्रतीत होती है। 'चैत्यों' के एक ओर का अर्धचन्द्राकार स्वरूप, एक रोमन गिरजों अथवा उनसे भी पहले के माल्टा के फिनीशियन मन्दिरों के स्थापत्य से काफी मिलता है। मुस्लिम परम्परा के अनुसार, एब्रेहम द्वारा निर्मित काबा के भी एक ओर अर्द्धवृत्ताकार विस्तार हैं, जिसे **हटीम** कहते हैं। प्राचीन फिनीशियन मन्दिरों के अध्ययन से पता चलता है कि भवन का वर्गाकार अथवा आयताकार भाग देवताओं की मूर्तियों की स्थापना के लिए होता था तथा अर्द्धवृत्ताकार अथवा वृत्ताकार प्रक्षेप देवताओं के लिए यज्ञादि करने के स्थान थे। फिनीशियन लोग दवा निर्माता, काष्ठ उत्कीर्णक और महान समुद्री व्यापारी थे। जेरूसलम में एक मन्दिर के निर्माण में सहायता के लिए तत्कालीन शासक डेविड ने फिनीशियन कारीगरों को आमन्त्रित किया था। **ओल्ड टेस्टामेंट** में सोने, मसाले एवं मोरों के उल्लेख से, जो विशेष रूप से भारत के पश्चिमी तट से सम्बद्ध हैं, पता चलता है कि दकन के पश्चिमी भाग तथा पश्चिमी एशियाई देशों के बीच समुद्री व्यापार भी होता था। इन सम्बन्धों के कारण मक्का के समान भारतीय चैत्य भी फिनीशियनों के देवालय के अर्द्धचन्द्राकार कला शैली से प्रभावित हुआ। भारत में मन्दिरों का अर्द्धचन्द्राकार रूप बौद्ध धर्म के लुप्त होने के साथ-साथ ही लुप्त हो गया और दक्षिण में केवल एक या दो मन्दिरों को छोड़कर अन्यत्र किसी भी ब्राह्मणिक मन्दिर में यह शैली देखने को नहीं मिलती है। यदि मन्दिरों के अर्द्धचन्द्राकार रूप का उदय एवं विकास दकन अथवा भारत में हुआ होता, तो बौद्ध धर्म के लुप्त होने के बाद भी यह अर्द्धचन्द्राकार शैली जीवित रहती।

औरंगाबाद जिले के पीतलखौरा नामक स्थान पर पंखयुक्त पक्षियाँ कार्ले, कोंडाणे, अजन्ता एवं अन्य आरम्भिक बौद्ध स्थलों में उत्कीर्ण सीढ़ीनुमा मुँडेर तथा दकन के अनेक प्राचीन अवशेषों में घंटाकार-स्तम्भों के शीर्ष भी पश्चिमी एशियाई कलाशैली से प्रभावित हैं। इनमें से पंखयुक्त पक्षी असीरिया की मूलाकृतियों से साम्य रखते हैं। उत्तरी अफ्रीका के

मुस्लिम भवनों में प्रचलित सीढ़ीनुमा मुँडेर उर के भवनों में भी मिले हैं और वहीं से भारत में भी आए होंगे। घंटाकार स्तम्भशीर्ष पर्सीपोलिस के अपने प्रारूपों में बहुत मिलते हैं और भारत में इस रूप का आरम्भ बौद्ध धर्म में परिवर्तित आरम्भिक पार्थियनों (पहलवों) द्वारा हुआ होगा। इन तथ्यों के आधार पर अन्त में यही कहना उचित होगा कि अति छोटे पैमाने पर सातवाहनकालीन कला पश्चिमी एशियाई कलाशैली से प्रभावित रही।

14.20 स्थापत्यकला

कोंडाणे एवं बेडसा की गुहाओं के अग्रभागों में मुड़ी हुई दीवारगीरी पर आधारित, आगे को निकले हुए छज्जों एवं भव्य डिजाइन की जालीदार पदोवाली गहरी खुदी हुई खिड़कियों से युक्त चार मंजिलों के भवन, स्थापत्यकला के निरन्तर विकास एवं लम्बी परम्परा को प्रदर्शित करते हैं। कोंडाणे के 'विहार' की चट्टान की छत में खुदे हुए छोटे-बड़े शहतीरों के प्रबन्ध से एक ओर तो भवन की दृढ़ता को सुरक्षित करने के लिए आभियान्त्रिकी सिद्धान्तों का और दूसरी ओर उचित मापों के शहतीरों के न्यायोचित प्रयोग द्वारा निर्माण खर्च की मितव्ययता का पता चलता है।

ई.पू. द्वितीय शताब्दी में सम्पूर्ण दकन में संगतराशों की कला अपनी चरम सीमा पर पहुँची थी। अमरावती की मूर्तियाँ इसके प्रमाण हैं। बेडसा की चैत्य-गुहाओं में अश्वों पर सवार 'यक्षों एवं यक्षणियों' का चित्रण अपनी अवधारणा में अति निर्भीक तथा अभिव्यक्ति में अद्वितीय हैं। कोंडाणे की चैत्यगुहा में नर्तकों का चित्रण की भंगिमाएँ आनन्ददायक हैं और जीवन के पूर्ण महत्त्व पर आधारित भावना की विपुलता को प्रकट करते हैं। इन उदाहरणों के बौद्धिक एवं तकनीकी गुण अत्यन्त विकसित कला का प्रतिनिधित्व करते हैं, जिनसे दीर्घकालीन अभ्यास एवं विचारों की निरन्तर प्रगति का पता चलता है।

अजन्ता की चैत्यगुहा संख्या 10 से सम्बद्ध उत्कीर्ण चित्र में एक बौद्धकथा है जिसमें बोधिवृक्ष के नीचे बुद्ध को ज्ञान प्राप्त हुआ था; बुद्ध के स्थान पर एक राजा की यात्रा को चित्रित किया गया है। बोधिवृक्ष के बाईं ओर परिवार एवं परिजनों सहित राजा का चित्रण है। दाईं ओर 15 कलाकारों से युक्त गीतज्ञों एवं नर्तकों का दल है। चित्रकार ने मानव जीवन के धार्मिक एवं लौकिक पक्षों को प्रस्तुत करने का प्रयास किया है। यह रूपचित्रण आध्यात्मिक भावना को अभिव्यक्त करने के साथ-साथ संसार की सुन्दर विशेषताओं के प्रति उल्लासमय दृष्टिकोण भी प्रस्तुत करता है। पूर्णविकसितकला में पाई जानेवाली तकनीकी बारीकियों का यह सन्तोषप्रद उदाहरण है।

14.21 चित्रकला

अजन्ता की गुफा संख्या 9 और 10 का निर्माण सातवाहननरेश वासिष्ठीपुत्र पुलोमावि से पहले हुआ। अजन्ता की चैत्यगुहा 10 का निर्माण ई.पू. दूसरी शताब्दी में किया गया और प्रथम शताब्दी ई.पू. में इसके दीवारों को चित्रों से अलंकृत किया गया। चित्रों में आदिवासियों के लम्बे बाल उनके सिरों के मुकुटों पर सर्पों के फणों के शीर्ष के रूप में फीतों से बँधे हुए

हैं। उनके शरीर पर थोड़े से वस्त्र हैं, किन्तु आभूषण अनेक हैं जिनमें कई डिजाइन के कुंडल एवं धातुमालाएँ हैं। स्त्रियों एवं कुछ पुरुषों की मुखाकृतियाँ आधुनिक मराठों से मिलती हैं—वे अंडाकार मुख, छोटी नाकों, पर्याप्त मोटे होंठ एवं मध्यम कद से युक्त हैं। ये चित्र उन समकालीन लोगों को चित्रित करते हैं जो मिश्रित जाति के थे। (इस जाति में आदिवासी द्रविड़ों अथवा पूर्व-द्रविड़ों एवं सीथियनों का मिश्रण था। दकन में सीथियनों का प्रवेश कम-से-कम ई.पू. 1000 में हो चुका था)। पुरुष जंघवस्त्र और स्त्रियाँ जंघवस्त्र के साथ चोली भी धारण करतीं और सिरों को ढकने के लिए ओढ़नियाँ प्रयोग करती थीं। इन चित्रों को रंगने में लाल-कपिश, पीत-कपिश, चमकीला हरा, दीपकवाला काला तथा चूने का सफेद रंग का प्रयोग किया गया है। निम्न होंठ एवं आँख के कोटों के लिए चित्रकार ने एक प्रकार के चमकीले सिन्दूरी रंग का प्रयोग किया है, जो स्पष्टतः लाल-कपिश से बनाया हुआ है।

गुफा संख्या 10 की बाईं दीवार पर जो चित्र है उसमें भाला, गदा, तीर-कमान, तलवार एवं दराँती जैसे करवालों से युक्त सैनिक हैं। वे छोटी बाँहों की कमीजों एवं जैकटों से सज्जित हैं। उनमें से एक के पास पगड़ी जैसी शिरोवस्त्र है। राजा को पताकाओं से सज्जित बोधिवृक्ष के सामने दिखाया गया है। बोधिवृक्ष के दूसरी ओर संगीतज्ञों एवं नर्तकियों का एक बड़ा दल है, जिसमें 15 कलाकार हैं। नर्तकियों ने अपने हाथ को विशेष रूप में उठा एवं मोड़ रखा है, मानो वह शरीर को जल-भँवर का प्रभाव अथवा सर्प के मोड़ों का रूप प्रदान कर रही हो।

14.22 गुहा

अतिप्राचीनकाल से ही आत्मसुरक्षा और बाद में बौद्धिक एवं आध्यात्मिक प्रगति की अवस्था में चिन्तन-मनन एवं आत्मजागरण के लिए गुफाओं में रहने का विचार मानव-मन में अन्तर्निहित रहा है। प्राकृतिक गुहाओं ने ऋषियों के निवास स्थल के रूप में पवित्रता प्राप्त कर ली होगी और उन्हीं के आराम के लिए उनके भक्त शिष्यों ने उनके निवास की अनियमितताओं को, दीवारों एवं छतों से ढँककर तथा जमीन को समतल कर दूर किया होगा। इसी प्रयास के सिलसिले में चट्टानों को काटकर मन्दिरों एवं स्तूपों के निर्माण की पारम्परिक शैली का उदय हुआ। अपनी उत्पत्ति एवं विकास में दकन के गुहामन्दिर स्वदेशी ही हैं। उनकी स्थापत्यकला लकड़ी अथवा ईंट एवं पत्थर के पूर्ववर्ती अथवा समकालीन भवनों की नकल थी। लकड़ी की स्थापत्यकला का प्रभाव केवल स्तम्भों के आकार एवं उनके आन्तरिक झुकाव में ही दृष्टिगोचर नहीं होता, बल्कि कार्ले, कोंडाणे एवं अजन्ता की आरम्भिक चैत्यगुहाओं की आन्तरिक छतों में लगे हुए लकड़ी के अर्द्धवृत्ताकार शहतीरों से भी प्रकट होता है। ये शहतीर वास्तव में शिला-मन्दिरों में निरर्थक हैं, किन्तु लकड़ी के भवन की आन्तरिक छतों की विशेषता थी। कोंडाणे की 'विहार' गुहा में प्रयुक्त शहतीरों से स्पष्ट होता है कि वे ईंटों अथवा पत्थर से निर्मित भवनों की सपाट भीतरी छतों की नकल है। अजन्ता के उत्खननों में गुहा संख्या 10 के द्वार से बड़े आकार की मजबूत ईंटें पाई गई हैं, जो ई.पू. दूसरी शताब्दी की हैं।

14.23 भवन

मकान कई तल्ले के बनते थे। सबसे ऊपरी तल्ला हाथी की पीठ के समान छत से ढँके होते थे। लकड़ी के शहतीरों पर आधारित सपाट आन्तरिक छत का भी प्रचलन आरम्भ हो गया था। ऊपरी तल्लों के सामने छज्जे निकले रहते थे, ताकि ऊपर से गिरानेवाला पानी सीधे कमरे में प्रवेश न कर जाए। कड़ी धूप से बचने के लिए छज्जा उपयोगी होता था। भवन के सामने खुलनेवाली जालीदार खिड़कियाँ भी थीं। प्रथम तल्ला की छत को रोकने के लिए खम्भे बनाए जाते थे, जो गोल या चकोर होते थे। नारियल या सुपारी के पेड़ के समान कुछ खम्भे नीचे की तरफ मोटे और ऊपर की तरफ पतले बनाए जाते थे। चकोर खम्भे ऊपर से नीचे तक प्रायः एक मोटाई के होते थे। छत के नीचे चारों तरफ से दीवारें होती थीं, ताकि भीतर तेज रोशनी, समुद्री या गर्म हवा आसानी से प्रवेश नहीं कर पाए। अतः प्रथम छत को खम्भों पर ही रोका जाता था। खम्भे पर छत को रोकने का अर्थ था कि कुछ हिस्सों की दीवारें पतली होती थीं। खम्भे के अभाव में चारों तरफ से मोटी दीवारें आवश्यक होतीं, अन्यथा मकान ऊपर का भार सहन नहीं कर पाता था। खम्भों के कारण दीवार बनने कम हो गए। नीचे से ऊपर जाने के लिए बनी सीढ़ियाँ धरनों और स्तम्भों पर टिकी रहती थीं।

14.24 मूर्तिकला

आन्ध्रवंश के सातवाहनों के राज्य के पश्चिमी भागों में स्थित कोंडाणे, बेडसा एवं कार्ले तथा पूर्वी प्रदेश के अमरावती के चैत्यों से प्राप्त मूर्तियाँ तत्कालीन मूर्तिकारों के उच्च बौद्धिक गुणों एवं दक्षता के प्रमाण हैं। कोंडाणे के चैत्य में एक पट पर 3 मूर्तियाँ हैं—तीर-कमान से युक्त एक आमोदप्रिय योद्धा के दोनों ओर एक-एक नर्तकी है। इन नर्तकियों की भावमुद्रा ऐसी है, मानो उन्होंने अपने प्रसन्नचित्त साथी के साथ बारी-बारी से नृत्य की हों। इनमें से एक नर्तकी शृंगारिक भाव से योद्धा की मेखला के छोर को पकड़ रखा है और योद्धा आसक्त रूप में उसकी ठोड़ी का स्पर्श करने के लिए अपने हाथ को आगे बढ़ाए हुए है। पुरुष एवं नारी रूपों की शरीर-रेखाओं में गति इंगित करनेवाली लय से प्रभावित है। पुरुष का ओज तथा नर्तकी द्वारा अभिव्यक्त 'प्रसन्नशान्ति' उन्हें बिलकुल सजीव बना देती है। दूसरी नर्तकी ने भी अपनी बारी आने पर अपने साथी के साथ नृत्य करने के उद्देश्य से स्वयं को तैयार करते हुए एक लघु कदम उठाया है। भिन्न-भिन्न भंगिमाओं में कई अन्य नर्तकियों की मूर्तियाँ अन्य पट पर हैं, जिनकी नक्काशी अति उच्च स्तर की है। कलाकार की तकनीकी दक्षता को समझने के लिए ये मूर्तियाँ बेहतरीन उदाहरण हैं। कोंडाणे के चैत्य में आलंकारिक शैली में नृत्य करते हुए युगल मूर्तियों को चैत्यों में निर्मित करने में ब्राह्मण धर्म से प्रोत्साहन मिला। बारीक कणों का पत्थर न होने के कारण आकृतियों की परिसज्जा खुरदरी है, किन्तु आनन्दपूर्ण उन्मुक्त दृष्टिकोण तथा गति की लय अद्वितीय हैं। मुखाकृति तथा स्वरूप एवं वेशभूषा से प्रकट होता है कि नर्तक दकन के निवासी थे और कला स्वदेशी थी। अपने शिरोवस्त्र एवं आभूषणों के कारण ये नर्तक साँची एवं भरहुत की नक्काशी में प्रस्तुत लोगों जैसे हैं, किन्तु साँची एवं भरहुत की मूर्तियों के समान उनमें सजीवता एवं दृढ़ता नहीं है।

मूर्तिकार की कला की अन्य विशेषता हाथियों पर सवार व्यक्तियों के शीर्ष से युक्त स्तम्भावली है। छोटी चमकती आँखों एवं शोभायुक्त नक्काशीवाली सूँड़ों से युक्त चिंघाड़ते हुए हाथीमुद्रा के चयन एवं अभिव्यक्ति की सजीवता में कलाकार की प्रवीणता को प्रदर्शित करते हैं। प्रसन्न एवं सौम्य मुखवाले तथा जोड़े के रूप से प्रस्तुत सवार यह दर्शाते हैं कि मूर्तिकार के आदर्शों के अनुसार मानव का जीवन अपने आनन्दों के भोग के बिना पूर्ण नहीं हो सकता।

बेडसा के बौद्ध शिलामन्दिर के स्तम्भों के मुख्य मध्यभाग अष्टकोणीय है। उनकी परिधि 3 फीट 4 इंच एवं ऊँचाई 25 फीट है। कुम्भाकार आधार से ऊपर उठते हुए वे कुछ शुंडाकार होते जाते हैं। स्तम्भ के ऊपरी भाग में थोड़ा नीचे चिंघाड़ते हुए हाथी, घोड़े, बैल एवं पौराणिक पशुओं पर नारी एवं पुरुष सवार प्रदर्शित किए गए हैं। दूसरे स्तम्भ पर एक-दूसरे की ओर मुख एवं शरीर किए हुए दो घोड़े हैं। उनमें से एक पर राजा अथवा यक्ष सवार है और दूसरे पर उसकी पत्नी है। घोड़ों के कम्पित नथुने, खुले होंठ, स्फूर्तिवान स्वरूप और बेसब्र स्वभाव को प्रदर्शित करते हैं। मानवीय आकृतियाँ भी यथार्थ भाव से उत्कीर्ण हैं।

सातवाहनकालीन दकन के पूर्वी क्षेत्रों में अमरावती कला का दर्शन किया जा सकता है। गोदावरी एवं कृष्णा नदियों के डेल्टों के निकटवर्ती प्रदेश आन्ध्रकला एवं सभ्यता का पोषक केन्द्र था। अमरावती के पटक पशुजीवन तथा अत्यधिक सुन्दर पारम्परिक आभूषणों का आनन्ददायक विवेचन प्रस्तुत करते हैं कि उनमें मानवी रूपों की विभिन्न एवं जटिल गतिविधियों को अत्यन्त स्वतन्त्रतापूर्वक एवं दक्षता से खींचा एवं ढाला गया है। शैली की उत्पत्ति दकनी थी और वह आन्ध्रकला की पूर्ववर्ती अवस्था से जन्मी थी। अपने रूपचित्रों की गति में मूर्तिकार का उल्लास, घनत्व के भाव को प्रस्तुत करने की उत्सुकता, छोटे से विवरण के चित्रण में भी अलंकरण के प्रति प्रेम और इन सबके अलावा जीवन के प्रति हर्षपूर्ण दृष्टिकोण—ये सभी विशेषताएँ दकन की आरम्भिक मूर्तिकला में प्रायः दृष्टिगोचर होती हैं और इनकी पूर्ण अभिव्यक्ति बुद्ध की धार्मिक कथाओं, बौद्ध धर्म के आराधकों के उत्साह, श्रद्धा एवं कल्पना के माध्यम से ई.पू. प्रथम शताब्दी से ईसा की दूसरी शताब्दी तक अमरावती कला में हुई। स्तूपों का अलंकरण यहीं से प्रारम्भ हुआ। मानवीय रूपों को चरवाहों के रूप में दिखाया गया है, जो पशुओं के दुमों अथवा कानों को पकड़े हुए हैं और उनको काबू में करने में पर्याप्त शक्ति प्रदर्शित करते हैं।

अमरावती कला की झलक मूर्तिकला में दिखाई पड़ती है। तुसित स्वर्ग में महात्मा बुद्ध के भिक्षापात्र को प्रदर्शित करनेवाले वृत्ताकार पटक में आकृतियों का जमघट देखने लायक है। प्रत्येक अभिव्यक्ति अत्यन्त आकर्षक है और प्रसन्नचित्त एवं स्वतन्त्र मुद्रा से युक्त है। पुष्पमाला को प्रस्तुत करनेवाले अन्य उदाहरण में अत्यधिक अलंकरण हैं। स्वयं कुंडलाकृति की पुष्पमाला का धरातल नक्काशी एवं छिलाई से युक्त है। डिजाइन बेलबूटों के प्रकार की हैं, जो दकन की आरम्भिक मूर्तियों में दृष्टिगोचर होती हैं। पटल पुष्पमालाओं से अलंकृत एवं उत्कीर्ण मूर्तियों से सुशोभित हैं। फन्दों के बीच में सामान्यतया आराधकों के जोड़ों द्वारा बुद्ध की आराधना के धार्मिक विषय उत्कीर्ण हैं। पटकों पर बुद्ध को मानवीय रूप में नहीं, बल्कि बोधिवृक्ष अथवा स्तूप जैसे पवित्र प्रतीकों के रूप में उपस्थित किया गया है। सम्पूर्ण कृति स्वर्णकार एवं दन्तकार की रचना प्रतीत होती है।

पश्चिमी क्षेत्र की मूलाकृतियों की अपेक्षा अमरावती मूर्तिकला अधिक स्पष्ट है; आन्तरिक भावनाओं की अभिव्यक्ति में अधिक सार्थक है। मूर्तिकला में निहित गति, मृदुलालित्य एवं सूक्ष्म लय को प्रदर्शित करती हैं। अमरावती से अजन्ता एवं एलोरा की ओर जाने में जलवायु एवं भौगोलिक वातावरण के परिवर्तन के कारण दृष्टिकोण एवं भावना में अद्वितीय परिवर्तन का अनुभव होता है। यद्यपि गोदावरी एवं कृष्णा नदियों के डेल्टों के गर्म एवं आर्द्र वातावरण ने कल्पना की रसीली उर्वरता को प्रोत्साहित किया है, फिर भी उनके चलते कलाकार की सामान्य कार्यशक्ति निस्तेज हुई और विचारों में विकृति आई। अजन्ता एवं एलोरा में फैले हुए पठारों एवं ऊँची चट्टानों के बीच दृष्टि विस्तार हुआ और बुद्धि को शक्ति प्राप्त हुई। प्रतिमागृहों में महात्मा बुद्ध की विशालकाय मूर्तियाँ तथा अनेक चैत्यगुहाओं के ऊँचे-ऊँचे अग्रद्वार, भावना की पवित्रता एवं आदर्शों की भव्यता की ओर इंगित करते हैं, जो अमरावती की आकर्षक एवं सौन्दर्यमयी मूर्तिकला में दिखाई नहीं देते हैं।

अजन्ता की कुछ विशिष्ट मूर्तियों में बुद्ध को धर्मचक्रमुद्रा अर्थात् उपदेश देने की मुद्रा में प्रस्तुत किया गया है। वह पालथी मारकर आसन पर बैठे हुए हैं और पाँव के तले ऊपर की ओर हैं। ऐसा उनके द्वारा धारण किए गए पारदर्शी वस्त्र की निम्न सीमा का टखने से ऊपर की रेखा से पता चलता है। घुँघराले बाल पारम्परिक शैली में ही हैं और शीर्ष के ऊपर 'ऊष्णीष' है। सिर के पीछे चित्रित दीप्तिचक्र है और मुकुटधारी कुमार सेवक है। आसन के सामने की ओर बीच में धर्मचक्र उत्कीर्ण हैं और चक्र के दोनों ओर हिरणों के चित्र हैं। हिरणों के पीछे कुछ आराधकों की आकृतियाँ दृष्टिगोचर होती हैं। आराधकों को भिन्न-भिन्न मुद्राओं में प्रदर्शित किया गया है। कुछ बैठे हुए हैं, कुछ घुटनों के बल झुके हैं, कुछ अपनी टाँगें दोहरी किए हुए हैं, कुछ एक टाँग धरती पर रखे हुए हैं और दूसरी उठाए हुए हैं। आसनस्थित यह मुद्रा सारनाथ के मृगउद्यान में भगवान बुद्ध द्वारा किए गए उपदेशों को प्रस्तुत करती हैं। बुद्ध की प्रतिमा मानव आकार से लगभग तीन गुनी बड़ी है और यद्यपि शरीर पारम्परिक शैली में उत्कीर्ण हैं, किन्तु मुख का भाव अद्वितीय है, जो आन्तरिक शान्ति एवं भावना की पवित्रता को प्रकट करता है। प्रतिमा का आध्यात्मिक प्रभाव दीए के स्वर्णिम प्रकाश से और अधिक बढ़ जाता है। ये दीप मूलतः रात-दिन जलते होंगे। दीए का प्रकाश महात्मा के होंठों की मुस्कान को भी प्रकट करता है, जो उसके कृपालु स्वरूप की ओर इंगित करती हैं।

14.25 नृत्यकला

सातवाहनकालीन कोंडाणे की चैत्यगुफा के चारों पटल में उत्कीर्ण कलाकारों के अंगों की सौम्यगति एवं उनकी भावनात्मक मुद्राओं के आकर्षक प्रदर्शन में स्पष्टता दिखाई देती है। एक पटल में तीन कलाकार हैं। पुरुष मध्य में हैं और उसके दोनों ओर एक-एक नर्तकी है। नर्तक एवं उसकी बाईं ओर की नर्तकी के अंगों द्वारा इंगित लोच एवं गति उनकी आसक्त क्रीड़ा के सुझावों के अनुरूप है। नर्तक अपने हाथों से नर्तकी की ठोड़ी को प्रेमपूर्वक सहलाने के लिए अपने हाथ को ललिताभिनयपूर्वक नीचे गिरा रखा है। इस नर्तकी का दूसरा हाथ शोभा से मुड़ा हुआ है और कुल्हे पर रखा है। दोनों ही आकृतियों के घुटने गतिशीलता का आभास देते हैं, मानो वे नृत्य कर रहे हों।

दूसरे पटक में नर्तक केवल एक ही नर्तकी के साथ है, जिसने नृत्य की गति में उसके कटिवस्त्र को पकड़ लिया है। दोनों ही आकृतियों के सिरों का झुकाव और जिस प्रकार से उनके हाथ एक-दूसरे की ओर बढ़े हुए हैं, वे सौम्यतापूर्ण कामक्रीड़ा की ओर इंगित करते हैं तथा सन्तुलित मुद्रा प्रदर्शित करते हैं, जबकि झुके हुए घुटने तथा पंजों पर शरीर का दबाव, मन्द नृत्य के सुगम लयपूर्ण पग से लेकर पोल्का अर्थात् तेजी से चक्कर काटने तक की किसी भी मुद्रा का प्राक्कथन हो सकता है।

तीसरे पटक में नर्तक ने नर्तकी को अपनी दाईं ओर रखा है और अपने सिर को उसकी ओर झुकाया है तथा कटिमेखला को अपने आगे बढ़े हुए हाथ से पकड़ा है। इस पटल में नर्तक की मुद्रा द्रुत गतिविधियों को प्रदर्शित करती हैं, जबकि अपने साथी द्वारा नृत्य के दौरान अकेला छोड़ दिए जाने पर नर्तकी हंस सदृश मन्द एवं सौम्यगति से चलती है।

चौथे पटक में नर्तक नृत्य मुद्रा में अकेला है। उसके मुख पर मुस्कान है और वेशभूषा अनार्य है। सातवाहनकालीन कार्ले की चैत्यगुफा के 12 पटकों में नर्तकों की मूर्तियाँ उत्कीर्ण हैं। इनकी नृत्यमुद्रा काफी आकर्षक है।

15

संगम काल

15.1 प्रस्तावना

मेधावी विद्वान और सुप्रसिद्ध कवियों का संगम (मिलन या संगति) पांड्य शासकों के काल में हुआ। इन विद्वानों ने कई ग्रन्थों की रचना की जिनसे ई.पू. तीसरी शताब्दी से करीब 8वीं शताब्दी तक के दक्षिण भारतीय इतिहास की जानकारी होती है। अतः यह काल इसीलिए **संगम काल** के नाम से जाना जाता है। चोलों, पांड्यों, सतीयपुत्रों और केरलपुत्रों के राज्यों की चर्चा अशोक के शिलालेखों में हैं, जिनमें आधुनिक आन्ध्र प्रदेश, चैन्नई, कर्नाटक और केरल के क्षेत्रों को समाविष्ट किया जा सकता है। चोलों और पांड्यों का प्रभुत्व दक्षिण भारत के पूर्वी तट पर था। इन दोनों राज्यों ने तमिल संस्कृति को काफी विकसित किया। आधुनिक चैन्नई नगर का दक्षिणी हिस्सा इस संस्कृति का प्रधान केन्द्र था, जहाँ द्रविड़ भाषा, तमिल के माध्यम से विकसित हुई। आज भी यह स्थान तमिलनाडु (भूमि) के नाम से जाना जाता है। अभिलेखों एवं अन्य स्रोतों से पता चलता है कि उड़ीसा में स्थित कलिंग का राजा खारवेल ने इस तमिल क्षेत्र पर आक्रमण करके अपना प्रभुत्व जमाया था। इस क्षेत्र पर तमिलों का एक संघ था, जिसमें चोल, पांड्य, चेर और उनके सामन्त थे। पांड्यों के साथ तो खारवेल का व्यापारिक सम्बन्ध भी था। मेगस्थनीज के अनुसार, हेरैल्कीज की पुत्री से पांड्य राज्य स्थापित हुआ था। लगता है कि वहाँ का समाज मातृसत्तात्मक था। पांड्य-रानी के पास 500 हाथी, 400 घुड़सवार और 13000 पैदल सेना की चर्चा मेगस्थनीज करता है।

15.2 साहित्य

वैदिक ग्रन्थों के जैसा ही संगम साहित्य काव्यों का संकलन है। वैदिक ग्रन्थों का प्रणयन धर्म के आधार पर हुआ, लेकिन संगम साहित्य का उद्‌गम धर्म से नहीं हुआ है। एक अनुश्रुति के अनुसार, कई सौ वर्ष पहले (900 ई.पू.) मदुरई नामक शहर में जो तमिलनाडु की राजधानी थी, एक-एक करके 3700 व्यक्तियों द्वारा 3700 वर्ष के बीच तीन संगमों में दक्षिण भारत के सभी विद्वान, कवि और चारण इकट्ठे हुए और अनेक पुस्तकें वहाँ लिखी गईं। उन विद्वानों की सारी रचनाएँ संगम साहित्य के नाम से जानी जाती हैं। इस सम्बन्ध में यह भी अनुश्रुति है कि प्रथम संगम में तो स्वर्ग से देवता भी सम्मिलित होने के लिए आए थे। इस संगम में

जो रचनाएँ तैयार हुईं, वे अब उपलब्ध नहीं हैं। इसके पश्चात् दूसरा संगम हुआ, जिसमें सबसे पुराना तमिल व्याकरण *लोकप्यिम्* की रचना हुई। *लोकप्यिम्* व्याकरण के अध्ययन से पता चलता है कि इसकी रचना बहुत बाद में हुई है। सम्भवतः इसकी रचना तीसरी या चौथी सदी में हुई थी। तीसरे संगम में शायद आठ काव्य संग्रह *नणै, कूणून्तोगै, ऐगुणूनुरू, पदिरूपत्तू, परिपाडल, कर्लित्तोगै, नेडून्तोगै* एवं *पुणनाणुरू* की रचना हुई।

नणै (पी. नारायण स्वामी अय्यर द्वारा सम्पादित) नामक काव्य 401 श्लोक का संग्रह है। एक श्लोक में नौ से लेकर बारह पंक्तियाँ हैं। कहते हैं कि इसका संग्रह 175 कवियों ने मिलकर किया था। इस काव्य में एक पांड्य-राजा के प्रेम पर आधारित बातों का वर्णन है।

कूणून्तोगै का शाब्दिक अर्थ संक्षिप्त कविताओं का संग्रह होता है। यह काव्य 205 कवियों के पदों का संकलन है, जिसमें 402 श्लोक हैं। प्रत्येक श्लोक में चार से आठ पंक्तियाँ हैं। *नणै* की तरह यह काव्य भी प्रेमकहानी से प्रभावित है एवं इसमें पाँच स्तर के तीनैस (पहाड़ी धर्म, नदी के तट के निवासियों का धर्म, मरुभूमि के निवासियों का धर्म, समुद्री तट के लोगों का धर्म एवं जंगली लोगों का धर्म) की चर्चा है। ऐसा अनुमान किया जाता है कि इस काव्य की रचना पुरी (उत्तरीय मालावार) के सरदार के संरक्षण में हुई थी।

ऐगुणूनुरू का शाब्दिक अर्थ संक्षिप्त पाँच सौ होता है। 500 श्लोकों में संकलित इस काव्य को पाँच भागों में बाँट दिया गया है। प्रत्येक भाग में 100 श्लोक हैं। प्रत्येक श्लोक में छह पंक्तियाँ हैं। ये पाँचों भाग अलग-अलग कवियों—ओरम्बोगीयार, अम्मूवनार, कपीलर, ओदलान्दैयार एवं पैयनार द्वारा रचे गए।

पदिरूपत्तू काव्य में चेर राजाओं का वर्णन है। इनकी उपलब्धियों की विस्तृत व्याख्या इसमें की गई है। तमिल क्षेत्र की राजनीतिक अवस्था की तसवीर हमें इस काव्य के माध्यम से देखने के मिलती है। यह काव्य दस भागों में विभाजित है, जिसमें से पहला एवं दसवाँ भाग उपलब्ध नहीं हैं। जो आठ भाग मिल पाए हैं, उनमें आठ सौ श्लोक हैं।

परिपाडल के सम्बन्ध में ऐसा कहा जाता है कि इसकी रचना प्रथम संगम में ही हुई थी और फिर तीसरे संगम में भी। अगर दोनों बैठक में इस काव्य की अलग-अलग रचना हुई होगी, तो पहली रचना उपलब्ध नहीं है। तीसरी बैठक में तैयार किए गए इस काव्य में 70 श्लोक हैं, जो अनेक कवियों द्वारा रचे गए थे। इन 70 श्लोकों में से दुर्भाग्यवश 46 श्लोक नष्ट हो चुके हैं।

कर्लित्तोगै नामक काव्य को *कुरूज्कलित्तोगै* या *कलि* भी कहा जाता है। यह ग्रन्थ 150 श्लोक का संकलन है। यह काव्य वैसे तो मुख्य रूप से प्रेमगाथा पर आधारित है, लेकिन इसमें नीतिवाक्यों (moral maxims) की भी चर्चा है। प्राचीनकाल की विवाह-पद्धति के प्रचलन की जानकारी हमें इस काव्य से मिलती है। इस काव्य के गीतों की रचना कडून्गोण, कपिलर, मरूदण, ईलनागनार, चोल, नल्लूत्तीतरण एवं नल्लन्दूवनार नामक कवियों ने की थी।

नेडून्तोगै नामक काव्य को अहप्पाततू या अहनानुणु या अह्य भी कहा जाता है। इस काव्य से हमें प्राचीन तमिलों की संस्कृति को जानने में मदद मिलती है। 401 श्लोकों का यह काव्य तीन खंडों में विभाजित हैं। प्रथम खंड को *कलिश्याणै-नीरै* कहा जाता है, जिसमें 121

श्लोक हैं। दूसरा खंड 180 श्लोकों का है, जिन्हें *मणिमिदैपलवम्* कहा जाता है। तीसरे खंड का नाम *निक्षिलक्कोबे* है। यह 100 श्लोकों का संकलन है। इस काव्य का मुख्य विषय प्रेम है। इसका एक श्लोक तेरह से लेकर सैंतीस पंक्तियों तक का है। 145 कवियों द्वारा इस काव्य की रचना पांड्य राजा *उकीरघरुवलूदी* के संरक्षण में हुई थी।

पुणनाणुरू नामक संगम काव्य को पूरप्पातू या पुरम भी कहते हैं। यह काव्य 400 श्लोकों का संकलन है। तमिल सभ्यता की व्याख्या इस काव्य में भी की गई है। कुछ विद्वानों का मत है कि इस काव्य की रचना पोयगैयार नामक कवि के द्वारा संगमकाल के बाद की गई।

उपर्युक्त काव्यों के अतिरिक्त एक नौवाँ समूह भी है। *पतूपाट्टू* नामक इस संगम-काव्य में दस कविताएँ हैं। इनके नाम निम्नलिखित हैं :

तीरूमुरूहा रूप्पदाई, पोरूनर-आरूप्पदाई, शीरूपाणारूप्पदाई, पेथुम्पाणा रूप्पदाई, मुवैप्पादटु, मदुरैकाँची, नेदुलनवाडाई, कुरीन्जीप्पाट्टु, पट्टीणप्पालई और मलैपडुकडाम्। इनकी रचना तीसरे संगम काल में हुई थी। इन दस कविताओं में अनेक तमिल देवताओं की चर्चा है। तमिल क्षेत्र की राजनीतिक स्थिति पर भी यह काव्य प्रकाश डालता है। कावेरी नदी के कारण उपजाऊ भूमि एवं चोल राजाओं के धन एवं वैभव की चर्चा हमें देखने को मिलती है। इसमें काँची शहर का वर्णन है। प्रेमी के युद्धक्षेत्र में चले जाने से प्रेमिका के उदास होने की वृहत् व्याख्या इसमें है।

317 श्लोकों का संकलन *तीरूमुरूहा रूप्पवाई* की रचना नक्कीरर नामक कवि द्वारा की गई थी। इसमें पहाड़ी मन्दिरों में स्थित मुरूह या युद्ध के देवता की प्रशंसा में अनेक श्लोक हैं। ये सारे मन्दिर तमिल क्षेत्र में स्थित थे। नक्कीरर सुब्रह्मण्यम् मत का समर्थक था। युद्ध के देवता के सारे धार्मिक स्थलों की चर्चा तीरूप्परंकुणरम, मीरूच्चिरलैवाय (तीरूचेन्दुर), तोरूवावीननकुडी (पलती), तीरूधेरयम (स्वामीमलै) एवं पलमुडीरशोलै नामक कविताओं में है।

पोरूनर-आ रूप्पदै नामक संग्रह उपर्युक्त साहित्य की तरह है। तमिलनाडु के राजनीतिक इतिहास पर इसमें काफी प्रकाश डाला गया है। मुडत्तामक्कणियार नामक कवि के गीतों का यह संग्रह है। इलंजेटशेणी का पुत्र करीकारचोलन नामक प्रसिद्ध राजा की प्रशंसा इसमें की गई है। चोल-साम्राज्य के धन-वैभव एवं कावेरी नदी का विशद् वर्णन इसमें है। यह कविता 248 वाक्यों की है।

पोरूनर-आ रूप्पदै के समान *शीरूपाणारूप्पदै* एक महत्त्वपूर्ण काव्य है, जिसमें 269 वाक्य हैं। ऐसा कहा जाता है कि इसका लेखक कोई इडैक्लीनाट्टुनाल्लुर नत्तत्तनार नामक व्यक्ति था। नल्लीचक्कोडस नामक ओएमानाड़ के राजा की इसमें प्रशंसा की गई है, जो ओभीयर जाति का सरदार था। इस सरदार से अधिक दान पाने के उद्देश्य से कवि ने दूसरे सरदारों द्वारा अधिक दान पाने की प्रशंसा की है। इस कविता में पांड्य, चेर और चोल की राजधानियों का वर्णन है तथा कट्टुवन नामक चेर राजा को हिमालय का झंडा गाड़ते हुए दिखाया गया है। बेलूर, आमूर एवं स्पील नामक शहरों की भी चर्चा है।

कडियलूर, उरूत्तिड़न कन्नार द्वारा रचित *पेरूम्पाणा रूप्पदै* नामक काव्य में 500 वाक्य हैं। इसमें काँची के राजाओं का वर्णन है। दक्षिण भारत की भौगोलिक बनावट के अलावा इसमें काँची में हो रहे व्यापार की भी चर्चा है।

तलैयालंगणम् के नेदुन्जैलीयन की प्रशंसा में गाए गए गीतों का संकलन *मुलैप्पट्टु* नामक ग्रन्थ 103 वाक्यों का संकलन है। प्रेम पर आधारित इन कविताओं में पति के युद्धक्षेत्र में जाते समय पत्नी के दुख एवं दीन दशा का बड़ा ही मार्मिक एवं वास्तविक चित्रण है।

मदुरैकाँची नामक ग्रन्थ पत्तुप्पाटू के समान एक लम्बी कविता है। इसके रचयिता का नाम मांगुड़ी मरूदनार था। इसमें चोल एवं पांड्य शासन का वर्णन है। काँची पर भी विशेष रूप से प्रकाश डाला गया है। पांड्यों की राजधानी, सेना, व्यापार, बन्दरगाहों, उत्सवों एवं प्रशासनिक विभागों के बारे में जानकारी मिलती है। तमिलनाडु का सांस्कृतिक इतिहास हम इस ग्रन्थ के माध्यम से जान सकते हैं।

नेदुलनवाडै नामक कविता नक्कीरर द्वारा लिखी गई है। मुलैप्पाट्टु के समान इसमें पति-वियोग का वर्णन है। इसमें युद्ध की चर्चा है। सत्तर वाक्यों में बड़े ही आकर्षक तरीके से जाड़े के मौसम का वर्णन है। सब मिलाकर इसमें 188 वाक्य हैं।

कुरीन्जीप्पाट्टु का रचयिता कपीलर है, जो नक्कीरर के काल का बताया गया है। 261 वाक्यों का यह काव्य प्रेम एवं ग्रामीण जीवन पर आधारित है। गन्धर्व रीति से विवाह की चर्चा है, जिसमें बताया गया है कि युवा सुन्दर बाला खेत की रखवाली करने जाती है। उधर से एक पहाड़ी सरदार शिकार करने जा रहा था। उस बाला को देखकर वह मुग्ध हो गया और उससे शादी कर ली। लड़की जब घर आई तो शादी की बात अपनी माँ से नहीं बताई, लेकिन उसके मनोभाव को देखकर उसकी माँ समझ गई।

पट्टीणप्पलै का लेखक उरूत्तीरण कन्नार था। इसमें करिकालचोलन नामक राजा की प्रशंसा की गई है। इस लेखन से राजा इतना खुश हुआ कि लेखक को उसने सोलह लाख टन इनाम में दिया। इस काव्य में तमिल क्षेत्रों में विदेशों के साथ व्यापारिक सम्बन्ध पर विस्तृत चर्चा है। इसमें 301 वाक्य है।

अन्तिम और दसवाँ काव्य *मलैपड़कडाम्* का रचयिता पेरूकुन रूरका पेरू-कौशोकनार नामक कवि है। 582 वाक्यों की यह कविता सरदार नन्नण की उपलब्धियों पर प्रकाश डालता है। नन्नण के राज्य में नवीरम नामक पहाड़ी पर शिव की मूर्ति की चर्चा है। बाग-बगीचे, पहाड़, खेती से पैदा हुए अन्न की भी इसमें चर्चा है।

संगम का एक और समूह भी है, जिसका सामान्य नाम *पदीपेणकील्क कणवकु* है। इसमें तमिलधर्म पर प्रकाश डाला गया है। इस संगम में अठारह कविताओं का संकलन है। इनके नाम हैं—*तीरूकुरल, नालडीयार, कलवली-नारपदु, कैनीलै, इणीयैव-नाणपदु, इन्नानाणपदु, नान-मणीक्कडीकै, काणनाणपदु, ऐतीनै-ऐम्बदु, तीणैमोली-तुऐम्बदु, तीरीकडुकम, इलादी आचारक-कोवै, पलमोली-नानुणु, शीरूपंच मुलम्, मुदुमोलीक्काँची, ऐन्तीनै-इलुपदु* एवं *तीनैमोली-नूरैम्बदु*।

तीरूकुरल नालडीयार को *मुप्पाल* भी कहते हैं। इसकी रचना सम्भवतः पहली शताब्दी ईसापूर्व में हुई थी। दूसरे मतानुसार, इसकी रचना छठी या सातवीं सदी में हुई। 133 अध्यागों की इस रचना में व्यक्ति के धर्म, अर्थ एवं काम पर प्रकाश डाला गया है।

चालीस अध्यायों का *नालडीयार* मानव-जीवन पर प्रकाश डालता है। इसकी रचना सम्भवतः आठवीं सदी में हुई थी। कुछ विद्वानों का मत है कि *कुरल* नामक ग्रन्थ से पहले की यह रचना है।

कलवती नारपदु में युद्धों का वर्णन है। इसमें खेती की भी चर्चा है। चेर कनैक्काल इरूम्पोरै को चोल राजा शेंगणाण ने हराया और उसे बन्दी बना लिया।

इणीयवै-नाणपदु चालीस पदों की एक कविता है, जो पुदनं शेन्दनार द्वारा लिखी गई है। इणीयवै का शाब्दिक अर्थ 'आरामदायक वस्तुएँ' होता है। इसमें 126 वैसी चीजों की चर्चा है जिसे पाने की अभिलाषा प्रत्येक व्यक्ति को होती है।

इण्णा नाणपदु की रचना कपीलर ने की थी जिसमें 40 पद हैं। इण्णा का शाब्दिक अर्थ होता है 'जो आनन्ददायक नहीं हो'। किसी भी चीज की सीमा से अधिक होना खराब बताया गया है।

नाणमणीक्कडीकै की रचना कोई भीलन्वीनागनार द्वारा की गई थी। वह सम्भवतः वैष्णव था। इसमें 105 पद हैं। इसमें चार वैसी बातों की चर्चा है, जो मनुष्य को जीवन में आगे बढ़ाती है और चार वैसी बातों की चर्चा है, जो मनुष्य को पतन के गर्त में ढकेल देती है।

काणनाणपदु नामक कविता चालीस पदों का संकलन है। इसमें स्थिति से बाध्य होकर बिछुड़े हुए प्रेमी और प्रेमिका के प्रेम की कहानी है। वर्षा के दिनों में प्रेमिका द्वारा अपने प्रेमी के इन्तजार का वर्णन बड़े ही मार्मिक ढंग से किया गया है। वैदिक रीति से यज्ञ करनेवालों की भी चर्चा है।

ऐतीनै-ऐम्बदु में 50 पद हैं। यह भी प्रेम कविता है, जिसमें प्रेम, आलिंगन, बिछुड़न और फिर से मिलने की अभिलाषा पर प्रकाश डाला गया है।

तीनैमोली-ऐम्बकदु का रचयिता शात्तन्तैयार का पुत्र कन्नन शेदनार है। इसमें 53 पद हैं। ईस्वी सन् के आरम्भ में इसकी रचना हुई। यह भी प्रेम पर आधारित है।

ऐन्तीनै-इलुपदु का रचयिता मुवादीयार है। इसमें 70 पद हैं। इसमें प्रेम के अलावा सामाजिक रीति-रिवाज एवं आदत की भी चर्चा है।

तीनैमोली-नूरैम्बदू में 150 पद हैं, जो प्रेमगाथाओं पर आधारित हैं।

तीरीकडुकम अर्थात् 'तीन औषधि' 101 पदों का संकलन है। इसमें दक्षिण भारतीय औषधियों की चर्चा है। मानसिक बीमारी की औषधियों की भी इसमें चर्चा है।

इलाडी में 82 पद हैं, जिसमें औषधियों के बारे में बताया गया है। इसकी रचना किसी जैन ने की थी। इसमें चारों वेद का भी संक्षेप में वर्णन है।

आचारक-कोवै की रचना पेरूवायलि के मुल्लीयार ने की थी, जिसमें 101 पद हैं। इसमें भगवान शिव की प्रार्थना है। सम्भवतः कवि शैव मत को माननेवाला था। इसमें धर्मसूत्र एवं धर्मशास्त्र पर प्रकाश डाला गया है।

पलमोली-नानुणु का रचयिता मुनरूरैचरैयर नामक एक जैन कवि था। 400 पदों का यह काव्य पुरानी कहानियों का संग्रह है।

शीरूपंचमुलम् में 98 पद हैं। इसमें अनेक रोगों से छुटकारा पाने के लिए औषधियों की चर्चा है। स्वधर्म एवं अहिंसा पर इसमें जोर दिया गया है।

मुडुमोलीक्काँची में दस अध्याय हैं। इसका रचयिता मदुरै कुडसुर कीलार था। इसमें धर्मसूत्र पर आधारित नीतियों की विशद् व्याख्या है।

इन अठारह कविताओं से तृतीय संगम-काल के विभिन्न पहलुओं की जानकारी हमें होती है। तमिल क्षेत्र की राजनीतिक स्थिति पर भी यह काव्य प्रकाश डालता है। कावेरी नदी के

कारण उपजाऊ भूमि एवं चोल राजाओं के धन एवं वैभव की चर्चा हमें देखने को मिलती है। इसमें काँची शहर का वर्णन है। प्रेमी के युद्धक्षेत्र में चले जाने से प्रेमिका के उदास होने की वृहत् व्याख्या देखने को मिलती है। तमिल लोग ई. सन् के पहले ही लेखन-क्रिया से परिचित हो गए थे। मदुरै क्षेत्र की प्राकृतिक गुफाओं में 75 से भी अधिक ब्राह्मीलिपि में लिखे गए संक्षिप्त अभिलेख मिले हैं। ये अभिलेख प्राकृत शब्दों से मिली-जुली तमिल भाषा के अत्यन्त प्रारम्भिक रूप के उदाहरण प्रस्तुत करते हैं। जब जैन और बौद्ध धर्मप्रचारक इस क्षेत्र में आए (ईसा पूर्व की दूसरी-पहली शताब्दी), उसी समय के ये अभिलेख हैं। कई स्थानों पर खुदाइयों से ठीकरे भी प्राप्त हुए हैं, जो ईस्वी सन् के प्रारम्भ की तमिल भाषाओं के उदाहरण प्रस्तुत करते हैं। अतः कहा जा सकता है कि संगम साहित्य ईस्वी सन् की आरम्भिक शताब्दियों में रचा गया, यद्यपि अन्तिम तौर पर उसका संकलन 600 ई. तक हुआ।

15.3 समाज

राजा के बाद सेना का स्थान होता था। समाज में पुरुषों की प्रधानता थी। राजा और ईश्वर के बीच सम्बन्ध स्थापित करा देने का दावा करनेवाले ब्राह्मणों का समाज में महत्त्व था। राजकीय संरक्षण में उन्हें कवि एवं लेखक के रूप में स्थान मिल जाता था। वे मांस खाते और ताड़ी पीते थे। पान, चूना और सुपारी एक साथ खाए जाते थे। चारपाई बनानेवाला वर्ग *पुलयन* कहा जाता था। ब्राह्मण प्रायः अरवा चावल खाते थे। इडली (चावल का केक) खाने की परम्परा थी।

राजधानी और व्यापारिक नगर कावेरीपट्टनम् (पुहार) में व्यापारी, वैद्य, ब्राह्मण और किसानों के अलग-अलग मुहल्ले थे। इससे सटे पड्डिणपाक्कम् नामक नगर में भाट, चारण, नट, गायक, विदूषक, शंखाकार, माली, मोतीसाज, हर घड़ी चिल्लाकर समय बतानेवाले तथा राजकर्मचारी रहते थे। मदुरै नगर में शंखाकार चूड़ियाँ बनाते, बेगड़ी रत्नों को काटकर, तराशकर उनमें छेद करते तथा सोनार सुन्दर गहने बनाते थे। वे कसौटी पर कसकर सोने की शुद्धता बता देते थे। चित्रकार, आकर्षक चित्र बनाते थे। फेरी लगाकर सुगन्धित लेप और पाउडर बेचनेवाले, पुष्पविक्रेता, गंधी, बुनकर, रत्नों के व्यापारी, सौदागर, गल्ले के व्यापारी, धोबी, कसेरा, ठठेरा, बढ़ई, लोहार, दरजी, मोची और वासुरीवादक नगरों एवं कुछ गाँवों में रहते थे। चिकित्सक और ज्योतिष भी रहते थे।

बेलालर लोग प्रायः सम्पन्न कृषक होते थे। इनका प्रधान **बेलिर** कहा जाता था। गरीब बेलालर मिट्टी के बर्तन बनाते थे। पांड्य शासनकाल में इन्हें **कविदी** कहते थे। भूपति बेलालर परिवारों का वैवाहिक सम्बन्ध राजपरिवारों के यहाँ भी होते थे। कालान्तर में इनकी जाति एक बन गई, जिसमें अधिकांश भूमिहीन थे, किन्तु इन्हें सामाज़िक प्रतिष्ठा प्राप्त थी। धनी कृषक महलों में और निर्धन झोंपड़ियों में रहते थे। कृषक का पुत्र प्रायः कृषि का ही काम करता था। गाँवों में ब्राह्मणों के अलग मुहल्ले होते थे। इनके घर **आश्रम** कहे जाते थे। गाँवों में ताड़ी की दुकानें होती थीं। चरवाहे पशुपालन के अलावा दही एवं घी तैयार करते थे।

पशुओं की लूट मनोरंजन एवं भोजन के लिए होती था। **मलबर** लोगों का पेशा डाका डालना था। **एनियर** जाति के लोग धनुष तथा ढाल से लैस शिकारी का काम करते थे। धनी

कृषकों के घर पहले लकड़ी के, बाद में पत्थर के बनने लगे। घरों में चर्बी या कपड़े के दीप जलते थे। कुछ वैसी लकड़ियाँ थीं, जिन्हें जलाकर कमरों को प्रकाशित किए जाते थे। मांसाहारी कृषक लोहे के शिकंजों में मांस फँसाकर सेंकते और खाते थे।

आर्यों में प्रचलित 8 प्रकार के विवाहों से संगम समाज परिचित था। विवाह-सिद्धान्त अपेक्षाकृत सरल थे। स्त्री-पुरुष के सहज रूप से परस्पर निकट आने को बुरा नहीं माना जाता था। यही निकटता विवाह का रूप ले लेता था।

वेश्याएँ शहरों एवं गाँवों के निश्चित मुहल्लों में रहती थीं। कई लोग पत्नियों पर कम ध्यान देकर ज्यादा समय वेश्याओं के कोठे पर बिताते थे। कोवलन जैसे धनाढ्य व्यापारी वेश्याओं के जाल में फँसकर निर्धन हो जाते थे। नाविक और जहाज के कप्तान मदिरा पीते और वेश्याओं से हाथ मिलाते थे। ऐसी वेश्याएँ पुष्प की माला लिए और हाथों में कंगना पहने समुद्र के किनारे ग्राहकों की खोज में घूमा करती थीं।

धनाढ्य स्त्रियों का जीवन अतिविलासी होता था, किन्तु इन्हें महलों में ही रहना पड़ता था। इनमें प्रायः कमर से ऊपर वस्त्र-धारण करने का प्रचलन नहीं था। उत्सवों के दर्शन वे प्रायः झरोखे से करती थीं। बौद्ध एवं जैन स्त्रियाँ अपने पतियों और बच्चों के साथ पुष्प और धूप लिए बौद्ध एवं जैन मन्दिरों में जाती थीं।

सामाजिक एवं धार्मिकोत्सव में सामान्य स्त्रियाँ खुलकर भाग लेती थीं। उनके वस्त्र एवं अन्य साज-सज्जा उनकी आर्थिक दशा पर निर्भर करती थी। स्वर्ण एवं रत्नजटित आभूषणों का प्रचलन था। मोतीजड़ित टोपियाँ धनी औरतें पहनतीं, जो पीछे की ओर फीता से बँधी होती थीं। नगरों के सार्वजनिक स्थानों एवं बाजारों में स्त्रियों का घूमना सामान्य बात थी। वे मन्दिरों में पूजा-पाठ, तालाबों में स्नान और नृत्यों में भाग लेती थीं। धनी स्त्रियाँ ताड़ एवं पके गन्ने का रस तथा नारियल के फल का रस पीतीं और दौड़कर समुद्र में डुबकी लगाती थीं। फूलों का गजरा लगाने का फैशन था। रंग-बिरंगे कोरवाली सूती साड़ी पहनने का प्रचलन था। ऐसी साड़ियाँ अच्छे धागे से इतनी पतली बनाई जातीं कि धुआँ जैसी दिखाई पड़तीं।

ग्रामीण महिलाएँ फूलों से बालों को सजाती थीं। वे खेतों की रखवाली करतीं और नारियल तथा खजूर के पत्तों से उजले रंग की चटाइयाँ बनाती थीं। वार्षिकोत्सव पर ग्रामीण पुरुष एवं महिलाएँ नाचते-गाते और मनोरंजन करते थे। पत्नी परिवार की रोशनी समझी जाती थी।

विधवाएँ सादा जीवन व्यतीत करती थीं। उन्हें हरी सब्जी खाने और ठंडा पानी से नहाने की मनाही थी। अपने बाल उन्हें कटवाने पड़ते थे और आभूषणों का त्याग कर देना पड़ता था। कुछ स्त्रियाँ अपने पति के साथ चिता में जलकर सती हो जाना ज्यादा पसन्द करती थीं। उसे सम्पूर्ण स्त्री समझा जाता था, जो अपने मृतपति की चिता में निश्चिन्तता से प्रवेश कर जाती थी।

15.4 आर्थिक दशा

कावेरीपट्टणम् (पुहार) का व्यापारिक सम्बन्ध ताम्रलिप्ति, काशी, सिंहलद्वीप, अफ्रीका, पैठन, भड़ौच आदि से था। मदुरै के समुद्रतट पर जावा जानेवाले जहाज मणिपल्लवम् की राजधानी नागपुर में रुकते थे। पेरियार नदी के पास स्थित मुचिरी नामक बन्दरगाह पर यवनों के जहाज

केरल की सीमा के अन्दर पेरियार नदी का पानी काटते हुए सोना लाते और बदले में काली मिर्च, औषधि, रत्न आदि ले जाते थे। पश्चिमी तट पर स्थित धोरिड प्रसिद्ध बन्दरगाह था।

कावेरीपट्टणम् दो भागों में बँटा था। समुद्र से सटा भाग मरूवरपाक्कम् और नगर के पश्चिम में पड्डिनपाक्कम् नगर था। इन दोनों के बीच खुली जगह में बाजार लगता था। नगर की प्रमुख सड़कें राजमार्ग, रथमार्ग, आयणमार्ग आदि के नाम से जानी जाती थीं। समुद्रतट पर ऊँचे चबूतरे, गोदाम और कोठे माल रखने के लिए बने थे। यहाँ माल पर चुंगी देने पर शेर के पंजे की, जो चोलों की राजमुद्रा थी, छाप लगती थी। यहाँ उत्तर-भारत के मुहरबन्द माल उतरते थे। यहाँ जल और स्थल-यात्रा करनेवाले बड़े-बड़े सार्थवाह रहते थे। शहर की गलियों में लोग लेपन, स्नानचूर्ण, फूल, धूप और इत्र बेचते दिखाई देते थे। बुनकर रेशमी और सूती वस्त्र बेचते थे। गलियों में रेशमी वस्त्र, मूँगा, चन्दन, आभूषण, सोना, मोती आदि बिकते थे। नगर के बीच खुली जगह में माल के वजन, जिन पर तौल संख्या मालिकों के नाम होते, दीख पड़ते थे। समुद्रतट का एक भाग सैलानियों के लिए सुरक्षित था, जहाँ राजकुमार और अतिधनाढ्य व्यापारी आराम करते थे। खेमों में कुशल गायिकाएँ एवं नर्तकियाँ होती थीं। यहाँ हमेशा भीड़ लगी रहती थी।

मदुरै के जौहरी बाजार में बेदाग हीरे, चमकदार पन्ने, माणिक, नीलम, स्फटिक, पोखराजजटित आभूषण, गोमेदिक, वैदूर्य (लहसुनिया), बिल्लौर, अंगारक, उत्तम मोती और मूँगा बेचने की कई दुकानें थीं। बजाजे में थोक वस्त्र बेचनेवाले करोड़पति सेठ रहते थे। थोक अनाज बेचने का अलग मुहल्ला था, जहाँ अन्न के अलावा काली मिर्च के हजारों बोरे पड़े रहते थे। मदुरै नगर के महलों पर पताकाएँ लगी रहती थीं। वहाँ दो बाजार ऐसे थे, जहाँ बेचने-खरीदेनवालों की भीड़ हमेशा लगी रहती थी। उत्सव दिवस की सूचना देनेवाली स्त्रियों, हाथियों, गाड़ियों, फूलमाला और पान ले जाती स्त्रियों, खाने का साम्रान बेचनेवाले फेरीदारों, लम्बे जरीदार वस्त्र तथा गहना पहने हुए घुड़सवारों की भीड़ लगी रहती थी। यहाँ के व्यापारी सोना, रत्न, मोती और विदेशी माल का अन्तर्देशीय व्यापार करते थे।

शहर प्रायः गाँवों से घिरे रहते थे। गाँवों से नमक गाड़ियों पर लादकर शहर पहुँचाया जाता था। बिना अधिकार के व्यापार करनेवालों पर चौबीसों घंटे नियन्त्रण रखने के लिए सड़कों पर सैनिक व्यवस्था थी। कौन-सा जहाज किस तरह के माल को लेकर जा रहा था या आ रहा था—इसे समझने के लिए भिन्न-भिन्न रंग के झंडे का इस्तेमाल व्यापारियों द्वारा अपने-अपने जहाजों में किए जाते थे। जहाजों को संकेत देने के लिए लाइटहाउस था। रात्रि में लगनेवाली जहाजों की सुरक्षा के लिए दीपगृहों की व्यवस्था थी, जो पक्के बने होते थे। रात में इन पर तेज रोशनी कर दी जाती थी, ताकि जहाज आसानी से बन्दरों में घुस सकें।

विदेशी व्यापार से राजा को काफी आय होती थी। कृषकों को उपज का छठा भाग लगान के रूप में देना पड़ता था। कर की वसूली में कुछ छूट कवियों के कहने पर राजा कर दिया करता था।

काँसा और ताँबा के बर्तन सर्वप्रथम बेललार लोगों ने प्रारम्भ किया। कर्नाटक में लौह-उपकरणों के बनाने का काम भी इन्हीं लोगों ने प्रारम्भ किया।

मन्दिरों एवं मजदूरों की भूमि, तालाब, उद्यान, बगीचा, श्मशान, बंजरभूमि आदि स्थानों से राजा कर नहीं लेता था। राजा की सलाह थी कि प्यार से कृषकों से उसी तरह कर का भार

वसूला जाए, जिस तरह हाथी खेत में घुसकर बिना कष्ट दिए भोजन पा लेता था। कृषकों को कृषि के अलावा मकान बनानेवाली लकड़ी, सुपारी, नारियल, लहसुन, आम, फूल, केसर आदि से भी आय होती थी।

पश्चिमी समुद्रतट पर माक्कलि नदी पर स्थित थोडि नामक बन्दरगाह (किलन्दी नगर से 5 मील उत्तर) वस्त्र के लिए प्रसिद्ध था। कोरकै का मोती सबसे उत्तम माना जाता था। मालकम् (बर्मा) से भारी मात्रा में व्यापारिक वस्तुएँ कावेरीपट्टणम् पहुँचती थीं।

15.5 कृषि

जीवनयापन का मुख्य आधार कृषि था। प्रजा को विश्वास था कि राजा की कृपा से वर्ष की सारी ऋतुएँ नियमित रूप से आती थीं। **मरवा** नामक जनजातियों में पशुओं की चोरी एवं लूट का प्रचलन था। मैदानी भाग में रह रहे लोग कभी-कभी पहाड़ों के ढलान पर रह रहे मरवा लोगों को मारकर अपनी गायों को लाते थे। खेतों में सिंचाई एवं लोहे के कुदाल, फाल आदि का प्रयोग किया जाता था। सिंचाई के नए तरीकों का प्रयोग **बेललार** लोगों ने प्रारम्भ किया। इनके द्वारा कृषि से सम्बद्ध नवीन लौह-उपकरणों के प्रयोग से कृषि में नवीन परिवर्तन आए। कृषि के विकास ने समाज में स्थायीत्व प्रदान किया। तालाब से सिंचाई करने की जानकारी होने पर भूमि का महत्त्व बढ़ने लगा। बहुत से कृषक विशाल भूमि के स्वामी हो गए। (**वेल्वि** का अर्थ यज्ञ होता है। **बेल्विक** का अर्थ किसी ऐसे रीति-विधान से है, जिसका समापन उपजाऊ जमीन पर अधिकारों से सम्बन्धित था। बाद में यही वेल्वि यज्ञ के रूप में विकसित हो गया)।

कावेरी नदी के पास की भूमि में काफी अन्न पैदा होते थे। दक्षिण के कुछ जंगल कन्द-मूल-फल एवं शहद के लिए प्रसिद्ध थे। गन्ने का उत्पादन बड़े पैमाने पर होता था और उससे शक्कर तैयार किए जाते थे। राजकीय आय का बहुत बड़ा स्रोत कृषि होने से इस पर राजा की ओर से भी ध्यान दिए जाते थे। जिस मिट्टी में नमी पाई जाती थी, उसे **वयुल, कड़नी** और **मेनपलम** कहते थे। ऐसी मिट्टी नदी के किनारे पाई जाती थी। सूखी मिट्टी को, जहाँ सिंचाई के लिए वर्षा पर निर्भर रहना पड़ता था, **पुनपुलम, कोलै** और **वनुपुलम** कहते थे। गय नामक फूल तथा खजूर के पेड़ के लिए बलुआ मिट्टी तथा रागी के लिए लाल मिट्टी उपयुक्त थी। भूमि पर कृषकों का स्वामित्व था। जितनी फसल हाथी के पैर से बर्बाद होती थी, वह हाथी के स्वामी से वसूला जाता था।

कृषि वर्षा पर आधारित थी। तालाबों में सिंचाई के लिए बाँध बाँधे जाते थे। मुलायम धान रोपने के लिए स्त्रियाँ खुरपी का प्रयोग करती थीं। बैलों के माध्यम से हल चलाए जाते थे। ग्रामीण कन्याएँ कृषि की देखभाल करती थीं। टोकड़ीनुमा सामान, ताड़ या खजूर के पत्तों एवं बाल्टी से सिंचाई का काम तालाबों से किया जाता था। परती जमीन पर भैंसों को चराया जाता था। इनके गोबर से खाद तैयार होती थी। फसल ढोने के लिए भैसों का प्रयोग किया जाता था। सब्जी एवं पौधों को काटने के लिए कई प्रकार के हँसियों का प्रयोग किया जाता था। घर के सामने दालान में किसान अनाज रखते थे। दालान की दीवारों को मिट्टी से लिप दिया जाता और ऊपर से फूस से छा दिया जाता था।

सिंचाई के लिए राज्य की ओर से नहर एवं तालाब खुदवाए जाते थे। यातायात की सुविधा के लिए राज्य की ओर से जंगल साफ कराए जाते थे। मशीन से गन्ने की पेराई होती थी। तिल और अदरख से तेल निकाले जाते थे। हाथी-दाँत, हिरण के चमड़े, मधु, चन्दन, इलायची, लौंग, गोल मिर्च, नारियल, खजूर, आम, शेर का बच्चा, सुपारी, फूल, मुर्गा, तोता, वारासिंघा आदि गाँव से काँचीपुरम् पहुँचता था। गाँव से शहर बैलगाड़ी से पहुँचा जाता था। अधिकांश ग्रामीणों का जीवन-स्तर निम्न था। बरगद के पेड़ के नीचे प्रायः गायों को रखा जाता था।

15.6 राजनीतिक दशा

चेर, चोल और पांड्य आपस में लड़ते रहते थे। इन्होंने समुद्री सेनाओं का निर्माण किया। लंका के क्षेत्र में इन शासकों का कुछ समय तक आधिपत्य रहा। 11 छोटे-छोटे सरदारों को बेंगी के युद्ध में हराने के बाद चोल शासकों ने पूर्वी एवं पश्चिमी तटों पर अधिकार कर लिया, जो बन्दरगाह के लिए काफी उपयोगी थे। द्वितीय चोल शासक ने वैदिक ग्रन्थों के अनुसार, यज्ञ कराया था। युद्ध का नेतृत्व स्वयं राजा क्ररता था। कबीलों की रक्षा का भार राजा के सिर पर होता था।

चेर शासक उदियनजेरल की राजधानी मरंदे थी। उसका पुत्र नेपुनजेरल आदन ने एक स्थानीय शत्रु को हराकर वहाँ के यवन व्यापारियों को बन्दी बना लिया और काफी धन लेने के बाद छोड़ दिया। उसने 'अधिराज' की उपाधि ग्रहण की। उसने संगम कवियों को काफी सहायता प्रदान की। चोल शासक से लड़ाई में नेपुनजेरल आदन की मृत्यु हो गई। उसका छोटा भाई कुट्टवन ने चेर राज्य का विस्तार पश्चिमी समुद्रतट तक किया। उसके पास हाथियों की संख्या काफी थी। तीसरा पांड्य शायक नेडुजेलियन ने किसी उत्तरी भारतीय सेना को परास्त किया था। उसने अपने राज्य के दो पड़ोसी राज्यों और 5 सामन्तों को पराजित कर अपने राज्य का विस्तार चोल राज्य तक किया। उसने चेर शासक को हराकर बन्दी बना लिया। उसने किसानों और व्यापारियों के लाभ के लिए कई काम किए। उसने समुद्रतट के लोगों को सेना में उच्च स्थान प्रदान किया।

वंशानुगत राजतन्त्र का प्रचलन था। उत्तराधिकार के लिए युद्ध होते थे। राजा सर्वेसर्वा होता था। राजा थोड़ा सुनता भी था, तो मात्र बुद्धिमान मन्त्री, कविमित्र या मान्य परम्परा की। राजा को धर्म, कला तथा साहित्य का संरक्षक माना जाता था। सारी प्रजा को राजा का पुत्र बताया गया है। राजा राज्य-विस्तार की सदा इच्छा रखता था। कुछ की इच्छा सम्पूर्ण भारत को जीतने की थी। युद्ध के समय राजा का एक प्रमुख लक्ष्य यह होता था कि शत्रु के खेतों एवं फसलों को नष्ट कर दिया जाए, ताकि दुश्मन आर्थिक रूप से कमजोर हो जाए और भविष्य में कभी सिर न उठा सके।

शासकों द्वारा सार्वजनिक स्थलों पर कवियों एवं कलाकारों को पुरस्कार प्रदान किए जाते थे। राजा, सेनानायक एवं अन्य ऊँचे-ऊँचे अधिकारी मदिरापन, विषयवासना और मनोरंजन में विशेष रुचि रखते थे। चोल राज्य में मरवा के कबीलाई सरदार अपने स्वामी तथा बस्तीवालों की सुरक्षा के लिए युद्ध करना अपना खानदानी धर्म समझते थे। इन्हें सम्पूर्ण गाँव

का समर्थन प्राप्त होता था। युद्ध में मरने पर इनके नेता के सम्मान में स्मारक स्थापित किए जाते थे। मरवा को कृषि या पशुपालन पसन्द था। ब्राह्मणों द्वारा संचालित धार्मिक व्यवस्था से इन्हें घृणा थी।

15.7 प्रशासन

प्रशासनिक उद्देश्य से बेललार लोगों की नियुक्ति सैनिक एवं अन्य सरकारी पदों पर होती थी। प्रशासनिक कार्यों के लिए ग्राम-परिषदें एवं स्थानीय सभाएँ होती थीं, जिनके साथ कालान्तर में मन्दिर भी शामिल हो गए। पांड्य, चेर और चोल शासनकाल से प्रशासनिक कार्यों के निष्पादन हेतु कुल-संघ होते थे, जिसमें परिवारों के वयस्क पुरुष सदस्य होते थे। राजवंश के करीब सभी सदस्यों का सत्ता में कुछ-न-कुछ हिस्सा रहता था। **मंदरम्** नामक सभा राजा का सर्वोच्च न्यायालय था, जिससे प्रजा निष्पक्ष न्याय की आशा रखती थी। बन्दीगृह भी होते थे। **सनरम्** दूसरी सभा थी, जो गाँव की सामाजिक तथा आर्थिक झंझटों को सुलझाती थी। प्रत्येक गाँव में एक विशेष स्थान होता था, जो ग्रामीण स्वशासन केन्द्र के रूप में विकसित हुआ।

राजा की सुरक्षा के लिए सेना रख़ने की प्रथा थी, जिन्हें राजा के निजी कोष से पारिश्रमिक दिया जाता था। सेना के कप्तान को **एनाडी** कहा जाता था। राज्य में रथ, हाथी, घोड़ा तथा स्थलसेना के अलावा तलवार, धनुष-बाण, बर्छे, भाले आदि से युद्ध किए जाते थे। राजधानी कावेरीपट्टणम् में राजमहल चारों ओर से घुड़सवारों और राजा के अंगरक्षकों के मकानों से घिरा रहता था। राजधानी से सटे नगर पंड्डिनपाक्कम् में भाट, चारण, नट, गायक, विदूषक, शंखकार, माली, मोतीसाज, हर घड़ी चिल्लाकर समय बतानेवाला तथा अन्य कर्मचारी रहते थे।

15.8 धर्म

आदर्श एवं पवित्र पत्नी की पूजा का प्रचलन पांड्य एवं चेर शासन के अलावा लंका में भी था। यह पूजा एक ऐसे पत्थर को माध्यम बनाकर होती जो किसी आर्य राजा से लड़ाई के पश्चात् प्राप्त किया जाता था। यह पूजा प्रजननक्रिया या शक्ति देवी से सम्बद्ध थी। राजा द्वारा यज्ञ आयोजित होते थे। **मुरूगन** युद्ध और प्रजनन का देवता था। इस देवता की पूजा के अवसर पर लोग ब्राह्मण के नेतृत्व में वासनात्मक नृत्य करते थे। नेडियोन नामक प्रथम पांड्य शासक ने समुद्र की पूजा आरम्भ की। सैनिकों को युद्धक्षेत्र में मरने पर स्वर्ग की प्राप्ति होती थी। युद्धक्षेत्र में मरे हुए सैनिकों की याद में पत्थर के स्मारक या मूर्तियाँ सार्वजनिक स्थलों पर स्थापित की जाती थी।

अगस्त्य ऋषि की चर्चा है, जिन्होंने दक्षिण भारत में वैदिक धर्म का प्रसार किया। उन्हें द्वारका का बताया गया है। मुरूगन या कार्तिकेय की पूजा होती थी। मुरूगन को वेलन भी कहा गया है। वेल शब्द बेल से बना है, जिसका अर्थ बर्छा होता है, जो मुरूगन या वेलन का अस्त्र है। मुरूगन का प्रतीक मुर्गा और कार्तिकेय (असुरों का विनाशक वह पुरातन पुरुष यतः

कृत्तिकाओं द्वारा पुष्ट होने से कार्तिकेय कहलाया) का प्रतीक मोर था। टोटेम या कबीले की प्रियवस्तु या गणचिह्न पर विश्वास करने की परम्परा उत्तर से दक्षिण भारत में पहुँची। विष्णु की पूजा में तुलसी तथा घंटे का प्रयोग किया जाता था। कापालिक शैवों की चर्चा है। चेर, चोल और पांड्य राज्यों में बौद्ध धर्म एवं जैन धर्म का प्रसार था।

मृतक जलाए जाते और गाड़े भी जाते थे। लोग शुभ-अशुभ तथा ज्योतिष में विश्वास रखते थे। बालकों को तावीज पहनकर अपशकुन से सुरक्षित किया जाता था। बरगद के पेड़ में देवताओं का निवास समझा जाता था। सूर्यग्रहण या चन्द्रग्रहण का कारण साँप द्वारा सूर्य और चन्द्रमा को निगल जाना था। बिखरी बालवाली स्त्री को देखना अपशकुन माना जाता था। ब्राह्मण धार्मिक कार्यों से जुड़े थे।

कावेरीपट्टणम् के एक भाग में जैन एवं बौद्धों के केन्द्र थे और दूसरे भाग में ब्राह्मण यज्ञ करते थे। यज्ञ तत्कालीन समाज का मापदंड था। राजा और ईश्वर के बीच सम्बन्ध स्थापित करने का दावा करनेवाले ब्राह्मणों का धार्मिक महत्त्व बढ़ गया था। ब्राह्मणों को अधिक दान देकर राजा द्वारा उन्हें हमेशा खुश रखा जाता था। गाँवों में साधारण किस्म के मन्दिर होते, जो फूलों और पेड़ों से घिरे होते थे। यहाँ थके किसान आराम भी करते थे।

15.9 कृषक

लगभग सातवाहनकाल से चोल राजवंश के काल तक के ऐतिहासिक अध्ययन के लिए संगम साहित्य महत्त्वपूर्ण स्रोत है। संगम ग्रन्थों से तत्कालीन ग्रामीण दशा, विशेषकर कृषकों एवं कृषि जीवन की विशेष जानकारी होती है। *तोलकाप्पियम्* के अनुसार, अनेक प्रकार के कारखानों के लिए कच्ची वस्तुएँ एवं समाज के लिए खाद्य-सामग्रियाँ पैदा करना कृषकों का कर्तव्य था। राष्ट्रीय विकास के लिए राजा प्रयास करे, इससे ज्यादा यह आवश्यक था कि वह एक साथ मिलकर और काफी रुचि के साथ कृषक उत्पादन कार्यों में लगे रहें। **बेले-कुटिनाकनार** नामक कवि ने चोल शासक के समक्ष यह भाषण दिया कि राज्य का बड़े पैमाने पर विकास उसी स्थिति में हो सकता था, जब कृषि-भूमि से अत्यधिक पैदावार हो सके। उसने कृषकों के महत्त्व पर प्रकाश डालते हुए बताया कि चोल शासकों की सफलता का मुख्य आधार कृषकों (हलधरों) द्वारा काफी मात्रा में अन्न पैदा करना था। लोगों की प्राथमिक आवश्यकता भोजन की पूर्ति, कृषकों ने ही की, अतः सम्पूर्ण लोगों के जीवन का मुख्य अभिरक्षक यही वर्ग रहा। *पत्तुप्पाट्टू* पुनः बताता है कि खेती करने के उद्देश्य से भूमि को दो श्रेणियों में बाँटा जाता था। जिस मिट्टी में जल की मात्रा हो अर्थात् आर्द्रमिट्टी वाली भूमि को **वयुल, कलनी** और **मेनपुलम** कहा जाता था। यह मिट्टी काफी उपजाऊ होती थी। ऐसी मिट्टीवाली भूमि प्रायः नदी के किनारों पर होती थी, जहाँ जल की सुविधा काफी होती थी। यह प्रथम प्रकार की भूमि होती थी। दूसरे प्रकार की मिट्टी वैसी होती, जिसमें जल की मात्रा नहीं पाई जाती और जिस पर खेती करना वर्षा पर निर्भर था। उपजाऊ काली और बंजर मिट्टी की चर्चा भी संगम साहित्यों में है। बालूवाली मिट्टी गय नामक फूलों के लिए सर्वोत्तम थी। रागी नामक अनाज लाल मिट्टी में पैदा किया जाता था। बंजरभूमि **इंयू** अर्थात् ताड़ के पेड़ों के लिए अतिलाभदायक थी।

पत्तुपाट्टू में वर्णित दस कविताओं में से एक कविता **पेरूपनत्तरूपदे** के अनुसार, काँचीपुरम् नगर के आसपास सात प्रकार की भूमि पाई जाती थी। **पल्लै** भूमि में शिकारी रहते थे। **कुरीचि** भूमि में चहारदीवारीवाले गाँव थे, जहाँ लुटेरों का निवास था। **मुल्लै** भूमि में पशुपालक वर्ग रहता, जो पशु एवं भेड़ पालते थे। **मरुथम** भूमि वैसी होती थी, जहाँ कृषक ढंग से खेती कर सकते थे। **नैथल** भूमि मछुआरों के लिए उपयोगी थी। संगम साहित्य **कतरूक्कूरल** के अध्ययन से पता चलता है कि भूमि पर कृषकों का स्वामित्व होता था। *कुरल* में कृषकों को कीलवन कहा गया है, जिसका अर्थ भूमि पर अधिकार रखनेवाला होता था। इसी ग्रन्थ से पता चलता है कि किसान की पत्नी ने जमीन गिरवी रखी और उस कर्ज को देने के बाद उसके पति ने जमीन वापस ली। संगमकाल में दक्षिण भारतीय भूमि को पाँच भागों—पहाड़ी भूमि, चरागाह भूमि, नदी के किनारेवाली भूमि, समतल भूमि और बलूवाई भूमिवाले क्षेत्रों में बाँटा गया था। पहाड़ी क्षेत्र में रहनेवाले लोगों को **कुरवार,** चरागाहवाले क्षेत्र के निवासियों को **आयर,** नदी के किनारे रहनेवालों को **परतपर,** समतल भूमि पर रहनेवालों को **डलवर** और बलूआ मिट्टीवाले क्षेत्रों में रहनेवाले लोगों को **मरवर** कहा जाता था।

उपज का छठा भाग कर के रूप में कृषकों द्वारा दिया जाता था। उत्तर भारतीय कृषकों को भी उपज का छठा भाग कर के रूप में देना पड़ता था। *कुरल* के अध्ययन से पता चलता है कि छठा भाग कर के रूप में देने के बाद शेष उपज का उपयोग कृषक कई प्रकार से करते थे। कृषकों को राजा द्वारा सुरक्षा एवं अन्य सहायता प्रदान की जाती थी। कर सम्बन्धी समस्याओं को सुलझाने के लिए वे न्यायालय की शरण में जा सकते थे। *पुरनानुरू* के अध्ययन से पता चलता है कि नागनार नामक कवि, जो पेशे से किसान था, के साथ स्थानीय अधिकारियों ने कर वसूलने के सिलसिले में अन्याय किए। नीचे के न्यायालयों एवं स्थानीय अधिकारियों से इस सम्बन्ध में वह मिला, लेकिन उसे न्याय नहीं मिला। वह सीधे चोल शासक कल्लीवलम् से मिला और अपनी समस्याओं से राजा को अवगत कराया। राजा ने कवि नागनार की बातों में सच्चाई पाई और उसे करमुक्त कर दिया। कभी-कभी कृषकों द्वारा कर समय पर नहीं दिया जाता था, लेकिन यह एक सरकारी कर्ज होता था, जिसे चुकाना ही पड़ता था। ऐसे भूमिकर को **इरै** (कृषकों द्वारा राजा को बकाया कर देना) कहा जाता था। तीसरे प्रकार के भूमिकर को **कडमै** कहा जाता था।

संगमकाल में राजकीय आय का मुख्य आधार भूमिकर था। इस कर को लगाने के लिए अलग-अलग प्रकार की भूमि पर क्या दर थी, इसे बताना कठिन है, लेकिन विद्वानों ने इस बात की सम्भावना की है कि भूमि को मापा जाता था और उसे कई भागों में बाँटा जाता था। प्राचीन ग्रन्थों में **मा, वेली** एवं **नम** तथा **बंजरभूमि** की चर्चा है। संगमकाल में लगभग सभी गाँवों में करमुक्त भूमि और कर लगानेवाली भूमि थी। मन्दिरों, कर्मचारियों का निवास स्थान, तालाब, चरागाह, पार्क, मन्दिर से सटे बाग-बगीचे, पके हुए फसलों को फटककर साफ करना और उसे अनाज निकाले जानेवाली भूमि, नदी, तल, झड़ीवाली भूमि, बंजर भूमि (वैसी भूमि जिस पर खेती नहीं की गई हो), श्मशान भूमि एवं कब्रगाहवाली भूमि पर कर नहीं लगता था। *पुरनानुरू* का एक श्लोक बताता है कि एक **मा** से भी कम भूमि पर अगर खेती ढंग से की जाती थी, तो उससे उत्पन्न अनाज से एक हाथी को प्रतिदिन उस समय तक खिलाया जा सकता था, जब तक उस खेत में दूसरा फसल तैयार न हो जाए। दूसरी तरफ एक से भी

अधिक भूमि में खेती की जाए, लेकिन एक हाथी को उसमें फसल खाने के लिए छोड़ दिया जाए, तो इससे हाथी भी काफी दिनों तक अपना पेट नहीं भर सकता, क्योंकि जितना वह खाएगा, उससे कई गुना अनाज उसके पैरों से दबकर बरबाद हो जाएगा। इसी तरह एक चालाक शासक अगर ढंग से और समय पर भूमिकर वसूलेगा, तो उसका राज्य हजार गुणा धनी होता चला जाएगा। प्रजा के बीच उसकी मान-प्रतिष्ठा भी काफी बढ़ती जाएगी। अगर वह चालाक और समझदार राजा नहीं हुआ और उसने भूमिकर वसूलने की जिम्मेवारी भ्रष्ट अधिकारियों एवं मूर्ख मित्रों के हाथों सौंप दी तो वे बिना सोचे-समझे मनमाना भूमिकर लगा देंगे और कृषकों से जबरदस्ती वसूल करेंगे। इससे राज्य धीरे-धीरे उसी तरह बरबाद हो जाएगा, जिस तरह पके हुए फसलोंवाले खेत में घुसने से हाथी को जितना भोजन मिला, उससे ज्यादा बरबाद हुआ। अतः इसमें कृषकों पर विशेष ध्यान देने की बात झलकती है। पशुओं द्वारा खेतों में घुसकर अनाज खाने की कड़ी मनाही थी।

सामान्यतः कृषिकर प्रतिशत उत्पादन का छठा भाग होता था। *मणिमलर* के अनुसार, तमिलनाडु के सभी क्षेत्रों में यह प्रतिशत निश्चित नहीं था। लेकिन *तिरुक्कूरल* का महान टिप्पणीकर्ता पेरिमेललगर बताता है कि कृषकों को उपज का छठा भाग कर के रूप में दो बार राज्य को देना पड़ता था। दूसरे शब्दों में हम कह सकते हैं कि उपज का तीसरा भाग कर के रूप में राज्य द्वारा वसूला जाता था। महालिंगम का मानना है कि संगमकाल में कर वसूलने के सम्बन्ध में कोई ठोस नियम की जानकारी नहीं मिलती। ग्यारहवीं-बारहवीं शताब्दी में चोल शासकों द्वारा कर वसूलने का ढंग *मनुस्मृति* के आधार पर था।

कृषि-उत्पादन में अत्यधिक वृद्धि का मुख्य आधार सिंचाई-व्यवस्था होती है। *पत्तुप्पाट्टू* नामक संगम साहित्य के अध्ययन से पता चलता है कि तमिल क्षेत्र के कृषकों के लिए सिंचाई का मुख्य आधार वर्षा थी। सितम्बर माह से वर्षा प्रारम्भ होती और इसी मौसम में हल से जुताई की जाती थी। तत्कालीन शासकों को हमेशा इस बात से परिचित कराने का प्रयास किया जाता था कि वे सिंचाई के महत्त्व को समझें। इससे सिंचाई की प्रक्रिया के महत्त्व की जानकारी होती है। सूखा से सुरक्षा के लिए जल-व्यवस्था का सर्वाधिक महत्त्व था। तमिल क्षेत्र में जहाँ तक प्राकृतिक जल-सुविधा का प्रश्न है, इसकी सुविधा हमेशा रही है।

कृषक व्यवस्थित ढंग से इस बात पर ध्यान देता कि जुताई मुलायम मिट्टी की सतह, बोआई, सिंचाई, फालतू घास, कंकड़ आदि की छँटाई और फसलों की देखभाल सर्वोत्तम ढंग से हो सके, ताकि अधिक-से-अधिक मात्रा में फसलें काटी जा सकें। खेतों में बीज डालने से पूर्व कृषक अनुकूल मौसम को ध्यान में रखते थे। कृषक इस बात पर भी ध्यान रखते थे कि आर्द्रभूमि हो, ताकि हल उचित ढंग से चलाया जा सके। हल से जुताई के लिए मजबूत बैलों का प्रयोग किया जाता था। कृषक अपने घरों के बाहर छोटे-छोटे पहियोंवाली बैलगाड़ी और हल रखते थे। सम्भवतः ऐसा धनी किसानों के लिए ही सम्भव था। खेतों में फसलों की देखभाल परिवार की लड़कियाँ करती थीं। जिस तरह राजा की सर्वोच्चता का राज युद्ध-क्षेत्र में छिपा रहता था, उसी तरह कृषकों के उज्ज्वल भविष्य का राज अच्छी उपज में छिपा रहता था।

सिंचाई का मुख्य साधन तालाब भी था। टोकड़ीनुमा डोल में पानी तालाब से लेकर खेतों तक पहुँचाया जाता था। तालाब से पानी निकालने के लिए बाल्टी का भी प्रयोग किया जाता

था। *शीलपद्दीकरम्* के अनुसार, समुद्र के किनारे बलुवाई भूमि को जोतने का प्रश्न नहीं था क्योंकि समुद्री हवा और जल किनारे को हमेशा समतल बना देते थे। इस बालूवाली भूमि में पुन्नै नामक पुष्प बड़े पैमाने पर फूलते थे। नहरों से सिंचाई की भी व्यवस्था की। कृषि इतने विशाल पैमाने पर की जाती थी कि अनेक गाँवों तक पहुँचने के लिए खेतों या बाग-बगीचों से होकर ही जाना सम्भव था। खेतों में सिंचाई के लिए जल इकट्ठा करना और फिर वहाँ से खेतों तक पहुँचाने की बात हम नहीं पाते हैं। ताड़ के पत्तों से सिंचाई के लिए बनाई गई टोकड़ियों की चर्चा भी नहीं मिलती है। गन्ने के खेतों में कहीं-कहीं पोखरे होते थे, जिसमें वर्षाजल इकट्ठा किया जाता था और खेतों को सींचा जाता था। कृषि-उत्पादन में वृद्धि खेतों की अच्छी जुताई पर निर्भर करती थीं।

भैंसों के लिए कुछ क्षेत्रों को बिना जुताई के छोड़ दिया जाता था। पकी फसलों का डंठल ये भैंस खा जातीं और फसलों पर ही चलते, जिसके कारण अनाज डंठलों से अलग आसानी से हो जाता था। धान से चावल इसी तरह निकाले जाते थे। ये चावल किसानों द्वारा बड़े-बड़े थैलों में रखे जाते थे। ये थैले **कवरीयाक** के बालों से बनाए जाते थे। जहाँ अनाज रखे जाते, वह स्थान गोबर से लीपा जाता और वहाँ कृषक और मजदूर इकट्ठे होते थे और गीत (एरमोंकलमज) गाते थे। इसी स्थान पर हलों की ये पूजा करते और उन्हें अनेक प्रकार के फूलों से सजाते थे।

तमिल कृषकों द्वारा लगातार कृषि करना आर्थिक विकास का प्रतीक माना जाता था। बाँस, वाकै एवं कटम्प के पेड़ों से भी कृषकों को आर्थिक लाभ होता था। पांड्य शासनकाल में सीरूमलै नामक गाँव अत्यधिक धनी था। वहाँ के कृषक चावल, गन्ना, बाजरा, रागी, लहसुन, केसर, लत्तरवाले फल आदि वैसे अनाजों एवं वस्तुओं को पैदा करते, जिन्हें आसानी से शहरों में बेचा जा सकता था। वहाँ असंख्य नारियल एवं खजूर के पेड़ थे। मदुरै नगर के पूर्वी भाग में स्थित अनेक गाँव शीतल फूलों के लिए प्रसिद्ध थे। असंख्य विशाल फूलों के बाग-बगीचों से इस क्षेत्र के गाँव भरे थे। अन्य गाँवों की तुलना में ऐसे गाँवों के कृषक ज्यादा धनी थे। उपर्युक्त तथ्यों से यह भी पता चलता है कि राजधानी के आसपास का क्षेत्र धनी होता था, जहाँ से राजा को काफी मात्रा में कर प्राप्त होता था। अर्द्धगोल चाकू से सब्जी एवं अन्य पौधों को काटा जाता था। ग्रामीण महिलाएँ ताड़ के पत्तों से छोटी-छोटी चटाइयाँ बनाती थीं। पेड़ों को काटने के लिए हँसुए का प्रयोग संगम निवासी करते थे।

कुरल नामक संगम-साहित्य के अनुसार, उचिम मौसम में वर्षा होने पर अच्छी कृषि-पैदावार होती थी। *पत्तूप्पाट्टू* की एक कविता पत्तीनप्पालै बताती है कि करीकालन नामक शासक ने बढ़ती हुई आबादी को बसाने के लिए जंगल को साफ करवाकर समतल भूमि की व्यवस्था की। वहाँ कृषि की सुविधा के लिए सिंचाई-व्यवस्था की गई और तालाबों का निर्माण किया गया। सूखा के मौसम में जल की उपलब्धि के लिए पोखरे खोदे गए, जिसमें वर्षा का जल पहले से ही इकट्ठा किया जाता था। ऐसा स्थान बाद में चलकर व्यापारिक केन्द्र के रूप में परिवर्तित हुआ। सिंचाई की सुविधा के लिए राजा को वर्षाजल इकट्ठा करने की व्यवस्था करनी पड़ती थी। इसके लिए बाँधों का निर्माण किया जाता और तालाबों को निर्मित कराया जाता था। राज्य द्वारा ऐसी व्यवस्था की जाती कि आवश्यकता से अधिक जल समुद्र में चला जाता था।

अकनानुरू के अनुसार, संगमकाल में उन कृषकों को **उलवर** कहते थे, जिनकी कृषिभूमि के लिए नदियों, झरनों एवं तालाबों द्वारा सिंचाई की व्यवस्था रहती थी। इन कृषकों का मुख्य भोजन चना और दाल होता था। उलवर अपने खेतों से बड़े पैमाने पर फसलें पैदा करते थे। इनमें से कुछ कृषक कपास पैदा करते थे। कपास से ये बुनाई का काम करते थे। भूमि को अत्यधिक उपजाऊ बनाने के लिए विशेष रूप से काफी गहरे तालाबों का निर्माण किया जाता था।

अनाजों को रखने के लिए धान्यागार बनाए जाते थे। अगर यह शब्द धान से बना है, तो यह अनुमान गलत नहीं होगा कि इस अर्थ में धान की खेती सर्वप्रमुख थी। धान्यागारों को मिट्टी से बनाया जाता और उसे पुआल से छा या ढँक दिया जाता था। खेतों की जुताई बैलों, साँड़ों और कभी-कभी गायों द्वारा की जाती थी। बछड़ों द्वारा हल चलाने की चर्चा नहीं पाते हैं। दासों (अतीमै) की जानकारी मिलती है, जो कृषि से सम्बद्ध कार्यों को करते थे। अमृत से भी मीठे फल नेल्ली की पैदावार इस क्षेत्र में होती थी।

अधिकांश कृषक गायों को पालते, जिन्हें बरगद के पेड़ों के नीचे रखा जाता था। गन्ने की पैदावार पड़े पैमाने पर की जाती थी। गन्ने से रस निकालने और चीनी बनाने का काम खेतों में ही होता था। आज भी ऐसी बात हम उत्तर भारतीय कृषकों के बीच पाते हैं। गन्ना पेरने की साधारण मशीन की जानकारी होती है। गन्ने को छोटे-छोटे टुकड़ों में करने के लिए भी साधारण मशीनों का प्रयोग किया जाता था। अदरख का तेल बड़े पैमाने पर निकाला जाता था। इसके लिए मशीन का प्रयोग किया जाता होगा। तिल का तेल बड़े पैमाने पर उत्पादित किया जाता था। उद्योग में प्रयोग किए गए यन्त्रों की कुशलता के लिए तिल के तेल का काफी महत्त्व था। गन्ने के समान यह भी धनी होने का एक प्रमुख स्रोत था।

पशुपालन आय का एक प्रमुख स्रोत था। पशुओं से प्राप्त दूध आसपास के क्षेत्रों में बेचा जाता था। इससे प्राप्त आय कृषि-पेशा से कम नहीं थी। घास इकट्ठा कर उसे बेचनेवाले लोगों को अच्छी आय होती थी, क्योंकि पशुपालकों को घास खरीदनी पड़ती थी। पशुपालकों द्वारा दूध से घी, मक्खन एवं दही बनाए जाते थे। घी, मक्खन एवं दही बनाने का काम प्रायः स्त्रियाँ करतीं और स्वयं गाँवों में घूम-घूमकर बेचा करती थीं। बाँस की फोंफी में दही इकट्ठा किया जाता था। ग्रामीणों द्वारा जहाँ तक किए जानेवाले भोजन का प्रश्न है, वे पूर्णतः शाकाहारी नहीं होते थे। दूध, दूध से बनी सामग्रियाँ एवं आग पर सेंका हुआ मांस वे खाते थे। लोहे के बने चूल्हे पर वे मांस सेंकते थे।

कृषकों द्वारा चावल का प्रयोग किया जाता था। इसकी चर्चा संगम साहित्य में अनेक बार मिलती है। लाल चावल प्रायः गरीब कृषकों द्वारा प्रयोग किया जाता था। शीत-चावल भी कृषकों द्वारा खाया जाता था। यह सम्भवतः उसना (Boiled rice) चावल था। चावल के आटे से **अवल** नामक खाने का सामान बनाया जाता था, जो इडली या उसी के समान एक खाद्य-सामग्री होती थी। उजले चावल अर्थात् अरवा चावल का प्रयोग धनी कृषकों एवं ब्राह्मणों द्वारा किया जाता था। लाल चावल से बढ़िया और उजला चावल से खराब पीला चावल होता था। पठारी क्षेत्रों में पैदा किया जानेवाला चावल **धीरै** चावल कहलाता था।

संगमकालीन कृषक चावल को उबालकर और कभी-कभी भुँजकर खाते थे। अनेक प्रकार के केक या मीठी रोटी, गन्ने का रस, कटहल, मधु, आम आदि का भी प्रयोग किया

जाता था। आम का आचार बनाना ये कृषक जानते थे। मुर्गा, हिरण, गोह, सूअर और भेड़िए का मांस इन्हें काफी स्वादिष्ट लगता था। इनके बीच मदिरा-पान प्रचलित था। ताड़ी, मधु और चावल से शराब बनाई जाती थी। गाँवों में शराब की दुकानें होती थीं। काफी मात्रा में नारियल पाए जाने के बावजूद, इससे शराब बनाने की जानकारी संगम साहित्यों में नहीं मिलती। आग पर गर्म कर दूध से घी निकाला जाता था। ताड़ी बेचने की दुकानें गाँवों में पाई जातीं, जहाँ विशेष प्रकार का झंडा लगा रहता था। अगर झंडा उतार लिया जाता, तो इसका अर्थ होता कि ताड़ी की दुकानें बन्द हैं।

नारियल, मरूथम, हरा पगल फल, गन्ना, मधु, उबाला हुआ चावल, बाजरा आदि कृषकों द्वारा पैदा और प्रयोग किया जाता था। मोर और हिरण का मांस भी ये लोग प्रयोग करते थे। हाथी-दाँत, हिरण के बालों से निर्मित चँवरें, बड़े पैमाने पर लाल सिन्दूर, काजल, इलायची, गोल मिर्च, अरारोट का पाउड़र, नारियल का पानी, अनेक प्रकार के मीठे फल, शेर, हिरण आदि पशुओं के बच्चे, कस्तूरी, आम, सुन्दर पंखवाले मोर, सुन्दर महकनेवाली जंगली बिल्ली, जंगली मुर्गे, मीठे बोलवाले तोते आदि की चर्चा *शीलपद्दीकरम्* आदि संगम साहित्य में है। ये सारी वस्तुएँ काँचीनगर के आसपास स्थित गाँवों एवं जंगलों में पाए जाते थे। कृषक और व्यापारियों के सहयोग से इन वस्तुओं को काँचीनगर के बाजारों में लाया जाता था। ऐसी वस्तुओं को पैदा करनेवाले कृषकों की आर्थिक स्थिति अच्छी होती थी।

संगमकालीन गाँवों का दृश्य काफी आकर्षक था। पर्वतों से युक्त हरियाली दूर से काफी मनमोहक लगती थी। अपने नौकरानियों के साथ गृहणियाँ बाजरा के खेतों की देखभाल करती थीं। नवीरम् नामक पहाड़ी पर स्थित गाँव में एक शिव का मन्दिर था। वहाँ अनेक प्रकार के अनाज पैदा किए जाते थे। बाग-बगीचों से वह गाँव भरा रहता था। वह गाँव नण्णन राज्य के अधीन था।

काली मिट्टीवाली भूमि और बंजरभूमि की चर्चा हम पाते हैं। *कुरल* के अनुसार, व्यक्ति को उसी गाँव में निवास करना चाहिए, जहाँ जलावन की लकड़ी, जल, चारा, पवित्र अग्नि, घास (कुश) उपलब्ध हो और फूलों से मालाएँ बनाने की सुविधा हो। गाँव ऐसा हो, जहाँ धनी और परिश्रमी लोग रहते हों और वहाँ डाकुओं का प्रवेश आसान नहीं हो। गाँवों में कृषकों को दूध गायों से प्राप्त होता था। कलम-पलम नामक फल कौवा से भी काले रंग का होता था। वहाँ उजला चावल, गोलमिर्च, अदरख, हल्दी, कोरै वृक्ष, मुल्लै, अंगूर आदि अच्छे फल पैदा होते थे।

इन वस्तुओं एवं सुरक्षात्मक तत्त्वों से पूर्ण गाँव प्रायः नगरों के पास होते थे। ऐसे गाँवों की आर्थिक स्थिति अच्छी होती थी। यहाँ पैदा किए गए सामान नगरों में बेचे जाते थे। हल्दी का प्रयोग भोजन के अलावा दक्षिण भारत में आज भी सौन्दर्य-प्रसाधन के रूप में किया जाता है। हल्दी का धार्मिक महत्त्व था। उत्तर भारत में सत्यनारायण भगवान की पूजा में पीले रंग का कपड़ा, पीले चावल (अक्षत) और हल्दी, नारियल, सुपारी, पान आदि का जो प्रयोग किया जाता है, उसकी प्रथा दक्षिण भारत से उत्तर भारत में लगभग सातवीं सदी में प्रसारित हुई। दक्षिण के गाँवों में उत्पन्न अन्य व्यापारिक वस्तुओं का अन्तर्देशीय महत्त्व था। भारत-रोम व्यापार में हम ऐसी अनेक वस्तुएँ पाते हैं, जो रोम भेजी जाती थीं।

दूसरे स्तर में वैसे गाँव पाए जाते थे, जहाँ के आर्थिक स्तर का मुख्य आधार साधारण कृषि और पशुपालन था। यहाँ के निवासी प्रायः पैतृक पेशा कृषि और पशुपालन में संलग्न

रहते थे। ऐसे गाँवों से बहुत कम वस्तुएँ नगरों में आ पाती थीं। स्थल और जलमार्गों के माध्यम से ऐसे गाँवों का सम्बन्ध नगरों से होता था। स्थलमार्ग पर बैलगाड़ियाँ का प्रयोग किया जाता था। जलमार्ग को नावों से पार किया जाता था। बैलगाड़ी में लगे चक्के लकड़ी के बनते थे, जिनके ऊपर पट्टियाँ लगाई जाती थीं। ड्रमनुमा धुरी में इन चक्कों को लगाया जाता था। दोनों तरफ मजबूत कीलें ठोकी जाती थीं। बैलगाड़ी पर ऊपर से चटाई का अर्द्धगोल छज्जा होता था, जिससे बरसात में बैलगाड़ी पर बैठनेवालों को भींगना नहीं पड़ता था। अपनी झोंपड़ियों के सामने कृषक ऐसा इन्तजाम रखते कि हाथी उनके द्वारा रखे अनाजों को नष्ट नहीं करें। प्राचीन पुकर नामक स्थान से मदुरै जाने के सिलसिले में इलंकों-अटीगल नामक कवि ने इन ग्रामीण विशेषताओं का वर्णन किया है।

दिन-रात परिश्रम करनेवाले कृषक शारीरिक थकान एवं मानसिक तनाव को कम करने के लिए मनोरंजन में रुचि रखते थे। संगमकालीन अधिकांश गाँवों में एक-एक सार्वजनिक नृत्य-स्थल (**कलम्**) होता था। यहाँ न केवल पुरुष, बल्कि ग्रामीण महिलाएँ भी **तुनन्कै** जैसे नृत्यों में भाग लेती थीं। अनेक छोटे-छोटे ग्रामीण मन्दिरों की जानकारी होती है, जिनका निर्माण कृषकों ने स्वयं किया था। इन मन्दिरों में पूजा-पाठ कराने के लिए पुजारी होते थे। गाँव के निवासी मन्दिरों को फूल, उबला अनाज, मिठाई, चावल, मांस, इत्र आदि चढ़ाते थे। गाँवों में छायादार विशाल वृक्ष की व्यवस्था रहती थी, जहाँ थके-हारे गरीब कृषक अपनी थकान मिटाते थे। संगमकालीन कृषकों की सामाजिक एवं आर्थिक स्थिति की सही जानकारी उनके घरों से होती थी। धनी कृषकों का घर **माडम** दो तल्ले का होता था। प्रारम्भ से कृषक के घरों में केवल लकड़ी का प्रयोग होता था, लेकिन बाद में चलकर इनमें पत्थरों का प्रयोग होने लगा। इनके घरों में छोटी-छोटी खिड़कियाँ लगी रहती थीं। गरीब कृषक झोंपड़ियों में रहते, जिनकी दीवार मिट्टी की बनी होती थी। *पेरूम्पाणाट्टुप्पडै* के अनुसार, **ऊह** नामक घास से छत को छा दिया जाता था। दरवाजा बनाते समय ऊपर से एक मजबूत शहतीर रखा जाता था। झोंपड़ी के सामने बरामदा होता, जिस पर लकड़ी की कड़ी पर आधारित छज्जा होता था। छज्जे पर पुआल रख दिए जाते थे। झोंपड़ी के चारों ओर खुले मैदान होते थे। ये खुले मैदान चारों तरफ से झाड़ियों से घिरे रहते थे। पत्थर से बने दीप का प्रयोग रोशनी के लिए किया जाता था। दीप में तेल और रुई की बत्ती डाल दी जाती थी। लकड़ी की आग से दीपक जलाया जाता था। प्रायः प्रत्येक घर में अग्नि बराबर जलाए रखने की व्यवस्था थी। *पेरूम्पाणाट्टुप्पडै* के अनुसार, कृषकों का घर ऊपर से ताड़ के पत्तों और घास से ढँका होता था। हिरण की खाल वे चटाई के रूप में इस्तेमाल करते थे। शिकार में सुरक्षा के लिए वे कुत्ते पालते, जिनके गले में जंजीर पड़ा रहता था। वे लोग हिरणों को लालच देकर फन्दा में फँसा लेते थे। लम्बे-लम्बे धानी में वे अनाज रखते थे। जमीन के अन्दर बने गहरे गड्ढे गें धान रखा जाता, ताकि जानवर आसानी से नहीं खा सकें। इनके बीच वस्तुओं की खरीद-बिक्री अदला-बदली के आधार पर होती थी। सुतली या चमड़े से बनी रस्सी के बिछावन पर वे सोते थे। ताड़ के पत्ते पर वे भोजन करते थे। उनका घर गाय के गोबर से लिपा जाता था।

अनाजों से लहलहाते खेत और फलों से लदे पेड़ों के बगीचों की चर्चा संगम साहित्य में है। कृषक पुरुष एवं स्त्रियाँ फूलों एवं फूल-मालाओं से अपने को सजाते थे। अतः फूलों की खेती बड़े पैमाने पर की जाती थी। सौन्दर्य-वृद्धि के लिए फूलों का प्रयोग ग्रामीण समाज का

आवश्यक अंग था। पेड़ के पत्तों का गुच्छा बनाकर उसे वस्त्रों के रूप में प्रयोग किया जाता था। प्राक्ऐतिहासिककालीन तमिल लोग पत्तों को ही वस्त्रों के समान प्रयोग करते थे। शरीर को ढँकने के लिए पत्तों का प्रयोग करने की चर्चा संगम साहित्य में भी हम पाते हैं। इन तथ्यों के आधार पर कह सकते हैं कि संगमकाल में कुछ वैसे गाँव थे, जहाँ आदिवासी वातावरण प्रमुख रूप से था। इस काल में अनेक गाँव वैसे थे, जिन्हें नगरीय सभ्यता छू तक नहीं पाई थी।

उत्तरी भारतीय समाज के समान संगमकालीन दक्षिण भारतीय समाज चार वर्णों—ब्राह्मण, क्षत्रिय, वैश्य और शूद्र में विभाजित नहीं था। उत्तर भारत में जहाँ शूद्रों को छोड़ शेष तीनों वर्णों को **द्विज** माना गया और उन्हें जनेऊ धारण करने का अधिकार दिया गया, वहाँ दक्षिण भारत में जनेऊ धारण करने का अधिकार केवल ब्राह्मणों को था। तमिल समाज में सर्वोच्च स्थान **अरीवरों** अर्थात् ज्ञानी पुरुषों या पंडितों का था, जो नगरों से दूर शान्त वातावरण में अवकाशप्राप्त और धार्मिक जीवन व्यतीत करते थे। ब्राह्मणों को इतना ऊँचा स्थान प्राप्त नहीं था, क्योंकि नृत्यांगनाओं और वेश्याओं से सम्बन्ध बनाए रखने को ये बुरा नहीं मानते थे। प्रेमियों और प्रेमिकाओं के बीच सन्देशवाहक के रूप में भी ब्राह्मण प्रमुख भूमिका निभाते थे। ज्ञानी पंडितों या **अरीवरों** के बाद कृषकों (**उलवर**) का स्थान था। कृषकों ने ही अभिजात वर्ग को विकसित किया। तमिल समाज में तीसरा वर्ग चरवाहों (**अयर**) एवं शिकारियों (**वेट्टुवर**) का था।

पुरुषों के साथ स्त्रियाँ भी कृषि करतीं और पुरुषों के भार को हलका करने में सहायता पहुँचातीं। **तीरुक्कुरल** के अनुसार, कृषक एक स्वतन्त्र वर्ग था। इन्हें सर्वाधिक कठिनाइयों का सामना जाड़े के मौसम में करना पड़ता था। अपनी बर्फीले हथेलियों को वे आग में गर्म करते थे। गर्म हथेलियों से गालों की ठंड दूर करते थे। सुगन्धित पदार्थों का प्रयोग विलासमय वस्तु के रूप में नहीं, बल्कि ठंड से बचने के लिए करते थे। जाड़े के मौसम में मनोरंजन पर बिलकुल ध्यान नहीं दिया जाता था। चरवाहों के बाद शिल्पकारों, जैसे—स्वर्णकार, लौहकार, बढ़ई, कुम्हार आदि का स्थान था। चौथी श्रेणी में सैनिक (**पदैअदचीएर**) थे, जो हथियार से लैस होते थे। मछुआ (**वलयर**) एवं झाड़ू लगानेवाले (**पुलयर**) संगमकालीन तमिल समाज के पाँचवीं श्रेणी में थे।

कृषि, कृषक एवं ग्रामीण दशा का अध्ययन करने के लिए संगम साहित्य उपयोगी एवं महत्त्वपूर्ण स्रोत हैं। अतः दक्षिण भारतीय पूर्व मध्यकाल के उदय और विकास के विभिन्न पहलुओं को समझने के लिए तत्कालीन ग्रामीण परिवेश को आधार बनाना अनुचित प्रतीत नहीं होता।

16

भारतीय दर्शन

16.1 पृष्ठभूमि

भारतीय दर्शन एक ऐसी अवधारणा है जिसमें आत्मा, अनात्मा, जीव, ब्रह्म, प्रकृति, पुरुष, जगत, धर्म, मोक्ष, मानव जीव के उद्‌देश्य आदि का निरूपण होता है। भारतीय दर्शन में छह अंश आस्तिक हैं—सांख्य, योग, वैशेषिक, न्याय, मीमांसा (पूर्व मीमांसा) और वेदान्त (उत्तर मीमांसा)। इसके छह अंश नास्तिक हैं—चार्वाक, जैन, माध्यमिक, योगाचार, सौतान्त्रिक और वैभाषिक। वैदिककाल में धार्मिक क्रियाकलापों के दौरान ज्योतिष के तत्त्वों की जानकारी होने लगी। इस काल के लोग सूर्य, चन्द्रमा और पूरे तारामंडल के अस्तित्व से परिचित थे। उनका पंचांग व्यापक एवं यथातथ्य थे।

वैदिक ग्रन्थ गणितीय ज्ञान को भी प्रतिबिम्बित करते हैं। इनमें शुल्वसूत्र अथवा शुल्व (रस्सी) के नियम विशेष रूप में रुचिकर हैं। इस सूत्र में माप के नियमों का निरूपण किया गया है। इन ग्रन्थों में वेदियों को मापने की विधियाँ, विभिन्न ज्यामितीय आकृतियों की निर्माण-विधियाँ और परिकलन की परिष्कृत प्रणालियाँ वर्णित हैं। चिकित्सा-विज्ञान पर *अथर्ववेद* महत्त्वपूर्ण प्रकाश डालता है।

16.2 ब्राह्मण ग्रन्थ

वैदिक युग को दो भागों में विभाजित करने का आधार, उसकी विशिष्ट ज्ञान सम्पदा और सांस्कृतिक उपलब्धि है। उत्तर-वैदिकयुग में जिस संस्कृति का उद्‌भव तथा विस्तार हुआ, वह अनेक दृष्टियों में वैदिक संस्कृति से भिन्न थी। इस नई संस्कृति के निर्माण के आधार ब्राह्मण, आरण्यक और उपनिषद् थे।

चारों मन्त्र संहिताओं का पाठ निश्चित होने के उपरान्त वैदिकयुग के कुछ ऋषिकुलों द्वारा उनका वैज्ञानिक ढंग से विश्लेषण-कार्य प्रारम्भ हुआ। ब्राह्मण, आरण्यक और उपनिषद् आदि इसी विश्लेषण तथा व्याख्यान के परिणाम हैं। यह साहित्य यद्यपि वेदों की मर्यादा के अनुकूल है, फिर भी उसे मूल-मन्त्र संहिताओं से अलग करके मान्यता प्रदान की गई है। वेदों के प्रामाणिक भाष्यकार सायणाचार्य ने *तैत्तिरीय संहिता* की भाष्य-भूमिका में इस मन्तव्य को स्पष्ट करते हुए लिखा है कि, यद्यपि मन्त्र और ब्राह्मण आदि वेद के अन्तर्गत परिगणित किए गए, फिर भी **ब्राह्मण** वेदों के व्याख्यान ग्रन्थ होने के कारण उनका स्थान वेदों के बाद निश्चित

है। परम्परा के अनुसार, वेद से केवल चार मन्त्र-संहिताओं को ही ग्रहण किया गया। ब्राह्मण, आरण्यक तथा उपनिषद् व्याख्यान-रूप होने के कारण, वैदिक साहित्य के अन्तर्गत परिगणित हुए। **वैदिक** अभियान वेद विषयक इसी बहुविध ज्ञान सामग्री का द्योतक है। इस व्याख्यान-सामग्री के अध्ययन से ज्ञात होता है कि वैदिक परम्परा में विचारकों की एक नई जागरूक पीढ़ी का उदय हुआ, जिसे यास्क ने **अवर** नाम की संज्ञा दी है। इसी नई पीढ़ी ने वैदिक संस्कृति की उदात्त परम्परा का प्रवर्तन किया।

वैदिक साहित्य में ब्राह्मण-ग्रन्थों का, कालक्रम और रचना-विधान की दृष्टि से प्रमुख स्थान है। मूल मन्त्र संहिताओं में मुख्यतः दो ही प्रकार की सामग्री—एक कर्मकांड तथा दूसरा ज्ञानकांड—विषयक उपलब्ध हैं। कर्मकांड विषयक सामग्री के व्याख्यान-ग्रन्थ तथा आरण्यक और ज्ञानकांड के प्रतिपादक *उपनिषद्* हैं।

कर्मकांड-प्रधान ब्राह्मण-ग्रन्थों में मुख्यतः यज्ञों का निरूपण और उनकी अनुष्ठान-विधियों का वर्णन है। *शतपथ ब्राह्मण* (1.7.1.5) में यज्ञ को प्रजापति और प्रजापति को ब्रह्म कहा गया है। इससे स्पष्ट है कि यज्ञ और ब्रह्म दोनों एक हैं। यज्ञ अर्थात् ब्रह्म के प्रतिपादक ग्रन्थ होने के कारण ही उन्हें *ब्राह्मण* नाम दिया गया।

विषय की दृष्टि से ब्राह्मण-ग्रन्थों की विधि, अर्थवाद, उपनिषद् और आख्यान चार विभाग हैं। प्रथम विधि-भाग में मुख्यतः कर्मकांड सम्बन्धी विधि-विधानों का वर्णन है। **अर्थवाद** भाग में यज्ञ-विधियों के सम्पादन की क्रिया का निरूपण है। **अर्थवाद** उन निर्देश-वाक्यों को कहते हैं, जिनमें यज्ञ-विधानों का वर्णन रहता है। विधि का अनुकरण और निषेध की निन्दा करनेवाले वाक्यों को **अर्थवाद** कहा गया है। अर्थवाद के गुणवाद, अनुवाद तथा भूतार्थानुवाद—तीन भेद हैं। ब्राह्मण-ग्रन्थों के तीसरे उपनिषद् भाग में ब्रह्मतत्त्व की मीमांसा की गई है। चौथे आख्यान-भाग में प्राचीन ऋषियों, राजवंशों और आचार्य-परम्पराओं की रोचक कथाएँ हैं। ऐतिहासिक एवं सांस्कृतिक दृष्टि से इस चौथे आख्यान-भाग का विशेष महत्त्व है।

संस्कृत-साहित्य में गद्य-लेखन का सर्वप्रथम प्रयास ब्राह्मण-ग्रन्थों के द्वारा ही हुआ। इस दृष्टि से ब्राह्मण-ग्रन्थ न केवल भारतीय, अपितु समस्त योरोपीय तथा एशियाई साहित्य के प्राचीनतम गद्य-ग्रन्थ हैं। उनकी सर्व-जनोपयोगी रोचक कथाओं द्वारा बड़ी सुगमशैली में कर्मकांड के महत्त्व को निरूपित किया गया है।

ब्राह्मण-ग्रन्थों का धार्मिक और सामाजिक दृष्टि से एक समान महत्त्व है। इनमें *पंचविंश ब्राह्मण* का नाम विशेष रूप से उल्लेखनीय है। इस ब्राह्मण-ग्रन्थ की विशेषता यह है कि उसमें निहित कर्म-नियमों द्वारा सामाजिक जीवन की एक नवीन पद्धति तथा अपूर्व परम्परा का सूत्रपात हुआ। इसके व्रात्यस्तोम यज्ञों द्वारा आर्येतर कबीलों को आर्य-समुदाय में सम्मिलित करने का प्रशंसनीय प्रयत्न हुआ।

वैदिक विद्याकुलों द्वारा आगे कर्तव्य, सदाचार, नैतिकता और वर्णाश्रम धर्मों की व्यवस्था के लिए जो साहित्य रचा गया, उसका मूल आधार ब्राह्मण-ग्रन्थ ही है।

16.3 विभिन्न मन्त्र संहिताओं से सम्बद्ध ब्राह्मण

प्रत्येक मन्त्र-संहिता के अलग-अलग ब्राह्मण-ग्रन्थ हैं। सम्प्रति केवल 18 ब्राह्मण-ग्रन्थ ही उपलब्ध हैं।

ऋग्वेद संहिता से सम्बद्ध *ऐतरेय* और *कौषीतकी* ब्राह्मण हैं। *यजुर्वेद* संहिता, ब्राह्मण और अनुक्रमणिका में कोई अन्तर नहीं हैं। **कृष्ण यजुर्वेद** की मैत्रायणी और काठक संहिताओं के परिशिष्ट अंश भी एक प्रकार से ब्राह्मण ही हैं। आपस्तम्ब और आत्रेय शाखा के ब्राह्मण-ग्रन्थ का नाम *तैत्तिरीय ब्राह्मण* तथा **शुक्ल यजुर्वेद** की *माध्यन्दिन* और काण्व शाखाओं के ब्राह्मण-ग्रन्थ का नाम *शतपथ* हैं। समस्त वैदिक परम्परा के उपलब्ध ग्रन्थों में *शतपथ* ही सर्वाधिक वृहद् ग्रन्थ है। ऐतिहासिक तथा सांस्कृतिक दृष्टि से भी इस ग्रन्थ का विशेष महत्त्व हैं।

सामवेद की तीन शाखाएँ सम्प्रति उपलब्ध हैं—कौथुभीय, जैमिनीय और राणायणीय। कौथुभीय शाखा के ब्राह्मण ग्रन्थों के नाम हैं 'पंचविंश ब्राह्मण', 'षड्विंश ब्राह्मण', 'अद्भुत ब्राह्मण', 'मन्त्र ब्राह्मण' और 'छान्दोग्य ब्राह्मण'। छान्दोग्य ब्राह्मण ही छान्दोग्य उपनिषद् हैं। *सामवेद* की दूसरी जैमिनीय शाखा के दो ब्राह्मण-ग्रन्थ है, जिनके नाम है—'जैमिनीय ब्राह्मण' और 'उपनिषद् ब्राह्मण'। तीसरी राणायणीय शाखा का कोई ब्राह्मण-ग्रन्थ उपलब्ध नहीं है। *अथर्ववेद* संहिता का केवल गोपथ नामक ब्राह्मण-ग्रन्थ उपलब्ध है। यह वेदान्त श्रेणी का ग्रन्थ है।

16.4 आरण्यक ग्रन्थ

वैदिक साहित्य में ब्राह्मण-ग्रन्थों के बाद आरण्यक ग्रन्थों का स्थान है। संहिताओं के अन्तिम भाग ब्राह्मण और ब्राह्मणों के अन्तिम भाग आरण्यक कहलाते हैं। आरण्यक नाम इस बात का द्योतक है कि उनका सम्बन्ध आरण्यों अर्थात् वनों से था। 'ऐतरेय आरण्यक' का भाष्य करते हुए सायणाचार्य ने एक स्थान पर लिखा भी है—'आरण्यों अर्थात् वनों में अध्ययन-अध्यापन के कारण उनको इस नाम से कहा गया' (अरण्य एवं पाठ्यत्वादारण्यक मितीर्यते)। दार्शनिक विचार एवं रहस्यमय ज्ञान के लिए वस्तुतः आरण्यक ही उपयुक्त स्थल थे। ब्राह्मण-ग्रन्थों का सम्बन्ध प्रधानतः गृहस्थाश्रम तथा आरण्यक-ग्रन्थों का सम्बन्ध आरण्यवासी वानप्रस्थियों से है।

सम्प्रति केवल आठ आरण्यक-ग्रन्थ ही उपलब्ध हैं। इनके नाम हैं—*ऐतरेय, शांखायन, तैत्तिरीय, वृहदारण्यक, माध्यन्दिन, काण्व, जैमिनीय* और *छान्दोग्य*। इन आरण्यक-ग्रन्थों में यज्ञ-याज्ञादि के विधानों के साथ ही ब्रह्मविद्या विषयक गम्भीर विचार भी निहित हैं। उपनिषद् उन्हीं के विचारों के व्याख्यान-ग्रन्थ हैं। कुछ आरण्यकों में वैदिक राष्ट्र की भौगोलिक पृष्ठभूमि और तत्कालीन राजाओं तथा ब्रह्मवेत्ता ज्ञानियों की भी चर्चा है। यह चर्चा ब्राह्मण-ग्रन्थों में उपलब्ध नहीं हैं। इस दृष्टि से तैत्तिरीय आरण्यक और वृहदारण्यक द्रष्टव्य हैं। भाषाशास्त्र और रचना प्रक्रिया की दृष्टि से भी इनका विशेष महत्त्व है। उपनिषदों की भाषा-शैली से इनका घनिष्ठ सम्बन्ध है।

16.5 उपनिषद्

उत्तर-वैदिकयुगीन साहित्य की परम्परा में आरण्यक-ग्रन्थों के अनन्तर उपनिषदों का स्थान है। वैदिक साहित्य के अन्तिम अंग होने के कारण उपनिषदों को *वेदान्त* नाम भी दिया गया है। इनमें आत्मज्ञान, मोक्षज्ञान और ब्रह्मज्ञान का प्रतिपादन किया गया है। परवर्ती साहित्य में इन्हें

आत्मविद्या, मोक्षविद्या और ब्रह्मविद्या से भी अभिहित किया गया है। जो विद्या समस्त अनर्थों को उत्पन्न करनेवाले सांसारिक क्रियाकलापों का नाश कर देती है, जिसके द्वारा संसार के कारणभूत अविद्या के बन्धन शिथिल या समाप्त हो जाते हैं और जिससे ब्रह्मविद्या की प्राप्ति होती हैं, वही *उपनिषद्* (उप + नि + सद्) विद्या उपनिषदों का प्रतिपाद्य है।

वैदिक ऋषियों की ज्ञानदर्शी शाखा ने जीव और जगत की वास्तविकता का पता लगाने के लिए मौलिक तात्त्विक शक्तियों का अन्वेषण एवं मनन-चिन्तन करने के उपरान्त जो मन्तव्य स्थिर किए, उन्हीं का निष्कर्ष *उपनिषदों* में हैं। इस ऋषि-शाखा ने सर्ग, स्थित और लय के सनातन त्रैविध्य के कारणों पर अनुसन्धान कर मन्तव्य प्रकट किया कि वह एक ऐसा चक्र है, जिसका न तो आदि है और न अन्त हैं। इस महाचक्र का संचालक एवं सूत्रधार एक ऐसी स्वतः सम्पूर्ण पृथक् सत्ता है, जो अक्षुण्ण, अविकृत और अखंड है। तत्त्व-चिन्तक ने उसे परब्रह्म, परमेश्वर, परमात्मा और ईश्वर आदि विभिन्न नामों से अभिहित किया है। व्यष्टि और समष्टि दोनों रूपों में इस परमसत्ता का आधान है। उसे प्राप्त करने का एकमात्र साधन ज्ञान है। ज्ञान क्या है, और उसके द्वारा जीवन तथा जगत की वास्तविकता को कैसे हृदयंगम किया जा सकता है, इसका निरूपण उपनिषदों में ही विद्यमान है।

भारत में वैचारिक एवं आत्मचिन्तन की दृष्टि से, जो चरम विकास हुआ, उसी के सृजक उपनिषद् हैं। यद्यपि ब्राह्मण-ग्रन्थों से लेकर उपनिषदों तक का सम्पूर्ण वैदिक वाङ्गमय मूल संहिताओं का ही व्याख्यान रूप है, फिर भी उनमें विषय-भिन्नता के अतिरिक्त व्याख्यान-पद्धति में भी अन्तर है। वेदों में कर्म और ज्ञान का समन्वय है। कर्म और ज्ञान की ये दोनों विचारधाराएँ धर्म पर आधारित हैं। ब्राह्मणों तथा आरण्यकों में धर्म की स्थूलता तथा उपनिषदों में उसकी सूक्ष्मता का निरूपण हुआ है। धर्म की भूमिका पर उपनिषदों में आत्मा के अमरत्व की खोज की गई है। उपनिषद् ही ऐसे प्रथम ज्ञान-ग्रन्थ हैं, जिनमें धर्म को मानवता के योग, श्रेय तथा मोक्ष की उपलब्धि का एकमात्र साधन माना गया है।

उपनिषदों के निर्माता आध्यात्मिक और पार्थिव तत्त्वों की खोज में प्राचीन यूनान और मध्ययुगीन योरोपीय दार्शनिक से बहुत आगे बढ़े हुए थे। उनको अमरता (मोक्ष) का सिद्धान्त एक मंगलमयी सृष्टि की सुकामना थी, जिससे विश्व के प्राचीन तथा आधुनिक तत्त्ववेत्ता प्रभावित हुए।

वेदों में **माया** की कोई विशिष्ट एवं महती कल्पना नहीं की गई है। इस दिशा के कुछ क्षीण संकेत तो मिलते हैं, पर वे सूक्ष्म प्रतीकात्मक रूप में ही है। माया के सिद्धान्त की सर्वप्रथम कल्पना उपनिषदों में ही हुई। भारतीय वैचारिक दृष्टि से माया एक ऐसी दुर्जेय शक्ति है, जो व्यक्ति को ही नहीं, संसार को भी भ्रमित कर देती है। केवल विवेक या ज्ञान के द्वारा ही उसको पहचाना तथा वारित किया जा सकता है। माया और उसको वारित करने के उपाय-रूप विवेक का निरूपण भी उपनिषदों में ही प्रतिपादित है।

16.6 उपनिषदों द्वारा समष्टिमय एकता की स्थापना

उपनिषद् तर्कप्रधान ग्रन्थ है। इसमें तर्क द्वारा वस्तु की यथार्थता का विवेचन किया गया है। तर्क ही प्रमाण है और वही ज्ञान की उत्पत्ति का स्रोत भी है। उपनिषदों में ज्ञान अर्थात् विद्या

के परा और अपरा भाग बतलाए गए हैं। अपरा विद्या कर्मप्रधान विद्या है, जिसकी फलोपलब्धि कालान्तर में होती है। पर विद्या अर्थात् श्रेष्ठ विद्या ही ब्रह्मविद्या है, जिसके प्रतिपादक ग्रन्थ उपनिषद् हैं। ब्रह्मविद्या के अभाव को अविद्या या अज्ञान कहते हैं। यही अविद्या बन्धन तथा आसक्ति का कारण है।

उपनिषदों में विद्या-अविद्या, आत्मा-परमात्मा और ब्रह्म-माया के परस्पर विरोधी तत्त्वों को प्रस्तुत करके तर्क द्वारा अन्ततः ऐक्य स्थापित किया गया है। उपनिषदों की तर्कप्रधान संस्कृति में एक ऐक्य या समान्वयवाद का महत्त्वपूर्ण स्थान है। यह ऐक्य ही वेदों तथा वेदान्त विद्या का अद्वैत है, जिसके अनुसार सभी कुछ सत्तावान है, किन्तु उन सबका एक ही परमतत्त्व में अधिवास है। उपनिषदों का यह ऐक्य सिद्धान्त ही वस्तुतः दार्शनिक जगत का समान्वयवाद है। उपनिषदों तथा दर्शन के इस समान्वयवाद में एक वस्तु या एक जीव का दूसरी वस्तु या दूसरे जीव से इतना अधिक सामीप्य एवं ऐक्य है कि इसको दो इकाइयाँ माना ही नहीं जा सकता।

उपनिषदों ने दर्शनों के तत्त्व-चिन्तन को जन्म दिया। दर्शन वस्तुतः उपनिषदों की तत्त्वविद्या के व्याख्यान हैं। उपनिषदों में सूत्ररूप में कहे गए आत्मा तथा परमात्मा सम्बन्धी सूक्ष्म विचारों को दर्शनों में अधिक विस्तार और गाम्भीर्य के साथ प्रतिपादित किया गया है।

विवेकाविवेक को सम्पन्न करनेवाली विद्या का नाम ही **दर्शन** है। दर्शन अर्थात् जिसके द्वारा देखा जाए (दृश्यते अनेन इति)। सभी वर्ग, मतों, पन्थों तथा सम्प्रदायों में समन्वय स्थापित करके उनको एक रूप में देखना ही दर्शन है। मैं क्या हूँ, यह संसार क्या है, जीवन-मृत्यु के इन बन्धनों की वास्तविकता क्या है, इन सभी जिज्ञासाओं के मूल में निहित रहस्य को समझ लेना ही दर्शन है।

संसार की प्रत्येक वस्तु का एक निश्चित प्रयोजन है। इसी निश्चित प्रयोजन की खोज करते-करते जो विशेष ज्ञान प्राप्त होता है, उसी को वस्तु का **यथार्थ ज्ञान** कहा जाता है। यही विशेष ज्ञान-प्राप्ति विभक्त तथा क्रमबद्ध रूप में सँजोई जाकर **शास्त्र** के रूप में प्रकट होती है।

दर्शनों की विचारप्रधान तात्त्विक संस्कृति अनेकता में एकता स्थापित कर समस्त मानवता को एक मंच पर बैठने का महान आदर्श प्रस्तुत करती है। विश्व में प्रत्येक जाति का दर्शन उसके समग्र जीवन का प्रतिबिम्ब है। देश, काल तथा परम्परा की दृष्टि से विश्व के विभिन्न राष्ट्रों के आचार-विचारों में भिन्नता होती है; किन्तु तत्त्वतः सम्पूर्ण मानवता के विचारों का मूल उद्गम तथा पर्यवसान एक ही लक्ष्य में निहित होता है। महाकवि कालिदास ने *रघुवंश* में इसी एकता को दृष्टि में रखते हुए लिखा है, 'भगवती भागीरथी के भिन्न-भिन्न प्रवाहों का परम लक्ष्य एक ही समुद्र है। वे सब वहाँ पहुँचकर एक हो जाते हैं। इसी प्रकार ईश्वर प्राप्ति के अलग अलग शास्त्रों एवं दर्शनों के द्वारा निर्दिष्ट मार्ग भले ही भिन्न-भिन्न हों, किन्तु उन सब का एक ही लक्ष्य है—आत्मप्राप्ति या आत्मदर्शन'—

बहुधाप्यागमैर्भिन्ना पन्थानः सिद्धिहेतवः।
त्वयैव निपन्त्योधा जाह्नवीया इवार्णवे॥

भगवती भागीरथी के विभिन्न प्रवाहों की भाँति भारतीय संस्कृति अनेकानेक विचारधाराओं, संस्कारों और परम्पराओं को समाहित करती हुई अन्ततः एक ही परम लक्ष्य आत्मदर्शन स्वयं

को समझने में पर्यवसित हो जाती है। यह आत्मोपलब्धि तभी हो सकती है, जब जीवन को भलीभाँति परिमार्जित किया जाए। संस्कृति का जो मूल उद्देश्य जीवन का परिमार्जन या परिष्कार करना है, उस पर वस्तुतः दर्शनों में ही विशुद्ध बौद्धिक दृष्टि से गम्भीर विचार हुआ है। दर्शनों की विचार प्रधान संस्कृति का सम्यक् स्वरूप *गीता* में देखने को मिलता है। *गीता* के द्वारा भारतीय संस्कृति ने ज्ञान, कर्म और भक्ति की त्रिधारा से अभिसिंचित होकर अपने सतत संजीव्य मानवी उच्चादर्शों को प्राप्त किया। कदाचित् यह कहना अधिक उपयुक्त होगा कि भारतीय संस्कृति में जो बौद्धिक उन्नति तथा वैचारिक उत्कर्ष हुआ, वह दार्शनिक विचारधारा की ही देन है।

16.7 उपनिषदों की संख्या

आचार्य शंकर (8वीं शताब्दी ईस्वी), वाचस्पति मिश्र (9वीं शताब्दी ईस्वी) और आचार्य रामानुज (12वीं शताब्दी ईस्वी) के समय तक उपनिषदों की संख्या, जिनको वेद-शाखाओं के रूप में माना गया है, तीस के लगभग थी। प्रसिद्ध दीपिकाकार शंकरानन्द तथा नारायण के समय (12-14वीं शताब्दी ईस्वी) तक यह संख्या लगभग दुगुनी हो गई थी। ऋक्यजुष्-सामइन तीनों वेदों के मुख्य उपनिषदों के अतिरक्त बावन आथर्वण उपनिषद् भी इसी समय संकलित हुए।

यह युग ऐसा था, जब अनेक धर्म तथा सम्प्रदाय अपनी प्रतिष्ठा एवं ख्याति बढ़ाने के लिए उत्सुक थे। उनमें शैव, वैष्णव और शाक्त प्रमुख थे। इन विभिन्न धार्मिक पन्थों के आचार्यों ने अपने-अपने मतों के प्रचार-प्रसार के उद्देश्य से उनके उपनिषदों की रचना की। इस कारण उपनिषदों की संख्या सैकड़ों तक पहुँच गई। गुजराती प्रिंटिंग प्रेस, मुम्बई से प्रकाशित *उपनिषद् वाक्य महाकोश* में 223 उपनिषदों के नाम हैं। इसके बाद भी अनेक नए नाम इस सूची में जुड़ते गए, जिनको मिलाकर उपनिषदों की संख्या 250 तक पहुँच गई।

प्राचीन तथा आधुनिक दोनों युगों तथा मताचार्यों एवं विद्वानों ने जिन उपनिषदों को एकमत से मान्यता प्रदान की है, उनकी संख्या बारह है। उनके नाम हैं–*(1) ईश, (2) केन, (3) कठ, (4) प्रश्न, (5) मुंडक, (6) मांडूक्य, (7) तैत्तिरीय, (8) ऐतरेय, (9) छान्दोग्य, (10) वृहदारण्यक, (11) कौषीतकी और (12) श्वेताश्वर।* इन सभी उपनिषदों पर शंकराचार्य का भाष्य है। शंकराचार्य के अतिरिक्त रामानुज, निम्बार्क, वल्लभ और माधव आदि जितने भी सम्प्रदाय-प्रवर्तक आचार्य हुए, उन्होंने इन सभी उपनिषदों पर अपने-अपने सिद्धान्तों का मंडन करते हुए भाष्य लिखा। उनके पूर्ववर्ती आचार्य ने भी उन पर टीकाएँ तथा व्याख्यान लिखकर उनकी मान्यता को सिद्ध किया।

16.8 रचनाकाल

उपनिषदों के रचनाकाल के सम्बन्ध में विद्वानों का मत-मतान्तर रहा है। इसमें कोई मतभेद नहीं है कि उपनिषदों की मूल विचारधारा अत्यन्त प्राचीन है। लगभग वैदिक युग में ही उनका अस्तित्व प्रकाश में आ गया था। मन्त्र संहिताओं, ब्राह्मण-ग्रन्थों और आरण्यकों से उनका

घनिष्ठ सम्बन्ध है। इस दृष्टि से उनके रचनाकाल का समय व्यापक रूप में आँका गया है। कुछ उपनिषदों पर नितान्त पुरातन और कुछ पर बहुत बाद की परिस्थितियों का प्रभाव है।

उपनिषदों के विषय, विचार और भाषा आदि के तुलनात्मक अध्ययन के आधार पर आधुनिक वेद-वेदान्त-वेत्ता विद्वानों ने उनके ऐतिहासिक पक्ष की गवेषणा पर अपने अलग-अलग मन्तव्य प्रकट किए हैं। इस प्रकार के विभिन्न मन्तव्यों के आधार पर सामान्यतः यह निष्कर्ष निकलता है कि उपनिषदों के रचनाकाल की पूर्वमर्यादा लगभग छठी शताब्दी ईस्वी पूर्व और उत्तर-मर्यादा लगभग 15वीं शताब्दी ईस्वी तक बैठती है। इस प्रकार कुछ उपनिषद् बहुत प्राचीन और कुछ बहुत आधुनिक सिद्ध होते हैं।

16.9 उपनिषदों का विश्व-साहित्य में महत्त्व

बौद्धिक, सांस्कृतिक और वैज्ञानिक दृष्टि से समुन्नत एवं प्रगतिशील आधुनिक विश्व के समस्त विद्वानों ने एकमत से स्वीकार किया है कि उपनिषदों में मेधावी मानवों के वे अमूल्य विचार संगृहीत हैं, जो अन्य किसी देश के साहित्य में नहीं पाए जाते हैं। सच बात तो यह है कि उपनिषदों की इस महनीयता एवं श्रेष्ठता को विश्व के समक्ष प्रस्तुत करनेवाले विद्वानों में विदेशियों की संख्या ही अधिक है। लगभग डेढ़ सौ वर्ष से उपनिषद् विश्व के ज्ञान-पिपासुओं की विचारधारा के विषय बने हुए हैं तथा उनके प्रति विद्वानों की निरन्तर जिज्ञासा बढ़ती जा रही है।

आधुनिक विश्व को उपनिषदों की ओर उन्मुख करने का प्रमुख श्रेय दाराशिकोह को है। अशोक और कनिष्क आदि भारतीय सम्राटों द्वारा आयोजित बौद्ध संगीतियों के अनुकरण पर दाराशिकोह ने 1640 ई. में कश्मीर में समस्त भारत के शीर्षस्थ विद्वानों तथा सूफी सन्तों की एक विचार-गोष्ठी का आयोजन किया। इस गोष्ठी में उपनिषद् विद्या के विभिन्न पक्षों पर विस्तार से विचार-विमर्श हुआ। शाहजादा ने उस विचार-विनिमय में स्वयं भी सक्रिय भाग लिया। उसके बाद उपनिषदों के अध्ययन और मनन करनेवाले विद्वानों से उसका निरन्तर सम्पर्क बना रहा। उसने लगभग सोलह वर्ष तक एकाग्र मन से अध्ययन-श्रवण-निरत रहते हुए, हिजरी 1077 (1656 ई.) को फारसी में एक ऐसे वृहद् ग्रन्थ का सम्पादन-कार्य पूरा किया, जिसमें पचास उपनिषदों के अनुवाद संकलित थे। इस महाग्रन्थ का नाम था *सिरे अकबर* (महारहस्य)।

फारसी के इस महाग्रन्थ के निर्माण के लगभग डेढ़ सौ वर्ष बाद फ्रेंच, जर्मन, लैटिन तथा अंग्रेजी भाषा में उसके एक साथ अनेक अनुवाद प्रकाशित हुए। इन अनुवादों की शृंखला 20वीं शती के आरम्भ तक निरन्तर बनी रही, जिसके फलस्वरूप विश्व के कोने-कोने तक उपनिषदों का महान सन्देश व्याप्त हो गया।

जिन विदेशी विद्वानों ने उपनिषदों का विशेष अध्ययन किया, उनमें विंटरनित्स, शॉपेनहार, फ्रांक, बेवर, मैक्समूलर, पिशेल, बोटलिंग और पाल ड्युसन का नाम उल्लेखनीय हैं। इन विद्वानों ने उपनिषदों का गम्भीर अध्ययन-अनुशीलन कर उन पर अपने विचार प्रस्तुत किए हैं।

उपनिषदों के प्रति अपने विचारों को प्रकट करते हुए डूपेरन ने लिखा है कि 'वे जीवन तथा समस्त मानवता को उन्नत करनेवाले ऐसे प्रकाशपुंज हैं, जिनकी तुलना विश्व के किसी

भी साहित्य से नहीं की जा सकती है।' डूपेरन के इन उद्गारों को मैक्समूलर ने भी स्वीकार किया और उपनिषदों को समस्त मानवता के लिए वरदान कहा। मानवीय मेधा की इस सर्वोच्च देन के प्रति अपने मनोभाव प्रकट करते हुए उन्होंने लिखा कि 'आज से सैकड़ों वर्ष पूर्व भारतीयों का जो बौद्धिक एवं वैचारिक अभ्युदय हो चुका था, उस तक पहुँचने में अन्य देशों को अभी पर्याप्त समय लगेगा।'

16.10 षड्वेदांग

वैदिक साहित्य की परम्परा के विकास-विस्तार के फलस्वरूप जो नई ज्ञान-शाखाएँ प्रकाश में आई उन्हें ही **षड्वेदांग** के नाम से जाना गया। षड्वेदांग के प्रकाश में आने से भारतीय साहित्य में नए युग का सूत्रपात हुआ। इस युग के रचनाकारों ने विषय, विचार और शैली की दृष्टि से नए जीवन्त एवं सम्वर्द्धनशील साहित्य को जन्म दिया। वैदिक साहित्य की अंगभूत इन छह शाखाओं के **शिक्षा, कल्प, व्याकरण, निरुक्त, छन्द** और **ज्योतिष** नाम हैं। 'पाणिनि शिक्षा' में उनकी प्रतीकात्मकता के सम्बन्ध में कहा गया है कि उस अनादि वेदपुरुष परमेश्वर की शिक्षा—नासिका, कल्प—हाथ, व्याकरण—मुख, निरुक्त—कान, छन्द—पाद और ज्योतिष—आँखें हैं।

1. शिक्षा : षड्वेदांग में शिक्षा को स्वतन्त्र शास्त्र के रूप में माना गया है और व्याकरण से उसकी भिन्नता निरूपित की गई है। वेदपाठ के शुद्ध शब्दोच्चारण और स्वर-प्रक्रिया का विधान शिक्षाशास्त्र के द्वारा होता है। उच्चारण-स्खलित और स्वरभ्रष्ट वेदपाठ न केवल निष्फल होता है, अपितु जिस इष्ट-सिद्धि के उद्देश्य से वह किया जाता है, उसके प्रतिकूल फल देता है। याज्ञवल्क्य का कहना है कि वेदों का अध्ययन-अध्यापन करते समय गुरुजन शुद्धता पर विशेष ध्यान देते थे। इसीलिए गुरु का शिष्य के प्रति प्रथम निर्देश शुद्ध उच्चारण और विधिसंयुक्त स्वर-क्रिया के प्रयोग का हुआ करता था।

शिक्षाशास्त्र में शुद्धोच्चारण सम्बन्धी जिन छह बातों पर विशेष विचार किया गया है, उनके नाम वर्ण, स्वर, मात्रा, बल, साम और सन्तान हैं। इन छह उच्चारण-विधियों के सन्दर्भ में ध्वनि के आरोह-अवरोह, उच्चारण की विशुद्धता और समय के ज्ञान का विशेष विचार किया गया है। शिक्षाशास्त्र पर यद्यपि अनेक ग्रन्थों की रचना हुई, किन्तु उनमें सर्वाधिक महत्त्व *पाणिनि शिक्षा* को ही प्राप्त हुआ है।

2. कल्प : शिक्षा के अनन्तर कल्प दूसरा षडंग है। इस षडंग के अन्तर्गत *कल्पसूत्रशास्त्र* का निर्माण हुआ। कल्प का अर्थ है विधि, नियम, न्याय, कर्म तथा आदेश और सूत्र का अर्थ है संक्षेप। इस प्रकार *कल्पसूत्र* उस शास्त्र को कहा गया है, जिसमें वेदमन्त्रों के विधि-विधानों, न्याय-नियमों, रीति-व्यवस्थाओं, कर्मानुष्ठान और धर्माज्ञाओं का संक्षिप्त, सारयुक्त, प्रयोक्तव्य, अप्रतिहत और निर्दोष विवेचन है। कम-से-कम शब्दों में अधिक-से-अधिक भाव प्रकट करने के उद्देश्य से पुरातन आचार्यों ने कल्पसूत्रों के रूप में नए वेदांग साहित्य का निर्माण किया।

कल्पसूत्रों के तीन विभाग हैं : *श्रौतसूत्र, गृह्यसूत्र* और *धर्मसूत्र। श्रौतसूत्र* विभाग में वैदिक यज्ञों का सार संकलित है। हवि-दान एवं सोमयोग सम्बन्धी धार्मिक अनुष्ठानों का इनमें विवरण है। इनमें श्रुति-नियत चौदह प्रकार के यज्ञों का विशेषरूप से प्रतिपादन किया गया है।

गृह्यसूत्र में गृहस्थ-जीवन सम्बन्धी धार्मिक कृत्यों का निरूपण किया गया है। गृहस्थ-जीवन से सम्बद्ध गर्भाधान से लेकर मृत्युपर्यन्त जितने भी क्रियाकलाप एवं कर्मानुष्ठान हैं, उन सबका प्रतिपादन भी गृह्यसूत्रों में किया गया है। गृह्यसूत्र वस्तुतः मानव जीवन के नैतिक एवं सदाचार सम्बन्धी नियमों तथा उपनियमों का कोश है।

धर्मसूत्र सामाजिक तथा पारिवारिक व्यवस्था के नियामक ग्रन्थ हैं। व्यक्ति, परिवार और समाज के पारस्परिक सम्बन्धों के परिपालन में किसी प्रकार का व्यवधान उत्पन्न न हो, इसकी व्यवस्था धर्मसूत्रों में की गई है। वे व्यक्ति, परिवार तथा समाज में नैतिकता-स्थापना तथा उसके अभ्युदय-श्रेय का भी विधान करते हैं। इसमें कर-कानून का भी निर्धारण हुआ है। इस तरह धर्मसूत्र भारत के विधि-ग्रन्थ हैं। ये स्मृतियों के निर्माणस्रोत हैं, जिनके द्वारा विगत सहस्रों वर्षों से इस वृहद् राष्ट्र का अनुशासन तथा नियमन होता आया है।

3. व्याकरण : व्याकरण तीसरा वेदांग है। वेदमन्त्रों को उनके मूल रूप में सुरक्षित रखने तथा उनके दुरूह एवं गम्भीर ज्ञान को प्रकाशित करने के उद्देश्य से पृथक् व्याकरणशास्त्र की आवश्यकता हुई। वैदिक व्याकरण से सम्बद्ध ग्रन्थों को 'प्रातिशाख्य' कहा गया है। पुरातन ऋषि-वंशों द्वारा वेदों की विभिन्न शाखाओं को लक्ष्य करके, जो व्याकरण-ग्रन्थ लिखे गए, उन्हीं के आधार पर वैदिक व्याकरण को 'प्रातिशाख्य' कहा गया। इन प्रातिशाख्यों में सम्बद्ध वेद-शाखाओं को संहिता-पाठ, पद-पाठ तथा जठा-पाठ, क्रम-पाठ आदि के रूप में व्यवस्थित एवं सुरक्षित रखा गया है।

व्याकरणशास्त्र का चरम विकास पाणिनि की *अष्टाध्यायी* में हुआ। *अष्टाध्यायी* भारतीय वाङ्गमय के महानतम ग्रन्थों में से एक है। वैदिक तथा लौकिक संस्कृत साहित्य की भाषाशास्त्रीय एकरूपता एवं व्यवस्था के लिए जिन नियमों तथा उपनियमों को इस वृहद् ग्रन्थ में संकलित किया गया है, उसकी तुलना के लिए विश्व की किसी अन्य भाषा का व्याकरण उपलब्ध नहीं है।

4. निरुक्त : वेद के छह अंगों में निरुक्तशास्त्र का चौथा स्थान है। निरुक्त और व्याकरणशास्त्र दोनों का प्रायः एक ही विषय है—शब्द-व्युत्पत्ति और शब्द-बोध। निरुक्त का विषय विशेष रूप से ऐसे दुरूह वैदिक शब्दों की व्युत्पत्ति करना है, जो व्याकरण द्वारा निष्पन्न नहीं हो सकते थे। किन्तु व्याकरणशास्त्र के ज्ञान के बिना निरुक्त का ज्ञान सम्भव नहीं है। फिर भी निरुक्त का प्रतिपाद्य विषय व्याकरण से भिन्न है। कौन शब्द किस विशेष अर्थ में रूढ़ है, निरुक्त इसका निरूपण करता है। निरुक्त में वर्णागम, वर्ण-विपर्यय, वर्णविकार, वर्णनाश और धातु का अतिशय योग—इन पंचविधि नियमों द्वारा भाषाशास्त्र को प्रशस्त किया गया है। इस समय यास्क का *निरुक्त* ही इस विषय का एकमात्र प्रौढ़ ग्रन्थ है।

5. छन्द : नेदांग साहित्य में छन्द का पाँचवाँ क्रम है। समस्त वेदमन्त्र छन्दबद्ध हैं। छन्द अनेक प्रकार के हैं और उनकी उच्चारण-विधियाँ भी भिन्न-भिन्न हैं। इसलिए छन्दानुक्रम से वेदमन्त्रों के शुद्ध प्रयोग के लिए स्यतान्त्र छन्दशास्त्र की आवश्यकता हुई। नेदों में छन्द को एक ऐसे कवच के रूप में प्रस्तुत किया गया है, जिससे कि वेदमन्त्र आसुरी हस्तक्षेप से सुरक्षित रह सके। छन्द की परिभाषा करते हुए लिखा गया है, जो असुरों द्वारा जनित विघ्न-बाधाओं से यज्ञादि कर्मों एवं वैदिक अनुष्ठान की रक्षा करता है, वही छन्द है। वेदमन्त्रों के शुद्ध उच्चारण के लिए व्याकरणशास्त्र की भी आवश्यकता हुई। उनकी लयबद्ध व्यवस्था के लिए

छन्दशास्त्र का विधान किया गया। *ऋक्प्रातिशाख्य* और आचार्य पिंगल का *छन्दशास्त्र* इस विषय के प्रमुख एवं प्राचीन ग्रन्थ हैं।

6. ज्योतिष : षड्वेदांग में ज्योतिशास्त्र का स्थान छठा एवं अन्तिम है। सृष्टि की उदयवेला में आदिम मानव का काल-ज्ञान, दिशा-ज्ञान और स्थिति-ज्ञान आदि की जिज्ञासाएँ रही हैं। मानव आदिम अवस्था में प्राकृत तत्त्वों पर अवलम्बित था। ऋतुओं, जलवायु, आकाशमंडल तथा वनस्पतियों के निरन्तर साहचर्य के कारण उसने उनके अनुकूल-प्रतिकूल प्रभावों को हृदयंगम किया। सभ्यता के इस नवोन्मेष ने मनुष्य को नई उत्सुकताओं एवं जिज्ञासाओं की खोज के लिए प्रेरित तथा उत्साहित किया, जिसके फलस्वरूप ज्योतिषशास्त्र का अभ्युदय हुआ। उसके बाद धीरे-धीरे उसने दिन-रात पक्ष, मास, वर्ष तथा अयन आदि के रहस्यों का ज्ञान प्राप्त किया।

अन्य अनेकानेक शास्त्रों तथा विधाओं के साथ ज्योतिषविद्या के उदय का कारण वैदिक आर्यों की यज्ञ योग-निष्ठा भी थी। यज्ञप्रेमी वैदिकों के समक्ष यज्ञ-योगों की सुफल-प्राप्ति के लिए आवश्यक था कि उनका आरम्भ तथा समापन ग्रहों की अनुकूल स्थिति में हो। ग्रहों के अनुकूल तथा प्रतिकूल ज्ञान के लिए एकमात्र साधन ज्योतिष था। वैदिक आर्य ग्रहों की पूजा करते थे, जिससे कि वे राष्ट्र के लिए मंगलप्रद बनें। न केवल धार्मिक, अपितु सामरिक, आखेट तथा यात्रा आदि कार्यों के लिए भी आकाशमंडल की ग्रहस्थिति पर विचार करना आवश्यक हो गया था।

इस प्रकार मनुष्य की अनिवार्य आवश्यकताओं के फलस्वरूप धीरे-धीरे ज्योतिषविद्या स्वतन्त्र विज्ञान-शाखा के रूप में प्रकाश में आई और आधुनिक विश्व के लिए उसने अपनी अतिशय उपयोगिता को सिद्ध किया।

16.11 पुरुषार्थ

पुरुषार्थ का शाब्दिक अर्थ है 'उद्योग'। अतएव पुरुषार्थ से अभिप्राय निर्दिष्ट दिशा में किए जानेवाले उन उद्योगों से है, जिनकी व्यवस्था से मनुष्य अपने जीवन के लक्ष्य 'मोक्ष' को प्राप्त कर सके। क्रम से धर्म, अर्थ, काम एवं मोक्ष चार पुरुषार्थ माने गए हैं। दूसरी ओर यदि हम अपने सम्पूर्ण कार्यों का वर्गीकरण करें, तो पाएँगे कि वे मूलतः धर्म, अर्थ और काम की कोटियों में विभक्त किए जा सकते हैं। ये ही हमारे जीवन के प्रयोजन हैं, जिनकी समुचित साधना द्वारा हम अपने इष्ट की प्राप्ति में सफल हो सकते हैं।

धर्म से अभिप्राय उन सम्पूर्ण क्रियाओं से है, जिनसे बिना किसी के अहित के 'स्व' की उन्नति हो। पर अहंकारपूर्ण 'स्व' की भावना का त्याग ही भारतीय दृष्टिकोण है। यहाँ व्यक्ति का स्वरूप कल्याणकारी होता है। अतएव धर्म की व्याख्या में हम कह सकते हैं कि धर्म वह है, जिससे मानव को स्थायित्व मिले तथा अधर्म वह है, जिससे मानव विनष्ट हो जाए। इस प्रकार, जहाँ धर्म उन्नति का साधन है, वहीं अधर्म अवनति का। अतएव धर्म की साधना सर्वोपरि है और इसे सबसे पहले करना चाहिए। *रामायण* में कहा गया है कि संसार में सबसे श्रेष्ठ स्थान धर्म का ही है। आचार्य वृहस्पति ने तो स्पष्ट शब्दों में कहा है कि पुरुषार्थों में धर्म ही श्रेष्ठ है। धर्म शब्द की उत्पत्ति 'धृ' धातु से हुई है, जिसका अर्थ है धारण करना। श्रीकृष्ण

ने *महाभारत* में धर्म शब्द की व्याख्या विभिन्न स्थानों पर की है। प्रत्येक स्थल पर उन्होंने यही सिद्ध करने का प्रयास किया है कि धर्म से अभिप्राय है सामाजिक स्थिति को दृढ़ बनाए रखना। एक स्थल पर उन्होंने कहा है कि धर्म का उद्‌भव इसीलिए हुआ कि सृष्टि का कल्याण हो सके। पुनः उन्होंने यह भी कहा है कि जो भी कार्य मानव के कष्टों के निवारणार्थ किया जाए, वह सभी धर्म है। उन्होंने यह भी बताया है कि इसलिए इसे धर्म कहते हैं कि यह सम्पूर्ण प्राणीमात्र की रक्षा करता है तथा उन्हें धारण करता है। इस प्रकार जनकल्याणकारी साधना से ही धर्म की परिधि ज्ञात होती है। इसका स्पष्टीकरण **वैशेषिक सूत्र** में महर्षि एवं महान वैज्ञानिक कणाद द्वारा बताए गए धर्म के लक्षण से होता है कि जिससे सांसारिक समृद्धि (अभ्युदय) और आध्यात्मिक समृद्धि (निःश्रयस) प्राप्त हो, वह धर्म है। पर हम यह भी देखते हैं कि भौतिक एवं आध्यात्मिक समृद्धियाँ समय और स्थान के अनुसार बदलती रहती हैं। अतः धर्म का स्वरूप स्थायी नहीं माना जा सकता। यह भी स्थान, समय और परिस्थिति के अनुसार बदल सकता है, जैसा कि स्वयं धर्मराज युधिष्ठिर ने कहा है कि धर्म वह है, जो देश, काल और परिस्थिति के अनुकूल हो। पर वास्तविक कल्याण तो सदा ही कल्याणकारी बना रहता है।

अर्थ भी मानव-जीवन का एक आवश्यक तत्त्व है। इससे ही प्रेरित होकर संसार का प्राणी सम्पूर्ण कार्य सम्पादित करता है। सामान्य रूप से अर्थ से अभिप्राय धन से होता है। धन का महत्त्व भौतिक जगत में सर्वाधिक माना गया है। यही संसार का मूल है। कौटिल्य ने तो धर्म को भी अर्थ के अधीन मान लिया है। यहाँ मोक्ष को भी अर्थ के अधीन मानना उनकी महत्ता का बोधक है। *महाभारत* में धर्मराज युधिष्ठिर ने भी धन की महत्ता बताते हुए श्रीकृष्ण से कहा है कि धन ही सभी धर्मों का मूल है। इसी से सारी आर्थिक क्रियाएँ की जाती हैं। इस प्रकार अर्थ में भौतिक गौरव प्राप्ति के सभी साधन समाहित होते हैं। पर जब इसके सम्बन्ध में व्यापक रूप से विचार किया जाता है, तो इसका क्षेत्र केवल धन तक ही सीमित नहीं ज्ञात होता, अपितु इसका तात्पर्य भौतिक वैभव, सम्पत्ति तथा शक्ति से भी है। इस प्रकार अर्थ सांसारिक वैभव की प्राप्ति का एकमात्र साधन है।

आन्तरिक रूप से प्रत्येक भारतीय आध्यात्मिक होने पर भी बाह्य रूप से भौतिक है। समाज का बन्धन उसे निभाना होता है। अर्थ के बिना मनुष्य की सामाजिक मृत्यु हो जाती है। बिना अर्थव्यवस्था के उसका आर्थिक विकास सम्भव नहीं होता और बिना शक्तिपूर्ण हाथों के शासन-व्यवस्था भी सम्भव नहीं हो सकती है। अतएव कौटिल्य ने शासन-व्यवस्था पर आधारित अपनी पुस्तक का नाम *अर्थशास्त्र* रखा। स्पष्ट है कि जो भी विचार और क्रियाएँ भौतिक जीवन से सम्बद्ध हैं, उन्हें केवल अर्थ की 'संज्ञा' से ही सम्बोधित किया जा सकता है।

आश्रमों में ब्रह्मचर्य के बाद **गृहस्थाश्रम** का दूसरा स्थान है। इस आश्रम का प्रमुख लक्ष्य पुरुषार्थ, अर्थ और काम है, क्योंकि यहीं मानव धन, शक्ति और वैभव की ओर झुकता है। उसका जीवन अब व्यक्ति तक ही सीमित न रहकर परिवार और समाज के सम्पर्क में आ जाता है। इसी से प्रत्येक वर्ण के लिए धर्मशास्त्रों में अलग-अलग व्यवसायों का उल्लेख किया गया है। इस प्रकार गृहस्थाश्रम में व्यक्ति अपनी इच्छाओं की पूर्ति के लिए अर्थ और अर्थ के द्वारा इच्छाओं की पूर्ति के ऊहापोह में डूब जाता है।

पर अर्थ इतना महत्त्वपूर्ण होने पर भी धर्म के पीछे ही माना गया है। क्योंकि धर्म के अनुशासन के अभाव में अर्थ अपना औचित्य खो सकता है। अतएव आवश्यक है कि धर्म के आधार पर ही अर्थ का अर्जन किया जाए तथा इसी की व्यवस्था में उसका व्यय किया जाए।

तीसरा पुरुषार्थ है **काम**। साधारण व्यवहार में काम से वासना का अभिप्राय लिया जाता है। परन्तु मात्र यही अर्थ पर्याप्त नहीं है क्योंकि व्यापक रूप में काम से अभिप्राय है मनुष्य के आनन्द और ऐन्द्रिक सन्तुष्टि की इच्छा। इसी के अन्तर्गत वासना भी सन्निहित है। पर कोरी वासना इसके अन्तर्निहित भाव को अत्यन्त संकुचित कर देती है। अतएव व्यापक रूप में मनुष्य के अन्दर उठनेवाली सम्पूर्ण इच्छाएँ काम कही जा सकती हैं।

काम का क्षेत्र व्यापक है। इसमें धर्म तथा अर्थ दोनों को एकसाथ समन्वित किया जा सकता है। इसी से भारतीय धर्म-साधना के ग्रन्थों में, जहाँ भारतीय समाजशास्त्रियों ने काम को विशेष स्थान प्रदान किया है, वहीं विदेशी विचारकों के एक वर्ग ने काम को ही एकमात्र प्राणियों में क्रिया का प्रेरणास्रोत माना है। मनु ने काम को ही जीवन का मूल संकल्प बताया है। वात्स्यायन ने भी इसी आधार पर *कामसूत्र* की रचना की है। विदेशी मनोवैज्ञानिक फ्रायड ने काम को ही जीवन की सम्पूर्ण क्रियाओं का मूल उत्तेजक शक्ति माना है।

इच्छाएँ मनुष्य को सही मार्ग पर ले जा सकती हैं और गलत मार्ग पर भी। इसलिए काम को स्वतन्त्र छोड़ना बुद्धिमानी नहीं है। इसे नियन्त्रित रखना अत्यन्त आवश्यक है, इसीलिए इसके पहले धर्म का बन्धन लगा दिया गया है। इस बन्धन से किसी भी प्रकार के स्वरूप का विनाश नहीं हो सकता अथवा व्यक्ति के सम्मान पर कोई धक्का नहीं लग सकता।

बाह्य रूप से **मोक्ष** की साधना जीवन में कोई नहीं करता, पर आन्तरिक रूप से मोक्ष की प्राप्ति का प्रयास सभी करते हैं। चूँकि पुरुषार्थ से हमारा अभिप्राय मनुष्य के इष्ट के लिए किए गए प्रयास से है। अतः मोक्ष को पुरुषार्थ माना गया है। क्योंकि यही हमारा इष्ट है। यही भारतीय जीवन का अन्तिम लक्ष्य है। इसलिए मोक्ष ही अन्तिम प्रयास या पुरुषार्थ की परिणति है। अतएव इसका स्थान पुरुषार्थों की कोटि में सबसे अन्त में दिया गया है। यही धर्म, अर्थ और काम का गन्तव्य है। सारी क्रियाएँ इसी की प्राप्ति के लिए की जाती हैं। अतः कह सकते हैं कि धर्म, अर्थ तथा काम साधन है और मोक्ष साध्य।

मोक्ष का सम्बन्ध केवल व्यक्ति से है, समूह से इसका कोई सम्बन्ध नहीं है। व्यक्ति समूह में रहकर धर्म के अनुसार अर्थ एवं काम की साधना करता हुआ मोक्ष को प्राप्त कर लेता है। यहाँ वह चिन्तन में रहकर इसकी प्राप्ति का प्रयास करता है, फिर भी सामाजिक प्रभाव तो उस पर रहता ही है। इसीलिए मनु ने कहा है कि मोक्ष तब तक नहीं प्राप्त किया जा सकता, जब तक हम सम्पूर्ण कष्टों के बोझ से मुक्त नहीं हो जाते। यही स्थिति आत्म परीक्षण की होती है। यहाँ समाज से अलग हम धर्म के पर्यावरण में इतने अधिक वेष्ठित होते हैं कि अपने दोषों को देखने लगते हैं तथा हमें उस अनन्त की वास्तविक सत्ता का आभास होने लगता है और तब प्राणी सारे दुर्गुणों से वंचित होकर माया तथा सत्य की वास्तविक अनुभूति करने लगता है, जिससे अन्ततोगत्वा वह आवागमन के बन्धन से मुक्त हो जाता है।

17

गुप्त राजवंश

17.1 पृष्ठभूमि

मौर्यकाल के पतन के पश्चात् लम्बे समय तक भारत एक शासन-छत्र के अधीन नहीं रहा। विदेशी आक्रमणकारियों ने उत्तरी भारत की राजनीतिक स्थिति का लाभ उठाया। इनमें सबसे प्रमुख कुषाण थे। कुषाणों ने लगभग सम्पूर्ण उत्तर भारत को अपने अधीन कर लिया। तीसरी शताब्दी में कुषाणों की स्थिति कमजोर हो गई और भारत के तीन कोनों से तीन नए राजवंशों का उदय हुआ। मगध देश के पश्चिमी भागों में नाग शक्ति ने कुषाणों पर प्रहार किया। दूसरी शक्ति वाकाटकों की थी, जिसका उदय दक्कन में हुआ था। तीसरी शक्ति गुप्तवंश थी, जिसका उदय पूर्वी भारत में हुआ। कुछ ऐसे वातावरण तैयार हुए, जिससे ये तीनों वंश धीरे-धीरे वैवाहिक सम्बन्ध में बँध गए और इसका सर्वाधिक लाभ गुप्तवंश के शासकों ने उठाया।

गुप्तवंश के राजाओं के सम्बन्ध में अभी तक कोई सर्वमान्य निर्णय नहीं हो पाया है कि वे कहाँ के थे और उनकी उत्पत्ति कैसे हुई। उनकी उत्पत्ति का इतिहास अब भी अन्धकार में है, जबकि गुप्तवंश का नाम इस युग से पूर्व भी हमें लेखों में उपलब्ध होता है। सातवाहनों के अनेक पदाधिकारियों के नाम के पीछे गुप्त शब्द जुड़ा हुआ मिलता है। अभिलेख में 'गुप्तवंशो देता' रानी का उल्लेख मिलता है, जिसका अर्थ है कि वह गुप्तवंश की कन्या रही होगी। भरहुत के लेख में 'गोतिपुत्र' राजकुमार का उल्लेख है। गोतिपुत्र का शुद्ध शब्द गौप्तीपुत्र बनता है। गौप्ती का अर्थ गुप्तवंश की कन्या ही माना जा सकता है। इस प्रकार वह राजकुमार गुप्तों की लड़की का पुत्र था।

गुप्तों के वर्ण-निर्णय के सम्बन्ध में विद्वानों के बीच घोर मतभेद है। के.पी. जायसवाल के अनुसार, वे शूद्र थे। चूँकि *कौमुदी महोत्सव* नाटक में चंडसेन को कारस्कार कहा गया है, इस कारण जायसवाल महोदय ने गुप्तों को शूद्र कहा है। इस नाटक में लिच्छवी को म्लेच्छ कहा गया है, जबकि जायसवाल के अनुसार, वे जाट थे। गुप्तशासकों के नामान्त 'गुप्तों' से बहुतों का अनुमान है कि गुप्तवंश के लोग वैश्य वर्ण के थे, क्योंकि **स्मृतियों** के अनुसार, ब्राह्मण की उपाधि शर्मा, क्षत्रिय की वर्मा, वैश्य की गुप्त या भूति और शूद्र की उपाधि दास होनी चाहिए। परन्तु यह स्मरण रखना आवश्यक है कि गुप्त उपाधि नहीं, नामान्त है और प्रायः सभी नामों के अन्त में गुप्त आने से सुविधा के लिए इसे गुप्तवंश मान लिया गया है।

इसके अतिरिक्त व्यवहार में उपर्युक्त उपाधियाँ ठीक-ठीक प्रयुक्त नहीं की जाती। भारतीय इतिहास में बहुत-से ब्राह्मणों के नाम भी ब्रह्मगुप्त, विष्णुगुप्त, भवभूति, देवभूति आदि पाए जाते हैं। इस कारण, गुप्तों को वैश्य मानना अनुचित बतलाया गया है। अब अधिकतर इतिहासकार गुप्तों को क्षत्रिय मानते हैं। मगधशासक सुन्दरवर्मन को भी क्षत्रिय कहा गया और इसी आधार पर गुप्तवंश को क्षत्रिय कहा जाता है। गुप्तशासकों ने अपने लेखों में कहीं भी अपने वर्ण का वर्णन नहीं किया है। पिछले गुप्तनरेश महाशिवगुप्त की **सिरपुर प्रशस्ति** में गुप्तों को चन्द्रवंशी क्षत्रिय कहा गया है। गुप्तनरेश अपने को उज्जैन के शासक चन्द्रगुप्त द्वितीय का वंशज मानते थे। चन्द्रगुप्त विक्रमादित्य को सोमवंशीय क्षत्रिय भी कहा गया है। इस बात की पुष्टि *आर्यमंजुश्रीमूलकल्प* से भी होती है। लिच्छवियों से वैवाहिक सम्बन्ध उनके क्षत्रित्व के पक्ष में बतलाया जाता है। लिच्छवियों को क्षत्रिय माना गया है। *नेपालवंशावली* में लिच्छवियों को सूर्यवंशी क्षत्रिय कहा गया है। इन सभी तर्कों के आधार पर कुछ विद्वान गुप्तों को क्षत्रिय मानते हैं। मात्र 'गुप्त' नामान्त से इस वंश को वैश्य कहना उचित नहीं जँचता। डॉ. राजवली पांडेय लिखते हैं, ''इसमें कोई आश्चर्य नहीं, यदि गुप्त प्रारम्भ में वैश्य रहे हों और पीछे वर्ण बदलकर क्षत्रिय हो गए हों। गुप्तों का विवाह-सम्बन्ध क्षत्रिय नागों, लिच्छवियों, कदम्बों और ब्राह्मणों-वाकाटकों के साथ होता था। इससे जान पड़ता है कि अपने शासनकाल में गुप्त क्षत्रिय ही माने जाते थे।''

17.2 स्रोत

गुप्तवंश के प्रारम्भिक इतिहास को जानने के साधनों का अभाव है, किन्तु कुछ अभिलेखों, मुद्राओं एवं साहित्य-ग्रन्थों का अध्ययन करने से गुप्तकाल की घटनाओं का ज्ञान प्राप्त हो सकता है। इस सम्बन्ध में डॉ. राधाकुमुद मुकर्जी का विचार है कि गुप्तकाल के ऐतिहासिक साधनों का विभाजन चार भागों में किया जा सकता है। सर्वप्रथम साहित्यिक ग्रन्थों में गुप्तकालीन घटनाओं पर जो प्रकाश डाला गया है, उससे हम इस युग की महत्त्वपूर्ण बातें जान सकते हैं। इसी प्रकार कुछ इतिहासकारों ने भी अभिलेख, मुद्रा और स्मारक-चिह्न आदि को अन्य महत्त्वपूर्ण साधन बतलाए हैं, जो गुप्तकालीन घटनाओं के नाम और उनकी परिस्थितियों पर प्रकाश डालते हैं।

गुप्तकालीन ऐतिहासिक ज्ञान के साधनों के अन्तर्गत कुछ **पुराण ग्रन्थ,** विशाखदत्त द्वारा रचित *देवीचन्द्रगुप्तम्,* बाण का *हर्षचरित* एवं महायान बौद्धगाथा—*आर्यमंजुश्रीमूलकल्प* आदि ग्रन्थों का स्थान विशेष महत्त्वपूर्ण है। इन ग्रन्थों के अतिरिक्त **विज्जाका** नामक भारतीय महिला द्वारा लिखित *कौमुदी महोत्सव* नामक नाटक से हमें मूल्यवान ऐतिहासिक तथ्य उपलब्ध होते हैं। *आर्यमंजूश्रीमूलकल्प* में ई.पू. 700 से लेकर 700 ई. तक के राजवंशों का वर्णन उपलब्ध होता है। इन वर्णनों में हम चीनी यात्रियों फाहियान और ह्वेनसांग के वर्णनों को भी जोड़ सकते हैं।

समुद्रगुप्त का इलाहाबाद के स्तम्भ लेख तथा राजा यशोधर्म के मन्दसौर अभिलेख गुप्तकालीन प्रमुख घटनाओं पर विशेष प्रकाश डालते हैं। अभिलेख पत्थर तथा धातु दोनों पर अंकित मिलते हैं। धातु के अभिलेख लौह स्तम्भों एवं ताम्रपत्रों पर ही उपलब्ध होते हैं, किन्तु

पाषाण अभिलेख, शिलाओं और प्रस्तर खंडों पर उत्कीर्ण हैं। इनमें से कुछ घटना-अभिलेख भी हैं, जो साधारण कोटि के हैं। किन्तु ऐतिहासिक महत्त्व के अभिलेखों की संख्या भी कम नहीं हैं।

इस युग के इतिहास की बहुत-सी महत्त्वपूर्ण बातें हमें गुप्तकालीन मुद्राओं से ज्ञात हो सकती हैं। भारतीय मुद्रा-निर्माण कला का इतिहास इन मुद्राओं से ही ज्ञात होता है। इन मुद्राओं से विदेशी प्रभावों को किस प्रकार दूर किया गया तथा भारतीय मुद्रा का विकास किस रूप में हुआ था—ये बहुत-सी महत्त्वपूर्ण बातें हमें गुप्तकालीन मुद्राओं से ज्ञात होती हैं, किन्तु साथ-ही-साथ, इनमें हमें तत्कालीन सामाजिक, धार्मिक एवं राजनीतिक स्थिति के विषय में भी आवश्यक संकेत मिलते हैं।

कला और धर्म का विकास जानने में गुप्तकालीन स्मारकचिह्न विशेष सहायता देते हैं। स्मारकचिह्नों से हमें यह भी ज्ञात होता है कि गुप्तकाल में भारत के विभिन्न क्षेत्रों में किन-किन प्रकार की वास्तुकला-शैलियों के प्रचलन थे। गुप्तराजाओं के उत्कर्ष-काल में मथुरा, बनारस तथा नालन्दा की तीन भिन्न-भिन्न शैलियों का प्रचार था। गुप्त स्मारकचिह्न हमारा ध्यान इस ओर भी अग्रसर करते हैं कि इस काल की वास्तुकला में विदेशी शैली के प्रभावों का मूलोच्छेद कर, किस प्रकार उसका भारतीयकरण किया गया था। इसके अतिरिक्त गुप्तकाल के मन्दिरों का निरीक्षण करने से तत्कालीन भवन-निर्माण की विभिन्न कलाशैलियों के साथ-ही-साथ तत्कालीन धार्मिक इतिहास की महत्त्वपूर्ण बातों का ज्ञान होता है। ये कृतियाँ इस बात की परिचायक हैं कि गुप्तकाल में किन-किन देवी-देवताओं की पूजा होती थीं तथा उनसे सम्बन्धित कौन-कौन मत-मतान्तर प्रचलित थे।

उत्तर-पूर्वी भारत को एक राजनीतिक सूत्र में बाँधने का श्रेय गुप्तशासकों को है। नवीन शोधकार्यों के अभाव में अभी तक यही माना जाता रहा है कि गुप्तवंश का प्रथम पुरुष श्रीगुप्त था। काशीप्रसाद जायसवाल *(हिस्ट्री ऑफ इंडिया,* पृष्ठ 113) का कहना है कि गुप्तों के आदिपुरुष का नाम श्रीगुप्त नहीं, बल्कि केवल गुप्त था। कुछ अन्य विद्वानों का मत है कि गुप्तवंश के आदिपुरुष का जो नाम था, उसी का अन्तिम भाग गुप्त था। **शिलालेखों** और *वायुपुराण* (11/383) से केवल नाम की ही पुष्टि होती है। अतः जायसवाल का विचार सही है कि गुप्तवंश के प्रथम राजा का नाम गुप्त था। इस राजवंश ने इसी नाम के आधार पर अपना नाम गुप्तवंश रखा। सातवीं शताब्दी का चीनीयात्री इत्सिंग बताता है कि 500 वर्ष पहले चेलीकेतो नामक एक महाराजा ने मृगशिखावन् के समीप एक मन्दिर बनवाया, जहाँ चीनीयात्री रहते थे। मन्दिर के प्रबन्ध के लिए महाराजा ने 24 गाँवों को दान में दिया था। विद्वानों ने चीनी शब्द चेलीकेतो का अर्थ श्रीगुप्त बताया है। ह्वेनसांग के इस विचार को यदि हम सच मानें, तो महाराज गुप्त का काल दूसरी शताब्दी हो जाता है, जबकि गुप्तवंश का उत्थान तीसरी शताब्दी बताया जाता है। अतः इत्सिंग का चेलीकेतो श्रीगुप्त नहीं था। वासुदेव उपाध्याय *(गुप्त साम्राज्य का इतिहास,* प्रथम खंड, इलाहाबाद, 1969, पृ. 32) के अनुसार, "इत्सिंग वर्णित '500 वर्ष' पर अक्षरशः विचार नहीं किया जा सकता। इसका प्रयोग अनिश्चित भूतकाल के रूप में किया गया है। अतः चेलीकेतो ही श्रीगुप्त था।"

एलन के अनुसार, पाटलिपुत्र तथा उसके आसपास के प्रदेशों पर महाराज गुप्त शासन करता था। उसने सम्भवतः 260 ई. से 280 ई. तक शासन किया। महाराज गुप्त का शासन

कुषाणों के पतन के पश्चात् स्थापित हुआ था। जायसवाल (*हिस्ट्री ऑफ इंडिया,* पृ. 113 एवं 115) के अनुसार, गुप्त एक सामन्त राजा था, जो भारशिव राजाओं के अधीन होकर प्रयाग के समीप राज्य करता था। राखाल दास बनर्जी (*हिस्ट्री ऑफ इंपिरियल गुप्त,* पृ. 2) ने गुप्त को कुषाणों का सामन्त बताया है। लेकिन इसका प्रमाण नहीं मिलता। *जनरल ऑफ रॉयल एशियाटिक सोसाइटी* (1905, पृ. 814) में प्रकाशित एक लेख के अनुसार, गुप्त राजा की एक मिट्टी की मोहर मिली है, जिस पर **श्री गुप्तस्य** लिखा है। यह मोहर सम्भवतः गुप्तों के आदिपुरुष गुप्त की है।

घटोत्कच गुप्तवंश का दूसरा राजा गुप्त का पुत्र था। इसने **महाराज** की पदवी धारण की थी। इस राजा के विषय में हमारी जानकारी कुछ विशेष नहीं है। सम्भवतः इस गुप्त राजा ने 280 से 300 ई. तक शासन किया। इसने अपने पुत्र चन्दगुप्त प्रथम का विवाह लिच्छवी राजकुमारी कुमारदेवी से किया। अनेक अभिलेखों में घटोत्कच शब्द देखने को मिलता है।

17.3 चन्द्रगुप्त प्रथम (लगभग 318 या 320-328 ई.)

गुप्तकालीन राजनीतिक इतिहास की ठोस जानकारी का प्रथम बिन्दु इस वंश के तीसरे शासक चन्द्रगुप्त प्रथम को माना जाता है। प्रथम दो शासकों—गुप्त एवं घटोत्कच के सम्बन्ध में हमें ठोस जानकारी नहीं मिल पातीं। चन्द्रगुप्त प्रथम घटोत्कच का प्रभावशाली पुत्र और गुप्तवंश का वास्तविक संस्थापक था। राजकुमारी कुमारदेवी उसकी रानी थी। लिच्छवियों के प्रजातन्त्रात्मक शासन की मदद से चन्द्रगुप्त शासक बना था। लिच्छवियों की मदद से उसने शक्ति-विस्तार किया और कुषाणों द्वारा प्रचलित **महाराजाधिराज** की उपाधि धारण की। वैवाहिक सम्बन्ध के आधार पर अपनी स्थिति सुदृढ़ करना गुप्तराज्य के इतिहास में एक विशेष महत्त्व की बात थी। गुप्तों के उत्कर्ष का प्रारम्भिक चरण वैवाहिक सम्बन्ध ही था। चन्द्रगुप्त प्रथम के पुत्र समुद्रगुप्त की प्रयागवाली प्रशस्ति में उसकी माता का नाम कुमारदेवी है और उसे लिच्छवि-दौहित्र कहा गया है। चन्द्रगुप्त प्रथमकालीन एक स्वर्ण सिक्का मिला है, जिस पर चन्द्रगुप्त तथा कुमारदेवी का चित्र अंकित है। सिक्के पर एक तरफ चन्द्रगुप्त तथा श्रीकुमारदेवी लिखा है और दूसरी तरफ **लिच्छवयः** शब्द उत्कीर्ण है, जो प्रमाणित करता है कि चन्द्रगुप्त प्रथम का विवाह-सम्बन्ध लिच्छवी राजकुमारी कुमारदेवी से हुआ था। इस वैवाहिक सम्बन्ध के कारणों का जहाँ तक प्रश्न है, यह स्पष्ट नहीं हो पाता है कि लिच्छवी लोगों ने महाराजाधिराज चन्द्रगुप्त प्रथम को योग्य तथा यशस्वी राजा समझकर अपनी वंशजा से उसका विवाह किया था अथवा किसी युद्ध में सन्धि के परिणामस्वरूप। विद्वान किलहार्न बताते हैं कि **लिच्छवियों** का सम्बन्ध पाटलिपुत्र से भी था और कुमारदेवी से विवाह करने के बाद ही चन्द्रगुप्त प्रथम ने अपने सम्बन्धी लिच्छवियों से मगध का राज्य प्राप्त किया। दूसरी तरफ एलन महोदय *(गुप्त क्वायंस इन द ब्रिटिश म्यूजियम)* यह मानते हैं कि पाटलिपुत्र पर गुप्तों का शासन पहले से ही था। कुमारदेवी से वैवाहिक सम्बन्ध स्थापित करने के पश्चात् पाटलिपुत्र प्राप्त करने का प्रश्न ही नहीं उठता। प्रथम राजा गुप्त पहले ही पाटलिपुत्र पर शासन कर चुका था। अतः चन्द्रगुप्त प्रथम ने सम्भवतः वैशाली पर आक्रमण कर लिच्छवियों को पराजित किया और कुमारदेवी से उसका विवाह हुआ।

चन्द्रगुप्त प्रथम के दादा 'गुप्त' साधारण शासक थे। वे पाटलिपुत्र, दक्षिण बिहार तथा पश्चिम बंगाल पर शासन करते थे। अपनी सैनिक योग्यता एवं युद्ध-कुशलता के बल पर चन्द्रगुप्त प्रथम ने शत्रुओं को पराजित कर पाटलिपुत्र में पुनः एक राज्य की नींव डाली और महाराजाधिराज की उपाधि से अपने को अलंकृत किया। उसका राज्य विस्तार गंगा तथा यमुना के संगम अर्थात् इलाहाबाद तक था। बी.ए. स्मिथ *(अर्ली हिस्ट्री ऑफ इंडिया,* पृ. 280) के अनुसार, उसका प्रभाव तिरहुत, दक्षिण बिहार, अवध तथा प्रयाग तक के प्रदेशों पर था। *वायुपुराण* (अध्याय 11, श्लोक 383) में लिखा है :

अनुगंडा प्रयागं च, साकेत मागधंस्तथा।
एतान् जनपदान् सर्वान, मोक्षन्ते गुप्तवंशजाः॥

अपनी पुस्तक *(स्टडीज इन गुप्त हिस्ट्री,* पृ. 47) में श्री कृष्णस्वामी अयंगर बताते हैं कि लिच्छवी-राजकुमारी कुमारदेवी से विवाह के बाद वैशाली भी गुप्तराज्य का अंग हो गया। अयंगर के विचार को वासुदेव उपाध्याय *(गुप्त-साम्राज्य का इतिहास,* भाग एक, पृ. 36) ने नहीं स्वीकारा है। उनके अनुसार, "पौराणिक वर्णनों से प्रतीत होता है कि चन्द्रगुप्त प्रथम के राज्य के अन्तर्गत वैशाली नहीं था। चन्द्रगुप्त प्रथम से पूर्व गुप्तनरेशों ने पाटलिपुत्र तथा सीमावर्ती प्रदेशों पर ही राज्य किया था। चन्द्रगुप्त प्रथम ने भी इन्हीं प्रदेशों पर शासन किया, क्योंकि उसके मरने के बाद समुद्रगुप्त की प्रयागवाली प्रशस्ति में भी वैशाली का उल्लेख नहीं है। अतः वैशाली को चन्द्रगुप्त प्रथम के राज्य के अन्तर्गत मानना न्यायसंगत नहीं।" वैशाली से प्राप्त मुहरों के अध्ययन से पता चलता है कि सबसे पहले गुप्तशासक चन्द्रगुप्त (विक्रमादित्य) द्वितीय के शासनकाल में वैशाली गुप्तराज्य के अन्तर्गत आया। उसी ने वैशाली पर अपना प्रान्तपति नियुक्त किया।

राज्याभिषेक के अवसर पर चन्द्रगुप्त प्रथम ने सम्भवतः **महाराजाधिराज** की उपाधि धारण की। इससे पूर्व गुप्तशासकों की पदवी केवल **महाराज** थी। शिलालेखों में पूर्व के दोनों राजाओं (गुप्त एवं घटोत्कच) को यही उपाधि उपलब्ध होती है।

चन्द्रगुप्त प्रथम के राजा होने के समय से ही गुप्त-काल-गणना प्रारम्भ हुई। इसे ही **गुप्तसंवत्** के नाम से पुकारा जाता है, जो लगभग 319-20 ई. से प्रारम्भ हुआ होगा। चन्द्रगुप्त प्रथम के काल की महत्त्वपूर्ण विशेषता गुप्त-संवत् की स्थापना है। गुप्तवंशीय जो भी शिलालेख मिले हैं, उनमें काल-गणना है और वे सभी काल-गणनाएँ गुप्त-संवत् से सम्बन्धित हैं।

दक्षिण भारत से प्राप्त *कौमुदी-महोत्सव* नाटक में चंडसेन की चर्चा है, जिसने मगध-नरेश सुन्दरवर्मन से विद्रोह कर, उसे युद्ध में मार दिया और राजगद्दी प्राप्त कर ली। कुछ दिनों बाद लोगों ने सुन्दरवर्मन का बेटा कल्याणवर्मन को *(कौमुदी-महोत्सव,* अ. 5) राजगद्दी पर बैठाया और वह चंडसेन के विरुद्ध लड़ाई करने लगा। इस युद्ध में चंडसेन हार गया। फलतः वह मगध छोड़कर भाग गया और अयोध्या में उसने शरण पाई। जायसवाल ने चंडसेन की समता चन्द्रगुप्त प्रथम से की है। यहाँ असली समस्या यह उठती है कि *कौमुदी-महोत्सव* के इस साहित्यिक प्रमाण के अतिरिक्त ऐसा कोई दूसरा प्रमाण नहीं मिलता, जिससे इसकी पुष्टि हो सके। इस स्थिति में वासुदेव उपाध्याय *(वही* पृ. 37) ने जायसवाल के मत को नहीं स्वीकारा है।

चन्द्रगुप्त प्रथम ने अपने पुत्र समुद्रगुप्त को गुप्तराज्य का उत्तराधिकारी घोषित किया और लगभग 300 ई. में वह मरा। प्रयाग की प्रशस्ति के अनुसार, चन्द्रगुप्त प्रथम ने स्वयं गद्दी से संन्यास ले लिया।

संक्षेप में हम कह सकते हैं कि गुप्तों के उदय और प्रारम्भिक इतिहास के बारे में निश्चित शब्दों में बहुत कुछ नहीं बताया जा सकता। प्रत्यक्ष एवं अप्रत्यक्ष स्रोतों के सहारे जो भी तथ्य प्रकाश में आए हैं, उनके आधार पर हम कह सकते हैं कि चन्द्रगुप्त प्रथम के समय की गुप्तराज्य की निश्चित सीमाएँ नहीं बताई जा सकती। यह कथन सत्य नहीं है कि "उसने मगध के लोगों को घृणित विदेशी शकों के जुए से छुड़ाया।" यह भी मानना मुश्किल है कि "उसने तीन शक्तियों की पराधीनता और विदेशी प्रभुत्व से मुक्ति दिलाई।" तीसरी-चौथी शताब्दी में भारतवर्ष अनेक छोटे-छोटे नृप-तन्त्रों और प्रजातन्त्र राज्यों में बँटा था। वैवाहिक सम्बन्ध के आधार पर लिच्छवियों के और चन्द्रगुप्त प्रथम के बीच अच्छे सम्बन्ध थे। चन्द्रगुप्त प्रथम का राज्य-विस्तार बिहार और उत्तर प्रदेश तथा बंगाल के कुछ भागों तक फैला हुआ था। पिता और दादा ने अपने को महाराज शब्द और चन्द्रगुप्त प्रथम ने अपने को महाराजाधिराज शब्द से अलंकृत किया। समुद्रगुप्त के लिए उसने एक भावी मार्ग प्रशस्त किया। उसने नया संवत् भी चलाया।

17.4 समुद्रगुप्त

उत्तराधिकार का निर्णय : समुद्रगुप्त गुप्तवंश का एक महान शासक हुआ। वह एक ऐसा राजा था जिसने अपना लिखित इतिहास छोड़ा है। कौशाम्बी के एक अशोक-स्तम्भ पर उसकी विस्तृत प्रशस्ति अंकित है। इससे समुद्रगुप्त के बाल्यजीवन, शिक्षा, व्यक्तिगत गुण, दिग्विजय, तत्कालीन राजनीतिक अवस्था, भाषा, साहित्य, विद्या, शास्त्र आदि की पर्याप्त जानकारी प्राप्त होती है।

बाल्यावस्था से ही समुद्रगुप्त होनहार था। अस्त्र-शस्त्र में उसकी अच्छी शिक्षा-दीक्षा हुई थी। साथ ही, वह साहित्य एवं संगीतकला में भी निपुण था। जब वह राजकुमार था, तभी उसने अपनी वीरता और नीतिकुशलता का परिचय दिया था। अपनी मृत्यु से पूर्व ही चन्द्रगुप्त प्रथम ने उसके अपूर्व गुणों से प्रभावित होकर उसे अपना उत्तराधिकारी मनोनीत किया था।

ऐसा प्रतीत होता है कि चन्द्रगुप्त प्रथम के जीवनकाल में ही उत्तराधिकार का प्रश्न विवादग्रस्त हो उठा था। यह विवाद समुद्रगुप्त तथा अन्य तुल्यकुलजों (एक ही वंश से उत्पन्न हुए राजकुमार) के बीच था। इस विवाद का निर्णय करने के लिए चन्द्रगुप्त प्रथम ने **सभ्यों** (सभासदों) का एक अधिवेशन बुलाया। सभासदों ने समस्त राजकुमारों की योग्यता-अयोग्यता का विचार करके अपना निर्णय समुद्रगुप्त के पक्ष में दिया और समुद्रगुप्त उत्तराधिकारी **निर्वाचित** कर लिया गया। इस निर्वाचन का विशद् वर्णन प्रयाग प्रशस्ति में मिलता है। उसके अनुसार, समुद्रगुप्त के निर्वाचित होने पर सभासद बड़े प्रसन्न हुए, अन्य राजकुमारों के मुख म्लान पड़ गए, भावातिरेक के कारण चन्द्रगुप्त प्रथम के रोंगटे खड़े हो गए, स्नेह-विह्वलता से उसके नेत्रों में आँसू आ गए और उसने समुद्रगुप्त को हृदय से लगा लिया तथा उससे कहा कि 'आर्य, सम्पूर्ण पृथ्वी का पालन करो।'

अन्य राजकुमारों के मुखों के म्लान पड़ने की बात से अनुमान होता है कि समुद्रगुप्त का निर्वाचन एक अथवा अनेक प्रतिद्वन्द्वी राजकुमारों के विरुद्ध हुआ था। उस अभिलेख में यह भी लिखा हुआ है कि चन्द्रगुप्त प्रथम की दृष्टि तत्त्व को देखनेवाली थी। इससे ध्वनित होता है कि उसने समुद्रगुप्त को ही सबसे योग्य राजकुमार समझा था। ऐसी दशा में यह अनुमान किया जा सकता है कि समुद्रगुप्त सम्भवतः उसका सबसे बड़ा पुत्र न था, परन्तु आयु में छोटा होते हुए भी, उसे अपनी सर्वोच्च योग्यता के आधार पर उत्तराधिकारी निर्वाचित किया गया था।

कुछ विद्वानों का विचार है कि अभिलेख का यह कथन कि समुद्रगुप्त के सम्बन्धी पीले पड़ गए, मात्र उत्तराधिकार के लिए झगड़े का काव्यात्मक वर्णन है। कई सिक्कों पर 'कच' नाम और मुद्रा-लेख दिखाई देता है। कहा गया है कि **कच** समुद्रगुप्त का बड़ा भाई था, जो राजा बन गया और उसका वध करने के बाद ही समुद्रगुप्त सिंहासन प्राप्त कर सका। किन्तु यदि हम यह स्वीकार कर लें कि चन्द्रगुप्त प्रथम ने समुद्रगुप्त के पक्ष में राज्य-त्याग किया, तो उत्तराधिकार-युद्ध का विचार कदापि मान्य नहीं है। इसके अतिरिक्त कच के सिक्के समुद्रगुप्त के सिक्कों से इतने मिलते हैं कि एलन ने यह निष्कर्ष निकाला कि "सम्राट का वास्तविक नाम कच था और अपनी विजयों के संकेत में उसने समुद्रगुप्त नाम धारण किया।" इस बात की पुष्टि इस तथ्य से होती है कि कच के सिक्कों के पृष्ठ भाग पर 'सर्वराजोच्छेत्ता' मुद्रा-लेख पाया गया है। गुप्तवंश के विश्वसनीय आलेखों में यह उपाधि केवल समुद्रगुप्त को दी गई है। इसलिए कच समुद्रगुप्त का दूसरा नाम माना जा सकता है। सम्भव है कि महासागर तक अपनी विजय कर लेने के बाद कच ने अपना समुद्रगुप्त नाम धारण किया।

समुद्रगुप्त के सिंहासनारोहण की निश्चित तिथि ज्ञात नहीं है। यदि हम कृत्रिम नालन्दा पत्र को स्वीकार कर लें, तो समुद्रगुप्त संवत् 5 या ई. सन् 325 से पहले ही राजा बना होगा। कुछ लेखक समुद्रगुप्त को ही गुप्त संवत् का संस्थापक मानते हैं और यदि उनका यह कथन स्वीकार कर लिया जाए, तो समुद्रगुप्त 320 ई. में राजा बना। आर.सी. मजुमदार के अनुसार, समुद्रगुप्त के सिंहासनारोहण की तिथि 340 ई. और 350 ई. के मध्य में रखी जा सकती है। कृत्रिम पाया गया ताम्र-पत्र के अनुसार, 328 ई. में वह राज्य कर रहा था। आर.के. मुकर्जी के अनुसार, समुद्रगुप्त ने लगभग 335 ई. से 380 ई. तक राज्य किया।

दिग्विजय : जिस समय समुद्रगुप्त का राज्यारोहण हुआ, उस समय उसका राज्य काफी छोटा-सा था। वह महत्त्वाकांक्षी सम्राट अपने साम्राज्य का विस्तार करना चाहता था तथा इसके लिए उपयुक्त अवसर उसको प्राप्त हो गया था। इस समय भारत की राजनीतिक दशा छिन्न-भिन्न थी तथा सम्पूर्ण भारत में सैकड़ों छोटे-छोटे राज्य थे। इलाहाबाद के लेख में अनेक राज्यों एवं गणराज्यों का उल्लेख मिलता है, जिनको समुद्रगुप्त ने अपने अधीन किया था। पश्चिमी भारत में गणराज्य स्थापित थे। दक्षिणी भारत में अनेक राज्य थे तथा भारत के उत्तर-पश्चिमी भाग में अभी तक विदेशी सत्ता स्थापित थी। इनमें से कुछ राज्यों ने समुद्रगुप्त के विरुद्ध युद्ध घोषित कर दिया। किन्तु योग्य एवं शक्तिशाली सम्राट समुद्रगुप्त ने उन सबको पराजित करके गुप्तराज्य की नींव को सुदृढ़ कर दिया। उसने सबसे पहले पाटलिपुत्र के आसपास के उच्छृंखल जागीरदारों और भूपतियों का दमन किया। इसके पश्चात् ही उसकी विजयों की शृंखला प्रारम्भ हुई।

समुद्रगुप्त ने सर्वप्रथम भारत के नौ राज्यों को परास्त किया। उनकी सत्ता को पूरी तरह मिटाकर उन राज्यों को उसने अपने साम्राज्य में मिलाया। इलाहाबाद के उत्कीर्ण लेख में इन राज्यों के राजाओं के नाम गिनाए गए हैं। ये नाम हैं—रुद्रसेन, मतिल, नागदत्त, चन्द्रवर्मन, नागसेन, अच्युत, नन्दिन, बलवर्मन तथा गणपति नाग। इनमें से नागसेन के सम्बन्ध में विद्वानों का मत है कि वह पद्मावती के नागवंश का था। अच्युत सम्भवतः अहिच्छत्र प्रदेश में राज्य करता था। गणपति नाग का शायद मथुरा के नागवंश से सम्बन्ध था। मतिल अथवा मत्तिल की एक मुद्रा बुलन्दशहर में प्राप्त हुई थी, जिसके आधार पर उसे बुलन्दशहर के आसपास का राजा माना गया है। वाकाटकवंशीय राजा रुद्रसेन सम्भवतः प्रवरसेन का पौत्र था। समुद्रगुप्त ने जिस चन्द्रवर्मन को हराया, वह एक साधारण राजा था। अन्य विद्वानों का मत है कि यह वही चन्द्र था, जिसका अभिलेख बंगाल के बाँकुरा जिले के सुसुनियाँ नामक स्थान पर मिलता है। मतिल, नागदत्त, नन्दिन और बलवर्मन के राज्यों को निश्चित करना कठिन है। इन राजाओं के अतिरिक्त समुद्रगुप्त ने कोटवंश के शासकों पर भी विजय प्राप्त की। कोट नामांकित सिक्के पूर्वी पंजाब और दिल्ली में मिले हैं। सम्भवतः गंगा-घाटी के ऊपरी भाग पर वे शासन करते थे।

उत्तरी भारत के पूर्वकथित राजाओं को पराजित करके समुद्रगुप्त दक्षिण-विजय की चिन्ता करने लगा, किन्तु मार्ग में पड़नेवाले भू-भाग पर अधिकार स्थापित करना आवश्यक था। अतः समुद्रगुप्त ने आटविक नरेशों को परास्त करके उन्हें अपना सेवक बनाया। आटविक राज्य (जिनकी संख्या लगभग अठारह थी) मध्य भारतीय वन-परम्परा में कहीं स्थित थे। प्रयाग-प्रशस्ति में आटविक नरेशों के नाम तथा उनकी संख्या का उल्लेख नहीं किया गया है। फ्लीट महोदय के मतानुसार, आटविक नरेश आधुनिक गाजीपुर से जबलपुर तक प्रसारित थे। आटविक राज्यों की विजयों से समुद्रगुप्त के लिए भारत की विजयों का मार्ग खुल गया।

तीसरी कोटि में दक्षिण के बारह राज्य आते हैं, जिन पर समुद्रगुप्त ने विजय हासिल की। ये राज्य थे :

1. **महाकोसल का महेन्द्र :** समुद्रगुप्त ने सबसे पहले महाकोसल के राजा महेन्द्र को पराजित किया। उसका राज्य मध्य प्रदेश के सम्भलपुर, रायपुर, बिलासपुर आदि जिलों में था।
2. **महाकान्तर का व्याघ्रराज :** यह महाकान्तर नामक वन प्रदेश का राजा था। इसका राज्य मध्य भारत अथवा उड़ीसा के जंगली प्रदेश में स्थित था। कोसल के महेन्द्र को पराजित करने के पश्चात् समुद्रगुप्त ने व्याघ्रराज को भी अपने अधीन किया।
3. **कोसल का मन्तराज :** इसका राज्य महानदी की घाटी में फैला हुआ था। इसकी राजधानी ययाति नगरी महानदी के किनारे बसी हुई थी। यह राज्य वर्तमान उड़ीसा राज्य के सोनपुर जिले में स्थित था। इसने भी युद्ध में पराजित होकर समुद्रगुप्त की अधीनता स्वीकार की।
4. **पिष्टपुर का महेन्द्रगिरी :** यह राज्य वर्तमान आन्ध्र राज्य के गोदावरी जिले में समुद्रतट के समीप फैला हुआ था। इसकी राजधानी समुद्र तट से लगभग दस मील भीरत की ओर स्थित पिथापुरम थी। समुद्रगुप्त ने इससे भारी धनराशि प्राप्त करके इसे करद कर देनेवाला राज्यों की श्रेणी में स्थान दिया।

5. **कोट्टूर का स्वामीदत्त :** स्वामीदत्त का राज्य सम्भवतः वर्तमान उड़ीसा राज्य के गंजाम मिले के अन्तर्गत महेन्द्रगिरी की पहाड़ी के समीप स्थित था। इसने भी वार्षिक कर देना स्वीकार करके समुद्रगुप्त के अधीन करद राजाओं में अपनी गणना कराई।

6. **विजिगापट्टमू का दमन :** राजा दमन का राज्य आधुनिक आन्ध्र राज्य के विजियापट्टम् जिले में था। किसी-किसी इतिहासकार के मतानुसार इसका राज्य गंजाम जिले में फैला हुआ था।

7. **काँची का विष्णुगोप :** समुद्रगुप्त ने उपर्युक्त राजाओं को जीतने के पश्चात् वर्तमान तमिलनाडु राज्य के चिंगलपेट नामक जिले में स्थित काँची, जिसे आजकल काँचीबरम कहते हैं, के पल्लववंशीय राजा विष्णुगोप को पराजित करके उससे अनन्त धन-राशि प्राप्त थी।

8. **अवमुक्त का नीलराज :** इसका विवरण कलिंगराज खारवेल के हाथीगुम्फा अभिलेख में है। उसके अनुसार, नीलराज का राज्य गोदावरी के आसपास के प्रदेश में फैला हुआ था और पिथुंड उसकी राजधानी थी।

9. **वेंगी का हस्तिवर्मन :** इस राजा का अभिलेख पल्लोर की पेडुवेंगी में प्राप्त हुआ है, जिसके अनुसार इसकी राजधानी वेंगी थी।

10. **पालक्क का उग्रसेन :** इस राजा का राज्य वर्तमान आन्ध्र राज्य के किल्लोर जिले में स्थित था। इसकी राजधानी पालक्क थी।

11. **देवराष्ट्र का कुबेर :** इसका विवरण कलिंग के अभिलेखों में दिया हुआ है, जिससे प्रतीत होता है कि कुबेर का राज्य विजिगापट्टम जिले में फैला हुआ था।

12. **कुशस्थलपुर का धनंजय :** दक्षिण के पराजित राजाओं में अन्तिम राजा धनंजय था। इसका राज्य वर्तमान तमिलनाडु राज्य के उत्तरी अर्काट जिले में फैला हुआ था।

सीमान्त राज्य : इन विजयों से समुद्रगुप्त की धाक सारे भारत में जम गई। इसके विजय-अभियान से उत्तर-पूर्व के सीमान्त राज्य और पंजाब, मालवा तथा मध्य प्रदेश के गणराज्य भयभीत हो गए और उन्होंने सम्राट की अधीनता स्वीकार कर ली तथा कर देकर उसे सम्मानित किया। सीमान्त राज्यों में पाँच का उल्लेख है : (1) समतल (दक्षिण-पूर्वी बंगाल), (2) कामरूप (उत्तरी असम), (3) नेपाल, (4) नेवाक (सम्भवतः असम के नौगाँव जिले में स्थित) और (5) कर्तृपुर। इस पाँचवें राज्य को कुछ विद्वानों ने जालन्धर जिले में स्थित करतारपुर को माना है, कुछ ने कुमायूँ, गढ़वाल और रुहेलखंड के प्रदेशों को और कुछ ने मुल्तान तथा लोहानी के बीच स्थित कहरोर को।

स्वशासित गणराज्य : इस कोटि में नौ गणराज्य सम्मिलित थे : (1) मालवा, (2) आर्जुनायन, (3) यौधेय, (4) मद्रक, (5) आभीर, (6) प्रार्जुन, (7) सनकानिक, (8) काक और (9) खरपरिक। मालवा लोगों का निवास-स्थान पंजाब में रावी के आसपास था। चौथी शताब्दी ईस्वी पूर्व में इन्होंने सिकन्दर का डटकर मुकाबला किया था। समुद्रगुप्त के समय में ये दक्षिण-पूर्वी राजपूताना के समीपवर्ती प्रदेशों—मेवाड़, टोक आदि में बसे हुए थे। आर्जुनायन जाति का निवास-स्थान निश्चित रूप में नहीं बताया जा सकता। सम्भवतः ये जयपुर के आसपास कहीं बसते थे। यौधेय लोग उस प्रदेश के निवासी थे, जो आज भी जोहियाचार

कहलाता है और जो सतलज के दोनों किनारों पर बहावलपुर के राज्य की सीमा पर स्थित है। मद्रक का रावी तथा चेनाव के बीच के भाग पर अधिकार था। इनकी राजधानी शाकल थी। आभीरों के राज्य सम्भवतः झाँसी और भिलसा के बीच में स्थित था। सनकानिक जाति भी भिलसा के आसपास कहीं निवास करती थी। काक सनकानिकों के पड़ोसी थे। भिलसा से बीस मील उत्तर में काकपुर नामक एक गाँव को विद्वानों ने उनकी राजधानी बतलाया है। खरपरिक की राजधानी शायद मध्य प्रदेश में दमोह के पास थी।

समुद्रगुप्त के साम्राज्य का विस्तार : आर.सी. मजुमदार के अनुसार, समुद्रगुप्त के साम्राज्य में कश्मीर, पश्चिमी पंजाब, पश्चिमी राजपूताना, सिन्ध और गुजरात के अतिरिक्त शेष सारा भारत सम्मिलित था। छत्तीसगढ़ तथा उड़ीसा के प्रदेश तथा पूर्वी तट के साथ-साथ दक्षिण में चिंगलपेट तक या उससे भी आगे तक के प्रदेश सम्मिलित थे। आर.के. मुकर्जी के अनुसार, समुद्रगुप्त ने अपना साम्राज्य पूर्व में ब्रह्मपुत्र तक, दक्षिण में नर्मदा तक और उत्तर में हिमालय तथा कश्मीर तक बढ़ाया। बी.ए. स्मिथ के अनुसार, "चौथी शताब्दी के मध्य में उत्तरी भारत के सर्वाधिक जनसंख्यावाले तथा उपजाऊ प्रदेश समुद्रगुप्त के साम्राज्य में सम्मिलित थे। पूर्व में ब्रह्मपुत्र से पश्चिम में यमुना तथा चम्बल तक और उत्तर में हिमालय की तराई से दक्षिण में नर्मदा तक यह साम्राज्य फैला हुआ था। इन विस्तृत सीमाओं से आगे असम तथा गंगा के डेल्टा के सीमावर्ती राज्य और हिमालय की दक्षिणी ढलानों के राज्य तथा राजपूताना और मालवा की स्वतन्त्र जातियाँ साम्राज्य के साथ मैत्रीपूर्ण सन्धियों से सम्बद्ध थीं। दक्षिण के लगभग सभी राज्यों पर सम्राट की सेनाओं ने विजय प्राप्त की थी और उन्होंने उसकी शक्ति को स्वीकार किया। इस प्रकार यह साम्राज्य छह शताब्दियाँ पूर्व के अशोक के साम्राज्य के पश्चात् भारत में सबसे बड़ा था और स्वाभाविक था कि विदेशी राज्य भी इस साम्राज्य के स्वामी का सम्मान करें।"

साम्राज्य का संगठन : समुद्रगुप्त जिस प्रकार विजित देशों को संगठित किया, उससे उसकी उच्चकोटि की राजनीतिज्ञता प्रकट होती है। वह महत्त्वाकांक्षी था और एक सार्वदेशिक साम्राज्य की स्थापना करना चाहता था। किन्तु उसने समस्त साम्राज्य पर एक केन्द्र से शासन करने का प्रयत्न नहीं किया। उसने केन्द्रीय प्रभुत्व तथा स्थानीय स्वायत्तता के सिद्धान्तों का अच्छा समन्वय किया। उसने विकेन्द्रीकरण की प्रवृत्तियों को रोकने तथा साम्राज्य को छिन्न-भिन्न होने से बचाने के लिए एक दृढ़ केन्द्रीय सत्ता की स्थापना की, किन्तु साथ-ही-साथ, उसने दूरस्थ प्रदेशों के शासकों को केवल करद (करदाता) बनाकर छोड़ दिया। पड़ोस के विदेशी शासकों के साथ भी उसने इसी प्रकार का मैत्री सम्बन्ध रखा। साम्राज्य की प्रतिरक्षा की दृष्टि से उसकी यह नीति अत्यन्त दूरदर्शितापूर्ण थी।

अश्वमेध : समुद्रगुप्त ने अश्वमेध यज्ञ करने का निश्चय किया। अश्वमेध का अनुष्ठान सार्वभौम प्रभुता का सूचक था। इस यज्ञ में दान देने के लिए उसने सोने के सिक्के भी ढलवाए। उन सिक्कों पर एक ओर यज्ञ-स्तम्भ में बँधे हुए घोड़े की मूर्ति है, दूसरी ओर हाथ में चँवर लिए समुद्रगुप्त की महारानी का चित्र अंकित है और उन सिक्कों पर 'अश्वमेध-पराक्रम' लिखा हुआ है। समुद्रगुप्त के लिए उसके वंशजों ने 'चिरोत्सन्नाश्वलेघहर्तुः' कहा है, जिससे स्पष्ट है कि चिरकाल से न होनेवाले अश्वमेध-यज्ञ का उसने फिर से अनुष्ठान किया। इसका अनुष्ठान उसने सामरिक योजनाओं के पश्चात् किया होगा, क्योंकि **प्रयागप्रशस्ति** में इसका

उल्लेख नहीं है। प्रभावतीगुप्त के **पूना प्लेट-अभिलेख** से मालूम होता है कि उसने एक-से अधिक अश्वमेध-यज्ञों का अनुष्ठान किया। इससे धर्म से अनुप्रमाणित प्राचीन राजनीतिक आदर्शों के पुनरुत्थान की सूचना मिलती है। यह भारत की तत्कालीन राजनीतिक एकता का भी द्योतक था।

मुद्राएँ : उसने विभिन्न प्रकार की मुद्राएँ जारी की, जिनसे उसके गुण और कर्म प्रकट होते हैं। ध्वज-प्रकार की मुद्राओं से उसकी प्रभु-शक्ति प्रकट होती है। धनुर्धर और युद्ध परशु-प्रकारों से उसकी सामरिक शक्ति का आभास मिलता है। वीणावादक-प्रकार से उसके संगीत-प्रेम का और अश्वमेध-प्रकार से उसकी विजय का परिचय प्राप्त होता है। वह 'अप्रतिवार्यवीर्यः' अर्थात् अजेय शक्ति रखनेवाला था। व्याघ्रहन्ता-प्रकार की मुद्राओं से वन-भूमियों पर उसकी विजय परिलक्षित होती है।

समुद्रगुप्त का विदेशी राज्यों से सम्पर्क : समुद्रगुप्त की इन अद्भुत विजयों और युद्धभूमि में उसके अद्भुत शौर्य दिखलाने की चर्चा विदेशों में भी फैलने लगी। अतः, समुद्रगुप्त की भारी शक्ति से भयभीत होकर अनेक विदेशी राज्यों ने स्वेच्छा से आत्मसमर्पण करके उसके संरक्षण में रहना स्वीकार किया और उसे रत्नाभरण, सुन्दर कुमारियाँ तथा अनेक मूल्यवान पदार्थ भेंट करके प्रसन्न रखने का प्रयास किया था। इस प्रकार के शासकों में पश्चिमी पंजाब में शासन करनेवाले देवपुत्र तथा अफगानिस्तान के शाहीवंश के शासक थे। ये दोनों कुषाणवंशीय थे। इनके अतिरिक्त शक, मुरुंड और सिंघलद्वीप के राजा के नाम भी इसी श्रेणी के शासकों में आते हैं। प्रयाग के अशोक-स्तम्भ पर खुदी हुई समुद्रगुप्त की प्रशस्ति में इनका उल्लेख किया गया है। सिंघलद्वीप का शासक मेघवर्ण समुद्रगुप्त का समकालीन था। उसे एक बार अपने देश के कुछ बौद्ध भिक्षुओं की कठिनाइयों का पता चला, तो उसने दूतों को मणि-माणिक्य आदि मूल्यवान भेंट देकर समुद्रगुप्त के दरबार में भेजा। समुद्रगुप्त ने मेघवर्ण को विहार-निर्माण की आज्ञा प्रदान की। मेघवर्ण ने बोधगया में अपार धनराशि व्यय करके एक विशाल विहार निर्मित कराया और उसमें गौतम बुद्ध की रत्नजटित मूर्ति की प्रतिष्ठा कराई। यह विहार **महाबोधि संघाराम** के नाम से प्रसिद्ध हुआ।

समुद्रगुप्त की शासन-प्रणाली : उसने शासन को केन्द्रीयकरण की नीति पर आधारित किया और साम्राज्य को अनेक प्रान्तों में विभक्त करके उनमें प्रान्तीय शासक नियुक्त किया। इन शासकों पर उसका पूरी तरह नियन्त्रण था। उसके केन्द्रीय शासन में अनेक विभाग थे, जो हर प्रकार से संगठित और व्यवस्थित थे। शासन-कार्य की देखभाल करने तथा सम्राट के राजकाज में परामर्श देने के लिए एक मन्त्रिमंडल भी था। उसने पदाधिकारियों को अनेक प्रकार की उपाधियाँ प्रदान की और उनके सिथियन नामों के स्थान पर नवीन नाम प्रदान किया। अतः प्रधान सेनापति को **महाबलाधिकृत** और प्रधान न्यायाधीश को **महादंडनायक** कहा जाने लगा। उसका शासन इतना सुसंगठित, श्रेष्ठ और शक्तिशाली था कि उसके अधीनस्थ राजाओं को कभी उसके विरुद्ध विद्रोह अथवा षड्यन्त्र करने का साहस ही नहीं हुआ और केवल उसके शासनकाल में ही नहीं, वरन् उसके पश्चात् भी साम्राज्य में सर्वत्र शान्ति और व्यवस्था यथापूर्व स्थिर रही।

समुद्रगुप्त का धर्म : समुद्रगुप्त परम्परागत धर्म की मर्यादा को स्थापित करनेवाला (धर्म प्राचीर बन्धः) था। वह शास्त्रों में विहित मार्ग पर चलता था (सूक्तमार्गः)। कृपण, दीन,

अनाथ और आतुर जनों का उद्धारक था। लोकानुग्रह (संसार के ऊपर अनुग्रह करना) उसके जीवन का परम कर्तव्य था। उसके गरुड़मंक (गरुड़ की मूर्ति से अंकित मुद्रा) से मालूम होता है कि समुद्रगुप्त गरुड़वाहन विष्णु का भक्त था। परन्तु वह बौद्ध आदि दूसरे धर्मों और सम्प्रदायों का भी आदर करता था।

समुद्रगुप्त का चरित्र तथा इतिहास में उसका स्थान : समुद्रगुप्त की गणना भारत के महान विजेताओं और साम्राज्य-निर्माताओं में की जाती है। उसका पैतृक राज्य बहुत छोटा था। अपने पराक्रम से ही उसने लगभग समस्त भारत पर अपनी प्रभुता स्थापित की। देश की सीमाओं के भीतर उसकी बराबरी करनेवाला शासक अन्य कोई नहीं था। यही नहीं, पड़ोस के विदेशी शासक भी उसकी कृपा और संरक्षण की अभिलाषा रखते थे। समुद्रगुप्त ने अपने रण-कौशल से सम्पूर्ण उत्तरी भारत पर विजय प्राप्त की तथा दक्षिण पर भी उसने अपनी वीरता की छाप अंकित कर दी। उत्तरी भारत के नौ राजाओं को युद्ध में परास्त करके उसने उन्हें अपना सेवक बना लिया। उसके रण-कौशल से प्रभावित होकर अनेक सम्राटों तथा गणराज्यों ने बिना युद्ध किए ही उसकी अधीनता स्वीकार कर ली। विदेशी राजाओं ने भी भयभीत होकर उसको अपना सम्राट स्वीकार कर लिया तथा उसके सम्मुख वे नतमस्तक होने लगे। समुद्रगुप्त जीवन भर सफलताएँ प्राप्त करता रहा तथा लगभग पचास वर्षों तक अत्यन्त गौरव एवं प्रतिष्ठा के साथ अपने साम्राज्य की बागडोर सँभाले रहा। जब तक उसकी मृत्यु न हुई, वह सम्पूर्ण भारत में एकछत्र राज्य करता रहा।

हरिषेण ने समुद्रगुप्त की प्रखर बुद्धि, विद्वता तथा काव्यात्मक प्रतिभा की बड़ी प्रशंसा की है। वह लिखता है कि अपनी काव्यात्मक रचनाओं के कारण सम्राट ने 'कविराज' की उपाधि प्राप्त कर ली थी। दुर्भाग्य से उसकी रचनाएँ अब हमें उपलब्ध नहीं हैं। संगीत से सम्राट को विशेष प्रेम था। वीणा बजाने में वह बहुत कुशल था। उसके कुछ सिक्कों पर उसे वीणा बजाते हुए दिखलाया गया है। विद्वानों और कवियों को समुद्रगुप्त के दरबार में आश्रय मिलता था। सफल राजनीतिज्ञ होने के अतिरिक्त वह कुशल कलाकार भी था। **प्रयाग-प्रशस्ति** के अनुसार, "वह अपने शास्त्रज्ञान में देवताओं के गुरु वृहस्पति को और संगीत एवं ललित कलाओं के ज्ञान में नारद तथा तुम्बुरु को भी लज्जित करता था।" उसके साहित्यिक अनुराग से प्रभावित होकर उसका मन्त्री हरिषेण अपनी प्रशस्ति में लिखता है, "समुद्रगुप्त ही विद्वानों के मनन करने योग्य है। उसी की काव्य-शैली अध्ययन करने योग्य है। उसी की काव्य-रचनाएँ कवियों के आध्यात्मिक कोष की अभिवृद्धि करती है।" उसका दरबार कवियों, संगीतकारों और विद्वानों से अलंकृत था। उसके समय की एक मुद्रा ऐसी मिलती है, जिसमें उसका चित्र वीणा सहित बना हुआ है। इससे संगीत के प्रति उसका अनुराग प्रकट होता है। रमाशंकर त्रिपाठी ने उसकी प्रशंसा करते हुए लिखा है, "समुद्रगुप्त अद्भुत प्रतिभा का व्यक्ति था। वह न केवल शस्त्रों में कुशल था, वरन् शास्त्रों में भी। वह स्वयं बड़ा सुसंस्कृत व्यक्ति था और उसे विद्वानों की संगति बड़ी प्रिय थी।"

अपनी प्रजा के प्रति वह अत्यन्त दयावान था। "करुणा से परिपूर्ण होने के कारण उसका हृदय नम था और अभीष्ट सेवा तथा आज्ञापालन से उसे मोहित किया जा सकता था।" जो व्यक्ति समर्पण कर दें, उन्हें क्षमादान के लिए वह तत्पर रहता था। हमें पता चलता है कि "जिन राजाओं को वह परास्त करता, उनकी सम्पत्ति उन्हें वापस दिलाने में उसके कर्मचारी

दत्तचित्त रहते थे।'' निर्धन, असहाय तथा पीड़ित व्यक्तियों के लिए वह दया का साक्षात् मूर्ति था। उसे 'कई लाख गायों का दानी'' कहा गया है।

इलाहाबाद स्तम्भ अभिलेख में समुद्रगुप्त की काफी प्रशंसा की गई है–''वह समस्त राज्यों का उन्मूलनकर्ता था, संसार में उसका कोई प्रतिद्वन्द्वी नहीं था, उसकी कीर्ति चारों समुद्रों तक पहुँच चुकी थी।'' ''वह धनद, वरुण, इन्द्र और अन्तक के समान था, स्वयं कृतान्त का परशु उसके हाथ में था, ठीक ढंग से एकत्र अपार सोने का तथा लाखों गायों का दानी था और बहुत समय से भूली हुई अश्वमेध यज्ञ की प्रथा को पुनः प्रचलित करनेवाला था।'' इसके अतिरिक्त, ''वह विभिन्न प्रकार के एक सौ युद्ध लड़नेवाला था, उसका एकमात्र सहायक उसकी भुजाओं का पराक्रम था, उसका अत्यन्त आकर्षक शरीर एक सौ घावों से ढँका हुआ था, जो परशु, बाण, भालों, नेजों, शंकु, तलवारों, बरछों, लोहे के तीरों तथा अन्य कई शस्त्रों से किए गए थे।'' यह ठीक ही था कि उसने 'विक्रमांक' की उपाधि धारण की।

समुद्रगुप्त उदारता का प्रतीक था। एक ओर यदि उसका हृदय वीरता, साहस आदि गुणों से परिपूर्ण था, तो दूसरी ओर उसमें पूर्ण उदारता भी थी। वह निर्धन तथा दुखी व्यक्तियों की सहायता करने को हमेशा तत्पर रहता था। वह प्रत्येक समय अपनी प्रजा के दुखों का निवारण किया करता था। वह उनकी दुख नहीं देख सकता था। वह दुखियों में अतुल धन का वितरण करता था। उसकी धार्मिक नीति काफी उदार थी। वह ब्राह्मण धर्म का अनुयायी था। उसके पुनरुद्धार के लिए उसने विशेष प्रयत्न किया था। किन्तु वह अन्य धर्मों को भी आदर एवं श्रद्धा की दृष्टि से देखता था। उन धर्मों के प्रति उसका व्यवहार विशेष रूप से दयालु था। बौद्ध और जैन धर्म के प्रति भी उसकी श्रद्धा थी। उसने नालन्दा विश्वविद्यालय को अपार सम्पत्ति दान की थी। अनेक जैन मतावलम्बी उसके दरबार में आश्रय प्राप्त करते थे तथा उच्च पदों पर आसीन थे। उसने लंका के राजा मेघवर्ण को अपने सीमाक्षेत्र में बौद्ध विहार का निर्माण कराने की स्वीकृति दी थी तथा प्रसिद्ध बौद्धभिक्षु बसुबन्धु को अपने उत्तराधिकारी चन्द्रगुप्त द्वितीय का गुरु नियुक्त किया था। इस प्रकार परमवैष्णव होते हुए भी समुद्रगुप्त में महान धार्मिक सहिष्णुता विद्यमान थी। इलाहाबाद के स्तम्भलेख में समुद्रगुप्त की उपमा चार देवताओं से की गई है। उसमें लिखा है कि वह कुबेर के समान धनी, वरुण के समान दानी, इन्द्र के समान वीर तथा यम के समान दंड देने में कठोर था। समुद्रगुप्त का पारिवारिक जीवन बड़ा ही शान्तिमय और सुखमय था। 375 ई. में उसकी मृत्यु हो गई।

17.5 रामगुप्त

दीर्घकाल तक अभिलेखीय प्रमाण के आधार पर यही स्वीकार किया जाता था कि चन्द्रगुप्त द्वितीय ही समुद्रगुप्त का उत्तराधिकारी था। किन्तु कुछ नई जानकारी प्राप्त हुई है, जिसके आधार पर यह कहा जाने लगा है कि समुद्रगुप्त का उत्तराधिकारी चन्द्रगुप्त द्वितीय नहीं, बल्कि रामगुप्त था। रामचन्द्र गुणचन्द्रकृत *नाट्यदर्पण* से ज्ञात होता है कि रामगुप्त समुद्रगुप्त का पुत्र तथा उत्तराधिकारी था। इस पुस्तक में लेखक विशाखदत्त द्वारा लिखित एक प्रसिद्ध ऐतिहासिक नाटक का कुछ भाग दिया गया है। उसमें यह कहा गया है कि समुद्रगुप्त के पश्चात् रामगुप्त राजा बना, जिसने ध्रुवदेवी या ध्रुवस्वामिनी से विवाह किया, यही स्त्री बाद

में चन्द्रगुप्त द्वितीय की महिषी रानी और कुमारगुप्त प्रथम तथा राजकुमार गोविन्दगुप्त की माँ बनी।

मुद्राराक्षस और बाणभट्ट द्वारा रचित *हर्षचरित* से पता चलता है कि रामगुप्त बहुत डरपोक और कायर था। उसके राज्यकाल की सबसे महत्त्वपूर्ण घटना शकराजा के साथ उसका संघर्ष था। बताया जाता है कि घोर विपत्ति पड़ने पर रामगुप्त ने राज्य की रक्षा के लिए शकराजा को अपनी पत्नी ध्रुवस्वामिनी तक को देना स्वीकार कर लिया था। ध्रुवस्वामिनी ने इसका कड़ा विरोध किया। इस पर रामगुप्त के छोटे भाई चन्द्रगुप्त द्वितीय ने ध्रुवस्वामिनी की रक्षा की। वह भेष बदलकर शकराजा की छावनी में घुस गया और उसने उसकी हत्या कर दी। इस घटना से चन्द्रगुप्त द्वितीय अपनी भाभी की नजरों में बहुत ऊँचा उठ गया, जिससे दोनों भाइयों में अनबन हो गई। अन्त में चन्द्रगुप्त द्वितीय ने रामगुप्त का भी वध कर दिया और ध्रुवस्वामिनी से विवाह करके स्वयं सम्राट बन गया।

रामगुप्त की ऐतिहासिकता पर इतिहासकारों में काफी मतभेद है। कुछ के विचारों के अनुसार, यह कैसे सम्भव हो सकता है कि समुद्रगुप्त का उत्तराधिकारी इतना डरपोक होगा कि वह अपना राज्य और जीवन बचाने के लिए अपनी पत्नी शकराजा को देने के लिए तत्पर हो जाएगा। इसके अतिरिक्त इतिहास में राज्य के लिए एक भाई द्वारा दूसरे भाई का वध कोई नवीन बात नहीं है। परन्तु भाई की विधवा से विवाह कर लेना अनैतिक प्रतीत होता है। इतिहासकारों ने इस तर्क को भी खंडित करते हुए कहा है कि शास्त्रों में ऐसा विवाह निषेध नहीं है। इसके अतिरिक्त, ऐसे भी देवर शब्द का अर्थ दूसरे वर से होता है। यद्यपि रामगुप्त की ऐतिहासिकता सत्यापित करना कठिन है, परन्तु सम्बद्ध इस कहानी को सर्वथा काल्पनिक नहीं माना जा सकता क्योंकि चन्द्रगुप्त द्वितीय तथा ध्रुवस्वामिनी ऐतिहासिक व्यक्तित्व रखते हैं।

17.6 चन्द्रगुप्त द्वितीय विक्रमादित्य

रामगुप्त के अल्पशासन के पश्चात् समुद्रगुप्त का दूसरा पराक्रमी पुत्र चन्द्रगुप्त द्वितीय सिंहासनारूढ़ हुआ। चन्द्रगुप्त द्वितीय ने रामगुप्त की हत्या करके उसकी पत्नी से विवाह किया और राज्याधिकारी हुआ। शकों की पराजय चन्द्रगुप्त द्वितीय की वीरता का प्रथम उदाहरण है। किन्तु, इससे यह न समझना चाहिए कि चन्द्रगुप्त द्वितीय भ्राता की हत्या करके ही राज्याधिकारी बन सका। कुछ प्रमाणों के आधार पर हम कह सकते हैं कि समुद्रगुप्त ने चन्द्रगुप्त द्वितीय को अपना उत्तराधिकारी मनोनीत किया था। सम्भवतः वह इसका खुलासा खुले दरबार में न कर सका था, इसलिए सामान्यतः नियमानुसार ज्येष्ठ पुत्र रामगुप्त सिंहासनारूढ़ हुआ।

चन्द्रगुप्त द्वितीय के विषय में हमें जानकारी अभिलेखों, सिक्कों तथा फाहियान द्वारा लिखित विवरण से प्राप्त होती है। गुप्तसंवत् के मथुरा स्तम्भ अभिलेख में कहा गया है कि गुप्तसंवत् 61 या ई. सन् 380 चन्द्रगुप्त द्वितीय के राज्य का पाँचवाँ वर्ष था। इससे चन्द्रगुप्त द्वितीय के सिंहासनारोहण की तिथि 375 ई. निश्चित की गई है। चन्द्रगुप्त द्वितीय की अन्तिम ज्ञात तिथि गुप्तसंवत् 93 है, जो उसके साँची अभिलेख में दी गई है। यह वर्ष 412-13 ई. है।

गुप्तसंवत् 96 या ई. सन् 415 ई. के बिलसाड़ अभिलेख के अनुसार, उस समय कुमारगुप्त प्रथम का राज्य था। इस प्रकार चन्द्रगुप्त द्वितीय की मृत्यु की तिथि 414 ई. मानी जा सकती है। स्पष्ट है कि चन्द्रगुप्त द्वितीय ने चालीस वर्ष तक राज्य किया।

जिस समय चन्द्रगुप्त द्वितीय मगध की गद्दी पर बैठा, उस समय उसके समक्ष कई कठिनाइयाँ थीं। रामगुप्त के शासनकाल में गुप्त-साम्राज्य में शिथिलता के चिह्न स्पष्ट रूप से दृष्टिगोचर होने लगे थे। शकों की विजय से गुप्त-साम्राज्य की मान-मर्यादा को जबरदस्त धक्का लग चुका था। इसके अतिरिक्त, रामगुप्त के दुर्बल शासनकाल में प्रान्तीय शासकों ने अपने को स्वतन्त्र करने का यत्न किया। विदेशी आक्रमण की आशंका भी बढ़ गई थी। चन्द्रगुप्त द्वितीय ने बड़ी सफलता से इन कठिनाइयों का सामना किया। चन्द्रगुप्त द्वितीय को अपने पिता से एक विशाल साम्राज्य प्राप्त हुआ था। अतएव, उसको साम्राज्य-स्थापना के लिए कुछ नहीं करना था। परन्तु, उस विशाल साम्राज्य की सुरक्षा तथा उसे सुसंगठित बनाए रखने के लिए उसे कई युद्ध लड़ने पड़े।

पश्चिमोत्तर भारत के कुषाण और अवन्ति के महाक्षत्रपों तथा गुप्त-साम्राज्य के बीच में मद्र-गण से लेकर खरपरिक-गण तक छोटे-छोटे गणों की एक पतली-सी दीवार थी। ये गण काफी स्वतन्त्रता-प्रेमी थे। परन्तु वे इस समय ऐसी अवस्था में थे कि किसी विदेशी आक्रमण का सामना करना उनके समर्थ से बाहर था। इसलिए चन्द्रगुप्त द्वितीय ने पहले इन्हीं गणों का विनाश किया। उदयगिरि में मिले उत्कीर्ण लेखों से पता लगता है कि मध्यभारत की तरफ दिग्विजय करने के लिए चन्द्रगुप्त द्वितीय गया था। इस घटना के बाद भारत के इतिहास में गणराज्यों का कोई अस्तित्व नहीं रहा। चन्द्रगुप्त द्वितीय केवल 'शकारि' ही नहीं 'गणारि' भी था। मध्यभारत के गणों का विनाश करने के बाद उसी दिशा में चन्द्रगुप्त द्वितीय ने विजय-यात्रा की और अवन्ति के क्षत्रपों का विनाश किया। रुद्रसिंह तृतीय के 388 ई. तक के सिक्के मिलते हैं। इसके बाद का कोई सिक्का नहीं मिलता। वही अन्तिम क्षत्रप था जिसका वध चन्द्रगुप्त द्वितीय ने किया। **मेहरौली लौह-स्तम्भ-लेख** से मालूम होता है कि चन्द्रगुप्त द्वितीय ने बंग में शत्रुओं के एक संघ का नाश किया और सिन्धु के सात मुहानों को पार करके कई राज्यों को जीता। गुप्त-साम्राज्य के शत्रु प्रत्यन्तनृपति समतट, दबाक और कामरूप के राजा बंगाल में गुप्त-साम्राज्य पर आक्रमण करने को इकट्ठे हो गए थे। परन्तु, उनको बलपूर्वक पराजित कर चन्द्रगुप्त द्वितीय ने अपनी भुजाओं पर खड्ग से कीर्ति अंकित की। इससे गुप्त-साम्राज्य की सीमा सीधे असम तक फैल गई।

पूर्व के प्रत्यन्त राज्यों को भंग करने के बाद चन्द्रगुप्त द्वितीय ने पश्चिमोत्तर भारत पर, जहाँ पर कुषाणों के वंशज अभी तक शासन कर रहे थे, आक्रमण किया। मेहरौली के लौह-स्तम्भ-लेख से मालूम होता है कि उसने सिन्धु नदी की सात सहायक नदियों (सतलज से लेकर काबुल तक) को पार कर वाहीकों को हराया। कई शताब्दियों तक शक भारतीय राजनीति की एक विकट समस्या थे। चन्द्रगुप्त द्वितीय ने उत्तरापथ और अवन्ति के शक राज्यों का उच्छेदन करके **विक्रमादित्य** का विरुद (कीर्तिसूचक पदवी) धारण किया। चन्द्रगुप्त द्वितीय ने अपने पराक्रम और प्रताप से फिर वहाँ अपना आधिपत्य दृढ़ किया।

वैवाहिक सम्बन्ध : अपनी स्थिति को सुदृढ़ करने के लिए चन्द्रगुप्त द्वितीय ने वैवाहिक सम्बन्ध स्थापित करने की नीति का अनुसरण करना आरम्भ किया। वह महान विजेता होने के अलावा एक कुशल नीतिज्ञ भी था। अपने समय की शक्तियों को अपने वश में लाने के लिए उसने केवल शस्त्र का ही प्रयोग नहीं किया, बल्कि नीति से भी काम लिया। उसने उन अधीनस्थ राज्यों से, जो असन्तुष्ट या शक्तिमान थे, विवाह-सम्बन्ध करके उन्हें अपना मित्र बनाया। सर्वप्रथम उसने अपना विवाह नागवंश की एक कन्या कुबेरनागा से किया, जिससे प्रभावतीगुप्त पुत्री उत्पन्न हुई। नागवंश शक्तिशाली राजवंश माना जाता था। उस राजवंश से वैवाहिक सम्बन्ध हो जाने से चन्द्रगुप्त द्वितीय को अपनी स्थिति सुदृढ़ करने में पर्याप्त सहायता मिली।

नागों से कहीं अधिक शक्तिशाली राजवंश वाकाटकों का था। उनका राज्य गुप्तसाम्राज्य तथा मालवा और सौराष्ट्रों के शक-क्षत्रपों के बीच में पड़ता था। स्मिथ ने लिखा है कि वाकाटक राज्य की ओर से आक्रमण करनेवालों के बहुत काम आ सकते थे और यदि वे उससे नाराज होते, तो उनकी हानि भी बहुत कर सकते थे। चन्द्रगुप्त द्वितीय इस बात को भलीभाँति समझता था। इसलिए उसने वाकाटक राजा रुद्रसेन द्वितीय से अपनी कन्या प्रभावतीगुप्त का विवाह कर दिया। रुद्रसेन द्वितीय तो अपने श्वसुर की सहायता करने के लिए अधिक दिन जीवित नहीं रहा, किन्तु प्रभावती ने अपने पिता को बहुत सहयोग किया।

कुन्तल के काकुस्थवर्मन नामक कदम्ब राजा का एक उत्कीर्ण लेख मिला है, जिससे पता लगता है कि उसकी कन्याएँ गुप्त राजाओं से ब्याही गई थीं। इस आधार पर अनुमान लगाया गया है कि चन्द्रगुप्त द्वितीय ने अपने पुत्र का विवाह काकुस्थवर्मन की कन्या से किया था। ये सभी वैवाहिक सम्बन्ध राजनीतिक दृष्टि से महत्त्वपूर्ण थे।

साम्राज्य-विस्तार : बंगाल के शत्रु-संघ का नाश करके तथा उत्तर-पश्चिम में वाहीकों और कुषाणों को परास्त करके चन्द्रगुप्त द्वितीय ने **विक्रमादित्य** की उपाधि धारण की। फलतः पूर्व में बंगाल की खाड़ी से लेकर नर्मदा नदी तक समस्त उत्तरी भारत उसके विशाल साम्राज्य के अन्तर्गत था। यही नहीं, नर्मदा नदी के दक्षिण की ओर का दक्षिणापथ भी उसके साम्राज्य में सम्मिलित था। उत्तर-पश्चिम में पंजाब और सीमान्त प्रदेश उसके साम्राज्य के अंग बने हुए थे। इस प्रकार उसका विशाल साम्राज्य समस्त उत्तरी भारत में फैला हुआ था और दक्षिणी भारत के अनेक राज्यों को उसने अपना करद (करदाता) बना लिया था। वे अब वार्षिक कर और भेंट आदि के रूप में मणि-माणिक्य, हीरे-जवाहरात तथा सुवर्ण आदि देकर उसके खजाने को भरते रहते थे। चन्द्रगुप्त द्वितीय ने अश्वमेध यज्ञ किया तथा **महाराजाधिराज, सिंह-विक्रम, श्रीविक्रम, शकारि** (शकों का शत्रु), **विक्रमादित्य** आदि अनेक उपाधियों से अपने नाम को अलंकृत किया।

शासन प्रबन्ध : तत्कालीन अभिलेखों, मुद्राओं तथा चीनीयात्री फाहियान के विवरण से चन्द्रगुप्त द्वितीय के शासन-प्रबन्ध पर यथेष्ट प्रकाश पड़ता है। शासन का प्रधान राजा था। इतना होते हुए भी वह निरंकुश और स्वेच्छाचारी नहीं था। राजकाज में परामर्श देने के लिए मन्त्रिपरिषद् थी। उसने शासन को अनेक विभागों में विभक्त कर रखा था और प्रत्येक विभाग एक-एक सुयोग्य, ईमानदार और राजभक्त पदाधिकारी को सौंपा हुआ था। मन्त्रियों एवं राजकर्मचारियों की नियुक्ति गहन छानबीन करके योग्यता के आधार पर की जाती थी। सम्राट

की शक्ति असीम होते हुए भी उसे नैतिक बन्धनों और शास्त्रों के नियमों के अनुसार कार्य करने पड़ते थे। सम्राट जनहित का सर्वथा ध्यान रखता और प्रायः लोककल्याण के कार्यों में व्यस्त रहता था।

चन्द्रगुप्त द्वितीय के समय में दंडविधान उदार एवं नम्र था। अपराध की गुरुता के अनुसार अर्थदंड लगाया जाता था। भयंकर अपराध में ही शारीरिक दंड दिया जाता था। प्राणदंड की सजा नहीं थी।

साम्राज्य कई प्रान्तों में बँटा था। प्रान्त को **देश** या **भुक्ति** कहते थे। प्रान्त जिलों में विभक्त था। जिला **प्रदेश** या **विषय** कहलाता था। प्रान्त का शासक **उपरिक** या **गोप्ता** कहलाता था। जिले का शासक **विषयपति** था। विषयपति गोप्ता के प्रति उत्तरदाई था। विषयपति की सहायता के लिए स्थानीय प्रतिनिधियों की एक परिषद् होती थी। ग्राम का प्रबन्ध अलग से होता था। ग्राम से सम्बद्ध सभी कार्य ग्राम के प्रमुखों की सहायता से **ग्रामिक** करता था।

अब तक गुप्तों ने स्वर्णमुद्राओं का निर्माण कराया था, किन्तु चन्द्रगुप्त द्वितीय ने ताँबे तथा चाँदी के सिक्के भी प्रचलित कराए, जो शक-क्षत्रप की मुद्राओं से प्रभावित हैं। ताम्रमुद्राएँ लगभग नौ प्रकार की हैं। मुद्राओं पर एक ओर गरुड़ का चित्र अंकित किया जाता था और दूसरी ओर राजा का चित्र अंकित रहता था। कला एवं पूर्णता में चन्द्रगुप्त द्वितीय की मुद्राएँ समुद्रगुप्त की मुद्राओं से स्पर्द्धा करती हैं। चन्द्रगुप्त द्वितीय ने मुद्रा-निर्माण में कुछ उल्लेखनीय परिवर्तन ला दिया था। उदाहरणार्थ चीते के स्थान पर वह सिंह का वध करता हुआ दिखाया गया है क्योंकि उसे **सिंह-विक्रम** की उपाधि प्राप्त थी। इसी आधार पर कुछ इतिहासकारों ने यह निष्कर्ष निकाला है कि सिंहवध प्रदर्शित करनेवाली मुद्राएँ चन्द्रगुप्त द्वितीय की गुजरात-विजय का संकेत करती हैं, क्योंकि उन दिनों वहाँ सिंहों का बाहुल्य था। पिता-पुत्र की मुद्राओं में दूसरा अन्तर यह देखने को मिलता है कि वीणावाली मुद्राओं के स्थान पर चन्द्रगुप्त द्वितीय ने पुष्पांकित मुद्राओं का निर्माण कराया।

चन्द्रगुप्त द्वितीय का धर्म : गुप्तसम्राट वैयक्तिक रूप से विष्णु के उपासक थे, जिसका वाहन गरुड़ उनके राष्ट्रध्वज का प्रधान चिह्न था। वे लोग परम भागवत कहलाते थे। उदयगिरि-गुफा में विष्णु और लक्ष्मी से सम्बन्धित अनेक मूर्तियाँ मिली हैं। वहाँ वराह-अवतार की भी एक वृहद् मूर्ति है। दूसरी गुफा शम्भू को समर्पित है। मथुरा के शिलालेख से माहेश्वर नामक एक शैव सम्प्रदाय का पता चलता है। चन्द्रगुप्त द्वितीय धर्म-सहिष्णु था। उसका मन्त्री वीरसेन शैव था। मथुरा के शैव-आचार्य आदिनाचार्य का भी उल्लेख मिलता है। उसका प्रसिद्ध सेनाधिकारी अभ्रकादेव बौद्ध था। फाहियान भी उसकी धर्मसहिष्णुता और दानशीलता की प्रशंसा करता है। उसके द्वारा अश्वमेध-यज्ञ का आयोजन हुआ, इसका एक अप्रत्यक्ष प्रमाण काशी के नगवा गाँव से प्राप्त घोड़े की मूर्ति पर अंकित लेख माना जाता है।

विक्रमादित्य के रूप में चन्द्रगुप्त द्वितीय का चरित्र और इतिहास में स्थान : चन्द्रगुप्त द्वितीय चन्द्रगुप्त विक्रमादित्य के नाम से भी जाना जाता था। चन्द्रगुप्त विक्रमादित्य का भारतीय इतिहास में उच्च स्थान हैं। वह पराक्रमी, विजेता तथा योग्य शासक था। शकों, कुषाणों आदि विदेशी शासकों की शक्ति को पूर्णतया नष्ट करके उसने देशी राजसत्ता को बंगाल से हिन्दूकुश तक स्थापित किया। वास्तव में हम कह सकते हैं कि उसनें उस विशाल

राजनीतिक आन्दोलन को पूर्ण किया, जिसका सूत्रपात नाग तथा वाकाटकों ने किया था और जिसकी धारा को स्वयं उसके पिता ने विस्तृत किया था। शकों पर विजय प्राप्त करने के फलस्वरूप उसे **शकारि** कहा गया। उसने विक्रमादित्य की भी उपाधि धारण की थी, इसलिए उसे **विक्रमादित्य** कहा जाने लगा। विदेशियों पर महत्त्वपूर्ण विजय प्राप्त करने के कारण चन्द्रगुप्त द्वितीय इस उपाधि का पूर्ण अधिकारी था। विक्रमादित्य के अतिरिक्त **विक्रमांक, अजितविक्रम, सिंहविक्रम, सिंहचन्द्र, नरेन्द्रचन्द्र** आदि उपाधियों का भी उसके लिए प्रयोग हुआ है।

उसने शासन-व्यवस्था की उन्नति के लिए विशेष ध्यान दिया। दृढ़ शासन की स्थापना कर उसने देश में शान्ति-व्यवस्था की स्थापना की, जिससे वाणिज्य-व्यापार को पर्याप्त प्रोत्साहन मिला। वह अपनी न्यायप्रियता के लिए भी अत्यन्त प्रसिद्ध रहा। भारतीय परम्पराओं में तो उसकी न्यायप्रियता की अनेक कहानियाँ प्रचलित हैं ही, चीनीयात्री फाहियान भी, जिसने उसके शासनकाल में भारत का पर्यटन किया था, इस सम्बन्ध में उसकी प्रशंसा करता है।

विक्रमादित्य विद्वानों, कवियों और कलाकारों का आश्रयदाता था। भारतीय परम्परा के अनुसार, *नवरत्न* के नाम से प्रसिद्ध नौ विद्वान उसके दरबार की शोभा बढ़ाते थे। किन्तु आधुनिक इतिहासकार इसे स्वीकार नहीं करते। कालिदास के विषय में तो यह मान लिया गया है कि वे उसके दरबारी कवि थे, किन्तु 'नवरत्न' की सूची के कई अन्य विद्वान उसके समकालीन नहीं थे।

विक्रम संवत् को, जो 58 ई.पू. में किसी राजा ने चलाया था, उसे चन्द्रगुप्त विक्रमादित्य ने अपने नाम से पुनः प्रचलित किया।

वह तो विष्णु का भक्त था, परन्तु उसमें उच्चकोटि की धार्मिक सहिष्णुता विद्यमान थी। उसने अन्य धर्मवालों को भी अपने राज्य में ऊँचे-ऊँचे पद दिए। साँची के शिलालेख से पता चलता है कि बौद्धधर्मावलम्बी अभ्रकादेव उसका सेनापति था। उसका सन्धि-विग्रहिक मन्त्री शिव का उपासक था। इन कारणों से चन्द्रगुप्त विक्रमादित्य की गणना भारत के प्रमुख सम्राटों में की जाती है।

समुद्रगुप्त और चन्द्रगुप्त द्वितीय की तुलना : चन्द्रगुप्त द्वितीय अपने पिता की तरह अदम्य योद्धा था। दोनों ही घोर साम्राज्यवादी थे। जिस प्रकार समुद्रगुप्त ने 'सम्पूर्ण पृथ्वी की विजय' के लिए अनेक युद्ध किया, उसी प्रकार चन्द्रगुप्त विक्रमादित्य ने भी किया। दोनों के समय की राजनीतिक परिस्थिति भी लगभग एक जैसी ही थी। चन्द्रगुप्त प्रथम की मृत्यु के उपरान्त समुद्रगुप्त के विरुद्ध उसके भाई कच ने विद्रोह किया, अतः समुद्रगुप्त को उसके विरुद्ध युद्ध करना पड़ा। इस गृहयुद्ध से लाभ उठाकर समुद्रगुप्त ने समस्त शत्रुओं का दमन कर दिया। उसने पैतृक राज्य की रक्षा ही न की, वरन् उसका महान सम्वर्द्धन भी किया। इसी प्रकार चन्द्रगुप्त द्वितीय को अपने बड़े भाई रामगुप्त की अकर्मण्यता का विरोध करना पड़ा। अन्त में रामगुप्त को मारकर उसने गुप्तवंश की प्रतिष्ठा की रक्षा की। रामगुप्त की निर्बल नीति ने गुप्त-साम्राज्य के समस्त सूत्रों को शिथिल कर दिया था। चन्द्रगुप्त द्वितीय के विरुद्ध उसके शत्रुओं ने संघ बनाना प्रारम्भ कर दिया था, परन्तु, चन्द्रगुप्त द्वितीय ने इस आपत्काल में महान धैर्य और शौर्य का परिचय दिया। उसने शत्रु-संघ को बंगाल में पराजित किया।

समुद्रगुप्त की भाँति उसने भी दिग्विजय की। समुद्रगुप्त ने पश्चिमी शकों से लोहा नहीं लिया था। अतः वे काठियावाड़ और गुजरात में पूर्ववत् शासन कर रहे थे। सर्वप्रथम चन्द्रगुप्त द्वितीय ने उसका उन्मूलन करने का निश्चय किया और भयंकर युद्ध के पश्चात् पश्चिमी भारत में शताब्दियों से चले आनेवाले शक-शासन का अन्त कर दिया। समुद्रगुप्त ने पश्चिमोत्तर के विदेशी राजाओं को मात्र अपने साथ मैत्री करने के लिए विवश किया। परन्तु, चन्द्रगुप्त द्वितीय को यह रुचिकर न था। उसने पश्चिमोत्तर प्रदेश पर धावा बोला और वहाँ से विदेशी राजाओं को मार भगाया। इस प्रकार हम देखते हैं कि चन्द्रगुप्त द्वितीय अपने पिता की अपेक्षा अधिक उग्र अग्रगामी नीति का अनुयायी था। वह किसी भी रूप में विदेशी सत्ता को भारत-भूमि पर नहीं रहने देना चाहता था, चाहे वह शक्ति मित्र हो अथवा शत्रु। समुद्रगुप्त ने अनेक राजाओं को पराजित करके उनके राज्य उन्हें वापस दे दिया था, परन्तु चन्द्रगुप्त द्वितीय ने शत्रुओं और विदेशियों के प्रति ऐसी उदारता नहीं दिखाई।

समुद्रगुप्त और चन्द्रगुप्त द्वितीय दोनों का ही अधिकांश जीवन युद्धों में व्यतीत हुआ। दोनों ही आजीवन अजेय रहे। जिस प्रकार प्रयाग-प्रशस्ति में समुद्रगुप्त के शौर्य का उल्लेख किया गया है, उसी प्रकार मेहरौली अभिलेख में चन्द्रगुप्त द्वितीय विक्रमादित्य के शौर्य का। दोनों ही ने दीर्घकाल तक शासन किया। अतः वे दोनों अपने साम्राज्य को सुसंगठित करने में सफल रहे। उन्हें अपने जीवनकाल में किसी अन्य आन्तरिक विद्रोह अथवा वाह्य आक्रमण का सामना नहीं करना पड़ा।

संस्कृति

17.7 साहित्य

परराष्ट्र सचिव एवं जिलाधीश के पदों को गौरवान्वित करनेवाला **हरिषेण** ने संस्कृत में *प्रयाग-प्रशस्ति* (एक-एक पद 120 शब्दों का) की रचना 8 छन्दों में की। प्रशस्ति के अन्त में 85 पंक्तियों की एक वाक्यात्मक वृहद् गद्य में समुद्रगुप्त की विजयगाथा एवं नरेशगुप्त की प्रशंसा की गई है। चन्द्रगुप्त प्रथम का दरबारी विद्वान **वीरसेन** व्याकरण, न्याय तथा राजनीति का ज्ञाता था। जब वह सन्धिविग्रहिक के पद पर नियुक्त था, तो उसने उदयगिरि की गुफा खुदवाई और उस पर वंशक्रम लिखवाया। विद्वान **वत्सभट्टि** ने 473 ई. में संस्कृत की **वैदर्भी शैली** में मन्दसौर-प्रशस्ति लिखा, जिसमें रेशम के कारीगरों द्वारा सूर्यमन्दिर बनाने की चर्चा है। *कुमारसम्भव, अभिज्ञानशाकुन्तलम्, मेघदूत, नलोदय, मालविकाग्निमित्र, कल्याणस्तव, गंगाष्टक, रघुवंश, पुष्पवाणविलास, शुद्धिचन्द्रिका, लघुत्सव, शृंगारतिलक, शृंगारसारकाव्य, श्यामलादंडक, सेतुबन्ध, श्रुतबोध, सप्तश्लोकी रामायण* आदि उपलब्ध-अनुपलब्ध संस्कृत साहित्यों का रचनाकार कालिदास इसी काल के थे।

मातृ-गुप्ताचार्य एवं **राघवभट्ट** प्रसिद्ध साहित्यकार थे। नाटककार एवं कवि विशाखदत्त चन्द्रगुप्त प्रथम के दरबार में था। *कौमुदीमहोत्सव* एवं *जयाख्य-संहिता* की रचना इसी समय हुई। सुबन्धु ने लगभग 500 ई. में *वासवदत्ता* की रचना की। अलंकारशास्त्र पर भामह ने *काव्यालंकार* लिखा।

दर्शन के क्षेत्र में आचार्य विन्ध्यवासी एवं आचार्य ईश्वरकृष्ण ने न्यायसूत्रों पर **भाष्यों** की रचनाएँ कीं। कुसुमपुर (पटना) निवासी आर्यभट्ट ने *आर्यभटीय* की रचना की, जिसमें बीजगणित में समीकरण तथा अंक लिखने की नवीन शैली-अक्षरों को कार्यान्वित किया गया। इस विद्वान ने अक्षर द्वारा अंक लिखने की परिपाटी निकाली। इस ग्रन्थ से यह जानकारी मिली कि दाएँ से बाएँ जाने पर अंक का मूल्य दसगुणा हो जाता है। *वायुपुराण, विष्णुपुराण* तथा *महाभारत* एवं *रामायण* के अधिकांश भाग इसी काल में रचे गए। तत्कालीन अर्थव्यवस्था पर *कामंदकीय नीतिसार* की रचना सम्भवतः चन्द्रगुप्त द्वितीय के अमात्य शिखरस्वामी ने की थी। इस काल की रचना *अमरकोष* में प्रथम बार राजा का अर्थ ईश्वर, स्वामी, पिता बताया गया। इन ग्रन्थों से तत्कालीन वैष्णवधर्म की प्रसिद्धि, मन्दिर, विलासमय जीवन, प्रेमसम्बन्ध, विरह, भवन, आभूषण, व्यापक रूप में ग्रामीण जीवन, शहर, दरबार की भव्यता, राजपरिवार, शासकों के रहन-सहन, सामन्त, विज्ञान, मूर्तिकला, धर्म एवं प्रशासनिक केन्द्रों की जानकारी होती है।

17.8 कला

भारतीय कला को नवीन रूप मिला। एक प्रतिष्ठित मापदंड के आधार पर विकसित गुप्तकालीन बुद्धमूर्तियाँ अलंकृत होने लगीं। तत्कालीन स्तूप, चैत्य एवं विहार को, जो गान्धारशैली से प्रभावित है, देखने से भिक्षुओं के विलासमय जीवन की झाँकी मिलती है। पाटलिपुत्र, मथुरा एवं सारनाथ कला के मुख्य केन्द्र थे। भवनों में पकी ईंटों का व्यापक प्रयोग होने लगा था। **नागरशैली** में आकर्षक मन्दिरें बनीं। झाँसी के पास निर्मित देवगढ़ का दशावतार मन्दिर जीवन्त उदाहरण है। मन्दिरों को अलंकृत करने के लिए उन पर कमल के फूल अंकित किए जाने लगे। *रामायण* के दृश्य अंकित किए जाने लगे। मन्दिरों के खम्भे 4, 8 और 16 पहलों (फलक) के बनें। सम्भोगरत प्रतिमाओं ने मन्दिरों में स्थान पाया। ऐहोल का विष्णुमन्दिर और छठी शताब्दी के विष्णु का लरकान मन्दिर एवं कुछ प्रारम्भिक दुर्गा मन्दिरों में उत्कीर्ण ऐसी सम्भोगरत प्रतिमाओं के संकेत को *कामसूत्र* एवं कालिदास की रचनाओं, सामन्तों के विलासी जीवन एवं तन्त्र-मन्त्र के परिप्रेक्ष्य में समझा जा सकता है। सुल्तानगंज की विशुद्ध ताँबे की ढली हुई 2.25 मीटर ऊँची और एक टन से अधिक वजन की बुद्ध प्रतिमा तथा नालन्दा में 24 मीटर ऊँची प्रतिमा धातुकार्य की श्रेष्ठकला के नमूना रहीं। शिलाखंडों से मन्दिर बनाए जाने लगे। भीतरगाँव (कानपुर के पास) के विष्णु मन्दिर में अलंकृत ईंटों का प्रयोग किया गया। अन्दर तक सूर्य का प्रकाश पहुँचे, इसके लिए ईंटों की जालियाँ मन्दिरों में बनीं। **द्वारपाल** वाले मन्दिरों का निर्माण प्रारम्भ हुआ। मन्दिरों में **शिखर** का प्रयोग होने लगा। अपने पिता की स्मृति में कुमारगुप्त प्रथम ने 6.25 टन वजन का जंगविहीन लोहे का ढला हुआ स्तम्भ निर्मित कराया, जिसका व्यास 40 सेंटीमीटर और ऊँचाई 8.40 मीटर है।

राजभवन की बनावट में नवीनता आई। अन्तःशाला, फौव्वारा, अग्निगृह, सभागृह, न्यायगृह, कारागृह, आँगन, बाग-बगीचे, पशु-पक्षीशाला आदि बनने लगे। भवनों में चूना, संगमरमर, स्फटिक का प्रयोग एवं दीवालों को प्लस्तर किया जाने लगा। कुआँ, तालाब एवं

उद्यानों से मुख्यमार्ग अलंकृत थे। जंगरहित लौहस्तम्भ तत्कालीन कला-तकनीक का अकेला उदाहरण है। नारी-मूर्तियों के स्तनों में उभार से अधिक फैलाव दिखाई देता है। मूर्तियों में कमनीयता झलकती है। मूर्तियों को भौतिक-तत्त्वों के भार से मुक्त कर अत्यन्त तर्कपरक आध्यात्मिक अनुभव से प्रभावित किया गया। कुम्हार के आवा में पकाई गई 6-7 फीट लम्बी रंगीन मूर्ति के साथ-साथ हाथी, घोड़ा, मगर, सिंह, मानव, पक्षी आदि खिलौने पकी मिट्टी के पाए गए। सम्भवतः ये मूर्तियाँ साँचे में ढालकर बनाई जाती थीं।

घरों में मिट्टी के बने आकर्षक कलश, तश्तरी, कटोरा, सुराही, दीपक आदि का प्रयोग होता था। इन बर्तनों में मौर्य या शुंगकालीन जैसा आकर्षण नहीं, किन्तु आकार-प्रकार में वृद्धि हुई। ढलुए सिक्कों पर राजा, रानी, देवी, देवता, वीणा, पशु आदि के चित्र बने रहते थे। समुद्रगुप्तकालीन सिक्कों पर राजा भाला लिए हुए अंकित है। कुछ अन्य सिक्कों पर परशु, तीर, धनुष, बाघ-पराक्रम (समुद्रगुप्त) के दृश्य अंकित हैं। **चित्रकारी** में नुकीले पेंसिल एवं पतले तथा हलके ब्रश का प्रयोग किया जाता था। रत्नजटित आभूषण राजा, रानी एवं सामन्त-परिवारों द्वारा धारण किए जाते थे। चाँदी, ताँबा, पीतल आदि के आभूषण जनसाधारण में प्रचलित थे।

17.9 धर्म

उदयगिरि से प्राप्त चन्द्रगुप्त द्वितीयकालीन अभिलेख से शैवधर्म को संरक्षण प्रदान करने की जानकारी मिलती है। 432-33 में मथुरा में **सामाढ्या** नामक जैन महिला ने एक जिनमूर्ति की स्थापना की। 432 और 437 ई. के दो ताम्रपत्र दामोदरपुर से मिले हैं, जिनमें अग्निहोत्रों और महायज्ञों के उल्लेख हैं। कुमारगुप्त द्वितीय के काल में अभयमित्र नामक एक बौद्धभिक्षु ने बुद्ध की एक प्रतिमा स्थापित की। फाहियान के अनुसार, ब्राह्मण धर्म के समान बौद्ध धर्म विकसित अवस्था में था। हिन्दू-कर्मकांड के आधुनिक रूप का प्रारम्भिक बिन्दु गुप्तकाल है। प्राचीनतम शिवमूर्ति मथुरा से मिली है। बौद्ध धर्म इसी समय से भागवतधर्म रो प्रभावित होने लगा। सूर्य, दुर्गा (महिषमर्दिनी) की पूजा प्रचलित थी। समुद्रगुप्त और उसके पौत्र कुमारगुप्त प्रथम के काल में अश्वमेध-यज्ञ आयोजित हुए।

यक्षों, सर्पों एवं ब्राह्मण के अलावा स्वर्ग के देवताओं की काल्पनिक मूर्तियाँ बनाई जाने लगीं। मोर पर सवार कार्तिकेय की मूर्ति इतनी लोकप्रिय हुई कि बौद्धचैत्यों में भी इसे स्थान मिला। मन्दिरों की दीवालों पर फलों के गुच्छे और खम्भों पर कृष्णलीला के दृश्य उकेरे गए। **त्रिनेत्रधारी शिव** की मूर्ति इसी काल की पाई गई हैं।

17.10 वस्त्र-आभूषण

कुषाणकालीन नुकीले टोपी के बदले कसी हुई टोपी का प्रचलन था। शासकवर्ग अंगरखा, पजामा या कमर में छोटा वस्त्र, कमर में घुटन्ना, कानों में कुंडल, अँगूठी, हार आदि धारण करते थे। राजपरिवार की स्त्रियाँ ढीले-ढाले वस्त्र, गले में हार, बाँहों में भुजवन्ध, रेशमी वस्त्र धारण करती थीं और जनसाधारण में धोती-चादर प्रचलित थे। नर्तकियाँ लहँगा धारण करती

थीं। फैशनपरस्त धनाढ्य लोग घुँघराले बाल पसन्द करते थे। सुगन्धित द्रव्यों को जलाकर उनकी गर्मी से स्त्रियाँ बाल सुखाती थीं। बालों को फूलों एवं रत्नजटित लड़ियों से अलंकृत करने की परम्परा थी।

17.11 उपाधियाँ

गुप्तशासकों ने भागवत, परमभागवत, महाराज, वीणावादक, धर्ममहाराज, परमेश्वर, परमभट्टारक, महाराजाधिराज, परम दैवत-परम, विक्रमादित्य, प्रकाशादित्य आदि उपाधियाँ धारण कीं।

17.12 शिक्षा केन्द्र

पाटलिपुत्र, तक्षशिला, नालन्दा, वलभ आदि।

17.13 शिक्षा विषय

नृत्य, गीत, वाद्य, वास्तु, मूर्ति, प्राविधिक (टेक्निकल) विषय, धर्मशास्त्र, व्याकरण, ज्योतिष, तर्कशास्त्र, मीमांसा, युद्धविद्या, आयुर्वेद, उपनिषद्, दर्शन, गणित, तन्त्र-मन्त्र आदि।

17.14 मनोरंजन

नृत्य, संगीत, शिकार, पशुयुद्ध, जुआ, शतरंज, चौपड़, नाटक आदि।

17.15 भोजन

रोटी, चावल, दाल, घी, दही, मिठाई, शक्कर, दूध,बाजरा, मदिरा आदि। ब्राह्मणों को मांस, मछली, लहसुन, प्याज आदि खाने की मनाही।

तन्त्र-मन्त्र और जादू-टोना से तत्कालीन समाज प्रभावित था। वेश्यावृत्ति अच्छी नहीं मानी जाती थी, किन्तु देवदासी प्रथा की स्वीकृति थी।

17.16 व्यापारिक गतिविधियाँ

पूर्व के दिनों की अपेक्षा व्यापारिक दशा खराब और भावी दिनों की तुलना में बेहतर थी। उज्जैन और कुसुमपुर (पाटलिपुत्र) के बाजार व्यापारिक वस्तुओं से खचाखच भरे थे। विदेशी वस्तुएँ उज्जैन में ज्यादा बिकती थीं। सवेरे से सन्ध्या तक खरीद-बिक्री का बाजार बना रहता था।

नगर का सबसे बड़ा व्यापारी और महाजन **नगरसेठ** (नगरश्रेष्ठि अथवा व्यापारियों का प्रधान) होता था। *उभयाभिसारिका* में धनदत्त सार्थवाह के पुत्र समुद्रदत्त को गुप्तयुग का कुबेर

कहा गया है। व्यापारियों को कभी-कभी चोर-डाकू लूट लेते थे और कभी-कभी राजा भी उनका धन ले लेता था।

व्यापार और लेन-देन में **निगम** का बड़ा हाथ होता था। यह महाजनी का भी काम करता था। निगम सेठ, सार्थवाह और कुलिकों (शिल्पकारों) की संयुक्त मंडली होती थी। रेशमी वस्त्र के बुनकरों एवं तेलियों आदि की व्यापारिक श्रेणियाँ होती थीं। श्रेणियों के सदस्यों को सम्भवतः बाजार का कर नहीं देना पड़ता था। व्यापारियों पर झूठा मुकदमा चलाना या शक के आधार पर उन्हें पकड़ना गैरकानूनी था।

नील बनानेवालों, तेलियों, भैंस और ऊँट के व्यापारियों, फल, धान, जीरा, धनिया, राई आदि के व्यापारियों को अलग-अलग दर से टैक्स देना पड़ता था।

समुद्रगुप्त और चन्द्रगुप्त विक्रमादित्य के काल में, भारत एवं रोमन साम्राज्य के पूर्वी भाग के बीच व्यापारिक सम्बन्ध बने रहे। दक्षिण-पश्चिम में स्थित सोपारा एवं भड़ौच प्रसिद्ध बन्दरगाह थे। दक्षिण-पूर्वी एशियाई देशों के बीच व्यापारिक सम्बन्ध काफी बढ़ गए थे। भारत से हाथी दाँत के बने सामान, कई प्रकार की धातु, मलमल, मसाले आदि विशेष रूप से दक्षिण-पूर्वी एशियाई राज्यों में निर्यात किए जाते थे। चन्दन की लकड़ी, मोती, रत्न, इत्र, नील आदि प्रमुख निर्यातित वस्तुएँ थीं।

चीन से रेशम, इथोपिया से हाथी दाँत और अरब, ईरान, बैक्ट्रिया तथा यूनान से घोड़े मँगाए जाते थे। मदुरा, चौल, कल्याण और कैबे प्रमुख व्यापारिक केन्द्र थे। गुप्तकालीन व्यापारिक गतिविधियों के परिणामस्वरूप बाली, जावा, सुमात्रा, कम्बोज, चम्पा (वियतनाम), मलाया आदि में भारतीय आर्थिक एवं सांस्कृतिक गतिविधियों के प्रसार हुए।

विदेशी व्यापार पर 2 सौ से 3 सौ तक प्रतिशत मुनाफा होता था। यात्रियों की सुरक्षा और व्यापारिक मार्गों के प्रबन्ध के लिए एक अधिकारी होता था। फाहियान बताता है कि सिंहल से वह एक बड़े व्यापारी के जहाज पर चला, जिस पर 200 यात्री थे। तूफान के कारण जहाज में छेद हो गया। जान बचाने के लिए सभी व्यापारियों को अपना सामान समुद्र में फेंकना पड़ा और उसने भी ऐसा ही किया।

खान से सोना निकालकर साफ किया जाता था और गलाकर स्वर्णाभूषण बनाए जाते थे। बढ़ई द्वारा पलंग, टेबुल, कुर्सी, दरवाजे, खिड़कियाँ आदि बनाए जाते थे। रंगरेज वस्त्रों को विभिन्न रंगों में रँगते थे। चन्दन, फूल आदि मिलाकर सुगन्धित लेप बनाए जाते थे। वीणा, ढोल, सिंचाई के औजार, तीर, धनुष, फाल, भाला, बर्छी, तलवार, हथौड़ा, चाँदी और ताँबे के बर्तन, सैनिकों के वस्त्र, सोने-चाँदी का छाता एवं चँवर बनाने के उद्योग विकसित थे। काठियावाड़ के इलाके में ताँबे का सिक्का बनानेवाले उद्योग के कारीगर शुद्ध चाँदी के पत्तर को ताँबा के सिक्कों पर साटने या मढ़ने का कार्य करते थे। ऐसे उद्योगों ने गुप्तकालीन व्यापार को प्रोत्साहित किया।

17.17 केन्द्रीय प्रशासन

गुप्त-साम्राज्य केन्द्रीय प्रशासन के अधीन था। केन्द्रीयप्रधान शासन होने के नाते राजा शासन, सेना तथा न्याय का सर्वोच्च अधिकारी होता था। उसकी सहायता के लिए एक मन्त्रिमंडल

होता था। महत्त्वपूर्ण युद्धों में वह सेनापति का पद भी सँभालता था। प्रशंसनीय कार्यों के लिए वह उपहार एवं पदवी देता था। व्यावहारिक रूप से वह निरंकुश नहीं था। मन्त्रिमंडल एवं उच्चाधिकारियों के हाथों में पर्याप्त सत्ता रहती थी। प्रत्येक विभाग की अपनी मुहर होती थी। भूमि का स्वामी होने के बावजूद भूमिदान के सिलसिले में उसे परामर्श लेना पड़ता था। कुछ सीमा तक वह स्वेच्छाचारी था, किन्तु धर्मशास्त्रों के अनुसार ही उसे शासनकार्य चलाना पड़ता, फलतः ब्राह्मणों का राजसत्ता पर अंकुश बना रहता था। उसे व्यापारियों, शिल्पियों के संघों तथा अन्य सामुदायिक संघों को अपनी सत्ता में साझेदार बनाकर चलना होता था। मन्त्री **अमात्य** एवं **सचिव** के रूप में जाने जाते थे, जिनका पद काफी हद तक वंशानुगत होता था। राजा के स्वेच्छाचारी प्रवृत्तियों पर इनका भी अंकुश होता था। केन्द्रीय नौकरशाही व्यवस्था में मन्त्री उच्चतर श्रेणी के अंग थे। **कुमारामात्य** और **सन्धिविग्रहिक** का केन्द्रीय प्रशासन में विशेष महत्त्व था। राज्य के उच्च पदाधिकारी कुमारामात्य वर्ग से नियुक्त किए जाते थे। कुमारामात्यों की नियुक्ति विषयाधिपति, सेनापति, महादंडनायक, सन्धिविग्रहिक और यहाँ तक कि महाराजों के रूप में होती थी। कुछ कुमारामात्यों की अपनी स्वतन्त्र सत्ता थी। उसका स्थायी कार्यालय **कुमारामात्यधिकरण** कहलाता था।

सन्धिविग्रहिक का मुख्य काम सामन्तों से निबटना और भूमिदान पानेवाले ब्राह्मणों के नाम शासनपत्र जारी करना था। केन्द्र के अधीन अनेक छोटे-छोटे सामन्तों ने अपने को **महाराजा** की उपाधि से अलंकृत किए थे। राजा का इन पर कोई नियन्त्रण नहीं था, फिर भी ये सामन्त केन्द्र की छत्रछाया के अन्दर रहते थे। केन्द्रोत्सव के समय राजसभा में उपस्थित होकर ये सामन्त सम्राट के वैभव एवं प्रभुता का बखान करते थे।

अधिकांश उच्चाधिकारियों की नियुक्ति राजपरिवार, अमात्य और प्रान्तीय शासक के परिवारों से होती थी। अधिकांश मन्त्रियों के पद वंशानुगत थे। केन्द्र से सम्बद्ध अधिकारी राजा से ज्यादा सामन्तों की सेवा में रहते थे। राजा के नहीं चाहने के बावजूद, केन्द्र से सम्बद्ध कई अधिकारियों के पद उनकी स्थानीय शक्ति के कारण वंशानुगत बन जाते थे। कभी-कभी एक ही अधिकारी कई पदों पर नियुक्त रहता था।

प्रारम्भ में उच्च अधिकारियों को नकद वेतन दिया जाता था। राजा के अंगरक्षकों और परिचारकों को नियमित वेतन मिलता था। शेष अधिकारियों को राजस्व-अनुदान ही वेतन के बदले मिलता था। निहित स्वार्थों की पूर्ति करने में अधिकारियों को हमेशा मौका मिलते रहने के फलस्वरूप उन्हें शासकों के विरुद्ध षड्यन्त्र करने की आवश्यकता नहीं पड़ती थी।

केन्द्रीय सैनिक व्यवस्था की विशेष जानकारी नहीं मिलती। साहित्यों में अश्वरोही सेना के नायक के लिए **अश्वपति, महाश्वपति** और **भटाश्वपति** के अलावा **महाबलाधिकृत, महाप्रतिहार** और **गौल्मिक** जैसे अन्य सैनिक अधिकारियों तथा नगरों में स्थायी सेना की व्यवस्था थी।

ग्रामीण लोग उपज का छठा भाग कर के रूप में देते थे। उत्पादकवर्ग केन्द्र को वस्तुएँ, कारीगर महसूल और व्यापारी सीमाशुल्क देते थे। सीमाशुल्क अधिकारी की चर्चा मिलती है। भूमि-बिक्री का लेखा रखनेवाला अधिकारी **पुस्तपाल** कहलाता था। उपद्रवियों या असामाजिक तत्त्वों को नियन्त्रित करनेवाला अधिकारी **गोल्मिक** कहलाता था। गोल्मिक के अधीन सैनिकों

की एक छोटी टुकड़ी रहती थी। **ग्रामाक्षपटलाधिकृत** नामक अधिकारी ग्रामीण भूमि का आलेख तैयार करता था। लिपिक को **दिविर, करणिक, कायस्थ** आदि कहा जाता था, जो प्रायः राजस्व कार्यालय में रखे जाते थे।

केन्द्रीय प्रशासन के कारण राज्य में शान्ति-सुव्यवस्था बनी रही। विदेशियों के हमले रोके गए। जाति-संघर्ष न होने देने के लिए प्रशासन प्रायः सतर्क रहता था। कला, साहित्य, दर्शन एवं विज्ञान की उन्नति में केन्द्रीय प्रशासन ने विशेष रुचि ली। गुप्तकाल के प्रारम्भिक चरण में भारत-रोम व्यापार के कारण हुई उन्नत आर्थिक दशा के माहौल के कारण केन्द्रीय प्रशासन तथा गुप्तशासक ज्यादा शक्तिशाली थे, किन्तु बाद में चलकर राजकीय आय में जैसे-जैसे कमी होती गई, वैसे-वैसे केन्द्रीय प्रशासन लचरता गया। केन्द्रीय प्रशासन को शक्तिशाली बनाए रखने में अन्तिम चरण के शासक असफल रहे।

17.18 गुप्तोत्तर राजतन्त्र में सामन्ती तत्त्व

गुप्तान्तरकाल में विदेशी व्यापार का ह्रास हुआ। कृषि-भूमि की मात्रा में काफी वृद्धि हुई। राजपद वंशानुगत होने के बावजूद यह आवश्यक नहीं था कि ज्येष्ठ-पुत्र ही उत्तराधिकारी बने। इस स्थिति में राजा को अपने मन्त्रियों, सामन्तों और मुख्य रूप से ब्राह्मणों के सहयोग पर निर्भर रहना पड़ता था। भूमिदान पानेवाले कृतज्ञ ब्राह्मणों ने न केवल अनेक गुप्त अभिलेखों की अलंकारिक रचना की, बल्कि गुप्तशासकों को देवताओं के समतुल्य बताया।

अन्तिम गुप्तसेना में अधिक प्रतिशत वैसे सैनिकों का था, जो अधीनस्थ राजाओं द्वारा उपलब्ध कराए गए थे। रथ पर चढ़कर लड़ाई करने की शैली समाप्त प्रायः हो गई और घुड़सवारों का महत्त्व बढ़ गया। व्यापार में कमी और राजकीय आय घटने से घोड़ों तथा हाथियों पर राज्य का एकाधिकार नहीं रह गया। शक्तिशाली अधिकारियों एवं सामन्तों के निजी घोड़े एवं हाथी होते थे।

गुप्तोत्तरकाल में राजकीय आय घटने से राजस्व अधिकारियों के समान कई अधिकारियों की आवश्यकता प्रशासन में नहीं रही। आय में कमी के कारण, गुप्तकालीन नौकरशाही का भारी खर्च वहन करना सम्भव नहीं रहा। फलतः नौकरशाही का दायना संकुचित होते गया। एक अधिकारी कई पदों को सँभालने लगा। वंशानुगत पदों की संख्या में वृद्धि हुई।

प्रशासनिक विभाजन **भुक्तियों** में होने लगा। प्रत्येक **भुक्ति** का अधिकारी **उपरिक** कहलाता था। एक भुक्ति कई **विषयों** में, एक **विषय** कई **वीथियों** और एक वीथी कई गाँवों में विभक्त थे। बिहार, बंगाल आदि क्षेत्रों में **विषय** और मध्य तथा पश्चिम भारत में **मंडल, भोग** आदि प्रशासनिक इकाइयाँ थीं।

ग्राम प्रशासन में केन्द्र का नियन्त्रण समाप्तप्रायः हो गया और ग्रामीण मामलों का प्रबन्ध **महत्तर** अर्थात् ग्रामप्रधान के हाथ में आ गया। अधिक आयुवाले ग्रामीणों के सहयोग से ग्राम प्रधान (महत्तर) गाँवों का नियन्त्रण करने लगा। स्थानीय लोगों से अनुमति लिए बिना जमीन का सौदा अब नहीं किया जा सकता था। मौर्यकाल में गाँवों की देखभाल, जहाँ ऊपर के अधिकारियों से सम्बद्ध था, वहाँ गुप्तकाल में नीचे के अधिकारी ही गाँवों की समस्याएँ निबटाने लगे।

प्रशासन पर केन्द्र की पकड़ ढीली पड़ने के कारण प्रत्येक पेशा के लोग अपनी सुरक्षा के लिए स्वयं सावधान रहने लगे। श्रेणियों एवं संघों पर राजा का नियन्त्रण नहीं रहा। अनेक मुकदमों का फैसला राजा के न्यायालय एवं कानून के द्वारा नहीं, बल्कि अब *याज्ञवल्यक्यस्मृति, नारदस्मृति* तथा *वृहस्पतिस्मृति* के अनुसार होते थे। अधिकांश न्यायाधीश अब क्षत्रिय और वैश्य नहीं, बल्कि ब्राह्मण होते थे। अतः अपराध सिद्ध करने के लिए दैवी विधानों को विशेष प्रश्रय मिला।

राज्य के कुछ भागों का शासन सीधे गुप्तराजा द्वारा नियुक्त अधिकारी चलाते थे, किन्तु अधिकतर भागों का शासन सामन्त चलाते थे। सामन्त सैद्धान्तिक रूप से राजा के अधीन होते, किन्तु व्यावहारिक रूप में वे शक्तिशाली और काफी हद तक स्वतन्त्र थे। बंगाल के चन्द्र, थानेश्वर के वर्धन और कन्नौज के मौखरी आदि गुप्तों के प्रमुख सामन्त थे। गुप्तराज्य के पतन के साथ ही इनका उदय स्वतन्त्र राज्यों के रूप में हो गया।

गुप्तकाल के अन्तिम चरण में भूमि के साथ-साथ उसके अन्दर की खनिज वस्तुएँ भी स्थायी रूप से ब्राह्मणों को दान दी जाने लगी। जो ग्राम दान दिए जाते, वहाँ के निवासियों पर भी अब पुरोहितों या मन्दिरों का अधिकार हो जाने लगा। फलतः गाँवों पर राज्य का नियन्त्रण नहीं रहा। कर का प्रतिशत घटाने या बढ़ाने तथा दोषी ग्रामवासियों को दंडित करने का अधिकार ग्रामदान प्राप्तकर्ताओं के हाथ में चला गया। अनेक सरदारों एवं अधिकारियों को वेतन के रूप में ग्राम दिए गए।

अधिकांश ग्रामों का प्रशासन अब सामन्त चलाते थे। अतः प्रशासनिक अधिकारियों की संख्या घटती गई। विकेन्द्रीकरण की अवस्था में निजी सैनिकों की संख्या में वृद्धि हुई, किन्तु केन्द्रीय सेना की संख्या अधिक नहीं रही। भूमिदान ने राजनीतिक ढाँचे की रचना में महत्त्वपूर्ण भूमिका निभाई, केन्द्रीय प्रशासन में बिखराव आया। सामन्ती वातावरण के स्पष्ट लक्षण दिखाई देने लगे।

17.19 पतन

स्कन्दगुप्त के बाद गुप्तराज्य का पतन तेजी से हुआ। हूणों ने दुनिया भर में तलवार और आग से तहलका मचा दिया। रोमन साम्राज्य की नींव उन्होंने तोड़ डाली और गुप्त साम्राज्य के परखचे पड़ा दिए। हूण शासक मिहिरकुल ने जब आक्रमण किया तो बुद्धगुप्त और बालादित्य जैसे शासकों ने मुकाबला करने के बदले पीठ दिखा दी। राजसिंहासन आपसी संघर्ष का मंच बन गया। गुप्तदरबार षड्यन्त्रों का केन्द्र बन गया। गद्दी के हकदारों की हत्या की जाने लगी। पाँचवीं शताब्दी के सिक्के एक साथ दो गुप्तशासकों की बात बताते हैं। व्यापार में गिरावट और राजस्व में कमी के फलस्वरूप भ्रष्ट एवं घूसखोर अधिकारियों की संख्या बढ़ी, जिन पर नियन्त्रण करने में अन्तिम गुप्तशासकों ने कोई रुचि नहीं ली। आर्थिक दशा सुधारने के लिए सैनिकों, कर्मचारियों और नौकर-चाकरों में कमी करने के प्रयास का परिणाम यह हुआ कि लुटेरों, डाकुओं, चोरों, षड्यन्त्रकारियों और अन्य विरोधी तत्त्वों में उसी अनुपात में वृद्धि हुई। मन्त्रियों और नौकरशाहों के वेतन के बदले भूमि और गाँव देने के फलस्वरूप राजकीय आय घटती गई। पतनोन्मुख व्यापार ने राजकोष की स्थिति पहले ही खराब बना दी थी। वहीं

अब विलासी शासकों ने राजकोष का भार बढ़ा दिया था। अन्तःपुर से कीमती वस्तुएँ नौकर-चाकरों द्वारा चोरी से सुनारों के दुकानों में पहुँचने लगीं। रानियों, रखैलों एवं राजपरिवार की अन्य महिलाओं के खर्च एवं तामझाम पहले जैसे ही रहे।

सामन्तों ने आन्तरिक विद्रोह किया। विन्ध्य के पुष्यमित्रों ने कुमारगुप्त के शासनकाल में विद्रोह किया। गुप्तशासक बालादित्य के समय मन्दसौर के सामन्त यशोधर्मन तथा बंगाल के गौड़, दोआब क्षेत्र के मौखरी और बलभी के मैत्रकों ने अपने को स्वतन्त्र घोषित कर दिया।

राज्य के सीमावर्ती इलाकों को बाढ़, सूखा और महामारी तथा दुश्मन-राज्यों के कारण उत्पन्न विद्रोहों को शान्त करने के लिए ब्राह्मणों को ग्रामदान दिए गए। प्रतिष्ठा-सूचक धार्मिक संस्थाओं और मन्दिर-निर्माण हेतु भूमिदान की प्रक्रिया व्यापक रूप से शुरू हुई। आलंकारिक पदवियाँ और यज्ञायोजन के लिए खर्च के रूप में नगद और ग्रामदान दिए गए। फलतः गुप्तराज्य की प्रभुता-सीमा घटती गई। ग्रामीण एवं शहरी श्रेणियों को सुरक्षा प्रदान करने में केन्द्र असमर्थ होता गया। फलतः इन श्रेणियों को राजनीतिक एवं आर्थिक स्वतन्त्रता प्राप्त होती गई।

केन्द्र के विरुद्ध एक सामन्त दूसरे सामन्त को गुप्तरूप से सैनिक मदद करने लगा। सामन्तों से टकराना केन्द्र के लिए अब मुश्किल हो गया। सामन्त अब उपसामन्त रखने लगे और राजा से आज्ञा लिए बिना भूमिदान करने लगे, जबकि भूमि पर कानूनी अधिकार केन्द्र का था। प्रजा की दृष्टि में राजा से ज्यादा महत्त्व सामन्तों का था। 530 ई. के आसपास तक मिहिरकुल के नेतृत्व में हूणों ने उत्तर-पश्चिम भारत में ग्वालियर तक के प्रदेशों पर शासन करना प्रारम्भ कर दिया। राजनीति में हूणों की भूमिका मात्र उत्तर-पश्चिम भारत में सर्वोपरि रही, किन्तु यशोधर्मन जैसे महत्त्वाकांक्षी सामन्तों ने भारतीय राजनीति में फूट की जो दरार डाली, उसके फलस्वरूप गुप्तराज्य का शक्तिशाली ढाँचा पूर्णरूप से ढह गया।

कुछ हूण कबीलों का स्थानीय निवासियों के साथ अन्तःमिश्रण हुआ। इन्हीं कबीलों के साथ गुर्जर भी आए, जो पंजाब, सिन्ध और राजपूताना में बस गए। इनमें से कुछ बाद में मालवा और उस भाग तक भी जा बसे, जो बाद में उन्हीं के नाम पर **गुजरात** कहलाया।

17.20 सामन्तवाद का उदय

सामन्तवादी व्यवस्था का आरम्भ गुप्तकाल से हुआ। 7वीं से 13वीं शताब्दी इसका परिपक्व काल माना जाता है। भूमि से सम्बद्ध सामन्तवाद एक ऐसी व्यवस्था थी जिसमें राजा द्वारा अपने अधीनस्थ अधिकारियों को सेवा (या नौकरी) के लिए नगद वेतन न देकर कुछ शर्तों में भूमि दी जाती थी।

सामन्त का शाब्दिक अर्थ 'कर देनेवाला राजा' होता है। *अर्थशास्त्र* और अशोकाभिलेख में सामन्त का अर्थ 'स्वतन्त्र पड़ोसी' है। 'अधीनस्थ सरदार' के अर्थ में सामन्त शब्द का प्रथम प्रयोग पल्लवकालीन स्रोतों में हुआ है। उत्तर और पश्चिम भारत में प्राप्त छठी शताब्दी के कई अभिलेखों में अधीनस्थ सरदारों के अर्थ में सामन्त शब्द का प्रयोग हुआ है।

गुप्तकाल में सामन्ती विशेषताएँ फूलने-फलने लगीं, किन्तु इसके स्रोतों में सामन्त शब्द नहीं मिलता है। पल्लवनरेश शान्तिवर्मन के काल (455-70 ई.) के एक पल्लव अभिलेख में 'सामन्त चुरूरामणयः' शब्द-पद आया है। उत्तर भारत में इस शब्द का सबसे पहले प्रयोग बंगाल के एक अभिलेख और मौखरी सरदार अवन्तिवर्मन के बराबर पहाड़ी के गुहा-अभिलेख में हुआ है। अवन्तिवर्मन के 555 ई. के अभिलेख में इसके पिता को 'सामन्त-चूड़ामणि' कहा गया है। यशोधर्मन (525-35) के मन्दसौर प्रस्तर-स्तम्भ में सामन्त शब्द का उल्लेख मिलता है। कलचुरि-चेदि युग के अभिलेखों में 597 ई. से उपरिकों और कुमारामात्यों का स्थान सामन्तों ने ले लिया। हर्षवर्धन के भूमि-अनुदान पत्रों में सामन्त-महाराज और महासामन्त शब्दों का प्रयोग बड़े-बड़े राज्याधिकारियों की उपाधियों के रूप में किया गया है।

बाण पहला लेखक है जिसने सामन्तों के कर्तव्यों का संकेत किया है। **हर्षचरित्** में उसने लिखा है कि पुष्यभूति ने अपने महासामन्तों को अपना करद (कर देनेवाला) बना लिया था। राजा सामन्तों द्वारा प्रशासित क्षेत्रों की प्रजा से कर न लेकर, इन सामन्तों से ही लेता था। *कादम्बरी* में चर्चा है कि पराजित राजा को सामन्त बना दिया गया, जो अब राजा को 5 तरीकों से अभिवादन करते थे—सिर झुकाकर, सिर झुकाकर राजा के चरणों का स्पर्श करके, सिर झुकाकर राजा के तलवों का स्पर्श करके, राजा की चरण-धूलि लेकर और राजा के चरणों के निकट मस्तक से धरती का स्पर्श करके। बाण ने सामन्तों का छह प्रकार बताया है—सामन्त, महासामन्त, आप्तसामन्त, प्रधानसामन्त, शत्रुमहासामन्त और प्रतिसामन्त। इसके अलावा सामन्तों को महीपाल, भूपाल, भोक्ता, भोगी, भौगिक, भोगिजन, भोगपतिक, भोगिरूप, महाभोगी, वृहद्भोगी, राजा, राज्ञ, राजराजनक, राजन्यक, राणक, राजपुत्र, ठाकुर, राजवल्लभ, महासामन्ताधिपति, महासामन्तराणक, सामन्तक, मांडलिक, महामंडलेश्वर आदि भी कहा गया है। शासक या सम्राट के सामने राजाओं की स्थिति सामन्तों से बेहतर नहीं थी। राजाओं और सामन्तों का मुख्य कर्तव्य अपने प्रभु के लिए सेना जुटाना था। महीपाल वैसे सामन्त को कहा गया, जो शासक या प्रभु की शक्ति के समक्ष झुकने को लाचार था।

सामन्तवाद का गहरा सम्बन्ध भूमिदान से रहा। व्यापक रूप में भूमिदान की परम्परा की शुरुआत गुप्तोत्तरकाल से 3 कारणों से हुई—(1) राजा द्वारा वैसे अधीनस्थ अधिकारियों को भूमि दी गई, जिन्हें नगद वेतन देने में राजा असमर्थ रहा। (2) सीमावर्ती क्षेत्रों में पड़ोसी राज्यों से हुए आक्रमण को रोकने और बाढ़, महामारी तथा सूखा के समय राजकीय सहायता के अभाव में उत्पन्न प्रजा-विद्रोह को शान्त करने के लिए वैसे ब्राह्मणों को भूमिदान दी गई, जिन्होंने शान्ति और सन्तोष, पुण्य और पाप, स्वर्ग और नरक, लोक-परलोक, पूर्वजन्म-पुनर्जन्म आदि के मायाजाल में प्रजा को फाँसकर राजा-विरोधी भावना को समाप्त करने का प्रयास किया। ऐसे ही ब्राह्मणों द्वारा धर्मपुराणों की रचना सीमावर्ती क्षेत्रों में की गई। (3) सामाजिक मान-प्रतिष्ठा, प्रजा पर दबदबा कायम करने के लिए आलंकारिक उपाधियों, स्वर्ग में स्थान पाने के लिए मन्दिर-निर्माण आदि उद्देश्य के लिए।

सामन्तवादीकाल ने कमजोर केन्द्र को कई स्वतन्त्र एवं अर्द्धस्वतन्त्र राजनीतिक खंडों में बाँट दिया, जिनके स्वामी केन्द्र में कार्यरत मन्त्री एवं उच्चाधिकारी हो गए। इनका पद धीरे-धीरे वंशानुगत होता गया और अपने-अपने प्रशासित क्षेत्रों के ये सम्प्रभु बन बैठे। प्रजा के सम्बन्ध केन्द्र से प्रायः समाप्त होते गए और स्थानीय सामन्तों से जुड़ते गए। इस

विकेन्द्रीकरण के काल में वाकाटक, वादामी के चालुक्य, कल्याणी के चालुक्य, वेंगी के चालुक्य, राष्ट्रकूल, पल्लव, गुर्जर-प्रतिहार, यादव, होयसल, काकतीय, कदम्ब, चोल, मौखरी, कान्यकुब्ज के राजवंश, कश्मीर के राजवंश, गौंडराज्य, उड़ीसा के शैलोद्भव, सेनराजवंश, कामरूप, गहड़वाल, जैजाकभुक्ति के चन्देल, चहमान, गुजरात के चालुक्य, परमार, कलचुरि, मेवाड़ के गुहील, शाही राजवंश, जयद्रथ राजवंश, चावोत्कटक राजवंश, वामस्थली के आभीर, अहिलपाटक के चापराजवंश, गंग, कच्छपघाट के कछवा राजपूत, दिल्ली के तोमर राजवंश जैसे सैकड़ों राजाओं के राजवंश स्थापित हो गए। इनके बीच हमेशा युद्ध का वातावरण बना रहता और विलासी-जीवन में इन्हें विशेष रुचि थी। गौड़, मौखरी और पुष्यभूति राज्यों के बीच सौ से थोड़ा कम वर्षों तक संघर्ष चलते रहे।

गुप्तकाल के अन्तिम चरण से शूद्र कृषि का पेशा अपनाने लगे और कृषि एवं पशुपालन से सम्बद्ध वैश्य अर्द्धदासत्व की अवस्था में पहुँच गए। राजा द्वारा ग्रामवासियों से कर वसूलने के कारण करों के मार से पीड़ित होकर लोग स्थान छोड़ने और पेशा बदलने लगे। गाँव और नगर उजड़ने का वृहद् वर्णन *वृहद्संहिता* में है। सूखा और कर के बोझ से पीड़ित बंगाल के कैवर्त कृषकों ने पालशासक रामपाल के विरुद्ध विद्रोह कर दिया। निर्वसन और नग्न कृषक सिपाही भैंसों पर चढ़कर तीर-धनुष से लड़े। छठी शताब्दी से किसान और कारीगर जमीन से इस तरह बाँध दिए गए, जैसा पहले कभी नहीं हुआ था, क्योंकि अब जमीन तो सीधे पुरोहितों, मन्दिरों, सरदारों, सामन्तों और राज्याधिकारियों के नियन्त्रण में थी और इन लोगों ने वैसी ही व्यवस्था कायम की, जो उनके स्वार्थसिद्धि के लिए सर्वाधिक उपयुक्त थी। प्रारम्भिक चरण में अनुदान भोगियों को केवल उपभोगाधिकार दिए गए, किन्तु बाद में चलकर विशेषकर 8वीं सदी से उन्हें स्वामित्वाधिकार भी दिए जाने लगे।

सिंचाई से सम्बद्ध राजकीय संरक्षण के अभाव में नदी, पोखर, समुद्र आदि के किनारे कृषि करना ही सम्भव रह गया। पुराने लोगों के जाने और नए लोगों के आकर बसने की सामाजिक नियमों का कठोरता से पालन करना किसी भी वर्ण के लिए सम्भव नहीं रहा। फलतः वर्णसकरों की संख्या बढ़ने लगी। *ब्रह्मवैवर्तपुराण* में करीब 134 बर्णसंकर जातियों का वर्णन देखने को मिलता है।

दान-दक्षिणा को एक ऐसा धार्मिक कैप्सूल मानने की परम्परा विकसित हो गई, जिसे खाकर सभी प्रकार की लौकिक-पारलौकिक समस्याओं पर हँसते-खेलते विजय प्राप्त की जा सकती थी। पाप करने पर **प्रायश्चित्त** करना पड़ता था और प्रायश्चित्त का अर्थ था दान करना। देवता को देने योग्य जो दान और दक्षिणा होता, वह ब्राह्मणों को दान कर दिया जाता, क्योंकि ब्राह्मणों का मुख देवताओं का मुख्य मुख माना जाने लगा था अर्थात् ब्राह्मण जिस वस्तु को खाते थे, उसे देवता अवश्य प्राप्त करते थे।

कुषाणकाल में शहरों एवं गाँवों के पास रहनेवाले विशेषकर बौद्ध भिक्षुओं की आर्थिक दशा अच्छी होने के कारण भिक्षाटन में इनकी रुचि घटती गई। इनमें संयम और कठिन परिश्रम का अभाव होने लगा। आर्थिक पतन के कारण व्यापारियों से उन्हें पर्याप्त सहयोग नहीं मिलने लगा। अपनी लोकप्रियता बढ़ाने के लिए इन लोगों ने संस्कृत का प्रयोग प्रारम्भ किया। धीरे-धीरे इनका दर्शन कठिन और जटिल बनता गया। तन्त्रवाद से ये प्रभावित होने लगे। तन्त्रवाद में अन्धविश्वास, शराब और भोग-विलास पर विशेष बल डालने के कारण

बौद्ध धर्म की अलोकप्रियता बढ़ी। बुद्ध विष्णु के अवतार मान लिए गए। बौद्धमठ में भिक्षुणियों के बीच चरित्रहीनता और असंयमता बढ़ने लगी।

6-7वीं शताब्दी में उपराष्ट्र इकाइयों जैसे—आन्ध्र, असम, बंगाल, गुजरात, कर्नाटक, महाराष्ट्र, उड़ीसा आदि का निर्माण हुआ। संस्कृत गद्य और पद्य की अलंकृत शैली प्रचलित हुई। पूर्वी भारत की बौद्ध रचनाएँ बंगला, असमिया, मैथिली, उड़िया और हिन्दी की अस्पष्ट शुरुआत का संकेत देती हैं। व्यापार में पतन का अर्थ था स्थानीयकरण और विभिन्न क्षेत्रों के बीच संचार का अभाव। इससे क्षेत्रीय भाषाओं के विकास में प्रोत्साहन मिला। क्षेत्रीय लिपियाँ सातवीं शताब्दी से सुस्पष्ट हो गईं। मूर्तिकला और मन्दिरों के निर्माण में क्षेत्रीय शैली विकसित हुई। हिन्दू देवी-देवताओं को क्रमपरम्परा के अनुसार रखा गया। धार्मिक कृत्यों, भूसम्पत्ति, सैनिक शक्ति आदि के आधार पर समाज जिस प्रकार असमान वर्गों में विभाजित था, उसी प्रकार देवी-देवता भी काला-गोरा, वस्त्र-निर्वस्त्र, माँ-बाप वाले, बिना माँ-बाप वाले, छोटे-बड़े आदि असमान कोटियों में बँटने लगे। प्रभु, महासामन्त, सामन्त, महीपाल आदि ऊँच-नीच कोटियों में जिस प्रकार सामन्त बँटे थे, उसी प्रकार दुर्गा से छोटी लक्ष्मी-सरस्वती और उससे छोटे गणेश-कार्तिक की पिरामिडनुमा उपस्थिति देवी-देवताओं के रूप में एक मंच पर दिखाई देने लगी। विष्णु, शिव और दुर्गा का उदय सर्वोत्तम देवी-देवताओं के रूप में हुआ। जैनों, शैवों, वैष्णवों आदि के मठ-संगठन भी लगभग 5 कोटियों में बँट गए। सर्वोच्च कोटि में आचार्य होते, जिनका अभिषेक राजा की तरह होता था। राजा को ईश्वर, स्वामी, पिता का दर्जा प्रदान किया गया और इसी के साथ राजा-रानी की मूर्तियाँ देवी-देवता के रूप में मन्दिरों में स्थापित की जाने लगी। कट्टर धार्मिक विश्वास एवं लोकप्रिय व्यक्तिगत धर्म में समझौते के फलस्वरूप मूर्तिपूजा में वृद्धि हुई। सभी हिन्दुओं (बौद्ध, जैन, नास्तिक आदि) को एक बताने और राजा की सन्तान (प्रजा) बताने की उद्देश्यपूर्ति के लिए सभी देवताओं को एक ही ईश्वर का अनेक रूप बनाना आवश्यक समझा गया।

ईंट पर ईंट रखकर योजनाबद्ध मन्दिरों का निर्माण छठी शताब्दी से होने लगा। असम में काली, बंगाल में दुर्गा, तमिलनाडु में कार्तिक एवं शिव, महाराष्ट्र में गणेश अक्षत (वैसा चावल जो काफी कुटाई के बाद भी न टूटा हो), पीले रंग का वस्त्र, सुपारी, पान, नारियल आदि का धार्मिक महत्त्व बढ़ा।

राजपूत शब्द की उपाधि धारण करने और शासकों द्वारा झूठी वंशावलियाँ तैयार करने की परम्परा में काफी वृद्धि हुई। कृष्ण द्वारा राधा का पैर दबाने, लक्ष्मी द्वारा विष्णु का पैर दबाने, गोरी पार्वती से पूछे बगैर साँवले शिव द्वारा कोई काम नहीं करना, बराबर ऊँचाईवाले राधा-कृष्ण का प्रथम चित्र मिथिला में पाया जाना, जिसे रोमिला थापर प्रजनन-क्रिया का रूप मानती हैं, आदि धार्मिक नवीनता पाई गईं।

विशेषकर बंगाल और असम के स्त्रीप्रधान समाज में तन्त्र-मन्त्र, जादू-टोना एवं सिद्धि का महत्त्व बढ़ा। तन्त्रवाद में प्रार्थना, रहस्यमयता, जादुई मन्त्रों, प्रतीकों तथा एक विशिष्ट देवता की उपासना पर विशेष बल दिया जाने लगा। माता की धारणा को तन्त्रवाद में विशेष सम्मान दिया गया क्योंकि माँ के गर्भ से सृष्टि हुई थी। तन्त्रवाद का सम्बन्ध शाक्त-शक्ति सम्प्रदाय से भी था, जिसके अनुसार, किसी भी सिद्धि के लिए स्त्री की सर्जनात्मक शक्ति का होना अनिवार्य था। सामन्तवादी व्यवस्था से प्रभावित तान्त्रिकों ने सिद्धि से सोना बना देने

का झूठा दावा किया। सिद्धि के लिए पंचतत्त्व—मांस, मदिरा, मछली, चावल और सम्भोग आवश्यक बताया गया। जननक्षमता सम्प्रदाय में देवी माता की पूजा इसीलिए विशेष रूप से प्रचलित हुई।

यज्ञ कराने की फीस के रूप में ब्राह्मणों द्वारा अतिसुन्दर कन्याओं की माँग की जाने लगी। सम्भवतः इसका उद्देश्य मन्दिरों में विकसित देवदासी प्रथा को अधिक विलासमय बनाना था। देवी-देवताओं को खुश करना देवदासियों का मुख्य काम था और मन्दिर से सम्बद्ध सारे लोग झाड़ू लगानेवालों से लेकर प्रधान पुजारी तक—सभी देवी-देवताओं के अंग माने जाते थे। धार्मिक दृष्टि से देवता की पत्नी, किन्तु वास्तविक रूप में जीवन भर अविवाहित रहनेवाली इन देवदासियों ने मन्दिरों में भीड़ जुटाने में महत्त्वपूर्ण भूमिका निभाई। देवी-देवताओं के मनोरंजन के लिए प्रतिदिन मन्दिरों में नृत्य-संगीत का कार्यक्रम होते थे, जिन्हें देखने के लिए राजा, सामन्त, अधिकारीगण एवं धनाढ्य लोग प्रतिदिन जाया करते थे। मन्दिरों में **भरतनाट्यम्** जैसी नवीन नृत्य-शैलियों का उदय हुआ। मन्दिरों पर उत्कीर्ण नग्नसम्भोगरत प्रतिमाओं का तालमेल कालिदास के *कुमारसम्भव* और **वात्सयायन** के *कामशास्त्र* से बैठ जाता है।

गुप्तकाल में वैदूर्य (कुछ भारतवासियों ने चीनियों को पत्थर के रंग का काँच बनाना सिखाया, जो चीन में वैदूर्य के नाम से जाना जाता था क्योंकि इसका रंग वैदूर्य की ही भाँति होता था), सूती कपड़े (छठी शताब्दी के बाद चीनियों ने कपास की खेती करना और कपास के वस्त्र बनाना भारत से सीख लिया), और शक्कर (7वीं शताब्दी में चीन से कुछ लोग मगध आए और शक्कर बनाने की कला सीखकर वापस चले गए) आदि का निर्यात चीन एवं दक्षिण-पूर्व एशिया में होता था, जिनके बदले भारत को भारी मात्रा में सोना मिलता था। 7वीं सदी के बाद उन देशों ने भारत से इन चीजों को मँगाना बन्द कर दिया। 8वीं सदी में बंगाल में व्यापार-वाणिज्य का पतन हो गया। भारत का रोम से व्यापारिक सम्बन्ध छठी शताब्दी में समाप्तप्रायः हो गया। फलस्वरूप व्यापारिक नगरों की संख्या नगण्य रह गई। व्यापार में स्वर्णसिक्कों का प्रयोग बन्द हो गया। हर्षवर्द्धन के काल से सिक्कों का चलन आमतौर से कम होने की बात पाते हैं।

भारत में राज्यों की संख्या बढ़ने से जाँच-चौकियों (चेकपोस्ट) की संख्या भी बढ़ गई। जो थोड़े-बहुत व्यापारी व्यापार में लगे थे, उन्हें सभी चौकियों पर सीमा शुल्क चुकाना पड़ता था, जिससे व्यापार को और भी क्षति पहुँची। निश्चित आय की तलाश में व्यापारी भूमि से जुड़ने लगे। स्थानीय ग्राहकों की जरूरतें पूरी करने के लिए कारीगर गाँवों एवं कस्बों से बँध गए। शहरों के पतन के पश्चात् भूमि का महत्त्व बढ़ा और भूमि से उत्पन्न होनेवाली सामग्री सभी वर्गों के लिए जीविका का प्रमुख साधन हो गई। समुद्रयात्रा पर धार्मिक पाबन्दी लगी और अर्थव्यवस्था इससे भी अवरुद्ध हुई। ब्राह्मणों को लम्बी यात्रा की अनुमति इसलिए नहीं दी गई कि इससे वैदिक अग्नि प्रज्वलित रखने में बाधा पहुँचेगी। दूर रहनेवालों को बेटी देने पर धर्मशास्त्रों में रोक लगाई गई। दूरदराज के तीर्थस्थानों की यात्रा पर मनाही थी, इससे आत्मनिर्भर आर्थिक और प्रशासनिक ईकाइयों का महत्त्व बढ़ा। गृहयुद्ध का अनुकूल माहौल बना। तक्षशिला, हस्तिनापुर, मथुरा, वाराणसी, अतिरंजीखेड़ा, श्रावस्ती, कौशाम्बी, वैशाली, चम्पा, ब्रह्मपुरी, कोल्हापुर, गोवा, बनवासी, चन्द्रवल्ली, धरनीकोटा, अरिकामेडु, कावेरीपट्टणम्, पाटलिपुत्र, इन्द्रप्रस्थ, पुरुषपर, पुष्कलावती आदि नगरों का पतन हो गया। अयोध्या, काँची,

जगन्नाथपुरी, रामेश्वरम्, अवन्तिका (उज्जयिनी), वैद्यनाथ, कुरुक्षेत्र, राजगीर, गोवर्धन, वृन्दावन, भुवनेश्वर, गंगा, जमुना, नर्मदा, कपिशा, कान्यकुब्ज, कामगिरि, कामाक्षा, कावेरी-संगम, गोकर्ण, चिदम्बर, चित्रकुट, तक्षशिला, ताम्रपर्णी, त्रिपुरेश्वर, नन्दा, पंचनद, ब्रह्मगिरि, भरूकच्छ, विजयेश्वर, विन्ध्यवासिनी, विदिशा, श्रीनगर, सिद्धपुर, सोमनाथ आदि सैकड़ों तीर्थस्थल सामन्तवादी काल में दिखाई देने लगे। इनमें से अधिकांश का जन्म बरबाद नगरों की कब्र पर हुआ था। तीर्थस्थलों के कारण छुआछूत का भेदभाव कम हुआ। अधिकांश मन्दिरों का निर्माण तीर्थस्थलों के बाद हुआ। मन्दिरों के कारण कई तीर्थस्थलों के महत्त्व कम हुए।

गाँवों में आबादी की वृद्धि के परिणामस्वरूप उत्पादन में वृद्धि हुई। वर्ष में अब दो-तीन फसलें पैदा की जाने लगीं। व्यापार से सम्बद्ध नहीं, बल्कि भोजन से सम्बद्ध वस्तुएँ ही पैदा की जाने लगी। पैदावार में वृद्धि के बावजूद खानेवालों की संख्या ज्यादा रही, संयुक्त ग्रामीण परिवार में तनाव बढ़े। जमीन का बँटवारा होने लगा। अनाज तौलने और जमीन नापने के छोटे माप पाए जाने लगे। सिंचाई एवं खाद के उचित प्रबन्ध के अभाव में और वर्ष में दो-तीन फसल पैदा करने के कारण, जमीन की उर्वरता घटती गई, फलतः बंजर और उजाड़ भूमि में वृद्धि हुई। विवाह और श्राद्ध जैसे धार्मिक संस्कार के अवसर पर छोटे किसानों को अपनी जमीन बेच देनी पड़ती या गिरवी रखनी पड़ती थी। सामन्तों को कर देने के लिए भी ऐसा करना पड़ता था। फलस्वरूप साधारण कृषक ब्याज और कर के बोझ से इतने दबते चले गए कि उन्हें अपनी ही जमीन पर कृषक-मजदूर के रूप में काम करने को बाध्य होना पड़ा। नौकर एवं दासों की संख्या में वृद्धि का होना इस स्थिति में स्वाभाविक था।

इस तरह छठी शताब्दी और उसके बाद का भारतीय इतिहास सामन्तवादी व्यवस्था से प्रभावित रहा, जिसमें कला एवं स्थापत्य में विकास, मन्दिरों का निर्माण, भूमि नापने के नवीन तरीके, छोटे-छोटे बाट-बटखरे, जाति एवं उपजातियों की संख्या में अपार वृद्धि, नवीन राज्य, स्थानीय भाषाओं का जन्म, भूमिदान, अनेक साहित्यों की रचना, देवदासी प्रथा का उदय, नवीन नृत्यशैलियाँ, राजा की दैव-प्रतिमा, नग्न एवं सम्भोगरत प्रतिमाओं की मन्दिरों में उपस्थिति, बौद्ध धर्म का पतन, हिन्दू धर्म, स्थानीय देवी-देवताओं की संख्या में विकास, भूमिदान से सम्बद्ध अभिलेखों में अपार वृद्धि, कमजोर केन्द्र, महानगरों का पतन, व्यापार में पतन, व्यापारियों की जर्जर दशा, स्वर्णसिक्कों का अभाव, सिक्कों का व्यापारिक महत्त्व नगण्य, निर्धन कृषक, बेकार दस्तकार एवं कर्मकार आदि तत्त्व पाए गए।

17.21 अभिलेख और भूस्वामित्व

गुप्तकाल में भूमिदान से सम्बद्ध अभिलेखों में काफी वृद्धि हुई। साहित्य, सिक्का, स्थापत्य और अभिलेख इस काल के अध्ययन के लिए प्रमुख स्रोत हो जाते हैं। इस समय जमीन की खरीद-बिक्री का पंजीयन (Registration) करने के लिए विशेष पट्टे या राजपत्र का प्रयोग किया जाने लगा। क्षत्रपों एवं कुषाणों के काल में पाए गए अभिलेखों में जमीन की बिक्री का उल्लेख नगण्य है, किन्तु गुप्तकालीन अभिलेखों से काफी मात्रा में मिलने लगा।

चौथी शताब्दी से अनुग्रह अनुदानों (करमुक्त भूमिदान) की संख्या बढ़ी और धीरे-धीरे इसके स्वरूप में बदलाव होते गए। प्रथम चरण में अनुदान अस्थायी अर्थात् सम्बद्ध व्यक्ति के

कार्यकाल तक ही चलते थे, किन्तु दूसरे चरण में वे अधिक-से-अधिक वंशागत स्वरूप ग्रहण करने लगे। फलतः निजी भूस्वामियों के अधिकारों की मजबूती बढ़ी। उन्होंने केन्द्रीय प्रशासन से काफी स्वतन्त्रता प्राप्त कर ली। कुछ अनुदानों से सम्बद्ध अभिलेखों या राजपत्रों में यह उल्लिखित किया जाने लगा कि "यह जमीन जब तक 'सूर्य रहेगा' अर्थात् सदा-सदा के उपयोग के लिए दिया जाता है।"

जिन अधिकारियों को अस्थायी तौर पर जमीन दिए गए, उन्हें बाद में चलकर कुछ विशेषाधिकार (उन्मुक्ति अधिकार) भी राज्य की ओर से प्रदान किए जाने लगे। स्थायी और अस्थायी भूमिदान पानेवाले अधिकारियों ने अब उन जमीनों पर काम करनेवालों पर कुछ प्रशासकीय कानून चलाना शुरू किया। ऐसे अधिकारियों पर केन्द्र कभी-कभी कड़ाई करता था, किन्तु 5वीं शताब्दी के बाद राजाओं ने निजी भूमि से सम्बद्ध लगभग सभी वित्तीय, प्रशासनिक तथा विविध कार्यों को स्वयं भूस्वामियों को ही सौंपना शुरू कर दिया। उदाहरण के लिए, सेना रखने, लगान नहीं देनेवालों को दंडित करने, लगान की दर घटाने या बढ़ाने, लगान माफ करने आदि। खानों पर भी निजी स्वामित्व राजा की ओर से दिया जाने लगा। फलतः तमाम विशेषाधिकार से अधिकारी वर्ग वंचित होने लगे। विशेषाधिकार हस्तान्तरण की सारी प्रक्रिया ताम्राभिलेखों के माध्यम से सम्पन्न की जाने लगी। फलतः अस्थायी भूस्वामित्व की स्थिति वंशानुगत सामन्त (कर देनेवाला राजा) के और निकट आने लगी। इस तरह किसान इन भूस्वामियों के प्रभुत्व के अधीन आ गए। निःसन्देह यह प्रक्रिया धीरे-धीरे चली और काफी समय तक राज्य ने ग्रामीण क्षेत्रों में अपने कई प्रशासनिक कृत्यों को अपने हाथ में ही रखे रहे।

प्रथम शताब्दी और इसके बाद की भारतीय स्रोत-सामग्री में 'ग्रामदान' के अधिकाधिक उल्लेख पाए जाने का अर्थ स्पष्ट था कि राजा इन गाँवों से कर वसूलने का अधिकार अन्य को दे दिया था; जमीन नहीं दिया था, किन्तु किसान पहले जिस व्यक्ति को कर देता था, वह अब कोई और हो गया। धीरे-धीरे ग्रामसमुदाय के स्वतन्त्र सदस्य निजी भूस्वामियों के अधीन हो गए। ये भूस्वामी अपनी प्रभुता को बढ़ाने में प्रयत्नशील रहे। अभी ऐसे 'दान' सामन्ती स्वरूप के नहीं थे, किन्तु सामन्ती सम्बन्धों की ओर निश्चित प्रवृत्ति अब लक्षित होने लगे। राज्याधिकारियों को ये सामन्त वेतन के स्थान पर सेवा के बदले 'ग्रामदान' दिया करते थे।

इसके बाद के चरण में जमीन का हस्तान्तरण होने के साथ-साथ उस जमीन पर कृषि एवं अन्य कार्य करनेवाले लोगों सहित जमीन का हस्तान्तरण होने लगा अर्थात् कृषकों के स्वामी भी बदलने लगे। धीरे-धीरे ऐसे कृषकों की दशा भूदासों जैसी होने लगी। 6-7वीं सदी में इन विशेषताओं से परिपूर्ण सामन्तवाद की परिपक्व तसवीर दिखाई देने लगी। दुर्गा, लक्ष्मी, सरस्वती, गणेश और कार्तिक की मूर्तियाँ ऊपर-नीचे एक-साथ दुर्गापूजा के अवसर पर, जो बिहार और बंगाल में दिखाई देती हैं, उसी पीरामिडनुमा शैली में सामन्तवाद की तसवीर पहले से ही बन चुकी थी। केन्द्रीय शासक के समक्ष बड़े सामन्त छोटे बने रहते थे, किन्तु अपने इलाके में वे उसी प्रकार स्वयंप्रभु थे, जिस प्रकार बिहार और बंगाल में दुर्गा के साथ गणेश तीसरे स्थान पर दिखाई देता था तथा उसी गणेश को महाराष्ट्र में स्वयंप्रभु अर्थात् समस्त देवताओं के शीर्ष पर दिखाया जाने लगा।

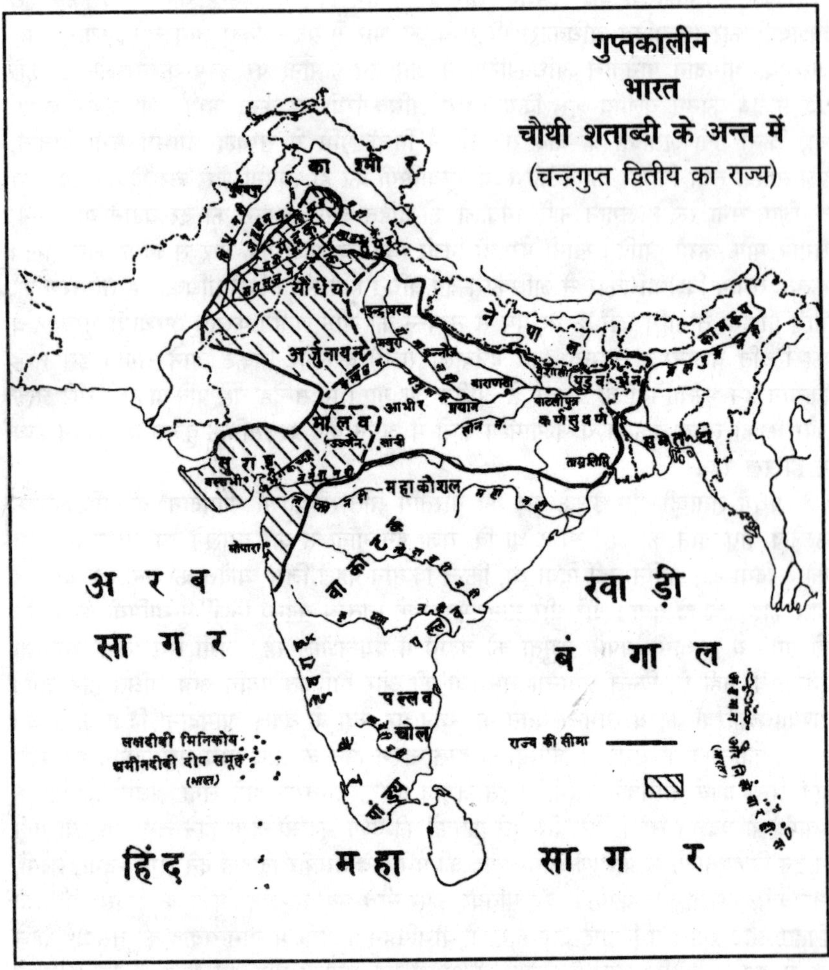
गुप्तकालीन
भारत
चौथी शताब्दी के अन्त में
(चन्द्रगुप्त द्वितीय का राज्य)
का श्मी र
यौधेय
अर्जुनायन
मालव
आभीर
प्रयाग
वाराणसी
पाटलीपुत्र
कर्णसुवर्ण
ताम्रलिप्ति
समतट
कामरूप
ने पा ल
सु रा ष्ट्र
महाकोशल
पल्लव
चोल
अ र ब
सा ग र
ब ं गा ल
ख ा ड़ी
हिंद
म हा
सा ग र
राज्य की सीमा

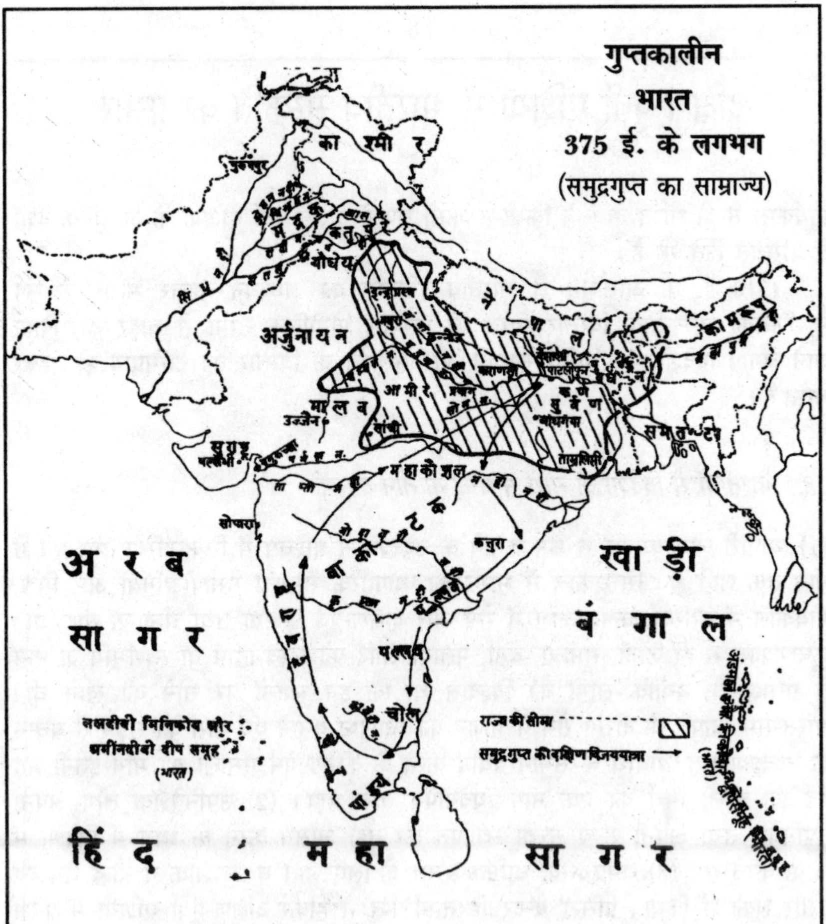
गुप्तकालीन
भारत
375 ई. के लगभग
(समुद्रगुप्त का साम्राज्य)
कारमीर
अर्जुनायन
यौधेय
मालव
उज्जैन
सुराष्ट्र
महाकोशल
पाटलिपुत्र
समतट
कामरूप
ताम्रलिप्ति
पल्लव
चोल
अरब
सागर
खाड़ी
बंगाल
हिंद महासागर
लक्षदीवी मिनिकोय और
अमीनदीवी द्वीप समूह
(भारत)
राज्य की सीमा
समुद्रगुप्त की दक्षिण विजययात्रा

18

दक्षिण-पूर्वी एशिया में भारतीय संस्कृति का प्रसार

मौर्यकाल से ही भारत के लोग किसी-न-किसी रूप में दक्षिण-पूर्वी एशिया के आधुनिक देशों से परिचित होते रहे हैं।

1910 ई. के आसपास से भारतीय इतिहास का अध्ययन वृहत्तर भारत के रूप में, जिसका सांस्कृतिक विस्तार भारत की वर्तमान भौगोलिक सीमा से बाहर था, किया जाने लगा। विदेशों में भारतीय सभ्यता और संस्कृति के विस्तार का अभिप्राय ही **वृहत्तर भारत** है।

18.1 भारतीयों से विदेशों के साथ सम्बन्ध के तीन कारण

(1) व्यापारी लोग व्यापार से धन कमाने के उद्‌देश्य से पश्चिम में सिकन्दरिया और पूर्व में चीन तक जाते थे। सिन्धुकाल में भारत का व्यापारिक सम्बन्ध मेसोपोटामिया और मिस्त्र, मौर्यकाल में सीरिया, कुषाणकाल में रोम और दक्षिण-पूर्व एशिया तथा चीन के साथ था। कुषाणकाल से ही जावा, सुमात्रा, बर्मा, मलाया आदि प्रदेश स्वर्णद्वीप या स्वर्णभूमि के नाम से प्रसिद्ध थे, क्योंकि लोगों का विश्वास था कि इन स्थानों पर सोने की खाने थीं। भारत-रोम व्यापार के दौरान रोम में भोजन को स्वादिष्ट बनाने एवं मांस को सड़ने से बचाने के उद्‌देश्य तथा औषधि के समान प्रयोग करने के कारण गर्म मसालों की माँग इतनी बढ़ गई कि काली मिर्च का एक नाम 'यवनप्रिय' चल पड़ा। (2) उपनिवेशक लोग अपना उपनिवेश तथा अपनी राज्य संस्था स्थापित कर वहाँ शासन करने के ध्येय में विदेशों में जाया करते थे। (3) धर्मप्रचारक धार्मिक प्रसार के लिए जाते थे। अशोक ने बौद्ध धर्म का प्रसार लंका में किया। प्रसिद्ध बन्दरगाह ताम्रलिप्ति से होकर दक्षिण-पूर्वी एशिया में प्रवेश किया जाता था। पूर्वी घाट से एवं चीन होकर भी जाया जाता था। कुषाणकाल में भारत-रोम व्यापार के दौरान व्यापारिक दृष्टिकोण से भारतीयों का ध्यान दक्षिण-पूर्वी एशिया के द्वीपों की ओर गया क्योंकि मसाला-उत्पादन का प्रधान केन्द्र दक्षिण-पूर्वी एशिया था। संगम-साहित्य में जावा से व्यापारिक सम्बन्ध की चर्चा है। बाली, जावा, सुमात्रा तथा बोर्नियो को मिलाकर **इंडोनेशिया** कहा जाता है। गुप्तकाल में **इंडोनेशिया** को 'द्वीपान्तर' भी कहा जाने लगा।

18.2 चम्पा (अनाम, हिन्द-चीन)

ई.पू. दूसरी सदी में चम्पा की नींव पड़ी। चम्पा का राज्य 192 ई.पू. से 1471 ई. तक चला। यहाँ के सर्वोत्तम सुगन्धित पदार्थ **अगर** से भारतवासी मौर्यकाल में ही परिचित थे। चम्पा (आधुनिक भागलपुर के निकट) के लोगों ने दूसरी शताब्दी में यहाँ औपनिवेशिक बस्ती बनाई। तीसरी शताब्दी में यहाँ के शासन श्रीमान् तथा दक्षिणवर्मन आदि थे। चौथी शताब्दी में यहाँ का राजा चन्द्रवर्मन वेदों का ज्ञाता और ब्राह्मण धर्म का अनुयायी था। *महाभारत* तथा *रामायण* से सम्बद्ध देवी-देवताओं, शिव तथा विष्णु की पूजा होती थी। चम्पावासी त्रिदेव (ब्रह्मा, विष्णु एवं महेश) और बलिप्रथा से परिचित थे। गौ अवध्य थी। विधवा-विवाह वर्जित था। भारतीय तिथिक्रम लागू था तथा संस्कृत विद्या का प्रचार था।

7वीं सदी में ह्वेनसांग को सिंहल से चम्पा तक पहुँचने के लिए जहाजरानी का पता नहीं था। बाद में चलकर इसी सदी में चीनियों ने जहाज का प्रयोग प्रारम्भ किया। भारतीय बन्दरगाहों से दक्षिण-पूर्व जानेवाले जहाजों को अंडमान द्वीप के नरभक्षकों और डाकुओं से सदा भय बना रहता था। 799 ई. में चम्पानरेश इन्द्रवर्मन ने भद्रेश्वरस्वामी (शिव) की प्रतिमा स्थापित करने और इसकी देख-रेख के लिए स्थायी भूमि दान दी। इसी शासक ने 801 ई. में पुनः भूमिदान दी। 9वीं सदी से यहाँ अरब के सौदागर पहुँचने लगे। कपूर, कस्तूरी, चन्दन, लाख के बर्तन, चीनी मिट्टी के बर्तन, सीसा, रांगा, शक्कर आदि यहाँ की व्यापारिक वस्तुएँ थीं। 15वीं सदी तक चम्पा भारतीय संस्कृति से प्रभावित रहा।

18.3 कम्बोज (फ्रेंच में कम्बोडिया या कम्बुज)

दक्षिण-पूर्वी एशिया में भारतीय प्रभाव से उभरनेवाला सबसे पहला राज्य फूनान (पर्वत देश) था। फूनान में कम्बोज और स्याम के कुछ भाग आते थे। यहाँ के लोगों ने भारतीय तकनीकी ज्ञान के सहारे 200 किलोमीटर के रकबे से फिटकरी का तह साफ करके धान (चावल) की खेती के योग्य बनाया। इससे कपास और गन्ने की खेती को भी प्रोत्साहन मिला। कूलों और नहरों के किनारे गाँव बसाए गए। फूनान की स्थापना वहाँ की रानी से विवाह करके ब्राह्मण कौंडिन्य ने की थी। प्रलयंकारी बाढ़ों से फूनान के शहर बरबाद हो गए। फलतः छठी सदी में फूनान के कौंडिन्य और सोमनागी से चले आ रहे राजवंश के बजाय उत्तरी कम्बोडिया के कम्बु स्वायंभुव और मेरा से अपना सम्बन्ध कायम करनेवाले खमेर राजा सत्तारूढ़ हो गए। इनसे कम्बुज नाम चला, जिसका वर्तमान रूप कम्बोडिया है। इन्द्रप्रस्थ के किसी आदित्यवंश के निष्कासित पुत्र ने कोकश्लोक (कम्बुज) में आकर निवास किया, जिससे कम्बुज लोगों की उत्पत्ति हुई। प्रारम्भ में कम्बुज, स्याम और अगल-बगल की दूसरी रियासतों के लोग भागकर कम्बोज में आ जाते थे। कम्बोज डाकुओं का प्रमुख अड्डा था। ये जहाजों को लूट लिया करते थे।

कम्बोज के धार्मिक, वैचारिक तथा सांस्कृतिक निर्माण में भारत का प्रमुख योगदान होने से, इसे उपभारत के नाम से भी जानते थे। इन्द्रप्रस्थ के किसी आदित्यवंशीय क्षत्रिय राजा ने सर्वप्रथम कम्बुज (फूनान) के नागवंशीय राजा की पुत्री सोमा से विवाह करके सोम राजवंश

की स्थापना की। ब्राह्मण कौंडिन्य का पौत्र राजा मूलवर्मन ने तीसरी सदी में बोर्नियो में यूपों (यज्ञ) की स्थापना की। वेद-वेदांग में पारंगत ब्राह्मणों को दान दिए गए। कम्बुजनरेश यशोवर्मन ने पतंजलि के *महाभाष्य* पर टीका लिखी। यशोवर्मन और राजा शिवसोमा ने धार्मिक तथा दार्शनिक विषयों के चिन्तन-मनन के लिए कई उच्चस्तरीय ज्ञानपीठों की स्थापना की। मनु और कालिदास के श्लोक तत्कालीन अभिलेखों में पाए गए हैं। वहाँ के शासकों द्वारा महाहोम, लक्ष्यहोम तथा कटिहोम आदि यज्ञ आयोजित किए गए। वहाँ शिव तथा विष्णु के कई मन्दिर निर्मित किए गए।

जयवर्मन द्वितीय (806-854), जयवर्मन तृतीय (854-877), इन्द्रवर्मन (877-899), यशोवर्मन (899-908), यशोवर्मन के वंशज (908-1101), सूर्यवर्मन (1101-1111), सूर्यवर्मन द्वितीय (1112-1152) और अन्तिम शासक जयवर्मन सप्तम (1181-1201) थे। इस अन्तिम शासक के राज्य में समस्त हिन्द-चीन, बर्मा का निचला भाग तथा मलय का उत्तरी भाग सम्मिलित था। नवीन राजधानी के रूप में उसने अंगकोरथोम के प्रसिद्ध नगर का निर्माण कराया था। जयवर्मन द्वितीय ने देवराज नामक **तान्त्रिकपन्थ** की स्थापना की थी। इन्द्रवर्मन ने **इन्द्रतटाक** नामक जलाशय बनवाया। यशोवर्मन द्वारा संन्यासियों और भिक्षुओं के लिए कई आश्रम निर्मित कराए गए। अंगरकोट मन्दिर का निर्माण सूर्यवर्मन ने कराया।

हाथीदाँत, तरह-तरह के अगर (सुगन्धित पदार्थ), पीला मोम, सुर्खाब के पर, सौंठ, सागौन की लकड़ी, ताजा रेशम और सूती वस्त्र के व्यापार के कारण कम्बुज का आर्थिक महत्त्व था।

18.4 जावा (श्रीविजय)

मौर्यकालीन भारतीय जावा से परिचित थे। वहाँ से चन्दन पाटलिपुत्र में मँगाए जाते थे। भारत-रोम व्यापार के दौरान वहाँ से कछुए की खोपड़ियाँ मँगाकर रोम निर्यात किया जाता था। ताम्रलिपि या पूर्वीघाट से जावा पहुँचने में यात्रियों को डाकुओं से सदा भय बना रहता था। श्री विजय द्वारा मलाया के जलडमरूमध्य की कड़ी निगरानी से स्थिति बेहतर हुई। मदुरै से जावा जानेवाला जहाज मणिपल्लवम् में रुकते थे। दूसरी सदी से भारतीय जावा जाते रहे। शैलेन्द्र शासकों द्वारा 775-825 के बीच निर्मित बोरोबुदूर का भव्य एवं विशाल स्तूप बौद्धकला का अनुपम स्मारक है। उसमें बुद्धजीवन से सम्बद्ध 120 मूर्तियाँ उकेरी गई हैं। इसकी चारों वीथियों में 1300 मूर्तियाँ उत्कीर्णित हैं। स्तूप के शिलापट्टों को एक साथ जोड़ा जाए तो उनकी लम्बाई 3 मील के लगभग होगी। उसका परिक्रमा-पथ विश्व के स्तूपों में सबसे लम्बा है। संस्कृत का यहाँ विशेष प्रभाव रहा। जावा के प्राचीन 'कविभाषा' में *महाभारत* तथा *रामायण* से सम्बद्ध काव्य मिलते हैं, जो कालिदास के काव्य से प्रभावित थे। जावा के लेखों में महायान एवं वज्रयान का विवरण मिलता है। विष्णु-पद की पूजा होती थी। राजा पूर्णवर्मन के काल में संस्कृत साहित्य का अध्ययन होता था। शैलेन्द्रवंशी नरेश बालपुत्रदेव ने नालन्दा में 2 विहार निर्मित कराया और उसके रक्षण तथा संस्कार के लिए पालशासक देवपाल से 5 ग्राम (नन्दीवनाक, मणिवाटक, नाटिका, हस्तिग्राम और पालामक) दान दिलाया। इन विहारों के खर्च हेतु राजकेशरी वर्मन ने संघ को ग्रामदान किया।

7वीं शताब्दी में जावा का नाम श्रीविजय हो गया। यहाँ ब्राह्मण एवं बौद्ध ग्रन्थों को पढ़ने का प्रबन्ध था। 8वीं शताब्दी में जावा में अगस्त्य ऋषि की काले पत्थर की प्रतिमा स्थापित की गई। वहाँ शैवमत का भी प्रसार था।

11वीं शताब्दी में राजेन्द्र चोल और शैलेन्द्र नरेश के बीच हुए युद्ध के परिणामस्वरूप चोलों का जहाजी बेड़ा ने सुमात्रा के पूर्वी भाग, मलय का भाग तथा श्रीविजय पर अधिकार कर लिया। जावा के शासक रजसंगर (1350-1389) ने जावा की प्राचीन राजधानी मजपहित में स्थित पनतरन नामक मन्दिर की भित्तियों पर *महाभारत, रामायण* तथा *कृष्णायन* के दृश्यों को अंकित कराया था। जावाई भाषा के अधिकतर नाटक *महाभारत* एवं *रामायण* के कथाओं पर आधारित हैं। *पंचतन्त्र* एवं *हितोपदेश* कथाओं का प्रचलन था।

जावा के पास समुद्री डाकुओं का सदा भय बना रहता था। श्रीविजय के शासकों ने जल-डाकुओं को रोकने के लिए वहाँ एक लोहे की सिकड़ी, जो ऊपर उठाई-गिराई जा सकती थी, लगा रखी थी। 12वीं सदी में शान्ति होने पर यह सिकड़ी उतार ली गई। यहाँ गन्ना, हाथीदाँत, मोती, कपूर, कछुए की खोपड़ियाँ, सौंफ, लौंग, इलायची, मूल्यवान लकड़ी, चटाइयाँ, फल, मिर्च, सुपारी, गन्धक, केसर और तोते आदि होते थे। विदेशी व्यापारी इन्हें खरीदने के बदले मूल्यस्वरूप सोना-चाँदी, रेशमी वस्त्र, काला दमिश्क, ओरिस की जड़, ईंगुर, फिटकिरी, सोहागा, संखिया, लोहे की तिपाइयाँ एवं सफेद नीले चीनी बरतन देते थे। जावा में मोती, मछली, नारियल, पान भी काफी मात्रा में उपलब्ध थे।

18.5 सुमात्रा (यवद्वीप या सुवर्णद्वीप)

मौर्यकाल और भारत-रोम व्यापार के दौरान चन्दन और सोना का आयात सुमात्रा से किया जाता था। ईश्वरवर्मन ने इसे उपनिवेश के रूप में बसाया। यहाँ का श्रीविजय नगर संस्कृति-अध्ययन का प्रमुख केन्द्र था। बौद्ध धर्म का भी प्रसार था। 782 ई. में श्रीविजय में बोधिसत्व मंजुश्री की एक मूर्ति स्थापित की गई, जिसमें बौद्ध त्रिरत्न, ब्राह्मणत्रिदेव और अन्य अनेक धर्मों के देव-प्रतीकों का समन्वय था। यहाँ के शैलेन्द्र शासकों का वैवाहिक सम्बन्ध पाल शासकों से था। शैलेन्द्र शासकों ने 13वीं शताब्दी तक भारतीय धर्म, कला, साहित्य एवं दर्शन को सुमात्रा में प्रसारित किया।

हेनसांग को सिंहल से सुमात्रा तक की जहाजरानी का पता नहीं था। बाद में चलकर चीनियों ने जलमार्ग से जहाज का इस्तेमाल प्रारम्भ किया। सुमात्रा (आधुनिक पालेमबेंग) कछुए की खोपड़ियों, कपूर, लौंग, चन्दन और इलायची के लिए प्रसिद्ध था। सुमात्रा उस जलडमरू का रक्षक था जिससे निकलकर विदेशी जहाज चीन जाते थे।

18.6 मलय (मलेशिया)

भारत-रोम व्यापार के दौरान कछुए की खोपड़ियाँ यहाँ से आयात कर भारत रोम को निर्यात करता था। ताम्रलिप्ति और मसूलीपट्टम् से मलय पहुँचा जा सकता था। यहाँ का चन्दन अति प्रसिद्ध था और अधिकता में उगने के कारण ही इसका नाम मलय (चन्दन) पड़ा। 5वीं सदी में यहाँ भारतीयों का उपनिवेश स्थापित हो चुका था। कर्ण सुवर्ण (उत्तर बंगाल) से बुद्धगुप्त

नामक नाविक मलय प्रायद्वीप में गया। नालन्दा का बौद्ध विद्वान धर्मपाल 8वीं सदी में वहाँ पहुँचा। पूर्वी मलय को ताम्रलिंग भी कहते थे। इलायची, अगर, लाका की लकड़ी और गोंद के कारण मलय प्रायद्वीप का व्यापारिक महत्त्व था।

18.7 ब्रह्मा (बरमा)

ब्रह्मा में बौद्ध धर्म का प्रसार ईसा के आरम्भ में हुआ, जब कलिंग (तेलंगाना) की मोन जाति के लोग मौलमीन के उत्तर थाटन में जाकर बसे। मोन बौद्ध थे और उन्हीं के द्वारा वहाँ बौद्ध धर्म का प्रसार हुआ। 6वीं शती में तिब्बत की प्यू जाति के लोग मध्य ब्रह्मा में बस गए और उन्होंने सौ बौद्धमठों का निर्माण किया। जिन्हें स्वर्ण एवं रजत कलात्मक वस्तुओं से अलंकृत किया गया। 5वीं शती के दौरान ब्राह्मण धर्म की दशा भी यहाँ अच्छी थी। 6वीं शती में मोन राज्य का नाम द्वारवती था। हिन्दू बस्तियों को रामन्न देश कहते थे। श्रीक्षेत्र हिन्दूराज्य था, इसकी राजधानी प्रोम थी। पालि में पिटक और अनुपिटक का प्रचार था। पालि व्याकरण *सद्दनीति* ब्रह्मा की देन है। कुषाणकाल में यहाँ से सोना, चाँदी, मणिक, दालचीनी आदि भारत द्वारा आयात और वस्त्र निर्यात किए जाते थे।

18.8 बाली

जावा के निकट स्थित बालीद्वीप में हिन्दू उपनिवेश की स्थापना गुप्तकाल में हुई। यहाँ कौंडिन्य राजवंश के शासक बौद्ध धर्म में भी श्रद्धा रखते थे। मूल सर्वास्तिवाद निकाय का यहाँ प्रचार था। यहाँ से कछुए की खोपड़ियाँ भारत द्वारा मँगाई जाती थीं और वस्त्र भेजे जाते थे। यहाँ आज भी पुरोहित के लिए पेंडड (पंडित) और पूजा के जल को **तोय** कहते हैं। गायत्री का एक चरण (भर्गो देवस्य धीमहि) और यज्ञोपवीत का मन्त्र (यज्ञोपवीतं परमं पवित्रम्...) इनके दैनिक जीवन में प्रचलित हैं।

18.9 बोर्नियो

बहुमूल्य रत्न हीरा के लिए यह द्वीप कुषाणकाल में प्रसिद्ध था। गुप्तकाल में यहाँ भारतीय संस्कृति का प्रसार हुआ। कौंडिन्य का पौत्र मूलवर्मन ने यहाँ यज्ञ किया और वप्रकेश्वर में ब्राह्मणों को 20 हजार गौएँ दान में दी। यहाँ चार प्रकार के कपूर, पीला मोम, कछुए की खोपड़ियाँ एवं हीरा पाए जाते थे, जिन्हें बाहर के व्यापारी सोना, चाँदी, नकली रेशमी वस्त्र, रंगीन रेशमी कपड़े, शीशे के मनके और बोतल, रांगा, हाथीदाँत के जन्तर, चीनी बरतन आदि देकर खरीदते थे।

18.10 स्याम (थाईलैंड)

दक्षिणी स्याम में भारी मात्रा में डाकू रहते थे। भारत-रोम व्यापार के दौरान जब भारतीयों का यहाँ आना-जाना प्रारम्भ हुआ, तो स्थिति सुधरी। बहुमूल्य रत्न माणिक के लिए यह

प्रसिद्ध था। दूसरी शती में व्यापारी और धर्मप्रचारक यहाँ पहुँचने लगे थे। यहाँ बौद्ध मन्दिरें और उनमें स्थापित अमरावती की कला के अनुकरण पर बुद्धमूर्तियाँ उपलब्ध हुई हैं। इसी समय भारतीय शिल्पियों की बनाई प्राचीनतम मूर्ति प्रापाथोम नामक स्थान पर मिली है। बैंकाक में 380 फुट ऊँचा विशाल आधुनिक स्तूप गुप्तकला से प्रभावित है। विश्वप्रसिद्ध अंगकोर का मन्दिर आरम्भ में विष्णु मन्दिर और कुछ बदलाव के पश्चात् बौद्ध मन्दिर हो गया। *अर्थशास्त्र, जातक, मिलिन्दप्रश्न, संगम साहित्य,* कालिदास की रचनाएँ, *पुराणवृहत्कथा रामायण,* फाहियान, इत्सिंग और ह्वेनसांग की रचनाएँ, अभिलेख आदि से दक्षिण-पूर्वी एशिया में भारतीय संस्कृति के प्रसार की जानकारी होती है। कुषाणों, शकों, हूणों आदि विदेशियों के आक्रमण के कारण गुप्तकाल आते-आते भारत का उत्तर-पश्चिमी स्थलमार्ग सुरक्षित नहीं रह गया था। भारत-रोम व्यापार के दौरान जलमार्ग का महत्त्व ज्यादा था। गुप्तकाल में इस प्रसिद्ध अन्तर्देशीय व्यापार का पतन हो जाने से पश्चिमी घाट पर स्थित व्यापारिक केन्द्रों की दशा खराब हो गई। भारत के अधिकांश व्यापारिक नगरों की दशा चौपट हो गई। ताम्रलिप्ति और पूर्वीघाट पर स्थित कुछ अन्य बन्दरगाहों की दशा चोलकाल में बेहतर रही।

बौद्ध धर्म के माध्यम से चीन और भारत के बीच कुषाणकाल से ही सम्बन्ध थे। 5-6ठी शती में बौद्ध धर्म के प्रसिद्ध केन्द्र बंगाल और तिब्बत हो गए। चीन से फाहियान, इत्सिंग और ह्वेनसांग की भारत की बौद्धयात्रा भारतीयों का ध्यान दक्षिण एवं पूर्वी एशिया की ओर करने में सहायक सिद्ध हुई। भारत-रोम व्यापार के दौरान ही भारत के व्यापारी दक्षिण-पूर्वी एशिया की अपार प्राकृतिक सम्पत्ति की जानकारी प्राप्त कर चुके थे। यज्ञ की परम्परा में कमी, अवतारवाद, तीर्थस्थल और वैष्णव-शैव-शाक्त के रूप में हिन्दू धर्म के विकास से ब्राह्मणों की जीविका उतनी नहीं चल पाती थी। मन्दिरों ने फिर भी काफी ब्राह्मणों को जीविका उपलब्ध कराई। दक्षिण-पूर्व एशियाई देशों में 'समुद्रयात्रा धार्मिक निषेध' को नजरअन्दाज करते हुए व्यापारियों एवं बौद्धों के समान ब्राह्मणों ने भी यहाँ भारतीय संस्कृति को प्रसारित करने में रुचि ली।

7वीं सदी के बाद भारत में जिस अधिक मात्रा में स्वतन्त्र प्रमुख राज्यों की संख्या में वृद्धि हुई, उसी मात्रा में देवी-देवताओं और धार्मिक उपसम्प्रदायों की संख्या में भी वृद्धि हुई। जातियों और भाषाओं की संख्या में भी वृद्धि हुई। शासकों के साथ-साथ बौद्धों, जैनियों, वैष्णवों और शाक्तों के बीच प्रतिद्वन्द्विता बढ़ती गई, फलतः युद्ध और तोड़-फोड़ में वृद्धि हुई। राजपरिवारों में उत्तराधिकार को लेकर आन्तरिक कलह बढ़े और उसी तरह दिगम्बरों और श्वेताम्बरों के बीच, हीनयान और महायान के बीच, आलवार और वैष्णव के बीच, नयनार और शैवों के बीच एकता एवं आपसी सामंजस्य कम होते गए। पूर्व-मध्यकाल के प्रारम्भिक चरण में भारत में इन अनेकताओं के बीच एकता और आपसी सामंजस्य कम होते गए। फलस्वरूप यहाँ अन्तर्देशीय आर्थिक सम्बन्ध स्थापित करने का माहौल काफी दिनों तक नहीं बन पाया।

10वीं सदी के बाद आर्थिक विकास का नवीन परिपक्व माहौल कई कारणोंवश बनने लगा, किन्तु विदेशों में सांस्कृतिक प्रसार करने की प्रतियोगिता में इस्लाम और बाद में चलकर ईसाई धर्म बाजी मार ले गए।

18.11 प्रभाव

बौद्ध, शैव एवं वैष्णव धर्म के अनुयायी दक्षिण-पूर्व एशिया के करीब सभी भागों में पाए जाने लगे। वहाँ की कई नदियों के नामों का भारतीयकरण हो गया। हिन्दू देवी-देवता एवं बुद्ध वहाँ की संस्कृति के मूल अंग और आधार बन गए। व्यापारिक सम्बन्ध गहरे हुए। संस्कृत से वहाँ के वासी एवं साहित्य प्रभावित हुए। कला पर भारतीय छाप आज भी देखा जा सकता है। विवाह-पद्धति, दर्शन, वाद्ययन्त्र, खान-पान, रहन-सहन, सब भारतीय हो गए। भारतीय शासन-प्रणाली के आधार पर नवीन शासन-पद्धति एवं राजवंश-प्रणाली का उदय हुआ।

भारत ने अपने साहित्य-कला, धर्म तथा संस्कृति का प्रचार एवं प्रसार आक्रमण करने अथवा देशों को जीतकर नहीं, बल्कि शान्तिप्रिय साधनों द्वारा किया और दक्षिण-पूर्वी एशियाई देशों में अपनी सांस्कृतिक एवं सभ्यता-सम्बन्धी अनुप्रेरणाएँ भर दीं। बर्मा और इंडोनेशिया जैसे दक्षिण-पूर्वी एशियाई देशों के साथ भारत का सम्बन्ध मुख्य रूप से मौर्य एवं कुषाणकाल में आर्थिक कारणों से जुड़ा और पुनः व्यापारियों, उपनिवेशकों एवं धर्मप्रचारकों के कारण सम्बन्ध प्रगाढ़ हुआ।

19

विज्ञान एवं प्रौद्योगिकी

19.1 परिभाषा

अनुभव को जब सिद्धान्त रूप में सामान्यीकृत कर दिया जाता है, तो वह **विज्ञान** कहलाता है। इसमें सुधार के लिए पुनः अभ्यास की जरूरत होती है। विज्ञान विश्व को भयमुक्त बनाता है। जो पुरुष विज्ञान से सम्पन्न होता है, वह स्वयं को भी जीत सकता है। विज्ञान ज्ञान की वही शाखा है, जिसे प्राकृतिक तथ्यों एवं घटनाओं को वस्तुनिष्ठ तरीके से नियमानुसार अवलोकन कर प्रयोगों द्वारा प्राप्त किया जाता है। **उपकरणों** के बिना विज्ञान सम्भव नहीं था। पाषाणयुग में ही मनुष्य अपने जीवन-निर्वाह और भौतिक परिवेश को अपने हित में नियन्त्रित करने हेतु पाषाण उपकरणों के रूप में **प्रौद्योगिकी** को विकसित कर रहा था। उपकरण (यन्त्र, औजार) ज्ञान का एक ऐसा साधन है, जिसे विभिन्न प्रकार के मापन का अवलोकन करने और उसे दर्ज करने के लिए उपयोग में लाया जाता है। वैज्ञानिकों और अध्ययन से सम्बद्ध विषयों के बीच उपकरण एक विशेष बिचौलिया के रूप में मनुष्य की ज्ञानेन्द्रियों को सशक्त बनाता है। उपकरणों के माध्यम से ही मनुष्य भौतिक यथार्थ का निर्माण करता है। प्रगति का महान मार्ग प्रशस्त करने में उपकरणों की भूमिका महत्त्वपूर्ण रही है।

19.2 विज्ञान एवं खोट विज्ञान

भौतिकवादी दर्शन, औषधविज्ञान, ज्योतिष इत्यादि पर प्राप्त प्राचीन सार-संग्रह का अधिकांश हिस्सा संशोधित रूप में हजार वर्षों में लिखा गया था। इस बीच असंख्य बातें इनमें ऐसी जोड़ी गईं, जो इनके मूलभूत रूपों में नहीं थीं। नई बातों को जोड़ने के लिए या तो तत्कालीन भौतिकवादी दार्शनिकों और वैज्ञानिकों पर दबाव डाला गया था या ब्राह्मण-पुरोहित वर्ग द्वारा छल से इनके पाठों में प्रक्षिप्त अंश जोड़ दिए गए। इस तरह विज्ञान और धार्मिक रूढ़िवाद के बीच तीव्रतम संघर्ष रहा। विशुद्ध वैज्ञानिक और खोट वैज्ञानिक के बीच प्राचीनकाल के स्पष्ट विभाजन करना कठिन है, क्योंकि विज्ञान और खोट विज्ञान एक-दूसरे से विकट तरीके से उलझे रहे हैं। खोट विज्ञान वास्तविक विज्ञान से इस अर्थ में भिन्न है कि इसमें बिना प्राकृतिक तथ्यों के विधिवत् अवलोकन के सिद्धान्तों-मन्त्रों और जादू-टोना के रूप में धारण कर लिए जाते हैं और उन्हें ही सत्य माना जाता है, चाहे वे वास्तविकता से परे क्यों न हों।

अनेक उदाहरणों में यह पाया जाता है कि विशुद्ध उपलब्धियाँ नकली वैज्ञानिक चिन्तन तथा प्रयोगों के माध्यम से ही हो पाई है। *रत्नाकर* नामक तन्त्रग्रन्थ का लेखक नागार्जुन ने नालन्दा में खोट रासायनिक विधि से सोना बनाने का प्रयास किया, किन्तु इसके लिए उसने कोष्ठिकायन्त्र वक्नाल (मुँहवाली फुँकनी), धमन (धौंकनी) एवं लौहपत्र (iron plates) का प्रयोग किया और इन उपकरणों का वैज्ञानिक महत्त्व रहा।

19.3 सिन्धुकाल में विज्ञान

हड़प्पा और मोहनजोदड़ो में चूहा पकड़ने की चूहेदानियों के अवशेष मिले हैं। चूहादानी मिट्टी तथा अभ्रक के मिश्रित पदार्थ से बना है। इसका पेंदा समतल है और सिरे पर 3 छिद्र हैं। कुछ चूहेदानी के मुँह पर 4 छिद्र हैं। इन पर लकड़ी डालकर सींकचे डाले जाते रहे होंगे। सिन्धुवासी जानते थे कि पीपल का पेड़ रात में शुद्ध हवा (ऑक्सीजन) छोड़ता है।

मोहनजोदड़ो में आग में पकाई ईंटों का प्रयोग ज्यादा हुआ था। कालीवंगन के घरों में स्थित स्नानघरों, कुओं और नालियों में पक्की ईंटें प्रयोग में लाई जाती थीं। ऐसी ईंटें चिकनी मिट्टी की बनतीं और लकड़ी की आग में पकाई जाती थीं। छतों की मजबूती के लिए लकड़ी के शहतीर प्रयोग में लाए जाते थे। ईंट बिछाने की तकनीक विकसित थी। सवा दस इंच लम्बी और 5 इंच मोटी ईंट भी बनाई जाती थीं। मुख्य सड़कों के दोनों ओर ईंटों से बनी नालियाँ होती थीं। इन ईंटों को घिसकर इतना चिकना कर दिया जाता था कि उसके जोड़ एक-दूसरे से बिलकुल सट जाते थे, जिससे नाली का पानी इधर-उधर नहीं निकलता था। नालियों के ढक्कन चूना-पत्थर के बनाए जाते थे, लकड़ी से भी ढके जाते थे। ईंट से बना 219 फीट लम्बा और 27 फीट चौड़ा एक हॉज, जो 4.5 मीटर अपनी सतह से ऊँचा है, लोथल से प्राप्त हुआ है। मकान के अन्दर नीचे से ऊपर जाने के लिए लकड़ी या ईंटों की जो सीढ़ियाँ बनी थीं, उनकी चौड़ाई सवा चार फीट होती थी। सामान्य मकानों के दरवाजे पौने चार फीट के होते थे। स्नानागार और शौचालय के बीच नाली होती थी। शौचालय का पानी नाली में जाकर गिरता था। 50×20 के आयत में अनाजघर के अवशेष मोहनजोदड़ो में मिले हैं।

कपास से वस्त्र बनाने की तकनीक विकसित थी। धातु को ढालकर या पीटकर कुल्हाड़ी, छुरी, तीर, आरी, उस्तुरा आदि बनाए जाते थे। धातुओं की छोटी मूर्तियाँ ढालकर बनाई जाती थीं। इस प्रक्रिया को बन्द ढलाई और लुप्त मोम प्रक्रिया कहा जाता था। कालकों अर्थात् ताँबा और लिथिक अर्थात् पत्थर के प्रयोग के कारण सिन्धुकाल को **कालकोलिथिक** युग कहा गया है। पत्थर की सिल्लियों से तेज औजार बनाए जाते थे। पत्थर की ऐसी सिल्लियाँ सक्कर (Sakker) के निकट की पहाड़ियों से काटकर लाई जाती थीं। रंगीन चमकीली मिट्टी बनाने की तकनीक विकसित थी। ऐसी मिट्टी को फेयांस (Faience) कहते थे। फेयांस से अधिकतर हार के दाने, तावीज, मोहरें और छोटे बर्तन बनते थे। मोहरें अधिकतर स्टेलाइट पत्थर से बनती थीं, जिस पर ताँबे की छेनी से चिह्न गढ़ा जाता था। हार के दाने कई पदार्थों से बनते थे, जिनमें कार्नेलियन सबसे आकर्षक हैं। कंघी, ब्रासलेट आदि हाथीदाँत एवं सीप से बनाए जाते थे।

19.4 वैदिककाल में विज्ञान

उत्तर-वैदिककाल में आदिम जनजातियाँ पित्त और कफ से उत्पन्न रोगों के इलाज के लिए शहद, चर्बी, घी, तेल और पलाश वृक्ष के फूल का प्रयोग करती थीं। हिमालय पर्वत के उत्तर भाग से आंजन नामक औषधि उत्तर-पूर्वी-भारत के घुमन्तू लोगों ने खोजा। इस औषधि से यक्ष्मारोग का इलाज किया जाता था। गान्धार, अंग और मगध के निवासी जानलेवा बीमारी—पित्तज्वर से पीड़ित रहते थे। ऐसे रोगी को गर्मजल से स्नान कराया जाता था और खेत की मिट्टी जल में घोलकर पीने को दी जाती थी। इन्हें काला चावल का मांड भी पीने को दिया जाता था। **असुरमायारूप** नाम की सूअर चरानेवाली प्रथम महिला चिकित्सक ने कोढ़ को मिटानेवाली औषधि की खोज की थी। विष दूर करने के लिए सुपारी डाला हुआ गर्मजल रोगी को पिलाया जाता था। **कूट** नामक औषधि नेत्ररोग में प्रयोग की जाती थी। पांडुरोग से पीड़ित व्यक्ति को लाल वृषभ का रोम जल में मिलाकर पिलाया जाता था। कूट नामक औषधि से सिरदर्द का इलाज किया जाता था। हड्डी टूटने से जो घाव होता उसे ठीक करने के लिए लाख का काढ़ा बनाकर पिलाया जाता था। कदम्ब के वृक्ष, पाकड़ के वृक्ष, खैर के वृक्ष, धव के वृक्ष आदि से लाख निकाला जाता था। हिमवान पर्वत पर पाई जानेवाली कूट नामक औषधि की प्रथम जानकारी राजा इक्ष्वाकु को हुई थी। आंजन औषधि त्रिकुट पर्वत और विन्ध्यपर्वत पर पाई जाती थी। यह औषधि जल और मिट्टी आदि पदार्थों के साथ पर्वत से नीचे आती थी। कफ और पित्त की बीमारी को दूर करने के लिए रोगी को पेठे की जड़ का रस पीने को दिया जाता था। इस औषधि को सर्वप्रथम शूकर ने नाक सहित दाढ़ से खोदकर निकाला था और तब जाकर लोगों को इसके महत्त्व की जानकारी हुई। इस तरह भावी समाज के लिए चिकित्सा के क्षेत्र में एक सुदृढ़ बुनियाद का निर्माण हुआ और आगे चलकर जीवक, चरक, धन्वन्तरि जैसे चिकित्सकों का प्रादुर्भाव हुआ।

शिकार से जीविका चलानेवालों ने बर्छी, गदा, पाषाणफलक, खुरचनी और चर्म-रस्सी का आविष्कार किया। नदी, झील, पहाड़ी गुफाओं एवं उभरी हुई चट्टानों के नीचे निवास करनेवाले वैदिककालीन अनार्यों ने पशुपालन करना सिखाया। वैदिककालीन अनार्यों ने पशुपालन करना सिखाया। सर्वप्रथम इन्होंने ही जाना कि बीज गाड़ने से पौधे निकल आते हैं। उत्तर-वैदिककाल में जिन्हें सर्वाधिक निम्न और घृणा की दृष्टि से देखा गया, उन शूद्रों एवं दासों ने ही कृषि का अनुकूल माहौल बनाया। बाण, खड्ग, रथ, पालकी, तलवार, तीरधनुष, लौहशलाका, मूँज से रस्सी, तिनकों से झोंपड़ी और बाढ़ से बचने के लिए जलप्रवाह को दूसरी दिशा में ले जाने के लिए भूमि को बाँस से खोदकर नवीन जलमार्ग निर्मित किया। खेत जोतने के लिए फाल और धान की फसल काटने के लिए दराँती, छुरा, चटाई, चलनी, टोकरी, ओखल, मूसल और विभिन्न प्रकार के लौह-उपकरण उनके द्वारा बनाए गए। यज्ञ में काम आनेवाले उपकरणों के निर्माता शूद्र और दास ही थे।

उत्तर-वैदिककाल में रोगमुक्त होकर अधिक दिनों तक जीवित रहना एक बड़ी समस्या थी। मगधवासी कफ, खाँसी, पित्त, सन्निपात, यक्ष्मा, शीतज्वर, बेलाज्वर, कृमिरोग, कुष्ठ, दाद-खुजली, जलोदर, हृदय रोग, विष, केशरोग, पांडुरोग (पीलिया), सिररोग, पत्थरी रोग, रक्त प्रवाह, हड्डी रोग, गंडमाला आदि बीमारियों से पीड़ित थे। जल को सभी रोगों का निवारण

करनेवाला माना जाता था। लम्बी आयु एवं स्वस्थ जीवन के लिए उदुंबर (गूलड़), शतकांड, जंगिड और शतवार नामक औषधि का प्रयोग कई बीमारियों में किया जाता था। गुग्गुल सिन्धुदेश या समुद्र में पाया जाता था। कूट हिमवान पर्वत पर पाया जाता था। जंगिड वाराणसी में प्रसिद्ध था। आंजन औषधि का प्रयोग कई बीमारियों में किया जाता था। भूख एवं प्यास मृत्यु का सबसे बड़ा कारण था। अनुचित आहार बीमारियों का प्रमुख कारण था। अधिकांश बीमारियों का सम्बद्ध भौगोलिक बनावट और जलवायु से था। बीमारियों को दूर करने के लिए जिन औषधियों का प्रयोग किया जाता था, वह अनुमान और अनुभव पर मुख्य रूप से आधारित था। इस स्थिति में अधिकांश रोगों से रोगी को शायद ही छुटकारा मिल पाता था। मौसम बदलने के साथ-साथ कुछ बीमारियाँ स्वयं ठीक हो जाती थीं। तत्कालीन समाज इसका वैज्ञानिक कारण समझने में सक्षम नहीं था। अतः अधिकांश बीमारियों को दूर करने के लिए जड़ी-बूटी से अधिक महत्त्व देवताओं की कृपा और जादू-टोने को दिया गया। स्वस्थ रहने के लिए तन्त्र-मन्त्र से प्रभावित मणि या तावीज कलाई या गले में धारण किए जाते थे। *अथर्ववेद* के रचनाकार ऋषि अथर्वा को औषधियों का प्रसिद्ध जानकार बताया गया है, किन्तु उनकी भूमिका के बारे में *अथर्ववेद* से कोई विशेष जानकारी प्राप्त नहीं हो पाती है।

अथर्ववेद के अध्ययन से पता चलता है कि लोग 28 नक्षत्रों—चित्रा, कृत्तिका, रोहिणी, मृगशिरस्, आर्द्रा, पुनर्वसु, सुनृता, पुष्य, आश्लेषा, मघा, पूर्वाफाल्गुनी, स्वाति, हस्त, राधस्, विशाखा, अनुराधा, ज्येष्ठा, मूल अषाढा, उत्तर फाल्गुनी, अभिजित, श्रवण, अविष्ठा, शतभिष्क्, प्रोष्ठपदा, रेवती, अश्वयुज और भरणी से परिचित थे। मौर्यकाल में नक्षत्रगणना के आधार पर भाग्य की परीक्षा या कार्यसिद्धि की आशा नहीं की जाती थी। इस समय काल को तुट (त्रुटि), लव, निमेष, काष्ठा, कला, नालिका, मुहूर्त, पूर्वभा (forenoon), अपराह्न (afternoon), दिवस, रात्रि, पक्ष, मास, ऋतु, अयन, संवत्सर और युग नामक इकाइयों में बाँटा गया था। जब धूपघड़ी में छाया 8 पौरुष (96 अँगुल) की होती थी, तब दिन का 18वाँ भाग व्यतीत माना जाता था। 72 अँगुल छाया रहने पर दिन का 14वाँ भाग व्यतीत होता था, 48 अँगुल (4 पौरुष) छाया रहने पर दिन का 8वाँ भाग होता था, दो पौरुष (24 अंगुल) छाया रहने पर छठा भाग और एक पौरुष छाया रहने पर दिन का चौथा भाग, 8 अँगुल छाया रहने पर 3/10 भाग और 4 अँगुल छाया रहने पर 3/8 भाग। जब छाया बिलकुल न रहे, तो मध्याह्न समझा जाता था। परावृत्त दिवस में (यानी यदि दिन उलट पड़े), तो इसी प्रकार से शेष की गणना की जाती थी। आषाढ़ मास के मध्याह्न में छाया का पता नहीं चलता था। श्रावण के मास में आगे 6 मास तक 2 अँगुल छाया बढ़ती थी और माघ मास से लेकर शेष 6 महीनों तक अँगुल छाया घटती थी।

उत्तर-वैदिककाल में तिनकों से ढकी झोंपड़ी बनाए जाते थे। भीतर के मध्यभाग में बाँस का स्तम्भ लगा दिया जाता था, ताकि झोंपड़ी गिरे नहीं। मिट्टी के ईंट से घर बनाए जाते थे। घास की चटाई से छत बनाए जाते थे। मजबूत और बड़ा मकान बनाने में, जो ईंटें प्रयोग में लाई जाती थीं, उन्हें बनाने के लिए पलाश की छाल और पत्तों को पानी में खूब उबालकर काढ़ा बनाते थे और तब मिट्टी में लोहे और पत्थर का चूर यथोचित मात्रा में मिलाकर एक मिश्रण तैयार करते थे। उस मिश्रण में जल नहीं मिलाकर इसी चूर को घोल (काढ़ा) में मिलाकर अच्छी तरह सानकर ईंट बनाने योग्य मिट्टी तैयार करते थे। दर्म तथा रज्जु मूँज नामक घास को त्रिगुणित कर **रशना** नामक चटाई बनाई जाती थी। वैतस (बेंत) से **कट** तथा

इटसुन नामक चटाई बनती थी। घास की चटाई छत ढालने के काम आती थी तथा नरकट की चटाई भित्ति के रूप में प्रयोग किया जाता था। द्रव वस्तुओं को छानने के लिए **कारोतर** तथा **वाल** नामक चलनियाँ बनाई जाती थीं, जो सामान्यतः ऊन से बनती थी।

19.5 ई.पू. छठी शताब्दी में विज्ञान एवं प्रौद्योगिकी

लोहा शोधनेवाली **धमन-भट्टियों** ने उत्पादित लोहों को गुणात्मक रूप में शोधित कर लेने में सफलता हासिल की। इसके साथ ही कुछ निश्चित तरह की प्रारम्भिक रासायनिक प्रक्रियाएँ भी विकसित हुईं। जैसे—चमड़ा शोधने और चमड़े के उत्पादों को और ज्यादा अच्छा बनाने हेतु इन प्रक्रियाओं का विकास हुआ। नए शिल्प विकसित हुए। व्यापार और परिवहन में विस्तार हुए। मुद्रा पर आधारित अर्थव्यवस्था, अधिक फैले हुए गाँवों के स्थान पर वास्तविक कस्बों और शहरों ने एक-दूसरे का अनुसरण किया। एक स्थान की देखा-देखी दूसरे स्थान पर विकास की प्रक्रिया प्रारम्भ हुई। शहरों में व्यापारियों और शिल्पियों के संघ बनने लगे। इस नई अर्थव्यवस्था के विकास और सुरक्षा हेतु शक्तिशाली केन्द्रीकृत प्रादेशिक राज्यों (जो पहले से चले आते हुए कबीलाई राज्यों और गणतन्त्रों से अलग थे) की जरूरत महसूस हुई, जो इस तीव्र गतिवाले विकास के संचालन का उपकरण बन सकें। मौर्यों के अधीन राज्यों ने अर्थव्यवस्था की सम्पूर्ण शाखाओं, खासकर—खान और व्यापार की कुछ निश्चित शाखाओं का विकास किया। विशाल सेनाएँ और सरकारी नौकरों का जाल बिछ गया। अनगिनत कर और शुल्क लगाए गए। किसानों की पैदावार में से बहुत कुछ राज्य ने वसूल किया। आजीविका के बढ़ते हुए इन साधनों की वजह से पहले की तुलना में नगरों की जनसंख्या तेजी से बढ़ने लगी। इस समय सभ्यता के भौगोलिक क्षेत्र का अभूतपूर्व गति से विस्तार हुआ। **उपकरणों** के सहारे विज्ञान की सीढ़ी पर चढ़ते हुए इन कामों को करनेवाली अनेक आदिम जनजातियाँ, दास, शूद्र, अछूत, वैश्य, ग्रामीण शिल्पी, कस्बों के कारीगर-शिल्पी आदि थे। ये अवैज्ञानिक, अशिक्षित, निम्न और निर्धन थे। यन्त्र-विज्ञान और इससे सम्बद्ध विज्ञानों के विकास के लिए खासकर इस बात की जरूरत होती है कि वैज्ञानिक स्वयं मिस्त्री का काम भी करे, किन्तु भारत में ऐसी बात नहीं पाई गई। आर्यभट्ट या वराहमिहिर जैसे ब्राह्मण सम्भवतः मिस्त्री नहीं रहे।

ई.पू. छठी शताब्दी और उसके आसपास मगध प्रदेश में बीमारियों के प्रकार में उत्तर-वैदिककाल की तुलना में कुछ बदलाव दिखाई देने लगते हैं। चिकित्सा-पद्धति में भी अन्तर दिखाई पड़ने लगा। वर्षा ऋतु में मच्छर, मक्खी, साँप और बिच्छू के काटने से बीमारियाँ होती थीं और लोग मर भी जाते थे। पादकील, शीतज्वर, दाद रोग, सिररोग, बातरोग, गठिया, घाव, ज्वरपित्ति, शून्यरोग, वायुगोलक, दाह, भगन्दर, फीलपाँव, कुबड़, अन्धा, गूँगा, अंग का टेढ़ा हो जाना, घाव, कुष्ठ, मिर्गी, सुखंडी आदि रोगों से लोग पीड़ित रहते थे। इन बीमारियों के कारणों की तलाश की जाने लगी। सर्दी, गर्मी, भूख, प्यास, अतिभोजन, अधिक खड़ा रहना, अधिक परिश्रम करना, बहुत तेज चलना और बाह्य प्रकृति के अन्य कारणों से वायुरोग होते थे। वायु का बिगड़ना, पित्त का प्रकोप, कफ का बढ़ना, सन्निपात का दोष, ऋतुओं का बदलना, खाने में गड़बड़ी और बाह्य प्रकृति का असर आदि बीमारी के मुख्य कारण माने जाने लगे।

बीमारियों से मुक्त रहने के लिए वर्षा ऋतु में बहनेवाली ठंडी हवा से बचने की सलाह दी गई। मच्छर और मक्खियों को बीमारी का कारण बताया गया। बाहर से आने पर पैर धोभा और लकड़ी (पादकठली) पर पैर रगड़कर साफ करना स्वास्थ्य के लिए लाभदायक माना जाता था। एड़ी रगड़ने से बिवाई रोग नहीं होता था। धनाढ्य लोग हेमन्त, गर्मी एवं वर्षा ऋतु में अलग-अलग भवनों में रहते थे। प्रत्येक मौसम चार मास का होता था। हेमन्त में हड्डियों तक में घुस जानेवाली ठंडी हवा जब गया नगरी और उसके आसपास बहती थी, तो लोग अंगीठियों में आग सुलगाकर तापते थे। भोजनपात्र साफ करने के बाद धूप में सूखा दिया जाता था। स्वास्थ्य-लाभ के लिए जन्ताघर (यन्त्रगृह) में जाकर वाष्पस्नान किया जाता था। कमरे में थूकने के लिए पीकदान का प्रयोग किया जाता था। पूरब की ओर बहनेवाली धूलभरी तेज हवा चलती थी तो पूरब की खिड़की बन्द कर दी जाती थी। पश्चिमी तेज हवा चलने पर पश्चिम की खिड़की बन्द कर दी जाती थी। शरद्ऋतु में रात्रि में खिड़की बन्द कर दी जाती और दिन में खोल दी जाती थी। इसके विपरीत गर्मी के दिनों में रात्रि में खिड़की खोल दी जाती और दिन में बन्द कर दी जाती थी। शौचालय को स्वच्छ रखने पर विशेष ध्यान दिया जाता था। तत्कालीन समाज की ऐसी जीवनशैली स्वास्थ्य के प्रति जागरूकता का द्योतक था। स्वस्थ रहने के लिए स्वच्छ रहना आवश्यक समझा जाने लगा था।

पादकी (पैर में बिवाई या खील फटना) से बचने के लिए खड़ाऊँ पहनने की सलाह दी जाती थी। शीतज्वर के रोगी को वैसा भोजन दिया जाता, जो आसानी से पच सके। दाद, खुजली के उपचार के लिए पशुओं का मल, मिट्टी आदि का चूर्ण बनाकर दाद-स्थान पर लगाया जाता था। चन्दन, तगर, कालानुसारी, तालीस और भद्रमुक्ता आदि को मिलाकर अंजन बनाया जाने लगा था, जो नेत्ररोग दूर करने में उपयोगी होता था। सिररोग को दूर करने के लिए माथे पर तेल मले जाते या औषधियुक्त धूमपान कराए जाते थे। औषधियुक्त नशीला पदार्थ पिलाकर वातरोग का इलाज किया जाता था। गठिया का इलाज रोग-स्थान से रक्त निकालकर किया जाता था। पीसी हुई सरसों की लुगदी का प्रयोग घाव सुखाने में किया जाता था। गन्धक का पूरे शरीर में लेप करके ज्वरपित्ति का इलाज किया जाता था। पांडु या पीलिया के रोगी को गोमूत्र में हर्रे मिलाकर पिलाया जाता था। शल्यचिकित्सा-विधि से भगन्दर का इलाज किया जाता था। जनसाधारण द्वारा खिचड़ी, मधु, गुड़, मक्खन, हल्दी, अदरक, चिरायता, खस, नागरमोथा, नीम, कुटज, पटोलपत्र, पग्गव, हर्रे, बहेड़ा, आँवला, हींग, समुद्री नमक, काला नमक, सैंधा नमक आदि का प्रयोग औषधि के रूप में किया जाता था।

ई.पू. छठी शताब्दी से लोहा-तकनीक, लोहे का प्रयोग एवं लौह-उपकरणों की संख्या में विकास एवं वृद्धि होने लगी। राजगृह में लोहा गलाया जाता था। ठोस (पक्का) लोहा बनाने के लिए कच्चे लोहे को आग में अच्छी तरह तपाकर पुनः उसे ठंडे जल में डाल दिया जाता था। इस क्रिया को **लोहे पर पानी चढ़ाना** भी कहा जाता था। लौह-उपकरणों के कारण विशाल भवन तैयार किए जाने लगे।

बौद्धकाल में कृषि से सम्बद्ध उपकरणों में काफी वृद्धि की बात पाते हैं। चिड़िया फँसाने के लिए घोड़े के पूँछ के बाल से फँदा बनाने का आविष्कार गया के एक गाँव में हुआ। खेत में पानी पटाने के लिए कई साधनों के प्रयोग किए जाते थे। अनाज घड़ा एवं कोठी में रखे

जाते थे। ड्योढ़ी या कोठा बनाने की तकनीक बौद्धकाल में विकसित हुई। मुख, इदुर, अलिंद, ओचार आदि कई प्रकार के अनाजघर पाए जाने लगे। गन्ना कोल्हू में पेरा जाने लगा। फसल को पक्षियों एवं पशुओं से बचाने के उपाय किए गए। मृगों को मारने के लिए गड्ढा खोदा जाता, काँटा लगाया जाता, पत्थरयन्त्रों (गुलेल) का प्रयोग किया जाता और कूटपाश आदि जाल फैलाए जाते थे। गन्ध सूँघकर शिकारी जान जाते थे कि मृग किधर से आने-जाने वाले थे। विशाल शिलाखंडों को वसुला, कुल्हाड़ा और मूसल से हटाकर रास्ता बनाया जाता था। बंजरभूमि को कृषियोग्य बनाने की तकनीक विकसित हुई।

ई.पू. छठी शताब्दी और उसके बाद कई प्रकार के औजारों के सहारे स्वर्णाभूषणों के अलावा अन्य प्रकार की वस्तुएँ भिन्न-भिन्न विधियों से बनने लगे। विभिन्न आकार, प्रकार और वजन के धातु के सिक्के अन्य तरीके से बनाए जाने लगे। मौर्यकाल में सोना परखने के लिए कैसौटी का प्रयोग किया जाता था। सोना और चाँदी शुद्ध करने की नवीन तकनीक विकसित हुई। रासायनिक विधि का प्रयोग किया जाने लगा। ताँबा, चाँदी, तीक्ष्णत्रपु, सीस और अंजन को मिलाकर सिक्के बनाए जाने लगे। इनका वजन अलग-अलग होता था। तौलने के लिए 8 प्रकार की तुलाओं का प्रयोग किया जाने लगा। यह तकनीक भी विकसित हुई कि शुद्ध सोना में कौन-सी धातु किस मात्रा में मिलाकर गलाने पर सोने का रंग कैसा होगा और उससे कौन-सी वस्तु या आभूषण बनाया जा सकेगा। सोना गलाने के समय धौंकनी, मूकमूषा, पूतिकिट्ट, करकटमुख, नाली, संड़ासी, जोंगनी आदि औजारों का प्रयोग किया जाता था। सोना को गलाते समय उसकी शुद्धता और चमक बढ़ाने के लिए शोरा और सुहागा आदि उसमें मिलाए जाते थे।

नवीन नगर बनाए जाने लगे। नया नगर (जिस प्रकार एक नत्र (पर्वत) में पाषाण शिलाओं के कारण दृढ़ता एवं स्थायित्व होता है, उसी प्रकार ऐसी बस्ती, जिसमें पक्के मकान हों तथा जिसकी दीवारें एवं छतें विशेषकर पाषाण-शिलाओं अथवा तप्त इष्टकाओं से निर्मित हों—इन गच्छतीतिनत्रः) बसाने के लिए इंजीनियर पहले कोई ऐसी जगह ढूँढ़ता, जो ऊबड़-खाबड़, कंकरीली या पथरीली नहीं होता था, जहाँ किसी उपद्रव (बाढ़, आगलगी, चोर या शत्रु के आक्रमण) का भय नहीं होता; जहाँ अन्य कोई दोष नहीं होता और वह अतिरमणीय होता था। ऐसी जगह को चुन लेने के पश्चात वहाँ के ऊँची-नीची जगह को इंजीनियर बराबर करवाता और ठंठ-झाड़ी को कटवाकर साफ कर देता था। शहर का नक्शा तैयार कराता था। नक्शा तैयार करते समय सुन्दरता को ध्यान में रखते हुए नाप-जोखकर तथा भाग-भाग में बाँटकर चारों ओर खाई और हाता, मजबूत फाटक, चौकस अटारियाँ, किलाबन्दी, बीच-बीच में खुले उद्यान, चौराहे, दोराहे, चौक, साफ-सुथरे और बराबर राजमार्ग, बीच-बीच में दुकानों की कतारें, आराम के लिए बगीचे, तालाब, बावली (चौड़ा कुआँ, जिसमें नीचे जाने के लिए सीढ़ियाँ बनी हों; सीढ़ीयुक्त तालाब), कुएँ, देवस्थान, सुन्दर और सभी दोषों से रहित होने को ध्यान में रखते हुए इसी नक्शे के अनुसार, शहर को निर्मित करता था। जब शहर पूरा-पूरा बस जाता था तो इंजीनियर को उस नगर में रहने की मनाही कर दी जाती थी और उसे किसी अन्य प्रदेश में जाकर रहने का आदेश दे दिया जाता था। गन्दा पानी साफ करने के लिए फिटकिरी का प्रयोग किया जाता था। चम्पा में कपास धुनने के लिए धुनकी नामक यन्त्र का प्रयोग किया जाता था।

19.6 मौर्यकाल

मौर्यकाल में अधिकांश गतिविधियों का केन्द्र पाटलिपुत्र इतना विशाल और समृद्ध था कि इसके सम्बन्ध में सभी प्रकार की जानकारियाँ देने के लिए डाइरेक्टरी विद्यमान थी। यहाँ अनेक बीमारियों का कारण पेशाब, पैखाना और भूख को रोकना माना गया। पहले की तुलना में अधिक वैज्ञानिक विधि से बीमारियों का इलाज किया जाने लगा। पागलपन, कुष्ठरोग, क्षयरोग, सिररोग, बेहोशीरोग आदि का इलाज पर कौटिल्य ने महत्त्वपूर्ण प्रकाश डाला है। 10-15 दिनों तक भूख ही नहीं लगे, इसकी भी दवा मिलती थी। औषधि-विज्ञान तरक्की पर था। विषमिश्रित भोज्य-पदार्थों की पहचान की विधि पाई जाने लगी थी। बड़े-बड़े अस्पताल स्थापित हुए, जहाँ रोगियों के इलाज होते थे। चन्द्रगुप्त मौर्य का मन्त्री कौटिल्य एक कुशल शल्यचिकित्सक भी था। उसके कहने पर चन्द्रगुप्त मौर्य को उसके भोजन में रोजाना थोड़ा-थोड़ा विष मिलाकर दिया जाता था, ताकि वह विष पचाने का अभ्यस्त हो जाए, दुश्मन द्वारा विष देने पर वह मरे नहीं। एक दिन महारानी ने, जो गर्भवती थी, चन्द्रगुप्त के भोजन से एक निवाला ले लिया। कौटिल्य को उसे रोकने में देर हो गई और तब उसने महसूस किया कि बच्चे को बचाने का एक ही तरीका है कि रानी का भ्रूण निकालकर उसे अन्यत्र गर्भ में प्रत्यारोपित कर दिया जाए। अतः उसने रानी के पेट से भ्रूण निकालकर एक बकरी के गर्भ में रख दिया। जब बच्चा पैदा हुआ तो उसके शरीर पर अनेक धब्बे (बिन्दु) थे, जिससे उसका नाम बिन्दुसार पड़ा। अशोक की रानी तिष्यरक्षिता भी एक कुशल चिकित्सक थी। उसी के कारण अशोक भयंकर बीमारी से चंगा हो सका था।

मौर्यकाल में 4 स्वर्ण माषक मोटा और 4 अँगुल लम्बा छिद्र यदि कुम्भ (घड़े) में कर दिया जाता, तो उसमें से एक आढक जल जितनी देर में निकलता, उस समय को **नालिका** कहते थे। 2 नालिका का एक मुहूर्त, 15 मुहूर्त के दिन और रात चैत्र एवं आश्विन मास में होते थे। इनके आगे 3 मुहूर्त तक दिन और रात घट-बढ़ जाते थे। 30 अहोरात्र (दिन-रात) के मास का नाम **प्रकर्ममास** (वेतनादिका) था। (त्रिंशदहोरात्रः प्रकर्ममासः, 3.1/2)। दिन-रात का एक सौरमास (सार्धःसौर, 29.1/2) दिन-रात का चन्द्रमास (अर्धन्यूनश्चान्द्रमास), 32 दिन-रात का मलमास (द्वात्रिंशत् मलमासः), 35 दिन-रात का अश्ववाहा (सईस) और 40 दिन-रात का हस्तिवाह्ा (पीलवान) का मास होता था। (पंचत्रिंशदश्ववाहायाः। चत्वारिंशद्धस्तिवाहायाः)। सूर्य प्रतिदिन दिन के 60वें भाग (1 घटिका) का छेद कर लेता था अर्थात् बढ़ा देता था। इस प्रकार एक ऋतु (दोमास) में एक दिन बढ़ जाता था। इसी प्रकार चन्द्रमा प्रत्येक ऋतु में एक दिन कम करता चला जाता था। इसी कारण 2.1/2 वर्ष में एक 'अधिमास' पड़ता था। जब पहला अधिमास या **मलमास** ग्रीष्म में पड़ता, तो दूसरा मलमास 5 वर्ष बाद हेमन्त में होता था।

खेतों में खाद डालकर पैदावार में वृद्धि की तकनीक विकसित हुई। अनाज नापने एवं तौलने के नए-नए उपकरण बनाए जाने लगे। नक्षत्रों के हिसाब से वर्ष और कृषि के बीच सम्बन्ध जोड़े गए। अधिक वर्षा होने पर किस अन्न की पैदावार ज्यादा और किसका कम तथा कम वर्षावाले क्षेत्र में किस प्रकार का बीज उपयोगी होगा, यह तकनीक विकसित हुई। सिंचाई के नवीन साधनों की संख्या में वृद्धि हुई। वर्षा के अतिरिक्त सिंचाई के अन्य साधन भी थे, जिनका प्रयोग कौटिल्य के समय में होता था, जैसे—स्वसेतु (अपना पोखर या तालाब) से (1) हाथ से पानी ढोकर सिंचाई की जा सकती थी (हतप्रावर्तिमम्), (2) कन्धों पर ढोकर

सिंचाई की जा सकती थी (व्कन्धप्रावणिमम्) और (3) स्रोतयन्त्र (water lifts) द्वारा सिंचाई की जा सकती थी। इनके अतिरिक्त सिंचाई के लिए नदी, सर तटाक (tanks) और कूप से पानी लिया जाता था।

3 प्रकार की फसलें जल की मात्रा और कर्म (labour) के अनुसार होती थीं—(1) केदार (जो वर्षा में बोई जाए), (2) हैमन (जो जाड़े में बोई जाए) और (3) ग्रैष्मिक (जो गरमी की ऋतु में बोई जाए। आजकल हमलोग साधारणतया इन्हें रबी और खरीफ़ कहते हैं। उपज की दृष्टि से शाल्यादि (चावल आदि) की खेती सर्वश्रेष्ठ, षंड (खंड—जैसे आलू, जमीकन्द, शकरकन्द आदि? अथवा तरकारी मात्र अथवा बाल से उत्पन्न गेहूँ आदि) की खेती मध्यम और ईख की खेती निम्नतम मानी जाती थी। ईख की खेती मालूम होता है उस समय बड़ी कठिनाई से होती थी और खर्चीली थी। **फेनाघत** प्रदेश अर्थात् नदियों के तट के प्रदेश वल्लीफलों (ककड़ी, तरबूज, खरबूज आदि) के लिए अच्छे होते थे। **परीवाहान्त** प्रदेश (जहाँ नदियों की बाढ़ का पानी विशेष आता हो) **मृद्वीक** (अंगूर, मुनक्का) और ईख के लिए अच्छे थे। शाक मूलों के लिए (तरकारी और मूली आदि) कूप के निकट का प्रदेश **कूपपर्य्य** अच्छा माना जाता था। **हरितकों** (हरे शस्यों, green vegetables या सागपात) के लिए **हरिणपर्यन्त** (low grounds) स्थान अच्छा माना जाता था। **बाल्योलवान** भूमि (marginal furrows between any two rows of crops) सुगन्ध, भैषज्य, **उशीर** (खस) और **पंडालुक** (जमीकन्द या रतालू आदि) के लिए श्रेष्ठ मानी जाती थी। ऐसी औषधियाँ, जो **अनूप्य** थीं (दलदल (marshy) में उत्पन्न होनेवाली), उन्हें उनके अनुकूल भूमि में अथवा स्थलियों (गमलों) में लगाया जाता था। धान्यबीजों को रात में ओस में और दिन में धूप में 7 दिनों तक रखा जाता था। धान्यबीजों को (जैसे मूँग, उड़द को) ओस और धूप में 3 या 5 दिनों तक रखा जाता था। कांडबीजों जैसे ईखादि के कटे सिरे पर मधु, घृत और सूकरवसा से और उसमें गोबर मिलाकर उससे लेप करके रखा जाता। कन्दों के बीजों को मधु-घृत से लेप करके रखा जाता। अस्थिबीजों (जो गुठली के भीतर होते हैं) को गोबर में लपेटकर रखा जाता। जड़ों के निकट के गर्तों को जला दिया जाता और उनमें हड्डी और गोबर की खाद समय-समय पर दिया जाता था। अंकुर निकलने पर अशुष्क छोटी-छोटी मछलियों की खाद दी जाती और सैंढ के दूध से (स्नूहिक्षीर) सींचा जाता था। 3 प्रकार की खादों—गोस्थि (पशुओं की हड्डी), गोशकृद् (गोबर और अन्य पशुओं की विष्ठा की और अशुष्क कटुमत्स्य (छोटी ताजी मछली) खाद का प्रयोग किया जाता था।

मौर्यकाल में नया शहर बसाने के साथ-साथ योजनाबद्ध तरीके से दुर्गों एवं राजमहलों का निर्माण किया जाने लगा। ई.पू. चौथी शताब्दी से पर्वतों को काटकर चैत्यागार बनाए जाने लगे। सफाई पर विशेष ध्यान दिया जाने लगा। वैज्ञानिक विधि से स्थानीय, द्रोणमुख, कसबा (खर्वाटिक) और गाँव बसाने पर विशेष ध्यान दिए गए। वास्तुकला-विशारदों से राय लेकर दुर्ग एवं नगर बनाए जाते थे। राख और मिट्टी को मिलाकर चूर्ण बनाया जाता और धतूरे को पानी में मिलाकर दीवारों पर लेप कर दिया जाता था। इससे दीवार पर अग्नि का असर नहीं होता था। नगर में स्थित घरों के बीच 1.1/4 फीट का फासला होता था। घरों में नाली, शौचालय आदि की व्यवस्था सफाई की दृष्टि से रहती थीं।

मेदक, प्रसन्ना, आसव, अरिष्ट, मैरेय, राजपेयसुरा आदि प्रकार की मदिरा विभिन्न प्रकार के पदार्थों को मिलाकर रसायनविधि से तैयार की जाती थी। पशु-विज्ञान में काफी

उन्नति हुई। पीलवानों ने जान लिया कि उष्ण प्रदेशों में पानी के अभाव में हाथी के पेट में इतनी गर्मी बढ़ जाती है कि वे कोढ़ी या अन्धे हो जाते थे। वैज्ञानिक ढंग से पशुपालन किए जाते थे। खोट-विज्ञान भी जड़ जमाए हुए था। मौसम-विज्ञान विकसित अवस्था में था। मौर्यकालीन विद्वान और *अर्थशास्त्र* का रचनाकार कौटिल्य ने बताया कि विज्ञान मनुष्य को भय से मुक्त करता है। अपने कार्य की सिद्धि चाहनेवाला व्यक्ति नक्षत्रगणना पर अपने भाग्य की परीक्षा नहीं करता था। नक्षत्रतिथि, लगन, मुहूर्त आदि से कार्यों की सफलता का कोई सम्बन्ध नहीं था। पर्याप्त धन और आवश्यक साधन से ही सफलता प्राप्त करना सम्भव था।

19.7 कुषाण एवं गुप्तकाल

अंक-लेखन में शून्य और दशमलव-प्रणाली की विस्मयकारी खोज ने विश्व के स्तर पर गणित के विकास में क्रान्तिकारी योगदान किया था। साधारण अंकों का जोड़, बाकी, गुणा और भाग सारे गणितों का मूलाधार है। गणित, परिणाम-आकारमान (लम्बाई-चौड़ाई) और इनका अत्यन्त अमूर्त रूप में अन्तःसम्बन्ध बतलाने का विज्ञान है। भारत में गणित के विकास का श्रेय ब्राह्मण वर्ग को है, क्योंकि शूद्रों और वैश्यों को किसी तरह की बौद्धिक गतिविधि में सम्मिलित होने का अधिकार ही नहीं था। ज्योतिष और गणित एक-दूसरे में अभिन्न हैं। हमारे सारे महान ज्योतिषी महान गणितज्ञ भी थे। पाई का मान निकालना और पृथ्वी, चन्द्रमा, सूर्य की परिधि के साथ-साथ इनकी आकाशीय गति की सही-सही गणना करना आसान नहीं था। पुरोहित के अलावा ब्राह्मणों का एक वर्ग **फलित ज्योतिष** (टीपन, जन्मकुंडली आदि बनाने के लिए) और पंचांग कार्यों तथा सामाजिक पर्व, उत्सवों, संस्कारों आदि का मुहूर्त निर्धारित करते थे। पुरोहित कर्म से ज्योतिष बहुत घुल-मिल गया था तथा वेदांग ज्योतिष ब्राह्मणों का बाइबिल बन चुका था।

वेदांग ज्योतिष का मानना था कि चन्द्रग्रहण और सूर्यग्रहण का कारण राहु नामक राक्षस द्वारा सूर्य और चन्द्र को निगलना था। अतः जरूरी था कि इन दोनों को इस शैतान से बचाया जाए, जिससे सृष्टि को विनाश के खतरे से बचाया जा सके। इस काम को धार्मिक रीति से सम्पन्न कराने के लिए ब्राह्मण वर्ग जनता से बड़ी-बड़ी दक्षिणाएँ लेता था। दूसरी ओर, ब्राह्मण ज्योतिषियों का एक अन्य वर्ग था, जिसने प्रमाणित किया कि सूर्यग्रहण का कारण सूर्य और पृथ्वी के बीच चन्द्रमा का आ जाना है और चन्द्रग्रहण होने का कारण सूर्य और चन्द्रमा के बीच में पृथ्वी का आना है और पृथ्वी की छाया चन्द्रमा पर पड़ना है। लेकिन ऐसी बात कहने की अनुमति नहीं दी गई, बल्कि उन्हें ब्राह्मण-पुरोहित वर्ग से समझौता करते हुए धर्म और अन्धविश्वास के लिए रियायतें देने को विवश होना पड़ा।

हमारे ज्योतिषविदों में आर्यभट्ट, वराहमिहिर और ब्रह्मगुप्त के नाम अग्रिम पंक्ति में हैं। आर्यभट्ट वैज्ञानिक ज्योतिष पर सुदृढ़ रहे। उन्होंने फलित ज्योतिष का विरोध किया, लेकिन उसकी वैज्ञानिक वैधता के दावे को नामंजूर कर दिया गया। वराहमिहिर ने राहु-सिद्धान्त का विनम्रता से खंडन किया और फलित ज्योतिष में योगदान दिया। ब्रह्मगुप्त ने ब्राह्मण-पुरोहितवर्ग से समझौता किया। उसने अन्धविश्वास को रियायतें दी, किन्तु गणित ज्योतिष के क्षेत्र में उल्लेखनीय योगदान दिया।

कुषाणकाल में अश्वघोष ने शून्यवाद का प्रतिपादन किया और त्रिकायवाद के सिद्धान्त का विकास किया। गुप्तयुग में ब्राह्मण-पुरोहितों ने वैज्ञानिकों और भौतिकवादी दार्शनिकों पर उनके विवेकसंगत अनिश्वरवादी और वैज्ञानिक स्थितियों को अपने अनुरूप बदलने के लिए भारी दबाव डाला। अक्सर ईश्वरवादी प्रवंचनायुक्त विचारों को उनके वैज्ञानिक चिन्तन के साथ प्रक्षिप्त रूप में जोड़ा गया। इसी काल में पृथ्वी की परिधि 24835 मील बतानेवाले आर्यभट्ट का जन्म करीब 476 ई. (शक संवत् 398) में पाटलिपुत्र में हुआ। उसने *आर्यभटीय, दशगीतिकासूत्र* और *आर्याष्टशत* की रचना की। *आर्यभट्ट* यथासम्भव ब्राह्मण-पुरोहितवर्ग से समझौता नहीं करते हुए फलित ज्योतिष का विरोध और वैज्ञानिक ज्योतिष पर सुदृढ़ रहे।

वराहमिहिर ने प्राचीन आचार्यों—लाट देवसिंह, प्रद्युम्न, विजय नन्दी—के साथ-साथ आर्यभट्ट का भी उल्लेख किया है। इससे प्रकट है कि अपने से कुछ ही दशक वर्ष पूर्व होनेवाले आर्यभट्ट की ख्याति देश में इतनी फैल गई थी कि वराहमिहिर को उसे आचार्यों में उल्लेख करना पड़ा। वह पहला व्यक्ति था, जिसने पृथ्वी को गोल माना और उसकी परिधि का माप प्रायः सही प्रस्तुतः किया। उसने पृथ्वी का अपनी धुरी पर घूमना भी सिद्ध किया।

बिहार में नालन्दा, विक्रमशिला, ओदन्तपुरी, तिलाढक और फल्लहरी शिक्षा के प्रसिद्ध केन्द्र थे। व्यापारियों ने काफी मूल्य चुकाकर नालन्दा विश्वविद्यालय के लिए भूमि खरीदी थी, जहाँ शक्रादित्य (कुमारगुप्त प्रथम), बुद्धगुप्त तथा गुप्त बालादित्य, वज्र तथा हर्ष जैसे शासकों ने 6 मठ बनवाए। एक या दो मठों के रूप में आरम्भ होकर नालन्दा शीघ्र ही शिक्षा का अन्तर्देशीय केन्द्र बन गया। पालशासक धर्मपाल ने **विक्रमशिला विश्वविद्यालय,** गोपाल ने **ओदन्तपुरी विश्वविद्यालय** और बंगाल के ही राजा रामपाल ने **जागद्दक विश्वविद्यालय** की स्थापना की। वहाँ शिल्पकला, चिकित्सा, तर्कशास्त्र, दर्शन आदि विषयों की पढ़ाई होती थी। तन्त्रविद्या जैसे खोट विज्ञान की पढ़ाई भी होती थी। विदर्भ में जन्मा नागार्जुन कुषाणकाल में प्रसिद्ध विद्वान और बौद्धभिक्षु था। वह नालन्दा में रासायनिक विधि से सोना बनाने का ज्ञान देता था। इस खोटविज्ञान के माध्यम से उसे रसायन विज्ञान का अच्छा ज्ञान हो गया था। उसने *रत्नाकर* नामक तन्त्रग्रन्थ की रचना की। सोना बनाने की तान्त्रिक विधि का प्रयोग करने के क्रम में उसने कोष्ठिकायन्त्र, वक्रनाल (मुँहवाली फुँकनी), धमन, लौहपत्र (iron plates), कन्दराएँ (hooks) जैसे उपकरणों का प्रयोग किया। इन उपकरणों का वैज्ञानिक महत्त्व था और प्रयोगशाला में इनमें से कई का आज भी महत्त्व है। विक्रमशिला विश्वविद्यालय का केन्द्रीय हॉल 'विज्ञान घर' के नाम से प्रसिद्ध था। ओदन्तपुरी में पालशासक गोपाल द्वारा 8वीं सदी में स्थापित शिक्षाकेन्द्र विज्ञान और प्रौद्योगिकी से अपरिचित नहीं था। इत्सिंग और ह्वेनसांग के काल में नालन्दा के पास स्थित **तिलाढक** नामक बौद्धविहार शिक्षा का भी केन्द्र था, जहाँ दर्शन के अलावा शिल्प और चिकित्साशास्त्र की भी शिक्षा दी जाती थी। नालन्दा के पास ही स्थित **फुल्लहरी** नामक शिक्षाकेन्द्र के शिक्षक और छात्र शिल्पकला एवं चिकित्सा जैसे विषयों से पूर्ण परिचित थे।

मिथिला के लोग पित्त, कफ, वायुरोग, वातज्वर, पित्तज्वर, कफज्वर, पांडुमल, कुष्ठ, शोथ (सिखंडी), प्लीहा, शूल, ज्वरातिसार, ग्रहणी कास (खाँसी), व्रण, हलीमक, मूत्रकृष्छ, गुल्म, विषमेह, कुब्ज, गोद, गलगंड (घेघा), भ्रमरी, सन्निपात, विषूची (हैजा) और दारुणी नामक रोगों से पीड़ित रहते थे। नेत्र को जल से साफ करने, चरणतल में तेल मलने, दोनों कानों में

एवं सिर पर तेल डालने से रोगों का नाश होता था। वसन्तकाल में भ्रमण, स्वल्प, अग्निसेवन और समय पर भोजन करनेवाले को जानलेवा बीमारी नहीं होती थी। ग्रीष्मकाल में तालाब आदि के शीतोदक से स्नान, चन्दनलेप और वायुसेवन करनेवाले रोग से मुक्त रहते या बुढ़ापा उनमें देर से आती थी। वर्षाकाल में उष्णोदक (गरम जल) से स्नान, वर्षाजल का सेवन और समय पर परिमित आहार करनेवाले के समीप जरा (वृद्धावस्था) नहीं आती थी। शरत्काल में धूपसेवन करने, भ्रमण करने, तालाब आदि में स्नान करने और परिमित भोजन करने से वृद्धावस्था पास नहीं फटकती थी। हेमन्तकाल में प्रातःस्नान, समय पर अग्निसेवन तथा किंचित् गरम और नवान्न, क्षीर भोजन और घृत के सेवन करनेवाले को जरा नहीं होती थी। भूख लगने पर उत्तम अन्न का भक्षण, प्रयास लगने पर जलपान और नित्य ताम्बूलसेवन करनेवालों को जरा नहीं होती थी। जो व्यक्ति संयमपूर्वक नित्य दही, मक्खन, घी और गुड़ का सेवन करता, उसके समीप जरा नहीं जाती थी। धनिया, गुड़, नींबू, केला, ताड़फल, ईख का रस, अदरक, मूली, मूँग की दाल, तिल, मरिच, मधु, पीपर, घी, नारियल, आँवला आदि का प्रयोग औषधि के रूप में किया जाता था। इस तरह उत्तर-वैदिककाल के दौरान बिहार में विज्ञान और प्रौद्योगिकी के क्षेत्र में एक पृष्ठभूमि तैयार हुई, किन्तु खोटविज्ञान फिर भी प्रभावशाली बना रहा। विज्ञान के क्षेत्र में बौद्धकाल में एक अनुकूल परिपक्व वातावरण तैयार हुआ। चिकित्सा-विज्ञान को तत्कालीन प्रसिद्ध वैद्य जीवक ने व्यवस्थित ढंग से आगे बढ़ाया। उत्पादन में वृद्धि की दृष्टि से लौह-उपकरणों का महत्त्व बढ़ने लगा। नवीन नगर वैज्ञानिक विधि से बसाए जाने लगे। कृषि से सम्बद्ध उपकरणों में नवीनता आई। खोट विज्ञान का सामाजिक महत्त्व घटा। मौर्यकाल में लौह-उपकरणों का व्यापक प्रयोग होने से विज्ञान के प्रति आकर्षण बढ़ा। युद्ध के नवीन औजार, रत्न-विज्ञान, खान-विज्ञान, धातु साफ करने की विधि, माप-तौल के बाट, तराजू, कृषि-विज्ञान आदि के क्षेत्रों में अद्भुत विकास हुआ। नगरों की संख्या बढ़ी और गाँवों की स्थिति बेहतर हुई। खोटविज्ञान पर विज्ञान चढ़ बैठा। आर्यभट्ट के कारण, विज्ञान को नवीन ढंग से आगे बढ़ने का मार्ग प्रशस्त हुआ।

शिक्षा और साहित्य की दृष्टि से गुप्तकाल की प्रगति सराहनीय रही। पाटलिपुत्र, वल्लभी, उज्जयिनी, पद्यावती, अवरपुर, काशी, मथुरा, नासिक, काँची आदि शिक्षा के केन्द्र-स्थान थे। छठी शताब्दी में नालन्दा का विश्वविद्यालय भी शिक्षा का प्रमुख केन्द्र बन गया और दूर-दूर के विद्यार्थी यहाँ शिक्षा प्राप्त करने के लिए आने लगे। इस युग में धर्म और धर्मनिरपेक्ष दोनों ही प्रकार के साहित्यों की प्रगति हुई। साहित्यिक प्रगति के कारण ही इस युग को **पेरिक्लीन युग, आगस्टन युग** अथवा **अभिजात्य युग** के नाम से पुकारा गया है। अधिकांश ग्रन्थों की रचना संस्कृत भाषा में की गई क्योंकि संस्कृत इस युग की राष्ट्रभाषा थी। *रामायण, महाभारत* और *पुराणों* का वर्तमान स्वरूप इसी काल में बना। विभिन्न स्मृतियों जैसे *नारदस्मृति, याज्ञवल्क्यस्मृति, वृहस्पतिस्मृति* आदि की रचना इसी काल में हुई। मीमांसा सूत्रों पर टिकाएँ भी इसी काल में लिखी गईं। चौथी सदी में ईश्वरकृष्ण ने *सांख्यकारिका* को लिखा। *पंचतन्त्र* का पुनः संकलन किया गया, जिसका अनुवाद प्रायः 50 भाषाओं में हुआ। विभिन्न बौद्ध और जैन विद्वानों ने अनेक धार्मिक ग्रन्थों की रचना की। असंग, सुबन्धु, दिकनाक् आदि विद्वानों ने भी अनेक धार्मिक ग्रन्थों की रचना की। जैन विद्वानों में सिद्धसेन, भद्रबाहु द्वितीय और उमास्वाति अधिक विख्यात हुए। पाली साहित्य में *दीपवंस* और *महावंस* नामक ग्रन्थ प्रमुख

स्थान रखते हैं। तमिल और प्राकृत भाषा में अनेक ग्रन्थ लिखे गए। संस्कृत के अनेक ग्रन्थों का अनुवाद इन भाषाओं में किया गया। धर्मनिरपेक्ष साहित्य में सुबन्धु द्वारा रचित *वासवदत्ता,* भट्टि का *रावण-वध,* भारवि का *किरातार्जुनीय,* विशाखदत्त का *मुद्राराक्षस,* शुद्रक का *मृच्छकटिकम्,* दंडिन का *दशकुमारचरित* आदि अपने समय की महान रचनाएँ मानी गईं। इनके अतिरिक्त भर्तृहरि जो दार्शनिक और कवि था, वीरसेन जो महान व्याकरणाचार्य था, अमर सिंह, जिसने *अमरकोष* की रचना की आदि इस काल के महान विद्वान थे। सबसे अधिक उल्लेखनीय नाम कालिदास का है। उन्होंने अनेक ग्रन्थों की रचना की, जिनमें *ऋतुसंहार, मेघदूतम्, कुमारसम्भवम्, रघुवंशम्, अभिज्ञानशाकुन्तलम्, विक्रमोर्वशीयम्* का स्थान प्रमुख माना गया है।

विज्ञान, गणित, ज्योतिष आदि के अनेक विद्वान हुए, जो इस युग के भारतीयों की अन्वेषण-शक्ति के प्रतीक माने गए। आर्यभट्ट अपने युग का महान वैज्ञानिक और गणिताचार्य माना गया। उसने अंकगणित, बीजगणित, ज्यामिति और त्रिकोणमिति में विभिन्न नवीन खोजें कीं। ज्योतिष में आंर्यभट्ट के कार्य को निशंक, पांडुरंग और लाटदेव ने आगे बढ़ाया और वराहमिहिर ने उसे श्रेष्ठतम बना दिया। वराहमिहिर ने भी अनेक ग्रन्थों की रचना की, जिनमें *बृहत्संहिता* सबसे अधिक प्रसिद्ध हुई। ब्रह्मगुप्त नाम के एक अन्य महान ज्योतिषाचार्य हुए। इसके अतिरिक्त अन्य विद्वानों ने *सूर्यसिद्धान्त, वैशिष्ठसिद्धान्त, षटपंचाशिका* जैसे विभिन्न ग्रन्थों की रचना की। यह भी विश्वास किया जाता है कि दशमलव-प्रणाली (Decimal System) का आविष्कार हिन्दुओं ने किया था। इसे किसने आरम्भ किया, यह तो पता नहीं लगता, परन्तु आर्यभट्ट और वराहमिहिर ने अपने ग्रन्थों में इसका उल्लेख किया है। चिकित्साशास्त्र में भी काफी उन्नति हुई। *अष्टांग संग्रह, अष्टांगहृदय-संहिता* और *नवनीतिकय* इस युग के प्रसिद्ध आयुर्वैदिक चिकित्सा-ग्रन्थ हैं। पशुचिकित्सा के सम्बन्ध में कार्य किया गया। हस्ति-आयुर्वेद और अश्वशास्त्र पशुओं की चिकित्सा सम्बन्धी पुस्तकें हैं। दिल्ली के कुतुबमीनार के निकट महरौली का लौहस्तम्भ उस समय के धातु विज्ञान का अद्भुत नमूना है। उसे किस प्रकार बनाया गया होगा और अभी तक खुले स्थान में होते हुए भी उसका चिकना रहना और उसमें जंग न लगना आश्चर्य का विषय है। इस प्रकार गुप्तकाल शिक्षा, साहित्य, विज्ञान आदि सभी क्षेत्रों में ज्ञान की अद्भुत प्रगति और नवीन अन्वेषणों का काल था।

19.8 गुप्तकालीन विज्ञान एवं तकनीक

गुप्तकालीन विज्ञान एवं प्रौद्योगिकी : रोम में पेरिक्लिज, यूनान में अगस्टस, इंग्लैंड में रानी एलिजाबेथ एवं शाहजहाँ के काल को, जहाँ स्वर्णयुग की उपाधि से अलंकृत किया गया, वहीं सम्पूर्ण गुप्तकाल ही स्वर्णयुग कहलाया। तत्कालीन सांस्कृतिक उपलब्धियों ने गुप्तकाल को अमर बना देने में सर्वाधिक महत्त्वपूर्ण भूमिका निभाई। इस काल की संस्कृति को यह रूप प्रदान करने में विज्ञान एवं तकनीक की भूमिका सर्वोच्च रही।

वैज्ञानिक उन्नति को लेकर गुप्तकाल भारतीय इतिहास में अपना एक विशिष्ट स्थान रखता है। गणित, ज्योतिष, रसायनशास्त्र, घातुशास्त्र, चिकित्साशास्त्र आदि के क्षेत्रों में इस काल में काफी प्रगति हुई। गणित के क्षेत्र में नवीन सिद्धान्तों का प्रतिपादन हुआ और

दशमलव-पद्धति का आविष्कार हुआ। आर्यभट्ट (जन्म 479 ई.) इस युग का प्रसिद्ध गणितज्ञ था। पृथ्वी गोल है और वह धुरी पर घूमती है, पृथ्वी और चन्द्रमा की स्थिति के कारण ग्रहण होता है, आदि तथ्यों का पता इसी समय लगा। बीजगणित में समीकरण तथा अंक लिखने की नवीन शैली (अक्षरों द्वारा) को कार्यान्वित किया गया। उसने बताया कि दाएँ से बाएँ जाने पर अंक का मूल्य दस गुना हो जाता है। ज्योतिष पर वराहमिहिर (505-587) ने *बृहत्संहिता* तथा *पंचसिद्धान्त* नामक दो ग्रन्थ इसी काल में लिखे। ब्रह्मगुप्त (जन्म 598 ई.) नामक ज्योतिष ने *ब्रह्मसिद्धान्त* नामक ग्रन्थ की रचना की। रसायनशास्त्र में भारतीयों ने सुन्दर पक्के रंगों का आविष्कार किया।

धातुविज्ञान में यह काल उन्नति का काल था। धातु को गलाकर उससे तरह-तरह की चीज़ें तैयार करने में यहाँ के कारीगर बड़े निपुण हो गए थे। इसी काल का निर्मित दिल्ली के कुतुबमीनार के पास एक लौहस्तम्भ है, जो लगभग डेढ़ हजार वर्षों के बाद भी जंग से मुक्त है। स्तम्भ पर खुदी लिपि से लगता है कि यह चौथी शताब्दी में चन्द्रगुप्त द्वितीय द्वारा जयस्तम्भ के रूप में मथुरा के विष्णुपाद पहाड़ पर निर्मित कराया गया था। 1050 ई. के आसपास अनंगपाल द्वितीय ने इसे दिल्ली में पुनः स्थापित किया। यह स्तम्भ 24 फुट ऊँचा है। इसके नीचे का व्यास 16.4 इंच और ऊपर का 12 इंच है। इसका वजन 6 टन से अधिक है। इस लौह-स्तम्भ की आपेक्षिक गुरूता 7.81 है; जबकि शुद्ध लोहे की आपेक्षिक गुरूता 7.14 होती है। यह स्तम्भ लोहा (99.720 प्रतिशत), ताँबा, मैंगानीज, नाइट्रोजन, फोस्फोरस, गन्धक, सिलिकन और कार्बन (अंगारक) के मिश्रिण से बना है। सम्भवतः फोस्फोरस की अधिकता, गन्धक की स्वल्पता और मैंगानीज के अभाव के परिणामस्वरूप यह लौह-स्तम्भ आज भी जंगरहित है। गन्धक की स्वल्पता से मालूम पड़ता है कि इस लौह-स्तम्भ में बहुत ही बढ़िया लौह खनिज (Ore) और लकड़ी का कोयला का इस्तेमाल किया गया है। इस स्तम्भ को तैयार करने के लिए करीब 80 पाउंड के आसपास वजन के छोटे-छोटे लौह-स्तम्भ-खंडों को ढालकर उन्हें बाद में जोड़ा गया है। जोड़ने का काम इतनी खूबी के साथ और वैज्ञानिक दृष्टि से किया गया है कि सारा स्तम्भ एक अखंड लोहे से बना लगता है। इससे यह स्पष्ट है कि इस काल में धातु बिया को गलाकार बड़े ही निपुण होते थे। इस काल में वे धातुओं के सुन्दर सिक्के तैयार करते और जिन पर चित्र तथा लेख अंकित होते थे।

वराहमिहिर इसी युग के प्रसिद्ध रसायनशास्त्र तथा धातुविज्ञान के आचार्य थे। वनस्पति और जीवविज्ञान का भी उन्हें अच्छा ज्ञान था। इस समय की कलात्मक वस्तुएँ तत्कालीन तकनीक का ज्ञान कराती हैं। बौद्धविहारों में गान्धारशैली की झलक दिखाई देती है। ईंट और पत्थर से निर्मित ये विहार आठमंजिला तक होते थे। खम्भों पर देवमूर्तियाँ उकेड़ी गई और अनेक रंगों से उन्हें सजाया गया। अनेक वैष्णवमन्दिर बनाए गए, जिनका अलंकरण प्रशंसा के योग्य हैं। इस काल का देवगढ़ (मध्य प्रदेश, झाँसी के पास) मन्दिर का शिखर 40 फुट ऊँचा और पिरामिडनुमा बनाया गया है। इससे निर्मित कलाएँ दीवारों में गहरे धँसे हुए और स्तम्भों पर टिके हैं। स्तम्भ 4, 8 और 16 पहल के हैं। इससे स्पष्ट है कि स्तम्भों पर मूर्तियाँ उकेरने की कला विकसित थी। मन्दिरों में ईंटों की जालियाँ बनाई जाती थीं।

भवन में प्लास्तर और चूने का प्रयोग किया जाता था। राजभवनों के स्नानागारों में मशीन से चलनेवाली जलधारा का प्रयोग होता था। फर्श संगमरमर और स्फटिक के बने होते

थे। पत्थरों में नक्काशी कर फल के गुच्छे तैयार किए जाते थे। देवमूर्तियों के अलावा खिलौने के रूप में मिट्टी के हाथी, घोड़े, मगर, सिंह, मानव, पक्षी आदि बनाए जाते थे। मिट्टी की मूर्तियाँ गीली मिट्टी में ढालकर आवों में पकाई जाती थीं। कुछ घिसकर चिकनी कर ली जाती थीं, कुछ पर लेप चढ़ा दिया जाता था और कुछ को रंग दिया जाता था। मिट्टी के बने प्रायः सभी बर्तनों व चमकती बालू या माइका के टुकड़ों का प्रयोग हुआ है। गुप्तकाल में मिट्टी के बर्तन लाल भूरि देकर सुन्दर बनाए जाते थे और उसे चिकना कर उन पर अनेक ज्यामितिक आकृतियाँ बनाईं या ठप्पे तैयार कर उन पर विभिन्न रंगों के पशु-पक्षियों की अनेक डिजाइन छापे जाते थे। अलंकृत ईंट, विभिन्न मूर्तियाँ, मुहरें आदि के साँचों का अध्ययन विकसित तकनीक की बात बताता था।

सिक्के ढालकर बनाए जाते और उन पर अनेक चिह्नों का प्रयोग किया जाता था। चित्रों को बनाने के लिए रेखांकन से पूर्व दीवारों की भूमि तैयार कर ली जाती, अर्थात् दीवारों को घिसकर चिकना कर लिया जाता था। चिकने दीवार पर पलास्तर के चूर्ण, मिट्टी और गोबर को मिलाकर तथा शिरे द्वारा उनका एक बार लेप बनाकर उससे दीवार लिप दिया जाता था। लेप पलास्तर के समान भूमि पर चढ़कर जम जाता। बाद में चूने के पानी से पलास्तर को गीला रखते और उसे धो देते थे। तब शुरू होता खाँका बनाने की कला। चित्रों की सीमाएँ गेरू से खींच दी जाती। चित्रकार आकृतियों का रेखांकन करते और अन्य कलाकार रंग भरते थे। चित्र को अन्तिम रूप प्रदान करने का काम गुरु चित्रकार करता था। चित्रों को गेरुआ, लाल, हरा, नीला, काला आदि रंगों से रँगा जाता। कपड़ों पर चित्रकारियाँ की जातीं। चित्रों को बनाते समय कलाकार विशेष प्रकार के टेबुल का प्रयोग करते थे। चित्रों की सीमारेखा पतले नोंकवाली पेंसिल से तैयार की जाती थीं और फिर ब्रश से चित्र तैयार किए जाते थे।

19.9 चिकित्सक

उत्तर-वैदिककाल में असुरमायारूप नामक स्त्री की चर्चा रोग-चिकित्सक के रूप में है। ई.पू. छठी शताब्दी में राजगृह में मगधनरेश बिम्बिसार का राजकीय वैद्य जीवक था, जिसकी शिक्षा-दीक्षा तक्षशिला के आत्रेया नामक प्रसिद्ध वैद्य की देख-रेख में हुई थी। 7 वर्षों में जीवक ने वैद्यविद्या सीखी थी। उसने साकेत की सेठानी, मगधनरेश बिम्बिसार, गौतम बुद्ध, राजगृह के सेठ, वाराणसी के सेठ, उज्जयिनी के राजा प्रद्योत और हजारों भिक्षुओं का इलाज करके काफी यश कमाया। औषधि और शल्य दोनों में वह दक्ष था। उसके पास तक सामान्य रोगी का पहुँचना मुश्किल था। वैद्य जड़ी-बूटियों से रोगों का इलाज करते थे। कुछ वैद्य चीर-फाड़ (शल्यचिकित्सा) विधि से इलाज करते थे। बालरोगों के विशेषज्ञ वैद्य दारक चिकित्सक कहे जाते थे। वैद्य जड़ी-बूटियों को पीसकर दवा तैयार करते और रोगी को पिलाते थे। कुछ रोगों में वैद्य रोगी को औषधि देते, वमन कराते, जुलाब देते और सेंकते थे। ठीक होने पर कुछ रोगी वैद्य को इनाम देते थे। दुकूल पंडित नामक एक वैद्य की चर्चा है, जिसने एक धनाढ्य पुरुष की आँखों की बीमारी का इलाज किया था। बदले में सेठ ने उसे कुछ नहीं दिया। क्रुद्ध होकर वैद्य ने दवाई के बहाने उस सेठ की आँखों को ही अन्धा कर दिया। राजा को सूचित किए बिना यदि वैद्य किसी रोगी का इलाज करता और दवा देने के दौरान

ही उसकी मृत्यु हो जाती या ऑपरेशन करते समय अंग भंग हो जाता, तो वैद्य को कठोर दंड दिया जाता था। कुछ विष-वैद्य होते थे, जो जड़ी-बूटियों से साँप काटने का इलाज करते थे। जड़ी-बूटी दुकानों में बिकती थीं। रोगियों की शारीरिक अवस्था का पूरा-पूरा विचार कर वैद्य द्वारा उचित औषधि बताई जाती थी। कुछ वैद्यों के साथ नर्स या कम्पाउंडर होते थे, जो ठीक ढंग से कई जड़ी-बूटियों के मिश्रण से दवा बनाकर रोगी को देते थे। वे रोगी का मल-मूत्र, खखार, वमन आदि साफ करते थे तथा समय-समय पर रोगी को कहानियाँ सुनाकर उसका मन बहलाते थे, ताकि रोग की पीड़ा वह सहन कर सके। महोषधकुमार मिथिला का प्रसिद्ध वैद्य था। मिथिला के एक वैद्य को राजा ने मृत्युदंड दिया था, क्योंकि राजपुत्र को वह निरोग नहीं कर सका था। व्याधियों के तत्त्वों की भली-भाँति ज्ञान रखना और वेदनाओं का निग्रह करना ही वैद्यों का वैद्यत्व था। वैद्यों को आयु प्रदान करने के लिए समर्थ नहीं माना गया था। आयुर्वेद के विशेष ज्ञाता, चिकित्सकों के यथार्थवेत्ता, धर्मात्मा और दयालु होने के नाते उन्हें **वैद्य** कहा गया।

19.10 अंक विज्ञान

प्राचीनकाल में अंक 1 से 9 तथा 10, 20, 30, 40, 50, 60, 70, 80, 90 तक के नौ दहाइयों और 100 के लिए अलग-अलग चिह्न थे। एक हजार के लिए भी पृथक् चिह्न था। लाख और करोड़ के लिए अभिलेखों में कोई चिह्न नहीं मिलता। 11 से 99 तक लिखने का क्रम ऐसा था कि पहले दहाई के अंकचिह्न में इकाई के बाद अंक लिख दिए जाते थे। जैसे—अंक 25 के लिए 20 का अंकचिह्न और आगे 5 का, अंक 93 के लिए 90 के अंक चिह्न के साथ 3 रखा जाता था। 200 के लिए 100 के चिह्न में ऊपर मध्य या नीचे सीधी रेखा जोड़ दी जाती थी। 995 के लिए 900, 90 तथा 5 के चिह्न प्रयोग में लाए जाते थे। 1,2,3 के लिए क्रमशः 1,2 या 3 आड़ी लकीर का प्रयोग होता था, जो आगे चलकर वर्तमान 1,2,3 बन गया है। 4 से 100 के अंकचिह्न अक्षरों से मिलते-जुलते होते थे। यानी अक्षर लिखकर अंक व्यक्त किए जाते थे। उदाहरण के लिए 5 पु से, 6 द से 7 ड से तथा 8 ट से मिलता-जुलता था। इसका तात्पर्य यह नहीं कि सब अंक अक्षरों से ही बतलाए जाते थे। आरम्भ में अंकों का भी जन्म मौर्यकाल से पाया जाता है।

अंक अक्षर या संयुक्ताक्षर के सूचक हैं। पश्चिमी विद्वानों में बुलर तथा वर्नेल भी यही सिद्धान्त मानते थे। वेले का मत था कि भारत के अंक मिस्र या फिनिशिया से लिए गए (जैसा ब्राह्मी के सम्बन्ध में कहा गया है)। भारतीय अंकों की कल्पना ब्राह्मणों ने की। विदेशी चित्र-अंक तो जटिल थे। 1 से 9 तक के लिए नौ खड़ी लकीर तथा 19 के लिए 10 के चिह्न की बाईं ओर 9 खड़ी लकीरें खींचते थे। बाद में मिस्रवाले ने भारतीय अंक जैसा नवीन क्रम तैयार किया।

भारत में शब्द तथा अंक में तिथि का उल्लेख प्रशस्तियों में किया गया है। अशोक के रूपनाथ शिलालेख में 200 + 50 + 6 लिखा है। मिलिन्दकालीन (ई.पू. 115) शिनकोटलेख में ब्राह्मी में 14 से लिए 10 + 4 उपयुक्त नहीं है, किन्तु 4 + 4 + 4 + 1 + 1 लिखा है। मथुरा अथवा पश्चिमी भारत के शक-क्षत्रप लेखों में पुरानी शैली के अंक-क्रम से तिथियाँ लिखी गई

हैं। 73 के लिए 70 + 3 (सोडास का लेख), 26 के लिए 20 + 4 + 1 + 1 (गुदफर का तख्त-वहाई शिलालेख), 134 के लिए 100 + 20 + 10 + 4 (कलवान ताम्रपत्र), 19 के लिए 10 + 4 + 4 (कनिष्क का मानकियाला लेख), 46 के लिए 40 + 6 (जूनार का लेख), 82 के लिए 80 + 2 (चन्द्रगुप्त का उदयगिरि का गुप्तलेख), 113 के लिए 100 + 10 + 3 (प्रथम कुमारगुप्त का धनैदह ताम्रपत्र) तथा 224 के लिए 200 + 20 + 4 (दामोदरपुर का ताम्रपत्र) का तिथिक्रम यह बतलाता है कि मौर्ययुग से लेकर छठी सदी तक प्राचीन शैली के अंक प्रयुक्त होते थे, जिनमें अंक-स्थान-मूल्य का अभाव था।

अंक लिखने का इतिहास यह बतलाता है कि भारतीय अंक को 3 भागों में विभक्त कर सकते हैं—(1) खरोष्ठी अंक, (2) ब्राह्मी अंक और (3) शब्द तथा अक्षर अंक। खरोष्ठी अंक ई.पू. 400 से तीसरी सदी तक कई अभिलेखों में मिलते हैं, जिनको भारतीय यूनानियों ने गान्धार प्रदेश में उत्कीर्ण कराया था। ब्राह्मी अंक अशोक से पहले के नहीं मिले हैं। सातवाहन राजा के नानाघाट लेख में अधिक अंक खुदे हैं, जिनमें 1 से 9 तक के अंक अंकित हैं। शकवंशी, लेखों तथा मुद्राओं पर अधिक अंक खोदे गए हैं। नासिक के गुहालेख में पर्याप्त परिष्कृत अंक मिलते हैं। उन लेखों में 9 से अधिक अंक नहीं मिलते। शून्य के अभाव में उन अंकों का स्थान-मूल्य निश्चित नहीं किया जा सकता। प्रत्येक संख्या को पृथक्-पृथक् अंक लिखकर व्यक्त किया जाता था। तीसरी शैली शब्द तथा अक्षर द्वारा अंक व्यक्त करने की थी। यह हिन्दुओं की पूर्ण वैज्ञानिक व्यवस्था थी। ब्रह्मगुप्त ने अपने *ब्रह्मस्फुट-सिद्धान्त* में अंक के लिए शब्द का प्रयोग किया है। उदाहरण के लिए शक 867 लिखने के लिए गिरि (=7) रस (=6) तथा वसु (=8) शब्दों द्वारा उस संख्या को व्यक्त किया गया है। उन शब्दों को दाहिने से बाएँ पढ़ा जाता था। उस स्थिति में शब्द द्वारा पूर्णरीति से अंक लिखने की परिपाटी काम कर रही थी। सर्वप्रथम *कात्यायन श्रौतसूत्र* में इसका प्रयोग हुआ, परन्तु इस परिपाटी का जन्मदाता अज्ञात है। वराहमिहिर ने भी *वृहत्संहिता* (अध्याय 8) में शब्दों द्वारा अंक व्यक्त किया है (संख्या-7, अश्विन-2, वेद-4 = 427 शककाल)। दिल्ली संग्रहालय के एक लेख से उपर्युक्त विषय की पुष्टि होती है। इसमें 1384 विक्रम के लिए निम्न पद्य मिलता है। (*एपिग्राफिका इंडिका,* जिल्द 1, पृ. 94)।

वेदवस्वग्नि चन्द्रार्क संख्येब्दे विक्रमार्क्कतः पंचम्यां फाल्गुन सिते लिखितं भौमवासरे

(वेद-4, वसु-8, अग्नि-3 तथा चन्द्र-1 को दाहिने से बाएँ पढ़ने पर सं. 1384 हो जाता है)

वैदिक साहित्य को छोड़कर ज्योतिष तथा गणित सम्बन्धी ग्रन्थों में संख्या-सूचक सांकेतिक शब्द मिलते हैं, जो मनुष्य के अंग, ग्रह, नक्षत्र आदि की संख्या पर कल्पित किए गए थे। कुछ निम्न प्रकार के संकेत मिलते हैं :

0 = आकाश (क्योंकि आकाश खाली होता है)
1 = चन्द्र, धरा आदि (जो संख्या में एक है)
2 = नेत्र, पक्ष, वाहु आदि (जो 2 ही मिलते हैं)
3 = राग, गुण, लोक आदि (3 समझे गए हैं)
4 = वेद, आश्रम (इनकी संख्या 4 हैं)
5 = पांडव, रत्न आदि (जो गिनती में 5 हैं)
6 = रस, दर्शन (षट्रसड या षाड्दर्शन 6 हैं)

7 = ऋषि, वार, सप्तर्षि (7 दिन)

8 = मंगल, अष्टमांगलिक दिग्गज (आठों दिशाओं में पृथ्वी को दबाए रखकर उसकी रक्षा करनेवाले 8 हाथी)

9 = ग्रह, निधि (नवग्रह या नवनिधि से 9 बोध होता है)

10 = दिशा, अवतार। (दस दिशा या 10 अवतार)

11 = रुद्र (रुद्र 11 माने जाते हैं)

12 = मास, राशि (बारह महीना या 12 राशि)

14 = तिथ (पक्ष में 15 तिथियाँ होती हैं)

24 = गायत्री

32 = दन्त (मनुष्य के 32 दन्त होते हैं)

शब्दों से अंक बतलाने की इस तरह की परिपाटी पुरानी है।

आर्यभट्ट ने अक्षर द्वारा अंक लिखने की परिपाटी निकाली। फ्लीट का मत था कि उन्होंने यूनान से अनुकरण किया है, *(जर्नल ऑफ रॉयल एशियाटिक सोसायटी,* 1911, पृ. 725), परन्तु निम्नलिखित बातों से प्रकट होता है कि आर्यभट्ट ने किसी आर्य से पृथक् जाति की नकल नहीं की। आर्यभट्ट ने व्यंजन से ही अंक को व्यक्त किया, क्योंकि उनका मत था कि स्वर स्थायी नहीं रहते। वे व्यंजन में छिप जाते हैं। 1 से 9 तक की संख्या को अंक पल्ली तथा दसवें शून्य को शून्यबिन्दु (या शून्य) कहते थे। शून्य के सम्बन्ध में कहना कठिन है कि किस विद्वान ने इसे जन्म दिया या शून्यबिन्दु की कल्पना उसे सूझी। इसमें सन्देह नहीं है कि अंक का मूलस्थान भारतीय है और दश गुणोत्तर अंक क्रम को (दशमलव शैली) भारत से ही योरोप तथा अरबवालों ने सीखा। इसीलिए अरबी में इसे हिन्दसे कहते हैं।

साहित्यिक तथा अभिलेखों के अध्ययन से यह प्रमाणित होता है कि 500 ई. से शून्य का प्रयोग भारत में होने लगा था, जिससे अंकों का स्थान-मूल्य निश्चित हो सका। *आर्यभटीय* के गणित पाठ में वर्तमान अंक-प्रणाली का आरम्भ दिखलाई पड़ता है। **वख्शाली** (अंकगणित) पोथी में नवीन शैली के अंक मिले हैं, (यानी चौथी सदी में इसका व्यवहार था)। **वराहमिहिर** ने (छठी सदी) *वृहत्संहिता* में अंक पर लिखते समय शून्य का प्रयोग किया है। बाण ने **वासवदत्ता** में अंक के सम्बन्ध में आकाश के तारे को शून्य के सदृश बतलाया है। ब्रह्मगुप्त (सातवीं सदी) ने शून्य पर विचार किया है। 7वीं सदी में शंकराचार्य के *ब्रह्मसूत्र* की टीका में इकाई तथा दहाई का उल्लेख मिलता है। *गणितसार संग्रह* (830 ई.) में लेखक ने शून्य पर अपना विचार व्यक्त किया है। श्रीहर्ष ने *नैषधचरित्* में शून्य-बिन्दु कहकर शून्य का विवरण दिया है तथा दमयन्ती के कान की उपमा नव अंक से दी है (7-69)। इस तरह साहित्य-ग्रन्थों से पता चलता है कि पाँचवीं सदी के बाद शून्य की कल्पना गणित में आ गई थी, जिसके सहारे स्थान-मूल्य को निश्चित करने में सरलता हो गई।

19.11 चरक

औषधि-विशेषज्ञ चरक की ऐतिहासिक परिचय संदिग्ध है। अधिकांश विद्वान इसे कुषाणकाल का और कनिष्क का राजवैद्य मानते हैं। औषधिविज्ञान का प्रसिद्ध ग्रन्थ *चरकसंहिता* का

रचनाकार चरक को बताया जाता है। उसने अपने ग्रन्थ में औषधियों के 2 विभाग किया है–(1) विरेचन (Purgatives) और (2) कषाय (Astringent)। सूत्रस्थान के चतुर्थ अध्याय में 6 प्रकार के विरेचनों और 5 सौ प्रकार के कषायों का उल्लेख है। बीमारियों और उनके उपचार पर इसमें विस्तृत वर्णन हैं। 5वीं शताब्दी में हरिश्चन्द्र भट्टार ने इस ग्रन्थ पर *चरकन्यास* नामक टीका लिखी। छठी शताब्दी में जेज्जट ने इस ग्रन्थ पर *निरन्तरपद* नामक टीका लिखी। 11वीं शताब्दी में चक्रपाणि ने इस पर *आयुर्वेददीपिका* या *चरकातात्पर्य्य* नामक टीका लिखी। अलबरूनी की पुस्तक पढ़ने से पता चलता है कि सम्पूर्ण *चरकसंहिता* का अनुवाद अरबी में हुआ। तिब्बत और चीनी भाषाओं के आयुर्वेद साहित्य पर भी इसका असर पड़ा। बाणभट्ट (7वीं शताब्दी) ने अपनी पुस्तक *कादम्बरी* में चरक की चर्चा की है। कुछ लोगों का मत है कि ऋषि अग्निवेश औषधियों के बहुत बड़े विद्वान थे और बुद्धिमान होने के कारण वे चरक कहलाए। *भानुमति* (सुश्रुत की टीका) में चरक की चर्चा है।

इस ग्रन्थ का सर्वाधिक महत्त्वपूर्ण अंश चिकित्सालय की निर्माण-विधि है, जिसे आज भी देखा जा सकता है। वास्तुविद्या के कुशल जानकार की देख-रेख में हर प्रकार से सुरक्षित और मजबूत, अस्पताल-गृह का निर्माण किया जाता, जिसमें केवल एक ओर से हवा आने का प्रबन्ध किया जाता था। इस भवन के चारों ओर कम ऊँचाई की दीवारें होती थीं, ताकि धूप, धुआँ, जल आदि से बचा जा सके। अनिष्ट शब्द, स्पर्श, रस, रग और गन्ध से भवन-परिसर को दूर रखा जाता था। अस्पताल-भवन में पानी, कूटने-पीसने, रसोई बनाने, स्नान और शौच के लिए अलग-अलग कमरे निर्मित किए जाते थे। वहाँ शुद्ध, शीलवान, आचारवान, स्नेह करनेवाले, कुशल और अनुभवशील रसोइया, स्नान करानेवाले, अंग दबानेवाले, शय्या उठानेवाले, रोगी को सुलानेवाले और औषधि पीसनेवाले परिचारक (नर्स-कम्पाउंडर) रहते थे। गायक, वादक और प्रार्थना करनेवाले तथा प्राचीन कथा एवं इतिहास सुनानेवाले होते थे। अस्पताल-परिसर में लाव, कर्पिजल, शश, हरिण, एण, कालपुच्छक, मृगमातृका, उरभ्र और अच्छे बछड़ेवाली गायें होतीं, जिनके रहने और चरने तथा पानी के प्रबन्ध रहते थे। पात्री, आचमनी, जल भरने का कंडाल, मटका, घड़ा, थाली, कढ़ाई, कुम्भी, कुभ, कुड, शराव (Saucer), कड़छी, ढकना, पकाने का पात्र, मथनी, चर्म, वस्त्र, सूत्र कार्पास, ऊन आदि रखे जाते थे। शय्या के निकट भृंगार (गंगा सागर), पीकदान, शय्या पर साफ बिछावन, ओढ़ना एवं तकिया होते थे। लेटने, बैठने, तेल लगाने, स्वेदन, अभयंग, प्रदेह, परिषेक, अनुलेपन, विरेचन, आस्थापन, अनुवासन, शिरोविरेचन, मूत्र, उच्चार (मलत्याग) आदि कर्मों के लिए उचित शय्या एवं आसन होते थे। धूमनली, वस्तिनली (enema-tube), उत्तर बस्तिक, कुशहस्तक (बुहारानी), तराजू और नापने के पात्र (बटखरा) रहते थे। धृत, तेल, वरा, मजा, मधु (राब), लवण, ईंधन, उदक (पानी), मधुसेवनी शराब, शराबविशेष, सौवरिक, तुषोदक, मैरेय, मेरक, दधि, दधिमंड (दही का मांड), दही का घोल, धान्याम्ल (Sour gruel) और गायादि का मूत्र होता था। शाल और षष्टिक चावल, मूँग, उड़द, जौ, तिल, कुलथी, बेर, मुनक्का, गम्भारी के फल, फालसा, हरड़, आँवला, बहेड़ा आदि पदार्थ भी अस्पताल में रखे जाते थे। इस तरह अस्पताल योजनाबद्ध तरीके से निर्मित किए जाते और सारी आवश्यक वस्तुएँ वहाँ व्यवस्थित कर दी जाती थीं, ताकि रोगी वहाँ से स्वस्थ होकर बाहर आ सकें।

19.12 धन्वन्तरि

कुषाणकालीन औषधि-विशेषज्ञ धन्वन्तरि द्वारा रचित ग्रन्थ *सुश्रुत्संहिता* में धन और ज्ञान से अधिक महत्त्व आरोग्य होने को बताया गया है। धन्वन्तरि ने चिकित्सा के 8 अंग बताया : (1) **शल्य-कील**–हड्डी, पत्थर आदि तथा गर्भ निकालने के लिए औजारों से चीरफाड़ करना, (2) **शलाका**—कान, आँख, मुख, नासिका आदि में होनेवाले रोगों का इलाज, (3) **काय**—ज्वर, रक्तपित्त, शोथ, उन्माद, अपस्मार, कुष्ठ, प्रमेह, अतिसार आदि का इलाज, (4) **भूतविद्या**–बुरी आत्माओं के कारण फैली अशान्ति को बलिदान आदि से शान्त करना, (5) **कौमारभृत्य**–बच्चों से सम्बद्ध रोगों का उपचार, (6) **अगदतन्त्र**–विषरोग का उपचार, (7) **रसायनतन्त्र**–आयु, मेधा और बल वृद्धि के लिए इलाज और (8) **वाजीगरतन्त्र**–युवावस्था बनाए रखने का इलाज।

शरीर, इन्द्रिय, सत्व और आत्मा के संयोग को **आयु** बताया गया और जिस विद्या से अधिक आयु प्राप्त हो, उसे **आयुर्वेद** कहा गया। तत्कालीन समाज में कुछ वैसे वैद्य होते थे, जो ज्ञान के अभाव में गलत औषधि देकर रोगी का रोग बढ़ा देते थे या उनके कारण रोगी की मृत्यु हो जाती थी। धन्वन्तरि के अनुसार, वैद्य के वेष में मूर्ख भी होते, जिन्हें शल्य (चीरफाड़) चिकित्सा नहीं आती थी, किन्तु रोगी का शल्य-चिकित्सा करते थे और रोगी की मृत्यु हो जाती थी। ऐसे वैद्य को राजा मृत्युदंड देता था।

घाव का शल्यचिकित्सा करते समय वैद्य यन्त्र, शस्त्र, क्षार, अग्नि, शलाका, शृंग, जौंक, अलाबू, जांबवौष्ठ (जामुन के समान मुखवाला लौहयन्त्र जलाने के लिए), सूत्र (धागा), पत्र (केला-एरंड आदि), पट्ट (रेशमवस्त्र पट्टियाँ), शहद, घी, बसा, दूध, तैल, तर्पण (तृप्तिकार सत्तू-दूध), कषाय (वर्ण ठीक करने का मलहम), आलेपन, कल्क (घाव में लगाने लायक लेप), पंखा, ठंडा-गरम पानी, कड़ाही आदि लौहपात्र, एक कुशल नर्स एवं कम्पाउंडर (परिचायक) आदि का प्रयोग करता था। ऑपरेशन के पूर्व रोगी को थोड़ा अन्न खिलाकर पूर्व की ओर मुँह करके बैठाकर इस तरह बाँध दिया जाता था कि वह हिले नहीं। फिर वैद्य पश्चिम की ओर मुँह करके सिरा, स्नायु, सन्धि, अस्थि और धमनी को बचाकर घाव को औजार से घाव की गम्भीरता को ध्यान में रखते हुए 2-3 अँगुल तक चीरता था। ऑपरेशन करते समय कुशल वैद्य को पसीना नहीं आता और हाथ नहीं काँपता था। मूढागर्भ, उदररोग, अर्श, अश्मरी, भगन्दर और मुखरोग का ऑपरेशन करते समय रोगी को कुछ भी नहीं खिलाया जाता, ताकि वायु का कोप न हो सके। गुग्गुल, अगर, राल, वच, श्वेतसरसों, सैंधा नमक एवं नीम के पत्ते को एक साथ घी में मिलाकर उसका धुआँ ऑपरेटेड घाव पर किया जाता था, ताकि घाव का दुर्गन्ध और वहाँ के विषैले किटाणु समाप्त हो जाएँ। इस क्रिया को रक्षाकर्म (sterilization या septic) कहते थे। घाव ठीक होने के लिए तन्त्र-मन्त्र, बुरी आत्माओं को शान्त करने का प्रयास और मंगलगान तथा जादू-टोना का प्रयोग भी किया जाता था। इस तरह विज्ञान और खोटविज्ञान दोनों का प्रयोग रोग दूर करने के लिए किया जाता था। घाव की पट्टी 3 दिनों के बाद खोलकर, साफ कर पुनः पट्टी बाँध दी जाती थी। जाड़े के दिनों में दो दिन के बाद ही पट्टी खोल दी जाती थी।

सुश्रुत्संहिता में शल्य (शरीर में चुभी हुई वस्तु) को निकालने के लिए 101 प्रकार के यन्त्र (साधन) प्रयोग किए जाते थे। इनमें 24 यन्त्र स्वस्तिक, 2 संदंश, 2 ताल, 20 नाड़ी,

28 शलाका एवं 25 उपयन्त्र कहे जाते थे। ये यन्त्र सोना, चाँदी, ताँबा, लोहा, दाँत, बाँस आदि के बने होते थे। इन यन्त्रों के मुख प्रायः पशु-पक्षियों के समान होते थे। **स्वस्तिक** यन्त्र 18 अँगुल का और इनका मुख सिंह, भेड़िया, चीता (बाघ), तरक्षु, भालू, बिल्ली, गीदड़, हरिण, कौवा, काग (कंक), कुरर, चास, भाष, शशघाति, उल्लू, चील, श्येन, गीध, कौच, नन्दी आदि के मुख एवं सिर के आकार के होते थे। स्वस्तिक यन्त्र अंग्रेजी अक्षर x के आकार का बना होता था। इनके 2 खंड होते थे और दोनों के मुखभाग में थोड़ा ऊपर यह कील से जुड़ा रहता, किन्तु वह कील दोनों खंडों के छिद्रों में ढीला रहता, कसा नहीं, ताकि यन्त्र में गति हो सके। कील के दोनों छोर मसूर के समान फूलदार होते थे। **संदंशयन्त्र** 2 प्रकार के–संड़ासी एवं चिमटा होते थे। संड़ासी 16 अँगुल और चिमटा 6 अँगुल के आकार के होते थे। **तालयंत्र** की लम्बाई करीब 12 अँगुल होती थी। इनका मुख मछली के ताल के समान पतला होता था। ये चम्मच के आकार के होते थे। गला में घाव या भगन्दर का इलाज करने के लिए **नाड़ीयन्त्र** का प्रयोग किया जाता था। घाव को खींचकर बाहर निकालने के लिए **शलाकायन्त्र** का प्रयोग किया जाता था। **गंडूपद** नामक **शलाकायन्त्र** केंचुआ के आकार का रबर की बत्ती होती थी, जिसका प्रयोग मूत्रमार्ग आदि में किया जाता था। **सर्पफणमुखी** नामक शलाकायन्त्र का अग्रभाग सर्पमुख के समान नुकीला और उसके फण के समान चौड़ा होता था। गर्भशल्य में प्रयोग किया जानेवाला **वडिगमुखी** नामक शलाका मछली मारनेवाला काँटा के आकार का होता था। रस्सी 3 लड़ी की वेणी, सूत की बनी पट्टी, चमड़ा, अन्तर्वल्कल ढाक, गूलर आदि की छाल, तला, वस्त्र, गोल बड़ा पत्थर, मुद्गर, पाँव का तलुवा, हाथ का तलुवा, अँगुलि, जीभ, दाँत, नख, मुख, बाल, घोड़े की काठी शाखा, चुबक, क्षार लौहघन आदि **उपयन्त्र** कहे जाते थे।

सूक्ष्मसूत्र, वल्क, अश्मन्तक, शणजसूत्र (सन), क्षैमसूत्र (रेशम), स्नायु (Cat-Cut), बाल अथवा मूर्व एवं गिलोय की बेल के धागों से ऑपरेशन के बाद घाव की सिलाई की जाती थी। अल्प मांसवाले अंगों और सन्धियों में सीने के लिए 2 अँगुल लम्बी एवं गोल सुई प्रयोग में लाई जाती थी। मांसल स्थानों के लिए 3 अँगुल लम्बी तिकोनी सुई का प्रयोग करते थे। गर्भस्थल, पेट आदि की सिलाई के लिए धनुष के समान वक्राकार सुई का प्रयोग किया जाता था, जो मछली मारनेवाला अंकुश के समान बना होता था। सिलाई करने के बाद घाव को रेशमी वस्त्र एवं रुई से ढँक दिया जाता था, ताकि डांस (वनमक्षिका), मच्छर, तिनका, धूल आदि से घाव को सुरक्षित रखा जा सके।

मंडलाग्र (Circular knife or Roundhead knife), करपत्र या आरी (Saw), अंचताग्र (Scalpel), प्रयताग्र (Absess knife), उत्पलपत्र (Lancel), अर्द्धधार (Singal Edged knife), कुशपत्र (Bistoury), आरीमुख (जलवर्धनी नामक पक्षीमुख के समान), शरारिमुख (कैची), अन्तर्मुख (Curved Bistory), त्रिकूर्च्चक (3 छोटी-छोटी छुरियोंवाला), कुठारिका (Axe-shaped), व्रीहिमुख (Trocar), आरा (Owl-like-knife), वेतसगन (Narrow Bladed knife), वडिश (Hooks), दन्तशंकु (Tooth Pilk), एषणी (Sharp-proves) आदि ज्यादा-ज्यादा औजारों से शल्यचिकित्सा की जाती थी। ऐसी चिकित्सा के पूर्व कर्माभ्यास आवश्यक था। इसके लिए तरबूजा, खीरा, ककड़ी आदि फलों पर शिष्यों को प्रशिक्षण दिया जाता था। एक साल पुराना रोग प्रायः असाध्य (नहीं ठीक होनेवाला) समझा जाता था।

19.13 आर्यभट्ट

वराहमिहिर ने प्राचीन आचार्यों--लाट देव सिंह, प्रद्युम्न और विजयनन्दी--के साथ-साथ आर्यभट्ट का भी उल्लेख किया है। इससे प्रकट है कि अपने से कुछ ही दशक वर्ष पूर्व के होनेवाले आर्यभट्ट की ख्याति देश में इतनी फैल गई थी कि वराहमिहिर को उसका आचार्यों में उल्लेख करना पड़ा।

अक्षर द्वारा अंक लिखने का आविष्कारकर्ता आर्यभट्ट कुसुमपुर (पाटलिपुत्र) का निवासी था। उसका जन्म 476 ई. में हुआ था। उसका प्रसिद्ध ग्रन्थ *आर्यभटीय* की रचना 499 ई. में केवल 23 वर्ष की छोटी आयु में सम्पन्न हुआ। उसने गणित को अन्य विषयों से मुक्त कर स्वतन्त्र रूप दिया। उसके अन्य ग्रन्थ *दशगीतिकसूत्र* और *आर्याष्टशत* है। उसने गणित में मूलक्रिया और घातक्रिया, क्षेत्रफल और आयतन, श्रेढ़ी और बीजीय सर्वसमिकाओं तथा अन्तर्वर्ती समीकरणों को खोज निकाला। वह पहला व्यक्ति था जिसने पृथ्वी को गोल माना और उसकी परिधि का माप प्रायः सही प्रस्तुत किया। उसने उसका अपनी धुरी पर घूमना भी सिद्ध किया। पहली बार उसने ग्रहण को राहु द्वारा ग्रसा जानेवाले जनविश्वास को निर्मूल कर प्रमाणित किया कि चन्द्रग्रहण सूर्य और चन्द्रमा के बीच में पृथ्वी के आ जाने तथा उसकी चन्द्रमा पर छाया पड़ जाने के कारण लगता है। उसके इन दोनों वैज्ञानिक तथ्यों का वराहमिहिर और ब्रह्मगुप्त ने खंडन किया।

आर्यभट्ट की गणित सम्बन्धी विशेषता उसकी अंकन पद्धति (सकेतन) है। इसका आधार, अन्य प्राचीन दशमलव स्थान-मूल्यन था, जो अब सारे संसार में प्रयुक्त हो रहा है। यह कह सकना कठिन है कि आर्यभट्ट ने इस पद्धति का आविष्कार किया कि पहले की पद्धति में केवल सुधार किया। परन्तु बखशाली हस्तलिपि (लगभग 200 ई.) को छोड़ और कहीं इस पद्धति का प्रयोग नहीं हुआ। केवल **आर्यभटीय** और फिर उससे बाद के ग्रन्थों में ही था। और चूँकि इस हस्तलिपि का समय संदिग्ध है, इसलिए कुछ अजब नहीं कि इसका आरम्भकर्ता भी आर्यभट्ट ही रहा है। उसकी कृतियाँ की अनेक टीकाएँ हुईं और उसकी पद्धति का विज्ञान और गणित में बहुअशः उपयोग हुआ। भारतीय गणित के इतिहास में उसका स्थान अद्वितीय है।

आर्यभटीय में कुल 121 श्लोक हैं, जो 4 खंडों में विभाजित किए गए हैं-- गीतिकापाद, गणितपाद, कालक्रियापाद और गोलपाद। गीतिकापाद सबसे छोटा--केवल 11 श्लोकों का है, परन्तु इसमें इतनी सामग्री भर दी गई है, जितनी **सूर्य्यसिद्धान्त** के पूरे माध्यमाधिकार और कुछ स्पष्टाधिकार में आई है। इसके लिए इसने अक्षरों द्वारा संक्षेप में संख्या लिखने की एक अनोखी रीति का उपयोग किया है।

इकाई, सैकड़ा, 10 हजार, 10 लाख आदि विषय स्थानों को वर्गस्थान और दहाई, हजार, लाख आदि सम स्थानों को अवर्ग स्थान कहते हैं (1,100,10000 आदि का वर्गमूल पूर्णांकों में निकलता है इसलिए)। वर्णमाला के 33 व्यंजन 2 भागों में बाँटे गए हैं—वर्ग और अवर्ग। क वर्ग, च वर्ग, ट वर्ग, त वर्ग और प वर्ग के 25 अक्षरवर्ग हैं, और शेष 8 अक्षर (य, र, ल, व, श, ष, स और ह) अवर्ग हैं। स्वरों में 9 स्वर अ, इ, उ, ऋ, ऌ, ए, ऐ, ओ, और औ, ये वर्ग और स्वर्ग और अवर्ग स्थानों को प्रकट करते हैं, जिन्हें लिखने के लिए $9 \times 2 = 18$ शून्यों का प्रयोग होता है :

अ = 1, इ = 100, उ = 100^2, ऋ = 100^3, लृ = 100^4 ..., ओ = 100^7, औ = 100^8

क = 1, च = 6, ट = 11, त = 16, प = 21

ख = 2, छ = 7, ठ = 12, थ = 17, फ = 22

ग = 3, ज = 8, ड = 13, द = 18, ब = 23

घ = 4, झ = 9, ढ = 14, ध = 19, भ = 24

ङ = 5, ण = 10, ण = 15, न = 20, म = 25

य = 30, र = 40, ल = 50, व = 60, श = 70, ष = 80, स = 90, ह = 100

इस पद्धति पर ख्युघृ = ख्यु + घृ = खु + यु + घृ

खु = 2×100^2 = 2,0000

य = 30×100^2 = 30,0000

घृ = 4×100^3 = 400,0000

ख्युघृ = 432,0000

आर्यभट्ट ने अपने गणितवाद में अंकगणित, बीजगणित और रेखागणित के बहुत से कठिन प्रश्नों को 30 श्लोकों में भर दिया है। एक श्लोक में तो श्रेढी गणित के 5 नियम आ गए हैं। एक श्लोक में संख्या लिखने की दशमलव-पद्धति की इकाइयों के नाम हैं। आगे के लोकों में वर्ग, वर्गक्षेत्र, घन, घनफल, वर्गमूल, त्रिभुज का क्षेत्रफल, त्रिभुजाकार शंकु का घनफल, वृत्त का क्षेत्रफल, गोल का घनफल, विषम चतुर्भुज क्षेत्र के कर्णों के सम्पात से भुज की दूरी और क्षेत्रफल तथा सब प्रकार के क्षेत्रों की मध्यम लम्बाई-चौड़ाई जानकर क्षेत्रफल जानने के साधारण नियम दिए गए हैं। एक श्लोक में यह बताया गया है कि वृत्त का व्यास 20,000 हो, तो उसकी परिधि 62832 होती है (अर्थात् * का मूल्य = 3.1416 है)। दो श्लोकों में ज्याखंडों को जानने की व्युत्पत्ति बताई गई है, जिससे सिद्ध होता है कि ज्याओं की सारिणी (sine table) आर्यभट्ट ने कैसे बनाई थी।

आर्यभट्ट ने वृत्त, त्रिभुज, चतुर्भुज खींचने की रीति, समतल धरातल के परखने की रीति, लम्बक (साहुल) प्रयोग करने की रीति, शंकु और छाया से छायाकर्ण जानने की रीति, किसी दीपक और उससे बनी हुई शंकु की छाया से दीपक की ऊँचाई और दूरी जानने की रीति, एक ही रेखा पर स्थित दीपक और दो शंकुओं के सम्बन्ध में गणना करने की रीति, समकोण त्रिभुज की भुजाओं और कर्ण के वर्गों का सम्बन्ध (पाइथागोरस थ्योरम), वृत्त की जीवा और शरों का सम्बन्ध, दो काटते हुए वृत्तों के सामान्य खंड और शरों का सम्बन्ध, दो श्लोकों में श्रेढी गणित के कई नियम, एक श्लोक में एक-एक बढ़ती हुई संख्याओं के वर्गों और घनों का योगफल जानने का नियम, दो राशियों का गुणनफल और अन्तर जानकर राशियों को अलग-अलग करने की रीति, ब्याज की दर जानने का एक कठिन प्रश्न, जो वर्गसमीकरण का उदाहरण है, त्रैराशिक का नियम, भिन्न के हरों को सामान्य हर में बदलने की रीति, भिन्नों का गुणा करने और भाग देने की रीति, बीजगणित के कुछ कठिन समीकरणों को सिद्ध करने के नियम, दो ग्रहों का युतिकाल जानने के नियम और कुट्टक नियम (solution of indeterminate equation) बताए गए हैं।

कालक्रियापद में ज्योतिष सम्बन्धी बातें हैं। पहले दो श्लोकों में काल और कोण की इकाइयों का सम्बन्ध बताया गया है। आगे के 6 श्लोकों में अनेक प्रकार के मासों, वर्षों

और युगों का सम्बन्ध दिया है। आर्यभट्ट ने ब्रह्म का दिन या कल्प 1008 महायुगों का बताया, जो *मनुस्मृति* के वर्णन के प्रतिकूल है (मनु ने एक कल्प 1000 महायुगों का बताया है)। नवें श्लोक में बताया गया है कि युग का प्रथमार्द्ध उत्सर्पिणी और उत्तरार्द्ध अवसर्पिणी काल है और इनका विचार चन्द्रोच्च से किया जाता है (इसका अभिप्राय ठीक समझ में नहीं आता)। इसके आगे बतलाया गया है कि चैत्रशुल्क प्रतिपदा से युग, वर्ष, मास और दिवस की गणना आरम्भ होती है। आगे के 20 श्लोकों में ग्रहों के मध्यम और स्पष्ट सम्बन्धी नियम हैं।

आर्यभटीय के **गोलपाद** में 50 श्लोक हैं। पहले श्लोक से प्रकट होता है कि क्रान्तिवृत्त के जिस बिन्दु को आर्यभट्ट ने मेषादि माना, वह वसन्त-सम्पातबिन्दु था; क्योंकि वह कहता है कि मेष के आदि से कन्या के अन्त तक अपमंडल (क्रान्तिवृत्त) उत्तर की ओर हटा रहता है और तुला के आदि से मीन के अन्त तक दक्षिण की ओर। आगे के दो श्लोकों में बताया गया है कि ग्रहों के पात और पृथ्वी की छाया क्रान्तिवृत्त पर भ्रमण करती हैं। चौथे श्लोक में बताया गया है कि सूर्य से कितने अन्तर पर चन्द्रमा, मंगल, बुध आदि ग्रह दृश्य होते हैं। पाँचवाँ श्लोक बताता है कि पृथ्वी, ग्रहों और नक्षत्रों का आधा गोल भाग अपनी ही छाया से अप्रकाशित है (नक्षत्रों के सम्बन्ध में यह बात ठीक नहीं मानी जा सकती)। गोलपाद के आठवें श्लोक में विचित्र बात यह बताई गई है कि ब्रह्म के दिन में पृथ्वी की गोलाई एक योजन बढ़ जाती है और रात्रि में एक योजन घट जाती है। नवें श्लोक में यह बताया गया है कि जैसे चलती नाव पर बैठा हुआ मनुष्य किनारे की स्थिर पेड़ों को उलटी दिशा में चलता हुआ देखता है, वैसे ही लंका (पृथ्वी की विषुवत् रेखा) से स्थिर तारे पश्चिम की ओर घूमते दिखाई देते हैं। 11वें श्लोक में सुमेरू पर्वत (उत्तरी ध्रुव) का आकार और 12वें श्लोक में सुमेरू और बड़वामुख (दक्षिणी ध्रुव) की स्थिति बतलाई गई है। 14वें श्लोक में लंका से उज्जैन का अन्तर बताया गया है। श्लोक 24-33 में त्रिप्रश्नाधिकार के प्रधान सूत्रों का वर्णन है। श्लोक 34 में लम्बन, 35 में हक्कर्म और 26 में आयन हक्कर्म का वर्णन है। श्लोक 37 से 47 तक में सूर्य और चन्द्रमा के ग्रहणों की गणना करने की रीतियाँ हैं।

आर्यभट्ट के आधार पर ही बने हुए पंचांग आज भी वैष्णवों को मान्य हैं। ब्रह्मगुप्त ने इसी आधार पर *खंडखाद्यक* नामक करण ग्रन्थ लिखा था। संस्कृत में *आर्यभटीय* पर कई टीकाएँ हैं—प्रथम भास्कर की, सूर्यदेव यज्व की, परमेश्वर की और नीलकंठ की। इस तरह ज्योतिष पर लिखनेवाला आर्यभट्ट प्रथम ऐतिहासिक व्यक्ति और महान भारतीय वैज्ञानिकों में से एक था। उसे सिकन्दरिया के यूनानी ज्योतिषियों के सिद्धान्तों और परिणामों का काफी अच्छा ज्ञान था। भारतीय पूर्ववासियों के ग्रन्थों और उनकी पद्धतियों का भी उसने ध्यानपूर्वक अध्ययन किया था; फिर भी उसने इनमें से किसी का भी अन्धानुकरण करने से इनकार किया। ज्योतिष सम्बन्धी सच्चे-झूठे सिद्धान्तों के समुद्र में गहरा गोता लगाकर उसने अपनी बुद्धिरूपी नौका के माध्यम से सद्ज्ञान की मूल्यवान निमज्जित मणि का उद्धार किया। फलतः उसके परिणाम स्वतन्त्र तथा उसके अपने निरीक्षणों और अन्वेषणों पर आश्रित थे।

वह श्रुति, स्मृति और पुराणों का आदर करता था, किन्तु उसने यह कहने में कोई हिचकिचाहट नहीं महसूस की कि ग्रहणों का कारण राहु और केतु नहीं, बल्कि ये चन्द्रमा के पृथ्वी की छाया के भीतर अथवा पृथ्वी और सूर्य के बीच में आने से होते हैं। यह एक

महत्त्वपूर्ण घटना थी, क्योंकि गुप्तयुग में ब्राह्मण-पुरोहितों ने वैज्ञानिक और भौतिकवादी दार्शनिकों पर उनके विवेकसंगत, अनिश्वरवादी और वैज्ञानिक स्थितियों को अपने अनुरूप बदलने के लिए भारी दबाव डाला। अकसर ईश्वरवादी प्रवंचनायुक्त विचारों को उनके वैज्ञानिक चिन्तन के साथ प्रक्षिप्त रूप में जोड़ा गया।

19.14 वराहमिहिर (485-567 ई.)

वृहत्संहिता के टीकाकार भट्टोत्पल के अनुसार, खगोलवेत्ता वराहमिहिर का जन्म करीब 485 ई. में मगध के एक द्विज परिवार में हुआ था। उसके पिता का नाम आदित्यदास और माता का नाम सत्यवती या इन्दुमती था। बंगाल के प्रसिद्ध ज्योतिष-विद्वान की खन्ना नाम की पुत्री से वराहमिहिर का विवाह हुआ था। उसका पृथुयशा नामक पुत्र भी ज्योतिषशास्त्र का अच्छा विद्वान था। अपने पिता के साथ वराहमिहिर ने आर्यभट्ट के ग्रन्थों का मगध में अध्ययन किया। नाम के अन्त में 'मिहिर' ईरानी शब्द लगा होने से कुछ लोग उसे ईरानी भी कहते हैं, किन्तु यह तथ्य सही नहीं है। वराहमिहिर की पत्नी खन्ना को विदेशी मूल का भी कहते हैं। कुछ लोग उसकी पत्नी का नाम छाया बताते हैं, जो मय की पुत्री थी।

गणित-ज्योतिष का गहरा अध्ययन करने के बाद वराहमिहिर अपने पिता के साथ जीविका के लिए उज्जैन पहुँचा। वहाँ के राजा विक्रमादित्य के दरबार में वह रहने लगा। वराहमिहिर ने सर्वप्रथम *पंचसिद्धान्तिका* नामक ग्रन्थ की रचना लगभग 20 वर्ष की आयु अर्थात् 505 ई. में की। ज्योतिषग्रन्थ *वृहज्जातक* (होराशास्त्र) की रचना उसने 540 ई. में की। लगभग 560 ई. में उसने *वृहत्संहिता* की रचना की। इस समय वराहमिहिर की आयु 70-75 वर्ष बताई गई है। इस पद्यकार वैज्ञानिक की मृत्यु लगभग 567 ई. में हुई।

वराहमिहिर ने *पंचसिद्धान्तिका* में 5 प्राचीन सिद्धान्तों—पैतामह, रोमक, पॉलिश, वसिष्ठ और सूर्य का निरूपण किया है। पैतामह सिद्धान्त जनविश्वासी परम्परा के होने से स्वभावतः ही अवैज्ञानिक है। शेष 4 सिद्धान्तों पर ग्रीक ज्योतिष का स्पष्ट प्रभाव माना जाता है। रोमक और पॉलिश तो नाम से ही प्रभाव ध्वनित करते हैं। दोनों ही गणना के लिए यवनपुर (मिस्र और सिकन्दरिया) को केन्द्र (मेरिडियन) मानते हैं। पॉलिश सिद्धान्त तो सम्भवतः पौलुस (पालस) अलेक्साद्रिनस से प्रादुर्भूत हुआ। सूर्य सिद्धान्त भी ग्रीक आधार को अपना उद्गम मानता है, यद्यपि उसमें भारतीय दृष्टि से सुधार किया गया है, क्योंकि उसमें स्पष्ट लिखा है कि सूर्य ने इस सिद्धान्त का ज्ञान रोमक में मय नामक असुर को दिया।

जिन मूलग्रन्थों का वराहमिहिर ने उल्लेख किया है, उनका काल चौथी और छठी शताब्दी ई. के बीच का माना जाता है। शक संवत् 427 (505 ई.) को उसने अपनी गणनाओं का आधार शब्द माना है। ज्योतिषशास्त्र को उसने 3 शाखाओं—तन्त्र (गणित और ज्योतिष), हीरा (जन्मपत्र) और संहिता (फलित ज्योतिष)—में विभक्त किया है। होराशास्त्र का सम्बन्ध जन्मकाल में ग्रहों की स्थिति गिनकर जन्मपत्र तैयार करने और भविष्यादि बताने से था। ग्रह-नक्षत्रों की गति, मनुष्य पर उसका प्रभाव, भूगोल, वास्तु, मूर्तिनिर्माण, सरोवर और वाटिका-निर्माण, नारियों और पशुओं के भिन्न-भिन्न वर्ग, रत्नपरीक्षा, शुभाशुभ आदि विभिन्न विषयों पर *वृहत्संहिता* में विचार हुआ है। विवाह, लगनादि पर उसकी 2 कृतियाँ हैं—*बहद्विवाहपटल*

और *स्वल्पविवाहपटल*। राजाओं के अभियान सम्बन्धी शुभाशुभ पर *योगयात्रा* नामक ग्रन्थ में गणना की गई है।

ग्रहण का कारण राहु को मानते हुए वराहमिहिर ने राहु को सिंहि का पुत्र और ऐसे सर्प की आकृतिवाला बताया है, जिसका मुँह और पूँछ तो दिखती है, किन्तु शेष अंग नहीं और वही अन्धकार है, जिसका सम्बन्ध ग्रहण से है। इस तरह फलित ज्योतिष को प्रोत्साहित करने के साथ-साथ वह मिथ्याविज्ञान से भी प्रभावित है। यद्यपि कि उसने भी ग्रहण में सूर्य एवं चन्द्रमा को कारण बताया है, राहु को नहीं।

19.15 विशल्या

छठी शताब्दी में कर्नाटक में विशल्या नामक एक प्रसिद्ध स्त्री चिकित्सक थी। वह सर्जरी में विशेषज्ञ थी। उसके अधीन कई स्त्रियाँ कार्यरत थीं। वहाँ राजकुमारों को सैन्यविज्ञान (धनुषविद्या), गणित, नक्षत्रविज्ञान, औषधिविज्ञान, गृहविज्ञान (भोजन बनाने की विधि), भविष्यवाणी (भूकम्प, शकुन, अपशकुन, स्वप्न, विभिन्न रंग, आकाश का रंग, अंगों का फड़कना, पक्षियों की आवाज, शरीर पर चिह्न, शरीर के भाग्यशाली लक्षण), रत्नविज्ञान, पशुविज्ञान, सर्वविष दूर करने का उपाय, खगोलविद्या आदि की शिक्षा दी जाती थीं।

20

स्त्रियाँ

20.1 भूमिका

परिवार का सूत्रपात कहाँ से होता है? जवाब होगा–प्रेम से। अतः प्रत्येक मानव के अस्तित्व का श्रेय प्रेम को ही है।

नारी को ललना, रमणी और कामिनी कहते हैं। नारी को ही अबला भी कहते हैं। पहली बात से पूरी तरह सहमत हुआ जा सकता है, दूसरी से सहमत होना मुश्किल जान पड़ता है।

मनोविज्ञानियों ने बहुत पहले ही इस बात की ओर ध्यान दिया है कि स्त्रियाँ कई काम पुरुषों से अधिक अच्छी तरह करती हैं। एक तो वे काम, जिनके लिए विशेषतः सटीक गतियों की ओर एकाग्रचित्त बने रहने की आवश्यकता होती है, दूसरे, जैसा कि प्रयोगों से पता चलता है, ऐसे अत्यन्त जटिल काम भी, जिन्हें करने के लिए एक साथ बहुत-सी बातों को ध्यान में रखना आवश्यक होता है। घर-गृहस्थी में ही तो गम्भीर बातों के अलावा हजारों छोटी-छोटी बातें भी ध्यान में रखनी पड़ती हैं।

आदिम समाज के श्रम-विभाजन में पुरुष मुख्यतः आखेटक ही था। स्त्रियाँ जमीन खोदकर कन्दमूल निकालती थीं। वे जंगली अनाज की बालियाँ तोड़ती थीं। उन्होंने नरम जमीन में बीज डाले और पहली वनस्पतियाँ उगाईं। मिथकों में अग्नि के खोजकर्ता, उसे हरने या प्रदान करनेवाले चाहे देवता हों या वीरपुरुष, किन्तु महत्त्वपूर्ण तथ्य है कि लाखों वर्ष के कालक्रम में लोग यह भुला बैठे कि अग्नि की खोज का श्रेय नारी–'गृहस्वामिनी' को ही है। गृह बनने से पूर्व ही गृहस्थी का काम कर रही नारी ने ही तो अग्नि के गुणों को समझा होगा, उसी ने अपने आवास को गरमाने के लिए और भोजन पकाने के लिए भी उसका उपयोग किया होगा; भले ही पहली जलती टहनी उसके लिए पुरुष ने लाया हो। वस्त्रों और जूतों की खोज नारी ने की। उसी ने चिकनी मिट्टी से प्रारम्भिक बर्तन बनाए। तन्त्रवाद सम्प्रदाय नारी को शक्ति कहता है, जिसके साथ दुर्व्यवहार करना एक अपराध माना जाता है। जो भी उसका निरादर करता है, उस पर प्रकृति अर्थात् जगतमाता का कोप होता है और जो उसे प्रसन्न रखता है वह स्वयं प्रकृति की आराधना करता है। तन्त्रवाद सम्प्रदाय ने ही सबसे पहले सती-प्रथा के विरुद्ध आवाज उठाई।

आज भी प्रत्यक्षतः स्त्रियाँ शिष्टाचार का पुरुषों से अधिक ध्यान रखती हैं। समाज-विज्ञानियों का मानना है कि स्त्रियाँ समाज में स्थायित्व लानेवाली शक्ति होती हैं। सामान्यतः वे किसी

भी प्रकार की अतियों से पुरुषों की तुलना में अधिक दूर रहती हैं। सांख्यिक बताते हैं कि अपराध करनेवालों में स्त्रियों का अंश कम होता है। वे प्रायः अलकोहल और दूसरे मादक द्रव्यों के प्रभाव में कम आती हैं।

इन चन्द तथ्यों से सामाजिक क्रान्ति में महिलाओं की भूमिका को समझा जा सकता है। उत्तर-वैदिककाल में असुरमायारूप नामक एक महिला की चर्चा *अथर्ववेद* में है, जो सूअर चराती थी और उसने कोढ़ की दवा की खोज की। अम्बपाली जैसी राजनर्तकियों के कारण गीत एवं नृत्य हजारों वर्ष से भारत में प्रोत्साहित होते रहे। 'सदैव बुद्धिमान साधनों का स्वामी' के रूप में अपनी छवि स्थायी करनेवाला सम्राट अशोक की रानी तिष्यरक्षिता एक कुशल सर्जन थी।

ब्राह्मण ग्रन्थों, बौद्ध ग्रन्थों तथा प्राकृत साहित्य में स्त्रियों की भूमिका पर काफी वर्णन है, किन्तु तीनों में स्त्रियों से सम्बद्ध एक ही तरह की बात नहीं है। ब्राह्मण ग्रन्थों में स्त्रियों पर प्रायः नकारात्मक दृष्टि की उपस्थिति पाते हैं। सामान्य स्त्रियों की उपलब्धियों के सम्बन्ध में बौद्ध साहित्य सकारात्मक दिखाई पड़ता है। स्त्रियों के लिए अबला, विनिता, दासी आदि जो 10-15 नाम दिखाई देते हैं, उनकी चर्चा प्राकृत साहित्य में हैं।

भारत में आज भी लड़कों के समान लड़कियों को भी पढ़ाने-लिखाने और शिक्षित करने में रुचि नहीं ली जाती हैं। उनकी गतिविधियों को घर के अन्दर तक सीमित रखने की परम्परा रही है। अधिकांश भारतीय बड़े बुजुर्ग परम्परा को मरने देना पसन्द नहीं करते। उपनिषदों के अध्ययन से पता चलता है कि वैदिककाल में वैदिक ऋचाओं को याद रखनेवाली, उन्हें गहराई से समझनेवाली और उन ऋचाओं की दार्शनिक, सच्चाइयों पर वाद-विवाद करनेवाली स्त्रियों में **गार्गी, वाचक्नवी** काफी प्रसिद्ध थीं। याज्ञवल्क्य की पत्नी **मैत्रियी** अपने पति के दार्शनिक सिद्धान्तों को सुनकर इतनी ज्ञानी बन चुकी थी कि वह ब्राह्मणों से वाद-विवाद करती थी। शकुन्तला, कुन्ती, द्रौपदी, माद्री, सीता आदि प्रसिद्ध स्त्रियों के लिए शिक्षा देने की व्यवस्था नहीं रही। अम्बपाली को बौद्ध धर्म ने संरक्षण प्रदान किया। *मनुस्मृति* में तो स्त्रियों पर पूर्ण प्रतिबन्ध लगाए रखने को सर्वोत्तम माना गया है। जो कुछ भी उसे सीखना होता, वह माता-पिता, भाई, पति और पुत्र से सीखने की अनुमति थी। भारतीय हिन्दू समाज में ऐसी परम्परा मध्यकाल तक चलती रही। पुरुषों द्वारा निर्मित इस बन्धन को तोड़ने का एक उदाहरण **हति विद्यालंकार** की मिलती है, जो एक ब्राह्मणी विधवा थी। वह बंगाल छोड़कर बनारस चली गई और उसके बहुत से शिष्य-शिष्याएँ थी। ऐसी और भी संन्यासिनियाँ एवं सुधारिकाएँ थीं, जिन्हें भारतीय भाषाओं में संस्कृत की कविताओं को समझाने की क्षमता थी।

मन्दिरों से सम्बद्ध देवदासियाँ हाजिरजवाबी एवं होशियारी के लिए प्रसिद्ध थीं। धार्मिक उत्सवों के अवसर पर कविता पाठ एवं संगीत के कार्यक्रम को वे ही प्रस्तुत करतीं और इसके लिए उन्हें विशेष शिक्षा देने की व्यवस्था थी। कुछ विद्वानों का मत है कि भारत में मात्र देवदासियाँ ही थीं, जिन्हें पढ़ाने, गाने एवं नृत्य की शिक्षा दी जाती थी। सामान्य स्त्रियों के लिए शिक्षा की व्यवस्था नहीं थी। *अर्थशास्त्र* में बताया गया है कि गणिका, दासी और नर्तकियों को गाना, बजाना, नृत्य, नाटक, लिखाई, चित्रकारी, वीणावादन, मृदंग बजाना, दूसरे के मन को पहचानना, सुगन्धित द्रव्यों को बनाना, माला गूँथना, शरीर सजाना आदि कलाओं का ज्ञान देने के लिए आचार्य नियुक्त रहते थे। वेश्यापुत्रों, नाचने-गानेवालों एवं वेश्याओं के

लिए शिक्षक नियुक्त होते थे। (*अर्थशास्त्र* अधिकरण 2, अध्याय 27, पृ. 210-11)। सामान्य स्त्रियों के लिए शिक्षकों को नियुक्त करने की चर्चा नहीं मिलती है। हाँ, सती होने का पाठ घर में जरूर पढ़ाया जाता था। सारी सुविधाओं के बावजूद अगर पति कष्ट भोगता था तो पत्नी को भी कष्ट सहने का पाठ पढ़ाया जाता था। प्राचीन समाज में स्त्रियों के प्रति संकीर्ण दृष्टि की चर्चा व्यापक रूप में है।

नालन्दा और विक्रमशिला शिक्षा के विश्वप्रसिद्ध केन्द्र थे, किन्तु स्त्रीशिक्षा की जानकारी यहाँ नहीं मिलती है। 15वीं शताब्दी में एक कवयित्री के रूप में **मीराबाई** को पाते हैं। 16वीं शताब्दी में अहमदनगर की **चाँदबीबी** की भूमिका राजकीय कार्यों में महत्त्वपूर्ण रही। मराठों के बीच 17वीं शताब्दी में **ताराबाई** राजकीय कार्यों में महत्त्वपूर्ण भूमिका निभाने के कारण प्रसिद्ध रहीं। 18वीं शताब्दी में इन्दौर की **अहिल्याबाई** और कवयित्री के रूप में **बीबी रतन कौर** प्रसिद्ध रहीं।

पर्दा प्रथा की प्रभावशाली भूमिका के कारण मुस्लिम शासकों के काल में मुस्लिम स्त्रियों के बीच शिक्षा नगण्य रही। जफर शरीफ द्वारा लिखित *कानून-इ-इस्लाम* नामक पुस्तक के अध्ययन से पता चलता है कि कुछ लड़कियाँ स्कूलों में शिक्षा प्राप्त करने जाती थीं, किन्तु कम आयु में ही उन्हें स्कूल छोड़ देना पड़ता था। मालवा का शासक गियासुद्दीन (1469-1500) ने हरम की स्त्रियों को पढ़ाने के लिए स्कूल मिस्ट्रेस नियुक्त किया था। अकबर ने भी ऐसी ही व्यवस्था की थी और इसके लिए फतेहपुर सीकरी में उसने कुछ विशेष कमरों की व्यवस्था कर दी थी। रजिया सुलतान एक शिक्षित महिला थी। बाबर की पुत्री गुलबदन बेगम ने *हुमायूँनामा* लिखा। उसके पास एक निजी पुस्तकालय था। अकबर की दाई, जिसका नाम **माहमअंग** था, एक शिक्षित महिला थी। जहाँगीर की बेगम **नूरजहाँ** अपने पति के शासन-कार्यों में महत्त्वपूर्ण भूमिका निभाती थीं। **मुमताजमहल** जो शाहजहाँ की प्रिय रानी थी और जिसकी याद में उसने ताजमहल बनवाया, एक शिक्षित महिला थी। शाहजहाँ की सबसे बड़ी बेटी **मेहरुन्निसा** ने **सतीउन्निसाँ** नामक विद्वान महिला से शिक्षा प्राप्त की थी। औरंगजेब की सबसे बड़ी बेटी **जीबुन्निसा बेगम** अरबी एवं फारसी की अच्छी जानकार थीं।

20.2 प्राचीन नारी

सिन्धुकाल का द्रविड़ समाज मातृप्रधान होने से तत्कालीन स्त्रियों की दशा खराब नहीं थी। कांस्य-नर्तकी से पता चलता है कि नारी की परख का स्तर उत्तरकालीन स्त्रियों से भिन्न था। अन्य उत्पादन-कार्यों के अलावा कृषिकार्य और सूत काटने तथा मिट्टी की सामग्रियाँ भी बनाने का काम स्त्रियाँ करती थीं। धनाढ्य स्त्रियों में आभूषणों के साथ कई प्रकार के शृंगार-प्रसाधन प्रचलित थे। सिन्धुवासियों की शान्तिप्रियता को देख स्त्रियों द्वारा व्यवस्थित जीवन बिताने की बात सोची जा सकती है।

आर्यों, अनार्यों तथा एक आर्य कबीले का दूसरे आर्य कबीलों से भोजन को लेकर युद्ध का माहौल बने रहने से ऋग्वैदिक स्त्रियों के बीच जंगली पशुओं के अलावा युद्ध के कारण सदा असुरक्षा की स्थिति बनी रहती थी। शिकार से भोजन का जुगाड़ पुरुषों के समान ही स्त्रियों द्वारा किए जाने के कारण उन्हें परदा में रहना सम्भव नहीं था। जानलेवा समस्याओं

से मुकाबला करते रहने के कारण, मन में उत्पन्न डर से ध्यान हटाने के लिए द्रविड़ संस्कृति से प्रभावित होते हुए वे मदिरापान करतीं; उत्सवों में भाग लेतीं और पुरुषों के साथ नृत्य करती थीं। सीमाप्रान्त (पंजाब आदि) में स्त्रियों के यथेष्ट उन्मुक्त व्यवहार के प्रमाण मिलते हैं। वे न आगन्तुकों के सामने शर्माती थीं, न वयोवृद्ध पुरुषों के आगे कोई संकोच का अनुभव करती थीं। स्त्री-पुरुष दोनों मांस खाते थे और कड़ी शराब पीते थे। निर्वासन होकर एकसाथ सार्वजनिक नृत्य भी होता था। उत्तर-वैदिककाल में इसे अश्लील माना गया, किन्तु दहेज प्रथा की बजाय उसकी उलटी पत्नी-मूल्य की प्रथा का चलन था, जो पूर्वी भारतवालों को अपमानजनक लगती थीं। महाभारत-काल में पत्नी लूटकर लाने की प्रथा खराब नहीं मानी जाती थी।

सैकड़ों वर्षों तक शिकारी जीवन व्यतीत करने के दौरान जिन आर्य-कबीलों को सीधे-साधे पशुओं की जानकारी जैसे-जैसे होती गई, उनके बीच पशुपालन की संस्कृति विकसित होती गई। स्त्रियाँ पशुधन की रक्षा करती थीं। वेदाध्ययन करके वे मन्त्रदृष्टाऋषि का पद प्राप्त कर सकती थीं। अगस्त्य ऋषि की पत्नी लोपामुद्रा द्वारा एक सूक्त की रचना की गई थी। *ऋग्वेद* के 8वें मंडल के 90वें सूक्त की रचनाकार अत्रिऋषि की पुत्री अपाला थी। प्रथम मंडल के 123वें सूक्त की रचना विश्ववारा ने की। सूर्या नामक ब्रह्मवादिनी ऋषिका द्वारा 10वें मंडल का 85वाँ सूक्त की रचना की गई तथा खेलऋषि की पत्नी विश्वला अपने पति के साथ युद्ध करने गई थी। मुद्गलानी नामक स्त्री ने शत्रुओं से लड़कर हजार गायें लाई थी। जीवन भर अविवाहित रहनेवाली कुमारी को पिता के धन में हिस्सा मिलता था। ऐसी स्त्रियों की संख्या तत्कालीन समाज में नगण्य थी।

विवाह प्रथा की प्रायः अनुपस्थिति के दौरान भी आबादी में वृद्धि होती गई। माँ में निश्चितता थी, किन्तु पिता में नहीं। अतः अधेड़ स्त्रियों की दशा जवान पुत्रों के कारण बूढ़े पुरुषों की तुलना में बेहतर थी। ऐसी स्त्रियों की बिदथ जैसी तत्कालीन प्रशासनिक संगठनों में हिस्सेदारी स्वाभाविक थी।

वैदिककाल में कृषि के कारण समतल मैदान में विवाह की प्रथा विकसित हुई। **महाभारत** में कुन्ती को कर्ण की माँ बनना, कुन्ती, माद्री, द्रौपदी का एक से ज्यादा अलौकिक या लौकिक देवताओं या पुरुषों के साथ सम्बन्ध से पता चलता है कि ई.पू. नौवीं शती के आसपास उत्तर भारत के कई क्षेत्रों में विवाह प्रथा परिपक्व ढंग से विकसित नहीं हो पाई थी। शकुन्तला को अपने अधिकार के लिए दुष्यन्त से लम्बा विवाद करना पड़ा था। राजा नल ने दमयन्ती को जुए के दाव पर लगा दिया। जुआ में ही पांडव द्रौपदी को हार गए और दुर्योधन के चंगुल से जब वह मुक्त हुई, तो उसने पांडवों को भर मन अपमानित किया, किन्तु शकुन्तला के समान भरे दरबार में नहीं। वासुदेव (श्रीकृष्ण) की 16 हजार पत्नियाँ थीं।

ई.पू. 8वीं शती से (लौह उपकरणों के सहयोग से) उत्पादन में अपार वृद्धि और आर्थिक विकास से पुरुषों के अधिकार बढ़ते गए और धनाढ्य स्त्रियों की स्वतन्त्रता घटने लगी। उन्हें बाल्यावस्था में माता, पिता, युवावस्था में पति और बुढ़ापे में पुत्रों के नियन्त्रण में रहना अच्छा माना जाने लगा। स्त्रियों को पुरुष का आधार बना दिया गया। लक्ष्मण की पत्नी उर्मिला अपने पति द्वारा जंगल नहीं ले जाई गई। सामान्य स्त्रियों को तत्कालीन समाज का मापदंड नहीं बनाया गया, सब कुछ विशिष्ट स्त्रियों को ही ध्यान में रखकर तय किया जाता था।

अधिकांश ग्रामीण स्त्रियाँ कृषि एवं पशुपालन में पुरुषों का हाथ बँटाती थीं। कुम्हारों, लोहारों, बढ़इयों, सुनारों, ताम्रकारों आदि की स्त्रियाँ भी पुरुषों के कामों में हाथ बँटाती थी। घास, दूध, दही, घी, मछली, तरकारी, बर्तन आदि वस्तुएँ, घूम-घूमकर बेचनेवाली स्त्रियाँ भी थीं, जो धनी स्त्रियों से ज्यादा स्वतन्त्र तो थीं, किन्तु मजबूरीवश।

असुरमायारूप नामक प्रथम महिला चिकित्सक की चर्चा मिलती है, जिसने कोढ़नाशक औषधि का आविष्कार किया। स्त्रियों को प्रशंसा का पात्र भी समझा गया। बताया गया कि जिस जगह स्त्रियों के मन में दुख पहुँचता, वहाँ कल्याण नहीं था। स्त्रियों को मनुष्य का अर्द्धभाग, पति की श्रेष्ठमित्र और धर्म-अर्थ-काम इस त्रिवर्ग का मूल बताया गया। सन्तान के लिए माता ही गुरु थी, पिता नहीं। स्त्री अपराध नहीं करती, अपराध पुरुष करता था। *छान्दोग्य उपनिषद्* (4.4.2) में लिखा है कि सत्यकाम द्वारा अपनी माता जबाला से गोत्र पूछने पर माता ने कहा कि कई पुरुषों से सम्बन्ध स्थापित करने के कारण गोत्र बताना सम्भव नहीं था। गोत्र पिता के नाम पर चलता था माता से नहीं। उद्दालक ऋषि के पुत्र श्वेतकेतु के सामने ही उनकी पत्नी को कोई ब्राह्मण हाथ पकड़कर उठा ले गया। श्वेतकेतु के क्रुद्ध होने पर पिता ने समझाया कि इसमें क्रुद्ध होने की कोई बात नहीं है। पृथ्वी की सभी स्त्रियाँ सर्वजनभोग्य और स्वेच्छाविहारिणी हैं, यही सनातन धर्म है। उसे अपनी पत्नी अहल्या को पराए पुरुष के साथ व्यभिचार में लिप्त देख गौतम ने मार डालने की आज्ञा अपने पुत्र को दी, किन्तु पुत्र ने ऐसा नहीं किया। अहल्या को गौतम ऋषि ने माफ कर दिया; समाज के समक्ष उन्हें कोई कैफियत नहीं देनी पड़ी। ब्रह्मचारिणी **शांडिल्यदुहिता** को तपः सिद्धि प्राप्त करनेवाली स्त्री, **सुलभा** को मुनिव्रतधारिणी कन्या और ब्राह्मणकन्या **सिद्धा** को वेद की प्रसिद्ध ज्ञाता के रूप में देखते हैं।

ई.पू. छठी शताब्दी के दौरान स्त्रियों से सम्बद्ध नवीन तत्त्व दिखाई देते हैं। उत्तर-वैदिककाल में ब्राह्मण-क्षत्रिय स्त्रियाँ मुख्यधारा का अंग रहीं, किन्तु जैन-बौद्धकाल में निम्नवर्ग की स्त्रियाँ, विशेषकर गणिकाओं को मुख्यधारा में पाते हैं। इस समय स्त्रियों की दशा दीन-हीन पाते हैं। जैनग्रन्थों में तत्कालीन स्त्रियों को व्यंग्यात्मक दृष्टि से देखा गया। स्त्रियों के समान पुरुषों का कोई अरि नहीं होने से इन्हें **नारी**, अनेक प्रकार के कर्म और शिल्प द्वारा पुरुषों को मोहित करने के कारण **महिला**, पुरुषों को मत्त बना देने के कारण **महिल्या,** पुरुषों को हाव-भाव द्वारा मोहित करने के कारण **रामा,** शरीर में राग-भाव उत्पन्न करने के कारण **अंगना,** अनेक युद्ध, कलह, संग्राम, शीत-उष्ण, दुख-क्लेश आदि उत्पन्न होने पर पुरुषों को वश में करने के कारण **योषित** तथा पुरुषों का अनेक रूपों द्वारा वर्णन करने के कारण **वनिता** कहलाई।

महावीर के संघ में 36 हजार साध्वियाँ थीं। जन्म से लेकर मृत्यु तक स्त्रियों को पुरुषों के नियन्त्रण में रहना पड़ता था। दहेज के रूप में दासियाँ भी प्रदान की जाती थीं। विशाखा को धनंजय ने 15 सौ दासियाँ दहेज में दी थी। धनाढ्यों द्वारा पुत्र के लालन-पालन के लिए 18 देशों की दासियां नियुक्त की जाती थीं। ऐसी दासियों की आर्थिक दशा अतिदयनीय होती थीं। **कामध्वजा** नामक गणिका 72 कलाओं की ज्ञाता, 64 गुणों से परिपूर्ण, 29 प्रकार के विशेषणों से युक्त, 31 प्रकार के रतिविषयक गुणों की जानकार, पुरुषों को आकर्षित करनेवाले 32 प्रकार के उपचारों में पारंगत तथा श्रृंगाररस की चरम अभिव्यक्ति थी। गणिकाओं के समूह का वह नेतृत्व करती थी। उज्जैन की **देवदत्ता** गणिका 18 देशों की भाषा

की विशारदा थी। उसका शुल्क हजार रुपए प्रति रात्रि था। अत्यन्त तामझामवाली यह गणिका हजार गणिकाओं की अधिपति थी। इनकी स्थिति सम्मानजनक थी। वेश्याएँ और गणिकाएँ समाज में फैलनेवाले अनाचारों को रोकती थीं। इनके यहाँ अतिधनाढ्य पुरुष का ही जाना सम्भव था। **आर्यचन्दना** महावीर की प्रथम शिष्या थी। **मल्लिकुमारी** ने तीर्थंकर की पदवी प्राप्त की थी। ब्राह्मी, सुन्दरी, चन्दना और मृगावती की चर्चा है, जिन्होंने संसार का त्याग कर सिद्धि प्राप्त की और उपदेशिका बनीं। कौशाम्बीनरेश शतानीक की भगिनी जयन्ती प्रसिद्ध जैन साध्वी थी। कोशा और उपकोशा पाटलिपुत्र की प्रसिद्ध गणिकाएँ थीं। इन्हें नगर की शोभा माना जाता था। राजगृह के राजा जरासंघ की दो प्रधान गणिकाओं का नाम मगहसुन्दरी और मगहसिरि था।

गौतम बुद्ध ने **मध्यम मार्ग** का पाठ उस गीत से सीखा, जिसे उरवेला की ग्रामीण स्त्रियाँ गा रही थीं, जिसका सार था, **'वीणा के तार को इतना न कसो कि तार टूट जाए और न इतना ढीला करो कि कोई आवाज ही न निकाले।'** शरीर से जर्जर बुद्ध ने ग्वाला-स्त्री सुजाता द्वारा लाई गई खीर को खाकर जान बचाई। जब स्त्रियों को बौद्धसंघ में शामिल होने का प्रश्न उठा, तो बुद्ध की मौसी प्रजापति गौतमी ने पुरुष वेशधारण करके वैशाली में अपने साथ अनेक शाक्य-स्त्रियों को लेकर रोती हुई संघ-प्रवेश की बुद्ध से प्रार्थना की और आनन्द ने जब बुद्ध से इसके लिए सिफारिश की, तब स्त्रियों को संघ-प्रवेश की अनुमति मिली, किन्तु साथ ही 8 ऐसे कठोर प्रतिबन्ध भी लगा दिए गए, जिनसे स्त्रियों का संघजीवन बहुत कष्टदायक और उनका स्थान भी निम्नतम हो गया। बुद्ध की पत्नी मुख्यधारा से हमेशा अलग रही। वैशाली की नगरवधू अम्बपाली अत्यधिक धनी, प्रखर बुद्धिवाली और प्रतिष्ठाप्रेमी थी। तभी तो उसके द्वारा दिए गए निमन्त्रण को बुद्ध ने नगरपिताओं के निमन्त्रण से अधिक रुचिकर समझा। अम्बपाली सम्भवतः बौद्ध-भिक्षुणी हो गई थी। पालि भाषा में उसने सुन्दरतम कविता की रचना की थी।

जैन-बौद्ध शहरी समाज में कुछ विशिष्ट स्त्रियों को छोड़कर शेष स्त्रियों को शील, लज्जा और पुरुषों से थोड़ा आवरण रखने के बावजूद उन्हें समानता का स्तर प्राप्त नहीं था। अपवादस्वरूप श्रावस्ती की एक कुम्हार जाति की स्त्री सौ चाकों से युक्त मृद्भांड निर्माणस्थल की स्वामिनी थी। ग्रामीण महिलाएँ दूध दूहने का काम करती थीं। बहुत-सी स्त्रियाँ धनाढ्यों के यहाँ दासी के रूप में काम करती थीं, बहुत-सी दासियाँ विदेशों से आयात की जाती थीं। क्षत्रिय तथा धनाढ्य घरों की स्त्रियों को घर से बाहर निकलने की मनाही थी।

बृहदारण्यक उपनिषद् में **गार्गी वाचकन्वी** नामक एक विदुषी का उल्लेख है, जिसने याज्ञवल्क्य के शास्त्रार्थ में जिज्ञासु प्रश्नों को पूछकर सबको चकित कर दिया था। कन्याएँ गुरुओं के भाषण को यदा-कदा सुनतीं तथा वेदों के कुछ अंशों पर अधिकार प्राप्त कर लेती थीं। सिकन्दर के भारत में आगमन के समय यूनानियों ने तक्षशिला में सती-प्रथा की चर्चा की है। इन्हें सती होने को बाध्य किया जाता था।

मौर्यकाल में कुशल तीरंदाज तथा खड्ग-विद्या में प्रशिक्षित स्त्रियों की सम्राट चन्द्रगुप्त मौर्य द्वारा अंगरक्षिकाओं के रूप में नियुक्ति मौर्यकालीन स्त्रीदशा का प्रतिनिधित्व करती है। सुविधाप्राप्त वर्ग की श्रेणी में निम्नवर्ग की स्त्रियों को स्थान पाने का सुअवसर दिखाई देता है। पति को कुछ विशेष स्थिति में ही एक से अधिक विवाह की अनुमति थी, किन्तु ऐय्याशी

मात्र के लिए वह एक से अधिक विवाह करता तो पहलेवाली पत्नी या पत्नियों को स्त्रीधन, भरण-पोषण के लिए धन और राजा को 24 **पण** का धनदंड देना पड़ता था। प्रथम बार पाते हैं कि जीवन-वृत्ति के रूप में 2 हजार **पण**, आभूषण, रत्न आदि **स्त्रीधन** था। पुत्रों की अनुपस्थिति में विधवा को उत्तराधिकार प्राप्त होता था।

अन्तःपुर की स्त्रियों को बाहर जाने की आज्ञा जल्दी नहीं मिलती थी। दुराचारिणी पत्नियों के लिए अत्यधिक कठोर दंड निर्धारित थे। बुनाई विभाग के अधीक्षक को राजकीय आदेश था कि राजकीय बुनाई विभाग में उन निर्धन स्त्रियों की नियुक्त की जाए, जिसमें विधवा, अपाहिज, अनाथ, भिखारिणी, अर्थदंड देने में असमर्थ रहनेवाली स्त्रियाँ, वेश्याएँ एवं उच्च वर्णों की कोई कष्टग्रस्त स्त्री हो। उच्चश्रेणी की स्त्रियाँ परदा में नहीं होतीं, फिर भी वे पतियों को छोड़ अन्य के समक्ष नहीं जा पाती थीं। वेश्याएँ प्रतिमाह दो दिन की आय राजकर के रूप में देती थीं। गुप्तचरों में वेश्याओं को भी नियुक्त किया जाता था। राजा तथा सरदारों के यहाँ वैतनिक सेविकाओं के रूप में वेश्याएँ होती थीं। कुछ वेश्याएँ पवित्र सुगन्धि का व्यवसाय करती थीं। पति द्वारा पत्नियों के साथ समान व्यवहार करने का राजकीय आदेश था। पति के लुप्त होने, मरने, संन्यास ग्रहण करने, नपुंसक तथा जाति से बहिष्कृत होने पर पत्नी के पुनर्विवाह का प्रावधान था। अशोक की रानी तिष्यरक्षिता को चिकित्सा के क्षेत्र में काफी जानकारी थी। उसने बीमार अशोक की जान बचाई थी और पुरस्कारस्वरूप वह सात दिनों के लिए मौर्यसाम्राज्ञी बनी थी।

शुंगकाल में गौरी की कल्पना शिव की पत्नी, लक्ष्मी को धन और भाग्य की देवी तथा अग्नि की पत्नी के रूप में आग्नेयी को मान्यता मिली। बचपन, जवानी और वृद्धावस्था में स्त्रियों को अपनी इच्छा से कोई काम करने पर पाबन्दी थी। घर का बर्तन शुद्ध तथा स्वच्छ रखनेवाली और कम-से-कम व्यय करनेवाली स्त्री को अच्छी नारी बताया जाने लगा। स्त्रियों पर पुरुषों का नियन्त्रण बढ़ने लगा। सदाचार से हीन, पर स्त्री से अनुरक्त गुणहीन और मूर्ख पति को देवता के समान पूजनेवाली स्त्रियों को पतिव्रता और अच्छी स्वभाववाली माना जाता था।

स्त्री की हत्या करनेवाले मृत्युदंड पाते थे। पिता की मृत्यु के बाद पुत्र के अभाव में पुत्री धन की स्वामिनी होती थी। कन्या के जन्म पर पिता को प्रसन्न नहीं होने का कारण था, पुत्री के भविष्य के प्रति चिन्ता। स्त्रियों को वसीयत या दाय में भाग नहीं मिलता था। उन्हें वैदिक मन्त्र पढ़ने का अधिकार नहीं रहा। सभी अवस्थाओं में वे पुरुषों पर पूर्णतः आश्रित थीं। उसे देवी, सेविका, एक पवित्र आत्मा, दुराचारिणी—सबकुछ एक ही समय में बताया गया। निरन्तर देखभाल के अभाव में स्त्री को कुबड़े, बौने, पंगु को भी अपना साथी बना लेनेवाली बताया गया। पवित्रता प्रमाणित करने के लिए जो स्त्रियाँ सती नहीं होती, वे विधवा के रूप में अत्यन्त कठिन जीवन व्यतीत करतीं। नियोग-प्रथा पर पूर्णतः रोक लगा दी गई। फलतः निःसन्तान स्त्रियों को बुढ़ापे में कोई देखभाल करनेवाला नहीं होता था। रिश्तेदार उसकी सम्पत्ति हड़प लेते थे। उच्च वर्गों से विधवा-विवाह वर्जित था। नारी के लिए शिशु, कुमारीतरा, कुमारी, किशोरी, युवती, वधूटी, जरती, वर्या, पतिंवरा, भार्या, जाया, जनी, चिरंटी आदि का प्रयोग किया जाने लगा।

दासियाँ अपने स्वामियों द्वारा रखैल की भाँति रखी जातीं। कन्या के विवाह के लिए धन का जुगाड़ भीख माँगकर करना भी उचित माना जाने लगा। अच्छी सन्तान के लिए पिता की

प्रशंसा और बुरा निकला तो माता को दोषी माना जाता था। ब्रह्मवादिनी स्त्रियों के उपनयन संस्कार होते थे, किन्तु बिना मन्त्रों के कालान्तर में स्त्रियों के उपनयन-संस्कार पर पाबन्दी लग गई। माता को सर्वश्रेष्ठ गुरु बताया गया। ब्राह्मण एवं क्षत्रिय-स्त्रियाँ विदुषियाँ, श्रमणा, आचार्या, उपाध्याय आदि होती थीं, किन्तु धीरे-धीरे स्त्रियों में अध्ययन की ऐसी प्रवृत्ति नष्ट होने लगी। यज्ञादि में उनकी उपस्थिति अच्छी नहीं मानी जाती। उच्च परिवार की स्त्रियाँ सूर्य का मुख तक नहीं देख पातीं, सदा घरों के भीतर रहती थीं। उन्हें शूद्र के समकक्ष बताया जाने लगा। अनेक स्त्रियाँ गणिकाओं और नटियों का काम करके जीवनयापन करतीं।

शकों में स्त्रियों का स्थान काफी ऊँचा था। पति घर से बाहर के काम-काज में भी पत्नी से राय लिया करता था। सेना का संचालन भी वे करती थीं। अपने सौन्दर्य के लिए वे काफी विख्यात थीं। कुषाणकाल में स्त्रियों की दशा थोड़ी बेहतर हुई। यू-ची कबीले की संस्कृति से प्रभावित होने के कारण इनके बीच स्त्रियों को ज्यादा स्वतन्त्रता थी। इनके विचारों को मान्यता मिलती थी। पारदर्शी वस्त्रों एवं आभूषणों को धारण करनेवाली धनाढ्य स्त्रियाँ घरों में विलासी जीवन व्यतीत करती थीं। बौद्धमत का समर्थक होने के कारण *मनुस्मृति* के बन्धन में इन्हें बाँधने का प्रश्न नहीं था। सामान्य स्त्रियाँ भी शुंगकाल की तुलना में बेहतर जीवन व्यतीत करती थीं। भारत-रोम व्यापार के कारण गाँवों में व्यापारिक वस्तुओं का निर्माण होने से ग्रामीण महिलाओं की दशा बेहतर थी। दूर-दूर तक व्यापार के लिए जानेवाले व्यापारियों के परिवार की स्त्रियाँ घर चलातीं और धन की सुरक्षा करती थीं। स्त्रियों के पीछे-पीछे पुरुष चलते थे। कुषाणकालीन कला में स्त्रियों को जिस रूप में प्रस्तुत किया गया है, उसे भी देखकर इन तथ्यों को समझा जा सकता है। स्त्रियों द्वारा धारण किए गए स्वर्णाभूषणों के प्रकार और संख्या में वृद्धि हो चुकी थी। गैरब्राह्मण और गैरक्षत्रिय वर्ग की स्त्रियाँ नवीन परम्परा में अति विशिष्ट थीं। सामान्य स्त्रियों को घर से बाहर निकलने और बाहरी गतिविधियों पर धार्मिक पाबन्दी नहीं पाते हैं।

सातवाहनकाल में स्त्रियों को सम्पत्ति प्राप्ति का अधिकार नहीं था। समाज ब्राह्मण धर्म से प्रभावित था। कुछ धनाढ्य स्त्रियों द्वारा भिक्षुणियों को अपार सम्पत्ति दान में दिए जाने का तत्कालीन स्रोतों में उल्लेख है। भिक्षुणी-स्त्रियों को पति या पिता से धन भी मिलता था। अमरावती के कुछ शिल्पट्टों में स्त्रियों को सार्वजनिन-चैत्यगृह में पूजा करते हुए, सभागृह में वाद-विवाद में भाग लेते हुए, गीत, वाद्य आदि के सहारे पति एवं अभ्यागतों का मनोरंजन करते हुए दिखाया गया है। यहाँ कहीं भी पर्दे का प्रयोग नहीं दिखाई देता। ग्रामीण स्त्रियाँ उत्पादन-कार्य में पुरुषों का साथ देतीं। सातवाहनकालीन ग्रामीण समाज सम्भवतः ब्राह्मण धर्म से उतना प्रभावित नहीं था क्योंकि गाँवों में स्त्रियाँ पुरुष के कठोर नियन्त्रण में नहीं थीं। पत्नी के क्रोधित होने पर पति क्षमा माँगता था। कुछ सातवाहन नरेशों की रानियाँ पतियों से ज्यादा शिक्षित थीं।

संगमकाल में स्त्रियों को पति के अनुचित कार्यों को सहन करना पड़ता था। कभी-कभी स्त्रियाँ पति की मृत्यु पर सती हो जाती थीं। भौतिक सामर्थ्य का अभाव और शारीरिक रूप से दुर्बल होने के कारण उनमें सहने की क्षमता अपार थी, किन्तु संघर्ष में नहीं थी। समाज समतावादी नहीं था। परिवार की मर्यादा बनाए रखने तथा अच्छे और शुद्ध रक्त के सन्तान-जनन के लिए उन्हें एक पतित्व तथा सतीत्व का कठोरता से निर्वाह करना पड़ता था।

विवाह में वधू का हाथ लेने के लिए वर की ओर से रकम देने की प्रथा थी। कलंकित और कठोर नारी दंडित की जाती थीं।

शिल्पपदिकारम् में कन्नगी का विवाह 12 वर्ष की अवस्था में 16 वर्षीय कोवलन से होने का वर्णन है। ग्रामीण स्त्रियाँ सूत कातने में निपुण थीं। ग्वालिनें दही बेचतीं। धनाढ्य किसान की स्त्रियाँ कृषि-कार्य नहीं करती थीं। माधवी जैसी कुछ वेश्याएँ अति धनाढ्य थीं, किन्तु इन्हें नियम के भीतर रहना पड़ता था। अधिकांश स्त्रियाँ अतिविश्वासी होती थीं। विधवा को धर्मपरायण जीवन व्यतीत करना पड़ता था।

चोलकालीन स्त्रियों पर उतना प्रतिबन्ध नहीं था। उनसे सच्चरित्रता की आशा की जाती थी। उच्चवर्गीय स्त्रियों को सम्पत्ति प्राप्ति अथवा रखने का अधिकार था। अपने इच्छानुसार वे उसका हस्तान्तरण भी कर सकती थीं। धनाढ्य पुरुषों को कई पत्नियाँ होतीं, किन्तु आमतौर पर लोगों को एक पत्नी होती थी। मजदूरिनों को अल्पकुशलता के कार्यों में रोजगार दिया जाता था। सती होने के उदाहरण कम मिलते हैं। नृत्य-संगीत में कुशल गणिकाओं का जीवन विलासमय होता था। देवदासी के रूप में ये प्रायः मन्दिरों से सम्बद्ध थीं। अपनी दुरावस्था में वे किसी मन्दिर में चाकरी करतीं। मन्दिरों से सम्बद्ध गणिकाएँ अपनी सारी कमाई पुजारियों को सौंप देती थीं। गणिकाओं को प्रायः अविवाहित जीवन व्यतीत करना पड़ता था। निर्धन महिलाएँ दासी के रूप में स्वयं को बेच डालती थीं। ऐसी दासियों की खरीद मन्दिर भी करते थे। मजदूरों की तुलना में मजदूरिनों को आधी मजदूरी मिलती थी। ग्रामीण स्त्रियाँ शहरी वातावरण से प्रभावित नहीं थीं। ग्रामीण स्त्रियों का जीवन-स्तर निम्न होता था। कुछ स्त्रियाँ पुरुषों के साथ नृत्य एवं मदिरापान करती थीं। आभूषणों के रूप में ये फूलों का प्रयोग करती थीं।

याज्ञवल्क्य द्वारा यह बताने के बावजूद कि माता आचार्य से श्रेष्ठ थी, गुप्तकाल में स्त्रियों की दशा निम्नतर होती गई। कालिदास की शकुन्तला पर्दे (अवगुंठन) के अन्दर और कम बोलनेवाली हो गई। अपने पति की मृत्यु पर विधवा ब्रह्मचर्य रखती थी या उसकी चिता पर जल जाती थीं। पति की चिता में जलकर मरना स्त्रियाँ प्रायः नहीं चाहती थीं। *कुमारसम्भव* (कालिदास) में पति की मृत्यु पर विधवा के जल जाने को **सहमरण** या **सहगमन** अथवा **अन्वारोहण** कहते थे। **अनुमरण** तब होता जब पति कहीं और मर जाता तथा जला दिया जाता था और उसकी भस्म के साथ अथवा पादुका के साथ या बिना किसी चिह्न के उसकी विधवा जलकर मर जाती थी। इस काल के साहित्य बताते हैं कि धृतराष्ट्र के शव के साथ गान्धारी भी भस्म हो गई। एरण (मध्य प्रदेश) से 510 ई. का प्राचीनतम प्रस्तरस्तम्भ अभिलेख मिला है, जिसमें भानुगुप्त के सेनापति गोपराज की पत्नी का पति के साथ सती होने की चर्चा है।

उच्च परिवारों की और आश्रमों में रहनेवाली कन्याओं में शिक्षा का प्रचलन था। पति को देवता समझनेवाली पत्नी को अच्छा माना जाता था। पति के समक्ष नाराजगी दिखाने, घर के बाहर घूमने, ज्यादा देर तक एकान्त में रहने, पति से आज्ञा प्राप्त किए बगैर दान देने, सास-श्वसुर से मुँह लगाने, जोर से हँसने, पति के विदेश जाने पर आभूषण पहनने एवं शृंगार-प्रसाधन का प्रयोग करने और मायके के रिश्तेदारों से मिलने की उन्हें मनाही थी। पतियों द्वारा घृणा करनेवाली पत्नियों का जीवन अतिकष्टदायक होता था। केवल पुत्रियाँ पैदा करनेवाली स्त्रियों को सौत की मुसीबत झेलनी पड़ती थी। मन्दिरों में उनका शोषण देवदासियों

के रूप में किया जाता था। निर्धन एवं ग्रामीण महिलाएँ दिनभर काम करके परिवार का भरण-पोषण करती थीं। अतः इन पर पुरुषों का नियन्त्रण कम होता था। उच्चवर्गीय स्त्रियों की तुलना में ये ज्यादा स्वतन्त्र होती थीं। 8 वर्ष की आयु में कन्या का विवाह उपयुक्त माना जाने लगा। विवाह के समय ही उनका उपनयन संस्कार हो जाता था। 8 वर्ष से अधिक आयु की अविवाहित कन्या जिस ब्राह्मण के घर होती, उसे निम्न श्रेणी का माना जाने लगा। अन्तर्जातीय विवाह में वृद्धि हुई। चन्द्रगुप्त द्वितीय की पुत्री प्रभावती गुप्ता का विवाह ब्राह्मण वाकाटकनरेश रुद्रसेन से हुआ। ब्राह्मण कदम्ब राजवंश की कन्याओं का विवाह गुप्त एवं अन्य शासकों से हुए। वाकाटक लोकनाथ के मातृपक्ष का पूर्वज ब्राह्मण, किन्तु शूद्र पत्नी से उसका एक पुत्र पैदा हुआ था। *मृच्छकटिक* में ब्राह्मण शार्विलक का विवाह दासी मदनिका से होने का वर्णन है। *दशकुमारचरित्* में चम्पा की एक गणिका की छोटी पुत्री से राजकुमार के विवाह की चर्चा है। बलात्कार एवं अपहरण की घटनाओं में वृद्धि होने से स्त्रियों की दशा और खराब हुई। वेद और शास्त्रीय ज्ञान से वंचित रहने के कारण इनकी गिरावट में वृद्धि हुई। पत्नी का कर्तव्य घर, बर्तन, कुर्सी आदि साफ रखना, हँसमुख रहना, मितव्ययी होना, पति के मन के योग्य कार्य करना, श्वसुर एवं सास का पैर दबाना, सुन्दर ढंग से चलना-फिरना, इन्द्रियों को वश में रखना और दुख सहन करना था। बाल्यावस्था में विवाह नहीं होनेवाली कन्या को शूद्र माना जाने लगा। पुत्रहीन पुरुष की विधवा प्रथम उत्तराधिकारी मानी जाती थी।

प्राचीन ग्रन्थों में व्यापक रूप में स्त्रियों की निन्दा ही की गई हैं। वराहमिहिर द्वारा छठी शती में रचित *वृहत्संहिता* सम्भवतः अकेला ग्रन्थ है, जिसमें स्त्रियों का रूप यथासम्भव निष्पक्ष ढंग से प्रस्तुत किया गया है और बताया गया है कि प्रेम करनेवाली स्त्री सबके लिए आवश्यक है। उसके बिना संसार झाड़-झंकारों से युक्त जंगल है। मानसिक तनाव दूर करने, व्याकुल मन को विश्राम देने के लिए, आशंकाओं से जूझने की शक्ति पाने के लिए पत्नी (स्त्री) सर्वाधिक महत्त्वपूर्ण रसायन है। इससे कीमती रत्न पृथ्वी पर नहीं है। स्त्री के ही कारण पुत्र, धन एवं सुख मिलता है।

स्त्रियों के विशिष्ट गुणों का अनादर करते हुए वैराग्य भाव से स्त्रियों की बुराई दुर्जन करते हैं, वे साफ मन से अपनी बात नहीं कहते। पुरुषों के कारण स्त्रियाँ कुमार्ग पर चल पड़ती हैं। उनमें पुरुषों से अधिक गुण होते हैं। ब्राह्मण पैरों की ओर से पवित्र होते, गायें पीछे से पवित्र होती हैं, बकरी एवं घोड़े मुख की ओर से शुद्ध हैं, जबकि स्त्रियाँ सभी अंगों से पवित्र होती हैं। वे कभी दूषित नहीं होतीं। वह माता रूप में हो या पत्नी रूप में—दोनों रूप ही प्रशंसनीय हैं। सन्तानवाली पत्नी तो माता और स्त्री का संयुक्त रूप होने से अधिक श्रेयोभागिनी है। पुरुष द्वारा परस्त्री का गमन हो या स्त्री द्वारा परपुरुष का गमन—दोनों में स्त्री और पुरुष दोनों दोषी हैं, किन्तु स्त्री को इसके लिए एकमात्र दोषी बताकर गौरव का प्रतीक समझते हैं। धर्मशास्त्रों में कहा गया है कि अपनी स्त्री के होते हुए पराई स्त्री से सहवास (**दारातिक्रम दोष**) हो जाए, तो पुरुष 6 मास तक गधे का चमड़ा ओढ़कर, चमड़े के रोएँ बाहर की ओर रखते हुए 'भिक्षा दो' ऐसा कहकर भिक्षावृत्ति से जीवनयापन करे। मनुष्य की आयु 100 वर्ष होने पर भी उसकी कामेच्छा बनी रहती है, केवल असमर्थ होने के कारण ही वह निवृत्त हो जाता है। इसके विपरीत स्त्रियाँ केवल धैर्य के कारण ही कामवासना पर नियन्त्रण रख लेती हैं। असज्जन लोग निष्पाप स्त्रियों की भी मिथ्या निन्दा करते हैं। पुरुष एकान्त में

अन्तरंग क्षणों में स्त्री की प्रशंसा में जितने मधुर वचन बोलता, उनका थोड़ा-सा अंश भी उनकी पीठ के पीछे नहीं कहता। स्त्री अपने मृत पति के शव से संलग्न होकर जीवित ही अग्नि में प्रवेश कर जाती है। ब्रह्मलोक में तो पूज्यों की पूजा, सेव्यों की सेवा, देवमुनि सिद्धों का साथ--सिर्फ इतना ही सुख है; जबकि स्त्री के साथ से उत्पन्न सुखों में उक्त सारी बातों के साथ-साथ और अधिक सुख होता है।

छठी शताब्दी से स्त्रियों को अपनी ओर आकर्षित करने के लिए जादू-टोटकों की प्रसिद्धि बढ़ी। तन्त्र-मन्त्र में सिद्धि प्राप्ति के लिए सम्भोग को आवश्यक तत्त्व मानकर स्त्रियों का प्रयोग उत्तर-पूर्वी भारत में बढ़ा। दक्षिण-भारत की विशाल मन्दिरों की प्रसिद्धि और आय में वृद्धि के लिए स्त्रियों का प्रयोग देवदासी के रूप में किया जाने लगा। यज्ञशुल्क के रूप में प्रथम रजस्वला, आभूषणों से अलंकृत अतिसुन्दर हजारों कन्याएँ ब्राह्मणों द्वारा प्राप्त की जाने लगीं। सामन्तवादी माहौल की विषैली हवा से स्त्रियों का प्रभावित होना स्वाभाविक था। पुत्रों की अधिक आध्यात्मिक महत्ता, बाल-विवाह, स्त्रियों को अपवित्र बताया जाना, पुरुषों पर आर्थिक रूप से निर्भर रहना, उन्हें शिक्षा से दूर रखना और इसके कारण उनके बीच अन्धविश्वास में वृद्धि--स्त्रियों की दीनदशा के मुख्य कारण माने जा सकते हैं।

भारतीय ग्रन्थकारों की दृष्टि भी निष्पक्ष नहीं रही। स्त्रियाँ उपेक्षित रहीं, विशिष्ट वर्ग से सम्बद्ध स्त्रियों को ग्रन्थों में स्थान देखकर शेष स्त्रियों का मापदंड इन्हें ही बना दिया गया। प्राचीन ग्रन्थलेखकों की होशियारी, स्वार्थ और पक्षपातपूर्ण दृष्टि ही मानना उचित प्रतीत होता है कि उन्होंने उन्हीं वर्गों की निन्दा ज्यादा की, जिनसे दंडित होने का डर उन्हें नहीं था। शूद्रों और स्त्रियों की एक समान उन्होंने कठोर निन्दा की और निम्न दृष्टि से उन्हें देखा। धन पाने के लोभ में एवं दंड पाने के डर से क्षत्रियों की स्त्रियों की सबसे कम निन्दा की। निन्दित से निन्दित ब्राह्मण को अधिक-से-अधिक संरक्षण प्रदान करने के लिए *मनुस्मृति* और *याज्ञवल्क्यस्मृति* व्याकुल हैं।

ऋग्वैदिककाल में भोजन की तलाश करने से स्त्रियाँ युद्धकला और शिकार तकनीक में निपुण थीं। कृषि का आविष्कार उन्होंने ही किया। करीब 9 माह तक गर्भ ढोने और एक-दो वर्ष तक बच्चे की देखभाल करने तथा कई बच्चों को अपने रक्तमांस से पैदा करने के बावजूद स्त्रियाँ पुरुषों की आयुवाली, कम बीमार और परिश्रमी रहीं। उनमें पुरुषों से अधिक समय तक भूखे रहने की क्षमता रही। भूमि में हिस्सा माँगने, राजमुकुट पहनने, राज्य-विस्तार करने, धन प्राप्त करने, सम्पत्ति बेचने या बन्धक रखने में उन्होंने कभी शायद ही रुचि ली हो। युद्ध से बचने के लिए वे सदा प्रयत्नशील रहीं।

20.3 स्त्रीधन

विवाह के समय अग्नि के समक्ष कन्या को जो कुछ भी दिया जाता, पति के घर जाते समय स्त्री जो कुछ पिता के घर से पाती, श्वसुर या सास द्वारा स्नेह से जो कुछ दिया जाता, श्रेष्ठजनों के वन्दन करते समय उनके द्वारा जो कुछ भी प्राप्त होता, पशुओं, दूधारू पशुओं, आभूषणों एवं दासों के मूल्य के रूप में जो कुछ मिलता, विवाहोपरान्त पति-कुल एवं पितृ-कुल के बन्धुजनों से जो कुछ प्राप्त होता, स्नेहवश पति या माता-पिता से जो कुछ प्राप्त होता,

विवाह के समय आगन्तुकों द्वारा दी गई भेंट, अपने पिता या पति के घर में जो मिल जाता और भाई से या माता-पिता से प्राप्त होता–उसे स्त्रीधन कहा जाता था।

स्त्रीधन की चर्चा कौटिल्य ने की है कि जीवनवृत्ति, आभूषण, रत्न आदि स्त्रीधन था। जीवनवृत्ति की राशि 2 हजार **पण** से अधिक होती तो उसे स्त्रीधन की सीमा में नहीं रखा जाता था। स्त्रीधन की सबसे प्राचीन परिभाषा मनु ने दी है कि विवाह के समय अग्नि के समक्ष जो कुछ दिया गया, विदाई के समय जो कुछ दिया गया, स्नेहवश जो कुछ दिया गया, जो कुछ भ्राता, माता या पिता से प्राप्त हुआ–यही छह प्रकार का स्त्रीधन था।

स्त्रियाँ दुर्दशा को न प्राप्त हो सके, यह सोचकर, जो चल-अचल धन सम्बन्धियों द्वारा उन्हें मिलता, उस पर उनका स्वतन्त्र अधिकार होता था। ऐसे धन को स्त्रियाँ दान या विक्रय कर सकती थीं। विधवा होने पर पति द्वारा दी गई चल भेटों को वह मनोनुकूल खर्च कर सकती थी, किन्तु पति के जीवित रहने पर वह मनोनुकूल खर्च नहीं कर सकती थीं।

स्त्रीधन की उत्तराधिकारिणी प्रारम्भ में पुत्री बनती थी, किन्तु बाद में पुत्र को भी मिलने लगा।

20.4 दहेज प्रथा

दहेज प्रथा किसी-न-किसी रूप में आज भी एक समस्या के रूप में मौजूद है।

1. शकुन्तला के प्रेमविवाह में दहेज का प्रश्न नहीं खड़ा हुआ; उसकी भूमिका दुष्यन्त से ज्यादा असरदार थी।
2. कर्ण की कुमारी माँ कुन्ती का पति पांडु रोग का रोगी था; इसलिए कुछ लेना-देना नहीं पड़ा। पांडु की दूसरी पत्नी माद्री (वैश्य) पहले उसी के यहाँ दासी थी।
3. कन्या को मनचाहा वर नहीं मिलने से **स्वयंवर** अर्थात् वैसे पुरुष को पति के रूप में तलाशने की परम्परा स्वयं कन्या की ओर से प्रारम्भ हुई, जो होनेवाली पत्नी की शर्तों को पूरा करने की क्षमता रखता हो। इस तरह कन्या की शर्तों को पूरा करके पुरुष द्वारा पत्नी तलाशने की परम्परा प्रारम्भ हुई। स्वयंवर के अवसर पर माता-पिता का महत्त्व उतना नहीं होता था, क्योंकि प्रश्न शर्तों को पूरा करने का था। द्रौपदी के स्वयंवर में जो शर्त थी, वह शारीरिक बल से कम तथा बौद्धिक क्षमता से ज्यादा सम्बद्ध थी। इसमें ऊपर टँगी और घूमती हुई मछली की आँखों में तीर मारने की शर्त थी। तीर में लोहे का प्रयोग नाममात्र का था।
4. रामायणकाल के सीता-स्वयंवर में लोहे का बना एक विशाल धनुष को उठाकर तोड़ देने की शर्त पर जनकपुत्री सीता का विवाह निर्भर करता था। यह शर्त बौद्धिक क्षमता से नहीं बल्कि शारीरिक बल से सम्बद्ध था। सीता के स्वयंवर के अवसर पर राजा जनक काफी बढ़-चढ़कर रुचि ले रहे थे। कन्या के विवाह में अभिभावक के बढ़ते हुए महत्त्व का यह लक्षण था।
5. कुछ वैसे वर दिखाई देते, जो कन्या खरीदकर पत्नी बनाते थे। कुछ ऐसी स्त्रियाँ थीं, जो एक पुरुष की स्थायी पत्नी नहीं, बल्कि इच्छा होने पर पहले पति को छोड़कर दूसरे पुरुष के साथ रहने लगती थी।

6. ई.पू. छठी शताब्दी में राजगृह, चम्पा, काशी आदि नगरों में व्यवस्थित विवाह की जानकारी व्यापक रूप में मिलती है, जिसमें कन्या के पिता द्वारा अपनी इच्छा से अपार राशि दहेज के रूप में दी जाती थी, किन्तु कोई शर्त या दबाव का प्रश्न नहीं था। मौर्यसम्राट चन्द्रगुप्त एवं सम्राट अशोक के विवाह या मौर्यकालीन समाज में वरपक्ष की ओर से दहेज की राशि तय करने के बाद ही विवाह होने की जानकारी नहीं मिलती है।
7. शुंगकाल में अन्धविश्वास से प्रभावित समाज में कन्या के विवाह की अधिकतम आयु-सीमा 12 से घटाकर 8 कर दी गई। इसी समय **रामायण** में यह अंश जोड़ दिया गया कि जब राम से सीता का विवाह हुआ, तो उसकी आयु 6 वर्ष थी। फलस्वरूप कन्या का जन्म अभिशाप माना जाने लगा। अपनी कन्या का 8 वर्ष की आयु तक विवाह नहीं करनेवाले ब्राह्मण को शूद्र घोषित किया गया। इस आयु-सीमा से बाहर की सभी अविवाहित कन्या को शूद्र बताया गया। वरपक्ष कन्यापक्ष की समस्या से नाजायज लाभ उठाने लगा और दहेज की राशि वरपक्ष द्वारा निश्चित की जाने लगी। फलतः स्त्रियों की दशा बिगड़ने लगी।

20.5 विधवा

वैदिककाल में विधवाओं की दशा कष्टमय थी। बलात्कार का डर उन्हें बना रहता था। विधवा होने के एक वर्ष तक उन्हें मधु, मांस, मदिरा एवं नमक खाने पर प्रतिबन्ध था। पुत्रहीन विधवा गुरुजन के आदेश से कुँवारा देवर से सम्बन्ध स्थापित कर पुत्र उत्पन्न कर सकती थी। शुंगकाल से विधवाओं पर नियन्त्रण बढ़ने लगा। पुष्पों, फलों एवं मूलों को खाकर विधवा शरीर को गला देती, रोगी बन जाती किन्तु किसी व्यक्ति का नाम लेकर नहीं पुकार सकती थी। मृत्युपर्यन्त उसे संयम में रहना पड़ता, व्रत रखना पड़ता, सतीत्व की रक्षा करनी पड़ती और पवित्रता का पालन करना पड़ता था। सतीत्व की रक्षा करनेवाली विधवा पुत्रहीन होने पर भी स्वर्ग में स्थान प्राप्त कर सकती थी। पुनर्विवाह और नियोग विधि से वे अब सन्तान पैदा नहीं कर सकती थीं। इसका परिणाम यह होता था कि मरने के बाद विधवा की सारी चल-अचल सम्पत्ति पर उसके सास, ससुर, देवर, ननद आदि का अधिकार हो जाता था। पति की मृत्यु के बाद स्त्री अगर सती नहीं हुई, तो विधवा के रूप में वह अपनी सम्पत्ति का कोई उपयोग नहीं कर सके और अधिकार से सदा वंचित रहे—इस पर काफी ध्यान शुंगकालीन धर्मग्रन्थों में दिया जाने लगा। नियोग विधि पर प्रतिबन्ध लगाना यह कहकर आवश्यक बताया गया कि विधवा भी स्वर्ग में स्थान पा सकती थी, बशर्ते वह जीवनभर सतीत्व की रक्षा करती रहे। स्वर्ग में स्थान प्राप्त करने के लिए सन्तान का होना या माँ बनना आवश्यक नहीं रहा। इसके पीछे भी विधवा की सम्पत्ति पर शेष सदस्यों द्वारा पूर्णतः अधिकार कर लेना ही मुख्य उद्देश्य था। शुंगकाल में यह भी नियम था कि पुत्रहीन विधवा यदि अपने पति के बिस्तर को बिना अपवित्र किए गुरुजनों के साथ संयम से रहती, तो उसे मृत्युपर्यन्त पति की सम्पत्ति प्राप्त होती और उसके बाद उसके पति के उत्तराधिकारी लोग सम्पत्ति के अधिकारी होते। संयम में रहनेवाली विधवा को दान देने का अधिकार था।

गुप्तकाल में विधवा के बाल सँवारने, पान खाने, गन्ध, पुष्प और आभूषण का प्रयोग करने, रंगीन वस्त्र धारण करने, पीतल-काँसे के बर्तन में भोजन करने, दो बार भोजन करने, अंजन आदि लगाने पर रोक लगा दी गई। वे सफेद वस्त्र धारण करती थीं। इन्द्रियों और क्रोध को दबाना, धोखाधड़ी से दूर और प्रमाद तथा निन्दा से दूर रहना आवश्यक था। रात्रि में पृथ्वी पर कुश की चटाई पर वे सोती थीं।

हर्षवर्द्धन के काल में विधवाएँ अपनी आँखों में अंजन नहीं लगातीं और न मुख पर पीला लेप ही करती थीं। बालों को यों ही बाँध लेती थीं। पान खाने, तेल लगाकर स्नान करने और धातु-पात्रों में भोजन करने की मनाही थी। विधवाओं को बलात्कारियों से सदा खतरा बना रहता था। पुत्रों के रहने पर भी उन्हें कई कष्टों का सामना करना पड़ता था। वह अमंगलों में सबसे ज्यादा अमंगल मानी जाती थी। विधवा-दर्शन अपशकुन माना जाता था। उनका आशीर्वादोक्ति सर्पविष के समान था। वे बैलगाड़ी पर नहीं बैठ सकती थीं। अन्य गोत्रवाली विधवा श्राद्ध का भोजन नहीं बना सकती थीं। विवाह में वह भाग नहीं ले सकती थी। प्रारम्भ से 7वीं शताब्दी तक विधवा का मुंडन नहीं होता था। अपवादस्वरूप शुंग और गुप्तकाल में विधवा द्वारा गोहत्या करने या ब्रह्मचारी द्वारा सम्भोग कराने पर सिरमुंडन की बात उठती है। विधवा के मुंडन की स्पष्ट चर्चा *निर्णयसिन्धु* (1612 में प्रणति) में मिलती है। स्त्रियों की हत्या करने की पूर्णतः मनाही थी।

सामान्य स्त्रियाँ भी क्रमशः उपनयन, वेदाध्ययन तथा वैदिक मन्त्रों के साथ संस्कार-सम्पादन के सारे अधिकारों से वंचित और पूर्णतः पुरुषों पर आश्रित हो गईं; उनकी दशा और शूद्रों की दशा में कोई अन्तर नहीं रहा।

20.6 स्त्रियों की सुविधाएँ

स्त्रियों की हत्या नहीं की जा सकती थी। व्यभिचार में पकड़े जाने पर भी वे त्यागी नहीं जा सकती थीं। मार्ग में उन्हें पहले निकल जाने का अधिकार प्राप्त था। पतित की कन्या पतित नहीं मानी जाती थी, किन्तु पुत्र पतित माना जाता था। एक ही प्रकार की त्रुटि के लिए पुरुष की अपेक्षा नारी को आधा ही प्रायश्चित्त करना पड़ता था। चाहे स्त्री की जो अवस्था हो, उन्हें पति की अवस्था के अनुसार आदर मिलता था। वेदज्ञ ब्राह्मणों की भाँति सभी वर्णों की स्त्रियाँ (प्रतिलोम को छोड़कर) भी कर-मुक्त थीं।

शुंगकाल में केवल 3 मास की गर्भवती महिला घाट के कर से मुक्त थी। कुल की नवविवाहित लड़कियों, अविवाहित पुत्रियों, गर्भवती नारियों को अतिथियों से भी पहले खिलाने का प्रावधान था। विवाह में शिष्टाचार की जानकारी स्त्रियों से प्राप्त की जाती थी। नारियों का अभियोग कठिन परीक्षा से सिद्ध करने का प्रावधान नहीं था। स्त्रीधन के उत्तराधिकार में पुत्रियों को प्रमुखता दी गई थी।

21

कला और विज्ञान

21.1 कला

मनुष्य के हाथों निर्मित वह हर वस्तु कला या शिल्प है जो लय, सन्तुलन, अनुपात और सुसंगति आदि की स्थितियों में तैयार होती है, भले ही इसमें मस्तिष्क की सचेतन क्रियाशीलता न हों या उसने प्रेक्षक की अनुभूति तथा कल्पना में अपेक्षित भाव पैदा न किया हो। अपने चारों ओर अगणित सुन्दर प्रतीकों की रचना मनुष्य की कलात्मक साधना का उदाहरण है। चित्र का अर्थ पूरी प्रतिमा से है जिसको **व्यक्त-प्रतिमा** कहते हैं। इसमें आधा अंग-मुखपात्र अथवा कटिपर्यन्त चित्रित होती है। चित्राभास को **पेंटिंग** कहते हैं। यह किसी भित्ति पट आदि पर चित्रित होती है। चित्र इस तरह मूर्तिकला का विभिन्न अंग है। चतुर शिल्पी जिस पाषाण-खंड को अपने कौशल से छू देता वही सौन्दर्य का प्रतीक बन जाता है। यहाँ के कलाकारों या शिल्पियों ने पीढ़ी-दर-पीढ़ी यान्त्रिकी और गणित के विज्ञान को सीखा, भवन सामग्रियों का ज्ञान प्राप्त किया, पत्थर काटने-तराशने और ईंट-पत्थर को सजाने की कला-विज्ञान को सीखने के बाद जो उपलब्धियाँ प्रस्तुत कीं उन्हें देखने के बाद यह स्पष्ट होता है कि वैभवशाली भारत के प्रभुतासम्पन्न स्वरूप को और अधिक ऊँचा उठाने में शिल्प और स्थापत्यकला की भूमिका निःसन्देह अतिमहत्त्वपूर्ण रही है। कलात्मक ज्ञान विशेषज्ञ कलाकार एक शिलाखंड लेता है और उसे ही अपना विषय या विषय-जगत बनाता है। शिलाखंड जैसे जड़ पदार्थ पर वह अपनी उत्सुकतापूर्ण एकाग्रता का प्रयोग करता है। जब वह प्रस्तरखंड की रचना, तन्तुओं, रेखाओं आदि के अनुरूप अपने स्वप्न और बिम्ब उसमें देखता है तो धीरे-धीरे उसका अन्तर्ज्ञान प्रत्यक्ष ज्ञान हो जाता है। अब दोनों में पारस्परिक सम्प्रेषण (ट्रांसमिशन) शुरू होता है। इसके बाद प्रत्यक्ष ज्ञाता विषयी और विषय एकरूप होकर काम करने लगते हैं, उसका विभाजन समाप्त हो जाता है। इस सर्जनात्मक प्रक्रिया में वस्तुतः विषयरूपी वह सामग्री भी सक्रिय सर्जनात्मक सहकर्मी की तरह काम करती रहती है। वह सामग्री बहुधा नए भाव और स्वप्न इंगित करती है तथा रूपगत साधनों एवं प्रक्रियाओं को भी निरूपित करती है। सर्जनात्मक प्रक्रिया के ही कतिपय क्षणों में स्वयं कलाकार उस विषय को अपने से पृथक् मानकर देखता है और उसका गुण-दोष विवेचन करता है। यह गुण-दोष विवेचन भी सर्जनात्मक प्रक्रिया का अंग होता है किन्तु ऐसे क्षणों में विषयरूपी कलाकार और उसके विषय एकरूप होकर कार्य नहीं करते। इस मानसिक द्वन्द्व से कलाकार जब अनुकूल मुद्रा में बाहर

निकलता है तो उसका स्वप्न या बिम्ब प्रत्यक्ष रूप में पूर्णतः प्रकट हो जाता है और एक कलावस्तु बन जाता है। कलाकार जो कुछ भी रचता है उसमें प्रकृति या चरित्र तय करनेवाले नियमों का अनुसरण करता है।

21.2 विज्ञान

अनुभव को जब सिद्धान्त-रूप में सामान्यीकृत कर दिया जाता है तो वह **विज्ञान** कहलाता है। इसमें सुधार के लिए पुनः अभ्यास की जरूरत होती है। इसे ज्ञान की वह शाखा माना जाता है जिसे प्राकृतिक तथ्यों एवं घटनाओं को वस्तुनिष्ठ तरीके से नियमानुसार अवलोकन तथा प्रयोगों द्वारा प्राप्त किया जाता है। उपकरणों के बिना विज्ञान सम्भव नहीं। पाषाण युग में ही मनुष्य अपने जीवन-निर्वाह और भौतिक परिवेश को अपने हित में नियन्त्रित करने हेतु पाषाण उपकरणों के रूप में प्रौद्योगिकी विकसित कर रहा था। उपकरण (यन्त्र, औजार) ज्ञान का एक ऐसा साधन है जिसे विभिन्न प्रकार के मापन का अवलोकन करने और उसे दर्ज करने के लिए उपयोग में लाया जाता है। वैज्ञानिकों और अध्ययन से सम्बद्ध विषयों के बीच उपकरण एक विशेष बिचौलिया और मनुष्य की ज्ञानेन्द्रियों को सशक्त बनाता है। उपकरणों के माध्यम से ही मनुष्य भौतिक यथार्थ का निर्माण करता है। प्रगति का महान मार्ग प्रशस्त करने में उपकरणों की भूमिका महत्त्वपूर्ण रही। अपने निजी अनुभवों के आधार पर बहुत-सी जड़ी-बूटियों के सम्बन्ध में यहाँ के मूल निवासियों ने जानकारी प्राप्त किया। इन्हीं के द्वारा दी गई जानकारी को संहिताबद्ध किया गया जो आधुनिक आयुर्वेद के आधार बने। कृषि की प्रथम जानकारी रखनेवाले वे लोग ही थे जिन्हें आर्यों ने 'निम्न पशु मानव' कहा। मौसम का कृषि से सम्बन्ध इन्होंने ही जोड़ा। नक्षत्र विज्ञान के जन्मदाता ये लोग ही थे। वैज्ञानिक ज्योतिष एवं गणितीय भूगोल का मार्ग इन्होंने ही निर्मित किया।

विशुद्ध वैज्ञानिक और खोट वैज्ञानिक के बीच प्राचीनकाल के सन्दर्भ में स्पष्ट विभाजन करना कठिन है, क्योंकि विज्ञान और खोट विज्ञान एक-दूसरे से विकट तरीके से उलझे रहे हैं। खोट विज्ञान वास्तविक विज्ञान से इस अर्थ में भिन्न है कि इसमें बिना प्राकृतिक तथ्यों के विधिवत अवलोकन के सिद्धान्त मन्त्रों और जादू-टोना के रूप में धारण कर लिए जाते हैं और उन्हें ही सत्य माना जाता है चाहे वे वास्तविकता से परे क्यों न हों। अनेक उदाहरणों में यह पाया जाता है कि विशुद्ध वैज्ञानिक उपलब्धियाँ नकली वैज्ञानिक चिन्तन तथा प्रयोगों के माध्यम से ही हो पाई है। *रत्नाकर* नामक तन्त्रग्रन्थ का लेखक नागार्जुन ने नालन्दा में खोट रासायनिक विधि से सोना बनाने का प्रयास किया किन्तु इसके लिए कोष्ठिकातन्त्र, वक्रनाल (मुँहवाली फुँकनी), धमन (धौंकनी), लौहपत्र (Iron Plate), औषध, कांजी, विड और कन्दराएँ (hooks) जैसे उपकरणों का जो प्रयोग किया उनका वैज्ञानिक महत्त्व किसी-न-किसी रूप में आज भी है। कौटिल्य ने लिखा है, "जो पुरुष विज्ञान से सम्पन्न होता है वह स्वयं को भी जीत सकता है; विज्ञान विश्व को भयमुक्त बनाता है।"

21.3 वैदिककाल

संस्कृति के लिए वैदिक संस्कृति का प्राचीनतम शब्द है कृषि। यह शब्द *अथर्ववेद* में प्रयुक्त है। संस्कृत की 'कृष' धातु से बने इस शब्द का अर्थ जोतना होता है। इसलिए कृषि का अर्थ

हुआ जोतने का कार्य अथवा जोतने का फल या परिणाम। पर लगभग इसी के साथ-साथ एक दूसरा शब्द संस्कृति भी इसी अर्थ में प्रयुक्त होने लगा और *ऐतरेय ब्राह्मण* में हमें इसका प्रयोग मिलता है। *ऐतरेय* में जहाँ इसका प्रयोग हुआ है, वहाँ इसका स्पष्ट अर्थ है अपने निजी 'स्व' की उन्नति; इसका तात्पर्य हुआ कि अपनी जीवन-भूमि को जोतना या संस्कृत करना, जबकि कृषि का सीधा-सीधा अर्थ यह भी है कि खेतों को जोतना और फसल उपजाना। इस तरह, कृषि का दूसरा अर्थ हो सकता है, जीवन-भूमि को जोतना। अंग्रेजी शब्द 'कल्चर' तथा जर्मन शब्द 'कुल्टर' लैटिन के कल्ट से ही उत्पन्न है। 'कल्ट' शब्द का अर्थ होता है खेती करना, स्पष्ट है कि वह अर्थ कृषि के सम्बन्ध में ही है। पर बाद में जब इसका अर्थ-विस्तार हुआ तो इसका तात्पर्य हो गया अपनी जीवन भूमि को जोतना। इस प्रकार कृषि तथा कल्चर दोनों ही शब्द भारतीय-यूरोपीय जीवन, भाषा तथा विचार की एक जैसी पद्धति से व्युत्पन्न है।

ऐग्रिकल्चर, सेरीकल्चर, पीसिकल्चर, वर्ल्डकल्चर आदि शब्दों में कल्चर शब्द का एक ही मूल भाव है। दूसरे शब्दों में, एक बीज या कोशिका से असंख्य बीज या कोशिकाएँ उत्पन्न करने के उद्देश्य से कृषि अर्थात् भौतिक विशिष्ट जातियों अथवा जाति समूहों का संवर्धन होता है। यह प्रक्रिया कृषि का प्राथमिक प्रयोजन है। ठीक यही प्रयोजन कर्षणम (जो कृष धातु में अनत् प्रत्यय लगाकर बना, जिसका अर्थ खेती की क्रिया है।) का भी है। बहुत प्रारम्भिक काल से ही संगठित मानव समाज विशिष्ट जातियों अथवा जाति समूहों के बीजों अथवा कोशिकाओं को कृषि और संस्कार के द्वारा 'सुधारने' के लिए, उनकी क्षमता बढ़ाने तथा सामान्य रूप से मानवता के लिए उन्हें अधिक उपयोगी और स्वीकृत बनाने के लिए प्रयोग और भूल के दौर से गुजरते हुए लगातार प्रयासरत है। आज जो फल और शाक हम खाते हैं उनमें से अनेक किसी समय जंगली, अखाद्य, अस्वादु और विषैले भी थे किन्तु कालक्रम में अधिक खाद्य और सुस्वादु तथा पुष्टिकर तत्त्व बन गए। यह रूपान्तरण जिस प्रक्रिया के द्वारा होता है उसे जीव विज्ञानी संस्कार (कल्चरिंग) कहते हैं। इसी तरह संस्कार का अर्थ किसी चीज को सुधारने के उद्देश्य से किया गया काम होता है।

इन पारिभाषिक विवेचनाओं के आधार पर हम पाते हैं कि कला के साथ संस्कृति और विज्ञान का गहरा सम्बन्ध रहा है। पुरातत्त्वशास्त्र के माध्यम से कला की जो भी धरोहर हमारे समक्ष मौजूद है उन्हें देखकर स्पष्ट होता है कि यहाँ के लोगों के जीवन में सिन्धुकाल से ही कला के प्रति विशेष लगाव रहा। हड़प्पा से प्राप्त नृत्यमुद्रा में पुरुष धड़ और मोहनजोदड़ो से प्राप्त नृत्यमुद्रा में युवती को देख इस तथ्य को समझा जा सकता है। मोहनजोदड़ो के घरों में बने हुए सुन्दर स्नानागार, खुदाई से प्राप्त आभूषण, तराशकर बनाए गए हारों के मनके, कड़े और चूड़ियाँ आदि इस बात के साक्षी हैं कि पुरुष और स्त्रियाँ दोनों ही सौन्दर्य और अलंकरण में पर्याप्त रुचि रखते थे। सिन्धु भांडों पर की काली लिखाई के अन्तर्गत रेखा और उपरेखाओं का सरल किन्तु दृढ़ प्रयोग हुआ है। पेड़-पौधे, फूल-पत्ती, उड़ते हुए पक्षी, तैरती हुई मछलियाँ, भागते और उछलते हुए पशु इन विविध आकृतियों से यह लिखाई सुशोभित है। आड़ी-तिरछी, खड़ी-पड़ी रेखाओं के सम्मिलन से शुल्बाकृतियों की जो सजावट की गई है उससे कलाकारों की बढ़ी-चढ़ी कुशलता के प्रमाण मिलते हैं। वृक्ष-वनस्पति और पशु-पक्षी जगत के साथ भारतीय कला का अद्भुत सम्बन्ध रहा है। सिन्धुवृषभ भी कला की दृष्टि से बड़े जानदार हैं।

वैदिककालीन लकड़ी एवं धातु के खिलौने, कच्ची दीवालों को विभिन्न रीतियों से रँगना और चित्रकला से सजाना एवं यज्ञ जैसे सामुदायिक धार्मिक कार्यों को सम्पन्न करने के लिए शिल्पकला, चित्रकला तथा स्थापत्यकला का प्रयोग—ये सारे कला एवं शिल्प के विषय से सम्बन्ध रखते हैं। यही पद्धति थोड़ा-बहुत बदलाव के साथ आगे बढ़ती रही। चाक पर बड़ी खूबसूरती से बने भांडों पर फूलपत्ती और ज्यामितिक डिजाइनें कला की विशेषताएँ हैं।

21.4 बौद्धकाल

ई.पू. 5वीं शताब्दी से शिल्प का महत्त्व बढ़ने लगा। सौन्दर्य-विधान और रूप-समृद्धि की ओर इन शिल्पियों का विशेष लक्ष्य था। कला में बाह्य अलंकरण और सजावट की प्रवृत्ति को और भी विशेषताएँ प्राप्त हुईं। एक श्रेणी या समुदाय के अन्तर्गत परिवारों के व्यक्ति इसी शिल्पगत व्यवसाय को अपनाकर उसमें दक्षता प्राप्त करते थे और नवीन आविष्कारों के द्वारा उस शिल्प की उन्नति और रक्षा करते थे। एक-एक श्रेणी शिल्प विशेष के लिए एक विद्यालय के रूप में परिणत हो गई जो पुश्त-दर-पुश्त नया जीवन प्राप्त करके बढ़ती चली जाती थी और शिल्पविशेष की अपनी साधना को भूत से भविष्य में आगे बढ़ाती चलती थी। नव-कर्मियों के लिए शिल्प सीखने और सिखाने के नियम भी इन श्रेणियों के द्वारा निश्चित कर दिए गए। अधिकांश में परिवार के अन्तर्गत पुत्र, पिता से शिल्प की शिक्षा प्राप्त करता चलता था।

21.5 मौर्यकाल

मौर्यकाल में ईरान, यूनान और भारतीय संस्कृतियों का सम्मिलन और पारस्परिक आदान-प्रदान हुआ। इस समय कला की मुख्य विशेषता धार्मिक एवं दार्शनिक अनुभूतियों का चिह्नों के द्वारा अंकन थी। मौर्यकालीन रजत सिक्कों पर सैकड़ों प्रकार के चिह्न आहत विधि से लगाए गए। सूर्य, षड्चक्र, चैत्य, वैजयन्ती, वृक्ष, वृषभ, द्विरद, मयूर, शशक, सरोवर आदि अनेक प्रकार की आकृतियों की रेखाएँ कला की दृष्टि से अत्यन्त सुन्दर और निपुणता की सूचक हैं। स्थापत्यकला में भी चिह्नों की यह परम्परा प्राप्त होती है। चन्द्रगुप्त मौर्य द्वारा काष्ठ और ईंट से निर्मित पाटलिपुत्र का राजप्रासाद कला का अतिविशिष्ट उदाहरण था।

भारतीय कला को काठ, मिट्टी, ईंट, पुआल, गोबर तथा अन्य अस्थायी सामग्रियों के दायरे से बाहर निकालने में अशोक की भूमिका महत्त्वपूर्ण रही। उसने पहली बार पत्थरों पर और विराट आकारों एवं अनुपातों में कुछ ऐसी चीजें अंकित कर दी जो बाद के कालों में भी अपना अस्तित्व बनाए रहे। पाटलिपुत्र का स्तम्भयुक्त प्रांगण अशोक के निदेशन में बनाया गया था। स्तम्भ 2 प्रकार के बने थे—धार्मिक और राजनीतिक। धार्मिक स्तम्भों का विकास सम्भवतः प्राचीनतम वैदिक यूपों से हुआ जिनसे यज्ञ में बलि के लिए पशु बाँधे जाते थे, फिर इनका स्थान विष्णु आदि के स्मारक स्तम्भों ने ले लिया। राजनीतिक स्तम्भ विजयस्तम्भ या कीर्तिस्तम्भ कहलाए। चट्टानों में नक्काशी प्रारम्भ हुआ। अशोक द्वारा निर्मित करीब 35 फीट और उससे भी अधिक ऊँचाई के स्तम्भाभिलेख पॉलिशदार, ऊँचे सुगठित और आकाश में उन्मुक्त खड़े हैं। इनका ऊपरी भाग कुछ पतला होते गया है। इन स्तम्भों में चुनार से निकाले

गए गुलाबी पत्थर पर शीशे जैसी दमक पैदा की गई। स्तम्भों का शिरोभाग शिल्पकला की पराकाष्ठा को सूचित करते हैं।

बाँस के बने जिस 4 पहिएवाले 5 मंजिले रथ पर अशोक के काल में विभिन्न रंगों के पताकाओं से अलंकृत जुलूस निकलते थे, उससे भी विकसित कला का अन्दाज लगा सकते हैं। चमकीले ओपवाली यक्षिणी की विशाल मूर्ति को देखने से एक विशेष कला शैली की झलक दिखाई देती है। ये विशाल यक्ष-यक्षिणी मूर्तियाँ देखने में बड़ी कद्दावर और डीलदार हैं। कटाव में सादगी और अलंकरण कम-से-कम है। यद्यपि ये चारों ओर से कोर कर गढ़ी गई हैं, फिर भी सामने की ओर से इनका दर्शन विशेष रूप से प्रिय हैं। कानों में कुंडल, गले में तिखूँटा हार, बाँहों में अंगद और नीचे पतलीदार धोती पहने हुए इन खड़ी यक्ष-मूर्तियों की परम्परा में ही आगे चलकर मथुरा की विशालकाय बुद्ध-बोधिसत्व मूर्तियों का निर्माण हुआ। धौली का हाथी, अपने अगले दाएँ पैर को हलका-सा मोड़कर और बाएँ पैर को एक छोटे से कोण में घुमाकर जिससे धीरे-धीरे आगे बढ़ने का बोध होता है और एक खूबसूरत मोड़ के साथ भारी सूँड़ को लय में घुमाते हुए ऐसा लगता है मानो एक गहरी घाटी से शाही अन्दाज में बाहर आ रहा हो। वस्तुतः यह कलिंग की जनता के सामने विनम्र गौरव के साथ कला के माध्यम से अपने को प्रस्तुत करनेवाले सम्राट अशोक का प्रतीक बन जाता है। सारनाथ का चतुष्पक्षीय सिंह बौद्ध संन्यासियों के सामने साम्राज्य की शान-शौकत और सत्ता का प्रदर्शन करता है। यह सिंह शीर्ष पॉलिश किए हुए बलुआ पत्थर से निर्मित है और अब तक की मूर्तिशिल्प का अकेला नमूना है। ये चारों सिंह साम्राज्य की चारों दिशाओं में धर्म विजय की उद्घोषणा कर रहे हैं। कलाकार के कलात्मक ज्ञान ने ही अशोककालीन कला को नवीन रूप प्रदान किया।

मौर्यकला में वैज्ञानिक दृष्टि की उपस्थिति को स्वीकारने के बावजूद क्रैमरिश कहती हैं, "भारतीय कला जगत में मौर्य शिल्प का बहुत थोड़ा महत्त्व है। मौर्य शिल्प एक शीशे के घर में पोषित पौधा है जिसे एक दरबार के संकल्प, देखभाल और संरक्षण में फारसी शिल्पियों के सामूहिक सहयोग से उगाया गया था; मौर्य-दरबार पश्चिम एशिया तथा मध्यसागरीय तत्कालीन अन्तर्देशीय संस्कृति और विचारधारा से काफी प्रभावित था। समय गुजरने पर शीशे की दीवारें ढहकर चूर हो गई और यह पौधा मुरझा गया।" आकाश में स्वतन्त्र रूप से खड़ा आत्मनिर्भर मौर्य-स्तम्भ बाद में भी प्रेरणा-स्रोत बना रहा किन्तु अलग रूप में। उदाहरण के लिए यूनानी राजा के निदेशन एवं देखरेख में खड़ा किया गया बेसनगर का गरुड़स्तम्भ के दंड का सबसे निचला भाग अष्टभुजाकार है और उसकी सीमाएँ 8 अर्धकमलों की डिजाइन तय करती है। इसका मध्यवर्ती तीसरा भाग षड्भुजाकार है जिसकी सीमा अष्टभुजाकार पट्टी पर निर्धारित करती है। इसकी पट्टी का हर पहलू एक शैलीबद्ध पूर्ण तथा गोल कमल की डिजाइन से अलंकृत है। इसका ऊपरी तीसरा भाग गोल है तथा इसके ऊपर एक घंटाकार शीर्ष लगाया गया है जो अशोक शीर्ष से भिन्न है और ईरानी शैली से प्रभावित है। इसके शीर्ष को ताड़ की शाखाओं के शैलीबद्ध झुरमुट से अलंकृत किया गया है, जो पश्चिमी एशियाई कला के भाव को दर्शाता है। मौर्यकालीन ईरानी वास्तुशिल्प की अवधारणा भारतीय राजगीरों तथा वास्तुविदों की कल्पना को प्रभावित नहीं कर सकी। मौर्यकला एक व्यक्तिवादी रुझान तथा विचारधारा की अभिव्यक्ति थी न कि सामाजिक संकल्प का। यह भी सत्य है कि हस्तशिल्प

और आदिमकला की स्थिति से सभ्य विशाल कला की गरिमा और पद पर भारतीय कला मौर्यों द्वारा पहुँचा दी गई। मौर्यों की कला के तुरन्त बाद आनेवाली नक्काशियों की वर्णानात्मक कला स्पष्ट रूप से मौर्य दृष्टिकोण का निषेध है। इसका कारण यह हो सकता है कि (1) बाद के शिल्पियों एवं कलाकारों को मौर्यकला से सम्बद्ध तकनीकी ज्ञान नहीं था; (2) फारसी शिल्पियों की भाँति वे पत्थर तराशने में कुशल नहीं थे; (3) वैसा काम करने का अनुभव उन्हें नहीं था; (4) उनके पास वैसे सम्बद्ध उपकरण नहीं थे और (5) ठोस प्रतीकात्मक कला में शासकों की रुचि घटती गई। इस तरह भारतीय शिल्पियों एवं कलाकारों को विरासत में कुछ नहीं मिल पाया; लम्बे निजी व्यवहार तथा अनुभव से इन्हें नवीन चीजें सीखनी थी। इसीलिए पत्थर तराशने का काम तुरन्त सीखनेवाले कलाकारों द्वारा साँची के स्तूपों में की गई नक्काशियों में निम्न और सपाट शैली ही दिखाई देती है।

21.6 शुंगकाल

अपने शासनकाल के उत्तरार्द्ध में पुष्यमित्र शुंग देश की परम्परा के अनुरूप बौद्धों के प्रति सहिष्णु हो गया। भरहुत और साँची के बौद्ध स्तूपों की वेदिकाएँ उसी के शासनकाल में बनीं जिन पर कला के अनन्त अलंकरण, देव, मानव, पशु, पक्षी अद्‌भुत सजीवता लिए सँवरे। इनकी वेदिकाओं और तोरणों पर बनी मूर्तियों और अर्धचित्र (रिलीफ) तो मूर्तिकला की सूईकारी हैं। मौर्योत्तर काल में निर्मित साँची के दूसरे रेलिंग के खम्भे को देखने से पता चलता है कि कला शैली में तरंगायमान रेखीयलय उपस्थित होने लगा। इस खम्भे पर कमल का एक विशाल मोटा डंठल एक रूप से दूसरे रूप तक लयात्मक लहरों में फैला हुआ है। भरहुत की नक्काशियों में भी यह कलात्मक लय दिखाई देती है। यह शैली विनम्रता और सरलता से प्रभावित है। भरहुत का कलाकार मानव आकृति बनाने लगा। शरीर का प्रत्येक अंग अत्यधिक पूर्णता के साथ सुस्पष्ट रूप से दिखलाया गया है। तकनीकी दृष्टि से बोधगया में नारी की मूर्ति को सूक्ष्म तरीके से प्रतिरूपित किया गया है, नक्काशी कम भीड़ भरा है और अनावश्यक चीजों को हटा दिया गया है। इन आकृतियों को देखने से स्पष्ट है कि शिल्पियों ने गतिहीन भार और उदास जड़ता को उतार फेंका है। मौर्योत्तर कला जातीय, सामाजिक और धार्मिक घोल तथा समन्वय का मिश्रण है। भारतीय कला का यह पहला अध्याय था। भरहुत तथा बोधगया की नक्काशियों में सूर्य, लक्ष्मी और इन्द्र तथा वृक्ष देवताओं, नागों तथा अप्सराओं एवं किन्नरों जैसे आदिवासी देवताओं को एक साथ प्रस्तुत किया गया। इस तरह मौर्योत्तर कला अपनी ही जमीन से उत्पन्न हुई थी।

21.7 कुषाणकाल

कुषाणकाल में शासकों की मूर्तियाँ बनने लगीं। नाशपाती के आकार के कलश एवं किनारों पर हत्थों से युक्त सँकरे मुँह का गोल सुरादान बनाए जाने लगे। नारी मूर्ति के माध्यम से कामुक भावों को प्रस्तुत किया जाने लगा। शिल्पकला का केन्द्र मथुरा था। वहाँ सैकड़ों कलाकारों द्वारा यक्षों और यक्षिणियों की स्वतन्त्र रूप से खड़ी या बैठी आकृतियाँ तथा बुद्ध

और बोधिसत्वों, राजाओं की रूप प्रतिमाएँ आदि निर्मित की जाती थीं। मथुरा से कला की प्रेरणा श्रावस्ती, सारनाथ, कौशाम्बी, साँची आदि स्थानों तक फैली। भारत के उत्तर-पश्चिम में जहाँ शक, यवन, ईरानी आदि विदेशी संस्कृतियों का जमघट था, एक कला शैली का विकास हुआ जिसे **गान्धार शैली** कहते हैं। इसमें ग्रीक कलावन्त की छेनी और भारतीय बौद्ध धर्म का योग था। ग्रीक दार्शनिकों के चुन्नटदार परिधान, ख़्तोन, जम्पर और सैंडिल इन मूर्तियों की विशेषताएँ हैं। पत्थर और स्टक्कों (चूना मिट्टी) का उपयोग तथा उत्खचन (रिलीफ) का उपयोग भी इसमें भरपूर हुआ है। शकों ने भारत में जिस अचकन, पजामा (सलवार), पगड़ी अथवा जंगी टोप का प्रचार किया वह वस्तुतः ईरानी ही थी। सूर्य की कुषाणकालीन पहली भारतीय मूर्ति की वेशभूषा भी वही है। महायान सागर तिरनेवाला महापोत था, जिसमें अनन्त जीवों के निर्वाण की, बहुजन हिताय, बहुजन सुखाय कल्याण की कल्पना थी, जहाँ महायान पर चढ़कर सभी भवसागर के पार जा सकते थे। महायान ने शरीरी बुद्ध को जो मूर्तिकला के माध्यम से एक रूप प्रदान की उसके साथ बोधिसत्व नामक एक ऐसे प्राणी की भी कल्पना सजीव हो उठी जिसे एक दिन स्वयं बुद्ध होना था। भारतीय कला की मुद्रा अधिकतर मूक, गम्भीर और चिन्ता प्रधान रही, पर कुषाण भावसत्ता ने उसे अपनी प्रसन्न मुद्रा प्रदान की। छाया को धूप का योग मिला, भारतीय कला धूप-छाँव सी खिल उठी। बुद्ध के मूक और शान्त रूप पर बोधिसत्व की अभिराम प्रसन्न छटा छिटकी। पहली बार साहित्य को कला के मानो-प्रतिमानों, व्यंजनाओं से मुखर किया। स्तूप निर्माण मृत्यु के प्रतीक थे, पर उन्हें घेरनेवाली रेलिंगों पर उल्लसित अनियन्त्रित जीवन लहराता था और जीवन के उस उल्लास को महायान ने गति दी।

21.8 गुप्तकाल

गुप्तकालीन कला को शिल्पकारों ने नई ताजगी प्रदान की। कुषाणकाल का भारी-भरकम-पना छूट गया और कला का बाह्य रूप बहुत साफ-सुथरा और कट-छँटकर निखर गया। गुप्तकला न तो शुंगकाल की सी चिपटी रही, न कुषाणकाल की तरह गोल, बल्कि गान्धार शैली की तरह प्रकृत अंडाकार हो गई। अब कलाकार उन्हें कला के प्रतिष्ठित सौन्दर्य भावों से नहीं, सीधे प्रवहमान जनजीवन से चुनने लगा। बुद्ध की समाधिस्थ मूर्तियों के उलटे कठोर अँगूठे अब मुलायम हुए। पुरुष और नारी ने नए केशकलाप धारण किए। ग्रीक तकनीक से प्रभावित बुद्ध के परिधान (संघाटी) की चुन्नटें अलंकरण बन गईं। गठी काया उनमें साफ झलकने लगी। इस समय भारत ने मूर्तिकला को विज्ञान का पद प्रदान किया। गुप्तकालीन शिल्पियों की छेनी का स्पर्श पाते ही मथुरा की प्रतिमाएँ भी भीतर-बाहर की एकाग्रता और भावाभिव्यक्ति की सहजता से एकान्त जीवित हो उठीं। गुप्तकालीन कलाकारों ने नर और नारी को उसकी कायर्याष्ट को वनप्रान्तर से, वनस्पतिक वातावरण से मुक्त कर पूर्णतः नेत्रगोचर कर दिया। कुषाणों द्वारा निर्मित पृष्ठभूमि पर ही गुप्तकाल की इमारत बनी थी।

गुप्तकालीन वराहमूर्ति गुप्तसत्ता की शकों पर प्रतिष्ठा की द्योतक और समकालीन नवजीवन की उद्बोधक है। राजगृह, नालन्दा, सुल्तानगंज आदि से प्राप्त गुप्तमूर्तियाँ भावसम्मत हैं। चन्द्रगुप्त विक्रमादित्य के काल में निर्मित लोहे के कीर्ति स्तम्भ की धातु (वजन 6.25 टन

और ऊँचाई 7 मीटर से अधिक) इतनी शुद्ध है कि दो हजार से अधिक साल तक आँधी-पानी में खड़े रहने पर भी यह जंगरहित है। शिल्पियों का यह अद्भुत वैज्ञानिक नमूना है। भारतीय कलाविधान में प्रभामंडल का अंकन कुषाणकाल से प्रारम्भ हुआ। कलाकारों ने गुप्तकाल में भी इस शैली को बरकरार रखा। इसे छायामंडल भी कहा गया। फूलों और पक्षियों की आकृतियों से अंकित इस प्रकार के प्रभामंडल मथुरा की बुद्ध और बोधिसत्व मूर्तियों की पृष्ठभूमि में देखे जा सकते हैं। कुषाणकाल से भिन्न गुप्तकालीन प्रभामंडल में अन्धकार को तीर मारते प्रकाश रश्मिजाल के रूप में कलाकारों ने अंकित किया। कलाकारों द्वारा गुप्तकालीन मूर्तियों में केश कन्धों तक घूँघरों में लटकाए गए। पर्वत की दीवार काट, चट्टानों को खोखला कर उनमें कई-कई मंजिलों के भवन बनाना कुछ आसान नहीं, फिर भी कलाकारों ने ऐसा कर कला का मान बढ़ाया। मन्दिर निर्माण के साथ-साथ कलात्मक सौन्दर्य के प्रचार के लिए मिट्टी के खिलौने का माध्यम अति उपयुक्त सिद्ध हुआ।

21.9 शृंगार

कामसूत्र में अनुलेपन, पुष्पों की मालाएँ, सुगन्धित पुटिका, नींबू का छिलका और पान को शृंगार प्रसाधन बताया गया है। इनका प्रयोग प्रायः शहर के धनाढ्य एवं उच्चाधिकारी करते थे। उच्चवर्गीय लोग जिस दातून से दाँत साफ करते वह औषधियों और सुगन्धित द्रव्यों से सुवासित रहता था। पेड़ से तोड़े गए दातून को सुवासित करने की प्रक्रिया 8-10 दिन पहले से शुरू हो जाती थी। हर्रे के चूर्ण मिले गोमूत्र में दातून एक सप्ताह तक रखी जाती थी। उसके बाद इलायची, दालचीनी, तेजपत्ता, अंजन, मधु और मरिच से सुवासित किए जल में डुबो दिया जाता था। इस दन्तकाष्ठ से दाँत स्वस्थ रहते थे। इस दातून को तैयार करने के लिए नियमित रूप से भृत्य (दास) रहा करते थे। वराहमिहिर बताते हैं कि दातून यदि विधिपूर्वक बनी हो तो मुख का रंग निखार देती है, कान्ति बढ़ा देती और सुगन्धि ला देती तथा वाणी को ऐसी बना देती कि सुननेवालों के कानों को सुख देती है।

स्नान का जीवन में विशेष महत्त्व था। स्नान में साबुन के समान एक प्रकार की वस्तु का प्रयोग होता था जिससे फेन निकलता था। इसके प्रयोग से शरीर में स्वच्छता आती थी। प्रत्येक तीसरे दिन इससे स्नान करने की प्रथा थी। स्नान के पश्चात् राजा पूजन से निवृत्त होकर विलेपन भूमि की ओर जाता जहाँ वह अपने शरीर पर कस्तूरी, कर्पूर और केशर मिले हुए चन्दन का आलेप लगाता था। इसे विलेपन तथा अंगराग कहते थे। *अमरकोष* में कर्पूर, कस्तूरी, अगरू और कक्कोल की सुगन्धि को *यक्षकर्दम* कहा गया है।

नखों को काटने तथा सजाने की प्रथा थी। नख त्रिकोण, चन्द्राकार, दन्तुल तथा अन्य कई प्रकार के होते थे। गौड़ (बंगाल) के लोग बड़े-बड़े नखों को पसन्द करते थे। बड़े नख स्त्रियों में विशेष रूप से प्रिय थे। दक्षिण के लोग छोटे और उत्तरापथ के लोग मझोले नखों को पसन्द करते थे। बाएँ हाथ के नखों का विशेष रूप से ध्यान रखा जाता था। उन्हें एक नाप का, चमकीला और मुलायम रखा जाता था।

विवाह के समय वधू का विशेष शृंगार होता था। *कुमारसम्भव* में वधू रूप में पार्वती के शृंगार का जो विस्तृत वर्णन है उससे उच्चकुलीय स्त्री के शृंगार का अच्छा परिचय मिलता है।

स्नान के पश्चात् वधू की त्वचा का चिकनापन लोध्र के आलेप से दूर किया जाता था। कालेयक नामक विलेपन शरीर पर लगाया जाता था जो शीघ्र ही सूख जाता था। केशों को सुवासित धुएँ से सुखाया और सुवासित किया जाता था। वधू को मधूक पुष्प की पीली माला पहनाई जाती थी। अलंकृत नमूने शुक्लागुरु तथा गोरोचन से बनाए जाते थे। गोरोचन के प्रयोग से रंग साफ दिखाई देता था। नेत्रों में अंजन लगाया जाता था। अन्त में वधू की माता अपनी दो अँगुलियों से पुत्री के माथे पर विवाह का तिलक और पीले हरिताल तथा मनःसिला से निर्मित मांगल्य विलेपन लगाती थी। गोरोचन श्वेतवर्ण का होता था। *रघुवंश* में इन्दुमती की सखी सुनन्दा ने उससे कहा था, 'तुम गोरोचन-सी गौरवर्ण हो; यदि श्यामवर्णवाले पांड्य देश के राजा से विवाह कर लोगी तो उतनी ही सुन्दर लगोगी, जैसे बादल के साथ बिजली।' गोरोचन का प्रयोग स्त्री और पुरुष मुख पर पत्र-रचना के लिए करते थे। राजा अतिथि ने राज्याभिषेक के अवसर पर पत्र-रचना के लिए गोरोचन का प्रयोग किया था। पार्वती के विवाह के अवसर पर पत्र-रचना गोरोचन से ही करने का उल्लेख मिलता है। गोरोचन से उत्तरीय पर हंस आदि की आकृति बनाने का भी उल्लेख है जिन्हें शुभ माना जाता था। मुख तथा शरीर पर पत्र-रचना के पूर्व विविध सामग्री का अंगराग लगाया जाता था जिसमें चन्दन तथा कस्तूरी का स्थान प्रमुख था। शरीर पर चन्दन का आलेप कर काले अगरू से नमूना बनाया जाता था जिसमें मकर की आकृति विशेष प्रचलित थी। कभी-कभी चक्राकार नमूने सफेद अगरू से भी बनते थे।

शरीर पर मालिश तथा केशों में लगाने के लिए तेल का व्यवहार किया जाता था। तेल मलवाने का उद्देश्य स्वास्थ्यवृद्धि था। *ऋतुसंहार* में प्रसंग है कि स्त्रियाँ हेमन्त ऋतु में तेल मलवाती थीं। *अभिज्ञानशाकुन्तलम्* में स्नान के पूर्व तेल मलवाने का वर्णन है। **इंगुदी** नामक तेल का प्रयोग तपस्वी करते थे। साधारण प्रकार का सुवासित तेल तिल के बीज से बनता था जिसे प्रयोग के पूर्व पुष्पों से सुवासित किया जाता था। जिस पुष्प से उसे सुवासित किया जाता था, तेल में उसी की सुगन्धि आ जाती थी। तेल में मजीष्ठ, व्याघ्रनख, मुक्ता तथा दालचीनी का चूर्ण मिलाकर धूप में रख देने से उसमें चम्पक पुष्प की मीठी सुवास आ जाती थी। व्याम तथा कुट मिलाने से बकुल की गन्ध आ जाती थी। इसके अतिरिक्त कुष्ठ से कमल की, चन्दन से चम्पक और जावित्री तथा इलायची से अतिमुक्तक की गन्ध आने लगती थी। तेल के दुगुने भाग में तगर मिलाने से जाति पुष्प की सुवास आ जाती थी। वकुल पुष्प का चूर्ण मिलाने से भी ऐसी ही सुवास उत्पन्न होती थी।

सम्पूर्ण शरीर पर सुगन्धित-द्रव्यों का प्रयोग प्रचुर मात्रा में होता था। यहाँ तक कि स्नान के बाद सरोवरों के जल में भी यह सुगन्धि बस जाती थी। **यक्षकर्दम** नामक सुगन्धि का भी प्रचलन था। **सर्वतोभद्र** नामक इत्र नख, तगर, तुरूष्क (बराबर-बराबर मात्रा में), कस्तुरी और कर्पूर आदि मिलाकर बनाया जाता था। **गात्रानुलेपनी** शरीर पर लगाया जानेवाला सुगन्धित विलेपन था। सुगन्धित लकड़ियों, धूप, राल इत्यादि के धुएँ का प्रयोग केश, वस्त्र तथा कक्ष को सुवासित करने के लिए किया जाता था। अवन्ती की स्त्रियाँ केश को सुवासित करती थीं। कालागरू तथा धूप—इन दोनों का प्रयोग केश, वस्त्र तथा कक्ष सुवासित करने के लिए होता था। कस्तुरी का प्रयोग वस्तुओं को सुगन्धित करने के लिए किया जाता था। अवलेपों को सुगन्धित करने के लिए उनको इसकी सुगन्धि में बसा दिया जाता था।

वृहत्संहिता में धूप बनाने की विधियाँ विस्तार से बताई गई हैं। चौथाई भाग सतपुष्प और लोहबान, आधा भाग नख तथा सुगन्धित गोंद, एक भाग चन्दन तथा प्रियंगु मिलाने से अच्छा धूप तैयार होता था। दूसरी विधि में गुग्गुल, लाह, मुस्ता और शक्कर बराबर-बराबर मिलाया जाता था। तीसरी में जटामाँसी, सुगन्धित गोंद, नख तथा चन्दन बराबर-बराबर मिलाया जाता था। **कपच्छद** नामक धूप चौथाई भाग मुस्ता, दो भाग श्रीसर्ज का राल तथा नख, गोंद और कर्पूर के साथ शहद मिलाने से बनता था। वस्त्र सुवासित करने के लिए विशेष रूप से धूप का प्रयोग किया जाता था। अच्छे प्रकार के धूप बनाने के लिए दालचीनी, खस घास और पत्र बराबर-बराबर लेकर आधे भाग को इलायची चूर्ण के साथ कस्तूरी एवं कर्पूर में मिलाया जाता था।

आधुनिककाल में जिस प्रकार मुख पर चूर्ण का प्रयोग किया जाता उसी प्रकार गुप्तयुग में मुख, केश और शरीरांगों पर तरह-तरह के चूर्ण लगाए जाते थे। इनमें लोध्र प्रसवरज, अंबुजरेणु, केशर-चूर्ण और केतकरज प्रमुख थे। स्नान के पूर्व शरीर पर लोध्रचूर्ण का प्रयोग किया जाता था। स्नान के बाद इसे मुख पर भी लगाया जाता था। मुख पर एक विशेष प्रकार का चूर्ण प्रयोग करने की चर्चा *रघुवंश* में है। केशों को सुगन्धित बनाने के लिए कस्तूरी का चूर्ण लगाया जाता था।

शृंगार में पुष्पों का महत्त्वपूर्ण स्थान था। कवियों ने इसकी महत्ता का बहुत गुणगान किया है। पुष्पों की इतनी अधिक माँग थी कि इसका उत्पादन विशाल पैमाने पर होता था। इसके लिए **प्रमद्वणपालिका** नामक विशेष अधिकारी नियुक्त था। पुष्प के बागों की देखरेख प्रायः स्त्रियाँ करती थीं। **पुष्पावली** नामक वर्ग पुष्पों का ही काम करता था। *मेघदूत* में एक स्त्री द्वारा केशों में मन्दार पुष्प लगाने और कानों में पत्रलता तथा स्वर्णिम कमल पुष्प पहनने का उल्लेख है। शिखा पर कुर्बक का नवपुष्प, कानों में शिरीष पुष्प और सीमन्त में कदम्ब पुष्प लगाए जाते थे। केशों के पीछे लटकती लड़ियाँ **प्रभ्रष्टक** और आगे की लड़ियाँ **लालामक** कहलाती थीं। दाहिने हाथ के नीचे से ले जाकर बाएँ कन्धे के ऊपर से पहननेवाली माला **वैकक्षिक** और शिखा की माला **आपीड़** तथा **शेखरक** कहलाती थी।

कालिदास ने ताम्बुल का उल्लेख किया है। ताम्बुल का प्रयोग पाचन क्रिया में सहायता और अधरों को लाल करता था। कुमारगुप्त प्रथम के शासनकाल में इसका बहुत प्रचलन था। वराहमिहिर *(वृहत्संहिता)* ने ताम्बूल के गुणों की चर्चा करते हुए लिखा है कि इससे वाणी में मधुरिमा का संचार होता है। यह रूप को निखारता है, सौभाग्य का आह्वान करता है, वस्त्रों को सुगन्धित बनाता है और कफजन्य रोगों को भी दूर करता है।

शृंगार की पूर्णता के बाद लोग दर्पण देखते थे। सोने के चौखटवाला दर्पण कदाचित धनी लोगों की वस्तु थी। स्त्रियाँ दर्पण देखकर शृंगार करती थीं। दर्पणों को मुख के वाष्प द्वारा स्वच्छ किया जाता था। प्रसाधन-कला और प्रसाधन-विधि में अनेक कौशल छिपे थे। यह कला प्रत्येक को नहीं आती थी। *अभिज्ञानशाकुन्तलम्* में सखियाँ अपने चातुर्य से शकुन्तला को सजाने की चेष्टा करती हैं। इसी प्रकार पार्वती के विवाह के अवसर पर प्रसाधिका द्वारा उन्हें अंजन लगाने का उल्लेख है। बकुलावलिका महावर से मालविका के चरण कौशल के साथ रँगती है और उनके पूछने पर कि उसने इस कला को किससे सीखा, वह परिहास से कहती है—महाराज से। कभी-कभी नायक भी अपनी प्रेयसी का प्रसाधन किया करता था। स्वयं महादेव ने पार्वती का शृंगार फूलों से किया था।

इस तरह जिन 64 कलाओं की चर्चा हमें देखने को मिलती है उनमें शृंगार कला भी था। यह एक उच्च स्तर का कलात्मक तकनीक था। वास्तविकता से अधिक सुन्दर दिखाई देने के लिए शृंगार का महत्त्व प्रारम्भिक काल से ही रहा है।

21.10 सार

निष्कर्षतः प्राचीन भारतीय कला का गहरा सम्बन्ध विज्ञान से रहा और संस्कृति का अभिन्न अंग कला है। इन तीनों को एक सूत्र में पिरोने का काम कलाकारों ने किया जिन्हें शिल्पकला कहना अनुचित नहीं होगा। सिन्धुकाल के पूर्व भी कलाकार गतिशील रहे; उन्होंने ही संस्कृति की नींव डाली जिस पर सभ्यता फली-फूली किन्तु परम्परावादी इतिहास लेखन के परिणामस्वरूप कला और संस्कृति का पूरजोर शब्दों में गुणगान किया गया और कलाकार एवं उसकी वैज्ञानिक क्षमता को इतिहास के मंच से ढकेलकर गिरा दिया गया। पुरातात्त्विक एवं ऐतिहासिक तथ्य इस भ्रान्ति का खंडन करते हैं कि इस देश में सभ्यता का प्रकाश आर्यों के आगमन के साथ ही आया। उत्तर-पश्चिम से आर्य भाषाएँ बोलनेवाले समूहों की लहरें, एक के बाद एक जब इस उपमहाद्वीप में आ रही थीं तब भारत में एक उन्नत सभ्यता का विकास हो चुका था। यह सभ्यता सिन्धुघाटी सभ्यता अथवा हड़प्पा सभ्यता के नाम से जानी जाती है। इस सभ्यता के पहले भी इस देश में पत्थर के उपकरण का उपयोग करनेवाली अनेक संस्कृतियाँ थीं। पत्थर के बने उपकरणों से, जो इस उपमहाद्वीप के प्रायः सभी भागों से मिले हैं, हम देश के आरम्भिक सांस्कृतिक विकास का कालानुक्रम निर्धारित कर सकते हैं। आर्य, जिनमें कई विशेषताएँ थीं अपने साथ कोई सभ्यता नहीं लाए थे। उनकी परम्परा सशक्त थी और वे प्रयत्नपूर्वक उसे बचाकर स्थायित्व प्रदान करने के लिए कटिबद्ध थे। उनकी स्मरणशक्ति विलक्षण थी। सकंठ पाठ से वे पूरी-की-पूरी ऋचाएँ एक पीढ़ी से दूसरी पीढ़ी तक पहुँचा सकते थे। उनकी चिन्तनशीलता उल्लेखनीय थी और सूक्ष्म तत्त्वों का विश्लेषण वे प्रभावशाली ढंग से कर सकते थे। उनका कर्मकांड अत्यन्त विकसित था। दर्पभरे भाव से अपनी छवि वे शेष समाज के समक्ष प्रस्तुत करते थे।

अहंभाव से पीड़ित रहने के कारण ये यहाँ के पुराने वासियों को दाय, दस्यु, अनार्य आदि अनादरसूचक शब्दों से उल्लेख करते थे। प्राचीन भारत के कुछ भागों में दास प्रथा प्रचलित होगी किन्तु आर्यों के पहले से देश में रहनेवाले लोगों को दास कहना उचित नहीं था। देश में यहाँ-वहाँ संस्कृतियाँ थीं। चोर और डाकू भी थे परन्तु आर्यों के पहले के सभी समाजों को दस्यु की संज्ञा देना निश्चित रूप से गलत था। यह सच है कि आर्यों के चेहरे पर उनकी नाक प्रमुख रूप से उभरकर सामने आती थीं, परन्तु अपेक्षाकृत छोटी या दबी नाकवाले लोगों को नासिकाविहीन कहना निश्चित रूप से अनादरसूचक था। इस स्थिति में वैसे शिल्पियों को, जो निर्धन, अशिक्षित, आपस में विभाजित और आर्यों की नजर में निम्न पशुमानव थे, परम्परावादियों ने इतिहास के पन्नों में उचित स्थान देना अपनी प्रतिष्ठा के विरुद्ध समझा। उन्होंने यह जानने के बावजूद इस मूल वैज्ञानिकों एवं कलाविदों को नजरअन्दाज किया कि उन्होंने ही हमें चलना-रहना सिखाया। आर्यों की मौखिक परम्परा का एक बड़ा भाग कालान्तर में लिपिबद्ध हो गया, इसलिए हम यह जान सके कि वे आर्य पूर्व भारतीयों के बारे में क्या धारणाएँ रखते

थे। दुर्भाग्यवश आर्य-पूर्व परम्परा के ऐसे कोई दस्तावेज शेष नहीं हैं, जिनसे हम जान सकें कि आर्यों के बारे में उनका क्या मत था।

भारत भूमि पर नए-नए आए आर्यों को अपनी प्रजातीय उत्कृष्टता पर दम्भ था और उन्होंने उसकी शुद्धता बचाए रखने के प्रयत्न भी किए किन्तु इस प्रयास में उन्हें असफलता मिली। आर्यों और अनार्यों में विवाह वर्जित थे, फिर भी ऐसे विवाहों की संख्या बढ़ती गई। शीघ्र ही ऐसी स्थिति आई जब भारत की जनसंख्या में अनेक प्रजातियों का मिश्रण हो गया। आर्यों के द्वारा प्रजातीय शुद्धता के दावे किए जाते रहे, परन्तु वे केवल एक मिथक थे। प्रजातीय रूप से भारतीय जन एक मिश्रित समूह है। इसके किसी भी अंश का प्रजातीय शुद्धता के अहंभाव से पीड़ित होने का कोई वैज्ञानिक आधार नहीं है। हमारी संस्कृति का आधुनिक रूप एक लम्बी ऐतिहासिक प्रक्रिया का परिणाम है, जिससे अनेक प्रजातियों और सांस्कृतिक तथा धार्मिक समुदायों का संविलयन जुड़ा है। आर्य-पूर्व और आर्य तो एक-दूसरे से घुले-मिले ही; अनेक अन्य संस्कृति-धारक लहरें भी आकर इस उपमहाद्वीप की संस्कृति में समाहित होती रहीं।

22

परिधान

22.1 वस्त्र

विभिन्न प्रकार के तन्तुओं की कताई, बुनाई और परिष्करण के पश्चात जो रूप तैयार होता उसे **वस्त्र** कहते हैं।

22.2 परिधान

वस्त्र को काट-छाँटकर सिलाई-कढ़ाई के द्वारा तैयार वस्त्र को **परिधान** कहते हैं।

22.3 उदय

आज से हजारों वर्ष पूर्व अस्थायी झोंपड़ियों (स्थायी भोजन के अभाव में मनुष्य अस्थायी झोंपड़ियाँ बनाते थे।) के निवासी खालें बिछाकर अलाव के पास बैठते थे और सोते समय खालें ओढ़ते थे। ठंडे मौसम में वे यही खालें कन्धों पर डाल लेते और कमर पर बाँध लेते थे। मनुष्य किसी हद तक ठंड तथा कीड़े-मकोड़ों के दंश से बचने के लिए सिर से पाँव तक गेरू का लेप करते थे। वे अन्धविश्वास के कारण भी ऐसा करते थे। रंग का लेप ही मनुष्य का पहला 'परिधान' था। पेड़ों की छाल से बनी या घासफूस के बुनी स्कर्ट, धोती आदि का तब तक लोग इस्तेमाल करने ही लगे थे, आखिर, गरम जलवायु में भी उन्हें अपनी त्वचा की रक्षा करनी होती ही थी—अलाव से उड़ती चिनगारियों आदि से।

22.4 कारण

वस्त्र धारण करने का कारण लोगों में लाज-लज्जा का भाव शायद ही रहा हो, हाँ, गरम देशों में परिधान के इतिहास में यौन-वर्जनाओं की कुछ भूमिका अवश्य ही रही होगी, जिनका गोत्र-समाज में सख्ती से पालन होता था।

वस्त्रों का इतिहास इस बात का जीता-जागता प्रमाण है कि प्रकृति हमारे सम्मुख जो एकसमान कार्यभार प्रस्तुत करती है, उन्हें कितने नाना उपायों से पूरा करने का सिलसिला

चलता रहा। इतिहासकार और पुरातत्त्वविद् वस्त्र को करीब 40 हजार साल पुराना मानते हैं। हिमयुग आरम्भ होने के पहले लोगों का परिधान क्या था, इसका अनुमान हम अफ्रीका, ऑस्ट्रेलिया और दक्षिणी अमेरिका के सर्वाधिक पिछड़े कबीलों की वेशभूषा का अध्ययन करके लगा सकते हैं। नृजातिविज्ञानी सभी वस्त्रों को दो भागों में बाँटते हैं—सिले हुए और अनसिले वस्त्र। वे वस्त्र, जिन्हें बनाते समय कपड़े के अलग-अलग टुकड़े या एक ही कपड़े के सिरे सूई-धागे की मदद से मजबूती से जोड़ दिए जाते हैं, तथा वे वस्त्र, जो उन्हें पहननेवाले के शरीर पर इसलिए टिके रहते हैं कि वह उन्हें धारण करना जानता है, कभी उन्हें थामे रहता है या फिर बकसुए, आदि से उनके सिरों को जोड़ लेता है। अनेक वस्त्रों का वह योग, जिसे आधुनिक वेशभूषा कहा जाता है, काफी तेजी से बदलता रहता है। इन परिवर्तनों के कई कारण हो सकते हैं, जिनमें सामाजिक कारण भी आते हैं।

22.5 विभिन्न चरण

वस्त्रों की शृंगार-रूपता किसी काल विशेष या वर्ग विशेष के लिए नहीं रही है। वस्त्रों का शृंगार सभी युगों में बिना किसी भेदभाव के स्त्री-पुरुष, बालक, युवक, अपने सामर्थ्य के अनुसार करते रहे और अपने को आकर्षित बनाते रहे हैं। सिन्धुकाल में पुरुषों के काल में उत्तरीय प्रमुख था। यह सूती वस्त्र वक्षस्थल ढँकते हुए बाएँ कन्धे पर डाल दी जाती थी। शरीर के ऊपरी भाग को ढँकने के लिए स्त्रियाँ उत्तरीय का प्रयोग करती थीं। सिन्धुशैली के वस्त्र वैदिककाल में प्रचलित रहा। इसे बनाने के लिए चर्म, ऊन तथा सूत का प्रयोग किया जाता था। वैदिककाल के अन्तिम चरण में स्त्रियाँ चादर जैसे वस्त्र से पूरा शरीर ढँकने लगीं। कमर से नीचे धोती जैसा वस्त्र धारण करने का उल्लेख *महाभारत* में मिलता है। कम्बल का प्रयोग होने लगा। प्राक्मौर्यकाल में कपास, कौषेय, क्षौम, साण (सन्), भांगिक, फलकचीर, वल्कल और तृण से बने वस्त्र प्रमुख थे। बुनकर का पेशा विकसित था। काशी में कसीदे का काम होता था। बौद्धभिक्षु पीले रंग में रँगे तीन वस्त्र (तिचीवर) धारण करते थे। इन तीनों को संयुक्त रूप से चीवर कहते थे। मौर्यकाल में राजकीय कर्मशाला में बुनकरों द्वारा वस्त्र तैयार किए जाने लगे। इस समय भिन्न-भिन्न प्रकार से अलंकृत वस्त्रों को धारण कर सौन्दर्य में वृद्धि करने की परम्परा विकसित हुई। धोती और साड़ी इस समय से अतिलोकप्रिय परिधान बन गया।

मौर्यकाल के पतन के पश्चात् पुष्यमित्र शुंग ने शुंग राजवंश की स्थापना की। परिधानशैली के अध्ययन के लिए पतंजलि द्वारा लिखित *महाभाष्य* काफी उपयोगी है। मौर्यकाल के समान शुंगकाल में भी सूक्ष्म वस्त्र बनाने की कला चरम उन्नति पर थी। मथुरा के वेदिका स्तम्भों की आकृतियों में बारीक वस्त्र धारण करने के उदाहरण देखे जा सकते हैं। वल्कल तथा पर्ण वस्त्रों का प्रचलन इस युग में तपस्वियों और उनकी स्त्रियों में प्रचलित थे। भरहुत स्तूप पर उत्कीर्ण आकृतियों में भूर्जपत्र का घाघरा जैसा वस्त्र धारण किए तपस्वियों की आकृतियाँ स्पष्ट हैं। घाघरा घुटने से कुछ नीचे तक लटका है।

सामान्य लोग शरीर पर दो वस्त्र धारण करते थे—अन्तरीय और उत्तरीय। उत्तरीय छोटा एवं अन्तरीय बड़ा होता था। आधुनिक धोती जैसी अन्तरीय और चादर के समान उत्तरीय होता था। शुंगकाल में नवीन परिधान का प्रयोग होने लगा। *महाभाष्य* में **शाटक** की चर्चा है।

यह धोती के समान बिना सिला हुआ वस्त्र होता था। यह पुरुषों का वस्त्र होता जो पैरों तक पहना जाता था। **प्रावारक** नामक वस्त्र का प्रयोग उत्तरीय के रूप में होता था। **बृहत्तिका** नामक वस्त्र कन्धों पर ओढ़ा जाता था। यह प्रावारक से बड़ा वस्त्र होता था जो कमर के नीचे घुटनों तक पहुँचता था। **कुतप** हलका ऊनी कम्बल या चादर था। यह नेपाली ऊन से तैयार किया जाता था।

इस काल में वस्त्रों की रँगाई नीले, मजिष्ठा, शकल, कर्दम, काषाय, हरिद्रा, पीत आदि रंगों में होती थी। **शकल** काले रंग का होता था। इसका प्रचलन काफी था। उच्च सुसंस्कृत लोग प्रायः शुक्ल रंग के वस्त्र धारण करते थे। गर्म वस्त्र प्रायः लाल में रँगे जाते थे। सिले हुए वस्त्र धारण करने की भी परम्परा थी। भरहुत की मूर्तियों में कोट के समान वस्त्र दिखाई देते हैं। वृक्ष की पूजा करते राजा के अनुचर को पूरी आस्तीन का कोट धारण किए दिखाया गया है। एक द्वारपाल आकृति को पूरी आस्तीन का आधी जाँघ तक पहुँचता कोट पहने उत्कीर्ण किया गया है। आग में पकाई हुई एक मूर्ति भीटा से मिली है। यह एक पुरुष का है जो पूरे आस्तीन का कोट पहने है। यह कोट सामने से खुला है और उसमें बाँधने के लिए डोरी लगी है।

कंचुक पहनने की प्रथा थी। साँची के स्तूप संख्या-2 पर सिंह से युद्धरत सैनिक आधे आस्तीन का घुटनों तक पहुँचता कंचुक पहने है। यह कंचुक कमर पर कमरबन्ध से बँधा रहता था। चुन्नटदार कंचुक का भी प्रचलन था। कौशाम्बी से प्राप्त एक मृण्मूर्ति में यक्ष-आकृति को ढीला कंचुक पहने दिखाया गया है। साँची स्तूप की आकृतियों में पदाति सैनिकों को कमरबन्ध से बँधी जंघिका पहने दिखाया गया है।

वस्त्रों को कढ़ाई द्वारा अलंकृत करने का प्रचलन था। मथुरा कला में दीपवाहक की आकृति को एक लम्बा और अलंकृत कोट पहने दिखाया गया है। इस कोट पर पुष्प एवं पंखुड़ियों के नमूने बने हैं और इसका किनारा भी अलंकृत है। मथुरा से मिली कुषाण शासक विमकडफाइसिस की मूर्ति में भी कोट पर ऐसे ही नमूने बने हैं। वाराणसी में सुरक्षित एक स्वर्ण दम्पती फलक है। इस फलक पर पुरुष आकृति की धोती अत्यन्त अलंकृत है। ऐसा प्रतीत होता है कि वस्त्र को उभरी हुई कढ़ाई द्वारा अलंकृत करके उस पर रत्न भी जड़े गए हैं, जो मध्य में उभरे हुए दिखाई देते हैं।

भरहुत और साँची स्तूपों में पुरुषों को धोती पहने हुए दिखाया गया है। धोती का एक छोर कमर में लपेट लिया जाता था और लाँग पीछे की ओर खोंस ली जाती थी। धोती घुटनों के कुछ नीचे पैरों के मध्य भाग तक लम्बी होती थी। धोती के साथ पुरुष दुपट्टा, कमरबन्ध, पटका और उष्णीय भी धारण करते थे। इनके अतिरिक्त सिले वस्त्र, कोट, घाघरा तथा उपानह भी पहने जाते थे। पुरुष कामदार उष्णीय, घुटनों के नीचे लटकती किन्तु पैरों से चिपकी धोती, दोनों छोर लटकते फन्देदार कमरबन्ध, सम्भवतः पट्टियों पर सिली हुई गुरियों से बना पटका और बाएँ कन्धे पर पड़ा दुपट्टा जिसका एक छोर पीछे लटका रहता, पहने दिखाया गया है। थोड़ा-बहुत अन्तर के साथ ये वस्त्र सातवाहन काल में भी प्रचलित थे। गर्म प्रदेश होने के कारण सातवाहन लोगों की रुचि हलके और सादे वस्त्रों की ओर ज्यादा थी।

धोती पहनने की दूसरी शैली **सकच्छ** कहलाती थी। इसमें पीछे की ओर चूननदार लाँग खोंसी जाती थी। कुछ परिवर्तन के साथ यह शैली बाद में भी प्रचलित रही किन्तु धोती की

लम्बाई कम हो गई और यह केवल घुटनों के नीचे तक ही आती थी। साथ ही इसका सामने का भाग कोणयुक्त या लम्बा रूप लेने लगा। धोती के दोनों सिरे पीछे से आगे लाकर कुछ इस प्रकार खोंसे थे कि पायजामे का स्वरूप बन जाता था। उत्तरीय धारण करने की कई शैलियाँ प्रचलित थीं। पहली शैली में उत्तरीय को वक्ष पर बाँधते थे जिसके छोर बाईं जाँघ को छूते थे। दूसरी शैली में उत्तरीय बाएँ कन्धे पर फन्देदार रूप में पड़ा रहता था। पवाया (मध्य प्रदेश) से मिली मणिभद्र यक्ष की आकृति में इस शैली का उत्तरीय देखा जा सकता है। तीसरी शैली में उत्तरीय तिरछे आकार में वक्ष पर से होता हुआ जाता था जिसका एक छोर बाएँ कन्धे पर डाल दिया जाता था। कभी-कभी कन्धे पर यह एक साधारण वस्त्र के समान पड़ा रहता था और कभी इसे समेटकर कन्धे पर रख लिया जाता था। चौथे प्रकार में उत्तरीय का एक सिरा पीछे की ओर और दूसरा सामने की ओर रखने का प्रचलन था। पाँचवें प्रकार में उत्तरीय के दोनों सिरे बाँहों के नीचे से सामने लाकर पुनः वक्ष के ऊपर से ले जाते हुए कन्धे के ऊपर से पीछे की ओर डाल दिए जाते थे। इसी शैली के दूसरे प्रकार में उत्तरीय को सामने लाकर उससे क्रास बनाते हुए कन्धों पर से उसे पीछे की ओर फेंक दिया जाता था। इसी प्रकार दाहिना छोर पीछे डाल दिया जाता था और बायाँ सामने रहता था। इसमें दोनों छोर बाँहों को ढँकते हुए सामने की ओर रहते थे। अन्य शैली में बाएँ छोर से बाईं बाँह ढँकी रहती किन्तु दाहिना छोर दाहिने बाँह से होता हुआ सामने की ओर लटका रहता था। पुनः, पीछे से होते हुए उत्तरीय के दोनों सिरे आगे की ओर रहते थे और इसका बायाँ छोर बायाँ कन्धा ढँकते हुए आगे रहता था तथा दाहिना हवा में लहराता रहता था, जो प्रसन्नता का सूचक था। आठवीं शैली में वक्ष को ढँकते हुए दोनों छोर कन्धे पर से पीछे की ओर रहते थे। एक अन्य शैली में बाँहों के नीचे से आगे लाकर दाहिना छोर दाहिने कन्धे के ऊपर से नीचे लटकता रहता था जबकि बायाँ वक्ष से होता हुआ दाहिने कन्धे पर उसी के साथ लटकता था। दसवीं शैली में कटि पर एक फन्दे के रूप में बाँधकर उत्तरीय का छोर लटकता रहता था। एक छोर हाथ में पकड़ने का भी प्रचलन था। ब्राह्मण और साधु लोग जो उत्तरीय धारण करते उससे बायाँ कन्धा और वक्ष ढँका रहता किन्तु वक्ष का दाहिना भाग खुला ही रहता था।

पुरुषों द्वारा विभिन्न शैलियों में सिर पर पगड़ी बाँधे जाते थे। भरहुत, साँची एवं बोधगया की मूर्तियों में ये शैलियाँ द्रष्टव्य हैं। पगड़ी कभी दाहिनी ओर, कभी बाईं ओर तथा कभी-कभी दोनों ओर गोल आकार उठा रहता था। एक शैली में केशों को सिर पर जूड़े के रूप में बाँधकर इसके चारों ओर कपड़े के छोटे टुकड़ों को लपेट दिया जाता था। सिर की सुन्दरता के लिए उसे विभिन्न रूपों में अलंकृत भी किया जाता था। राजाओं एवं उच्च वर्ग के अन्य लोगों की पगड़ी मोती की लड़ियों आदि से अलंकृत किए जाते थे। साँची की कुछ मूर्तियाँ टोपी जैसी शिरोभूषा भी पहने दिखाई गई हैं। सम्भव है शकों के साथ सम्पर्क में आने के कारण ऐसी शिरोभूषा भारत में आई हो। यह शिरोभूषा विभिन्न प्रकार की कुलाहनुमा, चौकस, गोल किनारेवाली तथा नीचे बालोंवाली तुर्की टोपी के समान होती थी। पुरुषों में प्रचलित कमरबन्ध कपड़े का एक टुकड़ा होता जिसे विभिन्न प्रकार के नमूनों से अलंकृत किया जाता था। कमरबन्ध के कई प्रकार प्रचलित थे; उदाहरणार्थ, बँटी हुई रस्सियों से बना तथा फन्देदार एवं पट्टी से बना। भिक्षुओं का कमरबन्ध एक ही प्रकार का होता था। भरहुत तथा साँची की

मूर्तियों में ब्राह्मणों तथा साधुओं में कौपीन पहनने का प्रचलन भी दिखाई देता है। इसके साथ ही ये आकृतियाँ घाघरे के समान बिना सिला हुआ वस्त्र भी पहने हैं।

स्त्रियों के वस्त्र में साड़ी तथा उत्तरीय प्रमुख थे। सामान्य स्त्रियाँ घुटनों तक पहुँचती चुन्नटदार साड़ी पहनती थीं। साड़ी कमर पर भारी मेखला और कमरबन्ध से बँधी होती थी। कमरबन्ध के फूँदनेदार किनारे एक ओर लटकते रहते थे। स्त्रियाँ कमरबन्ध से खोंसे हुए पटके भी धारण करती थीं जो साधारणतः लहरियादार और विभिन्न नमूनों से अलंकृत होता था। भारी पटके गोल दाने पिरोकर भी बनाए जाते थे। साँची की स्त्री मूर्तियों में साड़ियों के दो प्रकार दिखाए गए हैं। एक में साड़ी घुटनों तक पहुँचती है जिसकी चुन्नटदार लाँग पीछे की ओर खोंसी हुई है और दूसरे में साड़ी का एक भाग कमर में लपेटकर चुन्नटदार लाँग पीछे खोंस ली जाती थी। साड़ी पहनने की दूसरी शैली आधुनिक साड़ी पहनने की शैली से मिलती हुई थी। आज भी सकच्छ साड़ी मध्य प्रदेश और महाराष्ट्र में प्रचलित है। कुछ उदाहरणों में चुन्नट बगल में भी खोंस दी गई है।

स्त्रियों के शरीर का ऊपरी भाग प्रायः अनावृत्त ही रहता था किन्तु कुछ उदाहरणों में कामदार उत्तरीय भी दिखाई देता है। भरहुत की यक्षी चन्दा को कामदार उत्तरीय ओढ़े दिखाया गया है। इसी प्रकार कौशाम्बी की स्त्री आकृतियों को उत्तरीय से अपना सिर ढँके हुए बनाया गया है। उत्तरीय अलंकृत और विभिन्न प्रकार के होते थे जैसे, दोहरे किनारेवाले, दो तहोंवाले, नुकीले और घोघी के आकारवाले।

साध्वियों द्वारा अटपटी पगड़ी धारण किया जाता था। यह साफे के समान होता था। स्त्रियों द्वारा सिर पर चिपकी गोल टोपी भी पहनने का प्रचलन था। एक उदाहरण में लटकनदार झालर लगी दिखाई गई है। कुछ बुनी हुई अथवा कढ़ी हुई अलंकृत टोपियाँ भी प्राप्त हुई हैं।

भरहुत एवं साँची स्तूपों की यक्षी आकृतियाँ शुंगकालीन स्त्रियों के वस्त्रों का ज्ञान प्राप्त करने में अत्यन्त सहायक हैं। यक्षी चन्दा के वस्त्रों से शुंगकालीन सम्भ्रान्त नारी के वस्त्रों का परिचय मिलता है। यक्षी चन्दा की धोती घुटने के नीचे तक लम्बी है जो कमर पर सतलड़ी मेखला से कसी है। यक्षी का कमरबन्ध फूलों और पंजकों से अलंकृत है। इसके किनारों पर दानेदार बेल बनी है। इसका पटका लहरियादार है। यक्षी के शरीर का ऊपरी भाग खुला है पर दाहिने सीना के नीचे की धारियाँ सम्भवतः पारदर्शी उत्तरीय का संकेत देती है। यक्षी का सिर पतले उत्तरीय से ढँका है जिसके दोनों छोर एक-दूसरे को पार करते हुए हैं। भरहुत की कुछ अन्य आकृतियों में भी सिर पतले वस्त्र से ढँके दिखाई देते हैं। यक्षी के उत्तरीय के किनारे चौड़े हैं जिन पर चौफुलिया और सहरेसा की बेलें बनी हैं।

पूर्वकाल की भाँति इस समय भी उपानह का प्रचलन था। लकड़ी के उपानह में छिद्र होते थे। आधुनिक चप्पल के पट्टों के समान मूँज की रस्सी उन छिद्रों में इस प्रकार पिरो दी जाती थी कि वह पाँव को सँभाल सके। कच्चे चर्म से बने उपानह में कोमलता लाने के लिए तिल का कल्क (तेल के नीचे जमा मैल) लगाया जाता था। इस काल में प्रचलित उपानह के कई प्रकार थे, यथा—घुटने तक लम्बे उपानह (इसमें ऊपर बेल बनी रहती थी) और लम्बे तथा समतल पट्टियों से अलंकृत उपानह। कुछ उपानह का अग्रभाग नुकीला भी होता था। साँची की मूर्तियों में केवल विदेशियों को ही लम्बा उपानह पहने दिखाया गया है। कहीं-कहीं यह यूनानी चप्पल का रूप ग्रहण कर लेता है। भरहुत और साँची की आकृतियों में उपानह की

अनुपस्थिति सम्भवतः आज के समान ही उस समय भी पूजा-स्थल पर उपानह के वर्जित होने का कारण था। साँची में केवल एक उदाहरण में भिक्षु को उपानह पहने दिखाया गया है।

22.6 भौगोलिक परिवेश

इस तरह भारतीय परिधान-शैली में कालक्रमानुसार बदलाव होता गया। भारतीय संस्कृति के बदलते हुए परिवेश का यह महत्त्वपूर्ण अंग रहा। कुषाणकाल में रेशमी वस्त्रों की लोकप्रियता ज्यादा बढ़ गई। चुस्त पायजामा और शेरवानी के समान लम्बा कोट का प्रचलन बढ़ा। गुप्तकाल में स्त्रियों के बीच आधुनिक बाँहवाले ब्लाउज लोकप्रिय हो गए। छठी शताब्दी के बाद धोती और साड़ी के अन्दर जाँघिए के समान वस्त्र धारण किया जाने लगा। तड़क-भड़क वाले परिधानों का प्रचलन बढ़ा। गाँव और शहरों के परिधानों में व्यापक अन्तर दिखाई देने लगे।

परिधान जलवायु से प्रभावित होता था। ठंडी जलवायुवाले स्थानों पर रहनेवाले व्यक्तियों के परिधान गर्म जलवायुवाले स्थान के व्यक्तियों के परिधान से भिन्न होते थे। वस्त्रों तथा परिधानों के स्वरूप पर निर्माण-सामग्रियाँ तथा स्थानीय रूप से उपलब्ध उपकरण प्रभाव छोड़ते थे। वर्ग एवं पेशा के अनुसार परिधान अलग-अलग होते थे। परिधान तत्कालीन परम्परा एवं संस्कृति के मापदंड थे। तत्कालीन समाज में पाई गई आर्थिक विभिन्नता की पहचान परिधानों से की जा सकती है। तत्कालीन विज्ञान एवं तकनीक के अध्ययन के लिए परिधान को आधार बनाया जा सकता है।

23

प्राचीन और आधुनिककाल के बीच निरन्तरता

(आधुनिक भारत के निर्माण में प्राचीनकाल का योगदान)

23.1 पृष्ठभूमि

जब कोई अपने अतीत, अपने इतिहास से सम्बन्ध तोड़ लेता तो उसका व्यक्तित्व साधारण हो जाता है। भारत में वह सब जो आज निर्मित हुआ है सदा मानव-इतिहास के बीते चरण का आवश्यक परिणाम रहा है। प्राचीनकाल ने भारत का भविष्य निर्धारित किया। विश्व-संस्कृति में प्राचीन भारतीयों द्वारा किए गए योगदान का विशेष महत्त्व रहा है। प्राचीन भारत की प्रत्येक शताब्दी अद्वितीय है। प्राचीन भारतीयों ने इस धरती पर जितने अनमोल रत्न बनाए वे सभी अमर हैं—वास्तुकला, मूर्तिकला या चित्रकला के स्मारक हों अथवा हमें विमुग्ध करनेवाले नृत्य अथवा साड़ियाँ। *महाभारत* और *रामायण* की महिमा अपार है। नैतिकता, सौन्दर्य भावना, राजनीतिक विचार, उदात्त आत्मिकता तथा मन और बुद्धि के लिए प्राचीन भारत का योगदान अतुलनीय है।

आधुनिक श्रम के औजार से लेकर घर-गृहस्थी की वस्तुओं तक, भौतिकी और गणित से लेकर ज्योतिष विद्या तक, रीति-रिवाजों और रहन-सहन के ढंग से लेकर विज्ञान, कला, धर्म, अनीश्वरवाद, नैतिकता और दर्शन—इन सब आधुनिक तथ्यों और अवधारणाओं के डोर प्राचीनकाल से बँधे हैं। अधिकांश बच्चों के नाम प्राचीन देवी-देवताओं के नाम पर रखने की परम्परा आज जीवित है। भारत की सृजनात्मक सम्भावनाएँ दिन-प्रतिदिन बढ़ रही हैं। मानव के संसार दो हैं—एक ने मानव को रचा है और दूसरे को रचता आया है मानव। आधुनिक लोगों के प्राचीन पूर्वज एक-दूसरे का सहारा लेकर ही, पहले आदिम यूथ में और फिर गोत्र एवं कबीले में संगठित होकर ही अपना अस्तित्व बनाए रखने में सफल रहे। प्राचीन भारत का आधुनिक भारत में बदलाव का इतिहास महत्त्वपूर्ण ज्ञान का एक रोचक क्षेत्र ही नहीं, बल्कि विचारों के उग्र संघर्ष का अखाड़ा भी है। इस बदलाव का सर्वाधिक महत्त्वपूर्ण कारण था—श्रम। रसोईघर में गैस के चूल्हे पर जलती आग प्राचीन युग के अलाव की लौ की सीधी वंशज है। टेलीविजन कोई 70 साल पुराना है। यदि कोई वर्तमान को समझना चाहता है तो उसे पहले अतीत को समझना होगा, जो इस वर्तमान को पोषित करता है। निस्सन्देह, आज हम अपने पूर्वजों से अधिक जानते हैं और उनसे कहीं अधिक तरह के काम कर सकते हैं।

इसका प्रथम कारण यह है कि हमसे पहले ऐतिहासिक उपलब्धियों का जो भवन निर्मित हो चुका है, उसमें हम नई-नई मंजिलें जोड़ते जाते हैं।

23.2 सिन्धुकाल

हाथ से चलनेवाली चक्की ने भाप से चलनेवाली चक्की को जन्म दिया। भारत में 5 हजार वर्ष से भी अधिक समय से जौ और गेहूँ, दालों और धान की खेती हो रही है। ताड़वृक्ष यहाँ प्राचीनकाल से उगाए जाते रहे हैं। ऐसे समाज को, जिसमें कृषि का विकास हो गया हो, नगर बन गए हों, लिपि विकसित हो चुकी हो, विशाल भवन बनाए जाते हों, इतिहासकार **सभ्यता** कहते हैं। सैन्धव सभ्यता के दौरान प्रचलित पीपल वृक्ष एवं शिव की पूजा और तौलने का बाट—सेर, आधा सेर, पाव और छँटाक; शिलाजीत का औषधि के रूप में प्रयोग, भवन-निर्माण में ईंट का प्रयोग, लकड़ी का एक पल्लेवाला दरवाजा, घर में स्नानघर, शौचालय और रसोईघर का पाया जाना, सूती वस्त्र का निर्माण, आभूषणों के डिजाइन, कीमती पत्थर आदि—इन सबसे आधुनिक भारत के लोग पूर्ण परिचित हैं। आधुनिक नगर बैंगलूर और चंडीगढ़ की प्रसिद्धि का महत्त्वपूर्ण कारण है कि इनका निर्माण योजनाबद्ध तरीके से किया गया है। नगर-योजना की प्रथम जानकारी सैन्धवकाल से होने लगती है। सिन्धुकाल में चाक पर बर्तन बनाए जाते थे; आज भी मिट्टी के बर्तन चाक पर बनाए जाते हैं। कुत्ता स्वामीभक्त जानवर होता है—इसे आधुनिककाल ने सिन्धुकाल से सीखा। मांस भक्षण की प्रागैतिहासिक परम्परा आज भी जीवित है। सिन्धु चिमटा और हथौड़ा तथा कुदाल के आकार-प्रकार में आज थोड़ा ही बदलाव हो सका है। कबीलाई समाज का प्रमुख आयुध धनुष था जिसका महत्त्व आज घट गया है किन्तु धनुष से हम अपरिचित नहीं हैं। यही स्थिति चाकू (कटार), बर्छी और भाले की है। सिन्धु लोगों से हमने तावीज धारण करना सीखा। इसका कारण प्रेतात्माओं से रक्षा करना था और इस अन्धविश्वास से आज का समाज प्रभावित है। आग पर भोजन और मांस पकाने की प्रथा प्राचीनकाल से आ रही है। कुम्हार का चक्का, जुलाहे का करघा और बोझ उठाने के लिए बेलन-चरखे की खोज—यह सब आधुनिक मशीनीकरण का प्रारम्भिक रूप ही तो था। सिन्धुवासी जान चुके थे कि सूर्य से पृथ्वी को ऊर्जा मिलती है।

सारी मानवजाति की एकता को बनाए रखने का सर्वाधिक प्राचीन एवं सशक्त कारक व्यापार रहा है। व्यापार ही हमें प्रायः वे सब चीजें दिलाता है, जिनका हम अपने जीवन में उपभोग करते हैं—खाद्य पदार्थों, वस्त्रों, जूतों, फर्नीचर से लेकर पुस्तकों और टेलीविजन एवं मोबाइल तक। व्यापार ने ही खेतों, फार्मों, बागों, मिलों, कारखानों, मुद्रणालयों से हम सब तक असंख्य सूत्र फैलाए हैं। सिन्धुकाल में सबसे पहले मिस्र, मेसोपोटामिया आदि देशों से व्यापारिक सम्बन्ध कायम हुए। पुराने जमाने में सुमेर में प्राचीन भारतीयों की कोठियाँ थीं। सिन्धुकाल में हमारे पूर्वज व्यापारी जहाजों पर अरब देशों और पूर्वी अफ्रीका तक जाते थे। इन इलाकों से आधुनिक भारत के सम्बन्ध कायम हैं। व्यापार से खुशहाली आती और सांस्कृतिक प्रभाव फैलता है। सिन्धुवासियों ने कमरे में खिड़की का प्रयोग करना और शतरंज खेलना हमें सिखाया।

स्थापत्य अपनी भाषा में उस युग का विवरण पेश करता है, जिस युग में उसकी रचना हुई। प्रत्येक पीढ़ी अपने वंशजों के लिए भवन छोड़ जाती है। भवनों की आयु उनके निर्माताओं की आयु से सैकड़ों-हजारों साल लम्बी होती है। भवन पीढ़ियों को जोड़नेवाली कड़ी होते हैं। मोहनजोदड़ो की प्राचीन संस्कृति का अध्ययन कर रहे पुरातत्त्वविदों ने तो यह देखकर दाँतों तले उँगली दबा ली कि वहाँ के मकानों में ताजी हवा के आने और मकानों को ठंडा रखने की कितनी उत्तम व्यवस्था थी। स्थापत्य तत्कालीन समाज के सदस्यों के अनुरूप भवनों का नक्शा बनाने और उनका निर्माण करने की कला है। यह वह कला है, जिसकी कृतियाँ मनुष्य की भौतिक और आत्मिक—दोनों प्रकार की बुनियादी आवश्यकताओं की प्रत्यक्ष पूर्ति करती है। स्थापत्य वह कला है, जो प्रत्यक्ष रूप से लोगों के जीवन को संचालित करती है। आधुनिक समाज प्राचीन स्थापत्य से प्रभावित है। आज भी बहुमंजिलें मकानों में हम सीढ़ी से एक मंजिल से दूसरी पर जाते हैं, यह सीढ़ी वहीं पर बनी होती है, जहाँ वास्तुकार ने उसके लिए स्थान निर्धारित किया; अपने फ्लैट में हम वहीं पर खाना पकाते हैं, जहाँ वास्तुकार ने रसोईघर बनाया। 70 प्रतिशत के आसपास ताँबा और करीब 30 प्रतिशत टीन मिलाकर काँसा बनाने की तकनीक हमने सिन्धु लोगों से सीखी। ढलाई-तकनीक इसी समय विकसित हो चुकी थी।

आधुनिक शहर की सफाई उसी स्थिति में सम्भव है जब नाली व्यवस्था विकसित हो। इसका पाठ हमें प्राचीनकाल ने पढ़ाया। पुरातत्त्वविद् इस बात में एकमत हैं कि नालियों की सिन्धुकालीन प्रणाली अब तक की ज्ञात सभी सेनिटरी व्यवस्थाओं में सर्वश्रेष्ठ है। सिन्धु-मकानों में कूड़ा-करकट पेटियाँ होतीं। यह व्यवस्था आधुनिक मकानों में सब जगह नहीं पाई जाती। आधुनिक सूई-धागा सिन्धुकाल की देन है।

23.3 वैदिककाल

स्त्री-पुरुषों के नाम रखने की प्रथा हमने वैदिक आर्यों से सीखी। कफ और बुखार को दूर करने के लिए जिन जड़ी-बूटियों का प्रयोग वैदिक लोग करते उन्हीं जड़ी-बूटियों से आज भी इन बीमारियों का इलाज किया जाता है। वैदिक लोगों ने सूर्य, अग्नि, जल, हवा, वर्षा आदि को धार्मिक महत्त्व प्रदान किया। आधुनिक समाज में इनका धार्मिक महत्त्व आज भी उसी प्रकार बना हुआ है। आकाश के ऊपर देवी-देवताओं का निवास है—इस विश्वास का पाठ वैदिक लोगों ने हमें पढ़ाया। यज्ञ का आयोजन वैदिक लोगों ने प्रारम्भ किया। इस काल का वर्ण-विभाजन कुछ हेरफेर के साथ आज भी बरकरार है। आधुनिक शिल्पकारों एवं दस्तकारों में से अधिकांश का अस्तित्व वैदिककाल में वर्तमान था। नदियों के धार्मिक महत्त्व की आधुनिक परम्परा वैदिककाल से प्रारम्भ हुई। मादा-पशु में गाय का दूध सबसे उपयोगी होने की जानकारी वैदिक आर्यों से मिली। आधुनिक कृषकों ने बैलों की मदद से खेत जोतना वैदिक कृषिकों से सीखा। जादू और तन्त्र-मन्त्र तथा वैदिक विवाह पद्धति आज परिपक्व रूप में वर्तमान है।

दर्पण का प्रयोग हमने सिन्धुवासियों से जाना। इत्र बनाने की तकनीक और प्रयोग करने की विधि वैदिक लोगों में सबसे पहले प्रचलित थी। सिन्धु-वैदिककाल में आँखों में अंजन

लगाए जाते थे। चन्दन, लोहवान, गोंद और कर्पूर का प्रयोग वैदिक आर्य करते थे। ऊनी वस्त्र सिन्धु-वैदिककाल में भेड़ के बाल से बनाए जाते थे। धोती पहनना और पगड़ी बाँधना हमने आर्यों से सीखा। कर्णफूल, कंगन, हँसुली, हार, अँगूठी, कई लड़ियोंवाली मेखला, पत्ती के आकार का कर्णलटकन, मुकुट, रूक्मपाश, चूड़ी आदि आभूषणों का प्रयोग सिन्धु-वैदिक लोगों द्वारा जिन डिजाइनों में किया जाता था उनमें आज भी मुश्किल से बदलाव पाते हैं। लोहा को गर्म करने के लिए लोहार चमड़ा से निर्मित धौंकनी का प्रयोग आज जो करते हैं उसकी प्रथम चर्चा *अथर्ववेद* में है। भुने हुए अनाज को पीसकर सत्तू बनाने की प्रक्रिया वैदिककाल में आरम्भ हुई। दरैंती से धान के फसल काटने की प्रक्रिया भी वैदिककाल से ही प्रारम्भ हुई। कुदाल, खुरपी, कुल्हाड़ी, संड़ासी, बालटी, यज्ञवेदी, रस निकालने के लिए कोल्हू, यन्त्रपीड़न से सरसों पेरकर तेल निकालना, जमीन खोदकर कुआँ बनाना, उलूखल, मूसल, चलनी, तालाब या पोखर से खेत की सिंचाई आदि का प्रारम्भ वैदिककाल से हुआ। वैदिक लोगों की गणना-पद्धति दशमलव प्रणाली थी। ईकाई, दहाई, सैकड़ा, हजार, 10 हजार, लाख, 10 लाख, करोड़, 10 करोड़ आदि शब्द वैदिककाल में प्रयोग किए जाते थे। आधुनिक युग इन सबसे परिचित हैं। बहुदेववाद के अलावा वैदिककालीन अंकगणित, बीजगणित, ज्यामिति, तौल, माप की निरन्तरता बनी रही। नक्षत्र और ज्योतिर्विद्या तथा 30 दिनों का एक माह जैसी अवधारणा विकसित हो चुकी थी। सिक्कों का प्रयोग खरीद-बिक्री में करने का सिलसिला प्रारम्भ हुआ। निजी भूस्वामित्व प्रणाली का विकास हुआ। भूमि के दान और क्रय की परम्परा वैदिककाल से प्रारम्भ हुई। विश्व को 3 भागों में—स्वर्ग, पृथ्वी तथा अन्तरिक्ष—विभाजन की अवधारणा विकसित हुई। उत्तर-वैदिककाल में एक गण के नेता और पांडवों के मित्र के रूप में कृष्ण का अस्तित्व है किन्तु बाद में चलकर वे विष्णु के एक अवतार, परमेश्वर और 'विश्वधारा' के रूप में माने जाने लगे और इसकी निरन्तरता आधुनिक हिन्दू धर्म में आज भी बनी हुई है।

वेदांग वैज्ञानिक ज्ञान के विकास में एक नई मंजिल के परिचायक हैं। वेदांग की संख्या छह है—शिक्षा (उच्चारण विज्ञान), व्याकरण, निरुक्त (व्युत्पत्ति विज्ञान), कल्प (अनुष्ठान), छन्द (काव्यशास्त्र) और ज्योतिष। इन्हें **षडांग** भी कहते हैं। इन्हें श्रुतिग्रन्थ भी कहते हैं। आधुनिक दर्शनशास्त्र में वेदांग के समान उपनिषदों का भी महत्त्व काफी है। उपनिषदों की सामान्य संख्या 108 बताई जाती है। इनमें से मात्र 13 को सबसे प्राचीन माना जाता है। उपनिषदों का रचनाकाल ई.पू. सातवीं और चौथी शती के बीच माना जाता है। विद्वानों का विचार है कि वृहदारण्यक और छान्दोग्य उपनिषद् की सबसे पहले रचना ई.पू. 7वीं शताब्दी के दौरान हुई थी। उपनिषदों में वर्णित कई गुरुओं का ऐतिहासिक महत्त्व है। उपनिषद एक एकीकृत शिक्षा के ढाँचे के भीतर विश्व की व्याख्या करने के प्रथम प्रयास के परिचायक हैं। उपनिषदों का सार है—'आत्मा ब्रह्म है, ब्रह्म आत्मा है।' उपनिषदों का कर्मसिद्धान्त भारतीय धर्मों का एक बुनियादी सिद्धान्त बन गया। पाणिनि का *अष्टाध्यायी* आज भी व्याकरण की दृष्टि से सराहा जाता है। तक्षशिला प्रथम विश्वविद्यालय था जहाँ कौमारभृत्य जीवक ने डॉक्टरी की शिक्षा प्राप्त की थी। नगर विकास का सर्वाधिक महत्त्वपूर्ण मापदंड होता है और यह अवधारणा पूरे विश्व में आज भी कायम है। नगर-निर्माण का नहीं खत्म होनेवाला सिलसिला बुद्ध के जमाने से प्रारम्भ हुआ। कृषि वर्षा पर पहले आधारित थी और आज भी है। कृषि-तकनीक की स्थिति भी लगभग पहले जैसी ही है।

23.4 बौद्धकाल

ई.पू. छठी शताब्दी का काल **दार्शनिक क्रान्ति** का काल कहा जाता है। इस काल का सर्वाधिक महत्त्वपूर्ण योगदान दर्शन और बेहतर लौह उपकरणों के क्षेत्र में है। लोहे के हल की मदद से उस जमीन पर भी खेती शुरू की जा सकी, जहाँ पत्थर का फाल काम नहीं देता था; लोहे की कुल्हाड़ी ने खेतों के लिए जंगल साफ करने का काम आसान बनाया। लौह उपकरणों की उच्च उत्पादनशीलता से सामाजिक विकास की गति भी अनिवार्यतः तीव्र हुई। पक्षी फाँसने के लिए लाल घोड़े के पूँछ से जाल बनाने का आविष्कार इसी समय हुआ। बौद्ध धर्म के कारण भारत को विश्व स्तर पर ख्याति मिली। जैन धर्म और बौद्ध धर्म के उपदेशक महावीर जैन और गौतम बुद्ध आज भी जीवित हैं। चिकित्सा विज्ञान के क्षेत्र में बुद्ध और बिम्बिसार का समकालीन कौमारभृत्य जीवक के योगदान से आधुनिक चिकित्सा विज्ञान प्रभावित है। जिन जनपदों और नगरराज्यों का उदय और विकास हुआ उनमें से कई का प्रत्यक्ष या अप्रत्यक्ष अस्तित्व आज भी कायम है। इसी शताब्दी ने पूरी दुनिया को प्रजातन्त्र का पाठ पढ़ाया। जिस मार्क्सवादी दर्शन को आधुनिककाल में लोकप्रियता मिली उसका बीजारोपण गौतम बुद्ध ने मध्यम मार्ग दर्शन के माध्यम से हजारों वर्ष पूर्व ही कर दिया था। कष्टपूर्ण और विलासपूर्ण जीवन का त्याग का आदर्श आज भी सर्वाधिक स्वीकृत आदर्श है। बुद्ध ने लोगों की समानता का विचार प्रस्तुत किया। गंगा नदी के किनारे नगरीकरण का द्वितीय चरण फला-फूला। इसके फलस्वरूप इस क्षेत्र में जो भी विकास कार्य हुए वह आज भी किसी-न-किसी रूप में देखा जा सकता है। पालि और प्राकृत के कई शब्द आधुनिक हिन्दी में स्थान पाए। भोजपुरी में पालि के कई शब्द मिलते हैं। इस समय से सिक्के ढालकर बनाए जाने लगे। शीतज्वर, सिरोरोग, नेत्ररोग, दादरोग, वातरोग, गठिया, पांडुरोग आदि जिन बीमारियों से लोग बौद्धकाल में पीड़ित थे उनकी उपस्थिति आधुनिककाल में देखा जा सकता है। इस काल में वैसी दाई, नर्स या परिचायक को योग्य माना जाता था जो औषध को ठीक से बनाने में निपुण, अनुकूल और प्रतिकूल के भेद को समझनेवाला, रोगी का मल-मूत्र, कफ एवं वमन उठाने में घृणा नहीं करनेवाला, रोगी को कहानियाँ सुनाकर मन बहलानेवाला और रोग को सहने का साहस बँधाते रहनेवाला होता था। पेशेवर चिकित्सक उत्तर-वैदिककाल से पाए जाने लगे। इन्हें **भिषज** कहते थे। नर्सों की परम्परा आधुनिककाल में बनी हुई है। आजीवक दर्शन एक अरूढ़िवादी मत था जिसका जन्मदाता गोशाल मक्खलिपुत्र महावीर जैन का समकालीन था। वह आत्मा के अस्तित्व को नहीं स्वीकारता था। ई.पू. छठी शताब्दी के दौरान महान भारतीय दार्शनिकों ने जीवन के अर्थ की, न्याय और सुख की ओर मानवजाति के पथ की खोज की। उन्होंने तर्कशास्त्र रूपी औजार बनाया, जो तब से विज्ञान की सेवा कर रहा है। विद्या और विद्वानों का समाज में शीर्षस्थ स्थान मिलने की शुरुआत हुई। राजा-महाराजा मूर्धन्य दार्शनिकों और विद्वानों के सम्मुख श्रद्धापूर्वक शीश नवाते थे, उन्हें अपना संरक्षण प्रदान करते तथा राजदरबार में उन्हें उच्च पद प्रदान करते थे। त्रिदेव (ब्रह्मा, शिव और विष्णु) की अवधारणा विकसित हुई।

23.5 मौर्यकाल

मौर्यकाल में भारत का प्रथम राजनीतिक मानचित्र जो तैयार हुआ उसका महत्त्व थोड़ा-बहुत अदल-बदल के साथ आज भी बना हुआ है। केन्द्रीय और प्रान्तीय प्रशासन की जानकारी इसी

समय से होती है। खनिज पदार्थों पर इसी समय से सरकारी नियन्त्रण स्थापित हुआ। इसी समय अन्तर्देशीय मानचित्र पर पाटलिपुत्र को एक महत्त्वपूर्ण स्थान प्राप्त हुआ। योग्यता एवं प्रतियोगी परीक्षाओं के आधार पर अधिकारियों की नियुक्ति की परम्परा विकसित हुई। कौटिल्य द्वारा रचित *अर्थशास्त्र* आज भी विश्व का एक प्रतिष्ठित कुटनीतिशास्त्र है। बौद्ध धर्म इसी काल में विश्व धर्म हुआ। इस काल में निर्मित स्तम्भ एवं स्तूप आज भी प्रमुख राष्ट्रीय धरोहर हैं। संस्कृति एवं परम्परा को अमरता प्रदान करने में मौर्यकाल सबसे आगे है। अच्छे किस्म का लोहा तैयार करने का तकनीक विकसित हुआ। भारतीय इतिहास की जानकारी जिन विदेशी यात्रियों के **यात्रा विवरण** से होती है उनमें मेगस्थनीज प्रथम था। चन्द्रगुप्त मौर्य के काल में राजदूत बनकर वह भारत आया था। ईरान, यूनान और भारतीय संस्कृतियों का सम्मिलन और पारस्परिक आदान-प्रदान हुआ। भारतीय कला को काठ, मिट्टी, ईंट, पुआल, गोबर तथा अन्य अस्थायी सामग्रियों से बाहर निकालकर नवीन और स्थायी रूप प्रदान किया गया। अस्त्र-शस्त्र तकनीक प्रथम बार विकसित हुआ। **जामदग्न्य** एक ऐसा स्थित युद्धतन्त्र था जिसमें बीच के छेद से बड़े-बड़े गोले निकलते थे। वैदिक समाज-व्यवस्था के विपरीत मौर्यकालीन शासक गैरक्षत्रिय थे।

मौर्यकाल में सरकार की ओर से नहरों एवं नदियों पर सेतु बनाने की परम्परा विकसित हुई। इसी समय से दो घरों के बीच एक हाथ या एक फीट का फासला रखना आवश्यक और कानूनी हो गया। बाहर की ओर दरवाजा या खिड़की बनवाकर पड़ोसियों को कष्ट पहुँचाना, रास्ता रोकना, पानी निकालने का ठीक प्रबन्ध नहीं करना, पानी से दूसरे की दीवाल को नुकसान पहुँचाना, पेशाब-पैखाने की रुकावट डालना आदि दंडनीय अपराध माने जाते लगे। मदिरा बनाने की जिन चार रासायनिक विधियों का वर्णन **अर्थशास्त्र** में किया गया है उनका महत्त्व आज भी नजरअन्दाज नहीं किया जा सकता। प्रथम महिला शल्य चिकित्सक के रूप में सम्राट अशोक की रानी तिष्यरक्षिता की जानकारी मिलती है। अंगरक्षिकाओं के रूप में स्त्रियों को नियुक्त करने की प्रथा चन्द्रगुप्त मौर्य के काल से प्रारम्भ हुई। चाणक्य ने प्रथम बार कहा, 'विज्ञान मनुष्य को भयमुक्त बनाता है।' गुप्तचरी का काम करने के लिए वेश्याएँ नियुक्त की जातीं और आधुनिक गुप्तचर विभाग इसका समर्थक है। स्त्रीधन की प्रारम्भिक चर्चा *अर्थशास्त्र* में की गई। जिसे आज भी नजरअन्दाज नहीं किया जा सकता।

23.6 शुंगकाल

आधुनिक हिन्दू धर्म का स्वरूप वैदिक धर्म पर आधारित है। वैदिक धर्म का रूप कालक्रमानुसार बदलते रहे। शुंगकाल में वैदिककाल की धार्मिक प्रक्रिया नए रूप में दिखाई देने लगी। ब्राह्मण धर्म के रूप में इसकी लोकप्रियता बढ़ी। इस काल में जंगल में रहकर ज्ञान प्राप्त करनेवाले एवं शिष्यों के बीच ज्ञान वितरण करनेवाले श्रोत्रिय ब्राह्मणों का महत्त्व घटा। धर्म के साथ-साथ मौर्यकाल के अन्तिम चरण से ब्राह्मण राजनीति पर अपना प्रभाव स्थापित करने लगे। उनका यह प्रयास वैदिक धर्म-विरोधी था। ब्राह्मण पुष्यमित्र शुंग के प्रयास के ब्राह्मण धर्म में नवीन तत्त्व पाए जाने लगे। पतंजलि इस काल का प्रसिद्ध विद्वान था। उसने *महाभाष्य* की रचना की।

आधुनिक भारतीय संस्कृति को सुदृढ़ करने में शुंगकला का योगदान रहा है। इस काल में निर्मित भरहुत और साँची के बौद्ध स्तूपों की वेदिकाओं पर कला के अनेक अलंकरण, देव, मानव, पशु, पक्षी जीवन्त रूप में नक्काशे गए। भरहुत की कला शैली विनम्रता और सरलता से प्रभावित है। भरहुत का कलाकार मानव आकृति बनाने लगा। भरहुत तथा बोधगया की नक्काशियों में सूर्य, लक्ष्मी और इन्द्र तथा वृक्ष देवताओं, नागों तथा अप्सराओं एवं किन्नरों जैसे आदिवासी देवताओं को एक साथ प्रस्तुत किया गया। शुंगकाल अपनी ही जमीन से उत्पन्न हुई थी। उच्च सुसंस्कृत लोग प्रायः शुक्ल रंग के वस्त्र धारण करते थे। वस्त्रों को कढ़ाई द्वारा अलंकृत किया जाने लगा। कुछ वस्त्रों पर उभरी हुई कढ़ाई द्वारा अलंकृत करके उस पर रत्न जड़े जाते, जो मध्य में उभरे हुए दिखाई देते थे। भरहुत और साँची स्तूपों में पुरुषों को धोती पहने हुए दिखाया गया है। धोती का एक छोर कमर में लपेट लिया जाता था और लाँग पीछे की ओर खोंस ली जाती थी। धोती घुटनों के कुछ नीचे पैरों के मध्य भाग तक लम्बी होती थी। धोती के साथ पुरुष दुपट्टा, कमरबन्ध, पटका और उष्णीय भी धारण करते थे। शुंगकालीन पगड़ियाँ आधुनिक समाज में आज भी लोकप्रिय है। स्त्रियों के वस्त्र में साड़ी तथा उत्तरीय प्रमुख थे। साड़ियों के दो प्रकार थे। एक में साड़ी घुटनों तक होती जिसकी चुन्नरदार लाँग पीछे की ओर खोंसी हुई होती थी। दूसरी शैली में साड़ी पहनने की शैली आज की साड़ी से मिलती थी। स्त्रियों के शरीर का ऊपरी भाग प्रायः अनावृत्त ही रहता था। कुछ स्त्रियाँ कमर से ऊपरी भाग एवं सिर उत्तरीय से ढँकती थीं। आधुनिक कृषि का सम्बन्ध शुंगकाल से बना रहा। इसी समय से बैलों के नाथ रस्सी से नाथे जाने लगे। गड़ासी से ईंख काटे जाते थे। पक्षियों से खेत को बचाने के लिए खेतों में चंचा (घास का आदमी) खड़े किए जाते थे। सूप, चलनी, झाड़ू और धूमपान का प्रचलन प्रारम्भ हुआ। शुंगकाल में क्रिया के प्रारम्भ से समाप्ति तक के काल को **वर्तमान** कहा जाने लगा। राशि-ज्योतिष का प्रादुर्भाव हुआ। राशियों की आकृतियों की पहचान करने का दावा ज्योतिषियों ने इसी समय किया।

23.7 कुषाणकाल

स्वर्ण सिक्का एवं मूर्ति निर्माण कर कुषाणकाल ने एक नए अध्याय का प्रारम्भ किया। रेशमी वस्त्रों की लोकप्रियता बढ़ी। चुस्त पाजामा और शेरवानी के समान लम्बे कोट का प्रचलन बढ़ा। अश्वघोष ने शून्यवाद का खंडन किया। नाशपाती के आकार के कलश एवं किनारों पर हत्थों से युक्त सँकरे मुँह का गोल सुरादान बनाए जाने लगे। भारत के उत्तर-पश्चिम में जहाँ शक, यवन, ईरानी आदि विदेशी संस्कृतियों का जमघट था, एक कला शैली का विकास हुआ जिसे **गान्धार शैली कहते** हैं। इसमें ग्रीक कलावन्त की छेनी और भारतीय बौद्ध धर्म का योग था। ग्रीक दार्शनिकों के चुन्नटदार परिधान, जम्पर और सैंडिल इन मूर्तियों की विशेषताएँ हैं। शकों ने भारत में अचकन, पाजामा (सलवार), पगड़ी का प्रचार किया। कुषाणकाल में बौद्ध धर्म दो मतों में विभाजित हुआ—हीनयान और महायान। महायान (विशाल नौका) सागर तिरनेवाला महापोत था। इसमें अनन्त जीवों के निर्वाण की, बहुजन हिताय, बहुजन सुखाय कल्याण की कल्पना थी, जहाँ महायान पर चढ़कर सभी भवसागर के पार जा सकते थे। महायान ने बुद्ध की आदमकद मूर्ति का निर्माण गान्धार शैली में किया। इसके बाद ही

देवी-देवताओं की मूर्तियाँ भारत में निर्मित होने लगीं। इस काल में निर्मित नगरों का अस्तित्व आज भी वर्तमान है जिन्हें देखकर प्राचीन भारत की गौरवशाली गाथा को समझा जा सकता है। कलाविधान में प्रभामंडल (छाया मंडल) इस समय प्रारम्भ हुआ।

23.8 गुप्तकाल

प्राचीन भारत और आधुनिक भारत के बीच निरन्तरता बनाए रखने में गुप्तकाल की भूमिका भी काफी रही। आधुनिक हिन्दू धर्म की बुनियाद इसी समय पड़ी। विष्णु, शिव और दुर्गा भारत के सर्वाधिक शक्तिशाली और लोकप्रिय देवी-देवताओं का स्थान प्राप्त किए। कला में नई ताजगी आई। इसका बाह्य रूप बहुत साफ-सुथरा और कट-छँटकर निखरा। गुप्तकला में बुद्ध की समाधिस्थ मूर्तियों के उलटे कठोर अँगूठे अब मुलायम हुए। मथुरा गुप्तकला का प्रधान केन्द्र हो गया। कलाकारों ने मूर्तियों को नेत्रगोचर किया। चन्द्रगुप्त विक्रमादित्य के काल में निर्मित लोहे के कीर्तिस्तम्भ की धातु (वजन 6.25 टन और ऊँचाई 7 मीटर से अधिक) इतनी शुद्ध है कि दो हजार वर्ष तक आँधी-पानी में खड़े रहने पर भी यह जंगरहित है। कुषाणकाल से भिन्न गुप्तकालीन प्रभामंडल में अन्धकार को तीर मारते प्रकाशरश्मिजाल के रूप में कलाकारों ने अंकित किया। मन्दिर निर्माण के साथ-साथ कलात्मक सौन्दर्य के प्रचार के लिए मिट्टी के खिलौने का माध्यम अति उपयुक्त सिद्ध हुआ।

ज्योतिषविदों में गुप्तकालीन आर्यभट्ट, वराहमिहिर और ब्रह्मगुप्त के नाम अग्रिम पंक्ति के हैं। आर्यभट्ट पाटलिपुत्र का प्रसिद्ध गणितज्ञ था। उसने फलित ज्योतिष का विरोध और वैज्ञानिक ज्योतिष पर सुदृढ़ रहा। वराहमिहिर ने राहु-सिद्धान्त का विनम्रता से खंडन किया और फलित ज्योतिष में योगदान किया। ब्रह्मगुप्त ने ब्राह्मण-पुरोहित वर्ग से समझौता किया, अन्धविश्वास को रियायतें दी किन्तु गणित-ज्योतिष के क्षेत्र में उल्लेखनीय योगदान दिया। आधुनिक मन्दिरों का प्राचीनतम योजना और नक्शा गुप्तकाल से मिलने लगता है।

गुप्तकाल से धोती और साड़ी के अन्दर जाँघिए के समान वस्त्र धारण किया जाने लगा। तड़क-भड़क वाले परिधानों का प्रचलन बढ़ा। गाँव और शहरों के परिधानों में व्यापक अन्तर दिखाई देने लगा। स्त्रियों के बीच आधुनिक बाँहवाले ब्लाउज लोकप्रिय हुए। उच्चवर्गीय लोग जिस दातून से दाँत साफ करते वह औषधियों और सुगन्धित द्रव्यों से सुवासित रहता था। बड़े नख स्त्रियों में विशेष रूप से प्रिय थे। बाएँ हाथ के नखों का विशेष रूप से ध्यान रखा जाता था।

ताम्बुल पाचन क्रिया में सहायता और अधरों को लाल करता था। ताम्बुल से वाणी में मधुरिमा का संचार होता था। यह कफजन्य रोगों को दूर करता था। 64 कलाओं की अवधारणा का सूत्रपात सम्भवतः गुप्तकाल में ही हुआ।

23.9 निष्कर्ष

प्राचीन भारत के योगदान का प्रश्न हो या आधुनिककाल से इसके सम्बन्ध को स्थापित करने की बात, प्रत्येक स्थिति में प्राचीन भारत की बुनियाद पर आधुनिककाल की इमारत खड़ी है।

उन सभी प्रकार की कच्ची वस्तुएँ जिनकी मदद से आधुनिककाल की वस्तुएँ तैयार होतीं या दिखाई देतीं अथवा हम अन्तर्राष्ट्रीय स्तर पर गर्व करते अथवा हमारी मान-मर्यादा बनी हुई है—इन सबका पितामह प्राचीनकाल है। प्राचीनकाल के जंगली लोग, घुमन्तू कबीले, पशुपालक, कृषक, स्त्रियाँ, गरीब शिल्पकार एवं कामगार, दास, मजदूर और अनपढ़ वैज्ञानिकों द्वारा किए गए कठोर परिश्रम, खोज और आविष्कारकों ने ही उस पलने का निर्माण किया जिस पर आधुनिककाल झूला झूल रहा है। बेईमानी और स्वार्थ की सीढ़ी पर चढ़कर विकास का लक्ष्य प्राप्त करना सम्भव नहीं होता है। आवश्यकता की पूर्ति और समस्याओं से छुटकारा पाने के लिए सामूहिक प्रयास का पाठ प्राचीनकाल ने ही हमें सिखाया है। यह भावी पीढ़ी पर निर्भर करता है कि प्राचीनकाल के ज्ञानरूपी समुद्र से वह क्या-क्या निकाल पाता है और विश्व-विकास की मुख्यधारा में कैसे वह अपने को अग्रणी प्रमाणित कर पाता है।

आग में ईंट पकाने की तकनीक से भारत ने विश्व को परिचित कराया। शतरंज और इनडोर बैडमिंटन भारत ने विश्व को सिखाया। विश्व को शान्ति का पाठ भारत ने पढ़ाया। सूत कातनेवाली चक्की को पट्टी बाँधकर चलाने की तकनीक करीब 1280 में भारत से योरोप ने सीखा। शून्य का प्रयोग (873 ई.) भारत ने विश्व को बताया। स्त्रियों के बीच साड़ी और पुरुषों के बीच धोती का प्रयोग सबसे पहले भारत में प्रचलित हुआ। भारत में प्रजातान्त्रिक व्यवस्था विश्व की सबसे पुरानी व्यवस्था है। लोकप्रिय मसाला दालचीनी (Cinnamon) से भारत ने विश्व को परिचित कराया। सबसे पहले भारत में ही इस्पात बनाए गए। लोहा के बने तलवार, शून्य और दशमलव से हमारे पूर्वजों ने विश्व को परिचित कराया। पाणिनि ने अपनी पुस्तक *अष्टाध्यायी* में संस्कृत भाषा के नियमों को ई.पू. 450 के लगभग जिस रूप में व्यवस्थित किया उसका महत्त्व आज भी बना हुआ है। मौर्यसम्राट अशोक के मौर्यकालीन सिंह की मूर्तिवाले स्तम्भशीर्ष भारत सरकार का आज राष्ट्रीय चिह्न है।

शब्दावली

कण्ववंश : करीब 72 ई.पू. में शुंग वंश के बाद कण्ववंश ने मगध पर अपना प्रभुत्व स्थापित किया। इस वंश का संस्थापक वासुदेव नामक ब्राह्मण था। शुंग वंश के अन्तिम शासक देवभूति का वह अमात्य था। देवभूति की हत्या कर वह शासक बना और कण्ववंश की स्थापना की। कण्ववंश के 4 प्रमुख राजा थे : वासुदेव, भूमिमित्र, नारायण और सुशर्मा। इन शासकों ने करीब 45 वर्ष राज्य किया। अन्तिम शासक सुशर्मा को करीब 28 ई.पू. में आन्ध्रवंश के संस्थापक सिमुक ने मार डाला।

शक : भारत में आकर बसनेवाले जिन अभारतीय शासकों ने स्वयं को भारतीय संस्कृति में समग्र रूप से विलयित कर दिया था, उनमें शकों के क्षत्रप-वंश का नाम उल्लेखनीय है। यूनानियों के बाद और कुषाणों से पूर्व भारत के अनेक अंचलों में कई नए राजवंश का उदय हुआ। उनमें दक्षिण के पार्थव (पह्लव), पश्चिमोत्तर के क्षत्रप, मथुरा के क्षत्रप, महाराष्ट्र के क्षहरात और उज्जैन के क्षत्रपों के नाम उल्लेखनीय हैं। इन नवोदित राजवंशों में उज्जैन के क्षत्रपवंश का ऐतिहासिक, साहित्यिक और सांस्कृतिक दृष्टि से विशेष महत्त्व है। विदेश से आए शकों के इस यशस्वी राजकुल ने मध्य-पश्चिम भारत पर लगभग दो-ढाई सौ वर्षों तक शासन किया।

उज्जैन के क्षत्रपवंश का प्रथम शासक होने का श्रेय यसामोतिक के पुत्र चष्टन को है, जो कि 130 ई. में सिंहासन पर बैठा। उसी ने उज्जैन को अपनी राजधानी बनाया था। जयदामन उसका उत्तराधिकारी था। अपने पिता की भाँति वह भी युद्धों से घिरा रहा और जिसकी वजह से मौलिक तथा रचनात्मक कार्यों के निर्माण में सफल नहीं हो सका। जयदामन के बाद उसका पुत्र रुद्रदामन गद्‌दी पर बैठा।

भारत के इतिहास में रुद्रदामन का कई दृष्टि से महत्त्वपूर्ण स्थान है। इसके यशस्वी व्यक्तित्व और बल-विक्रम का वर्णन जूनागढ़ के गिरनार पर्वत पर उत्कीर्ण अभिलेख में है। संस्कृत की यह प्रथम गद्यमयी प्रशस्ति है, जिसको शक संवत् 72 (150 ई.) में अंकित किया गया है। इस अभिलेख से ज्ञात होता है कि जनता ने अपनी रक्षा के लिए सर्वदा सुयोग्य शासक के रूप में रुद्रदामन को अपना महाक्षत्रप नियुक्त किया था। रुद्रदामन ने भी जनता के विश्वासों के अनुरूप अपनी योग्यता और शक्ति का परिचय दिया। उसके पितामह चष्टन के समय सातवाहन-शासक गौतमीपुत्र सातकर्णि ने क्षत्रपों के राज्य के जिन भागों को स्वायत्त कर दिया था, रुद्रदामन ने उन पर पुनः अपना अधिकार कर लिया। उक्त अभिलेख से ज्ञात होता है कि रुद्रदामन ने **दक्षिणाधिपति** सातवाहन सातकर्णि को युद्ध में पराजित किया था। बाद में सातवाहन नरेश पुलोमावि से अपनी पुत्री का पाणिग्रहण कर उसने तत्कालीन भारत

में सर्वाधिक शक्तिशाली साम्राज्य से अपने मैत्री सम्बन्ध स्थापित करके अपनी स्थिति को और अधिक सुदृढ़ बना लिया था।

रुद्रदामन एक धार्मिक और प्रजावत्सल शासक था। प्रजा की सुख-शान्ति का उसे सदा ध्यान रहता था। उसने भारत के महान सम्राटों की शासन-प्रणाली का वरण किया था। उसके सुशासन में बेगारी (विष्टिः) पर प्रतिबन्ध लगा दिया था, ताकि प्रजा का अनावश्यक शोषण समाप्त हो। उसने सुदर्शन झील के बाँध का पुनर्निर्माण कराया था। चन्द्रगुप्त मौर्य ने काठियावाड़ में गिरनार पर्वत के नीचे एक विशाल झील का निर्माण तथा उस पर एक बाँध बँधवाया था। गिरनार अभिलेख में इस झील का, जिसका नाम रुद्रदामन ने **सुदर्शन सेतुबन्ध** रखा था, उल्लेख है। रुद्रदामन ने उसको चिरस्थायी बनाने हेतु उस पर तीन हिस्सों का बाँध बनवाया था।

एक शक्तिशाली सुशासक होने के अतिरिक्त महाक्षत्रप रुद्रदामन विद्वान तथा विद्यानुरागी भी था। ज्योतिष, व्याकरण, न्याय-दर्शन तथा संगीत का वह अच्छा ज्ञाता था।

रुद्रदामन के बाद भी उज्जैन के क्षत्रपों का राजवंश लगभग दो सौ वर्षों तक शासनारूढ़ रहा, किन्तु इन वर्षों का इतिहास अन्धकारमय है। ऐसा प्रतीत होता है कि शकों का यह वंश किसी-न-किसी रूप में गुप्तकाल के आसपास तक चलता रहा। बाण के *हर्षचरित* और विशाखदत्त के *देवीचन्द्रगुप्त* का शकराज, जिसे कुमारावस्था में चन्द्रगुप्त विक्रमादित्य (375-414 ई.) ने मार डाला था, सम्भवतः इस कुल का रुद्रसिंह तृतीय था, जिसके अनेक सिक्के भी उपलब्ध हैं। उज्जैन, महाराष्ट्र और मथुरा के शकों का सर्वथा उन्मूलन करके चित्रगुप्त विक्रमादित्य ने 'शकारि' का विरुद धारण किया था।

शक-क्षत्रपों द्वारा भारतीय संस्कृति का वरण : भारत के सांस्कृतिक इतिहास में शक-क्षत्रपों का इस दृष्टि से उल्लेखनीय स्थान है कि विदेशी होते हुए भी उन्होंने स्वयं को भारतीय संस्कृति में स्थायी रूप से विलयित कर दिया था। अपने विवाह-सम्बन्धों को क्षत्रियों तथा ब्राह्मणों से स्थापित कर उन्होंने अपनी समन्वयवादी सहिष्णुता एवं उदार नीति का परिचय दिया। उन्होंने अपने नामों का भारतीयकरण किया और ब्राह्मण, जैन तथा बौद्ध धर्मों के आदर्शों को ग्रहण कर उनके देवी-देवताओं को स्वीकार कर अपनाया। भारतीय शासकों की ही भाँति उन्होंने अनेक चैत्यों, गुफाओं तथा मन्दिरों का निर्माण कर धर्म के प्रति अपनी श्रद्धा प्रकट की। उदार और सहिष्णु होने के साथ-साथ वे दानी भी थे। ब्राह्मणों को प्रचुर दान देकर वे भारतीय इतिहास के अभिन्न अंग बन गए। इस दृष्टि से शक-शासक उषवदत्त और ऋषभदत्त का नाम विशेष रूप से उल्लेखनीय है। नासिक से प्राप्त एक गुफालेख (119-125 ई.) से ज्ञात होता है कि उन्होंने ब्राह्मण धर्म को वरण कर लिया था और वे हिन्दू-देवताओं की पूजा-प्रतिष्ठा करने लग गए थे। ऋषभदत्त ने बौद्धसंघ को एक गुफा का दान किया। अभिलेख में उसे तीन लाख गायों के दानदाता (त्रि गोशतसहस्रदा) की उपाधि से विभूषित किया गया था।

विदेशियों के भारतीयता वरण करने की यह परम्परा वैदिकयुग से ही चली आ रही थी। समय-समय पर प्रशासनिक, राजनीतिक तथा धार्मिक प्रयोजनों से भारत आए विदेशियों ने भारतीय धर्म को वरण करने में गौरव का अनुभव किया। बेसनगर के गरुड़-स्तम्भ पर उत्कीर्णित अभिलेख से ज्ञात होता है कि अन्तिकिलित के राजदूत हेलियोदोरस ने **परमभागवत**

की उपाधि धारण की थी। महाराज मिनेंडर तो बौद्ध धर्म का अनुयायी ही बन गया था। कुषानराजा वीम कैडफिसीस 'माहेश्वर' उपाधि से युक्त शैवमत का अनुयायी हो गया था। कनिष्क भी भारतीयता का अभिन्न अंग बन चुका था। स्मृतिकारों ने भी उसे धर्मसम्मत मान लिया था और उसके लिए नियम भी बना दिया था। *मनुस्मृति* (10.67) में मिश्रित या संकर जातियों के सम्बन्ध में कहा गया है कि वे अपने गुण, कर्म के अनुसार आर्य बन सकते थे। यह नियम वस्तुतः बाहरी जातियों के आर्य महासंघ में सम्मिलित होने के उद्देश्य से बनाया गया था। इससे पूर्व महाभाष्यकार पतंजलि (65.5.13) ने यवनों, किरातों, गान्धारों, तुषारों और पह्लवों द्वारा वैदिकसंस्कारों को वरण करने तथा वैदिकों की पूजा-विधियों में सम्मिलित होने का विधान दिया था। इसी आधार पर मनुस्मृतिकार ने 'आपद्धर्म' के अन्तर्गत आर्यीकरण के लिए उक्त अधिनियम की स्वतन्त्र व्यवस्था कर दी थी।

आर्यीकरण या भारतीयकरण के इस अभियान के फलस्वरूप जिन शक-शासकों ने अपने नामों में परिवर्तन कर भारतीयता का वरण किया, उनमें चष्टन, रुद्रदामन, राजुल, शेडास, शिवघोष, शिवदत्त, रुद्रसेन और विजयसेन का नाम उल्लेखनीय है। उनकी इस उदारता एवं उनके भारतीय अनुराग के कारण भारत के ब्राह्मण, बौद्ध और जैन—सभी वर्गों, सम्प्रदायों के समाज ने उनको ससम्मान स्वीकार किया।

शकों की आचार-पद्धति, रहन-सहन और शासन-व्यवस्था सभी में भारत की परम्पराएँ निहित थीं। उनका संस्कृतानुराग विशेष रूप से उल्लेखनीय है। रुद्रदामन की प्रशस्ति संस्कृत-गद्य की एक अनुपम कृति है। अपने समसामयिक तथा पड़ोसी सातवाहनों के प्राकृतानुराग के विपरीत शकों ने संस्कृत को अपने शासनकाल में सम्मानित स्थान दिया।

भारत ने शक संवत् को अपना राष्ट्रीय संवत् घोषित कर वस्तुतः शक-शासकों के सर्वधर्म-समन्वय तथा सहिष्णुता को पुनर्जीवित कर अपनी उदार राष्ट्रनीति का परिचय दिया है।

यवन : मिनेंडर प्रत्यक्षतः यूयीडेमस कुल से सम्बन्धित नहीं था। पर इस कुल से उसका अप्रत्यक्ष सम्बन्ध अवश्य था। मिनेंडर रक्त से राजवंशी नहीं था। उसने डेमेट्रिअस प्रथम की पुत्री एगाथोलिआ से विवाह भी किया था और बहुत समय तक अपने साला डेमेट्रिअस द्वितीय का समकालिक और सहायक भी रहा। रैप्सन का विचार है कि डेमेट्रिअस और मिनेंडर के कुछ वर्गाकार ताम्रसिक्कों में इतनी अधिक समता है कि दोनों व्यक्ति एक ही काल और क्षेत्र के शासक प्रतीत होते हैं। सिक्कों के प्रमाणों से स्पष्ट है कि यह डेमेट्रिअस द्वितीय था, जिसने पश्चिमोत्तर भारत के एक क्षेत्र पर शासन किया था, जबकि मिनेंडर उसके पूर्व में शासन करते हुए उसका समकालिक रहा। मिनेंडर एक सामान्य परिवार में अससन्द नामक द्वीप के कालसी ग्राम में उत्पन्न हुआ था। पर अपनी योग्यता के कारण वह डेमेट्रिअस का सेनापति बना और यूयीडेमस कुल की सेवा करता हुआ अपना उत्थान किया। डेमेट्रिअस और एपोलोडेटस के बाद जब पश्चिमी भारत में यवनसत्ता की रक्षा के लिए कोई नहीं रहा, तो वह स्वयं यवनसत्ता का सर्वेसर्वा बन गया। इस प्रकार मिनेंडर एक बड़े राज्य का स्वामी बना। उसके राज्य की पूर्वी सीमा सम्भवतः मथुरा था, जहाँ से उसके तथा उसके पुत्र स्ट्रेटो प्रथम के सिक्के मिले हैं। उत्तर-पश्चिम में यूक्रेटाइडीज कुल की विपत्तियों का लाभ उठाकर मिनेंडर ने उनके राज्य के पूर्वी भाग पर आक्रमण कर दिया और गान्धार तक का प्रदेश हस्तगत कर लिया। इस क्षेत्र के स्वात और बजोर क्षेत्र में मिनेंडर के सिक्के मिले हैं। इस तरह उत्तर-पश्चिम में उसके राज्य

की सीमा गान्धार के आसपास तक थी। जैसा कि पेरिप्लस का कथन है, बेरीगाजा (गुजरात) में उसके सिक्के प्रचलित थे। इससे प्रतीत होता है कि दक्षिण-पश्चिम में बेरीगाजा उसके आधिपत्य में था।

भारत पर ग्रीक सामरिकों के निरन्तर कई आक्रमण हुए। सबसे पहला आक्रमण मकदूनिया के महान विजेता सिकन्दर ने 326 ई.पू. के लगभग किया था। दूसरा ग्रीक-आक्रमण सेल्यूकस द्वारा 306 ई.पू. में हुआ। इसी प्रकार तीसरा आक्रमण अन्तियोकस तृतीय ने 306 ई.पू. किया। बाद के शक्तिशाली आक्रान्ताओं में बाख्त्री के दिमित्र (डेमेट्रिअस), युक्रेतिद और मिनेंडर नामक तीन विजेताओं के नाम उल्लेखनीय हैं। ये तीनों आक्रमण लगभग 206-175 ई.पू. के बीच हुए। इन तीनों यवनशासकों तथा उनके उत्तराधिकारियों ने लगभग 160 वर्षों तक तत्कालीन सीमा प्रान्त, सिन्ध और पंजाब पर शासन किया।

भारत में अपने शासन और प्रभाव की जड़ें जमानेवाले यवन-शासकों में सम्राट मिनेंडर (180-145 ई.पू.) का नाम उल्लेखनीय है। वह एक शक्तिशाली, न्यायपरायण, उदार और सहिष्णु शासक था। उसके साम्राज्य की सीमाएँ उत्तर-पश्चिम सीमाप्रान्त, पंजाब, सौराष्ट्र और सुदूर पश्चिम तक विस्तृत थी। तत्कालीन मगध की राजधानी पाटलिपुत्र पर अधिकार करने के उद्देश्य से उसने पहले राजपूताना और उसके बाद मथुरा पर तीव्र आक्रमण किया। इन आक्रमणों में उसने व्यापक पैमाने पर भारतीय सैनिकों को हताहत किया। बाद में बौद्धभिक्षु नागसेन के प्रभाव में आकर उसने बौद्ध धर्म का वरण कर लिया। तत्पश्चात् उसकी आक्रमण प्रवृत्ति मन्द पड़ गई।

भिक्षु नागसेन और मिनेंडर के धार्मिक सद्भाव का परिचय *मिलिन्दप्रश्न* नामक ग्रन्थ से प्राप्त होता है। इस ग्रन्थ को बौद्ध अनुपिटक साहित्य में प्रमुख स्थान दिया गया है। इसका चीनी भाषा में (317-420 ई.) **नागसेनसूत्र** के नाम से एक अनुवाद भी हुआ था। इस ग्रन्थ का बौद्धतत्त्वज्ञान के अतिरिक्त साहित्य तथा इतिहास की दृष्टि से भी महत्त्व है। इसमें बौद्ध धर्म-दर्शन की कतिपय मूल मान्यताओं पर प्रश्नोत्तर रूप में वार्तालाप वर्णित है। इस ग्रन्थ का बौद्धतत्त्वज्ञान तथा साहित्य की दृष्टि से ही नहीं, अपितु, भारतीय तथा यवन-संस्कृति का संगम होने के कारण भी बहुत बड़ा महत्त्व है। इसके प्रभाव से यवन-प्रशासकों ने बौद्ध धर्म की दीक्षा लेकर भारतीयता का वरण किया।

इस ग्रन्थ के प्रभाव से तथा बौद्ध बन जाने के कारण, मिनेंडर का व्यक्तित्व बौद्ध साहित्य में व्याप्त हो गया और वह 'मिलिन्द' नाम से अभिहित हुआ। सीमाप्रान्त में प्राप्त खरोष्ठी भाषा के उसके अभिलेखों में उसका 'मिनद्र' नाम से उल्लेख हुआ है। इस यवनशासक के सिक्के काबुल से दक्षिण भारत तथा पश्चिम में मथुरा, कौशाम्बी और वाराणसी आदि अनेक अंचलों रो प्राप्त हुए हैं। उसका निधन 150-145 ई.पू. के मध्य में हुआ। मिनेंडर के अतिरिक्त अन्य यवन-शासकों में डेमेट्रियस, युक्रेटिडीज या युक्रेतिद और अन्तियालसिदाज का नाम उल्लेखनीय है। *महाभारत* में जिसे दत्तमित्र, **बेसनगर मुहर** में तिमित्र और *दिव्यावदान* में कृमिस कहा गया है, सम्भवतः वह डेमेट्रियस से सम्बन्धित है। इन विदेशियों ने मुख्य रूप से अफगानिस्तान, पंजाब तथा सिन्ध क्षेत्र तक ही शासन किया। इनके शासनकाल की अन्तिम सीमा 110 ई.पू. तक मानी गई है। किन्तु इनके बाद भी लगभग दो सौ वर्षों तक भारत में उनकी परम्परा का अस्तित्व बना रहा।

भारतीय धर्म, रीति-रिवाजों और आचार-व्यवहारों को ग्रहण कर उक्त ग्रीक-शासकों ने अपनी सहज सहिष्णुता और देशभक्ति का परिचय दिया। यह एक विचित्र संयोग था कि इन यवनों के साथ भारतीयों का राजनीति एवं शासन की अपेक्षा विचारों और कला, संस्कृति की दृष्टि से घनिष्ठ और चिरस्थायी सम्बन्ध रहा। मिनेंडर जैसे धर्मपरायण शासक ने अनेक बौद्धविहारों का निर्माण कराया, ब्राह्मणों को दान-दक्षिणा दी और कलाकारों को सम्मानित-प्रोत्साहित किया। वह स्वयं भी भारतीय संस्कारों एवं विचारों में घुल-मिल गया था।

भारत में यवन-संस्कृति का प्रभाव अनेक रूपों में प्रसारित हुआ। उसका सर्वप्रथम प्रभाव भारतीय सिक्कों पर परिलक्षित हुआ। यवनों की सुरुचि के परिणामस्वरूप उत्तर-पश्चिम भारत में अपूर्व कलात्मक सिक्कों का प्रचलन हुआ। भारत-यवन सांस्कृतिक समन्वय से अनेक क्षेत्रों में नए रचना-प्रकार प्रकाश में आए, जिसने आगे की अनेक पीढ़ियों पर अपने प्रभाव की गहरी छाप अंकित की। भारत में ग्रीक कला के अनुकरण पर वास्तुकला (Architecture) और तक्षणकला (Sculpture) के क्षेत्र में जो नमूने प्राप्त हुए हैं, उनमें ई.पू. प्रथम शती के प्रसिद्ध ज्ञान-कला-केन्द्र तक्षशिला में निर्मित एक देवमन्दिर के ऊँचे यवनस्तम्भ और कुछ भवन उल्लेखनीय हैं। ई.पू. प्रथम शती में उदित **गान्धारशैली** भारतीय यवन-कला-समन्वय की ज्वलन्त प्रकाश-किरण है, जिसके कारण भारतीय कला के इतिहास को एक नया आलोक मिला। भारतीय कलाकारों ने गान्धारशैली के नए-नए प्रयोग करके ऐसी अमर कलाकृतियों का निर्माण किया, जिनका महत्त्व सदियों के बाद आज भी बना हुआ है। इस प्रकार विभिन्न कलाकेन्द्रों में सुरक्षित तथागत बुद्ध की भव्य विशाल प्रतिमाओं में लाहौर, पेशावर और शिमला संग्रहालयों की प्रतिमाओं का नाम उल्लेख्य है।

इस प्रकार भारत में यूनानियों और ईरानियों के प्रवेश से कला और संस्कृति के क्षेत्र में निश्चित ही नए मानमूल्यों की स्थापना हुई और नई प्रेरणाप्रद एवं उन्नत परिष्कृत शिल्प-विधियों का विकास हुआ। किन्तु जहाँ तक धर्म, दर्शन और साहित्य का सम्बन्ध है, भारत में उनकी परम्परा इतनी उन्नत, सम्पन्न और स्थायी थी कि यवन-संस्कृति उससे प्रभावित हुए बिना न रही। यहाँ के आध्यात्मिक मान-मूल्य, चिन्तन-पद्धति और महान विचारों ने यवनों के भौतिकवाद को पर्याप्त रूप में प्रभावित किया।

भारतीय ज्योतिर्विज्ञान के क्षेत्र में यवनों का योगदान विशेष उल्लेखनीय है। इसी कारण *गार्गी संहिता* में ज्योतिर्विद्या के प्रवर्तक होने के कारण यवनों को देवताओं के समान वन्दनीय कहा गया है। यवनों का यह प्रभाव विशेषरूप से गणित और गौणरूप से फलित ज्योतिष के क्षेत्र में चरितार्थ हुआ। किन्तु कुछ आधुनिक विद्वानों ने इसको अतिरंजित रूप में प्रस्तुत किया है। *सूर्यसिद्धान्त* के स्वोपज्ञ अनुवाद की भूमिका में ह्विटनी साहब का अभिमत है कि ईस्वी सन् के आरम्भ में रोम के व्यापारिक बन्दरगाहों से भारत के पश्चिमी तट के साथ व्यापार होता था। इस सम्पर्क के कारण ही टॉलेमी और हिपार्कस की 'ज्या' की कल्पना पर ही हिन्दुओं को *ज्यार्धों* की कल्पना सूझी। ह्विटनी साहब की इस कल्पना का उत्तर रेवरेंड जे. बर्जेश ने *सूर्यसिद्धान्त* के अपने पांडित्यपूर्ण अनुवाद की भूमिका में इस प्रकार किया है, "ह्विटनी ने अपनी टिप्पणियों में जो मत प्रकट किया है, उससे मेरी दृष्टि सर्वथा भिन्न है। इसलिए संक्षेप में मैं अपना मत देता हूँ। ह्विटनी का कहना है कि हिन्दुओं ने अपने गणित और जातक मूल रूप में यवनों से लिए हैं और उनका कुछ अंश अरबियन एवं चीनियों से लिया। मेरी समझ

में वह हिन्दुओं के साथ न्याय नहीं कर रहा है और वह उचित मात्रा से अधिक ग्रीक लोगों को मान दे रहा है। यह सत्य है कि यवन लोगों ने इस शास्त्र में आगे चलकर बहुत कुछ सुधार किया, तथापि उसके मूल तत्त्व और उसमें से बहुत से सुधार हिन्दुओं के अपने थे और उन्हीं से यवनों ने यह शास्त्र ग्रहण किया, यह बात मुझे स्पष्ट रूप से प्रतीत होती है।"

भारतीय और यवनों में पारम्परिक आदान-प्रदान की इस स्थिति को दृष्टि में रखकर ऐसा प्रतीत होता है कि भारतीय तथा यवन गणितज्ञों ने लम्बे समय तक एक साथ बैठकर दोनों देशों के परम्परागत ज्योतिर्विज्ञान का तुलनात्मक अध्ययन करके, उनके समन्वय से कुछ नए सिद्धान्तों का आविष्कार किया। इसी सामंजस्य के फलस्वरूप भारतीय ज्योतिष में ग्रीक ज्योतिष के आधार पर नए लाक्षणिक शब्दों का समावेश हुआ और कुछ विशिष्ट सिद्धान्तों की स्थापना हुई। फिर भी यह स्वीकार करने में किसी प्रकार का सन्देह नहीं है कि भारतीय ज्योत्तिष के 'होराचक्र' पर ग्रीक ज्योतिष के 'होरस्कोपस' का प्रभाव है।

गान्धारकला : महायान के नए धार्मिक आन्दोलन ने कला में एक नई धारा बहा दी तथा एक नए युग को जन्म दिया। प्राचीन बौद्धकला में बुद्ध की जातककथाओं का प्रदर्शन होता था, परन्तु स्वयं बुद्ध की प्रतिमा का उसमें अभाव था। बुद्ध की उपस्थिति कला में केवल लक्षणों और संकेतों से ही दर्शाई जाती थी। एष्णीय, चरणांक, बोधिवृक्ष, रिक्तासन, छत्र, कमंडलु, भिक्षापात्र, धर्मचक्र आदि बुद्ध के प्रतीक माने जाते थे, परन्तु अब स्वयं बुद्ध की प्रतिमाएँ श्रद्धालुओं की पूजा और तक्षकों के कलात्मक प्रयास का केन्द्र बनीं। चूँकि इसका निर्माण एक विशिष्ट शैली में हुआ है और अधिकतर ये गान्धार प्रान्त में, जिसका केन्द्र पेशावर था, मिली है, इसलिए ये गान्धारशैली कहलाती है।

गान्धारकला से अभिप्राय ईसा की प्रथम शताब्दी की उस तक्षणकला से है, जिसके विकास के प्रमुख केन्द्र जलालाबाद, हद्द और बया स्वातघाटी तथा पेशावर जिला थे। इस गान्धारकला को इंडो-ग्रीक कला भी कहा जाता है, क्योंकि इसके विषय भारतीय होते हुए भी इसकी शैली पूर्णतया यूनानी थी। इन मूर्तियों का वस्त्र-विन्यारा तथा बनावट यूनानी देवता अपोलो से पर्याप्त साम्य रखती है। इसका स्पष्ट प्रमाण यह है कि मूर्तियों में गौतम बुद्ध का केशविन्यास दिखाया गया है। यदि इस कला पर यूनानी प्रभाव न होता, तो निश्चय ही बुद्ध को मुंडितकेश में दिखलाया गया होता, क्योंकि उन्होंने संन्यास-ग्रहण करते समय अपना केश मुड़वा लिया था। इसी प्रकार बोधिसत्वों की प्रतिमाएँ भी वस्त्राभरणों से अलंकृत, यूनानी राजाओं जैसी लगती है। उनकी प्रतिमाओं में वीतरागता जैसी कोई बात दृष्टिगोचर नहीं होती। यह यूनानी प्रभाव के कारण ही है। गौतम को भी अनेक स्थानों पर यूरोपीय वेशभूषा से अलंकृत दिखाया गया है। अतः सिद्ध है कि इन प्रतिमाओं पर यूनानी प्रभाव है। क्योंकि इनकी मुद्राएँ भारतीय होती हुई भी अधिकांश यूनानी अथवा रोमन शैली की थीं। इन प्रतिमाओं का निर्माण अभयमुद्रा, वरदमुद्रा, धर्मचक्र-मुद्रा आदि विभिन्न रूपों में हुआ है। चिरकाल तक पाश्चात्य कला समीक्षकों की यह धारणा बनी रही कि भारतीय कला का निर्देश गान्धारकला के द्वारा हुआ। उनकी यह धारणा गलत है, क्योंकि भारतीय तथा यूरोपीय कला में इतना मौलिक अन्तर है कि वे एक हो ही नहीं सकती। भौतिकवादी दृष्टिकोण-युक्त पाश्चात्य कला भारत की आध्यात्मिक भावना की अभिव्यक्ति देने में असमर्थ ही रही हैं। साथ ही पाश्चात्य कलाकार से शिक्षित भारतीय कलाकारों ने उसी समय से मथुराशैली में कला के

माध्यम से अपनी आध्यात्मिक भावना को अभिव्यक्ति प्रदान की, जबकि गान्धारकला प्रायः सभी स्थानों पर गौतम बुद्ध की प्रतिमाओं को आध्यात्मिक तेजोदीप्त दिखाने की अपेक्षा स्वर्णमुद्राओं में ही अधिक दिखा सकी। इससे स्पष्ट है कि भारतीय कला को पाश्चात्य कला ने गम्भीर रूप से प्रभावित नहीं किया।

गान्धारकला की प्रतिमाओं को देखने से ऐसा प्रतीत होता है, मानो वे कलाकार द्वारा निर्मित न होकर मशीनों द्वारा बनाई गई हों।

कुषाणयुग में गान्धार के अतिरिक्त और भी कलाकेन्द्र थे, जहाँ पर काफी उन्नति हो रही थी। ये कलाकेन्द्र सारनाथ, अमरावती और मथुरा में थे। "इनमें से प्रत्येक की एक अलग शैली थी, जो एक-दूसरे से अप्रभावित है। सारनाथ और मथुरा से प्राप्त मूर्तियों की निर्माण-कला में कुछ समानता अवश्य पाई जाती है। अमरावती से प्राप्त पाषाण वेष्टनियों पर उत्कीर्ण चित्रों की अद्वितीय कारीगरी शिल्प का विलक्षण नमूना प्रस्तुत करती है।

महाक्षत्रप रुद्रदामन : अपने दीर्घ-शासनकाल में सातवाहनों को अनेक बार पश्चिमी क्षत्रपों का सामना करना पड़ा। कुषाण-शासकों ने अपने भारतीय प्रान्ताधिपतियों को क्षत्रप कहा। भारतीय क्षत्रपों की दो मुख्य श्रेणियाँ थीं। कुछ का अधिकार पंजाब और मथुरा आदि के प्रदेशों पर था, इन्हें **उत्तरी क्षत्रप** कहा जाता था। जिन क्षत्रपों (प्रान्ताधिपतियों) का अधिकार महाराष्ट्र, कोंकण, गुजरात, सौराष्ट्र और मालवा पर था, वे **पश्चिमी क्षत्रप** कहलाते थे। 120 ई. के आसपास ये क्षत्रप स्वतन्त्र हो गए। रुद्रदामन की पुत्री के अमात्य के **कान्हेरी अभिलेख** के अनुसार, कार्दमक क्षत्रपों का एक घराना सौराष्ट्र-मालवा में राज्य करता था। डुब्रूइल के अनुसार, इस वंश का मूल पुरुष चष्टन था। अन्य विद्वानों के अनुसार, चष्टन एक स्वतन्त्र शासक नहीं, बल्कि एक क्षत्रप या प्रान्ताधिपति मात्र था। चष्टन और रुद्रदामन के प्रारम्भ के लेख कच्छ द्वीप में पाए गए हैं, जिनके अध्ययन से पता चलता है कि शुरू में बिलकुल मर्यादित प्रदेश में चष्टन का प्रभुत्व था। चष्टन का पुत्र जयदामन अपने पिता के शासनकाल में क्षत्रप के रूप में कार्यरत था। पिता के शासनकाल में ही जयदामन की आकस्मिक मृत्यु हो गई। उसके बाद उसका पुत्र रुद्रदामन अपने दादा चष्टन के राज्य के प्रबन्ध में सहायता करने लगा। चष्टन और रुद्रदामन के संयुक्त नामों के लेख पाए गए हैं, जिनसे रुद्रदामन और उसके दादा चष्टन के संयुक्त शासनकाल की जानकारी होती है। ये लेख 130-31 ई. में खोदे गए थे। इस अवधि में गौतमीपुत्र सातकर्णि ने अपने साम्राज्य का विस्तार कर रुद्रदामन को बिलकुल कमजोर कर दिया। रुद्रदामन अपनी पुत्री की शादी गौतमीपुत्र के छोटे बेटे वासिष्ठीपुत्र सातकर्णि से करके अपने राज्य के अस्तित्व की रक्षा किसी तरह की।

गौतमीपुत्र सातकर्णि की लगभग 123 ई. में मृत्यु के पश्चात् उसका ज्येष्ठ पुत्र वासिष्ठीपुत्र पुलुमावि शासक बना। अपने पिता के समान वह वीर और रणकुशल नहीं था। इसका लाभ उठाकर चष्टन और रुद्रदामन ने उत्तरी कोंकण, उत्तरी गुजरात, सौराष्ट्र, मारवाड़, सिन्धु-सौवीर, अनूप (इन्दौर का इलाका), पूर्व तथा पश्चिमी मालवा का प्रदेश सातवाहनों से छीन लिया और अपना प्रभुत्व वहाँ स्थापित किया। पुलुमावि ने उसका प्रतिकार करने की चेष्टा की, किन्तु रुद्रदामन ने उसको दो बार पराजित किया। रिश्ते को ध्यान में रखकर रुद्रदामन ने पुलुमावि को जड़ से नष्ट नहीं किया।

लगभग 140 ई. के पूर्व ही रुद्रदामन को उपर्युक्त सफलताएँ प्राप्त हो चुकी थी। टॉलेमी (लगभग 140 ई.) ने अपनी *यात्रा-विवरण* में रुद्रदामन को उज्जैन का राजा बताया है। 150 ई. के **जूनागढ़ अभिलेख** में रुद्रदामन को मालवा का स्वामी बताया गया है। चष्टन और रुद्रदामन की वीरता से प्रभावित होकर कुषाण सम्राट हुविष्क ने दोनों को महाक्षत्रप की उपाधि से अलंकृत किया। जूनागढ़ अभिलेख के अनुसार, महाक्षत्रप की उपाधि से रुद्रदामन ने स्वयं अपने को अलंकृत किया था।

राज्यविस्तार करने के पश्चात् चष्टन ने अपनी राजधानी उज्जैनी में स्थापित की। ग्रीक ग्रन्थकार टॉलेमी ने भी इस तथ्य का समर्थन किया है। टॉलेमी रुद्रदामन को नहीं, बल्कि चष्टन को उज्जैनी का शासक बताया है। गिरनार लेख से पता चलता है कि रुद्रदामन 150 ई. में अपने को **महाक्षत्रप** कहते हुए अपने नाम से शासन करता था।

रुद्रदामन के समय कुषाण साम्राज्य अपना पूर्व गौरव खोने लगा था। कुषाणों की स्थिति इतनी खराब हो गई कि रुद्रदामन की सहायता से वे दुश्मनों पर विजय प्राप्त कर सके। इससे रुद्रदामन की शक्ति की जानकारी मिलती है। रुद्रदामन ने पंजाब के यौधेयों, अर्जुनायन, मालव आदि स्वतन्त्र शक्तियों को कुचलकर उन पर अपनी प्रभुता स्थापित की। इन सफलताओं ने उसकी राज्य-सीमा को काफी विस्तृत किया। सिन्धु के कुछ प्रदेशों पर भी उसने अधिकार किया। इस तरह रुद्रदामन का राज्य उत्तर में पंजाब से दक्षिण में नर्मदा नदी तक फैला था। उसमें सिन्धु-सौवीर, मारवाड़ (मरू), उत्तरी गुजरात (आनर्त), सौराष्ट्र (सुराष्ट्र), सिन्ध (कुकुर), कच्छ, मालवा (पूर्व एवं पश्चिम आकरावन्ती) तथा उत्तरी कोंकण (अपरान्तक) प्रदेशों का समावेश था। पंजाब में अधिकार स्थापित कर जिस यौधेयगण ने अनेक राजाओं को हराकर अपनी धाक स्थापित की थी, उसे जीतकर रुद्रदामन ने कीर्ति पाई।

रुद्रदामन स्वयं शास्त्रास्त्र-निपुण, वीर एवं रणकुशल था। अपनी शरण में आनेवाले शत्रु का वह पूर्णतः विनाश नहीं करता था। उसने अनेक राज्यभ्रष्ट अधिपतियों को उसके प्रदेश फिर से प्राप्त करा दिया था। उसने पुलुमावि को दो बार परास्त कर छोड़ दिया था। अपने राज्य में रुद्रदामन ने शान्ति और सुप्रबन्ध स्थापित किया। उसके काल में सबसे बड़े प्रदेश को **जनपद** कहा जाता था। जनपद के बड़े विभागों को **राष्ट्र** कहा जाता था। राज्य के प्रबन्ध में सहायता के लिए राजा अनेक मन्त्रियों और अधिकारियों को नियुक्त करता था। रुद्रदामन के जूनागढ़लेख में इन अधिकारियों के दो भेद किए गए हैं। पहला था—**मतिसचिव**, जिसका काम राजा को सलाह देना था, दूसरे प्रकार के अधिकारी **कर्मसचिव** कहलाते, जिनका काम राजाज्ञा की तामीली करवाना था। कर्मसचिव को **अमात्य** भी कहा जाता था। उसके जूनागढ़ प्रस्तरलेख के अनुसार, विदेशी आक्रमण, चोर, खतरनाक पशु, महामारी और उपद्रव से प्रजा की रक्षा करना राजा का प्रधान कर्तव्य था। प्रजा पर उसने कष्टदायक कर नहीं लगाया। प्रजा के कल्याण के लिए उसने तालाब का निर्माण एवं मरम्मत कराई। इन कार्यों के लिए प्रजा पर कर अतिरिक्त न लादकर शासकीय धन का उपयोग किया। ब्राह्मण धर्म को उसने विशेष प्रतिष्ठा प्रदान की। उसके राज्य में गायों और ब्राह्मणों को पूज्य माना जाता था।

रुद्रदामन दानवीर, विद्यासक्त एवं कलाभिज्ञ था। उसने कई गद्य एवं पद्य काव्यों की रचना की। चन्द्रगुप्त एवं अशोक मौर्य ने गिरनार के पास जो सुदर्शन झील बनवाया था, उसका बाँध टूट गया था। रुद्रदामन ने उसकी मरम्मत कराई। उस मरम्मत की याद में उसी

झील के किनारे उसी चट्टान पर, जिस पर अशोक के 14वाँ लेख खुदे थे, उसके नीचे ललित, ओजभरी और सुन्दर संस्कृत में रुद्रदामन ने अपना एक लेख खुदवा दिया। **प्राचीन भारत का सबसे पहला संस्कृत का बड़ा अभिलेख यही है। उससे पहले के प्रायः सभी अभिलेख प्राकृत के हैं।**

संगीतप्रेमी रुद्रदामन के काल में संस्कृत भाषा, न्याय दर्शन और संगीतादि कलाओं को विशेष प्रोत्साहन मिला। उसके काल में उज्जैनी में ज्योतिषशास्त्र की विशेष उन्नति हुई और काल-गणना के लिए ऋतु, मास तथा दिन का निर्देश करने के बदले अब चन्द्रमास, पक्ष तथा तिथि निर्देश करना शुरू हो गया। आर्य-संस्कृति विदेशी लोगों को आत्मसात् करा के किस तरह उनका पूर्ण परिवर्तन कर सकती थी, उसका ज्वलन्त उदाहरण रुद्रदामन रहा।

अपनी राजधानी उज्जैनी से रुद्रदामन ने सौराष्ट्र, सिन्धु-सौवीर जैसे प्रदेशों पर प्रान्ताधिपति नियुक्त किया। रुद्रदामन के सिक्कों से पता चलता है कि उसने लगभग आठ वर्ष की अवस्था तक शासन किया। शासनकाल के अन्तिम दिनों में उसका पुत्र दामजद अथवा दामजदश्री क्षत्र होने के नाते उसकी सहायता उसी प्रकार करता रहा, जिस प्रकार स्वयं रुद्रदामन ने अपने दादा के शासन-कार्यों में सहयोग प्रदान किया करता था। रुद्रदामन सम्भवतः 128 ई.-150 ई. तक शासक बना रहा। मिराशी महोदय *(सातवाहनों और पश्चिमी क्षत्रपों का इतिहास और अभिलेख* (अनु.), लखनऊ, 1982, पृ. 62) के अनुसार, रुद्रदामन ने 165 ई. तक शासन किया।

खारवेल : वर्तमान उड़ीसा की राजधानी भुवनेश्वर से लगभग तीन मील पश्चिम में स्थित उदयगिरि-खंडगिरि नामक पहाड़ियों में हाथीगुम्फा अभिलेख स्थित है। ब्राह्मी लिपि में लिखित इस प्रस्तर-अभिलेख में 17 पंक्तियाँ हैं, जो लगभग 84 वर्गफुट क्षेत्रफल में लिखी हैं। इसके अक्षर छेनी से उकेरे गए हैं, जो स्पष्ट नहीं हैं। इसमें खारवेल की प्रथम 13 वर्षों की घटनाएँ वर्णित है। अधिकांश विद्वानों ने इस अभिलेख को ई.पू. प्रथम शताब्दी का बताया है। जैन अर्हतों की स्तुति से प्रारम्भ इस अभिलेख की तुलना समुद्रगुप्त की प्रयाग प्रशस्ति से की जा सकती है।

हाथीगुम्फा अभिलेख की प्रथम चर्चा पादरी स्टर्लिंग ने 1825 ई. में की। अनेक विशेषज्ञों द्वारा किए गए असफल एवं अधूरे प्रयास के पश्चात् इस अभिलेख में वर्णित तथ्यों की सही जानकारी काशी प्रसाद जायसवाल और आर.डी. बनर्जी ने दी। बनर्जी ने इस अभिलेख को **खारवेल चरित** और जायसवाल ने **खारवेल प्रशस्ति** कहा है।

इस अभिलेख के अनुसार, खारवेल प्रथम ने अपने प्रारम्भ का 15 वर्ष बालक्रीड़ाओं में व्यतीत किया। युवराज बनने के पूर्व ही आवश्यक विद्याओं में वह प्रशिक्षित हो चुका था। आवश्यक विद्याओं में अक्षरज्ञान, गणित, नगर एवं सिविल प्रशासन, मुद्राशास्त्र के विविध पक्ष, युद्धकला, संगीत आदि थे। 16 वर्ष की अवस्था में युवराज और 24 वर्ष में खारवेल कलिंगनरेश बना, हाथीगुम्फा तो नहीं, लेकिन मंचपुरी-स्वर्गपुरी गुहा से प्राप्त अभिलेख से पता चलता है कि उसने एक से अधिक विवाह किया था। हाथीगुम्फा अभिलेख के अनुसार, उसकी एक रानी बजीरगढ़ की राजकुमारी थी। हाथीगुम्फा अभिलेख के अनुसार, खारवेल जैन था। नौ वर्ष युवराज पद पर रहने के पश्चात् 24 वर्ष की आयु में उसका महाराज्याभिषेक हुआ। शासन के दूसरे वर्ष उसने एक सेना पश्चिम सेना को भेजी। कन्हबेना पहुँचकर खारवेल की

सेना ने मूषिकनगर को त्रस्त किया। कन्हबेना कृष्णा नदी को कहते हैं। यह क्षेत्र गौतमीपुत्र सातकर्णि के अधीन था। तीसरे वर्ष राजधानी में इसने उत्सव और सभाओं का आयोजन कर प्रजाजन का नृत्य, गीत, वाद्यसंगीत द्वारा मनोरंजन किया। चौथे वर्ष खारवेल ने पुनः पश्चिम की ओर चढ़ाई की, जहाँ के 'रठिकों के भोजक' अपने मुकुट और छत्र शृंगार छोड़ उसके चरणों पर झुकने को बाध्य हुए। महाराष्ट्र के भोज पदवीवाले सरदार **रठिकों के भोजक** कहे जाते थे। लिच्छिवियों और शाक्यों के समान उनका भी प्राचीन गणराज्य था। ये लोग छत्र धारण करते थे। खारवेल ने जब इन पर आक्रमण किया तब ये लोग सम्भवतः सातवाहन राज्य के अधीन थे। अतः कह सकते हैं कि खारवेल का यह अभियान सातकर्णि के विरुद्ध था। पाँचवें वर्ष नन्दराज द्वारा निर्मित नहर को तनसुलिय मार्ग से राजधानी लाया।

शासनकाल के छठे वर्ष में खारवेल का राजसूय-अभिषेक हुआ। इस अवसर पर उसने **पुर** और **जनपदों** को अनेक करों से मुक्त कर दिया। इसी समय बाख्त्री का यवन-राजा देमित्र एक विशाल सेना के साथ मध्यदेश चला आंया। पाटलिपुत्र पर चढ़ाई करने और साकेत तथा मध्य प्रदेश को घेरनेवाले देमित्र को खारवेल के कारण लौट जाने को बाध्य होना पड़ा। पाटलिपुत्र और मध्यदेश से देमित्र को निकाल भगाने में खारवेल सफल रहा। आठवें वर्ष में खारवेल मगध में गोरथगिरि को जीतकर राजगृह को आतंकित किया।

शासनकाल के नौवें वर्ष में कलिंगनगरी में उसने **महाविजय प्रासाद** बनवाया। इस समय तक के अभियानों ने खारवेल को एक प्रमुख शासक बना दिया। अभी तक उसने अपने देश कलिंग के पश्चिम पड़ोसी मूषिकराज्य और महाराष्ट्र पर तथा उत्तरी पड़ोसी मगध चर चढ़ाइयाँ की थी। अब उसने उत्तर और दक्षिण में दूर-दूर तक दिग्विजय करना शुरू किया। अभिषेक के दसवें वर्ष में **दंड सन्धि** और **साम** हाथ में लेकर कुछ भागों को जीतने के पश्चात् खारवेल मगध की ओर बढ़ा। ग्यारहवें वर्ष में उसने आव-राजा की बसाई हुई पिथुंड नामक व्यापारिक केन्द्र को गधों के हल से जुतवा दिया और 113 वर्ष प्राचीन त्रमिर-देष (तमिल देश) को तोड़ डाला। कलिंग के तट से आगे दक्षिण बढ़ने पर आव नामक छोटा-सा राष्ट्र था, जिसकी राजधानी पिथुंड थी। टॉलेमी के अनुसार पिथुंड तमिल देश का द्वार माना जाता था। खारवेल के समय जो तमिल देश-संघात 113 वर्ष पुराना था, वह निश्चय ही चन्द्रगुप्त या बिन्दुसार मौर्य का मुकाबला करने को पहले-पहल खड़ा हुआ होगा। तमिलदेश की राजधानी इस समय उरैउर (उरगपुर, आधुनिक त्रिचनापल्ली) थी। उसके अधीन उत्तरी चोलदेश की उप-राजधानी काँची थी, जिसका प्रथम उल्लेख *महाभाष्य* में है। 37 वर्ष की आयु में खारवेल की मृत्यु घाव सड़ जाने से हो गई।

कलिंग का खारवेल भारतीय इतिहास का एक धूमकेतु प्रतीत होता था। उसके वंश की केवल स्थानीय सत्ता कलिंग में रह गई—यही अब तक माना जाता था। काशीप्रसाद जायसवाल ने शक-सातवाहन इतिहारा पर जो नवीन रोशनी डाली है, उसमें उन्होंने बताया कि पुराणों और जैन अनुश्रुति में शकों के आक्रमण से पूर्व उज्जयिनी में जिस राजा गर्दभिल्ल के 14 वर्ष के राज्य का उल्लेख किया गया है, वह खारवेल का कोई वंशज था। पुराणों के अनुसार, गर्दभिल्ल लोग आन्ध्रों के समकालीन थे और उनके सात राजाओं ने 72 वर्षों तक राज्य किया था। जायसवाल का मत है कि ये 72 वर्ष खारवेल के समय से उज्जैन पर शकों के आक्रमण तक के समय (174-102 ई.पू.) को सूचित करते हैं। यह ठीक वह समय है जब

दक्षिणापथ का सातवाहनवंश लगातार दबा हुआ जान पड़ता था। अगर यह बात ठीक है तो कहना होगा कि मौर्य साम्राज्य की उत्तराधिकारिणी ई.पू. दूसरी शताब्दी में लगातार चार शक्तियाँ—मध्य प्रदेश, गान्धार, महाराष्ट्र और कलिंग बनी रहीं। यदि खारवेल के वंशजों ने उसके विजित प्रदेशों (आव राज्य, मूषिक राष्ट्र और विदर्भ राष्ट्र) पर अपना अधिकार बनाए रखा हो, तो अन्तिम गर्दभिल्ल ने विदर्भ से महिष्मती के रास्ते बढ़कर उज्जयिनी को लिया होगा। उज्जयिनी का शुंगों के हाथ से निकलना, शुंगों के पतन का प्रथम चरण था। अभी तक कलिंग के चेदियों का राज्य उनके दक्षिण-पूर्व और दक्षिण लगता था, अब पश्चिम तरफ भी विस्तृत हो गया। सातवाहनों के सभी उत्तरी रास्ते चेदिराज्य के इस प्रकार बढ़ने से बन्द हो गए और भारतीय राज्यों के सन्तुलन में विक्षोभ पैदा हो गया। किन्तु इससे पहले कि भारतीय शक्तियों के बीच आपसी तनाव बढ़ता, उत्तर-पश्चिम में एक नई शक्ति (कुषाण) प्रकट होने लगी।

हाथीगुम्फा अभिलेख में उसे **कलिंगाधिपति, क्षेमराज, अपराजेय,** राज्य और सैन्यबल का स्वामी आदि कहा गया है। वह प्रथम भारतीय नरेश है, जिसने **महाराज** की उपाधि धारण की। साम्राज्य की स्थापना में न होकर, उसकी दिलचस्पी पड़ोसी राज्यों की सम्पत्ति अपहरण करने में रही। इतिहास के रंगमंच पर उसका आगमन उस समय हुआ, जब मगध साम्राज्य का पतन और सातवाहनराज्य का उदयकाल था। जिस वर्ष वह लूटपाट करता, उसके दूसरे वर्ष राजकीय वैभव के प्रदर्शन या जनकल्याण और मनोरंजन पर लूट में प्राप्त धन व्यय करता था। कलिंग-जिन की मूर्ति को उसने मगध से वापस लाया। जैन-अर्हतों के वर्षावास के लिए आश्रय-गुहाएँ बनवाना उसकी जैन धर्म में आस्था के सबल संकेत हैं। **धमराजा** और **भिखुराजा** की उपाधि जैन धर्म का समर्थक होने के कारण उसने धारण की। उसके काल में शिखरवाले मन्दिर बने, जिनके अन्दर नक्काशी का काम किया गया। शिखर बनानेवाले लगभग सौ कारीगरों को उसने भूमि दान दी।

संवत् : प्राचीन भारतीय संवत् अनेक हैं। इनमें से कोई किसी भी काल में सम्पूर्ण भारत में प्रचलित नहीं रहा। बहुत से राजाओं ने अपने राज्याभिषेक के उपलक्ष्य में अपने नाम से नए संवत् प्रचलित किए। फलस्वरूप यह समझना कठिन है कि कौन संवत् ठीक-ठीक किस समय चला और किसने चलाया। फलतः किसी भी भारतीय संवत् की वास्तविक गणना तब हो पाती है, जब उसमें उल्लिखित किसी घटना के सम्बन्ध में ईस्वी सन् का भी कहीं उल्लेख मिल जाता है। प्राचीन मुख्य संवत् ये थे : (1) कलियुग अथवा युधिष्ठिर संवत्, जो ईसापूर्व 3102 से प्रारम्भ माना जाता है। यह संवत् प्रागैतिहासिक है और इसका प्रयोग केवल प्राचीन साहित्य में मिलता है। (2) विक्रम संवत्, जिसे सानन्द विक्रम संवत् अथवा संवत् विक्रम अथवा श्रीनृप विक्रम संवत् अथवा मालव संवत् भी कहा गया है और इसका प्रारम्भ 50 ई. पू. से माना जाता है। इसका कौन प्रवर्तक था और किस घटना की स्मृति में चलाया गया, इस सम्बन्ध में निश्चित रूप से कुछ नहीं कहा जा सकता। (3) आनन्द विक्रम संवत् 33 ई. में किसी अज्ञात शासक द्वारा चलाया गया। (4) शक संवत् अथवा शकाब्द सम्भवतः कुषाणवंश के राजा कनिष्क प्रथम द्वारा 78 ई. में चलाया गया। (5) लिच्छवि संवत् 111 ई. में आरम्भ किया गया। (6) चेदि अथवा त्रैकूटक कलचुरि संवत् 248 ई. में शुरू किया गया। (7) गुप्त संवत् को गुप्तवंश के संस्थापक चन्द्रगुप्त प्रथम ने अपने राज्याभिषेक की स्मृति में

319-20 ई. में प्रचारित किया। (8) हूण संवत् तोरमाण ने 448 ई. में प्रारम्भ किया और उसे अपने सिक्कों में प्रयुक्त किया। (9) हर्ष संवत् को महाराज हर्षवर्द्धन ने अपने राज्याभिषेक की स्मृति में 606 ई. में प्रचारित किया। (10) कालम् अथवा मालावार संवत् का आरम्भ 824 ई. से माना जाता है, जिसका प्रयोग चेर अथवा केरल के राजा करते थे। (11) नेपाली संवत् का आरम्भ 879 ई. से माना जाता है। (12) विक्रमांक चालुक्य संवत् को चालुक्यनरेश विक्रमांक ने अपने राज्याभिषेक की स्मृति में सन् 1076 ई. में चलाया था। (13) लक्ष्मण संवत् को बंगाल के राजा लक्ष्मणसेन ने 1190 ई.में प्रचलित किया था।

चेर : अशोक के अभिलेख में चेर राज्य का उल्लेख है। संगम-साहित्य के अनुसार, चेर प्रदेश (केरल) का प्रथम राजा उदियाजेराज (करीब 130 ई.पू.) था। इसके उत्तराधिकारियों ने चोल और पांड्यनरेशों को हराकर उनकी भूमि तथा सम्पत्ति पर अधिकार कर लिया। चेरों की राजधानी वेंगी थी। 210 ई. में पांड्यों ने चेरशासक को पराजित किया। 8वीं शताब्दी में चेरशासक पेरूमाल के शासनकाल में धर्म और दर्शन के क्षेत्र में काफी उन्नति हुई। दार्शनिक आदिशंकराचार्य इसी समय हुए।

पांड्य : उत्तर में वेल्लास नदी के दक्षिणी भाग से लेकर दक्षिण में केप कमोरिन तथा पूर्व में कोरोमंडल तट से लेकर पश्चिम में त्रावणकोर के मार्ग पर पड़नेवाले अच्चनकोविल दर्रे तक का प्रदेश पांड्यवंशी शासकों का शासित क्षेत्र था। यह इलाका पांड्येदश कहलाता था। पांड्य-शासकों की राजधानी मदुरै थी। इसका व्यापारिक सम्बन्ध दूर के देशों से था। इस राजवंश का प्रथम शासक नेडुंचेलियन था।

लोकायत : लोकायत नामक भौतिकवादी मत के विषय में सबसे आरम्भिक सूचना बौद्ध धर्मसूत्रों, वेदों तथा संस्कृत-पुराणों में मिलती है। अजीत केसकम्बली भौतिकवादी सिद्धान्त का उपदेशक था, जिसका मत था कि सत्कर्म और दान से अन्त में मनुष्य को कुछ नहीं मिलता; उसने चाहे जो किया हो या न किया हो, मरने पर उसका शरीर मूल तत्त्वों में ही मिल जाता है, कुछ भी शेष नहीं रहता। पाप और पुण्य, दान और करुणा, मनुष्य की चरम परिणति के लिए अप्रासंगिक है। लोकायत सम्प्रदाय, जिससे मगध की शासन विधा के निष्ठुर व्यावहारिक सिद्धान्त विकसित हुए, अजित केसकम्बली से बहुत कुछ प्रभावित है।

परम्परानुसार, लोकायत का मूल वृहस्पति से जोड़ा जाता है। यह माना जाता है कि वेदों पर निरीश्वरवादी प्रहार चार्वाक ने किया था और अनेक प्राचीन पाठों में इस भौतिकवाद को चार्वाक-दर्शन कहा गया है। स्वत्व के विषय में लोकायत की शिक्षा इस विचार पर आधारित है कि विश्व में सब कुछ 4 तत्त्वों से बना है—मिट्टी, अग्नि, जल तथा वायु (कुछ पाठों में पाँचवाँ तत्त्व—आकाश जोड़ा गया है)। तत्त्व सनातन तथा अपरिवर्तनीय है। वस्तुओं के सभी गुण इस पर निर्भर करते हैं कि वे किन तत्वों के संयोजन से बने हैं और इन तत्वों का किस अनुपात में संयोजन हुआ है। चेतना, तर्कबुद्धि तथा ज्ञानेन्द्रियाँ भी तत्त्वों के संयोजन के फलस्वरूप जन्म लेती है। जीव की मृत्यु के बाद यह संयोजन विघटित हो जाता है। उसके तत्त्व जड़ प्रकृति में विद्यमान तदनुरूपी प्रकार के तत्त्वों के साथ एकीकृत हो जाते हैं। कुछ पाठों में विकासक्रम विषयक यह अवधारणा विद्यमान है। कुछ तत्त्व दूसरे तत्त्वों में से जन्म लेते हैं, जबकि पृथ्वी आद्य है। लोकायत की ज्ञानमीमांसा संवेदनवादी है। संज्ञान का एकमात्र विश्वसनीय स्रोत इन्द्रिय-प्रत्यक्षज्ञान है। ज्ञानेन्द्रियाँ वस्तुओं का बोध इसलिए प्राप्त कर सकती

हैं कि वे स्वयं उसी तरह के तत्त्वों से बनी होती हैं। लोकायत ने अतीन्द्रिय और अधीन्द्रिय वस्तुओं, सर्वोपरि ईश्वर, आत्मा, स्वर्ग तथा नरक आदि के अस्तित्व को अस्वीकार किया। लोकायत के नीतिशास्त्र में **सुखवाद** का प्राधान्य है। स्पष्टतः लोकायत ने राज्य के शासन के प्राचीन भारतीय विज्ञान पर कुछ प्रभाव डाला था। लोकायत के अनुयायियों द्वारा लिखित एक भी पाठ अक्षुण्ण नहीं रह पाया। लोकायत के प्रत्ययवादी विपक्षियों ने 9वीं तथा 16वीं सदियों के बीच वेदान्तियों द्वारा लिखित दार्शनिक प्रबन्धों में लोकायत का सर्वाधिक पूर्णरूप में विवेचन किया।

बौद्ध धर्म : विश्वव्यापी धर्मों में से एक, जो इच्छा-लालसाओं के परित्याग और निर्वाण के माध्यम से कष्टों से छुटकारा पाने का प्रचार करता है। इसका उद्भव ई.पू. छठी शताब्दी में भारत में प्रचलित नाना अवैदिक मतों में से एक के रूप में हुआ था। ई.पू. तीसरी सदी में इसे आधिकारिक रूप में मान्यता मिली। वर्तमान काल में यह श्रीलंका, जापान, चीन, नेपाल, बर्मा, तिब्बत (लामापन्थ के रूप में) तथा अन्य देशों में व्यापक रूप में प्रचलित है। उसके अनुयायी करोड़ों में हैं। बड़े-बड़े राज्यों के गठन की अवधि में बौद्ध धर्म के संस्थापक सिद्धार्थ ने, जो बुद्ध के नाम से ज्ञात हुए, वैदिक धर्म, उसके पवित्र वर्ण-भेदों, देवी-देवताओं की पूजा तथा बलि के जटिल अनुष्ठानों के प्रति जनसाधारण के विरोध को अभिव्यक्त किया था। उन्होंने सभी प्रकार के कष्टों से मुक्ति की तलाश मात्र नैतिक सर्वांगपूर्णता में की, जिसे सांसारिक जीवन से विमुख होकर तथा निर्वाण में निमग्न होकर ही प्राप्त किया जा सकता है। आरम्भ में बुद्ध के विचार नीतिकथाओं, लोककथाओं, दन्तकथाओं के रूप में ज्ञात थे। ई.पू. तीसरी-पहली सदियों में मोक्ष के विषय में उनके विचारों की इस सिद्धान्त में दार्शनिक रूप में अभिव्यक्ति हुई कि संसार तथा मानव-व्यक्तित्व तत्त्वों तथा चेतना-धर्मों की सतत धारा है, जो निरन्तर एक-दूसरे का स्थान लेती रहती है। इस सिद्धान्त के अनुसार, मोक्ष का पथ 'धर्मों' के विक्षोभ के दमन में निहित है। प्रथम शताब्दी में बौद्ध धर्म ने सर्वथा नया स्वरूप ग्रहण किया। गुरु की स्मृति को सादी श्रद्धांजलि का स्थान बुद्ध के देवत्वकरण ने ले लिया तथा मनुष्य के मोक्ष को देवता की अनुकम्पा पर अवलम्बित कर दिया गया। इस नए धर्म को **महायान** नाम प्राप्त हुआ, जो स्वयं बुद्ध द्वारा प्रवर्तित परम्परागत धारा—हीनयान से भिन्न है। हीनयान दर्शन के विपरीत, महायान-दर्शन धर्मों की अयथार्थता, सम्पूर्ण संसार की अयथार्थता सिद्ध करता है। धर्मों की अयथार्थता अथवा शून्यवाद विषयक मत को नागार्जुन ने (दूसरी सदी) तार्किक आधार प्रदान किया। उनका तर्क बुद्धिवाद बौद्ध-तर्कशास्त्र के लिए प्रस्थान-बिन्दु बन गया, जिसके प्रतिनिधि दिक्नाग तथा धर्मकीर्ति (5-7वीं सदियाँ) थे।

जैन धर्म : भारतीय दर्शन तथा धर्म की एक अशास्त्रीय प्रणाली जैन धर्म है, जिसकी उत्पत्ति लगभग छठी शताब्दी ई.पू. में हुई थी। यह एक सत्तामीमांसीय बहुतत्त्ववाद की प्रणाली है। इसका आधार तत्त्वों का सिद्धान्त है, जिसकी अधिसामग्री से संसार बना है। इसके साथ ही यह आधारभूत सत्य है, जिससे ज्ञान बना है। दो मुख्य तत्त्व हैं जीव (आत्मा), जिसका आधार चेतना है तथा अजीव (वह सब, जो आत्मा नहीं है)। भूत-द्रव्य अजीव का एक किस्म है, जिसमें स्पर्शता, ध्वनि, गन्ध, रंग तथा स्वाद के गुण होते हैं। भूत द्रव्य परमाणविक, ज्ञानेन्द्रियों के लिए प्रत्यक्ष, परिवर्तनीय है, उसका न कोई आदि है और न कोई अन्त, न वह किसी दैवसृजन का परिणाम है। इसके अलावा सूक्ष्म भूतद्रव्य-कर्म भी होता है, जो आत्मा और

शरीर के सम्बन्ध को सुनिश्चित करता है। न कोई एक आत्मा होती है और न कोई सर्वोच्च ईश्वर होता है। जगत में बहुत बड़ी और स्थायी संख्या में आत्माएँ विद्यमान हैं, जो सभी प्राणियों में या तो मूर्त हैं या नहीं हैं। भूतद्रव्य की भाँति आत्माएँ भी किसी ने नहीं बनाई तथा वह आदिकाल से अस्तित्वमान रही है। प्रत्येक आत्मा सर्वज्ञ, सर्वव्यापी, सर्वशक्तिशाली होती है, परन्तु उसकी सम्भावनाएँ ठोस शरीर में सीमित रहती हैं, जिसमें वह रहती है। जैन धर्म की नीतिशास्त्र किसी भी जीव को पीड़ा-हानि न पहुँचाने के सिद्धान्त पर आधारित है अर्थात् अहिंसा। जैन दार्शनिक प्रणाली इसी नाम के धर्म का आधार है, जिसकी महावीर तीर्थंकर ने स्थापना की थी। जैन धर्म में महावीर जैन तथा अन्य तीर्थंकरों की उपासना सम्मिलित है।

हिन्दू धर्म : भारत की बहुसंख्यक जनता में व्याप्त धार्मिक मत-मतान्तरों, रीति-रिवाजों, पूजा-पाठों, अनुष्ठानों तथा सामाजिक-दैनन्दिन-जीवन के संस्थाओं की पद्धति (कोई भी व्यक्ति हिन्दू हो सकता है, जिसके माता-पिता में से एक हिन्दू हो तथा जो अन्य धर्म की पूजा न करता हो)। हिन्दू धर्म का मूल प्राचीन वैदिक धर्म में निहित है। हिन्दुओं के सर्वाधिक पूज्य ईश्वर त्रिमूर्ति–ब्रह्मा, विष्णु तथा शिव हैं। वह नाना विशिष्ट रूप में अभिव्यक्त होता है और मनुष्य के जीवन तथा कार्यकलाप के विभिन्न पहलुओं के साथ कई तरह से जुड़ा हुआ है। यद्यपि हिन्दू धर्म सबके लिए अनिवार्य है। वह किसी कड़े मत सिद्धान्त में विश्वास आरोपित नहीं करता, उसका कोई ऐसा एक समान धार्मिक संगठन, प्रशासनिक केन्द्र या संस्थान नहीं है, जो धार्मिक स्वरूप की समस्याओं के समाधान में जुटा रहता है। यद्यपि वह धार्मिक रीतियों से विचलन को कुछ हद तक सहन करता है, फिर भी सामाजिक-आर्थिक परम्पराओं के क्षेत्र में उसकी अपेक्षाएँ अत्यन्त कठोर हैं। हिन्दू धर्म की मुख्य धाराएँ हैं–शैवपन्थ, वैष्णवपन्थ तथा शाक्तपन्थ।

ऋचा, साम, सूक्त : वेदों के एक-एक पद्य को **ऋच** या **ऋचा** कहते हैं। गद्य के एक-एक सन्दर्भ को **यजुष्** और गीतात्मक ऋच या गीति को **साम** कहते हैं। ऋचों या सामों के एक छोटे समूह को, जो एक पूरी कविता हो, **सूक्त** कहते हैं। सूक्त का अर्थ अच्छी उक्ति (सु-उक्त) या सुभाषित होता है।

परम्परा : ऐतिहासिक ढंग से मूर्तरूप ग्रहण करनेवाले रीति-रिवाज, अनुष्ठान, सामाजिक विनिमय, प्रत्यय, मूल्य, आचरण के मानक आदि जो एक पीढ़ी से दूसरी पीढ़ी जाते जाते हैं। परम्परा समाज में अथवा उसके किसी समूह में सामाजिक-सांस्कृतिक धरोहर के दीर्घकाल तक सुरक्षित रहनेवाला तत्त्व है। परम्परा तब प्रगतिशील होती है, जब वे संस्कृति के सृजनशील विकास से जुड़ी हुई होती है और तब प्रतिक्रियावादी होती है, जब वे अतीत के मृत अवशेषों से जुड़ी होती है। विज्ञान में परम्परा का अर्थ ज्ञान तथा अनुसन्धान की विधियों का सातत्य है। कला में उसका अर्थ शैली तथा प्रवीणता का सातत्य है। समाजवाद के अन्तर्गत प्रगतिशील (क्रान्तिकारी, देशभक्तिपूर्ण, श्रमशील) परम्पराओं के विकास को श्रम, दैनन्दिन जीवन, संस्कृति, लोगों की सम्पूर्ण जीवन-पद्धति में से प्रतिक्रियावादी परम्पराओं के उन्मूलन से जोडा जाता है।

आजीवक : प्राचीन भारतीय दर्शन का एक अरूढ़िवादी मत, जो आत्मा के अस्तित्व को अस्वीकार करता था। इस मत के जन्मदाता, परम्परानुसार गोशाल मक्खलि-पुत्त (6-5 सदी ई.पू.) को माना जाता है। महावीर जैन का छह वर्षों तक शिष्य रहने के बाद मतभेद के कारण

गोशाल मक्खलिपुत्त ने श्रावस्ती में एक कुम्हार स्त्री **हालाहला** की दुकान को अपना अड्डा बनाया और अपना एक अलग सम्प्रदाय चलाया, जो **आजीवक** कहलाया। आजीवक परमाणुवादी सिद्धान्त पर आधारित था। इस दर्शन के अनुसार, परमाणुओं के 4 प्रकार हैं, जिनसे प्रकृति के 4 तत्त्व बनते हैं। पृथ्वी, जल, अग्नि तथा वायु—ये सारे परमाणु संयोजित होने में समर्थ हैं। 'जीवन' परमाणविक जैसी कोई चीज नहीं है, बल्कि वह परमाणुओं के संयोजनों का बोध और संज्ञान प्राप्त करता है। परमाणुओं के 4 प्रकार तथा जीवन के 5 सार हैं, जिनसे वह सब बनता है, जो अस्तित्वमान है। चेतना अतिपरिष्कृत परमाणुओं का समुच्चय है, जिससे 'जीवन' की आकृति बनती है। परमाणु शाश्वत और अविभाज्य है। उसकी किसी ने रचना नहीं की और उसे नष्ट नहीं किया जा सकता। आजीवक यथार्थवादी और सामान्यतया भौतिकवादी मत था, जिसने प्राचीन भारतीय धर्मों तथा ब्राह्मणवाद (भारतीय दर्शन) का विरोध किया था। आजीवक ने कर्म, संसार तथा मोक्ष के सिद्धान्तों को अस्वीकार कर दिया था। इस अस्वीकरण ने कभी-कभी नीतिपरक सापेक्षवाद का रूप ग्रहण किया।

बिम्बिसार : नागार्जुन के समय मगध में बिम्बिसार नामक शिल्पी अद्भुत उभरी नक्काशी और चित्रकारी में कुशल था। उसकी कलाशैली इतनी नवीन थी कि उसका अनुसरण करनेवाले शिल्पकारों को **मगधी शिल्पी** कहा जाता था।

शृंगधर : मरुदेश में जन्मा एक निपुण मूर्तिकार था। उसने चित्रकारी और नक्काशी के माध्यम से अपनी कला को प्रस्तुत किया। उसकी शैली अपनानेवालों को **पश्चिमी पुरातन शैली** कहते हैं।

बित्पालो : धीमान् का पुत्र, जिसने ढलुआ, उत्कीर्ण, चित्रित इत्यादि विविध मूर्तियों का निर्माण किया। उसके द्वारा साँचे में ढाली गई मूर्तियों को **पूर्वी देवता** कहा जाता था।

हसुराज : कश्मीरवासी हसुराज ने चित्रकला और उत्कीर्णकला की नवीन प्रणाली स्थापित की, जिसे **कश्मीरी कला** कहा गया।

अभिनूतन काल (Pleistocene Period) : अभिनूतन काल (Pleistocence Period) में बड़े परिवर्तन हुए हैं। इस काल में पहाड़ों का निर्माण बड़े पैमाने पर हुआ। जब यह काल प्रारम्भ हुआ, तो महाद्वीपों और महासागरों का वर्तमान रूप बन चुका था। जलवायु भी उस समय लगभग वैसी ही थी, जैसी कि अभी है, किन्तु धीरे-धीरे जलवायु अधिक ठंडी होती गई। अब से लगभग छह लाख वर्ष पूर्व से दस हजार वर्ष पूर्व तक के काल में एशिया, यूरोप और उत्तरी अमेरीका के उत्तरी भागों की जलवायु बारी-बारी से बहुत ठंडी और गरम होती रही। ठंडी जलवायु के कालों में उन प्रदेशों पर, जो अब समशीतोष्ण कटिबन्ध में हैं, उत्तरी ध्रुव का हिम-आवरण दक्षिण की ओर बर्फ की एक लम्बी चादर की तरह फैल जाता था। हिमालय में हिमनदी बिलकुल तलहटी तक पहुँच गई।

हिमयुग (Ice Age) : 'हिमयुग' शब्द वास्तव में भ्रामक है, क्योंकि कोई एक लगातार हिमयुग नहीं था, बल्कि चार बिलकुल भिन्न हिम रहा है। प्रत्येक दो हिमकालों के बीच मन्द या थोड़ा गरम अन्तर्हिम काल आया। इस प्रकार चार हिमकालों को एक-दूसरे से तीन अन्तर्हिम कालों ने अलग किया। इन अन्तर्हिम कालों के दौरान आदिमानव ने भारी प्रगति की।

हिमयुग के दौरान जलवायु सम्बन्धी भारी परिवर्तनों का स्वाभाविक रूप से तत्कालीन पौधों और पशुओं पर काफी प्रभाव पड़ा। जब अधिक सर्दी का दौर आता, तो वे दक्षिणी

प्रदेशों में आ जाते और जब अधिक गर्मी पड़ती, तो वे उत्तरी प्रदेशों में आकर रहने लगते। टुंड्रा, घास के मैदान तथा जंगलोंवाला कटिबन्ध बर्फ के साथ उत्तर या दक्षिण की ओर खिसकता रहता था। शायद, उत्तर में इन ठंड और गर्म कालों के अनुकूल सुदूर दक्षिण में क्रमशः नम और शुष्क काल होते रहे, जहाँ पशु एक विशेष प्रकार के पौधे खाते थे, तथा वे उन पौधों की खोज में दूसरी जगहों में जाते थे या अपने को नए भोजन के अनुकूल बना लेते थे। एक ही कटिबन्ध में गर्म अन्तर्हिम काल के दौरान उष्ण कटिबन्धों के पशु जैसे दरियाई घोड़ा, गैंडा, नुकीले दाँतवाला चीता, शेर, हाथी और लकड़बग्घा और उसके बाद आनेवाले हिमयुग में मैमथ, बालोंवाला गैंडा तथा बारहसिंगा रहते थे। कभी-कभी भूमि या समुद्र के अवरोधों के कारण, पशु एक स्थान से दूसरे स्थान पर नहीं जा पाते थे और पशुओं की अनेक जातियाँ, जो अपने को परिवर्तित जलवायु तथा नए आहार के अनुकूल नहीं बना पाती थी, मर जाती थी। अन्य जातियाँ विकास की प्रक्रिया से होकर गुजरी तथा उनका विकास नई जातियों के रूप में हुआ, जो जिन्दा रहने के संघर्ष में सफल हो सकीं। जलवायु के इन बड़े परिवर्तनों के बीच भी जीवित रह पानेवालों में कुछ विकास प्राइमेट थे। इन्हीं में मानव भी था।

ज्ञानी मानव (Homo Sapiens) : अब से सिर्फ तीस-चालीस हजार वर्ष पहले ही होमो सेपियंस या ज्ञानी मानव इस धरती पर प्रकट हो सके। आजकल के सभी मनुष्य इसी होमो सेपियंस जाति के हैं।

पुरापाषाण युग (Paleolithic Age) : अपने विकासकाल में मनुष्य को जलवायु सम्बन्धी बड़े परिवर्तनों का सामना करना पड़ा, किन्तु अपनी बुद्धि की सहायता से उसने औजारों का आविष्कार किया और अपने को जिन्दा रखने में वह समर्थ हुआ। उसे भोजन पाने के लिए कठिन मेहनत करनी पड़ी। उसने अपने साथी मनुष्यों के साथ मिलकर रहना तथा प्रकृति में पाए जानेवाले फलों तथा शिकारों की खोज में एक साथ जाना सीखा। उसे पत्थर के औजार बनाना, कपड़े के रूप में जानवरों की खाल का इस्तेमाल करना तथा रहने के लिए घर बनाना आदि सीखने में लाखों वर्ष लग गए। उसने आग जलाना भी सीखा। इससे भी महत्त्वपूर्ण बात यह हुई कि उसने बोलना सीख लिया, किन्तु इसके बावजूद वह शिकार कर, मछली मारकर तथा प्रकृति में पाए जानेवाले भोजन को इकट्ठा करके ही जिन्दा रहता था। आदिमानव के विकास के इस काल को पुरापाषाण युग (Paleolithic Age) कहा जाता है।

नवपाषाण युग (Neolithic Age) : मानव-प्रगति की रफ्तार लगभग 8000 ई.पू. से तेज हुई। दूसरे शब्दों में लगभग 10,000 वर्ष से ही मनुष्य तेजी से विकास करने लगा है। उस समय उसने अनेक प्रकार के बढ़िया औजार बनाना आरम्भ कर दिया। इस काल को मध्य पाषाणयुग (Mesolithic Age) कहा जाता है। उस समय मानव ने एशिया और बाद में संसार के अन्य भागों में अपने भोजन उत्पन्न करने की कला सीखी। यही कृषि की शुरुआत थी। भोजन इकट्ठा करनेवालों से मनुष्य अब भोजन उत्पन्न करनेवाला बन गया। फसलों को उगाने से मनुष्य के जीवन में ऐसे बड़े परिवर्तन हुए कि एक नया युग ही आरम्भ हो गया। इस नए युग को नवपाषाण युग (Neolithic Age) कहा जाता है।

मानव-विज्ञान (Anthropology) : अतीत को समझने में पुरातत्त्वविदों को मानव-विज्ञान (Anthropology) से सहायता मिलती है। मानव-विज्ञान मानव की शारीरिक विशेषताओं, उसकी संस्कृति, उसके रीति-रिवाजों, व्यवहार करने के ढंग और दूसरे मानवों के साथ उसके

सम्बन्धों का अध्ययन है। पुरातत्त्वविद् वस्तुओं को खोद निकालता है। इन वस्तुओं का विश्लेषण करना और इन्हें समझना होता है, जिससे लोगों के जीवन का चित्र तैयार हो सके। यहाँ पर मानव-विज्ञान सहायक होता है। मानव-विज्ञान का विद्वान अस्थि-पंजरों की सहायता से प्रारम्भिक मानव की शारीरिक विशेषताओं को समझने और किसी समाज की संस्कृति को शिल्प-उपकरणों, रहने के मकानों, स्मारकों और चित्रों के आधार पर समझने में सहायता करता है।

मानव-विज्ञानविदों और अन्य लोगों ने आदिम समाजों का अध्ययन द्वारा प्रागैतिहासिक समाजों को समझने में सहायता दी है। पुरातत्त्वविदों और मानव-विज्ञानविदों के सहयोग से इतिहासकार इस तरह प्रागैतिहासिक काल से ऐतिहासिक काल तक मानव-समाजों के विकास की रूपरेखा प्रस्तुत करने में समर्थ हुआ है।

स्तरित स्थान (stratified site) : पुरातत्त्वविद् अपनी गेंती और कुदाल की सहायता से बड़ी सावधानी से खुदाई करता है। जब वह कोई चीज पाता है तो वह उसे तुरन्त नहीं उठाता। कोई वस्तु, जो सैकड़ों वर्षों से धरती के नीचे दबी रही है, थोड़ी भी असावधानी से छूने पर टुकड़े-टुकड़े हो सकते हैं और उसकी कहानी सदा के लिए खो जा सकती है। पुरातत्त्वविद् बिना उस वस्तु को हिलाए चाकू और कुँची से उसके ऊपर तथा ईद-गिर्द से मिट्टी हटाता है। इराक में एक बार ऐसा हुआ कि उर नामक जगह पर एक प्राचीन रानी का मकबरा खोदते समय सोने की एक घुंडी मिली। जब उसे सावधानी से हटाया गया, तब उसके नीचे जमीन में एक छेद दिखाई पड़ा। इससे यह अनुमान लगाया गया कि उस घुंडी के नीचे लकड़ी की कोई वस्तु रही होगी, जो नष्ट होकर धूल बन गई और केवल उसके बीच का छेद रह गया था। पुरातत्त्वविदों ने इस छेद में प्लास्टर ऑफ पेरिस डाला। नतीजा यह हुआ कि वीणा की प्लास्टर से बनी पूरी आकृति तैयार हो गई। उसमें जहाँ-तहाँ सोने की कील जड़ी हुई थी, जिसमें कभी रानी की बहुमूल्य वीणा को सोने की घुंडी की तरह सजाया गया था।

पुरातत्त्वविद् जिन वस्तुओं को ढूँढ़ निकालता है, उनकी तिथि निर्धारित करने का काम बड़ा कठिन होता है। यदि उसे कुछ ऐसे सिक्के या अभिलेख मिल जाते हैं, जिन पर राजा का नाम लिखा हो, तो उसके साथ मिली वस्तुओं की तिथि मोटे तौर पर निश्चित की जा सकती है। जिस जगह वस्तु मिलती है, उससे भी तिथि का अनुमान हो जाता है। यदि वह जगह ऐसी हो जहाँ मनुष्य लगातार कई शताब्दियों तक रहा हो, तो तिथि निश्चित करना आसान हो जाता है। ऐसी जगह को **स्तरित स्थान** (Stratified site) कहते हैं। यहाँ एक ही स्थान पर पृथ्वी की विभिन्न परतों पर विभिन्न समयों के पुरातात्त्विक अवशेष मिल जाते हैं। ऐसी परतों से पता चलता है कि विभिन्न कालों के लोग पहले की बस्ती के खंडहरों पर अपना गाँव या शहर बना लेते थे। उदाहरण के लिए, हड़प्पा में छह भिन्न-भिन्न परतें मिली हैं। उत्खनन के बाद ऐसे स्थान उत्तरोत्तर बस्तियों के क्रम को दिखलाते हैं। सबसे पुरानी बस्ती जो जमीन में सबसे पहले दब गई, सबसे नीचे तथा सबसे बाद की बस्ती सबसे ऊपरी परत पर मिलते हैं।

स्तरित स्थान एक पुस्तक के समान पढ़े जा सकते हैं। पुरातत्त्वविद् बहुधा हजारों वर्षों पीछे की बस्ती की नींव तक की जानकारी पा सकते हैं। फिर भी कभी-कभी यह तरीका गलत

साबित हो सकता है। कभी-कभी ऐसा भी हो सकता है कि धरती के हिलने से मिट्टी अस्त-व्यस्त हो जाए और सबसे निचली परत बिलकुल ऊपर आ जाए।

राजधानी : राजा की प्रधान नगरी में इस चतुर्दिक परिखा, प्राकार एवं नगरद्वारों का होना अनिवार्य। भीतर में चौड़े राजमार्ग, उपवन, भवन, सरोवर, धार्मिक भवन, मणिकाएँ आदि। पाटलिपुत्र, कान्यकुब्ज आदि इसके उदाहरण हैं।

पत्तन : समुद्री बन्दरगाह को *अर्थशास्त्र* में पण्यपत्तन, जैन-साहित्य में जलपट्टन और *अमरकोष* में पत्तन कहा गया है। यहाँ प्रायः सौदागर रहते थे। यहाँ से वस्तुएँ खरीदी तथा बेची जाती थीं। विदेशी वस्तुएँ काफी मात्रा में खरीदी जाती थीं। जहाज चलानेवाले रहते थे, जैसे—कावेरीपत्तन, मसूलीपत्तन।

द्रोणमुख : द्रोणीमुख भी कहते हैं। जो नगर द्रोणी अर्थात् घाटी के मुख पर अर्थात् नदी के मुहाने पर स्थित होता था। यहाँ जलमार्ग एवं स्थलमार्ग से माल उतरते थे। वणिक तथा नाना जाति के लोग रहते थे। वस्तुओं का क्रय-विक्रय खूब होता था। आयात-निर्यात का प्रतिष्ठित केन्द्र।

पुटभेदन : बड़े नगरों में थोक माल की गाँठें आती थीं, जो मुहरबन्द हुआ करती थीं। मुहर को तोड़कर गाँठ खोली जाती और उसमें से निकला माल फुटकरियों के हाथ बेच दिया जाता था। मुहरों के इस प्रकार तोड़े जाने के कारण ही पाटलिपुत्र जैसे विशिष्ट व्यापारिक केन्द्र पुटभेदन कहलाने लगे। यहाँ वणिक बहुसंख्या में रहते थे।

निगम : व्यापारियों का नगर, जहाँ लेन-देन तथा ब्याज-बट्टे का काम होता था। यहाँ काफी संख्या में कारीगर एवं व्यवसायी रहते थे। अधिक संख्या में कारीगर भी रहते थे।

स्थानीय : इसका प्रथम उल्लेख *अर्थशास्त्र* में है। 800 गाँवों के बीच स्थित नगर को स्थानीय कहते थे। ऐसे गाँव की सीमा 1 से 2 कोस तक होती थी। प्रत्येक गाँव में करीब 1 सौ से 5 सौ परिवार रहते थे। यहाँ सेनाएँ भी रहती थीं। बाद में चलकर यह स्थानीय चौकी के रूप में प्रयोग होने लगा। अतः आज के आधुनिक थाना को तब स्थानीय कहते थे।

खर्वट (कर्वट) : पर्वत के निकट स्थित शहर, जहाँ सभी प्रकार के लोग रहते थे। यहाँ सुरक्षा के प्राकृतिक साधन पहाड़ थे। *अर्थशास्त्र* में 200 ग्रामोंवाले भाग के प्रधान केन्द्र को खर्वट कहा गया है।

खेट (खेटक) : साधारण नगर, जहाँ अधिकांश संख्या शूद्रों की होती। यह कई गाँवों के बीच में स्थित होता था, खेड़ा से खेट बना है। खेड़ा का अर्थ गाँव होता है।

स्कन्धावार : सैनिक छावनी, जो बाद में चलकर शहर का रूप ले लेता था।

विजयस्कन्धावार : अभियान पर निकलकर रास्ते में सैनिक पड़ाव, जो काफी दिन तक रहने से शहर का रूप ले लेता था।

अभिलेख : मध्य एशिया बोगजकोई से प्राप्त अभिलेख ई.पू. 1400 का है और सबसे प्राचीन माना जाता है। अशोक का साम्राज्य विस्तार, सीमा, प्रशासन, धम्मनीति, शासक और शक्ति के प्रतीक के रूप में सिंह, साँड़ एवं हाथी आदि ऐतिहासिक पहलुओं को समझने के लिए अभिलेख महत्त्वपूर्ण स्रोत के रूप में स्वीकारे गए।

मन्दसौर से प्राप्त 150 ई. के रुद्रदामन के अभिलेख से चन्द्रगुप्त मौर्य द्वारा निर्मित बाँध को मरम्मत कराने की जानकारी होती है। सातवाहननरेश गौतमीपुत्र सातकर्णि का अभिलेख

भूमिदान की प्रथम सूचना देती है। अभिलेख ताम्रपत्रों, पीतलपत्रों, काँसापत्रों, रजतपत्रों, शिलाखंडों, काष्ठस्तम्भों, शिला टैबलेटों, मन्दिरों, मूर्तियों आदि पर पाए गए। किसी तथ्य को लम्बी अवधि तक बनाए रखने के लिए अभिलेख का प्रयोग किया जाने लगा। विद्वान इसे महत्त्वपूर्ण स्रोत की श्रेणी में रखते हैं। 150 ई. का रुद्रदामन का गिरनार अभिलेख भारत का प्रथम संस्कृत अभिलेख है।

पाँचवीं शताब्दी के बाद अभिलेखों की संख्या पूरे भारतवर्ष में असंख्य हो गई और पूर्व मध्यकालीन इतिहास के अध्ययन के लिए पुरातात्त्विक सामग्रियों के अभाव में यह सर्वाधिक महत्त्वपूर्ण स्रोत हो गया। गुप्तकाल से पाए गए असंख्य अभिलेखों का प्रधान सम्बन्ध भूमिदान से हो गया। भूमिदान तीन उद्देश्यों से की जाने लगी : (1) धार्मिक उद्देश्य एवं धर्मस्थल के निर्माण के उद्देश्य से, ताकि दानकर्ता का सामाजिक और राजनीतिक महत्त्व दानप्राप्तकर्ता के सहयोग से बढ़ सके। (2) राज्य के सीमावर्ती क्षेत्रों में बाढ़, सूखा एवं महामारी तथा अन्य संकट में राजकीय सहायता के अभाव में होनेवाले विद्रोहों को शान्त करने के लिए तथा (3) सम्बद्ध अधिकारियों एवं कर्मचारियों को मुद्रा के अभाव में नगद वेतन नहीं दे सकने के कारण कुछ शर्तों पर भूमिदान दी जाने लगी।

अधिकांश भूमिदान राजा द्वारा मुख्य रूप से ब्राह्मणों को दी गई। मन्त्रियों एवं अधिकारियों को भी वेतन के रूप में भूमि दी गई। आज की तरह उस समय रजिस्ट्री ऑफिस तथा कागज आदि नहीं थे। इस स्थिति में लिखा-पढ़ी सम्भव नहीं था। अतः दान दी गई भूमि की सीमा, भूमि की जलवायु, उपज, दान पानेवालों का नाम, पिता, दादा, गोत्र आदि का नाम तथा पता और दान देनेवालों के सम्बन्ध में स्पष्ट पूर्ण विवरण लिखे जाते थे, ताकि बाद में बेईमानी या ठगी का मौका किसी को नहीं मिले। ठोस पदार्थों पर अभिलेखों को खोदने का काम सोनार आदि द्वारा कायस्थ की देखरेख में किया जाता था।

भारत के विभिन्न भागों में अभिलेख भिन्न-भिन्न ढंग से उपयोगी रहे। कर्नाटक में मात्र अभिलेखों के आधार पर नगरों के सम्बन्ध में यह स्पष्ट रूप से प्रमाणित हो सका कि 500 ई. से 1000 ई. के बीच नगरों की दशा अच्छी नहीं थी। अधिकांश नगरों का अस्तित्व धर्मस्थलों, प्रशासनिक केन्द्रों, स्कन्धावार, विजयस्कन्धावार और राजधानी के रूप में बना रहा। व्यापारिक केन्द्रों की संख्या नगण्य रही। दूसरी तरफ 1000 से 1200 ई. के बीच पाए गए अभिलेखों के अध्ययन से पता चलता है कि कर्नाटक में नगरों की संख्या में वृद्धि हुई, विशेषकर कई नवीन व्यापारिक नगर बसाए गए और वहाँ बसने के लिए व्यापारियों को कई प्रकार की सुविधाएँ भी दी गईं। सामाजिक, आर्थिक, राजनीतिक एवं सांस्कृतिक दशा के अध्ययन, मन्दिरों से सम्बद्ध अर्थव्यवस्था, दास, दासी, देवदासी, ग्रामीण जीवन, कृषि, अनाज, नदी, पर्वत, जलवायु, पेड़, पशु, पक्षी आदि के अध्ययन के लिए अभिलेख उपयोगी हैं। उत्तर भारत से प्राप्त अधिकांश अभिलेख *एपिग्राफिया इंडिका, इंडियन एंटिक्वैरी, सेलेक्ट इंसक्रिप्शंस* (डी.सी. सरकार) आदि में और दक्षिण भारत से सम्बद्ध अभिलेख *एपिग्राफिया कर्णाटिका, साउथ इंडियन इंसक्रिप्शंस* आदि में संकलित हैं।

शिलालेख : अशोककालीन शिलालेख पश्चिमोत्तर में मानसरोवर (जिला पेशावर) तथा काठियावाड़ के गिरनार पर्वत से लेकर पूरब में धौली (उड़ीसा) और उत्तर में कालसी (जिला देहरादून) से लेकर दक्षिण में येरगुडी (तमिलनाडु) आदि से मिले हैं। पुष्यमित्र का अयोध्या

अभिलेख, जैन खारवेल का हाथीगुम्फा अभिलेख, कुषाण-शासक हुविष्क का मथुरा अभिलेख, कनिष्क का मानिक्याला अभिलेख, महाक्षत्रप रुद्रदामन का गिरनार अभिलेख (रुद्रदामन का गिरनार अभिलेख संस्कृत में, किन्तु शेष शासकों के अभिलेख प्राकृत में हैं), गुप्तशासक चन्द्रगुप्त द्वितीय का शिलालेख, कुमारगुप्त प्रथम का मन्दसौर लेख, स्कन्दगुप्त का जूनागढ़ अभिलेख, कन्नौज के शासक यशोवर्मन और मौखरी राजा ईशानवर्मा का हरहा अभिलेख (प्रशस्ति) प्रमुख है।

स्तम्भलेख : अशोक के स्तम्भलेख, यूनानी राजदूत हेलियोदोरस का स्तम्भलेख (मध्य प्रदेश में भिलसा), समुद्रगुप्त का प्रयाग स्तम्भलेख, कुमारगुप्त प्रथम, स्कन्दगुप्त और भानुगुप्त का स्तम्भलेख तथा यशोवर्मन के मन्दसौर स्तम्भलेख। ये स्तम्भलेख विजय, यश, कीर्ति, स्मृति और वंश-वृत्त को सुरक्षित रखने के लिए बनाए गए।

मूर्तिलेख : पटना और परखम (मथुरा से 14 मील दूर आगरा-दिल्ली मार्ग पर स्थित ग्राम जहाँ से यक्षमूर्ति मिली और जो मथुरा संग्रहालय में है) की मौर्यकालीन प्रतिमाओं के अलावा प्रथम शती के आसपास की बोधगया तथा मथुरा की लेखयुक्त बौद्धमूर्तियाँ, जिनमें कुषाण शासकों के लेख हैं, मथुरा के क्षत्रपों की लेखयुक्त मूर्तियाँ, गुप्तकालीन मनकुमार की बौद्धप्रतिमा एवं करमदंडा के शिवलिंग, हूणशासक तोरमान द्वारा निर्मित एरण (मध्य प्रदेश) की वराह भगवान की विशालकाय मूर्ति पर अंकित प्रशस्ति एवं जैनमूर्तियाँ आदि।

गुफालेख : बौद्ध धर्म के उदय के बाद कलाकेन्द्रों के रूप में और धार्मिक अभिप्राय से गुफाओं का निर्माण जन-कोलाहल से दूर एकान्त जंगलों में किया गया। बराबर पर्वत (गया) में निर्मित अशोककालीन गुफा के लेखों से पता चलता है कि उसे आजीवक साधुओं के निवास के लिए बनवाया गया था। उड़ीसा में भुवनेश्वर के निकट हाथीगुम्फा में सम्राट खारवेल की प्रशस्ति उत्कीर्ण है। क्षत्रप नहपान के जमाता उषवदत्त के अभिलेख नासिक, जुनार तथा कार्ले की गुफाओं में सुरक्षित हैं। इनका निर्माण-काल करीब 200 ई.पू. है। नासिक के गुफालेखों से सातवाहनों और शकों के संघर्ष के साथ-साथ उनके निर्माणकाल पर भी प्रकाश पड़ता है। इस अभिलेख से उषवदत्त की दानशीलता तथा ब्राह्मणों के प्रति उसके विशेष आदर-भाव की जानकारी होती है। उसने ब्राह्मण-कन्याओं से विवाह और अजमेर के समीप पुष्कर तीर्थ में अभिषेक किया था।

उदयगिरि की प्रसिद्ध गुफा चन्द्रगुप्त द्वितीय के समय निर्मित हुई। अजन्ता की अधिकतर गुफाओं का निर्माण एवं मरम्मत गुप्तकाल में हुआ। वाकाटक राजा हरिषेण (600 ई.) के अभिलेख से पता चलता है कि अजन्ता के निर्माण में उसका भी योगदान रहा था। ग्वालियर के निकट बाघ की प्रसिद्ध गुफाओं का निर्माण ईसा की प्रथम शती से होने लगा था।

ताम्रलेख : धार्मिक प्रतिष्ठानों की स्थापना के लिए दी जानेवाली भूमि तथा मन्दिर आदि अचल सम्पत्ति का विवरण ताम्रपत्र पर उत्कीर्णित कर दानदाता की ओर से दानगृहीता को दिया जाता था। ब्राह्मणों तथा राज्याधिकारियों एवं कर्मचारियों को दी जानेवाली भूमि आदि के लिए भी ताम्रपत्र लिखे जाते थे। कभी-कभी राज्य सीमा के अधिकार, वीरोचित कार्यों तथा विद्वता के सम्मानार्थ दान ताम्रपत्र के माध्यम से दिए जाते थे।

दानपत्रों में सहगौरा का ताम्रपत्र सर्वाधिक प्राचीन, किन्तु अधिकतर दानपत्र ईस्वी सन् के बाद ही लिखे गए। ईसा की प्रथम शती में शक तथा पह्लव राजाओं के समय तक्षशिला,

कलवान और स्लूविहार के ताम्रलेख प्राचीनता की दृष्टि से महत्त्वपूर्ण है। उत्तरी बंगाल के दामोदरपुर में उपलब्ध कुमारगुप्त प्रथम के ताम्रपत्र और स्कन्दगुप्त के इन्दौर ताम्रपत्र तत्कालीन शासन-व्यवस्था पर महत्त्वपूर्ण प्रकाश डालते हैं। मध्य प्रदेश के खोह नामक स्थान से प्राप्त हस्तिन तथा संक्षोम के ताम्रपत्रों में भूमिदान का उल्लेख। हर्षवर्द्धन के बाँसखेरा तथा मधुवन के ताम्रपत्रों में हर्ष की जीवनी एवं शासन-प्रबन्ध है।

मुहरलेख : पकाई गई मिट्टी, ताँबा, कांस्य, पत्थर तथा हाथीदाँत की बनी मुहरें मिली हैं। सिन्धु नगरों से प्राचीनतम मुहरें (ठप्पे) मिली हैं, जिन पर गैंडा, हाथी, शेर, बैल, भैंस आदि विभिन्न पशुओं की आकृतियाँ अंकित हैं, जो भारतीय कला के जीवित प्रमाण हैं। इनसे तत्कालीन भारत का दजला-फरात और दक्षिणी ईरान के साथ सम्बन्ध का पता चलता है। भीटा से प्राप्त मुहरों पर शिवलिंग, त्रिशूल और वृषभ की आकृतियाँ अंकित हैं। नालन्दा से प्राप्त पकी मिट्टी से बनी मुहरों पर बुद्ध की प्रतिमा अंकित है। गुप्त मुहरों पर गरुड़ अंकित हैं।

स्तूपलेख : तथागत बुद्ध के पवित्र अवशेषों (फूलों) को पात्र में रखकर भूमि में गाड़ दिया जाता था और उसके ऊपर अंडाकार या अर्द्धवृत्ताकार ढाँचा निर्मित किया जाता, जिसे **स्तूप** कहते थे। स्तूप की वेष्ठनियों (प्राकारों) तथा द्वारों पर लेख उत्कीर्ण किए जाते थे। भरहुत, साँची और अमरावती के स्तूप इसके उदाहरण हैं। साँची के दक्षिण तोरण पर सातवाहनराजा सातकर्णि का नाम और उसकी वेष्ठनी पर उन व्यापारियों एवं धनाढ्यों के नाम अंकित हैं, जिन्होंने स्तूप के निर्माण में दान दिया था। भरहुत की वेष्ठनी पर जातककथाओं का उल्लेख है। उसके पूर्वी तोरण पर अंकित लेख से पता चलता है कि उसका निर्माण ई.पू. द्वितीय शती के दौरान शुंगकाल में हुआ था। गुंटूर जिला के नागार्जुन पर्वत के समीप प्राप्त स्तूप-अवशेषों से तीसरी शती ई. में वर्तमान वीरपुरुषदत्त के अग्निष्ठोम तथा अश्वमेध आदि यज्ञों का उल्लेख है।

वेदिकालेख : स्तूपों के चारों ओर वेदिकाओं का निर्माण हुआ। सभी वेदिकाओं पर लेख खुदे हैं। साँची की वेदिका पर चन्द्रगुप्त द्वितीय के और अमरावती की वेदिका पर सातवाहन-शासकों के लेख खुदे हैं।

भदन्त : बौद्ध संन्यासी।

पिटकधारी : *विनयपिटक, सूत्रपिटक* और *अभिधम्मपिटक* का ज्ञान रखनेवाला।

प्रव्रजित : त्रिशरण और 10 शील के साथ भिक्षुवेश धारण करनेवाला।

प्रतिहार्य : चमत्कार।

त्रिरत्न : बुद्ध, धर्म और संघ।

अपरान्त : समुद्रतट पर मुम्बई से सूरत तक का प्रदेश।

वज्रासन : बोधगया।

पंचशील : अहिंसा, अस्तेय, काम-मिथ्याचार का त्याग, असत्य और मादक पदार्थों का त्याग।

पंचकामगुण : रूप, शब्द, गन्ध, रस और स्पर्श।

चतुरंगिनी सेना : हाथी, घोड़ा, रथ और पैदल सेना।

1 द्रोण : 64 मुट्ठियाँ के बराबर।

8 बौद्ध महातीर्थ : लुम्बिनी, वज्रासन (गया), वाराणसी, कुशीनगर, नालन्दा, श्रावस्ती, संकिस्सा और राजगृह।

श्रावक : बुद्ध का शिष्य।

पंचविधरत्न : स्वर्ण, रजत, मूँगा, फीरोजा और मोती।

समय-द्रव्य : तान्त्रिक लोग धार्मिक उपयोग के लिए अपने साथ जो उपकरण रखते थे, उसे समय-द्रव्य या समय-वस्तु कहते थे।

शान्तिरक्षित : 8वीं सदी में नालन्दा विद्यापीठ के अधिष्ठाता शान्तिरक्षित ने *तत्त्वसंग्रह* की रचना की।

उरूवेला (Uruvela) : बोधगया के समीप नेरंजना नदी के तट पर स्थित इसी स्थान पर सेनानी-निगम था, जहाँ सेनानी कुटुम्ब रहता था। उसकी पुत्री सुजाता थी, जिसने बुद्ध के बुद्धत्व प्राप्त करने से पूर्व मधुर पायस (खिर) खिलाई थी। उरूवेला के नामकरण के सम्बन्ध में बताते हैं कि किसी व्यक्ति के मन में जब बुरा विचार आता था, तो वह एक मुट्ठी रेत भरकर पास के स्थान में छोड़ आता था। इसी प्रकार रेत भर-भरकर एक विशाल टीला बन गया, जो **उरूवेला** (महातट) कहलाया जाने लगा।

मोरिय (Moriya) : मोरिया (मौर्य) लोग शाक्यों से पृथक् क्षत्रिय (खत्तिय) राष्ट्र थे (महापरिनिब्बान-सुत्त)। *महावंश टीका* के अनुसार, उनकी उत्पत्ति कपिलवस्तु के शाक्यों से हुई। वे लोग शाक्य ही थे, जो अपने विरोधियों (विडूडभ) के डर से भागकर हिमालय प्रदेश में चले गए और पीपल के वृक्षों के एक वन में नगर बसाकर रहने लगे थे और इसीलिए इस स्थान का नाम **पिप्फलिवन** पड़ा। मोरिय लोग जहाँ रहते, वहाँ मोर बहुत अधिक थे, जिनके शब्दों से यह इलाका गुंजायमान रहता था और इसीलिए उन्हें मोरिय कहा गया। पुनः कहते हैं कि जिस नगर को मोरिय लोगों ने बसाया, उस नगर के मकान मोर की गर्दन के समान नीले रंग के पत्थरों से बने हुए थे और इसीलिए उन्हें मोरिय कहा गया। मौर्य सम्राट चन्द्रगुप्त मौर्य को पिप्फलिवन के मोरिय राजा की प्रधान महिषी का पुत्र बताया गया है। **महावंश टीका** के अनुसार, अशोक की माता धम्मा मोरिय राजकुमारी थी। कुछ विद्वान पिपरहवा (लुम्बिनी से 12 मील दक्षिण-पश्चिम में स्थित) को पिप्फलिवन बताते हैं। कुछ अन्य विद्वान इस स्थान की पहचान उपधौली की डीह से की है, जिसे गोरखपुर के दक्षिण-पूर्व 14 मील की दूरी पर गुर्रा नदी के तट पर स्थित मानते हैं।

धीमान (Dhiman) : पालशासक धर्मपाल (769-809) के समय वारेन्द्र (बंगाल के माल्दी जिला में स्थित) में धीमान् नामक सुदक्ष शिल्पी था। उसका पुत्र बित्पालो भी अतिकुशल शिल्पी था। दोनों ढालुओं, उत्कीर्ण, चित्रित आदि विविध मूर्तियों का निर्माण करने में अद्वितीय थे। पिता और पुत्र की शिल्पपरम्परा भिन्न-भिन्न थी। धीमान् मगध में रहता था। अतः उसकी चित्रकारी का अनुसरण करनेवालों को **मगधी शिल्पकार** कहा जाता था। बित्पालो बंगाल में रहता था, इसलिए उसकी शैली का अनुसरण करनेवालों को **पूर्वी चित्रकार** कहा गया है। [*बौद्ध धर्म का इतिहास* (तारनाथ), पृ. 147]

महावीर निर्वाण संवत् : भारत का तिथिक्रम युक्त शृंखलाबद्ध इतिहास लिखने के लिए संवत् का काफी महत्त्व है। जैनग्रन्थों में महावीर निर्वाण संवत् के नाम से एक गणना का विवरण पाया जाता है। श्वेताम्बर लेखक सूरी ने अपनी पुस्तक *विचार श्रेणी* में लिखा है कि

महावीर तथा विक्रम संवत् में 470 वर्ष का अन्तर है, यानी महावीर संवत् 470+57 = ई.पू. 527 वें वर्ष में प्रारम्भ किया गया होगा। नेमिचन्द्राचार्य ने भी इस गणना के सम्बन्ध में लिखा है कि महावीर-निर्वाण के 605 वर्ष बाद शक लोगों की गणना आरम्भ की गई। अतएव महावीर-निर्वाण संवत् 605-78 ई. = ई.पू. 527 में स्थिर हो जाता है। दिगम्बर जैन लोगों की परम्परा पर विश्वास नहीं किया जा सकता क्योंकि उन्होंने महावीर-निर्वाण तथा शक संवत् में 461, 795 या 796 वर्ष का अन्तर बतलाया है।

चन्द्रगुप्त मौर्य संवत् : हाथीगुम्फा के लेख में एक वाक्य 'पनन्तरिय सठ बस सते राजा मुरिया काले' उल्लिखित है, जिसका विद्वानों ने विभिन्न अर्थ किया है। स्तेन कोनो ने उसे मौर्यकाल (संवत्) के 165वें वर्ष के अर्थ में अनूदित किया। उसका मत था कि चन्द्रगुप्त मौर्य ने एक संवत् चलाया था, जो खारवेल के समय कलिंग में प्रचलित था। मूलपाठ को भी कुछ विद्वान विवादास्पद मानते हैं। 'पान तरीय सत्त सहसेहि, मुखिय कल वोच्छिन' को शुद्ध पाठ मानते हैं, जिसका अर्थ है कि कई सहस्र मुद्रा व्यय करके स्तम्भ प्रतिष्ठापित किया और प्रजा को मुख्य कला-गीत, नृत्य आदि से प्रसन्न किया। इस संवत् के मानने में एक दूसरी कठिनाई यह है कि इस गणना (165 मौर्यकाल) से खारवेल की तिथि 321-165 = ई.पू. 156 हो जाती है (जब ई.पू. 321 मौर्यकाल माना जाए) जहाँ खारवेल ई.पू. पहली सदी में शासन करता रहा। तीसरी कठिनाई यह है कि मौर्य संवत् के सम्बन्ध में साहित्यिक लेखों का प्रमाण उपलब्ध नहीं है।

मालव संवत् : मालवा गण के गणमुख्य विक्रमादित्य ई.पू. में शासन करता था। उसने शक लोगों को परास्त किया और देश में सुख-शान्ति का राज्य हो गया। इसे दूसरे शब्दों में कृतयुग कहने लगे (वैभव पूर्ण समय)। ई.पू. 57 वर्ष में मालवागण में विजय के उपलक्ष में एक संवत् चलाया गया, जो कृतयुग की परिस्थिति हो जाने के कारण कृत (संवत् के) नाम से पुकारा गया। कालान्तर में शक शासकों ने सिन्धु, सुराष्ट्र तथा अवन्ति के भू-भाग पर अधिकार कर लिया। अवन्ति के उत्तर-पूरब में निवास कर मालवागण अपनी शक्ति तथा प्रतिष्ठा को पुनर्जीवित करने में दत्तचित थे। अभिलेखों से पता चलता है कि कालान्तर में इस गणना के साथ मालव नाम जोड़ दिया गया और इस कारण वह संवत् दूसरे नाम—मालवा संवत् से विख्यात हुआ; तब भी कहीं-कहीं मालव शब्द कृत से जुड़ा है। मालव संवत् की तिथि 493 है।

विक्रम संवत् : चौथी सदी में गुप्तशासक चन्द्रगुप्त द्वितीय (जिसकी पदवी विक्रमादित्य की थी) ने मालवा तथा काठियावाड़ के शकक्षत्रप शासकों को परास्त किया और उस भाग को गुप्त साम्राज्य में मिला लिया। पहले शक लोगों को परास्त कर ही यह गणना (संवत्) प्रारम्भ हुई थी, फिर उन्हीं शकों को गुप्त नरेश विक्रमादित्य ने पराजित किया। सम्भवतः इस विजय के स्मारक में प्राचीन संवत् का नाम (माल व संवत्) बदलकर विक्रम कर दिया था। शक-विजय के कारण ही चन्द्रगुप्त द्वितीय ने सर्वप्रथम चाँदी का सिक्का (अर्द्धद्रम) चलाया, जो सर्वथा क्षत्रप सिक्कों का अनुकरण था। अतएव इसमें सन्देह नहीं कि शकों की अन्तिम पराजित चन्द्रगुप्त विक्रमादित्य के हाथों हुई थी। इस कारण संवत् के साथ विक्रम का नाम जोड़ना स्वाभाविक था और तभी से मालवा संवत् विक्रम संवत् के नाम से पुकारा जाने लगा। विक्रमादित्य द्वारा शकों के पराजय होने पर भी मालवा की जनता मालव संवत् का प्रयोग

करती रही। यही कारण है कि कुमारगुप्त को भी मंदसौरवाले लेख में मालवा संवत् का प्रयोग करना पड़ा; जबकि उसके अन्य सभी लेख गुप्त संवत् में तिथियुक्त हैं। यशोवर्मन का मन्दसौर लेख (मा.स. 589 = ई. स. 646) की तिथि मालवा संवत् में दी गई है। लेखों में 8वीं सदी के पश्चात् विक्रम संवत् के प्रयोग का एक कारण यह होगा कि उस सदी के बाद जनता में गणराज्य की कल्पना सदा के लिए अनुपस्थित हो गई। राजतन्त्र का बोलबाला हो जाने से लोगों ने भारतीय संस्कृति के रक्षक सम्राट विक्रमादित्य को आदर्श मानकर विक्रम पदवी को प्राचीन संवत् के साथ जोड़ दिया। मालवा की चौथी सदी में विजित हो जाने पर भी विक्रम का नाम संवत् के साथ 9वीं सदी के बाद ही पाया जाता है।

शक संवत् : पाँचवीं सदी से बारहवीं सदी तक के लेख शककाल (संवत्) का उल्लेख करते हैं। पश्चिम भारत में क्षहरात शक नहपान के लेख में शककाल प्रयुक्त मिलता है। क्षत्रपों के सिक्कों पर भी तिथि इसी संवत् से सम्बन्धित है। उसका आरम्भ जीवदामन के सिक्कों से होता है। 100, 102, 119 आदि अंक मिलते हैं। रुद्रदामन के जूनागढ़लेख में 72 की तिथि मिलती है, जो ई. सन् 150 माना जाता है (72 + 78)। यह तो सही है कि शक आरम्भ में सामन्त रहे और सम्भवतः अपने सम्राट (कुषाण) के काल का प्रयोग करते रहे। अतः यह गणना नृपकाल के नाम से प्रसिद्ध हो गई। यह माना जा सकता है कि कुषाण राजा कनिष्क द्वारा ई. सन् 78 में गद्दी पर बैठने के कारण उस गणना का आरम्भ हुआ हो, जो आज तक शककाल के नाम से प्रसिद्ध है। चालुक्य-प्रशस्तिकार रविकीर्ति ने शक संवत् का आरम्भ शक राजा के सिंहासनारूढ़ होने के समय बतलाया है। इस संवत् के विषय में बड़ा ही मतभेद है। फ्लीट तथा केनेडी कनिष्क को इसका संस्थापक नहीं मानते। उनके कथानुसार उसने विक्रम संवत् की स्थापना की थी। फरगुसन, आलडेनवर्ग, बनर्जी तथा रायचौधरी का मत है कि कनिष्क ने ही सन् 78 संवत् को आरम्भ किया था। कुषाणवंश के लेखों में 3-93वें वर्ष की तिथि अंकित है, जो इसी संवत् में दी गई। कौशाम्बी नरेश की प्रशस्तियों (ए.इ. या 24, पृ. 146 में 51 तथा 139 की तिथि मिलती है तथा कैलवान लेख (ए.इ. भा. 39, पृ. 229) की तिथि 108 है, जो सभी शक संवत् सन् 78 से सम्बन्धित है। पूर्वी मालवा का अभिलेख कनिष्क के 27वें वर्ष में उत्कीर्ण हुआ, जिसकी तिथि शक शंवत् में मानने से ही निश्चित काल ज्ञात होता है। मध्य एशिया के सभी पुरातत्त्व सम्बन्धी पत्रों की तिथियाँ (207 तथा 231) भी कनिष्क संवत् सन् 78 से जुड़ी है। अतः यह सिद्ध होता है कि कनिष्क ने ई.स. 78 में शक संवत् की स्थापना की।

दक्षिण भारत में इसे शालिवाहन-शक कहते हैं। चौदहवीं सदी के लेखों में शालिवाहन शक-काल के उल्लेख हैं, जो सम्भवतः दक्षिण में एक संवत्सर वर्ष का द्योतक था। दक्षिण की राजनीतिक परम्परा में शालिवाहन नरेश प्रसिद्ध माने गए हैं, अतएव उस संवत्सर के साथ शालिवाहन नाम जोड़ देना उचित ही था। सारे भारत में इस शककाल की गणना का समान प्रयोग होता रहा है। यही कारण है कि हमारी सरकार ने शक संवत् को राष्ट्रीय संवत् मान लिया है।

गुप्त संवत् : प्रायः समस्त गुप्तलेखों में एक प्रकार की तिथि का उल्लेख मिलता है, जिससे उस सम्राट की शासन-अवधि स्थिर की जाती है। सभी तिथियों के अनुशीलन से यह प्रकट होता है कि तिथि का क्रम शनैः-शनैः एक शासक से उसके उत्तराधिकारी के लेख में

बढ़ता जाता है। गुप्तसम्राट द्वितीय चन्द्रगुप्त के लेखों में 82 या 93 आदि तिथि उल्लिखित है, तो उसके पुत्र प्रथम कुमारगुप्त की प्रशस्तियों में 96, 98, 117, 129 आदि तिथियाँ मिलती हैं। इन अंकों में यह अर्थ नहीं निकाला जा सकता कि द्वितीय चन्द्रगुप्त ने 93 वर्ष तक शासन किया तथा प्रथम कुमारगुप्त 129 वर्ष तक राज्य करता रहा। यदि इन अंकों पर विचार किया जाए, तो स्पष्ट हो जाता है कि गुप्तशासक किसी अमुक समय से कालगणना करते थे। ये अंक यही सूचित करते हैं कि गुप्तनरेश 93वें वर्ष या 129वें वर्ष में शासन करते थे। अतएव उस समय को निश्चित करना परमावश्यक प्रतीत होता है।

अनेक संवतों की समानता दिखलाते हुए अलबेरूनी ने (1) 1088 विक्रम संवत्, (2) 953 शक संवत् (काल) तथा (3) 712 वलभ काल = गुप्तकाल का उल्लेख किया है। अलबेरूनी के इन संवतों की तिथि ठीक है, परन्तु उसके समस्त वर्णन जनश्रुति के आधार पर लिखे गए हैं। उसके कथन से ज्ञात होता है कि गुप्त संवत् उस वंश के नष्ट होने पर प्रारम्भ हुआ। स्पष्ट रीति से कहा जा सकता है कि वलभी संवत् नामक कोई स्वतन्त्र गणना नहीं थी, परन्तु गुप्त संवत् का दूसरा नाम है। इस आधार पर अलबरूनी का वर्णन अग्राह्य हो जाता है, फिर भी तिथि-उल्लेख प्रमाणयुक्त है। उसके कथनानुसार, गुप्त संवत् भी शककाल से 241 वर्ष बाद प्रारम्भ हुआ, जो अन्य प्रमाणों से भी सिद्ध होता है। कुछ जैनग्रन्थों से भी इनकी पुष्टि होती है कि गुप्त संवत् शककाल से 241 वर्ष पश्चात् आरम्भ होता है।

रामापिथिकस-होमिनिड्स : होमोनिड्स सबसे पहले अफ्रीका में अभिनूतन काल (Pleistocene epoch) के प्रारम्भ में प्रकट हुए। वे अब खत्म हो गए हैं। दुर्भाग्यवश पुरापाषाणकाल के मानव के कोई अस्थिपंजर भारत में नहीं मिले हैं, यद्यपि उन बानरों के जीवाश्म, जिनसे मानव और वर्तमान बानरों का अन्ततोगत्वा विकास हुआ, शिवालिक की पहाड़ियों में मिले हैं। इनमें से सबसे सुविख्यात बानर 80 लाख वर्षों से भी पहले थे। उन्हें रामापिथिकस (Ramapithecus) नाम दिया गया है।

शुंग : पुष्यमित्र शुंगवंशीय था। शुंग भारद्वाज ब्राह्मण थे *(हर्षचरित)*। *हरिवंशपुराण* (2.40) में उन्हें काश्यप बताया गया है। शौंग लोगों को वसिष्ठगोत्रीय पराशरों के गोत्रावयव बताया गया है। *वृहदारण्यक* (6.4.31) में शौंगीपुत्र शिक्षक का उल्लेख मिलता है। *आश्वलायन श्रौतसूत्र* (12.13.5) में भी शुंग आचार्य है। कालिदास *(मालविकाग्निमित्र)* ने पुष्यमित्र के पुत्र **अग्निमित्र** को कश्यप गोत्र की बैम्बिक शाखा का बतलाया है। *महाभाष्य* में बैम्बिक शब्द का अर्थ अपत्य बताया गया है। बिम्बक को बिन्दुसार से सम्बद्ध भी माना जाता है। इतना निश्चित है कि वे ब्राह्मण थे। इस वंश के नामों के अन्त में मित्र शब्द के आधार पर इन्हें ग्रीक आक्रमण के समय फारस से भागा हुआ मानते हैं। इन्हें सामवेदीय ब्राह्मण भी बताया जाता है।

शुंग राजवंश का संस्थापक पुष्यमित्र था। उसका राज्य मौर्यों के मध्यभाग (अयोध्या, विदिशा, जलंधर और शाकल के इलाके) में फैला था और राजधानी पाटलिपुत्र थी। उसका पुत्र अग्निमित्र विदिशा में उसका राष्ट्रीय था। आधा विदर्भ पर मौर्यराजा वृहद्रथ के मन्त्री का बहनाई यज्ञसेन शासन कर रहा था और उसका चचेरा भाई माधव सेन आधे विदर्भ का शासक था। पुष्यमित्र ने लोभ दिखाकर दोनों भाइयों को आपस में लड़ाकर विदर्भ पर स्वयं अधिकार कर लिया। पुष्यमित्र 185 से 149 ई.पू. तक रहा। उस पर डेमेट्रियस का, जिसका

पूर्वी सेनापति मिनेंडर था, आक्रमण हुआ और कुछ समय तक पाटलिपुत्र यवनों के हाथ में रहा, पर गृहविद्रोह के कारण इन्हें शीघ्र ही वहाँ से हटना पड़ा और मिनांडर को पाटलिपुत्र सौंपकर डेमेट्रियस स्वयं को शाकल का शासक घोषित कर दिया। पुष्यमित्र शुंग ने युद्ध करके पुनः शाकल को यवनों से स्वतन्त्र कराया और अश्वमेध यज्ञ किया। पाटलिपुत्र में बौद्धों से सदा खतरा बने रहने के कारण, वह मथुरा को अपनी राजधानी बनाया। दंष्ट्रा के राजा ने डेमेट्रियस को अपनी पुत्री से विवाह का प्रलोभन देकर बौद्ध बनने के लिए इस शर्त पर निमन्त्रित किया कि पुष्यमित्र के वध में वह उसकी सहायता करेगा। डेमेट्रियस ने वैसा किया और युद्ध में एक शिलाखंड फेंककर पुष्यमित्र को मार दिया। इसके बाद वह पाटलिपुत्र तक आया, पर गृहविद्रोह के कारण लौट गया। पुष्यमित्र की मृत्यु के बाद पाटलिपुत्र पर आक्रमण सरल हो गया। पुष्यमित्र और उसके वंशजों ने कुल मिलाकर 120 वर्ष (पुष्यमित्र 36, अग्निमित्र 8, वसुज्येष्ठ 7, वसुमित्र 10, अन्ध्रक 2, पुलिन्द 3, घोष 3, वज्रत्रि 9, भागवत 32, देवभूति 10 वर्ष) राज्य किया।

भूमिमाप : गुप्तयुग से बारहवीं सदी तक के दानपत्रों (ताम्रपत्रों) में माप का दो रूपों में उल्लेख मिलता है। पहली श्रेणी में खेत की लम्बाई-चौड़ाई नापने के साधन का नाम उल्लिखित है, जो लेखों में विभिन्न नाम से उत्कीर्ण है। जैसे **हल, पादावर्त, नल** या **नालक**। द्वितीय श्रेणी में पैमाइश के उस साधन के नाम हैं, जो बीज बोने के माप से वर्णित किए गए हैं। जैसे **पाटक, द्रोण, माणि, कुल्यवाप** आदि इसी मापक का उपयोग कर भूमि दान में दी जाती थी।

हल : हल शब्द से स्पष्ट प्रकट होता है कि एक हल से जितनी भूमि जोत में रखी जाए, उस माप का नाम **हल** था। उत्तरी या दक्षिणी भारत में अधिकतर लेखों में हल का नाम मिलता है (हलस्य भूः—ए.इ. 1, पृ. 167, भाग : 3, पृ. 128)। राजपूताने के एक लेख में भी ऐसा ही उल्लेख आता है (ए.इ. 11, पृ. 47)—पंच हलानि वहिष्कृत्य शेष भूमि शासनी कृत्य प्रदत्ता (ए.इ. 20, पृ. 129) के वाक्य से स्पष्ट हो जाता है कि पाँच हल से जोतने योग्य भूमि को छोड़कर खेत का शेष भाग दान में दिया गया। कांगरा के कुल लेखों के उद्धरण निम्नांकित हैं।

1. इहत्येन नवग्राम दत्ता चात्र हलार्ध भूः (*(एपिग्राफिया इंडिका,* भा. 1, पृ. 106)
2. भूमिश्च हल चतुष्टयं योग्यता दत्ता नवग्रामात् (ए.इ.1, पृ. 115)
3. हलवानीया दत्ता भूमिः *(ए.इ. 1, पृ. 101)*

पादावर्त : बारह पदावर्त की भूमि एक कुआँ से सींचने योग्य समझी जाती थी। एक पदावर्त भूमि एक वर्ग पाद (=9 इंच) के बराबर मानी गई है और तीन सौ पदावर्त आठ खंड के समान माप में समझा जाता है।

चन्देल तथा गहड़वाल लेखों में हस्त (=हाथ) का नाम क्षेत्र माप के लिए प्रयुक्त किया गया है। ग्वालियर-लेख में 'परमेश्वरी हस्त' का उल्लेख है। सम्भवतः किसी व्यक्ति विशेष के हाथ की लम्बाई प्रामाणिक समझी गई, जिस कारण उसका नाम हस्त के साथ जोड़ दिया गया है। तात्पर्य यह था कि 18 इंच से कम का हस्त नहीं हो सकता था। इसके आधे भाग को **पाद** कहते थे, जिसके कारण एक वर्ग पाद 'पदावर्त' के नाम से प्रसिद्ध हुआ। प्रतिहारलेख में भी हस्त-माप का प्रयोग मिलता है। गढ़वाल-नरेश गोविन्दचन्द्र के पाली दानपत्र में चार सौ हस्तभूमि को एक नालुक (= नालक = नल) कहा गया है।

नल एवं नालक : सम्भवतः नल (= 118 इंच) एक डंडा था, जिसकी लम्बाई से भूमि नापी जाती थी। (ए.इ. 14, पृ. 158), परन्तु नालक शब्द का कुछ भिन्न तात्पर्य होगा, जो चार सौ हाथ लम्बी भूमि के लिए प्रयुक्त किया गया है।

कुल्यवाप : यह सम्भवतः 16 मन अन्न का माप था, जिसके द्वारा 14 बीघा खेत बोया (वाप) जाता था।

द्रोण : द्रोण बीज का माप था, अतः यह वापक्षेत्र का माप था।

पाटक : पाटक द्रोण से बड़ा था।

माणि : 1 मन को माणि कहते थे। 1 माणि बीज से एक बीघा खेत बोया जाता था।